从经典作家进入历史

“浪漫星云”题解

当我在夜晚繁星如织的面庞
看到巨大的云符乃浪漫的表征
想到我永远无法用命运的神掌
趁有生之年追寻它们的踪影
（济慈，《当我害怕人生将尽》）

浪漫主义并不浪漫。这是后人的命名。“浪漫星云”之说偶然得之，倒也十分贴切。因为，以英国浪漫主义文学为例，这一时期恰是群星闪耀时，大诗人们共同造就了英国诗歌史上的巅峰。他们不仅拥有超越地心引力的璀璨壮美，更有一双始终凝视尘世的眼睛，既超然物外，又时常感到生存的“秘密重压”，听到“那沉静而永在的人性悲曲”。

这些诗人们并不知道自己被称为“浪漫主义诗人”。虽然他们的作品中偶尔出现“浪漫”一词，但到底何为浪漫，亚瑟·拉夫乔伊教授列出的定义至少有二十多种。一言难尽。简单来说，首先，浪漫主义作家们不仅具有瑰丽的想象，创新的诗论，独特的审美，而且也是“自我书写”的先锋，华兹华斯的《序曲，或一位诗人心灵的成长》即是一部诗歌体自传。柯尔律治的《文学生涯》侧重梳理诗学思想。拜伦的《恰尔德·哈洛尔德游记》则记录了诗人壮游中的见闻和思考。这些带有自传色彩的作品与后人为他们所写的传记相互映照，值得探索。其次，法国大革命作为“时代的精神”是英国浪漫主义的宏大背景。两代诗人或亲历了这一历史事件，或诞生于它的历史余波，他们的经历也由此丰富、厚重。别的作家编织梦想，他们本身就是传奇，最终认识到无论世事的体系经历了多少风云变幻，人类的心灵有着“更神妙的材质与织体”，“比其居住的大地美妙千百倍”。此外，这些作家的生活方式与艺术创作高度融合，比如隐居湖畔思索自然与人性的华兹华斯，游历四方、投身希腊独立战争的拜伦，等等。研读他们的传记，我们感佩他们将生活与理想合而为一的勇气；吟诵他们的诗歌，我们珍惜这诗语与诗思表里如一的真诚。

浪漫主义的许多思想传统至今值得我们借鉴。他们热爱自然，但更关注与自然交流的心灵。他们重视生态，但深知生态实乃心态的反映。他们往往被贴上“自我”的标签，但对自我的反省与探索最终引向对人类的普遍同情。他们被称为叛逆者、反动派，但没有谁比他们更敬畏习俗与传统。他们对想象力的重视，对精神完美的追求，对唯理性主义的担忧，对视觉中心文化的反思，对“进步”与“速度”的怀疑，对“朴素生活，高贵思考”的信念……都拥有恒星般久远光明的价值。

第一代浪漫主义诗人的两大巨匠都曾为我们的心灵状态忧虑。华兹华斯认为，“在我们的时代里，众多因素正以一股联合之势钝化着心智的鉴赏力，使心灵不能发挥任何主动性，乃至陷入愚钝。”这股使心灵钝化的合力包括工业的发展、城市人口的激增和信息的高速传播——如今，有过之而无不及。他的好友柯尔律治也警示我们，在忙忙碌碌的世界里，“由于熟视无睹或者私心牵掣，我们视而不见，听而不闻，有心灵，却既不善感受，也不能理解”。他们认为，在任何时期，作家最重要的职责都是要提高人们心灵的灵敏度——“啊，灵魂自身必须焕发出 / 光芒、辉煌和美妙明亮的云章”。

艾布拉姆斯教授曾通过镜与灯的对比来阐明浪漫主义的特征。我们看到，这些伟大的诗人不是灯盏，是星辰。

浪漫主义的细腻文思和作家们的忧患意识，使得“浪漫星云”子系列绵延着“文学纪念碑”丛书的深厚关切。同时，作为一个欧洲现象，浪漫主义跨越文学、美术和音乐等多重领域，也让未来搭建更多的丰碑成为可能。我们希冀“浪漫星云”系列以一碑一契汇聚为一座巨石阵，浪漫之中不乏沉重，星云之下脚踏实地、悯念苍生。

珀西・比希・雪莱像，版画，威廉・芬登绘，约一八一五年

Shelley *The Pursuit*

by Richard Holmes

雪莱传 追求

（英）理查德·霍姆斯 著 李凯平 周佩珩 译

广西师范大学出版社
·桂林·

献给

海伦·罗根和玛格丽特·阿马拉尔

To

Helen Rogan and Margaret Amaral

目 录

插图目录*

---

* 图说标＊者系中译本增补。

图 7：罗伯特·骚塞，H. 埃德里奇绘，一八〇四年（National Portrait Gallery）

图 8：T. L. 皮科克，R. 约翰绘（National Portrait Gallery）

图 9：德文郡林茅斯：港口与村庄。雪莱的房子位于最左侧

图 10：特里马多克的坦尼尔阿西特：南侧的全景

图 11：坦尼尔阿西特，东侧的窗户与草坪

图 12：袭击者的视角，视线穿过了整个客厅，从东侧的窗户直达南侧的窗户

图 13：雪莱画作的复制品，这应该是在坦尼尔阿西特袭击事件发生后完成的。它首次于一九〇五年发表在《世纪杂志》上（Century Magazine）

图 14：威廉·葛德文，詹姆斯·诺思科特绘（National Portrait Gallery）

图 15：玛丽·雪莱，无名画家的素描画，创作时间约为一八一四年（by permission of Mrs Imogen Dennis — St Pancras Public Libraries — from Eileen Bigland, Mary Shelley, Cassell 1959）

图 16：雪莱与哈丽雅特私奔*

图 17：拜伦，詹姆斯·霍姆斯于一八一八年绘制（National Portrait Gallery）

图 18：西庸城堡与莱蒙湖，十九世纪初的版画（Éditions Jaegar, Genève）

图 19：利·亨特，塞缪尔·劳伦斯作（National Portrait Gallery）

图 20：约翰·济慈，C. A. 布朗作（National Portrait Gallery）

图 21：威廉·海兹利特，威廉·比威克作（National Portrait Gallery）

图 22：拉美西斯二世（photograph by Adrian Holmes）

图 23：巴尼迪卢卡的贝尔蒂尼寓邸的花园，雪莱在此翻译了柏拉图的《会饮篇》

图 24：贝特丽采·倩契(Gall. Naz. d'Arte Antica, Roma)

图 25：一八一三年雪莱自费出版的《麦布女王》*

图 26：《维纳斯的诞生》雕像，佛罗伦萨

图 27：三少女酒店，雪莱一行首次来到比萨时曾在此居住

图 28：雪莱一八二一年定居比萨时，从他的公寓俯瞰阿尔诺河的景观；兰弗兰基宫白色的外立面矗立在河的斜对面，配有私家台阶

图 29：《沉睡的两性人》，罗马(Museo Borghese, Roma)

图 30：雪莱手稿《阿特拉斯的女巫》中第四十七至四十八诗节中的一页(Bodleian Library)

图 31：雪莱肖像素描的细节，爱德华·威廉姆斯于一八二一年十一月绘制(Bodleian Library)

图 32：简·威廉姆斯，乔治·克林特绘制(Bodleian Library)

图 33：雪莱一八二一至一八二二年意大利钞本扉页上的素描画(Bodleian Library)

图 34：玛丽·雪莱《弗兰肯斯坦》的手稿*

图 35：浮士德与靡菲斯特在瓦尔普吉斯之夜登上了布罗肯山。弗里德里希·奥古斯塔·莫里茨·雷茨施的雕刻作品，一八二〇年(British Museum)

图 36：莱里奇的马尼寓邸，一八八〇年代的一张照片(Unknown photographer, c. 1870)

图 37："唐璜号"和"玻利瓦尔号"手绘图，爱德华·威廉姆斯作

图 38：雪莱位于林茅斯的住所*

图 39：雪莱手绘的帆船图*

图 40：雪莱的半身像，玛丽安娜·利·亨特作。本书使用此图得到了伊顿公学校长及研究员的许可(Eton College)

图 41：克莱儿·克莱尔蒙特，埃米莉亚·库兰于一八一九年绘(Nottingham Public Libraries)

图42：一八四一年玛丽的肖像画，雪莱早在十九年前就已去世（National Portrait Gallery）

图43：玛丽·雪莱的母亲玛丽·沃斯通克拉夫特*

图44：一八一九年的珀西·比希·雪莱，埃米莉亚·库兰绘。这幅肖像画之后于一八二二年或一八二三年完成（National Portrait Gallery）

图45：《情人的座位：雪莱与玛丽·雪莱在圣潘克拉斯老教堂墓地》，威·鲍·弗里思于一八七七年绘*

图46：写作《被缚的普罗米修斯》的雪莱，约瑟夫·塞文于一八四五年绘*

图47：漫画《圣彼得广场的大屠杀》，F. 福格绘，一八一九年

图48：一八一九年八月十六日彼得卢惨案，理查德·卡莱尔绘（National Portrait Gallery）*

图49：《雪莱的葬礼》，路·爱·富尼耶于一八八九年绘，左边跪着的是玛丽·雪莱，中间站着的依次是特里劳尼、亨特和拜伦*

图50：位于罗马的雪莱之墓*

图51：克赖斯特彻奇小修道院内纪念雪莱及玛丽·雪莱的雕像，亨利·威克斯塑*

新版序言

这是一部年少之作。完稿时我二十九岁,雪莱就在相同的年纪溺亡于拉斯佩齐亚海湾。本书与书中的传主一样——那位追求者和被追求者,都颇有几分孟浪之举。我认为这部作品诚当如此。本书尝试以现代史诗的形式撰写传记,其中,情节发展的节奏,人物外表和举止,游历和诗意冒险的意义是重中之重。雪莱曾说:“我始终在往前走,直到有人把我拦下,而别人永远也拦不住我。”我仍然认为这是反映雪莱卓越非凡的一生的基本事实,他的人生栩栩如生地延续至今,是每一代年轻人都会遇到的躁动不安、苛求完美的存在。 ix

时隔二十年再来回顾这部作品,我更清晰地看到自己对研究和写作的对象的那份偏爱和热情。我在创作时,愤然拒斥了大部分批评传统,回到了原始材料,处处跟随雪莱的脚步,走遍英国、爱尔兰、法国和意大利。在我随后写的一本书《足迹》(*Footsteps*)中,我描写了对本书的强烈执着,宛如梦幻一般,这不啻试错和自我教育的过程。我在那本书中做了一些修正(尤其是对玛丽·雪莱)。但我相信无论是这本传记中对政治和哲学的关注,还是雪莱精神和思想力量的意义,他对周围所有人产生的率性而为和实实在在的影响,都仍然具有价值。因此,经过再三考虑，我希望在这本书里记录我生命中与雪莱共度的一段真实的历史。比我更聪慧、学养更深厚的大有人在，他们会继续纠正本书中的疏漏。为此，我在书中加入了一份包含新近研究成果的“新选参考书目”，以及对我作品多方面提出的诸多批评，我鼓励读者去参阅这些内容。但我尤其要鼓励他们去重读雪莱的诗歌和散文，尤其是一八一六年之后的作品：在浪漫派作家中，我从未见过有像他这样快速地**学习**、改变和发展其艺术之人。

传记的开放性是其神秘吸引力之一。传记从来都不是确定的：它
x 吸收或扬弃前人的作品，它经常无意识地反映所处时代的关注点和问题，还将某些秘密留给后人解开。不管传记作者打算做到怎样的客观性，在他为已逝之人绘制历史肖像，在每一次严肃的尝试中，都会不经意间掺杂传记作者的生活环境和气质。这恰恰是传记主观性的长处而非弱点。伊波利特·泰纳是欧洲第一位伟大的传记理论家，他力图将传记研究界定为“科学的”文类，就像对人展开植物学研究一般。传记是实验性的，只有在这个意义上它才具有科学性：它检验的是事实的一个版本。但一切优秀传记都必须完成更多的工作，承担更多的风险，才能恒久地镌刻在人们的想象中。它最终必须超越事实和文献资料，大胆地创新艺术风格和形式，使之与所在时代相吻合。

如今，有一点在我看来显而易见，我在《足迹》里曾提到过这一点，即这部传记仿佛是“一个二十世纪六十年代的英国孩童”所写。不过当时恰巧是重新发现雪莱生平的黄金时期，雪莱的人生是由幻想、诗性和激进思想组成的特殊混合物，一触即发。这非常契合他所处时代的热切希望和抱负。如果说世纪末的当下是更阴暗、更充满变数的时代，雪莱独特的精神和理想主义也许会更引人注目，这不啻一团对抗阴影的熊熊火焰。这使他变为残酷无情，甚至荒唐可笑之人，可能也会产生一种特别的、深切的共鸣。说到底，他是欧洲启蒙运动的产物，坚信能够用语言来改造这个世界，笃信火焰是构成想象的元素。

自我写出本书以来,雪莱研究已发生巨变。维多利亚时代的影响已经消退,利维斯博士的阴影业已消散,雪莱再度受到学生们的欢迎,其课堂外的吸引力也仍然很大,谢天谢地！在美国,学术团队在唐纳德·H.莱曼的带领下,利用纽约卡尔·H.普福尔茨海姆图书馆和牛津大学博德利图书馆的资源,不断努力修订和再版雪莱的作品。K. N. 卡梅伦做出了开拓性的工作之后,雪莱社会政治背景中的许多方面得以澄清。新一代的文学批评家捍卫了雪莱的智识天赋,他的“怀疑论理想主义”,以及他诗歌语言中熠熠生辉的微妙隐喻。他的作品吸引了解构主义和女性主义批评家,常使他们产出耀眼的成果。有一群英国作家值得注意,他们合理地提出了不同的意见,包括威廉·圣克莱尔、保罗·富特、霍华德·布伦顿、克莱尔·托马林、安杰拉·莱顿、蒂莫西·韦布和P. M. 道森,他们探索了许多具有争议性的新问题。还涌现出一批关于雪莱的小说、戏剧和电影。G. 金·布兰克编辑的《新雪莱:二十世纪晚期的观 xi
点》(*The New Shelley: Later Twentieth-Century Views*, St Martin's Press, New York, 1991)是一份极具价值的学术概览,书中还列出了上述许多作品的清单;在我的“新选参考书目”里,我纳入了一些从整个领域中精挑细选出来的书目。

有些内容并未改变。安德烈·莫洛亚曾出版过引人入胜的“雪莱传奇”,并引经据典地冠名为《爱丽儿》(1925 年的首部企鹅版传记),这部作品在雪莱诞辰二百周年之际隆重再版。在本书初版的“引言”部分,我曾戏谑地提到过这本书,认为它是雪莱身后遭受诸多攻讦的根源。出版社请我为新版《爱丽儿》(皮姆利科,1991)写一小段赞美之词放在封底,我发现自己陷入颇为讽刺的境地。我对《爱丽儿》的看法没有变,但我开始尊重莫洛亚,认为他是为法国传记奋斗的先锋,这尤其体现在他的《雨果传》(1954)、《三仲马传》(1957)和《巴尔扎克传》(1965)中,其中《巴尔扎克传》最为突出。这些作品在法国批评界仍未得到合理的认可。因此,我将自己伪装成他的狂热支持者,试图将莫洛亚早年对

“浪漫传奇”形式所做的影响巨大的实验融入二十世纪雪莱传记更广阔的发展历程中。现在，不无疑虑之余，我不禁将当年最终所写的文字引用如下，因为它关乎整个复杂的问题，即传记如何在“过时”之后，仍然在文学中保有一席之地。

> 五十年以来，这本引人注目的小书几乎成功摧毁了雪莱作为严肃作家和诗人的声誉。此书写于二十世纪二十年代，可谓爵士乐时代的传记，通过无双的才华，以截头去尾、轻率而有伤风化的风格，讲述了雪莱圈子中“灿烂的青春年华”。将事实和虚构相掺杂，编造对话，对恋爱场面营造伤感气氛，以及为风景增色，它追溯了这位充满激情、令人难忘的年轻诗人在一群“轻佻女郎”——两位哈丽雅特、玛丽、伊丽莎、科妮莉亚、克莱儿、埃米莉亚和简之间灾难性的飞行路径，直到他的生命之火最终熄灭于拉斯佩齐亚海湾。一八一七至一八二一年间，是雪莱创作生涯中的巅峰时期，但此书却只用二十来页的轻描淡写一带而过。取而代之的是令人着迷的爱丽儿形象，他介于哲人葛德文和恶魔拜伦之间，宛如流光溢彩的迷人火花，一半是人，一半是流星。
>
> 安德烈·莫洛亚后来不无悔恨地说，他写这本书是为了“祛除”自己年轻时的浪漫主义倾向，却无意间使浪漫主义在整整一代人心中奠定了神圣的地位。因此，《爱丽儿》如今已成为现代文学传记中的一座历史丰碑，与里顿·斯特拉奇或哈罗德·尼科尔森[①]创作的各种微型人物肖像一样精巧，这是一部经典之作，提醒人们注意创作形式的力量和风险。

① 里顿·斯特拉奇（Lytton Strachey，1880-1932），英国作家和批评家，其传记作品颇有特色，《伊丽莎白女王》等作品已有中译本；哈罗德·尼科尔森（Harold Nicolson，1886-1968），英国外交家、作家，其作品《外交家》有中译本。（此类注释为译注，下同，不另标出——编者）

某种程度上，我的传记力求摧毁莫洛亚传记所提倡的一切内容。但如今，我明白它仅仅是某种更广泛、更恒久的传记写作过程的产物，此过程力图通过想象让当下影响往昔。也许有一天，一位新的泰纳会界定出比较传记学学科——即便这未必是一门科学——我们都将参与其中。 xii

我本人与雪莱一直保持着令人难忘的关系。一九九一年，我乘坐的二十八英尺长的帆船在北海失事，但一架英国空海救援部队[1]的直升机将我和两名同伴营救到安全地带。我再次回想起雪莱临终前不久在托斯卡纳海岸遇到的神秘之事，当时他看到幻象并写下一首未完成的诗篇——《生活的凯旋》。此后，我暂时放弃了传记创作，尝试另一种探索形式，这是一部题为《致天赐暴风雨》的广播剧。一九九二年，为了纪念雪莱二百周年诞辰，我驾着一艘小渔船，在我的英伦玫瑰的陪伴下，从韦内雷港出发，相对平静地横渡了莱里奇海湾。

与年轻一代读者交谈后，我认识到雪莱已经逐渐成为欧洲的象征，是英国诗人中的但丁，他也代表着勇敢的浮士德形象，他的写作和游历赋予这颗具有原始冒险精神的心灵以灵感，使之进入更为广阔、具有完美可能性的世界。对传记作者而言，最打动人心的一刻莫过于发现一位陌生人手捧一本自己写的旧书——历经辗转，书页早已破旧不堪，酒渍斑斑，书页边写满潦草的字迹，诗句下画了横线，与地图和明信片卷在一起，阳光和海风让封面褪了色。我希望本书的新版也能有如此幸运的待遇。

理查德·霍姆斯于巴黎，一九九四年七月

① 英国空海救援部队隶属于英国皇家空军。

引　言

雪莱的热爱者永远大有人在，但本书并非为他们而写。他们追求的是天使般的形象，无论是特里劳尼美好的回忆录，安德烈·莫洛亚迷人的浪漫传奇，还是那无数薄薄的雪莱抒情诗选（1829 年之后出版了第一部雪莱抒情诗选，这是一本橄榄绿色封面的法语版诗集。自此之后，此类选集的内容几乎一成不变），都能满足他们的愿望。这个展翅翱翔的精灵在本书中无迹可寻。在这里，他的形象更为阴暗，更接地气，更加残酷，也更卓越，他迈着矫健的步伐，穿行于一片有时美得令人惊叹的奇异景致之中。 xiii

英国浪漫派诗人中，雪莱是最坚定的职业作家。他去世多年后，华兹华斯称他为“我们所有人中最好的**艺术家**之一；我指的是他的艺术风格”。雪莱一生精通意大利语、西班牙语、德语、拉丁语和希腊语，并从这些语言中翻译了许多作品，此外还翻译了一些阿拉伯语作品的断章。从一开始，他就是对政治和哲学思想深感兴趣的作家，而不是纯粹追求艺术的诗人。与他同时代的晚辈约翰·济慈（他打心底里厌恶雪莱）不同，他的书信和随笔很少涉及诗歌主题本身，可能除了罗伯特·勃朗宁、爱德华·托马斯，也许还有艾伦·金斯堡之外，他从来不是真正意义上的诗人中的诗人。

《致云雀》《云》《致简》《一盏明灯破碎》是雪莱后期在意大利创作的著名抒情诗。后来,这些作品得到了多愁善感的维多利亚时代读者的认可,在一代又一代莘莘学子中树立了他的文坛地位,但那从来不是雪莱真正重视的诗篇。它们大部分创作于雪莱沮丧消沉和沉寂的时期,是主要作品的创作无法推进之时漫不经心的妙手偶得。终其一生,雪莱的主要成就集中于一系列长篇诗作和诗剧的创作,旨在揭示所处时代和社会的主要政治和精神问题。伴随它们而来的是一系列才华横溢却罕为人知的思辨随笔文,论及相同问题中更务实的诸多方面,其中不乏机智诙谐而又有独创性的妙笔,但永远是博学而充满争议的。人们可以将
xiv 雪莱称为最广泛意义上的作家,集诗人、随笔作家、剧作家、小册子作家、翻译家、评论家和书信作家于一身。他四处游历,胸怀远大抱负和更伟大的计划,对历史性时刻有着敏锐深刻的见地,并在宏大而剧烈的社会变革进程中——他知道自己身处其中——领悟到作为**艺术家**的强烈责任感。雪莱的抒情诗只不过是这颗彗星的彗尾发出的光芒。

自十九岁起,雪莱就经历了一系列个人危机,有一些是运势使然,但这越来越多地归于他的个人选择,这迫使他愈发远离他出身的家庭、阶级和文化背景。待到生命戛然而止之时,也即他三十岁生日前一个月,无论在地理上还是在精神上他都成为一个彻底的流放者。越来越显著的流放状态在他的人生中发挥了非常重要的作用。到他去世时,他的名声在英国几乎是讳莫如深的话题,保守派和激进派各执一词,但总体而言,在温文尔雅的伦敦社交界,雪莱的名字是不会有人提到的。就此而言,他与他的贵族友人兼对手拜伦勋爵截然不同,拜伦虽然也流亡国外,但在英国却有一大批追随者,而且,他航行前往希腊,立即在英国自由主义的祭坛上封圣成神。此外,拜伦的国外读者群也许是同时代最庞大的,但雪莱在国外的读者几乎为零。因此,一方面,流放让拜伦声名远扬,即便是他的恶名,也很快转化为时尚的魅力,而另一方面,流放给

雪莱带来的却是文学上的寂寂无名和对个人名誉的诋毁。雪莱殒命后几日,拜伦曾给伦敦的汤姆·摩尔写了封信,信中称,“就这样,又一个人走了,这个世界以恶毒、无知和残忍的方式误解了他”。——但他的贵族身份本身曾屡次加深人们的这一误解。

无论是雪莱的流放,他对所属阶级的背叛,还是他声名狼藉的信念和行为,都极大地影响了他的社交圈和同时代人,他们在传记中推崇他时总是小心翼翼,这种影响在他儿子所作的传记中更为明显。最初,他同时代的家人和朋友害怕雪莱生平事业中诸多事件造成道德和交际上的污点,便阻止传记材料的出版乃至编写,直到保有这些材料之人在迈入花甲之年后成为令人尊敬的维多利亚时代人士,如霍格、皮科克和特里劳尼。他们做好了遗忘、篡改和隐匿这些传记材料的充分准备。除了一个例外,在雪莱死后三十多年的时间里,几乎没有重要的传记材料出现。雪莱的第二任妻子玛丽是他传记出现的关键,她不仅有亲身经历,也能接触到文献材料。然而,实际上玛丽·雪莱除了在一八二四年为加 xv 利尼亚尼版《遗诗》写过简介,以及为一八三九至一八四〇年的第一部《全集》写过编辑“说明”之外,她无法写出任何更详尽的作品。阻碍她的因素不仅有与雪莱友人相同的顾虑,更因为雪莱的父亲——菲尔德庄园的蒂莫西·雪莱爵士,明确禁止在他有生之年出版任何此类作品,若有违反则剥夺年金,这是玛丽唯一的固定收入来源,她用这份年金刚好能够维持自己和儿子(即蒂莫西爵士的孙子兼继承人)珀西·佛罗伦萨·雪莱的生计。蒂莫西爵士毫不犹豫地通过律师惠顿提醒玛丽不要违反这项禁令,而且在他所憎恶的儿子死后二十二年里,这项禁令都得到不折不扣的执行,一直持续到他一八四四年以九十岁高龄辞世。玛丽则满足于将丈夫那值得追忆的形象珍藏在她的小说中,尤其是在《最后一个人》(1826)和《洛多尔》(1835)等作品中,刻画出一系列高贵而柔弱的人物。只过了七年(1851 年)她也去世了,没有透露雪莱的更多情况。

在下一代人中,雪莱的文献资料掌握在博斯库姆庄园和珀西·佛罗伦萨爵士的妻子简·雪莱女士手中，简花了毕生精力为雪莱树立了一个无懈可击的维多利亚时代理想诗人的形象，颇具女性气质。主要的障碍在于雪莱爱情生活的离经叛道，政治观点的激进特征，以及主要作品在哲学上难以理解。她取而代之以柔弱、命运多舛的抒情诗人形象，一个饱受世人误解的人，他遭受的委屈超过了他的错误，使雪莱的名声和社会地位逐渐得到恢复。在此过程中，她刻意隐瞒、修改乃至销毁某些日记、书信和文献资料，但公道地说，此举与雪莱的友人（如霍格）所做的类似处理不分伯仲。但这种歪曲几经累加，就与事实相去甚远了。此外，进入雪莱纪念馆的学者都经过精挑细选，尤其是理查德·加尼特和都柏林三一学院的教授爱德华·道登，简女士都对他们实施了非常严格的审查和控制，可以说到了冷酷无情的地步。哈丽雅特·雪莱的材料受到了肆无忌惮的处理，尤其证明了这一点；而在其他许多地方，记录受到刻意篡改，我在叙述过程中会讨论更重要的相关细节，因为它们经常会揭示真相。我也会从加尼特、道登、罗塞蒂已发表的书信中，以及罗伯特·梅特卡夫·史密斯在《雪莱传奇》（1945）中任性而有失偏颇的抨击中收集细节。这是雪莱研究的重要阶段，其巅峰之作是爱德华·道登的两卷本《雪莱的一生》（1886）。在对雪莱作品和性格的普遍评价中，这部作品仍然具有强大的破坏性。

对雪莱作出现代的新阐释滥觞于美国。这或许可以追溯到纽曼·艾维·怀特的传记作品和 F. L. 琼斯对雪莱文本所做的考据工作。此外还有第三位美国学者肯尼斯·尼尔·卡梅伦，他是纽约普福尔茨海姆图
xvi 书馆雪莱馆藏的首位编辑，这些人士开启了一场运动，使得雪莱的生平和作品受到的评价彻底转变。他们的著作不啻丰碑，例如怀特在一九四〇年出版的两卷本《雪莱》和琼斯于一九六四年出版的两卷本《书信集》。如需他们其他作品的详情，可参见本书参考书目。他们在作品的每一处都会去查阅原始手稿和雪莱同时代的材料，一丝不苟地与印刷版对照，还经常将红外线设备用于考据工作，此外他们还带动了更

年轻的新一代研究人士。每一部现代的英语雪莱传记,都必然从这项学术工作中受益匪浅。对我而言,它既是本书必不可少的基础,也是鼓舞人心的榜样。

一百多年之后,雪莱生平的传记材料才从注重礼数的维多利亚时代的阴影中重新浮现,此时,雪莱许多真正的作品遭受了同样日渐衰微的命运。这也极大地扭曲了对雪莱文学地位的评价。如果探询雪莱许多重要诗作的出版史,就会发现其堪称古怪,在英国,上一版较为完整的雪莱散文集出版于一八八〇年。他最重要的政论文在创作完成一百年后,才首次出版了一个限定的非公开版,而他许多最优秀的诗作直到最近十年才得到可靠的编辑和印刷。在一九四五年之前,除了卡尔·格拉博的《魔法植物》(1936)和 W. B. 叶芝的一篇文章之外,实际上没有值得一读的文学评论或文学批评。此外,雪莱出版史的细节出现在本书叙述的主体部分,这些细节廓清了雪莱的名声,《麦布女王》就是一个离奇的案例。也许,在雪莱最早的出版商中,最为忠实、作用最大和最具慧眼的是一伙激进的盗版书商,他们在十九世纪二十年代为出版自由而斗争,随后又为人民宪章运动而斗争。

当前,在大批学者荟萃一堂的这个领域,无论是谁,在提出独创性声明时都会犹豫不决。有些读者会询问什么是文学上的“新意”,他们中有些人误解了这类传记研究的本质。它在更多情况下是视角的变换,使“旧的”事实、事件和记录呈现出新的意义和联系,同时新的局部研究将事件和经历放置在新的背景下,使人们能够关注到此前未给予合理关注的要素。常新的不是过去本身,而是我们回顾过去的方式。除了作为本书研究基础的局部研究,读者会发现本书在几个方面不同于之前的传记。相比之前的作者,我更充分地同时使用了玛丽和克莱儿的日记,我首次提出克莱儿在雪莱生平中应具有充分、合理的位置。我为雪莱一生中两个巨大的秘密(即一八一三年在威尔士的“暗杀”和出生于一八一 xvii
八年冬,身份存疑的“那不勒斯”孩子)完整地展开了资料翔实的重新解读。我经常参考牛津大学博德利图书馆中的雪莱笔记本手稿，试图更清晰地展现雪莱如何逐步构思和次第完成其伟大的诗歌主题。最后，我对雪莱的主要诗歌和散文重新作出一番评价，并试图尽可能生动地将之还原到当时的现实环境中，并以这些作品产生时的骚动而激荡的政治时期为背景。历经多年，这一时期在我们的时代依然闪耀着光芒。最后一点是我从未冒昧论及的一项比较，因为那并不是我的任务。但它就在那里，每一位用眼睛看、用耳朵听、用心去感受的人都能体味到这一点，有时是如此贴近，以至于雪莱的生平似乎不是一段历史，而是一个神出鬼没的幽灵。

第一章　引火者

他的卧室窗户朝西，迎着日落方向。窗外是一大片草坪，顺着一片浅滩走下去，就是一大丛树木，榆树上住着秃鼻乌鸦，还有香柏和他祖父带回英国的美国红杉，再往前走是一片较为幽暗之处，掩映着杜鹃花和冷杉。穿过这片树林就是湖。接着能看到果树林和南面的草地，更远处还有个更大的湖，名叫沃纳姆湖，实际上是由一座石桥连接起来的两个湖。他父亲把船泊在这里，还放着渔绳。父亲站在芦苇丛中，举枪射杀长着深绿色羽毛的野鸭和沙锥鸟。沃纳姆湖里有一只巨龟。有时，它夜里从水的深处游出来，在草坪上徐徐爬行。树林里还有另一个怪兽：大蛇。他和保姆谈论过它。保姆说它住在圣伦纳德森林，至少有三百岁了。他的保姆来自霍舍姆，口音里带着温柔的苏塞克斯喉音。有时，他会对妹妹伊丽莎白讲起巨龟和大蛇，吓得她瑟瑟发抖。她只有两岁。[1]

这座房子叫菲尔德庄园。房子里有高高的橡木楼梯，他上床睡觉时，楼梯在烛光中闪闪发亮。菲尔德庄园曾是都铎王朝时期的农场住宅，此时它仍然有一座巨大的厨房，里面铺着石砌的地板，还有许多小小的柜子，柜门是锁着的，还有一座阁楼，阁楼的横梁布满蛛网。新修建的部分体现出乔治王朝时期①的风格，外观庄严而又匀称，窗户高高的，两翼的侧厅围着面朝草坪的中央柱廊。房屋后则是他祖父建的新马厩。那儿停放着马车，还养着几匹马。马夫假装与他玩牌："你想让我出王牌吗，比希少爷？"[2]他母亲喜欢骑马。她长得明艳动人，骑马穿过村庄时，所有人都很仰慕她。她时常给穷人布施财物。她说，他必须学会骑
2 马，钓鱼，在树林里打猎。[3]他自己有一匹小马驹。管家卢卡斯帮助他学习各种技能。有时，卢卡斯会借钱给他，让他施舍给穷人。

父亲蒂莫西从议会回来之后，就坐在自己的书房里。父亲个头很高，一头金发，衣着考究。书房的一面墙上挂着一幅基督受难的画，另一面墙上则是一幅意大利版画，画的是维苏威火山喷发。[4]父亲要求家里所有成员和仆人都要去教堂，但他却不喜欢谈论上帝。仆人们都喜欢他，因为他很和善。蒂莫西长着高鼻子和漂亮的弯眉毛。他每天都会派个人去问候祖父的健康情况。祖父比希住在霍舍姆的一个小屋里，位于阿伦河畔。蒂莫西去看他的时候，老比希总是高声对他骂骂咧咧。老比希很有钱，沙发后面塞满了钞票。蒂莫西很怕他。

六岁时，父亲送他去一所走读学校上学，学校是威尔士人爱德华兹开设的，他是沃纳姆教堂的牧师。每天早上，他胳膊下夹着一包书，沿着小路前往爱德华兹牧师的住处，学习拉丁语和希腊语的入门知识。父亲喜欢让他学习拉丁语诗歌段落，吃完茶点之后，他会在客厅背诵这些诗歌，用手臂比画着诗歌的含义。妹妹伊丽莎白和玛丽满怀钦佩之情，默不作声地看着哥哥，让她们惊讶的是，他不仅能记住这么多词，而且还能通过表情和手臂的挥舞来表明自己明白了词意。[5]母亲喜欢让他背诵格雷的《一只心爱的猫在金鱼缸中淹死有感》中故作忧郁的滑稽诗行。在伊丽莎白和玛丽看来，甚至对小他七岁的小海伦来说，他蕴藏着无穷的智慧，心中装满了神秘的知识，俨然一位魔法师。

---

① 乔治王朝时期（Georgian），指英王乔治一世到乔治四世统治的时期（1714-1830）。

他会给她们讲故事，故事取材于他在花园、树林、湖边，以及家中古旧的那部分房屋中的探险。有时，他会去她们的儿童室，有时，他会在晚上把她们召集到某个大房间的一个角落里。多年之后，妹妹海伦回忆说："一晚又一晚，我们坐着听他讲故事，就坐在他的腿上，我们去餐厅吃甜点时，都盼望着听那些引人入胜的恐怖故事，那些故事让孩子们欢欣雀跃，留下了不可磨灭的深刻记忆。菲尔德庄园的屋顶下有一个宽敞的阁楼，其中一个房间多年来一直关着，只有移开阁楼地板的一块木板才能入内。他幻想这片未知之地住着一位炼金术士，上了年纪，头发灰白，胡子长长的。书籍和灯烛，以及一切栩栩如生的幻想之物，都涌入我们仔细聆听的耳中。'总有一天'我们要去看看他；但我们愿意等待这一天，还在果园里挖了一个大洞，以便给这位科尔内留斯·阿格里帕①
创造更好的住所。孩子们喜爱的另一个主题是'巨龟'，它住在沃纳姆 3
湖里，一切不同寻常的声响，都认为是这头巨兽发出的……"[6]

伊丽莎白只比比希小两岁，她有时候也参与构思这些魔幻、怪物般的创造物，但比希始终是领导者，唯有他能利用自己从牧师那里所学的课程，从月光下绕着树林的骑行中，从上锁房间中的阴影之地，从他神秘的藏书中得出秘传知识。很久以后，人们在菲尔德庄园的儿童藏书中发现了一本破旧的《恐怖故事集》，作者是 M. G. 刘易斯②，书的页边注有奇形怪状的儿童素描，那些是比希画的恶魔、长着角的怪物和精灵。[7]成年后，比希的笔记本页边上也会标注此类可怕的侏儒。妹妹们都很崇拜他，也很害怕他。仆人们都很喜欢比希，他仿佛是部落酋长，地位不容挑战，在菲尔德庄园横行无忌。即便在成年人看来，他似乎也满脑子"恶作剧"和"顽劣"之举，并且他的"奇思妙想"驱使他去行动。

---

① 科尔内留斯·阿格里帕（Cornelius Agrippa），全称 Heinrich Cornelius Agrippa von Nettesheim（1486–1535），德国博物学家、医生、神学家和神秘主义作家。

② M. G. 刘易斯（Matthew Gregory Lewis，1775–1818），英国小说家和剧作家，以写作哥特风格的恐怖故事闻名，通常被称为"修士"刘易斯，源于其 1796 年哥特小说《修士》的成功。

海伦只能回忆起一些插曲，“但想不起此前或此后的相关事情”。[8]比希养成了连续消失几个小时的习惯，回来后便大谈一场不可思议的冒险经历，这些经历通常有些奇异，一波三折。海伦记得，“有一次，他谈起自己拜访了一些女士，是我们村庄中他熟识的女士，并进行了一番最细致入微的讲述：他介绍她们如何招待自己，谈起了她们的职业，以及如何在她们美丽的花园中漫步……这件小事中必定有一些与众不同之处，因为我经常听到人们把这件事当作一个奇特的事实提起，但人们几乎立马就能确定，这个男孩从没有去过那座房子”。接下来并没有做出解释；父母也认为这件事很怪异，但没有惩罚他。[9]还有一次，他执着于一个念头，一心要在菲尔德庄园的顶层寻找他幻想的一只幽灵，认为那里是它秘密的藏身之地，有人发现他手持一根长棍，反复在房子低矮的后廊上敲打着天花板，试图寻找密室。此举造成大片的破坏，他遭到了训斥。[10]

他沉迷于月光和烛光。很快，无论是讲述故事，召唤幽灵，还是扮演炼金术士，火焰都纳入了他的仪式。他现在已经有了第四个妹妹小玛格丽特，小他八岁半。他那充满魔法和超自然恐怖的世界对她们的吸引力越来越大。“我们穿着奇装异服，扮演精灵或魔鬼，比希会拿来一个火炉，里面装些易燃的液体，把熊熊燃烧的火炉带到厨房和后门；但这项危险的娱乐活动很快就被发现，大人不准他再这么干了。”[11]还有一次，他扬言要在管家莱克先生圆圆胖胖的身上点上一把火，也许就是为了报复
4 这项禁令。蒂莫西是一个随和的人，然而也是一位注重礼数的父亲，他认为有必要把儿子送去学校。家人进行了一番商量，蒂莫西想把比希送到伊顿公学，但他还太小，而且首先要给这孩子的典籍学养打牢基础。他母亲与她在霍舍姆的姊妹们交谈了一番，其中一人嫁给了蒂莫西在霍舍姆的法定代理人 T. C. 梅德温。两人的儿子汤姆就读于伦敦附近的预科学校，校长是位苏格兰人，也是位古典学学者。无论是对比希的性格养成还是学业教育，这所学校似乎都很不错。十岁这年，他离开了菲尔

德庄园和对他崇拜不已的妹妹们，进入艾尔沃思的西翁学院就读，该校就坐落在泰晤士河南面，离布伦特福德不远。

在这所学校里，雪莱勉强算得上认识的男孩只有一人，即比他大四岁的表兄汤姆·梅德温。后来梅德温简要概括了他的经历："对他而言，西翁学院真可谓一座名副其实的地狱。"[12]这是一座阴森森的砖楼，背靠布伦特福德路，通过一扇令人生畏的大门走进几面阴沉的高墙中。在十七世纪，这所学校的主人是伦敦的一位主教。原先的宴会厅采用了深色墙饰，总是回荡着回声，充斥着冰冷的氛围。此时，它变成了主要的教室。这里的伙食分量很少，洗浴则是冷水浴。每周六学校加餐，用这一周所有有营养的剩菜做成一锅大杂烩。学校总共约有六十名男生，年龄从八岁到十八岁不等，几乎全都是伦敦的批发商、零售商和成功贸易商的子弟。他们都没有像比希那样出身乡下，也没有像他那样在乡下的成长经历。学校生活的中心是一座露天运动场，四周耸立着高高的石墙和木栅栏，中间有一棵久经风霜的老榆树。这棵树与菲尔德庄园的树木都不一样：学校的铃挂在树上，每当要召集他们洗冷水浴、去食堂、进教室和回宿舍时，就会响起铃声。这棵挂着钟铃的树用刺耳的铃声统治着他们的生活，就连梅德温在多年以后，一想到那"可憎的叮当声"钻进耳朵他就充满畏惧。这座操场的高墙仿佛监狱一般，高墙内充斥着说话声、吼叫声、呼唤声、笑声和叫喊声等喧哗，恃强凌弱的一幕时有发生。

珀西·比希·雪莱发现自己来到了一个充满敌意的全新世界。他第一次意识到自己在外表和生理上存在局限性。据西翁学院的人回忆，他当时是一个瘦高的男孩，笨手笨脚，个头虽高，却很纤弱。他脸型狭长，鼻子和额头具有雪莱家族的明显特征，一脸的"农村红"，脸上长着雀斑。他眼睛很大，一双蓝色眼珠喜欢盯着人看。他的头发比大多数伦敦男孩要长，天生浓密鬈曲，乱蓬蓬地围在脸四周。[13]他的手和五官长得很精致，骨骼结构颇有少女般的精巧，这是英国上层社会儿童的特点。这所预科学校的学生大多出身于中产阶级下层，这个世界的制度十分野 5

蛮，要求行为忠诚和严格遵守规定，雪莱在这里几乎完全陷入孤立无助的境地。梅德温遵守学生准则，从不逾矩——“我们所有人都必须经历这种严酷的考验”，他回忆起雪莱来校最初几天甚至几周时说：“所有人都用问题来折磨他。他们发现他不知道木制陀螺、弹珠、跳背游戏或跳房子游戏，更不用说墙手球或板球，此时他们就无休无止地嘲笑他。有一个人要和他比赛拳击，还有一个要和他赛跑。在这些方面，他都是个新手，通常，对他这位新来者的唯一问候就是高声嘲讽。”[14]雪莱独自一人时，梅德温曾发现他默默地流泪。

在课堂上，雪莱看着格林劳博士分析荷马，吸鼻烟，还拿放屁开玩笑，说是“埃俄罗斯①洞穴里的风”。[15]他五短身材，红脸庞，一口刺耳的苏格兰口音，擅长从希腊拉丁文本中提炼出学童般的幽默，说它们是诙谐妙文。他把眼镜戴得高高的，高到眉毛之上，仿佛带着几分轻蔑，生气的时候，默默地把眼镜拉下来，戴在吸鼻烟的大红鼻子上，以此表示无言的威胁。他的巴掌如果高高扬起，能够把一个学生从课桌上扇到一边去。[16]雪莱一有空就在他的练习册上给菲尔德庄园的树木画素描，还会凝视教室的窗外，观察燕子为秋天的迁徙聚集成群。[17]他在苏塞克斯的童年似乎已非常遥远。他的童年可能只有两件事值得一提：一是他幻想的鬼蜮世界，那里充满怪兽和魑魅魍魉。另一件事是一个意外的发现——他发现自己遗传了他祖父性格的某些方面，生气的时候脾气暴烈，而且完全无法控制。

梅德温提起霸凌时曾感慨道：“雪莱是个可怜人，他总是受人欺凌。”但雪莱也经常是一位斗士，并且他会突然爆发出狂怒，很快便名声在外。汤姆·梅德温在他的《雪莱的一生》里只给出了一点暗示，因为他想将童年雪莱刻画成天使般的形象：“他天生沉稳，但每当他听到或读到一些肆意妄为的不公、压迫或残酷行为时，他的脸上就会显现出最

---

① 埃俄罗斯（Aeolus），希腊神话里的风神。

强烈的憎恶和怒不可遏的神情。”但在其他学生的回忆中,雪莱的脾气颇为不同。“只要他觉得有人妨碍到他,哪怕是无足轻重的小事,都会勃然大怒;其他的男孩熟悉他的脾气,经常故意戏弄他,惹他发火。这时他会随手抄起一样东西,甚至举起他身边的任何一位小男孩,扔向惹恼他的人。”[18]另一个人回忆,当他被鞭打时,他会在地上打滚,他不是疼得打滚,而是因为心中充满沮丧和耻辱。他打起人来经常丧失理智,“像一个穿着男孩外衣的女孩”,张开双手狂挥乱打。终其一生,雪莱都憎恶暴力,也憎恨暴力导致的各类“暴政”。但他性格中蕴含着异于常人的暴力,他对别人的反对意见也会采取恶毒的反应,这都是他难以接 6
受自己的地方。很久之后,他发现了政治暴力和强烈反抗等棘手问题,这使他对自由哲学的热切信仰受到了削弱和反驳。

他在学校遭遇的冲击也使菲尔德庄园的怪兽和浪漫的恶魔变得黑暗和扭曲。他孤立无援,陷入困境,心绪越来越不稳定。他白天备受迫害,夜晚似乎也少不了受折磨。汤姆·梅德温和其他人以半戏谑的方式记录了一些事情,许多男孩的童年也都经历过类似情况。但对于雪莱,这些事情是不一样的,因为它们的影响不限于他的童年,而是萦绕着他的整个人生。

> 他会做一些奇怪的梦,梦境有时甚是可怕。梦中的幽灵会纠缠他,它们其实与现实相对应。我们俩睡在不同的寝室,但我永远不会忘记雪莱在一个月明之夜走进我房间的情景。他处于梦游状态,睁着双眼,缓缓地一步步走向窗户,正值盛夏,窗户是开着的。我走下床,用手抓住他的胳膊,唤醒了他。当时我还没意识到突然惊醒梦游的人会产生危险。他极为狂躁,我费了点劲才领他回到他自己的床上,然后又在他身边坐了一阵,目睹了他神经的极度亢奋,这是我突然将他唤醒所致。[19]

玛丽·雪莱在雪莱临终前最后几周(他时年二十九岁)曾记录了他的梦境和梦游,与早年的情形相仿。梅德温提到的"神经亢奋"是一种反常的兴奋,也是这种神秘症结的第一份记录。这种疾病的原因之一是天生的体质,另一个原因则是身心失调。从二十岁起,它就成为雪莱生活中一个固定的特征。

倘若不是他后来遭遇的事件和经历,雪莱在西翁学院的经历就其本身而言也许并没有那么重要,前者对后者产生了巨大的强化作用。然而回顾往昔,对他而言,在菲尔德庄园度过的人生最初十年,是一个充满自由与爱的神奇世界,是堕落前的天堂乐土,而进入这所学校就读是他迈入外部世界的第一步,不啻被逐出伊甸园。成年后,他很少在作品中明确提到菲尔德庄园,因为遭受背叛的感觉太过强烈和苦涩。但一八一六年的一本钞本,记录了他二十四岁那年在瑞士写下的一个片段:

> 亲爱的故乡,你最初的希望与欢乐的场景,
> 即便是受委屈最少的回忆,
> 也比你所有业已遗忘的眼泪更苦涩。[20]①

7 在生命走到尽头之际,在遥顾人生羁旅的心境中,他在意大利钞本上潦草地写下一连串幻想的诗句,从失落的伊甸园的角度,回忆了人生最初的十年:

> 一个学童躺在杂树丛中的池塘旁
> 黑莓的花刚刚凋落
> 还有向阳的金雀花,绽放着金色的花朵……

---

① 此书中雪莱作品的译文主要引用了河北教育出版社江枫主编的《雪莱全集》(全七卷),部分有少量修改。

松果坠落，如雷霆天降
正午时分，恍惚之际喘息艰难
唤醒了沉睡的冷杉树梢。
在一根光秃无叶的树枝下
他观看着微尘模拟的舞蹈
尘埃翻滚，宛如三千大千世界穿过露湿的空气
最后他闭上双眼
去领悟编织在内心的黑暗之网
直到他脑海中浮现出群星拖曳着火尾闪耀在夜空中
仿佛群鸟在湖畔振翅滑翔
然后，他再次睁大双眼。[21]

雪莱人生最初的十年是受到百般呵护的。这也是十八世纪最后的岁月，是人类社会异常动荡的一个时代，是“人类灵魂受到拷问的时代”。他此时的认知范围尚且狭窄，不了解发生的许多事件，但它们将在日后影响他人生的整个走向。

雪莱生于一七九二年。托马斯·潘恩在这一年出版了《人的权利》，同年法国革命势力向欧洲宣战。一七九二年还揭开了空前剧变的十年的序幕，这场剧变影响了欧洲大部分地区，不仅在政治领域产生了巨大反响，也影响了文学和科学。英国立场坚定地对抗来自外部的法国大革命压力，然而内部的变革力量却使它为之撼动和改变。十八世纪九十年代，激进组织伦敦通讯协会①举行了最初的几次会议，北方主要工业城市的工人组建了工人协会，形成了早期的脆弱网络，全国棉花和金属制品的产量空前剧增，随之而来的是人口迁往制造业中心，古老的

① 伦敦通讯协会（LCS），全称为 London Corresponding Society，英国商人托马斯·哈代（1752-1832）于 1792 年建立的激进组织，成员主要是工匠、商人及店主。

乡村生活模式逐渐消亡。威廉·科贝特在他的游记随笔和论战式的新闻报道中,对这种变迁做了一番精准的研究,并为之扼腕痛惜。

十八世纪九十年代,威廉·葛德文、玛丽·沃斯通克拉夫特、托马斯·潘恩和霍恩·图克等人的革命政治作品广为流布,此外还有大量鼓
8 动造反的传单。一波新思想从欧洲大陆传来,孔多塞、霍尔巴赫、伏尔泰、沃尔尼和拉普拉斯等人著作的通俗译本纷纷传入英国,它们和法国革命会议的报道一道广为流传。十八世纪的英国体现出坚实沉稳的理智,带有约翰生式孤僻的常识,但此时这些已经出现转变。最明显、最浅显之处体现于英国作家和艺术家钟爱的主题有所转变。罗伯特·骚塞日后荣登桂冠诗人宝座,他此时为农民暴动领袖沃特·泰勒写了一部诗剧,他的好友柯尔律治创作了一部感人至深的戏剧《罗伯斯庇尔之死》。威廉·布莱克创作了他最早的两部预言书《法国大革命》和《美国——一个预言》。威廉·华兹华斯本人曾在巴黎目睹大革命初期的某些情景,在他这个时期最有代表性的作品《抒情歌谣集》中,他转而描写贫穷、下层农村生活、精神错乱以及超自然的故事。廉价版的哥特恐怖故事和浪漫传奇大量出版,造就出第一个真正的大众阅读市场。其中包括M. G. 刘易斯写的恐怖故事,他很快获得了“修士”的绰号,这源于他最畅销的同名小说。安·拉德克利夫、夏洛特·戴克和乔安娜·贝利写了追捕与鬼怪小说。就连哲学家葛德文,也创作了追捕的故事——《凯莱布·威廉姆斯》,此书的副标题一针见血,名为“事情的真相”。

在绘画方面,无论是亨利·菲尤泽利(他本人就是葛德文交际圈里的常客)以死亡为主题的作品,还是布莱克绘画中对恶魔的想象力,都通过印刷方法上一系列绝妙的技术创新,得以成功出版,迅速引领了视觉艺术的潮流。约书亚·雷诺兹的旧秩序摇摇欲坠,最终让出了头把交椅,年轻的透纳首次在皇家艺术学院展出了他的油画。

在科学领域,对电、气体和燃烧所做的实验工作开始取得惊人的成果,这大大出乎人们意料。在曼彻斯特,约翰·道尔顿正在完成关于气

体吸收的理论;在克里夫顿,气动研究机构的年轻负责人汉弗莱·戴维正在完成他对一氧化二氮、伏打电池和化学元素的初期研究。托马斯·马尔萨斯于一七九八年发表了第一部具有重要意义的社会学研究著作《人口论》。

在这十年中,发生了形形色色的革命活动,如布里斯托大同世界[1]宣扬的理想主义,像斯彭斯协会[2]这样的非法平权协会,以及伦敦通讯协会在民众教育和民主权利方面发起的运动,最终导致哈代、图克和塞沃尔受到叛国罪审判。整个英国大地上的报纸和小酒馆都在议论法国告密者和杀人如麻的雅各宾派。雅各宾派希望摧毁整个社会结构,漫画家们描画了巨大的断头台,上面滴着鲜血,还刻画了眼神疯狂、戴着红色自由帽的怪诞人物形象。白厅成立了名为内政部的机构,开始建立全国范围的监视网络,这在英国历史上是破天荒头一遭。并且在整个九十年代,英国稳步扩大了对普通民众的司法管控和民间间谍系统。从小 9
威廉·皮特起,一直到利物浦勋爵任首相期间,在法庭上对政治和宗教的审查制度越来越严格;在这方面,大法官的重要工具是煽动诽谤罪和亵渎神教罪这两项孪生罪名。

最后,这也是战火纷飞的十年:起初只是一场遥远的战争,主要是海上作战;但后来战争影响到每一个人——征兵,物价飞涨,食品短缺到濒临饥荒的境地,驻防训练,制造业阶层中的社会动荡,以及海关、税务部门、邮政和内政部的办事人员越来越多。最重要的一点在于,新的**思想**带来了不曾停歇、不断蔓延且无法控制的骚动,这在这座岛国是史

---

① 布里斯托大同世界(Bristol Pantisocracy),诗人柯尔律治和骚塞于1794年提出的一个乌托邦式的社会构想,由所有人平等地共同管理社会。起初,他们打算在美国的萨斯奎哈纳河畔建立这样一个社区,但在1795年,骚塞质疑其可行性并打算在威尔士实施这个计划。最终因两人对选址的意见不合,计划失败。Pantisocracy来源于希腊语,意为“由 / 为所有人建立的平等政府”。

② 斯彭斯协会(Spencean Society),该团体得名于十八世纪末十九世纪初英国主要的激进革命者之一托马斯·斯彭斯(Thomas Spence, 1750-1814)。

无前例的现象。虽然这些观念是不安分的、矛盾的、模棱两可的，但新思想的旋风还是吹开了人们心灵的门窗，永远改变了他们的生活。战争一直在加快英国的社会和经济走势，而这场战争将持续近十八年之久。

雪莱生在一个社会剧变的时代。然而，人们可能会认为苏塞克斯的霍舍姆仍然沉睡在传统的十八世纪模式中——季节性劳作、绵羊市场、乡村节庆，这里仍然由乡绅和牧师管理，实际上无论是遥远的骚乱，还是政客、知识分子与城市居民的骚动，都很少能影响到它。但社会的外壳已不再像其外表那样坚固。这一点尤其体现于住在菲尔德庄园的那个乡绅家庭，那里有长长的车道，种植着橡树和香柏，点缀着池塘，还有一个古怪的“美国花园”，里面种着红杉与亚热带植物。在英格兰南部的这部分地区，“雪莱”在乡村贵族中确实是一个古老的家族，雪莱-米歇尔格罗夫家族具有无可挑剔的血统，詹姆斯一世曾授予其从男爵爵位。但雪莱的家族并非嫡传于这个受人尊敬的血统：他的家族是其中一支地位较低的旁系。在漫长的时间里，它既非原家族长男嫡传，又与庸碌之辈通婚，到了十八世纪初，好不容易才定居在靠近苏塞克斯郡沃思镇的沼地庄园（Fen Place）。[22]雪莱的高祖父约翰·雪莱就住在这里，也正是在这里，我们才能追溯到雪莱的直系祖先。他有两个热衷于投机的幼子，他们不安分守己，生活贫困且寂寂无名。雪莱出生时，他的家族已经飞黄腾达，住进了菲尔德庄园，这是影响雪莱日后生活的一个重要因素。这个家族后来吹嘘自己与彭斯赫斯特庄园（Penshurst Place）的书香门第雪莱-西德尼家族存在血缘关系。但根据大多数相关法律，这种说法都很缺乏依据。

雪莱的曾祖父蒂莫西·雪莱在五个兄弟中排行老三，在乔治一世在位时期不得不侨居美国谋生。他在美国似乎成了商人，娶了纽约一个磨
10 坊主的遗孀，后来血本无归，沦为江湖郎中。[23]在此期间，蒂莫西的次子，即雪莱的祖父比希·雪莱于一七三一年出生在新泽西州的纽瓦克。几年后，由于蒂莫西的一个兄长去世，另一个精神失常，他成为家族财富

的继承人，于是带着一家人从殖民地返回英国，其中就包括他的儿子比希。

雪莱的祖父比希·雪莱为人意志坚定、我行我素，他行事积极主动，对社会礼法嗤之以鼻，这不再是乡绅阶层的特点，而完全属于新世界的风格。他身材高大，引人注目，长着雪莱家族标志性的大鼻子，目光冷漠，嘴唇很薄，显得果敢坚毅。他的干劲和创新精神给他带来了物质上的成功，他的子嗣虽然从中受益匪浅，却不待见他。一七五二年，他与一位十六岁的姑娘（她的父亲是家资殷实的牧师）私奔，并在梅费尔（Mayfair）与她结婚，自此私奔便成为家族的一个传统。这个女孩九年后去世，由比希继承了财产。一七六九年，他故伎重演，取得了更大的成功。这次是与贵族西德尼·佩里家的一个女儿私奔，她的家族在苏塞克斯、肯特和格洛斯特都拥有不动产。此举带给他的不光是财富，而在于**社会声望**。比希在一七九〇年继承了菲尔德庄园和沼地庄园的产业，一八〇六年受封从男爵，一八一五年去世，留下一笔二十万英镑的财产。他花了很长时间在苏塞克斯的海边新建了一座名叫戈林城堡的祖宅，但在风烛残年之时，他更喜欢住在霍舍姆酒馆附近的小木屋里。他是一个脾气很坏的怪人，无论是他的婚生子还是私生子都很害怕他。他去世的时候，人们在霍舍姆小屋的家具和书里找到了一万两千八百一十六英镑的钞票。[24]

雪莱的父亲蒂莫西得名于祖上那位美国“郎中”，他一七五三年出生，是比希与牧师的女儿玛丽·凯瑟琳·米歇尔所生的孩子。在他身上，比希的野性和自负暂时消退了。蒂莫西由于父辈已白手起家，便平静地适应着新的社会环境，等着继承从男爵爵位，而父亲总是瞧不起他。他就读于牛津大学大学学院，并给学校捐赠了银烛台。经过“壮游”（Grand Tour），他进入林肯律师学院。他对政治略有兴趣，属于辉格党福克斯派的诺福克系。但他骨子里是一个随遇而安的守成之人，循规蹈矩，行事符合人们对他的期望。诺福克此时正与托利党的对手欧文女士展开选战，争夺他所在的郡县，并收买了霍舍姆的选民。他设法提名蒂莫西为镇议员，任期为一七九二至一七九四年。但欧文女士提交了请愿反对选举结果，并最终获得了成功。蒂莫西的议席遭到褫夺，只得改选为新肖雷汉姆的议员，那是另一个镇，也属于诺福克公爵庞大的政治势力之一。

与此同时，蒂莫西于一七九一年十月与家住沃纳姆附近的伊丽莎
11 白·皮尔福德结了婚。他将新娘安顿在菲尔德庄园，当时老比希正忙着在戈林建房。两人的第一个孩子是儿子，在婚后十个月诞生，生日为一七九二年八月四日，取名为珀西·比希。此时蒂莫西四十岁，他的新婚妻子二十九岁。

也许，雪莱童年中最值得注意的事实是，虽然双亲在他之后逝世，而且生活舒适，但都没有留下回忆他童年的只言片语。* 我们无法直接了解到他十五岁前与母亲的关系如何，雪莱在后来的人生中也很少提起她。根据他从牛津寄出的书信中的吉光片羽，以及他的表兄汤姆·梅德温和大学好友 T. J. 霍格顺带提及的相关内容，我们能够得知，在雪莱入学之前，母子俩的感情非常亲密温馨。在此之后，雪莱似乎发现母亲越来越疏远他，回信也少了，有迹象表明，他深深感觉到自己遭到了抛弃。在雪莱十九岁时提出的一项与众不同的通奸指控中，他遭抛弃的感受终于爆发。但除此之外，他的情感始终笼罩在神秘之中。

虽然皮尔福德家族在苏塞克斯乡绅中颇有地位，但老比希认为这场婚姻并不能带来多少好处。伊丽莎白是一位高大健美的女子，五官棱角

---

* 本书在引言部分中曾提到，蒂莫西禁止一切形式的雪莱传记出版，因此，对于雪莱在菲尔德庄园的早年生活，翔实的目击者陈述只有两个渠道：他的妹妹海伦在 1856 年至 1857 年间写的十封信，此时她已是一位五十七岁的老妪；另一个来源是他的表兄汤姆·梅德温于 1847 年首次出版的回忆录，当时梅德温也已年过半百。真正了解雪莱童年时代内心世界的人，莫过于他最亲密的妹妹伊丽莎白。但她很早就去世了，而且她生前一直受到父亲的影响，从未打破沉默。（此类注释为原注，下同，不另标出——编者）

分明，一头浓密的浅棕色鬈发，嘴唇轮廓清晰，嘴角向上翘起，看起来颇有几分轻慢之意。蒂莫西·雪莱很以她为豪，还请了乔治·罗姆尼为两人画了肖像。她是一位性格坚毅的女子，这一点颇有名气，她还很擅长写书信，但对文学没什么兴趣。她的主要爱好是骑马和乡村生活。沃纳姆和霍舍姆的百姓很喜欢她，这让她很是受用。早在孩提时代，她的母亲就去世了，是斐迪南·普尔勋爵夫妇把她抚养成人，而勋爵夫妇主要擅长的事是饲养赛马。[25]她的性格多少有点男性气质，传言说她在婚姻中可能比较专横乃至暴力，但这并不确凿。[26]她一共有七个孩子，两个儿子五个女儿，其中一个出生不久就夭折了。她的次子约翰（最终继承了从男爵爵位）一八〇六年才出生，当时雪莱十四岁，已经去伊顿上学了。母亲此时将注意力从长子转移到次子身上，可能加深了雪莱在母亲 12
那里失宠的感受，但无论是童年还是青少年时期，约翰的存在从未对雪莱本人产生过真正的影响。对雪莱而言，菲尔德庄园的乐土是妹妹们搭建起来的，而这对他后来的人生产生了显著的影响。此后，“姐妹情谊”这一理想有意识地发挥了作用。与他关系最亲密的妹妹是伊丽莎白，她也是雪莱童年最好的朋友，出生于一七九四年五月。雪莱的第一次文学尝试就是和她一同发表的。他第一次去西翁学院上学时，她才八岁。其他的妹妹还有生于一七九七年的玛丽，生于一七九九年的海伦和生于一八〇一年的玛格丽特。虽然她们都是公认的美人，但最终只有一人结了婚，这再次暗示了母亲的影响。

对于母亲，雪莱总是奇怪地三缄其口，但对于自己与父亲蒂莫西的关系，他向来直言不讳。在雪莱十八岁到二十三岁这段人生的剧变中，蒂莫西扮演了重要角色，从此之后，雪莱总是夸张地将他描绘为最可怕的暴君和伪君子。他还认为自己的童年受到了严重的压迫，而父亲扮演了迫害者的角色，后来他编了一个故事，称自己不断地生病，有一次蒂莫西企图正式证明他有精神病，还要秘密将他送进精神病院。对于这些叙述，从蒂莫西本人那里找不到任何证据，而且我们也完全有理由极为谨慎地对待这些夸张的叙述。另一方面，这些说法非常有暗示意味，因为它们体现了他创作神话的天赋的最初发展，而这一天赋将成为雪莱创造力和原创性的主要来源之一。

雪莱对其家庭的反抗也使他在道德上和政治上都形成了坚强的性格。早在雪莱童年的回忆录尚未整理和出版之时，雪莱一位思想开明的好友（即汉普斯特德的编辑利·亨特）就于一八二八年经过一番深思熟虑在一篇随笔中，站在雪莱的立场对此作出了解释。

> 雪莱先生的家人属于下议院的一个小派别，这个派别本身又属于另一个党。他们是辉格党贵族……此人天资卓著，天生就具有明辨真理和谬误的形而上的洞察力，又很容易受到强烈情感的主宰。这样一种出身，无论在一般人看来多么值得尊敬，并不是最幸运的，除非将他放在普通人中间。对于我们这些最值得尊敬的党派人士，真理睁开它的双眼观看这个世界时作何感想？看到一切堂而皇之的矛盾后作何感想？看到基督教教义和世俗的做法后作何感想？看到猎狐者和他们的牧师后作何感想？看到享有恩俸的闲人、非主教派的主教、潇洒的老绅士后作何感想？更令人触目惊心的是，看到年轻绅士在**无知**中日渐老去后又会作何
> 13 感想？简而言之，在所有自诩为正义、高贵的要求中，掺杂着错误、虚伪的实际教诲……雪莱先生很小就开始思考，也会去思考这些不正常的现象。他发现，在生活的每一个阶段，他都既需要坚持真理，又不得不在各种幌子和双重标准的影响下违背真理，并在这两者间实现平衡。

亨特继续从更普遍的角度控诉这个阶层，他得出的结论是：“每当像雪莱先生这种性格的人出现在社会中时，都必须根据这些体制来考虑

这个问题。”[27]

雪莱在日后的生活中就是这样表述自身问题的。从根本上说，这是个政治问题，但扩展为对道德正义的普遍诉求，以对抗社会的堕落。

一八〇二至一八〇四年，雪莱在西翁学院度过了两年时光。正是在这段时期，他第一次认识到，社会作为整体，在某种程度上是一股充满敌意的力量，需要与之斗争。除了他的暴怒与噩梦之外，他还从菲尔德庄园的游戏和魔法中找到了近在眼前的其他武器：恐怖故事书、炼金术、召唤亡灵（ghost-raising）、化学和电气试验、天文学以及异想天开的猜测带来的乐趣，这些方法都很管用。有了这些，他觉得自己能在西翁学院运动场上的石墙内实现自由，而且，就像与他妹妹们在一起一样，他发现自己能在同学中施加某种影响，赢得他们的尊重，甚至让他们对自己隐隐带着敬畏之心。一个与雪莱同时代的人后来写道：

> 我在那里就读期间，最引人注目的学生就是……珀西·比希·雪莱，他当时大概十二三岁（我记得是这样），他在那么小的年龄就表现出相当突出的诗歌天赋，还有狂暴的脾气，极易冲动，这表现为各种怪癖……他的想象力总是徜徉在浪漫和离奇的事物上，如灵异、仙女、战斗、火山等，他时不时让同学们大吃一惊，比如说用火药炸开围着操场的栅栏，还在上课时用火药把桌面都掀了起来，这让格林劳博士本人和整个学校都非常震惊。[28]

据汤姆·梅德温回忆，雪莱每天都会去操场南墙旁他最喜欢的一处地方，像关在笼中的动物一样来来回回踱步，动作怪异迅猛，表情生动活泼：“我想我现在看到他了——沿着南墙，沉湎于各种模糊的、不成形的思想，以及后来创造了如此美丽的世界的——不知道我是否可以这么说——混乱的元素。”[29]

雪莱找到了一种摆脱束缚的方式，他去了布伦特福德。那儿卖旧词 14

典和旧书的生意十分兴隆,旧书论斤卖给当地的杂货店,换来奶酪、面包和水果。[30]雪莱的一大发现是一家廉价书店,那里大量出售密涅瓦出版社的图书,这些书籍采用了与众不同的蓝皮封面,每本六便士。密涅瓦出版社也许是当时最受欢迎的出版社,在利德贺街(Leadenhall Street)上一家狭窄的店铺里经营,当时绝大多数优秀的恐怖小说和哥特式浪漫传奇都由该社出版。汤姆·梅德温曾看到这位表弟在高街的昏暗书店(诺伯里)里买了安·拉德克利夫的《意大利人》,一本充满疯狂和凶险的浪漫传奇(《佐夫洛亚,或摩尔人》),马修·刘易斯的《修士》以及其他许多畅销书。它们为他创造出另一个世界,充斥着"幽灵出没的城堡,盗匪、凶手和其他冷酷无情的角色",他后来结交的朋友托马斯·洛夫·皮科克绘声绘色地证明,他从未完全脱离过这个世界。这个世界不再像菲尔德庄园的世界那样单纯:魔鬼已经进入这个世界。而且,它不再是可以与别人愉快分享的玄幻世界,而是一个秘密的世界,只能容他一人独享,这是充满梦游和梦魇的世界。

除了汤姆·梅德温,雪莱在西翁学院几乎没有同伴,但有一段浪漫的友谊除外。多年之后,他在剖析自己的情感历程时,满怀感激之情地作了一番回忆,称这是"忠诚相守"。"我与一位年龄相仿的男孩建立了友谊,他的性格非常严肃、慷慨和温柔……他的举止中有种优雅和质朴,有难以形容的吸引力……他说话的声调是那么地温柔可爱,每个词都说到我心坎里,而蕴含的情感又是那样地悲伤,听他说话,眼泪经常不由自主地涌出我的双眼。"这段友情深深打动了雪莱,促使他给菲尔德庄园的母亲写了一封热情洋溢的长信,介绍他心中感受到的温暖。

> 我想她准是认为我发疯了,因为她没有给我回信。我记得我们经常下课时间都是沿着长着苔藓的栅栏来回散步,用年轻人的方式交谈,倾诉衷肠。我们经常谈起我们深爱的女士们,我记得我们经常做的就是确认彼此是否能永远相濡以沫。通过这种忠诚,我们将

自己与她们、与彼此都形成了牢固的羁绊。我记得我当时认为我们的友谊十分美好。每天晚上，即将告辞去就寝之际，我记得我们都会彼此亲吻。[31]

对雪莱来说，他母亲这次未给他回信相当于小小的暗示，表明她的同情和喜爱开始逐渐减少。她只是认为雪莱有点昏头了。后来到了牛津，霍格注意到他还是津津乐道于自己对母亲和妹妹们的感情，尤其是对伊丽莎白的感情。

在雪莱的生活中，男性之间的爱和友谊是非常重要的模式。他二十 15
七岁曾在佛罗伦萨乌菲兹美术馆看过巴克科斯和安珀琉斯的雕像，他在描述中再次提到菲尔德庄园外的第一次亲密依恋："巴克科斯的一只手臂搭在安珀琉斯的肩膀上……就像你可能看到过的那样（但是在他们分裂的、暴虐的制度中，你很少能看到这样的现象），一个年纪小一点的男孩和年纪大一点的男孩走在操场上一片偏僻的草地上，彼此间的友谊饱含柔情与关爱。巴克科斯的面容非常甜美可爱，带着一丝温柔和嬉戏的柔情看着安珀琉斯俏皮的表情，安珀琉斯欢快的脸转向他，似乎在谈论一些有趣而愉快的构想。"[32]在他看来，学校显然正是诸多暴虐和不合情理的制度之一。

二十出头时，雪莱有意寻找一个特别的时机来反抗西翁学院，他写到这点时，仿佛这和改变宗教信仰具有同等的性质和烈度。无论是《赞智力美》（1816）的段落，还是《伊斯兰的反叛》（1817）的题献，都已成为歌颂反抗的著名丰碑，只是文中以尖锐刺耳的声调宣扬个人主义，很大程度上损害了其作为诗歌的价值。

亲爱的朋友，我自从少小更事，
　看清了这世界，便有着伟大的怀抱；
我忘不了那震醒我精神世界的时日——

那是一个朗丽的五月清晓，
我在露水晶莹的草地上信步逍遥，
不知怎么会突然泣不成声——
终于邻近的教室里一片喧嚣，
啊！那只是苦难世界的一声回音：
暴君和人类的仇敌摩拳擦掌在泄愤。

于是我捏紧着双手，向四下张望：
近旁并没人嘲笑我濡湿的眼睛；
滚热的泪珠滴落在温煦的大地上，
我丝毫不觉羞惭，大胆宣称：
“我一定要自由，正直，智慧，宽仁，
只要我身上有这么一份能耐。
我再也看不惯那自私和强梁的人们
横行霸道，不受到谴责和制裁。”
我抑制住眼泪——谦和的仪表，刚毅的胸怀。[33]

雪莱在西翁学院期间是否确实经历过这个时刻，值得怀疑。然而，
16 它极为准确地记录了学校经历带给他的震撼。在雪莱对自己孩提时代精心设计的私人神话中，这一点是最重要的内容之一。

在西翁学院，只有一位老师对雪莱产生了持续的正面影响，只有他能真正接触到雪莱内心的想象世界。他就是亚当·沃克博士，他为人古怪，是一位巡回讲师。他秉承着普利斯特利①和伊拉斯谟·达尔文在

① 约瑟夫·普利斯特利（Joseph Priestley，1733-1804），英国化学家、自然哲学家、牧师、教育家和政治理论家。出版过的著作超过一百五十部，对气体尤其是氧气的早期研究有过重要贡献。

十八世纪的传统,是一位“疯狂博士”。他经常在温彻斯特、伊顿及其预备学校巡回讲学。沃克主要是一位发明家和天文学家,成名作是一本出版于一七七九年的流行科学教科书,题为《通俗哲学》(*Familiar Philosophy*)。* 他讲座的内容包括恒星和黄道十二宫,行星和太阳系,磁力和电力,外星生命和“多重世界”的可能性,最重要的是对望远镜和日光显微镜的实际运用。雪莱此时已对神秘主义产生浓厚兴趣,这些主题与之完美结合,极大地扩展了他的试验和装置,也扩充了他在异想天开地猜想时所用的知识。据汤姆·梅德温回忆,雪莱用沃克的望远镜观察土星时,显现出凝神屏息的好奇心。“在他看来,土星的大气层毋庸置疑地证明了它像我们的地球一样有生物居住”;在另一次讲座之后,他用显微镜出神地观看爬满螨虫的奶酪、一只苍蝇的翅膀,以及“醋里面蠕虫般的微生物”和其他肉眼看不见的生物。随后,他在操场南墙下来回踱步,这些出乎意料的现象将会成为他无休止的谈话主题。[34]

从实证的意义上说,雪莱对科学的态度从来不是“科学的”,而是充满思辨和富于想象的。化学、电学和天文学轻而易举地与炼金术、火焰崇拜、炸药和心理研究掺杂在一起。后来在牛津求学时,霍格曾将寝室中的雪莱称为“实验室里的化学家,书斋里的炼金术士和山洞中的巫师”。[35] 他后来对必然性的坚持表明,他一直渴望找到这样一把魔法钥匙,去发现不为人知的法则,例如生命中的炼金术方程式。然而,雪莱显然更偏向社会学、心理学,乃至灵魂学等社会科学领域,而不是自然物理领域。

在西翁学院,亚当·沃克讲课中最令雪莱着迷之处在于新动力来源的思想:蒸汽动力、电力、惯性飞行和空气动力,以及控制农业和气候的化学能。在牛津,霍格记录了雪莱对这些专题发表的诸多长篇大论。正

---

* 亚当·沃克博士(1731-1821)发明了专利九天空气炉(empyreal air-stove)、切莱斯蒂娜羽管键琴(celistina harpsichord),以及透明太阳系仪(eidouranion)——呈现太阳系和恒星发光模型的一种装置。

是亚当·沃克的助手卖给雪莱(或许是帮他建造)更先进的发电机。沃
17 克还帮雪莱得到了他最珍贵的一件“科学”设备——日光显微镜,装在结实的红木旅行箱里,他在后来的多次旅行中一直带着它。[36]

西翁学院就读的两年生活给他带来破坏性的影响,在许多方面呈现出心理创伤。雪莱回到菲尔德庄园度假期间,这种影响逐渐显现出来。大宅子和花园依然是乐园般的气氛。他仍然可以暂时回到从前温暖、安全和自由的氛围中,妹妹们仍然是他的同伴和跟班。如果说有什么不同,那就是她们更仰慕和服从他。但雪莱顽劣的本性变得更加无法无天,他的游戏和实验更加暴力,对妹妹们也更为专横。在果园中人迹罕至之处,他制作出火药装置和热气球,他和妹妹们的衣服经常被酸液和其他腐蚀剂弄脏或灼坏。在这些无法无天的行为中,只有伊丽莎白才是全然心甘情愿的;其他孩子经常被哥哥的大胆之举吓坏。海伦写道:“我哥哥开始做他的化学研究,并在我们身上试验电流,我承认我很害怕实验的结果,这完全抵消了我原先对此的乐趣。每当他手臂下夹着折好的棕色包装纸,手里拿着些电线和一个瓶子(如果我没记错的话)来找我时,我的心就一沉,害怕他提出的要求;但羞愧感让我保持沉默。然后,他把能召集到的人都聚在一起,我们手拉手围着儿童卧室的桌子站成一圈,由他给我们通电。”[37]最后,雪莱说这样通电能够治好她们的冻疮,但妹妹的“恐惧压倒了其他一切情感”,于是她去找父母告状了。父母要求雪莱停止这类实验。大概六年后,霍格在牛津记录了一段类似的插曲。雪莱半开玩笑地威胁他监视人的傻瓜儿子詹姆斯,说要把他电死,结果詹姆斯“一看到雪莱假装偷偷带着他的科学装置靠近他,就滑稽而又恐惧地大吼大叫,真是蠢极了”。[38]

雪莱在菲尔德庄园做实验时,另一个受害者是当地的一只公猫。据汤姆·梅德温说,它被绑成了“电风筝”,在雷雨天放飞到空中。这次实验的结果没有留下记录。[39]它也许就是雪莱在他少年诗作里赞颂的那只猫(这是他最早有记录的诗作),这首诗共有五个诗节,讲述的是“一

只身处困境中的猫”，写在一张纸上，上方画着一只小猫，这幅画大概出自伊丽莎白的手笔。诗中的猫只是饱受饥饿之苦，但雪莱当时即便只有十一岁，也以一种新奇的手法刻画出猫的痛苦，这体现出他特有的、超自然的特点：

你们不容易猜得出
折磨这世界各住户
所有各种样式的苦恼和痛楚；
和许多魔鬼一般样 18
从可怜的灵魂到世上
就伴随着它们的灾难和邪恶。

这首打油诗也包含了一种狡猾的影射，暗指雪莱父亲蒂莫西和祖父老比希之间的关系，这表明他敏锐地抓住了父子之间情感的本质：

有人但求能生活，
有人却在企盼着
某个老家伙趁早让路腾开道；
至于哪一项最好，
就要留给你猜了，
因为，我可不能假装我知晓。[40]

这种幽默的自信类似于受宠溺的孩子表现出的玩世不恭，他进入伊顿公学就读前的那个夏天，写的第一封为人所知的信中就有类似的表现。他当时邀请一位女性朋友（霍舍姆的某位凯特小姐）去沃纳姆湖上荡舟和野餐。这封信盖着“免邮资”的邮戳，仿佛是他的父亲投递的（他拥有议员特权），但此信其实是汤姆·梅德温带去的。信的结尾写着：

“妈妈要靠你明天把汤姆带来，如果你没带来，我们都会很失望的。告诉送信人不要忘记给我带些小礼物，就是姜汁面包、甜点、坚果和一本袖珍书。好了，我写完了。我不是，你忠实的仆人，PB 雪莱。”[41]然而，在自信的外表下，梦魇和焦虑还在继续，与之俱来的还有背叛感。正是在这个时期，我们注意到雪莱开始骑着他的小马驹长时间外出，或者夜间会神秘地探险。家里派了老仆远远地跟踪他，但老仆回来后，困惑地摇着花白的头说：“比希少爷只是去散散步，然后又走回来了。”

一八〇四年，雪莱离开了西翁学院，他和汤姆·梅德温之间关心爱护的友谊也随之告终；同年九月，也即过完十二岁生日后一个月，他被送进伊顿公学就读。在他辞行当天的早晨，有人发现菲尔德庄园的厕所着了火，起因是雪莱的一种“化学制剂”在烟道阀关闭的炉栅上燃烧起来了。起火的时间似乎是精心策划好的，恰好在他离别之后着火。妹妹们记得，“这次事件捅了很大的娄子”。[42]

雪莱在伊顿公学就读了六年，学校有四百个住在校外的寄宿生和七十来个获得奖学金的学生。后者住在学校里，不用付费，穿着黑色礼袍。雪莱属于校外寄宿生，他们需要缴纳费用，住在各种各样的校舍和
19 住所中。学校按年龄把学生分为几个年级，严格执行严苟的社会等级制。按照该校的传统，低年级的学生总要多干活，他们要伺候好学长们。雪莱刚进校时，低年级学院由臭名昭著的基特博士管理，他五短身材，体态臃肿，动辄大声咆哮，后来当上了整所学校的校长，人送绰号“皮鞭大叔”。他是个既令人生畏又滑稽可笑的人，长着一张怪模怪样的脸，酷似斗牛犬，头戴一顶巨大的三角帽。正因为他推行严苛的军事化管理制度，为男生之间的野蛮行为定下了基调，直到在最后两年升到五、六年级时，他们才能得到相对文明的对待。

雪莱第一年寄宿在写作课老师赫克斯特博士家里，后来又搬到古典课老师贝瑟尔博士的“自由圣所”（liberal sanctum）中。他写给父亲的一封书信留存了下来，其中的片段体现出典型的雪莱式结尾：“又及，我可

能会得到赫克斯特先生的（好）评价……”[43]很快，人们就发现他在拉丁文上的表现出类拔萃，他也是引人注目的叛逆者，同学们对他百般欺凌。他本该是学长马修斯的跟班，但他拒绝为马修斯洗熨衣服，由此丧失了受保护的传统权利，即对一个低年级学生欺负得太过分时，高年级的男孩会出手阻止。结果，他的学长*不喜欢他，同年级的同学也折磨他。第二年和第三年，他甚至发现低年级的学生也嘲笑他“野蛮而特立独行的怪癖”，比他低一级的一名男生留下了最精彩的记录，介绍了学校里的恃强凌弱和追捕雪莱的情景。

> 大家都叫他“疯雪莱”；由于此人喜怒无常和特立独行，他遭受了许多残酷的折磨。雪莱是我的学长，而我和其他人一样，都认为他半疯半傻……与大多数人对他的看法相反，他觉得自己高人一等。如果别人毫无道理地指责他是个疯子，如果别人把他当疯子一样残忍地嘲弄折磨，他就会怒不可遏。他仿佛是塔索笔下的狱卒，无情的暴君们声称他身体里隐藏着恶魔，并且将这只恶魔唤醒。我看见他就像一头发狂的公牛，人们围着他，嘲笑他，故意激怒他。时隔这么久，雪莱在愤怒时迸发出的尖叫声似乎还会在我耳畔回荡，充满仇恨的怒火。

后来雪莱描写自己童年时提到的疯癫大概可以在这里找到根源。在冬 20
夜，大家在回廊里等着上楼吃晚餐时，有一个特别的游戏叫作“正中要害”——有人会把一个沾满污泥的足球踢进人群，重重地砸中一个大家

---

* 雪莱的学长约翰·泰勒·柯尔律治后来在1819年4月的《每季评论》上发表了一篇匿名文章，猛烈地抨击雪莱的性格和诗歌。泰勒没有忘记这个自命不凡的小跟班：“［雪莱先生］说他的学校是‘一个悲惨的世界’，老师们是‘暴君’，校友们是‘敌人’，——唉！这是什么话，这不是只能证明错误在他吗？凡是了解公立学校正常情况的人，都只会在这些词句中发现一个叛逆、自负而苦恼的心灵。”

认定的目标。这个目标经常是雪莱。

这群坏小子还有别的娱乐活动。

> 一个人大声喊着某个男孩的名字,其他人一个接一个紧跟着叫,直到成百上千个声音附和着喊这名字……雪莱!雪莱!雪莱!喊声在走廊里雷鸣般回响,经常还伴随着恶作剧,——比方说把他夹在胳膊下的书打掉,在他弯腰去捡书时把书一把抢走,还会拉扯他的衣服,对他指指点点,就仿佛是那不勒斯人挑衅别人时的做法。结果如前所述,他会怒发冲冠,双眼像老虎那样迸射出怒火,面如死灰,四肢气得发抖,头发根根直立。[44]

雪莱每当回忆起在伊顿就读的最初几年,都会对那里的生活深感厌恶,这影响到他日后对有组织的权威和社会习俗的很多观点。他曾满怀憎恶地对后来的密友托马斯·洛夫·皮科克谈起这些往事。除了埃尔登大法官,皮科克还从未见他在谈论别的话题时表现出如此强烈的厌恶之情。[45]他告诉皮科克,有一次他被惹火了,掏出一把小刀,扎穿了一个欺负他的人的手,并钉在了桌子上。在他二十五岁时写的一首诗中,他再次描述了这个事件。[46]玛丽·雪莱在一八二五年回忆道:“我经常听我们的雪莱讲述他如何用一把叉子扎伤高年级男生的故事……在我听来,他总是将此事说成一种几乎是无意识的行为,是在痛苦的刺激下做出的反应,他是在这个男生走出房间时扎伤他的。”[47]这种突然爆发的暴力还会重演。

伊顿发生的欺凌行为先是出现在雪莱成年之后所写的神话中,随后又为他的仰慕者和传记作者所知,在雪莱的圣人传记中成为璀璨夺目的部分。到了一八三九年,玛丽·雪莱将这件事提升到神圣的英雄主义和天使般自我牺牲的高度:

> 雪莱在求知的热情鼓舞下，带着与生俱来的最敏锐的情感和殉道者般的坚毅，来到了同伴中间，和他们一样都打算接受教育。他就像来自另一片土地的精灵……除了忠诚地依恋他所爱的人，他还坚决地反抗压迫。在伊顿，他不做别人的跟班，老师和同学们用令人发指的残酷行为对待他：这非但没有让他的精神屈服，反而将其唤醒。他们用威胁和惩罚强迫他服从自己的义务，但他拒 21
> 绝了。[48] *

但玛丽·雪莱是富有想象力的作家，她对雪莱的心灵和成长过程的真实情况也产生了浓厚的兴趣。除了浮光掠影的传记之外，她被禁止写作任何关于雪莱的文字，只好转而写小说，想进一步厘清雪莱与校方及同学们发生冲突的真实性质。她的第四本小说《洛多尔》（1835）讲述了主角菲茨亨利的人生历程，这位人物身上依稀有"拜伦式英雄"的影子。小说开头部分有一段写到他在学校的不愉快经历，这体现出她本人对雪莱童年的诸多深入思考。

小说中许多独特的细节令人想起菲尔德庄园的成长经历，据说小说里的学校就是伊顿公学。但玛丽的描写并没有那样直截了当。她似乎故意将雪莱的性格分派给两个角色：菲茨亨利和他的校友德勒姆，而他们之间的友谊则让人想起雪莱在西翁学院时提到的友情。她还将这种手法用于其他小说。如今，《洛多尔》一书早已寂寂无名，也不易找到，所以还是值得在这里详细引用。

---

* 这也许预示着维多利亚时代中期对雪莱生平的看法。简·雪莱女士在她的《雪莱纪念碑：取自真实可信的材料》（1859）中不遗余力地宣传这种观点，之后从感伤派学者一直到莫洛亚的《爱丽儿》（1924），也都在热情地传播这种观点。其实，莫洛亚的这本书原本是打算驱除迷信的。对于这种观点，最精美的视觉作品或许是矗立在牛津大学大学学院的雪莱纪念碑，碑石采用大理石材质，雪莱的雕像横卧在底座上，底座上雕刻着青铜铸的海洋女仙在哭泣，这件作品 1894 年出自 E. 翁斯洛·福特之手。

无论是洛多尔爵爷的贵族头衔，还是受赐朗菲尔德的宅邸带来的莫大荣耀，都使他的儿子兼继承人在村民中很受崇敬。他骑在小马驹上穿过村庄时，人人都朝他微笑鞠躬；他觉得自己比所有人都高一等，这已成为过于根深蒂固的习惯，使他无法得到获胜的快乐……他不会肆意给人造成痛苦；然而他尽一切所能将阻碍他愿望实现的一切障碍通通击碎……无论是遭受厄运蹂躏的贫苦家庭，还是承受不公压迫的不幸孩童，他都会尽心尽力去给予他们真诚的援助。他像狮子般勇敢，有时候又宅心仁厚；而一旦对手激怒了他，他就会双眼喷火，小小的身体气得发鼓，稚嫩的声音立刻变成大嗓门，对手若不彻底投降，他是决不会满意的。他无论怎样反抗权威，通常结果都不得不屈服，这使他感到很不幸……

十三岁时，他上了伊顿公学，那儿的一切都面目可憎，与过去全然不同。那儿没有卑躬屈膝的仆人，也没有谦卑的朋友。他独自处在众人中间——平辈，学长，学弟，所有人都充分认识到他们自身的权利和自身的能力；他渴望领导他们，但他没有追随者；他想要避开
22 众人，但他的尊严，乃至他的隐私，都在不断受到侵犯。同学们很快发现了他的弱点——这一弱点成了他们之间的谈资，也成为这些同学恶作剧的对象，在这位孤芳自赏的男孩看来，这立刻使他感到恐惧和厌恶……他用又大又黑的眼睛盯着他们，轻蔑地扬起嘴角，试图用傲慢和皱眉让他们产生敬畏之心。他怒火中烧，受到了一阵阵放声嘲笑。他破口大骂，换来的则是讥笑。他还有一个办法，这最终证明是有效的：一两场打架提高了他在同伴眼中的地位，当他们开始尊重他时，他的心情就好了起来……他厌恶不公，无论是现实中遇到的不公还是想象中的不公，概莫能外；他自己做出不公之举时，他同样会鄙视自己。当别人成为不公对待的对象时，他也会保护他们——自由是他内心的格言。[49]

相对于雪莱本人而言，这里刻画的性格过于外向和孤高，但大体轮廓仍让人不禁想起他。玛丽将部分缺点归为他本人的出身和性格，而不是完全归为学校的野蛮制度，这一点很有意思。为了补充这个人物形象，玛丽还刻画了菲茨亨利的朋友德勒姆。他是雪莱天性中的另一极，即内向版的雪莱。德勒姆受到年长的男生帮助和保护，他身材矮小，长相俊美，长得“弱不禁风”，而且傻得不可思议，完全无法在课堂上学到知识。

> 这个男孩与众不同，他有狂放不羁的幻想和难以言表的奇思妙想……他似乎无法体会到其他男生的目的和冲动：他们嘲笑他时，他会严肃地回应，给对方讲一些恐怖幽灵的故事，还会讲些超乎想象的怪物传说，这些怪物夜里在黑暗的旷野中游荡，或者坐在溪畔高声痛哭；他挨了打之后，会一笑了之并转身走开；他不会给人做跟班；他从不拒绝学习，但也学不会什么；他成了整个学校的笑柄和受害者。[50]

玛丽·雪莱对童年雪莱的最终认识体现于这两个虚构的人物，其中掺杂了他们咄咄逼人的自负和不羁的个人幻想。

毫无疑问，早年在伊顿公学的经历给他造成了伤害，这重复和加强了西翁学院的模式和反应。他害怕社会群体，害怕强加给他的孤独，害怕自己内心的暴力和他人的暴力，害怕失去他人的爱和认可，这些都植根于他性格的核心。因此，他的性格本质上是多变的，非常不稳定。在此情况下，似乎也产生了他性格中的补偿品质：他的勇敢，他的表现癖，他的热情慷慨，他对权威产生的本能的、公开的憎恶。

雪莱在菲尔德庄园度假期间的行为变化多端，这证实了他在十二岁 23
到十六岁时，学校对他的影响使他心神不宁。关于他的一些故事提到，他有时乔装打扮，在花园里四处晃荡；或整夜锁在沃纳姆教堂里；或向霍舍姆当地的律师申请去做猎场看守人的随从，穿着破破烂烂的衣服，带有浓重苏塞克斯口音和人交谈。

雪莱一家去威尔特郡弗恩宅邸(Fern House)的表亲格罗夫家里做客时,雪莱给人留下的印象主要是他带头前往私人种植园探险,在种植园里,他砍倒了好几棵小冷杉,令格罗夫先生深感不快。[51]这也是他第一次见到大他一岁的漂亮表姐哈丽雅特·格罗夫。两人几乎没有交谈。

在菲尔德庄园的另一年夏天,雪莱瞒着父母带着四个妹妹去斯特鲁德(Strood)的野外远足。他们跨过倾颓的篱笆和台阶,但在一个地方遇到一堵墙,雪莱绕开大门,让大家都从石墙上爬了过去。海伦记得她"够大了,能被拉过墙去",但当时才五岁的小玛格丽特无法翻过去,于是她"被轻轻地扔过墙",落在草地上。回家路上,小玛格丽特实在是太累了,雪莱便将她抱在怀里,告诉她"当心脚别乱踢",以免弄坏他的裤子。据海伦回忆,一行人傍晚时分回到家中,一个个脏兮兮的,雪莱的这次越轨之举引来了反感。但据他的妹妹说,他只要"能和我们一起溜出去",就会以各种形式重演这样的行为。[52]雪莱对父母有一种令人好奇的恐惧,他努力想通过某种方式和他的妹妹们一同摆脱这种恐惧。从他进入牛津求学开始,这便成为对她们的明确告诫。他和弟弟约翰玩得很过火,而且还在草莓地里弄坏了弟弟的手推婴儿车,因而受到了责备。而且他教弟弟说的第一个词是"魔鬼"(devil),但弟弟的发音却是"代比"(debbee)。[53]

雪莱依然与伊丽莎白最亲近,就在这段时期,他与伊丽莎白合作写出自己的第一部戏剧,他们将剧本寄给远在伦敦的喜剧演员马修斯。这部作品已散佚,但据当时同在伊顿公学就读的一位人士回忆,雪莱在三四年级时,曾打算在学校上演这出戏。"男生们经常煞有介事地邀请他来排练,然后就在他以为自己的表演彻底倾倒了观众时,他们却爆发出一阵阵嘲弄的笑声。"[54]因此,学校与家之间的双重生活仍在继续。雪莱和他的祖父(即比希爵士)暂时结成同盟,比希鼓励雪莱将自己的某些诗作与妹妹们的诗作交给当地的书商结集出版,所需费用由比希爵士承担,但此书并未公开出版。雪莱要求妹妹们都以恐怖的主题来创作,他尤其盛赞海伦的作品，因为她写出了一行诗，“瘦骨嶙峋的老妪披着长袍”。[55]老比希似乎乐于见到自己的孙子让自己的儿子大吃一惊，因 24
为菲尔德庄园的父母曾发现这本诗集，并立即将它销毁。

一八〇六至一八〇七年间，雪莱得了热病，从伊顿公学回家住了几周，在菲尔德庄园接受治疗。雪莱后来提到这次经历时，称自己遭到了开除，并称父亲勃然大怒，想把自己送进疯人院。无论是要把他送进疯人院，还是他遭到开除，都没有独立的证据加以佐证，但这次疾病确有发生。小玛格丽特绘声绘色地回忆称，曾看到雪莱在康复期间独自徜徉在花园周围，而且隔着餐厅的窗户来找她。但雪莱不被允许和她说话，她记得雪莱就像是被困在外面，他的鼻子和嘴唇贴在玻璃上亲吻。[56]

到了一八〇八年，雪莱在伊顿公学升入四年级，他最终摆脱了低年级时遭受的种种痛苦，并获得了一定的自由与身份。他此时搬到了贝瑟尔博士家中，他住的房间正好在博士的书房上面，他开始因自己的实验而出名。有一次，贝瑟尔博士不小心摸到通了电的门把手，遭到了电击；还有一次，人们发现雪莱站在一圈蓝色的鬼火中间，显然打算召唤魔鬼。他还用先进的火药装置炸掉了房子附近的一棵老树桩，随后他所有的化学书籍都遭到贝瑟尔博士的查禁，勒令将其运回菲尔德庄园。[57]安德鲁·阿莫斯是他早年的同学兼好友，就因为他与权威产生冲突而与他疏远，雪莱尖刻地称此人为“惧怕火焰的阿莫斯”。

他对神秘事物的兴趣依然属于科学世界的范畴，这一领域的变化日新月异，宛如魔法世界一般。另一位好友沃尔特·哈利迪回忆称：“我们过去时常漫步在克留威尔、福洛格莫、温莎公园和特勒斯，一去就是几个小时。我很喜欢听他讲神奇的童话故事，幽灵和精灵故事，还有闹鬼的地方，这让我非常开心。而且他思考的范围已超出坟地（因为他的头脑比我的复杂得多）。”[58]

霍格详细地总结出雪莱在这个方面的追求，他介绍了两人两年后在牛津的第一次见面：

> 他满腔热情地研究起当时所谓的神秘学，并将其与化学与自然哲学向我们展示的新奇观相结合。他的零花钱都用在购买与这些心爱的兴趣相关的书籍上了，还有化学装置与化学物质。这些书籍包括魔法与巫术的专著，以及更加现代的著作，它们详细介绍了电
> 25 学与电疗法产生的奇迹。有时，他会整夜观察鬼魂。当然，在他父亲的房子里，他对他的亲人产生了巨大的影响力，他甚至策划如何获得进入房顶或停尸房的许可，他会满怀期盼地瑟瑟发抖，想看一看他身旁骷髅的主人长什么样。[59]

皮科克总是比霍格更深入地了解雪莱的这个方面，相应的叙述也更加慎重。他称雪莱本人曾在之后对这些事情谈笑风生，但"他经常对我谈起这些事情"。皮科克认为，有一个事实值得记录，"如果他对于自己咒语的灵验程度有一丁点信心的话，在我认识他之前他就不敢再使用了"。[60]皮科克十分慎重，他知道，雪莱的思想深受这些少时兴趣的影响，这并不是高级、理智、文雅和精巧的兴趣，日后发生的许多令人好奇的事件都可以在这里找到根源。

霍格曾叙述过雪莱有一次独自一人召唤魔鬼，这反映出雪莱此后诗歌中的某些描写与场景：

> 他翻阅了自己的书籍，想知道如何召唤鬼魂。当时他还在伊顿公学就读，有一天子夜时分，他从住所中溜了出来，走出了镇子，穿过了野地，前往一条小溪。他沿着小路前行，穿行在高高的茅草丛中，听到身后传来"沙沙"的响声。他不敢回头去看；他相信是魔鬼在尾随他。他疾步向前，静静地抓着那个骷髅头，这是他召唤咒语时规定的道具。他穿过这片野地之后，就没有那么害怕了，因为再也没有听到草丛中传来的响声了，因此魔鬼也不再尾随他了。[61]

在这次充满喜剧色彩的恐怖事件中,第一次出现了“尾随他”的妖魔鬼怪。终其一生,这始终萦绕在他的生活与写作中。在一首诗中,雪莱第一次有意识地承认它对自己的影响:“哦,天地间有大气的精灵。”此时他二十三岁。[62]

雪莱在伊顿公学就读期间,有一位成年人对他的人生产生了重要影响,他就是詹姆斯·林德博士。林德曾当过王室太医,此时已告老还乡,居住在温莎,并在学校中担任兼职教师。他秉性温和,满头银发,是位饱学之士,但也有些古怪。他是位学者,也是位旅行家;曾去过冰岛、印度和中国,还收藏了大量的奇石与古玩。他对印刷术十分痴迷,办起了印刷厂,印刷自己写的小册子。他对希腊与东方的神秘著作和哲学著作都 26
广为涉猎,还为英国皇家学会发表了三篇论文。[63]他对阐释学著作颇感兴趣,有传言称,他是业余的鬼神学家。[64]雪莱把他当作学术上的导师,并在感情上把他视为父亲,就此而言,他要先于威廉·葛德文。

雪莱在伊顿公学求学的最后两年里,受到了这位医生的照拂,而且林德博士经常邀请他去温莎府上品茗,医生用他侄女收藏的各种精美茶具招待雪莱。林德博士鼓励雪莱系统地阅读与思辨,还与他讨论老普林尼《自然史》的哲学局限性,并推荐他首次读了自由和激进的文献,还有本杰明·富兰克林、唯物主义者孔多塞和怀疑论者伏尔泰的著作。雪莱认为卢克莱修是学识过人的古典学权威,由于他秉持反宗教和科学唯物主义的哲学思想,便对他产生了兴趣,这也可能是林德培养出的兴趣。还有一些证据表明,雪莱第一次接触到葛德文的著作,就是粗粗浏览了林德收藏的一本《政治正义论》。[65]林德对写小册子的兴趣激励了雪莱也从事印刷工作,林德还让他明了书信辩论的价值。

雪莱从林德博士那里学来了一套策略,这就是假扮苦恼的老处女、困惑的助理牧师或其他天真的知识分子,就宗教问题或哲学问题给公认的权威人士写信。一旦诱使对方回信,原本幼稚的书信便会在辩论水平上跃升,直到这位放松警惕的神学博士猛然发现自己不得不全力以赴地应辩。雪莱对这种学术上的伏击战乐此不疲，根据霍格的记录，在一八一〇年，雪莱曾同时展开好几场书信辩论。雪莱喜欢使用的笔名颇具隐蔽性，即“默顿牧师”，他最出名的猎物莫过于圣保罗大教堂的牧正。[66]霍格也说，林德博士听说老比希具有诅咒的能力之后十分开心，他还教过雪莱诅咒别人下地狱的正式仪式，用来对付政敌。但这种说法不太可靠。

正是通过与林德博士一同阅读柏拉图（当时无论在学校里还是在大学里，都将柏拉图视为离经叛道、诱人堕落的作家）的著作（雪莱第一次读到这些作品），吸引他注意到《斐德罗篇》与《会饮篇》。这相当于埋下了种子，日后将会结出丰硕的果实：雪莱将在二十六岁时翻译出名篇。雪莱在一八一七年曾写过两首诗来纪念林德博士，分别是《伊斯兰的反叛》与《阿萨奈斯王子》，林德博士在诗中像葛德文一样，化身为神秘人物：集智者、拯救者、治疗者于一身。雪莱在写到占星术士佐诺拉斯对阿萨奈斯王子的教育时，对他十分尊崇，称其为“钟爱的友人”，“犀利的目光闪烁着，如凝聚着千人的睿智”。雪莱回忆起他时，称柏拉图的教诲在学术和情感上都很神圣：

27 真理向佐诺拉斯闪耀，穿过
黑暗、寒冷、充满风暴的年岁；
他将激情的歌声、古老的传说，

还有清晰的哲理、温良的智慧，
灌输给小王子阿萨奈斯的心灵，
从那纯洁的被荒草淹没的泉水。

师徒二人共度过多少光阴，
他们的话题温馨而又精深……[67]

少年时视学习为炼金术，这是打开智慧宝库的钥匙，之后逐渐演变为更加成熟、政治色彩更浓的认识。学习成了个人的秘密武器，用来对抗公众的暴虐，年老的哲学家将它传授给年轻的活动家。这几乎就是“知识界的共识”思想。在一八一七年的诗作《伊斯兰的反叛》中，雪莱通过另一位酷似林德博士的智者之口，解释了对自己所受教育的看法。这位智者也是以父亲的形象出现的。

啊，凭着我年轻祖国的典章，
　凭着往古的诗人和圣哲的遗言，
还有我自己已经觉醒的思想——
　它从你大胆的抱负中吸取了源泉——
　我这才铸造出这样一种语言，
用它向我的同胞去宣传真理，
　宣传人类的力量；让这些语言
响遍四海，听众都立下大志：
一定叫今日的成就超过往昔的造诣！

爹娘不再糊涂，在卧室里痛哭，
　向他们的儿女宣读我的作品；
年轻的小伙子们一俟暴君睡熟，
　就凭着信念宣誓，团结一心……

满街遍巷，到处啧有烦言，
　直吓得黄金城的暴君们簌簌发抖，
奸臣们再包藏不住心底的谎言；
　你瞧他们一旦在殿堂上聚首，
　嘴上虽不说，心里早明白了根由——

如今天下人都已经明白了真理；
脸色吓白了……那审判座上的刽子手！
连豪富的老妪也把黄金鄙弃；
殿堂上充满了哗笑，王座在诅咒声中战栗……[68]

28 如果说林德博士多年来逐渐取得了精神教父与导师的地位，那么与之相反，蒂莫西就变为枉为人父之人、叛徒和暴君的形象。

据雪莱说，林德博士曾来到菲尔德庄园，阻止这位心爱的学生在患病期间被暴虐的父亲蒂莫西送进疯人院。在雪莱心目中，林德与蒂莫西对比鲜明。“此人……才是长者应有的样子。自由、冷静、慈悲为怀，甚至满怀年轻人一般的热忱；在其眉宇下，他眼中似乎燃烧着超自然的灵力，掩映着一头令人肃然起敬的华发；他身材高大，精力充沛，身体健康。况且他的性情和蔼可亲。呜呼，他对我的帮助要远远胜过我的父亲。他爱着我，而且我永远不会忘记我们俩的长篇交谈，他的精神中映射出最完美的宽容和最纯粹的智慧。”[69]这番话是他在一八一四年向玛丽·雪莱告白的当晚所说的。

到了一八〇九年，雪莱与林德博士的友谊使他第一次产生心智成熟的明显标志，此时他十七岁，伊顿公学虽已开始给他带来高贵的社会身份，但他内心依然躁动不安、反复无常。据妹妹们回忆，她们“很安静，但内心极度”崇拜这位兄长，他侧立身旁，穿着漂亮合体的绸缎裤子，在菲尔德庄园的熊熊炉火前烤着他的燕尾服。他曾若无其事地写信给伊顿公学时的一位友人，提到整天“都在我们的小河和小湖上”，射杀了几千只野鸭和野鹅，也提到整晚阅读小说与浪漫传奇。汤姆·梅德温曾见过他在池塘边猎杀鸟类，连续三枪都命中目标。在另一封信中，他以当时的伊顿体发出邀请：“我希望您能在复活节光临菲尔德庄园，这必将使寒舍蓬荜生辉。而且您我二人加上伊尔·帕德雷，定会让霍舍姆舞会中的红男绿女黯然失色……哦，我多么希望您来这里，使我们愚蠢的外省人生气焕发，我是您的挚友。”[70]值得一提的是，他依然以十分亲切的口吻称呼父亲。

一八〇九年，他的人生迎来了新的关注焦点，时间不长，却非常炽烈。这一年春天，表姐哈丽雅特·格罗夫与家人一同客居菲尔德庄园。哈丽雅特长得楚楚动人。雪莱此前刚对书信辩论产生兴趣，这促使他也给表姐写信。哈丽雅特在一八〇九年一月至四月的日记中，记录了每周都能收到雪莱的来信。两人的友谊通过书信拉开了序幕，此后十八个月，这份友谊始终具有谈情说爱的性质。雪莱第一次与哈丽雅特正式见面是在四月，他称自己在菲尔德庄园饱受孤独之苦，“除了创作小说与写信之外无所事事”。他最小的几位妹妹已经离家求学。格罗夫一家来这里住了几天，这让他欢欣鼓舞，雪莱、哈丽雅特、哈丽雅特最亲近的 29
兄弟查尔斯及伊丽莎白·雪莱四人组成了如影随形的浪漫四人组。他们会在月光下步行前往斯特鲁德（以前这是雪莱最爱去的地方），也会在黄昏时分漫步到圣欧文府邸，这是一座伊丽莎白时代的漂亮庄园，靠近霍舍姆，它的花园与喷泉是“无所不能的”布朗设计的。雪莱、哈丽雅特与伊丽莎白还计划一同创作诗歌与小说。后来格罗夫一家人搬到镇上，住在约翰·格罗夫在林肯酒店庄园的房子里，雪莱、伊丽莎白与雪莱的母亲很快就住到了他们那里。雪莱在写给伊顿公学的朋友的信中，明确指出：“我将在十六日到伦敦，那天是周二，我还要看歌剧，看看我会和谁一起，未来我会征求你的意见。”[71]

到了伦敦之后，一行人都去克拉珀姆看望在那里就读的海伦·雪莱与玛格丽特·雪莱。哈丽雅特的美貌给海伦留下了深刻印象，汤姆·梅德温在菲尔德庄园时，得知她的长相“就宛如拉斐尔笔下的圣母一般”。她记得雪莱对此引以为傲，而且很爱炫耀。他将一杯波特酒洒在了女校长的桌布上，这令所有人都很尴尬。之后，一行人去了花园，“又费了很大的劲才让这个野孩子安静下来”。[72]有一件事令人颇为好奇，表姐弟俩外貌颇为相似，而且雪莱似乎对此很是得意。到了五月，格罗夫一家人回到了威尔特郡，雪莱则回到了伊顿公学，他在那里还有最后一年的学业。查尔斯·格罗夫记得,“比希充满活力、精神饱满,他因赢得哈丽雅特的芳心而心花怒放”。[73]哈丽雅特默许了当雪莱的缪斯女神,两人的友谊给他带来了荣光和自信。她回到威尔特郡之后,雪莱仍继续给她写信,信中并不全是浪漫的山盟海誓,而是充斥着雪莱各种诡谲怪诞和恐怖的哥特式奇幻文学与诗歌,还有孔多塞与卢克莱修大段的晦涩引文。到了九月,哈丽雅特对于两人的通信产生了警觉,也略感厌烦。她将一些信件给父母看,父母建议她别再和雪莱通信了。事态的发展让雪莱十分怨恨而非不安,但他继续在与伊丽莎白合写的诗作中称哈丽雅特为缪斯女神。到了第二年春天,雪莱再次在菲尔德庄园与哈丽雅特相遇。她与查尔斯·格罗夫争论雪莱写的一部哥特小说,她准备赞助这部作品:“我认为这似乎使他[查尔斯]变得相当乖张,发表了**那么多**批评意见。”[74]雪莱本人则生着闷气,哈丽雅特发现雪莱的行为很是古怪乖僻,但两人还是一同前往圣欧文府邸与斯特鲁德,并“长时间地交谈”,但似乎没有提到什么建设性的问题。两人共同语言很少,只有在她离开之后,雪莱才会感到对她用情至深。

在哈丽雅特看来,自己肯定没有认真对待两人的感情,而且到了这一年年底,她便宣布与当地一位农场主威廉·赫利尔正式订婚。雪莱此时
30 已前往牛津大学求学,到了一八一〇年寒假时,他才得知这个消息,他的反应是戏剧性的绝望,伊丽莎白提到他有一次曾带着枪出门散步,她非常小心地看好他。但到了那时,还有不少其他力量对他产生作用,哈丽雅特的“背叛”只不过是为他提供了一个自然而然的戏剧舞台。这段情史与他孩提时代的许多谜题一样,在他对当时的回忆和他愤怒地讲述迫害与失恋的回忆录中受到夸大。

一八一〇年,雪莱已满十八岁。他将在伊顿公学完成最后一学期的学业,最终成为杰出的古典学者,一位哲学观点奇怪但尚可容忍的怪才,他还是一位流行作家(在这一点上他更加高明)。到了这一年四月,他此前在伊顿公学和菲尔德庄园用时约十八个月创作而成的哥特小说终

于出现在《英国批评家》杂志的启事中:“《札斯特洛齐》,作者为P. B. S. 。”雪莱通过这部著作挣到了一大笔钱,足有四十英镑。该书由J. 罗宾逊出版,很快便付梓。在伊顿公学的最后一个学期,这部作品给他带来大量的崇拜者和坏名声。他拿这四十英镑的稿酬举办告别宴会,这表明在离校之前,他不仅建立了小圈子,而且从者颇众。根据霍格的记录,他有了一个荣誉头衔,即“伊顿公学的无神论者”,这个头衔专门为成功反抗学校当局的人士所保留。它的意义更偏重于社会层面而非宗教层面,但这也意味着他得到了认可。

到了一八一〇年七月三十日,这一天是选举日,雪莱演讲了西塞罗的一篇反对喀提林的演说,作为对毕业典礼的贡献,人们普遍认为,这位高大、瘦削、古怪、充满朝气的人物会在秋季进入牛津大学深造,他最近刚完成老普林尼《自然史》前十五卷的翻译工作。汤姆·梅德温又补充了一句,称当时雪莱最喜爱的当代诗人是罗伯特·骚塞,而且他对骚塞写的长篇东方叙事诗《萨拉巴》可谓了然于心。雪莱喜欢诵读骚塞《克哈马的诅咒》中的恶魔公式,同时眼睛死盯着他的同伴——

然后你会看着水,
你会恐惧,你会飞走
波浪碰不着你
只会和你擦肩而过!

他还养成了一个癖好,即口中低声念叨着《麦克白》和柯尔律治《老舟子咏》的片段,他还会在意想不到时放声大笑,令这个癖好愈发诡异。他之所以有如此“古怪”的举止,原因之一也许是模仿林德博士,这是刻意的性格养成,而且反映出他作为长子那种略显骄扈的傲慢,尽管他在学校受到了漫长的痛苦考验,这一点却丝毫不改。当时,他写信给爱德华·格雷厄姆(他是年轻的音乐教师,曾在克拉珀姆教过雪莱的两 31

个妹妹,住在皮卡迪利大街藤街29号的时尚住所中)称:“我永远不会习惯结交新朋友,我无法达到我的老朋友的标准……我的行为与每个凡人截然不同,没有寻找更多堂吉诃德式的冒险。”[75]格雷厄姆其实在一八一〇年夏就已是雪莱的挚友,并帮助雪莱完成了文学计划,还与他和伊丽莎白一同编写更可怕的恐怖玄幻作品。

进入牛津大学前的几个月,雪莱出版了许多文学作品,这表明蒂莫西给了雪莱一笔零花钱,可以用于这出成人世界的“闹剧”。有四部作品已完成,另有一部已散佚的恐怖故事,名叫《噩梦》,雪莱似乎希望请亨利·菲尤泽利配插图。[76]除了这年春天面世的《札斯特洛齐》之外,雪莱还与伊丽莎白合著了一部诗集和诗剧《犹太浪人之歌》(部分由汤姆·梅德温撰写),还有《术士圣欧文》,这是仿照《札斯特洛齐》的风格创作的第二部浪漫传奇,讲述的是炼金术与自由恋爱以及可怕的激情犯罪。《术士圣欧文》的出版时间是雪莱在牛津大学就读的第一个学期,但《犹太浪人之歌》则是在巴兰坦的办公室中坚持不懈地完成的,而且直到雪莱学会于一八八七年郑重宣布将其出版之后,才以书籍形式出版。这部诗剧于九月出版。所有这些著作都骇人听闻至极,证明了密涅瓦出版社产生的启蒙影响。

最有趣的一点在于,《札斯特洛齐》是一部纯粹拼凑起来的作品,不断照搬刘易斯、安·拉德克利夫和夏洛特·戴克的《佐夫洛亚,或摩尔人》等小说与故事的内容,就连人物名字也借用了过来。书中的人物属于此文类中标准的扁平人物形象:男主人公维锐奇命运多舛,札斯特洛齐是迫害成性的恶棍;女主人公朱丽娅是金发碧眼的少女(她是维锐奇的真爱),而玛蒂尔达则是性格暴烈、水性杨花的女子(一头乌黑的头发,也是札斯特洛齐的犯罪同党)。但是,它为现代心理分析研究提供了完美素材,人们据此作出简明扼要的阐释,证明雪莱是“内省精神分裂症患者类型,在未分化阶段出现性发育停滞,这体现为自恋、同性恋和不成熟的异性恋”。[77]雪莱少年时代的作品**确实**体现出某些异乎寻常的品质，它们突破了心理分析的屏护；而且某些结构与主题的重要反复也确实与之后的发展有关，这并不直接与雪莱的人生有关，而是更突出地体现在其作品中。

在整个故事中，维锐奇就像这类主人公一样，受到了追捕、折磨或诱惑，或者说三者兼而有之。但发生的方式至少在一处场景中并不太典型。在故事的开头，他被监禁在山洞中，用锁链锁在石头上，饥肠辘辘，疯疯癫癫。这显然是菲尔德庄园中“疯人院”事件的早期表现：这一幕 32
又在《伊斯兰的反叛》(1817)和《解放了的普罗米修斯》(1820)中重现。

玛蒂尔达与朱丽娅也是此类人物的典型形象，但维锐奇无法在两人中做出选择，陷入痛苦之中，因为他深深爱上了这两人，前者是肉欲之爱，后者是柏拉图之爱。这一点更具原创性。在主人公的想象力和性高潮达到顶点之刻，他在一个房间中遇到了这两位女子：他的反应是痛苦的——他先是极乐并失去知觉，然后醒来，在快乐中刺死了自己。无论是这两位对立的女子，还是自杀或自我牺牲的第三条道路，都反复出现在雪莱的著作中，例如《阿拉斯特》(1815)、《解放了的普罗米修斯》(1820)和《心之灵》(1821)，也出现在皮科克对雪莱主题所作的优秀的滑稽著作《噩梦修道院》(1818)中。

最后，札斯特洛齐这个人物，是个性鲜明、难以遏止的恶棍形象。我们发现他是撒旦式流浪者的早期原型，一位精神失常的无神论者，他直面审判他的法官，并在最后的场景中依然不为所动，最终在不在场的情况下获得了英雄般的地位。[78]这个人物对于雪莱极为重要，而且经过复杂的改变之后，又出现在雪莱几乎所有的长诗(《麦布女王——一首附有注释的哲理长诗》〔1813〕、《伊斯兰的反叛》《解放了的普罗米修斯》及《倩契》〔1819〕)中，还出现在许多短诗中。

暴力问题最先出现在雪莱对学校做出的反应中，而此时第一次具备了文学特性。《札斯特洛齐》中的暴力给人留下深刻印象，这是生理上

的暴力,施暴时经常产生明显的快感。例如,文中那位水性杨花的女子杀死纯洁的朱丽娅时,这样描写道:

> "我要你死,你这下贱的女人,"玛蒂尔达怒不可遏地喊道,说着就使手中的短剑浴上情敌的血液。朱丽娅将身体往旁边一躲,刀锋划破了脖颈,鲜血立刻流到她雪白的胸脯上。
>
> 朱丽娅倒在地上,但一下子又跳起来,想逃脱敌人的魔掌。
>
> 玛蒂尔达第一次没有刺中要害,生怕敌人逃走,急忙抓住朱丽娅飘在脑后的头发,用尽全身力量把她揪了回来。另外一只手紧握短剑像雨点似的一下接一下刺到她身上。甚至在朱丽娅早已气绝之后,她仍然不肯住手。
>
> 最后,玛蒂尔达的气已撒完,力量也用尽,才平静下来。她把短剑一丢,面色阴沉地看着面前的惨景。[79]

这段描写很有意义,所有这一切也都可以算作快乐的抄袭之举(也许就是这样)。尽管如此,作者还是以高超的技巧和笔触刻画了当时的行
33 动,更重要的是这个行动的基本节奏,它疯狂地达到高潮,又慢慢地退潮,都反映出这不太像是一次普通的袭击行为,而像是强奸行为。*

雪莱离开伊顿公学后,感受到了自由,这让他沉醉其中,并使他能够再次更轻松地完成许多更阴暗、更孤僻的执念(《札斯特洛齐》就是明证),这是他本人、伊丽莎白与爱德华·格雷厄姆之间的同志情谊。他写了一封信通知格雷厄姆,称雪莱一家人要去镇上,而且会在克拉珀姆

---

* 尤斯塔斯·切瑟博士对这部小说的分析总结虽然恪守教条并受到雪莱本人某些传奇剧的影响,但依然值得牢记。"某些内向的人很冷漠,也很孤僻,但雪莱并不是这种类型的人。他的情感异常暴烈。他的仇恨如火,几乎要到把人谋杀的地步。他的爱也是难以忍受地炽烈……雪莱的攻击性体现在他笔下的迫害者中。鉴于札斯特洛齐和维锐奇体现为雪莱性格的不同方面,他是在自己折磨自己。"

与他见面,信中有一段恐怖的指示:

> 沿着大道悄悄地走向它们,一定当心,使你自己处于隐蔽状态。因为我母亲带着一把带血的短剑,好像她要用这把剑使你沐浴她的仇敌的鲜血。
>
> 不要怕死神的小鬼们,不要怕坟墓里滴淌着腐烂血肉的骷髅,这肮脏的东西也许时不时地会损伤你瞪大的眼球。坚持住,哪怕是地狱和毁灭在你脚下张开血盆大口,也百折不回。
>
> 在半夜最可怕的时辰想想这一切:地狱的小鬼们俯身看着你熟睡的躯体,向你灌输这些最终把你领到毁灭之门的思想……[80]

伊丽莎白又加了一条注释,采用了相应的玫瑰十字会的密码,称地狱的小鬼们要使用“HD”这个头衔来授予荣誉。这种小鬼被证明是一种有用的人格面具,可用于各种用途,因为它的突出特点是在雪莱和伊丽莎白的诗集中以更加严肃、夸张的形式出现,这部诗集题为《维克托与凯齐尔诗钞》,作者佚名。这部诗集于一八一〇年九月问世,一个月后,雪莱进入牛津大学就读。

这是雪莱的第一部诗歌著作:纯属三流作品,通篇都是蹩脚的哥特风格诗歌,总共有十七首,其中一首没有写完。有两首是伊丽莎白创作的诗体信,六首是雪莱致哈丽雅特·格罗夫的感伤“歌谣”,有几首是对德语和意大利语材料的译作,一首关于爱尔兰的革命性雄辩,还有雪莱对查特顿的模仿作品(题为《嘎斯特,或,复仇的恶魔!!!》),还有对“修士”刘易斯的恐怖诗歌所作的赤裸裸的剽窃,这导致整部诗集的排版在这一年遭到销毁。这部诗集在沃辛的印数高达一千五百册,并在蓓尔美尔街由约翰·詹姆斯·斯托克代尔出版。据霍格说,这部作品也是由雪莱的祖父老比希资助的。其内容与风格充分表明了雪莱十八岁时的想象力发展情况:他还称不上是早熟。但这部诗集使他对新获得的身份 34

有了全新认识,而且在他写给格雷厄姆的信中,充满了顽固的专业性评价,讨论如何让评论人士“钻进口袋中”。令人惊讶的是,有两份期刊确实注意到了这部作品。*

《嘎斯特,或,复仇的恶魔!!!》较长,其中有许多暗示性要素。在这首诗中,雪莱第一次引入了流浪的犹太人形象,他是受到诅咒的流放者,被罚永远在世界上流浪。这位流放者的形象深深吸引了雪莱:犹太人的身份本身似乎并不重要,但是犹太人对上帝的构想(即耶和华的形象)令他十分痛恨。后来,他在一八一〇年与一八一一年之交的寒假,与好友霍格进行了一番狂热的通信,他在信中称:“因为邪恶的灵魂永远不会死亡,永远逃不出像泥土造就的地牢一样寒冷的神龛,它现在就住在神龛里。我最深信不疑的就是未来的惩罚。”这就是雪莱对“下地狱”的最初认识。他还在这封信中立刻阐明了相反的状态,即他对“救赎”的构想:这就是爱。“爱无处不在,至于无穷;爱无时不有,至于永恒。然而,根据你对这个问题的理论,爱还须进一步完善。爱是一种报偿。”[81]无论是流放者,还是下地狱之人,都得不到爱的温暖,而是笼罩在寒冰之中。无论是获得救赎之人,还是正义之人,都永远沉浸在完美、稳定、灼热的心灵之中。这就是菲尔德庄园中的经验之谈。在《嘎斯特》中,雪莱第一次诗歌化地表现出“以下人物”。这些人物之前曾出现在霍格复述的轶事中。场景是一片阴森森的荒野,一座笼罩在迷雾中的城堡。这是菲尔德庄园的梦魇版形象。沿着“平台”,地狱里的小鬼开始出现:

那薄雾就好像夏季的凌晨

---

* 《英国批评家》认为作者是一位女士,并搁置了对此的争论。《文学全景》1810年十月号中,满怀同情地指出:“现代诗人肯定是最不幸的人!他们的想象力反复受到了恐怖的困扰……有没有比下文更精美的呢?也就是说,更精彩的呢?”

　逃避阳光的雾一样轻薄；
像那种悬浮在沼泽地上空、
　山涧表面的蒸汽般飘忽。——

恐怖占据了我战栗的头脑，
　也使我惊惧的目光模糊，
要说，开不了口，要奔逃，
　无论如何移动不了身躯。

最后一个瘦小阴暗的形影
　迈着无声无迹的步履来到，
它头上有一圈闪烁的火焰
　轻薄的衣衫在狂风中飘。

像横扫过深秋大地、穿越 35
　无叶森林的风一样凛冽，
像曼陀罗的呻吟一样低微，
　惊心的话语声传入耳内：

“你，属于我，我，属于你，
　直到这个世界沉沦毁灭，
我，属于你，你，属于我，
　直到死亡也堕落入永劫。——

雪莱对节奏感很强的炼金术方程式咏唱产生了强烈兴趣，这充分体现于诗集中最后这首诗。小鬼们消失在拂晓，但日光却并未使诗人心中获得安宁，“悲怆盘踞着我的大脑”，夜晚来临时，降下了可怕的一幕：

黑夜终于来临,啊! 可怕,
　可怕的时刻唤醒了死人,
当鬼怪纷纷腾云驾雾出发,
——我的床头便坐着那幽灵。[82]

最后一幅情景可能很好地解释了雪莱为何要写信给格雷厄姆讨论画家亨利·菲尤泽利。菲尤泽利的床边幻景画作《噩梦》(*The Nightmare*),是当时恐怖艺术的一幅典型作品。

《维克托与凯齐尔诗钞》表明恐怖文类可以向不同方向发展。雪莱的魔鬼们从未证明难以制服或死板顽固,恰恰相反,他们能适应他的兴趣,且几乎很容易仿照他的心智发展。《爱尔兰人之歌》则表明这产生于原始革命情感的政治萌芽:

我们的敌寇在我们的疆土纵马扬威,
我们英勇无畏的战士,却尸横原野。
……呼叫着的阴魂正乘横扫的风暴,
不住声地呐喊:"复仇啊,我的同胞!"[83]

这些恰恰是《解放了的普罗米修斯》中魔鬼的原始形象。

一八一〇年十月,雪莱去牛津大学大学学院报到,参加秋季学期的学习。出发之前,父亲蒂莫西在书房里给了他一些实用的建议。书房中挂着耶稣被钉在十字架上和维苏威火山喷发的画作。汤姆·梅德温恰好在场,他记录称:"只要[比希]愿意,他想养多少个孩子都可以,只是
36 他决不会原谅他的亲事门不当户不对。"[84]雪莱写过浪漫传奇《札斯特洛齐》,召唤过鬼魂,当过伊顿公学的无神论者,此时他以鄙夷的目光默默地瞪着父亲。父子俩一同乘坐前往牛津的马车,到达学校时,蒂莫西特地要带雪莱去最大的书商斯拉特书店,它位于高街。蒂莫西·雪莱

说:“我的儿子要在这里走上文学道路了,他已经是位作家了,就让他沉浸在出书的癖好中吧。”[85]

注释

[1] 菲尔德庄园与这些湖依然留存至今,但人们认为花园的布局发生了改动。房屋局部重建过,爱德华·道登在《珀西·比希·雪莱的一生》(1886,第一卷,页5-7)中,曾介绍过菲尔德庄园。另见罗杰·英彭,《雪莱在英国:雪莱-惠顿文献中新的事实与信件》(1917),页22-27。这两部著作都是重要的资料来源,对雪莱人生前二十五年提供了详细信息与文献(道登著作的第二卷则介绍雪莱在意大利的生平)。

海伦·雪莱写给简·威廉姆斯的信函中,曾提到苏塞克斯的保姆与巨龟的传说。“远古大蛇”是托马斯·杰斐逊·霍格介绍的,见《珀西·比希·雪莱的一生》(两卷本,1858)。本书使用的版本系亨伯特·沃尔夫所编(两卷本,1933)。“远古大蛇”出现在页22。

[2] 埃德蒙·布伦登,《雪莱生平》(1946),页23。

[3] 道登,《珀西·比希·雪莱的一生》,第一卷,页5。

[4] 雪莱在写给霍格的信中,酸楚地提到耶稣受难的这幅画,1810年与1811年之交的冬季。“维苏威火山喷发是幅糟糕的画作”,见托马斯·梅德温,《珀西·比希·雪莱的一生》(1847),H. B. 福尔曼编(1913),页12。

[5] 对海伦·雪莱的介绍见霍格,《珀西·比希·雪莱的一生》,第一卷(1858),页23。

[6] 同上,页22。

[7] 沃尔特·爱德温·佩克,《雪莱:生平与著作》(两卷本,1927),第一卷,页30。

[8] 对海伦·雪莱的介绍见霍格,《珀西·比希·雪莱的一生》,第一卷,页28。

[9] 同上,页25。

[10] 同上,页22。

[11] 同上,页22-23。

［12］托马斯·梅德温,《珀西·比希·雪莱的一生》,页16。

［13］同上,页17。

［14］同上。

［15］同上,页20。

［16］同上,页24。

［17］同上,页20。

［18］此系约翰·伦尼爵士的回忆。引自肯尼斯·尼尔·卡梅伦,《青年雪莱：一位激进者的缘起》(1951),页7。

［19］托马斯·梅德温,《珀西·比希·雪莱的一生》,页27。

［20］《珀西·比希·雪莱诗集》,页535。

［21］抄录于雪莱的笔记本,比克斯比-亨廷顿笔记本之二。载于内维尔·罗杰斯,《工作中的雪莱》(1967),附件三,页335-336。

［22］肯尼斯·尼尔·卡梅伦,《青年雪莱：一位激进者的缘起》,页291,注释1。有趣的是,蒂莫西于1806年首次向皇家纹章院申请家谱。罗杰·英彭在《雪莱在英国：雪莱-惠顿文献中新的事实与信件》中讨论了对家谱的造假之处。(页1-18)

［23］同上。另见约翰·科迪·杰斐逊,《真实的雪莱》(两卷本,1885),第一卷,页21。

［24］罗杰·英彭在《雪莱在英国：雪莱-惠顿文献中新的事实与信件》中讨论了对家谱的造假之处,页18。

［25］托马斯·梅德温,《珀西·比希·雪莱的一生》,页13。

［26］道登,《珀西·比希·雪莱的一生》,第一卷,页5。

［27］利·亨特,《拜伦勋爵及部分其同时代人》(1828),第一卷,页201-305。

［28］此系约翰·伦尼爵士的回忆。引自肯尼斯·尼尔·卡梅伦,《青年雪莱：一位激进者的缘起》,页7。

［29］托马斯·梅德温,《珀西·比希·雪莱的一生》,页23。

［30］同上,页16。

［31］其中有男性和女性侧面肖像的素描图,《论友谊》,引自雪莱,《散文作

品》,页338。

[32]《罗马与佛罗伦萨雕塑注》(1819-1820),引自雪莱,《散文作品》,页347-348。

[33]《伊斯兰的反叛》,第三、四诗节;《珀西·比希·雪莱诗集》,页37-38。另见《赞智力美》,第五、六诗节;《珀西·比希·雪莱诗集》,页531。

[34] 托马斯·梅德温,《珀西·比希·雪莱的一生》,页28-29。

[35] 霍格,《珀西·比希·雪莱的一生》,第一卷,页53。

[36] 梅德温的《珀西·比希·雪莱的一生》中首次提到这台日光显微镜与沃克有关,页28-29。霍格的《珀西·比希·雪莱的一生》中也多次提到它,页55,页152-153等。霍格称雪莱住进新的住所后,"第一要务"是找到面朝南的窗户,然后在百叶窗上凿一个小洞,以便显微镜采光。

[37] 对海伦·雪莱的描写见霍格,《珀西·比希·雪莱的一生》,第一卷,页23。

[38] 霍格,《珀西·比希·雪莱的一生》,第一卷,页88。

[39] 道登,《珀西·比希·雪莱的一生》,第一卷,页31,注释1。书中记录了在伊顿做的这次实验。但在梅德温的《珀西·比希·雪莱的一生》(页72)中,认为"电风筝"是在菲尔德庄园做的,称"这个想法模仿了富兰克林"。也许当时制作的风筝不止一个,使用的猫也不止一只。

[40] 对海伦·雪莱的描写见霍格,《珀西·比希·雪莱的一生》,第一卷,页29。《珀西·比希·雪莱诗集》,页838-839。

[41]《珀西·比希·雪莱书信集》,第一卷,第一篇,页1。

[42] 对海伦·雪莱的描写见霍格,《珀西·比希·雪莱的一生》,第一卷,页23。

[43]《珀西·比希·雪莱书信集》,第一卷,第二篇,页1。

[44] W. H. 默尔在《雅典娜》(1948)中的一篇文章。此文再版于埃德蒙·布伦登《惊世骇俗的雪莱与济慈》(1925)一书。

[45] 托马斯·洛夫·皮科克,《珀西·比希·雪莱回忆录》,最初是以三篇文章发表在《弗雷泽杂志》上,即1858年六月号,1860年一月号和1862年三月

号。霍华德·米尔斯编,《皮科克:回忆录、随笔文与评论》(1970),页 24。

[46]《伊斯兰的反叛》,第五诗章,第八、九诗节;引自《珀西·比希·雪莱诗集》,页 81。

[47] 玛丽·雪莱写给利·亨特的信,1825 年 4 月 8 日。《玛丽·W. 雪莱书信集》,第一卷,第二百二十五篇,页 317。

[48] 玛丽·雪莱,《注释》,引自《珀西·比希·雪莱诗集》,页 835。

[49] 玛丽·雪莱,《洛多尔》(1835),页 72-77。

[50] 同上,页 77-78。

[51] 查尔斯·格罗夫写给海伦·雪莱的信,1857 年 2 月 16 日。引自罗杰·英彭,《雪莱在英国:雪莱-惠顿文献中新的事实与信件》,页 49-50。格罗夫回忆称,雪莱时年十二岁。

[52] 对海伦·雪莱的描写见霍格,《珀西·比希·雪莱的一生》,第一卷,页 24。

[53] 同上,页 23-24。

[54] 罗伯特·莱斯利牧师引自道登,《珀西·比希·雪莱的一生》,第一卷,页 26,注释 1。

[55] 对海伦·雪莱的描写见霍格,《珀西·比希·雪莱的一生》,第一卷,页 24。

[56] 同上。

[57] 托马斯·梅德温,《珀西·比希·雪莱的一生》,页 34。

[58] 沃尔特·哈利迪写给海伦·雪莱的信,1857 年 2 月 27 日。霍格,《珀西·比希·雪莱的一生》,第一卷,页 41。

[59] 霍格,《珀西·比希·雪莱的一生》,第一卷,页 36。

[60] 托马斯·洛夫·皮科克,《珀西·比希·雪莱回忆录》,页 26。

[61] 霍格,《珀西·比希·雪莱的一生》,第一卷,页 36。

[62]《哦,天地间有大气的精灵》,见《珀西·比希·雪莱诗集》,页 525。

[63]《英国名人传记辞典》,西德尼·李编(1893),第三十三卷,页 272-273。

[64] 约翰·奥弗顿·富勒,《雪莱》(1968),页 22。

[65] 肯尼斯·尼尔·卡梅伦,《青年雪莱:一位激进者的缘起》,页13。

[66]《珀西·比希·雪莱诗集》,第一卷,第三十篇,页28,注释13。

[67]《阿萨奈斯王子》,见《珀西·比希·雪莱诗集》,页163。

[68]《伊斯兰的反叛》,第四诗章,第十二至十四诗节;《珀西·比希·雪莱诗集》,页74-75。

[69] 对海伦·雪莱的描写见霍格,《珀西·比希·雪莱的一生》,第一卷,页35-36。

[70]《珀西·比希·雪莱书信集》,第一卷,第四篇,页3。

[71] 同上,第六篇,页4。

[72] 对海伦·雪莱的描写见霍格,《珀西·比希·雪莱的一生》,第一卷,页27。

[73] 查尔斯·格罗夫写给海伦·雪莱的信。引自罗杰·英彭,《雪莱在英国:雪莱-惠顿文献中新的事实与信件》,页94。

[74] 哈丽雅特·格罗夫的日记中1810年的记录。引自纽曼·艾维·怀特,《雪莱》(两卷本,1940),第一卷,第四章。

[75]《珀西·比希·雪莱书信集》,第一卷,第十一篇,页11。

[76] 同上,第十五篇,页14。

[77] 尤斯塔斯·切瑟博士,《雪莱与札斯特洛齐》,载于《神经过敏患者的自我启示》(1965),页32。这项研究中也全文引用了这部文本。

[78] 同上,《札斯特洛齐》,第十七章,页156-159。

[79] 同上,第十五章,页145。

[80]《珀西·比希·雪莱书信集》,第一卷,第十篇,页10。

[81] 同上,第三十五篇,页35。

[82]《嘎斯特,或,复仇的恶魔》,见《珀西·比希·雪莱诗集》,页854。

[83]《爱尔兰人之歌》,见《珀西·比希·雪莱诗集》,页849。

[84] 托马斯·梅德温,《珀西·比希·雪莱的一生》,页13。

[85] 亨利·斯拉特写给罗伯特·蒙哥马利的信,1833年12月18日。肯尼斯·尼尔·卡梅伦,《青年雪莱:一位激进者的缘起》,页2。

第二章　牛津岁月（1810–1811）

37 斯拉特与芒迪书店有一块硕大的外凸弧形展示橱窗，书店坐落于牛津的高街，几乎正对着大学学院的门房。这所学院是牛津大学最著名的学院之一，始建于一二四九年，但该院的建筑物都是十七世纪中叶建造的，比如第一座四方院建筑物，会堂与教堂。雪莱会在守门人目光的关注下，走过拱形的门房，前往他的寝室，寝室位于四方院建筑物的西南角。这所学院是这座宗教教育机构的内殿法律学院，进入这里学习后，它给雪莱留下了深刻印象。这里仿佛是詹姆斯一世时代冷酷的神学院，用于培养古代的教士。他的寝室位于二楼，可以俯瞰研究员花园中修剪整齐的绿色走廊，这条走廊通往西边，另一侧则位于东面的教堂。院长最近花费数千英镑翻修了这座教堂，它有着华丽的哥特式扶壁立面，城垛与尖塔若隐若现。[1]

走进这座保皇派传统与偏见的大本营之后，雪莱卸下了一箱箱行李，里面有法国哲学著作、德国恐怖小说、日光显微镜和几箱化学药剂与电学设备，包括伏打电池和手摇式发电机组成的电学系统。他立即与他的监视人展开了漫长的斗争，此人的职责就是打扫学生公寓，并给雪莱提供简餐与可能需要的家政服务。但直到十一月底，雪莱的宿舍里显然一直摆放着一大堆乱糟糟的物什，有混乱的“科学”装置，破损的陶器，扔作一堆的昂贵衣物，被酸腐蚀过的地毯。此外，到处堆满了四开本和对开本的小牛皮精装书籍，就连地板上也不例外，其中有些是密涅瓦出版社的书籍，用了蓝色的封面。

他给本科时的同窗好友霍格留下了永生难忘的第一印象：

> 书籍、靴子、试卷、鞋子、科学仪器、衣服、手枪、亚麻制品、陶器、
> 弹药、数不清的小试剂瓶，还有钞票、长筒袜、印刷品、坩埚、袋子、盒 38
> 子都摊在地上，到处都是……桌子上，尤其是地毯上，已经布满五颜六色的大洞，这经常是燃烧所致。有一台电机，一个气泵，电镀槽，一台日光显微镜，几个大型的玻璃广口瓶和收集罐，它们在这一堆东西里面特别显眼。他身旁的桌子上有几本摊开的书籍，几封信件，几支新的钢笔，和一瓶日本墨水，这就成了墨水台，还有一张松木板，原本是盒子的盖子，还有一些碎片和一个漂亮的刮胡刀，他也把刮胡刀当匕首使。[2]

唯一能让这一片混沌不越界的并不是雪莱的监视人，而是学院的双门制度，它将每一个套间与楼梯和外界隔开，既能隔开视线也能隔音。雪莱后来称，在他入住后的第二天上午，等监视人离开之后，他便按照传统把外侧门“关紧”，然后飞奔到校外的书店。他在黑暗中猛地打开了第一扇门，然后又进了第二道门。雪莱讽刺地评论道，这就是知识的大门。[3]

一八一〇年冬的秋季学期很快就让雪莱明白，他对牛津大学的第一印象颇具代表性。在他就读的学院中，教师与研究员自然都是神职人员，与以往的唯一区别可能就在于，约翰生博士此前经常在晚间来这里与英国法的瓦伊纳讲席教授罗伯特·钱伯斯爵士以及东方学家威廉·琼斯爵士坐而论道，他在这种场合会喝掉三瓶波特酒。到了雪莱就读

时,大学学院的本科生人数依然只有两百人左右,牛津大学三个年级的本科生总人数也远远不到五千人,因此这里是一个联系密切且容易让人产生幽闭恐惧的社会。牛津大学并没有开设理学学科,对雪莱的主要要求似乎就是每天上午去教堂,每周将《旁观者》的一篇文章翻译为拉丁语,每个学期还要拜访一次导师。校方对个人学业的监督少得可怜,而且本科生都会参加大量私人娱乐活动,尤其是来自乡下的本科生,他们畅饮美酒、参加体育运动、到市里寻花问柳,但对于希腊语和拉丁语经典著作却浅尝辄止。这在拿破仑战争期间尤为明显,在著名的“使徒”制度(即年轻的作家丁尼生与理查德·蒙克顿·米尔恩斯等人的聚会)出现在剑桥大学前十几年,各所大学的精神生活实际上十分贫瘠。霍格记得雪莱曾在入学之初接受完指导回来,满怀悲怆之情地说:

39 他们是非常无趣之人……一个小个子男子今天上午把我叫过去,他用几乎听不见的声音小声地告诉我,我必须多读书;他就用这样的小嗓门反复地告诉我:“你必须多读书。”我的回答是我并不反对这样做。他坚持……我伤心地问道:“我必须读欧几里得吗?”他的回答是:“这是肯定的;而且等你读过我提到的希腊著作之后,你就必须开始阅读亚里士多德的《伦理学》了,然后你还可以阅读他的其他专著。熟悉亚里士多德是重中之重。”他反复强调这一点,搞得我的耳朵都快生出老茧了,最后我说:“我必须得重视亚里士多德吗?如果我不在乎他又怎么样?”然后我就离他而去,因为他似乎陷入巨大的困惑。[4]

与伊顿公学相比,大学给雪莱的自由使他沉醉其中,但宗教管理当局在这里形成了根深蒂固的、安逸的、唯利是图的氛围,这令他感到窒息。在他的脑海中,在牛津大学的求学迅速变为一场个人的挑战,这里是迷信与平庸的大本营。首先需要将其从古老的沉睡中唤醒,用各种行为将其激怒,并用耀眼的知识风暴将其席卷。这里是精神的巴士底狱,雪莱单枪匹马要打开这座牢笼。

学院的官方生活对雪莱的影响并不大,因为他迅速安排好了自己的生活制度,他所遵循的作息表与之格格不入。他往往每天看十六个小时的书,经常在晚上六点至十点就寝,像个小动物一样蜷缩成一团,躺在火炉前的地毯上。起床之后,他会与别人交谈,并整晚地做化学实验。还有一点值得注意,交谈有时仿佛是梦中呓语,“语无伦次,持续很长时间”。[5]他偶尔会举行非正式派对,有一张便笺留存至今,其中邀请他的本科同学詹姆斯·罗“到我的寝室把酒吟诗”。[6]他对去餐厅用晚餐深恶痛绝,他(躲在寝室里睡觉)尽量不去那里用餐。即便是他难得参加的授课,也会在下课前提前溜出去。上午的教堂仪式刚一完成,他便飞奔出去,因此他显然是第一个走出教堂的,这样便能“滑稽地一头冲进自己的寝室中”。[7]为了塑造出才华横溢的青年异教徒这一公众形象,雪莱蓄了长发,而当时流行的发型却是马夫式的平头。他从他的“牛津泰记商店”中买了一件“极为考究的橄榄绿色的上衣,上面缀着镀金的纽扣”,还买了几件波浪条纹马甲,给人留下了深刻印象。[8]

在牛津大学,有一个地方是雪莱不得不予以重视的,这就是斯拉特与芒迪书店。雪莱向店主介绍了自己写的《札斯特洛齐》之后,很快便开始筹划出版一整套新的作品。这套丛书的第一部作品就是他的第二部哥特式浪漫传奇《术士圣欧文》。这部作品由斯托克代尔印刷,但到了十二月,它就出现在斯拉特与芒迪书店的书架上。这部作品作者的笔 40
名为“牛津大学的绅士”。此书不仅沿袭了上一部小说中骇人听闻的恐怖与暴力描写,而且还充斥着色情描写和孔多塞、潘恩与葛德文的社会进步理论思想。主人公吉诺提是意大利人,为人阴鸷,拥有双重身份,并且受到永生的秘密所诅咒,他是另一个流浪的犹太人形象。从他疯狂、冗长的内心独白中,读者可以发现作者雪莱的心理特征:

> 在我很小的时候，我那没有因完全满足而熄灭的**好奇心**，以及揭开大自然隐秘面纱的渴望，构成一种激情，在智性上主导着我心灵中的其他情感……爱情不关我事，我也不理解为什么男人执意让自己同软弱联盟。最后我选择了自然哲学[即**自然科学**]作为自己热切探索的特殊科学。结果这门科学却把我引进一系列错综复杂的冥想之中。于是我想到了**死亡**……[9]

雪莱将这部作品送给了他在牛津的熟人和苏塞克斯的亲人，他还匿名送给了牛津大学的一些研究员与他妹妹在克拉珀姆的同学，包括在《野宴图》（*Fête Champêtre*）中被指定扮演维纳斯的那位美丽女孩[10]，雪莱后来才知道她名叫哈丽雅特·韦斯特布鲁克。但还需要更有分量的事件方可撼动牛津大学博德利图书馆的穹顶。

在一场激烈的争论中，雪莱对意大利与德国哥特式作家的优点进行了比较，这使他在牛津大学结识了一位挚友。雪莱与托马斯·杰斐逊·霍格的初次相见是在十一月初就餐时，地点就在他深恶痛绝的餐厅，两人回到寝室之后继续讨论这个话题，霍格感到甚是震撼，一直留到拂晓时分他才告辞。两人之后又相互拜访过，霍格不久便能分辨出雪莱熟悉的脚步声，它“在寂静的夜晚从寂静的四方院建筑物中传来”。[11]两人都爱嘲讽学院的管理层，都热爱思辨的观点，有着离经叛道的兴趣，这很快便拉近了两人的距离。雪莱在牛津就读期间所受的最大影响便是两人的友谊，霍格后来将雪莱评价为“他对我来说不啻整所大学”。霍格是雪莱在菲尔德庄园之外结识的第一位真正的好友，两人的友谊发展为如胶似漆般的形影相伴，这要比他与哈丽雅特·格罗夫的感情真挚得多，可以说霍格就是雪莱的第一位真爱。

两人初见之时，霍格与雪莱年纪相仿，也是十八岁，但他之前已在大学学院读了夏季学期。霍格身材魁梧，在雪莱瘦削、修长的身材衬托下，愈发显得壮硕。他戴着学士服的流苏帽，露出鬈发，嘴角流露出睥睨众

人的神情，长着精致、显眼的鹰钩鼻，他的头微微侧倾，表现出强烈的求 41
知欲望。他的家庭背景与雪莱截然不同，他来自英格兰北部殷实的中产阶级家庭，家人从事知识性职业，父亲约翰·霍格是一位律师和管理人员，并与德汉姆大教堂的神职人员过从甚密。他家人丁兴旺，定居在德汉姆的诺顿村，家人希望青年霍格走上法律道路。霍格博览当代文学与政治哲学著作，这一点深深吸引了雪莱，而且他思维敏捷，逻辑清晰，经常开些粗鲁的玩笑，让对手下不了台，也让学院当局颇为难堪。与此同时，霍格性情中存在令人好奇的轻信、鲁钝的一面，这使他既坚贞不渝地崇拜雪莱的孟浪之举，也是雪莱夜间玄想和思辨独白的最佳听众。霍格会倾听雪莱忘我的倾诉，并提出建议和讽刺性的旁白。多年之后，霍格在《珀西·比希·雪莱的一生》* 中惟妙惟肖地记录了这些内容，就仿佛他将当时的每一个字都铭刻在脑海：

> 用蓄电池充当新的发动机；此后它用得都不太多，但却产生了许多神奇的现象。将巨大的槽子和一个由数百个金属板组成的精密系统组合在一起，还有什么办不到吗？气球还可以做得再完美一些……我们为什么对非洲的腹地依然一无所知？我们为何不派遣勇敢无畏的飞行员从各个方向横穿非洲腹地，以便在几周之内探索

---

* 霍格于1832年首次为《新杂志月刊》杂志撰写了一篇长篇稿件，题为《回忆牛津时期的雪莱》，他后来获准使用保存在菲尔德庄园的雪莱资料，并写出了《珀西·比希·雪莱的一生》的前两卷，一直叙述到雪莱1814年的生平。这部传记出版于1858年，此后他对上述资料的使用权被收回。霍格在描写雪莱时，采用了高超的叙事手法，但始终保持着幽默风趣的风格，并且穿插大量对他本人的自传描写。他删改了雪莱的信件原文，以淡化其中的激进主义色彩，典型之举是他总是将“无神论者”改成“自然神论者”，“无神论的”则改为“哲性的”。他还改动了原文的代词，以掩饰自身在雪莱人生中的情感介入。后世学者对霍格的做法大加鞭挞，而他本人的一生也因他与雪莱的关系而受到了影响：在牛津大学的无妄之灾，失去继承权，以及未能在法律界出人头地。他凄恻地写道：“很难以我当时的心境[对雪莱]进行评价——我指的是我年轻时的心境，也就是要放下老年的持重；因为经过二十年来的勤勉研究，我已过早地老气横秋。即便这没有体现在身体上，至少也体现在内心中。”

> 整个半岛？晌午的太阳将第一个气球的阴影投射在它的正下方，它在这片悲惨的国度静静飞行时，实际上将会解放所有的奴隶，也会永远消灭奴隶制……我接着说："你对形而上学怎么看?"……他用郑重其事但又神秘兮兮的语气说："啊，形而上学嘛，这其实是崇高的学问！如果有可能在这一领域取得任何发现，就会比化学家的一
> 42 切发现更有价值。他们会发现对心灵的分析，而不仅限于研究物质！"然后他从椅子上站起身来，在寝室中缓缓地踱步，他的步子迈得很大，然后又讨论了灵魂，此时他的热情与热烈程度要比讨论气体时更大。他谈到了来世的状态，尤其讨论了前世的状态，人的身份问题，也谈到了伦理哲学……这时他突然说炉火快要熄灭了，烛台中的蜡烛火焰也很微弱了，他这才意识到自己来得太久了，便仓促地道歉。[12]

雪莱与霍格经常去对方的寝室学习，两人同时研究挑选出的作家。霍格有一次曾无意间透露，他也写过一本浪漫传奇，标题暂定为《莱奥诺拉》，雪莱迫不及待地读了这部手稿，尽情享受其中的无神论思想。他保证立刻将它寄给多次为其出版著作的斯托克代尔先生。雪莱在炉前的地毯上入睡时，霍格会在一旁的桌上静静地读书。雪莱睡上几个小时后，会突然醒来，然后猛力搔着头发，他总会十分自然地转入对某些深奥问题的讨论，而且论述节奏很快，参与程度很高，这让霍格甚是惊诧。

下午，两人通常会同去牛津周围的乡野漫步，并有过各种奇遇。霍格喜欢忆起塞万提斯笔下的情节，他本人以忠诚的桑丘·潘沙自居，而雪莱则化身为亲切的狂人堂吉诃德。有一次，一个男孩揍了他的驴子，然后一个吉卜赛流浪汉来乞讨了牛奶；农场的一条狗咬掉了雪莱的燕尾服后摆。还有一个秘密花园，雪莱会在那里漫步，沉浸于迷醉的状态，然后猛地一下飞也似地穿过树篱笆。雪莱打发时间的方式也很奇怪，他会在沙特欧瓦山下的小湖边无休止地玩打水漂的游戏，将叠好的纸船放在

每一个池塘和水坑里，直到霍格被冬日的寒风冻得脸色铁青才作罢，而且每次必然花上半小时进行射击练习，射击使用的是两把上好的决斗用手枪，雪莱将它们塞进轻便大衣里，他喜欢将菲尔德庄园寄来的信钉在树上，然后瞄准信件上的圆形邮戳开火。[13]

雪莱对枪械的爱好是他诸多性格特点之一。霍格虽擅长嘲讽，却是个讲求实际的人，因而永远无法真正理解这一爱好。雪莱的另一个特点是，他在某些情况下几乎疯狂地漠视公共场合中应有的得体礼数。他在马达兰大桥上穿行时，曾从一位母亲怀中一把夺过她抱着的婴儿，然后迫不及待地询问这个孩子柏拉图式的先在是怎样的性质，这样他就可以证明自己与霍格争论时所提出的有关轮回转世的论点。第三个特点更为重要，雪莱天性喜爱恐怖，有时甚至令人无法接受，但霍格终其一生都乐于视之为喜剧的“幻想”。霍格回忆称，自己曾对过 43
度阅读发表过一句幽默的评论，但雪莱的反应却让他惊讶不已，但他并没有真正意识到此举的重要意义。当时他说：“‘雪莱，如果我要像你这样看这么多书的话，我的头发和牙齿就会掉得满地都是，我的眼睛也会从我的眼窝里滚落下来……至少我会非常疲倦、非常紧张，以至于我都搞不清楚是否会这样。’［雪莱］开始用他的脚蹭着地毯，就仿佛他的牙齿真的落在地上一样，然后死盯着我的脸看，他凭借丰富的想象力，让他的眼窝显露出一片空洞的样子，他的想象力已经激发起来……”[14]四年之后，雪莱就是通过这样古怪的“幻想”，让一位女孩的歇斯底里症严重发作。

但对于雪莱与霍格两人日益深厚的友谊而言，这些都只是细枝末节而已。在炉边的政治讨论中，两人的身份、目的和世界观得以形成，尽管霍格在多年之后故意不去回忆这一事实，但这位来自德汉姆的年轻平权主义者似乎对雪莱产生了巨大的影响，吸引他接触到新的著作与思想。从雪莱当时写的为数不多的几封信以及他表达的政治观点中，可以看出他们的知识盛宴中似乎具有越来越强烈的怀疑论与激进色彩：体现出大卫·休谟与吉本，伏尔泰与孔多塞，卢梭，葛德文，甚至还有政治经济学家亚当·斯密的思想。[15]雪莱还开始关注他所能收集到的各种政治新闻，他非常熟悉利·亨特的《检查者》，威廉·科贝特为平民解决纠纷的《政治纪事报》，他还跟踪了弗朗西斯·伯德特爵士展开的斗争（他是代表威斯敏斯特选区的激进派议员）。他关注了彼得·芬纳蒂的审判，这位爱尔兰记者尖酸刻薄地报道了英国对荷兰瓦尔赫伦岛发动的军事远征。[16]雪莱从苏塞克斯的亲人那里沿袭了辉格党政治立场，例如比希爵士与蒂莫西，还有诺福克公爵，但通过两人的秉烛夜谈，雪莱逐渐背弃了这一立场，转而投向议会之外的知识分子组织与深受法国鼓舞的革命活动家。霍格称有一位“陌生”的本科同学，只是通过雪莱的政治辩论与“他自己为了练笔而写的简短的议论文”，了解到了雪莱其人，并想象他已完全秉承了休谟的精神。“或者说，他代表的是热情洋溢、生机勃勃的法国唯物主义学派。在他哲学生涯的初期，这种革命的暴力便让他欲罢不能。”[17]雪莱逐渐意识到，待到他的作品下一次出现在斯拉特与芒迪书店的书架上时，就是要完成更加激进的事业，并将矛头公开指向公共权威。

不过，雪莱与霍格的关系不仅仅体现在政治上志同道合。霍格还发现雪莱对于个人的感情与事务坦诚相待。雪莱会一连几小时谈起菲尔德庄园的情况，会以“令人好奇的挑剔程度”，讨论他心目中的理想女
44 性。他区分了肉欲与肉欲之外的激情，并展开长篇、深刻的自我剖析，霍格显然记得其中的细节，雪莱巧妙地介绍了他的妹妹们：

> “异性之间的爱无论多么纯洁，一定程度上都依然保留了俗世间的龌龊；我们决不允许这在圣域中存在。”他沉默了几分钟后，焦虑感明显开始加强。“母亲对孩子的爱是最美好的，它更无私，也更为高尚；但是，”他沉思了片刻，补充说，“孩子的存在本身，依然将其与我们所摒弃的感情相联系。”这时他又重新陷入此前的沉思

中。然后他突然以胜利者的口吻大呼:“姊妹间的爱也毫不例外。”[18]

雪莱提出借钱给霍格,还在信中称:“那么你告诉我,是否需要现金,因为我几乎把你榨干了,而且还吃了各种美味。我们俩的关系就像姊妹之间可以赤裸相待一样,是不可能的。”[19]

两人共同度过一个学期之后,雪莱说服霍格去追求他的妹妹伊丽莎白,并为此安排霍格在假期定期给菲尔德庄园写信,此举既是为了向妹妹表明心迹,也是为了让雪莱了解到两人感情的进展情况。十二月至次年一月期间,两位挚友鸿雁传书,使雪莱(即便不包括他妹妹)以这种颇为奇怪的方式掌握了极好的素材。

对于霍格来说,突如其来的友谊令他神魂颠倒。他拥有出色的反讽与冷静的辩才,此时一个神奇的新世界向他打开,其中充满各种可能性与冒险。霍格回忆起与雪莱的往事时,对这个假期最津津乐道的似乎是雪莱在他乱糟糟的房间中俨然以王者自居,并且沉迷于令人恐惧的一项实验,不停地谈论着未来将取得的成就,同时将自己改造成电学狂魔,这是真正的创新力量所产生的“神秘”的精神,一种炽热的景象:

他接下来满怀热情而又迫不及待地向我展示各种器材,尤其是电学装置;他飞快地转动着摇把,这样就能迸射出噼里啪啦的电火花;他此时站在小凳子上,凳子脚是玻璃材质的。他请我来操作这台机器,一直到他充满电解液才算完,这时他乱糟糟的长头发就像鬣鬃一样竖了起来。然后他充满了一块功率巨大的电池,这块电池由几个大罐子组成。他在实验过程中迸发出旺盛的精力,谈起电学的神奇力量时语气越来越激昂,并且将另一个巨大的电学装置投放 45
出去,或者说这就是许多只风筝组合在一起,以便从天空引来巨大的电量,这就是摧枯拉朽的雷电的力量之源,如果将这些电量引到某个地点,就会产生最为惊世骇俗的结果。*[20]

在菲尔德庄园,一八一〇年与一八一一年之交的寒假以一场危机拉开序幕。雪莱的出版商斯托克代尔越来越怀疑霍格对雪莱的影响。他读完霍格的意识形态小说《莱奥诺拉》的手稿后,最害怕的结果得到了验证。蒂莫西在圣诞前不久来到伦敦后,他便私下里与蒂莫西谈起此事,并警告蒂莫西,他儿子的一位本科同学正在腐蚀他儿子的宗教原则,带着他走向目无法纪的思辨。[21]蒂莫西在菲尔德庄园与雪莱谈起此事,并警告他不要受到不良影响。雪莱立即在十二月二十日给霍格写了一封信:

现在用到了我的全部心计,我必须求助于欺骗——家父在伦敦拜访了斯托克代尔,他将家父奉为圣人。他指名道姓地说我是宗教怀疑论的支持者。家父给我来了信。现在我腹背受敌,危机四伏,有如受到了围困圣安东尼的魔鬼们的包围,但他们却是白费力气——他们认为我的理论可恶而攻击我,把我看成无赖。然而,我对他们嗤之以鼻,嘲笑他们枉费心机。[22]

雪莱在霍格面前俨然以他笔下的浪漫传奇主人公自居,而且很难说这个问题有多严重。但是,蒂莫西似乎真的产生了警觉:"家父想让我离开

---

* 这是文学史上最有启发性的反讽之一,正是借助这一形象,威廉·海兹利特十年后在一篇著名的随笔文中抨击了雪莱狂热的激进主义不负责任。这篇文章名叫《论悖论和常识》,其中写道:"[雪莱先生]似乎并不太希望说服别人或提供信息,以至于他要通过他创作的要旨来震惊公众,但我怀疑他更重视用他的电学实验在道德和哲学上让他自己大吃一惊;尽管它们可能烧焦其他人,对于他来说却是无害的娱乐活动,北极光在头顶上闪耀,但并没有触及内心!我依然要祈祷他停止用伏打电池进行这种无休止的危险活动。"

学院，我是不会同意的。一场暴风雨就要来临，但是，我好像站在灯塔上，面对着下面的巨浪徒劳地拍击，骄傲地微笑着。”

无论如何，这都开启了两人之间频繁的通信。此后五周，雪莱与霍格通过“请即回信”的方式定期通信。雪莱会将厚厚的一封信从菲尔德庄园寄出，通信频率每周两至三次，信件上盖着他父亲的“免邮资”印戳。伊丽莎白很快就得知，这位仰慕者才华横溢。但她似乎不太愿意掺和此事，这不免令人失望。雪莱在节礼日写信称：“我读了你给舍妹的大多数来信。她不时地打听你的情况，我们常常谈起你。我不希望过于 46
强烈地激起她的思想波澜。未能将我的全部想法同她交流，这绝对是我的过失。谢谢你，**真诚地**谢谢你向我推心置腹地吐露你对[她]的感情。我敢同样地向你推心置腹吗？我对自己都不敢敞开心扉，又怎敢向别人吐露真情？哪怕对方是至善至美的人……”[23]

但是，雪莱的挚友与他最亲密的妹妹之间似乎很难点燃激情的火花，此外雪莱很快得知哈丽雅特·格罗夫在威尔特郡订婚的消息，对他来说这并不意外，但足以让他产生更加强烈的愿望去表露心迹。他告诉霍格，称哈丽雅特因自己反宗教信仰弃他而去，霍格似乎在回信中提到，在一个充满偏见的社会中，若要追求无神论的原则，必然需要英勇的气概。雪莱在霍格的引导下，将自己塑造成浪漫传奇中发出诅咒的浪迹天涯之人，胸中充满复仇的怒火：

> 啊，我心急如焚地盼望着消除不容异说的时刻的到来。不容异说已经伤害过我。对着作假证的爱神的祭坛，我发誓要对可恨的产生作假证的原因实行报复，甚至现在我对作假证的恶果也难解心头之恨。我确实认为，根除能够毁灭社会间最宝贵的联系的观点，就是造福于社会。承认我是这部小说的**作者**会带来麻烦，而目前我正为出版社准备这部小说。因此，我公开申明，我不再出版这部小说。除了少数挑选出来参与过我的计划的人，这里的每一个人都相信我

> 的声明。我要悄悄地刺穿那个卑鄙的人,尽管匕首是包藏着的,还是让我们期待着我扎出的伤口在敌手的心脏里作痛。[24]

作假证的爱自然是指哈丽雅特·格罗夫与他的感情,文中提到的“小说”此时尚不为人所知,雪莱在这次事件中一直没有时间出版,但这部作品具有无神论倾向。这封信的结尾,附上了一条充满战斗精神的格言:“再见,砸碎污秽!打倒亵渎宗教者!”这一点此后也在他在牛津的第二个学期中体现无遗,它不仅仅是伏尔泰对基督教提出的著名批评口号,而且也是十八世纪九十年代倡导国际革命的雅各宾派所提出的口号,他们也被称为光明会。

雪莱对基督教的怒火似乎产生于一个奇怪的暮年世界,这个世界从本质上说处于青少年时期。在这个世界中,他个人的奇幻文学作品(即《札斯特洛齐》)无论是行动还是情绪上,都已进入由真实的社会关系所组成的公共世界,这包括了菲尔德庄园、格罗夫一家、牛津生活以及神学辩论。雪莱利用小说的世界侵入真实的世界,这在心智成熟的成年人看来不啻疯癫和偏执之举。但雪莱还不成熟,他还像童年时代那样创作小说。

一八一一年新年到来之际,雪莱在菲尔德庄园中热衷于一系列拐弯抹角的剧本,他为霍格详细叙述了一番。有一天晚上,他上床时,身旁就
47 放着“一把子弹上膛的手枪”和毒药,但他“却没有丧命”。[25]还有一次,他在信中写道,他将大半夜的时间用来“在教堂墓地中徘徊”。[26]他对基督教的反感情绪越来越激烈,这越来越像夸张的情景剧:“然而,我在这里发誓——如果我违背了自己的誓言,就让无穷和永恒将我毁灭——我在这里发誓,我永远不会原谅基督教!……啊,我真希望我就是那基督之敌!我真希望是**我的**报复打垮了魔鬼,把他赶回他的地狱老巢,让他永世不得翻身,由此永远建立起完美的、普遍的宽容。我期望将某些

未尽的对贪婪的感受注入诗歌之中。”[27]最后一点显然最为重要，在下一封信中，他附上了五个诗节，讲述的是“多年来受拷问的灵魂的痛伤”。雪莱意识到他的信件中出现了令人不安的暴力，在他性格中成熟与面向公众的一面里，他努力要为霍格“安放”暴力并与之保持距离。因此，在他所有体现出疯狂的信件中，都加入了一些小小的注释，以发表他的评论，这些评论多以歪曲事实和异想天开为主。在一封信中，他突然提出：“你怎么能怀疑我会认为你疯了呢？难道我不是最狂放、最狂热的产物吗？”[28]在另一封信中称：“我已在雪中徘徊多时，因为我感到寒冷、潮湿，简直要发狂。原谅我，原谅我狂乱的利己主义。这实在应该是最后一次……”[29]到了一月中旬，他的解释更加实事求是：“因为没有休息好，还得了轻微的斑疹伤寒，我的头今天非常晕。”[30]“原谅我癫狂的论点，实际上它们根本算不上论点。因为我的心非常乱，担心因此而害狂热病。大家不允许我在[一月]二十六日去看你，但是我一定要去。再见。”[31]

春季学期临近，蒂莫西·雪莱一直在忧心忡忡地观察家中长子的怪异行为，他决定采取行动，发挥父亲的影响力。在他的书房中，他专门抽出一些时间竭力与雪莱辩论宗教问题，这对于两人来说都是不同寻常的经历。雪莱将此事原原本本地告诉了霍格：“我曾设法开导家父，说来也是奇迹，开头他还真听了我的见解……”但等雪莱以胜利者的姿态得出结论，并证明基督教在逻辑上可以证伪时，蒂莫西对他的辩证过程嗤之以鼻，并用一番话让他无言以对：“非常专横的论断……话是这么说的：‘我相信这些事情存在过，因为我就是相信。’”[32]蒂莫西夫妇只是过于在意“无神论”这个词所产生的社会和政治耻辱，尤其是在牛津这样极度保守的坚持有神论的教育机构中。无神论意味着道德败坏、社会地位低下和不爱国的行为，在当时英国与欧洲大陆革命力量之间的战争如火如荼之际，这也意味着背叛、革命和堕落。在一八一一年一月的菲尔德庄园，这造成了最深的焦虑感：“家母以为我正在通往地狱的大道上行进,她怕我把几个妹妹都领进自然神论的小集团。”[33]雪莱的母亲十分清楚家中长子对其他孩子具有强大的领导能力,也知道他在宗教上的煽动能力,她的判断很准确。

48 到了一月的第三周,霍格开始对他这位好友产生巨大的影响。霍格此前一直将法律天赋运用到工作中,并以洛克的《人类理解论》为依据,撰写了一篇滴水不漏的简要论述,文中不仅抨击了基督教,还对上帝这一概念大加鞭挞。他将这篇文章寄给雪莱,雪莱读后大喜,热情洋溢地回了一封信:“你对基督教的系统性鞭挞出色极了。我曾试图以此说服家父。他告诉我,三十年前他曾读过洛克的著作,但这并没给他留下什么印象。”[34]这种“系统性鞭挞”为雪莱日后的一本小册子奠定了基础,他在文中还加入一些休谟的思想,使之成为牛津著名的一本小册子《论无神论的必然》。

寒假临近尾声之际,蒂莫西改变了对策。他调查了霍格家族在德汉姆的背景,发现霍格的祖父曾为德汉姆大教堂的牧正与顾问团担任经办人,并凭借这一职位为家族积累下了财富。他觉得实际情况并不像他一开始想象的那样危险,便告诉雪莱,称自己同意两人结交,并让雪莱邀请霍格在复活节假期时来菲尔德庄园做客。

第二学期刚开学时,雪莱给蒂莫西写的信件也暗示,他的父亲已经就雪莱的神学思想达成了妥协。雪莱无论在私下里还是与朋友交往时,都可以获得宗教信仰自由,但他绝不能在牛津大学公开传播他的思想。雪莱似乎对这项妥协极为反感。到了这一年二月,他继续在私人信函中与父亲推心置腹地讨论问题,但语气略微有些戏谑。雪莱用了大量篇幅讨论自然神论的传统,并在结尾部分写道:“‘宗教能防止不愿思考的头脑做出恶作剧,却让理性的心灵受到束缚。’——这就是我坚决反对它的原因。”[35]他在这封信中理直气壮,他很清楚这点。

此外,雪莱也同意从离经叛道的创作转向更为正统的著作,即以帕特农神庙为主题,创作一首能获大奖的诗作。蒂莫西特地不辞劳苦地求助于博学的牧师爱德华·达洛维，为雪莱找来相关的背景素材。[36]雪莱再三向父亲保证，只要涉及大学管理方，他都不会公开发表自己的观点。

但蒂莫西并没有充分认识到雪莱与霍格之间的友谊具有的强大
力量，而且两人还将写给伊丽莎白和哈丽雅特·格罗夫的情书分别交
给对方阅读，这对雪莱产生了巨大的影响。这两位同窗好友之间的情
谊已达到如胶似漆的程度。爱情成了两人的共同话题——无论是讨
论挫折、理想的爱情还是遭到亵渎的爱情——成了将两人拉近、履行
“友谊职责”的共谋哲学。在两人充满痛苦与激情的人造乐园中，他们
的关系已达到炽热的亲密程度，而且毫不顾忌、毫无尴尬。无论是无 49
神论思想、爱情还是对理想主义的哲学讨论，都使沟通心灵的火焰燃
烧得更加炽烈：

> 问题是我爱什么呢？这个问题几乎没有必要来回答。如果允许我使用形象化的个性这一表达，难道我爱的是人，是形象化的个性吗？不！我爱一切高雅、一切优美的东西。我希望，而且热切地希望，对上帝的存在深信不疑，深信上帝是无上高尚的灵魂。通过我绵薄的努力，这灵魂也许会赐予我某种程度的幸福，因为爱情就是上帝，上帝就是爱情。你也是这么想的，你不相信没有永恒的、无所不在的灵魂。我没疯吗？啊！我疯了。但是，我在朋友的耳旁倾诉我的疯话，而且他能够原谅这些疯话。[37]

人们以为可怜的蒂莫西想方设法让雪莱就帕特农神庙这一主题创作诗歌，就能让他冷静下来。而邀请霍格复活节假期时前来做客是更高明的主意，但收效过于迟缓。雪莱于一八一一年一月的最后一周返回牛津，开始第二学期的学习，他打算凭借两人间神圣的友谊，谋划并发动一场秘密战争，这次他的主要目标是大学的神学权威。于是，小说的世界变成了现实的世界。

雪莱与霍格此时都不满足于私下里对政治、诗学或神学展开理论上的思辨。他们精心策划了一场斗争并付诸实施。两人力求借助斯拉特与芒迪书店这一媒介，在牛津大学传播自己的思想。他们取得的第一项成果是一部精装本著作《玛格丽特·尼克尔森遗稿》，并且不遗余力地积极传播此书。这部作品与《维克托与凯齐尔诗钞》一样都采取了拼贴手法，但两者的主题不同。原先的浪漫主义和魔鬼的主题转变为对战争、君主制、贫穷和政治压迫的猛烈抨击。其中一篇作品因为过于直白的色情描写而在当地臭名昭著。[*] 整部作品采用了昂贵的装订和诡异的哥特风格的排版，一炮打响，在这一年二月成为牛津大学的热议话题。

但雪莱的目标绝不仅限于此，他将注意力转到《对基督教的批判》上，这是霍格在寒假完成的作品。雪莱编辑和润色了这部作品，加上引言和结论方面的材料，秘密寄到苏塞克斯印刷出版，并改为一个不太敏感的标
50 题：《论无神论的必然》。通过雪莱的生花妙笔，这本小册子成为一篇优雅而又论证有力的神学辩论文，篇幅大约为一千个单词。此文以培根对思维清晰及逻辑论证的价值所展开的论述引出话题。绪论部分定下了文章的基调，即故意装出一副天真无知和正直的样子，但文章处心积虑，力求激怒心存偏见的读者。“对真理的爱是促使作者写这篇短论的唯一动机。因此，如果有读者发现作者在推理上有任何缺陷，或者能够提出作者的心灵永远发现不了的证据，作者恳请他们以同样扼要、同样严格和同样坦率的方式，发表他们的论据以及反对意见。由于［有神论的］证据不足，本文作者是：一个无神论者。”

---

* 雪莱在1810年11月底给格雷厄姆的信中称：“你提到的《颂歌》的那一部分（也就是从撒旦胜利的结局开始的那一部分）是一位朋友的情人所作……《颂歌》会使诗集畅销。”尼克尔森夫人在1786年企图行刺英王乔治三世；她最终被送进了疯人院。乔治三世逃过一劫，雪莱在文中假扮成尼克尔森的侄子，并称如果第一部作品能够取得成功，他就会迫不及待为“我不幸的姑姑出版一部更大部头的作品集”。

这本小册子随后从三个方面考察了有神论的证据,即个人感觉上的证据、以推理论证作为主要原因以及他人的经验。每个方面都依次通过三段论论证,以证明有神论的证据不足。小册子随后又煞有介事地提出:"同样明显的是,信仰既然是一种心灵的感情,对于不信者,即无罪恶可言。"到了结论部分,文章便开始鼓动读者:"但是迷信破坏这一切,并且把自身建立为一种暴君统治,压在人类的悟性之上。因此,无神论绝不会破坏政治,而只会使人们的眼睛更亮,因为他们能看到在现世的界线之外是什么东西也没有的。Q. E. D.(证毕)"

霍格评论称,雪莱对结尾处"铿锵有力的几个字母"Q. E. D. 产生的数学效果非常满意,他认为这就像魔咒一样,是为了"鼓动反对意见"而专门设计的。[38]人们注意到,这几乎是英国第一次对无神论思想发表的公开宣言。[39]

《论无神论的必然》由沃辛的印刷商印刷完毕,并在情人节当天或前一天运到了牛津。雪莱与霍格立即分发和邮寄这本小册子,并小心翼翼地防止暴露作者身份。几天之后,牛津的书商同意在他们外凸的弧形橱窗中上架这本小书,他们显然没有好好读一读书中的内容。雪莱抓住了这个好机会,在书店中将此书广为陈列,并将其定价为六便士。对于雪莱来说这是一个好机会,但也是一次致命的打击。仅仅过了二十分钟,牛津大学新学院的研究员乔斯林·沃克牧师就走进了书店,翻阅了这本小册子,他当即下令将此书统统在书店后院焚毁。书商们均震怖不已,无不听从。只有一本留了下来,交给牛津大学校方作为证据留存。

芒迪书店感到这本书惹上了大麻烦,便给沃辛的印刷商菲利普斯写信,建议他立即将所有的存书与排版全都销毁,因为这很快就要惹上亵渎神教罪的官司。[40]

二月十七日,雪莱从牛津大学给父亲写信,信中愉快地向他再三保证:

> 51 不用说,在各个学院中,信仰方面全都遵循着正统思想,我在思想上完全与博学的博士们保持一致,但只要通过一番推理(这是他们教给我的,也是他们**自己的逻辑体系**),我就能轻松驳斥他们的谬误——因此,我是决不会公然违抗《异教徒惩治法》的。[41]

但是,此信中揭示了雪莱最典型的两面派特点。就在同一天(即2月17日),他还给好友爱德华·格雷厄姆(他作为雪莱的文学代理人正在伦敦与斯托克代尔接洽)写信,称因为雪莱已将《论无神论的必然》寄给了各位主教、各个学院的院长,此时他们必须考虑它在伦敦的广告和发行事宜。[42]而且就在这一天,这本小册子也在《牛津大学和城市先驱报》上打出广告,称此书可在斯拉特与芒迪书店买到。[43]雪莱镇定地展开双线作战。他告知格雷厄姆:“我打算在周六前往伦敦,但过于仓促地离开牛津,别人就会怀疑我是此书的作者。”

是否就因为这本小册子在芒迪书店销售了二十分钟,便导致雪莱后来遭到传唤和开除,这是值得怀疑的。但确实还可以采用其他惩戒措施,例如,勒令他休学一学期。雪莱故意采用了煽动性的策略,将它寄给了所有的主教与院长,这就让此次事件的影响更大、危险性更高。他也许是故意为之,但他没有预见到此举会在政治上与党派上树敌过多。

三月九日,他为《论事物存在状态的诗学随笔》* 打了广告,此书售价为两先令,并称此书作者为“牛津大学的一位绅士”,这更加恶化了形势。雪莱称这部诗作上市是为了“帮助因诽谤罪而身陷囹圄的彼得·芬纳蒂”,这显然是雪莱与霍格共同对抗权威当局斗争中的政治举措。[44]二月七日,爱尔兰记者彼得·芬纳蒂最终被判处入狱服刑十八个月,罪名是他抗议政府采取了灾难性的军事政策。芬纳蒂此前曾为辉格

---

* 我们对这部诗作一无所知,但其晚期版本似乎在《埃斯代尔诗钞》中出现,这是1810年至1814年的作品合集,也是雪莱第一篇受到认可的诗作,只不过它明显受到华兹华斯的影响。

党的《晨间纪事报》撰稿，而瓦尔赫伦岛的惨败正是托利党的政策所致。芬纳蒂的案件在伦敦立即受到新辉格党人中左翼少壮派的抨击，特别是弗朗西斯·伯德特爵士，此案件也受到了《检查者》等自由派组织的关注，这些人士总是在言论自由问题上大胆斗争。王冠与海锚酒馆是改 52
革政策的传统中心，这里曾举行过几次会议，雪莱满怀热情地读过相关报道。在牛津大学，《先驱报》为芬纳蒂开设了公开筹款栏目。三月二日，有四个鼓舞人心的名字出现在一畿尼捐赠者栏中，其中之一是"P. B. 雪莱"。[45]就在同一天，雪莱给利·亨特写了一封私人信函，后者时年二十七岁，此时在《检查者》任编辑。这封信的目的显然是祝贺亨特最近在诽谤案中获得无罪开释。* 雪莱介绍自己如下："家父身居议员之职，在我年届二十一岁时，很可能要补父亲之缺。"这显然表明他正考虑以辉格党左翼人士的身份从政。

但雪莱这封信的真正目的在于将许多各自为战的改革组织团结在一起，他此前曾与霍格一同谋划过此事。这些组织自十八世纪九十年代以来始终处于四分五裂的状态且成效甚微，何况当时皮特首相让全国深陷与法国的战争之中，他号召全国团结一致，并大力弹压煽动者与激进组织。雪莱的计划是将所有改革分子召集起来召开一次会议，借此建立"一个井井有条的社团，应当组织这个社团，以抵抗自由之敌的联合，敌人的联合在目前使得对政策问题发表任何意见，对个人来说都是危险的"。[46]人们指出，这项建议要早于梅杰·卡特赖特在汉普登俱乐部中提出组建这种"井井有条的组织"的建议。该俱乐部成立于拿破仑战争的最后几个月，它将议会中可靠的辉格派议员与深受欢迎的改革家团结在一起。[47]但雪莱的建议是在议会之外成立政治改革组织，这又前进了

---

* 《检查者》刊登了一篇抨击军中鞭刑的文章，题为《鞭打一千》。在埃伦伯勒爵爷（他常抓住一切机会，力图让出版商身陷囹圄）充满偏见的注视下，亨利·布鲁厄姆才华横溢地为此次案件作了辩护。

一步。他在写给亨特的信中也称,他构想出某种历史模式:

> 就是因为缺少这种性质的社团,腐败才达到令我们触目惊心的地步。如果想不到平等领域里的一个社团可能将**全国的自由**建立在一个坚实的基础上,想不到这样的基础可能要支撑一个完全平等化的社会的理想计划,我们谁也不会记起社团的伟大影响,这种影响就是数年前**光明会**获得的。[48]

亨特读到此信时,信中对这一社团与光明会之间的比较定然对他产生了很大的触动。光明会是秘密的国际雅各宾派社团,该组织致力于在全世界范围内策划革命活动,它由亚当·魏斯豪普特博士于一七七六年五月创立于英戈尔施塔特。该组织的宗旨是军事平均主义,消灭私人财
53 产、宗教,以及“迷信”的社会形式,如婚姻。他们的方法本质上属于阴谋活动,并立足于共济会之类的秘密场所,同时保留了唯信仰论的地下运动传统,这可以追溯到中世纪西班牙同名教派所采用的传统。在英国,人们对他们所作所为的了解完全来自有关疯狂猎杀女巫的四卷本论著,其中介绍了他们臭名昭著的所作所为。该书由法国流亡者奥古斯丁·巴吕埃尔神父所著,题为《雅各宾主义的历史》(1797)。雪莱在进入牛津大学的第一学期就接触到此书,这肯定是通过霍格获得的。他在圣诞节所写的多封信件中就引用了光明会信徒的暗语。亨特没有回复雪莱的这封信,但此后两年,雪莱孜孜以求建立“完全平等化的社会”,并以此作为政治自由运动的基础。终其一生,这一愿景都以不同形式贯穿始终。*

到了一八一一年三月中旬,雪莱的观点与著作已经在研究员和本科

---

* 如需了解当代关于光明会运动最栩栩如生的著述,参见约翰·罗宾逊,《反欧洲宗教与政府的阴谋证据》(伦敦,1798)。巴吕埃尔神父的宗教论著是一部详尽的专著,雪莱爱不释手,他阅读的版本名为《雅各宾主义的历史回忆录》,罗伯特·克利福德译(四卷本,伦敦,1798)。

生的小圈子里广为流传。他故意走上法庭的目的至少部分得以实现。他即便还没有攻克这座坚固的要塞，至少也成功引得众人侧目。

查尔斯·基尔帕特里克·夏普是基督堂学院的硕士，他在写给自己的恩主伯里爵爷的信中，讲述了他认为有趣的本科生中的丑闻：

> 谈到书籍，我们最近升起了一轮文学界的太阳，照耀着这里的众生，在他面前，我们原先的领军人物都不得不肃然起敬——他就是大学学院的雪莱先生，他喜欢摆弄砒霜、浓硝酸，夜里只睡半小时，他不可救药地爱上了玛格丽特·尼克尔森的回忆录。他将他所谓的[玛格丽特]遗诗集付梓，并为维护彼得·芬纳蒂先生而出版作品。对于此人，我很痛心地说，虽然他心中充满了离经叛道的思想，却是极其鲁钝之人。不过这位作者是位不世出的天才，倘若他能逃过疯人院或绞刑架的劫数，必能成为徜徉在和谐优美的查威尔河畔的最优雅的一只天鹅。

夏普此时正为日后的职业生涯做准备，即为威权主义期刊《每季评论》担任匿名的托利党作家。在这项调查结尾，他友好地表达了不满之情：

> 我们的阿波罗之后又推出了一本散文体小册子，主题是颂扬无神论，这部作品我还没看过，似乎还出版了一部可怕的单行本浪漫传奇，题为《术士圣欧文》……书中所有男主人公都是确凿的强盗和无缘无故的杀人犯，而女主人公则穿着衬衣穿过日内瓦的街道， 54
> 敲着爱人的豪宅门扉，当她们被拒绝入内时，并没有留下长片，而是跑回家去，回到温暖的床上自杀。[49]

牛津大学校方正考虑如何处理雪莱，他们肯定看到了那些不合时宜的广告，以及此前《先驱报》上为芬纳蒂公开募款的告示。他们以此作为强有力的证据，证明大学学院的雪莱先生是辉格党煽动活动的核心分子。根据此前格伦维尔爵爷的当选结果，显然大学学院中的托利党偏见尤为顽固，而且霍格坚定地暗示，此时开除已成为“党争事件”。[50]梅德温根据不同的资料来源，也提出了类似怀疑。[51]此外，人们几乎可以确定，对于《玛格丽特·尼克尔森遗稿》、芬纳蒂公开募款告示，以及渎神的作品《论无神论的必然》，校方认定作者系同一人，即该校的本科生，而且还是单枪匹马的闯祸精。对于霍格在其中所发挥的协助作用，校方可能还不太确定。

三月二十五日上午，校方传唤雪莱参加由大学学院的教师与研究员召开的会议。雪莱进入房间时，看到他们面前摆着一本《论无神论的必然》。接下来发生的情况颇有争议，因为霍格发表的版本刻画出雪莱的英雄气概且采用了虚构描写，雪莱本人显然在牛津的一份报纸上发表了当时他发言的“文字稿”。据皮科克说，雪莱在很久之后谈起此事，仿佛就像在大型公共集会上舌战群儒一般。

有一点很突出，也很明确。雪莱拒绝承认自己是这本小册子的始作俑者，因为它是匿名出版的，而且校方在会议中也没有合法权力对他诱导性提问。[52]霍格在叙述雪莱回答校方的发言时，在这一点上做足了文章：“这样的会议成了异端审判法庭，你们不是自由国家的自由人民……我之前就遭受过暴政和不公，我很清楚什么是低俗的暴力……”

在这样一边倒的形势下，雪莱在为自己辩护时，势必要么义愤填膺，要么惊慌失措。这本小册子证明，“无神论”思想不需要承担刑事责任，而且文中整个论证的目标是力求作一番严肃的学术驳论。这本小册子的作者显然尽人皆知。那么，如果雪莱坦承自己（和霍格）就是作者，并称他从未直截了当地发表过无神论的声明，而是仅仅想就休谟与洛克的逻辑原则（他们两人在学术上都值得敬佩）进行一番合理的学术探究，他就会立于不败之地。他不会因为有实际的无神论行为而受到控告，对
55 方只能证明他公开对令人不愉快的问题发表了辩论。即便在一八一一

年的牛津大学,也不会仅仅因为提出某种学术倡议而将某人开除。雪莱的案件实际上胜算很大,但他通过故意的煽动战术与带有宣传色彩的辩护,放弃了这场诉讼。结果导致校方按照官僚主义的程序将他开除,罪名是"拒不服从,因为他拒绝回答(对他)提出的某些问题"。[53]此举对于学院来说当然极为方便,因为开除处分并没有涉及信仰、政治效忠或学术探讨自由等问题,也就避免了这些尴尬的情况。这仅仅是对违反学院纪律的惩戒。

雪莱顿时大吃一惊。他飞快地冲到霍格的房间,"坐在沙发上,浑身剧烈地抽搐着,一遍遍嘟哝着:'开除了! 开除了!'他激动地摇晃着头,整个人都在颤抖"。[54]两天之后,雪莱在凌晨四点冲进梅德温在坦普尔的房间时,梅德温注意到了类似情绪:"'梅德温,让我进去,我被开除了。'之后是一阵近乎歇斯底里的大笑,并重复着这样一句话:'我被开除了。'后面又加上了一句:'因为无神论的缘故。'"[55]

而霍格作为他忠贞不渝的挚友和小册子的合著者,之后在作品中称自己迅速在教师会议上挺身而出,发表了对处罚程序有失公正的抗议。但是,他的抗议无济于事,却导致他自己也像雪莱一样落入陷阱,他拒不承认自己曾参与撰写这本小册子。[56]他本人也立即遭到开除,他声称,相关签名盖章的文件已经在教师办公桌上拟制完毕。据 C. J. 里德利(他是该院的员工,日后又担任该院的研究员)回忆称,他们一直到最后都不乏高调炫耀的神情。里德利称:"到了下午,一份巨大的文件钉在大厅的门上,上面盖着学院的公章,由院长与教务长签字,宣布这两名违纪学生受到公开除名的处分……此二人身着奇装异服,在方形院建筑物中四处活动,就仿佛因自己的命运感到自豪,尽可能吸引别人的目光。"[57]

里德利回忆起雪莱与霍格离开牛津大学时师生们普遍对他们的态度,他慎重地指出:"我认为没有人会对他们的离去感到惋惜,即便有,也是极少数,他们不害怕雪莱古怪、异想天开的恶作剧,也不畏惧他津津乐道的各种更为古怪的观点,但所有人都承认,雪莱是非常开朗的人,他性情善良。T. J. 霍格具有不同凡响的学术能力，但不幸的是，他并没有将此用于正道。他并不受欢迎。”[58]

经过几个小时的紧张忙碌、有如做梦一般的打包收拾和一些虚张声势的告别，第二天，雪莱二人搭乘八点整的邮车前往伦敦，这是三月阴冷的早晨。雪莱径直去了芒迪的书店，他颇有先见之明地从约翰·斯拉特那里借走了二十英镑。[59]几乎过了十二年（1823 年 1 月），斯拉特依然在努力讨回欠款。

56 到了伦敦，雪莱前往格罗夫家中做客品茗，然后拜访了好友格雷厄姆，并在他家小住了几天。之后又与梅德温见了面。他在考验这些人对此事的反应和同情程度，他还尽力让自己坚强起来，以便为真正的对峙做好准备——与父亲的对峙。此后十五天，双方的通信往来对他的人生产生了决定性的影响。他们反思了此前的双方关系，也回忆了雪莱童年时的经历；这也成了之后事件的模式。

报社编辑约瑟夫·默尔在回忆录中提出了一些证据，它们在这一点上揭示出雪莱的心理状态，具有重要意义。默尔此前曾在格雷厄姆家中与雪莱邂逅，两人年龄相仿。一八四一年默尔回忆起往事，称彼时雪莱刚从牛津大学退学：

> 在其他所有方面，他都是我见过的最温和、最谦虚的年轻人。一旦提起宗教问题，他就像是变了个人似的，充满鄙夷的神情，怒火中烧。如果他的观点受到反驳，他就会首先嘲讽反对自己观点的人士的弱点，以此来满足自己的报复心理。如果对方继续反对他的观点，同时积极地为宗教的神圣性而辩护，他的表情就会发生可怕的变化，眼中会迸射出怒火。[60]

人们不止一次发现他的表情出现这种可怕的变化。默尔甚至暗示，雪莱有时会表现出明确的不平衡性。“他爱钻牛角尖，这使他在宗教问题上非常疯狂；就像其他所有问题一样，他的思想缺乏阅历但又十分严谨，他是一个偏执狂，已经到了无可救药的程度，因为他的疯狂全都集中在一个方面。”默尔通过回忆往事，对雪莱下了结论，认为他聪明过人，凭借他的社会地位与“财力”，再加上他的性情与秉承的原则，已成为“社会中的危险分子”。[61]

人们之所以产生这样的观点，一般来说都是雪莱与蒂莫西之间进行重要交流时所产生的印象所致。雪莱遭到开除三天后，便在爱德华·格雷厄姆家中给他父亲写信。这封信值得大篇幅引用；这既表明他的无辜，也表明他嘲讽世人时表现出的小聪明：

> 我亲爱的父亲，您肯定已经听说过我和我的好友霍格先生所遭遇的不幸……情况是这样的……根据我们的观察，我们发现当前有关神性的证据是存在缺陷的，这令我们大吃一惊（尽管这看起来很奇怪）。因此，我们便提出了我们对这一问题的怀疑，并以《论无神论的必然》的形式井井有条地提出，我们认为这样就能让专职研究神性的人士给出某种令人满意或不满意的回答。——那么，我们会
> 受到怎样的对待呢？这不是我们公平、开放、坦诚的行为所应得的 57
> 待遇。他们没有通过公开论证推翻我们的推理过程，而是公然开除了我和我的好友。这也立即表明他们所信奉事业的薄弱性，并表明他们在发现这一点之后的冥顽不灵……我对您的善解人意再清楚不过了，您定然会深深地同情我的不幸。我希望您了解实际情况之后，悲痛会减轻些，对于**我本人**来说，我对牛津大学最近做出的这种暴虐行径丝毫不以为意。您能向我的母亲转达我的问候吗，向伊丽莎白转达我的心意……我能提醒您注意那一则广告吗？这肯定值得作出**回答**，而不是予以开除。亲爱的父亲，请相信我，您最孝顺、忠顺的儿子，珀西·B. 雪莱。[62]

在菲尔德庄园中，蒂莫西在一本《论无神论的必然》上潦草地写了一个词："不虔诚"。

有一点必须在此指出，雪莱在面对这场危机时，还不到十九岁，而且他并没有真正认识到由此产生的影响，他也不知道父亲的失望程度有多深。即便如此，这封信还是体现了诸多特点，不免令人好奇：这属于大胆的自我辩护，更不用提其中充斥目中无人的骄矜，还非常幼稚地歪曲事实（"我们公平、开放、坦诚的行为"）。最令人好奇的一点在于，这封信的整个基调属于自我满足。

雪莱在等待父亲回信期间，与霍格一同住在波兰大街15号的客房里。这是一个逼仄的小房间，没有窗户，位于二楼，墙纸上爬满了藤蔓植物。蒂莫西收到信后非常惊诧和慌张，他飞快赶到伦敦，住进了米勒宾馆，这是他在伦敦常用的住处，这里恰好能俯瞰威斯敏斯特桥。就在这座酒店，蒂莫西于四月七日（星期日）与这两位年轻人举行了著名的会面。爱德华·格雷厄姆的父亲当时也在场。根据我们从霍格那里获得的信息，雪莱厚着脸皮想方设法要解决此事，并极其粗鲁地对待他父亲，他很快就陷入与父亲的一场痛苦的相互攻讦中。霍格对这一幕叙述如下：

> 蒂莫西·雪莱先生慈祥地接待了我；但他此时开始以一种古怪而又不着边际的方式讲话；责备，大喊大叫，咒骂，然后又潸然泪下：他的举止无疑很怪异……雪莱此时坐在椅子的边缘上，这是他通常的坐姿。他放声大笑，而且声音狂放，笑声宛如恶魔。他还从座位上滑下去，在地上摔了个四仰八叉。"怎么了比希？你生病了吗？你要死了吗？你疯了吗？你为什么要大笑？"很难给他父亲或格雷厄姆先生一个满意的回答……[63]

霍格的叙述肯定经过了艺术加工，同时还小心翼翼地表现出他本人是如
58 何迅速理解这位"可怜的老官员"的。尽管如此，这篇叙述整体上还是

与默尔留下的印象相吻合,默尔相对独立地描述了蒂莫西的不安与焦虑以及雪莱的疯狂之举,雪莱有时甚至表现出令人恐惧的桀骜不驯。默尔在菲尔德庄园见到了蒂莫西,蒂莫西“与他促膝长谈,在提到他儿子公开宣扬并热衷于传播的思想时,他几乎声泪俱下”。[64]默尔后来在霍舍姆见到了雪莱,对他进行了一番劝谏:

> 我继续说了下去,他却越来越恼火;其实他几乎已怒不可遏。他说:“别对我说这些事情;我在家里已经听够了。其中就有我的父亲,他有一幅油画挂在他的书房中,上面画着大骗子耶稣,他认为他可以论证荒唐之举,但仅凭这一点就是徒劳无益的。我的眼前出现了许多这样的蠢行:它们快要把我逼疯了!”他确实疯了。我觉得我看到了他的这一面。他的眼中迸射出火焰;他的言语就像山洪一样汹涌湍急,就连他的态度也加强了这种情绪的表现。[65]

在默尔对雪莱的采访结尾,雪莱从酒肆中冲了出来。霍格对这一点作了辩解,但在米勒宾馆可能也发生了类似情况。

蒂莫西此后又给儿子写了一封信,似乎是第二天写的,然后作了一番修改,直到星期二(4月9日)上午才改为更平和的语气寄出。蒂莫西依然决心要苦口婆心地说服雪莱,这封信尽管语气很严肃,也很严厉,但绝非充满敌意。信中首先决不认可雪莱的不妥协:

> 我不认可你在周日对我讲述的你心中的最终决定,也不会据此采取行动。你蒙受的耻辱是最严重的,尽管我身为父亲,对你怀有舐犊之情,也同情你的犯罪之举与不端行为所产生的不幸后果,但是你必须知道,我有责任依照我本人的道德品质行事,我也要对你的弟弟妹妹们负责。最重要一点是我作为基督徒的感情,这需要我对你采取坚定、决绝的行动。

蒂莫西随后便提出了两项要求，即雪莱必须立即返回菲尔德庄园，并由蒂莫西挑选的导师加以管束。这是两人和解的基础。如若不然，蒂莫西严肃地写道："我决心与你断绝关系，让你承受惩罚与痛苦，这就是邪恶地追求如此可怕和恶毒的思想的下场，你竟然还敢公然宣扬，如果你不接受我刚才提出的要求，我就会在星期四回家——我是你慈爱的父亲T. 雪莱，此刻正心如刀绞。"[66]

59 雪莱对这封信的反应是痛苦和嗤之以鼻。他立即写了一张便笺，怒斥了蒂莫西的和解要求："我觉得这是我的责任，虽然这样做会使我痛苦地伤害'你个性中的责任感，对家庭的责任感，和作为一个基督徒的感情'……"[67]整个回复充斥着尖刻无礼和肆意侮辱与嘲讽，向我们揭示了雪莱心理状态的很多内容。毫无疑问，蒂莫西威胁要"断绝关系"深深刺伤了雪莱的感情，这个威胁对他来说要比受到任何迫害打击更大，他的反应是一心要伤害对方以作为报复。他的言辞虽然就像一位绅士冷静地侮辱另一位绅士一样，但他的感情却像遭到背叛的儿童一般。至于父亲痛苦地捍卫自己动机时的苦口婆心，雪莱却置若罔闻。

但其中最具破坏力的一点莫过于雪莱还太年轻，太自以为是，以至无法认识到蒂莫西之所以写出这样一封信，是一个男人对自己产生了绝望和不确定感。其原因之一在于个人的不确定性，即他对儿子的怒火和失望之情交织在一起，而且也对社会产生了不确定感。蒂莫西害怕这种耻辱所造成的社会影响。在蒂莫西感情的核心，是社会**暴发户阶层**产生的恐惧，他害怕在同仁和上级面前暴露立场。他在强调自己的责任时，表明了这种压力的存在，尤其是他对家人的责任，以及作为一个值得敬重的基督徒所肩负的责任。但是，雪莱却只能看到神学的虚伪与父亲的背叛；同时，蒂莫西也只能看到一个被宠坏的儿子过于自负地将全家人拖入社会的耻辱之中。因此，两人宛如在黑暗中互相伤害。

四天之后，雪莱收到霍格父亲通情达理的回复，他略微平复了情绪，愿意向蒂莫西提出他的一整套"媾和建议"。其中包括立即返回菲尔德庄园，并承诺作出某些道歉，同时不再发表作品。但是，他大胆地坚持要求“通信不受限制”，并宣布“可以允许 P. B. 雪莱先生选择生活的场景，这可能要满足他的目的，并可以由他判断是否有达成这一目的的能力”。[68]

这种刻意纡尊降贵的语气只会愈发激怒蒂莫西，使他无法认识到雪莱发出的善意。他从他的律师惠顿那里了解到，《论无神论的必然》可能受到公诉，而且很可能受到亵渎神灵的指控，他对社会耻辱的恐惧占了上风。他犯了一个致命错误，将他此后与雪莱的所有通信事宜都交给惠顿处理，“以便在法庭上受到任何公诉时捍卫我的品格与荣誉”。[69]惠顿是喜爱说教的正统派托利党人，他的世界观狭隘地以法律为依据，很容易感到自己遭到冒犯，而且完全无法理解雪莱的心理活动。蒂莫西 60
指派他担任父子之间的中间人，便在两人之间设置了毫无希望跨越的障碍，因此，无休止的误解与相互攻讦随之而来。这是致命的错误，而且主要是恐惧造成的。

雪莱于四月十七日对这个消息做出了反应，态度依然十分粗暴。他觉得自己完全遭到了父亲的背叛，一心要予以反击，给对方造成痛苦。霍格已同意回到家中，并在这一天离开了伦敦，这就让雪莱处于孤立无援和无人管束的状态。雪莱在波兰大街的住所匆匆给惠顿写了一张便笺，宣布自己打算放弃对比希·雪莱爵士财产的继承权，并愿意接受每年两千英镑的年金，其余应由他继承的财产则由“我的妹妹们和母亲平分”。[70]消息传到父亲耳中已是四月二十二日，惠顿企图对蒂莫西封锁这个消息。蒂莫西写给惠顿的回信中甚是惊愕：“我一生中从未受过如此巨大的打击，这比我得知他被开除还要大得多。”[71]雪莱本能地直击他父亲最敏感的软肋：这是他父亲从他祖父那里继承的雄心壮志，即力求保住家门，避免分家，使家族的土地与产业有序地代代相传。

与遭到牛津大学开除相比，此举更切实地标志着雪莱在自我流放（这是他人生的主要内容）过程中迈出重要的第一步。此举的核心是毫无理由的偏激,这也许具有标志性;因为这种放弃理所当然是没有法律效力的,除非他年满二十一岁。但这也符合他的平均主义原则,除此之外他几乎一无所有。

注释

[1] A. R. 伍利,《克拉伦登牛津指南》,牛津大学出版社(1963)。

[2] 霍格,《珀西·比希·雪莱的一生》,第一卷,页55。

[3] 同上,页68。

[4] 同上,页70。

[5] 同上,页59。

[6]《珀西·比希·雪莱书信集》,第一卷,第二十二篇,页19。

[7] 霍格,《珀西·比希·雪莱的一生》,第一卷,1858年,页67。

[8] 如需泰勒的叙述,见罗杰·英彭,《雪莱在英国:雪莱-惠顿文献中新的事实与信件》,页178。

[9] 托马斯·梅德温,《珀西·比希·雪莱的一生》,页51。

[10] 霍格,《珀西·比希·雪莱的一生》,第一卷,页32。

[11] 同上,页53。

[12] 同上,页51-53。

[13] 同上,页61。

[14] 同上,页85。

[15] 尤其是《珀西·比希·雪莱书信集》,第一卷,第三十篇与第四十五篇。

[16] 肯尼斯·尼尔·卡梅伦,《青年雪莱:一位激进者的缘起》,页45起若干页。

[17] 霍格,《珀西·比希·雪莱的一生》,第一卷,页72。

[18] 同上,页80。

[19]《珀西·比希·雪莱书信集》,第一卷,第六十四篇,页75。

[20] 霍格,《珀西·比希·雪莱的一生》,第一卷,页56。

［21］《珀西·比希·雪莱书信集》，第一卷，第三十篇，页 26，注释 3。

［22］同上，页 26–27。

［23］同上，页 32。

［24］同上，页 27–28。

［25］同上，页 36。

［26］同上，页 39。

［27］同上，页 35。

［28］同上，页 29。

［29］同上，页 34。

［30］同上，页 39。

［31］同上，页 45。

［32］同上，页 42。

［33］同上。

［34］同上，页 47。

［35］同上，页 51。

［36］同上，页 53。

［37］同上，页 44。

［38］雪莱，《散文作品》，页 37–39。霍格，《珀西·比希·雪莱的一生》，第一卷，页 165。

［39］珀西·沃恩，《雪莱早期的小册子》（1905），页 17。

［40］罗杰·英彭，《雪莱在英国：雪莱–惠顿文献中新的事实与信件》，页 231–238。

［41］《珀西·比希·雪莱书信集》，第一卷，第四十八篇，页 53。

［42］同上，页 52。

［43］《牛津大学和城市先驱报》，1811 年 2 月 9 日。

［44］同上，1811 年 3 月 9 日。

［45］同上，1811 年 3 月 2 日。

［46］《珀西·比希·雪莱书信集》，第一卷，第四十九篇，页 54。

［47］肯尼斯·尼尔·卡梅伦,《青年雪莱：一位激进者的缘起》,页 53。

［48］《珀西·比希·雪莱书信集》,第一卷,第四十九篇,页 54。

［49］沃尔特·爱德温·佩克,《雪莱：生平与著作》,第一卷,页 105–106。

［50］霍格,《珀西·比希·雪莱的一生》,第一卷,页 169。

［51］托马斯·梅德温,《珀西·比希·雪莱的一生》,页 86。

［52］霍格,《珀西·比希·雪莱的一生》,第一卷,页 168。

［53］大学学院初级研究员 C. J. 里德利,引自道登,《珀西·比希·雪莱的一生》,第一卷,页 124 注释。

［54］霍格,《珀西·比希·雪莱的一生》,第一卷,页 160。

［55］托马斯·梅德温,《珀西·比希·雪莱的一生》,页 88。

［56］霍格,《珀西·比希·雪莱的一生》,第一卷,页 171。

［57］C. J. 里德利,引自道登,《珀西·比希·雪莱的一生》,第一卷,页 124 注释。

［58］同上。

［59］《珀西·比希·雪莱书信集》,第一卷,第五十六篇,页 61。

［60］约瑟夫·吉本斯·默尔,《报社编辑回忆录》,载于《弗雷泽杂志》,1841 年 6 月,页 704。

［61］同上,页 702。

［62］《珀西·比希·雪莱书信集》,第一卷,第五十篇,页 55–56。

［63］霍格,《珀西·比希·雪莱的一生》,第一卷,页 152。

［64］约瑟夫·吉本斯·默尔,《报社编辑回忆录》,载于《弗雷泽杂志》,1841 年 6 月,页 705。

［65］同上,页 706。

［66］《珀西·比希·雪莱书信集》,第一卷,第五十一篇,页 57。

［67］同上,第五十五篇,页 57。

［68］同上,第五十五篇,页 60。

［69］同上,注释 3。

［70］同上,第五十七篇,页 62。

［71］同上，第六十篇，页66，注释1。蒂莫西的信中继续写道："您之所以会收到这封无礼至极且没有教养的信件，似乎是那些可怕的出版物导致他做出高调、任性之举……无论是抛弃造物主的所有思想，抛弃父母，一心要放弃他的财产，还是要惹上官司，所有这些都源自共同的因素……"罗杰·英彭在《雪莱在英国：雪莱-惠顿文献中新的事实与信件》中全文引述了这封信，见页253-254。

第三章　威尔士与灵薄狱(1810)

61 此时,雪莱觉得身处某种灵薄狱(limbo)中。他继续客居在波兰大街的寓所,但已没有霍格相伴,茕茕孑立,钱也快花完了。他抱怨自己忍受着孤独之苦,手头除了一件皱巴巴的外套几乎一无所有。他每天用来打发时间的就是阅读、写信和上床睡觉。他七月初决定寄住到威尔士的亲戚家之前,他的生活都这样缺乏安定,毫无规律。他继续与霍格通信,与梅德温一家、约翰·格罗夫和伦敦的爱德华·格雷厄姆也都保持着联系。但是在苏塞克斯,蒂莫西和比希爵士都拒绝和雪莱有任何往来。

到了四月底,雪莱与父亲不期而遇,父亲正前往市里和惠顿商讨要事,两人在格罗夫家的走廊迎头相遇:“我在走廊碰见了我父亲,我很客气地问了问他的健康状况。他的脸阴沉得像一块雷雨云,只说了一句,‘你最谦恭的仆人!’我向他鞠了一大躬,祝他早安,便告辞了。他对我之前的提议非常恼火。而我到二十一岁之前,什么也不能放弃。我现在什么也不能做,因此我还有三年多的时间来考虑你提到的那件事。”[1]

此时,一位盟友出现了,他就是雪莱的舅舅皮尔福德上校。皮尔福德是一位退役海军军官,曾参加过特拉法尔加海战,众人一致认为他性格开朗而又刚烈。他觉得蒂莫西对待长子的做法过于草率,也很同情雪莱并愿意伸出援手。皮尔福德在霍舍姆附近的库克菲尔德有一栋别墅，这里成了雪莱的基地，欢迎他的到来，并使他最终能从这里向蒂莫西发起攻城战，此时已是五月十日（星期五）。蒂莫西此前曾宣布，除非雪莱答应他的条件，否则不允许雪莱回菲尔德庄园。但雪莱还是威胁要来，于是蒂莫西采取了反击——“哦，那么我就会在他来之前把他的妹妹带走。”[2]两人攻守易位，这很有意思。蒂莫西处于守势，雪莱则穷追不舍。我们从雪莱写给霍格的一封信中了解到，在这场危机中，雪莱一家 62
都团结在蒂莫西周围而不是雪莱周围。以伊丽莎白为例，她“拒绝同一个无神论者通信。她还对她父亲谈起了责任”。[3]

雪莱依然狂热地给霍格写信，抨击宗教这个由“冷漠偏见和自私恐惧”诞生的孩子，吁请霍格始终支持自己：“我呼唤你的心、你的情。在那个裁判之所我觉得不安全。我过去曾差一点能**忍受**不可忍之事，那时它仅仅伤害我一次，只是剥夺了我所喜欢的一切：感知自己。现在它使我忍无可忍，我不能饶恕它。”他的感情在神学层面产生奇怪、神秘的转变，这一过程仍在继续，这表明他产生了某种心理崩溃。他在其他方面也十分迷茫，垂头丧气，徒劳地力图控制身处的形势。“我不知现在何处，将来又安在。将来、现在、过去全是一团迷雾，好像是我在如此不祥之兆中重获新生。然而，不是，这算什么重生！这是愚蠢！”[4]

哈丽雅特·格罗夫的哥哥约翰时年二十六岁，正在伦敦接受外科医生培训，他力图代表表弟从中斡旋，“就像弄臣一样阿谀奉承”，有一次来访时，蒂莫西同意每年给雪莱两百英镑的生活费，“然后［让他］自生自灭”。但蒂莫西刚一返回菲尔德庄园就反悔了。[5]雪莱在家族里也不是没有盟友，四月二十九日，他解决了眼前资金的燃眉之急，也许是皮尔福德或格罗夫解囊相助，而且他信心十足地提出要帮助身处约克的霍格。[6]他对蒂莫西的反感之情已有所消退，但此后每当想起此事，又忍不住怒火中烧。他在写给霍格的信中“疯狂地宣泄感情”，信中称他父亲扮演的角色是追捕猎物的狮子或老虎，或是嗜血怪兽，而雪莱本人则成为遭到猎杀的驼羊和飞快逃窜的雌鹿，陷入“绝望的恍惚状态”。这首诗日后被改编进《埃斯代尔诗钞》，起名为《勇敢的驼羊》。这首诗的最后几行，大致勾勒出一幅雪莱的自画像，即在宗教恐怖面前表现出大无畏的英雄气概，即便结局痛苦依然无怨无悔：

> 徒劳无益，我从盲从者手中逃出；
> 　我心中最可爱的
> 　是他恨意中的奴仆。
> 他追我，骂我！无用！我已飞去，
> 除了诅咒他，咒完就死，还有什么遗留于世？[7]

诗中“可爱的”人或许是伊丽莎白·雪莱，也许是哈丽雅特·格罗夫。

但是在散文中，雪莱的感情就不那么恭顺了，他想出了实用的策略。他可以肯定，他对家族所有产业都有继承权，按照法律规定，他将在二十一岁那年获得继承权。他也非常笃定自己能逼迫蒂莫西就范：“这处房产将**完全**由我来继承，对手完全无能为力。他气急败坏，难以镇定，而我要心平气和，进入他的领地，还要像教友派那样保持漫不经心的反对态
63 度。我**要**平静地坐在他的庄园里，对任何大声反对都充耳不闻。”[8]在他看来，人际关系上的恭顺属于**宗教性的**大错特错，因此他在信中提到了一位牧师法伯，他此前曾通过自己的无神论思想将其激怒：“这可怜的蠢家伙！他那基督式的宽容，对伤害行为始终如一的宽恕，着实使我觉得有趣；他是属于那种爱尔维修常常提到的真正的基督徒……”[9]雪莱在伦敦的所有支持者中，只有皮尔福德上校是“非常热心的朋友”，这似乎足以表明雪莱的暴躁。雪莱很得意地告诉霍格，他在宗教问题上给了皮尔福德一番“启示”，以报答他的无私襄助，而且皮尔福德的反响非常好。“昨晚有一个内科医生J医生与我们一起用餐，他是一位十分激动的圣徒；上校引用《论无神论的必然》中的词句猛烈抨击他，那位医生

很惊愕地走了。”[10]这似乎是他首次在劝人信奉无神论思想上取得成功,但并没有持续很久。

在这个颠沛流离的过渡阶段,雪莱还在意识形态方面取得了另一个重大成果,这就是他首次拜访了《检查者》的编辑利·亨特,早在三月他就在牛津大学给亨特写了信。亨特邀请他周日来汉普斯特德共进早餐。

通过霍格的描述,我们了解到雪莱对亨特一家的印象,最大的特点是缺乏各种人身或外貌方面的内容。他对亨特夫妇的评判是他们俩就像一对非常有趣的理论,但却没有像他本人那样受到过启蒙:“亨特是一个有文化的人,当然心气也很高,他的朋友并没有完全失去把他从摆脱理性的可恶的异端邪教中救出来的希望。他的妻子是个很理智的女人,绝非盲从者,而是天生的自然神论者。真是怪事,他们结婚时都是卫理公会信徒,并逐步改变了对方。”[11]这段描写中可能故意存在某种反讽式的虚张声势,只不过人们知道默尔曾对这种宗教的偏执狂作过评论。亨特本人也记得雪莱,称他是位非常热情、自我意识强烈、温文尔雅,但不太成熟的人物:“这位年轻人还没有充分发育成熟,他很有绅士风度,对引起他注意的一切事物都会一本正经地盯着看,还喜欢引述古希腊戏剧家的作品。”[12]雪莱针对个人美德在政治改革进程中所发挥的作用展开辩论时,似乎总喜欢旁征博引古希腊作品。他想知道安提戈涅算不算伤风败俗:“她直截了当地以高尚之举违反了偏见社会的法律,这有错吗?”他的结论是她没有错,因为“政治事件与道德区别极大”。[13]

这一天,他对启蒙与美德的概念中依然包含了卫理公会对“上帝选民”的要素,即在精神上被挑选的群体。他依然与威廉·葛德文对公共和政治上的美德标准的见解相去甚远,而后者认为在此基础上可以实现整体的改革。“什么构成真正的美德观?动机还是结果?当然是前 64
者……我已把证明留给亚里士多德。我们采用葛德文的标准——为了方便吗?啊,当然不!恐怕最令人渴望的一般性改良是行不通的,咱们拿人性来讲,如果我们拿广泛的人性与具体的美德作比较……”[14]这种道德学说具有高度选择性且主张精英管理的形式,它最直接的结果就在于,对于“谦谦君子”而言,婚姻是令人生厌的,而且“反婚姻主义”值得推荐。他与亨特此时尚未建立友谊。

在波兰大街那间昏暗的陋室中,雪莱愈发清楚地意识到自己的身份与他人格格不入,这是他首次与菲尔德庄园和牛津大学的亲友断绝关系,也无法与伊丽莎白、哈丽雅特·格罗夫及霍格展开充满激情的讨论了。这种孤独并不仅限于生理上的孤独,还有社交与精神上的孤独,他第一次品尝到这种滋味,此后的人生中,他将深刻体会到这种可怕的感觉。此时,他只能空对爬满藤蔓植物的四壁,还有每天来送饭或取走信件的女仆。两周之后,他便感受到真正的恐怖,提笔写信给霍格:

> 孤寂是最可怕的*,或许虚荣起作用,但肯定不是我的良好愿望。我不能忍受这种可怕和独处才能实现的邪恶……我是何等怪物,前后不一,尽管叫嚣憎恨自我。此刻,想象我能如此克服自然法则,以完全与世隔绝,下刻又会从独处开始,以自己的伙伴开始,**好像是寻魔之人**而不是坚持不懈的自我认同。揭开这个秘密吧,但是,不,还是不揭,我告诉你,你找线索吧,这个线索连迷乱的洞穴探险者也找不到……[15]

在这个不设防的时刻,雪莱提到了他日后诗歌中伟大的主题与意象之一,这也是他个人生活中的一个主要难题。他在孤独时审视自己的思想,就会发现创作出的作品令他既着迷又恐惧。他的作品几乎从未像

---

* 实际上就是“缺少自爱”。雪莱当时对无私的爱是否可能存在很是关注。在他日后的意大利作品中,也出现了略微模糊的证据,暗示他在苏活区波兰大街度过的这一段时光中,首次有了性经验。参见第二十六章。

华兹华斯的《序曲》那样在现实中具有自传意义，也没有像柯尔律治的诗歌那样采用孜孜不倦的自我分析模式，但他本人的人格与他思想中半隐半现的活动在潜意识层面产生了隐密的作用，这对他来说都是不断加深的意象来源，也以诗歌的形式编造神话。他的重点始终在恐惧、神秘和暗藏的恐怖上。

他在波兰大街写的信件预示了此后的作品，这一点颇为引人注目： 65
他的第二首长诗题为《阿拉斯特：孤独的精灵》，诗中塑造了寻魔之人的形象，早在雪莱的求学时代，这一形象就已经出现了，此后还将成为他多部作品的核心母题。雪莱将思想塑造为有待探索的洞穴，探索者在探究令人迷乱的迷宫时，必须独自承担失去个人身份的风险，这一主题充斥于他的诗歌、笔记本和散文体思辨。对于他来说，“探究”本质上意味着旅行，是向外或向内的运动而不是分析，是在一个稳定的点对不同范畴进行积累。旅行的意象始终在这一方面反复出现，尤其是地下之旅。

雪莱在与孤寂作斗争的过程中，竭力通过与表兄弟梅德温一同散步转移自己的注意力，他尤其喜欢前往伦敦海德公园的蛇形湖与摄政公园漫步。孩提时代的游戏总能让他得到解脱，梅德温发现雪莱一边对梦境展开炽热的讨论，一边孜孜不倦地玩着打水漂游戏，“以最大的愉悦”放声喊出游戏的回合数。之后，他还会静静地折着纸船，然后迫不及待地举行纸船下水仪式。* 讨论梦境的过程中，雪莱始终记录着梦境日记，也许这可以说明他在傍晚时的状况。

> 此时，雪莱始终处于梦境状态，他告诉我，他养成了记录自己梦境的习惯。他说，对第一天梦境的记录写满了一页纸，第二天写了

---

* 霍格与皮科克结识雪莱多年以来目睹了这种怪癖；根据霍格的叙述，雪莱在蛇形湖中将大面额纸币折成纸船下水。到了1814年，雪莱逐渐改为在汉普斯特德的池塘中将纸做的消防艇船下水。

> 两页，第三天则记了好几页，直到最后，这些记录构成了他生活中更为重要的组成部分……有一天上午，他告诉我他对两种梦境的存在十分满意，分别是神经上的和精神上的，而且他目睹了一种现象，证明思想与灵魂是独立且不同的实体，在这不止一次的梦境中，思想在快乐和积极地发展；在这中间，被**梦境中的梦境**所打断……这是灵魂的梦境，思想对此并不知情；但根据它所产生的效果（他醒来之后表现出惊骇之状），这一定甚为可怖。[16]

这些已经是人们所熟悉的情况了。他的心理中存在双重感受，精神的梦境随时准备侵入神经的梦境，恰似自我的“心魔”正焦急地等待自我；更加明显之处在于，他认识到精神的梦境（即梦境中的梦境）是他无法控制的，也是异质、可怕和恐怖的。雪莱一生始终对精神现象的探究兴趣不减，而且态度始终是入迷与厌恶兼有。

66 据梅德温说，雪莱养成了“对梦境的系统化研究”习惯，他的梦游症因而复发，时常在精神恍惚的状态下夜间漫游。有一次，他甚至完全走出波兰大街。梅德温称自己曾在凌晨五点钟穿过莱斯特广场，他的注意力被一群顽童所吸引，他们聚集在蜷成一团的东西周围，就位于一根栏杆下面；结果他发现那是雪莱，他穿戴整齐，蜷缩在地上呼呼大睡。梅德温将他唤醒，雪莱醒来之后竟然大吃一惊。[17]听者可能觉得这个故事太不可思议，但还有几次同类事件的记录可以佐证，发生在雪莱人生的不同阶段。*

雪莱的孤寂还产生了另一个副作用，从四月中旬开始，他便依赖于韦斯特布鲁克姐妹的陪伴。雪莱此前已通过妹妹伊丽莎白与海伦，在克拉珀姆的学校中结识了韦斯特布鲁克姐妹中的妹妹哈丽雅特。韦斯特

---

* “梦境日记”并没有留存下来，但有一些散文体的零散记录，时间也许是 1815 年之后，其中对梦境与记忆象征主义的相关心理现象都进行了讨论。参见第十二章。

布鲁克姐妹的父亲是退休商人兼咖啡馆老板约翰·韦斯特布鲁克,时人送外号“犹太人”韦斯特布鲁克。他的产业就是位于格罗夫纳广场的芒特街咖啡馆,他受人拥戴,家资殷实。他去世时留下了六万英镑的财产。[18]他实际上完成了英国社会阶层跃升中最为艰难的部分,即从中产阶级底层跃升为中产阶级上层。在此过程中,他的妻子似乎已沦为几乎看不见的存在,他的女儿们则被一种文化滞后所分裂:大女儿伊丽莎(时年二十九岁)有着明确的自我教育意识,而且有意识地充实自己;小女儿哈丽雅特(时年十六岁)则几乎纯粹是天生的中产阶级女子,衣着十分得体,言谈举止高雅,而且相貌出众。她的心理年龄比实际年龄要幼稚一些,无论在感情上还是道德上都依赖姐姐,仿佛将她当作第二位母亲,甚至比母亲更有影响力。霍格总是喜欢嘲讽韦斯特布鲁克一家在社交时的矫揉造作,他这样做也不无道理。梅德温满怀仰慕之情地将哈丽雅特称为“英姿飒爽的美女”,但却评论称这段友谊从社交上说属于交友不慎。伊丽莎个头更高,面色苍黄,长了一头乌黑的长发,每天都要花费很多时间梳理。[19]

从四月十八日起,雪莱写给霍格的信件就充斥着对韦斯特布鲁克姐妹的相关描写,他会细致地比较她俩:哈丽雅特“有着更为高贵的气质,但不像姐姐那样知书达礼——她是一块硕大的钻石,但没有得到很好的雕琢”。[20]雪莱不断往来于教堂街23号的韦斯特布鲁克宅邸与自己的寓所之间,他发现伊丽莎在有意识地吸引自己在思辨方面的兴趣,并且讨论了她文雅地称之为“伏尔泰的哲学辞典”的话题。哈丽雅特则在其他情感方面对雪莱产生了吸引力,但她也许并非有意识地这样做。雪莱 67
略带讽刺地描写了他的一次做客经历,这表明他深谙女性的策略:“我那可怜的小朋友[哈丽雅特]病了,她姐姐前几天夜里派人去找我。我见她躺在床上,脸色苍白。他父亲现在对我很有礼。真是怪事!那个姐姐也算有礼吧。她开始谈起‘爱’。我作了哲理化回答,那个最小的说她头疼,不能再说话了,然后就离开了,我一直待到十二点半。她父亲当时正在楼下邀友聚会,他请了我,但我没去。”雪莱已经将韦斯特布鲁克一家视为实现他未来计划的候选人。他在这天晚上**当面交谈**中所发表的评论是:“是的,恶魔、卑鄙小人要灭亡!哈丽雅特可作为一个攻击手,最大的(伊丽莎)稍加驯化也可以,她们都很聪明,那个最小的(我的朋友)很可爱。”[21]雪莱使用了“可爱”这个单词的基本义,即值得为之付出炽烈的爱情。

雪莱在哈丽雅特心中建立起特征显著的立足点,并以无神论思想来启迪她,鼓励她为自己考虑并挑战她的环境,尤其是逼迫她去质疑有关礼节的想法,质疑她像雪莱的妹妹们一样在克拉珀姆所接受的学校教育。他们达成了一致,将学校称为牢笼,并逐渐将她的父亲视为另一位暴君。

哈丽雅特在写给一位爱尔兰朋友的信中,记录了雪莱闯入自己青少年生活之后,自己所作出的反应。这封信写于一年以后。她讲述了自己在成长过程中所受的庇护,她父亲始终不让她“前往时髦的度假胜地与休闲场所”,还介绍了她接受的教育是如何要求她尊重自给自足、节俭和努力工作等标准的,因此她认为“当周围四处回荡着人们痛苦与饿殍的哀号时,就连当一个叫花子或者靠自己绣花糊口,也要比豪门生活更好”。她还记录了基督教思想是如何彻底灌输给她的,因此除了偶尔会梦想嫁给一位帅气的英国军人之外,她还认为如果她要出嫁,那么新郎就是位牧师。[22]

哈丽雅特对雪莱产生了巨大的吸引力:她不仅长得楚楚动人,使雪莱在道德上迫切要帮助她,而且她的无私与雪莱当时的计划(他打算脱离自己的家庭与阶层)完美契合。更具吸引力的一点在于,针对雪莱的无神论思想,她的反应是像雪莱妹妹一样的恐怖,还发出了内心深处的颤抖。“你可以想象得出,我第一次听说珀西是位无神论者时,我的感受是多么地恐怖;至少这是在克拉珀姆提出的;起初我并没有理解这个词的含义;因此,当人们作出解释时,我真的惊呆了。我想知道他在坦言自己信奉这样的原则后，怎么还能活得下去……我不愿听他的辩解，我实在是太害怕了，生怕他会动摇我的信仰；与此同时，我相信永恒的惩罚，而且非常害怕他所信仰的魔鬼陛下。我觉得如果我听了他的论述，我就会看到魔鬼陛下。我经常梦见他，而且我一听到别人提起他的名字 68
就感到惊恐万分。”[23]在最后一句对她梦境的评论中，很难说她指的是他所信仰的魔鬼还是雪莱本人，这并非巧合。她在信中提到有关雪莱的最后一件事情，就是他是个吸血鬼。

总之，就哈丽雅特而言，她的**幼稚**具有神奇的吸引力，使她的人格魅力四射。皮科克是她的重要维护者，他对哈丽雅特的回忆非常全面：

> 她的身材非常好，体形轻盈，为人活跃，举止优雅。她的五官生得很精致，也很匀称。她长着一头亚麻色的头发，穿着打扮比较简单，很有品味。她的装扮真正体现了简约而高雅之美。她的肤色是那种很漂亮的透明色；她的腮红绯红，宛如一朵鲜艳的百合花。她的声音非常动听，透着坦诚与热情。她的精神总是很欢快，她的笑声是发自内心的，酣畅淋漓，而且充满欢乐。她受过很好的教育……她的仪态端庄大方……只要与她接触过一次，就能彻底了解她。[24]

但是，在哈丽雅特的装扮中，体现出某种消极的宿命论思想，这略像洋娃娃的品质，也使她过于依赖家人，尤其是对姐姐伊丽莎产生了依赖。这导致她轻易就屈服于客观困难。在极端情况下，这种软弱导致她萌生轻生的念头，她曾经镇静沉着地思考过这个问题。霍格等人评论了她讨论自杀的意愿，而且还提到，这个话题时常出现在她与雪莱的交谈中。她之所以存在这个瑕疵，也许是因为她在成长过程中一直被家人视为掌上明珠。家人始终不让她坚持自己的权利，也不让她表达自己的意见，更不让她独立思考。她本人也意识到，她被恐惧、禁令和魔鬼包围。雪莱也意识到了这一点。哈丽雅特会受“恶魔粉碎机”驱使,“恶魔粉碎机”就是基督教、迷信与父母权威的混合体。

根据所有这些内容,雪莱渴望能解放哈丽雅特。他在五月初告诉霍格两人共同面临的问题(即雪莱之于哈丽雅特,霍格之于伊丽莎白):

> 我几乎绝望。我不仅要征服一切可恨的迷信偏见,还要克服对一个父亲的义务,一切各种各样的**义务**,可我在这个背景里看到一个更为可怕的怪物。你是否忘了那个可怕的格列高利:世人的议论,无数可恶的拥护者,数以万计的该有好运却被迫隐于此的支持者——每当我想起这些就发抖。然而,**婚姻**是可憎的——每当我想到这个由偏见锻造出来以限制其活力的最专横、最无必要的镣铐,一种难以形容、令人作呕的厌恶感便会占据我的内心。是啊!这是迷信的果实,这种迷信**必须**在果实掉下之前被消灭。[25]

69 从某种意义上说,这就是雪莱最早发表的激进政治声明之一。起初这仅限于他的神学或道德立场,他爱上哈丽雅特之后,已拓展到社会领域。雪莱抨击了十九世纪初的婚姻制度,指出它缺乏对女性的法律保护,也没有规定离婚条款,在此过程中,雪莱抨击了一系列根本性的社会价值观:遗产继承,财产,所有制和法律代理。

但是,当雪莱将他自己的个人问题代入到哈丽雅特的人生中,他的做法基本上都是错误的。在他走入哈丽雅特的人生之前,无论是在克拉珀姆的学校还是韦斯特布鲁克先生,都很难说是真正的“暴君”。她成长过程中接受的教育很严格,也很正统,但在许多方面符合雪莱本人的清教思想。对于哈丽雅特来说,真正的暴君在于她过于依赖伊丽莎,两人的关系对她有害,雪莱却未能认识到这一点,也未能采取反制措施。正因为这一点(可能完全因为这一点),哈丽雅特十分幼稚,产生了严重的宿命论思想,迷信魑魅魍魉的世界。这个世界是她的家庭女教师们制造出来的，为的是实现对学生的心理控制。雪莱承认伊丽莎有喜欢主宰他人的一面，因为他曾评论称要“驯化”她。但这也表明，雪莱本人开始依赖这样的二流女性人物，等他打算舍弃她的时候，为时已晚。

通过默尔的回忆录，我们从当年夏天的叙述中了解到雪莱打算如何解放哈丽雅特。雪莱给默尔写了信，请求他帮自己着手一项非同寻常的教育实验。他希望借此产生教育场景，“将宗教或社会治理方面的讯息关在门外”。为了实现这个目的，雪莱在信中称：“我希望找到两个小孩子，年龄在四五岁左右；最好是女孩子，因为女孩通常要比男孩更成熟一些……我将和她们一起远离尘嚣，去某个清静的地方指导她们的教育。直到她们的心智足够成熟，才能了解人或习俗，这样我才能确定，当排除了人类偏见的影响时，世界对人类的思想会产生怎样的作用。”默尔的回应按雪莱的说法是震惊和怀疑。“二十岁的年轻人带着两个女孩过着与世隔绝的生活，一直生活到一定的年龄，也没有接受过宗教教诲，她们也没有保障自己贞洁的其他措施，只能仰仗一个男子的理性，而此人正值青壮年，正是情欲旺盛之时，这个想法不止荒唐，还很可怕。”[26]他对此表示反对，他“坚定，但很亲切”，雪莱显然放弃了这项计划。但这项计划表明他提出了一个理论上的折中方案，一方面他希望劝说他的妹妹们放弃宗教信仰（他母亲很害怕这一点），另一方面他成人后提出了一项方案，旨在建立激进分子的意识形态社区，此方案在实际实施时，成员主要是他的女性门客。这项方案理所当然地受到与默尔相同的错误 70
解读。

所有这些想法还来不及付诸实施，雪莱便离开了伦敦，告别了韦斯特布鲁克一家人，重新回到了“敌人”盘踞的菲尔德庄园，时间是五月十日（星期五）。就在此前一个周末，他与皮尔福德上校在库克菲尔德附近的林德菲尔德的纳尔逊会所做了准备工作。皮尔福德上校深谙游说之道，他与相关双方分别举行谈判，说服了蒂莫西向雪莱提供每年两百英镑的津贴，并允许他自由选择居住地。雪莱则收回对遗产问题发出的威胁，同时不再热衷于传播无神论思想，至少在菲尔德庄园范围内会遵守这一点。[27]我们通过雪莱写给霍格的信得知，雪莱可以自主地住在菲尔德庄园的两间屋子里，一间是卧室，另一间是小书房。其他屋子都不允许进入。雪莱的生活是读书和写作，晚上则出门散步。据默尔说，他经常去霍舍姆的一间酒馆买醉，逢人便大谈无神论思想。他依然过着孤寂的生活，只是与波兰大街的那种孤寂不同罢了。“我绝对是个不乐意同别人打交道的人：不愿同别人攀谈！有时倒也同母亲谈谈天气，一提到天气，她就滔滔不绝；除此之外，就不吭声了！我在这个地方四处游荡，走遍每个角落，也没有看到什么特别的人或物。除了给你，有时也给韦斯特布鲁克小姐写写信之外，我什么也写不了。手要写，但心里却感到疲乏厌倦。”[28]雪莱给霍格寄去了自己的诗作，摘录于他此前的《圣欧文》诗钞，并对勒西马（摩根女士的著作《传教士》中美丽的印第安女孩）的神圣品格展开了沉思。他感慨道：“可惜我们无法加入这些幻想的创作。一想到它们，灵魂都会震撼。”他从自己诗中节选的部分充满忧郁之情：

希望在年轻的胸膛萌发
　却无法持久
爱情的玫瑰生长在荆棘之上
　气候恶劣……[29]

他坐卧不安，心中没有明确的目的，夜晚散步时因而心神不宁。为了霍格，他夸大自己的思念之情，半是自我戏谑、半是认真地说：“这四天来我一直在想着死亡与天堂。天堂是什么样子？我们要上路吗？有没有来世？我们的离去会使谁伤心呢？我们不该有所得吗？昨天半夜我从这个凉亭向外望去，看到了烟囱后的明月，是不是只有她能看到我们离去的情景呢?”[30]多年以后,雪莱在莱里奇湾的一艘小船上,就是以这种满怀哀悼的幽默方式来思考自杀,还将一位同行的女伴吓得花容失色。

受同情心驱使,霍格重燃对伊丽莎白·雪莱的爱慕之情,但他依然没有见过其本人,于是恳请雪莱安排自己到菲尔德庄园做客。雪莱一方面热心地激起霍格跟妹妹偷偷幽会的欲望,另一方面却尽一切所能阻止霍格来苏塞克斯在现实中与妹妹约会。他悲痛地告诉霍格,伊丽莎白不愿听这个计划的任何内容,她成了“基督徒”,她的头脑“坏掉了”。但与此同时,前景一片光明:“我承认——我盼望,我殷切地希望见到你和我妹妹白头偕老,整个过程没有神父,只有爱情:我在心中给自己描绘了一幅极乐世界的盛景,看到我唯一的最好的挚友在红尘中奋力前进,笑傲世间的蠢笨之处,并为全宇宙树立了完美的典型。”[31]有人指出,伊丽莎白在这幅完美的图景中发挥的作用较小。而对于这两位好朋友来说,这将会成为一个激情的共同体。 71

从霍格写给雪莱的一封信中,我们可以找到证据,表明霍格确实最终说服了雪莱,使他相信自己在菲尔德庄园偷偷住几天是很安全的,而且他将于六月底抵达菲尔德庄园。雪莱在信中迅速提到了实际的事宜:“不要为行李分神;我这里的东西很多,也很干净,够你用的。”霍格获得的回报是透过沃纳姆教堂的窗户偷窥了伊丽莎白一眼。[32]但雪莱即将启程前往威尔士时,蒂莫西发现了此事,而且还有一行记录。雪莱简明扼要地写道:“上帝保佑,他没有给你父亲写信……老家伙在气头上时,我给他泼了盆凉水。”[33]

雪莱在菲尔德庄园小住期间,另一位朋友开始在他生活中发挥重要作用。这是一位女士,名叫伊丽莎白·希钦纳。她在赫斯特皮尔波因特管理一所当地的学校,皮尔福德上校的女儿就在该校就读。

希钦纳小姐在那一带是一位与众不同的人物,她出身于工人阶级家庭,但受过开明思想的熏陶,现年二十九岁。作为当地的校长,她在知识界树立了独特的地位并获得相当的尊重。她的身材引人注目,个头很高,一头黑发,棕色眼睛,沉着镇定,尤其能说会道。有传言称,她的父亲以前曾在苏塞克斯海岸上走私。希钦纳小姐实现了社会阶层的大幅跃升,已经接触过伦敦的激进派葛德文派人士。霍格在一段文字中,称希钦纳身材瘦削,但孔武有力,而且嘴唇上方长着一层浓重的绒毛。

六月,雪莱与希钦纳小姐见了面,两人就宗教和哲学问题展开漫长而又坦率的辩论,长达数小时之久,最终建立起不同寻常的学术友谊。[34]雪莱迫不及待地为希钦纳张罗,帮她提供中等教育。为她买来洛克的作品,骚塞的《克哈马的诅咒》,以及乔治·恩索尔的《论国家教
72 育》,后一本书指出,文学,尤其是诗歌,具有教育和社会功用,而且应当视为一种主要的教化媒介:“在我看来,诗歌是教育青年最有力的途径。”[35]

两人之间的友谊和不断深入的讨论很快便发展为定期通信。在雪莱看来,一开始这似乎就是一个很好的机会,可以劝说对方摒弃宗教,而且希钦纳小姐扮演的正是好学的学生角色。但此后,这就化为一个特别的舞台,他得以展示自己的哲学与政治思辨,在情感上剖析自我和辩解。希钦纳小姐觉得自己得到了提升,先是升为红颜知己,最后升为灵魂伴侣。希钦纳有一个很大的优点,她能定期通信,而且信写得很长,对自己获得的擢升报以巨大的热情。尽管她受宠若惊,但却很少能明白实际发生的情况,她也不太确定雪莱是否会爱上她。希钦纳小姐似乎是个很认真、笨手笨脚、孤独的人,显然没有什么坏心眼。而且人们评价她的智识时,受到她的信件影响,这对她颇为不公。她留存下来的信件仅仅是初稿,内容粗陋,而且尚未完成。[36]正因为她写信打草稿,表明她做事认真。她意识到两人社会地位上存在鸿沟,这说明她比雪莱更加现实,只因雪莱对各种社会规范不屑一顾,方才说服她忽视这点。但这最终也毁了希钦纳小姐的事业,她在赫斯特皮尔波因特苦心经营的成果毁于一旦,与雪莱的关系也终告破裂,她因而沦为雪莱传记作家经常嘲笑的对象。

两人结识之初,无神论思想是他们的重要话题。如果将希钦纳小姐的冷静反应与哈丽雅特的恐怖感受进行对比,会得出非常有趣的结论。希钦纳在写给雪莱的信中有意识地采用了雪莱的术语:“如你所知,**自爱**使我很愿意接受你提供给我的机会,与你通信来完善我的思想,只是你肯定无法想到我是如此地**傲慢**,企图让你改信我的信仰,我没有理由为我自己而颤抖;但我并不想争论,只是爱**讨论**……”[37]以下是她对雪莱热心、礼貌、尊贵的提议所作的答复:“……我知道你就像我一样,虔诚地笃信真理。真理就是**我的**上帝,真理就是空气、水、土或电,但我认为**你的真理**可以还原为同样简单的神性。但是严肃地说,如果你与我存在大量的分歧,或者至少在我们最近讨论的话题上与我产生了分歧,那么唯一导致我反对以通信的形式来辩论的原因,就在于这可能夺走你的时间,你的时间是非常宝贵的:**我的**时间则有的是。”[38]

之后,信中转移到对基督教、上帝的本质、信仰及理性的讨论上,还讨论了彼岸世界(即未来的状态)的可能性与类型。政治一开始只是处于边缘地位,并且提到了雪莱对贵族思想的不满,他还认为对于“按照自然与理性”原则在政治上组织起来的社会而言,宗教机构是“可怕的 73
障碍物,但可以摧毁”。[39]

在一个时事问题上,雪莱抨击了摄政王六月十九日在卡尔顿王府举办的穷奢极侈的宴会,宴会桌长达两百英尺,上面流淌着人造的溪流,用银子铸成河堤,并在桌子一头制造出精巧美观的银质喷泉,还用泵将溪水引向喷泉。雪莱向希钦纳小姐感慨道:“您对卡尔顿王府那翻腾的溪水及长着绿苔的堤岸作何感想?”并且冷峻地一一列举荒唐可笑的奢华之举和“令人作呕的光鲜之处”。“我们的民族在思想上已前进了一大步,他们有来次革命的愿望,让一切商业帝国灭亡,让它们回到它们缓慢冒出来的那个蛮荒的地方去。”[40]这种挥霍财富的做法总能让雪莱火冒三丈,因为这不仅激起了他与生俱来的清教主义情绪,而且违背了他的公平原则,他主张公平分配,认为合理的经济公平是不证自明的。

但他后来并不敢告诉希钦纳小姐，他迅速发动了一项宣传活动来反对摄政王的盛宴。匆忙间他写出一篇大约五十行的讽刺文，并在当地刊印成小册子。在途经伦敦前往威尔士的旅途中，他在格罗夫家稍事停留，以便用几小时时间将一些小册子扔进前往卡尔顿王府的马车车窗中。这是他第一次参与到积极的政治活动中，这是一场半恶作剧、半认真的宣传活动。他的学生希钦纳小姐不赞成这样做，雪莱答应她在自己的第一段旅程中前往伦敦拜访她，这项承诺也未能兑现。日后，雪莱解释称几个晚上没有睡觉，加之白天还要忙于出版工作，导致未能成行，最终在他抵达威尔士之后，“患上了短暂而又严重的神经疾病”。[41]所有这些说法尽管也许存在夸张，但也表明在菲尔德庄园居住期间，他一直处于高度紧张和压力之中。

前往威尔士的计划是雪莱与格罗夫家的表亲一起在六月底制订的。这既是逃避也是慰藉，因为他希望中立地观察自己的立场。雪莱离开菲尔德庄园之后便前往伦敦，然后又前往托马斯·格罗夫在埃兰谷高处的房子，这里距赖厄德不远，位于拉德诺郡。雪莱于七月九日前后抵达这里，到了之后立即给霍格发出一封便笺。

托马斯·格罗夫是哈丽雅特·格罗夫的长兄，时年二十七岁，是一位绅士农场主，坐拥万顷田产。他的宅邸位于赖厄德西南约四英里，距小村庄埃兰不远。环绕在房子四周的是埃兰谷，这是一片苍凉的岩石丘陵，长满了淡紫色的欧石楠和盛开的金雀花，拉德诺郡粉色的砂石在其中错落有致。天气好的时候，这是一幅非常美丽、壮观的景象，尤其是从
74 通往赖厄德的道路上观看；但这片地区的地理面貌本质上是闭塞荒凉的。在一八一一年，这里人烟稀少，主要“居民”是半野生的山地野绵羊，它们长着又长又细的鼻子，两只眼睛挨得很近，有着鲜艳的印记，这是定期来访的红土商人做的印记。这种地形造成了**封闭性**，再加上陡峭的侧坡，背靠岩石墙或山坡，还能透过山谷的入口看到夸张的沟槽形的景观，这在雪莱看来似乎非常特别，这是他迄今为止从未注意过的景致。

他的旅程后来越来越远，最终来到了欧洲大陆，在他住过的各种不同的房子中，这种具有象征意义的地理环境也成为反复出现的主导性母题。在气流通畅的偏僻之处，像摇篮一样获得了保护，夸张的景观重复出现，仿佛是某种潜意识中的主题。他凭借个人喜好选的房子都像骑士浪漫传奇中的城堡要塞，每一座房子都是最终的避世之处，他似乎在等待有一天走投无路时追捕者最终到来，追捕者虽看似遥远，但必然会选择唯一没有设立障碍的道路前来。这又成为他成熟时期诗歌中的核心意象。

雪莱以罕见的简洁笔调在信中告诉霍格，这里的景色“太美了，但又显得沉闷、呆板、枯燥：真的，这地方真是太烦人了”。[42]但在写给希钦纳小姐的信中，他迸发出巨大的热情，这原本专为同窗好友霍格保留。雪莱在信中深思熟虑地畅所欲言：“岩石层层叠叠，达到了惊人的高度，河流奔腾不息，山谷披裹着树木，产生巨大的魅力，但是，它们**为什么**令人着迷，**为什么**比平原更打动人心，这不可能是与生俱来的，那这是后天获得的吗？”他似乎已感受到自己对这种风景产生了一定的反应，这是对他自身思想的某种反思。他继续充满冥想地说：“因此，通过捕捉飞逝的幻觉，知识失去了所有自发产生的快乐——这是徒劳无益的，就仿佛化学家的乙醚在我们的观察之下散逸；它从所有人那里飞出去，但受困于激情的奴隶与过于敏感之人除外，他们无法分析感情。”[43]

在雪莱心中，对“过于敏感之人”的鄙夷是新出现的，也是与日俱增的。他企图通过更为客观地关注身边的事实来取代这种感情，尤其是关注压迫与痛苦等社会事实。他已告诉希钦纳小姐，他打算“徒步”到四周旅行，以考察农民的风俗与生活状况。他立即写出一份报告，介绍一个威尔士乞丐的轶事，他曾听到这位乞丐在格罗夫家的厨房门前乞讨面包，当时雪莱正在窗户边穿衣服。他飞快地跑下楼，抓住这位老人，然后“给了他一点东西”，老人接受馈赠时颇有风度。然后，雪莱无疑想起了华兹华斯笔下流浪的哲人，他想方设法要和这位乞丐聊一聊。“我跟在他身后，向他不知提了多少问题。最后，我觉得再跟下去也没什么意思 75

了,因为他对我说了一番话让我很吃惊:'看你这身衣服,你是个有钱人。别人总是欺负我和我这样的人——你好像心眼挺好,可你住着那样的房子,穿着这样的衣服,我又不敢太相信。你把我放了才能算是个好人。'"[44]在此次浪漫的邂逅中,通过意想不到的突兀、平淡的结局,雪莱第一次学到了真正的政治经验。

埃兰谷也不完全是获取社会经验的地方。这里带给雪莱的主要是无聊、优柔寡断和自我怀疑。"我必须隐姓埋名到这儿来。这里很荒凉,很郁闷,看不到一个人。想找点乐趣我就读达尔文*写的书,爬爬山或四处走走,看风景。"[45]各种计划都在雪莱的脑海中酝酿。韦斯特布鲁克一家前往阿伯里斯特维斯度假去了,那里距他所在的地点向西只有三十英里,而且雪莱之所以来到威尔士,有一个深埋心中的原因是他想借机去拜访哈丽雅特与伊丽莎。[46]他还给爱德华·格雷厄姆写了信,信中称他仍计划效仿约翰·格罗夫学习外科手术,却因为"穷得跟只耗子似的"而未能如愿。[47]在写给霍格的信中,他干巴巴地说,如果他对爱情有一点了解,他就知道自己并没有爱上哈丽雅特;另一方面,他又计划去约克看望霍格,前提是经济条件允许,并补充称他有必要使用假名,以避免"不必要地"激怒他父亲。他以自己新学来的欢快、客观的语气,很容易便为这种欺骗找到理由:"如果想活着,我们都得**生活**下去,也就是说,我们得吃,得喝,得睡觉,金钱能保证我们获得这些。"[48]由于蒂莫西不幸发现了霍格六月到访菲尔德庄园之事,他严厉抨击道:"我把这看成是手腕,我还这样想,这手腕之高明连那些军人议员中执牛耳者也难

---

* 伊拉斯谟·达尔文(1731-1802),他是雪莱崇拜的古怪学者的原型之一。达尔文是位自由思想家、生理学家、植物学家和诗人,他坚定地信奉贵格派原则,在利奇菲尔德与德比践行了上述原则并深受当地人尊敬。他结过两次婚(因此他既是查尔斯·达尔文的祖父,也是遗传学家弗朗西斯·高尔顿的祖父)。雪莱读过他的长诗《植物园》(1792),也许还粗略地读过他的散文作品《动物法则》(1796),在这部著作中,他提出了早期的进化论。达尔文将科学、哲学和诗学融为一体,这对雪莱产生的启迪作用已得到了证明。参见第九章。

望其项背。”[49]

雪莱不断坚定自我，力争回到行动与事件的中心，他的思想越来越多地投向了政治，而且他将这些内容写信告诉了希钦纳小姐，而不是将自己的野心透露给哈丽雅特。他的讨论正迅速由无神论思想转向社会平等思想：

> 现在您很愿意把宗教问题放在一边。就它对个人的影响而言，我们都愿意这样做，但它与政治有那么密切的关系，而且又对我们这个世界上的种种罪恶起了推波助澜的作用，所以我还是要说几句。[50]

雪莱此刻已决心在更广阔的背景中考察宗教问题，即一八一一年的英国 76
社会，他实际上要在整个社会压迫的历史背景下研究这个问题。他想到的是圣巴托洛缪日大屠杀①和戈登暴乱。他得出的结论是卢梭的原始的积木论，即自然平等的社会会不断被宗教、君主政体和贵族政治世代相传的权力所侵蚀。

> 宗教就是在恐怖的基础上建立起来的，君主政体是它的楷模，贵族政治被视为它本质的体现。两者合而为一，已经很难分出彼此。现在政治上的平等就像道德上的完美一样似乎已是遥遥无期，就连所谓的“最不受约束的理论家”也不能预见到它的前景了。但我比这些人更敢想象。[51]

---

① 8月24日是纪念圣巴托洛缪大屠杀的日子，大屠杀发生在1572年法国宗教战争期间，由宫廷内部针对新教胡格诺派领袖的刺杀行动引发，是天主教徒对新教徒的一场“宗教屠杀”，造成上万人死亡。

在其他几封信件中，雪莱更加深入地考察了平等思想，并努力回答反对意见，因为他认为自己对正义社会的看法纯属“幻想”：“为什么这就是幻想呢？你试验过吗？”如果说洛克认为不存在“天赋观念”的看法是正确的，那么这就为他证明所有的人类都是生而平等的，“理智只在印象中变化，而此印象是由偶然或漫不经意来标明的印象”。[52]他认为，无论什么情况下，无论完全的平等作为一种可实现的政治形势遭受着什么反对意见，在此方向上取得的任何进步都是一种前进。“还有什么比现行的贵族制度更坏的吗？在英国现有的一千万人口之中只有五十万人过着舒适的生活，其余的人都要为生活苦苦奔波。”

迄今为止，雪莱对这个问题的认识依然十分原始而天真。他对于大多数人的生活方式并没有直接的认识，没有尝过经济上遭到剥夺的滋味，也没有意识到在最底层教育无知无识之徒和偏执顽固之人所产生的问题，而且他与大多数同时代人一样，没有认识到不公的社会主要源于工业化与城市化，而非懒惰、喜爱娱乐的贵族阶级或懒散、肥胖的教士阶层所致。他提到的那位威尔士乞丐的做法是正确的，即接受他的布施，但不相信他的出发点。

最终促使雪莱离开拉德诺郡的并非政治，而是他对哈丽雅特的情况产生的浪漫兴趣。埃兰谷与阿伯里斯特维斯之间飞快地鸿雁传情，只是信件投递还不规律，“简直就像那地狱的湖水之于坦塔罗斯一样”。[53]①伊丽莎发现了蛛丝马迹，便通过哈丽雅特给雪莱寄去了一部歌颂婚姻美德的小说，作者是阿梅利亚·奥佩。[54]这部作品题为“阿德琳·莫布雷，或母亲与女儿”，书名对内容有所提示。

---

① 坦塔罗斯是希腊神话中阿耳戈斯或科斯林的国王，宙斯的儿子。因偷窃神的酒食，并把自己的儿子剁成碎块宴请众神而在冥间受到惩罚。他站在没颈的水池里，当他口渴想喝水时，水就退去；他的头上有果树，肚子饿想吃果子时，却够不到果子，永远忍受饥渴的折磨；还说他头上悬着一块巨石，随时可能落下来把他砸死，因此他永远处在恐惧之中。坦塔罗斯的形象吸引着许多诗人和艺术作家，索福克勒斯写了关于坦塔罗斯的悲剧，高尔基也对坦塔罗斯作了评价。

雪莱独自一人徜徉在威尔士的山水间，准备好踏入某种新的生活，并与之斗争一番："……一千棵阴森森的树木构成了整个风景的主要特征，我独自一人走在树林中时，也不可避免地受到了它的影响，但我渴望 77
一场雷雨的到来。"[55]这是他在七月底写的一段文字。

八月底，雷雨果然来临了；雪莱在爱丁堡，已经成婚。事情发展得很快。七月下旬，雪莱收到了哈丽雅特从伦敦写来的信，称她的父亲"以最可怕的方式迫害她"，而且强迫她回学校上学。雪莱写了回信，催促对方采取抵抗措施。哈丽雅特非常沮丧，写信告诉他自己考虑过自杀，并且完全仰仗雪莱的"保护"。到了八月五日（星期一），雪莱乘坐马车火速赶到伦敦，但一到达伦敦，他就无法说服哈丽雅特再采取任何决定性行动了。雪莱住在查尔斯·格罗夫在林肯开设的旅店中，在这里度过了周末，心急如焚且十分彷徨。他还得到消息称约翰·格罗夫向他妹妹伊丽莎白求婚，于是愈发心神不宁，八月十五日（星期四）他飞速赶到菲尔德庄园。他写了便笺通知霍格这场灾难，并再三向他保证，伊丽莎白不会接受格罗夫的求婚。便笺就在这一天寄往约克。

与此同时，哈丽雅特又犹豫了十天，这期间进行了多次亲密的商谈。据雪莱说，她犹豫不决，这"与我无关，而与她有关"。[56]但最终到了八月二十五日（星期日），雪莱与哈丽雅特在查尔斯·格罗夫的支持下，乘坐一辆出租马车溜出了教堂街，这一天白天就藏身于坎农街附近的咖啡馆。两人私奔之后，在天恩寺街的绿龙酒馆赶上了发往爱丁堡的夜班邮车，邮车中途在约克停靠。雪莱口袋里只有从霍格那里借来的十英镑，还有从汤姆·梅德温的父亲（他是霍舍姆的房地产律师）那里借来的二十五英镑。他给父亲留下了一封声东击西的便笺，称他要突然途经霍利黑德前往爱尔兰，原因不想解释，并请求将他的"衣物、文件、枪支等"送到伦敦的查尔斯·格罗夫处。这次的行动便完成了。就像雪莱传记中的大部分关键事件一样，他本人对事实的叙述会渐渐变得歪曲。两个月之后，雪莱写信给伊丽莎白·希钦纳，解释称整个事件的发生完全是因为哈丽雅特。哈丽雅特已经爱上了他，而非他爱上了哈丽雅特。她受到了迫害，十分痛苦与不幸，想要寻短见，于是他不得不先“答应”让彼此的命运相连，这最终违背了他本人的整个反婚姻立场，促使他向她求婚。他认为，在这种情况下，对这位女子的保护最终属于压倒性的问题。[57]因此，他的角色就成了理性的葛德文派的角色，他此前曾不明智地陷入同哈丽雅特的瓜葛，但采取了冷静和无私的应对措施，并且一点一点地为她争取自由。雪莱肯定说服自己相信了这一点。

根据我们对事实的还原，上述并非实情。有证据似乎表明，雪莱而
78 非哈丽雅特才是整个事件的始作俑者，虽说这并非完全是他的目的，但正是他促使俩人最终私奔。他从埃兰谷写给霍格的最后一封信显示，很明显他已经满怀激情地加入哈丽雅特的生活，决心把她带走，只不过要依据自由恋爱的原则，而且前提是他能办成此事。“我们每年将有两百英镑，一旦发现钱不够用，我想我们一定会靠爱的力量来支撑生活！感激和羡慕之情迫使我要永远地爱着她。我们将在约克见到你。我还要听听你对婚姻的看法，我现在可以说是信服了。我想，在约克找个住的地方不会有什么问题……随信寄来的十英镑也已收到；到现在为止我共欠你三十英镑。”[58]这封信清楚地表明，雪莱早在离开威尔士之前，就打算和哈丽雅特私奔。他前往伦敦的直接目的是将她从教堂街的家中解放出来，并带她去约克与霍格会合，然后在那里寻觅住所。之后，他们可能对“婚姻关系”有过争论。但等到雪莱到达伦敦并提出他的计划时，却并没有见效。哈丽雅特拒绝了他。她根本没有下定决心把自己托付给他并寻求他的“保护”，此后两个多星期，她压根不愿离开教堂街。

雪莱在八月十四日左右发出了写给霍格的便笺，此时他来到伦敦约七日，便笺中表明他在这种出乎意料的困境中感到彷徨与沮丧。他在便笺中称：“我的观点来自你，我所处的形势使我产生了感激之情，而这种感激的力量又强化了我的观点。但我还留在伦敦，我依然感到窘迫与忧郁。”在这样的逆境时刻，他又像往日那样对霍格情深意切，便笺中继续

写道:“一想到你高贵无上的友谊,你带给我的快乐,仅凭这些就能吸引我,使我充满激情。”他在便笺结尾重述了争夺哈丽雅特的这场斗争:“我从未像现在这样适合冷静的争论。我担心这更像是外在的行动而非内在的情感。”[59]

雪莱在这里不断提到的“观点”就是他支持婚姻,反对自由恋爱。因此,此前发生的情况似乎是哈丽雅特拒绝为了追求自由恋爱而离开,雪莱不得不亲自向她求婚并说服她接受。为了达到这个目的,雪莱不得不大幅修改自己的计划。此时雪莱完全信得过的挚友只有查尔斯·格罗夫,两人的讨论表明,这种私奔必须得在苏格兰举行隆重的婚礼,这样就无需漫长的资格认定过程与父母的批准。这就必然要放弃前往约克的计划,还要筹集更多旅费。雪莱利用梅德温先生来苏塞克斯做客之机,找了个借口向梅德温先生借来了旅费。在这种情况下,显然雪莱就是始作俑者。尽管人们还可能觉得是年纪更大、格调更“高雅”的伊丽莎·韦斯特布鲁克所为,是她精心安排妹妹嫁入苏塞克斯的贵族阶层,并诱使年轻的雪莱迸发出最炽烈的激情。霍格也是这么认为的,这也是雪莱六年后因争夺两个孩子的监护权而走上法庭时,他的顾问给出的解 79
释。[60]如果这就是事实,那么从伊丽莎的角度来看,她做得非常完美。

八月的最后一周,谈判结束了,雪莱似乎感到自己的所得比自己争取的还要多。有一个故事可能足以说明雪莱私奔时的真实心情。在这桩轶事中,雪莱与查尔斯在芒特街事先约定好的咖啡馆等待哈丽雅特到来,这两个年轻人吃着早餐,早餐是牡蛎,然后雪莱站在门口,心烦意乱地将空牡蛎壳扔到街道对面,不断叹着气对查尔斯说:“格罗夫,这是件**雪莱**式的事件!”[61]除了令人悲哀的双关语之外①,他可能意在暗指他祖父在爱情上的壮举。根据这次叙述,哈丽雅特似乎是迟到了。

雪莱与哈丽雅特马不停蹄地一路前进,他们给霍格留下便笺,请求

---

① Shelley(雪莱)与Shell(壳)谐音。

更多的资金支持,之后便在星期一子夜时分离开约克。两人于一八一一年八月二十八日(星期三)抵达爱丁堡,并立即领了结婚证,他们在马车上遇到一位苏格兰律师,从他那里得到有关婚姻程序的建议。雪莱在婚姻名簿中自称“苏塞克斯的农民”。[62]他们从马车旅馆搬到了住所,霍格也从约克赶来会合,时间也许是之后一周的周末。还发生了婚礼之夜事件,这必定发生在霍格到达之前,皮科克后来描述称,当时雪莱在一群前来祝福的人面前掏出了手枪,并威胁称谁敢跨过门槛就打死谁。

总之,在这七天多的时间里,雪莱不大可能与哈丽雅特独处。这样的蜜月很是奇怪,而且从一开始就表明,雪莱对一连几个小时与一位女性独处压根不感兴趣。雪莱后来才逐渐接受这一点,还询问了原因。要知道,哈丽雅特当时年方十六,其实还是个学生。

雪莱夫妇与霍格整个九月都住在爱丁堡。霍格有许多滑稽可笑的逸事,其中不少都可以认真阐释一番。雪莱在乔治大街一栋房子的一楼找到了不错的住所,霍格刚刚到达,雪莱就坚持让这位朋友立即在同一间房子里支上床铺。雪莱大呼:“‘我们终于又见面了!我们再也不要分开了!你必须在这间房子里支上床铺!’他认为这不但必要,而且必不可少……他叫来了房东,房东立即赶来了,并在房子里支上了床铺;这件事非常紧迫,他们不给他说话的机会。”[63]

这三人开心地一起在爱丁堡附近转悠,雪莱定期从邮局领来“大
80 量”信件,并且在商店中找到了大量蜂巢蜜,爱不释手。有一次特殊的经历,雪莱去拜访爱丁堡阴沉沉的教会并聆听布道,这使雪莱既将此作为消遣娱乐,又十分愤怒。有一次尴尬的经历值得记录,雪莱与霍格参加了长老会的解法课,学生未能正确回答问题,解法者愈发愤怒。他询问的是亚当的身份,却没有得到令他满意的回答,于是他提出了更难的问题。“解法者的怒火仿佛滚热的蜡油一般,他抬高了音量,怒不可遏地说道:‘迪尔是什么?’这太过分了,雪莱爆发出尖厉的笑声,猛地冲出门去。我慢慢地跟在他后面,严肃地思考着长老和教会等问题。但是,

我没有想出个所以然，还好我们没有被投进监狱。”[64]在这个故事中，人们可以了解到雪莱与霍格之所以都很喜欢引牧师上钩的把戏，既是因为觉得有趣，也是因为他们真正在意识形态上产生了怒火，而且无疑也是为美丽、纯良且可塑性很强的哈丽雅特着想。还有一次，雪莱在安息日那天在街上发出了恶魔般的笑声，这种笑声极具穿透力，因而受到了斥责。[65]

雪莱此时又一次热火朝天地展开研究，就像他昔日的牛津岁月一般。据霍格回忆，雪莱设法在爱丁堡弄来一些免费书籍，有的是在当地的流通图书馆中借来的，也可能是通过他在马车上结识的那位年轻律师弄来的。雪莱不断出门借来新的书籍。他阅读了法国启蒙时期哲学家的著作，还发现了布封，开始在晚上动笔翻译布封的一部专著。哈丽雅特非常适应日常的生活，她自己也找来一本法语浪漫传奇，并动笔将其翻译和誊写出来，她的译文具有独特的风格：“没有墨渍，也没有涂污，整洁地写在雪白、光滑的纸上，这都出自这位女性的手迹，灵巧、流畅、清晰易懂。”[66]除了翻译之外，哈丽雅特还时常给霍格与雪莱大声诵读，“读得非常好，非常准确，而且她字正腔圆，声音很清晰，也很有亲和力，经常体现出抑扬顿挫”。她会一连读上几个小时，一直读到深夜，霍格暗示，他要比雪莱更欣赏这种做法，因为雪莱往往会打瞌睡，倒在炉边地毯上便呼呼大睡。

雪莱沉浸于布封的科学思辨，尤其令他着迷的是在北方的夏夜能清晰地观看到恒星，他们三人会在夜晚漫步于街道，仰望星空，谈论星座、现代天文学和有关黄道十二宫的古希腊神话。有几天夜晚，天空中竟出现了彗星这一奇观。

雪莱逐渐厌倦了爱丁堡，他很快就指出他们“陷在苏格兰首都的肮脏与商业气息”中。[67]对他们形成掣肘的是金钱，或者说是资金匮乏。资金上的捉襟见肘开始在雪莱的计划中占据重要位置，终其一生他从未真正摆脱过金钱匮乏之苦。在他与哈丽雅特私奔时，雪莱从父亲那里获 81

得了一笔每年两百英镑的生活费。无论是前往爱丁堡的旅费,还是在爱丁堡的大部分花销,似乎都是皮尔福德上校资助的,皮尔福德为人慷慨,对这位特立独行的外甥宠爱有加。霍格也慷慨解囊,多次借钱给雪莱。

在爱丁堡结婚后的第二天,雪莱便打算在九月一日去蒂莫西那里领取本季度的五十英镑生活费。他意识到,如果他结婚的消息传到了菲尔德庄园,这笔生活费可能就会遭到克扣,于是他飞快地写出一篇诚恳的陈情书以表孝心,其中介绍了他是怎样滞留在爱丁堡的(称他是前往爱尔兰途中),"因为欠了一笔金额不大的债务",并且焦急地等待着他的津贴汇入,通过伦敦的格雷厄姆转交给自己。他早在威尔士时就已经周密盘算过,在信中对哈丽雅特只字不提,并且以焦急、恳切、敬重的笔调写出这封信:"我亲爱的父亲——在此刻潦倒之际,除了您之外,我不知道还能向谁寻求帮助。必须承认,我无法做到像您希望的那样节俭,但我知道您为人宽宏大量,定会给我汇来五十英镑的。"[68] 此前他与父亲之间发生过一系列不寻常的事件,雪莱并没有意识到,正是他在信中表现出明显的虚情假意,使他父亲产生了警惕。在这次事件中,蒂莫西迅速得知雪莱私奔的消息,便停发了给雪莱的津贴,他还给德汉姆的霍格父亲写了一封火冒三丈、悲痛欲绝的信件:"天知道这种忤逆行为什么时候才到头啊!"[69]

日子一天天、一周周过去了,雪莱并没有收到那笔钱,于是在写给菲尔德庄园的信件中,他的语气开始从冷漠的礼貌升级为冷嘲热讽,最后升级为辱骂谴责。不仅如此,无论是蒂莫西拒绝给他写任何回信,还是蒂莫西原先威胁过让他自生自灭,都使雪莱大为愤慨并给他造成深深的刺激。在这一点上,人们很容易同情雪莱,因为他的境地十分窘迫,而且前途未卜。他第一次需要对除他自己以外的人负责;他还缺乏可靠的资源,而且他显然是在对牛弹琴。

雪莱获得五十英镑津贴的企图失败,又过了两周,雪莱再一次写信给蒂莫西,这次他的语气是郑重其事且合情合理:"根据您提出的意见,

上述模糊的信息表明您对我很不满，请允许我以最大的谦卑来无视您的
一切愤怒，也许我还可以成功指出您这种愤怒是徒劳无益的，而且也不
利于相关各方的福祉。”[70]十天之后，即八月二十七日，雪莱迫不及待地
发出更为明确的嘲讽，他写信给父亲：“父亲，您还是位基督徒吗……
不要让基督教的这些伪善想法拉低您的美德，这还不如一个游手好闲的 82
无神论者，因为一个真正的基督徒会言必信、行必果，并且会默默地践行
宽容的原则……”[71]

到了十月十二日，雪莱已经与哈丽雅特和霍格一同回到了约克，他在信中表明，他已经放弃了从蒂莫西那里获得资助的念头，但他比原先更加坚定地要将自己的主张坚持到底，并且力求通过责备给对方造成痛苦。“在我看来，**顺从**这个词语是不应存在的，您却认为这是必不可少的。是的，您可以命令别人顺从。社会制度使您成为**一家之主**，但您却像其他人一样很容易受到情感和偏见的误导；我承认，除非是绝顶聪明的头脑，否则哪怕是错误之举，只要能让自己感受到重要性，人的头脑都会很自然地去重视错误。”[72]在这封信中，人们也许第一次见识到真正可称为雪莱风格的便笺：充满了强烈的愤慨，闪耀着自由意志原则，同时也是一位社会的弃儿发出的无情呐喊。

一天后，雪莱又以同样的口吻给他的祖父比希爵士写信，只不过他对祖父抱有更大的希望，因此语气也更为敬重。“语言是用来给我们表达自己思想的，禁锢语言之人要么是冥顽不灵之徒，要么就是暴君，而我的不幸恰恰源于此。以您的开明和公正，我希望您不会做出不利的**傲慢**之举。这并不是我写这封信的精神。我本着真实与坦诚的精神写了这封信。如果您能给我寄一笔钱，帮助我和我的妻子（我知道您并不是吝啬之人），我不仅会更加敬重祖父您，而且会更加热爱您这位雪中送炭之人。”[73]比希爵士和蒂莫西一样都没有回信，因为他似乎也认为这桩门不当户不对的婚事是不可宣扬的家丑，还将雪莱唱高调之举视为笑柄。

雪莱通过书信向他父亲发起的攻击还没有结束。他写的最后一封信中,和这个系列的所有书信一样,都深深反映出雪莱的主要情绪反应,这将在更加复杂、更加多样、更加微妙的情形下再次出现。这就是大声呐喊,而且走上了不归路,但同样也没有得到什么答复。这归根结底并非属于控诉、抨击或威胁,而是一种自我献祭,是诅咒之举。雪莱在十月十五日从约克写了一封信给蒂莫西:

> 您待我甚是刻薄、卑劣。我因为无神论思想而遭到开除时,您希望我死在西班牙。这种愿望达到最强烈之时,不啻一桩罪行,也许我可以说,英国的法律会惩罚谋杀,**胆怯**使罪人在面对非难时退缩。我要抓住一切机会去看您,即便您不愿听到我的名字,我还是要大声宣读它。不要认为我像昆虫一样,一点伤害就能将我摧毁,
> 83 假如我有足够的钱,我会在伦敦和您见面,让您的耳朵里灌满比希、比希、比希——是的,我要一直念叨比希这个名字,直到您耳聋为止。[74]

这里所诅咒的就是他自己的名字,这一点很重要,因为这透露了一个事实,即他认为自己属于他父亲犯下的巨大错误,也是他本人遭受的诅咒。在这种极端情况下,恐惧、怀疑和罪行对于雪莱都呈现出实质性的内容。因此,雪莱认为蒂莫西希望自己应征入伍,并在半岛战争中作战并阵亡,这个故事虽然没有证据,甚至没有可能性,但此时却成为雪莱反对他父亲时一直耿耿于怀的芥蒂。他认为蒂莫西对自己紧追不放,但其实这也是个悲剧,显然是雪莱对蒂莫西紧追不放,这也是雪莱反复面临的困扰。皮科克在一年之后才结识雪莱,他特别提到了这一点,称其为根深蒂固的忧虑,他本人其实知道这完全没有根据。

这封宣泄愤懑之情的书信寄出之后,雪莱对父子俩的关系进行了冷处理,他给律师惠顿写了信,采用了更加拐弯抹角、精心策划和即兴发挥

的风格。父子俩之间在情感上已经出现无法挽回的鸿沟，而且雪莱与外部世界之间的反应模式业已形成，这种模式即便不能说是永恒的，但也在此后持续多年。雪莱在一八一一年八月四日度过了他的十九岁生日。

通过他信件中叙述的背景，我们得知他于十月初搬到了约克。他们在资金上已是捉襟见肘，在秋雨之夜赶到了约克，不得不可怜兮兮地四处寻找廉价住所，最后在两位退休裁缝的房子里找到了住处（霍格称她们为“古怪的姐妹俩”）。旅途中雪莱无精打采、精神恍惚，有一次在贝里克郡，霍格发现马车即将启程之际，雪莱却从座位上消失了。“在淅淅沥沥的小雨中，他站在墙边，神情肃穆地盯着单调、凄凉的大海，他的表情更为狂放、凄恻。”[75]

注释

［1］《珀西·比希·雪莱书信集》，第一卷，第六十一篇，页67。

［2］同上。

［3］同上，第六十二篇，页70。

［4］同上，第六十三篇，页71。

［5］同上，第六十四篇，页74。

［6］同上。

［7］同上，第六十三篇，页73。参见《埃斯代尔诗钞》，K. N. 卡梅伦编（1964），页124。（雪莱在一本封面为大理石花纹的钞本中收录了1809年至1813年创作的早期诗歌，这部诗集名为《埃斯代尔诗钞》，现藏于纽约卡尔·H. 普福尔茨海姆图书馆。）

［8］《珀西·比希·雪莱书信集》，第一卷，第六十六篇，页76–77。

［9］同上，第六十九篇，页82。

［10］同上，第六十九篇，页83。

［11］同上，第六十六篇，页77。

［12］埃德蒙·布伦登，《雪莱生平》，页65。

［13］《珀西·比希·雪莱书信集》，第一卷，第六十八篇，页82。

［14］同上，页81。

［15］同上，第六十六篇，页77。

［16］托马斯·梅德温，《珀西·比希·雪莱的一生》，页89。

［17］同上，页90。

［18］罗杰·英彭，《雪莱在英国：雪莱-惠顿文献中新的事实与信件》，页516。

［19］霍格，《珀西·比希·雪莱的一生》，第一卷，页275起若干页。

［20］《珀西·比希·雪莱书信集》，第一卷，第六十九篇，页83。

［21］同上，第六十三篇，页71。

［22］同上，第一七五篇，页274。

［23］同上。

［24］霍华德·米尔斯编，《皮科克：回忆录、随笔文与评论》，页57。

［25］《珀西·比希·雪莱书信集》，第一卷，第六十七篇，页80。

［26］约瑟夫·吉本斯·默尔，《报社编辑回忆录》，载于《弗雷泽杂志》，1841年6月，页707。

［27］《珀西·比希·雪莱书信集》，第一卷，第七十篇，页84。

［28］同上，第八十五篇，页107。

［29］《埃斯代尔诗钞》，页112（另见《珀西·比希·雪莱诗集》，页842，威廉·罗塞蒂给它起了伤感的标题）。

［30］《珀西·比希·雪莱书信集》，第一卷，第八十五篇，页108。

［31］同上，第八十篇，页96。

［32］参见F. L. 琼斯，《霍格偷窥伊丽莎白·雪莱》，载于《语文学季刊》，第二十九期（1950），其中对此次浪漫邂逅展开了学术讨论。

［33］《珀西·比希·雪莱书信集》，第一卷，第九十二篇，页118。

［34］同上，第八十一篇，页97–98。

［35］乔治·恩索尔，《论国家教育》（1811）。

［36］牛津大学博德利图书馆，位置：手稿37496。

[37] 希钦纳小姐的书信还发表在琼斯教授的脚注中。《珀西·比希·雪莱书信集》,第一卷,第八十一篇,页98-99,注释5。

[38] 同上,第八十一篇,页98。

[39] 同上,第九十篇,页116。

[40] 同上,第八十六篇,页110。

[41] 同上,第九十三篇,页119。

[42] 同上,第九十二篇,页118。

[43] 同上,第九十三篇,页119-120。

[44] 同上,第九十三篇,页120。

[45] 同上,第一〇一篇,页129。

[46] 同上,第九十二篇,页118。

[47] 同上,第九十五篇,页121。

[48] 同上,第九十八篇,页123。

[49] 同上。

[50] 同上,第九十九篇,页125。

[51] 同上,第九十九篇,页126。

[52] 同上,第一〇七篇,页136。

[53] 同上,第一〇一篇,页128。

[54] 同上,第九十六篇,页122。

[55] 同上,第一〇〇篇,页128。

[56] 同上,第一〇六篇,页134。

[57] 同上,第一一四篇,页144。

[58] 同上,第一〇三篇,页131。

[59] 同上,第一〇五篇,页133。

[60] 参见雪莱律师韦瑟罗尔提供的诉讼案情摘要,引自道登,《珀西·比希·雪莱的一生》,第二卷,页83。

[61] 道登,《珀西·比希·雪莱的一生》,第一卷,页172。

[62] 埃德蒙·布伦登,《雪莱生平》,页69,引自苏格兰婚姻登记簿。

［63］霍格,《珀西·比希·雪莱的一生》,第一卷,页 253。

［64］同上,页 261。

［65］同上,页 258。

［66］同上,页 264。

［67］《珀西·比希·雪莱书信集》,第一卷,第一一八篇,页 151。

［68］同上,第一一〇篇,页 139。

［69］同上,第一〇八篇,页 138,注释 5。

［70］同上,第一一一篇,页 140。

［71］同上,第一一二篇,页 142。

［72］同上,第一一五篇,页 146-147。

［73］同上,第一一六篇,页 147。

［74］同上,第一一七篇,页 149。

［75］霍格,《珀西·比希·雪莱的一生》,第一卷,页 271。

第四章　哈丽雅特·韦斯特布鲁克

刚到约克居住的这段时光对于雪莱来说十分难熬，他需要奋力鼓足 84
勇气方可直面这样的生活。他已经迈出决定性的一步，与家人决裂，尤其是与父亲和妹妹们恩断义绝，他也放弃了他所在阶级在社会地位和金钱上享有的安逸生活，还抛弃了原先的信仰体系，尤其是理所当然的特权思想，须知这个阶级的特权思想是根深蒂固的。他已经为所有这一切付出了巨大的情感代价，他也许已意识到，未来还要付出更大的代价。几年之后，利·亨特时常满怀钦佩之情地列举雪莱所放弃的各种利益：家庭的财产，受人尊重的社会地位以及议会中的席位。亨特也许过于看重物质方面的得失，而在雪莱一八一一年十月客居约克之时，这显然不及他在情感与心理方面所舍弃的种种。对于一个年轻人来说，物质方面的困难是最容易克服的。但是，雪莱对这一切最终做出的反应特点鲜明。他采取了反击。

第一个标志是他恢复了与伊丽莎白·希钦纳的通信。他在十月八日从“约克市科尼街丹塞小姐处”发出一封信，信中向希钦纳通报了一个事实，即他这个坚定的无神论者和反婚姻人士现在已经结婚。他为自己的做法作了强有力的辩护，理由在于，在当前的社会状态下，若不结婚,女性的名节与夫妻双方的“政治权利”都会受损,但是他也重申了自己反对婚姻的**原则**。他在信中称:“靠几个独特的例子企图更新社会的面貌……这是多么地无益?”这颇有他早期的实用主义口吻,他认为合理的武器应当是“理智”和为了“广阔的变化”而斗争。尽管如此,他在信中继续写道,依然有必要在实际情况中忽视社会的偏见,他的已婚身份赋予他新的力量,可以做到这一点。因此,他第一次向希钦纳小姐发出明确的邀请:“你将给我写信吗……不仅如此……你还做我的朋友
85 吗?我还能做你的朋友吗?**我的**状况抹去了世俗的不正当行为的阴影,我们最本分的往来丝毫不会招来那些令人作呕的风言风语,而今天的女性认为这些言论是对异性友谊的恰当评价。什么也不会因你和我们一块儿生活而受到侵扰。你不能来看望我们吗?我亲爱的朋友霍格,一位高尚的人,和我在一起,并将永远在一起,我太太会将我们交往中不正常行为的阴影抹掉。”[1]在这封信中,雪莱第一次提出了与志同道合者一同组建社群的思想,即由改革者组成激进的公社,以便能够在平等的基础上生活在一起,并力图对社会产生“广阔的变化”,这是“完美”这个理想不断坚持的理念。此外,在更加个人化的层面上,读者可以发现他在封闭的婚姻关系桎梏下愈发感到不满:霍格会“永远”和他们住在一起,希钦纳等人也会很快和他们生活在一起。

雪莱不必为这位苏塞克斯的女校长担心。她的回信充满善意,洋溢着积极的热情。她认为雪莱的行动“毫不含糊”,至于婚姻问题,这肯定是“因为雪莱太太”在这种处境下所致。“但愿你一生都能保护好她,我诚挚地祝福你们俩婚姻美满。”对于雪莱发出的邀请,她却本能地感到不安,并巧妙地将这个话题转移到更加大而化之的同情话题上。“如果我能够做到的话,我将最乐意、最诚挚地接受你的邀请,但我目前的处境不允许我这么做,但我预计未来能接受你的邀请……我期盼着能够与**你的哈丽雅特**相见,但愿她能允许我这样称呼她,她将与我产生姐妹般的感情,你难道不是我心灵的兄弟吗?看呀!我从你的教诲中获益匪浅,

而且我对你以诚相待,超乎你的想象。”[2]

雪莱收到这封暖人心脾的回信,他在前一天刚刚发出最后一封抨击他父亲的书信,正是在那封信中,他发出了“比希、比希、比希”的诅咒。也许正是通过他对家庭的厌弃之情,人们可以解释他立即对希钦纳小姐的回信迸发出极度的柔情和激情。人们也许还可以察觉到一丝不满(即便还不能说这是真正的幻灭感),这种亲密的关系,正常情况下应该是他和年轻貌美的新娘哈丽雅特保持的。信中出现了某种生理上的厌恶,一种哈姆雷特式的嘲笑肉欲的事实。他欢快地对希钦纳说:“你……能够蔑视世人的偏见,而你的看法也就是我的看法,我敢说我**爱**:既不冒使这个神圣词语的解释变得低劣而被轻视的危险,也不冒险作出这样的假设:是这一堆把**你的**灵魂奉为神圣的物质激起了只有灵魂才**敢于**有权要求的爱。从今往后,我将成为你的,真心诚意,毫无保留地成为你的。”[3]

这种“毫无保留”所产生的第一项成果便是雪莱大胆地宣布了一项计划,打算用他继承的遗产来建立某种平等的社区,这种社区应当体现 86
出霍格与希钦纳小姐的特点,也会体现出哈丽雅特的特点,只不过他这份热情洋溢的宣言忘记提到她了,这颇有些特别。“我仍想要钱,我要它是因为我认为我知道它的用途。钱既可支配劳动,又可提供安逸,给那些用钱来追求真理的人以安逸是一个人能给所有人提供的最高尚的礼品……正义要求这份财产应在我[真正的,此处已删除]姐妹间分配,是该这样做,还是不该这样做?人类和她们一样都是我的兄弟姐妹:大家**都该**分享。但它不能这样;它应该受到限制。然后你是我**灵魂**的孪生姐妹,**他**是它的兄弟:这些人肯定有权利。”这段话中提到了正义,这暗示了葛德文式的“政治”正义,这种正义观坚持认为,财产并非由其法律所有人合理拥有,而是只能由需要这笔财产的人士或能够在日常活动中最合理使用这笔财产的人士拥有。这里有一个小小的细节,雪莱在姐妹前删去了“真正的”一词,这表明他显然用自己所选择的“哲学的家人”

来替代菲尔德庄园的血亲家人,因为后者背叛了他。据雪莱解释,霍格与他本人都已经“将我们的财产视为共有”,而且他们都迫切地期盼着希钦纳小姐也和他们共享财产。雪莱欢天喜地地在这封信的结尾写道:“我灵魂的孪生姐妹,再见。希冀爱**永世长存!** 您的珀西·雪莱”他省去了自己通常使用的“比希”,这恐怕是表示一种民主的善意,不管怎么说,比希这个词已成为痛斥贵族阶层恶行的武器。

此时,在约克逼仄的住所中,他已展开对平等思想的探讨。雪莱在提出小型社区的想法时,发现了哲学上的行动计划,他迅速提出新的平等原则加以论证。这些理论开始使他改用另一种眼光审视他日常的生存状况,而且他非常痛恨在琐碎的家务活上浪费时间与精力,认为这毫无意义。他看待周围的房间,就仿佛是一位富有革命精神的设计师,因房间缺乏功能的纯粹性而感到惊诧。“每件无用的装饰物,柱梁,围栏,护壁板的凸出部分和骚塞讲的,炉栅的清扫——都是体力劳动的行施,而这些体力劳动,尽管单独考虑时很轻微,但结合在一起时,便能毁掉绝大部分非常宝贵的安逸……有多少东西我们没有也能过!红木餐桌、银瓶,大量的佳肴和美酒,还有最糟的,昂贵的印刷品,这些是多么地不必要!看看(周围一些)较小的住处——肮脏不堪的小屋展示着大量的例证,是让装饰物干干净净还是让人悠闲自得。”[4] 在这里,雪莱再一次体现出他与生俱来的清教主义思想,这主导了他对自己家务的收拾整理工作。他喜欢简单和洁净,就像非国教徒喜欢苍白、光秃秃的神坛一样。

87 但雪莱自己却挥霍无度:他总是在书籍上耗资甚巨,而且不惜代价也要乘坐最快捷的交通工具,有时也在衣物上花费甚巨。而且他大手大脚花钱时从不感到心疼,他做出的承诺经常超出他的能力范围,一直到临终之刻,他都不改贵族阶层的陋习,即从当地的小商店、小商人、代理人和印刷商那里大量赊账,如果他能扬长而去,就从不考虑把欠账还上。他喜欢说:“尽管贵族卑鄙可恶,但商人——因富有而傲慢却又愚昧无知——更不足挂齿。”[5]这一点也无足厚非，但也揭示出他性情中的一个严重弱点，更不用提他的平等思想了，而且这也解释了为何此后多年里，许多中产阶级的激进分子与作家出于本能都不喜欢也不信任雪莱，他们各不相同，包括海兹利特、弗朗西斯·普莱斯和约翰·济慈。不管怎么说，还得有人来清扫炉栅，如果雪莱真的是追寻一种新的天然的、功能性的存在，那么就只能由他自己动手完成。这就是他尚须面对的真实生活。

但是此刻，雪莱准备大战一场，而不是安贫乐道地忙于家务。他决定亲自前往菲尔德庄园，这是他之前就威胁要采取的行动，他还打算让“那个错误百出的家伙”恢复给他的津贴。他此行不再是以长子身份去维护自己的权利，而是作为卑鄙可恶的贵族阶层的敌人，他要代表他的小群体为政治公平而战，以完成“与偏见和错误作斗争这项可怕的任务”。[6]雪莱于十月十七日（星期四）离开了约克，马不停蹄，终于在第二天（星期五）赶到位于库克菲尔德的舅舅家。他不在家时，由霍格来照顾哈丽雅特。这项安排传到霍格家族耳中，霍格的母亲立即写信给哈丽雅特，警告哈丽雅特在和她儿子单独相处时应恪守妇道。此外，霍格的母亲还解释称，霍格不一定会养她，并问她愿不愿意过来和自己的朋友住在一起。哈丽雅特的回信十分简短，也很简单，但显然让霍格的母亲大吃一惊，“行文风格很像一位贵妇”。她有礼有节地谢绝了霍格母亲的好意，但还是感谢她的善意，霍格的母亲显然无法理解她的处境，但自忖对此再清楚不过。霍格的父亲则心情沉重地写信给蒂莫西·雪莱，称最糟糕的情况是这两家的儿子决心“永不分离”，[7]尽管如此，霍格母亲的警告可能还是促使哈丽雅特采取了决定其命运的做法，即请来伊丽莎。伊丽莎火速赶到约克，而雪莱还没有回来。

雪莱这场旋风式的作战持续了四天时间，十月二十三日（星期二），他又一次踏上返回约克的晚班马车。在这段短暂的时间里，雪莱与他的支持者皮尔福德上校以及他的灵魂姐妹希钦纳小姐加强了关系。他还写信给托马斯·梅德温，请他为哈丽雅特安排一年七百英镑的婚姻财产协议。 88

他还给母亲写了一封措辞激烈的信，控诉她与音乐教师爱德华·格雷厄姆有奸情*，他还向蒂莫西索要两百英镑的津贴，闹得整个菲尔德庄园鸡犬不宁，陷入恐慌。雪莱在苏塞克斯无法取得任何实质性进展，于是拉上皮尔福德上校一同前往伦敦，竭力恫吓惠顿律师，但也未能奏效。之后，惠顿与雪莱便通过书信相互谩骂，雪莱曾在信封上写着："雪莱先生向惠顿先生建议，在他与绅士打交道时（这种机会也许不会经常出现），请不要私拆私人信件，否则这种无良之举可能会招来鄙视与惩罚。"[8]蒂莫西特地吩咐惠顿，凡是他儿子写给自己的私人信件，都由惠顿拆开阅读，但雪莱的威胁还是让惠顿很是不安，这相当于雪莱警告要痛打他一顿，于是他写信给蒂莫西，称雪莱是"一条疯狂的蝰蛇"。[9]

蒂莫西也大为震撼，他其实十分恐惧，这是一个重要的事实。雪莱在与较为亲密之人的关系中，经常会使用恐惧的力量，作为树立个人地位与威信的手段，这也许是无心之举。但在他此次苏塞克斯之行中，他信奉的新的原则与他和家人关系疏远都让他怒不可遏，雪莱似乎总是明显处于即将诉诸暴力的边缘。雪莱具有凶顽的潜质，终其一生，凶残的暴行曾多次一触即发，情形相当危险。他离开伦敦两天之后，蒂莫西给惠顿写了一封信，讲述了他儿子此次的到来，他所描绘的情景十分简短，却非常清晰："根据珀西·比希现在这种烦躁的心理来看，直到它将他过去整个精神生活都完全打乱之前，他都不会善罢甘休。我不会拆开他写给我的任何信

---

* 格雷厄姆于 1810 年和 1811 年春天曾在伦敦忠实地担任雪莱的文学代理人，但他已失宠。他与约翰·格罗夫一样，都明确地向伊丽莎白·雪莱求婚，这令雪莱大为震惊，并感觉受到了背叛。有关格雷厄姆与蒂莫西·雪莱夫人之间的奸情，雪莱曾在五月称这只是戏言（《珀西·比希·雪莱书信集》，第一卷，第七十一篇，页 85），但此时却认为铁证如山，而且雪莱痛苦地写信给母亲称："你如此**强行**去撮合我妹妹伊丽莎白与音乐教师格雷厄姆的姻缘，不惜动用**迫害手段**，这不禁使我怀疑你的动机。我怀疑你的目的是**自保**……"雪莱夫人与蒂莫西一样，此时都被雪莱视为性行为上的伪君子和家中的暴君，在这场情感大戏中，格雷厄姆的角色只是相当于人质。没有独立的证据表明他与雪莱的母亲通奸，伊丽莎白也没有嫁给这位不幸的音乐教师。这场风波表明雪莱对母亲和妹妹感情炽烈，也反映了他早年建立的友谊脆弱不堪。

件，而且我在打开其他手稿时也会保持警惕，因为我担心他又会采取欺骗之举。我会坚定不移地执行我对他下定的决心，倘若他继续待在苏塞克斯，我就会请来专门的警察守在我身边。他已经让他的母亲和妹妹非常恐慌，现在她们只要听见狗在狂吠，就会吓得跑上楼。这家伙就知道管我们索要一年两百英镑的津贴。”[10] 对于家人来说，雪莱似已成为疯狂的犯 89
罪分子，除了管他们要钱，对他们没有任何兴趣。请注意一个事实，雪莱的父亲害怕他会破门而入发动袭击。

雪莱在写给希钦纳小姐的一张便笺中，也流露出这种心态，这张便笺是他刚赶到菲尔德庄园后匆匆草就的。他称在乘坐夜班马车的途中，自己一直在筹划如何为约克的这个小群体使用资金。他心中满是对太平盛世的憧憬，而且他的期盼中流露出确凿无疑的歇斯底里迹象。“我就来这个郡居住。我朋友霍格、哈丽雅特，我的新妹妹……也可以加入我灵魂的孪生姐妹之列，我不能期望**那个**，但她仍可以拜访我们。我早已认识了精神对物质有最终无限的权力：适当的动机对任何事物都是必要的，而**我的**黄金时代是当我目前的能力变成无限的时候：这就是基督徒的太平盛世，‘那时雄狮将与羊羔一块儿躺下睡觉’。”[11]

雪莱描述的太平盛世并未到来，他两手空空回到约克。这次出行纯粹是一场灾难。在伦敦，查尔斯·格罗夫给了雪莱一条建议，称诺福克公爵曾在雪莱陷入开除危机时想从中斡旋，雪莱应该向他请求帮助。雪莱回到约克之后，便写信给诺福克公爵，解释称他的婚姻遇到了新的危机，并请求公爵代为“周旋”。[12] 诺福克公爵其实早已耳闻雪莱陷入了旷日持久的麻烦，也许是通过蒂莫西了解到的，于是他通过惠顿转达了一条消息，建议雪莱来伦敦拜访他。但不幸的是，这条消息送到雪莱位于突厥首领旅馆的地址时晚了一步，雪莱已飞快地动身北行了。

雪莱风驰电掣一般的旅行还没有结束，返回约克之后第八天左右，他又动身启程，这次目的地是坎伯兰，而霍格没有同行，他的丑行已经败露。雪莱之所以突然离开约克，是一系列事件所致，雪莱的传记作家对此有过详尽的论述，但他们除了一致认为霍格勾引哈丽雅特之外，对真实情况并没有达成一致。

有两个事实非常重要。第一是伊丽莎·韦斯特布鲁克赶到了约克。她立即重新掌控了妹妹哈丽雅特，并完全打破了这个小群体的平衡。伊丽莎很快就开始讨厌霍格，而霍格立马还以颜色。霍格的恶毒叙述给人留下深刻印象，其中记录了她暧昧的沉默，她在梳妆镜前久久地梳理头发，以及她像女王一样命令哈丽雅特照顾自己的健康，还“思考着沃恩小姐会说什么”。最重要的一点在于，伊丽莎带了一大笔钱来到约克，而雪
90 莱的经济状况已经难以为继，她由此获得了主宰地位，自然颐指气使。这一点通常被人忽视，但根据霍格的叙述[13]，伊丽莎到来之后，他们立即搬到了布莱克大街更加宽敞的住所，这也是事实，确凿无疑。显然，伊丽莎来到约克时，一心要对哈丽雅特的婚事立好规矩，她迅速达成了这个目的。

第二件重要事实在于，自从霍格在爱丁堡结识了二八佳人哈丽雅特，一直对她极尽挑逗之能事。实际上他在苏格兰已经向她“表明心迹”，这也许是一番戏言，而且哈丽雅特也毫无尴尬地报之一笑。他们三人在一起亲密地住了六个星期，雪莱不可能没有注意到霍格越来越迷恋哈丽雅特。鉴于雪莱最终表达过自由恋爱的观点，并且在性爱方面对婚姻并没有独占的思想，有时还将这种做法称为“葛德文式的制度”。因此，他很可能不仅接受了霍格的这种做法，而且鼓励霍格放手去做。雪莱在写给希钦纳小姐的信中曾探讨过财产归社区公有，而且称霍格与他的一切财产都可以共享，这就暗示了性伙伴也是可以共享的。其实，他之所以踏上前往伦敦之旅，很可能就是为霍格提供与哈丽雅特独处的机会，其动机之一就是要培养他们之间的关系，使之分别成为自己的姐妹与兄弟。*

---

* 1813 年春和 1815 年春发生的相关事件与通信，对上述解释提供了强有力的佐证。参见第九章与第十一章。

如果这实际上也是雪莱计划的组成部分，那么它最终宣告失败，因为霍格对哈丽雅特追得过紧，最终使其产生了警觉。她正告霍格，这种行径不道德，必须立即停止。此时，他们陷入极为尴尬的境地。“最后，哈丽雅特跟他谈了许多关于此事不道德的性质；而（虽然我担心她的论据**不会**像他的那样富有逻辑性）他最终向她坦白，他认识到自己做错了，并提议，作为某种赎罪，立即写信告诉**我**事情的全过程。哈丽雅特不允许这样做，因为她担心在这样一段时间里此事会对我的心灵产生不好的影响。”[14]霍格希望立即与雪莱妥善处理此事，但哈丽雅特却搪塞推托，有趣的是，她怀疑雪莱在苏塞克斯会产生心理不稳定的症状。其实，雪莱返回约克之后，并**没有**立刻得知此事，可能是过了一周才得知。最终，“隐约暗示他是个无耻的人”，哈丽雅特对霍格的“行为有了很大的改变”，于是雪莱便询问了她，他与霍格一同去约克城外的野外散步了很久，最终使霍格将此事和盘托出。

雪莱曾写信给希钦纳小姐解释此事，他并没有提到伊丽莎在整个事件中发挥的作用，但很可能在刻意淡化她的影响。人们不可能认为伊丽莎的到来对此事的结局没有产生任何重要影响。正是她的到来，才使雪莱在返回之后，他们无法自由、坦诚地讨论事情的经过，虽然哈丽雅特与霍格都曾希望这样做。但遮掩此事就容易产生误解，而这种做法也很 91
符合伊丽莎的性格。

雪莱最终从霍格口中得知此事，两人的交谈立即变得十分痛苦，虽然雪莱向希钦纳小姐强调，霍格与哈丽雅特之间其实并没有**发生**什么事情。“我找到了他，我们走到了约克那边的田野中。我急切希望了解此事的全部真相。我**从他那儿**听到了一切，并相信他是诚恳的。所有我能回忆起的关于那个可怕日子的一切，就是我完完全全原谅了他，彻底地原谅了他，我一如既往，仍是他的朋友，并希望立即使他相信美德是多么可爱……希望他会像我一样憎恶他的这一可怕错误的时间会很快到来——他说得很少;他脸色苍白,十分惊慌,悔恨不已。"[15]现在可以得出结论,雪莱之所以决定在约克抛弃霍格,是因为哈丽雅特的坚持,这其实意味着伊丽莎也坚持这一意见。为了顾全体面,她才插手干涉了此事。

雪莱从伦敦返回之后大约过了八天,雪莱夫妇突然在当天下午从布莱克大街出发。他们离开时,霍格还蒙在鼓里。他们在壁炉罩上留下了一张便笺,称要动身前往里士满,若是霍格愿意的话,可以在那里与他们会合。其实,他们已经踏上了前往坎伯兰的旅程。雪莱显然对这张便笺毫不知情[16],必然是哈丽雅特所为,也可能是伊丽莎所为。霍格还发现,他们全权委托自己与房东结清各项费用。

雪莱到达凯西克之后,立即与遭到抛弃的霍格展开一番情绪激烈的通信往来。这是一系列相互指责,解释与发誓,几乎持续了整个十一月。最后一封信最长,雪莱坚称:"我并不是吃醋——老天爷可以证明,倘若得到了哈丽雅特,或者说得到了她的爱情,就意味着我们明天无法再次重逢,那么我很愿意回到约克,是的,我很愿意,因此我会很乐意去证明我们的友谊。醋意在我心中绝没有一席之地;其实我有时也由衷地认为葛德文式的计划是最佳的,特别是在最近的事件发生之后。但是,哈丽雅特却不这么想。她是有偏见的;尽管我希望她不要这样,但这件事情是否合乎道德,完全取决于她的是非观。"[17]这就是雪莱对此事件的解读,这也是他在远离风波之后所找的借口。

但是,雪莱感受到的真正情感冲击并不是哈丽雅特受到了勾引,而是他失去了霍格这位昔日挚友,霍格几乎算得上他的亲密爱人。雪莱从凯西克寄出的信件给人留下了生动形象的印象,即霍格与哈丽雅特在他的内心深处展开了激烈的交战,争夺他心灵的最终所属。对于一位年轻的丈夫来说,这不仅仅是一场妻子与挚友之间的争夺战,而且较量的双方还势均力敌。伊丽莎肯定意识到,只有先将这两位挚友拆散,方可打
92 赢这场战斗。雪莱在写给希钦纳小姐的信中,一回忆起霍格,即便作了

一定的掩饰，还是流露出发自肺腑的痛苦之情："你永远想象不出，从来也没有体验过他那不可抵抗的、令人动情的雄辩力，从来没有见过他那富有表达力的光彩照人的面容，我有时会一直注视着他，直到我幻想世界也许会在这样的注视中被改造。"[18]

但在写给霍格本人的信中，雪莱完全不能自已，他情绪激动，悲痛欲绝：

> 一想到我们将要长时间地分别，我就会觉得格外悲哀——一种半疯狂状态。我看哈丽雅特：她就在我面前，她好一些了。**她**使你相信她好些了吗……你会来吗——最亲爱的，最亲爱的朋友，**你**会来吗？你会和我同甘共苦，加入到我的计划中吗——你会像我爱你那样爱着我吗？你会像我希望的那样和我永不分离吗……哎！我一直是多么地爱你呀！甚至爱到难以启齿的地步。现在又要离开你**很长一段时间**！不，不会长的！夜晚已经降临，死神出来了！冷酷、沉着的死神。我真希望现在就是明天。有另外一种生活——你不想成为第一个去那儿生活的人吗？当然啦，最亲爱、最亲爱的朋友。我还有理智，我像一个软弱无助的孩子……[19]

从各方面来说，这都可谓是一封写给恋人的信，而且是在经历了巨大的变故与背叛，最心慌意乱之刻写出的文字。

霍格的回信也是心乱如麻，他威胁称自己要追到凯西克去找他们，还直接给哈丽雅特本人写了几封信，雪莱不得不将它们拦截下来，显然这与他当年拦截霍格写给伊丽莎白·雪莱的信件如出一辙。雪莱发誓称，要当着哈丽雅特的面敲破他的脑袋。这些书信没有留存下来，但是根据雪莱回信中的评论，这一点非常明显。雪莱在回信中称："我没有感受到吗？跳动的太阳穴难道不是表明我的心都要碎了吗……我不能感觉到吗？我没有同感吗？我读了你的信，当然也读懂了你的灵魂，我相信我一直是将你的信看作你灵魂的写照。我的信永远是我思想的真实反映,就像我与你的谈话一样……"

霍格依然对哈丽雅特纠缠不休,一心要表明心迹,雪莱在这封信中也提到了霍格对哈丽雅特的激情:"但是,我不知道这种感情有多么地暴虐;也不知道它的影响是如此地经久不息,它的诱惑力是如此地强烈。如果我急于要避免偏见,就会通过虚荣的无私使你持久地饱受这种感情的折磨……如果我满足了你当前的这种感情,就不啻让你遭受持久的蝎蛰一般……"[20]至少在这封信中,雪莱认为霍格对女性的激情不啻穿肠毒药,像蝎子那样剧毒无比。

雪莱有一点决不退让。此时的情形显然又酷似此前与伊丽莎白·雪莱的三角恋关系。雪莱坚决不让霍格来坎伯兰与他们会合。最初的
93 两个星期,无论他信中显得多么意乱情迷,他始终在信件的结尾斩钉截铁地劝霍格不要前来,有一次,信都封好了,他还在信封外面特意写上:"现在不要来。"[21]他不断责备霍格的弱点,居然让一位女子破坏了两人的友谊,言下之意就是两人的友谊还不如区区一个女子。"啊,感情的诡辩已使你变成了另外一个人。受一个女人任性的捉弄,做她反复无常的玩偶,成为她的出气筒,做她抬高身份的基石,这一切在改变着你。请你好自为之,洁身自好。这将陶冶你的本性。崇尚真正的爱情吧。祝你成为真正的男儿,成为圣人。"[22]

刚到凯西克的这段日子里,雪莱极度依赖伊丽莎白·希钦纳的支持,他在信中写道:"我陷入了困惑的迷宫,朋友,我需要你的指教和理智,我自己的理智好像几乎枯萎了。你来这里过圣诞节吗?"[23]他几乎惊讶地发现自己沉浸在湖区宁谧、绿色的环境中不能自拔,他不仅折服了心怀感激、对他崇拜至极的哈丽雅特,还折服了为人古怪但心肠善良的伊丽莎。雪莱独自一人徜徉在寒冷、美丽的高地牧场中,凝视着山下波光粼粼的湖水,沉思着人生无常。他觉得自己与霍格的友谊再一次证明,亲密无间的感情与关系总会辜负他。他开始认识到,恰恰是霍格抛

弃了自己，而不是他自己默许在约克疏远了霍格，这颇似个悖论。他悲伤地写道："我知道我欠了你很多……但这不是我的错，真不是我的错。"[24]

雪莱将抛弃人生第一位挚友之举转化为虚构的模式，并将其放在一八一七年发表的长诗《伊斯兰的反叛》的开头部分。此时，这场风波只是少许显露出他的天性。雪莱对自由恋爱发表了明确的宣言："我并不重视独自占有基础上的共同生活。你知道我经常对此不屑一顾。"[25]但是，即便是这一点，也受到他对自己新婚妻子感情的影响。他在写给霍格的信中，叙述了他与哈丽雅特的性关系："不要误以为我会因为和你共享某些东西而对你心生醋意，我不屑于放弃（你是知道的，我和你一样坦荡）。"[26]对于雪莱的内心世界，确定的或明晰的部分似乎依然太少。远离霍格之后，雪莱的婚姻生活开始呈现出不同的景象：虽然与伊丽莎生活在一起导致哈丽雅特的依赖问题死灰复燃，但是，回到之前的生活对他们并没有好处。到了十一月中旬，写给霍格的信件逐渐变少，最终两人的通信告一段落，因为激情已经燃尽，再也没有使之重燃的薪柴了。两人中断联系近一年。

在凯西克，雪莱一行租了一栋小房子，名叫切斯纳特木屋，位于凯西克郊外的彭里斯大道，距凯西克约两英里。此时，他们就位于湖畔诗人活动区域内，雪莱预料华兹华斯、柯尔律治、骚塞和德·昆西就住在附近。也许，他最不走运之处就在于，他在切斯纳特木屋居住期 94
间，只遇到了骚塞。柯尔律治那年冬天一直在伦敦讲学，而华兹华斯则一直蛰居在格拉斯米尔。* 华兹华斯似乎并没有意识到雪莱就住在他附近，即便知道也很可能不当一回事。但柯尔律治很久之后谈起两

---

* 柯尔律治与华兹华斯当时正进行一场激烈的争吵，这似乎是华兹华斯对在伦敦招待柯尔律治的巴兹尔·蒙塔古发表了一番评论之后造成的误解所致。他评论称柯尔律治是"堕落的酒鬼"，也是"他家族里彻头彻尾的害人精"。参见玛丽·摩尔曼，《华兹华斯传》（1965），第二卷，页199-201。

人失之交臂,还表现出遗憾与略微的自傲。他在一八三〇年向约翰·弗里尔吐露了心迹:"可怜的雪莱,我一直没能遇见他,这可真是遗憾。我本来可以帮他一把的。他去凯西克就是专门为了和我见上一面……骚塞不会明白该怎样对雪莱信奉的原则表现出宽容。要是我的话,我会嘲笑他的无神论思想。我会很同情他,而且会向他表明我同情他,然后他就会觉得我确实是这样的人。我会向他表明,我曾经也和他处于相同的境地,我本来可以给他指点迷津。只可惜我当年没有见到雪莱,我经常为此懊悔不已。"[27]这次访谈直到一九一七年才公之于世,柯尔律治还对雪莱的困境加了一番尖锐、笼统的评论。他告诉弗里尔:"雪莱是天资卓著的诗人,倘若他能对秩序有一定的概念,倘若你能给他一个立足的平台,然后俯视他的心灵,他就可以获得成功。"奇怪的是,雪莱本人很快便以类似的方式描写了他所面临的困境。德·昆西当时则隐居在格拉斯米尔的鸽舍中,他与雪莱失之交臂,对自己的藏书发表了一番戏谑的评论,称"其中有大量最邪恶的德国思辨作品,这自然要比骚塞的西班牙语藏书更符合雪莱的胃口"。[28]雪莱居住在湖区的四个月里,只遇见了骚塞。

与此同时,雪莱重新在切斯纳特木屋中建立起自己的日常秩序。他们与另一家人合住在这座房子中,但雪莱一家人可以使用小花园,哈丽雅特天真地对某些客人解释称:"我和珀西厌倦了坐在房子里的生活,之后他们便允许我们在小花园里四处乱跑。"[29]凯西克的邮差每天早晨七点送信过来,九点离开,紧急情况下,雪莱会坐等邮差的到来,尤其是等待霍格的来信时,收到后会仓促写完回信,以便赶在邮差离开之前寄出。这就可以说明信件中为何会有时出现仓促间草草写就的粗糙之处。雪莱会去周围的湖泊和山顶漫步,经常独自一人出行,他很快便将荒芜、壮丽的景色向希钦纳小姐作了一番介绍。老韦斯特布鲁克会汇来一点
95 钱,也许是为了满足伊丽莎的要求,但雪莱很快便又濒临一贫如洗的境地,尽管他一周的房租才三十先令。十一月三十日,雪莱写信给梅德温,

询问用他的遗产作抵押借款的可能性,梅德温曾因帮助哈丽雅特拟定婚姻财产协议而被蒂莫西严厉斥责。有意思的是,雪莱并没有放下架子去找份工作。

尽管雪莱"穷困潦倒,几乎到了每天吃了上顿没下顿的地步"[30],但他还是能够让自己和家中的两位女士不卑不亢应邀前往格雷斯托克拜见诺福克公爵,此次做客的时间是十二月的第一周。这一周的周末延长到了七天以上。这次会面并没有让公爵如愿解决雪莱的家庭矛盾,却让雪莱结识了湖区的头面人物。令人意想不到的是,雪莱此行左右逢源,还将美丽又彬彬有礼的哈丽雅特引荐给众人,并在辩论中将众人驳倒。公爵大人回忆起自己当年也有过火之举,他曾在著名的祝酒词中提议"为我们的国王和我们的人民"干杯,因此对待这位年轻气盛的客人十分友好和宽容,而雪莱则恢复了他往日的韧性与自信(他的自信自从与霍格分道扬镳之后便深受打击)。"我不管走到哪里都爱同别人争论。"[31]

雪莱于十二月九日前后回到了切斯纳特木屋,他立即给希钦纳小姐写了一封信,称"贵族的无聊使人感到厌倦",但又再三向她保证,自己信奉的依然是平等原则。他写了一张简短、低调的信笺给霍格,其中信息量更大,这为他写给霍格的一系列痛苦的信件画上了句号,也是两人分道扬镳之书。他在信笺中最终坚定地抛开了所有炽烈的情感、冗长的道德辨析以及为自己辩白的葛德文理论,承认这就是一场直截了当的战斗。从本质上说,霍格在这场战斗中失败了。他温和而又坚定地告诉霍格:"如果我是自由身,我将永远是你的挚友——尽管我认为你并非一贯正确,但我认为你定能有一番大作为,而且无论是事实上还是在你的想象中,我都想不出有什么能够和跟你在一起的快乐相媲美。但我是属于哈丽雅特的。我要一心为她谋幸福,这是我肩头的责任,我也不会放弃这项责任。你希望我抛弃她,然后和你一起生活吗?"[32]回答只有一个。他人生中的第一位挚友 T. J. 霍格与他分道扬镳了。

雪莱逐渐从这场风波中恢复了元气，他刚到约克时就明确考虑的一项激进的任务开始浮出水面，而且要比当时更加周密。在写给希钦纳小姐的信中，“灵魂的姐妹”这一形象逐渐被更加政治化的形象所取代，雪莱从中发现这反映出他自己的志向：“我把你看作这些人中的一员：他们走到哪里，就把幸福、改革和自由带到哪里。对我来说，你是我美好的才华的源泉——你规范我的思想，指导我的行动，促使我有所作为。伟大的悟性产生于更伟大的动力。”[33]

96 雪莱不安分守己的天性逐渐在凯西克显露出来。在木屋中，他开始谈论奇怪的光和声音，而且有传言称，雪莱的无神论思想造成的可怕影响很快就要传到国外去。雪莱很是委屈地发表了如下评论：“这些乡下人怎么会有如此奇怪的偏见！”他正准备展示炼金术的可怕之处，他在牛津就读时就曾作过一番宣传。他孩提时代的神秘思想对他的影响与日俱增。房东最后来敲他的房门，提出了抗议。“戴尔先生来到我们的村舍，说有话对我讲。他说：‘啊，先生，我对你有些不快，我希望你离开寒舍。’‘这是为什么，先生？’‘因为村子里的人对你行为颇多非议。人们在夜间发现靠近你们寓所有奇怪的东西，对此我感到很不愉快。先生，我希望你另谋下榻之处，我说这话也是出于不得已。’”雪莱“费了好一番口舌”才平息了戴尔先生的恐惧，但他也意识到自己不受欢迎，当地人也不希望他一直住下去，最终还是得搬走。他对晚上发生的古怪现象作了解释，这非常简单，也解除了众人的戒心。他此前一直在与哈丽雅特和伊丽莎讨论物理学，并演示了大气的性质：“为了阐述我的理论，我用氢气做了一些实验，氢气是大气的一种成分。实验是在花园里做的，从远处就能看见其夺目的火焰。”[34]他在叙述的结尾告诉希钦纳小姐，其中带有更为戏谑的成分：“我也希望留下来见骚塞。于是你可能认为我在戴尔先生面前表现得唯唯诺诺。但我认为他是相当怕撒旦的。”[35]

雪莱开始考虑回到苏塞克斯租一栋房子，但不要靠近任何“人口稠密的制造业城镇”,也不要靠近兵营。他在爱丁堡、约克与凯西克之间旅行时,已经对贫穷与剥削有了许多新的体会,这些现象出现于英格兰北部与中部的大城市,他还观察到,哪里的社会形势开始恶化,哪里就会出现大批军队。

此时,英国各个热点地区都驻扎了“驻屯军”,人数已经超过了由惠灵顿指挥、在西班牙半岛作战的英军。[36]这场战争越来越不得人心,而且全国都处于严重经济危机的水深火热之中,这场危机的原因不仅有拿破仑对欧洲大陆的封锁政策,还有国内贸易遭到破坏与战时物价的飞涨。农产品的收成也很糟糕,生活必需品的成本急速攀升。在苏格兰、曼彻斯特与博尔顿,成千上万的纺织工人联名请愿要求出台最低工资标准。[37]由于地方局势动荡、抢米骚动和捣毁机器的事件时有发生,不满情绪开始沸腾,兰开夏郡尤为严重。上述因素都导致了卢德主义①的出现,他们在一八一二年春季和夏季震惊了全国。这并不是短时间的经济现象,而是源于深层次的社会不满情绪,也是缺少充足的住房、漫长的工 97
作时间与工厂中恶劣的工作条件所致,而且在制造业中心根本没有教育或医疗设施。政府不分青红皂白就出动军队为当地的雇主和有产者“维持稳定”,阶级对立情绪愈演愈烈。

这些极端的经济状况有利于催生新的激进主义思想,这并不是福克斯为首的辉格党人和诺福克公爵等人所倡导的旧式激进主义,而是工人阶级提出的激进主义,他们关心的基本都是经济和社会问题,而非党派政治问题,而且他们在议会中也没有代表。在整个英国,尤其是在雪莱与他的家族乃至英国南部的辉格派贵族决裂之后旅行途经之处,新的政治意识正逐渐抬头。阶级身份固化产生对立,酿成与地方执法力量和有

---

① 英国工业革命时期,纺织工人爆发了捣毁机器的运动。他们担心新发明的纺织机会抢走他们的饭碗,这些工人史称卢德主义者(Luddite),也称作卢德派。现在引申为反对机械化和自动化的人。

产者之间的公开暴力冲突，最终与政府武装力量酿成了冲突。*

到了一八一一年十二月，雪莱在凯西克居住时的思想一直在朝着政治化的方向转变，这也反映出整个国家的发展动向。首先，他主要关心的是他这个小群体在这个偏远、风光旖旎的地区的生活情况。“啊，你对这里的景色一定会感到心旷神怡。这里的山峦都覆盖着白雪，我由此眺望湖水，湖水碧波如镜，折射产生的五光十色妙不可言，在这些色彩的映照下，积雪的雾气在这些巍峨的山峦的顶峰下向远方飘逸，甚至在冬日的晚霞中，这番景象也是难以形容地可爱。云彩呈现出千姿百态，似乎是这些地区特有的奇观。在夏天又该美到何种程度呢？你到了此地之后又将是怎样地美妙呢？啊，让我在那美景中有一所小小的村舍吧！让所有的人都住在幽静的小房子里。让庙宇和宫殿伴随着它们行将死亡的主人颓败吧。”[38]但即便是在法国画家卢梭笔下这种田园牧歌式的梦境中，依然能发现政治不满情绪的存在。雪莱正在酝酿一首长诗，“我打算以这首诗来描绘一幅图画，反映在一个完美的社会状态下的风俗、淳朴和美好的事物，尽管这个社会仍旧是世俗的”。[39]雪莱半开玩笑地谈到，在这样的时期，即便是如此诗情画意的一项计划，也可能被视为忤逆之举。“你对我的计划作何感想？我不会进监狱吧？哈丽雅特忧心忡忡，怕国王陛下因我对改善他臣民的生活所表示的热情而把我优待进监狱。”[40]

葛德文的著作开始越来越影响到雪莱对改革斗争与理想社会的认识。他为希钦纳小姐列出书单，书目都是在他看来葛德文最有价值的作
98 品，按重要性排列如下：《询问者》《圣莱昂》《政治正义论》与《凯莱布·

* E. P. 汤普森曾写道：“诚然，拿破仑的大陆体系与[利物浦勋爵执政时期]政府采取的反击命令，都极大地破坏了英国纺织品的市场，以至于兰开夏郡、约克郡和英格兰中部地区的工业陷入停滞。战争与连续的歉收造成了生活必需品价格的飞涨，甚至达到了‘饥荒时期’的水平。但是，这并不能解释卢德主义的出现；也许能解释它的偶尔爆发，但不能解释它的根本原因。”参见《英国工人阶级的形成》(1968)，页593。

威廉姆斯》。这体现出雪莱的性格特点，即随着他的思想在政治上越来越积极，他很快被吸引到这位极端无政府理想主义者的著作中。葛德文曾经在霍克斯顿学院接受过长老会牧师培训，而且他始终保持着对清教主义逻辑的热情，献身于宗教传教事业。雪莱此时几乎丧失对无神论的信仰："我毁掉了上帝；你毁掉了魔鬼，然后我们便将天堂完全装入我们的心中——必须承认，我们的独立能够得到别人的容忍……"但是，取而代之的是知识革命与指陈时弊，它们以更广泛的模式出现，使他的自信与愤怒与日俱增。

到了一八一一年圣诞节，雪莱写信给希钦纳小姐，她已经是雪莱完美的知音，他在信中所写其实是对新出现的激进主义的经典宣言。在其早期阶段，雪莱的论述缺少明确的改革目标，这也在所难免；但是他的批判体现了深度、愤怒与社会幻灭感，无疑体现出卢德主义的思想。

> 我已经被带入了理性的世界，理性使我越来越痛恨一切形式的现行制度，我一想到君主、金杯、饮宴和封爵，就透不过气来，我已观察过悲惨的景象：生产者陷于饥饿。我的军界朋友们已去了诺丁汉，假若他们杀害了一个被饥饿蹂躏的诺丁汉居民，无情的抨击就会揭露他们的动机。如果我是被杀害者的朋友，我自己也行将死亡，如果因为他们使得朋友避免了受审时被嘲弄的痛苦，我就为他们祝福，那才是咄咄怪事。——骚塞认为一次革命是不可避免的，这就是他维护社会现状的理由之一。但是我们千万不要违背自己的原则。统治者骄奢淫逸一刻不误，对于悲惨的人们的痛苦呻吟充耳不闻，这种穷奢极欲的花天酒地无尽无休，直到革命的风暴向他们扑来，被压迫者向压迫者实行了毁灭性的报复。[41]

雪莱找到了终身奋斗的任务。他在一八一一年圣诞节的这封信中表现出了这种意识，尽管还很不成熟，某种程度上还有些夸张，但却在此后一生的作品与思想中时刻能看到它的影子。人们还必须记住他的宣言:“我已经被带入理性的世界,理性使我越来越**痛恨**……”在雪莱最出色、最具特色的作品中,都能看到在主要批判力量与批判精神中,始终存在这种痛恨。

雪莱在凯西克想出传播他思想的方法,这是他在伊顿公学就读时向林德学来的,并且在牛津曾尝试过。他开始思考自己的宣传手段和更加
99 积极的政治干预形式。他立即计划发表一部短小的诗集,以此弘扬自由的事业。“你很快就会见到我提到过的那些小诗,就要把它们交给出版商印刷了。我认为发表作品而不署名是错误的,我将签上我的名字,并写篇序,以公开说明我的观点,因为这些诗并非全然无益:‘我放声歌唱,因为自由可能喜欢歌声嘹亮。’你能帮我完成这些更加困难的琐事吗? 哈丽雅特抱怨我损害了自己的健康,担心我会进监狱。”[42]之所以要强调进监狱,其一是为了给希钦纳小姐留下自己郑重其事的印象,但也是为了表明,他预见到自己会与社会权力机构发生冲突。他决心署名发表这部诗集,这也表明他已经从牛津的事件中吸取教训,并改变了做法。雪莱在英格兰找不到此书的出版商,最终将诗集送到了爱尔兰,交给了都柏林修道院大街的出版商 R. & J. 斯托克代尔。*

雪莱在十二月十日第一次语焉不详地提出要前往爱尔兰,但直到一月,这个想法才在他心中成形。显然,这里似乎才是他的宣传诗集能够出版的地方,而且他要在这里完成第一次政治激进主义的冒险活动。

但是,正是在格雷塔会堂与罗伯特·骚塞的见面与交谈,为雪莱走上政治生涯产生了决定性的诱因。人们通常认为,雪莱与骚塞之间的关系总体来说势同水火:前者是年轻的理想主义革命者,后者则是

---

* 这部诗集历经波折,在雪莱有生之年从未付梓,但其中一些诗作出现在《埃斯代尔诗钞》中。参见第三章,注释7。

中年暮气、一身臭脾气的虚伪的托利党人。骚塞曾在写给好友格罗夫纳·贝德福德的信中评论称，“在他[雪莱]人生中第一次遇见这样一个完全理解他的人，而且这个人还非常公平地对待他，这让他大吃一惊。我告诉他，我们之间的所有差异就在于，他十九岁，而我三十七岁”。[43]这封信写于一八一二年一月四日，两人刚结识不久。人们有时会认为，骚塞一开始就做了雪莱的恩主；还有一种观点，根据霍格颇具讽刺性的描述，雪莱一开始就冒犯了骚塞，在骚塞讲话的时候竟然睡着了。[44]但是恰恰相反，雪莱明确表示，骚塞当时深深地吸引了他，也对他产生了巨大的影响；两人在许多问题上存在分歧，但这恰恰就是骚塞的吸引力所在。

在圣诞节发出的那封信件中，人们第一次意识到，雪莱开始着力解决当时的政治问题，其实这源于他与骚塞的讨论，他已经“在他的房子外面苦思冥想”了几天，而且是刚遇到骚塞后不久。

> 我还在专心致志地同骚塞交谈。你可能猜想他一定是个具备可贵品质的人，尽管他的偏见同我的观点相去甚远，我仍认为他是个了不起的、令人尊敬的人。事实上骚塞是自由和平等的倡导者， 100
> 他期待着臻于至治的国家，届时物质要服从万能的精神。但是，眼下他是现行制度的维护者……骚塞痛恨爱尔兰人，抨击天主教解放和议会改革。对这些问题我们意见相左，我们的分歧曾是一次长谈的主题……不过，骚塞虽远非一个具有非凡论证能力的人，却不失为一代伟人。他具备诗人的一切特点，能言善辩，虽然未免固执己见，但他的辩才是任何争论都难以折服的……他是个有道德的人，从不掩饰自己的观点，决不口是心非……言行绝对一致。[45]

雪莱后来收回了这段评价的结尾部分，但此时尚未这样做，他是在骚塞对他产生巨大影响之后才这样做的。*

据骚塞自称,他时年三十七岁,住在格雷塔会堂,这里原先是柯尔律治的房子。骚塞与他的妻子、柯尔律治太太、柯尔律治的三个孩子以及诗人罗伯特·洛弗尔的夫人就住在这里。这三位女士是三姊妹,分别叫伊迪丝、萨拉和玛丽·弗里克。骚塞在托利党的期刊从事新闻写作,同时写了大量的传记与历史作品,以此来赡养一大家人[46],这些作品中流传最广的莫过于《纳尔逊传》。骚塞敏锐地意识到,英国社会出现了严重的问题,他就《济贫法》、失业、国民教育和卢德主义等问题发表长篇大论。骚塞的观点与雪莱截然不同,雪莱也心知肚明,但骚塞在许多问题上的看法要比雪莱遇到过的所有人都开明。雪莱与他促膝长谈,从而对自己原先仅凭意识形态而模糊地信奉的"自由"与平均主义思想,有了新的清晰认识,并意识到它们的紧迫性。而这些思想也最终不可避免地导致他跟骚塞割席断义。不过在诗歌方面,骚塞一直对雪莱发挥着影响。尤其是《克哈马的诅咒》(1810),这是雪莱日后长诗创作的一个主要灵感源泉。

圣诞节过后七天,雪莱依然在叙述他与骚塞的长谈,而那些交谈接近于单向谈话。骚塞"说我不应自称无神论者,因为事实上我认为宇宙就是上帝。我告诉他,我认为对宇宙来说,上帝是另外一种含义。然后我这样解释……"之后,骚塞便认同了雪莱对宇宙的看法。"骚塞赞同
101 我对造物的观点,造物就是无限智慧的集合……我、你、他是这个无限整体的组成部分。"[47]日后,雪莱在他的长篇诗作中将这一思想作为核心,即十八世纪"伟大的存在之链"思想的发展。正是在此时,骚塞竭力举

---

* 雪莱是由威廉·卡尔弗特引荐给骚塞的,两人在格雷斯托克见面。卡尔弗特的兄弟是华兹华斯的朋友,他立即给雪莱和哈丽雅特留下了印象,他的目光中充满热情与同情,他俩也都在信件中对此发表了评论。卡尔弗特似乎对雪莱在菲尔德庄园与牛津大学发生的情况了如指掌;他在具体事务上为雪莱夫妇提供了帮助,例如他帮忙将切斯纳特木屋的租金砍到了一周一个畿尼,还为他们提供了亚麻布。雪莱有一次写信给梅德温,称租金为三十先令。

荐他参加“贝克莱的课程”（贝克莱是伟大的理想主义哲学家）。[48]这可能吸引了雪莱的注意力；不管怎么样，他还是获得了使用骚塞藏书的权利。

骚塞帮助雪莱加强了他的宗教批判与社会批判之间的联系。“骚塞不相信原罪，他认为从表面看来是我们天性的污点的东西，实际上是非天性的政治制度的产物。对这一点，我们的意见是一致的。他认为教育的偏见和政治制度的有害影响足以解释在他的观察中俱已败露的一切邪恶的实例。”[49]因此，雪莱坚定地赞同这一点，当时大多数激进分子也赞成：他们将无神论思想或者至少是“自然神论思想”视为社会改革的前提条件。只有当人类的天性从宗教对其潜力的限定中解放出来，从所谓“堕落”或“屈从”的状态中解放出来，它才能真正接受政治改良与社会改良。上帝的意志再也不能用来对人们证明人类行为的合理性了。最终，正是骚塞向雪莱建议，应该给詹姆斯·蒙哥马利写信讨论政治手册问题，蒙哥马利是一位激进的诗人，也是《谢菲尔德彩虹报》的编辑。骚塞还提醒雪莱，威廉·葛德文依然在世，就在伦敦工作。雪莱对此一无所知。

这条消息使雪莱心中充满“难以想象的感情”，他决定立即写信给这位哲学家。很快，骚塞这位假先知就会被他抛弃，以寻找真正的先知，同时雪莱在提到骚塞时也会充满厌恶之情，而此前他在信中提到他时却欣喜不已。到了一月十六日，雪莱已经读过了骚塞发表在《爱丁堡纪事年鉴》上的一篇作品，其中充斥着对托利党的趋炎附势，雪莱在写给希钦纳小姐的信中，已开始称骚塞“可恨地滥用才能”。[50]他在写给葛德文的信中对此嗤之以鼻：“诗人骚塞现在是受雇说尽浑话和傻话的斗士，不过他的理论曾经是纯洁和高尚的。我曾经和他有过长谈，他说：‘你到了我这个年纪，你也会像我这么想。’我觉得我一点没有劝骚塞先生改宗的意向。”[51]这种反应如此迅速、强烈，可能使葛德文产生了警惕，觉得他自己最终也会落得如此下场。

骚塞此后再也没有和雪莱见过面，但他并没有从雪莱的人生中消失。骚塞对他本人的叙述是真实的：称这是写出《瓦特·泰勒》的年轻理想主义者，计划与柯尔律治一同在萨斯奎哈纳两岸建立乌托邦式社
102 区，实际上这就相当于那个年代的雪莱。* 同样，骚塞也让雪莱心神不宁，因为他从骚塞身上看到了自己中年时可能变成的模样，忙碌于家庭的各种责任，不得不与社会做出某种妥协。因此，骚塞也从年轻的自我身上感受到某种程度的责备，他选择了回避，躲进更舒适的陈腐思想中，却无法大胆面对这一点。雪莱本身无法接受骚塞的"改头换面"，因为后者曾在一七九七年抛弃了革命的原则，成了一代人嫌恶与失望的对象之一，这是一个痛苦的历史事实，这与"堕落"或中年的虚伪倒是关系不大。雪莱当时正在酝酿一部小说，旨在"反映法国大革命失败的原因"[52]，说明他至少意识到了这个历史问题。但是，他不会让这一点以任何方式削弱他对骚塞突然发起的全面谴责，这也是他的典型做法。这部小说题为《休伯特·考温》，却始终未能成书。但是，这个问题却在雪莱的作品中反复出现。因此，面对对方时，两人之间痛苦的、无法消除的言辞始终是两人的芥蒂。雪莱离开凯西克时，曾路过格雷塔会堂，却"没有一丝"懊悔。但多年以后在意大利，骚塞再次对雪莱的生活产生了影响，骚塞仿佛成了向他索命的幽灵。这绝不是雪莱一生中最具影响力的对抗，却是他一生中最重要的对抗之一。

雪莱的注意力此时集中在葛德文身上。一月三日那天，他写了一封著名的信件，介绍了自己的哲学思想状态。

---

* 若是比较威廉·海兹利特的印象，就会得出令人瞩目的结论。海兹利特曾在青年时期见过他俩，他以类似的语言与口吻描述了此二人。他评价骚塞："骚塞先生，我们记得之前见过他，他的脸颊十分红润，他的眼中迸射着怒火，他的目光就像鹰隼一样，他立即表现出积极和沮丧的表情……自由的到来依然留在他的脸颊上，他颤动的嘴唇上洋溢着笑容，介于希望与悲伤之间……他是一位热心人士，是狂热分子，也是平权人士；他认为如果能驱散世间的一切痛苦与悲惨，那么他决不会对此发出抨击。"（《时代的精神》，1824）请将这段描写与页 362 的描写进行比较。

> 收到一个陌生人的信，您必定感到吃惊……长期以来，葛德文的名字只要在我心中一出现，就立刻使我肃然起敬。我一向将您看作杰出的伟人，您有如日月经天，璀璨夺目，使一切黑暗都退避三舍。从我最初理解您的天赋的时期起，我就一直热切期望着在亲密无间的基础上分享这种智慧，这种智慧的四射的光芒曾使我陶醉在遐思中……我很年轻，对于慈善事业和真理怀着满腔的热情。千万别以为这是我的自负，我并未感到这会影响我的形象，我认为我公允地描绘了自己的思想状态。我很年轻，您走在了我的前面，我毫不怀疑，在迫害的年代里，对我来说您是先驱。像我这样一向蔑视偏见的人，竟然逾越习俗的常规，尽力通过与葛德文的友谊使我的愿望变得有现实意义，这难道很奇怪吗……我深信，我能用恰当的语言向您表明，我不是全然不配获得您的友谊的人。如果为全人类的幸福的愿望有资格唤起您的器重，我至少能表明我有这种愿望。 103
> 再见。衷心地期待着您的回信。[53]

雪莱因为是突然写信给威廉·葛德文的，便打定主意要模仿“葛德文式话语风格”，即要考虑到所有的情感，并根据普遍的理性原则，将其表达为冷冰冰的客观事实。这种风格最终产生的效果是一种令人好奇的眩晕，就仿佛雪莱高高在上俯视他自己一般，但又无时无刻不担心摔落下来。葛德文无疑认可了雪莱对自己在《政治正义论》中所用风格的致敬，立即写了回信，但提出了一些合理的埋怨，称来信过于“笼统”。雪莱便在一月十日又写了第二封信，这次的自传色彩更为突出。

尽管如此，“葛德文式风格”依然在此后三四年间对雪莱的书信产生了重要影响，有时佶屈聱牙，几乎无法看懂。最危险的一点在于，这种风格使雪莱获得了临时的替代物，它取代了柯尔律治指出的他缺少的那种品质，即“一个立足的平台，然后俯视他的心灵”。

对于雪莱写给葛德文的第二封信，人们经常认为是经典之作，其中描写了他本人孩提时代的内心世界，尤其是雪莱由喜爱哥特风格的少年转变为信奉葛德文思想的成熟青年这一心理过程。

> 我则一门心思地渴望着读最狂放、最荒诞的小说，带着好奇的狂热虔心研读有关化学和巫术的古书，对这些书几乎到了五体投地的地步……我从读浪漫传奇发展到了写浪漫传奇，十七岁之前就已发表两部小说：《圣欧文》和《札斯特洛齐》。这两本书虽然完全不能代表我今天的观点，然而却能用来表明当时写这两部书时的思想状态……从第一次读到您的大作《政治正义论》至今已有两年，这本书使我耳目一新，视野更加宽阔，它从根本上影响了我的个性。细心研读这本书，我变成了一个更聪明、更完美的人。我不再醉心于浪漫传奇。在此之前我一直生活在一个理想的世界里，而这时我发现，在我们这个天地里有许多事情足以唤起人们的内心的关注，有许多事情值得人们专心进行理性讨论。总而言之，我认为自己有许多要尽的义务。[54]

这实际上介绍的是雪莱最近的心路历程，即他在私奔之后，尤其是他来到凯西克之后的状况。换言之，这段文字表明雪莱希望葛德文了解他思想中所产生的转变。而实际上在雪莱的性格中，哥特式风格的阴影与接受理性的光辉并不容易共存共处。

104 这封信具有突出的自传色彩，它也引发了另一个兴趣。其最突出之处也许在于，在一位十九岁青年所作的一番严肃的描述中，许多事实都遭到了歪曲或粉饰。雪莱称他在“十七岁之前”就发表了两部浪漫传奇小说，但其实在发表《札斯特洛齐》时，他十七岁生日已经过了三个月（1810 年 11 月），而《圣欧文》是在十八岁那年发表的，当时他还在牛津大学就读。他称距自己第一次读《政治正义论》“已有两年”，并暗示此后它“从根本上”影响了他的个性。其实，有确凿证据证明他第一次阅读此书是在一八一〇年十一月十九日，当时他还在牛津大学读书，是从斯托克代尔书店中订购了此书，而且在一八一一年夏天与希钦纳开始通信之前，他依然很少提到葛德文。[55] 即便到了一八一一年夏天，他评论的主要内容依然是葛德文对婚姻制度的反对意见。

雪莱在这封信接下来的部分称，他在伊顿公学“曾两次遭到开除”。没有证据证明他的这番夸张之词，但他的“热病”有可能与他曾经遭到开除**警告**有关。针对他在牛津大学遭到开除一事，他称“我从不想否认”自己是宣扬无神论思想的小册子的作者，但是我们都知道，他当时想方设法要隐瞒自己的作者身份，而且拒绝公开宣誓承认自己的作者身份，也许此举导致案情到了不可收拾的地步。雪莱向葛德文做出强烈的暗示，称自己遭到开除恰恰是因为相反的原因，即他“拒绝”否认自己的作者身份。

在这封信的结尾，雪莱又一次讲述了他父亲希望他战死在半岛战争的故事，但侧重点有所不同：“他企图以贫困迫使我接受在某个边远军团担任军官，在我离家期间对我的小册子进行起诉，一个非法的处置可能使财产继承权在他去世时转移到我弟弟的名下。”这种说法也是压根没有证据支持的，最多只能说，一听到雪莱私奔的消息，蒂莫西立即咨询了律师惠顿，可能研究过剥夺长子继承权的可能性，只不过根据法律规定他无法这样做，因为雪莱有权继承这些产业。[56]

最后，雪莱给对方留下了深刻的整体印象，即童年受到严格管教：“在我的童年，就给我灌输了要无条件服从的观念，强制我无条件服从；强制我爱别人，因为爱是我的天职。”这段描述也不符合他在菲尔德庄园的成长经历，因为我们现在已深入了解了这一点，但这也与雪莱对此的虚构解释一致。这些都是不太重要的细节，若放在一起，就表明雪莱当时企图在对自我的描述中表现出最为理性的一面，并将自己展示为葛德文的忠实信徒，因此他调整和重塑了自己的形象，以符合他自认为应该表现出的这种预设形象。其中有许多重塑行为可以解释为雪莱热情

洋溢地希望证明自己是葛德文的嫡传弟子;他调整了日期,还篡改了他
105 受迫害的背景。但是,人们可以据这封信以及其他情况得出结论,即如有必要,雪莱可以不择手段地篡改事实。最令人不安的一点在于,很难说雪莱是否真正认识到他此举的性质,或者说他是否在内心承认了这一点。

第二封信对葛德文产生了效果,雪莱很快便与葛德文通信讨论哲学问题,通信频率很高,有时信中充满了纯粹的快乐。他在回信中称:"一想到威廉·葛德文竟对我的幸福表示了深切而诚挚的关心,我内心就不由自主地充满陶醉的感情。"[57]葛德文的第一个举动似乎是竭力说服雪莱不要发表任何不成熟的作品,或者更糟糕的是,让他不要参与任何政治活动。他催促雪莱继续保持哲人应有的冷静与谦虚。这是《政治正义论》提出的根本性原则之一,即激进的政治结社或政治运动无法产生变革,应当通过知识分子的广泛阅读、理性与讨论过程来实现,而且要以和平、私下的方式实现。葛德文还开导雪莱,让他不要以冷漠的态度对待父亲,葛德文很快便意识到,如果雪莱的继承权遭到剥夺,那么他无论对葛德文本人还是其他人来说,各方面都不会有太大的用处。

雪莱在回信中承认了大量的事实,这一点颇为有趣。"如果您认为我生家父的气,那您就误解我了。我一直期盼着与他和解。但是,他要我为此付出的代价是放弃我的观点……也许家父**做事**一直是为了我的幸福着想,但是,若非想到他是我的生身之父,他如此行事的方式绝难使我认为他有此**情怀**。他为那些条件着想,就不会为我着想。"[58]雪莱之所以强调蒂莫西并未为他着想,也强调蒂莫西**不爱他**,都特别能反映出问题。除了这个疏漏之外,雪莱似乎还承认,蒂莫西的一切"暴君"做派都无关紧要。关键之处在于,父爱中存在不可原谅的错误,这才是真正的关键。雪莱之后对葛德文发表了一番评价,这立即反映出这一点:"我不曾爱过父亲,这并不是因为我心肠冷酷。我一直充满爱心,而且

爱得热烈。”[59]

雪莱在与葛德文通信的初期，总共从凯西克发出了四封信，他恭敬地与葛德文讨论起自己改宗的愿望，只不过他向葛德文保证，希望“在我们交往的过程中能够获得代表真正英雄主义的精神沉着”；他补充了一句简短的评论，这可能使葛德文产生了警惕之心，“我不曾听说过牛顿是一个谦虚的人”。[60]

精神沉着并不是雪莱当时所想。他与哈丽雅特都忙于筹划都柏林之旅。这可不是一场散心之旅，它的目的十分严肃，实际上是可能具有危险性的宣传活动。“我们主要是尽最大可能去推动天主教解放 106
运动。”[61]这个想法产生于十二月，当时雪莱希望出版他那部赞颂自由事业的诗集，而爱尔兰似乎是出版它的好地方。一月十六日，雪莱忙于创作一本小册子，内容是天主教解放，他计划在爱尔兰首都将其传播。这部作品占用了他的全部精力，使他无暇顾及小说《休伯特·考温》，使这部小说遭到搁置，他在十二月忙于修改的玄学随笔文集也被搁置一旁。那首尚未起名的长诗的创作也被延迟。这本小册子最终定名为“告爱尔兰人民书”，这是一部结构不甚严密的通俗作品，篇幅约一万两千个单词，其中借鉴了休谟的怀疑论思想，还从托马斯·潘恩宣传作品的代表作《人的权利》中引用了强有力的政治观点。雪莱此时阅读的书籍与《政治正义论》和霍尔巴赫的《自然的体系》产生了共鸣。关于爱尔兰的背景，雪莱从约翰·菲尔波特·库兰发表的演说中汲取了一些笼统的信息，库兰是位爱尔兰律师，脾气暴烈如火，曾在法庭审判中为沃尔夫·托恩、汉密尔顿·罗恩和彼得·芬纳蒂作过辩护。[62]雪莱巧妙地加入了库兰最为雄辩的一些段落，只不过并没有注明此乃引文。

除了这本小册子与诗歌之外，雪莱还在酝酿一首市井歌谣，并打算张贴在墙上和会议大厅，这仿照了潘恩的宣传手法。这首歌谣名为

“魔鬼出行”,他剽窃了柯尔律治的作品《魔鬼之思》,但手法非常高明。* 这部作品描写的是一位潇洒的魔鬼,来自上流社会,在闲逛中想看一看他忠实的仆人在凡间的大都会中做些什么:他们是伦敦的政治家、律师和弄臣。值得注意的是,这是雪莱首次将魔鬼塑造为讽刺性主人公形象,魔鬼在诗歌中扮演的角色最终产生了奇怪的自我认同。在当时,这首歌谣还非常粗糙简陋,内容参差不齐,也缺乏足够的抨击力度,但其中一些形象非常生动:

一

有那么一天黎明前的凌晨,
　别耳济巴布起身下了床,
打扮他迷人的仪容真用心,
　披上了过礼拜穿的衣装。

二

穿一双靴子,藏好他的蹄子,
戴一副手套,藏好他的爪子,
　再用一顶礼帽,藏好他的犄角,
一路走去衣冠楚楚活像个花花公子,
和邦德街头所见不差一分毫……

四

107 于是他前往圣詹姆斯宫廷……

六

他窥探每一个洞穴,溜进每一间房舍,
　去视察那些前程似锦的牲口;

---

* 《魔鬼之思》第一次发表于《晨邮报》,1799 年 9 月 6 日。

他龇龇牙以示赞赏，伸出爪子聊表问候，
它们竟惊惧退缩，虽然乐于为他奔走，
　却怕见他那狰狞恐怖的丑陋……

九

撒旦又见到一个没有头脑的国王……

一五

由于肥胖，他那花哨的背心，
在上朝的日子里想要扣紧，
　也难从肚皮两侧把它扣上；
他那条裤子，像两半个月亮，
　紧绷在膘肥肉厚的屁股上。[63]

有人曾提出，这种作品仅仅体现出雪莱青少年时期的特点。但是，雪莱将在九年之后重新运用《魔鬼出行》的素材与风格，而且将产生更为精妙的效果，不过本质上他的目标都是相似的。这就是他日后写出的《彼得·贝尔第三》与《暴政的假面游行》。在一八一二年，这只是充当了简单的宣传作品，表明英国统治阶级的权贵们腐败不堪、胆小怕事、生活糜烂，他们忙于完成撒旦交付的任务，即欺骗和压迫社会中无权无势的普罗大众。

我们从《埃斯代尔诗钞》中可以找到其他更为私密的诗作来证明这一点，它们也是在这几个星期创作的，也是围绕政治主题。在所有这些诗歌中，人们可以感受到，雪莱竭力要对激进事业表达出新的感悟。在《危机》这首诗中，他力图对新的信念作长篇论述，它采用了萨福体咏唱的形式，节奏十分奇怪、跌跌撞撞，类似于赞美诗。但这首诗的内容相当神圣、雄辩：

当我们看到独裁者虚弱不堪却能取得成功，
当我们看到愚蠢的错误却能取得胜利，
当我们看到邪恶、暴政和腐败在狞笑，在愈演愈烈，在不断
膨胀；
当信奉美德之人在悲惨的世界中艰难度日，
当信奉自由之人住在幽暗的地牢中，
当信奉真理之人戴着镣铐，忍受着污名，
对着世界的废墟痛哭流涕；
当君王稳坐宝座，肆意大笑，
嘲笑着别人的痛苦，这对于他们是财富进账，
听见了深沉的诅咒声，母亲竟谋杀了自己的亲生孩子，
只为消除饥饿；
108 然后，我们就可以寄希望于圆满的时刻，
可怕、甜美、快速地到来，
此时黑暗中传来了光明，荒芜中传来了和平，难以遏制地
爆发……[64]

雪莱这些抽象的描写，尤其是对谋杀亲生孩子的描写，部分印证了他在凯西克和周围地区所作的观察。尽管湖区风光旖旎，他依然发现，人类的存在产生了道德和社会方面的丑恶现象。根据他的观察，“工业家带着污染钻进这条幽谷，用人类的污浊破坏了造化之美”，许多游客也是这样做的。但是，接下来他便表现出明显的清教思想，“名门望族的堕落奴仆们经常来此，造成了道德的彻底沦丧。凯西克像是伦敦的一个郊区，而不是坎伯兰的一个村子。常常看到孩子们在河里嬉戏，而这条河流已被受雇于工厂的不幸女人们所破坏”。[65]面对这种情形，雪莱在诗中竭力要臆测出一幅广阔的英国绘卷，背景就是一八一一年和一八一二年之交那个可怕的冬天，并且发出含糊不清的召唤：革命的时刻

“可怕、甜美、快速地到来”。对于他的爱尔兰之役，他在写给希钦纳小姐的信中称：“朋友，你可以看出我的主张了。我认为爱尔兰的事态构成了一个巨大舆论危机的一部分。”[66]

在另一首诗中，雪莱竭力将爱尔兰的社会状况与他自己的政治抱负更密切地联系在一起。他模仿骚塞的东方神话框架，创造出一个印度故事，其中有一对恋人，分别是泽纳布与卡蒂马，他们因为暴君统治而被迫分开。女孩名叫泽纳布，最终被绞死在十字街头的绞刑架上，卡蒂马得知消息后悲伤欲绝，一心要与她共赴黄泉，不久之后用同一条绞索上吊自杀。在诗的结尾，雪莱将泽纳布的事业转化为灾难性的叛乱标志，它宛如熊熊燃烧的彗星，掠过社会的黑暗夜空。显然，雪莱已经认同这位早期作品的女主人公，她揭竿而起，奋起反抗当前社会中的老爷们：

因此，她发动了无情的战争反对他们
他们恶贯满盈，手中沾满鲜血——
甚至就像是发出熹微光线的星辰
它的光线常常照亮了清晨的美好时光
又转化为可怕而又耀眼的彗星，
狂野的事业须臾便消失在猩红色的夜晚中。

因此，像它的神祇一般，既不公正也无怜悯之心，
先酿下罪行，再遭到报复，
因为只要有一颗温柔的心灵，希望就可得到佑护 109
或者佑护人类或神祇无私的计划——
这是充满恐怖与衰败的宇宙，
遍布绞刑架、疾病和战争，他们都长着铁石心肠。[67]

这一年秋天，雪莱、霍格与哈丽雅特曾在爱丁堡观看到一颗彗星，它

在某些夜晚会出现在天空。

雪莱在凯西克创作的所有诗歌中，最突出的一首莫过于长诗《一八一一年的一则社会新闻》，它采用了华兹华斯体。雪莱在一月七日写给希钦纳小姐的信中附上了全文。这首诗虽然平淡无奇，叙事风格实际上特别单调、平实，但它可谓雪莱创作的第一首重要诗作。这首诗尽可能贴近一位贫穷妇女的故事，唯一的儿子被强征入伍，她自己则陷入孤独和贫穷之中，雪莱是在凯西克得知这个故事的。这首诗的叙述与反思虽然十分平实、简单，风格却逐渐成熟，这就像他的讽刺风格一样，直到雪莱将其用于意大利诗歌中，以承载和表现人类某些最精致的素材。这与雪莱抒情作品中通常体现出的那种夸张、缺乏实质内容的风格截然不同。

七个春秋她活得可怜又孤寂，
　无人问津，茕茕孑立，
　你想必见过她在荒凉的森林中
　把凋残散落的败枝拣取。
如果你心怀恻隐，你想必已经懂得体恤。[68]*

雪莱为爱尔兰之旅做好了充分准备，还创作了宣传小册子和诗作，在此期间他已经获得许多实际的帮助，这是意想不到的资金援助，稳定了他的经济状况。蒂莫西·雪莱与老韦斯特布鲁克听说雪莱在诺福克公爵的格雷斯托克宅邸中做客大获成功，两人便同意每人每年为雪莱提供两百英镑的津贴。用蒂莫西的话说，意在防止他儿子"去欺骗陌生人"。[69]无论蒂莫西此话的讽刺意味是多么强烈，这笔钱还是很重要，最终给了雪莱一定程度的选择自由和行动自由。

* 雪莱早在牛津就读时，想把这首诗最初版本的版权卖掉，以便为彼得·芬纳蒂筹款；它的主题是战争造成的社会不公，这特别适合芬纳蒂的案子。这首诗值得全文阅读。

蒂莫西的反讽也是有一定道理的，因为雪莱最终获得的这笔津贴具有它自身的特殊意味。雪莱从格雷斯托克回家之后，立即写信给父亲，重提两百英镑津贴之事。他以镇定而坚决的口吻提出要求，这也许要归功于公爵大人的影响力。雪莱写道："现在请允许我说，同您恢复父子亲情是我非常期望的一件事。我曾让您操心、忧虑，请您接受我做儿子的痛悔。请您相信，我要补偿您的愿望是坚定而真诚的。我认为这些家 110
庭争论是极大的不幸……希望您不要以为我下面要说的话是对您放肆无礼或轻蔑。但是，我不会许下诺言，就政治和宗教问题来隐瞒我的观点，不管做出这样的让步会获得多么大的益处。"[70]这番话表面上显得极为公道、率真。

但就在同一天，雪莱还给他的小妹海伦偷偷写了一封信，海伦时年十二岁。雪莱是通过比希·雪莱爵士的猎犬管理员艾伦·埃瑟里奇先生偷偷递交信件的，并嘱咐他将这封信放在菲尔德庄园的避暑别墅中，这样海伦就能找到这封信，然后再由埃瑟里奇将回信取走。作为回报，雪莱承诺将来少不了他的好处："记住，艾伦，我是**不会**忘记你的。"[71]这次秘密任务并不完全符合雪莱在信中所称"坚定而真诚"的愿望，以恢复家族中年长者之间的"亲情"。信中，雪莱幻想它是"晚上在避暑别墅中"写成的，目的是说服幼小的海伦相信哥哥的魔力，认为他随时可能出现在窗户边或现身于红杉树的阴影中。雪莱在信的开头便夸张地写道："不要把这封信给任何人看，因为其他人都很讨厌我，但你没有理由讨厌我。我亲爱的妹妹，你要独立思考，要写信告诉我你的想法。你现在在这个地方还不能随心所欲地做事情。你需要听别人的话。他们不会让你随心所欲地到处行走、阅读和思考（假如让他们知道了你的想法的话），但是你和他们一样有权这样做。假如你和我在一起的话，你就会发现我是真正爱着你的，你可以随心所欲地四处跑、跳、阅读、写作、思考。"[72]这封信写得颇为浅显易懂，它提出要给海伦不受阻碍的爱和自由，在某种程度上说体现了雪莱的特点。但考虑到就在同一天、同一张书桌上，他对父亲做出承诺这一背景，这也体现了他的两面三刀，这是马基雅维利式的做法，企图从内部攻陷堡垒。

雪莱在信中又以巧妙的方式略微提到了恐惧问题，和他往日的做法如出一辙：“……没有人会怀疑你，你很容易写好回信，然后把你的回信放在避暑别墅中，我定会将它取走。我注视着你，尽管你认为我并不在你身边。我对你的爱自不必说。我都知道他们是怎么评价我的，但不要相信他们的话。你也许会认为**我是**魔鬼，其实不是，我只是你的哥哥，即便费尽周折我也有责任从你那里取走回信。”[73]雪莱否认自己是魔鬼，以此引发了海伦的恐惧。

不用说，猎犬管理员埃瑟里奇认清了形势，将信和信封都交给了比希爵士，比希爵士又将它们转交给蒂莫西。蒂莫西自然怒不可遏。他又将所有的往来书信交给律师惠顿处理，并且拒绝再与雪莱发生任何直接
111 的联系。后来到了春天，雪莱想方设法要筹集资金，以便在他的农庄中建立小型社区，他发现他的所有建议都遭到了断然拒绝。父亲对他彻底失望了。因为在这次事件之后，蒂莫西似乎就已经发现雪莱可能对自己的其他子女有所图谋。人们不禁回想起雪莱曾对默尔归纳的计划。到了一八一四年，雪莱将会酝酿将海伦与玛丽拐走的计划。

与骚塞产生了激烈的分歧，再加上他酝酿半颠覆性的活动时产生的紧张感，雪莱承受了相当大的压力。到一月中旬，这终于发作了。他在写给希钦纳小姐的信中，提到自己有可能坐牢和受到政府迫害时，不再像往日那样泰然处之。在一月十六日写的那封信中，他顺带提到了“可怕的头痛症”。“神经性头痛一发作，我就得被迫服用大量的鸦片酊，我非常不愿意服用，可又无可奈何。如果能安宁一点，我是绝对不会服用的。现在已基本恢复了健康。”[74]但是，他其实并没有恢复健康，症状虽然消失了，病根依然没有消除。他将自己的计划与葛德文、托马斯·潘恩及弗朗西斯·伯德特爵士的激进著作对比了一番，并称：“托马斯·潘恩寿终正寝了——他的作品对政府进行了猛烈的抨击，也许我的作品永远

难以达到那种程度。”因此，他竭力想让希钦纳小姐和他自己放宽心。

但是，他的焦虑通过其他方式显露出来。虽然此前一直向葛德文保证，自己已经放弃哥特式幻想，但这始终萦绕在他的谈话中。雪莱曾因为讲恐怖怪谈而再次吓坏了哈丽雅特。他又开始酝酿成立激进的社区，但赋予它一层梦魇色彩。他告诉希钦纳小姐：“我将尽量熟悉一些已成古迹的封建时代的城堡，它们衰颓中的塔楼是正在腐朽中的不平等和压迫的绝对象征……至于古堡的幽灵，我是欢迎他们的，尽管哈丽雅特反对我求助于他们。但是，他们会讲古代的故事，而且看到他们枯瘦的身影在拱形的骨灰堂内闪动，会使故事的背景更加逼真。”[75]当然，他是在开玩笑，但又不完全是戏言。

恐惧与怀疑开始在切斯纳特木屋中愈演愈烈。雪莱无法对自己的计划保持缄默，他肯定告诉了卡尔弗特家和骚塞家的每一个人。夜晚奇怪的活动引来了戴尔先生前来埋怨，自此，当地舆论也逐渐将矛头对准了他。

一月十九日，一场暴力事件使矛盾变得尖锐。当地的《坎伯兰检察官报》在一八一二年一月二十八日报道了这一事件：

> 在之前的两周中，在凯西克及其周边地区曾经发生过几次抢劫事件。最引人瞩目的事件发生在十九日（星期日）晚上七点左右，就在凯西克的切斯纳特木屋，这是吉迪恩·戴尔的宅子。这座房子中有一部分似乎租给了雪莱先生一家。雪莱先生听到了一声不寻常的 112
> 声音，这使他产生了警惕。（但他并不知情，或者说没有怀疑导致声响的原因。）他走到门口，被一些歹徒击倒在地，然后一度失去知觉，此时戴尔先生听到纷乱的声音，他冲出了房子。歹徒无疑知道他携带了武器，便立即逃走了。还无法确定这些歹徒有多少人，但这次袭击的性质非常可怕，而且必然引发当地的行政长官与居民采取最快的行动和最有效的措施，以确保城镇及周边地区的安全。[76]

这份报道是以戴尔先生的视角撰写的,戴尔先生似乎是主要的信息来源,而且撰写此文的记者似乎毫不怀疑这次“非常可怕”的袭击确有其事。这伙歹徒的动机当然尚无法确定,因为记者没有证据表明雪莱的财物遭到了抢劫。*

哈丽雅特害怕希钦纳小姐可能听到人们的谣传,担心“你听到的有关此事的情况比实际情况更可怕”,于是立即写信给她在苏塞克斯的这位“姊妹”。一周之后,她又写了一封信,这封信的语气更能让对方放宽心,她“十分恼恨自己”,因为自己的恐惧而使希钦纳小姐担惊受怕:“但是,亲爱的朋友,不必让你自己为此而担惊受怕了,现在一切都安然无恙。当然,我们不希望再遇到惊扰,假如有什么惊扰,也完全不会像这次一样,我们现在受到很好的保护。”[77]这里的保护必然是指雪莱的手枪。自他私奔之后,他总是将手枪放在个人行李中。这是我们寻找到的第一封出自哈丽雅特之手的信件,其中立即反映出她的直截了当与令人愉悦的坦诚,同时还有一种故意而为的稚气。哈丽雅特的一封便笺包含在雪莱的便笺中,显示雪莱对此次袭击异常焦躁不安的反应,也许正是因为这点,他才没有亲自写信告知伊丽莎白·希钦纳这个消息。据哈丽雅特透露,“他现在已比前一段时间好多了。我希望他的身体强壮起来之后,他将摆脱神经性病痛。我们考虑下星期去爱尔兰”。[78]

到了一月二十六日,雪莱终于觉得自己能亲自写信了,此时距离袭击已过了七天。雪莱竭力要淡化事件的影响,但他采用的是含糊其辞的方式。“哈丽雅特已告诉你一件使她担惊受怕的事,我认为纯属偶然,这样的事情我们遇到了一次,绝不应遇到第二次。显然那个人想抢我口袋里的钱,我跌倒在地,他的图谋未能得逞。这件事没有什么可使

---

* 道登对这篇报道的“概述”,取材于此前传记中的叙述,却改变了这篇报道的整个侧重点,并且通过压制背景细节,力图否认整个事件的可能性。(道登,《珀西·比希·雪莱的一生》,第一卷,页227)与其他许多作家相似,道登发现雪莱的“幻觉”是解释此事件的很好理由。参见注释76。

你担惊受怕的，我怕你在报纸上见到这件事，担心这一击会伤着我。请 113
打消有关刺客、侦探和监禁的各种忧虑，请对我们的安全和成功充满信心……”[79]但是，根据事实，雪莱提到了他们所恐惧的对象，即侦探与刺客，他设法营造出一种不祥的气氛。此举可能又是故意而为，因为在这封信的结尾，在附言部分，他又一次提到了这个敏感问题：“正如哈丽雅特所能告诉你的，我现在已完全从我提到的那次小小的神经性头痛中恢复过来，所以你不必再因刺客、侦探、政府、监禁或神经性病痛而为我担心。正如我说过的，我一定希望你，而且是强烈地希望你祝福我们一帆风顺地到达都柏林。”[80]卡尔弗特一家注意到雪莱一家面临的危机，于是好心地提出，收留他们在凯西克度过最后几个星期。雪莱一家满心感激地接受了他们的好意。[81]此时已风雨大作。

雪莱在凯西克的最后阶段受到了压力，并在被袭事件中达到高潮，而这还将不止一次出现在他后来的寓所中。由于这些事件在传记中存在争议，因此需要指出它们的整体模式，这一点很重要。首先是有越来越多的证据表明，雪莱一家人与附近的人存在摩擦。雪莱行事古怪，刻意“装神弄鬼”，他对政治观点直言不讳，以及他家里不同寻常地住着多位女士，显然这些都与凯西克传统而又保守的风气格格不入。与骚塞的争吵只是其表现之一，只是它恰好得到了详细的记录，但是，如果想一想他在爱丁堡与霍格的矛盾，很可能他曾公开冒犯或嘲讽当地的工厂主，因为他曾在私人书信中表达过对此人极为厌恶。他与房东戴尔先生的关系紧张则是另一个问题。雪莱经常在各种场合直言不讳，而且如果遭到挑衅的话，他可能会对对手怒目相向，流露出鄙夷之情。他的行为最终遭到反击，这一点也不奇怪。

这种社会交际上的摩擦与日俱增，还对雪莱产生了心理影响。雪莱不由自主地对周围人的敌意做出反应。他天性敏感，心理基本上缺乏稳定，这使得他饱受“神经性病痛”之苦。雪莱竭力通过服用鸦片酊来镇痛，这种药物正常情况下只能用来消除某种生理上的病痛。所有这些因素使他产生了一系列病态的幻想、怀疑与恐惧。他通常都能够轻松对待,而且以幽默与泰然的态度加以处理,这有时也反映在他的信件中,着实令人钦佩。但是,与此同时他的恐惧反映出邻居们的怀疑与嫌恶,这也对他产生了越来越强烈的影响。

之后,他的恐怖怪谈越来越多,这就是他可怕的哥特式奇思怪想,他借此给哈丽雅特消遣,也用来吓唬她。在极端的情况下,他的幻想接近于幻觉,不过这种情况很罕见,而且雪莱知道这种情况何时发生,也能够将它们与现实相区分。他的紧张情绪的体现形式是他喜欢吓唬家中的
114 女士,这从他的幼年时期开始就已初露端倪。魑魅魍魉的主题在他诗歌中反复出现,为他的私人意象提供了强有力的源泉,这反映出他与周围的社会日益割裂。此外,他始终乐此不疲地在脑海中研究自己和他人这种不正常的状态,就仿佛心理学家一样,这也是他此后散文中诸多思辨的源泉。他在凯西克用“古堡”和古堡中的“幽灵”来吓唬哈丽雅特,让她很不开心,这也是雪莱这方面行为的一个例子。

雪莱在星期日晚上遭受的袭击使这一切达到了高潮。当地社区对他的愤怒与嫌恶,最终表现为真正的袭击。雪莱在面临肉体上的危机时始终能够勇敢面对,但最终被极度的“神经性病痛”击倒。对此,人们可能会认为雪莱是歇斯底里症发作;在极端的情况下,这可能会出现尖叫与完全虚脱的症状,此时雪莱需要卧床接受护理。* 卡尔弗特一家的邀请如雪中送炭般到来,无疑使哈丽雅特能够更好地应对这个问题。此后,雪莱身体十分虚弱,无精打采,也无法做事,他喜欢在深更半夜梦游,时常做噩梦。

随着雪莱逐渐康复,他开始夸张地描写实际发生的情况;哈丽雅特十分愤怒,原因之一似乎是她意识到,雪莱的叙述给自己造成了不必要

---

* 此后,雪莱到了欧洲大陆,我们也发现了几次像这样的歇斯底里症发作的详细记录,它们也与梅德温在雪莱早年注意到的梦游症有关。

的惊吓。雪莱完全恢复到正常状态之后，这种夸张的叙述会产生更加明显的哥特式要素，并使它们更加恐怖，也更显幽默的夸张。因此，他能够更游刃有余地掌控这次经历。另一种防御机制则更为明显，这就是经过这次高潮事件之后，雪莱打算尽快从这个地区搬走。他第一次明确提到他们决定前往都柏林，是在袭击发生后写给希钦纳小姐的第一封信中（1 月 26 日）。

就在离开凯西克之前，雪莱小小地激动了一下，他得知哈丽雅特怀孕了。但是，结果证明这是子虚乌有。夫妇俩都很失望，雪莱称这是“他不敢企盼的好福气”。[82]养育子女肯定符合雪莱的公社理想。他向希钦纳小姐透露：“我希望儿女满堂，这将把你、我、哈丽雅特更紧密地联系在一起。”用这样的方式解释他的热情似乎稍显奇怪。哈丽雅特更为务实，但也稍稍表达出渴望。“尽管我现在比你想象的更能适应旅行，但我不希望在近期就出现那种状况，也许几年之内也别出现。但是，现在这个话题就说到这儿为止吧。”[83]没有更多的暗示表明，哈丽雅特为何希望“也许几
年之内”也别怀孕。在二月从都柏林写的信中，雪莱再次提到成为“小小 115
的陌生人”的可能性。[84]从一开始，在给希钦纳的信中就能找到证据，表明雪莱与哈丽雅特的性生活并不理想。雪莱之后的评论也确认了这一点。哈丽雅特则总是保持沉默。尽管如此，雪莱还是认为她有巨大的魅力，并且以她明艳动人的凝视与美丽的头发作为诗歌的主题。早在凯西克时，雪莱就给她写过一首拙劣的诗作，这首诗由两个诗节组成，充满了感激之情并反复许下承诺。第二个诗节如下：

> 哦，只要这个脆弱的大脑还有生命，
> 在你柔情脉脉的凝视下，都会激动不已，
> 当你的眼睛向我暗送秋波时，
> 它便会崇拜内在的精神。
> 当死亡来临，扑灭了他们的火焰，

昏暗中将迸射出悲伤的极乐
我用你茶色的头发，将自己紧紧绑缚
我生要与你相伴，死也要与你同行。[85]

哈丽雅特顺利地渡过了凯西克的这场危机。这是她人生中第一次以一定的独立自主采取行动。她的行动非但没有由雪莱安排，反过来还要安排雪莱的行动。搬到卡尔弗特家就是她一手操办的，她还要判断雪莱的症状与整个局面的严重程度，还要与雪莱的灵魂伴侣希钦纳小姐通信。这些她都做得非常好，雪莱发现自己开始对她产生全新的欣赏之情。从此之后，她的信件与附言都成为雪莱故事的核心。

哈丽雅特在政治上并不像雪莱那样激进，却有强烈的同情心，并能勇敢、简洁地予以表达。她在写给希钦纳小姐的信中称："我等不到夏天了，你一定来爱尔兰同我们会合。我是爱尔兰人，我同爱尔兰人有血亲关系，我已同英国人断绝了关系；我已经见过了约翰牛①的种种劣迹，我为他感到羞愧。"[86]无论在交谈中还是在行动中，她都经常下意识地模仿丈夫，使用他的惯用语、手势和称呼。但是区别在于，她对于分寸感有完全女性化的感知，而且她对荒诞之事也能迅速感知。她甚至能以自己的方式来默默戏弄雪莱，此举必然对雪莱大有裨益；但是她年纪太小，太缺乏经验，完全不是雪莱的对手。她很容易被雪莱牵着鼻子走，受到他的主宰，而且经常悲伤地将自己的年幼无知与希钦纳小姐等人作一番比较。

116 一月二十九日，雪莱的情绪在期盼和沮丧之间来回波动："我希望不再被迫求助于鸦片酊，我的健康已经恢复，我现在信心足，精神好。你的希望必须与我们的希望一致，千万别让我有可怕的预感。不是每个去

① 约翰牛是英国的拟人化形象，源自1727年苏格兰作家约翰·阿布斯诺特出版的讽刺小说《约翰牛的生平》。

爱尔兰的人都会送死的，也许现在许多人正在去爱尔兰的路上，恰恰怀着同我们一样的目的。”[87]哈丽雅特也注意到，来自爱尔兰的报道十分糟糕，但她依然希望“珀西能避过一切法律上的麻烦”。[88]他们在凯西克树了许多已知和未知之敌，离开这里显然对大家都是一个解脱。他们将书籍与财物装在几个大箱子里，雪莱则随身带着手枪和鸦片酊。至于书稿、小册子、大开本报纸，以及几本诗集（这是自由的神圣文字），它们都妥善地装在行李中。

二月三日，一行人来到了怀特黑文，在变幻莫测的天气中，在雨中等待船只的到来，他们将所有的物质资源与情感资源汇集在一起，按照雪莱的说法，集中在更伟大的事物上，即“全人类的福祉”。[89]雪莱重又与葛德文建立了联系，这在当时对他是巨大的激励。就在一行人登船之际，雪莱还给希钦纳小姐发出最后一封信件。一行人即将于子夜十二点出发，途中在马恩岛停留。一行人得知要离开怀特黑文这个“悲惨的制造业海港城市”，顿时心花怒放，因为这里的旅馆太可怕了。海面上似乎波涛汹涌，人们开始讨论起暴风雨的可能性。雪莱的思想短时间内聚焦于离开舒适的卡尔弗特家之后的怅然若失，尤其是他念想起卡尔弗特太太的善良。但是，一行人兴致特别高，他们已经定下了此行的目标，而且雪莱还写了一条便笺，充满了勇敢的自信：“哈丽雅特和伊丽莎无所畏惧地陪我一起旅行，她们认为实际上唯一真正的不便就是潮湿的黑夜和晕船。除此之外，没什么可担心的。在我看来，不论是秘密的还是公开的暗杀，都是那些亲密友谊超过事物实际状况界限的人头脑中的幽灵。”[90]雪莱以出人意料的俏皮话给这封便笺结尾。“你来这里和我们住在一起之后，我们该怎样称呼你呢？因为伊丽莎的名字就叫伊丽莎，但希钦纳小姐这个名字太长了，也过于深奥。再见。你的朋友P. B. 雪莱。”[91]

这次渡海之旅风急浪高，他们花了三十个小时左右才最终抵达爱尔兰北部地区。上岸之后，他们都已精疲力竭。但没有人晕船，也没有出现刺客。他们的使命拉开了序幕。

注释

［1］《珀西·比希·雪莱书信集》，第一卷，第一一四篇，页 144-145。

［2］同上，页 145，注释 2。

［3］同上，第一一八篇，页 149。

［4］同上，页 151。

［5］同上。

［6］同上，第一一九篇，页 152。

［7］约翰·霍格写给蒂莫西·雪莱的信，见《珀西·比希·雪莱书信集》，第一卷，第一一七篇，页 148，注释 1。

［8］《珀西·比希·雪莱书信集》，第一卷，第一三〇篇，页 165。

［9］威廉·惠顿写给比希·雪莱爵士的信，见《珀西·比希·雪莱书信集》，第一卷，第一三〇篇，页 165，注释 1。

［10］蒂莫西·雪莱的信，见《珀西·比希·雪莱书信集》，第一卷，第一三〇篇，页 165，注释 3。

［11］《珀西·比希·雪莱书信集》，第一卷，第一一九篇，页 152。

［12］同上，第一二七篇，页 158。

［13］霍格，《珀西·比希·雪莱的一生》，第一卷，页 283。

［14］《珀西·比希·雪莱书信集》，第一卷，第一三九篇，页 182。

［15］同上。

［16］同上，第一三三篇，页 171。

［17］同上，第一四〇篇，页 184。

［18］同上，第一三二篇，页 168-169。

［19］同上，第一三四篇，页 172。

［20］普福尔茨海姆图书馆，《雪莱与他的交际圈：1773-1822》，K. N. 卡梅伦编，第三卷，页 46-47。藏于牛津大学博德利图书馆的霍格版本此前曾在《珀西·比希·雪莱书信集》中发表，第一卷，页 137。

［21］《珀西·比希·雪莱书信集》，第一卷，第一三八篇，页 181。

［22］同上。

[23] 同上,第一四一篇,页 186。

[24] 同上,第一四〇篇,页 185。

[25] 同上,第一三六篇,页 175。

[26] 同上,页 176。

[27] 引自霍华德·米尔斯,《皮科克:他的交际圈与时代》(1969),页 71。对于霍格的歪曲之处,米尔斯先生成功地找出了其出处,这值得关注。

[28] 托马斯·德·昆西,《德·昆西全集》(1862),第五卷,页 20。

[29] 同上,页 10。

[30]《珀西·比希·雪莱书信集》,第一卷,第一四六篇,页 198。

[31] 同上,第一四七篇,页 199。

[32] 同上,第一四九篇,页 203。

[33] 同上,第一四四篇,页 196。

[34] 同上,页 193–194。

[35] 同上,页 196。

[36] E. P. 汤普森,《英国工人阶级的形成》(1968),页 617。(我使用了此书的企鹅出版社修订版,这是一部社会历史巨著,其中对雪莱在英国的职业生涯提供了不可或缺的历史背景。)

[37] 同上,页 592。

[38]《珀西·比希·雪莱书信集》,第一卷,第一四八篇,页 200。

[39] 同上,第一四八篇,页 201。

[40] 同上,页 202。

[41] 同上,第一五五篇,页 213。

[42] 同上,页 214。

[43] 这封信于 1812 年 1 月 4 日写给格罗夫纳·贝德福德,见《罗伯特·骚塞生平与书信》,C. C. 骚塞编(1850),第三卷,页 325。

[44] 霍格,《珀西·比希·雪莱的一生》,第一卷,页 291。

[45]《珀西·比希·雪莱书信集》,第一卷,第一五五篇,页 210–212。

[46] 玛丽·摩尔曼,《威廉·华兹华斯传》,第二卷(1965),页 239。

[47]《珀西·比希·雪莱书信集》,第一卷,第一五六篇,页215。

[48] 同上,页219,注释10。

[49] 同上,页216。

[50] 同上,第一六一篇,页233。

[51] 同上,第一六〇篇,页231。

[52] 同上,第一五六篇,页218。

[53] 同上,第一五七篇,页219–221。

[54] 同上,第一五九篇,页221–228。

[55] 他提到葛德文的场合分别是:《珀西·比希·雪莱书信集》,第一卷,第二十四篇,页21(1810年11月19日);第三十篇,页27(1810年12月20日);第四十一篇,页47(1811年1月16日)。

[56] 另见罗杰·英彭,《雪莱在英国:雪莱-惠顿文献中新的事实与信件》,页307–308。

[57]《珀西·比希·雪莱书信集》,第一卷,第一六〇篇,页230。

[58] 同上。

[59] 同上。

[60] 同上,页231。

[61] 同上。

[62] 肯尼斯·尼尔·卡梅伦,《青年雪莱:一位激进者的缘起》,页142。如需对雪莱剽窃行为的考察,参见沃尔特·爱德温·佩克,《雪莱:生平与著作》,第二卷,页341–343。

[63]《珀西·比希·雪莱诗集》,页878–879。

[64]《埃斯代尔诗钞》,K. N. 卡梅伦编,页40。

[65]《珀西·比希·雪莱书信集》,第一卷,第一五八篇,页223。

[66] 同上,第一六一篇,页234。

[67]《埃斯代尔诗钞》,页154。

[68] 同上,页63。

[69]《珀西·比希·雪莱书信集》,第一卷,第一六三篇,页243。

[70] 同上,第一五〇篇,页204。

[71] 同上,第一五一篇,页205。

[72] 同上,第一五二篇,页205-206。

[73] 同上,页206。

[74] 同上,第一六一篇,页232。

[75] 同上,第一六二篇,页239。

[76]《坎伯兰检察官报》,1812年1月28日,藏于卡莱尔公共图书馆档案室。注意:从道登一直到琼斯教授的《雪莱书信集》版本中,当天的日期一直误作1811年1月28日。此错误目前已得到纠正。

[77]《珀西·比希·雪莱书信集》,第一卷,第一六二篇,页240。

[78] 同上,第一六二篇,页240。

[79] 同上,页241。

[80] 同上。

[81] 同上,第一六四篇,页244。

[82] 同上,第一六二篇,页240。

[83] 同上,页241。

[84] 同上,第一六七篇,页252。

[85]《埃斯代尔诗钞》,页43。

[86]《珀西·比希·雪莱书信集》,第一卷,第一六四篇,页247。

[87] 同上,页246。

[88] 同上,页248。

[89] 同上,第一六五篇,页249。

[90] 同上,页248。

[91] 同上,页249。

第五章　爱尔兰革命者(1812)

117 雪莱一行又乘坐马车一路向南,舟车劳顿,最终抵达都柏林,已是一八一二年二月十二日深夜。他们就近找了一家旅馆入住。第二天,雪莱便在萨克维尔大街7号的二楼找到了寓所,这里有一个铸铁材质的阳台,优雅地俯瞰着繁华的大马路。房主是一位家资殷实的羊毛服装老板,萨克维尔大街则位于繁华的商业区,步行到都柏林市中心只需几分钟。雪莱给希钦纳寄出了一封五行字的便笺,称他们都已平安抵达,但却忘记了告知对方自己的新地址。哈丽雅特将地址塞进便笺作为附言,并加了一句"盼复"。到了傍晚,他们三人便站在阳台上,凝视着这座车水马龙的城市,此后六个星期,这种做法将给雪莱带来一生中最密集的实用政治教育。

又过了一天,情人节到了。这天上午,雪莱迈出开局第一步。他带着自己在凯西克居住时收到的葛德文写的介绍信,来到圣史蒂芬绿园,将这封信放在爱尔兰律师兼英国上诉法院民事庭庭长约翰·菲尔波特·库兰家中。* 回家的路上,雪莱发现印刷商伊萨克·伊顿正准备将

---

* 约翰·菲尔波特·库兰(1750-1817)是一位律师,有一段时间非常激进。(接下页)

自己的第一本爱尔兰小册子《告爱尔兰人民书》的手稿排版。伊顿向他保证在一周内交付一千五百册。这天下午,雪莱拿起报纸翻阅,也许是一份美国报纸,当时在都柏林能够买到。他怀着狂喜之情阅读了一篇文章,这篇文章讲述的是一八一〇年底爆发的墨西哥共和主义革命,这场革命先由自由派牧师米格尔·伊达尔戈领导,他被处死之后,又由何塞·莫雷洛斯领导。雪莱飞奔回萨克维尔大街的家中,将这个消息告诉了哈丽雅特与伊丽莎,三人都满腔热情,就仿佛全世界同时获得了 118
自由。雪莱坐了下来,提笔写道:

从地球上最遥远的角落都开始:
每一个独裁者满脸横肉的脸庞,
都会像他冷血的心脏一样苍白,
他将体会到暴怒、痛苦和恐惧……

这首诗题为《致北美的共和主义者》,他当天写了五个诗节,以庆祝美洲"兄弟们"的胜利,并呼唤厄瓜多尔的大火山科托帕希在整个美洲大陆的最高峰迸发出自由的声音:

科托帕希!让那声音通过
　你的姊妹群山,同声轰鸣,
直到各处的山谷都欢笑着
　回应这幸福欢快的欢呼声!

(接上页)他曾被任命为英国上诉法院民事庭庭长(1806 年),这代表着他结束了积极的社会异见活动。他的女儿埃米莉亚后来(1819 年)在罗马为雪莱画了一幅著名的肖像画,画作中突出了雪莱的忧郁气质。参见第二十章。

这是雪莱第一次运用他心仪的意象，即火山喷发，这象征着社会爆发了均贫富的革命，也象征着人心中的爱情革命。* 在雪莱的一生中，每当他充满乐观主义情绪的时刻，全球革命的想法都会反复浮现在脑海中，他最终将这个想法加入其理论，这一理论论述的是自由在人类历史进程中的演变。光明会信徒写的一篇秘密文章的主题也是全球革命。

在这首诗中，雪莱还触及日后令他在都柏林越来越困惑的一个问题，即暴力革命问题。为了实现自由的事业，流血是否正当？雪莱使用了自由之树这一著名意象（托马斯·杰斐逊与国民公会的巴雷尔都将此意象挂在嘴边）[1]，他充满自信地写道：

鲜血可以浇灌此树
它是新萌发的自由之树
让负罪感降临到
肆意破坏的奴隶
与不近人情的暴君身上
和平姗姗来迟，流血戛然而止。[2]

119 雪莱在当天晚上给希钦纳小姐写了信，他不确定“我们的往来信件会不会受到检查”，便使用了较为温和的口吻，并向她承诺，自己在都柏林的行为将体现“公开与坦诚”，他还承诺他的作品应当“推崇和平、宽容与耐心的精神”。当他将《致北美的共和主义者》抄送给她时，删去了“鲜血可以浇灌此树”这个诗节，即诗钞倒数第二个诗节。但他无法抑制心中的热情，这种情感极为炽烈，以至于他实际上说服了伊丽莎同意编辑

---

* 与许多未经考验的革命者一样，雪莱一度相信，这两者必然接踵而至。尽管他的信念发生了改变，但火山爆发的象征始终未变，他最终在 1821 年的意大利诗钞中用墨水对此画了一幅素描。

潘恩作品选集,他们打算在都柏林出版此书,这有利于对工人阶级的教育,只不过伊丽莎“正忙着做一袭红色的斗篷,要到晚饭前才能做好”。雪莱心中只考虑他的出版计划,力求获得本杰明·弗劳尔的作品,他是一位激进的宣传人士和鼓动人士,曾在法国革命期间当过《剑桥报》的编辑,此后又创办了《政治纪事报》,该报最终被威廉·科贝特收购。雪莱在信中称,他本人所写的小册子将包含“为改善人类生活条件而设立章程的坦诚建议。我——虽然虚弱、年轻和贫穷,但却想组织一个倡议和平与博爱的团体……现在是实现这一尝试的重要关头”。[3]

四天之后,伊顿交付了第一批样书。纸质非常低劣,字迹几乎无法辨认,而且整本小册子长得离谱,足有三十页。尽管如此,雪莱还是很高兴,他给希钦纳小姐发去了校样。雪莱向她保证,此书的风格“适合有最低阅读能力的人”。[4]二月二十四日,《告爱尔兰人民书》正式出版,雪莱当即写了一封热情洋溢的信给希钦纳小姐,随信还寄去一本样书。他在信中称:“让我们不可分隔地结合在一起,让我们带着获得的知识和积聚的决心迅猛地突然地出现于暴君前。我渴望坚强,决心已定。”他还立即给葛德文寄去了一本样书,并承诺第二本小册子已经交给出版商,雪莱满怀热忱地反复告诉葛德文:“这样的决定性时刻不应该在未被把握和未被充分利用的情况下就让它流逝。”[5]

此时,雪莱的任务就是将此书送到读者手中,雪莱以饱满的精神状态完成了这项工作,这是他在爱尔兰期间令人印象最为深刻的特点之一。他给知名的自由派人士寄去了几十本书,例如库兰和汉密尔顿·罗恩。* 他还在市中心与周边地区的旅馆酒肆中派发了六十余本书,这在都柏林是很有效的办法,他从潘恩的经验中借鉴而来。他雇用了一名仆人,专门派发书籍,并嘱咐他要根据潜在客户的外表,来决定什么时候免

---

* 阿奇博尔德·汉密尔顿·罗恩(1751-1834),曾是爱尔兰人联合协会的会员,小册子作家与宣传人士。

费赠送,什么时候收取书款。雪莱本人则带着书上街,把它们扔进过路的马车车厢中和沿途房屋的窗户里,他还把书塞到乞丐、酒鬼和妓女手
120 中。哈丽雅特有时陪他同去,看到雪莱满怀热情又迫不及待很是开心,还不忘取笑他一番:"我们把小册子从窗口扔出去,投给那些街上过路的人们。这种事情对我来说,真笑死人。但珀西却看起来那样严肃。昨天,他把一本小册子投入一位妇女的斗篷兜里,但她从我们楼前经过时,居然一点儿也没发觉,笑得我肌肉都抽动起来,简直是再也干不下去了。"[6] 到了晚上,雪莱便站在萨克维尔大街的阳台上,端详着过往路人,判断谁看上去"像是"读者,然后将小册子从阳台上扔给他。

雪莱在《都柏林晚报》的广告版中购买了版面,二月二十五日至二十九日,刊登了《告爱尔兰人民书》的摘要。三月三日再次刊登。其中提到了天主教解放,取消英国与爱尔兰的联邦,还要通过各种"结社"来推进上述措施及其他措施。最重要也最具争议性的一点在于,书中强调了要发动社会最底层:"这个出版物的价格已尽可能定得低;因为作者的意图是唤醒爱尔兰的贫苦人民,使他们能够对自己的真实处境有一个认识;作者打算扼要地指出这种处境的祸害,并提出改变这种处境的合理办法。"[7]

出版后的最初三天,雪莱成功散发出去四百本书。库兰与罗恩似乎都没有做出反应,但天主教委员会立即对他发出邀请,让他在第二天晚上(2 月 28 日)在菲什安布尔街的集会上发表演说。该委员会是一个强大的自由派施压团体。这次演说是雪莱一系列工作中最令人瞩目的成功,他随后写信告诉希钦纳小姐:"我所结识的人证实了我的道义并认为:人类平等的真理、改革的必然性、革命的可能性都是无可争辩的。"[8]

但是,这本小册子篇幅过长,因而无法对广大目标读者群产生任何影响。从意识形态上说,此书在天主教委员会的渐进主义与流血的大众革命的狂热宣传之间艰难地摇摆不定。这种矛盾性反映出雪莱本人

政治思想的深处存在着分裂。

显然,《告爱尔兰人民书》宣布将采取温和的政策,即和平的自我教育和冷静的政治思想,这将消除人们的思想中宗教分裂与宗派仇恨造成的偏见。书中力求通过和平手段,达成一系列目标,即取消英国与爱尔兰的联邦、天主教解放以及政治上的自我教育。书中反复重申,反对以暴力手段推动变革。“我不希望情况在眼前就改变,因为要在眼前改变就非靠暴力不可;我们可以确信,如果我们为了我们认为是正确的事业而非使用暴力不可,那我们谁都宁可不要任何变化,无论这种变化如何美妙。”[9]他认为真正实现变革的方法必须更加缓慢、更加严厉:“克制、清醒、善意、独立自主,将会给你们道德;阅读、议论、思考、探索,会给你们智慧:一旦你们有了这些,你们可以战胜暴君。”[10]所有这些论述虽 121
然采用了葛德文式风格,但却完全符合天主教委员会的策略。

但是,这本小册子也绝非像它表面上那样无害,因为它传递了两种信息,一种是直白的,另一种则是隐秘的。隐秘的信息其实就是宣扬革命。雪莱早在凯西克时就在创作这部作品,他解释称,这本小册子“旨在使那些未受教育的头脑熟悉自由、仁慈、**和平**与容忍等概念。这篇演说也**潜在**地作为另一本小册子的序言,以从根本上动摇天主教的信条,归纳教友派和索奇尼派的政治理论,而不与基督教相抵触。在目前对世俗的人来说,反对基督教派没有什么好处,只会使其他进步的理论蒙上一层可憎的色彩”。[11]索奇尼的政治主张与教友派相似,都是强烈地主张民主、独立与平等,并具有强烈的清教色彩。* 若要在这些条件下思考,并且计划在爱尔兰的背景下“从根本上动摇天主教的信条”,就只会被视为煽动暴力与革命。这种暗中孜孜以求的目的就隐藏在这本小册

---

* 即十六世纪意大利哲学家福斯托·索奇尼(他是莱伊利乌斯·索奇尼的侄子),这位人物对雪莱产生了巨大的吸引力。他曾从锡耶纳前往克拉科夫,抨击了基督教最根本的教义,例如耶稣的神性、三一律及原罪。他极具人格魅力并倡导在欧洲大学中传播启蒙思想。

子中。

雪莱明确反对政府针对集会制定的法律，并在下文中明确地号召众人予以抵制。

> 尽管我很不赞成使用暴力，很不赞成那种依靠暴力来起作用的事业，然而我决不认为连集会议论形势的发展，也属于暴力或暴乱性质的活动，我决不认为——即使政府会感到不快——为讨论任何问题而成立的团体是属于暴力性质的……你们是奴隶，还是人呢？如果是奴隶，那么就蹲到鞭子底下去，吻你们的压迫者的脚吧；把耻辱当作光荣吧。如果你们是禽兽的话，那么也就只好照禽兽的本性去行动。可你们是人。一个真正的人是自由的，在环境许可的范围之内……讨论任何问题，是你们与生俱来的权利。如果你们放弃这一条最高贵的特权，那么你们还是先让你们的满腔热血冷却吧。[12]

针对贵族与立法者，雪莱无视他们的宗教信仰和国籍，一律予以抨击，他还谴责了政治制度，一律斥为压迫、腐朽和不具有代表性：

> 可怕的是，下层阶级必须付出他们的生命和自由，为压迫他们的人提供手段，然后压迫者借此再来更凶恶地压迫他们。可怕的
> 122 是，穷人必须交纳捐税，而不能以此来使他们和他们的家属免受饥寒——更加可怕的是，他们交纳捐税，就是提供更多条件来造成自己的贫贱和不幸。[13]

这不再是天主教委员会的措辞，也不是葛德文式的风格。这是十八世纪九十年代的语言风格，是法国大革命时期国民公会的措辞风格，也是潘恩、沃尔夫·托恩、汉密尔顿·罗恩和激进共和主义者的风格，葛德文立即发现了这一点。葛德文在三月初收到雪莱寄来的样书时，极为惊愕地

阅读了书中这样的文字，并在回信中称："你谈论了如何唤醒他们，他们会像卡德摩斯①种下龙牙一样，做的第一件事就是相互毁灭。"[14]

葛德文本人的立场也体现在许多守旧的激进分子身上，例如库兰与罗恩，即只有通过"在炉火边"举行个人讨论和"亲切友好的交流"，方可**安全地**宣传改革。其实，这就是纸上谈兵式的激进主义，而且此举最害怕底层民众采取暴民式的暴力活动。有很好的理由解释这一现象，因为法国大革命的经验告诉他们，参与革命的暴民最终不会带来自由，而是会爆发内战，继之以某种形式的暴政。葛德文读完雪莱的小册子，便尖刻地向雪莱表达了这一观点："……对于人类的进步，你我的观点存在重大分歧。你坦言，你努力的直接目标是'组织一个社会，使其制度充当社会成员之间的纽带'。若是我来解释我的著作《政治正义论》，书中的普遍原则在于，在力求提高人类的政治福祉过程中，结社是最糟糕、最不合适的方式。"

葛德文还很快发现，雪莱的立场在非暴力的渐进主义与危险的暴力活动之间含糊不清。"我认为你的小册子无论其中的情感多么值得推荐、多么令人愉悦，但此书要么无法达成其直接的目标，要么在长远上无法再次点燃起义和内战的烈火。对于我来说，你我在这个问题上的巨大分歧令我十分痛苦，但是我有责任告诉你，这就是事实。"[15]葛德文最后指出，他这位门徒一定是受到爱尔兰的氛围所"感染"，因为他的上一封信需要额外支付一英镑一先令八便士的邮费。

雪莱以轻巧的语气答复了葛德文的批评。"我在你所说的结社方面并没有疏忽大意。但是《政治正义论》已在一七九三年首次出版。此书发行后一晃近二十年的时光过去了。接下来又做了些什么呢？从此人们停止斗争了吗？他们所建议的炉火旁的交流实现了吗……我心情

① 卡德摩斯是古希腊神话中的英雄，曾与巨龙交战，并拔下它的牙齿，插进地里，从龙牙中长出一些武士。他们自相残杀，最后只剩巨人。

123 急躁，满腹疑问地回顾过去的二十年，回想人类在这方面所取得的进步。我将做并渴望做一些本应该做的事情。”[16] 尽管如此，他还是称葛德文的这封信为“精神上的食粮”。

雪莱抵达都柏林时，对爱尔兰政局的真实情况并不了解。他掌握的情况仅限于从诺福克公爵的会客厅掌握的信息，以及从罗伯特·骚塞的图书室得到的认识。他即将在菲什安布尔街的集会上发表演说，并投身他自己的“结社”方案。于是他飞速地调查并研究了爱尔兰的解放运动，因为这一运动早在法国大革命之前就已取得发展。新教与天主教之间的教派斗争令雪莱深恶痛绝，他企图忽视政局改革的传统中坚力量，心急如焚地考察了爱尔兰解放运动的各个历史阶段，力求确定自己应当追随的原则与人物。在政治现实中，这对他不啻一场痛苦的教育。

解放运动的第一阶段由亨利·格拉顿领导，他是都柏林议会的议员，这一阶段实际上是一场贵族斗争，目的是为天主教贵族和地主争取政治权力。这一阶段从一七七八年开始，到一七九三年结束，结束的标志是格拉顿的“志愿者”组成的军队被迫解散。雪莱对这场风波兴趣不大。

第二阶段的领导者是沃尔夫·托恩，他是爱尔兰最伟大的革命家之一，他起事之时，正是雪莱诞生之年。托恩的爱尔兰人联合协会产生于法国大革命时代，其追求的理想是共和制。他师从法国哲学家与托马斯·潘恩，出身于中产阶级家庭，但他的观点却是平均主义。时隔二十年，雪莱依然对爱尔兰人联合协会的领导人满怀崇拜与敬重：托恩本人在都柏林的狱中自杀，汉密尔顿·罗恩则出身于富有的辉格党人家庭，不过他是极端主义者，并且在公共场合总是身穿一套绿色制服，他于一七九四年因煽动叛乱而受审；约翰·菲尔波特·库兰是自由派律师，他曾在法庭上为罗恩和其他许多人辩护过；亚瑟·奥康纳是激进的知识分子与自由思想家，他曾在英格兰遭到逮捕与审判，之后迎娶了孔多塞的女儿。

爱尔兰人联合协会最终于一七九八年发动了武装起义；但未能获得法国支持，而且与爱尔兰此后多次解放运动一样，都遭到英国军队的野蛮镇压。皮特强行通过了《联合法案》，爱尔兰议会议员与贵族便迁往英国议会。

爱尔兰人联合协会发挥了重要作用，因为他们将许多更年长的人物团结在一起，这些人在雪莱的人生中都有一席之地。从十八世纪九十年代的狂热时期开始，库兰与葛德文就是久经考验的挚友，当时都柏林、巴黎和伦敦的激进人士组成了一个亲密的交际圈，它的队伍得到了扩充，124 美国东海岸志同道合的人士也加入其中。奥康纳最终无罪释放，在对他的审判中，有两位主要辩护证人，分别是查尔斯・詹姆斯・福克斯与诺福克公爵，而他们就是雪莱家族所依附的英格兰辉格党人。

雪莱客居爱尔兰期间，解放运动的总体背景是由投身爱尔兰自由事业的志士、英格兰辉格党自由派贵族和十八世纪九十年代的激进与革命派知识分子（他们来自三教九流，包括葛德文、孔多塞、潘恩和玛丽・沃斯通克拉夫特*）参与其中，一八一二年依然是这种局面。

在都柏林，雪莱打听了这个非法组织成员的下落，还曾写信给亚瑟・奥康纳的兄弟。他曾告知希钦纳小姐："对于爱尔兰人联合协会剩下的成员，他们的错误导致他们憎恨英格兰，但我却对此抱有更大的希望——我从未遇见过坚定的共和派人士，但我已经发现，有些人是可以说服他们投身民主事业的。"[17]

至于邀请雪莱来发表演说的天主教委员会，它是爱尔兰解放运动

---

* 玛丽・沃斯通克拉夫特・葛德文（1759-1797），作家、激进派女权主义者、教育家和旅行家。在雪莱的职业生涯背景中，她是最令人瞩目的知识分子之一。在这里只须指出，她在爱尔兰期间担任了芒卡斯尔家族的家庭教师（参见第二十四章）；在大革命的恐怖时期，她与美国人伊姆利一同居住在巴黎；还曾在1792年出版过《女权辩》；她还独自游历了斯堪的纳维亚半岛。她在1797年去世前几个月，嫁给了威廉・葛德文。两人的私生女也叫玛丽，在雪莱的爱尔兰之旅期间，她时年十四岁。

第三阶段的中坚力量，当时正处于第三阶段。该委员会由丹尼尔·奥康奈尔成立，下设一个强有力且雄心勃勃的组织，成员是都柏林的青年律师、医生、商人和其他中产阶级专业人士。他们有两项共同的目标，即废除英国与爱尔兰的联邦和天主教解放。* 这是一支政治上的生力军，十分强大，他们受过良好教育，信息灵通，意识到自身的重要性，财富与日俱增，而且行事认真高效，也十分离经叛道。这支力量既不属于共和派，也不属于革命派，更不属于“欧洲大陆派”。它希望实现由上议院和下议院组成的议会民主，奥康纳甚至提出要设立爱尔兰国王。这在都柏林是政治上最积极的反对派。

天主教委员会的策略是举行所谓的“集会”，以规避法律对政治团体的禁止。这些集会在公共戏院举办，而且向所有人开放，就连政府的探子和警方也允许入场。讲话者的名单会非正式地宣布，实际上主办方不会介绍他们是嘉宾还是天主教委员会的官员。雪莱收到的邀请是参加一次半合法的政治集会。

这场集会于二月二十八日在菲什安布尔街举行，使雪莱第一次清楚认识到，他本人的愿望与改革政治运动的现实性及因地制宜的做法存在
125 着差距。雪莱当天傍晚来到了集会现场，哈丽雅特与伊丽莎则在两旁簇拥着他，会场位于利菲河附近一条狭窄的胡同，散发着臭气，胡同入口处挤满了乞丐与醉鬼，入口就在一个摇摇晃晃的木质阳台上。菲什安布尔戏院曾是一座教堂，后来改建为一座音乐厅，里面还有座位和包厢，著名的亨德尔曾在这里举办过演出。进入戏院之后，雪莱惊讶地发现，到处都悬挂着烛台吊灯，整个戏院一片亮堂，包厢里挤满了时尚靓丽的女士，座位上则挤满数百名吵吵嚷嚷的爱尔兰人，但他们都显得毕恭毕敬，而且衣冠楚楚，他们来自都柏林的时尚地区。门房竭尽全力将下层人士拒之门外。丹尼尔·奥康奈尔本人第一个发言，雪莱则是第三位或第四位

* 后一个目标已于1829年实现。前一个目标证明更为困难。

发言人，他的声音有些嘶哑，十分紧张，但很真诚。他通过《告爱尔兰人民书》中的材料、他的结社建议提纲以及对英国政府和摄政王的一些尖锐、巧妙的抨击，为此次发言做了精心准备。他的脸庞苍白、稚嫩，他的举止炽烈如火，他还会突然得体地冒出牛津大学式的雄辩，使听众惊诧万分，他们聆听了他一个多小时的发言，只不过他们并不总是心情舒畅。当雪莱道出反英情绪和模糊的兄弟情谊理想时，听众们大声欢呼起来，但当他讨论起政治改革、结社或宗教问题时，台下则嘘声一片。此后，三家爱尔兰报纸报道了他的讲话，并在《都柏林日报》中以书信的形式引发了一场争论。

在听众中，有两名英国特工，分别是迈克尔·法雷尔与托马斯·曼宁，他们之后向西德茅斯爵爷执掌的英国内政部（位于白厅）发出了此次会议的简要报告。这是雪莱的名字第一次在官方报告中列入参与颠覆活动的名单。曼宁的这份报告目前藏于英国公共档案馆的公文部，报告中称："在这项决议中……一位青年男子发表了相当长的讲话，言语中充满了文雅的文辞；其中值得注意的主要问题在于，他担心摄政王会放弃福克斯先生的原则并加入可耻的联盟，或者是他目前已沉溺于女色——他说到这里时，被有关秩序的提问打断了。"法雷尔补充说，雪莱先生"称自己是土生土长的英国人"，报告还附上了第二天的《都柏林晚报》，其中有相应报道。"雪莱先生请求听证。他是个英国人，而且当他反思**他的祖国对爱尔兰所犯下的罪行**时，他只能为他的同胞感到脸红，他难道不知道肆意妄为的权力必然会腐蚀人的心灵？（西德茅斯爵爷为此鼓掌了几分钟）……他走过了街道，他看到**自由圣殿被改成拜金场所**。他看到这个国家乞丐遍地，很多人在忍饥挨饿。他可以将手放在自己的心脏位置，然后说这样的惨状，根子就在于同英国结为联邦。"这份报告由爱尔兰总督盖章并寄往伦敦。[18]

当天晚上出现群情激奋的场面，第二天雪莱又向葛德文与希钦纳小
姐寄出了报道的剪报，之后雪莱掌握的情报提醒他，整个集会沦为空谈。126

他认为这项结论非常严峻："我的演讲完全被曲解了……我谈及**宗教**问题时他们的嘘声和我公开阐明我的使命时的掌声混合在一起。而报纸仅仅指明我的演讲没引起不满。"[19]

雪莱意识到，自由派像极了一盘散沙，他也意识到宗派分裂的严重程度，以及反对派报纸的紧张，这些报纸竭力给人们营造出一种错误的印象——"虚假的一致意见"。他还猜测到，许多年长一些的激进人士都已经放弃了自己的绿色制服，以换取政府赏赐的一官半职。但他也发现，很难与哈丽雅特讨论上述局面所产生的影响，他起初在写给希钦纳小姐的信件中，并不愿承认这一点，而且在他写给葛德文的哲学信件中肯定不愿谈及此事。此时，他连向自己承认这一点都很难做到。

菲什安布尔街举行的这场集会过后两天便是三月二日，雪莱来到都柏林已有近三个星期。他的第二本小册子《关于建立慈善家协会的倡议》按时出版了。雪莱将一切疑虑抛诸脑后，又一次开始孜孜不倦地传播此书。但是，他的注意力已不再是街头巷尾行走的普通路人了。他的计划是，"让都柏林学院的年轻人改变宗教信仰"。还要让受过更高教育的都柏林读者群体接触到此书。按照他的想象，不仅有可能成立一个协会，还要成立一系列协会，它们都完全仰仗年轻的知识分子与中产阶级中开明人士的支持。他告诉希钦纳小姐："我们的慈善家协会旨在将这两类人士联合起来。"他放飞自己的思绪，将目光投向更广阔的远方。"如果你和我们一起在威尔士合作，我准备在**那儿**建一个'友好联盟'。这样也好与设在都柏林的那一个配合工作。难道我不能够把它们扩展到整个爱尔兰，把革命平静地推向全国吗?"[20]

雪莱"潜移默化的革命"理念，其本质是从内部发动革命。他的想法是，这种相互联系、不断扩大的协会链就仿佛是酵母菌一样，静悄悄地在整个社会中繁殖蔓延，这是确凿无误的光明会手法。当伦敦通讯协会与早期的联盟俱乐部一度遭到弹压时，就连威廉·葛德文都认为，炉边讨论与暴徒暴动之间不可能存在中间地带，雪莱还是秘密地转向了共济会对革命的兄弟情谊理念，以此作为可行的革命组织形式。共济会的神秘主义、严密的社区团结性以及“传播”颠覆性的政治思想，都特别吸引雪莱。他在写给葛德文的信中从未提到光明会，否则后者会诧异万分，但就在写给希钦纳小姐的这封信中，他推荐了这方面的权威著作《雅各宾主义的历史回忆录》，该书由巴吕埃尔神父所著，并译介为四卷本著作（1797－1798）。雪莱称“我把此书推荐给像您这样明辨是非的 127
人”。[21]* 这封信标志着他在爱尔兰的政治愿望达到高峰。

但是从三月开始，雪莱便知道，自己的整个使命大势已去，这是任何人都无法阻挡的。菲什安布尔街集会给他的教训令他逐渐产生幻灭感，不过也使他接触到自由派编辑兼宣传人士约翰·劳利斯。** 此外，葛德文对他的斗争活动所做的第一反应刚开始传入他的耳中，这也使他有所动摇。而且，他似乎第一次突然意识到都柏林的状况有多么糟糕。他在三月八日痛苦地给葛德文写了一封信，就仿佛他第一次睁开眼睛看到了这一幕：

> 直到现在我才真正领悟人类灾难深重的真正含义。都柏林的男人无疑是世界上最卑微、最悲惨的人。在狭窄的街道上，他们成群地挤缩在一起，简直是一团蠕动的垃圾……在我的想象中，我曾对他们说，关于这个问题，我的观点变得多快呀……我认为我一点也不提倡暴力……任何一种治疗都要从头开始。[22]

到了三月十日，生理上的痛苦与堕落产生的印象几乎到了压倒性的

---

* 雪莱曾在巴吕埃尔神父这部作品的第二卷上留下了亲笔签名并做了注解，现藏于纽约公共图书馆伯格藏品。这本书的状况表明，它是雪莱一直翻阅的参考资料。

** 约翰·劳利斯（1773－1837）是非常做作的激进人士，他养成了使用自己的小型带柄眼镜的习惯，还给自己起了绰号“诚实的杰克”。他于1814年出版了《爱尔兰历史纲要》，对英国的殖民活动持共和派观点。

地步。在雪莱写给希钦纳小姐的信中，政治理论已逐渐消失，取而代之的是对人类的卑鄙、贫穷与个人遭受的不公所作的细致描写。他解释称，自己写信给弗朗西斯·伯德特爵士，为的是给一名男子的公诉案件提供帮助。他名叫雷德芬，是一位背井离乡的爱尔兰侨民，他“抛舍了他在里斯本的妻子和家园”，被迫在葡萄牙军队中当兵。有一次，雪莱发现了一位小男孩，“在一个肮脏得难以形容的藏身之处……和他的母亲饿得快死了”，便搭救了他，“并且打算教他读书”，他们却被巡警抓走。男孩“由于一个虚假的、卑鄙无耻的指控，就被一个**混账**的地方官逮捕。这个官儿让他在偿付和服兵役之间选择，他两者都不想，然而还是不得不当了兵”。这不啻将坎伯兰悲惨的老妇人的故事重述了一遍。

无论在何处，雪莱都会在街头遇见可怕的贫穷与残忍之举，只要他出手干预，结果只会徒增他的怒火与绝望。“两个警察抓了一个带着三个幼儿的寡妇。我抗议，我恳求，我竭尽一切所能。女主人被说服了，警
128 察也发了善心；我问他是否也有同情心，他说当然有。另一个人也有，但是有时他一夜二十几次被召唤出来执行诸如此类的公务。那个女人所犯的罪行是偷了一小块面包，而且当时她还喝醉了。不管我或其他任何人做什么都无法把她从最终的毁灭和饥饿中挽救出来。”[23]他对爱尔兰的改革派人士也心灰意冷，而他起初曾迫不及待要和他们取得联系：“每天都有许多人登门拜访我；没有一个人堪为大器。他们身上都有着浓厚的偏执色彩。”

就在此时，他意识到需要一场极为激进的改革，方可消除街头可怜的悲惨现象，他发现自己的理想主义计划举步维艰。“结社的进展很是缓慢，我恐怕不一定能够建立。偏见之深使其与我的原则相悖，恐怕只有少数人把我当作自由的献身者来爱我，更多的人则把我当作自由思想家而恨我……至少我已在这儿造成轰动，使得人们思潮起伏。我可能会成功，但我恐怕在社团的主要目标上不会成功。”雪莱急切地走在街头，他顿时觉得恶心与愤慨。他告诉希钦纳小姐：“我对这个城市感到厌倦

了，渴望与你平静地在一起。富人把穷人压榨到可怜卑下的地步，然而又抱怨说他们太卑下了，富人逼迫穷人忍饥挨饿，而如果他们偷了一条面包就要绞死他们……我最亲爱的朋友，在这一片恐怖之中，你是我们的和平之星。”[24]三月七日，雪莱给“一份歌功颂德的报纸的编辑”（即《都柏林每周信使报》）写信，发泄心头的沮丧之情，信中还附上一篇文章，述说了自己的使命。*

雪莱在都柏林联系的人士中，很少有人和他建立起良好的关系。他结识库兰的企图并不成熟，而且尽管他曾与库兰一同就餐过两次，但库兰拒绝谈论政治，只会用下流粗鄙的幽默激怒雪莱。葛德文告诉雪莱，雪莱的小册子可能“让他惊恐万分”。编辑约翰·劳利斯觉得雪莱有大把的钱可供挥霍，便向他承诺“让其参与到这份报纸的管理工作中”，三月一天天过去，他又承诺要为雪莱出版《爱尔兰历史纲要》以吸引他，因为雪莱正在筹划此书的出版工作。雪莱着手为此项工作筹集资金，不久之后，他便明白自己不能相信“诚实的杰克”。劳利斯其实写了不少“歌功颂德”的文章。

雪莱夫妇在都柏林结识的最好的朋友是凯瑟琳·纽金特，她是一位纺织女工，出身于工匠家庭，对共和派人士有强烈的同情感。在爱尔兰人联合协会发动起义期间，她定期前往都柏林的监狱，探访等待审判或处决的政治犯。她此时为毛皮商做些针线活维持生计，并因阅读雪莱的一本小册子与雪莱相遇。在三月这段困难的日子里，凯瑟琳·纽金特 129
为他们提供了实际的帮助和支持，三月十日之前，他们就已从萨克维尔大街搬走，住进了格拉夫顿大街17号的新寓所中，因为纽金特就住在格拉夫顿大街101号。

---

* 雪莱此时的政治本能是有道理的，但仅此一次。《都柏林每周信使报》的这位编辑名叫威廉·康韦，据说他是自由派人士，曾暗中与内政部的西德茅斯爵爷通信，报告爱尔兰的激进活动。参见麦卡锡，《雪莱的早年生平：来自第一手资料》，页305-307。

雪莱对于新结识的女性同伴通常都关注有加,他询问纽金特夫人是否已结婚,得到了斩钉截铁的回答——“她的祖国就是她唯一的爱人”。[25]哈丽雅特认为她是“一位非常随和、感性的女子”,并与她建立起亲密无间的友谊,长达数年之久。* 她与纽金特夫人通过书信畅所欲言,直至去世。而且写到雪莱时,她毫不犹豫地坦诚相告甚至开起玩笑。哈丽雅特在给雪莱灵魂姐妹希钦纳小姐写信时,却从未有此举动。此时,雪莱成了素食主义者,此举不啻公然发出挑战。哈丽雅特开始信奉“毕达哥拉斯”的哲学体系。她在三月十五日的信件中写道:“雪莱夫人前去拜访纽金特夫人,并希望她能陪自己在五点钟共进晚餐,因为自己已经杀好了鸡来招待她。”[26]根据哈丽雅特写给希钦纳小姐的信件,我们了解到纽金特夫人三天之后再次来访,坐在雪莱夫妇的房间里“与珀西谈论起美德”。

在三月中旬的这段日子里,雪莱的政治理想主义逐渐消退。“至于结社方面,当我越来越了解到其必要性时,我对其期望值却愈来愈低了。”[27]雪莱依然盼望着“和劳利斯先生一起掌握一家报纸”,只不过即便是劳利斯本人也明确表示,雪莱的最终目标不过是“空中楼阁”。此时传来谣言,称《人身保护法》即将暂停实施,而且当事人可能会突然遭到逮捕,这让雪莱心灰意冷。哈丽雅特虽然希望这是谣言,但“这条消息却给她敲响了警钟”:“如果真有此事,我们的所在又有谁会知道呢?而此时,珀西正一心扑在扶助贫困农村的事业中,而且因此树敌众多。那些榨取农民血汗钱的人正寻机马上报复他呢。”在这次实实在在的政治教育中,雪莱不仅感到愤慨和恶心,还心生恐惧。这段经历很快就要结束了。

三月十八日,雪莱来到都柏林已经快五周了,他收到葛德文写的一

---

* 因此,哈丽雅特写给纽金特夫人的信件,就成为我们了解1811年至1814年间雪莱家庭生活的重要信息来源。不幸的是,在初次相识之后,哈丽雅特再也未能见纽金特夫人一面。

封劝谏信。葛德文在《都柏林每周信使报》上读到了雪莱的第二本小册子《关于建立慈善家协会的倡议》。在报纸对这本小册子打的广告中，雪莱称：“我倡议建立这样一个社团，其目的第一是，讨论采取哪些激励人心的措施；第二，当这类措施决定之后，以联合的或个人的努力去执行这些措施。这个社团应在爱尔兰社会贫苦阶级中间传播知识和道 130
德……”针对这些积极的建议，葛德文正告雪莱：

> 这还不够明显吗？你难道不是在这本小册子中向人们发起号召吗？拿你的话说，他们“几乎和牡蛎处于同一智力水平线上：他们成群地挤缩在一起，简直是一团蠕动的垃圾”，目的就是要让他们用自己的双手纠正这种不合理的现象……雪莱呀，你这是要造成血流成河的后果！如果你的社团产生了广泛的影响，严重的后果就会接踵而至，成百上千的人将会因为你的错误而遭遇灾难和失去生命。然后，难道你要说“我警告过他们别这样做；我播撒下种子时，我曾经郑重地对此进行了劝诫，因此这是不会生根发芽的”吗？[28]

从此，雪莱再也不在写给葛德文的信件中袒露心扉，而是藏匿心中最极端的政治观点。在《关于建立慈善家协会的倡议》中，雪莱专门嘲讽了葛德文的改革方法。提到自由时，雪莱写道：“这种精神很难存活，如果每个公民都安静地坐在自己家里的炉边，说日子过得还不错，因为雨水没有淋到**他**身上，因为**他**有书籍，且有闲暇读书，因为他有钱，而且有自由为**他自己**积聚奢侈物品。”[29]他还称：“我认为依靠个人单独行动，不管有多大力量，其作用绝不可能有一个团体那么大。”

但是，雪莱已经受够了都柏林，他正考虑离开这里。他虽然不敢苟同葛德文信中的观点，但最终还是下定决心离开。他以悔恨的口吻从格拉夫顿大街的寓所给葛德文写了回信：“我已停止传布我错误发行的出版物，并打算离开都柏林……在这座被称作‘自由城’的地方，到处显露出贫穷与悲惨,看到这种景象,即使性格比我还沉着的人也会感到激动的。但我承认,我不想再对文盲宣讲了,我期待着我不可能参与的事件的发生,使自己成为因果中之因,而那个果将在我变为灰尘的许多世代之后出现。”[30]葛德文读到这一段后,后来曾评论称,自己的这位弟子正在“从一个极端走向另一个极端”。诚哉此言,因为雪莱希望让葛德文相信,自己已经认同他的论述,而实际上,雪莱认为葛德文的劝诫仅仅给了他一个很好的理由来摆脱他已决心要放弃的立场。

但是,雪莱并没有放弃倡导结社的观点:时机虽不成熟,但并不危险。“在此问题上,我绝不是固执己见。”他还故意不提自己曾与劳利斯筹划一份报纸和他的出版计划,也没有提到他已经在印刷一份新的激进文稿,即《人权宣言》,读者很快就能看到他在德文郡积极投身此书的发
131 行工作。他给葛德文吃了一颗定心丸:“不再害怕任何暴力,任何伤害,在都柏林的日子或许对我起了作用……我勉强同意您的决定,我既不傲慢、保守,也不专横跋扈。”[31]

雪莱开始从都柏林实施战略转移。就在同一天,他借哈丽雅特之口向赫斯特皮尔波因特的希钦纳小姐发出指示,并解释自己为何要离开:“把《人权宣言》散发出去。珀西说,农民们很喜欢在自己的墙上张贴一些东西。珀西把他所有的小册子连同《人权宣言》一起寄给你,你方便时散发出去……我们已经放弃了所有关于组建社团的想法,它们都不现实。我们将于四月七日离开这座喧闹的城市,除非《人身保护法》果真暂停实施,那样的话我们就不得不**尽快**离开此地。”三月二十日,雪莱匆匆写了一封便笺给他忠实、可靠的财务助手梅德温,并请他为劳利斯的《爱尔兰历史纲要》筹措一笔二百五十英镑的借款,期限是十八个月,并称:“您从刘易斯信中可了解到,我已忙得焦头烂额、不可开交。”[32]希钦纳小姐一直通过都柏林报纸的剪报,让苏塞克斯当地的报刊媒体掌握雪莱的动向,以便给雪莱的下一场战役打下良好基础,而且雪莱的活动给英国人留下的印象似乎比都柏林的实际情况更为深刻。

雪莱此次爱尔兰之行不啻一场失败。等他回到英国时，并没有打算在英格兰北部或西部动荡不安的城市中心（例如布里斯托、利物浦、曼彻斯特及卡莱尔）展开斗争。他要隐居乡野，重新恢复元气，并反思自己此前的经历。不过，即便这是一场失败，也是难能可贵的教训。接触贫困、疾病与残忍的冷漠等客观事实，对雪莱是一次永生难忘的经历，而且雪莱将使用恐怖力量这一意象，将它们运用在自己最出色的作品中。在他的政治思想中，暴力变革已成为核心问题。他从未放弃组建“社团”的想法，也没有忘记以具有先进思想、组织严密的社区催生政治变革的想法，而且在此后十年，他将不断通过自己的生活模式对上述想法展开试验。雪莱两周之后回忆起整个爱尔兰之旅的经历，在总结中并没有闪烁其词或夸大成果：“《人身保护法》并没有暂停实施，他们以后也不会那样做。我之所以离开都柏林，是因为我已经尽力而为了。即便我的努力产生了有益的效果，也不会起太大作用。我对我的成功并不满意，但对我的目的却另当别论。”[33]

雪莱夫妇最终于四月四日（星期六）从都柏林动身。出发前，他们就已经将小册子、大开本报纸、《人权宣言》和可怜的雷德芬从葡萄牙军队中寄出的信件的印刷版装进大箱子寄走了，这件事全权委托给希钦纳小姐，并要将这些材料用于刘易斯协会的发展。他们竭力说服纽金特夫人也加入这个与众不同的小型公社，但她抬起头，将目光从针线活上移开，只说了一句：“她从未离开自己的祖国，也不想离开。”[34]他们还带 132
上了爱尔兰仆人，雪莱在刚开始派发小册子时，便雇用了此人。他名叫丹·希利，他曾说自己的主人自打“十五岁”之后就秉持特殊的政治观点，雪莱原谅了他这么说。[35]丹铁了心要追随雪莱的事业，他也是他们争取到的唯一一名爱尔兰人。一行人离开都柏林港，乘着狂风驶向大海。

注释

［1］《埃斯代尔诗钞》,页203,注释2。

［2］同上,页71。

［3］《珀西·比希·雪莱书信集》,第一卷,第一六七篇,页255。

［4］同上,第一六八篇,页256。

［5］同上,第一七〇篇,页258。

［6］同上,第一七二篇,页65。(这封信和寄给希钦纳小姐的其他一些信件都是哈丽雅特与雪莱合写的。)

［7］雪莱,《散文作品》,页39。

［8］《珀西·比希·雪莱书信集》,第一卷,第一七二篇,页263。

［9］雪莱,《散文作品》,页51。

［10］同上,页49。

［11］《珀西·比希·雪莱书信集》,第一卷,第一六二篇,页239。

［12］雪莱,《散文作品》,页55。

［13］同上。

［14］威廉·葛德文写给雪莱的信,《珀西·比希·雪莱书信集》,第一卷,第一七三篇,页269,注释6。此信原文取自霍格的《珀西·比希·雪莱的一生》。

［15］威廉·葛德文写给雪莱的信,《珀西·比希·雪莱书信集》,第一卷,第一七〇篇,页260,注释8。此信的内容不完整,也取自霍格《珀西·比希·雪莱的一生》。

［16］《珀西·比希·雪莱书信集》,第一卷,第一七三篇,页267。

［17］同上,第一七二篇,页264-265。

［18］丹尼斯·弗罗伦斯·麦卡锡,《雪莱的早年生平:来自第一手资料》(伦敦,1870),页238-241。麦卡锡是第一位认真研究雪莱在都柏林活动的作家。这两位英国密探分别是"警长"迈克尔·法雷尔与他的下属托马斯·曼宁。

［19］《珀西·比希·雪莱书信集》,第一卷,第一七五篇,页275。

［20］同上,第一七二篇,页264。

［21］同上。

［22］同上，第一七三篇，页268。

［23］同上，第一七四篇，页271。

［24］同上。

［25］哈丽雅特·雪莱的书信，《珀西·比希·雪莱书信集》，第一卷，第一七六篇，页279，注释5。信件原文取自麦卡锡的《雪莱的早年生平：选自第一手资料》。

［26］同上，第一七八篇，页283，注释8。（哈丽雅特·雪莱的信件首次收录于朱利安版《雪莱全集》〔英彭与佩克编，十卷本，1926-1930〕，但哈丽雅特的信件也全文收录在F. L. 琼斯版《雪莱书信集》的脚注中，这些书目是普通读者最容易找到的，我相应列入我的参考书目。）

［27］《珀西·比希·雪莱书信集》，第一卷，第一七五篇，页275。

［28］葛德文写给雪莱的信，《珀西·比希·雪莱书信集》，第一卷，第一七三篇，页269-270，注释6。

［29］雪莱，《散文作品》，页62。

［30］《珀西·比希·雪莱书信集》，第一卷，第一七六篇，页276-277。

［31］同上，第一七六篇，页278。

［32］同上，第一七七篇，页280。

［33］同上，第一七八篇，页282。

［34］同上，第一七六篇，页279，注释5。

［35］同上，第一七二篇，页264。

第六章　激进的公社

133 一行人花了三十六个小时渡过大海，旅途中风急浪高，全程没有食物充饥。抵达霍利黑德时，已是四月六日（星期一）凌晨两点。他们登陆的海滩距旅馆大约一英里。船夫借着岸边礁石上防风灯的灯光，在倾盆大雨中驾驶着船只穿行在海面上。哈丽雅特的情况最好，因为她蜷缩在船上一处干燥的角落，几乎全程都在安稳地睡觉。雪莱和伊丽莎却极度虚弱和疲惫，几乎上不了岸，但他们最后还是都到达了旅馆，雪莱点了分量巨大的一份餐，里面还有**肉食**，这让哈丽雅特惊诧不已。她在写给凯瑟琳·纽金特的信中称："换了你也会觉得这太不同寻常了。"[1]

恢复元气之后，一行人便启程寻找新的住所，这里要成为他们的活动基地。雪莱几乎一直打算让希钦纳小姐来威尔士和他们住在一起，可能的话，还要请葛德文一家也搬过来住。但找到合适的住所并不容易。雪莱希望新的住所不能只是一间木屋，但他随身携带的现金几乎告罄。他需要通过某种安排，以抵押或借款的形式租赁房屋。这就意味着他需要找到通情达理的房东。一行人飞速向南前行，穿过卡那封郡和麦利昂斯夏郡——"我们每到一家旅馆，都满怀新的希望，也带走新的失望”。[2]

在巴茅思，一行人发现，若是经水路取道卡迪根郡，要比沿着海岸线走蜿蜒曲折的陆路费用低得多。因为后者需要沿着水湾和河口绕行漫长的距离，还要在卡德伊德里斯山脉的丘陵地带曲折前进。他们没有气馁，再一次出海航行。众人乘坐的是一艘敞篷船，但春日天气很好，海水波光粼粼。一行人轻松地沿着海岸线前进了三十英里，来到了阿伯里斯特维斯港。后来，雪莱将这段经历作为背景，用于一首描写浪迹天涯的诗歌，这就是《远航》，其中包含对海员的赞美，尤其是他们的“魅力和坦荡的慷慨”。尽管哈丽雅特与伊丽莎此前都曾在这里度过暑假，但阿伯 134
里斯特维斯并没有吸引她们。雪莱已经对大城市产生了厌倦情绪。他在《远航》中表达了肺腑之情：

> 看啊！有一座熙熙攘攘的城市
> 两座黑暗的山岩拱卫它的两侧，
> 宁谧的水流汇聚其中，
> 映照出每一个屋檐与桅杆。
> 熙熙攘攘的城市啊！这里是兽穴
> 狼群豢养羊羔，吸食他们的鲜血。
> 这里充满混乱。倘若有一个人，
> 展露公正、无畏和理性，
> 在别人看来，此人定是个疯子。[3]

他们在赶路途中，还沿着东边的大路前行，这条路与海岸线渐行渐远，将他们引入一片丘陵，这里位于一系列蜿蜒曲折的弯道中，还能最后看一眼大海，然后便逐渐下山，进入拉德诺郡连绵起伏的平原和山谷地带。随后他们又来到赖厄德，雪莱在上一年就听说过这个地区，最终发现有一座房子还空着，这里距托马斯·格罗夫在埃兰谷的住处一英里多。

雪莱兜了一个大圈，又回到了这里。

众人于四月十四日抵达赖厄德附近的南特格维尔特。随后，雪莱在四十八小时之内展开谈判，力求谈妥租赁事宜，这片土地包括两百英亩旱地和几片森林。房东还允许他们使用农场，因为雪莱家族的名头在当地影响力很大。哈丽雅特与雪莱突然间欣喜若狂，他们凝望着这片有可能属于他们的土地，然后滔滔不绝地讨论来年夏天的打算。这座农场的土地可以转租，因此只需支付整座物业年租金的四分之三，不管怎么说，租金都十分低廉。据雪莱说，一年租金为九十八英镑。若要购买此物业，需要五百英镑，购地款可以从苏塞克斯借。这里房间充足，不仅足够希钦纳小姐所需，加上葛德文一家也够住的。倘若能说服纽金特夫人移居此处，房屋依然绰绰有余。最大的一间房可作古典著作和激进文献的藏书室——“把房间布置得豪华舒适些还是值得的”。[4]此地景色十分优美，青色的树林里盛开着春日的芳菲，“此处群山叠嶂，如屏风一般环绕着山谷，使其远离喧嚣尘世的纷扰”[5]，可以最终为雪莱的公社奠定物质基础，而这正是他们孜孜以求的目标。这是“逃避痛苦的避风港”，而且更为激进，即“一个为自由、为真理而奋斗的同仁们聚会的地方”。[6]

这里是退隐尘世和躲避现实的好去处，雪莱从这里警惕地关注着政
135 治动态。他催促希钦纳小姐将《人权宣言》散发到苏塞克斯的农家：“采用类似富兰克林在美国人中间传播其商业理想的方法。”他本人就打算在威尔士传播雷德芬的书信。[7]他观察到“曼彻斯特、卡莱尔、布里斯托以及其他大城市都处在一种不安的状态中”，并且咒骂摄政王从百姓手中榨取钱财。“假如谋杀马尔家族六个人的凶手应处以绞刑，那么这位王爷策划杀戮无数又该当何罪呢？”[8]但到了后来，雪莱看到动荡局势的演变，一种恐惧感油然而生，“担心挨饿是英国人暴乱的唯一激发剂”。这是强烈的失望，因为他明智地指出，“当地民军组织，一个带有市民特征，融兵于民的军事机构，已出发到卡莱尔附近和其他一些大的

城镇去镇压平民百姓。政府竟下令地方武装采取行动似乎表明一个迹象,即平民百姓至少对政府不满(迄今为止只与饥饿有直接关系)而参与了这些骚乱”。[9]首相斯潘塞·珀西瓦尔在议会下议院的门厅外遇刺,雪莱与哈丽雅特却希望要是卡斯尔雷遇刺身亡就好了,“这样要棒得多”。[10]

雪莱很快便一心思考当前的计划,好在将来建立起自己的“小圈子”,只不过埃兰谷给他留下了关于哈丽雅特·格罗夫的糟糕记忆,这里还有他与菲尔德庄园分道扬镳之前的回忆。他在写给葛德文的信中称:“每当这些老友的亡魂在完全变化了的情形下——就像我的情形一样——再现于我眼前时,他们总是既模糊又陌生。”[11]他以异想天开的笔调,对希钦纳小姐述说了自己的感情:“我们目前在山里,树木和河流的环境中,寂寞地生活着——宁静、偏僻、陈旧,远离城镇,距最近的拉亚德还有六英里。幽灵在这所房子出没的情形常被仆人们见到。我们的邻居中有几个巫婆,她们给我们讲了许多仙女和妖精的事。”[12]但是,在他此时的心态中,这纯粹只是增加了这座房子的吸引力,他很快便忙着给蒂莫西·雪莱和 T. C. 梅德温写信,打算借款五百英镑,这是购买南特格维尔特的不动产与家具所必需的。雪莱在写给父亲的信中,以充满外交辞令的口吻提出建议:“如果您愿意汇[五百英镑]给我,我就会立刻在您的帮助下定居下来,这样我每年的收入就足够我生活之需,否则我就要将这些钱虚掷在各种追求之中,以维持我和妻子的生计。您现在有一个机会让您财产的继承人定居下来,这样他就可以安静地像个绅士那样追求他的业余爱好,有了这些爱好,他以后再也不会给您的家族抹黑了。”[13]

但是,这些乐观的计划都不够成熟。他们每个季度都会遇上意想不到的挫折,到了六月的第一周,他们已经准备辞别美丽的埃兰谷了。 136

首先,他们遭到了病魔的袭击。哈丽雅特刚到南特格维尔特没几天,就出现了劳累的症状,这是舟车劳顿所致。她胆病发作得很严重,且出现了发热症状，虽是“间歇性的”，却相当严重，虚弱到无法四处走动，也无法帮忙做些家务活，甚至连信都没法写。直到五月底她才完全康复，而且在他们定居在南特格维尔特的这段时光里，哈丽雅特还旧病复发，也许是山谷中的山风太凛冽，她不得不待在卧室或坐在图书馆的椅子上。[14]

此外，他们也没有如愿很快收到购买这座农场所需的借款。蒂莫西·雪莱收到儿子的借款请求，立即通过惠顿写了一封简短的回信回绝了。梅德温对此兴趣颇大，但他发现上一个房东胡珀先生已经破产，因此胡珀无权转让南特格维尔特的租约，若要签订新的租约并加入许多限制性条款，就要与金斯顿的代理人签约。此举面临两项阻碍。首先，新的租约规定，梅德温无权将此房产过户给雪莱，因为后者在法律上是未成年人。梅德温就得亲自到南特格维尔特耕作，并且始终承担个人责任。其次，梅德温作出更加详尽的评估后发现，根据南特格维尔特的账户信息，田产的价值显然并不仅值五百英镑，而是接近一千英镑。梅德温决定咨询雪莱的老朋友兼支持者皮尔福德上校。整个五月，雪莱焦急地等待着苏塞克斯会谈的结果。

另一个不幸最终威胁到整个公社计划，这与一大箱煽动造反的宣传材料有关，当时他们将这批材料从都柏林寄给希钦纳小姐，雪莱以为早就安然抵达赫斯特皮尔波因特。箱子里装着爱尔兰的小册子，还有一封很长的公开信，信是哈丽雅特写给希钦纳小姐的，信中称希钦纳小姐为“波西亚”。哈丽雅特信中提到了此前的两封信，它们是藏在报纸中非法走私的（这样邮费更低）；还以同情的笔调描写了都柏林普遍的不满情绪，还提到趁英国皇家近卫骑兵队上街巡逻时举行起义的可能性；信中还指示希钦纳小姐在刘易斯附近散发《人权宣言》这本小册子。总之，这就是哈丽雅特本人所说的“满满一大箱危险品”。

雪莱只支付了到霍利黑德的运费，他相信这箱材料会接着运往赫斯特皮尔波因特，然后希钦纳小姐会支付其余运费。但是，箱子在霍利黑德海关存放了几天，最终工作人员将其打开，以检查如何对其收费。海关检查人员皮尔斯・托马斯先生发现箱子中的物品后不禁目瞪口呆。137
霍利黑德邮局的检查人员威廉・费洛斯立即接到通知，两人一同检查了这批“危险品”。两人都认定，事态十分严重，应当直接向伦敦的上级部门报告：托马斯写信报告了英国内政部部长，而费洛斯则写信给英国邮政总局局长。这批小册子和哈丽雅特的信件都被没收，并随信附上其中的样本。费洛斯的信件部分摘录如下：“[这个箱子中]除了有一大批小册子和印刷品之外，还有一封**未封口的信**，信中的倾向对于政府十分危险，因此我吁请[托马斯先生]立即拟定一封密件并寄往内政部长或珀西瓦尔先生(首相)……”[15]政府最终将这批印刷品送到了伦敦的内政部长办公厅西德茅斯爵爷那里，还送到了都柏林的爱尔兰布政司韦尔斯利・波尔那里。[16]

雪莱并没有立即受到公诉，这批印刷品做了标注之后又退还到当地。但是，内政部非正式的情报系统已经接到警报。这批印刷品送到了苏塞克斯联合邮政署长奇切斯特爵爷那里，由他在脚注上做了某些询问，并呈报给邮政总局局长，报告内容如下：“我听说[雪莱先生]娶了一名仆人，或者是出身卑微之人。他已经在爱尔兰住了一段时间，我听说他曾在天主教委员会的集会上发表演说。赫斯特皮尔波因特的希钦纳小姐在本地开办了一所学校，她口碑很好。她父亲在附近开了一家小旅馆，原本以走私为业，后来将姓由约克改为希钦纳，之后又开了一家旅馆。我会密切关注他的女儿，并调查她与雪莱是否存在任何联系。”[17]邮政署长的信件写于一八一二年四月五日。霍格暗示称，雪莱其实是根据警方留下的“蛛丝马迹”离开了爱尔兰，但实情尚无法确定。

直到拿破仑战争结束之前，政府对于颠覆组织的对策都是先调查取证，而不是立即提起公诉。从一八一六年到一八二〇年，政府的做法会更加主动，并且派出“包打听”，旨在将叛乱图谋扼杀在摇篮中。因此，在战后日益恶化的社会形势下，政府希望最大限度地利用这些人来发动宣传,作为更激烈的镇压活动的措施之一。彭特里奇革命与卡托街阴谋都是此后政策的产物。但是,在这一时期,内政部的行政机器很少,而且西德茅斯本人只聘请了七名官员。通过威斯敏斯特与地方上的地主、官
138 员与太平绅士之间的私人联系,依靠他们在收集情报和对付不受欢迎人士方面的惊人效率,这一体制运行得富有成效。

就内政部而言,最让它紧张的并不是这批小册子,而是哈丽雅特的信件,其中充满了对爱尔兰不满的反思,信中还指示希钦纳小姐在苏塞克斯散发《人权宣言》。《人权宣言》的内容是什么呢?这本小册子印成了大开本海报,分为两栏,列出三十一条权利。它们大部分取自雪莱在爱尔兰小册子中提到的激进原则,这明显受到葛德文与潘恩的影响。还有更为模糊、更令人不安的原教旨主义色彩,它反映出法国与美国革命政府发表的类似宣言。在这三十一条权利中,有一些更加有力,也更加体现出雪莱的特点:

一

政府没有任何权利;它是许多个人为了保障他们自己权利而选择的代表团体。因此,政府仅仅在这些人的同意之下而存在,其作用也仅仅在于为他们的福利而进行活动。

六

人人有权平等享受政府的利益和分担政府的负担。任何不能表示意见的现象本身意味着,在政府方面是赤裸裸的暴政,在被统治者方面则是无知的奴性。

九

任何人都无权独自反抗法律的执行,从而扰乱公众的安宁,不管这法律有多坏。他应该服从,同时竭尽他自己的理智力量,来促成这种法律的废除。

一二

每个人都有权享受无限制的讨论自由。谎言是自己毒死自己的蝎子。

一九

人没有权利杀害自己的弟兄。也不能以穿军服作为杀人的借口：这样只会在杀人罪之外又加上奴才行为的耻辱。

二六

有的人相信天国也和地上历来的情况一样，天国也是少数幸运者们垄断的地方；这些人还是重新考虑一下他们的见解为好；如果他们明白过来，他们就会知道，这是从他们的教士或他们的老祖母那儿得来的见解。他们最好还是抛弃这种见解。

二七

除了道德和才能以外，任何人无权凭其他条件而受人尊敬。称号像一片涂金纸，权力是一种腐蚀剂，荣誉是一个肥皂泡，过多的财富是对于其所有者的诽谤。

二八

任何人无权独占多于他所能受用的财物；当千百万人在饥饿线上时，富人给予穷人东西，不能算作一种完善的恩施，而只能算作一种不完善的权利。

三〇

凡是愿意自由的人必须有健全清醒的躯体和心灵；因为如果不清醒，高度的慈善心不可能激动心灵，也不可能有冷静而坚决的勇气去执行心灵的命令。

在《人权宣言》中，也许最令人瞩目的一点就在于其语气和暗示突 139

出体现了多样性或来源。它似乎立即面对着多种不同的道路，而且流露出彷徨的状态，这是都柏林的经历给雪莱造成的影响。在开头部分，第一条与第六条最能体现出潘恩的影响，它们具有煽动性，也不失哲理性。结尾部分的建议（例如第二十七条与第二十八条）体现了激进的平均主义思想，明确提出要采用激进的行动路线，这使人不禁想起法国大革命初期的法国知识分子。

第九条似乎与之恰恰相反，它彻底主张遵守法律并根据现状便宜行事。第十九条与第二十六条又与之不同，它们的辩论方式显然是要刻意煽动和激怒读者。第三十条则充分证明雪莱性格中更接近贵格教徒务实的一面，文中的语气就仿佛是看见过政治行动并面对现实的人士。总之，很难想象农民将如何对待这部作品；但有一点是肯定的，这部作品足以在拿破仑战争期间让政府相信，雪莱喜欢惹是生非，需要密切注意。

《人权宣言》的结尾是一段振聋发聩的号召，这颇令人感到好奇。雪莱通过劝告和羞辱，力求让读者“想一想你们的权利”。他在结尾处写道：“向你们宣告这些权利的是这样一个人，他知道你们的尊严，他的心每时每刻都因想到你们可能取得的成就而激荡起光荣的自豪感；是这样一个人，他忘不了你们的堕落，因为他也时刻想起你们的现状——这种使人痛苦的事实。**醒来吧！——站起来吧！——否则就永远堕落下去。**”[18]人们可以发现，在此处，他在都柏林的经历不啻一把双刃剑，他既意识到理想实现的可能性，也认清了痛苦的现实。这也是雪莱第一次有意识地将自己认同于撒旦式的流亡者，即大胆反抗上帝统治的天使；因为他在结尾呼吁读者采取行动，这仿照了《失乐园》的第一卷，当时地狱的主人在大战之后疲惫地躺在燃烧之湖，而撒旦号召他们聚集起来斗争。

雪莱成熟之后的政治信念中，号召民众“觉醒”将成为核心部分，即起来维护自身权利，独立思考，同时与志同道合之人联合起来。在这部作品中，人们几乎会意外地感受到对未来的态度，并通过活生生的经历使之变得真实、可靠,就仿佛是对撒旦的认同一般。《人权宣言》最终在工人阶级的激进分子中得以流传,因为它在理查德·卡莱尔的报纸《共和主义者》第五期中全文发表,并于一八一九年九月二十四日在舰队街55号出版。

到了五月底,中央政府对雪莱计划的干涉开始产生明显效果。

雪莱除了将南特格维尔特作为基地,还有另一项主要目标,即说服伊丽莎白·希钦纳也来这里加入他们。几个月以来,他一直在筹划如何 140
请这位最忠诚、最亲密的笔友过来加入自己的小圈子,她也是自己灵魂姊妹。在南特格维尔特安顿下来后过了两天,雪莱就开始筹划这项安排的细节。在他的公社中,希钦纳小姐名叫"波西亚"*,她预计六月底到达。这里有七间卧室,因此她的父亲也可以同来,还可打理农场,他应该会乐此不疲。[19]假如波西亚愿意放弃自己在赫斯特皮尔波因特费尽千辛万苦创办的学校,似乎就能解决所有的个人难题。也许,她甚至还可以带着她的学生一同前来,最好是"那群美国小孩"。当然,他们的钱也要放在一起花:"鉴于团结是国民之正当权利,是我们这个社会全体成员的财富,所以你今后就是我们这个大家庭中的一位成员。"[20]

他们希望在平等的基础上一同工作,同时还配备了自己的图书馆,在自己的农场中劳作,甚至还让她带来了自己的学生,因此他们希望南特格维尔特成为真正的激进派中心,专门用于"以热烈而又不带偏见的讨论,传达、修改和交流计划与思想",并且"立即将这些改革措施落实,无知无识之人与平庸之辈是想象不出它们的可行性或用处的"。[21]雪莱自私奔之后,第一次看到在他掌控范围之内,有可能为志同道合之人建立起一个安居乐业的社区。

---

* 希钦纳小姐深思熟虑之后,亲自选择了这个名字。哈丽雅特称:"我不喜欢你起的这个名字,但我只在意这个**名字**。"最后,波西亚这个名字又改为"贝茜",这确凿地表明她与雪莱的关系已过了"近日点"。

但这个想法却无法实现。希钦纳小姐在四月底寄来一封信，信中告知了第一个麻烦。在苏塞克斯，当地人都**议论纷纷**；流传着她和雪莱有男女关系的谣言。皮尔福德上校作为他们的良师益友也满腹狐疑，希钦纳小姐本人很焦急。起初，雪莱的反应是不屑一顾。他以愤怒的措辞打消了她的顾虑。“哦，我亲爱的朋友，**不要**想离开我们。天哪，就因为有几个可鄙的乡下长舌妇不停地重复一些捏造的谎言，而她们自己都不相信这些谎言，就把那本该经受住风吹雨打，经受住天崩地裂的信念动摇吗？上校不同意有什么大不了的？他是我舅舅没错，我感激他的仁慈，但我就该按其吩咐的去做吗？我已全面调查了此事，丝毫未改初衷。”[22]

雪莱在南特格维尔特又收到一些信件，波西亚的父亲也开始强烈反对这项计划。四月三十日，雪莱给他写了一封信。雪莱肯定已经认识到形势的微妙。这是父亲与待字闺中的女儿之间的关系，是从男爵之子与一个转型为酒馆老板的走私犯之间的阶级鸿沟，也是桃色事件所产生的无时无刻不存在的问题。但是，雪莱给弗里亚尔欧克的托马斯·希钦纳
141 写了信，信中丝毫不讲策略：“阁下：我是您女儿的朋友，您也许已从您女儿嘴里听说过……阁下，我的道德品质是无可指责、无懈可击的。与其说我恨诽谤中伤，不如说我鄙视它。世人对我曾做的事怎么看，将来会怎么看，我不在乎，您的女儿与我有同感。我们两人都决心只将我们的行为交给一个法庭，那就是大自然植入我们心内的法庭。”这不啻灾难性的错误，只会应验希钦纳先生最担心的可能。这个错误体现了雪莱的典型特点，尤其是他盲目的自行其是和突然摆出的高姿态。这封信使希钦纳先生相信，雪莱夫人同样坚定地认为伊丽莎白应当“与我们有福共享，有难同当”。雪莱在这封信的结尾发表了一番评论，出发点也许是好的，但在这一背景下却成为趾高气昂的讥讽：“对那些生来碰巧比您有钱和有名气的人，您以嫉妒之心对他们的冒犯保持着防备，这是您的性格，我能理解。您也许是对的，现在对此事没必要再费劲啦。我对

炫耀自己的家谱没有兴趣，也不愿以此来显贵现在的我。”[23]

第二天晚上，雪莱睡得很晚。哈丽雅特又一次在床上犯了热病，“虚弱憔悴，连话都几乎没有力气说”，雪莱满怀激情地给希钦纳小姐写信，告诉她，自己给她的父亲写了信，还给皮尔福德上校也写了。他在信中称，“当我发现那些**蜇叮过**你的蛇蝎之人依然横行世上，我就感到忍无可忍”。说着，他心中再次升起无名火。之后，又恢复了平和的心态，对她提出更加中肯的建议：“你父亲和上校在你身边，而我们则相距甚远。朋友，当你听到他们争论、劝说和威胁时，我想你有时会把思想转向我们一边并问道：‘珀西周围的人对此会怎么想？会怎么说？’隔段时日再写信给你，就此搁笔。你牢不可破的 P. B. S. ”[24]

到了五月底，哈丽雅特逐渐康复，发热症状也消失了。这让雪莱松了一口气，他对事情的结果更有信心。他引用《麦克白》里的一句话告诉希钦纳小姐：“只要你鼓足全部勇气，我们决不会失败。”但是，谣言在赫斯特皮尔波因特一直传得沸沸扬扬。雪莱尖刻地评论道：“我多么想让你当我的**情人**！我单身的时候你竟会拒绝我的美意。后来，我的婚姻力排众议，没让他们挡住那非凡的激情！他们肯定获得一种趣味，一种专门捏造最荒诞古怪和最不可能的羞耻之事的趣味。”[25]

雪莱在解释他的计划遇到阻力时，并不是从道德上的偏执或皮尔福德太太的“临时性的感情宣泄”上入手，而是从**政治上**作出解释。他认 142
为，他最终激起政治上反动势力的反扑，他对希钦纳小姐这样说道：“朋友，我们现在打不打算牺牲迅速把你我卷入其中的依恋——一个把这些亲爱的人都间接牵连其中的依恋？为何要做出牺牲？为这个**人世间**！为这群猪！为不分良莠的大众！为毁于一炬的普利斯特利王朝！为死于谋杀的菲茨杰拉德！* 为马里勒博的不屈兵营！为已开始和正在继续扼杀自由的战争！为把雷德芬贬为奴隶及（同无原则的怯弱一样）许

* 爱德华·菲茨杰拉德爵爷（1763–1804）曾担任爱尔兰人联合协会的军事委员会主席。

可类似事情发生的卑鄙小人……”[26]

自内政部与邮政总局于四月底对雪莱展开调查以来，雪莱似乎要比他们想象的更加循规蹈矩。邮政署长在苏塞克斯实施调查，加之下达了密切监视伊丽莎白·希钦纳这一命令，很可能这就是此时开始流传这些“谣言”的真正根源。下令调查希钦纳小姐与雪莱之间的任何联系，就意味着两人之间的通信遭到了拦截和私拆，而且当地对希钦纳小姐日常的活动也展开了调查。在赫斯特皮尔波因特和库克菲尔德这样的小型农业社区中，这样的情况必然会通过小道消息不胫而走。

雪莱竭力要让皮尔福德上校相信，他的计划并不会对当前的道德产生影响。但是，皮尔福德依然心神不宁，况且此时他还很关心雪莱的经济状况。雪莱以非常严肃的口吻告知希钦纳小姐：“上校告诉我说这些传闻正是你所说的那样。他表示不相信什么‘桃色新闻’之类的事，但宣称我肯定十分喜爱你。在我看来，自己应像否定最近的指责那样更多地否定自己……”皮尔福德上校的反对意见传来之后，雪莱立即向希钦纳小姐发出警告，暗示称上校已经提到政府展开调查的传言。“你下次来信要告知我如何处理政治事宜。谁是你的代理人？你已做了哪些工作？注意将《人权宣言》送到牧师或贵族阶层的人士手中。就此搁笔。”[27]当然，此举已为时过晚。

雪莱原本在苏塞克斯尚能获得一定的支持，此时连这一点支持都已疏远。希钦纳先生写了一封措辞强硬的回信，不准女儿前往威尔士。雪莱的回信则充满怒火和毫无用处的辞章，将他的问号用在了与这种鲁钝之人的通信中，简直是对牛弹琴。“您有何权利这样做？谁让您当她的太上皇？您不让她给我们写信，她同意了吗……您得体的思想（这样能更清楚地表达我在**道德**上的含义）都是基于**得益**多少而考虑的。”也许
143 雪莱认为，此刻最佳策略就是在父女之间制造愤怒和隔阂，至少有助于希钦纳小姐下定决心自行其是。

但是,皮尔福德上校的不满要比希钦纳先生更为重要。这直接击中雪莱计划的命门。梅德温与皮尔福德上校于五月二十三日会面,两人讨论了南特格维尔特的转让事宜。尽管购买这片产业需要一千英镑,但皮尔福德上校可能依然愿意帮外甥一把,前提是他自己也认为这项计划十分合理。但是,他却发现这威胁到社会良俗并可能制造出政治丑闻。第二天,梅德温写信通知雪莱,“皮尔福德上校与我不得不放弃对此项交易作任何进一步考虑”。[28]他们又寄出第二封信,将转让草案退给田产主人在金斯顿的律师詹姆斯·戴维斯。实际上,这就意味着雪莱的威尔士计划宣告夭折。他再也没有机会在南特格维尔特建立公社了。

到了六月六日(星期六),胡珀先生勒令雪莱一行人从这片美丽的农场搬走,悲凉的气氛弥漫在行李车队中。他们穿过山谷,厚着脸皮在埃兰谷的托马斯·格罗夫家中住了一段时间。他们觉得格罗夫太太人很好,只不过有时“太过郑重其事,不够和蔼可亲”;而格罗夫先生似乎对他们非常疏远。总而言之,哈丽雅特对此的评论是:“你可以猜到我们是如何度日如年的。”[29]他们的计划一度杂乱无章。雪莱的第一反应是丢弃所有家当,并计划前往意大利,打算在那里一直住到一八一四年成年,因为这之前“无论我们到哪儿,相似的困难就光顾我们”。意大利可能也有利于雪莱的健康,他的健康让大家都很担心,况且其他计划也无法实现。不久前他一直在给葛德文写信,称“结婚前,我的身体一直多灾多难,整天一阵阵紧张兮兮的,想学习都有点够呛”。[30]* 前往意大

---

* 雪莱健康不佳的说法存在一定的问题,而且这一点在1815年之后越来越重要。这似乎存在三方面的因素:在巨大的紧张与情绪上的波动之后,会出现歇斯底里症状与精神疾病的发作;慢性疾病造成的痉挛症状,这与他的肾脏和胆囊有关;还有一片身心失调区域,上述两种疾病相互影响,相互加剧症状。总之,雪莱在开心的时候非常健康,尽管如此,他在意大利居住时,依然多次出现肾脏痉挛,造成了极剧烈的疼痛,也许需要手术治疗。在我们掌握的资料中,对雪莱病情最早的描述是1816年,称他为“肺痨患者”。作为一个年轻人,雪莱表现出疑病症的迹象,毫无疑问他刻意向葛德文等人营造出健康不佳的外象,童年时期的他肯定不是像他自称的“疾病缠身”。

利的计划若要付诸实施，就需要在战争期间获得护照，雪莱意识到这可能很难实现。与此同时，他们可能去了海边，也许是卡迪根郡，也许是更南边的德文郡。

希钦纳小姐在来信中建议他们都去苏塞克斯定居，也许可以去赫斯特皮尔波因特，在她家中住下来。或许能省不少钱，但显然存在战略性的反对意见。“我们与所有‘好意’的敌人之间的关系难道不会令我们
144 自身及观点始终遭到他们的挑衅吗？尽管同我们内心的平静相比，这些挑衅不值一提，但它们却会对我们的作用呈现出完全不同的样子？”他这番话指的是政治上的作用。[31]倘若他们回到苏塞克斯定居，也有可能引发蒂莫西的怒火，他会收回每季度五十英镑的生活费，这笔钱非常重要。

雪莱从埃兰谷寄出的最后几封信，都是在计算前往各个方向所需的费用。若是回苏塞克斯，他们就要花三十英镑，而去德文郡的伊尔弗勒科姆，只需八英镑，这一点最终起了决定性作用。“基于此，在伊尔弗勒科姆或者是靠近它的地方，我们可以弄到一所房子，那将成为我们幸福的圣坛。”他们决定让希钦纳小姐将所有事处理妥当之后，便尽快乘马车赶赴伦敦。她可以在教堂街的韦斯特布鲁克先生的宅邸中过夜。他在他们看来依然属于中立的一方。这样第二天她便可以乘坐巴恩斯特珀尔马车平安地与雪莱会合。无疑，“本意良好”的仇敌会企图阻止她离开，但是“隐瞒或者公开你的离开都是没有必要的：我希望的不是保密，而是冷静、沉着”。[32]一行人离开威尔士的埃兰谷时，都不免黯然神伤，尽管哈丽雅特身患热病，她仍然称“在这个迷人的地方，我被锁住了双腿和翅膀”。多年以后，她一直梦想着故地重游。

雪莱仍在设法筹划可能的前进方向，从而找到自己的**用武之地**——这是他在这一时期经常使用的词语。他注意到亨特在《检查者》[33]上发表了一篇文章，写的是激进派出版商丹尼尔·伊顿，伊顿最近受到审判并被判刑，因为出版了托马斯·潘恩抨击启示宗教的作品《理性时代》

的第三部分，而且采用了大批量发行的廉价版本。最高法院首席大法官埃伦伯勒对伊顿的判罚甚是严厉，处以十八个月徒刑，每个月还要戴上木枷示众两个小时，这项处罚让犯人非常难堪，属于中世纪的刑罚。雪莱看到了出版其第三本小册子的时机，开始为新闻自由创作辩护作品。

与此同时，雪莱小心翼翼地向葛德文表忠心，此举自从他离开都柏林一度中断。在进退维谷之际，他需要具有权威的父亲式的人物，此举正是对这一需要所做的反应，但他从未承认这一点。之所以要表忠心，也是因为他怀有真挚的尊敬之情，只不过并没有像葛德文所希望的那样，在思想上也唯他马首是瞻。雪莱六月十一日从埃兰谷发出一封信，信中称："您三月三十一日给我的极其珍贵的来信已收到，我不敢推迟表达我衷心的感谢。我不仅深深地感觉到，而且也满心感激地承认，那是一封充满深情的亲切来信。我别无答复，只能按您的希望去做。"雪莱迫不及待要修补两人的关系："我将尽力克制本性中的急躁情绪，因为它有悖于真正的仁慈。我知道，真正的博爱主义不允许它的信徒放纵 145
自己，即使在希望变得渺茫之时，也不允许他们对坏人和犯了错误的人表示过多的悲哀。对于这些过失，我供认不讳，不敢隐瞒。无论如何，现在我有足够的动力去克服这些缺点。"[34]这是一封热情洋溢、打动人心的信。雪莱认为对方是可以信任的学者，显露出他个人的弱点。雪莱很少承认自己缺乏耐心，坦言内心痛苦的感受，他通常"不容怀疑，也无可指摘"。

一行人于六月二十日离开埃兰谷，计划中途在蒙茅斯郡的切普斯托集镇驻足，这里位于怀尔河畔。在最后一刻，一则涉及希钦纳小姐的消息令他们陷入恐慌。真相至今不详，但似乎是雪莱最终得到确切消息，邮政总局正在调查他。六月十八日，雪莱匆匆给她写了一封便笺，比以往都更加紧急。"我们没料到的事已经发生：他们已采用我们全然不知的手段来对付你。友谊和正义要求我们尽一切力量做一切该做之事。”[35]他在信中保证，到达切普斯托之后，伊丽莎看着行李，他和哈丽雅特则火速乘坐马车“去你那儿”。与此同时，希钦纳小姐则要尽量向赫斯特皮尔波因特的豪威尔先生借钱，以筹集一行人返程的路费。雪莱将此举视为迈向自由的步伐：“现在事情已陷入危机。读你来信后，我感到有必要作这次旅行，这是一次重要活动，需要冷静和果断。我和哈丽雅特已经有了蔑视对手的这种冷静。亲爱的朋友，安静下来，镇定下来……”至于“皮尔福德夫妇与他们的同党”，“即便是现在，他们一系列的阴谋正向我袭来，我还是忍俊不禁，尽管这是苦笑”。他们将六月二十五日（星期四）定为解放日，雪莱承诺，也许具体并不是这一天，但一定是在这一周。他得意地说：“准备好离开一个因无能的恶意而变得可憎的现场吧。”[36]

在这次事件中，尽管雪莱发出各种抗议，但他根本没有去过赫斯特皮尔波因特。雪莱、哈丽雅特、伊丽莎和他们的爱尔兰仆人丹于六月二十四日前后抵达切普斯托，他们去看了一处房屋，这是葛德文从他朋友那里打听到的住处。但他们认为这座房子“才建了一半都不到”，用哈丽雅特的话说，“这绝不够我们一家人住”，她指的是雪莱打算邀请来的所有人。此外，切普斯托周围的原野非常荒凉，远远不及埃兰谷的景致。他们便写了一张纸条给房屋的主人伊顿先生，通知他，他们不愿住在这里，并将纸条张贴在斯金纳街上。焦急地清点了一遍剩余资金之后，一行人转向西进，一路经过萨默塞特和德文郡的北部海岸，他们的目的地是伊尔弗勒科姆。承诺的解放派对未能如期举行，尚不清楚他们是用什么理由跟希钦纳小姐解释的。

146 六月二十八日前后，一行人离开滨海大道，沿着险峻的小路，穿过悬崖峭壁下山。这里处处是开满鲜花的植被，有一条小河在下面的山谷中流淌。众人几乎走了一小时才下山，因为这条小路蜿蜒曲折，长达两英里左右，这里可以远眺闪闪发光的蔚蓝色海水、怪石嶙峋的前滩和搁浅在海滩上的渔船，景色十分迷人，一个小小的鹅卵石海湾，突然映现在疲劳的旅人眼前。他们到达了林茅斯，这里天然就属于雪莱。

这里有一簇小型的石头房子，房子粉刷得很白，房子的茅草屋顶很低，窗户与门都深深地嵌入墙壁。一行人站在树荫下远眺大海，发现有一座木屋无人居住。这座房子坐落在高高的地势上，距海岸较远，小路与林恩河的两条支流就在这里交汇，这两条支流相互交错，最后平行汇入大海。这座小屋盖得十分粗陋，却有许多相邻房间，雪莱又有机会邀请朋友们前来居住了。“现在我们住在一间农舍里，虽有点贫寒卑微，但这个不足因房间**数量**多而得到弥补。我们可以邀请朋友来此，这里有**足够**的地方可以睡觉。”[37]他们周围是悬崖峭壁，上面长着郁郁葱葱的野生树木和灌木，乔木的树叶透过各种绿色和淡紫色的树荫映射出反光，这些植被中还点缀着一丛丛粉色和紫色的杜鹃花。阳光透过树木芜生的峡谷边缘照耀过来，峡谷面朝北，阳光看上去始终距离最高的树冠很近。到了下午，阳光映射的角度逐渐钝化，村子笼罩上一层竹青色的光晕，不免令人好奇。悬崖上的石墙紧凑地挨在一起，仿佛拱卫着村庄。从这座木屋的窗户远眺，虽然视角受限，但看得到北边的大片海洋。

哈丽雅特惊喜交加。这里的景色堪与南特格维尔特媲美，同样也有“波涛汹涌的壮美大海”。她欣喜地在信中告诉纽金特夫人：“我们住进这所独一无二的木屋，它位置最美，视角广阔，从这儿可以居高临下地看海，房子后边和旁边还有山。这儿的草木比英格兰其他地方都茂盛。那些屋顶用茅草覆盖的房子周围种满了玫瑰和花神木。这个地方太小了，看起来更像是童话布景而不是现实中的任何东西。所有的房子都是农舍式建筑。我猜总共不会超过三十所。”[38]邮差每周从巴恩斯特珀尔来两次，这里在它西南方，距离它大约十八英里。这里的小路极其陡峭，任何马车都无法通行，但如果小心翼翼地骑马，是可以通过的。翻山越岭将雪莱那几大箱书籍和小册子运过来，工作量无疑巨大，需要聘用当地帮工。这件事情引起这个村庄的众人围观，并且引发大量评论，甚至还出现在政府报告中，并在两个半月后送到了西德茅斯爵爷的办公桌上。

147 “雪莱先生带着几个大箱子，箱子很沉，三个人都差点抬不动，里面应该装的是报纸。”[39]邮差每周来这里两次，雪莱在信件的数量上成了当地的名人，他一个人写的信就超过整个村子里其他人的总和，他一次通常要寄出十多封信。根据西德茅斯掌握的情况，有一回“他一次性寄出了十六封信”。当地人普遍认为，虽然雪莱年纪不大，但他一定是个“大人物”，而且不像是个不怀好意的人。雪莱甫一定居在林茅斯，就遭到了监视。

雪莱与哈丽雅特都一心忙着自己的事情，没有注意到这一点。哈丽雅特要整理他们的书籍与文件，要写信给纽金特夫人，还要四处张罗着给丹找一些活干。雪莱正在就伊顿的案件撰写一本小册子。他更加认真地整理自己的哲学阅读材料，并动手翻译霍尔巴赫的《自然的体系》，迫不及待要和葛德文讨论此举的意义。他拜托别人每周从巴恩斯特珀尔寄来自由派和激进派的报纸，包括科贝特的《政治纪事报》与亨特的《检查者》，而且他正在寻找伦敦的一家书商。* 也许正是葛德文将雪莱引荐给老邦德街 15 号的书商托马斯·胡卡姆。[40]

雪莱又一次急不可耐地要建立自己的公社。希钦纳小姐最终于七月十四日前后从苏塞克斯动身，雪莱在写给葛德文的信中，用了大量篇幅称赞她养成了共和派和自然神论方面的美德。他是在介绍希钦纳小姐时夸赞她的，因为她要在伦敦住上一晚，但她并没有住在老韦斯特布鲁克家，而是住在斯金纳街。“是她的一些优秀品质使我与她结交。尽管她出身寒微，但年轻时，她就养成了深入细致思考的习惯。她的头脑天生好奇，并且敏锐。超越了偏见的限制，为她自己走出一条别人未走过的生活之路。”[41]人们不禁会感到惊讶，因为这里采用了葛德文式冷静的风格，评价了希钦纳小姐的“优秀”品质，而雪莱此前在信中经常满怀激情

---

* 当时书商发挥了广泛的作用：出版自己的书籍和私印版本；接受邮购订单；经营流动图书馆（最远到达欧洲大陆），还可担任作家的邮局兼咖啡馆。

地赞美她，对她的欣赏溢于言表，称她在暴风雨中“坚如磐石”。

雪莱企图让葛德文一家与希钦纳小姐一同迁往德文郡居住。“为什么范妮*不和希钦纳小姐一起来林茅斯……然后到秋天时，我们大家一同回伦敦呢？”葛德文对这个建议不太满意，他解释称自己其实并不了解雪莱。他还没有“见过雪莱本人”，而且此举可能不太成熟。但是雪莱在斯金纳街已经有了一批女性拥趸，葛德文通过观察雪莱从切普斯托的来信，确凿地发现了这一点：“一看到那位著名人士出现，所有的女性都满心憧憬。”[42]在这次事件中，希钦纳小姐最终于七月十五日独自踏上了去巴恩斯特珀尔的马车。她迈出了命运中的重要一步，启程与雪莱会合。 148

人们不难想象，当第三位女性在无人护送的情况下，独自来到胡珀寓所（当地人对雪莱的小木屋的称呼）与年轻的雪莱会合，必然会引起人们极大的兴趣。大家快乐地接待了希钦纳小姐。她身材高挑、苗条，肤色黝黑，长了许多雀斑，很是健谈，急于讨好大家。她显然对雪莱推崇备至。村民们一直没有弄明白这是怎么一回事，但他们得出结论，认为她相当于“女仆”，“应该是个外国人”。[43]这一点也报告给了西德茅斯爵爷，只不过他在苏塞克斯的线人可能已经先行向他汇报称，希钦纳小姐已离开，向西方投奔“她的相好去了”。

希钦纳小姐到来之后，雪莱立即开始在当地展开积极的宣传工作。自从他离开都柏林以来，这是他首次完成此项工作。还有一个变化也能反映出此项活动的郑重其事：波西亚这个名字改成了“贝茜”。希钦纳小姐与他们住了两周之后，哈丽雅特在信中向都柏林的纽金特夫人作了一番介绍，既准确又有趣。哈丽雅特对她非常友善，只不过会稍稍戏谑一番她的认真。鉴于要让另一位女性进入雪莱的生活，这根本不是一件容易处理的事情。哈丽雅特在八月四日写道：“我们的朋友希钦纳小姐

---

* 范妮（伊姆利）是玛丽·沃斯通克拉夫特和美国人在巴黎生的孩子，也是葛德文年纪最大的继女。

来投奔我们。她忙着为人类的福祉展开写作。她肤色黝黑,长着一头又长又浓密的黑发。她十分健谈,如果你喜欢能说会道的人,那她一定和你很投缘。她的个头比我和姐姐都要高,但身材苗条至极。我希望有朝一日你能和她见一面……希钦纳小姐读过你的来信,她也发自内心地喜欢你。这是她的原话。我知道如果你认识她的话,你也会爱上她的。她年方三十,但看上去仿佛只有二十四岁,而且精神面貌非常好。她整天就是放声大笑、与人谈话和动笔写作。”希钦纳小姐还带来了有关葛德文的可疑消息。哈丽雅特称:“她见了葛德文一家,并认为葛德文与他的外表不同,他并没有和家人住在一起,而是在约定的时段与他们见面。我们不喜欢这样,而且他觉得自己是了不起的**大人物**。他之所以不允许自己的孩子过来和我们一起住,仅仅是他还没有见过我们本人。这就仿佛写信给一个人,并在信中表达了所有想法,却说这样了解得还不够。我现在见到了我们的朋友,我们叫她贝茜,对她的了解程度与我们之前和她通信时是一样的。”[44]但是,这种看法很快就将改变。

林茅斯与外界隔绝,可能并不是开展宣传的理想之地。但是,他们可以使用一种非常方便的运输和传播方式,这是雪莱突然想到的,那就是大海和海上扬起的大风。因此,到了黎明和晚上,雪莱和那位“外国
149 人”便小心翼翼地走着山路,踩着鹅卵石,手上和口袋中都是瓶子。他们认真地等待合适的洋流方向和合适的风向出现,即吹向埃文茅斯的西风,或是吹向威尔士全境的西南风,这时他们就会深一脚浅一脚地走进大海,放出一大堆漂流瓶,宛如一支舰队。雪莱在一首十四行诗中称之为“装载着救世神药的小舟”,诗名为“向布里斯托湾放流装有知识的瓶子”。这些“神药”包括《人权宣言》和大开本的歌谣《魔鬼出行》。

雪莱的另一个办法是建造微型小船,小船做工精巧,让人不免想起他在游玩中制作的小船。西德茅斯爵爷收到了详细的报告,因为当地一位渔夫在近岸水域捡到了一艘小船。这是一个小盒子,“它用气囊袋小心地包裹起来,还用松香和蜡密封来防水,而且为了在海上吸引人们的

注意力，在盒子的每一头都系上了一根垂直的小棍子，并在棍子上挂上一张小船帆，同时在底部放上了铅块，以便使其保持直立”。[45]盒子中煽动性的内容也被如实报告给了爵爷。雪莱的第三个办法更不起眼。派他们的爱尔兰仆人——粗心大意、头脑简单的丹·希利扛着大开本宣传品，来到附近的偏僻小路上，等附近无人时将它们张贴在墙上和窝棚的门上。雪莱为丹编了一个谎话作掩护身份，万一有人拦住他盘问，就称他要去大路上迎接两位过路的绅士。

最后一种方法可以说充分体现了雪莱的特点。哈丽雅特、贝茜和他在他们的小木屋的窗户旁，一连几小时裁剪出小块的绸缎，然后将它们缝合在一起，再用胶粘起来。这样就做成了一个热气球。这是一个丝绸球，然后用酒精灯芯加热膨胀。这是非常难以驾驭的飞行机械，容易自燃，但雪莱还是让许多热气球载上了他的《人权宣言》，在夜晚放飞到天空，热气球朝着东北方向飞，穿过布里斯托湾，直到消失在夜空中。雪莱在《装载知识的气球》中记录了这件事，这首诗是他早期作品中最优秀的诗歌之一：

明亮的热气球，穿越黄昏的黝黯
默默地登上你御风而行的途程，
以胜过一切的明光使墨蓝天空
每一束闪烁的光线全都相形黯淡，
不像你携带的那团火，不久便会
像陨落的流星一样熄灭、失踪，
那明光，永远扑不灭，而且定会
像明灯照耀爱国者寂寞的孤坟；
是鼓舞被压迫穷苦人勇气的火星，
虽然点燃在茅庐棚户的炉膛里，
但会咆哮着烧穿暴君镀金的拱顶； 150

是座灯塔，耸立在黑暗的大地；
是太阳，将在复苏的天地间高悬，
像真理，把依旧存在的虚伪射穿。[46]

雪莱在伊顿公学就读时曾将一位朋友蔑称为“惧怕火焰的阿莫斯”。在这首诗中，每一个意象中都有火焰的存在，而且热气球本身就成为革命者或博爱主义者生命的隐喻，他们的身体燃烧殆尽，灰飞烟灭，他们的思想却留存下来，燃尽周遭的世界。这首诗接近结尾时，力度逐渐减弱，直到真理取代了虚伪，黑暗中的火焰这个独特的意象才为“复苏的天地”所代替，但后者十分笼统，几乎毫无意义。这是雪莱自身局限性的充分写照，他此时尚无法理解政治变革的个中三昧。

到了八月一日，迎来了哈丽雅特的十七岁生日，八月四日则是雪莱的二十岁生日。他们放飞热气球以示庆祝。此后，这种庆祝方式成了雪莱的惯例，四年之后，雪莱在瑞士仍这样庆祝。

众人在林茅斯定居下来之后，雪莱有一次曾想建立公社，并思考如何为自己的小圈子选择最佳的组织方式。他在追求平均主义原则的同时，始终带着丹这个仆人。尚不清楚丹是否与众人一同上桌就餐，但雪莱无论走到哪里，都必然希望雇用当地人作仆人为他做饭和操持家务。这些服务的费用很低廉。他在南特格维尔特计划经营农场时，就认识到体力劳动和一定程度的自给自足是公社生活必不可少的特点。若是将其付诸实施，这将成为真正具有革命意义的方案，使人们想起骚塞与柯尔律治十八世纪九十年代在剑桥和布里斯托制订的“大同世界”计划，这也成为十九世纪二十年代欧文的工厂式乡镇的先驱。*

---

* 有一点值得注意，印第安纳州出现了“新和谐”平均主义公社，苏格兰也出现了奥比斯登（1825 年至 1828 年）。如需了解这些乌托邦实验（它们为雪莱当时成立公社的想法提供了重要思路）的详情，参见 J. F. C. 哈里森，《罗伯特 · 欧文与他在英美两国的追随者》（1969）；W. H. G. 阿米蒂奇，《地上的天国：英格兰的乌托邦实验 1560-1960》（1961）。

但是在林茅斯，雪莱在写给葛德文的信中却以另一种方式叙述了自己的看法，并表明自己愿意反思当下的道德与阶级分层，这不免令人惊讶。但是，不要忘记他一心想说服葛德文允许他女儿前来与他们一同定居，同时雪莱始终在导师面前装出一副保守和恭敬的样子，而不是展现真实的情况，这一点很重要。他在写给葛德文的信中称："这不是说一套富丽的公寓、一驾奢华的马车必定是生活必需品。但是，假如在目前社会状况下，我被雇去织布或耕地，妻子去厨房或干家务，那我们便会无 151 所适从，可能变成无用之辈了。两个异性，如果有一定关系，是不能经常带着微妙的感觉住在同一房间的。可能在革新后的社会里，农业、手工业将与最有力的智力和最优雅的举止兼容；或许基于性别差异的那套规矩礼节也将不复存在。但是现在，一个农家子弟很难获得智识和文雅，另外，胡乱的性交，在目前的思维体系下将不可避免地给人类幸福带来最有害的恶果。"[47]

这些论述反映出雪莱因其政治背景所产生的想象。诚然，农家子弟在一八一二年若能受到某种程度的教育，甚至只是学会认字，必定都是幸运儿。即便在这种情况下，工人运动中还是存在某些著名的特例，涌现了塞缪尔·班福德、威廉·洛维特与理查德·卡莱尔等出色的作家。* 但是，雪莱认为，如果**他自己**作为受过教育的人，作为有知识的儒雅之人，躬耕于乡野，"他就会很快成为截然不同之人"，这暗示着他的阶级意识根深蒂固，这几乎成为**生物学上的**差异。他似乎相信，仅凭体力劳动就能摧毁一个人做出思考和知识活动的心理能力。此外在性问题上，一想到要在同一间房间中脱衣服和睡觉等细节，不免有些尴尬，但

* 塞缪尔·班福德(1788-1872)是曼彻斯特纺织工人兼诗人，他创作了经典作品《一位激进分子的生平》(1841)。威廉·洛维特(1800-1877)是康沃尔郡的木匠兼激进运动领导人，他创作了《追求面包、知识与自由的一生和斗争》(1871)。理查德·卡莱尔(1790-1841)是出版商、辩论家兼《共和主义者》的编辑，他是英国新闻自由斗争史上的伟大人物。从1821年起，他就在雪莱作品的出版与传播中发挥了重要作用。

这存在于雪莱的思想中，也反映出他所在阶级的另一个根深蒂固的思想，因为这表明他们的生活空间非常大。

威廉·科贝特是编辑兼记者，他对自己田舍郎的出身颇为自豪。在雪莱的木屋中，无论是讨论他的报纸《纪事周报》，还是讨论他的民粹主义政见，都体现了这一点。针对在动荡不安的地区修建兵营这一问题，科贝特最近在阐明自己立场时抨击了弗朗西斯·伯德特爵士，雪莱与哈丽雅特都很气愤。哈丽雅特认为，“科贝特只是个见风使舵之徒”，称他的政治素养以谩骂为主且充满矛盾。[48]两人都因为科贝特的民粹主义煽动与风格而很反感他，正是这一点让“穷人和受压迫者”唯他马首是瞻，而雪莱在他的都柏林小册子中却未能做到这一点。雪莱在抨击古典
152 教育的不合时宜时，曾鄙夷地列举了科贝特的名字，暗示像科贝特这样的人实际上没有提高素养的希望。他在写给葛德文的信中称：“我对科贝特的鄙视与您一样深，但这是因为他是一个欺软怕硬的懦夫和趋炎附势的小人；他没有人道思想，没有高尚的美德。如果他是个古典学者，是否会好得多呢？”[49]雪莱开始更全面、更透彻地理解政治进步之后，他对科贝特的崇拜逐渐增加。最终，他开始将科贝特视为“淘气鬼”和令人愉快、喜欢挑战权威之人。离开林茅斯近七年之后，雪莱写出这样一番话：“科贝特使我越来越高兴，因为我原先害怕他那种骂骂咧咧的口头禅。他计划用假钞票来对付钞票的发行，更让我感到十分滑稽。”[50]

七月，雪莱在林茅斯开启了一段集中阅读与研究的时期。他开始与葛德文辩论唯物主义哲学与《政治正义论》背后的原则。两人讨论了爱尔维修与贝克莱，雪莱又一次发现自己与葛德文意见相左。他们就“教育的无所不能”达成了一致意见，并联合起来对抗“自爱的体系”，他们认为这一体系是当代社会的运行原则。但是，在更纯粹的哲学领域，雪莱与葛德文存在不同的观点，即“最高尚的无私与最严格的唯物主义是多么不和谐”。雪莱在这一阶段，认为自己是一个严格的必然论支持者，他对道德世界持有死板的机械论观点，而葛德文通常主张更加灵活

的哲学。雪莱毫不后悔坚持自己的立场："如果我的话有什么错误或我与您有什么分歧——尽管在这个问题上我认为不会——就让理性在我们中间充当公断人吧。理性，如果允许我把这个字眼拟人化，它就像是您的长者，正如您是我的长者一样。"[51]

雪莱与葛德文的分歧在于教育的内容，他认为葛德文的思想过于阳春白雪，并且过度重视古典教育和复杂的语言训练，使其思想受到了束缚。"您说那词语既不会破坏我们的理解力，也不会扭曲我们的道德感情。您说青年时代最好用于获得古典教育。但**词语**正是非常有助于成长和形成偏见的东西：对**词语**的学习，在大脑能给它们匹配概念之前，就像刚拥有机器还不会用时一样，生怕用错。但词语只是思想符号。"雪莱在这里发出强有力的批评意见，不仅针对整个文学教育，而且特别批评了十八世纪的文学；他的观点与华兹华斯和柯尔律治在其随笔和序言中所主张的"平实风格"不无关系。

雪莱此时最关心的问题便是教育，他在论述的结尾部分建议制订青少年的教学大纲："我认为自然哲学*、药物学、天文学和更为重要的历 153
史会为未成年人发挥充分的作用，只要牢固掌握它们，这种作用会完全填补教导的空白，使所有打发时间的消遣方式都不再有必要。"[52]雪莱挑选出这些科目作为真正教育的基石，这表明他又一次在脑海中反复思考他的一首长诗的背景，早在凯西克时他就已经酝酿这部作品，即《麦布女王诗钞》。直到第二年，他才最终在伦敦将此作品定稿，它正是建立在这些学科的基础之上。雪莱在林茅斯以所有这些科目来"重新教育"自己。一份发往胡卡姆的图书订单日期为七月二十九日，包括《医学选录》、汉弗莱·戴维爵士的《化学哲学原理》，玛丽·沃斯通克拉夫特的《女权辩》，以及戴维·哈特利对"心理联想"的研究（这是一篇早期的心理学论文，题为"对人，人的结构，人的责任和人的期望所作的观察"）。[53]

---

* 十九世纪经典物理学、化学与植物学的先驱。

在林茅斯，雪莱还第一次读到J. H. 劳伦斯的四卷本浪漫传奇《奈尔帝国》，该书又名《妇女的权利》。该书根据作者对马拉巴尔的奈尔人母系社会所作的研究创作而成，并且是最有影响力的女性主义小册子之一。* 雪莱立即满怀热情地写信给劳伦斯，称自己“心悦诚服于其中的主张，我于是不再怀疑婚姻具有种种罪恶这种看法。沃斯通克拉夫特夫人对此分析精辟，但由于我愚笨，理不出相应有力的思想与之辩论，直到在你书中读到妓女既合法又非法这部分论述”。[54] 劳伦斯这部著作中，根本性的例证是，只有通过废除一夫一妻制的道德思想，方可建立一个健康又快乐的社会。这与雪莱离开牛津大学之后所形成的理论产生了共鸣，但他清醒地意识到，在当前的社会中提倡这种做法将产生巨大的危险。因此，他对自己的婚姻作了辩护，就像之前对希钦纳小姐所作的解释一样，并开心地评论称，“[婚后的]爱情就如同被囚在监狱之中”。

但是，他进一步对“勾引”作出评论，评论中表现出奇怪的过于敏感的退缩态度，而这些评论更多地是针对他与希钦纳小姐的关系，而不是跟哈丽雅特的关系。他还考虑到苏塞克斯对自己的控诉：“勾引一词在一个充满理性的社会里是没有意义的，而在今天的社会里却罪恶昭彰。系于贞洁之上的虚假美德恰恰已使它遭到最可怕的毁坏，在马拉巴尔，它必然获得高贵与尊敬。如果当今有最大的罪恶，那就是勾引，我害怕受如此指控。”[55] 尽管他对“勾引”持畏缩态度，但人们可以确凿无疑地注意到，在他看来，贞洁是“虚假美德”。

154 在这段夏季研读中，雪莱逐渐取得成功。他于七月二十九日给胡卡姆寄出一个包裹，其中二十五本小册子是他完稿的《致埃伦伯勒勋爵的信》。八月十八日，他又寄出五十本。这部作品在巴恩斯特珀尔当地印刷，是一篇长约四千字的随笔文。雪莱在这部作品中主张完全实现新闻

---

* 该书于1800年在德国首次出版；之后又译为法语；最后于1811年由托马斯·胡卡姆在英国出版。

自由，并对一切出版的言论持宽容态度，他本着古典立场，认为“谬误的事物到头来总要被其自身的谬误所推翻。凡是真理，所需的只是让公众知道而后得到承认”。[56]

伊顿受到了审判，陪审团在埃伦伯勒勋爵授意下，认定他有罪，罪名是“亵渎神教罪”。根据伊顿为自己的辩护，他信仰的是自然神论，并不能算无神论者，而且托马斯·潘恩对《圣经》的批评是可以接受的，因为《旧约》中的上帝是报复心极强、原始的自然神，而耶稣是“品德极其高尚的善良之人，但他并不具有超自然能力，也不是神”。[57]雪莱选择对这一立场作出辩护并乐此不疲：“伊顿先生断言，《圣经》从头至尾是一篇寓言，是欺人之谈，使徒们全是骗子和欺诈者。他否认有基督的奇迹、复活和升天。伊顿先生确是如此说，而检察长则否定了他肯定的命题，而肯定了他否定的命题。从这个事实，能引申出什么明确的结论呢？没有，除了检察长和伊顿先生二人正好持相反的见解。”[58]

雪莱还以这样清晰的论证与文采写了其他几段内容。但是与他在爱尔兰撰写的小册子一样，依然没有明确自己的目标受众类型，而且他的论证连贯性不强，只是循环论证，并没有得出明确结论，他纯粹是为了面对“诘难”时提高自己“孤独的声音”。* 对于伊顿的审判，雪莱忽视了一个关键要点，其意义更为重大。雪莱认为伊顿受到的迫害严格意义上属于宗教迫害，他的这封信正基于这一认识：“我再问一遍，伊顿先生是为了什么而被处罚的呢？——因为他是一个自然神论者吗？——那么，你又是什么呢，我的勋爵？——一个基督徒。哈哈！面具掉下来了；你迫害他是因为他的信仰和你的不一样。”但实际上，“亵渎神教罪”这项法律工具主要是政府用来压制具有社会颠覆性的思想的一种政治武器。

---

* 雪莱的声音实际上远非“孤独”；科贝特与亨特都在自己的报纸中直言不讳地抨击了此次审判，根据《检查者》的报道，在伊顿每个月戴上木枷示众两小时之时，围观人群对他报以雷鸣般的欢呼与掌声。

伊顿由于出版潘恩的著作而受审，这实际上开启了政治压制的第二阶段（第一阶段是皮特在十八世纪九十年代所为），这一阶段自一八一二年开始，一八二四年结束。在这一阶段，对早期新闻自由运动中最著名的多位
155 倡导者进行了压制：伍勒、霍恩、卡莱尔、科贝特、伯德特与亨特。在每一个案件中，迫害都采用了以下两种罪名中的一种：亵渎神教罪或煽动诽谤罪。雪莱在创作《致埃伦伯勒勋爵的信》时，并没有认识到案件中的各种政治利害。此后，他逐渐清醒地认识到这一点，例如在卡莱尔一八一九年审判结束后，雪莱为亨特的《检查者》所写的公开信。这封信与之前的小册子相比更加深入，对新闻与出版自由的辩护更强有力。

但是，雪莱也认识到，核心问题并非在于其观点对错，而在于历史上随着社会发展而变化的价值观的相对标准问题，这就像是针对牛顿定律展开纯科学的辩论一样。他发现，必须保持畅通的渠道，以便使一种信仰体系失去其宗派性特点与体制化特点，并加以拓宽，将更广大、更多样的社会群体纳入其中。他写道：

> 社会上有思想的那一部分人，并没有把基督教当作不可争辩的真理来接受，如同他们接受牛顿学说的体系那样。而社会上有很大一部分人，他们之间具有广泛而有力的联系，他们唯一的收入来源就是作为一种普遍信仰的基督教。对于某种信条的宣扬者，不管这种信条如何可笑和荒谬，加以肉刑和监禁总是极其野蛮和不讲政治的行为。至于某种尚在争议中的见解，如有人持反对的态度，而对他进行迫害，那么其残忍的程度又有多大；许多学识超人、具有深刻天才和无瑕的道德的人为了同这种见解作斗争耗尽了生命，最后牺牲了他们的生命。[59]

雪莱以浓墨重彩的一笔结束了这本小册子："这样的时代快要到来，我希望你，我的勋爵能活着看到它的来临，到那时，伊斯兰教徒和犹太人，

基督徒、自然神论者和无神论者，将会欢聚一堂，共同享受这种联合所带来的好处，而在慈善和兄弟友爱的关系中团结起来。”[60]

总之，雪莱的《致埃伦伯勒勋爵的信》虽然比在爱尔兰创作的小册子更生动，销量也更好，但依然政治上过于幼稚，因而不具有重要意义。这部作品回避了太多问题。在最生动之处，他的风格几乎是口语化的，而且是在作出承诺，这无疑反映出林茅斯的小圈子中发生了“火热的讨论”。这是一部勇敢的通俗作品，因为它大胆地藐视以埃伦伯勒勋爵为代表的司法机器，也不敬畏基督教教义，这部作品本身就可能受到迫害。*

雪莱将这部作品寄了七十五本给胡卡姆，并称此为“无偿散发”[61]， 156
目前只有一本尚存于世，藏于牛津大学博德利图书馆。胡卡姆不会亲自出版这本小册子，此举过于危险。雪莱本人也没有对此书署名，这表明他非常清楚政府干预的可能性极大，他只是审慎地在信中写道：“我请你收下这些书，也许可以让那些**不告密**的朋友们看看。”雪莱还将这部作品寄给葛德文、纽金特夫人、希瓦利埃·劳伦斯、斯坦诺普爵爷、弗朗西斯·伯德特爵士及其他许多人，这也是邮差每周两次来到林茅斯时都要给雪莱寄出大量信件的原因之一，以至后来引起了内政部的注意。

八月，雪莱在林茅斯还进行了其他文学创作。他的目的是引起葛德文这位读者的兴趣，同时也希冀胡卡姆成为这些作品的出版商，这促使雪莱将已有的素材收集起来，并着手编写新的作品。斯托克代尔是他在都柏林的出版商，雪莱的文集《自由之歌》的书稿依然在他手中，但他却拒绝完成出版工作，也不愿归还书稿，除非雪莱结清应付的账单方可交还。雪莱并不打算支付，因为他根本付不起，于是撺掇约翰·劳利斯从中斡旋，但显然没有成功。斯托克代尔手中还有文集《道德与宗教随笔》

---

* 在之后反对亵渎神教罪的斗争中，《致埃伦伯勒勋爵的信》因其出众之处而两次重现于世间。1897 年，在纽约，使《追求真理者》的编辑身陷囹圄十三个月，1883 年在伦敦，使《自由思想者》的编辑与工作人员受到了类似迫害。

的书稿[62]，这是雪莱此前创作的。劳利斯未能讨回这些书稿，他在雪莱家中的声望逐渐下降。雪莱又求助于纽金特夫人，依然没什么起色。

雪莱希望游说胡卡姆为其出版在爱尔兰创作的两本小册子，“并附上建议”，使其合并为单卷本的廉价书，“在**伦敦**出版，并附上解释性的书序”。然后将这部作品秘密运往爱尔兰散发。[63]第二件工作则需要对存放在斯托克代尔处的《道德与宗教随笔》书稿进行润色和增补内容，以便由胡卡姆出版。但雪莱始终未能讨回这部书稿。雪莱一直考虑要将自己的随笔结集出版，此后十年里，他就素食主义、宗教信仰、自由恋爱、婚姻、基督教、诗歌、魔鬼和政治改革方法等主题写了大量随笔。*这些主题雪莱一生反复论述，并不断重新考量和评价。正因为此，它们成了我们从他那里获得的最私密的自传素材。“我发表的文章为道德
157 家、哲学家展示了一个思想世界，这个世界多少显得缺少一点文化教养且不太成熟，并且曾在文明起始之际发生过转变。要抹去其形象上那些早期的外貌特征，就意味着要抹去世界在变革过程中依然保留着的那见棱见角、独创的原貌。”[64]无论是否自高自大，他的看法都很有见地。

雪莱为胡卡姆安排的第三项工作是出版美国人创作的爱尔兰共和主义史，这部作品对于英国殖民者的敌意尤为强烈，此书名为《爱尔兰历史的片段》。[65]雪莱认为这是一篇绝好的激进宣传作品，希钦纳小姐“对书中提到的人物充满愤慨之情，不将他们的行径通过出版物公之于众、昭示天下，不足以满足她复仇的心愿，他们表面上（我这样说都觉得羞耻）是头面人物，拥有各种和蔼可亲的品质，但他们的心眼却坏得难以想象”[66]，这些人就是英国的大地主与政客。其实，这部作品让希钦

---

* 这些随笔文主要收入他的各种钞本，目前依然是他作品中知名度和评价最低的部分。它们的日期经常难以确定，因为前后的诗歌与注释撰写时间各不相同，有时编排得非常随意，有些在页边的空白处，有的则上下顺序颠倒。雪莱似乎顺手拿起手边的一本钞本就在上面写作。到了意大利之后，又重新使用起之前的几本钞本，例如牛津大学博德利图书馆藏雪莱手稿，位于 e.8 和 e.11。

纳小姐对爱尔兰与爱尔兰人的命运感到心灰意冷，以至于哈丽雅特都很担心她。雪莱在写给纽金特夫人的信中称：“我想印制征订启事，我们希望您能给我们的出版物招徕一些订户。”[67]但这部著作并没有问世。

在林茅斯度过的夏天里，雪莱此前冬天在凯西克酝酿的那首长诗终于初见雏形。他白天在海滩上创作这首诗，晚上再回到木屋中接着创作。八月十八日，雪莱已将“样稿”寄给了胡卡姆，篇幅约为七百诗行。这是他的第一部重要作品，他在写作时也对此时的政治气候了如指掌，深知宣传的需要以及可能遭到迫害的危险。他依然清晰地记得此前的爱尔兰之行，还记得在所有贫困地区都存在有可能演变为暴力的条件。雪莱从都柏林写给葛德文的信件表明，雪莱在革命的政治结社与令人失望的政治无为这两个极端之间摇摆不定。这首诗题为《麦布女王》，诗中提出了第三种选择，即第三条道路。这就是通过宣传参与政治；辩论、幻景、预言和哲学探讨。由于诗歌也可以用于政治，雪莱希望借此找出政府统治的薄弱环节。

他在写给胡卡姆的信中称：“作为样稿，我还寄去我到英格兰后写的一首小诗的全部。我想我还有素材能写出六章。从那首诗你就会知道，我并没打算控制我的热情。的确，诗较安全：那个具有钢铁意志的检察总长不敢对诗进行攻击。过去、现在和将来都是这首诗庄严和完整的主题。我还没写完这三个主题中第二个的一半。”[68]

但是，即便他这样写，威胁依然逐渐向他逼近。在他运用的所有
宣传手段中，最简单、最平常无奇的方法让他栽了。第二天晚上 158
（8 月 19 日），丹·希利在巴恩斯特珀尔张贴印刷品时被捕，地方治安官将他关了起来。丹随身携带的是《人权宣言》与《魔鬼出行》，地方治安官读了它们之后，便将此案件作为紧急要务办理。当天夜里，他们将丹押解到巴恩斯特珀尔镇镇长处并对他展开审讯。

内政部与该镇文书之间的通信留存至今，现藏于英国公共档案馆，因此我们能较为准确地了解当时的情形。丹并没有供出雪莱，他守口如

瓶，编了一段谎话："审讯人员问起他的这些宣传品是怎么来的，他称自己昨天从林顿前往巴恩斯特珀尔的路上，遇到了一位身着黑衣的绅士，他从未见过此人，但此人请自己将这些材料送往巴恩斯特珀尔，并将它们张贴和散发；然后他又供称，这位绅士给了他五个先令作为酬劳。"[69]巴恩斯特珀尔距林茅斯十七英里，因此人们必然会认为，如果根据该文书的报告，当天晚上在这里发现了丹，他在这地区至少用了两天时间散发这些材料；雪莱很可能与他在一起，但是我们并没有掌握证据。这位镇长"针对此人的主人特别进行了一番审讯"，获得了雪莱在林茅斯的居住情况、都柏林之旅、他与哈丽雅特的婚姻以及他的家族在苏塞克斯的势力等各种详细信息。但他并没有进一步了解雪莱的政治活动。

之后，镇长立刻下令对雪莱在林茅斯的活动展开调查。他迅速掌握了这一情况，这引起人们的兴趣，也略微令人不安。第二天上午（8 月 20 日），镇长已掌握雪莱的各种情况，包括他大量的通信，用漂流瓶散发书稿，以及漂流瓶内的书稿内容。总的来说，他得知"自打雪莱先生来到林茅斯之后，就受到了监视"。掌握了雪莱的背景之后，镇长再次传唤丹，并以地方治安官的权力对他举行了审判并定罪，"根据乔治三世国王钦定法律第三十九部第 c. 79 条，认定犯人有发布和散发匿名印刷品行为，对其处以十项判罚，每项处以二十英镑罚金"。之后，"丹无力支付这笔罚金，也没有可供执行的财产，因而被关进该镇的大牢"。[70]该镇的文书写出一份报告提交给西德茅斯爵爷，该报告的寄出日期是"一八一二年八月二十日，巴恩斯特珀尔"。结案极为迅速。对丹的定罪属于技术性而非政治性违法行为。如他无法支付两百英镑的罚金，就会受到六个月的监禁。这笔罚金对他不啻天文数字，他自己是拿不出这笔巨款的，但对于他背景深厚的主人来说则是另一回事了。因此，镇长自信满满地坐等雪莱先生出面，这是个好机会，可以更慎重地对其审讯。

159 雪莱闻讯立即赶来，可能是当天，也可能是第二天赶到。但是他并没有提出缴纳这笔罚金，也没有主动询问，这令该镇当局颇为惊讶。丹与雪莱之间的见面显然很短，但两人都镇定自若，仿佛心照不宣。“雪莱先生来这里申请释放此人；而他来监狱探视之后，便不再对此人的境况表示任何惊讶，也没有责备此人的所作所为，此举似乎颇为特别，我对此表示担心。”[71]之后，雪莱便独自一人回到林茅斯。他是不可能支付这笔巨额罚金的，这正好相当于他一年收入的一半。

巴恩斯特珀尔当局在等待内政部的指示期间，还向邮局发出预警。弗朗西斯·弗雷林爵士时任伦敦邮政总局局长，他再一次接到有关雪莱活动的线报。这些情况也再一次转交给奇切斯特爵士。奇切斯特这次认为确有必要采取官方行动。他同意弗雷林在所附信件中的看法：“我认为应当向国务大臣报告相关情况。告知雪莱先生的家人已发挥不了任何作用，他的所作所为已经让他们苦不堪言。”[72]但是，奇切斯特可能还是传话提醒苏塞克斯的雪莱家，这条消息有可能传到了位于林茅斯的雪莱耳中，给他及时敲响警钟，应对即将发生的情况。

西德茅斯爵爷以内政部国务大臣的名义发出了一封便笺，这是官方采取的第一项措施。便笺的日期为八月二十二日，寄到巴恩斯特珀尔的时间约为八月二十四日。内容很短，但切中要害：“如果雪莱先生仍然在林顿，建议密切监视他的行动。我还希望掌握与他通信的各个收信人的地址。如有关于雪莱先生的其他任何消息提供，本大臣将致以谢意。与此同时，还要对他调查。本大臣批准对丹尼尔·希尔［原文如此］所采取的各种措施。”[73]

巴恩斯特珀尔邮局接到内政部的指示之后，该镇文书亨利·德雷克便着手收集雪莱的卷宗材料。但是，他的动作还不够快。接到指示约十天后，他就发现自己的线人已无法提供线报，而且巴恩斯特珀尔也无法获悉雪莱的任何情况。又过了三四天，镇长起了疑心，迅速派亨利·德雷克前往林茅斯现场调查。德雷克于九月七日赶到林茅斯。他发给内政部的报告日期为九月九日，其内容不言而喻：“下官启禀大人，下官无法掌握雪莱先生的充足信息，便前往他在林茅斯的寓所，且于昨日返回。下官

160 赶到当地，发现他和他的家人从当地穿过海峡前往斯温西未果，之后便离开林茅斯前往伊尔弗勒科姆。经下官驰往查明，他已经去了斯温西，下官认为他现在就在那里。”[74]报告中还提供了有关雪莱的家庭情况和政治宣传手段方面的详情。报告中还进行了一番描述：“雪莱先生身材瘦削，年纪很小；其实下官觉得他外表看来就像个小孩。”尽管巴恩斯特珀尔当局十分卖力，雪莱其实已经逃脱了他们的监控。

此时，西德茅斯的法律部门（这是常设委员会，负责对公诉事务提出建议）接到了各种相关文件。公共档案馆收藏的最后一封便笺是利奇菲尔德先生于九月十八日从林肯旅馆寄出的，其中说明了就雪莱案举行的法律会议的结果。一个因素在决议中发挥了重要作用，雪莱在法律上尚未成年。顾问建议不要提起公诉，而要对雪莱保持密切跟踪与监视。利奇菲尔德先生在便笺中称：“贝克特先生和他本人都认为，雪莱举止乖张，而且无法解释，对他采取任何措施都是不合适的，但是，倘若命令某个人观察他今后的举动，并报告他的一切情况，这样做甚妥。”在备忘录的便笺中又补充了一句：“给巴恩斯特珀尔镇镇长发函。”[75]

考虑到这一年冬天在威尔士发生的事件，我们应当通盘考量这些通信和最终下达的指示，这一点很重要。内政部已经三次接到线报，内容是雪莱的颠覆行为及可能具有煽动性的行为，它们分别是从都柏林、霍利黑德与巴恩斯特珀尔发来的。此外还掌握了他在苏塞克斯的背景，他“门不当户不对”的婚姻，以及他与希钦纳小姐的“瓜葛”方面的大量情况。雪莱在政治上是有嫌疑的，而且不可能通过他的家人来做他的工作。内政部考虑过对他提起公诉，但他是未成年人，于是作罢。对于这种两难的局面，当前的对策体现出西德茅斯在这一时期政策的典型特点，即依靠间谍与线人所组成的网络。必须对雪莱通信对象的地址予以记录和归档，而且必须密切监视雪莱的活动。难题在于，雪莱已经金蝉脱壳。安全系统尽管在当地速度与效率十分惊人，但存在一个突出的弱点，即缺乏全国性的协作。在斯温西跟踪雪莱的可能性微乎其微。

因此，内政部寻不着他们的踪迹，至少在当时如此。只剩下两种可行方案。一种可能是从雪莱新的定居地点再次掌握他的消息。如果这种方法无法奏效，五个月过后，丹·希利就要刑满释放，他会无意中让政府的密探找到雪莱新的住所。无论采用哪一种方案，密探最终都会找出雪莱。

与此同时，雪莱和他的三位女士下落如何？雪莱去巴恩斯特珀尔探 161
监并返回家中后，全家人立即准备离开此地。就交通便利而言，显然应当乘船前往威尔士。但亨利·德雷克发现，林茅斯的渔夫不愿与之合作，经过一番讨价还价，最终谈妥了乘船前往伊尔弗勒科姆。他们的经济状况也颇为窘迫，但运气很好。在胡珀寓所中为他们操持家务的帮工与他们关系很好，雪莱直接向她借了二十九先令，并通过她的关系又从一位热心的邻居那里借了三英镑。雪莱还从林茅斯的另一位当地人那里借了一小笔钱，具体金额不详。[76] 作为回报，他留下了由“尊贵的劳利斯先生”承兑的汇票，兑付的把握比较乐观。这些借款的数额很小，充分说明雪莱濒临破产，而且有人会觉得奇怪，在丹六个月服刑期间，雪莱怎么会每周花十五先令让他享受舒适的条件呢？但是，情况还没那么糟糕，因为雪莱在邮局收到了半张大额钞票（这是当时对大额钞票的通行做法，以便妥善保管），另一半金额也即将汇到。这笔大额汇款也许是九月一日按季度定期汇入的五十英镑，汇款人可能是蒂莫西，也可能是韦斯特布鲁克先生。一行人赶到伊尔弗勒科姆之后，显然就能将这半张钞票兑成现金，雪莱很守信用，归还了所有欠款。* 显然，尽管林茅斯当地居民对雪莱普遍持有敌意，但雪莱还是和以往一样，至少能以自己的魅力吸引当地一些穷人。人们到林茅斯问起房东太太时，她只是称他们前往伊尔弗勒科姆，“并将于两周后抵达伦敦”，此外没有透露什么信息。[77] 这显然是在转移对方的注

---

* 1812 年 12 月 19 日，雪莱从伦敦寄出了一封信，信中似乎表明他又从胡珀太太那里借了三十英镑，不过只还了二十英镑。但是，这封信件的日期与寄出地都不够确凿。参见《珀西·比希·雪莱书信集》，第一卷，第二〇七篇，页 331。

意力,因为雪莱一行人的前进方向是北面而非东面。雪莱的实际出发日期始终是个谜:不管怎么说,都是在八月二十八日至三十一日之间。一行人到了斯温西之后,又迅速继续向北前进,深入威尔士山区,到了赖厄德之后又调转方向,向着漫长的、连绵起伏的兰戈伦山谷前进,这是一处战略要地,位于连接威尔士北部与伦敦的主干道上。此时,雪莱一行才能决定下一步去哪里。

对于雪莱此次迅速、秘密的出行,我们之所以能掌握其中详情,是因为威廉·葛德文最终决定亲自去拜访雪莱一家。这不仅颇为离奇,而且颇具讽刺意味。葛德文于八月三十一日给他们写信,之后又于九月九日踏上西南之旅,途经布里斯托与丁登寺,最终于九月十八日下午三点赶
162 到林茅斯,结果发现"雪莱一家都走了!他们已经走了三个星期……我去了雪莱在这里的寓所,得到了好消息。我看到了房子的女主人,很高兴见到她。她为人开朗,而且很喜欢雪莱一家……最好的消息莫过于她告诉我他们将在两周后抵达伦敦"。[78]* 此行令他既惊讶又失望。之后,葛德文继续游山玩水,途经索尔兹伯里与巨石阵,并于九月二十五日赶回斯金纳街,正好赶上喝下午茶。他满怀信心地等待这几位浪迹天涯的朋友登门到访。

注释

[1] 哈丽雅特写给纽金特夫人的信,《珀西·比希·雪莱书信集》,第一卷,第一七八篇,页284,注释8。

[2] 同上,页281。

[3]《埃斯代尔诗钞》,页105。

[4]《珀西·比希·雪莱书信集》,第一卷,第一九〇篇,页301。

---

* 无论是此时的葛德文,还是之后的霍格,都不清楚雪莱在林茅斯的政治活动,也不知道他突然离开的真正原因。他们最终还是得知雪莱政治上的恐惧、责任及其严重性,这令他们都颇为痛苦。

[5] 同上,第一八一篇,页287。

[6] 同上,第一九○篇,页301。

[7] 同上,第一八七篇,页296。

[8] 同上,第一七八篇,页282。

[9] 同上,第一八七篇,页297。

[10] 哈丽雅特写给纽金特夫人的信,《珀西·比希·雪莱书信集》,第一卷,第一九二篇,页305,注释1。

[11] 同上,第一八一篇,页287。

[12] 同上,第一七八篇,页283。

[13] 同上,第一八○篇,页285。

[14] 同上,第一九二篇,页305,注释1。

[15] 麦卡锡,《雪莱的早年生平:来自第一手资料》,页310。

[16] 同上,页321。

[17] 同上,页313。

[18] 雪莱,《散文作品》,页70-72。

[19]《珀西·比希·雪莱书信集》,第一卷,第一七八篇,页281。

[20] 同上,第一九○篇,页302。

[21] 同上,第一八六篇,页295。

[22] 同上,第一八二篇,页288。

[23] 同上,第一八四篇,页290-291。

[24] 同上,第一八五篇,页292。

[25] 同上,第一八六篇,页294。

[26] 同上,页294-295。

[27] 同上,页296。

[28] 梅德温写给雪莱的信,《珀西·比希·雪莱书信集》,第一卷,第一八八a篇,注释1。

[29] 哈丽雅特写给纽金特夫人的信,《珀西·比希·雪莱书信集》,第一卷,第一九二篇,页305,注释1。

[30]《珀西·比希·雪莱书信集》,第一卷,第一九一篇,页 302-303。

[31] 同上,第一九二篇,页 304。

[32] 同上,第一九三篇,页 306。

[33]《检查者》,1812 年 5 月 31 日。

[34]《珀西·比希·雪莱书信集》,第一卷,第一九四篇,页 307。

[35] 同上,第一九五篇,页 308。

[36] 同上,页 309。

[37] 同上,第一九六篇,页 311。

[38] 哈丽雅特写给纽金特夫人的信,《珀西·比希·雪莱书信集》,第一卷,第一九五篇,页 309-310,注释 2。

[39] 在威廉·罗塞蒂的《双周评论》(1871 年一月号,页 79)中,首次对内政部的文件与治安指示予以考察并全文出版。

[40]《珀西·比希·雪莱书信集》,第一卷,第一九九篇,页 319。

[41] 同上,第一九六篇,页 311。

[42] 葛德文写给雪莱的信,《珀西·比希·雪莱书信集》,第一卷,第一九七篇,页 313,注释 1。

[43] 威廉·罗塞蒂,《双周评论》,1871 年一月号,页 78。

[44] 哈丽雅特写给纽金特夫人的信,《珀西·比希·雪莱书信集》,第一卷,第一九九篇,页 321,注释 6。

[45] 威廉·罗塞蒂,《双周评论》,1871 年一月号,页 79。

[46]《埃斯代尔诗钞》,页 89。

[47]《珀西·比希·雪莱书信集》,第一卷,第一九七篇,页 314。

[48] 哈丽雅特写给纽金特夫人的信,《珀西·比希·雪莱书信集》,第一卷,第一九九篇,页 320,注释 6。

[49]《珀西·比希·雪莱书信集》,第一卷,第一九八篇,页 318。

[50] 同上,第二卷,第五〇一篇,页 99。雪莱写给皮科克的信,1819 年 6 月。

[51] 同上,第一卷,第一九八篇,页 316。

［52］同上，页 318。

［53］同上，第一九九篇，页 319。

［54］同上，第二〇一篇，页 323。

［55］同上。

［56］雪莱，《散文作品》，页 74。

［57］T. B. 豪威尔，《国家审判全集》（1823），第二十一卷，页 928-929。

［58］雪莱，《散文作品》，页 76。

［59］同上，页 80。

［60］同上。

［61］《珀西·比希·雪莱书信集》，第一卷，第一九九篇，页 319。

［62］同上，第二〇二篇，页 324。

［63］同上。

［64］同上，第一七〇篇，页 259。

［65］同上，第二〇〇篇，页 321。

［66］同上。

［67］同上，页 322。

［68］同上，第二〇二篇，页 324。

［69］威廉·罗塞蒂，《双周评论》，1871 年一月号，页 68。

［70］同上。

［71］同上，页 78。

［72］同上。

［73］同上，页 77。

［74］同上，页 78。

［75］同上，页 80。

［76］参见葛德文写给其夫人的欢快的信件，《珀西·比希·雪莱书信集》，第一卷，第二〇二篇，页 326，注释 8。与往常一样，葛德文只掌握了一半的情况。

［77］同上。

［78］同上。

第七章　坦尼尔阿西特事件

163 从兰戈伦开始，雪莱一行人便转向东行，进入威尔士腹地。他们路过了多尔格利的著名旅馆和桥梁，这里位于梅里奥尼斯郡的边区，他们还没有打听到合适的住所，便掉头向北进入卡那封郡的荒野，在那儿渡过潮水汹涌的特里斯巴赫河口。他们来到了荒无人烟的原野，到处是岩石、欧石楠和大海，农田和村庄都很小。这里人都说威尔士语而非英语。他们面前是卡那封半岛，这里人烟稀少，它延伸出去，将卡那封湾与卡迪根湾隔开，横亘在威尔士海岸线的上方，酷似一只爪子。在这座半岛的尽头是地狱之口和巴德西岛。这里仿佛已是天涯海角，雪莱一行人觉得他们已经到了化外之地。就在此时，各个村庄出现流言，称该地区的一位年轻的农场女工玛丽·琼斯不久前遭残忍杀害。人们发现她被一把羊毛剪刺死。据说凶手体型高大魁梧，身高超过六英尺，当地人称其为“山中之王”。八月下旬和九月上旬，当地招募了武装自警团来保护分散居住的百姓并寻找凶手下落。*

---

* 托马斯·爱德华兹身高六英尺二英寸，他是帕里采石场的矿工。他趁退潮时从波特梅里恩横渡特里斯巴赫河口，在此遭抓获。当天晚上，六名巡警将他押解至多尔格利的（接下页）

特里斯莫尔是众人渡过的第二个河流入海口，这里被沙地包围，渡过这里之后，众人便发现到了一处大型建筑工地，这里施工人员近百人，他们此时正在对整个河口加固巨大的堤坝，工程一直延伸到小型港口波特马多，他们排光了堤坝内的水并对这片土地进行清理。一行人又往内地前进了约两英里，来到村庄的主干道，这个村庄错落有致，不久前用灰色石料建造而成，村庄中设有中央市场广场，两座小教堂，几家商店，一 164
座酒馆和市政厅，市政厅宏伟气派，令人惊叹，采用了经典的圆柱门廊。所有这些建筑物在几何上都呈T形布局，显然是为了设计方案的和谐一体。T形的头部是市政厅与酒馆，它们面朝南，俯瞰村庄的长边，并且与悬崖的底部和林下植被（它比村庄要高几百英尺）平齐，形成了锯齿形的顶端。向远处望去，视线的尽头是一片高地沼泽和自然形成的水库。[1]雪莱一行人在机缘巧合下，来到了当时最先进的社区所在地，这里也属于一项商业试验。他们住在酒馆中，这里名叫马多克臂膀酒馆。这个村庄是当时“威尔士的奇迹”，是威廉·亚历山大·马多克斯智慧的结晶。马多克斯是福克斯派辉格党人，他是改革家兼投机家，这座村庄的名字自然叫特里马多克。此外，这里还有一座房子出售。

一七九四年，马多克斯在山上的高处重建了一座小木屋，它的位置比特里马多克还要高，名叫坦尼尔阿西特（意指山下）。它采用新的设计，非常简单、精巧：有一组大型、优雅的拱形会客厅，面朝南方，楼上是卧室，这里可以俯瞰特里斯巴赫河口和梅里奥尼斯郡，景色壮丽。马多克斯还加上了新的石板屋顶，它并非传统的大坡度方形屋顶，而是向上伸展，优雅地向外倾斜，构成了单层三面的阳台，并由精美的柱廊承重，柱廊上有木雕与桁架。窗户经过翻修，不再是传统的框形式样，而是出

（接上页）途中，他再次逃跑，令这一地区民众多日都陷入恐慌。大卫·埃利斯-南内于1813年对他提起公诉，爱德华兹最终被定罪并处决。如需更多恐怖的细节，参见《切斯特纪事报》，1812年9月18日。到这一年冬天，这次公诉依然萦绕在雪莱脑海中。

人意料的大型落地窗，它采用了一系列玻璃门或落地长窗，可以直通阳台，因而房间的通风和采光效果都很好。为了弥补当地阴霾和山区的特点，房屋四周铺上了郁郁葱葱的草坪，长着藤蔓，菜园里的蔬菜品种丰富，并用遮阳墙加以遮挡。阳台四周种上了数千朵经典的玫瑰（语出马多克斯的说明），而且桁架上长满了金银花、铁线莲和其他攀缘草本植物的花朵。坦尼尔阿西特起初是马多克斯用来俯瞰山谷下方的巨大产业。但到了一八一二年，由于债台高筑，他不得不将这座房子的租赁权卖给债主格德尔斯通，此时这座房子无人居住。* 雪莱立即申请入住此处。

经过漫长的颠沛流离，雪莱一行人很喜欢住在坦尼尔阿西特。这座新建的小镇和堤坝工程都吸引了雪莱，这是对人和人居环境所做的直接的改革尝试，并且可以对理想社会得出更全面、更实用的观点。此外，
165 马多克斯此时尚在伦敦，这便使雪莱回到了辉格党少壮派的轨道。雪莱在当地遇到了马多克斯的代理人约翰·威廉姆斯，双方一拍即合。威廉姆斯承诺，他会在自己权限范围内向格德尔斯通争取坦尼尔阿西特的租约，而雪莱也承诺，自己将全力支持堤坝加固工程，并毛遂自荐担任非正式的筹款负责人。他还向威廉姆斯表明，成年之后自己将继承一大笔财产，届时将对该基金注入大额资产。雪莱迅速了解了特里马多克的历史。威廉·马多克斯的方案是围垦河流的整个入海口地区，方法是在数英里长的河口处建造一座巨大的圆形堤坝。他打算将这座新建成的小镇打造成威尔士北部的文化与娱乐中心，而这座巨大的堤坝就是该中心的地标，他希望在这里修建连接卡那封与伦敦的南北走向的主干道。拿破仑战争期间，特里马多克的建造工作一直在稳步推进，巨大的圆形堤坝于一八〇八年开工，于一八一一年九月完工并举行了“特里马多克堤坝庆祝日”，还举行了烤牛肉盛宴、音乐大会和赛马活动。这项工程的

---

* 坦尼尔阿西特号称在英国首次使用了洗手间，不过这在当地并没有成为热门景点。

成功很大程度上归功于当地主管约翰·威廉姆斯的不懈努力，他成为马多克斯的左膀右臂和推心置腹的好友。与此同时，马多克斯于一八〇二年担任议会议员，与诺福克及弗朗西斯·伯德特爵士这个小圈子建立了密切的同盟关系，一同抨击半岛战争中的腐败管理，最后还附议了伯德特于一八〇九年对斯潘塞·珀西瓦尔和卡斯尔雷勋爵发起的著名弹劾。马多克斯继续与伯德特和卡特赖特结盟，并在议会之外与科贝特结盟，一八一〇年代，他还成为汉普登俱乐部的创始会员之一，该俱乐部就是雪莱致力于组建的社团类型。*

一八一二年二月（此时雪莱尚在凯西克），一场灾难爆发了，汹涌的春潮袭来，巨大的圆形堤坝的中央部分发生了溃坝事故。马多克斯与威廉姆斯发动全郡群众参加救灾，并向《北威尔士公报》施压，要求淡化其破产与失败的可能性（鉴于此后发生的事件，让当地媒体保持沉默的能力十分重要）。有八百九十二人带着七百二十七匹马响应号召前来救灾。大坝得以挽救，但马多克斯却陷入困境，资金难以为继，他的许多财产（包括坦尼尔阿西特）都变卖或租赁给伦敦的主要债主格德尔斯通。

雪莱很快便满怀热情地认同堤坝这项事业，因此在九月二十九日， 166
约翰·威廉姆斯带着他与博马里斯公司一同参加了一次重要的公开会议，以筹集更多资金。威廉姆斯听说过菲什安布尔街的集会，因此在堤坝工程筹款活动中，将雪莱列为主要演讲嘉宾。雪莱的演说热情洋溢，充分反映出他不久前对特里马多克社区建立起的感情，并让当地人格外激动。到了之后一周的星期三，《北威尔士公报》对这次演讲进行长篇

---

* 汉普登俱乐部由约翰·卡特赖特少校（1740-1824）创立。卡特赖特是十八世纪九十年代最著名的激进人物之一。该俱乐部充当了政治会议中心和通信会。在1794年的叛国罪审判之后，这是英国出现的第一个知名的改革组织。最引人注目的俱乐部都出现在工业区，如米德兰与北部地区，尤其是曼彻斯特与伯明翰。雪莱的“结社”思想反映出汉普登俱乐部的模式，他也将后来创作的小册子都直接邮寄给该俱乐部。参见第十四、十五章。

报道。记者本人也深受感动，他不知不觉中竟使用了直接引语和现在时。在之后一期的报纸中，编辑不得不对这次会议报道所占版面过大而道歉。雪莱演说的这次报道现摘录如下：

> J. 威廉姆斯先生甫一坐定，就向他们证明了他（雪莱先生）的出发点是多么地真诚和无私。他很自豪能成为此人的朋友，此人也对威廉姆斯先生允许两人平起平坐而感到骄傲。由于他在生活这部大戏中还是个新登场的人物，他的诚信尚未接受考验，他的力量也未能确定，因此势必会认为他与威廉姆斯称兄道弟是受到了礼遇，毕竟后者历尽坎坷，以诚实、忠诚和坚定的气概坚持不懈地奋斗了十二载。至于马多克斯先生，他从未见过此人，但若是说起毫不动摇的公益精神和爱国热情，说起完成一件泽被全国的工程的热情，那么马多克斯先生可谓无人能出其右。特里马多克的堤坝工程是人类最伟大的工程之一，它展现了人类的天性，因为它表现出最高贵、最自然的状态——慈善。这是在挽救而非毁灭。是的！诚然！无情的大海曾经咆哮而来，袭击了人类居住和诚实谋生的家园。看一看这些岛屿的历史变迁吧，看一看饥饿令数百万人濒临疯狂；这项工程多么出色，多么光荣，就在于它让三千人找到了安身立命之本。每个人看到这项工程之后，都会毫不犹豫地加入我们的队伍，我在这里公开宣誓，我愿将我财产的最后一个先令用于此，也愿将自己的最后一份力投入这项伟大、光辉的事业。[2]

这属于征讨檄文式的演说，人群举杯为雪莱干杯。为了增加演讲的分量，雪莱的名字与威廉·马多克斯一同出现在名单的首位，名单中还有当地的副检察长大卫·埃利斯-南内，他们每人承诺捐赠一百英镑，以资助在这一期《北威尔士公报》上刊登募款广告。约翰·威廉姆斯与埃利斯-南内肯定乐于见到将来苏塞克斯有一大笔财产突然投入到堤坝工程中。但是雪莱在经济上做出的承诺并不能完全落实。即便他在集会结束后回家的路上，还因为六七十英镑的债务而遭到卡那封郡当局的逮 167 捕，要不是约翰·威廉姆斯与一位名叫威廉·罗伯茨的医生出面为他开脱并将他保释，他必然身陷囹圄。*

雪莱从博马里斯回家之后，遇到第二个难题。格德尔斯通先生问起这几位潜在租户的情况，认定这些人是最不适合租住之人。他从伦敦写信给约翰·威廉姆斯，在信中称："你必须格外小心，不要让雪莱先生进入这座房子或触碰家具，因为如果让他进入这座房子，我们让他搬走时就会遇到巨大难题。"[3]格德尔斯通曾与老韦斯特布鲁克有过一次不悦的面谈，因为后者不愿为其提供任何经济支持，而且他还了解到雪莱"与他家族之间龃龉"的所有情况，也得知他忤逆家人意愿，迎娶了"地位远低于自己"的妻子，这也应验了他的怀疑。格德尔斯通总结道："［雪莱先生］收入有限且经济上无法独立，很可能无法支付租金，而且他会向镇子上的所有商人借债且只借不还。"这些预言全部得到了应验。

约翰·威廉姆斯却认为，应当让雪莱住在坦尼尔阿西特并组织筹款工作，便请马多克斯代为向格德尔斯通说情。雪莱的解释是有契约证明他将在成年之后自动继承一大笔财产，但这种说法的真实性值得怀疑。格德尔斯通回心转意。九月二十八日，他推迟了决定，开始调查这份契约。** 马多克斯通过威廉姆斯（也许还有伯德特）听说过雪莱，他希望雪莱加入自己的事业。威廉姆斯与雪莱做出决定，雪莱必须立即赶到伦敦向马多克斯陈情，还要敲定租赁事宜并解决卡那封郡的债务问题。一行人又坐上马车向南去了。

雪莱一行人住在圣詹姆斯大街的刘易斯酒店，在伦敦住了约五周

---

* 这笔债务始终是个谜。伦敦的约翰·贝德维尔律师鼎力相助，使雪莱于十月还清了这笔钱，重新获得保释。但是罗伯茨医生依然向雪莱的债务执行人请求，最迟于 1844 年之前偿还另一笔三十英镑的欠款。

** 从未找到过这份"契约"，但雪莱确实有望于 1813 年 8 月成年时继承到一大笔财产。

半,具体时间是十月四日至十一月十三日。第一天晚上就举行了期盼已久的会面,他们前往斯金纳街的葛德文府上用餐。这次会见无疑非常成功。雪莱的魅力吸引了葛德文一家,令他们开心,他们也非常喜欢哈丽雅特。葛德文本人当即以师匠自居。他赞许了特里马多克的事业,认为这与爱尔兰的社会活动相比,是更安全、更具实质性的工程。但他建议雪莱打理好自己的经济状况,尤其当他本人希望对此工程捐款时。有证据表明,雪莱之所以向约翰·贝德维尔律师咨询个人事务并商谈一笔现
168 金贷款,葛德文居中发挥了作用。雪莱向沃纳姆的教长申请获取自己的出生证明,这样就能在他成年之前正式拿到一笔贷款。与此同时,雪莱还写信给菲尔德庄园,索要自己的电镀发电机和日光显微镜,这样他就能在坦尼尔阿西特展开研究。[4]

对于葛德文夫人所经营的书店,葛德文向雪莱详细解释了自己对这爿书店的希望。书店旨在为儿童教育提供自由、理性的教科书和百科全书。葛德文道出了关键问题所在,即严重缺乏资金导致书店无法稳步经营。就连哈丽雅特也明白,“有时他们非常需要足够的资金……”[5]葛德文已经想到,这位年轻的弟子可能最终能帮他解决这个难题。葛德文按照规定进行了借款,他认为自己的作品**有权**获得融资,而且对于社会具有重要价值,这也证明了他在《政治正义论》中论证平等主义时所持信念。雪莱则将自己乐善好施的行为强加于人,他像葛德文一样无视实际后果,这颇为奇怪,而且还坚持慷慨行为本身具有美德。也许这属于另一种盲目性。但两人都信奉《政治正义论》第三卷中的教导,“对于经常观察到的道德,需要充分考虑其后果”[6],这颇具讽刺意味。雪莱与葛德文都没有一以贯之地考虑好后果。

雪莱一行因赢得葛德文一家的好感,心中都颇为喜悦。葛德文已五十六岁,身材矮小,秃顶,饱学多才,外表有亲和力,但长着一双犀利的小眼睛,有时戴着精美的金丝眼镜,还生着一对浓眉。他二十年前达到了职业生涯的顶峰,即一七九三至一七九四年间出版了《政治正

义论》和追捕小说《迦勒·威廉姆斯》。在皮特执政时期他大胆地在叛国罪审判中为霍恩·图克辩护，这使他颇为同情激进事业。他之后还将取得创作与成果的一次小高潮，也即一八一七至一八二〇年这段时期。当时他正陷入个人危机与经济危机，但还是发表了《曼德维尔》和一部优秀的辩论作品《答马尔萨斯》。哈丽雅特注意到，这位先知已成为"居家男士"。尽管他与他的孩子们会陷入沉思并颇有傲气，而且当着第二任妻子克莱尔蒙特夫人的面时经常有些紧张，但葛德文还是一位颇具魅力并好客的主人。他喜欢慢吞吞、话中暗藏机锋的方式，这与雪莱谈话中快速的连珠炮和独白相得益彰。哈丽雅特当时的反应表明了现场的情况："我们已见到了葛德文一家，还有必要告诉你我爱他们吗……他举止温和、令人愉快，我敢说即使他的敌人也会欣赏他。我们很幸运能天天见到他，而且根据他的建议我们决定住在伦敦 169
附近……雪莱深得葛德文的喜爱，与雪莱的交往让他非常高兴。为了与我们交往他放弃了所有其他事情。坐着端详他对我来说真是件快事。你见过苏格拉底的雕像吗？葛德文的头很像苏格拉底的头像。"[7] 见哈丽雅特这样关注自己，并认为自己和苏格拉底很相似，葛德文想必开心极了。

海兹利特撰写的短篇传记随笔中，对老年葛德文作出了最生动形象、最公道的肖像描写，其中与哈丽雅特一样观察到他的温和，只不过更为尖酸："在私下场合中，《政治正义论》一书的作者一度令熟知他的人想到一位嫁接在不从国教牧师之上的形而上学者。他的举止颇为独断专行、吹毛求疵、诡辩，有些小家子气。一旦受到人们的欢迎，他便觉尴尬，于是失去了这种举止风格；这一点，当他独处书房时，也自觉惊讶。从那以后，在社会的打磨下，他从一个过于务实的人，变得有点太不在乎了。现在，他就像一只旧手套一样平易近人。也许他多少留意着此举的作用，并希望与自己形成反衬。"[8] 文中对葛德文异见分子和牧师的背景作出了精辟的论断，葛德文曾在霍斯顿的神学院接受过教育，他在青年时期是桑德曼派牧师约翰·格拉斯的狂热信徒。* 无论是心态还是性格，葛德文从未抛弃自己当年的特点，即持异见的传教士。同样，他的哲学作品总是具有入木三分的专注，就仿佛是灵感附体的记者在为发行量很小的报纸撰写檄文一般。海兹利特是一八二四年撰写的这篇随笔文，而雪莱初次与葛德文一家见面时，后者才刚刚进入他的"旧手套"时期。

葛德文的两次婚姻让他的家庭情况十分复杂。他的第一次婚姻是在一七九七年与玛丽·沃斯通克拉夫特结合，此时玛丽遭美国人伊姆利抛弃，从斯堪的纳维亚回国。这段婚姻非常幸福，不幸的是过于短暂。玛丽给葛德文生下第一个孩子之后，没过几个月就去世了。这孩子与她母亲同名。葛德文还要负责照顾玛丽此前与伊姆利生的孩子，也是个女孩，名叫范妮。一八一二年，葛德文的女儿玛丽与继女范妮分别是十五岁和十九岁。玛丽当时在苏格兰，雪莱来做客时，她大多数情况下都住在亲戚家，但范妮却住在家中。据哈丽雅特的观察，范妮"长得一般，但很敏感"。她迅速与雪莱结为好友，不过她似乎对哈丽雅特非常
170 敬畏，几乎是一种嫉妒之情，认为她是"靓丽的女士"，这颇有些奇怪。范妮很害羞，她的继母有时会稍稍欺负她，而且她十分自卑。雪莱的兴趣让她为之倾倒，雪莱与她交谈，对她戏谑，向她解释各种事物，还给她介绍了诗人与打破传统之人。雪莱谈到自己时毫无保留，而且还发出"可怕的讥笑"。[9] 正是这种关系，使他展现出最温和、最坦诚、最有魅力的一面。这后来产生了悲剧性的后果。

葛德文于一八〇三年续弦。第二任妻子是位寡妇，个性强悍，杀伐决断，两人的结合更务实而非看重浪漫的爱情。她原名克莱尔蒙特夫

---

* 约翰·格拉斯(1695－1773)是苏格兰牧师，曾创立极端教派格拉斯派或桑德曼派，成员为千禧年平等主义异见分子。他们与类似的教派摩拉维亚派、英加迈特派和马格莱顿派的区别在于，他们治学严谨并允许戏院和文学用于教化目的。

人，此时已改名为葛德文夫人，她负责经营书店，像罗伯斯庇尔一样戴着一副绿边眼镜。她带来了两个孩子组建家庭，分别是查尔斯与简，年龄分别为十八岁与十五岁。她在一八〇五年为葛德文生了一个儿子威廉，他在家里最小，也是家中的宠儿，夫妇俩在他的教育上倾注了大量时间，包括建造了一个微型讲台，这样威廉就能在讲台上"讲授"哥哥姐姐特地为他准备好的课程。[10]

因此，斯金纳街的府上住着五个孩子：葛德文婚前的孩子范妮与玛丽，以及他婚后的孩子查尔斯、简与威廉。葛德文鼓励他们远离流行的事物和社交活动，但从很小的时候开始，葛德文一家就带着他们与夫妇俩的成年友人一同赴宴和看戏，并教会他们如何招待大批尊贵客人，包括剧作家霍尔克罗夫特及其女儿范妮，库兰和他女儿埃米莉亚，柯尔律治，海兹利特，兰姆一家人及后来造访的华兹华斯。在一八一一年的冬天，柯尔律治在讲学中经常会提到这三位女儿。[11]

葛德文对克莱尔蒙特夫人并没有强烈的情感羁绊，却与第一次婚姻的亲生女儿感情很深。年幼的玛丽肤色较黑，但天生丽质，在同龄人中可谓冷静、早熟之人。她饱读诗书，父亲对她的教育付出了大量心血。葛德文当年对倔强、机智善辩的玛丽·沃斯通克拉夫特倾注了很多感情，在她去世之后，这段感情大多下意识地转移到女儿玛丽身上。玛丽对这份关爱报以巨大的热情，她父亲以她为豪，使她很是受用。在玛丽的青少年时期，两人的关系在诸多方面都极为亲密，而在日后的生活中，却与她产生了一种冷淡的疏远，这颇为奇怪，就仿佛父亲从她那里拿走了什么一样。再往后，到了葛德文去世之后，她因此变得轻佻和反复无常，有点老处女的感觉，这经常让她的仰慕者甚至她自己都颇为尴尬。但玛丽也非常聪慧，她的思想中体现出一种男性化、犀利和复杂抽象的特质，这一点颇为奇怪，这是从她母亲那里继承来的，也使她能够意识到自己的情感问题。

但是，玛丽并没有受到溺爱。葛德文是尽职尽责的父亲，他对玛丽

要求严格，并故意将她长时间送到苏格兰的好友巴克斯特家中。其他的
171 孩子都很敬重玛丽，依赖并信任她。妹妹简和姐姐范妮尤其如此。而另一方面，克莱尔蒙特夫人则对她乃至她的影响力都缺乏信任。

雪莱初次造访葛德文一家是在一八一二年，当时玛丽不在家，她住在巴克斯特家中。哈丽雅特只知道玛丽是“另一位女儿，此刻正在苏格兰”，而且知道她和母亲长得很像。雪莱与哈丽雅特盯着玛丽·沃斯通克拉夫特的画像看，这在葛德文的书房中占据了中心位置。“她非常像她母亲。在葛德文的书房中挂着一幅她母亲的画像，她母亲肯定一直是位非常可爱的女人，从她的外表看，她敢想敢做。”[12]

查尔斯·兰姆刻画出葛德文第二位夫人的恶毒形象。他在一八〇三年写道：“[葛德文]教授正在谈恋爱。这位女士是位寡妇，戴着一副绿边眼镜，还有一个孩子。教授显得年轻多了。”[13]接着又回忆起她造成的种种不愉快，她爱打听隐私，喜欢传播谣言和颐指气使的做派，兰姆最后得出结论：“葛德文夫人是个该死的魔鬼和婊子。”尽管如此，她需要强大的个性，方可承受葛德文无穷的个人主义和他窘迫的经济状况，雪莱也只是逐渐意识到这一点。她给哈丽雅特留下了深刻的第一印象：“从葛德文夫人经历的种种磨难中，我相信她是一位坚韧不拔、意志刚强的夫人，她外表甜美，许多事情上都表现出她的宽宏大量、自强自立的性格。”[14]但到了第二年夏天，哈丽雅特发现此人很难打交道，因此她不愿再来斯金纳街做客。雪莱跟她和平相处得略微长久一点。

到了十月底，两家人成为亲密好友，一同散步、闲谈和就餐。此后两年里，斯金纳街成为雪莱在伦敦的重心所在。葛德文除了建议他如何理财，还敦促他采用彻底、系统性的阅读和研究方法。雪莱从坦尼尔阿西特寄出的信件与书单表明，这条建议很快有了成效。葛德文在日记中记录了两人讨论的话题，即“物质与精神，无神论思想，实用与真理，教士，教政，以及德国思想与文学的特点”。[15]

这份新的友谊建立之后，最受伤的莫过于希钦纳小姐，她的精神伴

侣兼精神顾问的角色迅速被这位伟大先知的影响力所取代。在仓皇逃离林茅斯途中,她在家中也因为压力经常与哈丽雅特爆发冲突,人们可能怀疑是伊丽莎·韦斯特布鲁克在不断发挥潜移默化的影响,诋毁她妹妹的竞争对手,这就像此前霍格的风波一样。这是必然的,但没有立即 172
发生,因为雪莱专心处理多项不同的事务。他要为堤坝工程筹集资金,似乎还尝试过利用他在苏塞克斯的影响力,只不过没有成功。这大概是他与可怜的希钦纳小姐携手共事的最后一项计划,而且雪莱可能尝试过让她担任自己在赫斯特皮尔波因特的代理人。

雪莱向特里马多克的约翰·威廉姆斯报告称:“我看对我来说,在离开这个世界之前,我是看不到任何宏伟明确的计划得以实现了。在苏塞克斯没得到任何赞助,那些人冷漠,自私,专为自己的利益打算,在这个世界上,他们好像除了吃、喝、睡再没有其他目标和事情。”但是,他向威廉姆斯保证,自己绝没有任何懈怠:“但我的殷切希望,我的热切企盼,我不懈的个人努力(只要健康允许)都倾注在了那个**我有生之年永不会放弃**的事业中。”[16] 括号中提到了他的健康情况,这暗示了在博马里斯和卡那封的日子里,他承受了巨大压力,而且在凯西克时他也曾利用健康状况不佳作为逃避的借口。但是在伦敦,他的身体状况“好多了”[17],而且与威廉·马多克斯的讨论显然令双方都很满意,只不过此次会见没有留存下来任何私人记录。

另一次会面值得注意,更像是久别重逢。这就是雪莱在他忙碌的几周里,见缝插针地与他的老朋友霍格见了面。雪莱之所以会到陌生的房屋中寻找霍格,恰恰说明他与哈丽雅特的关系已经成熟。雪莱满怀信心地希望霍格回归自己的小圈子中,但霍格也变了,因为法律界严格的约束与辛苦乏味的工作已经消磨了他读本科时的激进主义思想,只给他留下了尖酸刻薄的幽默感。他对两人重逢的叙述虽然很短且个人色彩明显,但依然是他传记中最为沈博绝丽、暗示最多的部分之一。他快一年没有见到雪莱了,也没有收到他的来信。“一八一二年十月底,我从乡下回来了,并履行了辩护人的职责:我坐在静悄悄的寓所中,面前放着一杯茶和一本书。这是十一月初的一个晚上,也许时间是十点左右。临街的大门传来了一阵猛烈的敲门声,将我惊醒,就仿佛是更夫在发出火灾警报一般;有人在大声地向楼上跑去,门开了,比希冲到房间的正中央……比希还和以前一样,桀骜不驯,充满智慧,超凡脱俗;仿佛是从天而降的精灵,又像是地底冒出的魔鬼。他是怎么找到我的?"

答案就是雪莱去了位于中殿律师公会的霍格办公室。霍格的上司
173 起初不愿向雪莱透露霍格的地址,因为他不喜欢雪莱的长相,而且雪莱正处于专横独断的强烈情绪之中。最后,正如他后来向霍格解释的,"我的文书觉得,在伦敦这个人来人往的地区,不会有什么危险,因此我虽然不太情愿,但还是让文书写下了你的地址。最终我把地址交给了他……我希望他没有伤害你"。雪莱对这样谨小慎微之人嗤之以鼻:"与所有律师一样,他就是个心胸狭隘的傻瓜!你怎么能忍受得了这样一个小人?那个老家伙看着我,仿佛认为我会割断他的喉咙一样;那位文书要好得多,但他就是个蠢货!"[18]

说完这些,他开始谈起自己的情况。据霍格说:"他当时至少聊了有一千件事情,缺乏条理,而且他还是那样地热烈和健谈,这是他与生俱来的特点。"雪莱在霍格家聊天聊得很晚,而且声音非常大,最后霍格害怕打扰到这栋房子里的邻居,便拉着他走到街上,这样就可以继续交谈。两人商量好第二天再见面。到了晚上六点,霍格、雪莱、哈丽雅特与伊丽莎在圣詹姆斯宫附近一同用餐。哈丽雅特与霍格握了手,并谈起了爱尔兰的革命;伊丽莎则"保持沉默,对我微微一笑";雪莱却迟到了。他风驰电掣般冲上了楼,只聊了威尔士的瀑布,此外还提议大家再度同住在伦敦。霍格暗示称,这属于雪莱"习惯性的神秘"方式,但实际上,雪莱有理由对一切与政治有关的话题保持沉默。他语焉不详地将特里马多克的计划告知霍格[19],但他并没有提到林茅斯发生的情况,有一点更值得注意,他没有向霍格透露自己与葛德文的友谊。三十年后,霍格动笔

撰写雪莱的这部分生平时，依然不知道雪莱与葛德文在这一年秋天见过面。当然，雪莱也没有提到《麦布女王》。他们满腔热情地约定来年春天再聚首，与此同时，两人也恢复了书信往来。

雪莱无论是为伊顿撰写小册子还是撰写《麦布女王》，都需要准备素材，在此过程中他结识了一批新朋友，这就是新邦德街的书商托马斯·胡卡姆的朋友们。与霍格不同，他们对雪莱积极投身于激进主义的情况了如指掌。其中最重要的人物莫过于托马斯·洛夫·皮科克，他时年二十七岁，已通过胡卡姆出版了两部长诗，分别是《巴尔米拉》(1806)与《泰晤士河的天才》(1810)。皮科克出身于韦茅斯的商人家庭，十六岁那年随母亲迁居伦敦，并在这里接受了私立学校的教育。他凭一笔数额不大的生活费实现了独立。他像学者一样严谨，而且对当前政治局面大为光火，再加之他博览意大利语和希腊语著作，因此在胡卡姆看来，这是他为之出版著作的作家中最有前途的青年才俊之一。雪莱很喜欢听
皮科克讲他在梅里奥尼斯郡的经历，他去年曾住在那里，过着隐居乡野 174
的文士生活。他背着背包行走在山路上，阅读古典作品，创作诗歌。他先住在迈恩图罗格附近的木屋中，后来又住在当地的旅馆里。他比雪莱年长七岁，因而他的经历具有一定权威性，同时也证明人是有能力在学术和社会上保持自给自足的状态。雪莱非常钦佩这一点，对他的诗歌也印象深刻。两人的友谊此时比较正式，雪莱会通过胡卡姆转达“对皮科克先生最诚挚的祝福”。此后，他又从威尔士直接给皮科克写信，开心地告知他自己与一位威尔士女士的交谈。这位女士“在诸多方面都是一个有很多优点的女人”，但回忆起皮科克时却是恐惧和不满：“‘噢！’她说，‘皮科克先生住在塔尼鲍赤附近的一个小农舍，像个杀人犯似的藏头索居，不与任何人打交道。然而，’她接着说，同时把声音调到一个适当严肃的声调，‘**更糟糕**的是，他是个**无神论者！**’我大声抗议她的刻薄言论，但一点用也没有。她非常清楚我不是个信徒。但是她也许**对我**

太不公平！”[20]雪莱在叙述这件小事时的语气是一本正经的恶作剧，并通过强词夺理对他本人的无神论思想得出结论，这表明皮科克与他的友谊最终使他获益匪浅——使他能够戏谑自己的热情，并对自己的怪癖自嘲一番。这对他个人的影响要超过在文学上的影响力。雪莱也给皮科克带来了灵感，使其将原先嘲讽个人与学术瑕疵的癖好转变为一种全新的文学亚文类体裁——怪诞小说，并高明地操控了对话与争辩。*

除了葛德文、胡卡姆与皮科克，雪莱在伦敦又结交了第四位重要朋友，他就是约翰·弗兰克·牛顿。他是素食主义者、天体主义者和拜火教徒，是彻头彻尾的怪人，以至人们有时发现他酷似皮科克笔下的人物。霍格描写了雪莱与他的初次见面，称当时是十一月五日，但霍格记录的日期有误，其实要早一些。雪莱离开了葛德文的卧室，因为烟花爆竹的声音响彻夜晚。于是雪莱和年仅九岁的小威廉·葛德文匆匆离开斯金纳街，前往牛顿医生的府上，身后是爆竹声和闪亮的焰火。牛顿是葛德文一家的老朋友，他很惊讶地发现，小威廉的这位朋友其实是位饱学之士。之后，他从葛德文那里了解到雪莱其人，到了第二年，他们在伦敦定
175 期聚会。牛顿严格按照天体主义的原则管理一个大家庭，他的妻子有神经过敏症，霍格对她极为推崇。

雪莱一家打算回到威尔士。哈丽雅特与伊丽莎已决定将伊丽莎白·希钦纳从他们这个小团体中除名，她们觉得需要在回坦尼尔阿西特之前向她摊牌，便请求霍格给予帮助。到了十一月八日（星期日），她们为希钦纳小姐举行了欢送宴会，霍格也参加了。双方达成协议，雪莱因给希钦纳小姐造成了困扰，应向其支付每年一百英镑的生活费。在她与雪莱私下达成的这项协议中，很可能规定她需要在苏塞克斯继续为雪莱

* 该系列的第一部作品题为“黑德朗庄园”，它于 1816 年问世，人们从中可以发现许多对威廉·马多克斯（黑德朗乡绅）、骚塞（奈特·谢德先生）、柯尔律治（潘诺思科普先生）和霍格（詹金森先生）的漫画式描写。追求完美的福斯特先生与信奉物质使人堕落的恩斯科特先生之间发生了一场疯狂的争论，这反映出葛德文与雪莱在学术上冲突的一个方面。

工作。但这笔钱只付过一次,有证据表明,希钦纳小姐在六月向他们借了一百英镑,但从未归还。[21]

希钦纳小姐回到赫斯特皮尔波因特之后,发现自己成为人们嘲笑和议论的对象,人们还认为她是遭雪莱抛弃的情妇。默尔曾听说希钦纳小姐坚称"他们的关系纯粹是柏拉图式的",但她自己也觉得没人会相信。她非常失望,也觉得很羞耻,自然想到跟雪莱算账,她给雪莱写了信,威胁要采取报复手段,其中最糟糕之举是向政府告发他的政治活动。默尔第二年观察到她的状态,"如果她精神失常",一点也不奇怪。其实,希钦纳小姐的一生表明她具有顽强的精神,这是她的重要支柱。她出了国,嫁给了一位奥地利军官,最后回国在埃德蒙顿开办了一所学校,学校办得有声有色,她于一八二二年去世。[22]回忆起自己和雪莱在一起的时光,她心中爱悔交加,并在诗歌中称他鼓舞了自己的人生。

尽管如此,雪莱并没有顺利走出这件事的阴影。他对于不再迷恋的对象表现出某种冷酷无情的漠视,这是一个不祥之兆。就在五个月之前,他还对她大加赞美,请求她也住过来,这表明他的关切是冷漠的,他的公平是虚伪的。他以诙谐的口吻写信给霍格称:"那个布朗魔鬼——我们如此称之前折磨我们的那位女校长——坚持要收补偿金。我怀着沉重的心情,很不情愿地给她钱,但是必须这样做。她因我们匆忙地错估形势而受影响,当时她一切进展顺利。现在她说名誉丢尽,健康受损,思想的平静被我们的暴行摧毁,一切不幸的牺牲品,身心交瘁,那位女主人公遭受了多么大的痛苦！这并非都是事实。然而她确实既难堪又可怜,某种程度上我们作为这一切的根源,应该消除它。"写到这里时,他的评价似乎是公道的,但他还是忍不住突然加上了一番抨击:"她是个虚伪、肤浅、丑陋,具有阴阳两性的野兽般的女人。作为一个室友与她同住四个月之后,我对于我的愚蠢、前后不一和低级趣味的惊奇从来没有 176
这样大过。假如有这样一个女人在天堂,那么地狱将会成为什么样子?”[23]有人提出,这番话是故意写给哈丽雅特与伊丽莎看的,她们肯定读过雪莱写给霍格的信件。但是“具有阴阳两性的野兽”这番话却是肺腑之言,并且表明他在性方面的极度厌恶之情。鉴于雪莱表现出的情感,希钦纳小姐很可能坦诚地付出过自己的肉体,因为她已是雪莱的灵魂姐妹,两人都同意“葛德文式的制度”。雪莱可能认真对待过,也可能视之为儿戏,在这段时间,他们短暂的一同生活表明,即便出现这样的情况,也是暗中进行的。两人一起在林茅斯海边的礁石上步行,当地人曾发现他俩在一起。不管怎么说,希钦纳小姐显然背负着受鄙视女子的耻辱。

哈丽雅特于十一月写信给纽金特小姐,提到曾经颇有好感的波西亚。她的笔调十分尖刻,对她来说颇不寻常,这是妒火中烧的女子才有的口吻:“我们完全被她的共和论所欺骗,具体来讲在每一件事上她都在骗我们,我们不久就对她失望了。坦白公正地说,一个自私的人绝不会觉察出这一切。她一心想把我和亲爱的雪莱拆散,她曾虚伪地说雪莱真正爱的是她,只是因为他已结婚,她才未介入。”显然在这段话中,性的问题已经公开化,只不过哈丽雅特(或许是伊丽莎)为方便起见,将雪莱视为受害者而不是施害者。哈丽雅特最后写道:“费了好久的时间我们才得以让她搬走,条件是雪莱同意每年给她一百英镑。现在,真是感谢上帝,她再也不回来了。”[24]

一八一二年十一月十三日,这个乌托邦式的群体已清洗过成员,此刻他们动身出发赶赴威尔士,他们当晚在斯特拉福德入住。雪莱早已将希钦纳小姐抛于脑后,继续从事自己的激进事业,他掸去身上的尘土,抛开城市贫穷的可憎景象,也放弃社交场上的温雅与妥协。他写下一首诗,题为《自伦敦赴威尔士》:

万岁,坎布里亚!为那不羁的风
来自你的荒野,甚至此刻我都能

感觉，在暴怒中追逐翻卷的乌云，
使灵魂松弛的神经绷紧有如钢筋！

他再一次确认了自己所设定的革命目标，只不过这次采用了特里马多克工程这一媒介：

……从你的岩石之间寻觅 177
我急于使用的武器把它投向祸根，
以便在自由的田野升起理性大旗，
飘舞着这不沾血腥的胜利的象征，
让那爱的标志像照临世界的灿烂明星。

这首诗显然并不如他在林茅斯写的十四行诗那样出彩，但诗中述说了他对真实问题的认识，且更为活灵活现。雪莱对贫穷与剥削的憎恨十分强烈，不可阻遏，他参与的运动可能引发暴力，也具有危险性，这些更清晰地反映在诗中：

坎布里亚！请使激动的情绪平静，
　　请张开你妩媚的岩石和森林帷幕，
以便这愤愤不平怒不可遏的灵魂
　　融合进这如画的风景和青山翠谷；
请让我永远是我历来那样一个我，
　　但是不要让苍白瘦削的苦难永久
默默无言地徘徊在我贫寒的门口；
　　我是那些没有朋友的穷人的朋友，——
让我别疯狂到以血玷污他们的正义事业。[25]

雪莱心中满怀着这些“景象”与“悲惨的现实”，与其他人一同回到威尔士。他们在卡普尔·科里格偏离了马车路线，然后“乘坐轻型马车”进入苍茫的山谷前往特里马多克，最后到达山上的坦尼尔阿西特。“道路通过斯诺登山脚下，四周山峰巍峨，山巅直穿云霄，山谷密林纵横，山上景致的色彩与构形全倒映在湖面上。”[26]三位才聘用不久的女仆已经在恭候他们的到来。一行人从行李中取出书籍和稿纸，哈丽雅特与雪莱定居在一间大卧室中，这里面朝南，可以俯瞰特里马多克与特里斯的景色。还有正面为方形的莫法宅邸，它就位于另一座山丘上，隔着山谷正对着这座房子，它的主人是当地乡绅——罗伯特·利森阁下。埃利斯-南内曾帮助过他们的家计之需，此时他一家人正式登门拜访。哈丽雅特与南内夫人很快就建立起亲密关系，哈丽雅特还送上了伦敦最时兴的乐谱、音乐和歌曲。十二月逐渐临近，天气越来越寒冷恶劣，邮差马车来这里的频率也越来越低。[27]

注释

[1] 参见伊丽莎白·比兹利美丽的雕刻作品，《马多克斯与威尔士的奇观》(1967)，页177背面。此后一百六十年里，村广场除了画上了停车车位线之外几乎没有变化。对于在英国西北部几所大学攻读建筑学专业的学生来说，这里就是他们的麦加圣地。马多克斯在天之灵应该感到无比欣慰。

[2]《北威尔士公报》，1812年10月1日，北威尔士大学班戈校区档案馆藏。

[3] J. 格德尔斯通写给约翰·威廉姆斯的信，1812年9月17日。布里斯、琼斯与卡森档案；168号箱，信件146，藏于卡那封郡郡立档案馆。

[4]《珀西·比希·雪莱书信集》，第一卷，第二〇五篇，页328。

[5] 哈丽雅特写给纽金特夫人的信，《珀西·比希·雪莱书信集》，第一卷，第二〇二篇，页327，注释8。

[6]《对〈政治正义论〉提出的质问》，K. C. 卡特编(1971)。其中原文引自

第三版(1798),第三卷,第六章,页120。

[7] 哈丽雅特写给纽金特夫人的信,《珀西·比希·雪莱书信集》,第一卷,第二〇二篇,页32页,注释8。

[8] 威廉·海兹利特,《时代的精神》(1824-1825);论"威廉·葛德文"的随笔文。

[9]《珀西·比希·雪莱书信集》,第一卷,第二一三篇,页338。该信写给范妮·葛德文,1812年12月10日。信中某些段落十分奇怪,人们能够感受到范妮也受到了雪莱的影响。例如,"我是那些可怕的长足动物中被称作人中的一个。也许直到我使你确信,我是我同类中最不叫人讨厌的一个。我以素食为生。自我出生从未咬人,我冒昧地想引起你的注意"。这封信值得通读一遍。

[10] 参见克莱尔·托马林,《雪莱与他的世界》(泰晤士与哈德森出版社,1980),页19,注释20。威廉的讲座之一是《论政府对人性格的影响》。

[11] 同上,页16-18。

[12] 哈丽雅特写给纽金特夫人的信,《珀西·比希·雪莱书信集》,第一卷,第二〇二篇,页327,注释8。

[13] 克莱尔·托马林,《雪莱与他的世界》,页15。

[14] 哈丽雅特写给纽金特夫人的信,《珀西·比希·雪莱书信集》,第一卷,第二〇二篇,页327,注释8。这是琼斯教授钦佩的史诗般的脚注,长达九十七行。

[15] 道登,《珀西·比希·雪莱的一生》,第一卷,页304。

[16]《珀西·比希·雪莱书信集》,第一卷,第二〇六篇,页330。

[17] 同上。

[18] 霍格,《珀西·比希·雪莱的一生》,第一卷,页364-365。

[19] 同上,页172。

[20]《珀西·比希·雪莱书信集》,第一卷,第二一〇篇,页334。

[21] 肯尼斯·尼尔·卡梅伦,《青年雪莱:一位激进者的缘起》,页366,注释61。

[22] 同上。

［23］《珀西·比希·雪莱书信集》，第一卷，第二一一篇，页336。

［24］哈丽雅特写给纽金特夫人的信，《珀西·比希·雪莱书信集》，第一卷，第二〇七篇，页331，注释3。

［25］《埃斯代尔诗钞》，页53-55。

［26］《珀西·比希·雪莱书信集》，第一卷，第二二三篇，页352。

［27］同上，第二一〇篇，页333。

第八章　黑暗之夜

几个月的冬日时光里，雪莱养成了全新的生活习惯。他接受了 178
威廉姆斯的领导，每天上午步行或骑马前往位于堤坝旁的工地办公室帮助工作。他的主要工作似乎是监督当地农场主与贵族承诺对堤坝基金捐赠金额的到位情况。他发出的某些催缴信留存至今，它们表明雪莱非常重视这项工作，确实以巨大的热忱待之，很快他四处树敌。卡那封郡的法务官约翰·埃文斯在这一地区是个重要人物，他负责处理马多克斯的融资事务，同时也为马多克斯的债主（例如格德尔斯通）担任当地的代理人。但是，雪莱以傲慢的态度对待埃文斯，后者曾承诺对基金捐款五十英镑。其实，雪莱的举止颇有冒犯之处。雪莱回到特里马多克不久，便于一八一二年十二月三日给他写了一封催缴信。一周之后，又发出第二封。从处理公共关系的角度而言，这封信绝非上乘之作。“先生，我此前通过约翰·威廉姆斯先生转告过您，您的答复却是从未收到过我的信件——为了避免这种现象再次发生，我通过信使将此信寄给您——我上一封信的内容旨在以同为募捐人的名义提醒您，应当向特里马多克堤坝基金缴纳应付款项，这笔应付款是您所有应付款项中最迫切的一笔，我还要敦促您必须立即将其支付，并且我对于这种情况,不禁感慨违约之人的冷漠与动作迟缓。卑微的雪莱爵士。"[1]雪莱对埃文斯采取了反击,并且使用了债务催收机构的行话来对付他,雪莱由此获得了难以掩饰的满足感,正是埃文斯曾在卡那封郡处理过雪莱所欠的七十英镑债务。得罪埃文斯会带来危险,因为他对当地维护司法和秩序的公权力有影响力,他还恰好担任卡那封郡警长的文书。[2]

雪莱还得罪了特里马多克社区的另一位重要人物,他就是尊敬的
179 罗伯特·利森。利森在英尼斯陶英拥有并经营一家采石场,它为堤坝工程供应了大部分石料。[3]他还是这一地区最大的劳工雇主,态度蛮横,也很"现实",这体现出新兴资产阶级的典型特点,他们抛弃了十八世纪的父爱主义,却没有形成新拉纳克的罗伯特·欧文所推崇的新的社会福音主义(称之为社会主义还有些牵强)。此人对于马多克斯的资金链紧张情况十分敏感,一方面将堤坝工程视为有利可图的资本投资,另一方面也不断对马多克斯的代理人威廉姆斯施加压力,让其对当地的劳工采取更苛刻的政策。他写给威廉姆斯的一封便笺就是典型的例证:"必须弄到资金,因为有些从来没表示过不满的人现在也开始闹事……我认为给这么多人填饱肚皮简直是疯了,因为大部分人吃掉的价值超过了他们工作产生的价值。"[4]从政治上说,利森是位强硬的托利党人,也是威灵顿的疯狂拥趸[5],他对劳工群体的态度体现了威尔士大地主之子的特点*,因为他从小接受的教育就是将土地上的人都视为封建社会的佃农。他私下里似乎是个文化人,智商非常高。利森十分热爱业余戏剧表演,他后来回到都柏林买了一栋别墅,在顶楼就设有一座小型戏院,考虑到之后发生的事件,这一点也许非常重要。[6]

这些人本身并非不善言辞,而且他们发现工会在特里马多克初具

---

* 罗伯特·利森之父是首任米尔敦伯爵,他是威克洛郡的大地主,利森是他第三次婚姻所生的第二个儿子。

雏形,还发现工会企图与老板举行集体谈判,扬言要使用罢工手段。事情的经过很少记载在文献中,因为与这一时期的许多早期劳工运动一样,它们受到知识阶层的忽视与压制,被视为无足轻重的运动或反抗。但至少有一份文献很早就说明了发生的情况,它藏于卡那封郡档案馆,日期据推测为一八一二年五月或一八一三年。这封便笺是当地一位无名的监工写给约翰·威廉姆斯的,当时后者还在伦敦出差。

> 今天下午三点左右,整个海滩附近的人都参加了罢工运动。我的人回来之后,也铁了心要这么做。我很费了些气力才说服他们回去工作,我从他们那里听到的原话是:"我们也想工作,但我们不吃肉怎么能工作呢?"您非常了解情况。但是,他们也保证说,在我的这封信得到答复之前,他们会继续工作。看在上帝的分上,快点回来吧。每年到了这个节骨眼上,我们都是最担心的。其实,我宁愿快点看到你而不是我的父亲。[7]

在劳资双方的这场争议中,雪莱无疑是和劳工站在一起的。哈丽雅 180
特后来曾总结过他们对利森的态度,即根据他的人品和"他的诸多行为",他们认为此人"非常恶毒、残忍"。雪莱天然就对此类贵族心存成见,于是拒绝与利森建立一切社交关系,而且莫法·洛奇的人决不允许跨进坦尼尔阿西特半步。[8]在当地贵族的小圈子里,这样的排斥不啻公然的侮辱。利森则迅速对雪莱的财务状况产生怀疑,也怀疑他对特里马多克的劳工所产生的影响。此后,利森通过威廉姆斯发现了雪莱在都柏林搞宣传,撰写小册子。他对此极为敌视,此举也无可厚非。最后,他开始将雪莱视为金融冒险家、职业煽动分子和离经叛道的颠覆分子。于是,他采取了相应措施。

特里马多克的局面迅速演变成此前在凯西克与林茅斯的遭遇。区别在于,雪莱不再是个局外人,而是当地社会重要的、积极的一员,他在基金会中担任了职务，这使他能合法地前往这一地区的任何地方。很难说雪莱与特里马多克的劳动人民到底产生了怎样的联系。有一位评论人士[9]想象他骑着马挨家挨户走访，也有人想知道“他是否带着一沓五英镑钞票，四处宣传反战思想，反资本主义、平均主义、共和主义，也许还有无神论思想”。[10]他对卢德主义大感兴趣，尤其是关注一八一二年冬季在严寒中遭到迫害的卢德分子的命运，这至少表明他当时无法对丽茵半岛骚乱泰然处之，到那里骑马只要两小时。（一八一三年，有两名参与骚乱的卢德分子遭到处决。）他的信件表明，他对当地人非常熟悉，知晓每个人的疾苦，十二月十一日，他就曾给卡那封的威廉·罗伯茨医生写信，请求他将坦尼尔阿西特设为“你的常驻地”，因为雪莱在附近“有一两个病人”。[11]这使人想到他在都柏林为穷人所做的工作，雪莱总是这样对待穷人。雪莱已经养成夜晚外出的习惯，还与劳工们交谈。他发现他们利用晚上借着月光在菜园中耕作，在寒冷的冬季，他们不得不在夜晚劳作，这充分体现出他们的困顿，也是雪莱与他们交谈时绕不开的话题。雪莱当时一直在撰写《麦布女王》，在著作所附的注释中，他一针见血地指出：“本作者曾有机会遇到几名在北威尔士修筑堤坝的工人，由于业主无力支付，他们很难拿到工资，便在有月光的夜晚垦殖一些
181 小块贫瘠的土地，而以所得收成养活了他们人口众多的家庭。”[12]他在这个注释中进一步论述，认为劳工一直在遭受剥削：“养活一个家庭所必要的劳动实际上比一般人所设想的要轻得多。我们的农民并不仅仅是在为他们自己，而且也在为贵族、军队和制造商工作。”[13]

在利森与埃文斯等人的影响下，当地社会有许多人很快便对雪莱采取仇视的态度，雪莱极为愤慨，并对他在当地看到的情形大加鞭挞。从一开始，他就觉得自己很可能遭到追捕和迫害。他在圣诞节前不久写给霍格的信中称，“威尔士的上流社会很愚蠢，他们全都是贵族和圣徒：除了那个，我告诉你，我一点也不介意，令人不快的是，他们把不和他们

同流的人迫害致死”。[14]尽管威廉姆斯对雪莱依然友好，也帮了雪莱许多忙，例如帮他送来了冬天取暖的煤，但马多克斯本人似乎并没有在特里马多克调停各方的冲突。到了第二年春天，他的经营就已经陷入极不乐观的境地。

雪莱一边为堤坝工程做事，一边也在葛德文的总体指导下，利用闲暇时间展开深入研究。他广泛涉猎的领域是历史，雪莱曾将其讥讽为“罪行与悲惨的记录”。[15]葛德文认为，这取决于作者对事件的筛选，“因此，如果我们不加选择，也没有选取最好的事件，那就错在我们”。葛德文激励雪莱以积极主动的方法自学，这随后使雪莱对书本产生了如饥似渴的嗜好。葛德文尤其鼓励他忽视二流作品，仅将其作为重要原创作品的补充读物。葛德文告诉他：“真正的学生是坐在座位上，身边堆满了小山似的书籍。寄宿学校的小女生才一次读一本书。”雪莱会不会付之一笑，想起希钦纳小姐呢？葛德文还说：“尤其是当我在筛选科学或历史的事实时，我就必须想象我是写书之人而非读书之人。我研究了荷马、希罗多德、修昔底德、色诺芬和普鲁塔克等人笔下的希腊历史，也研究了现代作家在揭示或阐释古人留下的材料方面水平最突出或文笔最优秀的著作之后，我就要开始了解希腊的真实面貌。当然，不用说同时代的人与后人相比，在信息和表现方面是多么出众……”[16]葛德文坚定地认为莎士比亚与弥尔顿“在诗歌领域无出其右”，而培根与弥尔顿则“执散文之牛耳”。这些倾向也影响了雪莱的判断，只不过雪莱只读翻译后的希腊著作。葛德文曾评价雪莱的品味：“在我看来，你对诗歌的品味似乎是错误的。你喜欢熠熠生辉的诗歌，例如达尔文、骚塞、司各特与坎贝尔等人的作品。”[17]

葛德文的建议与批评所产生的直接后果是雪莱将庞大的系列书 182
单寄给了胡卡姆，这也使他欠下了托马斯·“克莱奥”·里克曼的大额债务。托马斯是书商，也是《黄矮人》的撰稿人。除了葛德文推荐的希腊与英国经典著作之外，雪莱还自行踏上了求知的长途跋涉。他订购了埃斯库罗斯、欧里庇得斯、萨福、孔子、柏拉图、康德与斯宾诺莎的著作，还有吉本等英国历史学家的著作，他一生都为吉本尖酸的优雅风格所吸引，这不免有些令人惊讶。此后摩尔的《印度万神殿》和骚塞描写巴西的著作也引发了雪莱的兴趣，并将巴西视为革命的中心。还有一些精挑细选的半科学性著作，例如伊拉斯谟·达尔文的《动物法则》与《自然的神殿》，蒙博杜爵爷的《语言的起源与过程》；法国百科学家特罗特的《论神经疾病》与《醉酒状态》。[18] 雪莱还进行了各种天文学探索："如果你能为我收集到所有有关昼夜平分法方面的资料，以及任何能证明地球轴心并不是逐年变得更为垂直的东西，我将不胜感激。"[19] 对这些浩如烟海的书籍，雪莱的阅读是不平衡的，这也在意料之中。尽管如此，这段时期的深入研究还是产生了一定的成果，例如《麦布女王》中涉猎极广的"注释"，其中既有古典作家对无神论的论述，也有素食主义的随笔文和对宇宙中天体布局的推测。

尽管堤坝工程使雪莱陷入困境，但《麦布女王》的撰写工作依然稳步进行。一八一三年一月底，雪莱在写给胡卡姆的信中称，《麦布女王》将于三月底之前完稿，该书分为十个诗章，同时他还完成了一部短篇诗集。"《麦布女王》的注释既长又富哲理，所以我将在注释中（我认为这样比较稳妥）宣传我的原则。我认为一首诗太过说教很愚蠢，所以我不能在诗中进行阐述。"[20]

对于短篇诗集他评论称："后写的一些作品的优点在于，每个词都表达一定的意思，所有的诗都是我作诗时感情的真实写照。但在很大程度上，它们是不连贯的，晦涩难懂的，带有对政府与宗教的恨意，但我想，发表时不要太公开。毫无疑问，它避免了作为一部时髦文学作品的缺点。"[21]

雪莱极其渴望说教，这无疑是因为特里马多克的"贵族与圣徒"的生活条件与劳工的状况形成鲜明对比，这些劳工正忍受着冬季最严寒时刻的煎熬,始终濒临饿死的地步。这是“俄国式的”严寒。[22]人们一直传说雪莱会带着枪出去,将荆棘困住的农场主的绵羊击杀,但没有任何文献加以证明。它可能源自雪莱不顾一切地希望为劳工提供肉食的愿望。183
他自己的大部分生活物资,包括食物和燃煤,都是从当地商店赊来的,这使他在实力雄厚的对手面前不堪一击。生活条件如此简朴,雪莱的狂热与日俱增。

对于霍格,雪莱再次展现出旧日情景喜剧式的自我投射。他曾写到他追求“共和思想”,发表了一番高明的评论:“当然,这已不再是酒店小民主,它懂得以什么样的微笑去倾听那些反复无常的民众奴态十足的喝彩。尽管它的脸颊感觉到污蔑之手的打击而神情自若,但是它的内心既不会畏惧绞架,又不会畏惧火刑柱,更不会畏惧那些得势奴仆的恶行和陋习。”[23]这段描写十分笼统,而且是写给霍格看的。通过这段描写,人们大致可以了解特里马多克斗争的脉络。

哈丽雅特作为他们这个小圈子的代言人,在她写给纽金特夫人的一封信函中,抒发了更为笼统的幻灭感,这是以女性的方式表达出正义的怒火,而雪莱本人就是借着这股怒火,评价了堤坝修建工程对受益于这项工程的人所产生的有害影响:“我收回我曾经在信中对马多克斯先生的赞颂,我发现自己完全被他蒙骗了。”她一边从坦尼尔阿西特的南侧窗户远眺,一边写道:“过去,这里海水拍击着美丽的磐石……然而为了满足他那愚蠢的虚荣心,海水便被迫改道。现在,再也看不到过去那波涛汹涌的海面,取而代之的只是荒沙沼地,荒芜不堪、惨不忍睹。”她又以嘲讽的语气补充道,对于堤坝工程,“置身于山巅,收进眼底的只是层层荒山,好像它们曾历尽沧桑”。她故意对威廉姆斯、利森、埃利斯-南内等人最害怕的事件持一种泰然处之、漠不关心的态度。尽管在坦尼尔阿西特的一家人可以很自豪地认为“正是由于我们堤岸才免遭破坏”,但对于堤坝主人的动机却越来越感到不安。[24]雪莱在特里马多克的生活变得越来越不和谐，到了二月初，他称“近两周来我被人逼得要死。”[25]

尽管如此，雪莱似乎在坦尼尔阿西特依然过得甚是快乐。哈丽雅特已明显显怀，两人的孩子将于六月出生，这个家在他看来“其宽阔与情趣足以与意大利王子的别墅相媲美”。[26]到了晚上，“我一回到家，回到哈丽雅特身边，我便是最最幸福的人”。[27]他似乎压根没有考虑过离开这里。他在三月就已经邀请霍格尽快来这里，而且想住多久就住多久。他还邀请了胡卡姆一家前来，因为雪莱认为这位年轻的出版商是一位重要人物，值得拉拢到自己的小圈子里。二月十五日，雪莱写信告诉胡卡
184 姆，八月来太晚了，并问他为何六月不能来。[28]在春天制订的诸项计划中，未受到邀请的人士中，唯一让人意外的是葛德文，他也暂时失宠了。根据哈丽雅特的总结：“他还想让雪莱加入辉格党［原文如此］去做令他们高兴的事情。这令我们极为愤怒，因为我们非常清楚如今辉格党人是什么货色。”苏塞克斯的辉格党人和诺福克公爵本人都曾拒绝对马多克斯的堤坝工程给予支持[29]，当然马多克斯本人也不招人喜欢。“他［葛德文］人老了，又缺乏热情，所以丝毫不替我们这些充满激情的人考虑。为了自己的原则，他已忍受过无数痛苦，但这只应该使他对自己的理想更坚信不疑。最起码，我会这样的。”哈丽雅特按照时代的精神，在写给纽金特夫人的书信结尾写上：“再见了，自由真言之至友。”[30]

但是，在他的家中，情况一切都好。雪莱甚至对自己在菲尔德庄园的家人态度甚是轻慢，并因自己的继承权而颇为自负：“在我还未成年时，我没看出父亲有意达成协议；即使成年以后也没看出来，你知道我无法说服自己太关心这个事。哈丽雅特现在和我们一样幸福，我也很幸福。”他似乎非常适应有规律的乡村隐居生活，他也开始戏谑起霍格不健康的生活：“我继续吃素，春天到的时候，哈丽雅特活泼了一些，我的健康因此大大好转；尽管也可能是因为不像你在伦敦那样神经太

紧张、精神受羁绊。”[31]他向哈丽雅特讲授贺拉斯的作品，并让霍格承诺来的时候给她带上奥维德的《变形记》；与此同时，她有一个“大胆的计划”，即用拉丁语给霍格写信。[32]他们的计划是自我提高并加强这个小圈子的团结，但这个计划还没来得及取得成果，形势再一次让他们受到打击。

到了二月，特里马多克的气氛越来越紧张，因为正值春潮汹涌之时。在上一年堤坝工程竣工后的第一个冬天，也就是在二月十四日发生了那场溃堤灾难。今年如果再发生溃堤事故，就可能对马多克斯产生致命后果，因为他已债台高筑，他将不得不宣布破产，并放弃北威尔士的整个计划。工人们需要驻守在堤坝，并不断进行修补工作，还要全身心投入到这项工作，这一点极为重要。任何形式的劳工运动都令他们恨之入骨。约翰·威廉姆斯、利森和埃利斯-南内都处于极为紧张的状态，整个社区亦是如此。气氛绷到了极点，以至于埃利斯-南内一听到有传言称堤坝的某些部分建造得并不完善，便让他妻子写信给威廉姆斯。威廉姆斯的回信留存至今[33]，信中不断向他们保证，堤坝工程万无一失。威廉姆斯的原话是：“上帝不允许他有一丁点这样的想法。”

但是，恰恰在此时，英国其他地方发生的事件对雪莱产生了影响， 185
他不合时宜地表现出对激进主义的深切同情。在当时的情况下，此举不仅激起了怒火，也造成了恐惧。一月底，报纸上登载了处死十四名框架结构的建筑工人的报道，因为他们在约克参与了卢德分子的活动。当地士绅自然对这样的新闻喜闻乐见。而在特里马多克，人们尤其赞同对闹事的劳工给予严厉惩处。雪莱则恰恰相反，他对此感到愤慨。无疑，他曾在特里马多克公开发表过自己的观点，而且很快便决定采取进一步动作。一月三十一日，哈丽雅特在雪莱的指示下写信给胡卡姆称：“我在报纸上看到，那些可怜的人在约克被处死，他们留下了许多孩子。你认为捐款能够给他们纾困吗？如果你的回答是肯定的，请签上我们的名字并在报纸上登一则启事。请签上我姐姐、雪莱及我的名字，每人认捐两个畿尼。如果你同意，我们就附上这个数目。”[34]此举并没有直接表示雪莱认同卢德分子的事业，却使他对卢德分子的同情昭然可见。

最重要的一点在于，雪莱开始向他认为“可能”争取的人士散发他在爱尔兰写的小册子。我们并不知道这件危险的工作进行到怎样的地步，但有一个重要的例子。这些小册子落到了约翰·威廉姆斯手中，而雪莱一向认为他对于自己的所有观点都持友好态度。至少有一本小册子从威廉姆斯流入利森手中。我们是从留存下来的一封信中了解到这一情况的，这是利森写给雪莱的信，信中称：“我希望告诉你，[这本小册子]不是阿什斯通给我的，也不是从约翰·威廉姆斯家中取来的，而是约翰·威廉姆斯交给我的，他指出其中有大量危害国家的内容，而且你曾经在爱尔兰对五百人进行过鼓动。你的这位朋友与你的友谊到此为止了。”[35]由于利森掌握了此类煽动性材料，特别是爱尔兰和特里马多克的劳工攸关他的个人利益，因而可能对周围人士的感情产生压倒性的影响。显然，利森应该是与这一地区的其他重要人物（例如埃文斯与上文提到的阿什斯通）认真磋商过，想必得出的结论是应尽快将雪莱逐出这一地区。没有确凿证据表明他们进行过这样的磋商，但最终发生的事件充分证明了这一点。至于威廉姆斯本人是否知道这一点，尚不得而知，但他是马多克斯手下的主管，不难看出他应当怎样扮演自己的双重角色。他始终对堤坝工程矢志不渝，而不是效忠于某个小团体或个人。同样，也很容易看出利森这伙人的动机，他们既不喜欢雪莱的为人也不喜欢他信奉的原则，对他的经济状况也缺乏信心，并担心
186 他会对村庄中新萌芽的工人运动产生影响。严格意义上说，利森采取的第一步是正确的。他将雪莱的小册子和情况经过“上报政

府”。[36]巴恩斯特珀尔的那一幕又重演了。

但是,雪莱没有吸取教训谨慎行事。他还是和以往一样,虽然感觉到有反对意见,依然我行我素。二月十五日,他发现另一项激进事业值得大力推进。他整个冬天一直在关注亨特兄弟(约翰·亨特与利·亨特)的案件,他们因为在三月二十二日的《检查者》中抨击摄政王的人品而受到诽谤罪公诉。布鲁厄姆担任了案件的辩护人。雪莱此前就曾对霍格表达了他坚定的自由派思想:“当他[布鲁厄姆]正要吐露事实时却又被迫犹豫起来,只能通过迂回和讽刺的手法讲出他能够说的所有情况。副检察长的演讲完全是一通无耻的言论,埃伦伯勒勋爵的讲话也是一派趋炎附势。我肯定他讲那番话的同时自己也在暗笑自己的胡言乱语。”[37]此时,他了解到亨特兄弟每人被判处两年徒刑、罚款五百英镑,并勒令缴纳七百五十英镑的抵押物作为今后五年不再犯的担保。雪莱再一次认为自己必须尽可能高调参与此事。他在写给胡卡姆的信中出现了高调的言论、怒詈和坚定不移的义正辞严,向我们清楚表明他此前十天在坦尼尔阿西特的情绪。无论是他写给伦敦的信件,还是他在特里马多克的举动,都表现出毫不妥协的强烈感情;他已身陷困境,自己也心知肚明。

亲爱的先生,对亨特兄弟不公正而又专横的判决使我感到义愤填膺。我正是为此事才给你写信的。英国社会的确带有卑鄙的、奴隶制的烙印——虽然我丝毫不放弃对在约克被绞死的那些可怜的人的遗孀及孤儿的认捐,但是,亨特兄弟被判罚的一千英镑却是件更为重要的事情。亨特是个勇敢、善良而又开明的人。他已经为公众做出巨大贡献,他们有义务分担他们所欠这位自由的勇士的债务。否则,他们变成了一群僵死、冷漠、铁石心肠、麻木不仁的人了吗……嗨,我现在很穷,不过手头有二十英镑并无急用,请安排好捐给亨特一家,署上我的名字,待此事办妥,我便把现金给你寄去。其

> 间如果有什么困难,看在你我对自由与美德共同追求的分上,想办法克服掉。[38]

自由与美德(后者尤为突出)此时已成为他的口号。仔细推敲一番,就
187 会发现雪莱并没有偿还杂货店的赊账,却提出要在报纸上刊登启事,还要额外捐赠二十英镑,他的慷慨颇具勇气。[39]雪莱处于这样的情绪之下,加之海潮涨到了峰值,利森和他的朋友们对于特里马多克舆论的蛛丝马迹都极为敏感,并且意识到他们有责任维护社会秩序,因此一件小事也足以引发一场危机。

二月十九日是星期日,这一周天气阴沉,有暴风雨。七级以上的大风从卡那封湾刮来,倾盆大雨将道路化为泥水泛滥的河流。洪水从周围山区的沟壑涌来,交通几乎中断。据《北威尔士公报》报道,一名马车夫从凯珀尔基里格的山顶被风刮下来,刮到了舒兹伯利的邮车上。[40]二月的报纸登载了另一则启事,可能引起了雪莱或利森的注意:在卡那封郡的几个地区正在组建"罪犯起诉协会",防止乡村失去安定。抓捕奖励也登报发布,对于"在夜间入室并造成重大案情"之举,若能提供有用线索则奖励五个畿尼,这是所有奖励中最高的。

二月二十六日(星期五),发生了一件导火索式的事件。事件的发生非常出人意料。丹·希利赶到了特里马多克,他刚刚从巴恩斯特珀尔赶来。此前因为张贴未经许可的煽动性印刷品,他被判六个月徒刑,此时刚刑满释放。在这样的天气里旅行,他必然是凭借着强烈的信念支撑。雪莱一家热烈欢迎他的到来,此时在特里马多克,有传言称雪莱的仆人是刑满释放人员,他赶来是为了协助他主人的活动。丹本人是否怀疑当局跟踪他从德文来到了威尔士,而雪莱又是否惧怕利森一伙人作出的反应,我们都不得而知。但有一点可以肯定,雪莱预料到会立即遇到阻力,并且对即将到来的麻烦做好了准备。在暴风雨

的夜晚，他与哈丽雅特上楼睡觉时，带上了两把手枪，枪里装填了子弹。[41]

之后发生的事件是雪莱传记中争论最激烈的问题之一。事件发生后，雪莱最亲密的好友皮科克与霍格都认为，他当时产生了幻觉，这是“最强烈的幻想”之一，他们认为这种解释很容易掩饰他们并不清楚、并不赞同或者说压根就不理解的雪莱的这段人生经历。他们的证据显然是片面的，却成功带偏了此后所有解释。*

外部事件似乎十分明朗。当天晚上，房子里发生了两次骚动，发射了几发子弹，一楼至少有两扇窗户被打碎，房子东侧的草坪遭到了践踏，雪莱则在泥地里打滚；雪莱的睡衣中了弹，有一发弹丸嵌在主客厅一扇窗户下方的护壁板中。到了第二天上午，全家人都处于恐慌和精疲力竭的状态中。雪莱尤其紧张，几近崩溃，在激烈的打斗中，他的腹部似乎扭伤或被踢伤。[42]雪莱一家叫来了约翰·威廉姆斯，并立即搬到距特里马多克几英里的地方，住到了检察长大卫·埃利斯-南内家中，他们等不及天气变好，也来不及打点行装，当天就匆匆离开（周六）。雪莱在离开时写了一封有点语无伦次的便笺给胡卡姆：“我刚刚逃脱一场凶恶的暗杀行动。如果你有二十英镑，请速寄来！你也许再也听不到我的消息了。你的朋友 P. B. 雪莱。”[43]哈丽雅特在这封便笺中又匆匆加上一番解释：“由于彻夜未眠，雪莱先生今天甚是烦躁不安。我担心他写信告诉你的事情会使你大吃一惊。我们打算尽快离开此地，因为待在这里，我们的生命安全将难以保障。我们认为这不是普通的窃贼，而是有人蓄意报 188

---

* 坚持以幻觉论对此解释的人士包括霍格（1858 年）、皮科克（1858 年）和怀特（1940 年）。杰斐逊（1885 年）和卡梅伦（1950 年）则从另一个角度出发，认为这些事件系子虚乌有：因为雪莱故意编造了事件，以便让自己从堤坝工程和特里马多克的债务中脱身。道登（1886 年）、布伦登（1945 年）和 J. 奥弗顿·富勒（1968 年）则折中认为（这体现出典型的英国特色），幻想、事实和故意演戏兼而有之。关键的解释由 H. M. 道林（1961 年）提出，他第一次认识并考察了特里马多克政治和社会局势的紧张性。如需上述著作的详情，参见本书参考书目。

复,这将威胁到我和姐姐的生命。如果你能把钱寄来,对我们将是极大的安慰。”[44]

二月二十七日至三月六日,雪莱一行人就住在总检察长夫妇家中。* 在此期间,雪莱的健康缓慢康复;他迫不及待地要筹集资金,打算离开威尔士。他企图对此事件展开调查。但无论如何也不愿回到坦尼尔阿西特。在这十天里,有一封写给威廉姆斯的信件留存下来,信中称:“我甚是惊讶,那个袭击我的人至今还无消息。肯定是调查不够广泛或不够具体。南内先生想请你下令将坦尼尔阿西特被打坏的窗户钉上。”他还请威廉姆斯借给他二十五英镑。尽管当地报纸对此类夜间袭击事件很感兴趣,但都故意没有报道此次袭击。到了三月六日,雪莱准备动身前往爱尔兰。他已经康复,但他确信某种阴谋正悄无声息地在暗中筹划,而他获得公正对待的希望不大。有消息称利森
189 正在散布流言,称雪莱此举纯属逃避债务,他此前曾经从约翰·威廉姆斯那里弄到雪莱在爱尔兰写的小册子,这恰恰证实了他最担心的怀疑。[45]

众人从班戈出发,这是都柏林邮车的第一个驿站,雪莱写信给威廉姆斯称,要不是他知道威廉姆斯“刚正不阿,不可动摇”,他就会对小册子一事的“欺骗行为感到震惊”。“正像分别时我告诉你的那样,除非你对我以诚相待,毫无保留,否则,我只能在黑暗中独自拼搏了。”但是,雪莱再也不拼搏了,而是溜之大吉。他离开这一地区,显然有利于每一个人将形势缓和下来,也不会带来尴尬:通过这种方式,可以最大限度地维护堤坝工程的声誉。如果雪莱顽固地坚持留下,这件事情就不容易大事化小,小事化了。雪莱在班戈拿到了胡卡姆的借款,颇为开心,这使他“摆脱了极其恐慌的境地”。与特里马多克的距离越来越远,他也恢复

---

* 正是在这段时间里,雪莱饱受惊吓,以至于他画了一幅“魔鬼”袭击他的画作。之后,他显然要将此画付之一炬。如需了解此画作,参见插图 13。

了往日的自信。他在信中告诉胡卡姆:“由于一路上担心、疲劳、惊恐,我病倒了,现在刚刚痊愈。我们打算到都柏林去,以便减少那令人惶恐不安的场面给我们留下的不愉快印象。我们预计八日到达那里,届时你会听到我不幸经历的详情。凶手用枪朝我开了两枪,打穿了我的睡衣,子弹钻入护壁板。毫无疑问有人行凶,但是凶手至今逍遥法外。你会在下封信中了解到详情。”在附言部分,雪莱再一次谈到了“自由与美德”,并称他依然希望向亨特捐款二十五英镑。看到大海,他心情愉悦了起来。[46]

经过一番颠簸而劳累的旅行,一行人横穿海峡,于三月九日抵达都柏林。他们与约翰·劳利斯合住在卡夫街 35 号。之后几天,雪莱专门给朋友们写了一系列信件,例如霍格和胡卡姆,详细介绍了坦尼尔阿西特发生的事件,并寻求资助。雪莱似乎并没有从威廉姆斯那里拿到二十五英镑。哈丽雅特写了一封信给胡卡姆,将事情的来龙去脉解释了一番,如果没有她的协助,雪莱依然无法冷静、准确地复述事情的经过。这封信是我们了解雪莱所述事情经过的主要渠道。等待书籍从威尔士运来期间,雪莱抽空完成了《麦布女王》的书稿,并将其寄给胡卡姆通读。他对此书的评价简明扼要:“我不期望什么成功,只印两百五十册,要用优质纸张印成精制四开本,以吸引那些贵族老爷们。他们不愿读,但他们的子女会的。”[47]做完这些事情之后,一行人(雪莱、哈丽雅特、伊丽莎和丹)便匆匆离开首都,前往西部的一座城堡。据我们所知,雪莱住在基拉尼湖的一座小岛上的木屋中,并用大量书籍充实了这座房屋。他很好地藏匿了自己的踪迹,在这段时间将对威尔士的刺客、债主和内政部间谍的恐惧抛诸脑后。甚至要逃避“一个受到鄙视的、失望的妇女的诡计”,因为这期间一直有书信往来,其中 190
就有可怜的、遭到遗弃的希钦纳小姐的消息,信里尽是她“孤注一掷的想法和可怕的情感”。

根据这些事件的脉络,雪莱那天晚上在坦尼尔阿西特的行为显然是受了一些真实事件的影响，绝不仅仅是“幻觉”。只有真正发生了袭击，才会出现身体上的打斗痕迹，出现恐惧、无助的怀疑，才会一心要逃命。细节可能存在争议，但显然整个事件并非心理因素所致，而是特里马多克产生的社会与政治压力所致，即堤坝工程造成的紧张局势，以及雪莱的观点与行为所产生的严重的怨恨和敌意所致。

尽管皮科克与霍格提出了相反的证据，但根据多年之后从约翰·威廉姆斯的遗孀那里获得的报告*和“雪莱见鬼”的故事**，如果将同时期所有关于此事的证据汇总起来，就能厘清此次袭击的真相。证据可以分为六类。首先是雪莱在这两周写给威廉姆斯与胡卡姆的简短便笺，我们在上文中已作了介绍。其次是哈丽雅特从都柏林给胡卡姆写的一封长信，信中详细介绍了此事件。第三是伊丽莎·韦斯特布鲁克写给约翰·威廉姆斯的信件，此信也是从都柏林发出的。第四，威廉·马多克斯写了一封重要的便笺给特里马多克的约翰·威廉姆斯，对此次袭击发表了看法。第五，有人提出当地暗中形成了共谋，这种说法通过威廉姆斯、利森和埃利斯-南内的做法得以佐证，同时当地报刊对于这一事件也保持了非同寻常的沉默。第六，皮科克提出的所谓“幻觉”说法存在严重的漏洞和遗漏，大致证明他的整个看法是不成立的。将所有这些证据综合起来，就有可能重现较为详细且具有一定的确定性的时间顺序，它们最终导致雪莱离开了威尔士。

哈丽雅特在三月十二日写的信中，对当晚发生的事件作了最为详细的叙述。收信人是胡卡姆，但据霍格说，这是雪莱写给他朋友的一系列

---

* 这也许是二十年或三十年后获得的。（道登，《珀西·比希·雪莱的一生》，第一卷，页354-355）

** 玛格丽特·L. 克罗夫特发表于《世纪杂志》（1905年10月）上的文章，提出了闹鬼理论，还提到了当地一位农场主“老罗伯特·潘特·伊万”的说法加以解释。坦尼尔阿西特当前的主人是S. 利文斯顿·利尔蒙斯上校，他给笔者写了一封信（1971年），进一步论述了家中闹鬼的传统。

“说明性质的通报”[48]，内容完全相同，其目的是解释事件的经过。因此，叙述并非根据某一个收信人而调整其内容，而是代表了雪莱对此次袭击的固有认识。这一点很重要，而且整封信的特点是谨慎、详细、冷静地叙述事实，信中从未提到相关人士的感情，只是在第一段中，哈丽雅特才解释了为何是她而非雪莱来写这封信。有必要将哈丽雅特对她本人 191
观察到的情况和她转述雪莱观察到的情况加以区分。乍一看去，哈丽雅特本人的证据可能是确凿的，而雪莱的说法则需要证实。这封信的前半部分转载如下：

> 雪莱先生曾答应向你叙述使我们离开威尔士的那件可怕的事情。现在由我完成这个任务，目的是让他休息一下。在他目前极度紧张的情况下，我要讲的任何事情都会使他想起那个可怕的夜晚。* 那是二月二十六日星期五晚上，我们大约在十点至十一点左右上床休息。我们刚刚上床半小时，雪莱先生就听见从另一个房间传来脚步声。** 他马上起身，拿着两把手枪朝楼下走去。当晚，他刚刚给手枪装上子弹，以防万一。*** 他走进弹子房，听见有后退的脚步声。他跟着来到一间我们用作办公室的房间里。在这里他看见有个人正破窗而逃，窗外便是灌木丛。**** 那人朝雪莱开了枪，子弹被躲过了。比希也开了枪，却无法正常射击。随后那人把雪莱打

---

* 雪莱1813年3月13日的信件证明了他心神不宁。(《珀西·比希·雪莱书信集》，第一卷，第二三〇篇，页360)

** 在坦尼尔阿西特，主卧就位于这间房间的楼上。

*** 这明确表明了丹来到特里马多克之后所造成的危机性质。

**** 在此阶段，应当注意到雪莱对付的并非刺客，而是一个闯入家中后想逃脱之人，这一点很重要。闯入他家中的动机无非就两种：盗窃贵重物品或窃取用于上诉的印刷品和小册子。雪莱特地否认了第一种动机；毕竟他一家人都靠举债度日。第二个动机就能解释这个闯入者为何从客厅前往“办公室”，因为雪莱的著作都保存在那里。众所周知，是何人会对雪莱在特里马多克的著作感兴趣。

> 倒在地,于是两人便在地上扭打了起来。* 比希开了第二枪,认为打伤了那人的肩膀,因为他尖叫了一声便站了起来,嘴里说:“老天爷作证!我要报仇!我要杀了你老婆;我要强奸你姐姐!老天爷作证!我要报仇!”**随后他就逃走了——这正是我们那天夜晚所希望的。这可怕的事件发生时,仆人正准备去睡觉。那时大约十一点钟,我们都聚集在客厅里,待了约两个小时。后来雪莱先生劝我们去休息,认为那人不可能再发起第二轮袭击。

192 至此,显然可以断定此人其实是擅闯家宅之人而非袭击者。雪莱明智地召来了所有仆人,并自信地做出决定不派人向村庄求援,这表明他依然完全保持着判断力,也掌控着局势。有两点略微有些异常:雪莱熟练使用的手枪没有命中对方,而且闯入之人喊了一番报仇的话。

可以将这些情况放在一起考虑。另一个证据表明,办公室的玻璃窗在对射中被击碎;但有一点很奇怪,无论是雪莱、哈丽雅特还是后来的皮科克,都没有提到办公室或弹子房**内有**弹痕。这肯定表明,窗玻璃是被**从内向外**发射的子弹击碎的。也就是说,这是雪莱在追逐逃跑之敌的过程中发射的,但是对手“正破窗而逃”。因此,雪莱对双方的射击情况搞混淆了,在自己的叙述中把两者颠倒了,这要么是故意而为,要么是匆忙中忘了。因此,实际情况是雪莱拿着上膛的两把手枪冲进了办公室,而且是他先开的枪。此外对于他的对手来说,他是借着暴风雨的掩护潜入家中的,因此很可能是他的枪发生故障无法射击,而雪莱的枪却在家中妥善保管。因此,事件的顺序其实是:“当时,雪莱先生看见有个人正破

---

* 显然位于玻璃门之外,即草坪上。

** 我们注意到,闯入他家之人的话音虽然模糊,说的却是英语而非威尔士语,而且他也注意到这家人内部成员的关系,只不过他弄错了一点,伊丽莎其实不是雪莱的姐姐。这番话很不自然,十分荒唐,因为哈丽雅特的陈述十分冷静,由此形成了鲜明对比。某些评论人士提出,是雪莱的另一个自我表达出他潜意识的欲望,即杀掉哈丽雅特,强奸伊丽莎。

窗而逃,窗外便是灌木丛。雪莱朝他开了枪,子弹被躲过了。(**玻璃门被打碎了**。)那个人也朝雪莱先生开了枪,却无法正常射击。(**没有子弹射入房子里面**。)随后那人把雪莱打倒在地,于是两人便在地上扭打了起来。"经过上述的重要调整,造成的结果是雪莱从某种意义上成了先发动袭击之人,因为是他先开的枪。这种解释完全说得通,也与事实更为吻合,这是最好的一种解释,说明了为何这名非法闯入者扬言要采取**报复**。最重要的一点在于,这解释了为何一开始仅仅是一起夜间非法闯入事件,目的是寻找证明有罪的文件,但后来却演变为一场谋杀企图,而且之后又令人恐惧地扬言要采取报复。哈丽雅特在信中继续写道:

> 我们让比希和男仆守着,但是男仆那天刚到,对家里的事一无所知。我刚躺下约三个小时就听到一声枪响。我马上跑下楼去,发现比希的绒衣被打穿,还有窗帘。比希让丹尼尔去看看时间,这时他听见窗外有声响。他走过去,一只胳膊伸过玻璃窗朝他开了枪。 193
> 谢天谢地!子弹打穿了他的衣服,但并没伤着他。雪莱先生碰巧站在一旁。他要是站在中间,子弹定会要他的命的。比希打了一枪却没有响。* 于是他想用我们在这幢房子里找到的一把旧剑去砍那人。** 凶手企图从他手中夺剑,他刚把剑推到一边,这时,丹尼尔冲进屋内,那人便逃走了。***
>
> 这大约发生在凌晨四点钟。那真是一个恐怖的夜晚。风伴雷声,雨如盆注。以后再也没有此人的消息。我们有足够的理由认为他绝非

---

* 如果哈丽雅特只听到了一声枪响,就没有理由怀疑枪没有打响。第一次袭击发生后,雪莱也许已经给枪装好了子弹,而且第二把枪应该给了丹。

** 雪莱过去的习惯是在屋子外面的东草坪上用短剑练习劈砍山毛榉树,据说多年之后,这棵树上还留着深深的刀疤。

*** 这似乎暗示丹看到了雪莱和袭击者在破碎的玻璃旁边打斗,而且袭击者略占上风。有些评论人士认为丹看到的是雪莱与他的影子在搏斗。丹本人并没有留下任何书面记录。

> 陌生人，因为有个叫利森的男人，第二天早晨碰巧到特里马多克商店告诉店老板说雪莱先生在撒谎，还说这样雪莱也许能够达到逃账的目的。对此他们都信以为真，但并没有人就他的发现采取任何行动。
>
> 我们星期六离开坦尼尔阿西特。在我们做好准备离开此地之前，暂住在离这里七英里处的前检察长家。[49]

对袭击的第二部分的叙述就此结束。显然，在子夜的事件之后，闯入之人似乎躲藏了起来，过了几个小时又杀了个回马枪，他很可能派了一个朋友或仆人来“为他报仇”，一心要杀死雪莱。他潜伏在窗户外面，等待下手的好时机，丹走出房间之后，他便用手枪敲碎了玻璃，瞄准雪莱并射击。一发子弹穿透了目标的衣服，这绝非儿戏。衣服上留下的弹孔就是最有说服力的证据。这发子弹发射后，穿透雪莱的睡衣，穿过窗帘，嵌在了护壁板上。哈丽雅特确认了这个实质性的证据，此后皮科克偶然间也证实了这一点。至此，“幻觉”理论已经站不住脚，除非人们认为哈丽雅特故意撒谎，或者说雪莱故意自编自演了第二场袭击，而且这发子弹也是他射出的。第一种可能性既不符合哈丽雅特的品性，也不符合她所处的形势。第二种可能则认为雪莱利用丹离开房间的几秒钟，有时
194 间、有动机也有预谋地敲碎了玻璃并开了一枪，而且这一枪以合适的高度和角度穿透了他自己的睡衣、窗帘和护壁板，然后他再从窗外飞奔回来，抄起一把剑，打碎一扇窗户，然后又天衣无缝地表演了与子虚无有的袭击者的一番搏斗。这种可能性更小。

之后，在这封信的第三和第四部分，哈丽雅特提出了她本人对这些事件的解读。就在这两部分中，文本证据具有说服力。霍格在他发布的这封信的版本中，将他们离开坦尼尔阿西特的时间由“星期六”改为“星期日”，这样他们的离开就显得不那么仓促了。[50]皮科克在重新出版这封信的过程中，保留了对日期的上述改动，并且小心翼翼地删除了信中

提到利森的内容。[51]之后,皮科克便让这封信戛然而止,删去了哈丽雅特之后的所有解释,使她在信中没有发表一句意见。对于此后的一代人,无论是读者还是传记作家,对整个事件经过的认识都受到了误导,使其显得完全无法自圆其说,也不存在袭击动机,宛如噩梦中的经历。皮科克删去的哈丽雅特写的最后几段如下:

> 有人曾听到这位利森先生讲过,他就是想把我们从此地赶走。他曾碰巧得到雪莱在都柏林印的一本小册子,他把它交给了官方。其实,他总是在讲对我们不利的话,因为我们决意不让他进我们家,还因为我们非常了解他的为人;从他的诸多行为中,我们发现他非常恶毒、残忍。
>
> 你能想象得到在大家都密谋围攻我们时我们读到你的来信的快乐心情吗?
>
> 当我们[原文缺]的人们,可怕的怀疑在任务中[……],并在这样的时候立即产生。如我赘述此事伤了你的感情,请你宽恕。你的行为给我们留下了深刻的印象,这不是时间长短所能抹杀掉的。如果世人都像你该多好啊!

这几段坦率的文字表明,即便在这种情况下,雪莱还是不信任南内一家和威廉姆斯等人,因为他们未能调查此事。书信的原文现存于牛津大学博德利图书馆,最后一页纸有四分之一被撕掉了,少了几句话。但仅凭一个词"可怕的怀疑",就表明雪莱感到自己受到了背叛。霍格在出版这封信时,悄悄隐去了这个词。[52]霍格本人声称,他从哈丽雅特那里得到了"相似的"一封信,但将其遗失了。这种说法甚为可疑。他承认,尽管自己几周后曾在伦敦同时看到这两封信,但"比希与哈丽雅特都没有对我提起这次暗杀事件;而且可爱的伊丽莎对此事发表看法时,就像对

195 其他所有问题一样，习惯性地沉默不语”。[53] 总而言之，这表明霍格作为此事的证人一点也不可信，他既不是雪莱倾诉的对象，也未坦诚面对手中证据。

皮科克的叙述中隐去了提及利森的几处，比霍格的版本要好些。但破坏性更大，因为霍格的叙述经常靠不住，而皮科克通常不仅可靠，且善于洞察心理。他根据物证对此事得出了否定的结论，这产生了巨大的影响。

> 一八一三年夏，我人在北威尔士，时常听到人们谈起这件事。人们在第二天上午考察了现场，发现草坪似乎遭到了严重的踩踏，还有人在上面打过滚，但在湿漉漉的地面上却没有留下脚印，只是在打斗的位置和窗户之间留下了脚印，弹丸在护壁板上留下的弹痕表明，有人用手枪朝着窗户开枪，而不是从窗户里面向外开枪。显然，整个事件似乎是从里面发生的。后来发生的一件事可以更好地诠释这种幻觉引发的心理现象……[54]

因此，是皮科克最先提出了“幻觉论”这种解释。

皮科克的反对意见本身似乎是完整的，倘若将它们放入整个背景，这种完整性便立即烟消云散。由于整个晚上都“雨如盆注”，十一点左右留下的脚印到了第二天上午（过了八九个小时）很可能就消失了。此外，坦尼尔阿西特过去是、现在依然是由约六英尺宽的大型铺路石板三面包围的，由此形成了阳台的地板。因此闯入者可以轻松地从石板的某个角落逃遁，不留痕迹地潜入灌木丛。

房屋的布局也能解释护壁板上留下的弹痕。皮科克似乎看到**一扇窗户下方的**护壁板上留下了弹痕，他的结论是雪莱**朝着窗户**开了一枪。恰恰相反，根据这个位于角落的房间中窗户的布局，如果直接对准东面的一扇窗户开枪，就会毫无阻拦地穿过房间，从南边的窗户射出去。在此情况下,子弹穿过了东面的窗户,沿着下落的弹道,击穿了雪莱的睡衣,然后穿过南面窗户的窗帘,最后嵌在了木质护壁板下侧中。这就是皮科克看到的弹痕。那么,皮科克的证据实际上根本无法推翻雪莱的叙述,反而从细节上证明了射击的实际过程,正如雪莱本人所说:"谋杀者用枪……打穿了我的睡衣,子弹钻入护壁板。"[55]

皮科克与霍格都声称,"熟悉当地情况的人们"并不相信发生过枪击事件。尤其是皮科克,他似乎借"人们在第二天上午考察了现场",暗示此人是堤坝工程的主管约翰·威廉姆斯。(但是,他与霍格一样,故意避免提到任何人的名字。)这种说法流传甚广,所有的传记作家都认可它的真实性,直到一九六一年,人们才找到决定性的反证。[56]这是威廉·马多克斯写给威廉姆斯的一封信,信中没有标明日期。其中的证据表明,这封信也许是在一八一三年春末夏初从伦敦寄出的。马多克斯先是提到各种商务事宜,然后写道:"雪莱[原文如此]是怎样看待这样一个可耻的诡计的?这样对付他,纯粹是因为他的自由主义原则,因此要将他赶走。无论罪魁祸首是谁,一旦发现,都是一种应遭流放的犯罪。债权人委员会将于星期一再次举行会议,过后一两天,我将在信中详细讲述这件事情。"这封信不仅充分表明马多克斯认为袭击事件确有其事(梅德温此后予以否认[57]),更重要一点在于,它表明约翰·威廉姆斯主管作为现场的负责人,此前已对事情的经过发出了一份详细的叙述,而且他**当时也相信此事件的真实性**。有一点不一致,这似乎是对此事严重性的叙述,因为马多克斯称之为"可耻的诡计",这显然是第二个场景中的谋杀袭击。也许威廉姆斯暗示称,枪击事件的本意只是恐吓一番,因此从一开始,就编造了坦尼尔阿西特"闹鬼"的故事。* 尽管如此,马多 196

---

* H. M. 道林关注了一些有意思的信件,其中幽默地谈到了对抓获"坦尼尔阿西特幽灵"的奖赏(无论是死是活),但这些信件的时间都是几年以后,就像是传说一般。但是如果谈起幽灵,人们就会想起利森对业余戏剧表演的爱好。

克斯依然认识到,此前发生的事件“一旦发现,都是一种应遭流放的犯罪”。在马多克斯最后的警告中,细心的人也许会发现,他在向主管暗示,此事最好大事化小,小事化了。

自不必说,“罪魁祸首”一直不为人知。无论是当时留下的证据,还是雪莱一家人坚定的质疑,都指向某个群体,他们要么是由利森本人组织起来的,要么是他影响圈子范围内的人士组织起来的。内政部的特工也可能参与了此事,只不过这些猜测都证据不足。有一点可以确定,此次非法入侵以及之后发生的谋杀袭击都发生在坦尼尔阿西特,时间是一八一三年二月二十六日夜,而且事件的动机都是个人和政治上对雪莱的激进主义产生了敌意。笔者本人相信,哈丽雅特的信件基本上在各个方面都是准确的,只不过在第一次闯入时,双方枪战的细节与事实存在出入。

似乎还存在另一种可能性,雪莱第二次遭遇袭击者时,不仅中了一枪,而且“幽灵”也戏剧般地恐吓与嘲弄了他。因为如果这一点做得很
197 成功,那么雪莱和哈丽雅特都会选择闭口不提,但这段经历一直萦绕在他的脑海。他的多首诗歌中确实出现了恐怖的内容,之后还影响了他对此事件的叙述。他到意大利之后叙述了此事,当时“在《法瑟姆伯爵》的小旅馆场景下,恐怖性几乎等同于雪莱对此事件场景的叙述”。[58]

伊丽莎·韦斯特布鲁克一直坚持认为枪击事件是“可怕的事实”[59],到了四月,她从都柏林亲自给威廉姆斯写了一封信。“我的好朋友,我们再也不回来了,虽然会让你失望,但你是不会感到意外的,在那里发生的不愉快的情景使得局面非常不和谐,虽然那里的景色很美,但邻里对我们来说太坏,我们再也无法在坦尼尔阿西特[原文如此]找到快乐了,尤其是将其作为固定住所。”[60]就在伊丽莎签名并从卡夫街寄出这封信之刻,哈丽雅特正将最后一个包裹封好,雪莱仓促地写了一封便笺,马车停在了家门口,准备好将他们迅速送往基拉尼。

此后,雪莱就住在这座隐藏在湖畔的木屋中,度过了三月大风的日子。雪莱有了时间回顾过去十二个月颠沛流离的生活,其中既有突然

的到达，也有仓促的告辞，还有各种阴谋、失败和警报。最重要一点，他思考着特里马多克的工程，这个理想的进步社区在政治和道德上出现了堕落，还有这个社区的暴君对他采取了可怕的报复，险些让他丢了性命，更不用说对哈丽雅特发出的威胁。此外，不仅他和哈丽雅特命悬一线，他们也要为肚子里的小宝宝考虑。雪莱心理的重心逐渐在转移。这将是他一生中最具决定意义的转变之一。他希望再次定居下来；伦敦的吸引力，中心的吸引力，葛德文和胡卡姆书店的吸引力，乃至与家庭和解的吸引力都越来越强烈。他希望自己结束旅行、流放和传教一般的事业。他希望工作，希望投身于改革并投身创作。他希望给自己的妻儿营造安全的环境。他希望夜里再也不要出现恐怖事件。无论是政治上的激进主义，还是都柏林、林茅斯和特里马多克的行动，对他都失去了吸引力，也失去了力量。他的激进主义热情开始冷却，变得更有城府，更加耐心，也更懂得韬晦。他从身处的自然界中悟到了伟大的法则，他本人也随之君子豹变。坦尼尔阿西特事件的真正意义在于，这种痛苦的力量使他认识到了所有这些考虑因素，这也是最终的现实。

它们产生了持久的影响。今后的十二个月，将与此前的十二个月完全相反，雪莱的人生将基本上围绕伦敦和他的家乡展开。直到第二年春
天来临之际，往日的躁动才会在他心中重新萌生。对于政治上的激进主 198
义，他再也没有参与其中。他对政治的兴趣，他投身于激进事业，以及他义无反顾地一心要发表颠覆性的观点，都是他一生中不可磨灭的烙印。但是从现在起，雪莱认为自己是政治改革的代言人而非工具。用此后一个著名的表述来说，它成为“先知的号角”而非刀剑。尽管他之前的光明会信仰相信小型激进社区具有政治力量，而且他对秉持类似精神的公社并没有减弱热情，实际上还逐渐增强，但是他对更大的民主社区的信任与信心受到动摇。这很大程度上取决于他个人的心境；当他生活美满，心生乐观时，他就相信这一点，如果他处境不妙或郁郁不得志，就会怀疑这一点乃至领导人；而且他的愤世嫉俗已濒临绝望的地步。

注释

［1］《珀西·比希·雪莱书信集》，第一卷，第二一四篇，页339。

［2］比兹利，《马多克斯与威尔士的奇观》，页197。

［3］同上，页181。

［4］对罗伯特·利森的描写参见比兹利，《马多克斯与威尔士的奇观》，页181。

［5］参见H. M. 道林，《坦尼尔阿西特的袭击事件》，载于《雪莱-济慈纪念公报》(1961)。

［6］参见一直未出版的打字稿“米尔敦的利森一家”(1963)；牛津大学博德利图书馆，剑桥大学出版社，504，E. 15。

［7］布里斯、琼斯与卡森档案；168号箱，信件148，藏于卡那封郡郡立档案馆。

［8］哈丽雅特写给胡卡姆的信，《珀西·比希·雪莱书信集》，第一卷，第二二五篇，页356，注释2(1813年3月12日)。

［9］比兹利，《马多克斯与威尔士的奇观》，页181。

［10］H. M. 道林，《坦尼尔阿西特的袭击事件》，载于《雪莱-济慈纪念公报》(1961)。

［11］《珀西·比希·雪莱书信集》，第一卷，第二一五篇，页339。

［12］《珀西·比希·雪莱诗集》，页832。

［13］同上。

［14］《珀西·比希·雪莱书信集》，第一卷，第二一一篇，页336。

［15］同上，第二一六篇，页340。

［16］葛德文写给雪莱的信，《珀西·比希·雪莱书信集》，第一卷，第二一六篇，页341，注释3(1812年12月10日)。

［17］同上。

［18］参见《珀西·比希·雪莱书信集》，第一卷，第二一六篇、二一七篇、二一八篇的书单(1812年12月17日-24日)。

［19］同上，第二二一篇，页349。

［20］同上，第二二二篇，页350。

［21］同上，第二二〇篇，页348。

［22］同上。（其实是零下十二度）

［23］同上，第二二三篇，页352。

［24］哈丽雅特写给纽金特夫人的信，《珀西·比希·雪莱书信集》，第一卷，第二二一篇，页349，注释2。

［25］《珀西·比希·雪莱书信集》，第一卷，第二二三篇，页351。

［26］同上。

［27］同上。

［28］同上，第二二四篇，页354。

［29］同上，第二一一篇，页335。

［30］哈丽雅特写给纽金特夫人的信，《珀西·比希·雪莱书信集》，第一卷，第二二一篇，页350，注释2。

［31］《珀西·比希·雪莱书信集》，第一卷，第二一九篇，页347。

［32］同上，第二二三篇，页353。

［33］布里斯、琼斯与卡森档案；168号箱，信件151，藏于卡那封郡郡立档案馆。

［34］哈丽雅特写给胡卡姆的信，《珀西·比希·雪莱书信集》，第一卷，第二二三篇，页351，注释2。

［35］利森写给雪莱的信，《珀西·比希·雪莱书信集》，第一卷，第二二七篇，页357–358，注释2。

［36］哈丽雅特写给胡卡姆的信，《珀西·比希·雪莱书信集》，第一卷，第二二五篇，页355–356，注释2。

［37］《珀西·比希·雪莱书信集》，第一卷，第二一九篇，页346。

［38］同上，第二二四篇，页353。

［39］同上。

［40］《北威尔士公报》，1813年3月5日。

［41］哈丽雅特写给胡卡姆的信，《珀西·比希·雪莱书信集》，第一卷，第

二二五篇，页355，注释2。这封信此后被称为“哈丽雅特的叙述，1813 年3 月”。

［42］桑顿·亨特，《雪莱的熟人对他的叙述》，载于《大西洋月刊》，1863 年2 月。

［43］《珀西·比希·雪莱书信集》，第一卷，第二二五篇，页355。

［44］同上。（哈丽雅特手稿）

［45］利森写给雪莱的信，《珀西·比希·雪莱书信集》，第一卷，第二二七篇，页358，注释2。

［46］《珀西·比希·雪莱书信集》，第一卷，第二二八篇，页359。

［47］同上，第二三〇篇，页361。

［48］霍格，《珀西·比希·雪莱的一生》，第一卷，页389。

［49］哈丽雅特的叙述，都柏林，1813 年3 月2 日，《珀西·比希·雪莱书信集》，第一卷，第二二五篇，页355-356，注释2。

［50］霍格，《珀西·比希·雪莱的一生》，第一卷，页388。

［51］皮科克，《珀西·比希·雪莱回忆录》，页36。

［52］霍格，《珀西·比希·雪莱的一生》，第一卷，页388。

［53］同上，页389。

［54］《皮科克：回忆录、随笔文与评论》，页36-37。

［55］《珀西·比希·雪莱书信集》，第一卷，第二二八篇，页359。

［56］布里斯、琼斯与卡森档案；168 号箱，信件332，藏于卡那封郡郡立档案馆。（在原稿中，马多克斯在字里行间加入了他对凶手袭击雪莱的动机的评论，这是他事后所作的分析。）

［57］托马斯·梅德温，《珀西·比希·雪莱的一生》，页117。

［58］同上，页116。

［59］简·雪莱女士，页56。

［60］布里斯、琼斯与卡森档案；168 号箱，信件152（1813 年4 月），藏于卡那封郡郡立档案馆。

第九章　诗歌与妻子:《麦布女王》(1813)

三月底,雪莱收到霍格一封便笺,他的隐居生活戛然而止。霍格已抵达都柏林,并在劳利斯家中着急地等待着他们。无论是老朋友霍格,还是大城市五光十色的生活,此刻都突然对他产生了无限的吸引力。雪莱与哈丽雅特赶上一趟轻型马车,于二十八日傍晚启程,伊丽莎则与丹同行,他们稍后再赶过去。伊丽莎不在身边,两人仿佛再次私奔一般。雪莱夫妇乘了一夜马车,于二十九日凌晨一点抵达科克[1],两人马不停蹄,觉也顾不上睡,当天(周二)早晨坐上了前往都柏林的邮车。周三下午三点之前,两人就赶到了都柏林,却发现霍格前一天就去了伦敦。雪莱严厉地责备称:"那全是劳利斯不可思议的盲目以及十足的愚蠢造成的","如果你再多待一天,那么就能从我口中听到充满真情实意的言语了"。[2]雪莱曾嘱咐劳利斯,无论是谁向他打听,都不要透露自己在基拉尼的地址,但他忘记将霍格排除在外,这似乎表明他急于掩盖自己的行踪。时间和距离等因素都不重要,无法阻挡雪莱。他"筹到一小笔款子",为自己和哈丽雅特安排好海上旅行路线,便于四月二日(周五)上午乘船离开了都柏林。他将伊丽莎、丹以及书籍和行李都抛在脑后,一心要踏上前往英国之旅。他选择的路线是从科克到布里斯托。[3]他赶在出发前发出了一封信:“……明晚我们到霍利黑德去……当然,你不能往这里写信给我们,尤其不要往这里寄钱,也不要去想办法为我们筹钱。我们能处理好这些事情,朋友们的财产至少是共有的。星期一晚上我们将到达伦敦……亲爱的朋友,幸福永远与你相伴。”[4]

哈丽雅特与雪莱于四月五日(星期一)晚上抵达伦敦,他们径直乘车前往教堂街的韦斯特布鲁克家。雪莱迅速去问候了霍格,两位好友在
200 第二天凌晨又相聚了。哈丽雅特的预产期是六月,雪莱也将于八月成年,他的《麦布女王》即将付梓。他决定在伦敦的中心居住,不掺和任何一方,以便让哈丽雅特过上舒适的生活,他自己也能静下心来写信、校订清样并编写他的“注释”。两人定居在库克酒店的套房中,酒店位于阿尔比马尔街。最后,两人与丹和伊丽莎会合,伊丽莎颇有微词。这几个月的生活没有留下什么记录,只有“城市的喧嚣”,以及哈丽雅特略微急躁地抱怨两名侍者在自己的房间中烹饪和上菜时发出的声响。[5]他们家的常客是霍格与胡卡姆,也许还有皮科克。他们并没有专程给劳利斯(他之后就坐牢了)写信,也没有给都柏林的其他朋友写信。最奇怪的一点在于,葛德文的日记表明,他和雪莱直到六月八日才见面,当时葛德文是在约翰·牛顿家中发现雪莱在那里品茗并讨论素食主义。据哈丽雅特说,在这段时期,他们全家人都“再次过上了素食生活”。

此后几周,雪莱都在编辑和修订《麦布女王》并编写“注释”。这部作品印了两百五十本,也许是在五月底,“由 P. B. 雪莱印刷,格罗夫纳广场,教堂街 23 号,一八一三年”。胡卡姆最终得出结论,这部作品如果由自己来出版将太过危险。这部作品的扉页写道:“《麦布女王》,一首附有注释的哲理长诗。作者:珀西·比希·雪莱。砸碎污秽!——伏尔泰。”伏尔泰所说的“污秽”就是指教会;但此言也被光明会信徒用作自己的格言,污秽专指耶稣。扉页最后是卢克莱修的一段拉丁文论述及阿基米德的一句希腊语名言:“给我一个支点,我便能撬动宇宙。”对于雪

莱来说,他就是要寻找一个**地方**发表社会改革的思想,这一点越来越重要。这意味着既要寻找哲学上的立场,也要寻找地理上的位置,以便自己能够定居并不受干扰地写作。到了七月,《麦布女王》就要派发给读者了。

整部著作都题献给哈丽雅特,并采用雪莱典型的华丽辞藻:

……你是我更纯洁的心灵;
你是我诗歌的灵感;
这些早开的野花都是你的,
虽然是我把它们编成花冠。

五月二十一日,哈丽雅特开始给都柏林写信,她从库克酒店写信给凯瑟琳·纽金特:“雪莱先生一切顺利。他的长诗《麦布女王》已经开始[印
刷],但还不敢冒死出版,因为这首诗太不符合现行法规了。他将私下 201
把这首诗分发给他的朋友,有些还要寄往美国。[请问]您知道有人想得到一份危险的礼物吗?”[6]

这体现出雪莱本人对自己第一部重要著作的看法。从本质上说,《麦布女王》的目标具有颠覆性,它的抨击强劲且雄辩,它的内容及影响具有革命性。它抨击的主要目标始终以抽象的方式表达,按照重要性依次为:历史悠久的宗教,政治上的暴政,战争与商业产生的破坏力量,婚姻制度和娼妓制度等桎梏与障碍对人类爱心的扭曲。在次要主题中,存在强烈的清教色彩,涉及节欲与素食主义,共和主义者的简朴以及正义的独立道德判断。这首诗和“注释”中的反宗教思想在许多地方尤为强烈,但从根本上说,它的表述方式宛如传教,类似于宗派小册子。这就是《麦布女王》真正的内容,而且通过引入“仙后”的机制,精彩的宇宙场景,异域色彩的表述,模仿骚塞的东方史诗的意象与节奏,淡化和掩盖了这一点。雪莱曾对霍格评论道:“但不能使其押韵。评论部分采用的是

无韵英雄体；描绘部分则是无韵抒情体。如果说某个权威能对此诗的独特性表示赞同，我便可以以弥尔顿的《力士参孙》、古希腊的诗剧合唱以及（你别嘲笑）骚塞的《萨拉巴》来作证……对诗作中的无神论思想和宇宙论尚未做出任何删改。”[7]

无论是雪莱的朋友，还是他的敌人，都认为他所倡导的思想是一种美好生活的愿景，它建立在无神论、自由恋爱、共和主义和素食主义基础之上，融汇了启蒙思想、千禧年思想和异想天开。

这首诗分为九个诗章。前两个诗章是引言部分，第三诗章抨击了君主制，第四诗章抨击了战争和政治上的暴政，第五诗章抨击了经济与商业上的剥削，第六和第七诗章抨击了教会和宗教，尤其是基督教。最后一个诗章是一首诗，其中幻想了过去与未来的文明。

还有十七条注释，十一条非常简短，另外六条属于论证严密的论文。这六篇论文论述的是劳动价值论（注释七）、自由恋爱的理论与实践（注释九）、道德与物质领域的必要性（注释十二）、无神论思想（注释十三，这是将牛津就读时写的小册子重新发表）、基督与基督教教义（注释十五）以及素食主义（注释十七）。在这些随笔文中，还包含了原文引用普
202 林尼、卢克莱修、霍尔巴赫、斯宾诺莎、培根和普鲁塔克等人的长篇论断。这些“注释”加起来几乎与全诗篇幅一样长。

在论述中，诗歌与散文紧密结合，而且读者始终能注意到相互对照所产生的强大压力，雪莱不得不在这两种形式之间来回转换，还要在各个诗章之间来回转换。整部著作的目标是议论性和哲理性的，而不是表达诗意。整部诗歌始终围绕这些思想展开。这首诗的重点并不在于语言产生的表层效果，而是始终企图将来自各种渠道的信息融合在一起，包括历史学、伦理学、天文学、神学、政治学和生物学，使之相互关联，比较和合并，此举有时十分精彩。这部作品的诗艺在于，雪莱力图在多样性中营造统一性，并在此过程中迸发出力量与火焰。《麦布女王》力图对生活的整个哲理阐述其基础，这是人在与他所处的社会和宇宙对抗时

表现的积极、好战的看法。

这部著作表达出的态度来自之前的许多作者,显然反映出雪莱在一八一一年春之后阅读作品的模式。但是,这些作者其实并不是通常对雪莱产生影响的人士。尤其是葛德文的影响是局部的,而不像人们通常所说的那样统摄全局。雪莱对自然界、物质世界乃至自然过程运行的态度,来自卢克莱修的《物性论》和霍尔巴赫男爵的《自然的体系》,并通过"百科全书"中详细的信息与统计数据加以佐证。对于人在社会中的作用,政治、伦理和经济方面,他所受的影响更为多样,但对雪莱思想最有力的影响在于休谟的不可知论和托马斯·潘恩的激进共和主义思想。这些都由具体的问题论证,例如自由恋爱,并由不同作家加以论述,例如亚当·斯密、玛丽·沃斯通克拉夫特、蒙博杜爵爷、葛德文、劳伦斯和特罗特(《论神经疾病》)。

阅读沃尔尼伯爵对腐败社会的著名描写《帝国的毁灭》,伊拉斯谟·达尔文对科学与社会所发表的诗歌,促使雪莱全面研究人类的知识。在这些影响中,有许多并未完全得到消化吸收,而且"注释"尤其体现出私人藏书的痕迹。尽管如此,在当时的英国,还没有一首诗歌能够在原创性和构思上与《麦布女王》媲美,而且后世将这部作品与沃尔尼的《帝国的毁灭》、潘恩的著作与拜伦的《该隐》[8]并称为最著名的几部激进作品。这是一部古怪的、不均衡的,也是非常不成熟的作品,但它具有独特性。

尽管这部作品也具有诗歌的"美感"与异域色彩,但它给人最突出的印象却是愤怒与控诉。这一点很大程度上反映出作者的人格特点。 203
此诗迸发出雄辩的怒火,仿佛上天的旨意一般:

"然后,是一群表情庄重的白发
苍苍伪君子,他们心中,没有
一线希望、一丝激情、一点爱,

单凭谄媚爬上权重势大的高位，
过着奢侈和欺诈的生活，支持
成了他们荣誉源泉的体制……”[9]

雪莱的世界观从根本上说是平均主义，上文中的怒火与之紧密联系，体现出激烈的政治争论的特点：

“自然摒弃君王却并不摒弃人；
摒弃臣民不摒弃公民，臣民
和君主互为仇敌，永远玩着
都愿输给对方的游戏：赌注
是灾祸与不幸。灵魂正直的
人，不发号施令，也不服从。
权力，腐败的瘟疫，会污染
接触它的一切；服从，所有
天才、美德、自由和真理的
克星，能够使人变成为奴才，
使人的躯体变成自动的机器……”[10]

雪莱的清教主义锋芒始终存在于他的论点中，并时常爆发出来，伴着宗教复兴运动的所有节律和威胁。例如，他在下文中对牧师和政商两界巨子说出了这样一席话：

“……你一天天的日子
哪天不是枯燥乏味百无聊赖的
日子？漫长黑夜的煎熬结束前
你有没有喊叫：黎明何时来到？

你的青年时期,难道不是一场
虚妄、狂热的色情春梦?你的
壮年是否已被早衰的疾病败坏?
你关于无人惋惜的死亡的那些
观点难道不凄凉、难受、可怕?
你的心灵是否有了病,也像那
没有神经的躯体一样不能判断、
希望和爱……”[11]

“注释”中也同样体现出上述抨击的态势,并且经常采用嘲讽和鄙视的口吻。雪莱注意到,太阳距地球有九千五百万英里,光线“若不是通过某种细微的介质传播的振动,便是由发光体向四面八方放射出去的最微小的颗粒构成的”。光从太阳到地球只需要八分七秒。与此形成对比的是,光从最近的恒星传过来需要“数年”之久,因此物质宇宙必然在“无限的巨大”中包含“多个世界”(注释二)。雪莱思考了现代天文学的这些观察结果,得出的结论是: 204

无法相信,那充斥着无限机体的神会假借一个犹太女子的肉体生一个儿子,或是对那种必然性的后果感到愤怒,因为必然性是神本身的一个同义词。所有那些有关于魔鬼和夏娃和一个调解者的悲惨故事以及有关于一个犹太上帝的幼稚的虚伪可笑仪式,都是和有关于星球的知识格格不入的。[12]

自由恋爱的主题则是最成功的例子,它证明雪莱成功地将其诗歌与散文融为一体。《麦布女王》在第一诗章的开头便刻画了一位睡梦中的女孩艾恩丝,她是哈丽雅特的写照,她的梦境将构成全诗的重要内容。诗人对她的描写倾注了深厚的温情与欲望:

她明亮的眼睛紧闭，
那细腻得几乎掩盖不住
深蓝色眼珠的眼睑成了
　睡眠这婴儿的枕垫：
　她那金色秀发隐蔽着
　那胸脯的无瑕的自豪，
像攀缘植物藤蔓寄生的卷须
　缠绕着大理石的圆柱。[13]

这段描写在第一诗章的结尾得到了呼应，此时艾恩丝从梦中醒来，她睁开湛蓝的眼睛，面对着亨利（雪莱的化身）"目光中无言的爱意"并表示欢迎。因此，在对两人爱情关系的温馨亲切的认识背景下，凸显出自由恋爱的主题。在前四个诗章，权力与信仰制度的暴政在多处扭曲、阻挠和削弱了爱情，这既包括宗教也包括政治权力。在第五诗章，雪莱将性爱所产生的轻贱作用直接视为腐败的商业制度的后果之一：

205 甚至爱也被买卖；一切不幸的
安慰，已变成最要命的痛苦，
老年在自私美人憎恶的怀抱里
颤抖，青年的一次次腐化冲动
是以商业致命的病毒制备一种
恐怖的人生；那从可悲的肉欲
满足中产生的瘟疫已使全人类
生活，充满了九头蛇似的灾难。[14]

雪莱在这里的立场起初似乎非常正统；他抨击了娼妓制度、性病和淫乱，这三种现象在摄政王统治的社会中司空见惯。但是，他之后又附上一个注释，态度更为激进。这也许是对自由恋爱问题最伟大的论述。它以一段赞美开头：

爱情是感受到可爱的对象之后不可避免地产生出来的。爱情受到压制便会枯萎：爱情的本质是自由，和服从、嫉妒、畏惧绝不相容；相爱的双方能够以信任、平等和无所保留的坦率相处，爱情才能纯洁、完美而不会枯竭。[15]

从这一段开始，雪莱开始论述“两性的结合”时间只能和夫妻相爱的时间相等。“任何法律若强使他们继续同居，哪怕是一分钟，也是不可容忍的暴虐。”婚姻制度，更不用说基督教“为了对上帝的爱而压抑肉体欲望”的思想，恰恰是这种不可容忍的暴虐。永恒本身并不是美德，“这种分离并没有丝毫的不道德”。雪莱对论证过程总结如下：

爱是自由的：许诺永远只爱一个女人，和保证只相信一种宗教信条一样荒谬：这样的承诺在两种情况下都不容我们提出任何疑问。做出这样的承诺就等于说：我现在爱的女人可能比其他女人低劣得不可估量，我现在信仰的宗教信条可能充满了荒诞和谬误，但在将来也决不考虑去了解别人的可爱和另一种真理，不顾是否信服，而决定盲目地贯彻始终。这是一种体恤和理性的立场？这样冷漠的一颗心，它的爱会比它的信仰更有价值？

雪莱从家庭的角度思考了这种看法，他对不幸婚姻中的孩子提出了高明的观点，也论述了家庭口角所产生的有害影响。“他们子女的早期教育便会受到父母争吵的影响；发怒、动武、相互欺骗的系统训练将哺育他们成长。”对于夫妻关系，雪莱同样犀利地指出：“坚持婚姻关系不得解除 206
的主张对于生性乖戾的人们无异于最有力的诱惑：他们可以在家庭里

尖酸刻薄、肆意妄为,因为受害人投诉无门。”

之后,雪莱又抨击了“对贞操的狂热观念”,他始终认为这必将造成娼妓制度,“从而摧毁为心肠冷漠的世俗之辈不容的所有高雅而优美的感情;灭绝了所有真正的激情,并把过分的慷慨和热忱贬低为自私的感情”。对于婚姻之外的贞洁传统,他评论道:“贞洁是一种苦行僧式的狂热迷信,对于自然的自制力而言,是比愚蠢的纵欲更加有害的大敌;它摧残着家庭幸福的根本,使一半以上的人类蒙受苦难,以便少数人能够依法垄断。再也找不出一种制度是设计得比婚姻更加容不得人类幸福的了。”

那么,为了取代这种制度,雪莱的主张是什么呢?雪莱意识到,自己会受到宣扬乱交和破坏社会网络的指控,但他没有兴趣去考虑自己观点所产生的更为广泛的影响:

> 我以为,如果废除婚姻,两性关系就会有一种适当而自然的安排。我决不是主张乱交:恰恰相反,从父母同子女的关系看来,这样安排的关系一般都更长久,而且,除其他特点外,最重要的是更富有慷慨和献身精神。但是,这个问题也许讨论时机尚不成熟。由于废除婚姻而产生的结果,一定自然而正常;因为选择和改变都将不再受到限制。

这篇讨论自由恋爱的论文体现了雪莱的典型手法,即撷取多位作家所长并融会贯通。他强调了“自由”与“选择”在心理和精神上的意义,这师从于葛德文;对传统婚姻关系所造成的破坏性影响的批评则来自沃斯通克拉夫特与希瓦利埃·劳伦斯的观点;援引变化与永恒的“自然”过程,反映出卢克莱修与卢梭的影响。他猛烈抨击对肉体的爱所持的“苦行僧式的”和“基督教的”态度时,也是以吉本作为历史权威依据的。但是,无论是论调中的激情与犀利,还是逻辑性、讽刺与紧迫性,都完全属于雪莱风格。这篇论文在结尾提出了令人印象深刻并略微有些雅谑的形象：

被僵硬的紧身褡和华丽衣衫装扮起来的道德，如果在自然的明 207
镜中看见了她自己那副可憎的形象，将会怎样吓得一跳！

这首诗之后再次讨论了这一主题，即在最后的第九诗章，雪莱欢庆了世界的政治革命与道德革命，称“这宜室宜家的地球充满福祉”[16]，并称“万物已被重新创造，和谐的爱的火焰在鼓舞着一切生命”[17]。雪莱一边描写新的世界中的性爱，一边幻想着之前的亵渎之举已成为天然的神圣之举：

自由本身将成为甜美的约束，
以最温柔的感情纽带把同类
灵魂的亲情紧紧联结在一起，
而无需暴虐的法律作为镣铐：
从自然最淳朴的本性产生的
微妙而羞涩的冲动，将可以
无可置疑的自信透露对于它
新诞生的爱不断增强的企望，
为迂腐自私的贞操观所无法
压抑：贞操是以冷血和无情
自豪的廉价道学家的道德观……
而男和女互爱、互信，平等、
自由、纯洁，一道攀登美德
高峰的山路，这路已不再被
朝山香客们脚上的鲜血染污……[18]

对自由恋爱这一主题的处理充分体现出整部作品的优点与缺憾。在散文体的注释中，修辞手法要比弥尔顿或骚塞式的冗长诗歌体更加有力。抽象化和重复的手法使得思想得以扩散。读者无论多么同情雪莱的立场，都必然会意识到他思想中的不成熟与不一致，而且他通常会以一种嘲讽的、学究式的才情来对待人类真正的问题。雪莱对于爱情的态度存在两个明显的空白点。第一个是他对人类关系的持久性所具有的内在价值视而不见，因此爱情有可能从稳定的“甜蜜感情”演变为发现与探索这一累积过程。我们注意到，亨利的爱是“无言的”。之前的道学家与爱人理查德·斯梯尔曾指出，“爱她不啻一项博雅教育”。雪莱没有斯梯尔阅历丰富，他认为“爱情”只会“枯萎”，或许按他的想象，爱情对双方而言都应该是一种不痛苦的、均衡的、同时展开的过程。他忽视的
208 第二点在于，孩子使爱情的方向与责任发生根本性的改变。雪莱的一生始终坚持自由恋爱的原则，但他也将付出惨重代价，同样也使他人付出了巨大代价，因为他忽视了上述两个方面。

但是，《麦布女王》的经历却与其作者迥异。在它首次出版后的二十五年里，此书无疑是雪莱所有著作中阅读量最大、最出名也最具影响力的作品。这部作品的读者并非“贵族子女”，也不是因其诗歌价值而闻名，而是中产阶级和工人阶级中的激进分子，他们阅读的是廉价的盗版。激进派报纸为这部诗作刊登了广告和节选，并进行了讨论，例如理查德·卡莱尔的《冠军和共和党人》；这部作品在自学成才的工人阶级文化中成了一部基础教材，十九世纪二十年代的早期工会运动以及三四十年代的宪章运动都将脱胎于这一文化。欧文对雪莱的兴趣广为人知，宪章运动中的著名诗人托马斯·库珀也将雪莱与弥尔顿、拜伦并称为共和派幻想诗人。* 一位年迈的宪章运动人士曾告诉萧伯纳，“《麦布女

---

* 读者还应当注意，库珀曾满怀钦佩地提到雪莱的另一首政治诗歌——《伊斯兰的反叛》(1817)。参见他1845年在斯塔福德的狱中写的《自杀者的炼狱》，第二诗章，第七诗节，第十五章。

王》堪称宪章运动人士的圣经”,这部作品对发挥福音作用再合适不过了。[19]

除了上述提示之外,很难准确地说明雪莱诗歌在文坛的重要性,因为除了 E. P. 汤普森那部开创性的传世佳作之外,留下的书面历史记录太少。但是,《麦布女王》的出版历史十分复杂,而且以地下出版为主,这也能说明一定的问题。这部作品一开始印刷了两百五十本,雪莱在英格兰、爱尔兰和美国发出去七十本左右。激进派书商在一八二一年春买下剩余的所有存书之后,理查德·卡莱尔称还剩一百八十本。[20]出版商克拉克不在面向上流社会的市场中销售,而是以自己的名义发行(仅仅是在扉页上贴上该社的标志)。他发现在《共和主义者》激进的工人阶级读者群体中,几个月就将其购买一空。除恶会对其提起公诉,他停止了这一做法,之后卡莱尔便在一八二一年底推出了新版;特里劳尼在日内瓦的书店就发现过这个版本,并翻过阿尔卑斯山将其带给雪莱。(雪莱的反应则是另一码事了。)这个版本的销售情况非常好,于是又受到除恶会的威胁,卡莱尔便在一八二二年二月推出了第二个版本,并将价格压到了七先令六便士。到一八二二年十二月,《麦布女王》至少有四个截然不同的版本同时在销售,卡莱尔提醒读者注意不要购买“其他存在瑕疵的版本”,并大肆宣传自己的版本,称“注释均已翻译”。这是巨大的进步。卡莱尔的宣传直截了当:

> 《麦布女王》是一部哲理诗,分为九个诗章。它强有力地揭露 209
> 和谴责了王权与教会制度。拜伦勋爵称这部诗作具有强大的力量和神奇的想象之力;而且拜伦勋爵与作者的某些形而上学的观点是存在差异的。但是,正是基于自由讨论并推崇一切有价值事物的原则,本出版商决定将其出版……除了这部诗作本身,作者还撰写了注释,注释的篇幅与全诗相仿,它的魅力与优点丝毫不减。这部作

品突出描写了一切对社会有害的方面。[21]

尽管卡莱尔对雪莱关于无神论、婚姻和素食主义的直白态度持保留意见，但他还是愉快地在法庭上与除恶会展开了危险的较量。他此前就曾身陷囹圄，监狱对他而言并不恐怖。卡莱尔在十九世纪二十年代总共出版过四种版本。这一时期还出现了其他重要版本，包括布鲁克在一八二九年对一八一三年原版的重印，以及一八二一年神秘的“纽约”版，后者是以书商威廉·鲍德温的名义出版的。[22]* 到了三十年代，第一部真正的美国版出现了，它于一八三一年由莱特与欧文在纽约出版，且“注释”已翻译。到了第二年(1832 年)，这是改革之年，出现了也许是最重要的地下版本，此版本写明由卡莱尔的夫人与儿子出版(卡莱尔先生此时正在坐牢)。这是一部廉价版本，大小与口袋书相仿，旨在展开严肃研究，书中直接将“注释”部分作为脚注或散文体评论加在诗中，并将引自法语、希腊语和拉丁语的长文均译为英文。这是一部经典的人民宪章派作品，欧文的支持者在一八三三年接过这项出版事业。到了十九世纪四十年代，著名的激进派出版商希瑟林顿与沃特森一直在重印此书。[23]虽然具体数字无法确定，但人们认为，一八二一年至一八四五年间这部作品“至少出版了十四个”版本。与此同时，据统计，一八二三至一八四一年间在工人阶级与激进派的期刊(例如卡莱尔与希瑟林顿编辑与出版的期刊)中，刊登了雪莱的“一百四十篇文章”，其中大多数都是《麦布女王》的选段或对它的讨论。[24]除了对美国激进分子的影响之外，这部诗作也对欧洲大陆的自由派和革命派人士影响巨大，青年时期的弗里德里希·恩格斯在一八四八年的动荡岁月之前还翻译过此书。[25]鉴于雪莱曾在意大利哀叹自己无法联

---

* 不应将这些版本与本博在 1826 年出版的盗版相混淆，罗伯特·勃朗宁后来曾在伦敦的书摊上找到一本 1826 年版的盗版书，他的整个人生因此产生了巨变，他写出了《波琳》(1833)。他读的版本题为《诗歌杂录》，其中并没有《麦布女王》，这对于勃朗宁来说颇为遗憾。参见弗里德里克·A. 波特尔，《雪莱与勃朗宁》(1965)。

系读者,这不啻辛辣的讽刺,况且雪莱家族以及老牌出版商莫克森之后曾 210 试图让官方版的雪莱诗集内容健康且令人尊敬。最终,希瑟林顿于一八四一年以亵渎神教罪起诉了莫克森,力图确立《麦布女王》可以全文出版且不受法律管辖的原则。他输掉了官司,但法庭没有作出任何判罚,他的原则获胜了。

《麦布女王》的知名度令老牌出版社如鲠在喉,这也情有可原。一家中间派期刊《调查员》在一八二二年对“这部最恶劣的出版物”总结的感受是“纯粹的恐怖和恶心”。与之相比,拜伦的《该隐》简直是“道德劝诫”。[26]此前一年出版了一本长篇小册子,题为《答〈麦布女王〉》,它分为两个部分,第一部分驳斥的是“反婚姻的观点”,第二部分驳斥的是“无神论假说”。它在政治和商业上的批评没有造成什么影响,因为激进分子将《麦布女王》视为圭臬。[27]但也有例外,即亨特的《检查者》与一份非常神秘的期刊,它名叫《神学询问者》,一八一五年三月至七月分八期刊登了选段,约全诗的三分之一,此外还附上对此有利的讨论与信函。这份期刊后来突然销声匿迹。这份神出鬼没的杂志的编辑是一位爱尔兰激进分子,名叫伊拉斯谟·珀金斯,这很可能不是他的真名,这个谜团直到一九五五年才解开。[28]但已是后话,雪莱与这部作品的爱恨情仇亦是如此。[29]到了一八二二年六月,就在雪莱和挚友爱德华·威廉姆斯一同罹难前八天,威廉姆斯找到了《麦布女王》的一本盗版,坐在船上“冒着酷暑”读了起来。他在日记中写道:“读了雪莱《麦布女王》的一部分,这部作品太令人惊讶。某些段落令人钦佩,迸发出他的热忱,注释也十分精巧、优雅,这与他现在的作品一样。”[30]《麦布女王》一直伴随雪莱走到其人生终点,就仿佛它存在自己的意志与精神一般。这是他的第一部重要作品,它抓住了下一个时代的精神,而且在雪莱辞世后继续扬帆前进。

但是,从文学的角度来看,九个诗章中也许只有一段昭示出即将在未来出现的最优秀的诗歌。这并非对未来的乌托邦式幻想,而是对黑暗的认识。在这部作品中，雪莱发现一个诗歌的意象，它足够强大，抒发出他在社会中观察身边大多数人状态时产生的观点与怒火。这个意象就是处于前社会状态下的原始人，在冰冷和充满敌意的寰球表面之上遭到遗弃，在他们所处的地方，阳光和智慧都无法穿透其中。雪莱以阴沉、反讽的笔调结束了这个意象，这只有雪莱才能构思出来。雪莱经常是这样，一旦抓住一个意象，就决不放过，而是回过头来加工和丰富，就像一
211 位画家在画布上作画一般，或者像教师教导生徒一般。它最终在六年后焕发新颜，出现在《解放了的普罗米修斯》第二幕中。在《麦布女王》中，它还处于最原始的幼稚状态，充满生硬的过渡与单调的强调，始终存在瑕疵。但在这一段中，已经出现那种力量，将充满激情的抽象论证与宏大的幻想场景以及具有深刻社会或心理意义的神话投射相结合。这就是雪莱之所以成为伟大诗人的力量所在。下文中我们将看到，它竭力要主导构思的材料：

人，在极地的漫漫黑暗长夜
笼罩着冰封雪盖的冻土地带，
在难得有株不畏严寒的小草
沐浴月亮那乏力光辉的地方，
也随植物枯萎、随黑夜黑黯；
他狭隘而受压抑的能力和他
对勇气、真理和爱全都麻木
不仁的心，表明他是人世的
某种流产的废品，只配陪伴
四处游逛的狗熊，它的习惯
和享乐方式都和他自己相同。
他的生活曾是郁积着不幸的
发烧噩梦，菲薄的需要得到

更菲薄的满足,却总通知他,
他短促生命的苦难已经达到
那缺乏欢乐的长度;而他的
死亡,是饥饿、寒冷、辛苦
在生命的火花还紧紧搂着他
不放时早早带到心上的剧痛:
大地对触犯她的法律的人们
所能行使的报复手段在这里
全都用上了,只是除了一声
恶毒诅咒——上帝的名称……[31]

雪莱在伦敦度过了这一年的夏天,大部分时间都住酒店,对于他来说,这是生命诞生与憧憬的时光。除了《麦布女王》之外,还有哈丽雅特诞下的宝宝。预产期是六月底,再过一个月就是雪莱的二十一岁生日,他有望利用这一机会与菲尔德庄园达成和解。但是,雪莱在这方面的感受与哈丽雅特并不相同,人们第一次意识到两人之间存在明显的龃龉。五月底,哈丽雅特在信中的语气是掩饰不住的激动:"雪莱的家人急于与他和解。我毫不怀疑下次写信会是在他父亲家中。预计一两个星期后我们就搬到那儿了。"[32]蒂莫西进了城,汤姆·梅德温也许接到了他父亲的指示,催促雪莱再次与他父亲联系。梅德温可能也提醒诺福克公 212
爵,父子俩可能借此时机实现和解。公爵专程去了趟库克酒店,并留下一封邀请函,约他第二天上午见面。雪莱并没有应邀前去,他后来解释称"因病未能成行"。这并不是一个好兆头。但是,哈丽雅特依然憧憬着在她公婆家中生下第一个孩子,伊丽莎与她父亲的鼓励促使她产生了这种愿望,这也是合乎情理的。十八日那天,哈丽雅特劝说雪莱写信给蒂莫西时,觉得自己可以屈尊去菲尔德庄园了。"[蒂莫西·雪莱]还没有给我们回信。我们正日夜期盼。他们的行为真是令人费解,先是像对待狗一样地对待我们,现在又想亲近我们。”[33]

雪莱的信件很可能误导她盲目自信,信的开头确实很优雅:“亲爱的父亲,我想再次给您写信向您表达我诚挚的愿望,恢复由于我的愚蠢之举而中断的我与您及家人的往来。”[34]但对于父子俩来说,这就仿佛是一盘棋开局的较量,这场博弈很久以前就已进入僵局。蒂莫西的回信同样优雅,并询问雪莱是否准备好发表公开声明,放弃他所谓的“愚蠢之举”。雪莱的愚蠢之举此时在胡卡姆出版社已无可挽回,便回答称他其实还没有做好准备。我们并没有找到他这封回信,但蒂莫西对此的回信充分表明,双方都不愿达成妥协。“现在,你却声称对此[你的观点]没有任何改变。我必须拒绝任何形式的进一步联系或直接会晤,直到你就此有所改变。希望你能把这封信看作是对你一切表示的最终答复。”[35]尽管哈丽雅特满心憧憬,但这段书信往来只持续了八天。不管怎么说,这都是正式的礼数。五月二十八日,雪莱给诺福克公爵发出了一封礼节性的便笺,表明自己希望坚守两年前的立场。“我尊敬的公爵大人……我曾做好一切准备向我父亲做合理的让步,但是,我尚未低三下四到会否认我一向认为正确无误的思想这种地步。任何一个有常识的人都应该懂得,为从命而放弃严肃的信仰是为人极不正直的表现。”[36]他这番言辞很难反驳。

公爵、梅德温甚至哈丽雅特会以什么方式撮合此事呢?雪莱选择捍卫他的“正直”时,没有什么压力能够迫使他屈服。哈丽雅特很明智,她选择了对菲尔德庄园发出挑战,但失望之情也溢于言表。“雪莱先生已经中断和谈,因为他已没有什么好与儿子谈的了。他这个儿子不愿意给牛津大学写信,声明他愿意皈依基督教,所以他又一次与我们断交。您
213 见过这样的老糊涂吗?看来只要他活一天,比希就别指望见到他的家人或收到家人的信函。这的确是件令人不快的事情,因为他的母亲很想见他,也特别喜欢他。”[37]但是,结果要比雪莱和哈丽雅特想象的糟糕得多,因为直到这一天,雪莱都没有认识到这样的决裂会威胁到自己的继

承权,而且这种认识肯定一直持续到七月。他们俩对此的预期被完全颠覆了,这将对资金造成严重压力,此时显然这已是他们俩关系的薄弱环节。哈丽雅特后来将对此提出一个年轻母亲的各种索取,而且缺乏房子和安全感,此举也得到了伊丽莎和她父亲韦斯特布鲁克先生的情感支持。雪莱肯定能够与蒂莫西达成某种合理方案,至少能够实现一定程度的财务独立。但是,哈丽雅特试图改变的是雪莱性格中的固执以及针对他家人所作出的冲动决定,其根源远远超出他的婚姻范围。

但是,雪莱此时对自己的经济前景充满了信心。他继续在库克酒店租住昂贵的客房,同时还在半月街上租了一处住所,距皮卡迪利大街一百码,也许这是为哈丽雅特分娩准备的。雪莱决定,自己需要某种正规的交通工具,于是前往新邦德大街,在时尚的马车制造商托马斯·查特斯店中订做了一辆马车。这是一辆坚固的马车,一八一六年雪莱乘此车前往欧洲大陆。马车的制造与维护保养费用预计高达数百英镑,雪莱信心满满地认为,自己在秋天就能付清这笔款项。其实,这笔钱压根就没有付,到了第二年,查特斯是对雪莱追讨债务最积极的债主。但依然没有付钱,一八一五年十一月,雪莱受到立即逮捕的威胁,最终签了一张汇票"规定他必须自当日起在四年内偿还五百三十二英镑十一先令六便士"。[38]* 到了一八四四年,即雪莱辞世二十二年后,雪莱的遗嘱执行人皮科克收到托马斯·查特斯的一份申请,要求兑付这份"五百三十二英镑十一先令六便士"的汇票。这个故事充分反映出雪莱一生中所欠数额较小的账单与债务的最终命运。雪莱在这方面的所作所为,已经逐渐通过广泛的调查**得以明了,这必须与人们印象中他高调的慷慨解囊形象加以对照。总的来说,他给人留下的印象是负债超过了布施金额。

---

* 截至 1816 年 11 月,这笔债务已经增加到一千英镑,雪莱显然又从查特斯那里借了钱。没有证据表明雪莱曾经偿还过新增的债务。参见罗杰·英彭,《雪莱在英国》,页 638。

** 需要感谢罗杰·英彭的这项研究,它十分耐心而且总的来说并非说教。如需了解雪莱在 1822 年之前对自己债务的评估,参见《雪莱在英国》,页 710-711。

214 雪莱对住在坦尼尔阿西特时所欠的账单也满怀信心，他趁“威尔士人威廉姆斯”于六月底来伦敦接受马多克斯的指示之际，与他见了几次面。[39]但是，雪莱在威尔士的债权人的境况却没有改观。到了五月，对方拟制了雪莱尚未支付的账单清单，光是欠威廉姆斯和南内的债务就高达三百五十英镑。[40]显然，雪莱随后签署了一份债券，其中规定倘若他在议定的期限还未偿还债务，就要偿还七百英镑。截至一八一五年六月，他已偿还部分债务，但南内就剩余债务给威廉姆斯写了一封怒气冲冲的信：

> 我得知你从雪莱那里收到了一百五十英镑的还款：雪莱还的钱现在都已经用完了。在下一笔钱到来之前，也就是明年十一月，一定会暂时停止法律措施：由于雪莱承认的债务要低于实际债务，有些债务就成了坏账。他为了赖账，其实大量地弄虚作假：他曾逃避过一百英镑的债务，这笔钱应该付给我，这是家具租赁费，他说自己在坦尼尔阿西特只住了**两个月，而且说他退房之后，我就立即卖掉了家具**；你有听过比他更忘恩负义的家伙吗！但是，他的律师承诺，他的**所有**债务都将由他的父亲偿还，时间是明年十一月。[41]

不幸的是，没有证据表明剩余债务是否得到清偿，但它的结局也不难预料。*

在半月街，人们注意到霍格再次出现在雪莱的小圈子中。雪莱从事出版事业时，或者与他的新朋友（例如皮科克与素食主义者兼天体主义者约翰·弗兰克·牛顿）交往时，霍格就留下来陪伴哈丽雅特。通过霍格某些含糊其词的描写，人们很容易会猜测一八一一年发生在约克的那一幕

---

* 埃利斯-南内及该地区其他人对雪莱的反感可能影响了他们向后人讲述1813年2月坦尼尔阿西特事件，这种可能性并不能完全排除。

是否重现了,并好奇雪莱是怎样再次鼓励他最好的朋友和他妻子建立亲密关系。哈丽雅特的身孕越来越明显,这似乎否定了上述猜测,但有一个令人好奇的事实,即后来在一八一五年发生了几乎与此相同的风波,而且对后者的记载较为全面,这发生在雪莱第二任妻子怀孕期间。霍格画了一幅自画像,他在画中与哈丽雅特独处并用餐和饮茶,他还画了一幅哈丽雅特长时间为他读书的画作,直到雪莱"仓促地上了楼梯,发出巨大的声响,他试探性地迈着步子,并习惯性地扔掉了围巾"。然后,他便会站着"盯着周围看一会儿,仿佛是他想知道自己为什么如此匆忙一般"。[42]有一次,霍格叙述了自己在晚餐后是如何和哈丽雅特独处的,此时"S 医生"来给哈丽雅特做孕检,他是一位贵格教徒。霍格站起身要走,但据他说, 215
哈丽雅特高调地挽留他:"你不用走!我敢肯定 S 医生不希望你走。他希望你留下来!"霍格言下之意是,他觉得情形"十分微妙并令人苦恼"。尽管在这一事件中,这位贵格教徒来了个一百八十度的转弯,这体现了霍格典型的幽默叙述,但没有产生影响,他只是坐在哈丽雅特身旁,专注地盯着她看了十分钟,嘴里"轻轻地、模糊不清地"嘟囔着什么。[43]

这种关系的发展令人有些尴尬,哈丽雅特要比雪莱更为尴尬。雪莱在一封便笺中表明了这一点,这封便笺只标明从"库克酒店寄出,星期三上午"。"我最亲爱的朋友,我觉得哈丽雅特对你的所作所为深深地刺伤了我。她提出了这一点。我只希望她能够像我一样,迫不及待地给你幸福快乐。她告诉你,她今晚邀请了你。这样比我们独自在一起忧郁地会面要好得多。"[44]霍格在自己的传记中刻意隐瞒了第一句,最后一句似乎暗示了霍格一直因为哈丽雅特之事而在雪莱面前显得抑郁不乐。雪莱又加了一句附言:"我敢肯定哈丽雅特会像以往那样善良的。我和她交谈时,我看得出来(假如我的眼睛没有被爱情蒙蔽的话)这并非是感情的错误,而是理性的错误。我恳请你今天晚上过来。"这里的"理性的错误"当然使人想起一八一一年在凯西克和约克发生的那段分享爱人的激情往事。但此时此刻,随着哈丽雅特与雪莱的第一个孩子出生,这些因素便消除了。这个孩子名叫伊丽莎·艾恩丝,出生于一八一三年六月二十三日。她在汉诺威广场的圣乔治教堂中受洗,名字各来自父母一方,伊丽莎是伊丽莎·韦斯特布鲁克的名字,艾恩丝则是《麦布女王》里梦境中的女主角。S 医生的医术显然令人满意,但也许正因为他的嘟囔,几天之后雪莱注意到她"迅速恢复健康"。此时,雪莱做了父亲,但这立即使他忧心忡忡。他通过梅德温了解到自己的财务前景堪忧,二十八日他还告诉梅德温,此时他被"令人极度不快的困窘和不安感"所困扰。[45]

雪莱第一次感受到家庭责任的重担压在肩头。他一直和梅德温交谈,很晚才睡觉,因此经常错过或忘记与霍格会面。但是,牛顿一家让他忘记了烦恼,雪莱很快就陷入沃克斯豪尔的深夜聚会而不能自拔。[46]

雪莱很难对第一个孩子产生深厚的感情。霍格称这个宝宝长着蓝眼睛,黄头发,"似乎无法让他感到满意,也无法让他产生兴趣"。[47]另一方面,皮科克却称雪莱非常喜欢这个孩子,他会"长时间地抱着她,还给
216 她哼唱自编的小调"。[48]但是,就连皮科克也承认,这个孩子始终是雪莱与哈丽雅特之间忧虑与不和的根源。这个孩子给他们带来了家庭责任,却没有给他们带来遗产,因而无法让他们过上安定的生活。从更加个人化的层面上说,雪莱希望按照"天体主义"的方式抚养这个孩子,就像他在牛顿家中所看到的一样,牛顿家鼓励孩子们一丝不挂地在家中跑来跑去。* 尤其是雪莱希望哈丽雅特用母乳哺育孩子并亲自照顾她,但皮科克却发现,"给这个孩子请了乳母,他不喜欢此人,而且孩子主要是由他妻子的姐姐负责照顾,他感到非常不满"。正是艾恩丝的到来,才造成雪莱与伊丽莎之间的对抗首次公开化。伊丽莎的错误在于她就像个插手过多的岳母。

---

* 在《麦布女王》的一个脚注中,雪莱称赞牛顿的子女们为"人们能够想象得出的最美、最健康的孩子。他的几个女孩子,个个都可以为雕塑充当完美无瑕的模特,气质也都极其温文尔雅"。(《珀西·比希·雪莱诗集》,页 834)

到了七月底,雪莱的继承权显然受到阻碍,而且这项安排已经由蒂莫西的律师呈交给英国大法官,这一举动表明他的继承权将无限延期。雪莱必须压缩开支;光是欠特里马多克的债主们和查特斯的债务就已经让他没有立即偿还的希望了。牛顿一家建议雪莱一家搬到自己的亲戚家,作为权宜之计,牛顿的这位亲戚在伯克郡的布拉克内尔有一处很大的乡间别墅。到了二十七日,他们就已经安顿在高榆树别墅,这是布安维尔夫人的房产,她是牛顿夫人的姐姐,容貌端庄,是位家资殷实的寡妇。皮科克刚去北威尔士度完暑假回来(在此期间,他曾调查过坦尼尔阿西特),他也来布拉克内尔投奔雪莱,他们一同计划在秋天前往北方,以躲避雪莱的债权人并削减开支。他们不得不解雇丹·希利,因为此人在伦敦的行为已经“非常有悖道德”,哈丽雅特也乐于将他解雇。在丹看来,主人似乎欠了他十英镑的工钱,但他也是家中厉行节约的受害者。在雪莱家中做事的仆人从来没有好下场,他们的态度在高尚的奉献和卑鄙的指责之间来回摇摆。

在写给纽金特夫人的信中,哈丽雅特难过地讲述自己失去了“大笔祖产的继承权”,介绍了呈交给英国大法官的安排,并认为这是蒂莫西、诺福克公爵和他家的律师共同策划的阴谋,目的是剥夺雪莱的继承权。这也许有一定的真实性。“我们现在住在离伦敦三十英里远的一所房子里,这只是图方便。我们在此待多久还没定,因为我担心我们会为了生计不得不搬得更远些。我们的朋友牛顿一家正在尽力帮助我们,但我们的厄运已经注定……就这样把我们的计划全抛在一边是件可怜的事情。我所遗憾的不是我们的损失,而是那些可能会受我恩惠之人。”[49] 217
新家让雪莱得到了宽慰,他发现身边的人都有同情心。布安维尔夫人的丈夫是法国革命派流亡者,他是拉斐特①的好友,却在一八一三年二月

---

① 拉斐特伯爵(1757-1834),又译拉法耶伯爵,法国将领、政治家。参加过美国独立战争,支援美国独立事业,后参加法国革命。

从莫斯科撤退途中阵亡。布安维尔夫人看起来要比实际年龄更年轻，但头发全白了。雪莱戏称她为“麦姆纳”(Maimuna)，一是暗示她与自己的关系像母亲一般，另一方面也是回想起骚塞的《萨拉巴》中的那位女士，她头发花白，“但鹤发童颜”。在布安维尔夫人举办的沙龙中，他们在纯粹的学术气氛下，讨论了素食主义、无神论、天体主义乃至法国政治。布安维尔小姐也吸引了雪莱，她年方十八，能说两国语言，聪明伶俐，明艳动人。她名叫科妮莉亚。

哈丽雅特则不像雪莱那样轻松。雪莱之前教给她需要重视的思想，此刻她发现却被一个她不当回事的过时社团中不爱做调查研究的激进分子动摇。她发现皮科克意外地成了自己的盟友，他那种学究气的冷笑话和对扎实学术功底的敬重，在布拉克内尔并不受待见。皮科克在这一年十月年满二十八岁，他尚未成婚，性格内向，在他冷峻的外表之下，对周围一切事物投去敏锐观察的犀利目光。在北威尔士，他的恋爱不幸告吹，转而以取悦雪莱的年轻妻子为己任，并从中获得快乐与慰藉。他们私下里拿布拉克内尔的人们开玩笑，这后来为皮科克撰写第一部喜剧小说提供了灵感。他回忆称：“在布拉克内尔，雪莱身边有许多交际圈，它们大部分都是与宗教和政治有关，还与素食有关……但每一个都[存在]他或她本人的异想天开，或者留下了一些见仁见智的问题，以供急切但并非总是有节制的讨论。有时我会事不关己地嘲笑他们的热情，他们就是以这种热情表达自己的观点，但这种争论却无益于任何实用的成果，无助于解决对人类福祉最重要的问题。哈丽雅特·雪莱总是会和我一起大笑，因此我们都受到了聚会中激动的人们的轻视。”[50]在雪莱此后四年的生活中，皮科克提供的证据越来越重要，他从未真正重视过雪莱，但在很多方面确实很钦佩雪莱，并认为他是自己创作的重要创意源泉。他认为雪莱是一个与众不同的人，而不是一位与众不同的作家。他与霍格的不同之处在于，他对于这位“神圣的诗人”并没有什么敬畏之心(无论是真正如此还是假装如此)。雪莱人格中异想天开的一面吸引了他,但是他经常会忽视其背后更深层次的推力与动机。与雪莱相似,他喜爱神秘的事件而非平凡的事件,他们都对恐怖十分敏感,这在此后 218
多年都是两人一同娱乐与相互理解的重要源泉。

雪莱于一八一三年夏末时节居住在布拉克内尔。在此期间,雪莱觉得自己迈入人生中变数最大、最彷徨的时期。他当前的所有目标都化为泡影,他原打算用这笔祖产完成许多慈善事业,也成为南柯一梦。他的妻子与女儿从给他带来安定与希望慢慢转变为带给他焦虑与不满。他对政治的兴趣正淹没在布安维尔一家无休止的谈话中,注意力也因此被转移。正是从这段颠沛流离的时期开始,霍格写下了关于雪莱最为特别的故事之一。据霍格称,雪莱认为自己在乘坐马车旅行期间患上了象皮病①,他始终忧心忡忡并检查症状。据霍格描述,雪莱看上去似乎只是一个有趣的怪人,举止像个孩子。他会奇怪地完成一套程序来检查他人的皮肤并与自己的比对。如果霍格的故事确有其事,而且皮科克的证据也支持这一点,那么雪莱似乎故意行事有违社会常理,他让自己和哈丽雅特在这个社会中受到孤立。这种疯癫是一种惯宝宝一般的怪癖,是客厅诗人在骄纵自己,是一种装腔作势。

> 他的想象力受到严重干扰,以至于他一直在检查自己的皮肤,还会触摸和观察别人的皮肤。有一天傍晚,他的妄想症发作了,此时许多年轻的女士站在那里参加一场乡村舞会,他顺着人群慢慢走着,好奇地打量着她们,将目光贴近她们的脖颈和胸部,还触摸了她们的胸部和胳膊上露出来的部位,以确定这些美人里面有没有人也得了这种可怕的疾病。此举让这些魅力四射的尤物们惊慌失措。此时他神情十分凝重、严肃,愁眉苦脸,以至于她们没有制止他,也

---

① 象皮病是受血丝虫感染造成的病症,血丝虫幼虫在人体的淋巴系统内繁殖,使淋巴发炎肿大,使人体外观类似于象的皮肤和腿。临床表现为组织的增厚与肿大。

> 没有怨恨他这种与众不同的冒失之举,但她们看上去惊慌失措,就仿佛他要给她们亲手动一场大手术一般。[51]

霍格似乎意在暗示,雪莱毫不留情地抛弃了对哈丽雅特的忠诚。这种隐藏在心中的恐惧成了他与异性关系的催化剂,并再次反映在雪莱的行为之中。

九月渐渐过去,哈丽雅特觉得自己与雪莱“多次争论过人们对财产的尊敬”。[52]他们似乎达成了共识,但这是一个令人悲伤的话题。债主们此时开始在伦敦四处打听雪莱的下落,还有传言称他遭到逮捕。雪莱对他父亲停止自己的继承权无可奈何,而且也已想到其他筹款方式。哈
219 丽雅特依然死盯着菲尔德庄园发出的一切善意的迹象,并且在写给纽金特夫人的信中悲伤地称:“邮差刚刚送来雪莱妹妹的来信。她说雪莱的父亲正在尽其所能使他免遭拘捕。我想在目前局势下,即使为了家族的尊严,他们也会让步的……雪莱母亲将她听到的一切都告诉了他。”[53]但实际上,菲尔德庄园既没有伸出援手也没有表示怜悯。此时,雪莱必须离开家乡了。哈丽雅特迫切希望为自己的孩子营造安全的环境,便提出他们可以再一次去南特格维尔特租赁那座美丽的农场,但这个计划只是昙花一现,他们手头没有资金来收购这片田产。哈丽雅特连续几个月梦想着能在南特格维尔特安家落户,而且这也成为她心目中与雪莱一起生活的理想环境。另一方面,雪莱却越来越缺乏安定感,也越来越不满意,他有时发现和科妮莉亚·布安维尔谈话要比和妻子交谈更轻松一些。他们的新朋友皮科克则觉得自己越来越需要发挥调解的角色。

到了九月底,雪莱下定决心,必须找到自己冬天的住处。显然,他通过霍格联系到伦敦的一位放贷人,名叫斯塔林,并开始与他洽谈大额贷款事宜。雪莱将行李装上他在查特斯订制的马车上,同时说服哈丽雅特相信,旅行对于孩子(此时只有三个月大)很安全,还说服皮科克与他们同行。到了星期六(10 月 2 日),他得到了一笔五百英

镑的遗产抵押贷款,规定在比希·雪莱爵士去世时偿还。这是一笔利息高得惊人的高利贷,年利率为百分之三百,即偿还金额为两千英镑。* 到了星期一(10 月 4 日),马车载着雪莱、哈丽雅特与小宝宝出发了,伊丽莎、皮科克和他们的所有书籍与行李都留了下来。马车缓缓驶出布拉克内尔,前往坎伯兰和湖区。在华威,雪莱给霍格发出一封便笺,告知此行的目的地和他借的高利贷,并嘱咐霍格保密。"我希望你将所有关于这个问题的通信都视为秘密。我可以向你透露,猜测可能是轻率的,但肯定是毫无根据的。我是相信你能为我保密并念在我俩之间的友谊才告诉你的。"[54] 还有更加单调乏味的事情,即需要将皮科克的"一小箱"书籍寄走,雪莱在最后一刻将它们从车上卸下,他担心马车的弹簧承受不了。应该是出于同样的考虑,他没有让小艾恩丝的乳母同行。

雪莱驾驶马车时并不爱惜,他们不到一周便抵达了安布尔塞德的低树旅馆(Low Wood Inn)。艾恩丝的健康状况始终很好,哈丽雅特则注视着群山,她有一次想起了"我们亲爱的南特格维尔特"。[55] 雪莱联系了凯西克的卡尔弗特,四处打听过冬的住房,但一无所获,他大吃一惊。一八 220
一一年冬天的记忆也许一直萦绕在雪莱心头,他和哈丽雅特很快便决定,"他们一行人"要住在湖区,于是他们继续前进。北威尔士对他们已失去了吸引力,因此他们踏上前往苏格兰的路线。他们离开伦敦十六天之后,便赶到爱丁堡。雪莱一家都住在弗雷德里克大街 36 号,并计划在那里度过整个冬天。皮科克的书籍寄到之后,便鼓励雪莱展开深入研究,并将古代与现代相结合,特别是荷马的《奥德赛》与拉普拉斯的《宇宙体系论》。[56] 马车则送到马车制造商约翰·杜姆布雷克那里保养,这辆马车亟需维修保养,因为雪莱在驾驶中弄断了八块主板、四根钢质弹

* 这笔债务最终由蒂莫西·雪莱于 1815 年 5 月偿还,他偿还的金额为八百三十三英镑七先令六便士,利息只有百分之三十三。这反映出父子俩在选择自己的律师时眼光不同。

簧,还将两盏灯撞碎,这些都需要更换。这笔账单为八英镑十一先令,十年之后,杜姆布雷克先生还在追讨这笔债务。[57]与此同时,雪莱翻译了普鲁塔克论素食主义的两篇随笔文,并且忙于准备创作最特别、最异想天开的作品,这是一本小册子,题为《论素食》,皮科克为之倾倒。其中的修辞十分夸张,而且论述了思辨性的“营养学”凌驾于政治和哲学问题之上,人们从中可以发现牛顿和布安维尔一家的语气与特质:

> 当恐怖的幽灵麇集在其苍白、束手就擒的牺牲品的床榻四周,以感官无可置疑的证据来驳斥理性形而上学的怀疑主义,又有政治家们莫名其妙的恐惧的空想和梦想在一旁做证时,哲学是否能提出有力的证据痛击迷信呢?如果病痛潜伏在一个人的要害器官里,迫使他把一切妙音美景视为对他本人难以忍受的痛苦的无情嘲弄,他的社会感情因痛苦而产生了偏见,我们怎么能激发起这可怜人的善心和人性呢……[58]

此时,雪莱似乎满足于认为政治上的不公平与压迫是消化不良所致。与象皮病风波一样,这也表明他在坦尼尔阿西特事件之后,就已经脱离正常轨道,而且一种坐立不安的、荒唐的自我怀疑与不确定性在他心中周而复始,这是他在离开牛津大学并居住在波兰街的岁月之后,第一次体会到这种滋味。这篇随笔文的某些内容还表明,他开始不断对自己的健康产生焦虑(象皮病风波也是个例子),这表现为心理焦虑与胃部和腹部的不适相结合,也许还首次出现了轻微的痉挛。* “无端的恐惧、眩晕和精神错乱常常起因于消化器官的某种疾病。惊恐发抖和喜怒
221 无常无论从本质上还是部位上均和肠胃功能紊乱相去甚远,然而在许多

---

* 直到十八个月之后,才出现了明确的记录表明这种慢性紊乱。但是,雪莱对于素食主义的兴趣越来越强烈,这很可能是受到不合时宜的医学因素和意识形态因素的共同影响。

情况下，这两种症状仍然是肠胃功能紊乱造成的……”[59]尽管如此，他并没有拘泥于关心自身而忽视对霍格小说的评论，这部作品题为《阿列克西・海马托夫王子》，此时刚出版。雪莱给霍格写了一封热情洋溢的信，称赞其为“绝妙非凡、栩栩如生的小说”，“像阿列克西这样如此自然、精神饱满的人物”。[60]他在结尾中称“相信我永远真诚地爱你”。

雪莱在弗雷德里克大街度过了十一月的时光，他与皮科克聚在一起做学问、交谈，还阅读了皮科克最喜欢的希腊文著作，女人们则忙着照顾小宝宝。皮科克正处于最谨慎、最擅长外交辞令的状态，雪莱却没能洞察此人最睿智、最具原创性的一面；他对皮科克的直接印象是冷漠、彬彬有礼的学究气。“他是个性情温和、知书达理的人，一位不错的学者，他的热情并非特别强烈，他的观点也并非完美无缺，但他既不迷信又不阴鸷，既不固执己见，又不骄傲自负。”[61]雪莱的这番评价不啻一番赞美。

如果皮科克的说法具有可信度，可以说他迅速抓住了雪莱性格中更为特立独行和古怪的一面。他指出，雪莱“尤其喜欢”查尔斯・布罗克登・布朗所写的恐怖浪漫传奇，这位美国小说家*的故事“不落窠臼，因为自然的因素被用来制造超自然的效果”。在《埃德加・亨特利》中，“克利瑟罗在睡梦中挖掘坟墓的这一幕深深吸引了雪莱”，而且他总是在寻找《维兰》中的凉亭，在那里，主角的父亲“死于自燃”。皮科克认为，这种哥特式元素，这种神秘和“浪漫传奇中迷信的恐怖”是雪莱性格中始终存在的核心特点。在雪莱辞世多年之后，皮科克依然没有改变上述观点，并通过文学的类比手法总结道：

---

* 查尔斯・布罗克登・布朗（1771—1810）：《维兰》（1789），《埃德加・亨特利》（1799）。他出身于费城的一个贵格教徒家庭，在纽约工作，并通过为杂志撰稿和撰写小说谋生。他一直对心理很感兴趣，而且他对恐怖世界、痴迷、诱惑、残忍和疯狂具有哥特式的洞察力，这些都使他成为埃德加・爱伦・坡的嫡传门徒。他的天赋是创作复杂的情节。是皮科克而非霍格首先认识到布朗对雪莱的吸引力，而且皮科克注意到雪莱是怎样在玩笑中以布朗笔下的男女主人公的名字给很多朋友起绰号。但是，这并非全是戏言。

[查尔斯·布罗克登·]布朗的四部小说,席勒的《强盗》及歌德的《浮士德》都是他所熟悉的著作,这些作品深深地扎根于他的心中,并对他性格的形成产生了最强大的影响……他对华兹华斯与柯尔律治佩服得五体投地,而对骚塞的敬佩稍逊一些……但是,钦佩是一码事,模仿又是另一码事;它们都没有像布朗的作品那样,与他内心的心理结构融合在一起。[62]

222 但是在当时,皮科克与哈丽雅特的关系确实要比与雪莱的关系更亲密一些,也许他还没有完全意识到,自己正在帮助她对自己的丈夫形成更加客观、成熟的认识。也许在十一月二十三日之前,她就在写给纽金特夫人的一封信中,表明自己不再对父子之间弥合遗产问题的分歧抱有幻想了,其中有一段痛苦的坦白:"(雪莱)先生和他父亲还没有达成妥协。他们的意见分歧太大。对他们能否和解我不抱丝毫希望。他的父亲现在身患痛风,但我想不会有任何危险。如果有危险,他会差人找他儿子并与他和解的。"[63]

雪莱心情很愉快,因为他在爱丁堡偶遇一位巴西医科学生,名叫乔基姆·巴普蒂丝塔·佩雷拉,他于一八一五年取得医师资格。佩雷拉与雪莱谈起南美革命运动,这个消息曾在一八一二年令身处都柏林的雪莱心潮澎湃,两人比较了各自对深恶痛绝的父亲的评论。佩雷拉为雪莱所折服,并开始将《麦布女王》翻译为葡萄牙语,作为自己对南美解放事业的贡献。他为这部译著写了一首十四行诗作为前言并给皮科克看,皮科克记住了其中两行,即第一行和最后一行:

崇高的雪莱,真理的歌手……
《麦布女王》的出现复兴了世界

此后几个月,两人一直保持着联系,雪莱在一八一五年九月还给佩雷拉写了一封信,似乎暗示佩雷拉前往欧洲,然后再从欧洲回巴西。皮科克称他“英年早逝”,死于肺病。

无论是佩雷拉的热情,还是皮科克带来的愉悦,都不足以让雪莱在爱丁堡度过整个冬天。他似乎已经和哈丽雅特讨论过两人分开过圣诞节的可能性。哈丽雅特写信给纽金特夫人(她此时健康状况不佳),暗示自己可能会来都柏林“照顾”她;三天之后(26 日),雪莱则以轻松的语气写信给霍格称:“很高兴获悉你已回到伦敦,我有幸很快就又见到你了。我将独自返回伦敦,晚上在牛顿家度过。我猜你也是他家的常客吧。”[64] 葛德文也深深地吸引了雪莱,虽然在这一年的夏天,他总体上在雪莱的伦敦社交生活中并不太重要,但他一直在给雪莱写信,他的日记也表明了这一点。雪莱在十月离开布拉克内尔之后,葛德文就已经给他写了六封信,后来的证据表明,其中大部分信件都与政治公正话题关系不大,而是涉及雪莱继承权方面的问题,以及他筹款的方式。

雪莱最终认定,如果他们一同前往南方,会取得更好的结果,这也许 223
是听取了皮科克的建议。十一月底,他的马车再一次满载启程(已经换上全新的弹簧),冒着恶劣的天气前往南方。皮科克、哈丽雅特、小宝宝和伊丽莎都留在了布拉克内尔。十二月十日,葛德文的日记记载了雪莱在斯金纳街单独与他共进早餐。这次会面标志着雪莱与他哲学导师之间的关系进入新的阶段;威廉·葛德文此时已成为精神和财务方面的慈父兼顾问,这是奇怪的组合,产生了难以名状的结果。雪莱对葛德文的依赖就像儿子对父亲的依赖一般,这只持续了六个月,到一八一四年六月,这种关系就以引人注目的方式破裂。但是,由于内疚、钦佩与责任心,这种依赖持续了数年之久,并对雪莱的财务状况产生了最可怕的影响。但在此时,葛德文还是雪莱智慧与同情心的源泉。

此后四个月里,也就是说一直到一八一四年三月中旬,雪莱的人生基本上都是一团迷雾。对于他居住的地点,他身边的同伴,以及他思考和写作的情况,我们都没有掌握任何细节,也无法确定相关信息。我们掌握的证据表明，这是他成年之后最绝望、最不幸福的时期之一，此时他一直饱受债务和继承权的困扰，与哈丽雅特的关系也因为相互间的不满与怨恨而不可挽回地走向破裂。他觉得自己居无定所，颠沛流离，在伯克郡与伦敦之间无休止地搬迁，时而依靠朋友的收留，时而又和他们爆发激烈的争吵。只有葛德文始终没有受过他的责备。

十二月十三日，雪莱与他的新律师艾默里举行了首次财务会议，之后又举行过多次。艾默里住在老邦德街 59 号。据葛德文的日记记载，此次会议在图克胡同举行，葛德文、牛顿医生、出版商胡卡姆和一位名叫索雷尔的绅士参加了此次会议。[65]葛德文与胡卡姆肯定都要维护自己和雪莱的利益：胡卡姆出版《麦布女王》的费用尚未偿还，葛德文则已得到雪莱反复承诺，称要给予其支持，因为，虽然葛德文夫人的书店取得了成功，但他的地位依然岌岌可危。雪莱是在这一年夏天首次承诺要给他帮助的，当时他仍然认为自己在成年之后就能自动获得大笔遗产。此次会议只提出了初步计划并满足了当前所需。回到乡下之前，雪莱与胡卡姆促膝长谈过一次，两人商定，在胡卡姆位于老邦德街 15 号的住所为他保留一间私人房间。雪莱已经开始考虑逃避。

十二月十九日，雪莱在温莎找到一处房子，刚好赶得上为家里过圣诞
224 节做好安排，这里距布安维尔的布拉克内尔宅邸约八英里，交通十分方便。我们没有找到关于此次圣诞节的记载，这是他与哈丽雅特和女儿共度的最后一段时光。一八一四年一月和二月同样基本都是空白。葛德文的日记表明，他大约每周给雪莱写一次信，但是在二月底，两人的通信中断了一段时间。[66]在前往伦敦的短途旅行中，雪莱开始考虑谋求一笔巨额的遗产抵押贷款，足有三千英镑（这大约是他年收入的七倍），他见了葛德文许多次，并与他一起用了三次餐。在牛顿家中还爆发了一次争吵，两人的关系就此破裂。[67]在伯克郡，雪莱的家庭关系越来越紧张，他越来越频繁地前往布拉克内尔，有时就在那里过夜。随着春天来临，科妮莉亚·布安维尔提出给雪莱定期上意大利语课，帮助他打发时间。

三月初,一场危机临近,布安维尔夫人和雪莱商量后决定,至少暂时将哈丽雅特和伊丽莎留在温莎。雪莱收拾好行装,搬到了布拉克内尔住,同时布安维尔夫人以十分老到的方式给他的朋友霍格写信告知情况:“我不会让你妨碍我们朴素的快乐。雪莱正在和我们尝试这样的快乐,而且乐此不疲,他决心启程去漫游,并独自踏上寻找快乐的旅程。说真的,我认为他的身心都需要休息。他的旅行是徒劳无益的求索,既耗尽了他的金钱,也使他不得安宁。他决心厉行节约、寻求安宁,对此我举双手赞成。我还要尽全力给予支持。他让我们甚是关注。他在与你交往的过程中,必然会让你产生与我们此时相同的感受。”[68] 为了证明雪莱的旅行合理,布安维尔夫人解释称,他正在这一地区寻找房产。她在情深意切的附言部分写道:“……我之所以这样说,是因为我和雪莱谈论了二十处不同的房产。”

霍格似乎在这个月拜访过布拉克内尔,但碰巧与雪莱失之交臂,因为雪莱此时正在伦敦。霍格在最令人费解的一段话中,描写了雪莱的卧室,里面到处堆着衣服和书籍(大部分是法语书),他朝下看,便看到了雪莱上次读到的地方,他还介绍了雪莱某些古怪的历史,称他会在花园的小溪中用木头洗衣盆来玩小船。显然,他将家中所有的洗衣盆盆底都敲空了。他还描写了“一位可爱的年轻女子”在客厅里给雪莱倒了很多次茶,这应该是科妮莉亚。霍格这样写的目的和以前一样,都是为了营造趣味性;但是他描写的事实也暗示雪莱已濒临崩溃:“他一边大口吞花蜜,一边在争论,并因为情绪激动而发抖;他把这些宝贵的液体洒到了 225
他的胸前,洒到了膝盖上,洒到了鞋子上,还洒在了地毯上。”与此同时,科妮莉亚站在他身旁倾听,在他杯子里续上水,还用一块白色细麻布手帕给他轻轻擦拭身上的污渍。[69]

雪莱从布拉克内尔给父亲写过信,此前艾默里还前往菲尔德庄园与他父亲举行过谈判。蒂莫西很有礼貌地婉拒了艾默里,他解释称这项安排已经呈交给英国大法官,只有雪莱的祖父老比希爵士才有权撤回这项取消继承权的安排。雪莱在信中冷漠地提出了最尖锐的论点:“我很遗憾地告诉您,我的境况非常危急,我将不得不大量出售我的债权来筹钱……我爷爷肯定会看到他要保留财产的完整并使之发展的愿望因为您不帮我摆脱困境而受损。我爷爷清楚,如果我活得比您和他久,不管我是多么不情愿,我都有权清分家产。”[70]这封信寄出后石沉大海,尽管艾默里本人提出反对[71],但雪莱决心要在伦敦尽全力大肆举债。这主要是为葛德文筹款。

到了三月和四月,对于仍与雪莱有联系的人士来说,他的心理状态足以让他们感到越来越不快。三月十六日,他写给霍格的一封信罕见地表明了情绪的狂热和矛盾,而且在冷漠与歇斯底里之间波动。雪莱提到布拉克内尔时写道:“置身于一个哲学和友谊的环境,我得以从令人郁闷的孤独中解脱出来,他们重新点燃了我即将泯灭的生命火焰。我觉得自己好像进入了天堂,在那里没有生命的终结,只有生命的短暂……”但是,没过几行他就写道:“我已陷入未老先衰的地步。对一切心灰意冷,留下的只有不值一提的虚无的希望和令人憎恶的对事物的极度敏感。”他回忆起牛津求学之前的人生岁月,“回想起狂热时的壮怀激昂,又备感惊奇”。雪莱没有提起哈丽雅特,但他对伊丽莎·韦斯特布鲁克的恨意却显而易见,这是经年累月而成的:“她实在令人厌恶至极。看到她爱抚我那可怜的艾恩丝就会使我感到一种不可名状的厌恶和恐怖,因为艾恩丝是我赖以慰藉的人。有时候,我为难以控制对这个可怜虫的无限憎恶而备感沮丧。但是她只不过是一个既愚昧无知又令人生厌的寄生虫,而且还会蓄意伤人。”此刻,他已抛开一切伪装和礼数。

226 但是,这封信发出后仅仅过了一周,雪莱就同意与哈丽雅特举行第二次婚礼,以消除一八一一年在苏格兰举行婚礼时可能造成的法律上的违规,这不免令人惊诧。此举可能是应约翰·韦斯特布鲁克的要求,后者也参加了此次婚礼,并决定以此确定他女儿在雪莱继承权中的法律地位。尤其是因为所有人都看得出,她在感情上面临日益恶化的局面。

雪莱本人可能也需要明确自己的法律地位,以确定遗产抵押贷款安排。雪莱和葛德文三月二十二日同往民法博士协会领到证书,两天之后,雪莱便与哈丽雅特在汉诺威广场的圣乔治教堂(小艾恩丝此前就是在这里受洗的)再次举行婚礼,韦斯特布鲁克和其他人也见证了这场婚礼。雪莱依然在原则上厌恶这种空洞的仪式,但此举加剧还是减缓了夫妻之间的紧张关系,我们尚不得而知。* 在这段时期,我们获得的雪莱的唯一书面文献是他写给父亲的一封便笺,其中傲慢地要求绍尔布里奇先生获得在菲尔德庄园的产业中打猎的权利,此举可能是为了换取后者为雪莱介绍有用的金融家。蒂莫西怒不可遏,就在他收到的这封便笺的背面潦草写道:“邦德街的帽子制造商是个时髦的人,在夏天曾乘坐四轮四座大马车和血统高贵的马匹去过布莱特赫尔姆斯通,我根本不认识他们[绍尔布里奇兄弟]。”雪莱的这封便笺从查令十字街寄出,这是弗朗西斯庄园的地址,表明葛德文正忙着将雪莱引荐给伦敦的激进人士。大约就在此时,雪莱找到了两个放贷人,他们是安德鲁和乔治·纳什兄弟,他开始与他们洽谈贷款三千英镑事宜。葛德文希望拿走其中约一半的金额。

到了月底,雪莱再次回到布拉克内尔,就寄住在布安维尔家中。尚不确定他是哪一天回去的,但他在伦敦住的时间并不长,没有看到葛德文的女儿玛丽回到斯金纳街。她于三月三十日从苏格兰的巴克斯特家返回,并在当天晚上与她亲爱的父亲共进晚餐。[72]

四月,雪莱继续在布拉克内尔与布安维尔夫人交谈,还向科妮莉亚学习意大利语。他与哈丽雅特的关系有了一丝改善的迹象,哈丽雅特也决定离开温莎,去度春假。据布安维尔夫人于四月十八日写给霍格的信件称,她与艾恩丝和伊丽莎一同前往西部的乡野,她们首先抵达南安普

---

* 但是在三月下旬,可以注意到雪莱与哈丽雅特在性方面依然关系亲密。因为在七月,哈丽雅特宣布,她又怀孕了,她与雪莱的第二个孩子最终于1814年11月30日出生,早产了一个月。

顿，之后去了巴斯。因此，雪莱与哈丽雅特自三月初就已经分居，这一点
在当时已经得到公开确认。尚无证据表明，哈丽雅特在七月前再次回到
227 了伦敦。布安维尔夫人对事态发展的态度可以从雪莱之后写给哈丽雅特
的信件中了解到：“布安维尔夫人深谙人心；她预言这些斗争终有一天将
会来临；她发现是友谊而非感情在维系着我们的关系。”[73]

霍格此时与葛德文和雪莱等人一同品茗，他听到有一个声音向《政治正义论》的作者发问，询问他爱情的本质。葛德文一直沉默不语，但雪莱半开玩笑地睥睨四座，打断了主人的沉思：“我对爱情的观点是它准确地反映了人的内心，就像肉豆蔻的碎粒反映了肉豆蔻一样。”一行人严肃地等待着反驳这番轻浮的言论，但葛德文只是环视众人，默默地点了点头。[74]

在布拉克内尔，雪莱走进了一个梦幻般的世界，他对自己和哈丽雅特的爱情已完全不抱幻想，而是不顾一切地寻找其他感情。他半认真地认为自己爱上了科妮莉亚·布安维尔，他将一首诗寄给了霍格，是秘密写给科妮莉亚的，“我只写了一个诗节”：

你的泪容尚铭记在我的深心，
柔声蜜语仍在搅动毒鸩；
你打扰过我仅有的和平安静，
那曾经是绝望的一部分！

但他紧接着就哀叹自己不再抱有这样的念想：“这是一个神志迷乱的梦幻的写照。这一梦幻在清冷的黎明时刻便烟消云散了。其非凡卓绝仅仅如秋天落日的斑斓。”[75]

但是，在对科妮莉亚的这段短暂相思中，实际情况远远不止他向霍格透露的内容。在这段时期，雪莱有一本钞本，他最后在八月将其赠送

给简·克莱尔蒙特作为日记本[76],在钞本的头几页里,有一些零星的记录,有的是用拉丁语写的,有的是用意大利语写的,还有的是用英语写的,这表露出他难以压抑的激情。他誊写了但丁《神曲·地狱篇》第五诗章中的选段——保罗与弗兰切斯卡热烈地相爱,而且两人一同研究一部书籍。他还从奥古斯丁的《忏悔录》中选取了他喜爱的标签之一,随后将其用作阿拉斯特的墓志铭:“我还没有爱上什么,但渴望爱,并且由于内心的渴望,我更恨自己渴望得还不够。我追求恋爱的对象,只想恋爱。”*之后,有一篇较为拙劣的、描写狗的拉丁语散文,他在文中对于欲望及其实现构建了一个模糊的艳情幻想。这篇文章摘录如下:“她(他)吻了我的嘴唇!突然,整个世界仿佛持久地笼罩在天堂的快乐中……在可怕的孤独中,我思考了爱情,就仿佛我身陷囹圄一般,既可怜又满 228
足……我从睡梦中坐起身来,拒绝了一切甜美的欲望……她(他)在床上用她(他)的双臂搂着我,我狂喜得几乎要死过去。甜蜜的嘴唇使我想起一生中的拥吻!她(他)让我的恐惧烟消云散。”由于原文使用的是拉丁语,叙述者性别不详。这篇作品的手稿中有多处焚烧的痕迹。在钞本的这部分中,还有几行无韵诗,其中大部分都是松散和平庸之作,但是,开头三行以简单的力量表现出熟悉的意象:

想起我过去的人生
就像噩梦中的幽魂
遮蔽了欢乐的拂晓。

在这几周的“狂热的梦想”中,很多都在第二年用于《阿拉斯特》,成为雪莱对无法实现的性欲所作的研究。

钞本还有一处引用了但丁,但并不是写给科妮莉亚的,而是哈丽雅

---

* 圣奥古斯丁,《忏悔录》,第三卷,第一章。

特。这是通往地狱的大门上的一段铭文:“进来的人们,把一切希望捐弃吧。”我们之所以这样认为,是因为五个月之后,雪莱回忆起“自己与妻子分居后在布安维尔太太家住的两个月”,向霍格这样叙述了自己的感情:

> 我与哈丽雅特的结合既草率又缺乏感情基础,我看到由此产生的所有灾难:我们俩的结合不啻入口处大门上篆刻的铭文:
>
> 进来的人们,把一切希望捐弃吧!
>
> 我觉得就仿佛是一个行尸走肉之人,完全与令人憎恶的、可怕的团体捆绑在一起。我再也不可能对自我欺骗之举唱赞歌了:我相信依然存在一种背叛的责任,即继续欺骗我的妻子。[77]

这种生理上的强烈反感令人震惊,这种感受极为强烈,致使雪莱觉得爱情的行为已等同于恋尸癖,它的根源早在他一八一一年从约克写给希钦纳小姐的第一批书信中就可初见端倪。雪莱最终做出一生中最为艰难的决定:直面他自身感情和性情中最深层次的真相,这经常令他甚是厌恶。但是,他只有在回忆往事时方可做到,即一八一四年十月,在四月或五月却做不到。

一方面,这种感受让他深恶痛绝,另一方面,这种感受又演变为痛苦、生动形象的思念与心理投射。人们不免认为雪莱就像是空气中充满“性的静电”一般。在这种充满电荷的空气中,科妮莉亚只是一个临时性的导体。雪莱对萦绕于自身的这种感受描写得十分美妙,他向霍格叙
229 述的事件甚至打动人心。应当注意一点,雪莱非常明确地表明这发生在他六月前往斯金纳街**之前**,因此也是在他邂逅玛丽·葛德文**之前**,这一点很重要:

我独自一人徜徉在郊野。最美妙的季节。夜色宁谧、温柔——我此前从未对春天的冲动感受到如此强烈的、令人无法抗拒的性欲望。我即将发生变化，其表象影响了我正在苏醒的念想，为我梦中的幻想提供了无穷无尽的主题。我回忆起有一天，我从布拉克内尔步行前往我父亲家（路程为四十英里）。一组梦幻般的事件出现在我的想象中，一直到这种念想几乎产生强烈的感受。我已经遇到了这位伊人，她终将为我征服，她已经答复了我满怀激情的痴情，我俩结合所面临的困难都已经得到克服。我甚至给哈丽雅特写了一封信，告知她我对他人怀有的激情。因此，我的旅途十分轻松，走到最后时，我几乎丝毫不感到劳累。[78]

霍格记录了一位朋友此时在菲尔德庄园看到雪莱的情景，当时他的母亲悄悄地欢迎了他的到来；他坐在客厅的一台大钢琴前，用一只手反复地弹奏着一小段旋律，据说哈丽雅特·格罗夫非常喜欢它。[79]

雪莱在经济上已是捉襟见肘，冰冷的现实将他从布拉克内尔和梦幻中拉回到现实。威尔士的债主们五月里一直在逼他还债，约翰·威廉姆斯收到的两封简短的便笺就能说明这一点。[80]一方面是债主逼债，另一方面还有葛德文的因素，都使他不得安宁。他急需与纳什兄弟签订遗产抵押贷款协议。五月五日，雪莱与葛德文一同用餐，他可能短暂地瞟了一眼玛丽。五月六日，他就给纳什的律师写信，保证"根据一七九一年的安排，雪莱家族的产业中没有任何一部分遭到变卖"。* 他还不得不声明此前曾在一八一三年十月从斯塔林那里获得过遗产抵押贷款。五月十四日，他再次来到伦敦，并给威廉姆斯写信，请他在伦敦指派一位官方代表，为特里马多克的债主们处理债务事宜。他一直住在胡卡姆给他留的房间里，这里位于老邦德街。[81]

---

* 如需了解这项安排的相关条款与影响，参见本书页 283–285（此处指页边码）。

到了六月初，为了参与谈判，雪莱在伦敦住的时间超过了布拉克内尔。他仍然断断续续地与身处巴斯的哈丽雅特通信，因为租赁南特格维尔特的计划再次重启，显然是为了照顾她的情绪，雪莱提出要租赁这片产业。他在六月十二日写信给赫里福德郡金斯顿的律师戴维斯，请求他批准自己成为租户。[82]没有其他证据表明，雪莱真心诚意地打算租赁南特格维尔特，但在他心中可能始终存在这种可能性。这也表明，哈丽雅
230 特依然梦想着能住到那里，并认为自己与雪莱的分居只是暂时的。但也不能说雪莱蓄意欺骗哈丽雅特，最有可能的情况是，他认为南特格维尔特的租赁计划便于自己摆脱烦恼。因为他的内心也好，整个人也好，都已经另有所属。

一八一四年六月，玛丽·葛德文走进了雪莱的人生，使他的人生偏离了原先的轨道。他突然承认，自己与玛丽·沃斯通克拉夫特聪慧的女儿之间的友谊瞬间变成了无法抗拒的感情，了解到他此前五个月的经历和他对霍格所描述的心理状态，这就毫不奇怪了。玛丽此时还有三个月才满十七岁，有闭月羞花之容貌。与哈丽雅特一样，玛丽的秀发极具魅力，这似乎吸引了雪莱，就仿佛是她本人的精神在她宽阔、洁白的额头上光芒四射一般。简·克莱尔蒙特后来曾描述过，称这就好像是一种精神存在一般："玛丽的秀发是亚麻色的，像阳光那样光鲜靓丽，在落日余晖的照耀下，又像秋天的植被一样美丽；/ 她的秀发披散在她的脸庞四周，悬垂在她的香肩上，像薄纱制成的波浪卷，令人赏心悦目，就仿佛轻风将它编织成金色的纱网…… 这一头秀发令人神摇目夺，我见犹怜……"[83]简是她同父异母的妹妹，也是她的崇拜者，比她小几个月。从一开始，这段友谊就体现出三角恋爱的特点。

雪莱前往斯金纳街与葛德文交谈，一同用餐，谈论的话题都离不开遗产抵押贷款的谈判事宜，在交谈的间隙，葛德文的两个女儿似乎很自然地帮着安慰他，逗他开心。雪莱还提出要教简意大利语，玛丽则扮演着护花使者的角色。某种炼金术的力量正在发酵，葛德文夫妇却都没有

起疑心。雪莱与这两位女孩喜欢在下午到伦敦周围远足,在六月阳光明媚的天气里,他们最喜欢的去处是圣潘克拉斯老教堂墓地,这是玛丽·沃斯通克拉夫特的长眠之处。玛丽、简和雪莱坐在墓地,一聊就是几个小时。我们尚不知道他们聊天的话题,但除了女权、自由恋爱、无神论、政治与社会方面的暴政、激进人士的社区之外,还会有其他话题吗?我们也不知道,雪莱感受到玛丽与她父亲之间与众不同的亲密关系之后,会怎样看待这种需要解放的专横父权,但是他在一封信件中暗示了这一点。他曾经将一本《麦布女王》寄给玛丽,并在插页中写了一句玩笑话,但玛丽却在里面偷偷写道:“我是你的,只属于你一个人。我在心中对此发了誓。这份礼物十分神圣。”

六月中旬,雪莱租住在“舰队街的一间旅馆”的客房。六月十九日至二十一日,他每天在斯金纳街用餐。在这几天,两人的友谊升华为两情相悦。

雪莱无疑已完全为威廉·葛德文和玛丽·沃斯通克拉夫特的女儿 231
所倾倒:心中的激情、兄妹般的亲情、精神上的认同都纷至沓来。经过爱丁堡和布拉克内尔数个月的煎熬,经过令他不满的父亲的唠叨和令他失望的继承权之争,此刻仿佛使他重新焕发了青春,这是他难以割舍的第二次机会。玛丽年方十六,稚嫩的她产生了巨大的性魅力,况且葛德文式的抚养,还使她产生了早熟的知性气质。她既幼稚又成熟,心灵和肉体都有无穷的魅力,洋溢着青春和智慧的气息,相对于雪莱与哈丽雅特之间令人沮丧、毫无希望、错综复杂的婚姻关系,更令他如痴如醉。他就仿佛从阴霾中逃到了阳光下,只是偶尔有些犹豫与担忧。爱情是自由的,许诺永远只爱一个女人是荒谬的。

六月中旬,雪莱写了一首痛苦的小诗,诗中对自我展开了戏剧化描写,该诗题为《致玛丽·沃斯通克拉夫特·葛德文》,并悄悄将其塞在了斯金纳街书店的柜台下面,这明显说明哈丽雅特与玛丽给他提供了不同的人生机缘——

但能独坐，克制我灵魂的怒火，
　　愤怒，也只能是折磨它自我；
但能诅咒如同牢笼枷锁的生活，
　　被囚禁的悲伤敢怒而不敢诉说，
在许许多多双无意留心的眼前
隐藏起令人厌恶的痛苦和辛酸……

这样度过的年月将会得到报酬，
　　就像你，亲爱的，给我以报偿，
当无人在我近旁：为了那一瞬，
　　哦，我从那痛苦的折磨中苏醒。

你平和而充满怜悯的甜美语音
　　落在我的心上，就仿佛是甘露
浇洒在垂危的花朵，你的芳唇
　　曾战栗着和我相吻，你的黑眼珠
把柔美的信念射入我的脑海中
祛除尽了我脑海中痛苦的噩梦。[84]

在玛丽看来，这段感情似乎同样来得突然、难以抵挡，只不过顺序不同。她此前已从她姊妹范妮和简那里听说过雪莱不少胆大妄为的举动，尤其是从简那里。在玛丽的整个教育过程中，雪莱是她崇拜的对象：他
232 是诗人、知识分子、激进分子，也是活动家。但是，她发现两人刚见面不久，雪莱就将炙热的目光投射到自己身上，也发现他虽多情但又深受其煎熬，他柔情似水，但又令人恐惧，这种感受直抵她的内心深处。她在孩提时代在葛德文家中享受着安全感，并由他父亲强烈的情感要求所主导，此时这种安全感被雪莱焦躁不安的追求撕裂开，就连书店后侧传来

的快速走上楼梯的脚步声以及突然传来的低声呼唤——“玛丽!”都撕扯着这种安全感。他直截了当地以强烈的感情与她交谈,这在她看来十分新鲜,但她立即认识到这就是爱情。玛丽十分单纯,后来证明这是她的特点。她很快发现,在圣潘克拉斯老教堂墓地,就在母亲墓前,令她无法抵挡的时刻到来了,之后她单纯、明确地对雪莱表白了心迹,并将灵魂和肉体都献给了他,然后几乎镇定地等待着结果。* 此时是六月二十六日(星期日),他们俩手挽着手散步。在他们身旁同行的是简,她有一点困惑,也有一点嫉妒,此前她一直在远处的一个墓穴旁耐心地等待着他们。

玛丽在她收到的那本《麦布女王》中写道:“这本书对我来说具有神圣的意义,其他人都不会看透这一点,我可以随心所欲地写。但是,我要写什么呢?任何语言都无法表达我对作者的深情,而且我和他分开了。这是我最亲爱的人,也是我唯一爱的人,爱情使我们都向对方承诺,哪怕我可能无法和你偕老,我也永远不会嫁作他人妇。”[86]这番话近乎发出挑战。

第二天,即六月二十七日,雪莱向葛德文公开了两人的恋情。哲学家深感震惊,这让雪莱感到意外。此时,葛德文的处境相当尴尬。从纳什那里拿到的借款手续几乎就要大功告成,而且他一直不遗余力地帮助雪莱进行谈判;但是,出于谨慎他必须对这个已婚男士关上大门,因为此人公开宣布了对自己女儿的图谋。经过痛苦的思考,他决定妥协。他在写给一个老朋友的信中描写了雪莱是如何“疯狂地向我透露他的计划的,并征求我的同意。我尽我所能劝诫了他,也对他产生了一定的效果,他当时就保证要放弃这种不伦之恋,回到道德的正轨上”。[87]他请求雪莱不要那么频繁地拜访斯金纳街,六月二十九日之后,两人的定期聚餐就戛然而止。

---

* 葛德文后来暗示称,雪莱当场就在沃斯通克拉夫特的墓前“诱奸了”他女儿。玛丽在后来写的一部小说《福克纳》(1837)中,上演了一场在墓地的真情表白。书中的女孩先表白了心迹,然后男方的反应是在女孩怀中哭泣。雪莱在1814年10月的一封信中,强调“没有词语”能够描述玛丽向他表白时的“情形”。[85]

但是,直到七月七日雪莱依然登门拜访,有时也在他家用餐。就在七月六日这天,雪莱办妥了与纳什的借款手续,金额为两千五百九十三英镑十先
233 令整,其中有一半款项要直接交给葛德文。后来,葛德文称雪莱在七月六日晚上才表明自己的恋情,此时贷款手续已办理完毕,但实际情况并非如此。直到十三天之后(即7月19日),这笔钱才真正到葛德文手中。[88]从七月八日开始,除了正式会谈,雪莱似乎就再也不受葛德文欢迎。在此期间,他足有一周没有再给哈丽雅特写过信,胡卡姆接到了哈丽雅特从巴斯发来的焦急的询问。葛德文开始给雪莱写一封十页的长信,这花了他两天时间。[89]

雪莱在此后十天充满了焦虑,对此并没有留下可靠记载。葛德文夫人曾回忆起发生在斯金纳街的可怕情景,当时雪莱暴跳如雷,歇斯底里,有一次还威胁要在他们的起居室前过量吞服鸦片酊自尽。* 玛丽不得不从他手中夺下这瓶鸦片酊。葛德文的日记中记载了他先与玛丽进行了一番严肃的"谈话",之后又与简谈话。皮科克记得,雪莱控制着"突然、暴烈、不可阻挡、无法控制的感情",他对哈丽雅特的忠诚和对玛丽的爱将他撕裂。"他瞪着血红的双眼,头发和衣服都凌乱不堪。他抓起一瓶鸦片酊说:'我永远离不开这个。'"[90]他还暗示雪莱曾考虑过自杀。

---

* 葛德文夫人的叙述虽然并不完全可信,却使人们对雪莱心中激发出的可怕力量留下了一定的印象。"然后,有一天葛德文出门时,雪莱突然走进书店,然后上了楼。我从柜台里面看到他,于是快步跟在他身后,并在书房的门前赶上了他。我请求他不要进去。他看上去丧心病狂。他用蛮力把我推到一边,然后闯了进去,径直走到玛丽面前。'我的爱人呀,他们希望把我们俩拆散,但我们死后又能团聚了。'说着,他递给她一瓶鸦片酊,并从口袋里掏出了一把小手枪:'这样你就能逃脱暴虐的统治,它能让我们永不分离。'可怜的玛丽面如死灰,我可怜的小傻瓜[简]平常一点小事都能吓得半死,看到手枪之后,整个房间里都回荡着她的尖叫声……[玛丽的]眼泪顺着脸颊往下淌,她哀求他冷静下来先回家去……'我不会喝鸦片酊的;但如果你还有理性保持冷静,那么我保证会永远对你忠贞不渝。'这番话似乎让他冷静了下来,他走出房子,把那瓶鸦片酊丢在了桌上。"(葛德文夫人写给芒卡斯尔女士的信,1814年8月20日。道登,《珀西·比希·雪莱的一生》,第二卷,附录A,页544)

胡卡姆传来消息之后,雪莱便将哈丽雅特从巴斯召来。她于七月十三日前后抵达伦敦。在葛德文看来,哈丽雅特本人的到来不啻救命稻草,使他有望避免让局面演变为悲剧或丑闻。有证据表明,他想尽办法动用一切力量来防止局面失控。他私下里与哈丽雅特进行过商谈,也把雪莱喊出去一同乘马车旅行,甚至还将布安维尔夫人从布拉克内尔请来,倾听她的建议并寻求支持。但是,雪莱从第一次见面起,就让哈丽雅特深感震惊,他将事情和盘托出,并激动地坚称自己深爱着玛丽,而对她则只有兄妹般的情谊。但是,他坚持称自己依然忠于哈丽雅特。他的解释非常简单,破坏力也很强:

> 我再说一遍(相信我,我是真诚的),我对你没有变心:我认为
> 这反而更刻骨铭心、更久远,而且它现在不像以往那样受到幻想或 234
> 情绪波动的影响。我们之间的羁绊并不属于激情和冲动。它建立在友谊的基础之上,并得到扩大和加强。虽说你从未在我的心中燃起足够的激情,但这并不是责备你……祝你找到热情奔放、忠诚不渝的郎君,因为我会永远做你真诚的挚友![91]

如果说这番话冰冷地刺中哈丽雅特的心扉,这主要是因为它基本符合事实。她仿佛掉入了冰窟,从雪莱对玛丽的描述中似乎找到了自己当年的影子:"我希望你能看一看玛丽;即便是最冷漠之人,她的不幸遭遇和她忍受的暴虐都能让他们动容。我这番唠叨,并不是说你没有同情心和爱心,做不了我激情的对象,分享不了我的激情。"雪莱此后发现哈丽雅特给玛丽写了一封信,信中谈到了雪莱,并建议玛丽也写一封信给雪莱,请他"冷静下来"并克制对她的激情,这也许是葛德文出的主意。[92]玛丽似乎不大可能写出这样的信。哈丽雅特发现当年发生在教堂街的那一幕现在又在斯金纳街重演,便立即怀疑结局也会重演。据我们收集到的资料,她告诉自己这只是暂时的迷恋,并认为雪莱最终会念及夫妻之情而

回心转意,最重要的是,他与两个孩子的亲情是两人之间的羁绊。哈丽雅特以此来安慰自己,因为她曾告诉雪莱,她又怀孕了。她从皮科克那里也得到了安慰。

十九日那天,葛德文收到了贷款中自己应得的那部分资金,他更加坚定地要破坏雪莱这段致命的、令人难堪的感情。玛丽和简都被关在家中,葛德文则于二十二日和二十五日分别给哈丽雅特和雪莱写了长信。但是,这一切都无济于事。七月二十八日,清晨起床时,他发现壁炉罩上放着一封信。雪莱与他的曾祖父相比可谓青出于蓝而胜于蓝:在第二次私奔中,他拐走了两位姑娘。

注释

[1]《珀西·比希·雪莱书信集》,第一卷,第二三三篇,页364。

[2] 同上。

[3] 哈丽雅特写给纽金特夫人的信,《珀西·比希·雪莱书信集》,第一卷,第二三六篇,页368,注释3。

[4]《珀西·比希·雪莱书信集》,第一卷,第二三四篇,页365。

[5] 哈丽雅特写给纽金特夫人的信,《珀西·比希·雪莱书信集》,第一卷,第二三六篇,页367,注释3。

[6] 同上,页368。

[7]《珀西·比希·雪莱书信集》,第一卷,第二二三篇,页352。

[8] 参见纽曼·艾维·怀特著作中精彩的附录部分。(《雪莱》〔两卷本,1940〕,第二卷,页408)另见肯尼斯·尼尔·卡梅伦,《青年雪莱:一位激进者的缘起》,页273–274。

[9]《珀西·比希·雪莱诗集》,页777。

[10] 同上,页773。

[11] 同上,页778。

[12] 同上,页801。

［13］同上,页 763。

［14］同上,页 782。

［15］这个著名注释论述的是自由恋爱,载于《珀西·比希·雪莱诗集》,页 806-808。另见雪莱,《散文作品》,页 115-117。

［16］同上,页 793。

［17］同上,页 794。

［18］同上,页 797-798。

［19］乔治·萧伯纳,《对雪莱可耻的妖魔化》(1892),载于《钢笔肖像与评论》(康斯特布尔,1932),页 236-246。

［20］《共和主义者》,1822 年 12 月 27 日。这篇文章与当时的其他报刊评论文章一样,都收录于《不灭的炉火》,纽曼·艾维·怀特编(纽约:八角书屋公司,1966),页 97。

［21］《不灭的炉火》,页 96-97。

［22］H. B. 福尔曼,《〈麦布女王〉变迁录》(1887)。"鲍德温"也许就是班鲍本人:参见牛津大学博德利图书馆,11644,c. 2.(i-2)。

［23］牛津大学博德利图书馆,11644,c. 2.(i-2)。如需 1832 年的版本,参见牛津大学博德利图书馆,11660. a. 14。如需宪章派的版本,参见(1839 年)牛津大学博德利图书馆,11642. a. 70;与(1847 年)牛津大学博德利图书馆,11644. eee. 73。

［24］肯尼斯·尼尔·卡梅伦,《青年雪莱:一位激进者的缘起》,页 274。

［25］厄内斯特·罗斯,《英国与日耳曼文献期刊》,第二十六期(1927)。

［26］《不灭的炉火》,页 98。

［27］《答〈麦布女王〉》,威廉·克拉克出版,1821 年 7 月。参见《不灭的炉火》,页 62-95。

［28］E. S. 伯厄斯,《现代语言注释》,第七十期(1955)。

［29］H. B. 福尔曼,《〈麦布女王〉变迁录》。

［30］爱德华·威廉姆斯,《1822 年 6 月 30 日日记,星期日》,载于《玛丽亚·吉斯伯恩与爱德华·E. 威廉姆斯:日记与书信》,F. L. 琼斯编(俄克拉荷马

大学出版社,1951),页 156。

[31]《珀西·比希·雪莱诗集》,页 794-795。

[32] 哈丽雅特写给纽金特夫人的信件,《珀西·比希·雪莱书信集》,第一卷,第二三六篇,页 367,注释 3。

[33] 同上。

[34]《珀西·比希·雪莱书信集》,第一卷,第二三六篇,页 366-367。

[35] 蒂莫西·雪莱的回信,《珀西·比希·雪莱书信集》,第一卷,第二三六篇,页 368,注释 4。

[36]《珀西·比希·雪莱书信集》,第一卷,第二三七篇,页 368-369。

[37] 哈丽雅特写给纽金特夫人的信,《珀西·比希·雪莱书信集》,第一卷,第二四二篇,页 372,注释 1。

[38]《珀西·比希·雪莱书信集》,第一卷,第二三八篇,页 369,注释 1。

[39] 同上,第二四三篇,页 372-373。

[40] 布里斯、琼斯与卡森档案;168 号箱,信件 165。大卫·埃利斯-南内写给约翰·威廉姆斯的信,1815 年 6 月 20 日;藏于卡那封郡档案馆。

[41] 同上。

[42] 霍格,《珀西·比希·雪莱的一生》,第二卷(1858),页 5。

[43] 同上,页 3。

[44]《珀西·比希·雪莱书信集》,第一卷,第二三九篇,页 370。

[45] 同上,第二四五篇,页 374。

[46] 同上,第二四七篇,页 375。

[47] 霍格这番话引自《皮科克:回忆录、随笔文与评论》,页 37。

[48] 同上。

[49] 哈丽雅特写给纽金特夫人的信件,《珀西·比希·雪莱书信集》,第一卷,第二四八篇,页 377,注释 2。(从高榆树寄出,1813 年 8 月 8 日)

[50]《皮科克:回忆录、随笔文与评论》,页 38。

[51] 霍格,《珀西·比希·雪莱的一生》,第二卷,页 39。

[52] 哈丽雅特写给纽金特夫人的信件,《珀西·比希·雪莱书信集》,第一

卷,第二四八篇,页 377,注释 2。(从高榆树寄出,1813 年 8 月 8 日)

[53] 同上。

[54]《珀西 · 比希 · 雪莱书信集》,第一卷,第二四九篇,页 377。

[55] 哈丽雅特写给纽金特夫人的信,《珀西 · 比希 · 雪莱书信集》,第一卷,第二四九篇,页 378,注释 3。(从安布尔塞德寄出,1813 年 10 月 11 日)

[56]《珀西 · 比希 · 雪莱书信集》,第一卷,第二五〇篇,页 380。

[57] 同上,页 381,注释 5。

[58] 雪莱,《散文作品》,页 91–92。

[59] 同上,页 94。

[60]《珀西 · 比希 · 雪莱书信集》,第一卷,第二五〇篇,页 380。

[61] 同上。

[62] 托马斯 · 洛夫 · 皮科克,《珀西 · 比希 · 雪莱回忆录》,页 43。

[63] 哈丽雅特写给纽金特夫人的信,《珀西 · 比希 · 雪莱书信集》,第一卷,第二四九篇,页 379,注释 3。(从爱丁堡寄出,1813 年 11 月 23 日)

[64]《珀西 · 比希 · 雪莱书信集》,第一卷,第二五〇篇,页 379–380。

[65] 葛德文的日记依然未出版,但其中的选段载于道登的《珀西 · 比希 · 雪莱的一生》、纽曼 · 艾维 · 怀特的《雪莱》及琼斯教授在《珀西 · 比希 · 雪莱书信集》中作的脚注(第一卷,第二五二篇,页 382,注释 2)。

[66] 葛德文在 1813 年 12 月至 1814 年 4 月写给雪莱的信,参见《珀西 · 比希 · 雪莱书信集》,第一卷,第二五五篇,页 386,注释 1。

[67]《珀西 · 比希 · 雪莱书信集》,第一卷,第二五三篇,页 385。

[68] 霍格,《珀西 · 比希 · 雪莱的一生》,第二卷,页 134。

[69] 同上,页 143–144。

[70]《珀西 · 比希 · 雪莱书信集》,第一卷,第二五二篇,页 382。

[71] 参见《珀西 · 比希 · 雪莱书信集》,第一卷,第二五五篇,页 386。

[72] 葛德文,《日记》,参见《珀西 · 比希 · 雪莱书信集》,第一卷,第二百七 B 篇,页 388,注释 2。

[73]《珀西 · 比希 · 雪莱书信集》,第一卷,第二五八篇,页 390。

［74］霍格,《珀西·比希·雪莱的一生》,第一卷,页337-338。

［75］《珀西·比希·雪莱书信集》,第一卷,第二五三篇,页384。

［76］克莱尔·托马林,《雪莱与他的世界》,页60-63。

［77］《珀西·比希·雪莱书信集》,第一卷,第二六五篇,页402。

［78］同上。

［79］霍格,《珀西·比希·雪莱的一生》,第二卷,页154。

［80］《珀西·比希·雪莱书信集》,第一卷,第二五五篇(也许是1814年4月14日);第二五七篇(1814年5月14日)。

［81］《珀西·比希·雪莱书信集》,第一卷,第二五七篇,页387。

［82］同上,第二五七A篇,页387-388。

［83］克莱尔·托马林,《雪莱与他的世界》,页431。这是简断句的:笔者认为,她企图以散文诗的形式进行说明,这表达了她对她同父异母的姐姐的某种强烈的感情。

［84］《珀西·比希·雪莱诗集》,页522。

［85］如需了解玛丽在小说中对雪莱的肖像描写,参见佩克《玛丽·雪莱小说中的传记要素》中的初步讨论,载于《美国现代语言学协会会刊》,第三十六期(1923)。

［86］R.格林·格里尔斯,《克莱尔·克莱尔蒙特》(约翰·默里,1939),页15。

［87］葛德文写给约翰·泰勒的信件,《珀西·比希·雪莱书信集》,第一卷,第二五八篇,页391,注释3。

［88］葛德文,《日记》,参见《珀西·比希·雪莱书信集》,第一卷,第二五六篇,页386,注释1。这篇日记为"M……来自纳什,完成"。

［89］同上,第二五七B篇,页388,注释1。

［90］托马斯·洛夫·皮科克,《珀西·比希·雪莱回忆录》,页54。

［91］《珀西·比希·雪莱书信集》,第一卷,第二五八篇,页389-390。

［92］引自克莱尔·托马林,《雪莱与他的世界》,页22。原文载于玛丽日记,阿宾杰藏品。

第十章　三人行：游历欧洲大陆(1814)

凌晨四点，雪莱订了一辆轻便马车，站在斯金纳街的拐角处等待，“一直等到灯火与繁星的光芒黯淡下去”。[1]空气凝滞，充满压迫感，这座城市似乎还处于慵懒的睡意中。最终，玛丽与简出现在侧门处，手中攥着小包袱，由于睡眠不足，她们脸色苍白憔悴。一行人登上了马车，马车在鹅卵石路上嘚嘚地远去。在达特福德，他们雇了四匹马，以防被追上。但是，夏日的酷暑和暴风雨加上舟车劳顿让玛丽身患疾病。因此，每一站都不得不停下来，好让她康复。与此同时，雪莱仿佛化身为他本人创作的浪漫传奇中的人物，“一面为她的健康心急如焚，一面又为追兵的到来惶恐不已”。简则无精打采地从马车的车窗向外凝视，一声不吭，眼瞅着就要潸然泪下。下午四点，一行人抵达多佛尔，在六点之前雇了一艘小船，载着他们驶离白色的悬崖峭壁，此时斜阳西沉，船帆在徐徐的轻风中猎猎作响。简凝望着英格兰的悬崖峭壁，觉得“我再也看不到这些景色了”。[2]月亮出来时，海面上波涛汹涌，水手们争论着是前往加莱还是布伦。小船逆风行驶，整个晚上都在猛烈地刮风，同时夏季的片状闪电不停地闪耀在可怕的天际线上。玛丽精疲力竭地坐在雪莱的双腿之间，断断续续地睡着觉。到了拂晓时分，风向转为顺风，海浪猛烈地拍打着这艘没有甲板的小船，三人蜷缩在一起，披着旅行穿的斗篷，他们累极了，以至对可能葬身鱼腹也没感受到什么不适。玛丽一言不发，也没有四处张望，在雪莱看来，只要有她在身边就已心满意足。之后，海风突然开始将船儿飞快地吹向加莱方向，它最终停在沙滩上，众人都安全了。雪莱低头一看，发现玛丽睡着了。他轻轻将玛丽唤醒，说："玛丽，看哪，太阳从法国升起来了。"他们都下了船，三人疲惫但开心地走过沙滩，抵达旅馆。

到了傍晚，葛德文夫人等人的追兵也赶到了。雪莱拒绝让她见玛丽，
236 但简则彻夜陪着母亲，"葛德文夫人动之以情"，差点说服她回家。但到了第二天上午（即 30 日，星期六），雪莱与简交谈之后，建议她用半小时再考虑清楚，于是她告诉母亲，她要继续和雪莱及玛丽在一起。葛德文夫人大怒，一言不发地乘坐下一班轮船回到英格兰。雪莱取得了全面胜利。睡了一觉之后，三人顿感精神焕发、情绪高涨。他们启程前往巴黎，并制订了初步方案，准备前往瑞士并定居在卢塞恩湖附近，这样好友可以过来与他们会合，组建志同道合者的社区，这正是雪莱在林茅斯、坦尼尔阿西特及南特格维尔特憧憬的计划。此时，经历过恐惧与忐忑，他们松了一口气，一切似乎都很奇怪，也令人愉悦。玛丽回忆称："我们狂喜地看到了法国女性奇异的装扮，轻松地阅读了护照上对我们自己的描述，满怀好奇心地看着每一个地方，将清炖洋蓟叶想象成蛙肉；我们看到牧羊人戴着折叠式大礼帽，送信的小孩穿着长筒靴，还（pour comble de merveille①）听到小男孩和小女孩在说法语：这就像是扮演一部小说，是浪漫传奇的化身。"[3] 不管怎么样，这就是她十二年之后的回忆。

但是，他们在欧洲大陆的远行绝非奇妙、轻松之旅。有一次在巴黎，他们住进维也纳酒店的廉价房间，雪莱和玛丽都高兴得睡不着。然后，他们就经历了沮丧的一周，费力在警局办理护照，还要去借钱。雪莱不得不卖掉自己的手表、表链和各种值钱的个人物品，因为他在伦敦还未

---

① 法语：惊叹至极。

来得及从纳什的借款中拿到一分钱,这不免令人惊讶。他此前希望能说服胡卡姆从伦敦给他寄来一笔拆借贷款,但他们收到的不过是“一封言之无物、傲慢无礼的信件”。显然,胡卡姆已经同皮科克、葛德文和布安维尔一家人(雪莱还欠他们四十英镑)一道对雪莱的行为发出了谴责。与法国银行家的谈判也无果,但最终有个叫塔韦尼耶的律师承诺给他们争取六十英镑的授信,据雪莱说,此人是“难以忍受的傻瓜”,他同时安排好他们的护照事宜,还为他们接收英国寄来的信件并充当转递地址。简是他们三人中法语说得最好的,她协助雪莱参与谈判,并被派去和塔韦尼耶一同走在林荫大道上。

这段时期,一行人如同囚徒被软禁在巴黎,他们走进杜伊勒里宫,这里“庄严而又无趣”,他们凝视巴黎圣母院,还走马观花地欣赏了卢浮宫的画作。玛丽依然虚弱,一副病恹恹的样子,胃口也不太好。但此时,她的世界以雪莱为中心,非常满足于依偎在雪莱的怀抱中,躺在他的胸膛上,却对食物不感兴趣。而且根据他俩合记的日记,雪莱记载道:“我们自己 237
的感知就是我们的世界。”入住维也纳酒店第一晚,玛丽就向雪莱打开了她珍贵的文件盒,她一直将此视为自己的秘藏,其中就存放着她最早的著作,还有玛丽·沃斯通克拉夫特与葛德文的情书。尽管玛丽健康不佳,但雪莱和她还是一起睡在沙发上。八月四日,玛丽提醒这一天是他的生日,雪莱自己已经忘记了。这一天,他年满二十二岁。

八月七日星期日,他们弄来了六十英镑,这笔钱是用法国货币支付的。他们计划好了,决定步行前往卢塞恩湖畔的乌里州,但酒店老板却认为这群人居然会前往战后一片混乱的乡下,准是昏了头。玛丽在两人合记的日记本第一篇日记中写道:“我们没有办法说服萨·奥特夫人相信,在宁谧的山区中步行有多么安全、惬意。”但是,他们兴致很高,玛丽感觉尤为良好。

星期一(8 月 8 日),雪莱与简去骡马场买来一头驴子,他们满怀希望地让它驮上行李,从巴黎踏上了旅途。此后四天,一行人经由吉涅向东南方向前进，拿破仑就在这里的小旅馆中住过。他们还经过普罗万，这里的城堡早已废弃。在诺让与圣奥班，地里长着葡萄藤，这证明有许多合作社在种植，只是这些葡萄尚未成熟，还不到采摘的时候。到了星期六，他们已经到达上马恩省的特鲁瓦。他们一天走了约三十英里。雪莱的脚踝扭伤了，而这头驴子也闹起了罢工，他们不得不将它换成骡子，如果说两者有什么区别的话，那就是这头骡子更不配合。他们轮流骑着它赶路，雪莱的扭伤很严重，两位女孩都不舍得让他下地行走。这里的小旅馆大多卫生条件恶劣，有些也不是很友好，床铺"要多恶心有多恶心"，到了晚上，他们的晚饭只能喝点牛奶，吃点酸面包。在特鲁瓦附近的小旅馆，店老板觉得自己对这群人再了解不过了，他强烈暗示落单的女孩简注定要爬上自己的床。雪莱对此人毫不客气，此时语言已不是障碍。但是，旅店的老鼠却不太容易赶走。最后，简睡上了雪莱的床，这才解决问题。第二天早晨，玛丽在日记中写道："简一晚上都无法入睡，据她说，老鼠冰冷的爪子碰到了她的脸——但是，她睡到了我们的床上，这样那些讨厌鬼就不敢来惹事了，因为它们也许听到了雪莱的话，他可是把想和简上床的那个家伙都吓住了，它们应该觉得他很有威胁。"[4] 在旅途中，乡村处处是战争留下的痕迹、饥荒与赤贫。星期五下午，三人在特鲁瓦境内走完了最后一段旅程，途中遇到一位男士，他的孩子们被哥萨克骑兵杀害了。他们走到了薄暮时分，雪莱一边坐着骡子，一边给她们讲《七眠子》①的故事来打发时间。

238 星期六上午，雪莱与简一同出门去卖骡子，他们买来一辆轻便马车，这花了五个拿破仑金币。他们盘算着乘坐它前往讷沙泰勒，然后在那里再把它卖掉。他们已经在驴子、骡子和鞍具上损失了十五个拿破仑金币，资金再

① 七眠子，又称以弗所之七圣童。历史记载，七圣童为躲避暴君德基乌斯的虐政而进入山洞沉睡，于狄奥多西二世在位时苏醒。因此沉睡开始于公元 249 年到 251 年间，苏醒是在公元 408 年到 450 年间。

次捉襟见肘。玛丽留在了这座小旅馆里写信。雪莱则陪她一起，他还写信给哈丽雅特。在信中，他接着讨论两人上次的话题，一副甚是镇定沉着的语气，坚持认为自己依然是她的真心朋友，而且称自己希望在瑞士的湖畔与志同道合的友人建立社区，还希望她能重新与他们为伍。

> 亲爱的哈丽雅特，我现在从这个可恶的城镇给你写信，想向你表明我不会忘记你。我写信是想督促你到瑞士来，在这里你最终会找到一位忠实、可靠的朋友，他永远不会故意伤害你的感情。除了我你还能在哪里找到这样的朋友呢？其他人不是冷酷无情就是自私自利……我要从讷沙泰勒或乌里开始详细介绍……当你再次收到信之前把信寄往"由讷沙泰勒邮局转"[原文如此]……我希望能与你促膝长谈并在山中给你找个清新的避难所。如果到讷沙泰勒还得不到你的消息，我再向你详谈我的历险。[5]

他又补充说，她应当将两份法定分居的法律契约带来，并就哈丽雅特与孩子们的抚养费达成协议。雪莱此时心中充满了对玛丽和简的爱与关怀，整天与她们在一起，乐此不疲，显然想象不到哈丽雅特的痛苦与煎熬。他的信件确实不算虚伪，但薄情寡义。只有在提到皮科克（他在雪莱与哈丽雅特分手期间一直完全站在哈丽雅特一边）的时候，雪莱才流露出真情。他知道皮科克在帮哈丽雅特："我给皮科克写过信，要他管理财务——他生活奢侈，考虑不周，态度冷漠，但他绝不至于不讲义气，忘记我对他的友善。"* 皮科克对雪莱的挖苦不为所动，他始终认为雪莱

---

* 雪莱早在上一年冬天居住在爱丁堡时，似乎就已经将钱交给皮科克了。利·亨特称，雪莱给了皮科克"一年一百英镑的生活费"，但雪莱在 1815 年夏（此时他的家族为他作出了安排）之前都不可能有这样的财力，这占到他年收入的四分之一。皮科克很可能和葛德文一样，通过雪莱向纳什借的那笔恐怖的高利贷而分到了好处。或者说哈丽雅特从雪莱偿还某些债务的账户中提取资金，以她本人的名义报答了皮科克周到的帮助。

在哈丽雅特与玛丽·葛德文之间的情感摇摆是理所当然的,至于他更偏向于哪一位,答案确凿无疑。

哈丽雅特已经搬回教堂街的娘家住了,她一直都与都柏林的纽金特
239 夫人通信,照顾着孩子。她和特里马多克的约翰·威廉姆斯也保持着联系,并且一心要整理出雪莱在那里尚未偿还的债务。她主要依靠雪莱银行账户中的贷款余额生活。收到雪莱从特鲁瓦寄来的信之后,她过了一周写信给纽金特夫人:“雪莱先生到了法国。我没有和他同去,你一定觉得很惊讶吧,亲爱的朋友,时过境迁,尽管我不会告诉你发生了什么,但仍然认为你不会用悲伤遮蔽你的心灵。每一个时代都有它关心的对象。天晓得我关心什么。亲爱的艾恩丝很好。她现在已经十四个月了,长出了第六颗牙。”[6]她是决不会去瑞士的湖畔拜访葛德文的两个女儿的。

与此同时,雪莱还在特鲁瓦的小旅馆里整理他的法国纪行。“历经兵燹后,一个个村庄被夷为平地,战火烧毁的树林变成奇形怪状的灰烬。居民们忍饥挨饿。过去自给自足的人家现在要到可怜的乡下去乞讨。没有粮食,没有住房,到处是垃圾,遍地是饥馑。”[7]他们决定尽快前往瑞士,于是在星期日凌晨四点乘坐轻便马车出发。

一行人缓慢地沿奥布河谷前行,这里地势变化很突兀,他们周围尽是阳光灿烂、长满藤蔓的山坡,小块的绿色草坪突然间映入眼帘,“中间点缀着白杨树林和白色的柳树,我们还看到了村庄中教堂的尖顶,哥萨克人对它们网开一面”。这使他们满心愉悦,突然间放松了下来,他们走出马车,在林荫中睡了两个小时,这片树林属于附近的城堡。雪莱答应了简的要求,在他的行李中翻了一会儿,递给她一本笔记本用来写日记。这一年春天,他在布拉克内尔时曾在这个本子上写过日记,当时他跟科妮莉亚·特纳学习过意大利语。简将日记本翻了个面,从另一头开始记,并在内封上写下这样一行字:“你想试试命运为你准备了什么吗”,然后画了一张脸的素描。[8]

此后三天,他们继续跋涉。在朗格勒,有许多粗俗的人前去赶集;在

香普利，雪莱发现一个小女孩非常可爱，便极力说服她的父亲允许他们带着她乘坐马车；在贝桑松，这里有“巨大的褐色岩石”，这是他们遇见的第一个迹象，表明他们已来到阿尔卑斯山脚下，这里还有一座废弃的古堡俯瞰着峡谷；到了莫尔，他们在夜晚断断续续地前行。八月十七日（星期三），他们发现小旅馆的厨房中和床上都爬满了虱子，根本无法睡觉。到了晚上，雪莱与玛丽便走到屋外，坐在石头上，阅读玛丽·沃斯通克拉夫特的小说《玛丽》。根据简的记录，“我们整个晚上都睡在厨房的炉火旁，吱呀作响的房门、可怜的孩子在透不过气来的时候传出的尖叫和女佣擦洗的声音，都让雪莱不胜其扰”。[9]

到了星期四，他们希望前往蓬塔利耶，这里距瑞士边境近得惊人，但 240
到了中午，他们在一片松林的林荫中停车休息，车夫此前几天就已经对雪莱忍无可忍，于是抛下他们径直前进。玛丽在日记中只是说，这个车夫假装这只是场误会，还编了许多谎话。实际情况记录在简的日记中，这也许是几年之后写的。这篇小品文写得很生动：

> 在前往蓬塔利耶的路上，我们经过一条清澈的小溪，小溪很浅，水流不息。雪莱请车夫停一下，这样他就可以从岸边下去洗个澡，他希望玛丽也过来一起洗，因为堤岸可以遮挡旁人的窥视，但玛丽不愿意。首先，她说此举非常不检点，而且她也没有毛巾，无法擦拭身上的水。他说他会从树上找一些叶子来，这样她就能用树叶擦拭身体，但她拒绝了，并问他怎么会想出这样的主意。[10]

简愉快地说，雪莱的举止“就仿佛是住在伊甸园，堕落之前的亚当”。显然，玛丽并不太开心。至于那位车夫，他觉得雪莱神经兮兮的。他们在这一天下午一直步行，有一段路程还搭乘了干草车。一行人还没有赶到蓬塔利耶，月亮就已落在了天际线下，而车夫找了各种理由，其实都是谎话。[11]不过，他们第一次在法国睡上了干净的床铺。

第二天是十九日（星期五），一行人首次看到阿尔卑斯山。“群山巍峨，层峦叠嶂，远远地矗立在一切地貌之上，这就是冰雪覆盖的阿尔卑斯山。它距离我们一百英里，看上去就仿佛一堆白得耀眼的云彩，在夏日笼罩在地平线上。”简觉得它们乍一看去就是雪白的云彩，但仔细观察一段时间之后，“没错，这确实是阿尔卑斯山”。他们就这么一直遥望着这片山脉，而马车载着他们颠簸地驶向讷沙泰勒，穿过高山草甸和松树林，还经过了露在地表外的光秃秃的岩石。他们新聘请的车夫是瑞士人，唠叨个不停。简觉得“就仿佛是刺耳的音乐，他与阿尔卑斯山的联系就好比黄油和奶酪一般，这里的牧场非常适合养奶牛，奶牛产出了优质的牛奶，然后将优质的牛奶做成上好的奶酪……”[12]但是，抛开他说的法语不谈，他的表情洋溢着自由。

雪莱已开始构思一部浪漫传奇，讲述的是一群理想主义者所组建的小型社区，它与世隔绝，位于近东地区的一个秘密山谷。几天之后，阿尔卑斯山在他笔下化为更具异域色彩的景观：

> 流浪多日后，刺客们在拜占庭的山谷中搭起帐篷……黎巴嫩的
> 241 群山分成两半，形成这个快乐的山谷。山谷两侧，皑皑雪峰直插澄澈的天空，那怪诞奇异的轮廓，使人想到清真寺的尖顶，被毁坏的圆顶，以及被时间销蚀的圆柱……悬挂在浮云上的点点流星，比月光更绚烂，又以不协调的舞姿盘旋于螺旋般的山泉左右。山岩下，废墟中，淡蓝色的烟雾呈现出奇异的轮廓，如同幽灵鬼怪一般，正以缓慢、庄严的步子徘徊。[13]

一直到星期六上午，一行人在讷沙泰勒的邮局中一无所获；哈丽雅特没有来信，更严重的是胡卡姆、皮科克和雪莱的律师也都没有汇款来。他们再次陷入身无分文的境地。雪莱很快便将他们的马车卖给了车夫，然后进

镇子去银行商谈贷款事宜。他对此并不抱太大希望，但两个小时不到他就"带着满满一大袋硬币，迈着沉重的步伐"回来了，这让留在旅馆里的简和玛丽都惊呆了。雪莱后来在日记中以第三人称口吻写到这件事："此时，只有雪莱表情严肃，因为只有他清醒地明白，这些法郎和金路易就像中午飘在天上的白云一样，人们还没来得及说'杰克·罗宾逊'，就已经随风而去了。"瑞士银行家的预付款约为三十八英镑，但简隐约觉得这袋钱足有五十英镑。雪莱在当地的快速马车上订了几个便宜的座位，然后一行人便在星期日拂晓时分动身前往卢塞恩，他们在雾霭中观赏了圣戈特哈德的风景。经过佐芬根之后，他们入住了旅店，客房中装饰着一个装满小鸟的玻璃鸟笼。众人看着它，很是不满，雪莱一副"可怕的滑稽"样。这一天，简第一次流露出喜怒无常的迹象。还发生了一场短暂的争吵，玛丽和雪莱去索罗图恩看大教堂，他们怒气冲冲地发现这是非常现代和愚蠢的建筑。雪莱解决了这场纷争，据玛丽记载，"雪莱与简展开交谈，内容与简的性格有关"，此外再没有评论了。在简的日记中，二十一日（星期日）与二十三日（星期二）之间有一页被撕掉了。[14]

这一幕后来将反复上演，此后六年里，这将对雪莱的家庭生活产生巨大的影响。简与玛丽虽然在童年和青春期时的关系都非常密切，而且两人的年龄只差六个月，但她俩的性情几乎截然相反。简既没有经历过心智上的开悟，也没有因为葛德文在她童年时当她继父而产生情感负担。她长着一头浓密的黑发，这是桀骜不驯的鬈发，披散在她椭圆形的脸庞两侧。她的身材矮小粗壮，接近于肥胖，长着一对亮晶晶的黑眼睛。她不够沉稳，喜欢意气用事，性格外向。按她生父的血统算，她算是半个瑞士人，而且她在欧洲也总能找到一种亲切感，最终她在莫斯科旅居多 242
年，担任家庭教师。虽然没有玛丽那样聪慧，但她的书信和日记始终比玛丽更生动，其中的观察也更细致入微，充满着生活的烟火气与真情。而且随着年龄的增长，这些作品也愈显睿智。她容易感情用事，也慷慨大方，但后来的事件证明，她也容易产生憎恨情绪，而且怒火经久不息，只有玛丽才能将其扑灭并将她的注意力转移到别处。她始终无法控制自己的感情，而玛丽却经常觉得自己感情冷漠。简在男性看来十分性感（特鲁瓦的旅店老板就是其中之一），显然她在这一点上要胜过玛丽，她的成就除了语言之外还有歌唱，她在歌唱时活力四射、充满自信。* 他们在法国与瑞士旅行期间，简的情绪始终在愠怒和狂喜之间大幅波动。十六岁时她就一身无处发泄的精力与兴趣，还有漫无目的的激情。她一开始就喜欢雪莱，并且暗中与玛丽争夺他的关注，有时这还显露了出来。在雪莱看来，他与简的羁绊逐渐得到增强，并且这在他人生此后的八年里经历了许多波折与危机，即便这算不上最亲密的关系，也许也算是他与异性之间最美好、最成功的关系。他的女人缘好得令人惊诧，但很少能够持久。从此以后，简与玛丽之间的关系便渐行渐远，最重要的原因就是雪莱。只不过在索罗图恩时，总是由雪莱表现出必不可少的耐心与理解，是他多次促成和解，这不免令人诧异。

二十三日（星期二）上午，一行人最终抵达卢塞恩，他们正赶赴预想的住所，他们的资金日渐告罄，但还是采购了一些必要的物资，然后登上了前往贝森的小船。此时天气晴朗炎热，众人兴高采烈地观赏着巨大山脉脚下的岩石与松林。他们憧憬着在这里组建社区，而雪莱则拿出了他珍藏的一本书，即巴吕埃尔的《雅各宾主义的历史回忆录》，他们在船上一同阅读了光明会的秘密结社。在简和玛丽看来，这本书及其思想想必十分新奇。据简记载，此后三天他们将这本书研究了一遍。这艘小船停泊在贝森，经历了弄错旅馆的波折之后，一行人踏上前往布鲁嫩的道路。布鲁嫩位于湖的另一侧，与乌里隔湖相望。他们从房间能俯视湖面，还能听到房子下面传来强劲的晚风呼啸声。附近屹立着长满松树的山脉，山顶光秃秃的。他们必须找到安身之所。

---

* 1817 年，雪莱曾赋诗称赞她的歌喉，称她将音乐天赋与性感融为一体。参见第十五章中《致歌唱的康斯坦西亚》。

但这可不简单。第二天上午，他们盘点了剩余的资金，了解到这 243
里又贵，环境又不舒适，他们垂头丧气："我们找不到房子，我们都很绝望；公寓太脏了，让玛丽感到恐怖，她没有办法整个冬天忍受这样的环境。"他们想到去湖周围走一走，但要顶着大风。最后，他们找到一套两居室公寓，租了下来，它位于"丑陋的房子里，他们称之为庄园"。公寓坐落在布鲁嫩的一座小山丘上，租金是每月一个金路易，他们租了六个月，从第二天算起。雪莱与玛丽沿着湖散步，还读了塔西佗对耶路撒冷攻城战的叙述，那也是一个遭到围困的社区。雪莱在脑子里反复玩味着这个想法。简很早便就寝了，"她做了非常奇怪的梦，也许梦境就是现实"。[15]

二十五日，他们搬进新公寓，房东来家中做客。他是当地的修道院院长，雪莱招待了他，但摆出一副很不情愿的样子。简听说了布鲁嫩当地的一个传说，但并不喜欢。这个传说讲述的是一名叛教的牧师，带着情妇来到这座村庄对面的山里，却遭到了天诛，两人都被雪崩埋葬。据说，有时候能在晚上听到他们的哀鸣声乘着清风顺着湖面传来。[16]雪莱注意到简神情惊惧，却鼓励简在这天晚上研究巴吕埃尔，当天晚上下着雨，黑云笼罩山顶。与此同时，在玛丽的帮助下，雪莱动笔创作一部与众不同的寓言，这是一部浪漫传奇，他们立即给它起名为《刺客》。当天晚上雪莱一直在写这部作品，第二天也基本都在创作。

我们现在看到的《刺客》是一部小说，篇幅为四章，最后一章未写完。书中的主要叙事是异域色彩的描写与对抽象的伦理原则所作的讨论，这表明叛教的这群原始基督徒是"默默无闻的思索者群体"*，罗马

---

* 从历史背景角度来说，这群阿萨辛派教徒是十一世纪的以色列极端分子，他们听命于波斯的哈桑·本·萨巴赫（谢赫·德杰贝尔——山中老人），他们的大本营设在阿拉木图山中的要塞。根据玛丽 1840 年加的注释，雪莱是在萨勒·德·利勒的《山中老人》（1799）中第一次了解到他们的故事。这部著作也许是雪莱在他们逗留巴黎的那个星期里无意间得到的。《刺客》的历史背景中有三个要素深深吸引了雪莱：首先是传统，哈桑受到的教育是神秘（接下页）

人洗劫耶路撒冷时，他们逃出生天，来到了安全的地方。“他们走了，从恪守道义节操到热爱宁静淡泊，怀着对堕落的人类的风俗享乐的鄙夷不
244 屑与深深厌恶，这群善良而幸福的人们，流亡到了黎巴嫩的荒野。”他们在黎巴嫩找到了幸福的山谷，这里的环境是热带的高山。“开满了花朵的橘树、怒放的凤仙花以及无数香气馥郁的灌木，郁郁葱葱”，这里神奇的雕塑残骸都已支离破碎，掩藏在植被中，它们是上个文明留下的产物。他们在这里定居下来，丝毫不受之前历史的影响，在罗马陷落之后依然过着安静的生活：

> 四个世纪打着灾难性变故的烙印就这样过去了。与此同时，“刺客”们却超然于四周的骚乱之外，他们继续居住在拜占庭丰沃的山谷中，辛勤地耕作着。特有的环境造就了他们与众不同的品质……“阿萨辛人”的共和国是一幅永远怡然自乐的仁慈图景。阿萨辛人的仁慈，不是商人那种没心肝的，惺惺作态的“和善”，而是一种真诚的美德……他们没有体验过错综复杂的文明社会所带来的困扰，也全然不信不劳而获会产生永久的幸福……他们坚信，无论如何都应首选这样的行为，这无疑将孕育出巨大的快乐。他们无法设想，一种他们有责任三思的做法，最终会导致最大的、不含杂质的快乐。[17]

最后的一章半中，开始叙述阿萨辛派社区的一名成员有一天发现树上挂

（接上页）的秘密宗教，属于原始的、共产主义式的基督教派别，他们名叫德鲁士族，住在黎巴嫩的秘密山谷中；其次，哈桑致力于政治恐怖主义，旨在摧毁宗教与国家的权威机构；最后是引人入胜的传说，即人间乐园，它由美丽的女孩与青年管理，在这里，每一名刺客都可以在执行任务的前一天晚上度过完美的一天，他们可以肆意纵欲，这相当于预先品尝永恒极乐。这座乐园据说一开始是由哈桑在阿拉木图建立的。这种唯信仰论的异教派别在雪莱成熟阶段的政治思想和诗歌意象的发展中都发挥了极为重要的影响，例如阿萨辛派、德鲁士族、诺斯替教徒和摩尼教徒。它们为雪莱阐明了革命与暴政、撒旦与上帝、光明与黑暗之间无休止的历史斗争。

着一个男子，遍体鳞伤，显然是从空中坠落到他们所在的山谷中的。这部分描写具有讽喻色彩，而且没有写完。这个外乡人还活着，一条恐怖的蛇正在袭击他。他打量着这条蛇，“一丝苦涩的笑掺杂着憎恨与轻蔑”，泰然自若。蛇被赶走了，这位年轻的阿萨辛派成员搭救了他。[*] 这位外乡人为人温和、和蔼，但偶尔也会发出魔鬼附体般的内心独白：“欢乐与狂喜坐在死亡紧闭的门前！——在它黑暗的、幽灵般的阴影下栖居，我并不害怕！在这里，您的威权占不了上风！您创造——我要去毁灭、去摧毁——我曾是你的奴隶——现在我与你不分高下，我还是你的死敌——成千上万的人在你的御座前颤抖，听到我的声音后，谁，敢于摘下你渎神的头上那顶金色的王冠！”他显然已成为近乎神祇的存在，一半是撒旦，一半是光明会革命者。此后，他的伤势慢慢痊愈，开心地观看这位阿萨辛派成员的孩子们在玩耍，他们还做了一艘玩具小船让另一条
蛇乘坐。这条蛇很友好，蜷缩在小女孩的怀抱中。此时，叙事毫无征兆 245
地中止。[**]

显然，除了文学资源之外，《刺客》的主题还反映出雪莱客居瑞士期间内心的许多问题，与他从伦敦的私奔以及他对社区的谋划有关。在这个故事中，最有趣的一点是他对阿萨辛派行为方式的推测，他们一旦摆脱大型社会中宗教与道德的规范，就会在自然环境的影响下发展。阿萨辛派成了理性主义者，但也是享乐主义者，他们的行为只能通过由此产生的

---

* 外乡人从空中坠落的故事直接取材于萨勒·德·利勒的浪漫传奇，并由此引出了主人公与他的阿拉伯向导一同参与的奇妙历险。约翰·奥弗顿·富勒（1968 年，页 156-161）率先指出雪莱使用阿萨辛派的材料和利勒的作品的意义所在。他用一章的篇幅进行了精辟的论述，得出的结论是在利勒的著作中，十五岁的主人公名叫阿里埃尔。

** 这是蛇第一次出现在雪莱的著作中；此后，蛇的形象便在他的许多政治诗中发挥了重要的象征作用。在雪莱笔下，蛇这一象征似乎并非主要是产生性爱的意义，尽管经常很模糊，但它通常是与理性、自由或反叛等积极力量相联系，就像在诺斯替教中一样。雪莱日后发现，在埃及神话中，蛇吞噬自己的尾巴象征着永恒。雪莱总是嘲讽希伯来人在《创世记》中对蛇的描写；给人印象最为深刻的莫过于他 1821 年在意大利写的《论魔王和魔鬼》。

“最大的、不含杂质的快乐”加以衡量。他们的自然行为突出表现为生理上的温和与丰富的想象力，他们几乎完全实现了精神自由与性自由，经常达到极乐状态，并实际上对物质世界的美产生了迷幻的感知。

> 他们远离了一个众人皆醉的可憎世界。那个世界的一切价值判断，已为他们炽热真诚的心所否决……一种崭新的圣火，在他们心头燃起，在他们的眸中跳跃。他们的每一个姿势，每一种表情，每一个最细微的动作，都被神圣的灵感塑造成善与美。沉醉、狂喜，如同一阵来自天国的巨风，迅疾地、富有感染力地传入他们每个人心中。他们已经摒弃肉身的魂灵，他们已经成为乐园的居民！活着、呼吸与运动，已成为他们对无法估量的狂喜的感知……爱与被爱，突然成为他天性中永不餍足的饥馑。而那无边无际的宇宙圈包容了众多变幻无穷、神奇瑰丽的生命。此刻，似乎也显得过于狭小，过于有限，因而无法令他满足了。[18]

这就是在神秘的暗自狂喜时发出的言论，人们可以注意到，雪莱是怎样从描写“他们”的感受过渡到“他”的感受的。这已超出政治描写或社会描写，变成纯粹的诗歌描写。根据日记的记载，玛丽与雪莱显然一同撰写了这部作品，也许是雪莱负责口述并由玛丽誊抄。

在第二章，故事进行了一半左右时，雪莱作了一番推测：阿萨辛派的社区确定了自己的准则之后，倘若再回到外面的腐朽社会时会产生怎
246 样的情形。他们会依然这样热爱和平、自由和快乐吗？“对于信仰忠诚专一的‘阿萨辛人’来说，很难估量自己的愿望在腐化、堕落、奴隶般的众生中最终会产生怎样的结局。”叙事在这里再次流露出特殊的政治意味。雪莱认为，两种社会实际上将处于战争状态：“一个偶然走进‘文明’世界的‘阿萨辛人’，由于与众人的好恶相左，出于道义，他会对他们采取毫不留情的交战行动。”阿萨辛派将绝不承认一个老牌政府和权威

机构控制和误导其子民与下属的权利。“人间的权势本建立在被压迫者、被欺骗者软弱、无知的基础上，暴君们难道可以凭此横行霸道、鱼肉人民？”非也，恰恰相反，“他们目睹自己的同胞在暴力下呻吟（或者他们已沦为野兽般卑下，以致对自身的枷锁麻木不仁了），但‘阿萨辛人’的宗教里除了忍耐，还推崇其他德行”。雪莱在这段论证及本章结尾处写出了一段与众不同的文字，其中憧憬了一种大规模政治恐怖主义与暴力状态的到来，以此作为合理、光荣的手段来使“文明”社会获得解放与自由。此举无疑是他在爱尔兰经历的无言的结局。他从不让葛德文等人看到这样的观点。这一部分通过可怕、奇幻的哥特式意象，以及充满活力与憎恨的炽烈语言，使雪莱朝着他最出色的政治诗迈进了一大步。

> 没有一个“阿萨辛人”会驯服地与罪恶妥协，没有一个“阿萨辛人”会在冷冷的慈悲中成为虚伪、颓废的谄媚者。“阿萨辛人”通往文明社会那条荒野的道路，将以压迫者与统治者的鲜血为路标。多少民族对之战战兢兢、顶礼膜拜的无耻暴君，将在“阿萨辛人”的扼颈一击之中，赎补他千百桩冠冕堂皇的罪行。
>
> 多少道貌岸然披着神圣伪装的刽子手与寄生虫，被拯救人类的“阿萨辛人”的手臂从奢侈的寝床上拖起，掷入冰冷的尸骨存放所！黏滑的坟茔中幽绿的、多足的怪物，可以不慌不忙、津津有味地品尝那邪恶奸诈深入骨髓的肉体。这个“受人尊敬”的人——这个八面玲珑、满脸堆笑的体面的恶棍，这个为全城景仰的家伙，这个唯一的诀窍就是谎言与暗杀，用人民的鲜血与眼泪购买他每天的面包的人，即将用他的躯体去喂渡鸦！“刺客”阿萨辛是慷慨的，他将为地上无眼的虫豸和天空中以腐尸为肉食的飞禽提供一顿美餐！[19]

不要忘记，《刺客》是一篇虚构作品，这一点很重要。它之所以未能写完，纯粹是因为雪莱走进了死胡同。这是雪莱最为人们所忽视的作品之一,但它显然在他的政治思想中占据重要地位,其核心是自由、爱情与暴力问题。在最后几章,出现了遭到放逐的英雄领导人。雪莱虽未深入挖
247 掘,但一八一五至一八一九年创作的虚构作品为他此时力图解决的两难境地指明了方向。他的最终计划是做一个普罗米修斯般的人物。一心要追求超验的、天国般的爱,这是永远无法实现的追求,就像对阿萨辛人生活的描写一般,这也表明雪莱在第二年春天开始创作的作品更加内省、紧贴心理,而且在他的钞本中,他创作的《论爱》《论生活》等随笔文以及他描写青春期性意识的成人礼长诗《阿拉斯特》,都详细地展示了这一点。近两年之后,雪莱依然能重拾这些主题,很大程度上归功于他与玛丽及简的关系使他恢复了自信与情感。

此后几天乃至几周时间,雪莱断断续续对这部浪漫传奇进行了增补与修改,但玛丽对住所、周围环境乃至布鲁嫩都很厌弃,资金也愈发捉襟见肘,两天后这一切就迅速打断了他的首个灵感迸发期。八月二十六日是星期五,他们来到湖边才过了三天,就猛然发觉已受够了这样的环境。他们一下午都在讨论这个问题,此时雨无情地下着,落在下方的湖面上,他们起初决定前往圣戈特哈德,最终又突然决定返回英格兰和伦敦。按照雪莱的打算,如果他们冒险乘坐主要由当地农民、商人和学生使用的"水上马车"旅行,就能横穿莱茵地区并前往英吉利海峡的港口。第二天(27 日)拂晓,他们从布鲁嫩偷偷出发,乘坐的是最早一班船,他们早已整理好行装,却没有通知房东,也没有结账。他们凝视着渐渐消逝的湖岸,幻想着"布鲁嫩的这些好心人会多么惊诧",这颇有些讽刺意味。用简的话说,"我们来到这座新房子里,准备住上六个月,结果第二天就跑回英国了,而这全都是因为炉子不合意,这实在是太可笑了"。[20]他们从卢塞恩湖出发,踏上了水上之旅,换乘了许多趟班船和水上巴士,它们的舒适度与安全性各不相同,这也使他们不得不马不停蹄地日夜赶路,经常要行驶在波涛汹涌的危险河道中。他们沿着罗伊斯河经德廷根抵达芒普夫,然后在莱茵费尔登转乘行驶在莱茵河上的船只,接着先后途

经巴塞尔、斯特拉斯堡、曼海姆、美因茨，最远抵达波恩。此时已是九月五日(星期一)，距他们出发已有九天。他们从这里出发，乘马车以龟速穿过荷兰边境，并于九月八日傍晚抵达鹿特丹，此时已精疲力竭，所剩盘缠几乎不够一顿饭钱。

这段急行军般的水上之旅期间，他们情绪波动巨大，时而欢欣鼓舞，时而陷入绝望，这是孤独的旅客经常会遇到的情形。雪莱在撰写《刺客》期间[21]，谈论了恐怖主义和政治报复，这让简非常兴奋。她阅读了《李尔王》，读到格洛斯特的眼睛被挖出时，一阵“恐怖感”袭来。她在日 248
记中写道，“将邪恶与残忍描写得如此惟妙惟肖，让读者产生了近乎惊悚的绝望感”。玛丽也在日记中简要地提到，自己“被简的恐惧打断，收拾行装”。雪莱需要安慰简并哄她睡觉，但他似乎也要对她的受惊负一定责任。她在日记中写道：“‘可怜的考狄利娅应该怎么办——爱并保持沉默’——哦，这没错，真正的爱是不会在光天化日之下表白的，它在隐秘的树林中流露出来。上床之前先要……”[22]在这篇日记的其他地方，她描写了雪莱与她的谈话，但全部被删去了。简很容易受到恐怖描写的惊吓，这使她对雪莱吓唬女性之举尤为敏感，而雪莱不禁对此产生了兴趣。这一幕日后还会重演。

在船上航行期间，他们的民主精神经常因其他旅客的粗鄙与过于靠近产生冲突，形成一种独具英国特色的吹毛求疵。在一艘船上，人们恐怖、谄媚的脸使他们“只想消灭这些肮脏的生物”，而在另一艘船上，雪莱扑向占了他们座位的一个德国人。此人不断大声抗议，雪莱开始殴打他，并把他打翻在地。[23]雪莱目睹的现象激怒了他心中的种种清教本能，简对这些现象的描述十分贴切，即“在下面的舱室中，人们的言行举止普遍放肆猥琐——他们饮酒，抽烟，唱歌，讲荤段子”。[24]除非冷风吹得让人受不了，他们都会聚在顶层的甲板上。驶过美因茨之后，他们要快活一点。此时两岸都是岩石和山地，山顶上还耸立着孤零零的城堡。船驶进一条特别危险、泛着泡沫的支流，便有人提议应当祈祷平安，大家却对他大肆嘲笑，直到一个好心的教师插了一句："那么，你们就唱首歌吧。"此举让简心旷神怡。[25]玛丽与雪莱遭到一个讨厌的男子刁难，他能说一点英语，但他们的回答也是针锋相对："我们谈论起砍掉国王们的头颅……这总算[把他]吓跑了。"他们最落魄时，都没多少钱购买食品，而且延迟情况与身体不适都非常严重，雪莱此时会为两位女孩朗读莎士比亚和玛丽·沃斯通克拉夫特的作品。八月三十日，玛丽度过了她的十七岁生日，但几乎没有人注意到这一点。

但最重要的是可以观赏这条河流，还有它无休止的、宛如梦境的风景，还能看到一阵阵水浪泛过零星的小岛，它们呈现出墨绿色，非常漂亮，突然暴涨的水流冲刷着岩石。这就是莱茵地区亘古不变的景色，它与小船每日的舟车劳顿和嘈杂声混合在一起，宛如超级现实，一同深入到雪莱内心最深处。雪莱第二年创作长诗《阿拉斯特》时，这些意象再次涌现于他的脑海，在这位"诗人"旅途中所观看的景象中占据了主导
249 地位，奔流不息的河水也是这首诗中象征主义的重中之重。玛丽在修订两人的日记时，也补充了对河水景象的描写，后来于一八一七年在英格兰将其发表，这是她的第一部著作，起名为《六周旅行记》。

来到鹿特丹之后，他们与一位英国船长讨价还价，商定将他们送往格雷夫森德，费用是每人三个畿尼；这笔路费基本上都需要赊账。这艘船于九月九日（星期五）驶离鹿特丹，但他们却遇上了猛烈的暴风雨，不得不在马斯雷斯港滞留到星期日。他们几乎什么也没吃，但雪莱继续创作《刺客》，还鼓励玛丽和简写故事。玛丽的故事是"憎恨"，简的故事是"白痴"，她们不甘心被雪莱的哥特小说比下去。一行人最终冒着巨大的风浪，用了四十八小时穿过英吉利海峡。玛丽全程都蜷缩在甲板下面，雪莱和简则执拗地坐在甲板上，海浪拍打着船身，仿佛在敲响警报，有时还喷洒在甲板上。夜晚刮起东风，他们在日记中记载道："航行结束时，我们几乎都要送了命。"但到了早晨，雪莱大声地与另一名旅客争论起奴隶贸易问题。这艘船于十三日（星期二）十点抵达格雷夫森

德，他们费了好一番口舌，才说服船长与船员相信，市里很快就有人将路费送来。简在日记中愉快地写道："大家都晕船，就我没有。"他们似乎突然间感觉回到英国很好。但哈丽雅特怎么办，葛德文一家又怎么办呢？

注释

[1] 除非另行说明，本章中的所有引文均引自玛丽和雪莱在此次旅行中合记的日记，它以"玛丽·雪莱日记"为题出版（但这个标题并不妥），F. L. 琼斯编（1947）。有一点值得注意，这个版本并非直接选自阿宾杰收藏的《玛丽·雪莱日记》，而且自1952年之后，它就在牛津大学博德利图书馆和杜克大学图书馆（北卡罗来纳）中以微缩胶卷保存。尤其是琼斯教授对其中雪莱和玛丽分别所著的各部分的认定并不可靠，有时还会遗失其中体现人物性格的有趣词语和评论。因此，我在引用时采用了阿宾杰收藏的版本而非正式出版的版本。在《克莱儿·克莱尔蒙特日记》中，斯托金对阿宾杰版本中的某些内容加了精辟的脚注。我毫不犹豫地加以引用。

[2]《克莱儿·克莱尔蒙特日记》，马里恩·金斯顿·斯托金编（哈佛大学出版社，1968），1814年8月27日，页31。

[3]《克莱儿·克莱尔蒙特日记》，页442。玛丽·雪莱的评论载于《客居意大利的英国人》，1826年10月，载于附录A中。

[4] 阿宾杰手稿的版本，1814年8月12日，引自斯托金，页22。

[5]《珀西·比希·雪莱书信集》，第一卷，第二五九篇，页392。

[6] 哈丽雅特写给纽金特夫人的信，1814年8月25日。《珀西·比希·雪莱书信集》，第一卷，第二五九篇，页393，注释5。

[7]《珀西·比希·雪莱书信集》，第一卷，第二五九篇，页392。

[8]《克莱儿·克莱尔蒙特日记》，1814年8月15日，页22。

[9] 同上，1814年8月17日，页26。

[10] 普福尔茨海姆图书馆，《雪莱与他的交际圈：1773-1822》，第三卷，页350。该图书馆中所藏简（克莱儿）的日记是之后经过修订的版本，与

马里恩·斯托金使用的 B. M. 阿什利手稿不同。

［11］《克莱儿·克莱尔蒙特日记》，1814 年8 月18 日，页26。

［12］同上，1814 年 8 月 18 日，页27。

［13］雪莱，《散文作品》，页146-147。

［14］《克莱儿·克莱尔蒙特日记》，页29。

［15］同上，1814 年 8 月 24 日，页30。

［16］载于玛丽，《六周旅行记》（1817）。

［17］雪莱，《散文作品》，页149。

［18］同上，页148。

［19］同上，页150。

［20］《克莱儿·克莱尔蒙特日记》，1814 年8 月27 日，页31。

［21］玛丽·雪莱，《玛丽·雪莱日记》，1814 年 8 月 27 日，页31。

［22］《克莱儿·克莱尔蒙特日记》，1814 年8 月27 日，页31。

［23］雪莱，《珀西·比希·雪莱散文作品》，H. B. 福尔曼编（1880）。《六周旅行记》，第二卷，页145。

［24］《克莱儿·克莱尔蒙特日记》，1814 年9 月4 日，页36。

［25］同上。

第十一章　噩梦(肯蒂什镇,1814)

雪莱、玛丽与简三人回到伦敦时,已是一八一四年九月十三日,星期 250
二。有一个问题萦绕在他们心头,即迫切需要筹集资金。雪莱在银行就发现他的授信已经用完。这丝毫不足为奇,因为他赠送给葛德文一笔钱,而哈丽雅特在皮科克的帮助下也从账户中取走钱以支付在伦敦生活十二个月所产生的账单。雪莱本人也在巴黎和讷沙泰勒取了几次钱。他们便去老邦德街向胡卡姆求助,却发现他外出了,他的兄弟对他们冷嘲热讽,不愿帮忙,让他们"在门口等了很长时间"。[1]玛丽有一位朋友名叫亨利·沃伊奇,但无法借一大笔钱给他们。雪莱觉得自己无颜向布安维尔夫人、葛德文或牛顿一家开口求援;霍格此时也不在,他去参加北部法律巡回审判了。形势令他们绝望,需要当机立断。雪莱雇了一辆封闭式的出租马车来到教堂街,在岳父家与哈丽雅特举行了两个小时的会谈,玛丽和简则在门外等待,这段时间很是难熬,她们就靠在马车座椅上,从车窗里向外看。形势极为微妙,哈丽雅特的第一反应是惊诧,因为雪莱又回到了她身边。但雪莱却说服她,使她相信只要她能相信雪莱,雪莱就定能将一切事务处理妥当。我们不清楚他究竟是怎样许诺的。最后,雪莱在夜色中独自走了出来,洋洋自得,他们取回了行李,支付了船费和马车费,当天晚上就住在牛津街的斯特拉福德酒店。第二天,雪莱在玛格丽特大街56号租了一处廉价住所,这里离凯文迪许广场不远,距韦斯特布鲁克府上步行约五分钟。这只是他们此后八个月里众多临时住址中的第一处。

选址玛格丽特大街,是雪莱刻意为之,这就是他的策略。直到两周之后(即十月初),他才决定与哈丽雅特达成一项临时性的安排,这时他
251 便横穿整个城市搬到东北边的圣潘克拉斯住。他依然急需生活费,甚至到了十六日那天,他还不得不取消在教堂街举行的会议,因为有可能被执行法警逮捕。[2]此外,他在伦敦的活动再也不围绕斯金纳街展开,他面临遭整个社会排斥之虞。形势越来越严峻,但玛丽和简都与他同舟共济,而且通过简的哥哥查尔斯·克莱尔蒙特以及范妮的斡旋,他们始终能了解到葛德文一家的情绪与状况。但是,葛德文本人坚决不同意和雪莱有任何瓜葛,拒不收雪莱的来信,还高调地狠狠责骂了女儿玛丽。雪莱等人到达伦敦三天后,葛德文夫人来到玛格丽特大街56号,隔着窗户与玛丽交谈,陪她同来的是焦急的范妮。等到雪莱出现,他们便走开了,决不愿与他说话。[3]到了傍晚时分,查尔斯向窗户扔了石头作为接头暗号,在这里一直谈到了凌晨三点。[4]但是,他无法提供实际的帮助,一切都取决于怎样处理好哈丽雅特这个问题。

九月十三日至十月十二日之间,雪莱至少给妻子写了九封信。此外还至少与她私下见了三次面,分别是九月十三日、十四日与十五日。此后,他便通过中间人了解她的情况,特别是通过他的出版商胡卡姆及皮科克。在这四周里,他与哈丽雅特的联系并未中断,但发生过一场争吵,这产生了决定性影响。直到十月底,哈丽雅特依然寄希望于雪莱舍弃玛丽、回心转意。她不相信雪莱真的爱上了葛德文府上的千金,她时常觉得雪莱是因为在学术上对沃斯通克拉夫特的崇拜而想与之攀上关系。有时,她还认为是玛丽出于恶作剧的心态勾引他。在她最疯狂的幻想中,居然认为葛德文纯粹是为了在七月得到那笔钱而将玛丽卖给了

雪莱。十一月二十日的信件寄出之前,哈丽雅特一直没有将详情告诉自己的老朋友和笔友纽金特夫人,这一点很重要。雪莱则不厌其烦地将哈丽雅特的这些想法一一打消,不过这些想法都有一定的事实依据。但是,哈丽雅特有一点永远无法相信,雪莱也从未试图向她做出明确解释,这就是:在雪莱看来他们的婚姻自第一个孩子出生后就已经破裂,哈丽雅特渴望安全,而且依赖伊丽莎,这些都令雪莱十分恼火。他告诉哈丽雅特,她始终无法在才学和情感上让自己满意,而且她对自己原则的尊重只是句空话。雪莱开始长期研究爱情与友谊之间的差异,并宣称从未对她产生过爱情。雪莱承诺自己会永远关心她、保护她、爱护她,却说不清楚具体怎么去做。哈丽雅特从他之前几封来信中唯一能明确得出的结论就是,雪莱迫切希望她向亲朋好友保密两人的所有谈判内容,而且 252
她无论做什么,决不能以任何理由求助于律师。这样的安抚可谓郎心似铁。

雪莱一行在玛格丽特大街住下的当天下午,他就寄出了第一封信,信中写道:“我亲爱的朋友,我其实无法向你吐露心声,除非你决不将我的信件给别人看……我不知道我们俩之间要怎样交流,也不知道要交流到什么程度。无论怎样,一定不能让他人来评论和干涉。你要守口如瓶,而且要鄙视他人廉价的同情,他们既不会尊重你,也不会爱你——哈丽雅特,请你原谅我的直白。让我们彼此多一分理解。我认为我要比你的那些所谓的朋友更重要,也更优秀……我们必须就某些问题达成一致,否则我们之间的亲密关系将遭到恶意的嘲笑——你注重精神世界吗?程度如何?——我无法割舍对玛丽的爱恋,也不应这样做:我们俩的精神和肉体*都结合在一起了。我们都遇到了真情,她还为我舍弃了一切。但我也许明天会来看你。希望你写封回信。”[5]

---

* 在英国公共档案馆的原稿(莱斯利·霍特森1930年在这里发现了雪莱写给哈丽雅特的一系列信件)中,这句话被省略了。

哈丽雅特该怎样回这封信？雪莱第二天确实见到了她，双方逐渐明白了关键问题所在，也明白了雪莱要求哈丽雅特对“精神世界”的追求是怎样的程度。雪莱本人依然希望哈丽雅特能加入他们，与玛丽和简像“姐妹”一样共同生活在他的庇护之下。他还希望就哈丽雅特的赡养问题私下达成非正式协定。至于玛丽的意见，我们就只能猜测了。她在日记中只发表过一次看法，即哈丽雅特“肯定是非常古怪的家伙”。但是，如果没有她积极热情的推动，这个计划就是无本之木，最终必然是她与哈丽雅特之间各种争风吃醋与鸡犬不宁。哈丽雅特起初似乎对雪莱的提议产生了一定的兴趣。但是，她希望雪莱的心从玛丽那里回到自己身上，仍认为他会回心转意。她最盼望的一点是逼迫雪莱就金钱问题达成某种正式协定，她本人和两个孩子要实现独立，这是必不可少的一步，而且这相当于认定她为雪莱的正室。但在这一点上，她依然误解了雪莱的经济状态，没有想到他此刻如此拮据窘迫。而且她要求达成法律协议的做法也适得其反。她无意中打乱了雪莱的一切安排，使他无法立即筹到一笔借款。这只能让他恼羞成怒，更加义无反顾地投向玛丽的怀抱，因
253 为在他看来，患难见真情。哈丽雅特也丧失了怀孕给她带来的道义优势，因为玛丽在十月也宣布怀孕了。

直到九月二十日前后，双方依然势均力敌。雪莱打算通过他的律师艾默里筹款，艾默里似乎也同意尝试通过归还属于雪莱的部分继承权以换取资金，但他并不太清楚雪莱与哈丽雅特的情况。雪莱依然以安抚的口吻给哈丽雅特写信，请求她对此保密，并承诺自己会伸出援手，还催促她重新考虑自己的立场：“我焦急地等待着你对我信件的回复——请运用你最成熟的判断力，并以公正的态度对待我和玛丽。我们走到了一起，不能把我们俩分开考虑。在我的影响之下，无论你是否还依然完全信任我久经考验、坚贞不渝的正直，愿意执行我们俩之间友谊所达成的约定；无论我们见面时能做到充分的、毫无保留的信任，还是让我们的亲

密关系逐渐消退；还请考虑一下你将怎样谋划你未来的人生。”[6]但哈丽雅特始终觉得，雪莱道貌岸然、故作委曲求全的口吻越来越令人厌恶，最终开始怀疑雪莱动机的真实性，于是不顾他的请求，直接去找了律师，结果使她的内心充满痛苦、煎熬与不安。她继而解释了雪莱立场的本质，并要求雪莱与自己达成正式的法律协定。之后，她便与玛格丽特大街 56 号断绝了一切联系，似乎还离开了伦敦几天。雪莱于二十二日拜访教堂街，结果发现哈丽雅特“不在市里”。无疑，她的父亲和姐姐都对她的果断行动发挥了重要影响，伊丽莎曾告诉胡卡姆，韦斯特布鲁克先生即将对雪莱采取法律措施。此举将对一切调解工作产生毁灭性影响。在雪莱看来，她又回到了原先的状态，即成了韦斯特布鲁克家族的傀儡。

四天后，雪莱怒不可遏地给她写了一封锥心刺骨的信件，这表明美丽的哈丽雅特最终也加入到了名誉扫地的众人之列。雪莱在这封信的开头毫不掩饰他的冷酷无情：“首先，我觉得你已经背弃了你亲口做出的约定，你向艾默里详细说明了我们分手的情况。此举也辜负了你本人的是非观念，并毫无顾忌地无视我的安全和感情。他已决心向我辞职，辞职手续刚刚办完，你应该不会感到意外。”

雪莱言下之意是此举害人害己。雪莱说的没错，从此他就不得不放弃正常的法律途径，并且绝望地不断躲避执行法警和债务逮捕令。他不得不同高利贷主和不动产投机商举行借款谈判。他心知肚明，因此将满 254
腔怒火倾泻到哈丽雅特身上。“我居然会指望你能变得伟大和慷慨，我真是个白痴。在需要最高尚的美德时，你会辜负人们的期望，扮演可鄙可耻、自私自利的角色。你过去曾标榜自己纯粹、自由的原则，并自称是我的门徒，这纯粹是在哗众取宠。在你心中，你似乎总是恪守最邪恶的迷信，或者时刻准备用它们来证明你心中狭隘、庸俗的观点。我与你从此恩断义绝。没有任何改变的可能。”[7]在他一生几次最不明智、最为不幸的大发雷霆中，这次也许是最寡恩薄义、傲慢无礼的一次。之所以怨气如此之大，原因之一也许是哈丽雅特所谓的“任性的残忍与不公”，因为她向许多人传达了错误的信息，称葛德文赞同雪莱对玛丽的感情。但是，人们可以想象这封信对哈丽雅特的影响。雪莱在这封信的结尾加了一句评论，“只剩下金钱这一主题”，并且简略地签上了自己的名字“P. B. 雪莱”。

哈丽雅特显然当天就写了回信*，力求针对雪莱的指责证明自己的“无辜”。但是雪莱于二十七日又写了一封信，口气依然如故。“你已经找过律师，后果很明显，你我已经一刀两断，你没有遵守原则，而这正是我人生的指南和希望所在。”对于哈丽雅特对玛丽发表的评论，以及她“恪守最邪恶的迷信”，雪莱认为“你对我说出这样伪善的言辞，无异于侮辱”。他的道德优越感依然毫不动摇，而且进一步得到加强。“如果你打算跻身于智者和善者之列，请给我写信。但是，我几乎不会盼望你会来信，因为我已不指望你能有任何慷慨或良善之举……P. B. 雪莱。”[8]当天下午五点，雪莱正打算迁居圣潘克拉斯，他在信中故意未向哈丽雅特透露新的地址，而是建议她通过胡卡姆来联系自己。事后看来，这其实标志着双方关系的决裂。两人的通信大概中断了六天，此后，雪莱的信件虽然不再那样刻薄，但依然冷漠、疏远。不过，哈丽雅特依然满怀希望。

新的住所位于圣潘克拉斯教堂台 5 号的三楼，靠近今天的尤斯顿路，这里住的是穷爱面子的人士，四周都是空地。葛德文多年之后就住在这里过退休生活。皮科克定期来这里做客，在雪莱与放贷人巴勒奇谈判的初期，他也帮了一些忙。此外，他还讨论了自己与一位热心的女继承人及他的老朋友玛丽安娜·圣克鲁瓦之间的恋爱关系。雪
255 莱接受了皮科克作为中间人的新立场，他对自己在伦敦建立的朋友圈深感欣慰，而他们此前曾突然对他怒目而视。与哈丽雅特决裂后，雪莱的反应很是奇怪，情绪反复无常，脑子里谋划着一些古怪顽皮的“诡

* 哈丽雅特对此的回信已散佚，我们能想象出，哈丽雅特会发表痛苦或短视的评论。

计”。雪莱、两位女孩及皮科克一同前往汉普斯特德荒野和樱草花山，在那里下水了一队又一队的纸制消防艇；大声诵读《政治正义论》中的篇章，还在野外放了焰火，讨论再去爱尔兰远行的话题。他们还筹划一项大胆的计划，打算前往哈格福德太太在哈克尼开设的寄宿学校，诱拐雪莱的两个妹妹海伦与伊丽莎白。就连简与玛丽也都被匿名派往这所学校打探情况。[9]

十月三日，雪莱给哈丽雅特写了一封追忆往昔的长信。雪莱告诉她，自己原本希望“指导”她以取得内心的进步，也希望帮助她“培养崇高的哲学性”，但他此时基本对此不屑一顾。“我和另一个人结合了；你再也不是我的妻子了。也许我曾经伤害过你，但这一定是完全无心的伤害，我的本意只是想与你建立联系。这种伤害无论程度如何，都无法避免。如果我们在情感与观点上曾有任何程度的共鸣，为何用这不值一提的挑剔——这些毫无价值的口角去剥夺我们未来可能的满足呢。除非你真诚地相信我所说的都是毫无伪饰的真相，否则我们现在的交往就只能中断。”他取消了两人第二天下午的见面，因为他已经听到执行法警要逮捕他的风声，这次会面显然是为了处理两人间的债务问题。

哈丽雅特也许还有最后一线希望，这就是两人即将出生的孩子。但在这封信签名（“你亲爱的 P. B. 雪莱”）的下方，她读到礼节性的附言，文字冰冷刺骨。“我一点也不担心你即将临盆；我想你可以完全信任西姆[医生]的医术。你上一次分娩很痛苦，但有惊无险。我认为产下头胎之后，后面很少会出现难产。”他在信的最后拜托哈丽雅特将“长筒袜、毛线绳和沃斯通克拉夫特夫人的遗作”送到胡卡姆手中。[10]

两天之后，他又写了一封信给哈丽雅特。雪莱希望她再找一位伴侣，他“要能成为你的灵魂眷属”，并称自己同样是她真正的挚友，而且“作为你的朋友，根本没有必要去聘请律师”。他依然拒绝与她见面，也拒绝见律师或透露自己的住址。他觉得自己对待艾恩丝也能避免感情用事。“我知道，根据自然的法则，她是你的而不是我的，你对她的感情依赖于身体的共鸣，而我对她的感情则是习惯与自我说服的产物。”至此，哈丽雅特终于明白两人的关系已走到尽头，覆水难收。[11]

这段时期，雪莱写给哈丽雅特的信根本没有体现出他对自己妻子感
256 情的理解或同情。雪莱将她的观点斥为“迷信”，而她对支持与建议的需要则被斥为软弱和狡诈。对比他在一八一一年写给霍格的信，或者在一八一二年写给希钦纳小姐的信，都能看到他满口的仁义道德、冷若冰霜的口吻和空洞的感情。很难相信有谁会真正为哈丽雅特未来的人生和福祉认真考虑过对她有利的计划。韦斯特布鲁克一家和艾默里肯定没有。玛丽有吗？皮科克有吗？

雪莱在十月三日和四日给身处诺顿的霍格写信，与此形成鲜明对比。雪莱自由地抒发了感情，并考察了自己人生的整个模式，因为它在过去一年里已经从以哈丽雅特为中心过渡到以玛丽·葛德文为中心。他在信中称，哈丽雅特已经改变了自己职业生涯和人生使命中真正的、自然的过程。信中没有提到仁慈。“斗争与继承权遭到剥夺，几乎使我变成白痴，但在此之后，就能得到快乐……我恢复了精力与进取心，我已经再次成为我曾经承诺要做的人……我突然感受到，我曾经一心要培养哈丽雅特，并为此放弃了一切功利和幸福，但这不过是恶心、可耻的迷信。”他将自己与玛丽的结合与此对比，称这无论在学识还是性方面都给了他无与伦比的解放与成就感，不啻心灵启示。“我的变化多么神奇！没有一个空洞的灵魂能够经历比这更奇怪的革命了！我直到现在才知道，这种满足感绝不是一个词语，也绝不是毫无意义的抽象概念。我此前从未体会到我天性的完整性，它的各种依赖性，而且我学会了将自己视为一个整体，各个部分准确地联合起来，而非不一致、不协调的组合。”最重要的一点在于，他对玛丽的爱给他带来了这种解放，使他能够自由地从事他一生的工作。“我深感自己的高贵，我将成为更加真诚、永恒的朋友，热爱人类的人，更加有用的人，真理与美德的更热情的维护者。最重要的一点在于，我行事将更加一致，更明事

理,更为真实。"

他回忆起自己在斯金纳街对玛丽产生的第一印象,这充分反映出他对玛丽感情的实质与程度,但他也想起霍格从未见过自己此时介绍的这位女孩,这便产生了奇怪的脱节感。"玛丽的性格与众不同,也很可爱,我从她的言行举止就能明显地看出这一点。她的情感具有不可抵御的野性与崇高,这体现于她的一颦一笑。她的笑容多么具有说服力,多么楚楚可怜!她很文雅,对我心悦诚服,也很温柔,不会发火,也不会憎恨……我很快就感受到炽烈的感情,要得到这块无价之宝。* 在我心中,这种感情呈现出多种形态。我向自己隐瞒了这份感情的实质。我还极力向玛丽隐瞒这一点,但没有成功……语言已无法表达她是以怎样的 257
仪态驱散我的幻想。"

雪莱本人也意识到他感情中存在这种自我反思的天性,便突然向霍格承认说:"因此,我现在谈到了玛丽——而且我们的天性现在亲密无间地结合在一起,使我觉得在描述她的出众之处时,就仿佛我是一个处处以自我为中心的人在细数自己的完美之处。"无论是性爱感受具有无与伦比的虚幻性、主观性本质,还是自我投射(这可以轻易地主导男女之间的感情关系)所产生的影响,都已成为雪莱散文思辨的主题之一,也成为他在第二年创作的长诗《阿拉斯特》的主题。

在写给霍格的信中,雪莱闭口不提此时的痛苦与困难,也不提哈丽雅特和玛丽即将为他生下的两个孩子,他也没有提到葛德文和布安维尔一家对他的排斥。但是,他急于获得霍格的认可,并询问他"我这样的人很难矢志不渝,我放纵不羁,不知你是否还念我们俩的旧情"。他在信件结尾半遮半掩地发出号召:"我亲爱的朋友,我请求你快点给我写信。即便在这种纯粹的、天堂般的幸福中,我也不会满足的,除非能收到

---

* 经过对之后事件的阐释,就会注意到雪莱的这句"得到这块无价之宝"具有性爱的背景,这一点很重要。

你的来信。”[12]霍格于十月十七日回了信，过了三个星期左右，他于十一月七日在伦敦与雪莱重逢。

其实，雪莱此时的幸福远没有达到纯粹、天堂般的程度。除了妻子和债主对他造成的压力和焦虑之外，在教堂台的住所中，家中的三角关系也造成越来越紧张的局面。他与简之间的关系到了关键阶段。十月七日晚上，发生了一起极为离奇的事件，包含了神秘、性和恐怖的要素，在雪莱与年轻女子的关系中，几乎已成为范式。这件事特别值得注意，因为对它的记载相对比较翔实，无论是雪莱本人还是简，都在日记中全面地叙述了此事。

五日，三人组去了汉普斯特德池塘，下水了一批消防艇。晚上，雪莱用传奇剧的方式朗读柯尔律治的《老舟子咏》和华兹华斯的恐怖故事《疯狂的母亲》，引得两位姑娘兴奋不已。玛丽很早就上床休息了，这段时间她常常早睡。雪莱和简“坐在壁炉边”，聊天聊“到夜里一点”，这一点雪莱在给哈丽雅特的信里提过，而简后来则试图从她的日记中删除这一记录。[13]

第二天是六号，皮科克来家中用早餐，雪莱则出门去和巴勒奇谈判，他回来时感觉“很不舒服”。[14]据简称，皮科克“一上午都在教堂台，让我们很厌烦”。他们六点钟用餐，雪莱为他们大声朗读了《麦布女王》的一个诗章和玛丽·沃斯通克拉夫特的一些情书，他们都很早便就寝了。

258 据雪莱日记记载，七日上午，雪莱、玛丽和皮科克步行前往汉普斯特德荒野，而简不知何故“不愿同行”。其实，我们从简的日记中得知，他们出门之后，简便溜出门外，独自“在几个广场中”逡巡。玛丽与简之间的矛盾已到心照不宣的地步。雪莱的日记继续记载，但笔触略有些忧虑。“我们在通往汉普斯特德的田野中穿行。在一棵枝繁叶茂的橡树下，躺着一头小牛的尸体。（我考虑将此作为一首诗的主题。）日落的景色美轮美奂。我们九点返回。和皮科克道别。玛丽八点半上床。雪莱和简没有就寝。谈到了压迫与改革，谈到了从士兵的背上切下一块块的皮。简称她在构思地下妇女社区。* 谈到了霍格、哈丽雅特、希钦纳小姐等人。”最后这部分表明，雪莱与简的关系已到了推心置腹的程度。

在简的日记中，这一点更为明显，而且第一次产生了阴森森的暗示。“玛丽上床了——雪莱和我坐在炉火旁——我们谈到了建立哲学学人协会——谈到了伊丽莎与海伦——谈到了霍格与哈丽雅特——一点时分，谈到了我们有时会对超自然的事物产生无法解释的神秘感受——雪莱思考了过去发生的各种怪事。”

为了理解之后发生的事件，有必要回顾一下历史，雪莱早在菲尔德庄园时期，就曾以高超的手段操控了女性的敏感神经，当时他是以大蛇的神话控制了妹妹们。还有必要仔细考察细微的线索，它们也许是他举手投足和提出问题时无意间流露出来的，这表明雪莱微妙地将炉边谈话的亲密关系中潜在的性爱要素转化为恐怖的做法。雪莱在法国就曾发现，简对此尤为脆弱。雪莱的日记继续记录了之后的事件，并以第三人称叙述自己。“一点钟，雪莱观察到这是夜晚女巫出没的时刻，他不久便问，感受到夜晚的寂静在摩挲着我们的耳膜，这感觉是否恐怖。过了半个小时，他以另一种形式重复了这个问题；到了两点，他们惊恐地去休息了，几乎连大气也不敢出。雪莱向简道了声‘晚安’；他的手倚在桌子上；他意识到自己做出了自己无法控制的表情。简有些迟疑。又道了声‘晚安’。她依然迟疑。雪莱说：‘你有没有读过奥拉的悲剧？’‘是的——你看上去怎么这么可怕——别这样看我。’又道了声‘晚安’，简飞奔回自己的房间。”[15]

---

* 此处提到的女性社区，也许来自路德维希·霍尔伯特的《地下世界之旅》（1742）中的女性省份“考克莱库”。为了掩盖其中的激进色彩，雪莱夫人在《雪莱与玛丽》（1882）中将其改为更具吸引力的“妇女组成的崇高的社区”。

259 雪莱的日记显然没有提到一点,即他成功地让简处于极度紧张的状态。简的日记中流露出这种恐慌情绪,也非常具体地描写了雪莱“无法控制”的面部表情产生了令她极为不安的影响。简写道:“雪莱的表情奇怪极了——这是极度忧郁和令人生畏的表情,令人印象深刻。我无法形容,但我很清楚自己的感受——我跑上了楼,冲到床上——我把蜡烛放在床头柜上,站在那里盯着床正中间的枕头看——我转过身,面朝窗户,然后再次转向床——枕头不翼而飞了——它移到了椅子上*,我站在那里思考了好一会儿——这是怎么回事?是否可能是我在幻觉中将它放在了那里,然后又忘记了我把它放在那里呢?这不大可能——这就是一眨眼的工夫**——我跑下了楼——雪莱听到我的脚步声,也从房间里出来了……他对我的表情作了一番最恐怖的描述——我的感受并不像他认为的那样——我们坐了一夜——我病倒了。”[16]

在日记结尾,简省略了细节。我们只有回到雪莱的日记方能掌握事件的来龙去脉。详细考察这一段大有裨益,有助于我们清楚地了解雪莱是如何加剧简的恐惧而非安抚她。值得注意的是,他几乎每一个动作表面看是抚慰她的情绪,其实加剧了她的惊恐。很难说雪莱究竟是否意识到自己的所作所为,他的叙述有游戏的成分。假如人们对简的脸进行一番可怕的描述,这幅肖像要比《札斯特洛齐》中的描写更为恐怖,这就是他**当时**对简的描述。这肯定是一种处心积虑召唤女巫的做法。简本人则称,自己的“感受并不像他认为的那样”。雪莱在日记中的描写如

---

* 这只枕头可能具有不同的意义。有人曾高明地指出,床正中间的位置对于简来说就是雪莱的象征或替代物。人们从另一个角度也能观察到,简无论是年龄还是心情都是恶作剧的理想对象,这通常被称为“恶作剧灵异事件”。研究过 M. R. 詹姆斯作品的人都知道,床单被套是超自然鬼魂出现的经典形式。参见《吹哨吧,我会来找你,我的小伙子》(1908),这部小说潜藏着性爱色彩,与本文讨论的例子不谋而合,特别是他对床单被套的**表现**所作的评论。

** 对于这个断断续续但极具说服力的句子,我的解释是,意味着“每一[分钟]过去了,[看着]它就仿佛[过了]一瞬间”,但这并不符合语法。感受到时间在不受控制地加速或减速,就是噩梦般的恐怖状态下的基本要素。

下，他后来也将这段文字给玛丽看过。

> 雪莱无法入睡，他吻了玛丽，准备坐在她身旁给她读书到天亮，
> 此时楼上传来急速的脚步声。那是简的声音，可怕的惊愕让她的表
> 情扭曲成最反常的样子——她面色惨白，仿佛绽放出白色的光芒；
> 她的嘴唇与脸颊都宛如死灰；她脸上和额头上的皮肤泛出了无数
> 皱纹——恐怖的表情无法克制*；她的毛发清晰可见，直立起来；她 260
> 的眼睛瞪得溜圆，肌肉痉挛，眼珠几乎要从眼眶里掉出来；她的眼皮
> 深陷进去，眼珠子看上去就仿佛是在一场恐怖的游戏中刚刚安进毫
> 无生气的眼眶中。可怕的景象持续了好一段时间，这是恐怖与混乱
> 所造成的错位，十分暴力、真实并充满惊愕，但却非人力所为。她问
> 我（雪莱）有没有碰过她的枕头（她的语气中充满令人恐怖的警
> 告）。我说："没有！如果你来房间，我会告诉你的。"** 我告诉她玛
> 丽怀孕了，这似乎控制了她的暴躁。*** 她告诉我，她床上的一个枕
> 头突然间移动了，这是在她把目光投向远处椅子的那一瞬间完成
> 的，显然不是人力能及。她很肯定自己头脑清醒，也很冷静。她的
> 举止使我相信，她没有弄错。我们一直在炉火旁坐着，间或围绕这
> 些灵异事件的本质展开可怕的交谈……我诵读了自己的一首诗。

---

* 五年之后，雪莱在意大利描写了另一位女性的脸，她的情况与此相似：

> 她的恐怖和美，都庄严神圣。
> 在愤怒而憔悴睁着的眼睑和嘴唇，
> 仿佛有着一抹妩媚的阴影，
> 它们闪耀出挣扎在内心深处
> 极度烦恼和死亡引起的痛苦。

参见《咏达·芬奇的美杜莎》，《珀西·比希·雪莱诗集》，页582。

** 此时他们回到了小会客厅。正常情况下，雪莱本应前往简的房间，由她来确定是否出了什么纰漏。但他并没有这样做。

*** 这里再次出现了对性分裂的细微暗示，表明玛丽的怀孕必然限制了雪莱进一步发展与简的关系。

> 我们在谈话时虽然故意要引到其他话题上，但却不由自主地又回到了这些话题。我们的蜡烛越烧越短，我们害怕它坚持不到天亮。就在太阳即将升起、月亮即将落下之际，简表示我做出了一种难以言喻的表情，这表情以前曾让她深感恐惧；她将其描述为一种深深的沮丧外加对她有意识的控制。我用手遮住了自己的脸，然后以深思熟虑的温柔口气对她说话。这于事无补；她的恐怖与痛苦越来越严重，甚至到了最可怕的痉挛地步。她一边尖叫，一边在地上打滚。我跑去找玛丽；我对简的情况作了一番介绍。我把她领到玛丽面前。痉挛逐渐消失了，她睡着了。到了日出时分，我们检查了她的房间，发现她的枕头就在椅子上。[17]

从这部日记和玛丽日记中此后几篇神秘的日记中，我们可以看到，整个十月这种仪式感浓厚的灵异讨论都定期发生在教堂台的住所中。
261 玛丽从未参与其中，但她也没有干涉过；她似乎将其视为需要由雪莱与简严格执行的工作，一直泰然处之并含讥带讽。例如在十天之后（18日），她曾在日记中写道："我很快就上床了，但雪莱与简却还坐着，因为一次显灵还吓不倒他们。"[18]简当天的日记有过删减，"玛丽上床了——与雪莱在炉火边交谈到两点——霍格——他的来信——友谊——但丁——塔索与其他各种话题"。[19]有一次步行前往汉普斯特德的"枯树"时，他们把此事告诉了皮科克，显然遭到了他的嘲笑。不过，当天晚上他们依然举行了讨论。简在日记中这样写道："玛丽［**删改成**我们］八点钟上床——与雪莱坐在炉火边——情绪变得惊惧——十一点上床，脑海里全是妖魔鬼怪，彻夜未眠。"[20]雪莱建议她读一读《札斯特洛齐》、巴吕埃尔神父的作品和《麦布女王》。

这些事件不仅反映出雪莱人格中的阴暗面，也与他诗歌创作的发展息息相关，这引起人们的浓厚兴趣。直到一八一四年，他的创作主要从政治上获得灵感，但此时开始逐渐转向内心，并利用了心理甚至精神方面的材料与意象。雪莱一生都着迷于妖魔鬼怪和哥特式机械，此时扩大到更精准地把握变态心理状态。他的感官似乎在某种意义上得到提升且变得极为敏感。“恐怖美学”这一思想指的是将恐怖与美紧密联系在一起，这几乎已成为浪漫主义画家的老生常谈，其代表是布莱克与菲尤泽利的作品。在华兹华斯的作品中，无论是《序曲》的童年部分，还是《抒情歌谣集》的许多段落，都与恐怖的状态和幻觉中的启蒙有关。*

雪莱对这一主题的探索要比此前的诗人都更深入，也更怪诞。在他看来，恐怖的状态从文学角度说，是对自然界现象的一种“可怕的”、过于敏感的反应。这使内心的感知力量大幅提高，就像乐器绷紧的琴弦一样。对于看不见的、或许也是超自然的力量，某些线索与暗示可能刚刚进入异常提升的心理感知能力的区间。他本人曾用过乐器的比喻，而且夜晚的寂静“摩挲着”我们的耳膜，就仿佛听觉得到了增强，这番描写既出现在他当月的日记中，也出现在第二年的诗歌中。往小里说，人们还 262
可以推断出雪莱似乎认为“不正常”的性兴奋或性紧张状态也具有类似的敏感和幻觉属性。“属性”一词在这里尤为贴切，因为雪莱一段时间以来一直使用学生时代对炼金实验的古老概念来描写这一类探索过程。他还对梦境感兴趣，对普通的昼间事务中突然“闪现”的幻想很感兴趣，类似于不正常的幻觉状态。

雪莱与简讨论的这些灵异事件，不经意间在教堂台都作了详细的记录，这表明雪莱的创作开始向这一方向发展。尤其是十月七日晚上的日

---

* 十九世纪恐怖文学作品中的美学与心理学尚未得到严肃的研究。值得关注的文本主要有埃德蒙·伯克的《关于我们崇高与美观念之根源的哲学探讨》（两卷本，1756）；弗洛伊德的短篇论文《论诡异》，参见《论文集》，第四卷（1919）；埃诺·赖洛不为人知的作品《闹鬼的城堡——浪漫主义研究》（伦敦，1927）。只有一位现代批评家似乎真正注意到雪莱诗歌中的这个问题，他就是詹姆斯·赖格尔，他在《内心的反叛》（1967）中阐明了这一点，这是一部自由不羁的杰出著作，充满奇异的共鸣。

记，对于《阿拉斯特》开篇的祈祷部分不啻一篇优秀的批评注疏，否则《阿拉斯特》就始终是一部呆板的小说，好比一部拘泥于固定模式的哥特式机械。尽管这首诗至少过了九个月才形成初稿，但其中与此处的共鸣十分明显。这里应当以此为例，说明雪莱正在学习如何将他的日常经历转化为新型诗歌，这个例子在这里再恰当不过了。

这难以理解的世界的伟大母亲！
请关怀我庄严的歌，因为我爱，
永远而且专一爱你；我一直在
注意你的影响，你道路的奥秘，
我的心永远注视着想发现你的
玄秘底蕴。我曾在停尸房躺在
棺材里，黑色死神记录着从你
赢得的战利品的地方，希望能
强迫某个孤独的游魂，你的信使，
说出有关于我们是什么的故事，
以平息关于你和你一切的
固执的问题。孤独寂静的时刻，
在寂静也成了怪异声音的深夜，
像个心血来潮誓不罢休的术士，
为了神秘的愿望以生命为赌注，
我曾把纯真的爱和敬畏的话语、
询问的目光相混，到无端的泪
和热切的吻合一，产生出如此
神奇的魔力，使黑夜放弃对你
承担的责任；……尽管你从未
敞开过你深层的内殿，但我从

费解的梦、黄昏的幻影、日午 263
时分的深思领悟到的已经足够
使我安宁平静，像那挂在一座
荒凉庙宇拱顶久被遗忘的竖琴，
期待你，伟大的母亲，期待你
吹拂琴弦……[21]

但是在个人层面上，雪莱与简之间的关系无法真正地长期保持如此紧张的程度。十月十四日，爆发了激烈的争吵。前一天傍晚，他们要去看基恩在考文特花园表演《哈姆雷特》（雪莱已十分拮据，但没有削减这方面的费用，这一点很有意思），而且在第二幕结束时就走出门外。用雪莱的话说，“这一幕实质上极其堕落，令人作呕”。但是，回到教堂台之后，房间的气氛令他们无比沮丧，他们后来在深夜外出，整晚都住在斯特拉福德酒店。

这个举动不同寻常，而且因为他们资金紧张而显得格外突兀。但是，雪莱在日记中只写了“警告”；而且简也在日记中写了一段神秘的文字，“我们不喜欢这座房子——乘坐马车，在斯特拉福德酒店入住”。简也许再次感受到恐怖，她在这座房子里无法入睡。第二天上午，她很晚才起床，她走下楼，“心情差极了”，立刻就与雪莱发生了争吵。他们穿过摄政王公园步行回家，简则独自一人拂袖而去。雪莱和玛丽回到家中时，皮科克来了。简很快也到家了。皮科克竭力要用自己通常那种插科打诨的方式让大家的心情好一点，但简径直走进自己的房间。最后，雪莱走到她的房间与她和解，同时拼命要解释两人芥蒂所在。

简在日记中写道：“雪莱进了我的房间，他觉得过错在他——但我不这么认为——我就喜欢善于解释的人。”雪莱后来告诉简，他认为简是在鄙视自己，他对简很恼火。他还告诉简家中的一些真相，简对此很是感激。简在日记中袒露了心声：“知错就是改错。虽然感到非常痛苦，但说实在的，我一生中也许从未像今天上午这样获得如此大的帮助——争吵是多么可恶——说了一大堆刻薄的话——毫无意义——失望的怨气造成的后果。”[22]

但是，当天晚上她再次心神不宁、恐惧万分，她梦游了，“发出可怕的呻吟声”。雪莱最后也起床，送她到楼下卧室与玛丽一起睡。她悲伤地写道：“无法想象我究竟是怎么了，‘我默默地流泪，但却不知道为什么——我叹着气，却没有感受到痛苦’。一点半去睡觉。”雪莱的日记则
264 带着讽刺意味，“第二天上午，我们发现简房间里的壁炉调节板闲来没事居然走到了房间的中央，和枕头做伴，枕头很困了，想再次回到床上，但是摔了个四仰八叉”。[23]

这些心神不宁的消息显然已经传回斯金纳街了，因为他们第二天就收到葛德文寄来的信件，当时雪莱外出了。信中建议简离开雪莱与玛丽，搬回母亲和继父家中。玛丽似乎一度认为这是个好主意，但雪莱与皮科克结束融资谈判返回之后，强烈建议简不要走，于是简当天傍晚写了一封信回绝了这个建议。玛丽在日记中有些恼火，“嘴上说着要走，其实还是和往常一样，什么也不做”。[24]实际上，这种情绪大起大落的状况一直持续到第二年春天，危机与和解交替出现。

在这种三角关系带来的压力下，十月十四日雪莱在两人合写的日记中写下一篇自我分析式的日记，篇幅很长。尽管这篇日记明显讨论的是简的缺点，但它也表明雪莱在处理自己与这两位少女的关系时，将哲学放在重要位置。这篇日记体现出严苛与一本正经的道德劝诫特点，具有启迪作用，但雪莱的目的之一无疑是讨好玛丽。他并未流露出对简产生过热烈的感情，但缺乏哲学“严厉性”也许就是表明这份感情确实存在。雪莱在日记开头轻松地写道：“简不明事理，也没有能力与他人建立一丁点的友谊。这个发现有时使我无法持续采取任何严厉的措施。这一点错误地推翻了真正哲学的首要原理。性格可能会变化，这对于尚处于性格形成期的人来说尤其如此。须提防自己不要软弱地让位于微不足

道的同情心。”

在这番劝诫式的开头之后，雪莱回过头来讲述自己对玛丽的爱，但他实际上并没有使用“爱情”这个词。“如果拥有这种伟大的感情，就该知足了——只有一个强烈的愿望；让全人类都受益于你的慈悲、正义和人类的理智。但是，你会珍惜几个小时的安宁时光，靠近神圣之环也不会有害处。没有什么能够动摇真正伟大的灵魂，除非将其摧毁。”

这些思想透露出他本人在社会中担负的任务，他的英雄主义思想，甚至军事化的观点，他讨论完这些问题，又回过头讨论简和皮科克，此时他的语气冷漠得惊人。雪莱再次凸显出道德判断模式中的清教思想。“皮科克来访。我对此人颇有兴趣，但他无论怎么做都不会打搅我的安宁。听说伊丽莎与海伦去了诺福克三个星期。与简进行交谈；她的心理不稳定；她的性格尚未定型；温柔与同情的时刻产生了希望；她并非完全不懂得让步；新的证据表明，最崇高的哲学、最真实的美德，就在于习惯性鄙视自我；克制各种愤怒的感情；摒弃骄傲与自私。当你打算造福于某个人或 265
某个社会时，不要把他们轻视或忽视你的美德归结为一种错误。”

这也许是他在卧室中与简谈话的原稿。

雪莱这篇日记结尾部分又触及教堂台日常生活的实质。这部分与众不同，糅合了高尚的伦理讨论和剧烈的情感波动。（玛丽安娜·圣克鲁瓦已成为皮科克的情妇。）“这些反思偶尔为之，因所记录的内容触景而生。与皮科克一同步行到池塘；谈到了玛丽安娜与希腊韵律。皮科克用餐。傍晚读了西塞罗的作品与《斯多亚的悖论》。夜幕降临；简梦游，发出可怕的呻吟声，听了两个小时；最后带她去玛丽那里。”[25]

他们在教堂台沉湎于自我世界的日子并没有持续多久。雪莱的债主决定动用执行法警来追踪雪莱的下落并绳之以法，尤其是马车制造商查特斯、放贷者斯塔林及此前一位房东斯图尔特太太。胡卡姆在恼怒和失去耐心的情绪中做了一件糊涂事，他透露了雪莱在圣潘克拉斯的地址，此前这一直不为人知，雪莱既气愤又惊愕。尚不清楚此次背叛是否有韦斯特布鲁克家族或葛德文家族的因素存在。但忠诚的范妮·葛德文最先为他们通风报信，她是十月二十二日（星期六）提供这个消息的，她向教堂台寄出一封匿名的便笺。

范妮没有收到感谢，但却受了惊吓。雪莱与简疯狂地冲出家门，冲到对面，范妮就在这里准备向他们提供更多信息。简后来称：“我看到她了。她愚蠢地大喊大叫，然后跑开了——她溜走了——雪莱和我飞速地冲到斯金纳街。我们从窗户往外面看。”第二天是星期日，他们在拂晓时分起床，像特务一样等待葛德文家商店的百叶窗打开，然后按了门铃，控制住范妮，她当时毫无防备地走过来开门。虽然受到了逼迫，但范妮仍然担心他们暴露，范妮承认是“胡卡姆一家的告密所致，这让人大吃一惊”，而且他们意识到此时执行法警肯定得到了消息。[26]唯一的喘息之机就在周六晚十二点到周日晚十二点这段时间，周日是做礼拜的日子，执行法警没有权利逮捕犯人。他们大约有十二个小时来制订计划。

他们火速赶到老邦德街与胡卡姆对质，但他不在家。用简的话说：“这个狡猾的小流氓躲过了我们。”雪莱也怒不可遏。回到教堂台，他们聚在一起商量，想拿出一个计划，结果却是一番争吵，最后“再次像往常一样由雪莱定夺”。皮科克走了进来，最终达成一致意见，雪莱需要与两位女孩分开并转入地下活动，而且他和皮科克都要努力推进贷款谈
266 判。玛丽与简已经预感到不妙，她们独自留在教堂台，雪莱与皮科克则在天黑之后立即动身，他们晚上在南安普顿街过夜，那里是皮科克和他母亲的住处。此后两周左右的时间里，他们将与执行法警上演一场猫捉老鼠的游戏，一直持续到十一月九日。雪莱与皮科克藏身于霍尔本，也藏身于城市咖啡馆，他们在事先约定的接头地点与玛丽或简见面，雪莱会在周日溜回家与玛丽同床共枕。离别的痛苦经常使他将警觉抛在脑后，工作日也会潜回教堂台的住所；玛丽则相反，她既要爱情，也保持谨慎。

分别了四天，雪莱写道：“哎，亲爱的，我们的快乐为什么如此短暂，如此不受打扰[原文如此]？这样的日子还要维持多久？你知道，我心

爱的玛丽，没有你的陪伴，我感到自己已经落到粗俗而不道德的地步了。我觉得他们呆板的目光在死死地盯着我，直到我受到他们那可憎含义的感染——染上一种令我消沉的疾病。玛丽啊，你那双救赎的眼睛，但愿在我入睡之前能得到它们的垂视。赞美我的耐性吧，我的心上人，我不能企盼匆匆飞到你身边，得到**瞬间的**满足……明天下午三点之前如果我不写信，请到圣保罗教堂见我。再见。睡前别忘了晚祷。我一生**坚持**祷告。”[27]在两人最沮丧的时候，他们定下了一个私秘的仪式，即在睡觉之前幻想与对方云雨一番。他在另一封信中用哀怜的语气写道：“睡前我没有忘记吻你。”*[28]

雪莱与皮科克正参加一场无休止的忙碌的谈判。他们依然将希望主要放在巴勒奇身上，但其他人也很重要，其中有“一个好心的光头男士”，名叫瓦茨，一位来自苏塞克斯的农场主。肯定还有来自东格林斯特德沃思教区的威廉·布莱恩特，斯塔林（早在一八一三年他就曾与雪莱举行过贷款谈判），富商兰伯特（他也是葛德文的债权人之一），还有一位名叫派克的房地产投机人，他对于获取老比希爵士在戈林城堡的席位非常感兴趣。这些努力大都徒劳无益，且这些人都不啻嗜血的鲨鱼。但是，雪莱对胡卡姆一家的怒火依然没有平息，他打算“用冷嘲热讽把他们的心连根挖出”。

尽管如此，胡卡姆此前还是帮过雪莱，直到十月还向雪莱提供了救急的资金[29]，而且最终还是他在十一月五日至八日撮合雪莱与巴勒奇敲定了贷款协议。雪莱发出过一次提醒，体现出自私自利和玩世不恭，它表明雪莱的怒火最终得到平息。他在十月二十五日写给玛丽的信中 267
称：“如果你见到胡卡姆，不要公开羞辱他。我仍抱有一丝希望。一点

* 雪莱的希腊语大意为“你身体虚幻的图像”。如需了解“虚幻的图像”在做爱中的重要性，参见卢克莱修在《物性论》（这是雪莱一生爱不释手的作品）第四卷讨论爱情的章节中对“偶像”的论述。

一滴的希望我都不能错过。我要尽快让这个无情的恶棍憎恨他自己。我要在他最得意时挫其锐气，把他的傲气踩个粉碎，使他自私的灵魂一点一滴枯萎。你唯一的爱人——”这封便笺的最后是埃斯库罗斯在《被缚的普罗米修斯》中的一句墓志铭：“用唇枪舌剑实现谋杀”。[30]

这段时间，他们其实非常拮据。十一月一日，玛丽与雪莱在十字钥匙旅馆偷偷见了面。玛丽在日记中写道：“人们想讨回他们的钱；他们不送饭来；我们都很饿。”[31]有一次，雪莱从皮科克的母亲那里拿来蛋糕给她们吃。执行法警算是“雪莱的老朋友”了，他们经常突击检查教堂台，但始终与猎物失之交臂，只得“满怀失望，怒气冲冲地”离开。雪莱在月底给哈丽雅特写了信，向她索要三十英镑救急，他找的理由颇为夸张：“这些烦人的事情使我旧疾复发。我现在丝毫没有危险，但却非常疲惫，几乎走不动路。但这并不打紧。这个世界上没有一个朋友能帮助我。我的努力都是徒劳的。如果我坐牢，深陷潮湿的囹圄，身上连六便士也没有，也没有朋友……我必然会饿死。为了糊口，我们已经将家当变卖一空。有个朋友，他为我提供了食宿。但要不是我把最后一件值钱的东西变卖，玛丽和她妹妹就快要饿死了，我觉得你听到这里定会不寒而栗——我亲爱的哈丽雅特，请给我雪中送炭吧——”[32]这是雪莱最后一次有据可查的向哈丽雅特的求助，但是，似乎也无果而终。不管怎样，如玛丽写给雪莱的信中所说，“有些人的榆木脑袋是不可能叩开的。哈丽雅特就是个自私自利、冷酷无情的人”。[33]

雪莱怀着遗憾的心情，决定变卖自己的日光显微镜，并喊来简帮忙。“我们去找了光学仪器商哈里斯——他不要我们的显微镜——我去了皮科克那里，带着他和显微镜过来——他在霍尔本与雪莱谈了一会儿——雪莱和我去了斯金纳街的戴维森记。我们被撵走了半个小时——在查塔姆坊来回逡巡，但我们都太累了，连站都站不稳了——我饿极了，因为我早饭之后就什么也没吃，现在都六点了——回到了戴维森记，弄到了五英镑——用我们的显微镜换的——我不在的时候，皮科克径直去了潘克拉斯,但我们都不在家——他看到了圣詹姆斯酒店的服务生——很害怕,然后回家了。”[34]几天之后,雪莱经过一番犹豫,将自己的两把手枪也卖给了戴维森记。能求助的人确实都找了一遍。

尽管发生过一些误会和争吵,但两位女孩形影不离。雪莱赶到接头的地点时会迟到,或者压根就没来;雪莱和玛丽白天要去酒店开房,就会 268
把简一个人落下。这也许是简最痛苦的时候,她没有得到什么支持,而且相比于雪莱和玛丽的亲密无间,她势必会觉得自己要疏远一些。她在日记中爆发了:“他说他不幸福。老天有眼,他有什么不幸福的!十点钟就上床了。”对于他周日的一次归来,简总结道:“雪莱写过许多信件。在四点钟用晚餐。玛丽、雪莱和我傍晚时分都睡觉了——雪莱十点钟走了——这是以非常哲学家式的方式打发一天的时间——睡觉和聊天——为什么只有这样的单调生活。”[35]十一月九日,玛丽在日记中的笔触颇为得意:“简心情郁闷;她在生雪莱的闷气。好吧,不要紧,我的爱人——我们很幸福。”简的心情之所以糟糕,原因之一也许是雪莱刚与霍格见了一面,霍格已回到伦敦。“霍格前一天晚上和他在一起,问起了他的**两位**妻子。他一直在开玩笑,还谈到了打猎的乐趣。”[36]在这种情况下,这样的玩笑必然造成了很残忍的感受。

但是,即便在雪莱与玛丽之间,有时也会关系紧张。他充满激情的来信写得都很好,但玛丽发现他经常对谈判中取得的实际进展语焉不详,这令她发狂。“坏家伙,为了不让我担心,你在信中只字不提兰伯特、哈丽雅特、斯图尔特太太以及钱,等等。你苦口婆心地劝说皮科克先生真是一步高棋。现在你知道我不需要规劝了吧……”[37]但有时候,雪莱一想起要和她分别漫长的一个星期,他的日记便不由自主地抒情。这些日记感情炽烈,包含了对他欲望围绕客体波动的心理洞察,这体现出他的特点。

“玛丽呀,我心爱的人,我们必须团聚。过了星期六晚上,我再也不会与你分开。我得想一计谋,我得回去。你一个人的思想就足以使我充满生机，没有你，我头脑僵死、冷漠，就像是午夜月落后的冰河。看来你独自一人便能使我不堕下流与邪恶。如果与你分别过久，我都会被自己吓得发抖，如果没有你，我这个人就显得缺乏修养。”[38]

即便在此之后，他也认为月亮就是玛丽的象征。六年之后，他在意大利回忆起两人关系的整个发展历程时，怀着无限惆怅写下以下篇章，这是他成熟风格的经典之作：

像风驾驭着云朵，她引导着我
来到那一片荒原上的一处洞穴，
坐在我的身旁，以向下的面庞
照着我入睡，像照着恩底弥翁
入睡而自行盈亏、消长的月亮。
我躺着，躯体和灵魂全都熟睡，

269 我的整个身心有时暗、有时明，
就像映在夏季海面的月亮倒影，
取决于她对我是微笑还是皱眉；
我躺在那里一张纯洁的床榻内：
唉，那时我既非活着亦未死去。[39]

这段苦艾岁月最终于十一月八日暂时告一段落，雪莱在胡卡姆与皮科克的帮助下，与巴勒奇合作获得了贷款，金额约为五百英镑。我们尚不清楚雪莱无计可施时承诺的利率有多高。第二天上午，简与玛丽整理好为数不多的书籍和物品，雇了一辆马车，前往皮科克的住处去接了雪莱，然后向南穿过整个城市，远离了圣潘克拉斯。他们的新住所更为考究，位于黑衣修士大道，地址是纳尔逊广场 2 号。玛丽已经将一切安排妥当，她之前还曾在皮姆利科和斯洛恩大街找过房子。

抵达新的住所后不久，雪莱又进了城，他打算与胡卡姆一同再申请一笔贷款。葛德文通过第三方传来口信，称因为雪莱已成功地从巴勒奇处获得巨额贷款，自己可以接受雪莱进一步提供融资帮助，这着实让人不敢相信。葛德文在这个节骨眼上居然还来索要资金，不仅如此，雪莱也准备好答应这笔索取，这从一定程度上表明这位哲学家依然对昔日的门徒发挥着有悖常理的影响。葛德文一家听说简自搬家之后就一直和雪莱怄气，便打算让简搬回去住。雪莱不在家的时候，范妮·葛德文送来一封便笺。显然，“她此行的目的是让简去斯金纳街探望葛德文夫人，据他们说，她已在弥留之际”。[40]玛丽并没有反对这个提议，于是打发范妮回去拿几件得体的衣服给简穿。范妮又返回纳尔逊广场，在玛丽的祝福下，两人一同告辞了。待到雪莱回家，为时已晚，“他很不满”。但玛丽却很高兴。“晚上与我的爱人聊了许多事情。我们收到了简的一封来信，称她高兴极了，而且她不知道何时再回来。”这是十三日的事情。此后是两天的沉默，雪莱在这段时间的日记中提到“令人作呕的梦境”。十五日，雪莱记载称：“简前来拜访；与她交谈。她回到斯金纳街；告诉爸爸她不回家了；同雪莱回到纳尔逊广场。”玛丽一直卧病在床，无法参与这个决定。

最终，葛德文向简提出一项方案，建议她搬到葛德文朋友家（即诺里奇的泰勒一家）住并担任女管家。简对这样的工作毫无兴趣，于是葛德文又提出，让她去伦敦城外的某个家庭里当寄宿房客，逐渐学会独立。但是，雪莱让这位年轻女子充分燃起了解放意识。简答应了这个建 270
议，但提出两个条件：“不管在什么情况下，她都会公开宣称并坚决支持对社会的各种法律与体制的完全藐视，另一个是她与友人分别后，不得干涉她与他们的通信和交往。”总之，葛德文一家十分介意这样令人无法容忍的答复，只得放弃这项方案，她又回到雪莱身边。葛德文夫人为自己的女儿实在是操碎了心，在她看来，雪莱就是个疯子，也是宣扬伤风败俗之人。简曾告诉她，自己不能离开雪莱，因为他害怕在街道上独自行走，怕那个名叫利森的敌人来寻仇，用匕首突袭他。[41]这种恐怖的玩笑，也只有她和雪莱才能充分理解。

简彻底从斯金纳街和她父母那里赢得了独立，她尝试给自己起新名字，类似于希钦纳小姐对其名字的修改，只是后者的结果不太妙。简试过许多名字：克莱尔、克拉拉、克莱儿，这些名字逐渐出现在她的日记中。最后，她选定克莱儿·克莱尔蒙特这个名字，它听起来很坚定，音韵也令人满意。她的这个名字载入了史册。就在此时，简的（或者说克莱儿的）日记最引人注意。但雪莱在法国赠送给她的那本日记本，从一八一四年十一月九日开始的日记都被撕掉了。尚不清楚是谁毁掉了这部分引人入胜的关键记录（其中记载的是她与雪莱的关系），但这样全面的破坏不大可能是她本人所为。在克莱儿的日记中，此后的记录自然荡然无存，直到一八一八年一月一日，记录才重新得以留存。[42]

搬到纳尔逊广场后，雪莱终于捱过了最为拮据的一段时期。但是，他们依然找不到稳定的长期收入来源。雪莱无法和玛丽与克莱儿一同建一座合适的房子；他无法躲避律师与放贷人在伦敦苦心孤诣建立起来的网络，也没钱去远行，更无法在乡下找到供他聚精会神潜心创作的宁谧之所。他没有与葛德文达成和解的希望，但这位昔日的哲学导师继续逼迫他向托马斯·特纳（科妮莉亚·布安维尔的丈夫）借钱。这种局面令人不堪忍受，雪莱最终勃然大怒，但这发生在他不愿再给葛德文送钱之后。无论怎样，政治行动都是不可能做到的，即便是兄长绑架妹妹之举也没有可能了，因为他已束手束脚：在不久的将来，哈丽雅特将为他生下第二个孩子，玛丽很快也要在第二年春天给他生下孩子。他四面楚歌，为各种责任所束缚。他拼命要解放自己和身边的人，还要打破道德
271 与社会的束缚，但此时似乎却深陷日常生活的泥淖而无法自拔，这颇有讽刺意味。

雪莱、玛丽与克莱儿肯定要在伦敦过冬，而且他们基本没有什么能做的事。雪莱每天就是去放贷人那里，有时也写写书、会会友。玛丽在

十一月和十二月似乎一直健康欠佳，自此之后雪莱喜欢带着克莱儿去市内游览，霍格重新出现在他们这个微型社区中，填补了社交缺口。霍格第一次来纳尔逊广场做客是十一月十四日。雪莱发现他变化很大，对自由政治的诸多同情都已不再，而且他的羞赧也为快活的面具所取代，这副面具下隐藏的是世故、睿智和健谈。雪莱在日记中写道："他也许依然是我的朋友，只是我们同情的对象存在巨大差异，他很喜欢玛丽；我此前就认定，这一点是判断他品格的试金石。我们谈论了许多有趣的话题，玛丽的病症也一度消失了。"[43]

霍格分别于十六日、二十日、二十四日和二十九日前来做客，逐渐融入了这个家庭。起初玛丽冷若冰霜，只有在下象棋这样的智力对抗中打败他，她才会得到乐趣。"讨论了美德的话题，霍格搞得一团糟——我能看得出来，他在这一点上思维混乱。"几天之后，雪莱外出了，霍格在傍晚来做客，"我们对热爱智慧、自由意志和必备品质等问题展开了辩论"。霍格慢慢意识到，自己与沃斯通克拉夫特的智慧较量纯属自讨没趣。他十二月一日来做客时，众人谈论了"一大堆事情，但今晚没有辩论"；三天之后，雪莱读到玛丽的日记之后感觉很满意，其中写道："傍晚时分在广场走了几圈。霍格晚上来了。我今晚比以往更喜欢他，但依然害怕他是个迷途的孩子。"假如玛丽将霍格视为孩子，那么他无论是否迷途，一切都很好。不久，他便每隔几个晚上就来做客，"很真诚"，而且回忆起他们早年同游的趣事，这让大家都很开心，例如"对雪莱父亲的有趣描写，尤其是他的视力与结婚的那个上午"。这是十分贴切的内容。[44]

霍格带来了他的一本小说——《阿列克西·海马托夫王子》，雪莱觉得应该坐下来为这部作品写一篇评论。从他九月自欧洲大陆回国直到第二年春天这段时间，这是他为数不多的作品之一。这篇作品发表在一八一四年十二月的《评论》杂志上。雪莱撷取了年轻的王子阿列克西的导师对性道德问题提出的建议，其中霍格的描写很大胆。他严厉抨击 272

了在他看来属于“自由恋爱”的堕落版本，而且从他的论述中可以看出他个人的喜好：

> 不过，他任凭自己的弟子沉醉于乌七八糟的妻妾嫔妃制，这不能不令我们感到震惊与厌恶。作者似乎把为满足野蛮的欲望而进行的无爱情的性交，仅仅看作对于检点与美德的一个情有可原的冒犯。他宣称，与一个有教养的女性倏忽即逝的欢情，有助于心的定型，而在本质上并没有玷污感情。驳斥如此有害而令人作呕的观点，是我们的义务。没有一个男人可以从一个妓女的拥抱中脱身后依然纯洁，没有一个人可以在辜负了一颗满怀希望、赤诚袒露的心灵后依然无辜。无论贞洁、忠诚的要求是什么，也无论朴素、纯洁的爱情生活优点何在，它们是男女任何一方同样义不容辞的义务。[45]

按照正常人的理解，“与一个有教养的女性倏忽即逝的欢情”肯定是对“自由恋爱”的一种合理恰当的描写。但雪莱却在这里对其大加鞭挞。他将着重点放在性关系中平等的、义不容辞的义务上，这并不完全是霍格的重新出现所致。雪莱想起了他与哈丽雅特的往事，他对霍格道德轻浮的谴责中，包含的并不仅仅是自我责备的要素。但是，阿列克西王子的情感教育所产生的影响使他产生了分裂，他在结论部分指出，这篇叙事是“一个没有除去稗草的庭园，致人死命的龙葵与甜蜜动人的茉莉交织在一起”。雪莱赞扬了霍格对女性人物的洞察力，并再次强调道德敏感性的必要。最重要一点在于，必须从亲密的个人关系中摒弃传统道德的原始性与欲望的野蛮奴性。

> 我们发现，作者在描绘倏忽无常的情感和非同寻常的强烈而微妙的欲望时，展现了无以匹敌的新力量。他以独一无二的真实与细腻，洞察了女性性格的特质。我们认为，成功地撰写人类性关系这

一引人关注的题目正需要本书作者这种清晰的思路与天赋才华。不过,即使在这里,不足与缺陷也是巨大的。作者应当使他的作品跳出风流韵事的窠臼,丝毫不沾污秽淫荡的情感,因为它们如同盲目的偶像崇拜,是对神的幻象的膜拜而亵渎了神本身,它是对模本的尊崇,却贬黜了模本仅仅为其象征的真身。[46]

这就是以其特有的方式,对霍格发出了正式的、谨慎的邀请。

就在雪莱创作这篇评论并逐渐让霍格融入自己家中的这一周,哈丽雅特从教堂街给她的老朋友纽金特夫人写了一封信,这颇具讽刺意味, 273
也很令人好奇。这封信于十一月二十日寄出,内容详尽,她最终一五一十地透露了她人生中遭遇的这场灾难。她认为双方在家庭中都有义不容辞的义务。"我亲爱的纽金特夫人,你的恐惧得到了证实。雪莱先生变得恣意放荡、声色犬马,这全都怪葛德文的《政治正义论》。这本书是一株大毒草,它的罪恶罄竹难书。其中包含的错误思想毒害了许多青年和善良的头脑。雪莱先生现在和葛德文的两个女儿住在一起,一个是玛丽·沃斯通克拉夫特生的,另一个是他的现任妻子克莱尔蒙特生的。我此前曾告诉过你,雪莱先生要给葛德文三千英镑。为了让这个计谋得逞,便将他留在葛德文家,玛丽决定勾引他。全都怪她……我亲爱的朋友呀,我在这里等待另一个宝宝降临到这个悲惨世界。下个月我就不能随意走动了。他不会来我这里的。不会的,他现在根本不管我的死活。他从未问候过我,也没有告诉过我他的情况。简而言之,我曾经爱过的人已经死了。他就是个吸血鬼。"[47]

雪莱写给她的最后一封信是要向她索要三十英镑,否则自己就有牢狱之灾。这封信写于十月二十五日,已过了一个月左右。他还没有通知她自己的新地址已改为纳尔逊广场,而且他对她的健康状况和经济状况都一无所知,她的第二个孩子即将诞生。哈丽雅特于十一月三十日生下一个男孩,比她预计的更早。她给这孩子起名为查尔斯。一周之后,雪莱才从胡卡姆那里得到这个消息。用玛丽的话说,雪莱与克莱儿“像往常那样去许多地方散步”,傍晚时分收到了一封便笺。玛丽对此事的反应有点“泼”,这记录在两人合记的日记中。“收到了胡卡姆的来信,称哈丽雅特生下了一个男孩,他是继承人。雪莱写了一些信广而告之,此时应该为此鸣钟,因为这是他的**妻子**所生的儿子。霍格傍晚来了;我更喜欢他,但他对体育的热爱烦死我了。哈丽雅特的来信证实了这个消息,这是**被休掉的**妻子写来的信!! 并告诉我们他已经出生一周了。”[48]考虑到玛丽身怀六甲,她对克莱儿的妒火与日俱增,加之健康状况不佳,经常还得孤身一人待在纳尔逊广场的会客厅中,她的语气倒也情有可原。第二天,雪莱与克莱儿一同出门去见律师,然后又去教堂街看望了哈丽雅特。他们回到家时,怒气冲冲,情绪低迷,还淋了一场雨。雪莱告诉玛丽,哈丽雅特对自己“侮辱有加,而且自私自利”,此外据人们所知,直到第二年四月,他都不想再见到哈丽雅特。

对于最后这次简短的会见,哈丽雅特在四天后向纽金特夫人讲述了经过,她的叙述非常痛苦。“艾恩丝有弟弟了。他已经是八个月大的孩
274 子了,长得很像他那倒霉的父亲,这家伙比以前更加堕落。哦,我亲爱的朋友,让孩子诞生到这个世界上是多么可怕的考验,他是多么地绝望,没有父亲的关爱来愈合伤口。经过如此多的苦难,我的分娩还算顺利,从上午九点一直到晚上九点。他现在非常健康。我已经见过他父亲了;他刚得知消息,就立即赶来看我;至于他对我的温情,现在已经荡然无存。他说他得知是个男孩后,很开心,因为他可以以更低的利息借到钱了。你看看,一个高贵的灵魂就是这样堕落的。现在,他行动的动力是金钱而不是哲学”。[49]她对金钱的叙述还是有一定道理的。如这篇日记所言,金钱确实占据了雪莱白天的大部分时间,而且在他看来,哈丽雅特与两个孩子不过是给他的经济状况平添烦恼而已。

随着圣诞节的临近,他们外出次数有所减少。除了去放贷人派克那里,白天的很多时间都用来读书。他们的阅读书目留存至今,这是令人

震惊的混合书目：政治哲学与恐怖小说。不仅有汤姆·潘恩、葛德文、伏尔泰和玛丽·沃斯通克拉夫特的著作，也有韦伯的《术士》、刘易斯的《修士》，还有布罗克登的《埃德加·亨特利》与他的其他小说，乔安娜·贝利的《戏剧》以及安·拉德克利夫的《意大利人》。他们还读了游记以及约翰·阿道弗斯写的《革命者的生活》。雪莱私下里还阅读了西塞罗、佩特罗尼乌斯的作品及苏埃托尼乌斯的《罗马十二帝王传》。

胡卡姆在这一年秋天出版了华兹华斯的《漫游》，众人传阅之后，不禁皱起眉头表达不满。雪莱依然崇拜华兹华斯诗歌中的精神穿透力，而且他的风格中体现了极为严格的道德准则，在雪莱本人的创作发展中对这一特质的需求也与日俱增。但是，在雪莱看来，华兹华斯在政治上是个叛徒，他背叛了法国大革命，骚塞身上也有同样的烙印。就在此时，雪莱写出一首诗的草稿，最终成为十四行诗《致华兹华斯》。在这首诗中，雪莱同时抒发了自己的钦佩和不齿。华兹华斯的形象曾经反映出雪莱孜孜以求的文学与政治抱负。

讴歌自然的诗人，你曾哭泣着领会：
人世间的一切一旦离去，再不回还；
童年、青春、友谊和爱的最初光辉；
像迷人的梦相继飞逸，留下你哀叹。
这类哀愁我有同感，但有一宗不幸，
你虽也意识到，却只有我独自哀悼。
你曾是一颗无双的星，以你的光明
把寒冬深夜怒涛中飘摇的小舟照耀， 275
你曾超越于盲目、倾轧的滔滔人海，
岿然屹立，似济危避难的石筑楼台；
在高尚的贫困中你把呼声编织成歌，
奉献给真理、奉献给自由——然而，

你竟在舍弃这一切，使我深感伤悲，
至今就是这样，你该终止此等作为。[50]

此诗于一八一六年完稿。从个人与历史的角度，构想出华兹华斯的“背叛”，但这部作品依然不成熟。六年之后，雪莱在意大利还会在另一部作品中重拾这个话题，那时他将真正理解这一点。这就是他最丰富多彩、最才华横溢的讽刺作品之一——《彼得·贝尔第三》。*

霍格迅速在纳尔逊广场立足。他能够迎合老友雪莱的兴趣，很快便帮着恢复了灵异讨论，并使恐怖气氛有所削弱、社交气氛更为浓厚，这更对玛丽的胃口。圣诞节前三天的晚上，他大获成功。“霍格来了，他描述了他曾迷恋的一位女士，她的幽魂在她死后出现在他面前；她是在夏夜的凌晨到来的，而且几乎隐身；她用手抚着他的脸颊，连续几个晚上都来看他；他总是觉察不到她的到来，而且会几个小时不睡，期盼着她的到来。克拉拉幼稚的迷信打断了有趣的对话。霍格在十二点告辞。”玛丽记住了这个故事，数年之后，她写下了这个故事，并与后期创作的其他三个“恐怖”故事一同发表于一八二四年三月的《伦敦杂志》。

圣诞节后的第一个工作日，雪莱记了一篇重要日记：雪莱称玛丽为“甜甜的玛姬”，这是他给玛丽起的几个温馨昵称中的一个，其他的还有“佩克茜”和“榛睡鼠”（因为她总喜欢赖在床上不起来），榛睡鼠是霍格带到这个家里的。玛丽与霍格此时的关系已很亲密，而且雪莱与克莱儿一起去市里时，这种关系恰好可以打发时间。在十二月的最后几天里，他们有几天晚上去听了讲座，讲座设在这座城市的一座研究机构中，做讲座的人是加纳兰，主题为“电、瓦斯和魔术幻灯”。十二月三十日，雪莱与克莱儿“一直到七点都没有回家，他们被锁在肯辛顿花园中；两人

---

* 为了更深入了解华兹华斯的困境，建议读者阅读威廉·海兹利特的《时代的精神》（1824），不过这部作品依然体现出浓厚的共和派思想。

都疲惫不堪”。但霍格这天晚上过来给玛丽打气。[51]

新年的第一周，雪莱的前景突然发生彻底的改变，令人意想不到。一八一五年一月七日，雪莱与克莱儿出门去寻找新的住所，玛丽与霍格则在报纸上看到了比希·雪莱爵士的死讯。胡卡姆几乎立即前来吊唁， 276
令她感到有趣的是，他“很和善”。

雪莱得到消息，不禁喜出望外。老比希的去世一点也没让他难过，反而在经济上对他有重要意义。他很快便搬了家。他在汉斯庄园租了一套面积很大的公寓，这里位于切尔西和肯辛顿的时尚地段。在霍格的帮助下，他们于十日乔迁新居。之后，雪莱便将玛丽托付给霍格照顾，他与克莱儿一同前往菲尔德庄园出席比希爵士遗嘱的正式宣读仪式。雪莱并没有出席葬礼，但路上花了两天时间，途中两人还在肯辛顿住了一晚，并于十三日(星期五)回家和玛丽共进早餐(但要比平时更迟)。雪莱笑嘻嘻地讲述了自己是如何被拒之门外，并称自己于是大张旗鼓地坐在门口的台阶上阅读弥尔顿的《科摩斯》，这本书上还赫然写着玛丽的名字，所有的亲戚和仆人都能看到这一幕。玛丽对这一幕是这样记载的：“打开了遗嘱，将雪莱介绍给惠顿。他父亲不允许他进入菲尔德庄园；他坐在门前阅读[我的]《科摩斯》。布洛克索姆医生出来了，告诉他他父亲对他很生气。看到弥尔顿的作品上写着我的名字。雪莱·西德尼出来了；称这是最与众不同的遗嘱。雪莱回到了斯林福尔德。雪莱与克拉拉启程，当晚抵达金斯顿。雪莱去找惠顿，惠顿告诉他，如果他愿意让渡财产的继承权，他将在父亲去世后获得十万英镑的收入。”[52]继承权问题最终将造成巨大的困难与影响。雪莱一直称自己从牛津退学之日起就希望能分家，他还因此和蒂莫西发生了争执；但此时他的前景似乎一片光明。初步方案要三个月之后才能送到雪莱手中。

在我们拿到手的日记手稿中，一八一五年的头几个星期部分遭到了最奇怪、别有深意的毁坏。从一八一五年一月七日至五月六日，玛丽与雪莱合记的日记本中至少有九个部分遭到撕毁。毁坏的部分均匀分布在一月、二月和四月里；从一月二十四日至二十八日，有两个星期的记录不知所踪；从三月二十九日至四月六日，八天的记录也不翼而飞；从四月二十三日至五月四日，少了十一天的内容。除了上述三个较长的部分外，还有一点值得注意：周末的日记通常容易缺失。总之，从一月至五月这四个月时间里，至少有三十天的日记遭到撕毁。[53]

还有一点引发了人们的兴趣，即其他主要消息渠道的内容突然都变得非常少。在这段时间（一月至五月），雪莱只有七封书信存世，它们都是简短的便笺，而且大部分都是寄给律师的。克莱儿的日记也没有留存于世。在霍格未完成的《珀西·比希·雪莱的一生》中，第二卷（也是最后一卷）在一八一五年仲春便戛然而止，这个节点也许非常重要。剩下
277 的唯一消息来源便是玛丽在一月一日至四月二十六日写给霍格的十一封情书，这表明霍格已经完全被这个家接纳，他成了雪莱最亲密的挚友，也获得了玛丽的表白，成为她的情夫。

一月，霍格定期来做客，通常是每天都来。休庭假期从三月十日开始，他便一直与玛丽、雪莱和克莱儿生活在这个家里，还在这里过夜。[54]从这一天起，玛丽便在日记中公开了对克莱儿的厌恶之情："三月十日，星期五——霍格的假期开始了。雪莱、霍格与克拉拉去了市里。霍格很快便返回。聊天并获益。霍格现在一直和我们在一起。整理了房间。三月十一日——非常不开心。霍格去了市里。讨论了让克拉拉离开；没有达成一致；我害怕此事无疾而终。她不愿去斯金纳街；我看得很清楚，我们家是唯一可去的地方。该怎么办呢？霍格回来了。聊天，霍格大声朗读《戈尔多尼传》。三月十二日——聊了很多。还是不开心，但心情略有好转。整个上午都很安静，很高兴，因为克拉拉一直到四点才起床。"[55]

尽管玛丽很恼火，但雪莱这几个月却一直带着克莱儿外出，他们去市里购物，去律师那里谈判，还在肯辛顿的花园里与蛇形湖附近漫长地散步，行踪不定。假如雪莱与玛丽都同意把克莱儿送走，她是不会留下来的。但克莱儿留了下来，一直到五月这个伦敦男女混居家庭散伙为止。

根据这些情况,我们可以得出结论,毁坏日记旨在销毁对雪莱意图的详细记录,即由一众好友建立一个激进的、一切共有的社区。围绕他本人与玛丽的核心关系,他力图鼓励玛丽与霍格、自己与克莱儿也分别建立第二层亲密关系。一方面霍格接受了这种颇具骑士风度的角色,成为玛丽的倾诉对象与情夫;另一方面雪莱也接受了这种导师般的角色,成为克莱儿的哲学知己和情夫。

在这种家庭实验的外围,还出现了几位来自斯金纳街的人物,他们仿佛卫星一般,其中两位是范妮与克莱儿的哥哥查尔斯·克莱尔蒙特。玛丽在日记中称查尔斯野得很,颇有"克莱尔蒙特家的风格"。还有皮科克,他在情妇玛丽安娜·圣克鲁瓦与无名的女继承人(她短暂地出现在皮科克的人生中)之间左右为难,债台高筑也同样让他大伤脑筋。到了一月,他的处境比雪莱还要糟糕,甚至还身陷囹圄,不过时间并不长。[56]关系再疏远一点的便是教堂街的人们,因为哈丽雅特也得知了比希爵士的死讯。她正全力向雪莱施压,迫其与自己达成明确的法律协议。雪莱始终在焦急地等待两项决定性事件的结果:玛丽的分娩(预产
期在四月)和比希爵士遗嘱的安排。 278

在汉斯庄园的小圈子里,众人的情感发展其实掌控在玛丽手中。一月初,玛丽还只有五个月身孕,但几乎终日卧床不起,最多也只在客厅活动。她在写给霍格的信中称:"你说你爱我——我觉得我将报以炽烈的感情,你受之无愧——但你对我非常好,你还对我说,看到我对你发自内心的感情,令你欣喜不已……你是那样地慷慨、那样地无私,人人都禁不住爱上你。但是霍格,你知道吗?我们俩相知太短,我还不能考虑爱情,因为我觉得**那样**需要时间的考验,我确实认为这样的话我们都会更幸福,要比天使永远的歌唱、简的[克莱儿的]极乐世界中的爱人都更幸福。我们的前景十分光明,我亲爱的朋友、我的爱人,这已经定了,完全依赖于我们自己,我不需要对雪莱和我自己做出任何承诺……"[57]

玛丽以雪莱的口吻写信,也模仿他强调性问题中需要微妙性与敏感

性——“**那样**需要时间的考验”。雪莱一直试图建立第二层伴侣的模式,这体现在几天后寄给霍格的两封便笺中,第一封是玛丽写的。“雪莱与简[克莱儿]都出去了,他们要去许多地方,路途也很遥远,因此我估计他们要很晚才能回来。也许你可以来安慰一位孤独的女士,打发这无聊的时间——但是,我不希望你辜负你的良知……用一个吻来告别,你亲爱的玛丽。”与此同时,雪莱也寄来了一封简短的便笺:“我亲爱的朋友,玛丽希望单独和你谈谈,因此我已带着[此处删除了她]克莱儿出门了。如果你在傍晚之前能回来且有空的话,我是不会打搅你的。你亲爱的 PBS。”[58]

玛丽一来身怀六甲,二来不确定自己是否已沦为雪莱的“弃妇”,故而对同霍格突破男女之大防十分谨慎。一月七日是比希爵士死讯正式宣布之日,玛丽给霍格写了封信。“我对你的感情虽然现在还没有完全如你所愿,但我认为它每天都在向你所希望的方向发展。那么,这样就能给你增添幸福。我只需要时间,除了其他原因之外,还有这个原因(生理[原文如此]的原因,这是必须给我的时间),雪莱也将受此影响,亲爱的霍格,让爱萌生需要时间,这是你应得的爱情,而且终有一天将收获这份爱。”[59]

但是在玛丽憧憬的这幅幸福绘卷中,却没有克莱儿的位置。雪莱似乎确实不计较霍格在自己生活中扮演的角色,但独占的念头已对玛丽产生了强烈的影响。她对三角恋爱关系很满意,但决不能容忍四角恋爱关系。
279 雪莱日后就会发现,这始终是自己社交安排与实验中的难题。到了一月底,霍格重新加入这个社区,名字也改成了他笔下多愁善感的主人公。

> 最亲爱的阿列克西,你今晚回到你的住所时,我希望我的这封信将缓解你的孤独之苦,你可以在睡前读着这封信,亲吻着它。我的阿列克西呀,我知道你爱我有多深,也知道你对我的柔情,一想到我能让你幸福,我就很欣慰。我们都期待着在夏天得到快乐与欢愉,到那

时，树木都绿了，阳光明媚、欢快[原文如此]。最亲爱的霍格，那时我将生下我的宝宝，我们将一起共度欢爱的时光。我要教你意大利语，你是知道的，而且我们要在一起读许许多多书，但我们更大的幸福来自雪莱——我全身心地爱着他，柔情似水，他的生命就在于他眼中迸射的光芒，他整个灵魂完全深藏于他体内。你和他有着真挚的友谊，这令他很是幸福。不行，我们不必这样做，因为我们做的一切都将让他放弃努力，我们要做的是看到他这样——看到他的爱，他的柔情——亲爱的，最亲爱的阿列克西呀，这些就是我心中的欢乐，几乎到了要喷薄而出和潸然泪下的地步，要比看到你眼中漾出的爱的微笑更令人心旷神怡。我一想到我们三人都……

玛丽写到这里戛然而止，此后又继续写完，并简短地加了一句："雪莱与克拉拉现在就在我身旁谈话。有人在给爱人写信时，这样的陪伴可不太好。"[60]

就在玛丽幻想双方都能获得这种极乐之际，就在同一天，哈丽雅特却在痛苦、绝望地给纽金特夫人写信，这也颇具讽刺意味。

我很遗憾地告诉你，我可怜的儿子(查尔斯)病得很重……亲爱的朋友，我心如刀绞。我的悲伤真的看不到头。至于雪莱先生，我对他的情况一无所知。他既没有给我写信，也没有来看望过我。我依然住在父亲家，这种局面实在是难熬。我不知道何时会离开这里。一切都在针对我……在我十九岁那年，要是走进坟墓就好了。我多么希望这两个亲爱的孩子不要出生……雪莱先生需要对此负很大责任。无论是我还是我的家人，都因为他而陷入深重的痛苦中。我是不会再与他一同生活的。这是不可能的。我已经被骗得那么惨了，遭受了那样无情的对待，我永远无法忘记……你觉得结束人的煎熬

> 有错吗？我经常考虑这个问题，一切都那样灰暗、孤独。[61]

哈丽雅特依然没有再嫁，她养育着两个孩子，还要考虑这个冰冷的问题。

一月底二月初，雪莱在汉斯庄园开始创作这段时期唯一的文学作
280 品。他与一位爱尔兰编辑举行了一系列讨论。这位编辑是一位激进人士，名叫乔治·坎农，计划创办一份月报，名叫《神学询问者，或，好辩的杂志》。这些讨论似乎前景渺茫。坎农似乎希望雪莱为这份杂志撰稿并提供资金支持。二十九日，他们考察了坎农的报纸，得出的结论却是他“无比愚蠢”。到了二月七日，坎农又来了，当天晚上就在雪莱家过夜。用雪莱的话说，他是个“庸俗、粗鲁之人”。显然，他的激进思想太富有爱尔兰色彩，令雪莱无法接受：“听到这样一个粗鄙之人谈论哲学着实令人作呕。还是让仁厚的儒雅之士来表达这方面的观点为好。”但是，坎农最终为雪莱提供了意想不到的帮助。在三月至七月期间，他的杂志中发表了《麦布女王》的三分之一内容并附上编者的评论（署名为“伊拉斯谟·珀金斯”），还全文发表了雪莱对天启教的抨击作品《驳自然神论》。[62]雪莱依然迫不及待地要传播他早期诗歌中提出的政治思想。这本杂志宣布，这首诗“是在欧洲大陆云游时”发现的，而且是“著名的科策布”交给本刊记者的，并称他“认为这首诗是过于大胆的作品，以至于无法在英国刊物上发表”。这无疑是不实之词。

二月八日，也许是为了方便在家中吸收新的成员加入，雪莱在汉斯庄园41号又租了一套新的公寓。玛丽十分恼火，健康状况也不佳，胎儿开始给她造成焦虑与不适。九日的日记中这样写道：“一整天都在和雪莱闲扯。晚饭交谈之后，将东西收拾好。写完了给吉本的信……雪莱与克拉拉像往常一样睡了。霍格一直到十点也没来。工作与交谈。雪莱在写信。上床。一团糟……”[63]原稿到了这里就被撕掉了，下面的篇幅已是四天之后了。

二十二日，玛丽突然毫无征兆地临盆，医生来晚了五分钟。生下来

的是个女婴，她非常小，早产了约两个月。雪莱在日记中写道“玛姬的情况非常好”；但都认为这个孩子活不了。尽管如此，她还是能正常吃奶，令人称奇，而且五天之后她看上去结实多了。压力让雪莱而非玛丽精疲力竭。他一直“气色不佳”，而且他的腰部在二十六日第一次出现了有据可查的痉挛，当时范妮·葛德文拉着他一直聊到凌晨三点半。第二天，克莱儿出去买摇篮。这个孩子似乎能活下来，而且玛丽也成功地维系了她与雪莱长久的羁绊。

雪莱决定离开汉斯庄园，搬进另一套公寓，位于皮姆利科，那里更靠近泰晤士河。这里已经变得“很恐怖”，而且房东太太显然决定敲他们一笔。无疑，她对私生子没有好感。三月二日，这个孩子才诞生十天，一 281
家人就手忙脚乱地搬到了阿拉贝拉路 13 号。玛丽与新生儿是三日下午单独搬入新居的，雪莱与克莱儿直到六日还没有搬过去。四天之后，玛丽醒来时发现孩子已经夭折，这孩子似乎发生过惊厥，玛丽大惊失色。她的反应透露出当时雪莱家的很多情况。她立即写信给霍格称：“我最亲爱的霍格呀，我的孩子死了——你能尽快过来看我吗——我希望见到你……你会来吗——你为人非常镇定，雪莱担心乳热——因为我再也不是母亲了，我现在是玛丽。”[64] 当天日记中并没有提到雪莱。“发现我的孩子死了。请霍格过来。交谈。痛苦的一天。晚上读了《耶稣会士的堕落》。霍格在家中留宿。”[65] 四天之后，霍格也搬到了阿拉贝拉路 13 号，玛丽开始逼迫雪莱向克莱儿下逐客令。但是，“在我看来前景从未如此灰暗，尤其是没有希望。这实际上难以忍受”。雪莱至少让克莱儿在报纸上打出首字母为“AZ”的求职广告，却如石沉大海。他们一起读书、品茗，不停地下棋，天气晴好时，他们便步行前往公园或博物馆，或是去埃克塞特市场看动物表演。雪莱在日记中记录了一只美洲豹、一只山猫、几只猴子、一只食火鸡和几只乌龟，还有“一头非常漂亮的羚羊”。羚羊在六年后以闪亮、华丽的形象再次登场：

羚羊

腾空也不如她轻盈，她出现时

神圣的光辉闪耀全身……[66]

葛德文碰巧在笼子附近看到了它们，他后来对查尔斯·克莱尔蒙特评论道："雪莱长得俊美，可惜为人过于邪佞。"[67]与此同时，玛丽也在做噩梦，梦见了她夭折的孩子，还梦见这孩子依然活着。她第一次感受到无法完全摆脱的事物，即哈丽雅特的影子。毕竟哈丽雅特为雪莱生了个儿子。雪莱与克莱儿一同去蛇形湖中放了纸船。

四月十日，雪莱上午和哈丽雅特在一起。哈丽雅特的"心情显得格外地好"，两人讨论了法律协定一事。整个四月，雪莱新聘请的律师 P. W. 朗迪尔都在忙着整理他的诉求和债务，以便交给蒂莫西爵士清偿。二十一日和二十二日，雪莱又去见了哈丽雅特，目的是让他的儿子查尔斯出庭，这是法律手续的组成部分。但据玛丽的日记记载，这次"他遭到了哈丽雅特的奚落"。两人最终达成一致，由雪莱和蒂莫西爵士的律师朗迪尔与惠顿来完成两人之间的协议。雪莱并不打算获得这两个孩子的监护权。

他决定带着玛丽前往伯克郡，在那里度过一个短暂的春假，因为法
282 律手续即将办妥。他们将克莱儿留下来看家。两人于四月二十四日启程，住在磨坊旅馆，它位于温莎附近的盐丘，这里虽然靠近伊顿，但对于雪莱极具吸引力。他们的房间能够俯瞰整洁的小花园，里面长着柏树，四周环绕着白色木桩。霍格的开庭期又开始了，无法与他们同行，但玛丽曾多次轻佻地劝诱他离开伦敦，并称当他的"信件寄来时，雪莱的三行对句贴切地抒发了她的感受——"

"榛睡鼠直着后腿站立

情感奔放，百感交集

这是玛姬的风格,迫不及待地啄食。”[68]

二十五日,雪莱回到伦敦与朗迪尔商谈,他也许当天晚上就在阿拉贝拉路的公寓中与克莱儿同宿。他带回来一个消息,哈丽雅特的律师称“(如果没有达成让她满意的安排)她就要控告他的无神论思想”。[69]这个威胁此后依然会出现,但发出威胁的不再是哈丽雅特,而是韦斯特布鲁克一家。尽管“一只溜出来的榛睡鼠”再次发出恳求,但霍格不为所动。玛丽与雪莱于四月二十七日返回伦敦,他们搬进了新的住所,它位于布鲁姆斯伯里的马奇蒙特大街26号。雪莱提前发出了最后一封便笺,其中提到了玛丽与霍格之间的亲密关系,并强烈暗示这种关系已经突破男女之大防,还暗示玛丽是由两人共享的,至少短时间内如此。“我很高兴又能见到你了,而且我将我们共享的那件瑰宝带走了几天,现在要把你的那份还给你。玛姬知道,你是多么珍惜这件精美的宝物,而且她有时说我有必要离开伦敦,以此来考验你对其价值的判定。”[70]

这次短暂的度假产生的一个后果是,雪莱与玛丽终于达成一致意见,同意将克莱儿送到朋友那里。在这之前的最后几天,他们在五月和煦的阳光中漫步伦敦街头,玛丽依然和霍格在一起,霍格此时被称作“杰斐逊”,而雪莱则与克莱儿在一起,这让玛丽很是气恼。起初他们计划将克莱儿送到葛德文的一个熟人(某位克纳普夫人)家中,最终未能成行。于是他们决定让她直接离开伦敦,待在海边,最终决定送她去林茅斯。雪莱肯定给他一八一二年住过的地方写过信;无论如何,克莱儿都决定独自启程,以此证明自己的独立。五月十二日是她出发的前一天,玛丽在日记中毫不掩饰怒火,“雪莱与那位女士出门散步了。喝完茶之后,交谈;写了希腊字母。雪莱和他的朋友最后一次
交谈”。星期六上午,雪莱独自送克莱儿登上马车,很久之后才回来。 283
下午三点左右,玛丽大起疑心,她怀疑雪莱与克莱儿一同离开了。她

突然间“心急如焚”，火速出门去找他，却找不到，便淋着雨回家了。最后，雪莱在六点半回到家中，他疲惫不堪，吃完晚饭立即就寝了。玛丽写道：“事情完成了。”这一天之后，她就不再记日记了，还加了一句：“为了纪念我们的新生，我开始写新的日记。”这不啻一句墓志铭。就在这篇日记的上方，雪莱以恐怖、诡异的笔触写下一段女巫的菜谱：“九滴人血，七颗火药，半盎司腐烂的脑子，十三条捣成糊状的尸鳖。”但是，玛丽在这段文字的下方加了一句，“玛姬和她的妖精骑士”——这指的就是雪莱。

在他们的新生之日，雪莱的律师与蒂莫西爵士终于结束了漫长的财务谈判。两个因素使局面异常复杂。首先是收集和评估雪莱的债务与遗产抵押贷款，其金额高达数千英镑。其次，蒂莫西爵士与雪莱针对雪莱两笔财产的最终归属产生分歧，此时它们的价值已非常可观。根据比希爵士遗嘱的条款，无法在十二个月内对这些财产做出最终决定，但与此同时，朗迪尔通过对父子俩同时施加压力，推动了临时协议的达成。

就在祖父死讯宣布之后一年零一天，雪莱给葛德文写了下面这封信，指出了问题的棘手之处。“我祖父留下一笔相当可观的非世袭的终身财富的收回权（我想有十四万英镑），条件是我得延长限定继承权，这样我只占有原遗产中非世袭的终身财富。* 这些条件我从未想过要接受，尽管朗迪尔认为这些条件对我有利，并极力劝我抓住时机。拒绝这些条件正合我父亲的利益和心愿。因为一旦我不接受这些条件，将由我弟弟[约翰]继承这笔非世袭的财产。所以朗迪尔和惠顿订了个协议，一致认为我应该放弃这笔财产权，而我父亲，作为对我这一让步的交换条件，应该把我的继承权如数归还给我。根据这一协议的要求，我签约

---

* 老比希爵士与蒂莫西爵士都一心要将这一大片不动产完整地代代相传，而且限定继承权的方式是传统的法律手段，以防家产遭到顽固不化的长子分家。有必要区分以下两点：(a)比希爵士剩余的个人财产，这是以大笔资本的形式存在，而且主要用于劝诱；(b)雪莱将继承的、不可分割的“祖产”，它以不动产形式存在，但前提是他不得对其限定继承且他父亲在他之前去世。

声明放弃我祖父的财产。"[71] 倘若这项协议于一八一六年春如期生效，其效果相当于蒂莫西爵士向雪莱提供一份年金保障，并能自行抵押这片不动产，且最终将在蒂莫西爵士去世后继承雪莱家族的不动产。* 这片不动产的价值能产生每年八千英镑的收入。雪莱在朗迪尔的默许下，达成了这些条款，这主要是因为他对他的父亲隐瞒了一项事实，即他从未打算接受他祖父的遗产作为劝诱，因此就迫使蒂莫西爵士（他极为焦急地要为他的另一个儿子获取遗产）同意比当下更为有利的条款。蒂莫西也同意立即为雪莱提供年金并代为偿还他的债务。 284

罗列债务的过程展现出雪莱快刀斩乱麻的做法。蒂莫西的律师惠顿最终同意清偿两千九百英镑的账单与贷款。但是，其中有一千两百英镑其实是雪莱支付给葛德文的巨款，但这项也被列为债务。此外，雪莱之前只承诺给葛德文一千英镑，他打算将其余两百英镑纳入自己囊中。这也是在一年之后才真相大白，当时葛德文对这笔贷款大发牢骚，雪莱则于一八一六年一月二十三日给他写信，其中大言不惭地讲出了实情："我当时的意见是在与我父亲第二次交涉前（当时预计在 1815 年 11 月），你只能得到一千英镑。我把你偿还一千两百英镑债务之举当作由头，我可以从中得到两百英镑，否则我是得不到这笔钱的。"[72] 对于雪莱列出的债务，另一个奇怪之处在于其债务的笔数并没有最终确定。**

---

* 但是，为了在未来对大约八万英镑的遗产获得无限定继承权，雪莱要为他自己和他的继承人支付高额的代价。他放弃了比希爵士剩余的个人不动产，金额约为七万英镑。因此，假如他当时同意了他祖父的计划，他与他的继承人在蒂莫西爵士去世后，就能获得一片不动产的终身财产所有权（价值约十五万英镑，每年收入为一万四千英镑）。但是，这并不符合他负责任地管理不动产的想法，而且也无法让他尽情地以这片地产为抵押来借贷现金。

** 之后在英国大法官 1817 年审理的案件中，雪莱的申诉是他在 1815 年 5 月的真实债务金额为五千英镑。不管怎样，主要债权人都没有全部拿回欠款，包括特里马多克的威廉姆斯与埃利斯-南内，马车制造商查特斯，还有纳什，雪莱在 1814 年 7 月私奔之前曾从他那里获得了三千英镑的遗产抵押贷款。比希爵士其实提出要偿还对纳什的负债，但偿还的利率要低于他儿子任性借款时承诺的高额利率（本息高达八千英镑）。纳什拒绝了四千五百英镑的还款，因此 1816 年打了官司，雪莱败诉。

清偿债务之后,直接结果是雪莱手中有了一笔不多的资金,这笔钱很重要,但将不动产的最终安排推迟到一八一六年春。雪莱获得四千五
285 百英镑的一次性付款*,并获得了每年一千英镑年金的收入,这笔钱一直支付到他去世或蒂莫西爵士去世。在雪莱一生中,他第一次实现了充分的独立,但一切融资的权力要推迟到第二年才能获得,例如通过不动产抵押贷款或申请遗产抵押贷款。五月十五日,他写信给惠顿,要求从他的年金中拨付两百英镑给哈丽雅特作赡养费,分季度支付。这笔钱看似金额不大,因为艾恩丝与查尔斯这两个孩子的伙食费、服装费或教育费用并没有另行支付,也没有为哈丽雅特提供住房或为其租房。尽管如此,这也占到了他收入的五分之一。哈丽雅特还收到一笔两百英镑的现金,这主要用于偿还上一年冬天产生的账单。玛丽则从大法庭巷的布鲁克斯处收到了汇票,他是雪莱新聘请的银行家。这张汇票可随时兑付三百英镑。克莱儿的待遇是个谜,她独自留在林茅斯。查尔斯·克莱尔蒙特此前一直向雪莱索要一百英镑的差旅补助,他可能也拿到了这笔钱,这样他就能去照顾他的妹妹。对此并没有记录,但到了夏天,查尔斯与克莱儿一起去了爱尔兰。

与此同时,雪莱做了一件几个月来期盼已久的事,那就是遁入乡野。他带着玛丽去英国西南部休闲旅行,六月底,又在托基找了间舒适的住所定居下来。最终,两人逃离了伦敦。但雪莱并没有躲过他自己。

注释

[1]《克莱儿·克莱尔蒙特日记》,页43。

---

* 有一点值得注意,这笔四千五百英镑的现金"馈赠"等同于愿意支付给纳什还债的金额:蒂莫西爵士无疑希望雪莱用这笔钱来还债。纳什冷酷无情地坚持要偿还原先议定的金额,这也许使雪莱父亲比雪莱更为恼火,因为雪莱迅速将这笔钱挪作他用。最终判决于1818年5月作出且有利于纳什,但由于雪莱已离开英国,没有明确证据表明他偿还了这笔债务。最终,雪莱的不动产按照法律规定需要偿还这笔债务:贵族家族的内斗是最优质的生意。

［2］《珀西·比希·雪莱书信集》,第一卷,第二六一篇,页395。

［3］玛丽·雪莱,《玛丽·雪莱日记》,页15。

［4］《克莱儿·克莱尔蒙特日记》,页44。

［5］《珀西·比希·雪莱书信集》,第一卷,第二六〇篇,页395。

［6］同上,第一卷,第二六一篇,页396。

［7］同上,第一卷,第二六二篇,页397。

［8］同上,第一卷,第二六三篇,页399。

［9］玛丽·雪莱,《玛丽·雪莱日记》,页17。

［10］《珀西·比希·雪莱书信集》,第一卷,第二六四篇,页399-400。

［11］同上,第一卷,第二六六篇,页405。

［12］同上,第一卷,第二六五篇,页401-403。

［13］《克莱儿·克莱尔蒙特日记》,页48。

［14］玛丽·雪莱,《玛丽·雪莱日记》,页17。

［15］在这篇日记中,这部分叙述直接引自阿宾杰手稿。但在出版的版本中,通过错误地输入标点,琼斯教授的文本中砍掉了整段话的整体含义。此举使简作出了奇怪的面部表情,并对雪莱作出了可怕的反应。因此在他的版本中,雪莱说:"你有没有读过奥拉的悲剧?""是的。""你看上去怎么这么可怕——别这样看我。"此举实际上颠倒了双方的角色。参见第十章注释1。

［16］《克莱儿·克莱尔蒙特日记》,页48-49。

［17］玛丽·雪莱,《玛丽·雪莱日记》,页18-19。

［18］同上,页20。

［19］《克莱儿·克莱尔蒙特日记》,页52。

［20］同上,页49。

［21］《珀西·比希·雪莱诗集》,页16。

［22］《克莱儿·克莱尔蒙特日记》,页51。

［23］玛丽·雪莱,《玛丽·雪莱日记》,页21。

［24］同上。

［25］同上,页20。

[26]《克莱儿·克莱尔蒙特日记》,页 53。

[27]《珀西·比希·雪莱书信集》,第一卷,第二七三篇,页 412–413。

[28] 同上,第二八〇篇,页 420。

[29] 同上,第二七〇篇,页 410。

[30] 同上,第二七一篇,页 411。

[31] 玛丽·雪莱,《玛丽·雪莱日记》,页 24。

[32]《珀西·比希·雪莱书信集》,第一卷,第二七〇篇,页 410。

[33]《玛丽·W. 雪莱书信集》,第四篇,页 6。

[34]《克莱儿·克莱尔蒙特日记》,页 54。

[35] 同上,页 58。

[36] 同上,页 59。

[37]《玛丽·W. 雪莱书信集》,第四篇,页 6。

[38] 同上,第二七四篇,页 414。

[39]《心之灵》,见《珀西·比希·雪莱诗集》,页 418。

[40] 玛丽·雪莱,《玛丽·雪莱日记》,页 25。

[41] 道登,《珀西·比希·雪莱的一生》,第二卷,附录 A,葛德文夫人写给芒卡斯尔女士的信,页 547。葛德文夫人还告诉我们有传言称雪莱付给她丈夫的资金如下:为玛丽付了八百英镑,为克莱儿付了七百英镑。

[42] 在《克莱儿·克莱尔蒙特日记》中,斯托金对这本日记本的历史与波折进行了一番令人钦佩的概述。(页 3)

[43] 玛丽·雪莱,《玛丽·雪莱日记》,页 25–26。

[44] 同上,页 29。

[45] 雪莱,《散文作品》,页 304。

[46] 同上,页 305–306。

[47]《珀西·比希·雪莱书信集》,第一卷,第二八一篇,页 421,注释 2。

[48] 玛丽·雪莱,《玛丽·雪莱日记》,页 28。

[49]《珀西·比希·雪莱书信集》,第一卷,第二八一篇,页 422,注释 2。

[50]《珀西·比希·雪莱诗集》,页 526。

［51］ 玛丽·雪莱,《玛丽·雪莱日记》,页 32。

［52］ 同上,页 35-36。

［53］ F. L. 琼斯在他编辑的日记版本中指出了这些缺页。最先将这些记录销毁应该是简·雪莱女士所为,时间是在她将日记交给道登以供其写作官方传记之前;道登也有可能参与了此事,但可能性不大。

［54］ 玛丽·雪莱,《玛丽·雪莱日记》,页 40。

［55］ 同上。

［56］ 同上,页 35。

［57］ 玛丽写给霍格的信,《雪莱书信新编》,W. S. 斯科特编(金鸡出版社,1948),页 80。

［58］《雪莱书信新编》,页 81。《珀西·比希·雪莱书信集》,第一卷,第二八三篇,页 423,注释 2。

［59］《雪莱书信新编》,页 82。

［60］ 同上,页 83。

［61］《珀西·比希·雪莱书信集》,第一卷,第二八四篇,页 424,注释 3。

［62］《不灭的炉火》,页 46-52。刘易斯·B. 博亚斯,《伊拉斯谟·珀金斯与雪莱》,载于《现代语言札记》,第七十卷(1955 年 6 月)。

［63］ 玛丽·雪莱,《玛丽·雪莱日记》,页 37。

［64］《雪莱书信新编》,页 84-85。

［65］ 玛丽·雪莱,《玛丽·雪莱日记》,页 39。

［66］《心之灵》,《珀西·比希·雪莱诗集》,页 413。

［67］ 玛丽·雪莱,《玛丽·雪莱日记》,页 42。

［68］《雪莱书信新编》,页 86。

［69］ 同上,页 87。

［70］《珀西·比希·雪莱书信集》,第一卷,第二八七篇,页 426。

［71］ 同上,第一卷,第三一〇篇,页 439-440。

［72］ 同上,第三一四篇,页 445。

第十二章　溯河而上(主教门,1815)

286 一八一五年六月与七月,雪莱在英国的行踪基本不为人知。但现存的证据表明,他对将至的前景产生了强烈的不确定感。此外,他腹部的慢性疾病第一次严重发作,虚劳症状的发生也加剧了这一点,这些都促使他在七月和八月前往威廉·劳伦斯爵士处接受治疗。这位爵士是伦敦知名的外科医师,也撰写过医学著作,他曾就现代进化论撰写过一篇早期的论文。直到八月底,雪莱才给霍格写了一封信,语气镇定,但饱含深情,这颇为奇怪。信中宣布他最终在主教门找了一栋房子,这里离皮科克家很近。他在那里过着平静的生活,与玛丽一同读书和创作。在这几个月里,他经历了一场具有决定性意义的改变,一个改变是他重新投身于创作。另一个是他下定决心,要拥有一座属于他和玛丽的房子,并第二次组建家庭。

做出这项决定并不容易。六月二十二日,他从托基写信给北威尔士的约翰·威廉姆斯,询问是否"有套远离城市的僻静房子可供出租。一旦我的状况许可,我有意买下"。二十四日,他收到了一千英镑年金(分季度支付)的第一笔付款。有了这笔钱,他改变了去威尔士的计划,继续与玛丽蛰居。六月三十日,他给威廉姆斯寄出一封简短的便笺,称计划有变,第二天一早他动身前往托基,“因为在温莎附近,有一个朋友看到了一栋装修精美的房子并对它赞不绝口”。[1]这是他与皮科克通信后做出的决定,皮科克已经住到了马洛,他的房子位于泰晤士河畔。但是,雪莱只告诉玛丽自己准备去找房子,把她留在了克里夫顿。三个多星期之后,她依然以哀怨、近乎绝望的语气给他写信,询问他何时才能找到房
子,还询问何时才能再见到他。尤其令她不安的是,两人到七月二十八 287
日也无法团聚,而这是他们私奔一周年纪念日。她觉得就连在他八月四日生日那天与他见面都希望渺茫,那么只有自己去争取,即独自跳上驶向伦敦的马车,但他显然不希望看到这一幕。她在信中动情地抒发苦恼,并多次表示自己害怕失去他:

> 我们再也不要分开——实际上我们也不应分开——我心情郁闷——我关在自己的房间里,没有甜蜜的爱情——晚饭后也没有雪莱相伴——但我有一大堆非常特别的事情要说——要么你必须回来,要么我必须直接去你那里——你会说我们忘记找房子——可爱的房子?不,我的爱人,我无论如何也不会放弃它的……亲爱的,我知道它是什么样的——我们俩都被一天一天地耽误了,寄希望于第二天就能成功找到。我一想到如此旷日持久,就不寒而栗——你难道没有从中看到我的爱吗。

她又加上了更有气势的几行:“我的爱人呀,其实我受不了这么长时间与你分别——因此,如果你不让我离开——总有一天我会失去它的。”[2]

她之所以如此恐惧,真正的原因出现在这封信的中间部分,这是一段简短而又出人意料的文字:“请告诉我,克莱儿与你在一起吗?因为我询问过几次,都没有回复——但严肃地说,如果你从伦敦写信给她,告知她你在那里且我不在身边,她就会对此感到开心,我可一

点儿也不会惊讶——"玛丽的恐惧有没有根据，我们不得而知，因为克莱儿在当年整个夏天的具体行踪都是个谜。直到十月，雪莱才给她寄去一张十英镑的汇票，她的地址是威克斯福德郡的恩尼斯科西，我们这才知道她肯定和她哥哥查尔斯一起同处爱尔兰。皮科克对此未加评论。

在七月这段时光里，雪莱大部分时间似乎都与皮科克独处，他也去劳伦斯医生那里看病，还安排了房子的事宜。他感受到奇怪的疏远感与空虚感，就仿佛他突然看破红尘与世间无常。皮科克记录的一件轶事似乎发生在这个月，雪莱在当月决定在主教门找一栋房子，并义无反顾地打算与玛丽一同在这里生活。

> [据皮科克回忆]他制订了许多人生计划，其中最不同寻常的就是去教会出家……我们在孟夏时节徜徉在一个小村庄中，这里有一座精致的牧师住所，这栋房子有一座漂亮的花园，黄麻盛开在房
> 288 子的前围墙上，这种植物在当时要比现在更稀罕。他站在那里，欣赏着房子的围墙有好一阵子。当时的情景十分宁谧，村子通往教堂墓地的道路令人心旷神怡，夏日上午阳光和煦，这些因素显然都给他留下了深刻印象，他突然对我说："我产生了去教会出家的强烈冲动。"我说："什么，就你这样的信仰，你要去当牧师？"他说："是否同意其中超自然的部分，这纯属技术性问题。对于基督教的道德教义，我可是忠实信徒，我要比基督教许多道貌岸然的教授信仰更加坚定。"他思考着当牧师所带来的好处，这持续了一段时间。他思索着自己作为学者与道学家的传教工作，作为绅士与生活规律之人的榜样作用，想象着他的个人交往以及在穷人中间开展慈善事业给自己带来的慰藉，在那些穷人得不到其他安慰时，他或许可以常常证明自己是其最有益的朋友。

皮科克以他惯用的略带揶揄的口吻作出回答，称雪莱会“觉得这份工作给他带来的桎梏要大于对他理想的助力”，于是他若有所思地默默走着，然后转到了另一个话题。[3]

雪莱对他生活模式做出的决定，其实就是对他本人的性格与性情所做出的决定。在直面自己某些方面的努力中，在与周围人们建立持久且快乐关系的尝试与失败中，他在一种新型的沉思诗歌中取得突破。从这个夏天开始，雪莱创作的第一首短篇抒情诗歌也许是一首六诗节的诗歌，它的开头是“哦，天地间有大气的精灵”。这首诗于第二年发表，当时的标题很简单，是“致——”。玛丽后来在一八三九年的日记中称这“是他向柯尔律治先生表达的心声，却从未见过此人”。但是，玛丽始终觉得难以接受雪莱深陷于个人怀疑的折磨，这必然会反映在她本人与他的关系。之后雪莱作品的编者通常都认为这首诗必然是致他本人的，持此观点的包括威廉·罗塞蒂与哈钦森。诗行中出现了一句希腊语的墓志铭，引自欧里庇得斯的《希波吕托斯》。* 这首诗明显带有心理内省的印记，并力图实现哲学的平衡，这一点与他一八一五年夏季与秋季创作的所有诗歌相似。随之而来的是这首诗的韵律与辞藻具有平衡与简单的特点。它还采用了挽歌般的语气，这是对昔日生活方式的追忆，因为诗中回忆了他自身不断发展的人格中的某些特点并竭力要加以理解。在整首诗中，使用了鬼魅精灵世界的意象，并在全诗的开头 289
予以确认。

---

* 这是合唱的抒情部分，它为希波吕托斯的命运而哀叹，引自从第 1144 行开始的数行：

悲伤的母亲，你生他的辛劳全成泡影！
我对众神感到愤怒。
美惠三女神呀，你们为什么要让他离开
无辜地离开他的故乡，
离开他父亲的家园？

哦，天地间有大气的精灵，
　有儒雅而斯文的鬼魅，
有吹拂晚风的仙妖，眼睛
　像黄昏林间星光一样美。
去会见这些可爱的灵物，
你常踽踽而行离群独步。

和山间的清风与淙淙流泉，
　和月下的海洋，和这类
不可理解事物的喉舌交谈，
　得到一声应答便感欣慰。
然而，像摒弃廉价的礼品，
它们却摒弃你奉献的爱情。

你又在明亮如星的眼睛里
　搜寻并非为你发的光辉——
那财富另有所归；妄想的
　牺牲！仍在为相思憔悴？
仍在期望热情相迎的双手、
音容和唇吻满足你的企求？

此时，这首诗突兀地转向了自己，思考生活在封闭和精神孤独中产生的危害，即纯粹在“你的心灵”之中。雪莱后来在秋天创作的《阿拉斯特》充分挖掘了这一主题。但在这首诗中，只是引出了僵局（deadlock）这一可怕的意象，从他很久以前最早的诗歌与经历中汲取而来。这个意象就是敌人在无情地追踪。

是啊，不贞的笑已经消失，
　它们的虚伪已使你心碎；
明月的华光已死，黑夜的
　梦和鬼魅也都远走高飞；
你的灵魂，仍然忠实于你，
但是历尽辛酸已化为厉鬼。

这厉鬼将以它的恐怖永远
　像影子伴随着你，切勿 290
梦想驱除：这疯狂的愚念
　会陷你于更难堪的痛苦。
安分吧既定的命运虽阴暗，
改变却只会加深你的灾难。[4]

鬼魅，梦境，追踪，难以实现人与人之间的稳定关系，在孤独的、“既定的”命运中暗藏着恐怖与毁灭，这些都是雪莱在这一年将要探索的。

与皮科克在马洛同住了约四个星期之后，他决定在主教门附近找一栋房子定居。八月三日，他签署了租赁协议，租下一栋整洁的两层木屋，房子有一个小阳台，还有用格子架支撑的门廊，门廊位于温莎公园的东侧入口附近。不到一个星期，玛丽就从克里夫顿赶来和他团聚，他们过着安稳的生活，安静而有规律，每天的生活与书相伴，时而到河边漫步，时而去大公园的山洞里探险一整天，山洞覆盖着一层叶子。雪莱在这里养成了他在户外研究学习的习惯，他一连阅读几个小时，身边是成堆的书，每本书都摊开。首先，他读了一些体量较小的书籍，但都是经典著作，主要是卢坎与西塞罗所著。之后开始教玛丽拉丁语，他每天教她一段《埃涅阿斯纪》。到了月底，他给霍格写了一封信，称“自你走后生活正常,没再受什么事情骚扰。在劳伦斯的照顾下,我的身体明显恢复。身体不再持续疼痛,所以能够不断有效地学习”。[5]

但是,这种疏离感依然存在,近乎幻觉。雪莱评论了一位疯狂的传教士,霍格曾在巡回法庭上见过此人。雪莱笼统地评论了野心的幻象,就仿佛在自我沉思。“然而谁不是在追求这种幻象呢?谁不是在把最好的时光用来追寻梦想,而醒来却发现自己的错误并因死亡的临近而悔恨不已呢……即使统治数个民族的人都在疲于追寻最空虚的梦幻。他们所追求的荣誉与权势,无论在追求中,在得到后,还是在事后回想时,都不会给他们带来享受。带给最文明的行骗者和破坏者的名望到底是什么呢?”他以一副泰然处之的态度对政治发表了见解,尤其是对拿破仑欧洲征战的最终结果。“考虑到目前的政治局势,我努力想摆脱一时的激动,把它们看作是以往的历史。但这很难。无视我们自己,我们周围的人在用他们的想法影响我们,禁止我们冷静地旁观现实事变所引起的问题。”尽管他后来写过一首十四行诗庆祝波拿巴的失败,但很难相
291 信这番话出自一位二十三岁的政治激进分子之口,更何况他选择与玛丽·沃斯通克拉夫特的女儿同居。在写给霍格的这封信中,还有一点也很特别,即他居然闭口不提玛丽。而霍格在这一年春天一直住在他家里,和家里的成员关系都很亲密。

这封信的结束部分相当于一首挽歌。“已到八月底了。树叶已经失去夏日的光泽。再次见到你时,树叶将在秋风中婆娑凋落。这就是世间的生命。爱你的——”[6]

最终,一次意外的荡舟之旅成功地将雪莱从老僧入定般的状态中唤醒。这是在九月的前两周,它由皮科克组织,玛丽和查尔斯·克莱尔蒙特也参加了这次活动。他们决定要尽力前往泰晤士河的源头,于是皮科克逼得雪莱不得不放弃了严格的素食主义生活方式。皮科克说那样太不方便了,给他吃了“羊排,胡椒加得很入味”。一行四人乘坐一艘驳船从老温莎出发,整个旅行耗时十天。查尔斯给克莱儿写了

一封长信，信中描写了他们的旅程。天气很热，河水蜿蜒曲折地穿过了白垩山、树林和牛津郡的唐斯地区。一天晚上，一行人抵达牛津，寻觅到住宿的地方，雪莱第二天带着众人游览了他当年斗争过的地方。在这次“追寻逝去的时光”①的旅程中，他与大家齐聚显得格外开心，也很开朗。查尔斯告诉克莱儿，“我们看到了牛津大学博德利图书馆和克拉伦登出版社，还漫步了各个学院的四方院建筑。我们参观了两位著名无神论者的寝室，他们就是雪莱与霍格（我们很高兴地发现，现在的住校生都不愿意住这两间寝室），孜孜不倦地做过无数次炼金术士般的实验，探究人类知识的确定的、自然的边界”。[7]也许，雪莱在这一天说的话首次为玛丽的小说构思奠定了基础，这是一个故事，主人公是信奉“无神论思想”的学生，他在一所著名大学的内部秘密行事，一心要创造恶魔般的生物。

他们当天傍晚回到了驳船，继续向格洛斯特郡的莱奇莱德进发。经过这个城镇之后，泰晤士河就要蜿蜒曲折地通向位于科茨沃尔德的源头。众人轮流划船时，一个特别的想法深深吸引了雪莱，他开始半是诙谐半是认真地谈论起这次远行，要将它扩大为整个英国之旅。“我们在航行途中想到了一个主意，那就是到了那里也不要停，沿着连通泰晤士河的运河，径直前往塞文，所以我们要顺着这条河前往它的源头。雪莱在最疯狂的时候，竟提出到了那里也不要停；他甚至提议途经运河和其他水路驶离北威尔士，前往内陆地区游历，要前往德汉姆与湖区，要前往特威德，然后去福思，一直到克莱德的瀑布才能休息。等我们回去时，我们应该会行驶两千英里。”[8] 292

结果，一行人交不起二十英镑的塞文运河通行费，而且在莱奇莱德的河面上，“水草长得又高又密，我们三人拼尽全力也无法让船前进一英寸”。在其他三人卖力撑船时，玛丽一本正经地端坐在船上。据

① 原文为法语 recherche du temps perdu，也即普鲁斯特的小说《追寻逝去的时光》之标题。

皮科克回忆，“过了英格莱山姆-威尔之后，我们没有行驶多远，一个孤零零的水闸悬挂在一条铁链旁，在风中摇摆，发出沉闷的嘎吱嘎吱声。我们的航行戛然而止，因为有一群牛全都站在小河中间，水的深度几乎只没过牛蹄”。[9]于是，一行人掉头，小船静静地顺流而下，再次驶向莱奇莱德，途中九月的日头炙烤着众人。雪莱继续谈论着永无止境的河上之旅。多年之后，皮科克在一八三一年深情地怀念起昔日的岁月，脑海中浮现出一幅画卷，这化为他在《科罗切特城堡》中描写的疯狂的河上航行。“菲尔波特先生将独自一人躺上几个小时，听着船头附近传来的汩汩水流声，有时会用他对巨变的思辨来启迪同伴，这将是一场全球范围的巨变，使蒸汽机在河上航行。他勾勒出蒸汽动力船在湍急的河流上颠簸行驶的路线，这些地方要么还属于化外之地，要么就长期荒无人烟；密苏里河与哥伦比亚河，奥里诺科河与亚马逊河，尼罗河与尼日尔河，幼发拉底河与底格里斯河……在新世界遮天蔽日的森林下，或是在旧世界古老的遗迹中；穿过了巴比伦的土墩，或是走过底比斯的巨大神庙。”[10]

虽然雪莱在公开场合给大家带来了欢笑，也表现为异想天开的古怪之人，但他私下里也在思考怎样将河流的意象转化为一种类比、一种诗学隐喻，以用于完全不同的旅程。这就是迈向往昔之旅，前往他内心人格之旅。无论是在英国，还是日后在意大利，在众人面前的戏言与个人诗学冥想的结合将反复出现在他创作前的状态中。在九月的一本钞本中，他信手写下许多潦草的笔记，力图界定某件事物，他暂时将其称为“心灵的科学”。其中一段笔记论述了他多年前首次提到的一个想法，当时是一八一二年，他在写给葛德文的信中提出了这个想法：

> 倘若人能够自己忠实地记载自记事起的历史，那么，一幅从未公之于世的画面就呈现在人们的眼前，一面使人们得以目睹自己映像的镜子就被树立起来。在暗淡朦胧的视野中，人们看到了自己阴

> 影般的希望与恐惧，那大胆的、他们所渴望而不敢正视的一切。然而虽说不无困难，人的思维却可以造访记忆所居住的错综复杂、蜿蜒曲折的一间间居室。人的思维犹如一条河流，它迅疾的、永恒的水流源源流溢出来——犹如一个怀着恐惧的人，急急地加快脚步，穿过幽灵出没的幽僻之所，不敢回头张望……倘若我们能够不止一 293
> 次造访我们已访问过的记忆的居室；倘若当我们到达那里的那一刻，我们就能够明确地描述我们所体验的一切；倘若从感知到反思观照——从一种消极的、被动的感知状态步入自觉的沉思默想——不是那般令人目眩眼花，那么骚乱不定，那么分析人类意识也许就不会这么艰难了。[11] *

在这种沉思的心境下，雪莱与同伴们一同回到了莱奇莱德，他们在这里一座远离尘嚣的小旅馆中住了两个晚上。玛丽开始写这次旅行的日记，雪莱则在傍晚独自一人徜徉在教堂墓地，开始创作这一年的第二首诗歌。无论是冷静、反思的口吻，还是开头几个诗节的节奏，都充分体现出格雷的风格，也与十八世纪的其他墓园诗歌产生了共鸣。不过诗中对五音步抑扬格进行了灵活而自由的塑造，并对傍晚、寂静和黄昏采用了直白的描写（就仿佛它们真的是巨大的、漂浮的人物，宛如中世纪庆祝游行中出现的人物），这也让人看得出《夏日黄昏墓园，格洛斯特郡莱奇莱德》并非写于五十年前。

---

* 无论是这篇文章，还是同时期创作的其他散文片段，都引自雪莱的作品集，它写在大号书写纸上，藏于牛津大学博德利图书馆雪莱手稿。位置在 c.4，文件夹 21–23。雪莱从未对它们正式编辑或写过标题。雪莱夫人后来将它们整理为两个标题分类，其中包括雪莱梦境中反复出现的片段。分别是《形而上学沉思录》与《道德沉思录》。这些作品明显围绕一个核心主题展开，即研究心理的变化与发展——两类作品都指的是笼统的社会生活，但具体指雪莱自身的生活——因此，将它们都归入另一个标题更合适些，这也是他的原话："心灵的科学沉思录"。

遮掩那落日余晖的雾霭已被风
从浩瀚无垠的辽阔天空中吹散，
失血的黄昏围绕着白昼的惺忪
倦眼把金发编成越来越暗的发辫；
寂静和晦暝，虽不为人们喜爱，
正从远方的幽谷悄悄携手而来；

向离去的一天施展它们的魔法，
围困着大地、空气、海和星辰；
声、光和运动都承认威力强大，
并且以自身的神秘力与之呼应。
风住了，否则就是钟楼上的草
对风过时的轻柔运动未能知晓。

最后两个诗节，诗句的律动加快了，雪莱对敏锐感知力的异常状态，对盘桓于思维边缘的潜在恐怖之力都颇为熟悉与关注，并体现于最后两
294 个诗节。这些力量出现了明显的“柔化”，而且将这段经历微微戏谑为“好奇的儿童”的游戏，虽然富有美感和吸引人，却也反映出不同寻常的温暖与安全感，这是玛丽、皮科克与查尔斯在此次旅行中陪伴他身边时带给他的感受。这也许是他写过的最轻松、最和谐的诗歌。

死去的人们熟睡在他们的墓穴，
熟睡着腐朽；一种悦耳的音响，
若有若无，从他们生蛆的床位
散发到四周一切有生的物体上，
并且混入了沉默的天、寂静的夜，
令人敬畏的安谧无声却可感觉。

被赋予庄严和安宁的死亡也像
这恬静的夜，温柔而毫不恐怖；
像一个在墓园玩耍的好奇的儿童
我也想着：死神向人的耳目
确实隐瞒了神秘的好事，不然，
定有最美的梦永伴沉寂的长眠。[12]

一行人于第二天清晨六点出发，顺流而下，四天后（9月10日）又回到了老温莎。查尔斯在写给克莱儿的信中称："但是雪莱的变化非常明显；他现在呈现出秋天的红润、健康肤色，而且身材比原先胖了一倍。"[13]皮科克称"他……卖力地划着船，非常开心、兴致很高，洋溢着动物般的情绪，而且他这个星期肯定欢乐无比"。皮科克喜欢将这种现象归功于自己让他吃了羊排。

雪莱回到主教门的家中，便向伦敦和爱丁堡的书商寄出了古典作家与哲学作家的购书单，他静下心来，以全新的决心围绕《心灵的科学沉思录》展开思辨。他写道："让我们看一下事实，让我们在自身伟大的探究中，毫不犹豫地驱策意识对它进行一场不折不扣的思考。当我们对有关外在客体的学问进行思考时，我们并不以假想、归纳、演绎推理而满足，那么，在对意识的种种现象进行思考的过程中，让我们也认认真真地选择那些无可置辩的事实。在这方面，形而上学显然将占有相对于其他任何学科的优势。因为每一个探索者只须专注地审度自己的意识，就可以探测出任何关于此题的论点所赖以支撑的证据……我们可以对形而上学下这样一个定义：对属于人的内在天性或与人的内在天性相关联的事物的探究，就是形而上学。"[14]文中强调极为务实的探索心理现象， 295
雪莱显然在迈向客观心理学的概念，除了哲学家大卫·哈特利的著作外，这一概念基本上尚未流行。* 他本人意识到，需要某种新的说明性术语，但他却不愿提出这样的术语。“形而上学这个词语长期以来一直用于表述对心理现象的探寻，公正地说，可以将其视为运用另一种探寻方式。但是从词源学的角度考虑，它依然不适合表述心灵的科学。”[15]

雪莱首次尝试利用自己的认识，即“我们自己成为我们所思考的课题中证据的保管人”，这使他对自己的梦境展开分析。他称之为“与睡眠、苏醒有关的梦幻现象”。此时他醉心于不停地研究心灵中“黯淡朦胧、影影绰绰”的洞穴，他使用的是散文而非诗歌的形式。“让我们回顾一下我们的婴儿时代，并尽可能忠实地叙述一下有关睡眠的情形。首先，我必须忠实地描绘一幅我自己的睡眠所特有的画面……我将谨防我所陈述的事实有任何虚假或夸大的成分。”在“与睡眠、苏醒有关的梦幻现象”这部分中，主要的关注点是它以戏剧化的方式，证明了雪莱的发现，即很难对自己展开分析以追根溯源。

在叙述第一个反复出现的梦境时，雪莱的评论着墨不多，“那并不完全是通常所称的梦境，那是一个孤零零的意象，与一切其他意象毫无关系。我梦见一个与我在同一所学校接受教育的年轻人”。他仅仅评论称自己“在两年或不止两年的时间里”多次梦见他，并称每当听到他的名字时，自己都会立即想起做过的这些梦和梦境中出现过的地方。这个梦境显然是指他早年在西翁学院中留下的浪漫回忆，这也使他想起曾看过的佛罗伦萨乌菲兹美术馆中的雕像。**

与此相反，他讨论的第二个梦境却引发了特别的评论，这是他创作

---

* 大卫·哈特利（1705–1757）在剑桥大学接受教育，他是医生、医学作家和哲学家。他的代表作是《对人，人的结构，人的责任和人的期望所作的观察》（1749），这也许是第一部用英语撰写的心理学著作。他提出了有关心灵感应（可能注定要复兴）的理论，这很令人好奇。他还依靠“思想的联想”对个体道德提出了著名的理论。他对后世的许多作家都产生了影响，包括华兹华斯、柯尔律治和 J. S. 穆勒。雪莱 1812 年夏首次在林茅斯读到哈特利这部代表作。

** 三年之后，雪莱最终在他的译著《会饮篇》（1818）的前言中接受了这个梦境中的性含义。

过的最奇特的作品之一。

> 我曾目睹一些景象,它们与我自己天性的模糊朦胧部分之间有
> 着亲密的、不可思议的联系,这种联系以不可抗拒的力量深深打动
> 了我。我目睹过的一幕景象,在我的思想中并未产生非同寻常的效
> 果;许多年后,我仍梦到这一幕。它盘桓于我的记忆中,出没在我的 296
> 思想里,时隐时现,若明若暗,带着一种与人类情感相联的事物所具
> 有的执拗,我又一次实地领略了这一景致。梦境并没有游离这风
> 景,风景也没有脱离梦境,风景与梦境两者同时出现才能唤起的情
> 感,又一次在我的心头涌起。然而,我亲身体验的这类事件中最令
> 人惊奇的,发生于五年前的牛津。那时,我正与一位朋友在牛津城
> 附近散步,边走边同他进行热切、有趣的交谈。突然我们绕过一条
> 狭路的拐角,这时,道路高高的斜坡与树篱所遮掩的景色一下子显
> 现出来:一架风车,立于一块为石墙环绕的草地中,草地因积水而
> 泥泞;一片高高低低、起伏不定的地面从石墙处一直伸展到我们脚
> 下的路边;风车后面是一片绵长、低矮的山丘;一层灰色的云彩均匀
> 地铺在傍晚的天空中,那是最后一片叶子刚刚从凋零的榉树上飘落
> 的季节。这无疑是一幕普通的景象。那个季节,那一时辰也是一个
> 点燃不起想象力之火的枯燥的季节与时辰。这是一个温和的、平淡
> 无奇的客体的聚合,这样的景象一般只会驱使想象力在傍晚的炉火
> 边和冬令的水果、美酒边,从严肃、宁静的谈话中觅得慰藉。然而,
> 它在我身上所产生的效果是出人意料的。我突然忆起,在很久以前
> 的梦中,我见过与此一模一样的景致……

手稿写到这里戛然而止,文章就此结束。雪莱加了一个惊人的注释:“我被迫在此中断,为战栗的恐惧所征服。”玛丽在后来加的编者注中评论称:“我记得很清楚,写下这以后,雪莱走到我身旁,面色苍白,神

情不安，他试图在与我的交谈中寻求避难地，以摆脱他心中激起的恐怖情感。正如这些断简残章所证明的，没有人具有雪莱这种敏锐的感知。”[16]

这次离奇事件显然使人们想起了一八一〇年秋与霍格的一次散步，但它很难解释。霍格的《珀西·比希·雪莱的一生》并没有提供任何线索。而且在风车的意象中，它的叶片向外伸展，映衬在一片绵长、低矮的山丘和灰色的天空背景下，这个意象并未出现在雪莱其他任何作品中。这种“无拘无束的思维”的本质，唯一的线索就是雪莱之前曾对“与人类情感相联的”事物所具有的执拗性发表过评论。可能是此次水上之旅途中重访牛津，勾起他对霍格的强烈感情的回忆，并引发了强烈的反应。

尽管受到了意外的挫折，雪莱依然在这个月底给霍格写信，告知此次水上之旅给自己带来的好处，并称自己此时正忙于写作。“这次旅行散心使我的身体受益匪浅。长时间的情绪低落和烦躁已不复存在。我
297 每天可以连续学习六个小时。最近我制订了几项文学计划。如果我的心情好，这些计划有望在冬季完成……东风——秋天的风——刮个不停。现在树叶已随风凋落。何时我们才能等来你的光临呢？”[17]从十月开始，霍格便从伦敦步行前来做客过几次，而皮科克则经常从马洛步行前来。如果他们没来，雪莱便独自陪伴玛丽。

自雪莱与哈丽雅特结婚之后，这是他第一次连续数日与另一位女性独自生活。这本身就是决定性的变化，并表明两人产生了越来越成熟的感情。玛丽再次怀孕，她可能直到七月底才确定此事，预产期在第二年年初。玛丽很容易适应雪莱勤勉的作息规律。他一连几个小时独自待在温莎公园，玛丽也不打扰他，并且与霍格和皮科克相处得都很好。这两人始终对她有些敬畏，她在乘船旅行时就是个一本正经的知识分子形象。她继续在雪莱的指导下研究拉丁语作家。到了晚上，他们便互相大声朗读给对方听。雪莱本人此时正在皮科克的鼓励下，首次开始专注地

研读希腊作品,尤其是埃斯库罗斯与欧里庇得斯的著作。皮科克已经能流利地阅读和翻译他们的作品,并将它们推荐给雪莱,供他借阅。霍格称这一年的冬天“具有纯粹的雅典色彩”。

据皮科克回忆,“一两个人拜访了他”,但他们并不受雪莱待见,他也没有邀请他们再来。唯一例外的是他请来的一位内科医生,此人是斯坦斯的蒲柏医生,是位贵格教徒。这位知名的老绅士来过不止一次,他过来并非给人看病,而是做客。他喜欢与雪莱讨论神学。雪莱起初回避这个话题,称这位医生不会喜欢自己的看法,医生却答道:“雪莱小友,我就喜欢听你的谈吐;我觉得你的思想异常深邃。”[18]雪莱天生就对古怪的医生和智者心生敬意,而且他性情中存在热情的、清教徒式的倾向,两人建立起友谊也就不足为奇。

尽管存在这些干扰,雪莱依然在探索心灵的洞穴。此时,他显然发现前方的道路已被堵死。他直截了当地叙述了自己的感受与梦想,这番叙述带有自传色彩,同样,他在更为正式的一种哲学随笔文中再次阐述这些问题。这些做法同样收效甚微。他写了一篇题为《论生活》的随笔文,篇幅为两千单词。他在这篇文章中既对贝克莱的理想主义与休谟的怀疑主义作为哲学体系之间的区别发表了学术性阐述,也做出了范围更广、半诗歌化的表述,他尴尬地在这两者之间切换。“什么是人生?我们的思想与情感,有意识的或无意识的,都会在脑海中涌现,而我们便运用言辞来表达它们;我们降临到世间,然而,呱呱坠地的时刻早已被我们淡忘,婴孩时代不过是记忆中破碎的残片。我们活下来了,可在生活中, 298
我们失却了对生活的领悟。如果以为透过我们的言辞便能洞穿人生的秘密,这是何等地狂妄自大!”[19]但是,此举仅仅是放弃这个问题,承认它是无法解决的,并且除了抛弃一种简单的唯物主义哲学(他从未真正信奉过这种哲学)并对哲学评论著作(他后来总是支持其中的观点,这就是威廉·德拉蒙德爵士的《学术问题》)发表看法之外,这篇随笔文并没有让他取得更深入的研究成果。* 在这篇随笔文的结尾，雪莱再次发现，自己回到了过去，并且事发突然且出乎意料，因为这与过去的事件联系甚少，雪莱能够对这种“不正常的状态”加以界定，在他看来这似乎是一把打开自我认识和艺术创作之门的钥匙。

> 我们不妨回想一下儿时对事物的感受力。那时，对于世界和自身，我们抱有怎样独特而热切的理解啊！今天，许多当初对我们至关重要的社会情境已时过境迁。不过，这不是我执意对比的要点。那时候，我们并不像今日这般习惯性地在我们的所见所感与我们自身之间划一道分界线，似乎它们两者已经融为一体。就这点而言，有些人永远是孩子，他们沉湎于一种梦幻状态，在这种“出神入化”的状态下，他们感到天性仿佛已溶解于周围的宇宙中，或者周围的宇宙已经与其自身同化。他们意识不到任何差别。这种状态往往是对人生热切而生动的理解的序曲、间奏或尾声。随着人们年龄的增长，这种力量渐渐衰退，变成机械性的、习惯性的力量。[20]

识别这种“遐想”(reverie)式创作状态，并将其与童年状态的延续和成年生活中“强烈”体验的培养相联系，这是惊人的个人发现。虽然上一代诗人业已发现了这一点，例如华兹华斯与柯尔律治。但是，这并没有令雪莱满意，因为这随即产生了两个问题。这种自我陶醉式的遐想状态在多大程度上具有真正的创造性或者说真正有价值呢？在他本人的独特

---

* 威廉·德拉蒙德(1770？-1828)，他是随笔文作家与业余地理学家。《学术问题》第一卷发表于1805年；计划出版的第二卷从未问世。德拉蒙德研究了笛卡儿、牛顿、洛克与休谟的著作，并以批评的眼光概述了斯宾诺莎与康德的成果。他对思想的阐述堪为挥洒宏论，具有绅士风度，并体现出浓厚的英国怀疑主义风格。但是，他对于所处的时代愤世嫉俗，因而无法赞同柏拉图与卢克莱修，这一点尤其吸引雪莱。德拉蒙德在这十年身处意大利，并最终在罗马与雪莱相会。他当时正在研究火山。

性方面达到了怎样的程度，即将他的经验与他人和全社会的经验割裂到怎样的程度？实际上，就是“你的灵魂，仍然忠实于你，但是历尽辛酸已化为厉鬼”这种状态达到了怎样的程度？ 299

雪莱正处于最前沿，这立即引他迈入了心灵的原野与溪涧，他在诗歌《阿拉斯特》中作了描述。他在第二篇随笔文《论爱》中，最后一次以散文的形式进一步展开了探索。这与之前的作品有所不同，他在想象中至少与一位具体的读者展开了对话，此人无疑就是玛丽。*

还有一点不同，他时常使用的措辞实际上与《阿拉斯特》的前言相同，人们可以认为他已在创作这部诗作的某些部分了。这是最后一次以散文形式所做的尝试，它非常简短，篇幅不到一千个单词，并且在开篇体现出雪莱特色的直白，当时他追踪了他所希望表达的内容：“我不知其他人的内心结构，也不知你们——我正与之讲话的你们的内心；我看到在有些外在属性上，别人同我相像；感于这种形似，当我诉诸某些应当共通的情感并向他们吐露灵魂深处的心声时，我发现我的话语遭到了误解，仿佛它是一个遥远而野蛮的国度的语言……你垂询什么是爱吗？当我们在自身思想的幽谷中发现一片虚空，从而在天地万物中呼唤、寻求与身内之物的通感对应之时，**受到我们所感、所惧、所企望的事物的那种情不自禁的、强有力的吸引**，就是爱。”在富有吸引力也富有同情心的宽泛的“共同体”概念中，雪莱明确说明了人类的某种方向，他自己对爱情的想法就顺着这个方向发展。其中体现出明显的、特别的个人主义。

> 我们影影绰绰看到的仿佛是完整自我的一个缩影，它丧失了我

---

* 《论爱》与《论生活》这两篇随笔文的创作日期尚无法确定。雪莱在英国和意大利都反复使用多本钞本。例如，在牛津大学博德利图书馆馆藏雪莱手稿，位于 e. II 的钞本中，就包含了《论爱》（页 1–9）和《解放了的普罗米修斯》前言的草稿（页 56–61），但这两篇作品并不是同时期创作的。最终，根据风格、语气和论证的缜密性等重要因素，认定这两篇随笔文的创作时间为 1815 年夏，同时，这些材料与《阿拉斯特》在前言中所讨论的材料具有相似性，这也是决定性的证据。

> 们所蔑视、嫌厌的成分，而成为尽善尽美的人性的理想典范……这一精魂同渴求与之相像或对应的知觉相关联。当我们在大千世界中寻觅到了灵魂的对应物，在天地万物中发现了可以无误地评估我们自身的知音（它能准确地、敏感地捕捉我们所珍惜并怀着喜悦悄悄展露的一切）……就是爱所要达到的无形的、不可企及的目标。[21]

这篇短篇随笔文是为玛丽而写，它已经从个人角度承认了两人之间存在隔阂。雪莱以散文的形式，尽可能深入地探索了自己心灵的洞穴。
300 他正探索利用诗歌所具有的更正式、更疏离的特点，创作无韵体诗歌《阿拉斯特》，篇幅为七百行，他创作生涯中的第二首长诗。这是他数月来的自省与自评最终取得的成果。他本人作为“诗人”，对一八一四年发生的事件的内在意义作出评论。具体来说，这首诗的主题是展现不断发展的心理状态。雪莱写道：“题为《阿拉斯特》的这首诗，可以看作是有关人类心灵一种最耐人寻味的状况的寓言。”玛丽在此后加的编者注中精辟地写道：“这首诗的教诲性高于叙述性。”尚不清楚雪莱完成初稿和修改所用的时间，但其中很大一部分篇幅是他在户外研习时创作的。九月和十月，他就坐在温莎公园的橡树下创作这部作品。

这个故事的整体框架取材于那喀索斯与回声女神厄科的神话。文中的“诗人”是一位青年，他寻找理想的优美形影，这最终使他走进了坟墓。这就是人生的仪式。在旅途中，他得到了一位阿拉伯女孩的帮助，这位女孩为他倾倒，却遭到他的无视。在夜晚的梦境中，他产生了活色生香的幻象，梦见一位令他心仪的女子。但是，他却无法在现实中实现自己的梦境，于是乘小船踏上了水上之旅，旅途十分艰险，希望渺茫，他穿过了奇幻的景色与洞穴，一心要寻找梦境中的倩影。他既是追求者，也是被追求者，他受无法实现的欲望所折磨，变得病恹恹、老态龙钟，穿过了越来越离奇、越来越恐怖的地方，最终发现他在凝视着自己倒映在池塘中的影子。

他的眼睛
透过反映出的发丝，从这一眼
静止的幽深泉水，清晰地看见
眼睛自身的憔悴，就仿佛人心，
在它对阴暗的坟墓所作的冥想中，
看见那里面心的假象。[22]

雪莱从一开始就强调，所有这些背景都是精神景象，直接反映出主人公的精神状态。他已一无所有，只能溯河求索，这本身就是对内心的进一步探索之旅。“诗人”说道：

哦，
小河啊！你的源头，深不可测，
你的行踪神秘，你要流向哪里？
你是我生命的体现。[23]

这条河带着他走进了一片不毛之地，布满岩石和悬崖峭壁。而且在一块岩石的边缘，他俯瞰着夜晚参差不齐的山丘与星辰的景色，精疲力竭地倒了下去，结束了生命，他再也没有感情或感觉了。 301

折磨人的希望和绝望都已熟睡；
再没有人间痛苦或恐惧破坏他
安息，意识的注入，他自己的
存在，已和痛苦绝缘，然而都
越来越弱，静静地维持着他的
思想之流，直到他安谧地呼吸、
淡淡地微笑：他最后见到的是

西边地平线上巨大的月牙和她
似乎已和黑暗相融合的褐黄色
光辉。这时它落在参差的巉岩
而随着那巨大月亮残余的沉没……[24]

全诗的最后一段充当了尾声，这是一首挽歌，哀悼的是“诗人”之死，他对世界的特殊看法也随之而去。其中还以雪莱特有的方式提到了梦境、炼金术和上帝——“心肠狠毒”。

无论在前言还是韵文开场白中，雪莱都小心翼翼地将他本人与这位“诗人”相区分。但是，这部诗作对他的价值显然在于，与散文形式相比，它使雪莱能够进一步扩大对自身心理的探索。在前言中，他针对这位“诗人”的经历做出了明确的评判，斥其贫乏而具有破灭性。在这一点上，他企图对自己在过去的经历中所发现的倾向予以妥协和摒弃。“这一幅图景对于世人却也不无教益。一种不可抗拒的激情产生的狂热催逼着那位诗人迅速走向死亡，使他自我中心的遁世倾向遭到了报应。”但是，这部诗作的内容并未支持这种判断，尤其是在尾声部分。而且有证据表明，雪莱本人内心中存在某种矛盾感。诗中始终提到了孤独的怒火，这是出现他此前诗歌中的追踪而来的敌人。他在其中一段中写道：

夜晚，激情袭来，
像一场杂乱无章噩梦中的凶猛
恶魔，使他无法休息，驱使他
闯入黑暗。[25]

在另一段中，正当“诗人”准备踏上小河这条不归路，被这种思想惊醒，他环顾四周。
除他心中，身外并没有美好的
鬼魅、令人生畏的景象和响声。[26]

前言部分也得出了更为笼统的结论，他此前在《论爱》中就已提出这一
结论，即只有在人类社会秉承负责任的关系这一背景下，才能找到令
人满意的爱情。“在试图摒弃人类同情心而独自生存的人中间，纯洁 302
而心地善良的一类，会由于寻找精神共性的执着和热情，而在突然意
识到精神的空虚时死去。”但在这里，诗歌的文字中并没有明确得出这
个结论。

这种矛盾性也体现为雪莱无法为这部作品确定标题。最终，雪莱让皮科克阅读了这部作品，并征求他的看法。皮科克精心挑选了标题，这表明他充分理解雪莱的困境，并暗中对雪莱的性格作出了评价。“他对标题束手无策，我便向他提出建议并得到他的采纳：《阿拉斯特：孤独的精灵》。在希腊语中，阿拉斯特是一个邪恶的精灵，即邪灵。但这两个词的含义存在一定的区别，就像在……埃斯库罗斯的作品中。这首诗将孤独的精灵处理为邪恶的精灵。我提到了这个词的真实的含义，因为许多人都认为‘阿拉斯特’是这首诗中主人公的名字。”[27]“精灵”是古典概念中超自然的精灵，它可能与人为善，也可能对人类是中立的，而“邪灵”则专门指追踪人的**邪恶**精灵。雪莱之后对怪力乱神展开了越来越高明的创作，这两者之间的区别将对他产生重要意义。

诗学上，这首诗主要长于辞章的灵活性，而且雪莱新发掘出一项能力，他提出场景与风景对应于他希望界定的心理氛围。除了这些收获之外，在建设性的技巧方面取得的进步并不太大，而且语言也缺乏缜密与针对性的力量。尽管描写中许多都明显过于考究，带有奇怪的巴洛克式暗示（在他最高明的作品中，这浓缩为更凝练、更平实的诗行），但是在另一些地方，他的构想也提前展现出他成熟期的简单直率风格。不过弥

尔顿史诗的低音依然轰鸣响亮。

> 而后，他停在乔拉斯米亚海滨，
> 一片广阔而凄凉的散发着腐败
> 臭气的沼泽地。是一种强烈的
> 冲动驱使他走向海边。有一只
> 天鹅，正落在那里从芦苇丛中
> 缓缓流过的小河旁。当他走近，
> 天鹅飞起，藉强劲的翅膀升上
> 高空，以优美的身姿循着弧形
> 航线飞越深不可测的苍茫大海。
> 他目送着它飞行。

303 但是，雪莱对现实中阿拉伯女孩的描写与对春梦中翩翩起舞的女孩的描写对比鲜明，这最接近他后期的水准，也是最脍炙人口的部分。他在这部分明确提出了这首诗主要的两难之处，即对性现实与性幻想的取舍。

从这个意义上说，《阿拉斯特》展示了青春期的性意识。这首诗本身纯粹是对这种状态的探索，但倘若将其放在此诗的前言、《心灵的科学沉思录》中的各篇散文以及《论生活》与《论爱》等随笔文的语境中，显然雪莱的目的是将其展现为对“人类心灵状况”的一种评论。但是，无论是这篇评论中的用语，还是在更大的、富有同情心的人类社会中可能实现的形式，都没有出现在这首诗中。他对性爱自恋主义的模糊态度也出现在随笔文《论爱》的用语体系中。在这篇文章中，爱的客体仅仅是理想自我的“反类型”或是需要在爱人内心中发现的“原型”。换言之，被爱的对象始终是自我的理想投射，它从定义上说必须是恒定的、自足的，并因此最终是不育的。在对两位女孩的刻画中，雪莱以令人惊讶的坦率提出了这种矛盾性。第一位是阿拉伯女孩，她代表着人们所说的家庭中的性爱，这是真正的人与人的关系，“诗人”时常梦想的、“自我中心的孤独倾向”则将其残忍地破坏：

这一时期，有个阿拉伯小姑娘，
常从她父亲的帐篷，为他送来
食物，那是她自己的日常口粮，
她还把她自己的草席供他躺卧，
并从工作和休息中偷空伺候他，
她私心爱慕，却又出于深深的
敬畏不敢吐露，只是夜复一夜
不眠不休，守候着他安然入睡，
望着他的嘴唇在梦中微微张开，
作停匀的呼吸；到晕红的晨曦
使苍白的月亮愈加苍白，她再
惶惑憔悴喘着气回到冷冷的家。[28]

在这段肖像描写中，主要的特别之处在于雪莱给这位女孩分配的角色纯粹是一个女奴，她是“诗人”奇思异想中失语的仆人。此后，雪莱将以振聋发聩的笔调，不断展开描写，指出女性只有自身完全从社会和知识上的屈从地位中解放出来，这种性关系才能达到满意的效果。

第二幅肖像描写围绕翩翩起舞的女子展开，这显然与阿拉伯少女的肖像描写有关。“诗人”告别了阿拉伯少女，继续途经“阿拉伯、波斯和卡曼尼亚荒原”旅行。其实，两位女孩是同一人，前者是在梦境中幻想出来的，并逐渐微妙地扭曲为只具有性欲望的客体。这个梦境在结束时，显然达到了性高潮时的感受与动作，而且“诗人”醒来后立即产生了 304
虚度与空虚的勃起消退的感受，这一幕也得到了精彩的描写。这番描写可能暗示出雪莱为何在他的散文作品中一直耻于在他心灵的洞穴中追寻某些更加亲密的梦境踪迹。下面这段是这首诗最连贯、最成功的部分，特别依靠光与音乐的辐射性意象以及强有力的主动态施动动词。

　　　　　　　　依傍着一条波光
闪烁的溪涧躺下，舒展开他那
疲倦的肢体。一幕幻景出现在
他入睡以后，一场梦，充满了
尚不曾使他脸红过的美好希望。
他梦见，一个戴着面纱的姑娘
坐在身旁，用严肃的语气说话。
她的声音仿佛是在沉思的宁静
安详中听到的自己灵魂的声音……
　　　　　　　　她的话题是知识、
真理和美德，神圣自由的崇高
希望，他最喜爱的思想和诗歌，
她自己也是个诗人。但是不久，
她纯洁心灵严肃的情绪点燃了
遍布她全身的火焰，她高唱出
狂放的歌，那歌声不胜自身的
哀婉，时时被颤声的啜泣噎住。
她只露出了秀美的双手，弹拨
神奇竖琴的琴弦，奏出神奇的
交响乐，手背清晰可辨的脉管
奔流的热血透露出难言的激动。
乐声间歇时可以听到她的心跳，
她的呼吸也紧扣歌声，如时起
时伏的风暴。她突然站起身来，

仿佛她的心已忍受不了可能会
使它爆炸的压力：他转过头去，
看见她在自身柔和的生命光彩
笼罩下莹润温暖的躯体只披着
流动清风织成的轻纱，敞开的
胸怀赤裸，乌黑的秀发随夜风
飘荡，明亮的眼睛低垂，嘴唇
微开、前伸、苍白而又急切得
发颤。他坚强的心被爱的狂潮
吞没。他支起他战栗着的身躯， 305
屏住急促的呼吸，张开了双臂
迎接她那悸动的胸脯，……
她曾有片刻退缩，随即委身于
不可抗拒的欢乐，而以狂热的
姿势，伴随短促、激动的欢呼，
把他的躯体抱进她销魂的怀里。
这时黑暗遮蔽起他眩晕的眼睛，
夜，包裹而吞没了那一场幻景；
睡眠像中途停顿过的黑暗洪水，
复又奔流进他茫无所有的脑海。

他被这急剧的变化从梦中惊起——
凌晨寒冷的晨光，西方天边下
凄清的月亮，明丽耀眼的山峦，
清晰可辨的幽谷和空旷的树林，
展现在他立足处的四周。[29]

如果将这两段放在一起研究，就会发现它们代表了智识和艺术上的进步。雪莱实际上成功地洞察到他本人心灵中更上游的内容，而且人们开始理解它对这艰难的过程所赋予的意象具有巨大的力量，“犹如一个怀着恐惧的人，急急地加快脚步，穿过幽灵出没的僻静之所，不敢回头张望”。人们有可能从自传角度作出解释，因为人们次第看到，在幽暗之处，首先提到了哈丽雅特，然后提到了玛丽，最后也许提到了克莱儿。学者们实际上都已尝试过这些方法，但最终并不尽如人意：雪莱写这首诗就是为了让他本人与他的经历**保持距离**。但是，通过更为笼统的观察，解释出他自身的心理发展。“诗人”在清醒时摒弃了性爱经历，也摒弃了家庭的世界，这位女孩也遭到了他的拒绝，一声不吭，喘着气，心情沮丧。但是在玄幻世界、“梦境”世界或“醒来后的遐想”或“恍惚”或“幻觉”中，性爱经历受到了欢庆和放纵，特别是性行为（雪莱在《麦布女王》中称之为“两性的结合”）。

雪莱对于谴责这一点迟疑不决。在《阿拉斯特》的整体创作背景下，他谴责此举不仅在社会上是不当的，而且具有破坏性，使这位诗人产生了“怒火”。但在诗中，这种模糊性依然存在。人们记得他与玛丽分别之后，曾建议她“吻着虚幻的形影”。这就是他之后经常使用的主题，但是很快有一段与之相关的作品，出自他三年之后在意大利创作的一篇随笔文。这段文字出现在他对柏拉图《会饮篇》的译著前言中，但玛丽未将其收入一八四〇年编的雪莱文集。雪莱谨慎地讨论了可能发生的
306 “性行为”的模式，这可能不需要进入对方的身体。它的语境是同性恋，但在这里并不太明显。

> 如果我们思考在青春期使某些现象与睡眠相联系的基础，那么就要将它们与某些形象相联系，这些形象就是我们清醒时欲望的客体，而且即便是感官处于兴奋状态下的某些人，也可能在幻想中发生类似的过程，但是并不难想象，当两性的结合无法存在时，在人类

社会中会产生遭抛弃状态的几乎无意识后果……[30]

显然，在《阿拉斯特》的第二段中，雪莱第一次尝试描写这种“遭抛弃状态的无意识后果”。此后，他还将创作出类似作品，而且这成为他最强有力的意象之一。《阿拉斯特》的成功之处就在于，雪莱根据自己对此的感悟，成功剥离出这种性本质中的分裂。此外，他还暗示这对于现实与理想、行动与欲望之间无所不在的“分裂”是一种样式或隐喻。也不仅仅是隐喻，这就是条件本身的组成部分。

这个梦境的另一个暗示性作用在于，它在性行为中赋予“诗人”被动的角色。恰恰是那位女孩“把**他的**躯体抱进她销魂的怀里”。整个过程中，积极行动的是女性人物，她们只是在主动性上程度有别，“诗人”则是被动接受的。这也将成为此后描写的特色，并且可能与梦境的语境或幻想本身有关。

玛丽在编辑《阿拉斯特》时，避而不谈这首诗的主题与内涵，而是提及雪莱在一八一四年和一八一五年的苦艾生活。在她的诱导下，大多数批评人士最终都准备模糊地将这首诗视为“追寻理想的美与理想的真理”。[31]玛丽在一八三九年写道：“谈论造成他命途多舛的那些不幸事件，这里不是适当的场合，现在也不是适当的时机。说这样一句也就足够了：就他所做的一切而论，在做的时候他总是相信对于自己的良心来说全都问心无愧而且义不容辞；而贫穷的各种恶果与灾难和友情的丧失使他透彻认识到了生活的悲惨现实。肉体上的病痛也是有着相当大影响的一个因素，使他把目光转向内心深处；这时的他更愿意思考他自己内心的思想与感情而不是关注外部，不像在《麦布女王》中那样使整个宇宙都成为他诗歌的主题和对象。”[32]

《阿拉斯特》于秋末完稿，雪莱并不打算继续深入这项审视内心的工作。他开始聚焦于阅读希腊著作，这些著作的范围已扩大，包括荷马、 307
历史学家修昔底德、希罗多德以及几位希腊抒情诗人的作品。他还给玛丽当老师,并将他的购书单寄给了拉金顿和艾伦出版公司,包括洛克的《人类理解论》、培根的《论文集》及约翰·朗普里埃的《古典词典》。

外界的层面再次骤然间紧迫起来,主要是来自葛德文的压力使然。十一月十一日,他又开始直接给雪莱写信,来信的主题是两百五十英镑的债务。债主名叫霍根,扬言要控告他。[33]克莱儿几乎肯定在圣诞节前就从爱尔兰回来了,她似乎频繁地穿梭于斯金纳街的葛德文家与阿拉贝拉路和主教门的雪莱公寓之间。我们从葛德文的日记中获悉,她与雪莱和玛丽共度了一八一六年新年,而且根据雪莱给她支付的支票,显然雪莱将她视为自己应尽的责任。光是在三月,就给她开了三次支票,总金额为四十一英镑。[34]从一八一五年十月到次年三月这六个月中,克莱儿收到的支票金额就相当于雪莱每年付给他妻子赡养费的三分之一。哈丽雅特本人曾请求雪莱提高赡养费,但他一口回绝。作为回应,雪莱要求归还女儿艾恩丝的监护权。针对这一要求,韦斯特布鲁克家族则威胁要就和解的程序对簿公堂,还要告发他的无神论思想。对于双方来说,这些举动似乎都属于策略,为的是从蒂莫西爵士那里榨取更多资金,而不是真的发出威胁。不管怎样,菲尔德庄园都没有采取任何反应,这便形成了僵局,而且双方都没有采取进一步措施。没有证据表明雪莱打算看望自己的两个孩子,也没有证据表明雪莱为他们提供了任何特别的生活必需品。此时也没有任何记录表明,他对艾恩丝或查尔斯产生了任何特别的感情或牵挂。我们之后考察雪莱在一八一六年与一八一七年之交的那个冬天的行为时,这一点颇为重要。

在玛丽与皮科克的鼓励下,雪莱决定发表他的第一部诗集,内容主要是《阿拉斯特》及其前言,还有上一年夏天创作的几首内省的诗歌。这部诗集还收录了他的十四行诗《致华兹华斯》以及他写拿破仑倒台的那首诗。《麦布女王》开篇的抒情部分——“死亡,是多么神奇,和睡眠,他的兄弟!”——经过审慎的编辑,置于这部诗集的结尾部分,并加上了更简短也更为大胆的无神论宣言,这也取自《麦布女王》,但题目改为

《迷信》。最后,还有两篇极具魅力的译作,它们显示雪莱已开始严肃性、灵活性更强的学术工作。第一篇的原作者为摩斯科斯,他用希腊语写作。第二篇是但丁的一首十四行诗。雪莱对但丁十四行诗所作的翻译是篇详赡细切的杰作,这篇译作表明雪莱能够很快理解并吸收与他志趣相投的外国作家的作品。但丁渴望由亲密好友组成社区,加之令人惊讶且完全与雪莱如出一辙的魔法飞船的意象,这些都高明地体现在这首 308
诗中,这也是他创作过的屈指可数的优秀十四行诗之一(他创作的十四行诗为数不多):《但丁·阿利吉耶里致圭多·卡瓦尔坎蒂》——

> 圭多,我宁可拉波和你我二人
> 在某种强烈的魔力的引领下,可能登上
> 一艘魔法飞船,它神奇的船帆将自由地
> 御风而行,前往我们所能想象的任何地方
> 没有任何变化,也没有任何邪恶的事件
> 能够妨碍我们欢乐的旅行;但也有可能
> 即便厌倦感依然会提升
> 我们心中形成严格的社区:
> 且这位慷慨的精灵将送来
> 维纳与比切和我温柔的爱情,
> 这是我们漫游中的旅伴,将
> 以满怀激情的谈话实现优雅,无论我们可能前往何方,
> 我们的时代,而且每个人都满足和自由
> 这就是我认为你我二人应当实现的。[35]

雪莱还翻译了《圭多·卡瓦尔坎蒂致但丁·阿利吉耶里》,这首译作直到一八七六年才发表,其中呈现出与卡瓦尔坎蒂的关系中更为苦涩的那一面:

你开始厌恶如此多的
盲人与疯人之后——我就会爱上你——
我爱你空灵的歌喉和甜美的心境
当你忠于你我二人时……
一次又一次
思忖着我的话：因此让错误的精灵飞走
你要保留你那向往真理的正直。[36]

雪莱选择翻译这首诗的原因是它与自己对华兹华斯的态度如出一辙，还有一个原因也许是他那不太可靠的老朋友霍格。*

一八一五年十二月，雪莱将这部薄薄的诗集手稿寄给了萨里郡韦布里奇的印刷商塞缪尔·汉密尔顿，请他刊印两百五十本。一月六日，他满怀憧憬地给阿尔比马尔街的约翰·默里寄出了一本未装订的全本（只少了扉页与最后一页），他希望拜伦的这位出版商愿意以他的名义出版这部作品。但默里并没有提出任何出版计划，这让他颇为沮丧。但
309 是到了二月第一周结束时，雪莱还是找到了两家规模小一点的出版商联合出版这部作品，一家是佩特诺斯特街的鲍德温、克拉多克和乔伊出版公司，另一家是老邦德街的卡彭特父子出版公司。托马斯·胡卡姆也在老邦德街，但他却没有参与《阿拉斯特》的出版工作，这一点很重要。原因在于，他曾在一八一四年失信于雪莱，双方之间尚未真正冰释前嫌，以后也没有消除芥蒂。这对雪莱产生了不必要的麻烦，因为他再也没有与他的出版商建立过那样密切和长期的友谊了，尤其是在他离开伦敦之后，这就意味着他的手稿从未受到过任何特别关照或热情对待。至于韦

* 克莱儿·克莱尔蒙特的文学判断力出奇地出色。她在1816年春写给拜伦勋爵的信（默里手稿）中称：“《阿拉斯特》是水平提升最明显的证据；但我认为他的长处在于翻译——无论是译自摩斯科斯的希腊文十四行诗，还是译自但丁的十四行诗，都是最好的……”

布里奇的这家印刷商，他一直到一八二〇年七月还未拿回欠款。

包括《麦布女王》在内（但不包括早期写的小说与诗歌），雪莱这一生总共出版了十部著作。其中有七部著作都出版于他人生的最后三年，当时雪莱已远离他的广大读者，客居意大利。前三部则出版于英国，当时他还没有告别英国。《阿拉斯特》就是其中第二部。《麦布女王》多年来一直是一部地下出版的诗作，因此批评界与公众对《阿拉斯特》的接受情况具有重要意义。这部著作销量惨淡，书评也很少，读者无法理解它，甚至对其抱有敌意。一八一六年四月，《评论月刊》上刊登了一小段文章，它并没有从诗集中引用选段，匿名的评论者在文中写道："在'可看到的夜幕'中，雪莱先生掩盖了他的主题，我们从中发现了一些美妙的意象与诗情画意的表述；但是……我们请求他，看在他的评论者和其他读者（倘若他还有读者的话）的分上，在他的下一部作品中增加一个**弥撒祷告历**，一份词汇表和大量的注释，以阐述其中的典故并解释他的含义。"[37]这篇评论相对中肯，但对结尾（在《麦布女王》的注释之后）的抨击中却出现了愚蠢的嘲讽，这一定刺伤了雪莱。到了五月，《英国评论家》（这是托利党的重要喉舌）决定给评论者一定的版面，用于雅谑式的插曲，它亲切友好地从《阿拉斯特》引用了一段话："因此，看到这些无稽之谈产生，兴起，并藐视这个世界及天下一切令人厌烦的现实，我们一点也不开心。"评论者抽取出那喀索斯这一段，当时"诗人"透过自己的头发凝视着水中的倒影，评论者写道："基本上可以理解。倘若他笔下的诗人戴着假发，那么这一幕也许就更加明了了……"[38]

不久之后，一八一六年十月，《折中评论》上的文章显示批评界开始对这部作品产生严肃的认识。"这部诗作很好地展现出想象中的病态具有危险、致命的倾向，这使得心灵无法对这种'平凡的'生活中的真实客体给予充分的注意，也无法履行相关的责任与社会责任……不可否认，在这几部分中表现出诗歌描写方面的天纵之才。"但是，即便在这篇文章中，评论者依然总结认为《阿拉斯特》是"冷酷无情的虚构作品"， 310

“像梦境一样狂放、华而不实、虚幻缥缈且缺乏连贯性”。[39]但是，雪莱也好，他当时身边的人也好，似乎都不大可能看到这篇书评，而且不管怎么说，它对此书销量产生的影响也太晚。雪莱后来在一八一六年十二月写信给葛德文：“你会说……我对于我自己受到的忽视，对于这种不公的对待有着病态的敏感——但我并没有说我受到了不公正的忽视，对于《阿拉斯特》这个小小的创作尝试，我打算承认我所受到的遗忘，这**本身**就是理所应当的；但是，考虑到最可耻的傻话都能取得成功，这并不是正确的待遇。”[40]但是，无论他以怎样的解释进行抗议，这都是沉重的打击，而且他还将在意大利反复遭受这样的打击，直到几乎麻木。在约翰·济慈辞世时，他对于批评人士的怒火终于在《阿多尼斯》中可怕地迸发出来。雪莱未能建立长期的读者群，甚至连少量的长期读者群体也未能形成，这一遗憾对他作品的发展方向产生了最为重要的影响。这也是影响他与当时的畅销作家拜伦之间友谊的要素，这一点也值得注意，两人的友谊即将在这一年夏天萌生。

有一个不同寻常的现象引发了人们的好奇心，即雪莱突然给凯西克的骚塞寄去一本《阿拉斯特》。他显然感到刻不容缓，而且是从他的律师朗迪尔的办公地点（位于格雷旅馆）寄出来的。雪莱一八一二年曾向希钦纳小姐表达过的观点，一八一七年再次流露出来。雪莱居然会如此敬仰骚塞，着实有些奇怪。但是，如果回忆起他对待自己父亲所采用的手腕，也许就不那么奇怪了。这封信表明，骚塞的意见对他依然十分重要，而且雪莱始终高度重视两人在早年的谈话。寄出《阿拉斯特》的同时，雪莱也附上一封便笺：“我永远不会忘记与你交谈所得到的快乐，也永远不会忘记几年前我在坎伯兰短期逗留期间所受到的热情款待。尽管我曾答应给你写信，但由于一些希望落空，加之不幸接踵而至，我未能如愿以偿。我恳求你原谅我……作为一个诗人，我钦佩你；作为一个人，我敬重你。为了表达上述的情感，我送给你这部诗集，它是我第一次认真尝试关注人类内心最美好的感受，相信你也会和我一样宽宏大量，忘记我们之间在道德、政治方面的分歧……你最忠诚的 P. B. 雪莱”[41]他没有收到回信;但骚塞收到了提醒,他关注着出版社此后推出的任何著作。他的关注将在一八一七年春获得回报。

《阿拉斯特》出版时,玛丽恰好为他生下一个男孩,时间是一八一六年一月二十四日,这也是玛丽为他生的第一个没有夭折的孩子。孩子起名威廉,这是他外公的名字。在雪莱所有孩子中,他最宠爱的就是这个 311
孩子,他的喜爱溢于言表,这也是玛丽·沃斯通克拉夫特与威廉·葛德文的第一个孙辈。对于威廉之外的孩子,雪莱经常一副漠不关心的态度,有时待他们就像是家中可有可无之人。威廉也是唯一出现在他诗歌中的孩子。无论是这个儿子降生的喜讯,还是《阿拉斯特》令人沮丧的失败,都标志着雪莱创作生涯的重要分水岭。

在此后的十二个月里,除了一首不到一百五十行的诗歌以及一些零散的、不太重要的作品,雪莱几乎没有创作任何作品。无论是散文、小册子还是思辨文,他一篇也没有写。玛丽注意到雪莱正常的研修与阅读开始减少,只剩下一些精挑细选的经典作家,例如埃斯库罗斯和卢克莱修。即便是私人书信,篇幅也开始减少,他只在这一年的仲夏时节才写了四封长信给皮科克,他的信件几乎完全围绕他本人的遗产问题以及为解决葛德文无底洞般的债务而举行的复杂谈判。他的精力和工作绝大部分都投入到家庭生活中,并关注他身边之人的思想与感受。一八一六年却是他身边友伴的高产之年,这绝非偶然。皮科克完成《黑德朗庄园》并开始撰写《梅林考特》;玛丽则开始写一部骇人听闻的小说,这部作品后来使她在文坛一举成名;拜伦勋爵经过两年的蛰伏,开始尝试东方故事和婚姻主题,最终创作完成了《恰尔德·哈洛尔德游记》的第三诗章和他一首有名的坏诗——《西庸的囚徒》。实际上这给人的感觉就仿佛是雪莱在一八一六年几乎完全放弃作家身份,他已甘愿做贪恋舒适家庭生活的文人,他鼓励其他人迸发出创造力,之后便满足于沐浴在他人的创作力之中。其实并非如此,因为旧日的干扰依然没有停息,接下来发生的某些奇怪事件便将表明这一点；发生在一八一六年底的事件无情地将雪莱甩回到一个大漩涡。此时，这一幕快要发生了。

前一年的夏天，雪莱还极力反对全身心安顿下来的想法。随着儿子的呱呱落地，他默默接受了这一点。这一点也在他心中与越来越痛苦的受社会排斥感相联系。当他真的想安定下来，却发现自己做不到了。这一点越来越明显地体现在他与葛德文关于债务问题的通信中，这占用了他这一年一月至三月的大量时间，令他心力交瘁，体会到酸楚与苦涩。在雪莱对葛德文财务状况的责任问题上，雪莱心中五味杂陈。葛德文依然坚持自己的态度，即毫不留情地谴责两年前的私奔，与此同时，他又孤
312 注一掷地不停请求雪莱在经济上伸出援手。葛德文夫人令他的立场更为错综复杂，因为她认为自己的女儿克莱儿也受到雪莱的诱奸，而且玛丽暗中纵容了此举。玛丽觉得葛德文夫人在逼迫父亲更加刻薄地对待他们。葛德文夫妇都认为，不仅玛丽，连克莱儿与范妮也都不可救药地爱上了雪莱。四年之后，他们的态度基本上没有改变，而且双方一位共同的朋友曾在一八二〇年七月在斯金纳街与之交谈，她在日记中写道："[葛德文]之后便详细叙述了葛德文夫人对她女儿的温柔母爱，以及她对女儿所有希望落空时的痛苦失望之情，她原本要在生命衰落时在女儿身上寻求宽慰与快乐的；他形容她拥有最易怒的性情，因此在遭遇不幸时受到最刻骨铭心之痛的煎熬，玛[丽]是造成这种痛苦的唯一根源，她将玛[丽]视为自己在这个世界上最大的仇敌。葛[德文]先生告诉我，这三位女孩都同样地爱上了[**空白**]。"[42]根据这番评论的上下文推断，空白处指的就是雪莱。

就雪莱而言，他坦诚地希望为一位哲学家兼政治人物提供帮助，他依然对葛德文推崇备至。但这个愿望已经被次要的动机压倒。雪莱终于认识到，葛德文唯利是图，是个投机分子，只关心金钱。但是，他越来越需要在葛德文眼中证明自己，于是准备不惜一切代价赢得岳父的青睐，此举不免具有讽刺意味。他觉得有必要证明自己配得上葛德文的原

则，还要证明他的社交行为要比葛德文本人更符合葛德文的标准。但是，这一需求何以驱使他走到如此地步，仍不完全清楚。从某种意义上说，雪莱一定觉得葛德文就是自己的养父，而一想到要遭遇第二次失败、第二次失去爱，他就不寒而栗。但是，更加强烈的动机也许是玛丽与克莱儿的影响。玛丽尤其觉得葛德文无论表现出怎样的态度，都应当给他帮助，只有这样他才能从葛德文夫人的魔爪中安然无恙。他们客居意大利时，葛德文会写信索取更多的资金，葛德文最后的救命稻草是玛丽而非雪莱，这一点很重要。玛丽与父亲之间的情感联系十分牢固，雪莱只是慢慢才认识到这一点。但是，这一点最终解释了雪莱为何会全力以赴满足葛德文的资金需求，而且态度始终是耐心与愤怒相交织。

一八一六年一月七日，雪莱开始与葛德文举行第一次郑重的谈判。他将一八一五年五月协议中的条款解释了一番，当时这项协议尚未完成。他还说："你说你将收到一千两百五十英镑来偿还债务，而且你认为帮你摆脱困境的最佳人选是我。我不想劝说你以出卖朋友的赞誉来 313
换取这个数目与你实际所需之间的差额……"[43]

这笔一千两百五十英镑的资金并不包含上一年以"还债"的名义为葛德文筹集的一千英镑。雪莱实际上无力为他提供如此巨额的资金，除非雪莱与父亲达成协议，由他父亲买下老比希爵士的遗产继承权，或者是他本人无限定继承权的法律状态得到充分确定，使他能够以此来借入遗产抵押贷款。在后一种情况下，需要对惠顿和蒂莫西爵士做到最严格的保密，雪莱在信中甚至开始怀疑是否能够信任自己的律师朗迪尔。但是，雪莱对这些俗世难题的把握相当自信和稳健。

到了月底，谈判中的其他两位主要人物都深度参与其中，他们分别是葛德文的律师海沃德与放贷人威廉·布莱恩特。雪莱也逐步对葛德文施加压力，敦促他与自己见面。他小心翼翼地将私人的内容写进商务信函，作为**恢复正常关系**的前奏。"不过，以后此事将完全随你摆布了。在这种情况下，我也许比你感到更痛苦……要知道玛丽分娩后身体恢复很好，孩子身体健康，范妮和葛德文夫人应该会很高兴的。”[44]

到了二月中旬，几位律师发现，如果出售老比希爵士的遗产继承权，可能实际上违反了老比希爵士遗嘱中的条款，并让蒂莫西爵士和他儿子同时失去继承资格，因此就需要在大法官法庭中提出判例案件。雪莱再次因他本人在主教门的“家庭开支”陷入困境，他短暂地来到伦敦，想看看能否加快这一法律进程。克莱儿此前一直留在主教门，她似乎陪同雪莱去了伦敦，并在斯金纳街住了几天，意在与葛德文冰释前嫌并平息葛德文夫人的怒火，这也许是这项计划的一部分。二月十六日，雪莱从霍格的住所给葛德文写了一封信，语气明显热情得多。“我本打算明天两点离开，但如果你想见我，我可以不走，先差人送信到坦坡尔花园巷霍格先生的住所，你可以自己安排见面时间。然而我却不知道你是否该见我。见面会使我情绪更加低落。不过，只要我能办到的，我决不会拒绝。只要对你有益，尽管你曾那样冤枉过我，我都会尊敬你、喜欢你的。为避开人们的纠缠，我肯定离开。”[45]但是，这些希望都是无本之木，葛德文坚决拒绝与雪莱见面，此外，朗迪尔也针对雪莱在大法官法庭案件中的前景，为他进行了一番分析，这令他无比沮丧。

有一件事扣动了葛德文焦虑的心弦，这就是雪莱含糊其词地威胁要
314 避开人们的纠缠。雪莱此前曾对葛德文暗示过，他可能不久将死于旧疾复发，这应该是肺痨，但自打葛德文于一八一二年首次与雪莱通信之后，他就习惯了对方述说这些灾难的预兆，而且它们几乎没有产生什么作用。但是，如果是威胁要**离开**英国社会并主动远走国外，确实让葛德文大为震怖，他意识到雪莱此前就这样做过两次。最坏的情况是，雪莱可能选择彻底离开英国，葛德文在这群放贷人和买主面前就只能自求多福了。二月底，他让托马斯·特纳担任自己的中间人并派他前去斡旋，特纳是雪莱在布拉克内尔的老朋友科妮莉亚·布安维尔的丈夫。特纳第一次来访是二月二十日，此后雪莱就察觉到葛德文的关切，这表明他的态度在软化，于是他第二天写了一封长信，信中以高超的手段利用了这

一点。首先,他彻底否认自己存在这样的意图。“我当然不会离开这个国家,也不会离开伦敦太远的。我一收到事情有所变故的通知便有了这种看法。我写信给你是为了让你利用我走前的机会,充分利用我可能给你带来的帮助。”

但之后他便小心翼翼地引向了相反的话题,他向葛德文进一步袒露心扉。雪莱第一次明确地表明终身浪迹海外所产生的一切影响。这是他心中重要的顿悟时刻,他首先将此作为个人和家庭的事务处理,而非文学问题。葛德文势必会针对他对雪莱的排斥总结出道德原则。

“你也许知道,我之所以离弃从各方面都是我亲爱的祖国,或逃遁到祖国最遥远、僻静的地区,主要动机是除了接受过我财产支持的人外,我周围的每个人都一直对我视而不见,充满敌意。”最后一句话确实是可怕的认知,却包含着大量的真实成分。

“也许在我孩子还小的时候,我都会对我出生之国的所有偏见耿耿于怀,会努力让我和玛丽避开我们一直忍受的不公平的歧视。所以,目前我只想到坎伯兰或苏格兰去定居。因为最终这里凄凉和孤独的环境可能会影响我的子女。这种不幸迫使我们去流亡,去逃避这里令人憎恶的不公。”[46]葛德文需要细品内中深意。

到了三月初,谈判工作需要雪莱经常人在伦敦,因此他在诺福克街13号租了一处住所,后来又搬到诺福克街32号。大法官法庭的判例案件已经展开了初步工作,雪莱需要带着哈丽雅特生的儿子(即小查尔斯)出庭,以便指定一位法律监护人。哈丽雅特不让他这样做,直到法院的信使送 315
来一份命令,将这孩子押解到法庭。[47]法庭没有当庭做出裁定,而葛德文依然拒绝与雪莱见面,这一点更令人沮丧。玛丽也无法给他宽慰,她还在主教门照顾威廉,雪莱最终失去耐心,他怒气冲冲地从诺福克街写信给葛德文,信中满是责备与鄙夷。这封信使读者立刻想到他在一八一一年写给蒂莫西爵士的信。无论后来通过什么社交安排来修补两人之间的关系,雪莱与葛德文都不曾消弭过因这封书信的贬斥而造成的情感隔阂。

实际上,此时的批判早在一八一四年冬就已在他心中酝酿了。

> 依我看,无论是我还是您女儿,或是她的子女,都不该受到来自各方面的不公正待遇。我总觉得,您这种人的意见是举足轻重的,因此好好照管一个无辜的恩爱和睦的小家庭,使之不被别人当作男盗女娼来看待,这就是您应尽的义务。我承认当我受到您苛刻而冷酷的待遇时,我惊讶,我气愤不已。我为我破灭的梦想而悲伤,正是您教诲我要从您的美德中寻找梦想,而如今,您为了您自己,为了您的家庭或您的债主们的利益,竟然要与我这么一个曾使您如此厌恶的人物重新恢复交往。而当初,我的贫穷以及我因您而遭受到的无数痛苦却丝毫没有引起您的恻隐之心,您丝毫无意与我复交。请不要再向我提“宽恕”两字,因为我一想起我自己——他们的恩人和热情的朋友——受到您和所有人的冷遇和敌意,我的血液就在血管中沸腾,我的心就充满了对披着人皮的家伙的怨恨。[48]

但是,雪莱依然陷入他本人的情感矛盾而不能自拔。第二天,他给葛德文发出一封便笺,确认了融资谈判仍在继续,并可怜巴巴地请求谅解。“只要生活中的藐视和怠慢略减少一些,我的乐观性格就即刻萌发这种期盼。如果不想看到自己和所爱的人受到歧视和欺凌,我必须显得与真实的我相反,自负傲慢,铁石心肠。”[49]但是,葛德文依然不肯原谅他,几天之后,雪莱前往斯金纳街登门拜访,但被拒之门外:不是一次,而是三次。[50]雪莱逐渐痛苦地下定决心,要打完大法官法庭的官司,并让葛德文听天由命去。

到了三月,又发生了一件事,也对雪莱离开英国产生了决定性的影响。克莱儿穿梭于伦敦与主教门之间后,住到了雪莱在伦敦的住所中,这
316 是她本人计划中的第一项举措。这项计划就是闯入拜伦的生活并俘虏他的心。这充分体现出克莱儿的为人,她才十八岁,其他许多比她更有权

势、更漂亮的人都失败了,而她却成功了,至少暂时取得了成功。

拜伦勋爵此时二十八岁。由于他一八一五年与安妮·伊莎贝拉·米尔班克的婚姻既不幸福,也令他绝望,他的人生一片混乱,失去了方向。经过数月的分居和**修补关系**,法定的离婚手续此时正接近尾声,同时产生了雪片般的账单与索赔。三月十七日,双方就这项安排的基本精神达成一致。[51]他与同父异母的姐姐奥古丝塔之间的亲密关系使她怀了孕,而且即将瓜熟蒂落。克莱儿则刚刚从位于皮卡迪利大街露台13号的雪莱家中搬走,住在圣詹姆斯宫的房间,她加剧了他的情感纠葛。这桩友谊给拜伦带来了无止境的公开抨击。他最希望做的就是在他曝出更多丑闻、卷入法律纠纷,甚至落入地方长官手中之前离开英国。他计划在四月逃离。他的老朋友斯克罗普·戴维斯与约翰·卡姆·霍布豪斯正准备秘密离开。而且拜伦忠心耿耿的贴身男仆弗莱彻正在皮卡迪利大街露台13号中小心翼翼地打点行装。巴克斯特城市商行着手为他的旅行制造一辆拿破仑式的新式马车,他将为此支付五百英镑。拜伦希望在春天逃到欧洲大陆,此举可能会重新开启他在一八一三年便已停滞不前的创作机能,当时他刚完成《恰尔德·哈洛尔德游记》前两个诗章。无论是婚姻的快乐,还是作为社会名流与文坛名家的荣光,在他看来似乎都不可容忍地褪去了。他陷入绝望,需要停下来休息一下。

到了三月,雪莱的人生似乎围绕两个截然不同的行为领域展开,而且他在写信给身处苏格兰的詹姆斯·霍格时,并没有表明自己有离开的打算:“这么说,你希望来伦敦吗?这里肯定是糟糕的地方,但却是全世界(至少在英语世界是这样)唯一能找到乐子的地方;我已经看过世界上的其他地方,我也更喜欢那里,但总的来说,这里最能让人感受到自我(的存在)或忘记自我。”[52]不管是机缘还是孽缘,抑或是本能,在这样一种听天由命的心情下,克莱儿与拜伦的人生产生了交集,一发不可收地纠葛在一起。

克莱儿第一次引起拜伦的些许注意,是她写了一系列化名的便笺给拜伦,因为拜伦是特鲁里巷剧院的委员会委员。她如愿与拜伦见了第一面,这次会面很平常,并没有让她如愿以偿,于是她又用一封热情洋溢的信件趁热打铁。克莱儿的情书充斥各种讨论,包括对新型诗歌、她本人的小说,对社会制度的先进思想的讨论。也包括对婚姻的鄙夷:“每当我经过的时候,我都忍不住要捡起一块石头砸过去。”[53]对于她寄给拜伦的故事(这也许是1814年创作的《白痴》),她指出,“这个故事可能看似是针对
317 反常的观点、对年轻人发出的饱含道德劝诫的警告,但其实无神论者可能会明白并理解我的意思”。她活学活用了雪莱的教诲与影响。

在克莱儿的爱情攻势中,雪莱发挥了怎样的作用,我们只能从琐碎的细节作出判断。但是,应当根据雪莱之后对克莱儿的举动来进行判断,这一点很重要。克莱儿对拜伦的攻势为期六个星期,在此期间她至少有一部分时间是与雪莱一同住在诺福克街的。光是在三月,她就从雪莱那里收到至少有四十一英镑的期票。此外,尽管雪莱还没有和拜伦见过面,却积极地出现在克莱儿的书信中。克莱儿对拜伦解释了一八一四年的事件,也谈到玛丽与葛德文,还解释了《麦布女王》的地下出版情况。拜伦准备一睹他的风采,克莱儿便在回信中写道:“雪莱现在已经二十三岁了,而且因为我对他的一举一动都很感兴趣,你的认可让我喜不自胜。”[54]这个消息转告了雪莱,后来克莱儿还给拜伦寄去了一本《阿拉斯特》。

克莱儿之后请雪莱总结她本人的性格,雪莱的总结恰如其分。于是克莱儿将雪莱的原话转告拜伦,她还暗示称雪莱并不知道她打算用这番描述做什么,但果真如她所说,就非常吻合当时的情形。雪莱俨然以导师自居,这是他最好的身份,他称“我的小乖乖,有两个克莱儿——我认为其中一个要么就是神经不正常,要么就是脾气暴躁,你现在依然保持着这种性格:神经紧张的克莱儿十分保守、多愁善感,与其说喜欢暴力,不如说更喜欢嘲讽;好的克莱儿则很温柔,也很欢快;对我来说,这是全人类中最迷人的一位;我要对你说一点,你爱的人能够轻易地将你降服,

就像疾风降服劲草一般，这就是你脆弱的一面”。[55]

克莱儿雷厉风行、热情似火，还有高超的手腕，加之她表面上对性关系持自由放纵的态度，都使拜伦感受到了魅力。拜伦越来越频繁地与她见面，他们通常是在晚上幽会，地点就是他在戏院中的私人房间。有一天晚上，拜伦无法前行，便将自己的包厢给她使用，但她拒绝了，她不想去，因为雪莱不喜欢戏院，而且“声明他无法忍受那里”。在其他几次夜间幽会中，克莱儿也许曾向拜伦一展歌喉，因为她知道自己的嗓音是最大魅力所在，而且拜伦也写下了当时最著名的一首抒情诗。在他的手稿中，这首诗的创作日期为一八一六年三月二十八日。一般认为这首诗是写给克莱儿的。

仙女难比你的姿容，
天神不如你的魔力；
你甜美的声音悦耳动听， 318
宛如音乐在水面飘逸。
这声音能使大海平静，
粼粼闪光却一波不起；
这声音能为风儿催眠……

雪莱已经很久没有写过这样的爱情诗了。

注释

［1］《珀西·比希·雪莱书信集》，第一卷，第二九〇篇，页429。

［2］《玛丽·W. 雪莱书信集》，第十七篇，页8。

［3］《皮科克：回忆录、随笔文与评论》，页41-42。

［4］《珀西·比希·雪莱诗集》，页525-526。

［5］《珀西·比希·雪莱书信集》，第一卷，第二九一篇，页429。

［6］同上，页430。

［7］道登，《珀西·比希·雪莱的一生》，第一卷，页529。

［8］同上。

［9］托马斯·洛夫·皮科克，《珀西·比希·雪莱回忆录》，页59。

［10］托马斯·洛夫·皮科克，《科罗切特城堡》，第十章，参见《文集》（1875），第二卷，页244。

［11］雪莱，《散文作品》，页186。

［12］《珀西·比希·雪莱诗集》，页524–525。

［13］道登，《珀西·比希·雪莱的一生》，第一卷，页530。

［14］雪莱，《散文作品》，页184。

［15］同上，页185。

［16］同上，页193–194。

［17］《珀西·比希·雪莱书信集》，第一卷，第二九四篇，页432。

［18］托马斯·洛夫·皮科克，《珀西·比希·雪莱回忆录》，页60。

［19］雪莱，《散文作品》，页172。

［20］同上，页174。参见阿瑟·库斯勒，《大脑功能研讨会》，发表于加州大学洛杉矶分校的论文（1967），再版于《畅饮无穷的酒徒》（1967）。

［21］雪莱，《散文作品》，页170。

［22］《珀西·比希·雪莱诗集》，页25。

［23］同上，页26。

［24］同上，页28。

［25］同上，页20。

［26］同上，页21。

［27］托马斯·洛夫·皮科克，《珀西·比希·雪莱回忆录》，页60。

［28］《珀西·比希·雪莱诗集》，页18。

［29］同上，页18–19。

［30］雪莱，《散文作品》，页222。

［31］但是，参见爱德华·E. 博斯泰特，《雪莱与叛逆的肉体》，得克萨斯文学与语言研究，第一卷（1959）。

［32］《珀西·比希·雪莱诗集》，页30。

［33］葛德文的日记，参见《珀西·比希·雪莱书信集》，第一卷，第二九九篇，页435，注释1。

［34］沃尔特·爱德温·佩克，《雪莱：生平与著作》，第二卷，页436。

［35］《珀西·比希·雪莱诗集》，页725-726。

［36］同上，页731。

［37］《不灭的炉火》，页105。

［38］同上，页105-106。

［39］同上，页107-108。

［40］《珀西·比希·雪莱书信集》，第一卷，第三七三篇，页517。

［41］同上，第三二七篇，页462。

［42］引自《玛丽亚·吉斯伯恩与爱德华·E. 威廉姆斯：日记与书信》，页39。

［43］《珀西·比希·雪莱书信集》，第一卷，第三一〇篇，页440。

［44］同上，第三一五篇，页447。

［45］同上，第三一九篇，页450。

［46］同上，第三二二篇，页453。

［47］罗杰·英彭，《雪莱在英国：雪莱-惠顿文献中新的事实与信件》，页461。

［48］《珀西·比希·雪莱书信集》，第一卷，第三二四篇，页459。

［49］同上，第三二六篇，页460。

［50］葛德文的日记，参见《珀西·比希·雪莱书信集》，第一卷，第三三四篇，页465，注释2。

［51］马钱德，《拜伦传》，第二卷，页590。

［52］同上，页591。

［53］默里手稿。

［54］同上。

［55］同上。

第十三章　拜伦之夏（瑞士，1816）

319 一八一六年四月注定是具有决定性意义的一个月，原因有好几个。围绕雪莱继承权展开的判例诉讼最终就要在大法官法庭审理了；拜伦的离婚文件也要完成了；玛丽带着孩子来到伦敦，与雪莱搬到了马奇蒙特大街 26 号，这里的住所更新也更宽敞；葛德文的命运吉凶未卜。雪莱与拜伦一样，都只等法庭裁决落定，便彻底抛弃伦敦。克莱儿本人意识到，自己的行动自由很大程度上取决于雪莱经济上的独立性。尤其是她发现，拜伦永远不会同意带她一起远走高飞日内瓦，让她当旅途中的情妇。因此，她满心憧憬地策划在拜伦离开之前勾引他，但时机有些棘手。她在四月中旬写信称："我忙里偷闲给你写信，想知道你明天会不会来。我希望能有什么情况发生来阻止你离开，这不算自私自利。但是，明天雪莱在大法官法庭上的诉讼就要尘埃落定，而我的命运很大程度上取决于此。此外，到了明天，我就会知道我是否能够给你提供**那个**。长期以来，将它提供给你一直都是我心中热切的愿望。"[1]

拜伦的离婚文件直到二十一日才办妥，大法官法庭也一直到二十三日才对雪莱的案件作出宣判。在这一天，拜伦带着他的贴身男仆弗莱彻和他新聘用的文书助理威廉·波利多里医生一同逃离皮卡迪利大街露台13号,他们一路赶赴多佛尔,预计法警将对他们紧追不舍。此时克莱儿已是拜伦的情妇了。据她的一封便笺称,她已安排好在伦敦城外十英里的一个隐蔽的旅馆中,与拜伦共度一个浪漫的夜晚,时间也许是在星期四(4月18日)。她在汉密尔顿庄园内等待消息,结果得到了肯定的答复。[2]此后,克莱儿带着玛丽在特鲁里巷的演员休息室中正式与拜伦会面,但克莱儿曾向拜伦强调,不要泄露他俩的真实关系。实际上,玛丽 320
似乎直到这一年夏末,才完全了解到事情的来龙去脉,她在日内瓦的日记中的评论表明了这一点。

另一方面,雪莱必然从一开始就熟知内情。拜伦在初次品尝到肉体的放纵之乐后,开始对克莱儿的"暴躁脾气"颇有微词,她则以雪莱的建议针锋相对,这似乎涉及雪莱对此桃色事件的评判。"我知道雪莱太喜欢我而不得不宠着我,但我如此爱过并为之受苦的人能够举荐我,恰是对我性格(你指责的)的光荣明证。将来你也会同样谈论我的秉性。现在,好好跟我说话,不要冷嘲热讽……"[3]

雪莱轻易便同意了克莱儿的计划,好让她跟随拜伦前往日内瓦,这更表明他可能一直在利用克莱儿作为了解拜伦的道具。之所以安排玛丽做客特鲁里巷,也是为了让整个计划显得更加自然。在这方面,克莱儿对雪莱和玛丽的信赖程度是不同的,这充分表明她本能地评估了两人的真正态度与同情心。

二十三日,雪莱在法庭上听到了令他惊诧的裁定,该裁定**禁止**蒂莫西爵士对该不动产做出任何重新安排,并最终禁止雪莱原先出售继承权的打算。蒂莫西爵士的律师惠顿当时也在法庭,他注意到雪莱的表情极为失望,并在现场强颜欢笑。[4]但是,蒂莫西爵士听到这个裁定之后,表现得有些出人意料地慷慨。这个裁定既有违他为其他子女制订的计划,也阻止了雪莱的计划。无疑,哈丽雅特及其两个孩子的赡养对蒂莫西爵士的决定产生了一定的影响。他通知雪莱,尽管支付年金的依据已经荡然无存,但他还是会继续按原先的约定支付年金一千英镑。这笔继承权现已无法出售。此外,他还要为雪莱支付更多的账单。

雪莱在写给葛德文的一封信中,以最悲观的口吻介绍了此时的处境:“大法院已做出决定,家父和我不得动用那份产业……所有这些使我几乎陷于我三月份向您描绘过的那种境况,这是就这个问题牵涉您的那方面而言。除了他的施舍,我从家父那里将一无所获。遗产抵押贷款很难靠得住,年金支付金额显然限制在十分狭窄的一个范围内。家父将预付我一笔款子,正如我所说,用于应付最后一轮谈判期间签订的协约中规定的债务。款额很有限,而且因为我债务繁重,为了最终得到这笔钱而被迫声明清偿的债券太多,这笔款子几乎已经被吞食殆尽。大概还能剩下几百镑;您将于今夏从这笔钱款中得到三百镑。”[5]雪莱曾希望
321 通过欺诈的方式[6],至少再获得六百英镑,但在具体操作中,主要因为朗迪尔对法律合规性的认识,将这笔钱削减了一大半。葛德文从未从这笔钱中拿到一分钱,更不要说他原先开口索要的一千两百五十英镑了。最令他绝望的一点在于,他发现自己最担心的事情发生了,尽管雪莱作出承诺,但他注意到这封信上写明五月三日从多佛尔寄出。雪莱又一次出国了。

他选择的目的地是日内瓦,实际上他之所以选择横渡英吉利海峡,而不是按原先的打算向北前往坎伯兰或苏格兰,主要是为了满足克莱儿的愿望。雪莱悄无声息地火速出发,与十天前的拜伦如出一辙。同行的还有两位女孩和小威廉。葛德文事先没有得到通知。雪莱还对与之举行融资谈判的布莱恩特与海沃德采用了障眼法,谎称要去乡下小住一个星期。就连霍格也不例外,雪莱在出行前一天晚上还和他一同用餐,直到收到一封便笺,他才恍然大悟。雪莱在便笺中拜托他将一封解释信转交给朗迪尔。霍格此前曾预计,他会再次以公社的形式和他们住在一起,就像去年春天一样,而雪莱在此问题上感到极为尴尬。他拐弯抹角地解释称:“替我把这封信封好,然后寄给朗迪尔。信中将向你解释,我在前一天晚上之所以向你隐瞒实情,是因为担心名誉受损或尴尬,或是

你认为的任何原因，但这绝不是对你的轻慢；而且我感到很痛苦，因为这个计划开始的时机不好，使你无法参与其中。”[7]没有证据表明他以任何方式将自己的计划或行踪通知哈丽雅特，这最后一次轻视即将产生可怕的后果。

皮科克在他的《珀西·比希·雪莱回忆录》中，对葛德文的债务和克莱儿的绯闻均只字不提，这体现出他的特点。他用了大量篇幅，详细、全面地描写雪莱离开英国的前后经过，称这是因为他产生了幻觉，以为特里马多克的威廉姆斯来到主教门向他通风报信，并称蒂莫西爵士与皮尔福德上校密谋将他送进监狱。事实上，雪莱**两年后**（1818 年）在大马洛欠下了的债务，这一背景恰好为这个故事提供了更世俗的根据。而皮科克之所以编造这个离奇而有趣的轶事，似乎一方面是为亲者讳，另一方面确实是经过长时间后记忆模糊所致。

雪莱从多佛尔写信给葛德文时，并没有解释克莱儿为何与他们同行，他暗示自己与玛丽被迫去国离乡，“也许永远”浪迹天涯。也许他会独自返回几日，纯粹是为处理商务事宜，但“不见朋友，不叙旧情，不参加任何能够缓释那种近乎悔恨的遗憾心情……”他再一次恳请葛德文的原谅：“但是，我太不冷静了，我对待您有欠公允——原谅我；请撕毁那些记录着我激烈措辞的信页，并且请您相信，尽管您错误地称为名声
和荣誉的东西把咱们隔开，但是我对您的感情永远像是深情的朋友那样 322
热烈。”[8]葛德文过了一个月才给雪莱写信，又过了四个星期才收到回信。雪莱已经放弃了他。

五月三日下午，一行人在多佛尔城外赶上了定期班轮。雪莱刚刚封好并寄出写给葛德文的信，轮船就起航了。他们一路休闲旅行，于八日抵达巴黎。在那里办理护照时他们遇上了一些麻烦，有一个政治犯潜逃，导致办理护照的规定更为严格。克莱儿在黎塞留路的客房中，给拜伦写了一封有趣的信，称她说服了“一大群大溪地的哲学家”和自己同行——她用了一个典故，即阳光普照的大溪地住着热爱快乐、享受生活

的岛民。这封信用红色的蜡封,图案是“帕里斯的裁决”①,这是雪莱的印章。

一行人重返欧洲大陆,兴致都很高,但每个人理由不同。雪莱摆脱了伦敦的种种压力,顿时松了口气,这些压力曾让他身心俱疲,还让他痨病复发。他也期待与拜伦见面,这是克莱儿对他的承诺。玛丽的注意力主要放在孩子身上,但她也回忆起一八一四年那段幸福的时光,不过她也敏锐地在日记中记录称,波旁王朝的暴虐统治复辟后,法国人似乎更加卑躬屈膝,压迫更严重了:“他们不断地流露出不满与悲伤”。[9]这番话引自雪莱,这是他一年多以来第一次做出重要的政论观察。

克莱儿自然对拜伦一片痴情。她知道,即使已与他同床共枕,也没有改变他对自己若即若离的态度,她凭借自己的敏感(这很讨雪莱的喜欢)已感受到拜伦式的若即若离。她在信中写道:“我不知道该怎样称呼你。我无法称你为朋友,因为我虽然爱着你,但你甚至对我不屑一顾;在你看来是无比琐碎的事情,对我来说就是痛苦,这是命中注定的;但是,倘若我乘船经过你的窗外并溺水,你只会说一句‘咦,这不是她吗’……”她知道,自己对他最大的吸引力也许就是豆蔻青春,她巧妙、真诚地打出了这张牌:“……几天前,我年满十八了;十八岁的人的爱情总是真诚、温柔的;我是葛德文教出来的,无论错误与否,我的人生信条都是崇尚真理。”[10]她与雪莱似乎共同参与了某项密谋。

一行人又用了六天时间赶到日内瓦。他们沿着主观光大道向东南方向前进,穿过了特鲁瓦,这里已经让他们感到厌烦,之后又经过第戎与波利尼。在汝拉山,他们发现今年的春天来得很晚。当地还没有做好迎
323 接游客到来的准备,他们面对的是人们勉为其难的欢迎和大雪。他们继

① 帕里斯裁决了阿芙罗狄忒、赫拉、雅典娜三位女神谁最美。他选择了爱与美的女神阿芙罗狄忒,使她获得了金苹果,因为她答应将最美的女人海伦赠予他为妻。之后他在希腊与海伦相爱并私奔,引发了特洛伊战争。

续赶路，一方面惊叹于天公妙笔绘就的丹青画卷，一方面又对当地人很是恼火。在莱鲁斯，他们雇了一辆驷马之车，车厢是封闭式的，还雇了十个人给他们开路，他们选择在晚上六点出发，这让所有帮他们赶路的人都很不满。他们蜷缩在发霉的毛毯里，雪片飘打在马车的窗户上，夜幕迅速降临。[11]透过冰封的窗户眺望，玛丽记下了一篇日记。此后五个月，这篇日记的主题将在她的想象中占据主导地位。“我从未见过像眼前这样肃杀凄凉的景象。这里的树木高大得难以想象，稀疏地矗立在白色荒野，到处都是大片的皑皑白雪，只能见到巨大的葡萄藤蔓和指示道路的杆子：没有河流，也没有岩石环绕的草坪让我们心旷神怡，让美景升华。此时，这片荒无人烟的荒野万籁俱寂，与为我们开路的人的声音形成了奇怪的对比。他们的声音与动作充满着生气，他们相互呼喊，口音中夹杂着法语与意大利语，这不免让听者产生了混乱，但对于他们来说却不会。”[12]

之后，他们突然走出了雪国和不祥的松林，缓慢驶入日内瓦郊区，这里弥漫着湖边甜美的空气。一行人已忘记茫茫的冰雪荒原（这仿佛梦境一般的预兆），迫不及待地凝视着热闹的、被灯火点亮的美丽湖景。但是，雪莱在第二天（5 月 15 日）上午写信给皮科克时，回忆起这段对他来说同样不快的旅程：“这一地带的树都是参天大树，三五成群散布在皑皑雪野。我们在旅行最后一天的傍晚经过这里，看到的景象前所未有地萧索、荒凉。”[13]

他们径直驶向德让先生的丹格丽特酒店，它位于赛雪龙的郊区，是个时尚的地段，也是所有富有的英国游客经过日内瓦湖时常去的购物之地，拜伦之后也会时常来这里。雪莱在楼上租了一套不太贵的客房，下榻期间还租了一艘小帆船。他们的窗户正对着南面，俯瞰着湛蓝的湖水，令人心旷神怡，对面的葡萄架上还没有挂果。在他们上方，阿尔卑斯山的岚霭雾气向后方和上方连绵不绝，越来越暗，一直到它们的上方和远处露出闪耀着金光的白色勃朗峰，但观赏这番美景的前提是上午的阳光很强。玛丽在日记中写道:“我们并没有走进当地人的社会,但我们的时间过得飞快,也很愉快。我们在中午和煦的阳光下读了意大利语和拉丁语的文章,太阳落山之后,我们便漫步在酒店的花园中,看着小兔子吃掉落在地上的金龟子,还观察了各种蜥蜴的动作,它们就住在花园的南墙下。”到了傍晚时分,三人在六点左右基本上都会登上这艘小船在湖上泛舟一两个小时。十点左右,他们便驶向湖边。玛丽记录了春天的
324 花朵和新修建的草坪产生的浓郁芬芳,它弥散在水面上,仿佛在欢迎他们。他们倦懒地躺在船的两侧,透过清澈的湖水,凝视着遍布鹅卵石的湖底,此时,无数的鱼儿静静地浮出水面,朝着他们游过来。这些细节后来都嫁接到维克多·弗兰肯斯坦的心中。在他走向毁灭的那个新婚之夜,他就划着小船,载着年轻的妻子行驶在湖面上。[14]

雪莱短暂地产生了强烈的乡愁,他本人觉得这种感受很是离奇,并在写给皮科克的信中详细论述了一番。置身于乡间美景,他想起对英国风景的眷恋,想起了湖畔诗人,尤其是华兹华斯。“我们的诗人和我们的哲学家,我们的山脉和我们的湖泊,以及在我们看来格外亲切的乡间小径和田野,都像永不断裂的纽带一样把我牵连,直到我失去知觉的那一天。如果我今生今世不再归来,它们,以及对它们的记忆,这一切的一切以及心底的爱恋,一旦相连将永不分离,即使今生今世我真的不再归来,它们也会使英国的名字在我听来永远亲切。”

之后,他的感受好了一些,便打消了浪迹天涯的念头和“多愁善感的闲话”,在结尾又流露出欢快的心情。“我们现在到了日内瓦,也需要在这里或附近什么地方逗留到秋天。我可能两三个星期后就回来,看看朗迪尔为解决我的事务所尽的最后一番努力;届时我定会来看您。”他在日记中称玛丽正忙着写日记,否则她就会用拉丁语给他写一封信。[15]

十天之后,众人翘首以盼的拜伦终于到来,这让雪莱很快打消了归乡处理商务事宜的一切念头。五月二十五日子夜时分,一辆拿破仑式马车出现在夜幕中,车上溅满了泥浆,它刚刚经历了一次漫长的观光之旅。

拜伦与波利多里医生此前游历了滑铁卢之战的战场，还去莱茵河领略了荒凉、迤逦的风光，雪莱曾于两年前的夏天在颠沛流离中观赏过那里的景色。

波利多里曾接受过默里五百英镑的佣金，负责为此次旅行记录私人日记，他给人留下的印象通常是一直去画廊，拜伦则去找旅馆的女服务员厮混。其实，拜伦的思绪始终放在奥古丝塔身上，他也很伤感，只有奥古丝塔才能理解他看到的景色，即莱茵地区的怪石嶙峋和古堡。在万籁俱寂的凌晨，他终于再次提笔赋诗。在钞本中，他已经在创作《恰尔德·哈洛尔德游记》第三诗章的开头部分了。就在莱茵河上，拜伦与波利多里已进行过一场著名的辩论。年轻的波利多里此时只有二十一岁，他以酸溜溜的心情读了拜伦著作中的一首颂歌之后，突然向这位诗人发问，称拜伦除了写诗之外，还能做什么更有意义的事情。得到的回答是
“首先……我可以用一把手枪打开门上的锁孔——其次，我可以在这条 325
河里游到那边——第三，我可以把你狠狠揍一顿。”[16]不管怎么说，这就是拜伦在六年后的回忆中所关心的内容。拜伦已经准备好迎接社会的变革了。

克莱儿在半小时之后得知他们到来，因为她听到了马车的声音和佣人们的忙乱声，还去查看了入住登记。拜伦十分疲惫，居然将年龄写成一百岁。克莱儿迫不及待地发出一封便笺，雪莱的帮助再次发挥了作用：“直接交给了雪莱，因为我不希望显露出爱意或好奇。”但是，拜伦第二天上午就前往日内瓦处理事务了，这一整天双方都没有联系。傍晚，雪莱一家人循着往常的路线前去游湖。克莱儿觉得她和拜伦双方如此矜持实在是荒唐，夜里她久久不能入寐，便在凌晨两点给他写了一封赌气的便笺，其中的内容却完全符合实情并且很直白。“这两周来，我一直住在这个令人厌烦的酒店里，你对我这样漠不关心，未免太刻薄、太无情。你明天晚上七点半能直接来酒店的楼顶吗，我一定会在天台那里等

你，然后带你去我房间。”[17]写完之后，她便上床睡觉了。

第二天上午，她认出拜伦与波利多里划着小船游湖归来，便抓住这个机会拉着雪莱与玛丽去湖边散步。拜伦走下了船，将波利多里留下来在湖边荡舟，自己走在湖畔湿漉漉的地面上，略微有点跛。在这里，最终发生了一次著名的引荐。雪莱先生显得非常正式，而拜伦勋爵则有点酷。两位诗人彼此都有些腼腆，克莱儿的在场更加剧了这种尴尬的气氛，但拜伦很快便邀请雪莱当晚与他单独用餐，然后又折返回去，跛着足回到了船上，这对于玛丽和克莱儿俨然是猝不及防的打击。

当天晚上，波利多里是在场的第三个人，他在日记中写道：“《麦布女王》的作者 PS［珀西·雪莱］来了；他有些腼腆、拘谨，得了肺痨；年龄为二十六岁；和妻子分居了；跟葛德文的两个女儿在一起，践行了他的理论；他是和 LB［拜伦勋爵］一类的人。”[18]雪莱面色苍白，一副沉稳的样子，而且理论也很高深，因此在波利多里看来显得更为老成。但拜伦觉得，和他在一起可以放松下来，这顿饭吃得很是成功。据波利多里这篇日记结尾部分记载，拜伦似乎最终接受了克莱儿的邀请。之后，拜伦给奥古丝塔写了一封信，信中语气应该很是无奈：“我既没有处于热恋中，心中也无法对任何人产生爱情，但我又做不到对一个女人禁欲，她长途跋涉了八百英里，纯粹为了打动我的心。”他又以自艾自怜的笔触补充了一句，更加直切主题：“最近除了受到很多‘两道主菜和一道甜点’（啊！）的款待（让人讨厌），我居然也乐意通过新奇的方式（如果被追得很紧的话）得到一点爱情。”[19]克莱儿正是追得很紧。

326 第二天，波利多里很识趣地外出四处游览，拜伦与雪莱一行开始定期安排共进早餐，对于拜伦来说这是一件新鲜事。波利多里在日记中写道：“雪莱向我引荐了玛丽·沃斯通克拉夫特·葛德文，这里简称雪莱夫人……没有宣布任何姓名，没有举行任何仪式——每个人都畅所欲言。”不管怎么说，雪莱都要谈一谈他的“理论”。他们越来越频繁地一起荡舟、用餐，雪莱与拜伦开始筹划共度整个夏天。在日内瓦城外的普兰帕莱，他们游览了让-雅克·卢梭的半身雕像与纪念馆，并发现了两人共同的热情所在。

当务之急是离开丹格丽特酒店，这里房价贵，又不方便；对于他们奇怪的约定，已经开始流传各种传言。雪莱说服拜伦购买了一艘真正的单桅帆船并平摊了购船款，它的龙骨与吃水都足够深，承受得住偶尔发生的猛烈风暴。拜伦在港口找到几处可供选择的住所，位于湖对面的南岸，在康培格尼附近，距日内瓦约三英里。有一栋带门廊的大房子，背阴的阳台也很宽敞，视野开阔，可以俯瞰湖水和汝拉山。这里名叫迪奥达蒂乡间别墅，弥尔顿曾在这里住过。沿着狭窄、蜿蜒曲折的山路向山脚步行约八分钟，穿过一片葡萄园，就是一栋小一些的两层瑞士小木屋，直通日内瓦湖，而且附带一个小型的私人码头。它的名字很欢乐，叫作蒙塔莱格里。在拜伦和雪莱看来，这两座别墅几乎都是他们各自的理想住所，但租金非常高，这也体现了最典型的瑞士风尚。于是，他们与房东进行了商谈。

与此同时，两位诗人之间也进行了交谈，两人的关系越来越亲密。雪莱对自己的经历进行了一番耸人听闻的详细介绍，仿佛是在叙述一件稀松平常的事件，这令拜伦很是着迷，拜伦满怀同情地倾听了他的叙述，心情愉悦。在这样的讨论中，波利多里似乎经常在场，他记录了谈话的主题，其中一些受到雪莱的歪曲（这也符合他的特点），有时他还会加上自己刻薄的评论。对于哈丽雅特、玛丽和克莱儿，他在三十日的日记中记录称："[雪莱]讲了许多悲惨的遭遇，觉得他就要死了；他娶了一位女孩，纯粹只是为了让她在自己死后获得遗产；康复了；发现他俩合不来；分居了；为葛德文还债，拐跑了他的女儿；然后就想知道自己是否能见他一面。妹妹[即克莱儿]离开了父亲投奔姐姐。生了一个孩子，没有庸脂俗粉般的外表。他非常聪明，而我越往下读他的《麦布女王》，我就越能发现其中的美。"[20]

第二天，雪莱叙述了更早的往事，甚至介绍了林德博士的神话与哈丽雅特·格罗夫。"雪莱是说明财富导致人际关系陷入疯狂的又一个

例子，要不是因为他的内科医生很诚实，他无法得救。他和他的表姐订了
327 娃娃亲，另一个人横刀夺爱，他[的钱]要多少**有多少**，而且她弃他而去‘是因为他是个无神论者’。”[21]雪莱对于葛德文颇有微词：“一位朋友眼看就要饿死了，他曾给了这位朋友两千英镑，但此人却不愿接近他。”玛丽背诵了柯尔律治尖刻讽刺皮特的诗作，给波利多里留下了深刻印象。这就是《战争牧歌》，其中火焰、饥饿与屠杀这三个声音唱响了这个政治家的末日——“这说服了我，[柯尔律治]是一位诗人”。雪莱一家对恐怖故事的嗜好让波利多里很是惊诧，但雪莱请求他给小威廉接种疫苗时，他感到很高兴，当时是六月二日。这位医生收到了金链子和印章作为谢礼。

雪莱租下蒙塔莱格里之后，在六月初无所事事，拜伦和房东的谈判拖得更长，但在雪莱租赁十天之后，他也搬到了迪奥达蒂乡间别墅，房子位于山上，比雪莱的房子地势更高。他们的新船于六月八日送到，雪莱在这个小港口修建了泊位。波利多里在日记中写道：“走进了新船——雪莱的——谈到女士们的大脑中充斥着理想主义。回去了；下雨了；起风了。”波利多里记录的其他话题是疯癫以及参与爱尔兰革命运动的一些人物。据拜伦说，雪莱也忙于将华兹华斯“作为良药”馈赠给他。到了晚上，克莱儿有时会设法溜出门，来到迪奥达蒂乡间别墅。但是，这并非易事，因为她发现波利多里的存在很是尴尬，而且她也很焦虑，便写了一封便笺给拜伦，称他不应产生疑心。这显然是拜伦的一种防御机制，因为我们知道，第一天晚上与雪莱共进晚餐时，他就曾将两人的关系告诉过波利多里。到了六月，还有一条消息传来，波利多里可能知道，也可能不知道。克莱儿怀孕了。对于雪莱而言，这就像是一朵乌云，但还很遥远。*

两家人成了邻居之后，克莱儿更加如鱼得水，这是六月下半月的恶

---

* 拜伦确实怀疑过孩子的父亲是雪莱，但只是短暂地怀疑过，很快便打消了疑心，认定这就是他的孩子。但是，他在写给好友道格拉斯·金奈尔德的信中，暗示雪莱不否认**之前**与克莱儿发生过性关系：“……这个小孩是我的吗？我有理由这么认为，因为我知道，在我们相识的那段时间，她并没有和S[雪莱]一起住，而且她有许多地方长得和我一模一样。”

劣天气造成的结果。能划船的次数变少了，他们便聚在迪奥达蒂乡间别墅举行文学讨论并一同从事于文学项目。讨论持续到深夜，下雨时，雪莱一家人经常会在迪奥达蒂乡间别墅留宿。波利多里就躺在沙发上，六月十五日那天，在穿过葡萄园的路上，他为了向玛丽展现自己的绅士风度，不小心滑倒并崴了脚。他已经动笔创作一部戏剧，但“所有人一致认为这毫无价值”，但就在这天晚上，与雪莱的交谈滑入有趣的方向。“雪莱和我就原则作了交谈，即我们是否应当将人仅仅视为一种工具。”

坐在迪奥达蒂乡间别墅那长长的、点着蜡烛的客厅中，他们听着拍
打在阳台大窗户上的雨点声，湖对岸的汝拉山经常传来雷声、打着闪电。 328
话题是生命的力量、电疗和生命的原则。波利多里十九岁时便在爱丁堡取得了行医资格，这颇为罕见。一方面他熟知当前的医学，另一方面雪莱对伊拉斯谟·达尔文的著作，以及可能以何种方式对这种电气装置加以应用产生了更加思辨的兴趣，雪莱在牛津深造时就做过实验，这两方面使讨论实现了平衡。玛丽则静静地和克莱儿坐在一起，半个身子躲在摇曳的影子中，听着男人们谈论和总结理论。据她回忆：“拜伦勋爵与雪莱举行了多次漫长的交谈，我是一个虔诚的听众，几乎从不发言。在一次谈话中，他们讨论了各种哲学思想，其中就有生活原则的本质，以及是否有可能发现它并进行交流。他们讨论了达尔文博士的实验……他将一根意大利细面保存在玻璃盒子里，直到通过某种特殊的途径，它自己动了起来。不管怎么说，就这样并不能产生生命。也许，能让尸体重新动起来；电疗法可能产生这样的现象：也许一个生物的各个器官可以生产出来，然后拼装起来，并产生生命的温暖。”[22]

这些思辨的讨论在十六日和十七日继续，谈话中还萌生了一个想法，即波利多里的戏剧让他们大失所望之后，他们都应该尝试写一篇鬼故事。在上个星期，波利多里一直在日内瓦与奥迪耶医生讨论梦游症的问题，有个人（也许是拜伦）带来了一本非常罕见的德国恐怖故事集，翻译为法语后，书名为《死神寓言》。十七日那天，他们晚上都去了奥迪耶

夫人家中举办的舞会,只有波利多里因脚踝受伤未能前行,回来后众人又继续谈论这些主题。波利多里因为自己被单独留下来而懊恼,他对玛丽及其自由思想产生了爱慕之意,但她对波利多里的追求反应颇为平淡,只是称她把他当成了弟弟,这也让他很懊恼。无论是这位年轻医生胸中的愤懑与沮丧,或是克莱儿的紧张,还是雪莱深陷于恐怖故事与思辨,都使雪莱觉得自己仿佛陷入病态,心情压抑。令人不安的想法与玄幻的故事也让玛丽受到了影响,她有一次觉得感受到雪莱令人恐惧和心神不宁的力量对自己产生了威胁。

雪莱的鬼故事从未以书面形式记录下来,但引发了一次争议颇大的表演,这发生在十八日晚上。众人坐在迪奥达蒂乡间别墅长长的客厅中,波利多里记录了当时的情形。“到了十二点,真正开始讲鬼故事了。LB[拜伦勋爵]诵读了柯尔律治的《克丽斯特贝尔》中关于女巫胸部的某
329 些诗行,之后便陷入沉默,而雪莱突然尖叫起来,双手抱在头上,攥着一根蜡烛就冲出了房间。”在柯尔律治的诗中,女巫杰拉尔丁第一次出现时,是一位美丽、懵懂无知的公主,她在森林里迷了路。但实际上她就是拉弥亚(化为人形的蛇怪),她一心要在精神和肉体上控制年轻的女孩克丽斯特贝尔。女孩的父亲酿下大错,在城堡中收留了杰拉尔丁。女巫其实就住在克丽斯特贝尔的闺房中,当她们上床时,女巫对她祭起了催眠咒,然后就在她睡眼蒙眬、半睁半闭的眼前宽衣解带。诗中这样写道:

这位女士在灯下弯下腰,
缓慢地将双眼闭上;
然后大声地吸气
仿佛是在颤抖,她解开了
双乳下方的束胸带;
她的丝袍,以及贴身穿的背心
落在了她的脚旁,全身袒露,

看哪！她的胸部和她的侧面——
丑陋、畸形、苍白的色泽——
哦，保护她！保护可爱的克丽斯特贝尔！*

雪莱暴走的突然与激烈，让其他人都大为震撼，正是波利多里走到雪莱身旁，以一个医生的本能为他治疗。他设法使雪莱镇定，并以出色的技巧成功地让雪莱吐露他产生幻觉的经过。“给他脸上浇点水，然后给他用一些乙醚。他当时看着S[雪莱]夫人，突然想到了他听说过的一名女子，在本应长乳头的位置却长着眼睛，这个想法攫住了他的心灵，让他惊慌失措。”雪莱躺在沙发上恢复元气，同时波利多里继续与他交谈。在这段时间，雪莱毫无防备，如实说出了萦绕心头的几个恐惧印象。根据波利多里的记录：“——他结婚了；他的一位朋友喜欢他的妻子，他竭尽全力诱导她也爱上这位朋友。他身边的朋友都靠他来谋生，并且把他当成银行家。有一次，一个人租了一栋别墅，希望让他多出些钱，而且想过来欺负他，最后要与他决斗。雪莱一口回绝，于是被打翻在地；冷冷地说他不会得逞的，于是又被打倒在地。”[23]

在波利多里医生的日记中，明显可以看出雪莱建立社区的打算使他承受了情感上的压力，而且他似乎根据雪莱一生在社会和性爱方面的矛盾，至少成功地“解读了”雪莱的部分幻觉。但是，雪莱的人生中并不存在与最后一个恐惧相对应的情节。雪莱似乎一直在力图解释，他在凯西 330
克、林茅斯、特里马多克和肯蒂什镇是怎样不断感觉到受迫害感的。最重要的一点在于，他竭力要向波利多里表明，他绝对拒绝沉迷于身体暴力；波利多里依稀意识到，雪莱这样相当于否认了他性情中某种重要因素。后来在帆船比赛中发生了一起事件，让波利多里暴跳如雷，他威胁

---

* 柯尔律治本人有些担忧女巫显露出她胸部恐怖的畸形，便在之后的版本中将倒数第二行改为“这一幕只可意会不可言传”。

要举行一场决斗挑战雪莱，最终拜伦出面干预，并称他会代表雪莱接受任何挑战。遵照拜伦的意愿，波利多里收回了决斗书；倘若拜伦让雪莱独立处理此事，结果也许会更好。

波利多里后来以这次“幻觉发作”（引用了拜伦的话）为素材，创作了鬼故事。这个故事以小册子的形式发表于一八一九年，配上了一幅题为《吸血鬼》的苍白恐怖的版画。拜伦在这一年写给默里的信中，评论了这个哥特式故事，大意是在雪莱身上“肯定发生过波利多里所讲述的这个玄幻故事，但与他的描写**并非完全相同**”。[24]但在此时，拜伦从迪奥达蒂乡间别墅写信给他的出版商时，他感到更加困惑了；他无法理解雪莱发生了什么情况，“因为他不需要鼓励”。他与雪莱的友谊尚未超出绅士之间温良恭谦关系的藩篱。

尽管如此，雪莱的幻觉“发作”并没有妨碍他在四天之后独自与拜伦一同踏上环湖之旅。十九日那天，天公作美，雪莱一家回到蒙塔莱格里的住处。深夜怪谈依然在迪奥达蒂乡间别墅继续，也许就在雪莱出发之前的某个晚上，玛丽产生了可怕的梦魇，这为她创作的最著名的小说《弗兰肯斯坦，或现代普罗米修斯》提供了主要的灵感。她在描写这次梦魇时，为了使之充当作品的序言，进行了调整，但它依然是经典的例子，证明强烈的恐怖意识（雪莱屡次起了推波助澜的作用）是如何转化为创作灵感的。玛丽做到了这一点，但哈丽雅特与克莱儿却未能承受住这样的惊惧所产生的精神重压。

> 两人侃侃而谈，不知不觉夜已深了；等我们休息时已过子时。我躺在床上无法入睡，也不能说我在思考，因为突如其来的想象力攫住了我，牵引着我，使我的脑海里涌现出一连串的形象，这些形象之鲜明生动，远非普通思维所及。* 我闭着眼睛，脑海里浮现出清

* 雪莱曾在1815年的作品中描写过这种状态，此处明显与之密切相关。

晰醒豁的形象。我看到一个面色苍白、专攻邪术的学生跪在一具已组合好的人体旁边，看到一个极端丑陋可怕的幽灵般的男人四仰八叉地躺在地上。少顷，在某种强大的机械作用下，只见这具人体不 331
自然地、无精打采地动了动……这一成功会让这位邪术专家胆寒，他惊恐万分，扔下自己亲手制作的丑八怪，撒腿逃跑。他希望自己亲手注入那丑八怪体内的一丝生气会因其遭到遗弃而灭绝；尚处于半死不活状态中的丑八怪便会因此而一命呜呼……他睡着了，却又从睡梦中惊醒。他睁开眼睛，发现那可怕的东西就站在自己床前，只见他掀开床帘，睁着水汪汪的黄眼睛好奇地注视着他。

我吓得睁开双眼，刚才的场景占据着我整个头脑，一阵强烈的恐惧感油然而生。我真希望眼前的现实能驱走我想象中的怪物。我能看见眼前的一切：这房间，这深色的橡木地板，那关闭的百叶窗，以及透过窗户缝隙投射进来的月光；我也分明知道不远处就是明镜般的大湖和白雪皑皑、高耸入云的阿尔卑斯山*，然而，我却很难摆脱眼前那个可怕的幻影；它仍然死死地缠着我，驱之不去。我得想点什么别的才行，于是我又想起了自己要写的鬼故事……这讨厌的鬼故事真不走运！唉！要是我能写出让读者像我这天晚上一样害怕的故事该多好！

突然，一个令人振奋的念头如闪电般从我脑际掠过。"有了！它既然能吓着我，就能吓着别人，只要能把半夜纠缠我的暗鬼写出来不就成了。"次日一早，我便对众人宣布说，我已经想出了一个故事。我当天便动笔写起来，开头一句是"那是十一月一个阴沉的夜晚"。我所写的只是我想象中的那些可憎可怖的情景。[25]

* 如果玛丽的回忆准确，她当天夜里孤守空房就暗示着当时雪莱已经动身与拜伦一同游湖了；但是，这可能只是一种文学手法，就像对景色的幻想一样——湖水再往前是汝拉山，阿尔卑斯山则位于蒙塔莱格里的后方，即位于南面。

玛丽此时先创作的是《弗兰肯斯坦》成书后的第五章,内容是弗兰肯斯坦博士唤醒了怪物。故事背景是德国的一座大学城英戈尔施塔特,雪莱夫妇对这里的认识主要是因为它是光明会的创始地,这是颇有深意的暗示。

玛丽后来曾介绍雪莱是怎样催促她将这个故事撰写为一部小说:“但是,如果没有他当时的鼓励,我的故事绝无可能以书的形式奉献给世人。”在这一年的夏天,她一直稳步推进这部作品的创作,他们冬天回到英国之后,她便开始打磨第二稿。这部作品的主题与背景中,即便有些并非真正的情节主线,但也与玛丽和雪莱的私人生活背景息息相关,有时这种相似性达到离奇的程度。

332 在描写弗兰肯斯坦博士所受的教育时,作者介绍了他在炼金术和魔法方面对艾伯塔斯·马格努斯和帕拉塞尔苏斯等作者的兴趣,对“自然哲学”、电疗法和解剖学等严格意义上的科学的兴趣,这刻意摹仿了雪莱生平中从浪漫传奇走向哲学的心路历程,就像他本人在一八一二年写给葛德文的那封自荐信中的内容一样。[26]怪物第一次杀戮的对象是弗兰肯斯坦襁褓中的弟弟,名叫威廉,作案的背景就位于普兰帕莱,雪莱与玛丽曾于五月去那里游览过两次。[27]弗兰肯斯坦与他创造出的恐怖怪物之间的核心对抗则发生在沙摩尼的冰海冰川,当时怪物要求为自己造一个妻子,以补偿人类社会对他的排斥。而玛丽、雪莱和克莱儿曾于七月游览过这里。[28]弗兰肯斯坦博士的第二座实验室位于苏格兰,玛丽童年时曾在这里住过一段时间。[29]弗兰肯斯坦在这里造出了第二个怪物(即母怪物),之后又将其毁灭,他食言了,和怪物遭到相同的诅咒。怪物自学所用的教材是歌德的《少年维特之烦恼》、普鲁塔克的《希腊罗马名人传》和弥尔顿的《失乐园》。[30]在一段描写中,叙述的是弗兰肯斯坦与他推心置腹的好友克莱瓦尔(他也遭杀害)一同乘船在莱茵河上溯流而下,这也可以找到一八一四年那次旅行的影子。[31]其他许多乘船旅行的场景则反映出雪莱与玛丽在水上之旅途中留下的印象,也许最明显的莫过于弗兰肯斯坦的新婚妻子伊丽莎白被怪物杀害的前一天傍晚，当时两人在宁谧的湖水上一直游玩到黄昏时分。[32]它杀害新娘之后，无论是弗兰肯斯坦透过旅店窗户看到怪物那狰狞的面目，还是他发疯一般地要将怪物击毙，都明显取材于雪莱对玛丽讲述的一八一三年发生于坦尼尔阿西特的行刺事件。[33]

该书中，玛丽对小说结构最高明的创新之处在于，伊丽莎白遇害之后，追杀者与被追杀者角色互换。弗兰肯斯坦开始一路追踪怪物。这便创造出“分身”（Doppelgänger）的主题，即弗兰肯斯坦与他创造出的怪物构成了一个精神实体的两个对立部分。追踪恶魔的主题此时已成为雪莱诗歌的核心意象。弗兰肯斯坦执着地一路追踪怪物来到北极的荒原，这就是该书开篇和结尾的场景。无论在情绪还是在意象上，很大程度上都反映出雪莱在《阿拉斯特》中探讨的内容，即对孤芳自赏的理想的逆转与追求。这部著作还大量借用了雪莱喜爱的一首诗，作者是柯尔律治。第五章中明确提到这首诗——《老舟子咏》。与这两首诗相似，《弗兰肯斯坦》探讨了精神上的孤立，怪物有时感觉几乎就是在程式化地呈现雪莱诗歌中的邪灵，这就是孤独本身所产生的邪恶精灵。

《弗兰肯斯坦》的情节安排与《阿拉斯特》相似，即性爱力量可以在人类社会中将人们联系在一起且这种关系牢不可破，但作品探讨了它在反常情况下所产生的破坏作用。这个怪物是弗兰肯斯坦在烦躁不安和 333
执着的心境下在英戈尔施塔特创造出来的。他反常地拒绝了青梅竹马的表妹伊丽莎白（但他真心打算与之成婚）的恳请。父亲明确警告他，深入的专业研究可能会产生毁灭性后果。他在实验室中看到生命的火花注入怪物躯体中，可怕的景象让他仓皇失措地冲出实验室。自此以后，他就睡在床上，想忘掉这一幕，却做了一个恐怖的噩梦，梦境颇有象征意义：“我确实睡着了，然而连绵的梦幻一直搅扰着我。我们见伊丽莎白在英戈尔施塔特街头漫步。她精神抖擞，浑身洋溢着青春的朝气。我惊喜交集，一把将她拥在怀里，第一次深深地吻了她。可与此同时，她的双唇却变得死一般铅灰，面容似乎也变了。我觉得自己搂着的是我死去的母亲，她的尸体被一层法兰绒裹尸布蒙着，只见墓穴中的蛀虫在裹尸布的皱褶内爬来爬去。我从噩梦中惊醒。”[34]

弗兰肯斯坦再次遇到怪物时，两人在沙摩尼发生了对峙，怪物提出一个要求，这主导了故事之后内容的发展：“你必须再为我造一个异性伴侣，好让我与她相依为命，共同生活，进行必不可少的情感交流。这件事只有你能办到，而我要求你这样做，这是我应有的权利，你绝不可以拒绝。”弗兰肯斯坦起初认可了怪物的这项权利，也确实在他苏格兰的实验室中造出了一头母怪物。但之后，他当着怪物的面，在母怪物即将获得生命之际将她扯个粉碎。怪物先是发出一阵阵绝望的可怕嚎叫，之后他的反应很简单：“但你得记着，在你新婚之夜，我定会前来奉陪。”怪物没有食言，它的威胁在埃维昂变成可怕的惨剧，将伊丽莎白掐死在婚床上。因此，创造者与被创造者都摧毁了彼此性爱幸福的希望，于是，双方与人类社会的联系均不复存在。他们都成了社会的弃儿与贱民，对自己的所作所为心知肚明，并为之痛苦煎熬，一心要为自己的损失复仇。这是悲惨的结局。鉴于玛丽创作此书时只有十九岁，人们更为惊诧。

这部作品的核心是对流放状态的神秘投射，这种状态已成为雪莱人生中一个主要的活动。怪物曾在冰海冰川请求主人的帮助和理解，玛丽这番与众不同的告诫将成为雪莱日后在意大利诗歌创作中的主题。“唉，弗兰肯斯坦……你不要忘了，我是你创造出来的，应该是你的‘亚当’，可事与愿违，我却成了被打入地狱的天使，平白无故地被你逐出天国的乐园。无论我走到哪里，都能看到天堂般的极乐世界，可我，唯独我，却永远与幸福无缘。我以前也曾是仁慈、善良的，只是因为不幸的遭遇才使我变得凶残歹毒。给我幸福吧，我会重新变得心地善良的。”对此，弗兰肯斯坦的答复如同在回应社会与权威部门：“滚开！我不想听你说话。你我毫无共同之处，我们是冤家对头。”[35]

334 除了在蒙塔莱格里的噩梦之外，雪莱对玛丽书中反映出的诸多自传影响也心知肚明。他们在英国的经历,他本人的诗歌,玛丽与她父亲的关系,他们不断阅读葛德文创作的追捕小说(尤其是《迦勒·威廉姆斯》),这些都产生了重要作用。但无论是雪莱在一年后为这部作品匿名撰写书序,还是在杂志上实名发表对此书的评论文,都只是浮光掠影地提到这些影响,重点还是论述精神孤独与社会排斥等核心问题。论及怪物的种种罪行,雪莱认为它们"简直就是必要性与人类天性的产儿。这部作品的直接道德诫喻就在于此……如果你虐待一个人,他就会变得邪恶。以怨报德;让一个人(无论何种原因)被选定为其类的渣滓——将一个社会人与社会隔开,你就强加给他不可抗拒的义务——狠毒与自私"。他之后又补充了一句,这必然使人认为他当时至少想到了自己:"因此,在社会中经常出现这样一幕,最有资格成为它恩主并为其增光添彩之人,却因为造化机缘而对其报以鄙夷的目光,并因为漠视和心灵的孤独而转变为一种折磨与诅咒。"[36]雪莱暗示他已认同弗兰肯斯坦造出的怪物。

六月二十三日下午,雪莱、拜伦与船夫三人踏上了日内瓦湖(莱蒙湖)的休闲之旅,一行人向东前往埃维昂。这次旅行为期八天,尽管天气阴晴不定,甚至还出现了一次危险的风暴,还有一天雨下了没停,不过总的来说旅途十分顺利。旅行中雪莱大部分时间都在读卢梭的《新爱洛伊丝》,这部作品的背景是湖边的各种小村庄,此次旅行宛如文学朝圣之旅。他在《弗兰肯斯坦》的书序中津津乐道的"鬼魅幻象"让位于多愁善感的景象。"梅勒利、西庸城堡、克拉朗、拉瓦莱和萨瓦山脉纷纷呈现在想象中,以怀念一度熟悉的事物和一度亲切的人们。它们确实是一种智慧的创造,但这智慧的光芒如此强烈,结果给所谓现实的记录投下一道虚假的阴影。"

在诗人拜伦面前,雪莱被压制住了,这颇为反常。拜伦毫不费力地把自己的感受融入《恰尔德·哈洛尔德游记》和《西庸的囚徒》,而雪莱却满足于写一些观光日记和书信，他后来将它们寄给了皮科克。[37]傍晚时分，他们会聊一聊彼此的童年，一聊就是几个小时，但两人都没有对谈话内容作书面记录。但是，此举开始将两人的友谊从以礼相待转变为真正亲密无间。拜伦很高兴能够摆脱克莱儿与波利多里，他曾在一片美丽
335 的树林中脱口而出："感谢上帝，波利多里不在这里。"雪莱也感到自由自在，让人惊讶的是，他在埃维昂将注意力转向一堆写给葛德文和伦敦律师的商务信函，它们已经搁置了数周。他飞快地写完信寄走，葛德文收到了一张五英镑的支票，署名"马丁"。拜伦通常很少在上午起床，而雪莱喜欢在天亮之后不久便起床，他会去朱莉与圣普乐①的各处浪漫爱情旧址探访一番。他怀着崇敬的心情，行走在"阶梯路"上，穿过了他们当年漫步的小树林。他在圣金戈尔夫采撷了一束野花。他在克拉朗心情舒畅，因为房东太太透过他们住所的窗户，指给他们看"朱莉丛林"。

对卢梭的另一处纪念更为戏剧化。他们的小船在圣金戈尔夫的礁石附近遇上风暴，几乎要沉入湖中，因为雪莱后来以难以掩饰的满足感写道："正是朱莉和她的情人几乎丧命的地方：圣普乐曾试图把她拽入湖中。"二十五年之后，摩尔在《拜伦传》中描写了雪莱是怎样顽固地拒绝旅伴伸出的援手的，因为雪莱不会游泳："雪莱坚决拒绝；他静静地端坐在一个柜子上，双手紧紧地抓住边上的吊环，他宣布自己决心就这样沉入水中，决不挣扎。"[38]

但是，对这次事件的叙述有些夸大其词。当时，正是雪莱注意到船舵断了，波浪开始拍打在船身上，"我的同伴水性很好，这时脱去了上衣，我也如法炮制；我们抱着双臂坐在那里，每时每刻都有被巨浪吞没的危险"。两人当时似乎都一言不发，但雪莱痛苦地意识到，拜伦知道自己不会游泳。"在临近死亡的紧要关头，我内心混杂着各种感触，恐惧

① 朱莉和圣普乐是卢梭小说《新爱洛伊丝》的两位主角，他们的故事发生在阿尔卑斯山脚下、日内瓦湖畔的小城克拉朗，距雪莱当时所居之地不远。

产生了，但只处于次要地位。如果是孤身一人，我的感情不会如此痛苦；但我知道，一旦遇险，我的同伴一定会来救我，而一想到他的生命将为挽救我的生命而遭遇危险，我就羞愧万分……”拜伦本人也注意到雪莱表情镇静，他只是对默里说，由于这艘船非常靠近礁石，他自己“没有去冒险”。最特别的一点在于，这件事过后，雪莱并没有请拜伦教他游泳。

在西庸城堡，雪莱计算了地牢中柱子的数量，并在日记中记录了湖水的深度、墙上的涂鸦，还以惊恐的神情凝视着一根腐烂发黑的横梁（这根横梁此后便为一根更粗但没有遗迹特征的木材所取代）。雪莱简明扼要地写道：“我从未见过如此恐怖的遗迹，它记载着令人发指的暴行，人类曾经以蹂躏人类为乐。”拜伦一边在一根柱子上潦草地刻上自己的名字，一边听着向导讲述弗朗索瓦·博尼瓦尔的故事。十六世纪时，他曾因反抗萨伏伊公爵查理三世而被关入地牢。拜伦对这个故事念 336
念不忘。两天之后（6 月 28 日），阴雨天气使他们滞留在乌契，拜伦飞速地写下《西庸的囚徒》的十四个诗节，着重强调他自己同样陷入博尼瓦尔的困境，这篇作品的结局颇为痛苦、讽刺，令人好奇：

我的锁链和我已成为好友，
长时间的相濡以沫已使
我们肝胆相照；即便是我
仰天长啸，重获自由之时。

与此相反，雪莱却觉得自己无法从此情此景中寻觅到灵感，于是继续阅读《新爱洛伊丝》，并为《赞智力美》撰写富有自传色彩的开头部分，其中就有他对幼年魑魅魍魉和自我牺牲的浪漫回忆。

拜伦的存在继续抑制着雪莱。他在日记中充满好奇地感慨称，当两人在克拉朗徜徉在美丽的葡萄园（位于朱莉丛林的上方）中，自己竟无法放声高呼，对此他颇感奇怪。这也影响到他的创作，最典型的一幕是拜伦在奋笔疾书他的诗歌，而雪莱却在四处闲逛，或是看书、写信。* 但在写给皮科克的这封长信中，有一段产生了强烈的自传共鸣，几乎达到散文诗的强烈程度。此外，跟西庸城堡有关的日期和数据似乎有些生硬与冷酷无情。雪莱之前就注意到，在日内瓦湖靠近萨伏伊的一侧，儿童出现了严重的畸形现象。这是水中缺碘导致的甲状腺疾病，但这种疾病约一百年之后才为世人所知。雪莱发现，有一个孩子在这些奇形怪状的畸形儿中显得格外不同，在他看来，这似乎产生了强烈的象征色彩。他描绘了当时的情景，并将自己的感知与敏感以全新的手法融为一体，表现出近乎梦幻、执着的心境，这表明他自己的童年依然在他脑海中挥之不去。

> 在返回村庄的路上，我们坐在湖边的垣壁上，看几个孩子玩一种类似九柱戏的游戏。这些孩子模样怪异，病态而畸形。他们大多
> 337 弓腰驼背，喉结粗大；但其中一个小男孩的举止风度却格外优雅，是我从未在别的孩子身上看到过的。他丰富的表情使面容美丽耐看。他的眼睛和嘴唇交织着傲气和温和，表示他内心的敏感，但他所受的教育恐怕会使这种敏感沦为不幸或者罪恶；他身上的温和多于傲气，仿佛日常感受的温柔情感已经把这种骄傲从最初的野性状态驯服过来。我的旅伴给了他一点零花钱，他一声不吭地接过，脸上露出表示感谢的甜甜一笑，然后不好意思地继续去玩游戏了。这一切

---

* 雪莱随身带着一本小素描本，他在本子上用铅笔粗粗勾勒出湖景，还在上面为寄给皮科克的信件打了草稿。（牛津大学博德利图书馆馆藏雪莱手稿，位于 e. 16）在页 37，他用墨水笔写了一首诗：

> 我的思绪在孤独中自生自灭，
> 本应记录它们的诗歌不知所踪
> 宛如薄明天空中的月光；
> 它们是多么地美丽，它们是多么地坚定，
> 就像编织在一起的珍珠，点缀在星空中！

> 很难说是真的；但是在这晚霞辉映的黄昏，在这幽僻浪漫的村庄，在这吸引我们前来的静谧的湖畔，人的想象肯定不可避免地要将它的幻觉注入最平淡无奇的景物。

在洛桑，一行人漫步在吉本故居的阳台上，吉本就在这里完成了他的《罗马帝国衰亡史》。拜伦深为触动，但雪莱却又想起了过去的经历。“我的同伴采集了一些金合欢叶以纪念吉本。我克制着没有这么做，生怕伤害卢梭那更伟大、更神圣的英名；我沉浸于他创造的不朽著作中，没有心思顾及平凡的事物。吉本性情冷漠，缺乏热情。”拜伦在创作《恰尔德·哈洛尔德游记》的钞本中，写下了对吉本的致敬之辞，称其为“反讽之王”，“用郑重其事的冷笑消解庄严的信条”，他还给默里寄去了金合欢叶。雪莱则走回到码头，波浪依然拍打着抛锚停泊的小船，他就站在这里，凝望着湖对面。突然，太阳从云层中出现，这是当天唯一一次出太阳。“一道彩虹凌驾在湖上，甚至彩虹的一端就栖落在水面上，另一端则伸到萨瓦山脚下。一些白房子在黄色光芒中闪现，我不知道它们是不是梅勒利的房子。”两天之后，在六月三十日（星期日）傍晚，玛丽与克莱儿看到小船穿过湖面，朝着蒙塔莱格里的码头驶来。

这次环湖之旅使雪莱与拜伦实现了相互理解，自此以后，两人的关系就已超越了通过玛丽和克莱儿建立的家庭内部的关系。但是，依然没有达到推心置腹的程度，两人都继续将对方视为令人好奇的存在。他们彼此之间都是当面说一套、背后说一套。拜伦在信中称雪莱老是跟他提华兹华斯，自己“甚至都要吐了”，而雪莱旅行归来后，在写给皮科克的信中则称“拜伦勋爵是极为有趣的人，正因如此，他受到最卑鄙、最庸俗的偏见所困，实在为他感到可惜。而且他就像风儿一样狂放”。在提到拜伦的偏见时，他是否想到了吉本或克莱儿，我们尚不得而知。但是，338
两人已经打开亲密关系的门扉，真正达到推心置腹的亲密程度是在一八一八年他们下一次独处的时候，地点是威尼斯。

雪莱与拜伦返回后，蒙塔莱格里与迪奥达蒂别墅之间日常的游湖与游览依旧如故。雪莱完成了他的《赞智力美》，拜伦则写完了他的第三诗章，克莱儿也对她接到的任务感到满意——誊清《西庸的囚徒》手稿。雪莱给皮科克写了一封信，称他们打算在这里住到来年春天。他请皮科克在此期间帮他变卖主教门住所中的家具与物品，转让产权，并放弃那所房屋的产权。他还请皮科克寻觅“一座不带家具的房子，花园要尽可能地好，地点靠近温莎森林”，然后签订十四年或二十一年的租约。“我目前的打算是返回英国，在这个最出色的国家里找到我永久的归宿。”皮科克也许已经收到雪莱寄来的一笔小额津贴，这说明雪莱毫无顾忌地将皮科克当作自己的文书来使唤。雪莱已明确放弃一切长期远走他乡的念头，其实，他在信中充满了怀旧的念想，从他笔下写出这番话未免有些奇怪：“上等的柴火，还有缠结着匍匐植物的窗框……小猫满足的呜呜声和水锅沸腾的嘶嘶声，对昔日和故人的良久追忆，孩子们的欢笑……冬天愤怒的风暴拼命想闯进来。”[39]雪莱还询问了英国政坛发生了什么新闻。

与此同时，雪莱又笼统地筹划起下一次史诗般的江河旅行，但从未付诸行动。这次他打算前往多瑙河旅行，最远要抵达君士坦丁堡，然后经雅典和罗马返回，“……一路驶过名川大河，多瑙河、波河、罗讷河和加龙河。河流不像道路是人工铺就；它们模仿人的思维，随心所欲地在无径的荒漠上流浪，在自然最迷人的幽静之处淌过；这是其他任何东西无法企及的”。皮科克读完这封信，做出一个明智的决定，即推迟为雪莱购买“固定不变、一劳永逸的家”，等雪莱重返英国之后再作打算。

七月十七日与十八日，雪莱还分别给葛德文和霍格写了信。雪莱向葛德文暗示，他不会长时间留在日内瓦，因此复杂的书信谈判不可能实现。他还明确告诉霍格，再次让他加入他们的社区这一计划不得不推迟。雪莱还鲁莽地向他建议，今后应当将雪莱的通信地址定为阿维尼翁的邮件待领处。雪莱也许考虑去罗讷河旅行，但他其实一生从未去过阿维尼翁。信中他对拜伦轻描淡写，一带而过，他还提到了斯塔尔夫人和一些文坛人物，并称“没有太大的兴趣去见他们”。

七月二十一日星期日，他的环湖之旅已过去三周，雪莱突然再次携 339
玛丽与克莱儿一同游览了沙摩尼的山谷，这是阿尔卑斯山中一处人气很高、风光旖旎的旅游胜地，它坐落在阿尔沃河的源头，分外引人注目。他们将小威廉留在了蒙塔莱格里，托雪莱聘请的一位瑞士女佣埃莉斯照看。玛丽还随身携带了《弗兰肯斯坦》的手稿。

停滞了一年多，玛丽又开始记日记了，里面充满各种描写。其中许多内容用于描写弗兰肯斯坦博士与怪物在冰海冰川中对峙时的场景。她带着一股新的力量继续写作，文字里多了一层反讽意味。在前往阿尔沃河的漫漫长路中（这条路连接着博纳维尔与沙摩尼），她的观察如下：“大瀑布飞流而下，落入阿尔沃河中，这条河奔流不息，宛如狂暴的困兽。我们继续往塞尔沃前进，一路上山越来越高，也越来越壮美，最高的山峰藏匿在云中，但它们有时会探出真身，矗立在湛蓝的天空中，人们会觉得它们的高度已超过上天允许的限度，众所周知，巴别塔与它们相比可谓小巫见大巫。”在另一座山上，一条瀑布将它一分为二，这在她看来宛如梦幻中的景象，就像“巨大的埃及女神雕像”。[40]雪莱买了一只松鼠送给两位女孩，它一心想要逃跑，还咬了雪莱一口。

一行人于星期一早晨七点抵达沙摩尼，他们都疲惫不堪，却被远处山上雪崩发出的罕见雷鸣声吓了一跳。雪莱还不算太累，在日记中记下了撒丁国王的一道敕令：“禁止他的臣民私下集会，违者罚款十二法郎，倘若无力支付，就要打入大牢。”[41]雪莱在他们下榻的伦敦城市酒店中给拜伦写了一封信，篇幅不长，信中建议他雇上骡马来和他们会合。之后，他便给皮科克写了第二封日记体长信，充满叙述性语言，大量描写了冰雪皑皑的山顶之雄奇与壮丽。之后几天，一行人游览了波松与蒙坦维尔特的冰川。近距离观看阿尔卑斯山的雄壮与肃杀，对雪莱产生了巨大的视觉冲击。它就像河川、海洋和天空一样，立即被他纳入基本意象库。

到达沙摩尼的第一天，他就给皮科克写了信。“白雪皑皑的山峰亮得刺眼，在高空的云彩间或隐或现，一部分山峰与勃朗峰相连。以前，我从来不知道——从来没有想象过——什么是山脉。当它们突然出现在眼前，高耸入云，使你有一种如痴如醉、类似疯狂的感觉。”[42]经过阿尔沃河上的大桥时，雪莱就已准备为此次阿尔卑斯山之旅写一篇哲学冥想并思考它的提纲。他心中的整体印象是一种压倒性的力量，它强大无比，但又无限遥远。这种力量既令他畏惧，又让他着迷。他满怀敬畏之心，意识
340 到自己作为人类的智慧十分有限，在他此前难以想象的自然界巨大的能量与活动面前显得格外渺小。这篇冥想便是他后来的诗歌《勃朗峰》。

雪莱在沙摩尼的经历类似于一种宗教体验，这其实是人们前往阿尔卑斯山旅行时公认的一大特点。这种上天的谕示很快就会成为雪莱旅行中常见的特点。威廉·海兹利特在一八二五年以挖苦的语气指出：“我认为，穿越阿尔卑斯山给了我们最时尚的一些人一种惊恐的道德感，因为看到勃朗峰之后，我们的作者［指的是汤姆·摩尔］就相信了上帝的存在——他们内心被一种亲切的战栗感和对他人邪恶之举（当然要比他们自己的邪恶之举严重得多）的悔恨之情攫住，因此我们的几位**才女**就招来了**恶鬼**……”唯一的区别在于，雪莱的信仰是上帝**并不存在**。*

其实，他体会到的情感完全取决于他作为无神论者的立场。他看到的景象对他来说既是一个符号，也是实际的例子，表明自然界中存在神圣但非人类的力量。雪莱在写给皮科克的信中描写了冰川缓慢但不可阻挡地向沙摩尼方向前进，还描写了松树一棵接一棵地在这种无情的过程中被压为齑粉，同时产生了“难以名状的恐怖感”，每年前进几英尺，他在信中称自己倾向于相信布封关于大自然将不可避免走向自我毁灭

---

* 柯尔律治在他之前就已游览过此处，返回之后写下了《沙摩尼溪谷日出前的赞美诗》。但在柯尔律治看来，全知全能的上帝安然地居住在“你空灵的头上，君临一切的勃朗峰！”

以及存在内在熵的理论。他视之为暴政的示例,这次是非人类的力量在碾压和破坏。雪莱将此比作印度密教的二元神,皮科克曾在他的诗歌中使用过这一元素。这就是善神奥罗梅兹(生命与温暖之神)与恶神阿里曼(黑暗、寒冷与死亡之神)之间永恒的斗争。

雪莱对冰川移动时的恐怖景象作了一番过人的描写,得出以下结论:"我不想再探讨布封那庄严而灰暗的理论——将来的某个时期,随着极地的冰川和地球最高峰上形成的冰岩的不断蚕食,我们居住的地球将变成满目冰霜。您一向坚信阿里曼的至高无上,是否能想象得出他的御座周围是苍茫凄清的白雪,是死亡和冰霜筑就的宫殿,自然坚如磐石的手刻出了它们那骇人的宏伟壮观,阿里曼为了作最后的抵抗,向周围掷出雪崩、洪流、岩石、雷霆,还有这些致命的冰川,立竿见影地证明和象征了他的统治权威;——此外,还要加上整个人类退化——在这些地区,人类变得畸形和痴傻,大多数人都丧失了让人产生兴趣和羡慕的东西。这部分话题灰暗有余,庄严不足,但是无论诗人还是哲学家都不应轻视。"[43]

这些思考便构成了雪莱在诗歌《勃朗峰》中描写和冥想的基石。阿 341
尔沃河、冰川和山峦松散地组成了意象的体系,表征了人类意识的三个层面,因为它分别对人类的想象、物质世界的现象和假想的神祇展开了思辨。这首诗在语言表达和显而易见的主题上体现出华兹华斯的风格,但语气中蕴含着一种恐怖感,这是对无法控制的破坏力量的感受,也是雪莱诗歌独有的特点。雪莱力图从他的意象中得出富有哲理的结论,并以敬畏或怀疑的态度对待这一结论,这体现了他的特点。但在这首诗的开头和结尾部分,居主导地位的是敏感的心灵与野蛮的力量之间展开富有英雄气概的可怕对抗。

因为心神已不能自主,
像从悬崖到悬崖被驱赶着而随时会
消失在无形飓风中的一团云雾!

在远远的高处，刺破无垠的天空，
勃朗峰高耸：积雪、宁静、安恬——
臣服的群山，以非凡出世的形态，
以冰岩石围绕四周……[44]

这首诗的基调本质上是表达哲理和怀疑，但依然出现了魑魅魍魉。雪莱提到了“年迈的恶魔老‘地震’”。有一处将冰川形容为匍匐在猎物身旁的蟒蛇；将冰雪皑皑的山峰形容为“一座死亡之城，以塔楼之多出奇”。雪莱后来将他写给皮科克的信改编到玛丽的《六周旅行记》中，在这封信中，雪莱以一个令人记忆犹新的意象，表达了这种可怕的感受，这也与玛丽的《弗兰肯斯坦》密切相关。“人不禁想到，勃朗峰大概和斯托伊克斯的神一样，是一个庞大的动物，坚硬如石的脉管里永远循环着冰冻的血液。”但是，这首诗最终在结尾部分表达出它的重点，这既不在山峦，也不在鬼怪和上帝，而是在人类思想本身产生的镇定自若的、毫无畏惧的注意力上，它拥抱一切，并且在此意义上属于终极力量：

然而你、大地、星辰和海都算
什么，如果对于人类的想象，
安静和孤寂都只意味着空虚？[45]

雪莱在诗中追寻着这个问题的答案。在他看来，勃朗峰证明自然界中除了人类的思维之外不存在任何智慧的神祇。通过这种漫长、深入的冥想，雪莱对其他游客和沙摩尼的本地居民产生了一种优越感，他待之以愤怒和嘲讽。瑞士向导迪克雷带着他登上了波松冰川，雪莱称“他是
342 我在这个地区所见的唯一可以忍受的人”。他在写给皮科克的信中尖刻地说：“沙摩尼和凯斯维克、马特洛克、克里夫顿一样，也有一个‘自然发展史’的陈列室；室主是一个地地道道的江湖骗子，还有那一大群客

栈老板和向导，实际上还有居住在这里的所有居民，都靠软弱、轻信的游客为生，就像庸医靠病人吃饭一样。”九月，拜伦也来到了沙摩尼，他更为英国同胞普遍的鄙俗做派感到愤怒，还因为一位英国女士大喊山峦看上去是多么**土里土气**而恼怒——“就仿佛这里是海格特、汉普斯特德、布朗普顿或海耶斯”。[46]

但是，雪莱并不满足于私下里发泄怒火。在沙摩尼的酒店登记簿中，以及在蒙坦维尔特的另一家酒店，可能还有回程途中在阿尔沃山谷中住的第三家酒店，他都用希腊语填写了著名的登记信息。在“入住”一栏中，他故意写了一行具有挑衅意味的标签：“民主人士、博爱主义者与无神论者”。在“目的地”一栏中，他代表自己和两位女孩，简明扼要地用法语填上了“地狱”。[47]要知道，沙摩尼当时在英国游客心目中的地位相当于上帝的天然神庙，这也是神灵存在的明证，因此就会知道雪莱是本着怎样的精神进行上述登记的，也就明了由此引发了多么惊人的怒火。五十年后，斯温伯恩在日记中写道，雪莱之前在登记簿中的登记都“充斥着怪力乱神和令人反感的宗教”。[48]但是，拜伦九月与霍布豪斯亲眼看到雪莱的一次登记（共有三次）时，认为自己必须干净利落地将登记内容删掉，这也是对雪莱的保护。拜伦没有找到其他的登记内容，骇人听闻的标注很快为雪莱招来恶名。托马斯·拉弗尔斯在《一八一八年一场旅行期间的书信》中记录了这一点，他对此批驳道：“如果是个无神论者，那就是个傻瓜——如果不是，那就是个骗子。”骚塞抓住了这一点，使这个消息广为传播。在他的推波助澜下，一八一八年一月的《每季评论》与一八一九年六月的《伦敦编年史》都对雪莱大加鞭挞。正是“无神论者”这个字眼引起了轩然大波；但在这一背景下，“民主人士”在旁人心中留下了“革命者”的印象，而“博爱主义者”则被解读为“变态”。

星期四是二十五日，一行人从蒙坦维尔特踏上了返程之路。他们在一片高山草甸中野餐，四周开满了野杜鹃花和高山玫瑰。星期五下了雨，雪莱用很多时间向向导询问了工作、收入、瑞士的政局以及征兵法律等问题。在日记中，他对迪克雷年仅十八岁时就娶了一位十六岁的少女津津乐道。玛丽与雪莱收集了一些阿尔卑斯山的种子，打算种植在温莎家中的花园。第二天，他们沿着山谷向莱蒙湖前进。雪莱在给皮科克的信件结尾处写道："我有没有告诉过您，这些山脉里有狼群出没？冬天，
343 它们下到溪谷里来，吞食所能找到的一切在户外的生物，这里有半年都是白雪皑皑。狼比最强壮、凶狠的狗还要厉害。"[49]

雪莱返回蒙塔莱格里时，正值八月初。他很快便意识到，与拜伦共度的这个夏天即将结束。伦敦的财务问题最终还是让他不得不再次回到英国。八月二日，他收到律师朗迪尔寄来的一封信，读完信，他知道自己非回去不可了。他给皮科克寄去二十五英镑支票，请他帮忙结清主教门的账单，因为出售家具所得只够还一小部分账单。查尔斯·克莱尔蒙特也从波尔多写信求援，请雪莱资助他的学业，雪莱给他出了十英镑。但是，决定性的因素还是克莱儿。

克莱儿已有三四个月的身孕，显然，是时候为这个孩子与拜伦达成协定了。也许，他会同意与她组成正常的家庭呢。她当然希望这样，而且一心想要促成这样的结果；但雪莱却表示怀疑，因为他对拜伦为人的了解比克莱儿更为透彻。拜伦从未爱过她；此时，就连肉体的爱都令他厌烦，只要克莱儿出现在迪奥达蒂乡间别墅，他就感到无法忍受。雪莱的做法很是通情达理，也反映出他心肠善良，他代表克莱儿与拜伦谈判。谈判没有让玛丽参加，她在八月二日的日记中写道："傍晚时分，拜伦勋爵与[雪莱]一同坐船外出了，他们回来之后，雪莱与克莱儿去了迪奥达蒂乡间别墅；我没有去，因为拜伦勋爵似乎不希望看到我去。"[50]雪莱最终促成了一项折中方案，当然不是皆大欢喜，但也算差强人意。孩子出生后，拜伦就会认这个孩子，而且会在欧洲独自将其抚养成人，但与此同时，克莱儿不得声张自己怀孕一事，还要回英国分娩。拜伦不同意克莱儿住进自己家中，但等孩子住到他家之后，他同意她以姑妈的身份定期探望这个孩子。接走孩子的具体时间地点依然不为人知，但提到了一八

一七年夏天在意大利接走孩子。

正因为雪莱坚定、勇敢地提出在克莱儿怀孕和分娩期间照顾她，并将她作为家里人抚养，才促成这项协定。他在提出这项方案时，就已根据他往日的经验，充分认识到此举会对玛丽、葛德文夫妇乃至某些外人造成困扰。他还必须考虑到，坊间必然会流传有关他“乱伦”的流言蜚语。他一点也没有退缩，而是凭借自己的原则和经验采取行动。此举反映出他极为慷慨无私，想象力丰富，这要比他的许多慈善宣言和肆意馈赠他父亲的金钱的行为都更为突出。此举也相当于他坦率地承认自己要对克莱儿负责。克莱儿从未忘记这份恩情。由此产生的第一个后果便是雪莱别无选择，只得离开瑞士。

玛丽在日记中只字未提自己对此事的反应。八月四日，她送给雪莱 344
一架望远镜作为他二十四岁的生日礼物，这是她在日内瓦买的。两人庆祝生日的方式是一同坐船外出，在湖上放了热气球。但是，当天风很大，他们不得不在岸上放飞气球。在蒙塔莱格里前方的一块草坪上，他们给丝质气球充好了气，气球晃晃悠悠地飞上了天，被风卷走，立即化为一团火焰，灰飞烟灭。

这个小社区最终还是各奔东西了。但是，M. G. 刘易斯在十八日到来，还带来了一群肤色各异的牙买加仆人。他对这些仆人是真心好，他来到迪奥达蒂乡间别墅之后，暂时让拜伦忧郁的心情随之消散。于是，他们到了晚上又开始谈论鬼魂了。雪莱一直与玛丽讨论《弗兰肯斯坦》的情节设计，他小心翼翼地询问刘易斯“干他这一行有何神秘事件”。雪莱还写了一篇很长的日记，其中有四个故事，这些故事“都很恐怖”，是刘易斯讲述的。多年以后，玛丽将其中一则故事编入《论鬼》一文，发表在一八二四年三月号的《伦敦杂志》上。雪莱好奇地发现，就个人而言，刘易斯对于鬼魂持怀疑态度，而且拜伦在辩论中也站在他一边。“我们谈到鬼魂。拜伦爵士和 M. G. 刘易斯似乎都不信鬼魂；他俩都振振有词地说，相信鬼魂的人便一定相信上帝。我认为，那些声称不相信天赐天罚的人，实际上并非真的不相信；或者，如果他们白天不信，随着孤独和暗夜的袭来，恐怕会更加恭敬地考虑那个鬼影幢幢的世界。”

接下来的几天里，雪莱拉着拜伦与刘易斯外出乘船，讨论的话题之一便是歌德的《浮士德》。雪莱继续护送克莱儿到迪奥达蒂乡间别墅，拜伦允许她在这里誊清《恰尔德·哈洛尔德游记》。但拜伦依然坚决不答应和她单独见面。但是，他也经常从迪奥达蒂乡间别墅走下来，到蒙塔莱格里与雪莱交谈。一方面是为了躲避波利多里，因为这家伙总是喝得醉醺醺的，还时不时地跑到日内瓦闹事；另一方面也是因为他为雪莱即将离去而惋惜。星期六晚上，他们坐在围墙上，俯瞰着小码头，小声地交谈，直到灯火都灭了，他们才各自去用晚餐。越来越多的流言从日内瓦传到他们耳中，五年之后，雪莱在写给拜伦一位意大利朋友的信中回忆道：

> 无论是在日内瓦土生土长的人，还是在这里居住的英国人，都毫不犹豫地认为，我们过着最自由不羁的生活。他们说，我们组成了一个团体，来惹恼人类社会中所有最神圣的事物。女士，请允许我向你省略掉细节。我只会告诉你，无神论、乱伦以及其他各种罪名都安在我们身上，这有时非常荒唐，有时非常恐怖。英国的报纸
> 345 立即将上述丑闻四处散布，人们相信了这种说法……有些人的住处与拜伦勋爵隔岸相望，他们用望远镜窥伺他的一举一动。有一位英国女士一看到他走进会客厅，便吓晕了（这也许是故作惶恐！）……女士，你无法想象某个阶级的英国人以何等的暴烈之辞来谴责行为举止与观点与他们不尽相同的人。这种思想体系构成了迷信，而迷信总是要求、总是发现新的受害者。尽管神学上的仇恨很强大，但它总是屈服于社会仇恨。[51]

但是，雪莱刻意没有在回忆中提到酒店的登记簿。

拜伦的两位老朋友约翰·卡姆·霍布豪斯与斯克罗普·戴维斯

从伦敦赶来，八月二十六日抵达，这充分标志着他身边人士的变化。雪莱此时感觉自己就是多余的人，便开始收拾行装、安排马车。拜伦与波利多里下来向他们道别，两位诗人最后一次同坐小船泛舟湖上。游湖结束后，船便被送到迪奥达蒂乡间别墅。柯尔律治的一本《克丽斯特贝尔》也从伦敦寄到了，雪莱在就寝前轻声为玛丽朗读了一番以示纪念。到了二十八日，他们已经打点好行装，于第二天上午乘坐九点的马车离开了日内瓦。《恰尔德·哈洛尔德游记》的誊清稿锁在雪莱的旅行皮箱中，将由他亲自送到阿尔比马尔街的默里手中。瑞士育婴女佣埃莉斯与他们同行，负责照顾小威廉。在驶往汝拉山的路上，他们走马观花地看着波光粼粼的湖面，心中充满依依不舍之情，并若有所思地凝视着礁石。他们在春天到达这里的时候，松树与草甸上都还积着一层雪。

离别对于克莱儿最为痛苦。她给拜伦写了一封没有标注日期的便笺，可能是在八月的最后几天。便笺讲述了这次短暂联络的所有内容。“如果你认为我对你有一丁点帮助，就让我今晚来见你。如果你要我或者我的任何东西或财产，只要你请雪莱帮忙，我肯定他会过来把我接走。最亲爱的人呀，我不敢过来，因为我害怕会遇到别人。你能以誊稿子为由让我过来吗？无论你什么时候让我过来，我都会过来，我也情愿过来，因为之后你就可以进行你的安排了。一切都那样尴尬。我们很快就要走了。最亲爱的人呀，请过来看望我们，请你过来。”[52]拜伦并没有来。

就在马车缓缓驶过第戎和枫丹白露，向着勒阿弗尔前进途中，雪莱已经在做下一步打算了。他与拜伦的友谊虽然给他平添了一份责任，耗竭了他一部分创作灵感，但也给他带来更为成熟、更为自信的新的目的性。他对英国更广阔的事件模式再度敏感起来。在他心底，一个长期酝酿的创作主题开始萌生。他在蒙塔莱格里读的最后一批书中，有一本是 346
拉博的《大革命史》。[53]他给拜伦写了一封短信，信中闪烁其词地表达了他的思想，就仿佛是为拜伦而非他自己所说。“我们并未路过巴黎，而是取道凡尔赛和枫丹白露走了一条捷径，我们在这里住了一段时间，游览了这些著名的宫殿。以后我会告诉你,它们是人类力量的纪念碑,很值得一去;它们虽说有些陈旧,但宏伟磅礴。这里发生过最引人入胜的事件,可以称作我们这个时代的主题,它就是法国大革命。”[54]

一行人从勒阿弗尔动身前往朴次茅斯,雪莱很清楚自己同克莱儿一同回到伦敦之后,只会平添不必要的困扰。他们于九月八日停靠在码头,海关官员在翻看《恰尔德·哈洛尔德游记》的稿件时,雪莱焦急地看着这一幕,显然他们在寻找书页中藏匿的饰带。雪莱乘车抵达萨默塞特,迅速将玛丽与克莱儿安顿在修道院墓地 5 号的一座房子内,这里位于巴斯一个隐蔽的角落里。三天之后,雪莱回到了伦敦的原住处,即马奇蒙特大街 26 号。他还有很多要务需要处理。他要去找默里,还要与皮科克商量在温莎寻觅一座房子,此外还要与葛德文就资金问题展开无休止的角力,因为他是拿不出这笔钱的,他也无法为对方的贷款背书。十日至十四日这段时间,他就住在伦敦,范妮·葛德文晚上来找过他,她一方面是为葛德文担任信使,一方面也是为她自己而来。之后他又去马洛见了皮科克,玛丽也来与他会合,但暂时还找不到房子,因此他们决定就在巴斯过冬。*

九月底,雪莱从巴斯给拜伦写了信,向他吐露了他们的计划。还告诉他默里同意为《恰尔德·哈洛尔德游记》支付两千畿尼的稿酬,并称他们希望来年春天大家一齐再聚首。他描述的景象十分温馨,宛如一家人:“我们现在都到了巴斯,一切都好,也很满意。克莱儿正在给你写

---

* 1816 年 9 月 24 日,雪莱将自己的遗嘱交给朗迪尔。这表明他此时产生了归属感与责任感,此举引起了人们的兴趣。遗嘱规定,他的不动产留给玛丽·葛德文。哈丽雅特·雪莱将获得六千英镑,她的两个孩子艾恩丝和查尔斯各得五千英镑。克莱儿·克莱尔蒙特将得到六千英镑,另加一笔六千英镑投资款所得的年金收入,雪莱也许打算用这笔钱来抚养即将出生的孩子,这样克莱儿就可以选择不依靠拜伦,独自养育孩子。皮科克将得到五百英镑,外加一笔两千英镑投资款所得的年金收入。霍格与拜伦勋爵都获得了两千英镑的馈赠。拜伦和皮科克被指定为遗嘱执行人。如果将克莱儿与哈丽雅特的待遇进行比较,就能突出反映雪莱的感情;何况遗嘱中根本没有提到威廉·葛德文。

信。玛丽正在炉火边读书;我们的猫儿正在沙发底下睡觉;小威利①刚刚睡着。我们现在住在一处偏僻的地方,还在寻找房子;我们盼望的一项重要的欢乐就是能让你前来做客。”[55]但秋去冬来,这个小家庭遭受了变故,也经历了一系列灾难打击,他们又一次被拖入伦敦的漩涡之中。夏天已与他们渐行渐远。

注释

[1] 默里手稿。

[2] 同上。

[3] 同上。

[4] 罗杰·英彭,《雪莱在英国:雪莱-惠顿文献中新的事实与信件》,页460-462。

[5]《珀西·比希·雪莱书信集》,第一卷,第三四六篇,页471。

[6] 参见《珀西·比希·雪莱书信集》,第一卷,第三六五篇。

[7] 同上,第三四四篇,页470。

[8] 同上,第三四六篇,页473。

[9]《玛丽·W. 雪莱书信集》,第十八篇,页9。

[10] 默里手稿。

[11]《玛丽·W. 雪莱书信集》,第十八篇,页10。

[12]《六周旅行记》(1817)。

[13] 参见《珀西·比希·雪莱书信集》,第一卷,第三四八篇,页475。

[14] 玛丽·雪莱,《弗兰肯斯坦,或现代普罗米修斯》(1817),西涅经典(1965),第二十二章,页183-184。

[15] 参见《珀西·比希·雪莱书信集》,第一卷,第三四八篇,页475。在这一年,七月底之前的玛丽都没有留存下来。1816年一整年的克莱儿日记也都已散佚。

---

① 即对威廉的昵称。

[16]《玛丽亚·吉斯伯恩与爱德华·E. 威廉姆斯：日记与书信》，页 122。

[17] R. 格林·格里尔斯（曼德女士），《克莱儿·克莱尔蒙特》，页 64。

[18]《威廉·波利多里日记》，W. 罗塞蒂编（1911），1815 年 5 月 27 日。

[19] 马钱德，《拜伦传》，第二卷，页 627。

[20]《威廉·波利多里日记》，1816 年 6 月 1–5 日。

[21] 同上。

[22]《弗兰肯斯坦》，页 x。

[23]《威廉·波利多里日记》，1816 年 6 月 18 日。

[24]《拜伦勋爵作品集：书信与日记》，罗兰·E. 普罗瑟罗编（约翰·默里，1898–1901），第四卷，页 297。

[25]《弗兰肯斯坦》，页 x–xi。

[26] 同上，第二章。

[27] 同上，第七章。

[28] 同上，第十章。

[29] 同上，第二十章。

[30] 同上，第十五章。

[31] 同上，第十八章。

[32] 同上，第二十二章。

[33] 同上，第二十三章。

[34] 同上，第五章，页 57。

[35] 同上，第十章，页 95–96。

[36] 雪莱，《散文作品》，页 307–308。

[37]《珀西·比希·雪莱书信集》，第一卷，第三五三篇，页 480–488。

[38] 托马斯·摩尔，《拜伦传》（1844），页 320。

[39]《珀西·比希·雪莱书信集》，第一卷，第三五四篇，页 490。

[40] 玛丽·雪莱，《玛丽·雪莱日记》，页 51。

[41] 同上，页 52。

[42]《珀西·比希·雪莱书信集》，第一卷，第三五八篇，页 497。

[43] 同上，第三五八篇，页499。

[44]《珀西·比希·雪莱诗集》，页533。

[45] 同上，页535。

[46] 马钱德，《拜伦传》，第二卷，页647。

[47] 加文·德比尔，《一位无神论者：沙摩尼事件》，收录于《论雪莱》，埃德蒙·布伦登等编（牛津，1938），页43–54。

[48] 同上。

[49]《珀西·比希·雪莱书信集》，第一卷，第三五八篇，页501–502。

[50] 玛丽·雪莱，《玛丽·雪莱日记》，页55。

[51]《珀西·比希·雪莱书信集》，第二卷，第六五二篇，页328–329。

[52] 马钱德，《拜伦传》，第二卷，页634。另见默里手稿中一处未标明日期的断章："一切都太尴尬了。我们走得太快。最亲爱的人呀，请来看望我们吧，请一定要来。再见。我找不到干胶片，雪莱说他不会看我的便笺，因此请不要介意。再见了，我最亲爱的人。请来看望我们吧。"

[53] 玛丽·雪莱，《玛丽·雪莱日记》，页61。

[54]《珀西·比希·雪莱书信集》，第一卷，第三六一篇，页504。

[55] 同上，第三六三篇，页508。

第十四章　自杀(伦敦,1816)

347 一八一六年十月九日,他们在修道院墓地收到了范妮·葛德文寄来的便笺,文字饱含抑郁之情。雪莱夫妇发现,便笺上盖着布里斯托的邮戳,他们大惊失色。克莱儿与玛丽都很清楚范妮患有严重的抑郁症,立即派雪莱前往布里斯托寻找她的下落。雪莱下午两点返回,没有获得一点音讯。当天夜里,范妮在斯温西的麦克沃斯阿姆斯楼上的小房间吞食了大量鸦片自杀。这封悲伤的厌世便笺没有作任何解释,这就让葛德文一家认定,她自杀是因为爱上了雪莱但又无法与之比翼双飞。其实,可能还有其他多重动机,包括最近她发现了自己的私生女身份,但是她在葛德文与雪莱两家都得不到爱,痛苦万分,这显然是根本原因。葛德文本人的反应是保持沉默,无论在斯金纳街还是对巴斯的雪莱一家都是如此。有人将这封厌世便笺中的名字撕掉了,范妮的身份从未出现在当地报纸上。葛德文禁止雪莱夫妇前往斯温西,也不许他们去认领尸体。他本人也极其谨慎,取消了布里斯托之行。没有人去参加范妮的葬礼。他们先是告诉亲戚,范妮去了爱尔兰,之后又称她死于严重的感冒。直到第二年夏天,她的兄弟查尔斯对她的死讯还一无所知。

雪莱和玛丽在信函中都对范妮之死讳莫如深,这表明如果他们愿意的话，可以对某个私人问题做到守口如瓶。克莱儿给拜伦写了信，信中称范妮之死（她本人并没有提到自杀一事）让雪莱的健康深受影响，人们通常认为雪莱为此悲痛欲绝。但是，无论在玛丽的日记中，还是在其他地方，都找不到其他证据证明这一点。雪莱继续大声朗读《堂吉诃德》，并开始记录他每顿饭的摄食量，精确到克。玛丽则学习了绘画，并开始向雪莱学习化学，她还读了汉弗莱·戴维爵士的《化学哲学原理》。克莱儿搬到了附近的新邦德大街 12 号，准备即将来临的分娩，也许由埃 348
莉斯负责照顾。似乎就在几个月之后回首这一年秋天和冬天发生的一系列可怕的事件时，雪莱才充分认识到范妮之死的影响。他在第二年写了几首诗，似乎在探讨顿悟与接纳。有一首诗很有名，即《我们分别时她的嗓音确实发颤》。而且在下文的抒情描写中，他本人也出现在场景中并得到刻画：

他们已死，死去的再不回还——苦难
　坐在洞开的墓穴旁呼唤遍了他们——
苦难是个头发苍白、眼神憔悴的青年，
　他们，是亲人、朋友和情人的姓名，
他呼唤，有气无力——他们都已离去，
傻瓜，全都已死去！只有虚空的名字，
　只有这熟悉的景物，我的痛苦——
　只有这些个坟墓——依然如故。[1]

当然，雪莱在现实中是不会前往范妮寂寂无名的墓前凭吊的。

十月和十一月就这样过去了，宛如暴风雨来临之前的平静。雪莱在巴斯的家中过着退隐的生活，几乎没有人去打扰他们的生活。他往来于修道院墓地的玛丽和新邦德大街的克莱儿之间，并从这两处地址寄出信件。克莱儿再过六至八个星期就要临盆，雪莱的到来是她主要的慰藉。

他们一同步行前往皇家星月楼看日食，但是当天多云，玛丽看到许多人拿着熏黑的玻璃乘兴而来，败兴而归，顿时乐不可支。[2]雪莱提出一些试探性的文学想法，他写信给日内瓦的帕斯库德，信件的主题是帕斯库德对《政治正义论》的法语译本，他还将自己的《赞智力美》的誊清稿寄给亨特在伦敦的《检查者》办公室。此二人都没有给他回信。他注意到默里迅速完成了《恰尔德·哈洛尔德游记》的出版准备，但是他本人却被排除于吉福德对此书的校对工作之外。面对这次职业上的小小冷遇，雪莱尽其所能地挡开，起因是拜伦在迪奥达蒂乡间别墅时，假意在这部诗作的创作上对雪莱推心置腹，其实不然。雪莱将怒火发泄到《爱丁堡评论》上，因为它发表了一篇文章批评柯尔律治的《克丽斯特贝尔》。柯尔律治的这本书还收录了《忽必烈汗》。而这篇自由派书评却傲慢地批评了此书，这其实让雪莱感到欣慰："……在我们手中的这本书中，其实没有一个对偶句可以称得上是诗歌。倘若是在报纸的角落上或旅馆的窗户上看到这样的句子，甚至都不能说是有道理的。"[3]对于柯尔律治遇到的无情对待，拜伦勋爵和雪莱都同样表示同情。

349 在巴斯，雪莱有时间大量阅读自由派的报刊，包括《检查者》与科贝特的《政治纪事报》。他越来越多地重新参与到改革运动中。从这一年的夏末开始（此时他尚在瑞士），政治冲动就开始在他心中苏生，这体现于政治问题在他信件中所占篇幅与日俱增。一八一六年秋，改革运动强有力地席卷了整个英格兰。科贝特、演说家亨利·亨特、威斯敏斯特选区议员弗朗西斯·伯德特和激进人士弗朗西斯·普莱斯等人重新崛起为公众领袖，他们准备好在基层鼓动民众，举行新型的大众集会与当地结社。还涌现出一些新的人物，他们并没有因为十八世纪九十年代的挫折而气馁，而是满怀激情地相信自我教育与民主改革的进程。这些人中包括塞缪尔·班福德，他是曼彻斯特的激进派纺织工人；还有理查德·卡莱尔，他是伦敦的出版商。这些革命者并非阴谋论意义上或雅各宾意义上的革命者，尽管他们也藐视王权和利物浦政府。他们不相信托利党人的宣传，即革命中发生的大众暴力将带来一场噩梦，而是坚决愿意以民主权利的名义坐牢，但英国的法律中尚无这条罪名。他们还相信阶级团结将以新的方式迸发出力量。雪莱清楚地看到了当前的重大矛盾，并在写给拜伦的信中介绍了自己的态度，但刻意缓和了自己的观点。

> 当然，你已经收到了英国局势动荡的消息。社会的整个结构产生了最具威胁性的方面。即将到来的变革中，最可怕的就是大众党派突然获得的力量，以及蛊惑人心的煽动活动的重要性。但是，人们似乎很冷静，即便是在极为兴奋的场合下也很沉着；改革的到来可能不会引发革命。议会将于一月二十八日举行会议，由于大众没有采取暴力行为，他们只是集会、决议和请愿。在那之前，各个阶级可能都会保持郁闷和情绪化的预期，等待会议产生的结果。据说，税已经收不上来了，如果真是这样，国债就无法兑付，其实，拥有土地的有产者难道不应纳税吗？我真诚地希望，在即将到来的局面下，将对英国的体制进行一场最为大刀阔斧的改革。但这场改革并不推翻政府，否则我们都将成为无政府状态的受害者，还让文盲煽动者做我们的主人。[4]

雪莱的警告几乎和他的希望一样值得注意。他不信任民主领导体制（会自动演变成“煽动”），这依然体现出辉格党自由派的模式，但他本人此前却反对这种态度；此外，对于纳税人对地主发挥的反制作用，他的态度依然明显暧昧。这种政治态度依然缺乏稳定，而且只能痛苦、缓慢地走向成熟。但是，他又认为这场改革必须“最为大刀阔斧”，这种观点并没有改变，他对革命的恐惧也没有改变，尽管他本人可能在原则上支持革命，但他认为革命很容易走向过火，并重演巴黎革命的可怕一幕。但是，即便这种恐惧本身也会走向成熟，因为雪莱终将认识到，在某种极端的社会条件下，不仅可以承担而且必须承担无政府状态甚至内战的风 350

险，以阻止对各阶层人民的道德与政治压迫。

还应通过他与利·亨特与众不同的友谊来审视雪莱私下里对这一问题的态度。两人是在十一月底十二月初建立起友谊的。这段友谊一开始并非一帆风顺。十二月一日，亨特往巴斯寄去一封信，信中明确称自己虽希望在《检查者》中发表《赞智力美》，但遗失了这篇作品的手稿。与此同时，亨特还请求雪莱给予资金帮助。根据雪莱寄去的支票[5]，显然亨特请雪莱借款给他而不是直接馈赠，这也许是为了协助改革事业或他正在筹备狱友救助资金。雪莱立即寄去五十英镑，并解释称这笔钱来自“一位朋友”，他不收利息。之后，亨特写了回信，他对于雪莱的“轻率之举”感到有点尴尬，并坚持至少要按市场惯例支付利息。[6]而且随信寄来了五英镑。在十二月一日发行的《检查者》的知名青年诗人特刊（其中也提到了济慈与约翰·雷诺兹）中，亨特刚刚对雪莱褒奖了一番，因此他觉得这样的局面可能会令人尴尬。但是，雪莱绝不会感到不好意思。他于八日写了回信，称他其实没有看到最新一期的《检查者》，这“大概是天意”，并称他的朋友虽然“接受了**利息**并满足于当一个‘希伯来人’”[7]，但他本人要退还这五英镑作为馈赠。这恰好就是亨特对这笔借款支付的百分之十的“利息”。雪莱的两张支票分别于九日和十九日兑付，后兑付的那张为五十英镑的支票，这表明这笔钱实际上已经转到了其他账户或基金。但是，雪莱个人给亨特支付的金额一直是个谜，因为亨特还提到他个人十分“窘迫”。

无论是《检查者》中大加赞美的评论所取得的令人激动的突破，还是一位重要编辑对他产生的浓厚兴趣，都让雪莱在八日的这封私人长信中吐露心声，如释重负。这封信是写给亨特的，相比他写给拜伦信中优雅、庄重的语气，以及写给葛德文信中冰冷的商务语气，这封信从一开始就表现出满怀激情、推心置腹的语气。信从马洛寄出，地址是皮科克家，雪莱来这里是为了寻觅新的住所，他把玛丽与克莱儿都留在了巴斯。

351 雪莱在信中写道：

> 我如今坚信,我具有深深吸引人类或从本质上改进人类的能力。我的行为和我的观点究竟表现了多少我致力于徒劳无功的创作时的那种激情和狂热,我不知道……但是我并不想对自己隐瞒,我是一个被人类社会抛弃的流浪者;我的名字遭到所有懂得它全部含义的人们的憎恨——也遭到那些我衷心为之祝福的人们的咒骂。我成为少数比别人仁慈一些的人们同情的对象,而其他人都嫌弃我、疏远我。我的温情和诚意只有在您和别的几个人(程度恐怕就要差点)身上得到理解,因为他们本身也是温柔和真诚的:他们信仰自我献身和宽厚待人,因为他们本身就乐善好施,富有自我献身精神。也许我应该退缩,不再坚持我早年投身其中的艰苦工作,它使我在这样邪恶的时代,在这些歹毒的长舌包围中,为自己抵挡痛苦和罪恶;如果我必须独守心灵的孤独。[8]

这种坦诚相待十分特别,因为收信人只和雪莱见过一次面,而且还是在五年多以前。这封信酷似雪莱一八一二年从凯西克寄给葛德文的自荐信。雪莱依然认为自己大体上属于改革者,只是世人对他的迫害已取代他父亲对自己的迫害。就像当年写给葛德文的信件一样,这封信也非常冒昧地联系了他的学术偶像。亨特也与葛德文一样,即将接受导师与父亲的角色,只是还达不到葛德文那样的程度。作为回报,他接受了雪莱的资金援助,但他的做法要比葛德文的优雅得多。

雪莱在马洛四处寻找房子的同时,玛丽寄来一封信,语气既酸楚又感伤。她觉得进退失据时,就经常采用这种语气:"啊——你实际上就是个长着翅膀的精灵,能够在高山和大海上空翱翔,也能对准某个点猛扑下去——有草坪、小河或小湖的房子——伟岸的乔木与神圣的山岳应当是我们隐居的住所。但是没关系——给我一个花园,而且**不要让我看到**克莱儿,我就会感恩你的爱和好意了。"[9]

在十一日与十四日之间的两天里,雪莱离开了马洛,前往汉普斯特德的健康谷。在这里，亨特、亨特夫人玛丽安娜、他们的几个孩子和至少两位外人（霍勒斯·史密斯与约翰·济慈，他们都是亨特的朋友）都热情地欢迎他的到来。亨特虽然是颇有名气的编辑、散文家和诗人，但他还有一项无人可比的才能，就是待客的艺术。十五日那天，雪莱兴高采
352 烈地回到巴斯。他已迅速跻身于伦敦文坛与自由派人士的圈子，他无比得意。此外，亨特还承诺给《阿拉斯特》写书评并发表《赞智力美》。《赞智力美》发表于一八一七年一月十九日的《考察者》。

尽管雪莱带着好消息回到巴斯去见玛丽和克莱儿，但他还是遭到了第二次打击。雪莱在十一月中旬曾给他此前的出版商托马斯·胡卡姆写过一封信，信中随口问到哈丽雅特与孩子们的情况。后来，雪莱忙于玛丽、克莱儿和亨特的事务，便没有再写信追问。此时，胡卡姆终于从伦敦寄来一封回信。哈丽雅特在九月将孩子们留在教堂街，托付给孩子的外公外婆照顾，她自己住到了切尔西的兵营附近，并改名为哈丽雅特·史密斯。一个月之后（即11月9日），她便失踪了。十二月十日，人们在蛇形湖的下游发现了她的尸体。得知这条消息之后，雪莱立即动身赶往伦敦：陪审团做出的结论是“溺亡”，但《泰晤士报》则直白地指出，“这位受人尊敬的女士手上戴着昂贵的戒指”，“她怀孕很久了”，系自杀身亡。哈丽雅特在伊丽莎白大街的房东太太也作证，称她孤身一人，有抑郁症状，而且已有身孕。

哈丽雅特之死给雪莱的人生带来了最严重的精神危机。这个消息令人惊讶，哈丽雅特在法律上依然是他的配偶，这就暗示了他对其负有社会责任和道德责任。他还必须立刻与韦斯特布鲁克一家对质，以争夺两个孩子的监护权，但这很快就演变为异常激烈的争斗。此外，他与玛丽之间的地位也突然互换，因为玛丽知道，如果她要嫁给雪莱，现在就是极为关键的时刻。各方都对他施加巨大的压力。雪莱精力充沛、果断坚毅地做出反应，这也是他在危机下的一贯做法。他走的第一步是在十五日请求亨特看在两人的友谊分上出手相助，亨特既

不认识哈丽雅特，也不认识韦斯特布鲁克一家。亨特的答复颇为仗义，在这一年最后的两周里，亨特一直满怀同情和善意地站在雪莱这一边。雪莱经常与亨特一家住在健康谷。后来，玛丽来到伦敦，她也住到了这里。雪莱寄给亨特的第二张支票（金额为五十英镑）的日期为十八日。

雪莱立即咨询了他的律师。得到的答复是，如果他要为自己和玛丽的结合办理法律手续，就会自动获得几个孩子的监护权。否则，朗迪尔认为会产生大麻烦并需要“极为谨慎和巨大的决心”。雪莱当时并没有意识到，如果韦斯特布鲁克一家决定争夺监护权，他与玛丽结婚与否都意义不大。与亨特讨论了此举的影响之后，雪莱毅然于十六日写信给玛丽。“我告诉他［朗迪尔］，我和你已订了婚约，他说，在这种情况下，所有企图留住孩子的做法都必须停止。亨特十分委婉地说，这对你将是一个安慰。”[10] 葛德文夫人在多年之后，写给好友芒卡斯尔女士一封信（得到克莱儿的认可），并在信中称玛丽以自杀相胁，逼迫雪莱与她成婚：但这与一八一四年七月的情形截然相反。玛丽竟会采取如此夸张的做法，这似乎可信度很低，而葛德文夫人所给出的有关玛丽的证据也是出了名的不可靠，因为她憎恨玛丽。但是，这项指责在心理上还是有一定的真实性，而且在克莱儿看来，雪莱将在信中以截然不同、颇为嘲讽的语气提到此次婚姻。克莱儿本人也认为此次婚姻没有必要。在此次危机中，雪莱向不同的朋友表现出他本人和他感情中迥然不同的方面，这也体现出他一贯的特点。 353

一个棘手的问题造成了无比显著的分歧，即哈丽雅特之死究竟孰人之过。雪莱在写给玛丽的信中，丝毫没有内疚之情，他怒不可遏地怪罪于韦斯特布鲁克一家，这不禁让人想起他在一八一一年写的信件。对于信件原稿的真实性，争议相当大，而雪莱女士①拒不接受雪莱性格中的

① 指简·雪莱。

这一面，于是参与了伪造稿件。* 雪莱在写给玛丽的信中称："这个可怜的女人[哈丽雅特]——这是令人痛恨、冷酷无情的这家人中最无辜的人——似乎被她父亲扫地出门，她走上了卖身的道路，直到她和一个名叫史密斯的未婚夫生活在一起，但此人抛弃了她，于是她自尽了——毫无疑问，她姐姐[伊丽莎]就像一条残忍的毒蛇，因为无法从她和我的关系中牟利，于是谋杀了这个可怜的人，这样便将那个老头（现在他已奄奄一息）的财富据为己有。但一切都证明，如此可怕的灾难降临到曾经与我如此亲密的这个人身上，除了对我造成打击之外，无论如何都没有什么好遗憾的。胡卡姆、朗迪尔——每个人都待**我**非常公道——都为我对她的公道和自由而作证——他们都一致谴责可耻的韦斯特布鲁克一家。"[11] 雪莱这样写充分体现出他的特点。唯一可疑之处在于，他是否真正意识到可耻的韦斯特布鲁克一家对这几个孩子倾注的关怀和爱心，
354 哈丽雅特已无法照顾他们了；或者说他是否真正意识到伊丽莎忠实地为哈丽雅特保守了未婚先孕的秘密，还帮她寻找到体面的住处。

在雪莱的小圈子里，只有克莱儿以合理、公正的眼光看待此事。

第二天（12 月 17 日），雪莱两次登门拜访伊丽莎无果，于是写信给她，以截然不同的方式表达了自己的感情。他只讨论了年龄最大的艾恩丝，这一点表明韦斯特布鲁克一家似乎同意将小查尔斯的监护权交给他，前提是他尊重哈丽雅特最后的遗愿，即请他允许艾恩丝继续与伊丽莎一同生活。有一点似乎可以确定，即他们一定给雪莱看了哈丽雅特写的最后一封信，收信人是伊丽莎，信中明确表示她即将自杀；因为这样做

---

* 当时，这封信存有两份手稿，一份存于大英博物馆（阿什利 5021），另一份存于牛津大学博德利图书馆（牛津大学博德利图书馆雪莱手稿 c. 1. F135-138）：两份手稿的邮戳或签名都存疑。如需对此的讨论，参见罗伯特·M. 史密斯，《雪莱传奇》（纽约，1945）。其中通过三位著名的雪莱研究学者（N. I. 怀特、K. N. 卡梅伦和 F. L. 琼斯），解答了这个问题。总的观点体现出雪莱资料来源的特点：即事件对雪莱很不利，而原文本与评论中都吸引人们提出了隐瞒、扭曲和真实性存疑的问题。早在维多利亚时期，雪莱的辩护人士就提出了这些问题。

有利于他们争夺孩子的监护权。但雪莱即便看过这封信，也无动于衷。尽管如此，这封信中的直接恳求还是催人泪下。其中核心的一段这样写道："我亲爱的比希，看在我们往日一同度过的幸福时光的分上，请满足我最后一个愿望，不要把这个无辜的孩子从伊丽莎手中夺走。她对这个孩子的感情比我还要深，她无微不至地照顾着这个孩子。不要拒绝我的最后一个请求。我从来没有办法拒绝过你，倘若你从未离开过我，我也不会离开人世。但是，正因为我轻易地原谅了你，才让你享受着幸福，而我却被剥夺了幸福。这是你英俊的儿子。哦！照顾好他吧，总有一天，他的爱心可以证明这带来了巨大的回报。你从他的孩提时代就要开始影响他的思想，那么你之后定然能得到收获。现在到了悲伤的道别时刻了。愿上帝保佑你们，眷顾你们。亲爱的比希、亲爱的伊丽莎呀。愿你们都幸福美满，这是我最后一个愿望，我在这个世上最爱的就是你们俩。"[12] 虽然哈丽雅特苦苦哀求，这个恳求也十分直白，但雪莱拒不接受，这也许是因为他不能接受对自己罪责的指控，他认为这是一个即将逝去之人可怕的讹诈，让自己有口难辩。不管怎么说，雪莱对信中的请求都顽固地予以拒绝，但他已不准备追究韦斯特布鲁克一家任何责任。他甚至准备让自己和玛丽承担一定的责任。这种态度的转变其实十分明显。雪莱在写给伊丽莎·韦斯特布鲁克的信中称：

> 如果你知道，人世间没有什么能让我放弃对我孩子的唯一、完全的监护权，那么你我都不需要进行这样徒劳无益的斗争了。她只有父亲在世，倘若有人认为他忘记了他们*，他已经认识到他的责任与他的诉求，无论付出多大的代价，都必须声张和执行……实际上，请允许我向你保证，我不相信任何对你行为的问责之举，也不相 355

* 雪莱这样说也是事出有因：没有证据表明他在 1814 年春（距此时已有两年半之久）之后曾看望过艾恩丝。

> 信韦斯特布鲁克先生对那位受害者的不幸遭遇负责。我不禁认为你可能采取了更为明智的做法。但是,我不怀疑你的出发点是好的——我的朋友利·亨特先生将照顾我的孩子们,并让他们准备好和我一同生活。我与那位女士结合后,你可能认为她造成了你妹妹的丧生,这也情有可原。所以我无法指望你会控制好这种情绪,提起她的时候心怀敬意,但艾恩丝必须以这样的态度对待她父亲心中的妻子。[13]

雪莱在这封信中称,他认为韦斯特布鲁克一家认为**玛丽·葛德文**负有罪责"情有可原";倘若让玛丽看到这里,她定然会大吃一惊。

但是,雪莱的外交工作对于韦斯特布鲁克一家却毫无成效。即便他们曾经愿意让出查尔斯的监护权,那么此时也已决定收回。亨特等人可能向他提出了正确的建议,即最明智的做法说到底就是划清界限,并与玛丽重新开始新的人生,再也不要回头。也许他们的看法是正确的。雪莱决定立即迎娶玛丽,然后在法庭上争夺孩子们的监护权。

十二月三十日,雪莱与玛丽在伦敦面包街的圣米尔德里德教堂成婚。婚礼前一天晚上,他们第一次在斯金纳街用餐,葛德文也在场,他在教堂里笑容满面。他在日记中写道:"造访了米尔德里德",并给他的友人写了得意扬扬的信件,信中强调了雪莱的家世背景和财富。雪莱有了争夺监护权的法理性,他立即与玛丽一同回到巴斯。他还没有赶到家,就给克莱儿寄出一封信,其中至少针对他所做的事情流露出愤世嫉俗的语气。他似乎对克莱儿说了一番推心置腹的话,这番话就连玛丽也没有告诉。"最亲爱的克莱儿……我还要感谢你,我善良的姑娘,因为你没有尽情宣泄你所感到的那种孤苦伶仃的悲哀和无依无靠的沮丧。发现这一切都是多余的之后,没有比这更令人烦恼的了。不过,他们现在感到满意,也很安静。"雪莱信中的"他们"显然指的是葛德文一家,是否包括玛丽,就不得而知了。他似乎指的是结婚的"必要性",因为此举是为了在法律上夺回艾恩丝与查尔斯。他向克莱儿暗示,虽然他曾在理论上反对过这种制度,但这才是他第二次屈服于这种制度的原因。他继续写道:"……仪式是今天上午在城里的圣米尔德里德教堂举行的,非常神奇动人。葛[德文]夫人和葛[德文]都到场了,看样子还挺满意。确实,葛德文自始至终都对我和玛丽彬彬有礼,殷勤备至。他似乎认为,为了补偿过去的事情,对我再怎么好都不为过。虽然他对我的一些关照近于巴结,令我的虚荣心有所触动,老实说,我并没有完全被此蒙蔽。葛夫人带着她那慈爱、偏激和冷漠孤傲的真实本性问候了我。"[14] 356

六十年后,克莱儿尖刻地批驳了试图为雪莱的所作所为辩护之人,他们仿佛认为雪莱不会做任何错事。"雪莱离开她[哈丽雅特]之后,她并没有和某个身份低下的人结合,因为罗塞蒂先生不管是明里还是暗里,都一心要把雪莱塑造成道德完美的楷模。她的情夫是驻印军或威灵顿麾下的上尉,具体我记不清了,他奉命调往国外。她没有收到他的信件——再加上她姐姐的缘故,她深居简出,准备分娩。她住在美夫斯一对体面夫妇的家中,那里离教堂街不远……对她父母说,哈丽雅特去乡下一个朋友家做客,要去几个星期。韦斯特布鲁克小姐认为,应向雪莱隐瞒此事。"克莱儿继而讲述了哈丽雅特越来越严重的孤独感和抑郁,自杀事件的经过以及如何在贝斯沃特路旁一处小墓地将她安葬。也许她还回忆起自己瞒着葛德文夫妇偷偷怀孕的过程中,雪莱本人所发挥的作用,这也与伊丽莎向韦斯特布鲁克夫妇隐瞒哈丽雅特怀孕一事如出一辙。即便雪莱意识到这一点,他也不会说的。克莱儿得出的结论如下:"在我看来,罗塞蒂先生撰写回忆录似乎是为了满足雪莱女士[简·雪莱]的爱好——而且她是雪莱与玛丽的热情的拥趸,就像所有热情的拥趸一样,都不太在意真相。[伊丽莎·]韦斯特布鲁克小姐向我母亲讲述了上述所有细节。哈丽雅特的自杀对雪莱产生了有益的作用——他对自己没那么自信了,也不像之前那样放纵不羁了。"[15]在克莱儿看来,正因为雪莱深刻认识到自己所负的责任(这是缓慢、痛苦的认识过程),

他才走向成熟。但是,克莱儿利用了后见之明,并没有将他与玛丽的婚姻列为“益处”。

回到巴斯后,雪莱竭力将精力集中于具体事务上:克莱儿的宝宝是个女孩,她于一八一七年一月十二日平安诞生。起初,他们给她起名为阿尔芭,之后应拜伦的要求改名为阿利格拉。雪莱的《赞智力美》也于十九日由亨特发表在《检查者》上,他在伦敦文坛的地位更加稳固。二十四日,大法官法庭开始审理艾恩丝和查尔斯这两个孩子的监护权案件,法官为埃尔登爵爷。雪莱有许多天下午都在伦敦咨询布鲁厄姆与他的顾问巴兹尔·蒙塔古。亨特与葛德文都鼎力相助,但雪莱和他的朋友们还是低估了韦斯特布鲁克一家的决心和正义感。年迈的约翰·韦斯特布鲁克虽然身患重疾,但还是得到了他的律师德泽的明智建议,也得到了伊丽莎的帮助,他在案件中有力地阐明了自己的诉求。首先,无论官司结果如何,他都会为两个孩子设立一笔价值两千英镑的年金,每年所得金额为这笔钱的百分之四。其次,他整理了雪莱在一八一四年秋天与哈丽雅特分手期间寄给她的信件。这些信件中充分反映出他的行为
357 乖张无常,也说明雪莱为何根本不来看望两个孩子。第三,根据伊丽莎提供的关键建议,他开始收集反映雪莱意识形态的作品,特别是《麦布女王》,这部作品反映出他最为离经叛道的政治观点与宗教观点。雪莱未能认识到前两个方面的社会力量与法律力量,将注意力完全放在第三个方面,这也体现出他的特点。他对异端问题感到最为理直气壮、义正辞严,这也是理所当然的。一月十七日他写信给拜伦,通知他克莱儿的孩子诞生了。这封信大部分篇幅都在为自己的立场辩护。他还谴责了伊丽莎,称其为“水性杨花、怀恨在心的女人”*,她“虽然在法律上没有实施谋杀,但却在事实上谋杀”了哈丽雅特。雪莱继续写道:

---

* 应该是和伊丽莎白·希钦纳一样。

> 她姐姐现在向大法官法庭控诉我,这是要从我手中夺走我不幸的孩子们。他们对我来说从未像现在这样重要;她还要夺走我的遗产,要让我坐牢,还要让我戴着木枷示众,就因为我是个**革命者**和**无神论者**。似乎早在她住在我家期间,她就准备好了这些文件,以便提出这些控告。审判委员会的意见是她的指控肯定大大超出了范围,但我可能可以躲避彻底的毁灭。所以我要在这里走上暴虐和迷信的法庭,就孩子、财产、自由和名誉问题作出回答,就因为我戳穿了他们的西洋镜,并嘲弄了他们权力的影响。但是,我是不会失败的,只不过他们让我明白,我可以通过改变信仰来购买胜利。其实,正因为他们选择对我下手,反而让我很引以为豪。[16]

这封信的最后一部分纯属夸张的故作姿态,这可能是雪莱早在牛津时写的内容。他并非真正指的是"通过改变信仰来购买胜利":与韦斯特布鲁克的官司中,关键并不在于他作为一个作家所为,而在于他作为父亲未能尽责。这桩官司持续了好几个星期:三月十七日宣布了审判结果,雪莱败诉,但两个孩子的监护权直到这一年秋天才最终做出裁决。韦斯特布鲁克一家也没有取得监护权,而是将其让渡给一对受人敬重的夫妇,他们是托马斯·休谟医生及其夫人,住在伦敦周边地区。雪莱获得了探视权,但这受到严格限制,韦斯特布鲁克一家的探视权则略微宽松一些。没有证据表明雪莱曾使用过这一权利。最终的结果也许是这两个孩子最不愿看到的,而且也与哈丽雅特的遗愿迥异。

在这段时间,雪莱经常去马洛拜访皮科克。皮科克发现雪莱"沉着冷静,镇定自若",只有一件令人好奇的事件除外,当时一位园丁刚刚将 358
冬青树的顶部剪下来,准备当作圣诞装饰出售,雪莱却直奔这位园丁而去。此地正是雪莱打算迁入的新居所在位置。"雪莱一看到它,便诘问这位园丁,'他凭什么毁坏这棵美丽的树木?'园丁称自己觉得这样修剪更好看。雪莱说:'这绝不可能,你居然是这样的大傻瓜。'园丁站在那里，手指贴着裤缝，被雪莱暴跳如雷地训斥了一番，这最终让他提前遭到解雇……除了这棵不幸的冬青树，没有什么能打破他的平静。最终，对哈丽雅特之死的感受化为持久、深重的懊丧：但这种感受一开始并不是非常强烈。”[17]

四年之后，雪莱在《心之灵》中直面的感受正是他此前向皮科克、拜伦和玛丽所隐瞒的。最重要的是，他面对的是这种“持久的懊丧”对他的自身情感乃至他与玛丽的关系产生了可怕影响。他拒不接受自己应对哈丽雅特自杀一事负责。也许他不接受是对的，是对自己的真诚。他在作品中将玛丽比作月亮，将艾恩丝与查尔斯比作“孪生的婴儿”，将哈丽雅特比作“当时的星辰”。他描述了自己感情的死亡过程，就仿佛是他心中的某个部位结了一层坚冰。

我躺在那里一张纯洁的床榻内：
唉，那时我既非活着亦未死去，
因为她银铃般的声音引来了生
和死，他们忘却了彼此的纷争，
装扮成孪生的婴儿，一兄一妹，
一个被遗弃母亲的游离的希望，
没有翅膀却在洞穴的空中飞翔，
叫道，“不，他和我们不是一路。”
我哭了，虽然只是一梦，我哭。

那时是怎样的暴风雨搅扰了我
睡眠的海洋，遮蔽了那颗月亮，
她憔悴的嘴唇仿佛被蚀斑湮没；——
我的灵魂多么像是无灯的海洋，
而谁，又是那阵暴风雨；当她，

那当时的星辰被扑灭后，严寒
便侵凌我心中的海水，使我那
汹涌起伏的生命的波涛转眼间
陷入冰的死亡，再也无法流动；——
而后来又是什么样的地震使它
开裂，月亮又倾泻皎洁的月华；
收起这些话吧，每句都会开启
难以制止的泪。不必为我哭泣！[18]

雪莱后来在写给拜伦的信中称，哈丽雅特之死给他沉重的打击，“我不知道我是怎样缓过来的”。 359

但是，雪莱韧性非常强，此前他也多次表现出这一点。他以极大的热情投身于新的社交圈，这个圈子是好友亨特引荐他加入的，他们由作家、记者和诗人组成。从一八一七年一月底开始，雪莱与玛丽一边关注大法官法庭的审理进程，一边前往健康谷住了四个星期。一月二十六日，亨特邀请批评家威廉·海兹利特和编辑沃尔特·库尔森前来与雪莱夫妇一同用餐，霍格也应邀前来。二月五日，亨特为《青年诗人》特刊中的三位人物安排了一场特殊的宴席，雪莱借此机会又与雷诺兹和约翰·济慈见了面。四天之后，雪莱、海兹利特与亨特三人直到凌晨三点还在讨论君主制与共和制。亨特决心让这位新朋友的日程更加充实。

其他一些朋友也来到亨特家中做客、品茗、共进晚餐或举行音乐晚会，他们身旁是肖特(Shout)为文学人物制作的半身塑像、各种盆景、精美的雕刻作品、成堆的书籍与出版校样、舒适的椅子与靠背沙发以及一对迷人的堂姊妹。往来之人中有查尔斯·兰姆与玛丽·兰姆，画家本杰明·海登与两位文坛律师(人们称他们是汉普斯特德圈子中的卫星)——巴兹尔·蒙塔古和霍勒斯·史密斯。雪莱还见了查尔斯·奥利尔，他后来取代胡卡姆成为雪莱的出版商。雪莱在大法官法庭的诉讼情况已广为人知，人们都待之以善意和理解。此外，在这个小圈子自由、激进的氛围下，雪莱顿时感到无比轻松。而且亨特品茗时的优雅、“整洁的无序”与永恒的文学双关语通常都让海兹利特与济慈大为诧异，雪莱却见怪不怪。雪莱觉得这很亲切、舒适，有些稀奇，他对亨特热情的性格中略带一些谄媚的特点做出了回应。与此相反，海兹利特打心底觉得亨特只是假装对激进主义感兴趣，而济慈则慢慢剥去了亨特的伪装，对其蹩脚的诗才产生了怀疑。雪莱起初有些腼腆，但之后便大声、铿锵地参与到政治和文学讨论中。整个二月，晚上都在进行这样的讨论。他似乎没有注意到济慈和海兹利特都以不同的方式发现自己是个非常自以为是的人。济慈对于雪莱的特点十分敏感，即雪莱是以一种贵族的优越感去坚持他的观点，而海兹利特则对他的政治热情持怀疑态度。

有一点值得注意，在汉普斯特德的小圈子里，众人对雪莱的印象总体上明显不佳，尤其是济慈、海兹利特与海登。这与亨特总喜欢对雪莱作出理想化的描写（尤其是在他去世之后）形成了鲜明的对比。

360 也许，对雪莱最友好的是霍勒斯·史密斯，他是位文坛律师，之后以极高的效率负责雪莱在英国的财务事宜。他在亨特家中首次邂逅雪莱是在一月，他当时的印象是雪莱衣着时髦但穿戴很马虎，“根本不考虑时尚搭配”，这种组合很令人好奇，但“丝毫不会怀疑你面前是一位谦谦君子”。史密斯注意到雪莱笑容可掬，但不参与亨特的“搞笑与雅谑”的滑稽动作。天气好的时候，他们便出门前往汉普斯特德荒野。史密斯与雪莱很是亲近，慢慢和他攀谈起来。无论是雪莱的博览群书，还是他表达观点时的铿锵与无畏，都顿时让他无比惊讶。“我的同伴，当他对谈话的主题感兴趣的时候，话就很多，而且迫不及待，这在我看来似乎是一种心理上的好奇心，要比柯尔律治的《忽必烈汗》更好奇，他对这部作品提出了古怪的看法。但是,他主要谈论的还是关于柏拉图……”[19]

画家本杰明·罗伯特·海登是亨特与济慈的好友,他为人古怪。一八一七年一月二十日,他在汉普斯特德的一次难忘的宴席上与雪莱见过面,当时他发现自己因为基督教信仰而受到算计和攻击。在设计激怒他的过程中,雪莱发挥了积极作用。他在日记中记录了对雪莱的回忆,对他的评价并不高。首先,他觉得雪莱为人虚伪:“在谈到金光闪闪的鳟鱼被捉住后的美丽姿态时,雪莱称他无法忍受华兹华斯的不人道,还称他一看到虐待动物的情景就感到恐怖,因此无法对此加以表现。”[20]海登觉得如果将雪莱的惺惺作态与其在家庭生活中给别人造成的痛苦进行对比,很令人恶心。雪莱之后又在一八一九年继续批评了华兹华斯。[21]海登认为,雪莱的所有态度与行为都这样反常,而且海登本人和别人一样,听说“他在描写勃朗峰的作品中写到无神论”时都感到胆战心惊。[22]“他会和他的姨妹上床,然后用一套歪理让自己相信此举名正言顺。为了给他的朋友解燃眉之急,他还会典当自己的衣物!他似乎因为坚守不为世人所接受的原则而历经磨难,并使他成为孤家寡人;虽然我对他的了解肯定不算多,但我怀疑他倨傲骄矜。”

一八四六年,海登在编写自传过程中,详细描述了雪莱在当年一月的晚宴上给他留下的第一印象,当时他因为基督教信仰而受到攻击。他对雪莱的描写中掺杂了自己的态度,将雪莱的飞扬跋扈、麻木不仁描绘得十分生动。

> 我赶到时,略微迟到了一会儿。我坐在[亨特]餐桌上专门给
> 我留的座位上,恰好坐在雪莱对面。他正在他的盘子上切一块花菜
> 或卷心菜,就仿佛在切一块巨大的鸡翅。后来我才知道,他是个离 361
> 经叛道、消瘦、病恹恹的人,但看上去颇为儒雅,只是我当时并不知
> 道。参加此次聚会的有亨特与他妻子[玛丽安娜]和姨妹[伊丽莎
> 白·肯特]、济慈、霍勒斯·史密斯和我。几分钟后,雪莱引出话

> 题,他像个女人一样轻言细语地说,“基督教是应该受到谴责的宗教……”我一副惊诧的神情,但环视了在座的诸位一番,顿时发觉亨特喜形于色,各位女士则强颜欢笑,这天晚上我将要遭到一番狠狠的算计。但是,在这顿饭过程中并没有人对这番大胆的言论搭腔。但等甜点端上来、仆人都走了之后,我们就像阿修罗一样对这个问题展开交锋。——与——是自然神论者。我觉得自己仿佛陷入绝境的牡鹿一般,决心毫不留情地出击。雪莱称,摩西律法与基督教的天命并不一致。我发誓它们就是一致的……我们都没有运用一丁点的逻辑。——济慈也没有,也没有运用世间的任何法律制度。雪莱否认了这一点。[亨特]支持他。我确认他们是这样的……我们都没有运用一丁点的逻辑[原文如此]。——济慈和——都没有对此表态;但雪莱依然坚持观点,而且[亨特]和——依然坚持这一点,发现我是他们辩论的好对手,他们开始了人身攻击,我也一样。我们彼此都说了难听的话,我退到另一房间后,听到他们说:“海登很火大啊。”亨特说:“是的,这个问题总是让他怒不可遏。”[23]

济慈之所以对雪莱产生防备之心,也正是因为这一幕,而非因为亨特暗示的阶级差别感。起初,济慈仅仅是戏谑的态度,这一点也与亨特相仿,但他还带有济慈式的嘲讽。他曾在一八一七年五月发问:“雪莱接着讲了国王之死的离奇故事吗?”“告诉他,诗人之死也有许多离奇的故事——有些诗人还没来得及诞生就已去世……雪莱夫人还像往常一样干净利落地切面包和黄油吗?让她买几把能杀人的剪刀,然后将所有可能成为落魄诗人的生命之线剪断。”[24]之后到了夏天,济慈坚决拒绝加入雪莱在马洛的大家庭:“我拒绝去雪莱家做客,我可以在我自己的空间里不受束缚。”[25]* 雪莱在创作《莱昂与茜丝娜》时，济慈也在创作《恩底弥翁》。济慈在对《恩底弥翁》的讨论中，更加明显地流露出反感之情，却没有提到海登在辩解时表现的恶意：“事实就是[亨特]与雪莱受到了伤害，这也许很公道，因为我没有多管闲事地向他们表明这件事，还因为我做出的几个提示，他们似乎打算剖析和仔细研究我可能犯的任何错误或疏忽。——但我可不害怕！汤姆！如果我害怕的话，就让我见鬼去吧。”[26]

威廉·海兹利特并不像济慈这样沉默寡言，他在一八二一年的一篇
随笔文中对雪莱作了一番描述，这激起了亨特的怒火。此事在此后一段 362
时间给两人的友谊笼上一层阴影。在一番著名的大言不惭的评论中，海兹利特以讽刺的笔调，展现出雪莱的特点，而济慈与史密斯只对此加以暗示。

> 雪莱先生……眼中迸射出怒火，他热血沸腾，异想天开，他的讲话离经叛道，这表明他是哲学的狂徒。他脸色通红，声音尖锐刺耳。他身材瘦长，精力充沛，这样他的肉体便与他的精神不协调，宗教狂热分子经常会表现出这一点……变故的打击，权威的分量都没有对他的观点留下任何影响，他的观点就像一片羽毛一样消散，也会从无伤大雅的交锋中产生，这些观点十分轻浮……他的经历既不完整，也流于俗套，丝毫不能稳定他的心神；这就是鞑靼人知识的结晶，它缺乏稳定，它的精华容易消散，也容易燃烧，却拒绝与任何固体或任何持久的物体相融合……好奇心是他心灵中唯一正常的方

---

* “[雪莱]去圣马丁胡同拜访了查尔斯·理查兹……洽谈济慈早期诗歌的结集出版事宜……理查兹告诉我，他从未遇见过如此古怪的客人。他瘦骨嶙峋，他的开场白与动作都很特别，而且他喜欢盯着人看好久，然后表达他的态度，这也很特别。他就像一个陷入沉思的疯人，既心不在焉，又漠不关心。”约翰·迪克斯的观点，载于他的《对诗人、牧师与政治家的钢笔素描》(1846)。

> 面，而且他虽是一位饱学之士，但在情感上仿佛是个巨婴……他竭力要打破现有的一切信条与制度：但此举对他来说是自身体质产生的影响。他追求的是最为不羁的意见，但这纯粹是因为单凭同情心和习惯的机械式抑制，无法阻遏他的行为。他胡乱摆弄着各种令人不愉快的话题，但这并非因为他满足于由此产生的不快，而是因为它们迸射出知识的鬼火，令他陶醉。[27]

但雪莱在亨特家中做客时，成为他们的座上宾，受到宠溺。亨特的夫人玛丽安娜认为，玛丽与雪莱是一对受到误解和迫害的伉俪。雪莱和孩子们玩耍的样子也让她颇为开心。亨特的大儿子名叫桑顿，时年十一岁，他后来记得自己经常和雪莱一同去旷野荡舟和散步。他父亲的这位新朋友很古怪，让他心中交织着恐惧和兴奋之情。他记得“他突然把书放下，往后一靠，椅子突然向他后面滑过去，让他发出一阵阵响个不停的刺耳尖叫，疯狂地用脚跺着地”。

桑顿在回忆中将雪莱与自己的父亲作了对比：“雪莱在运动时更放得开，甚至产生了幼稚的想法。我可能引起了他的兴趣，这不仅是因为我是家中的长子，而且因为我已开始对阅读产生了热情，而且在阅读时对幻想的奇迹与恐怖几乎感同身受……我记得非常清楚，有一天，我们俩玩了很长时间后，我感到非常恐怖，因为他将自己又长又卷的头发拧
363 成了一根犄角，然后用凶狠的爪子和可怕的动作向我逼近，就像是凭空想象的怪兽一般……雪莱经常喊我去旷野长时间漫步，或者他去的是我认为过于遥远的地方。比起我父亲，我更愿意和他一起出去，因为他走得更快，而且一边走还一边和我聊天……当我‘自暴自弃’时，他就把我扛在肩膀上背回家，或是把我拖回来。我们的关系也并非总是很和谐，因为我之前已经暗示过，他喜欢以吓唬我为乐，但我其实从未怀疑过他会来保护我，但前提是他愿意放弃他津津乐道的幻想。有时，他会以戏谑的方式来逗我，这让我很是恼火，但这种情况很少见……我很清楚，

他曾经吃过不少苦，而且他始终受到某些回忆的折磨，其中有些是真实的，也有些是幻想出来的，它们就像俄瑞斯忒斯①一样追杀他。他经常谈起这些话题……”[28]小亨特的回忆不同寻常，而且以一个孩子的眼光坦率、坚定地洞察其中的深意。桑顿恰好也始终坚信坦尼尔阿西特袭击事件的真实性。也许相比汉普斯特德的任何一位友人，雪莱更愿意让他走进自己心中的幽暗之地。

在雪莱看来，无论是游戏、社交晚宴、深夜辩论，还是一边与亨特愉快地共进早餐，一边穿着他的花便袍友好地插科打诨，这些活动都激励了他。他心中暗暗产生一种使命感。无论是大法官法庭审理的案件，还是席卷全国的改革集会，都促使他做出了一个新的决定，即在政治上发出自己的声音。创作冲动和政治冲动像以往一样都发挥了作用。

到了二月，利物浦爵爷的内阁再次宣布全国进入戒备状态，上一次这样是在一八一二年。英国政府的各个秘密委员会于二月中旬向议会两院作了报告，成立它们旨在调查煽动活动和叛乱活动，以及斯彭斯协会分子的平权宣传。三月三日，《人身保护令》暂停实施，二十九日，通过了《煽动性集会法令》。[29]一月三十日，汉普登俱乐部的各位代表在伦敦举行了特别会议，弗朗西斯·普莱斯、《改良者纪事报》编辑威廉·霍恩及科贝特针对改革运动的领导权展开了一番争夺。争论的根本性原则问题在于何为上上策——是通过在全国范围内发动工人阶级，立即推动争取全体男性投票权，还是浅尝辄止，只提高中产阶级的代议程度。弗朗西斯·普莱斯主张第二条路线，他认为此举能在下议院推进改革的最后阶段。雪莱积极地参与到这些事件中。雪莱与玛丽搬出了汉普斯特德，与皮科克一同住在马洛。玛丽写信给亨特，称他家中的“政治氛

---

① 俄瑞斯忒斯是古希腊神话中的人物，古希腊远征特洛伊的统帅阿伽门农的儿子。特洛伊战争结束后，阿伽门农回国统治，被妻子克吕泰涅斯特拉及其情人埃吉斯托斯杀死。俄瑞斯忒斯被母亲克吕泰涅斯特拉驱逐，俄瑞斯忒斯长大后替父报仇，杀掉了克吕泰涅斯特拉和埃吉斯托斯，成为一代英雄。

364 围和诗歌氛围都很浓厚”，并且就雪莱与皮科克的一项计划紧张地征求亨特的建议。这项计划是在房产持有人拒绝缴纳厘金和税款的基础上，发动当地的抗议运动。[30]

一八一七年早春，最能体现民众政治情绪的莫过于科贝特在《政治周评》中发表的报告和《黑矮人》中的报告，其中讲述的是对水手卡什曼的死刑报道。此人因参与一八一六年十二月的斯帕广场骚乱而被法庭宣判有罪。他的死刑掀起了民众自发组织的大规模示威活动。直到临终时刻，卡什曼都面无畏色，他以一位风趣幽默的民主英雄的形象示人。“警官们向前进，暴民则表示出最强烈的愤慨之情；抱怨声和嘘声从四面八方传来，人们拼命要往前挤……卡什曼……似乎受到了围观群众的感染，他与他们一同高声呐喊……‘万岁，我的同志们！胜利！欢呼吧！’”他鄙夷地推开两位英国圣公会牧师，扯掉了刽子手的行刑面罩，站上了高台，将绞索套在自己脖子上，然后向人群亲切地高呼：“‘伙计们，兄弟我现在就要上路了，请为我欢呼三声吧。’他又对刽子手说，‘把杆子松开吧’，‘木板从他脚下抽走的那一刻，卡什曼还在欢呼’。”人群鸦雀无声，治安巡警在街垒中不安地走动。然后，人群便以更强大的力量迸发出口号——“凶手！”和“无耻！”，他们好几个小时都不愿散去。[31]

就在这个月，塞缪尔·班福德也在曼彻斯特附近被捕，他被送往南方受审和关押。西德茅斯和内阁其他成员亲自对他进行了审讯，对此有一段著名的精彩描写。[32]

二月中旬，雪莱突然开始编写一本政论小册子。自一八一二年以来，他就再也没有写过此类作品。他给亨特的朋友奥利尔看了这本书的草稿，奥利尔同意印刷和出版，但费用由雪莱承担。雪莱带着手稿前往马洛，他在那里对书稿作了修改，并与皮科克讨论了一番。这部作品最后起名为《关于在整个王国实行选举制度改革的建议》，作者署名“马洛的隐士”，一语成谶。这本小册子本身篇幅很短，而且直切主题，作者特意让其中的论述十分合理、温和。雪莱建议，热爱自由的朋友应当放下自身的偏见，在王冠与海锚酒馆举行全体大会，以便建立真正的全民投票表决制度。应当安排好经费与代表，以便向每一个“大不列颠的成年人”提出一个简单的问题：他们是否赞成让下议院“推出这样的改革措施，以便让下议院的议员成为真正的全国代表”。这个简单的问题在征求意见时，不应提出任何额外的细节或具体内容。“当要不要改革还成问题的时候，讨论怎样改革就属多余。”但是，如果答案是大多数人“赞 365
成”，那么就要对议会施加一切压力，以便立即推出改革措施，因为之后这将毫无疑问成为“国家的意志”。

除了这个简单的目标之外，雪莱本人还愿意出资一百英镑成立行动基金，而且此次会议应当摒弃“革命和颠覆阴谋”，并宣布它的目标是“完全合宪的”。其实，他声称在他看来最多只是实行一年任期制的议会，并在中产阶级范围内有限地扩大拥有选举权的群体，倘若更进一步，时机并不成熟。他似乎并不希望被人视为民主人士或野心家。“关于普遍选举权问题，我认为在目前公众的知识和感情都没有充分准备的情况下，制定这一措施是充满危险的。我认为目前只有那些登记缴纳某种小额直接税的人可以参加选举议员。把选举权立即扩大到每一个成年男子，会产生这样的后果，即把权力交到被长时期的奴役弄成残暴、麻木和凶恶的那些人手中。可以想象，凭一个野心家的品质，也足以充当一个立法者。”[33]

由此可见，雪莱刻意将自己的出发点与亨特的《检查者》的自由派读者群保持一致，而不是和《政治纪事报》与《黑矮人》的读者群相一致，后者属于真正的激进分子。但是，雪莱在私下里却比他在这本小册子中所表达的观点更左倾。他与皮科克密谋停止缴税（这在当时属于极不寻常的直接行动），此举就充分说明了这一点；而且他在私下里写的内容也反映出这一点。公开态度与私下态度之间的撕裂，一定程度上说明了像雪莱这样的人很难接受真正的英式民主思想。

但是，在这位隐士的小册子中，也隐藏了一个逻辑上的诡计，这充分表达了激进派的民主观点。因为从意识形态角度说，雪莱的建议实际上**已采纳了**他假装在质疑的意见。读者如果认为自己同意大不列颠全体“成年人”都有权对这项改革问题发表意见，也就是说对于根本性的政治问题发表意见，那么实际上就已确立了全体成年人都享有政治权利的原则。

奥利尔对这本小册子（以及济慈的五部诗集）进行了广告宣传。在三月的前两周，这本小册子有五百本上市。雪莱敦促奥利尔加大广告力度，并为他列出一份邮寄名单，此举清楚地表明他正在亲自走进这场争
366 议的核心。收到他这本小册子的人士有科贝特、梅杰·卡特赖特、弗朗西斯·伯德特、布鲁厄姆和罗伯特·欧文。他还将几捆书赠送给《检查者》的亨特以及伦敦和伯明翰的汉普登俱乐部。到了四月，雪莱已同霍恩直接洽谈过几次，谈话的内容也许是此书或雪莱另一部政治著作重印事宜，但据人们所知，这没有产生直接的成果。但这也许是雪莱的名字为何进入工人阶级的激进出版商圈子的原因，也是理查德·卡莱尔在这年夏天亲自与雪莱接洽出版《麦布女王》事宜的原因。[34]有一本书终于送到《每季评论》手中，此书后来与一批匿名的、半煽动性的小册子一同遭到罗伯特·骚塞的严厉批评。

这本小册子出版后，在马洛和汉普斯特德的小圈子之外并没有给雪莱带来个人反响，但是从此时开始，他觉得自己又回到了改革运动中，而且他密切关注公开集会，还密切关注对多名编辑、出版商和工人领袖的政治审判进程。他在这一年春天定居马洛期间，将激进的政治变化与社会变化总体思考了一番，并开始进一步阅读法国大革命的研究作品。他越来越相信，他和他同时代的人对法国大革命的解读方式将决定他们反对这场民主改革的方式或展开斗争的方式。

注释

［1］《珀西·比希·雪莱诗集》，页546。

［2］玛丽·雪莱,《玛丽·雪莱日记》,页69。

［3］《爱丁堡评论》,第二十八期(1816)。

［4］《珀西·比希·雪莱书信集》,第一卷,第三七〇篇,页513。

［5］沃尔特·爱德温·佩克,《雪莱:生平与著作》,第二卷,页437。

［6］《珀西·比希·雪莱书信集》,第一卷,第三七三篇,页516。

［7］同上,页518。

［8］同上,页517

［9］《玛丽·W.雪莱书信集》,第一卷,第二十篇,页14。

［10］《珀西·比希·雪莱书信集》,第一卷,第三七〇篇,页513。

［11］同上,页521。

［12］同上,页520,注释1。

［13］同上,第三七六篇,页522-523。

［14］同上,第三七八篇,页524-525。

［15］克莱儿写给特里劳尼的长信,日期是1878年8月30日至9月21日。普福尔茨海姆图书馆,《雪莱与他的交际圈:1773-1822》,K. N. 卡梅伦编,第四卷,页787-788。

［16］《珀西·比希·雪莱书信集》,第一卷,第三八一篇,页530。

［17］《皮科克:回忆录、书信与评论》,页88-89。

［18］《珀西·比希·雪莱诗集》,页418。

［19］A. H. 比文,《J. H. 史密斯》(1899),页136起若干页。

［20］《本杰明·罗伯特·海登日记》,W. B. 蒲柏编(1960),第二卷,1817年1月23日。

［21］《彼得·贝尔第三》,《珀西·比希·雪莱诗集》,页359。雪莱本人在脚注中写道:“请参阅［华兹华斯］描写一群鲑鱼垂死挣扎时变得色彩斑斓的那些诗行……［《漫游》］提供了一些有趣的证明。该诗作者也许能从以下这些他自己恐已忘却的美丽崇高的诗行中吸取教训。”(3:90)

［22］《本杰明·罗伯特·海登日记》,第二卷,1822年8月5日。

［23］《本杰明·罗伯特·海登自传》(1846)。

［24］约翰·济慈写给利·亨特的信,1817 年 5 月 10 日,《约翰·济慈书信集》,罗伯特·吉廷斯编(牛津,1970),页 2。

［25］约翰·济慈写给本杰明·贝利的信,1817 年 10 月 8 日,《约翰·济慈书信集》,页 27。

［26］约翰·济慈写给乔治·济慈和汤姆·济慈的信,1818 年 1 月 23 日,载于《约翰·济慈书信集》,页 56。

［27］威廉·海兹利特,《论悖论和常识》,参见《威廉·海兹利特作品集》,A. B. 沃克编,第六卷(登特,1903),页 48–49。

［28］桑顿·亨特发表于《大西洋月刊》,1863 年 2 月。

［29］R. J. 怀特,《从滑铁卢到彼得卢》(1957),页 160–161。

［30］《玛丽·W. 雪莱书信集》,第一卷,第二十四篇,页 22–24。

［31］对处决卡什曼的这段描写来自 E. P. 汤普森在《英国工人阶级的形成》中对当时报纸的报道的汇总(页 664)。

［32］塞缪尔·班福德,《一位激进分子的生平》。

［33］雪莱,《散文作品》,页 161–162。

［34］H. B. 福尔曼,《〈麦布女王〉变迁录》。

1. 菲尔德庄园，南侧全景：雪莱的窗户位于一层右侧

2. 比希·雪莱爵士，威廉·比奇绘

3. 蒂莫西·雪莱爵士，
乔治·罗姆尼绘

4. 伊丽莎白·雪莱夫人，
乔治·罗姆尼绘

5. 玛格丽特·雪莱与海伦·雪莱，
绘者不详

6.《噩梦》，亨利·菲尤泽利绘

7. 罗伯特·骚塞，H. 埃德里奇绘，
一八〇四年

8. T.L. 皮科克，R. 约翰绘

9. 德文郡林茅斯：港口与村庄。雪莱的房子位于最左侧

10. 特里马多克的坦尼尔阿西特：南侧的全景

11. 坦尼尔阿西特，东侧的窗户与草坪

12. 袭击者的视角，视线穿过了整个客厅，从东侧的窗户直达南侧的窗户

13. 雪莱画作的复制品，这应该是在坦尼尔阿西特袭击事件发生后完成的。它首次于一九〇五年发表在《世纪杂志》上

14. 威廉・葛德文，詹姆斯・诺思科特绘

15. 玛丽・雪莱，无名画家的素描画，创作时间约为一八一四年

16. 雪莱与哈丽雅特私奔

17. 拜伦，詹姆斯·霍姆斯于一八一八年绘制

18. 西庸城堡与莱蒙湖，十九世纪初的版画

19. 利·亨特，塞缪尔·劳伦斯作

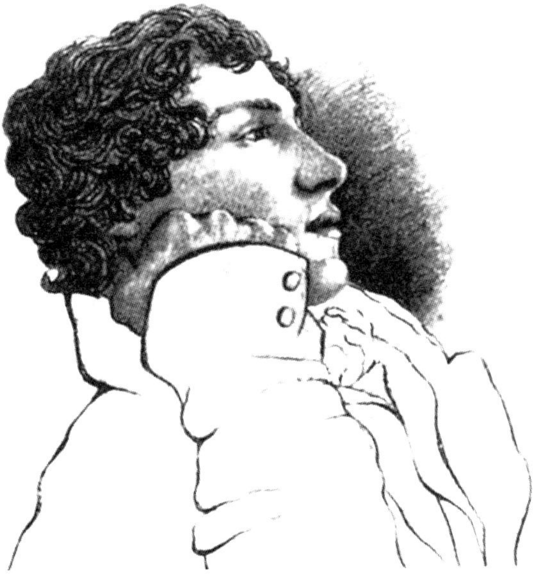

20. 约翰·济慈，C.A. 布朗作

21. 威廉·海兹利特，
威廉·比威克作

22. 拉美西斯二世

23. 巴尼迪卢卡的贝尔蒂尼寓邸的花园，雪莱在此翻译了柏拉图的《会饮篇》

24. 贝特丽采·倩契

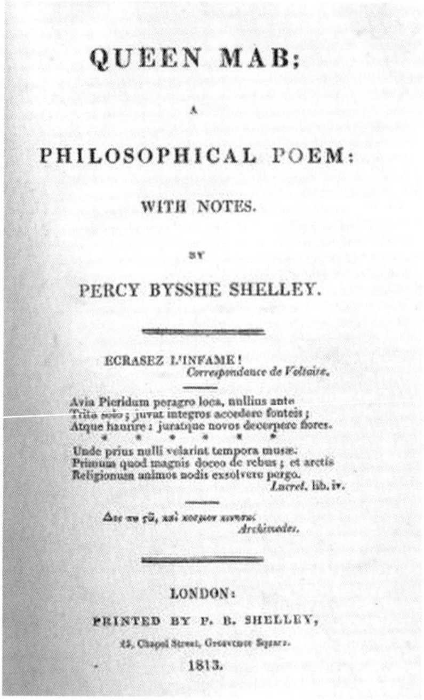

QUEEN MAB;

A

PHILOSOPHICAL POEM:

WITH NOTES.

BY

PERCY BYSSHE SHELLEY.

ECRASEZ L'INFAME!
Correspondance de Voltaire.

Avia Pieridum peragro loca, nullius ante
Trita solo; juvat integros accedere fonteis;
Atque haurire: juratque novos decerpere flores.
* * * * * *
Unde prius nulli velarint tempora musæ.
Primum quod magnis doceo de rebus; et arctis
Religionum animos nodis exsolvere pergo.
Lucret. lib. iv.

Δος που στῶ, καὶ κοσμον κινησω.
Archimedes.

LONDON:

PRINTED BY P. B. SHELLEY,

23, Chapel Street, Grosvenor Square.

1813.

25. 一八一三年雪莱自费出版的《麦布女王》

26.《维纳斯的诞生》雕像，佛罗伦萨

27. 三少女酒店，雪莱一行首次来到比萨时曾在此居住

28. 雪莱一八二一年定居比萨时，从他的公寓俯瞰阿尔诺河的景观；兰弗兰基宫白色的外立面矗立在河的斜对面，配有私家台阶

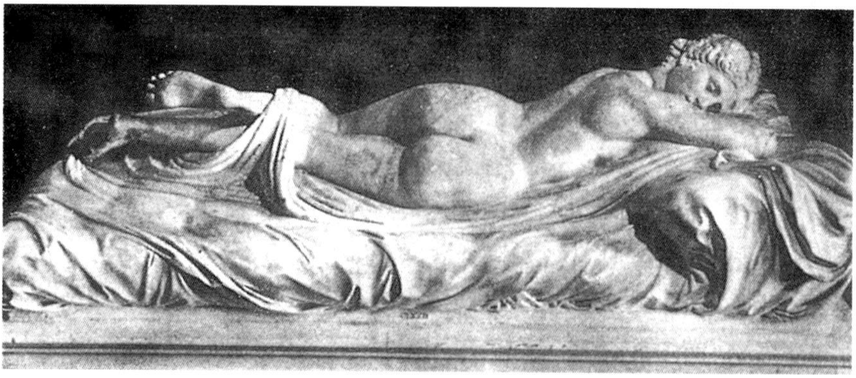

29.《沉睡的两性人》，罗马

30. 雪莱手稿《阿特拉斯的女巫》中第四十七至四十八诗节中的一页

31. 雪莱肖像素描的细节，爱德华·威廉姆斯于一八二一年十一月绘制

32. 简·威廉姆斯，乔治·克林特绘制

33. 雪莱一八二一至一八二二年意大利钞本扉页上的素描画

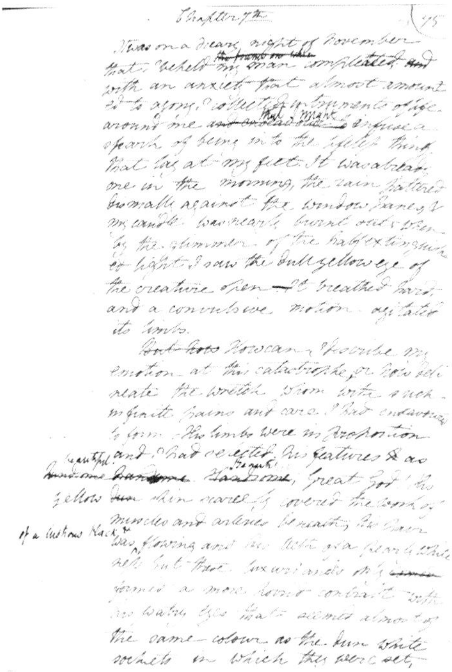
Chapter 7th

It was on a dreary night of November
that I beheld my man compleated and
with an anxiety that almost amount
ed to agony I collected instruments of life
around me that I might infuse a
spark of being into the lifeless thing
that lay at my feet. It was already
one in the morning, the rain pattered
dismally against the window panes &
my candle was nearly burnt out when
by the glimmer of the half extinguish
ed light I saw the dull yellow eye of
the creature open—It breathed hard,
and a convulsive motion agitated
its limbs.

How can I describe my
emotion at this catastrophe, or how deli
neate the wretch whom with such
infinite pains and care I had endavoured
to form. His limbs were in proportion
and I had selected his features as
beautiful. Beautiful, Great God! his
yellow skin scarcely covered the work of
muscles and arteries beneath; his hair
was of a lustrous black, & flowing and his teeth of a pearly white
ness but these luxuriances only
formed a more horrid contrast with
his watry eyes that seemed almost of
the same colour as the dun white
sockets in which they were set,

34. 玛丽·雪莱《弗兰肯斯坦》的手稿

35. 浮士德与靡菲斯特在瓦尔普吉斯之夜登上了布罗肯山。弗里德里希·奥古斯塔·莫里茨·雷茨施的雕刻作品，一八二〇年

36. 莱里奇的马尼寓邸，一八八〇年代的一张照片

37. “唐璜号”和“玻利瓦尔号”手绘图，爱德华·威廉姆斯作

38. 雪莱位于林茅斯的住所

39. 雪莱手绘的帆船图

40. 雪莱的半身像，玛丽安娜・利・亨特作

41. 克莱儿・克莱尔蒙特，埃米莉亚・库兰于一八一九年绘

42. 一八四一年玛丽的肖像画，
雪莱早在十九年前就已去世

43. 玛丽・雪莱的母亲
玛丽・沃斯通克拉夫特

44. 一八一九年的珀西・比希・雪莱，埃米莉亚・库兰绘

45.《情人的座位：雪莱与玛丽·雪莱在圣潘克拉斯老教堂墓地》，
威·鲍·弗里思于一八七七年绘

46. 写作《被缚的普罗米修斯》的雪莱，约瑟夫·塞文于一八四五年绘

47. 漫画《圣彼得广场的大屠杀》，F. 福格绘，一八一九年

48. 一八一九年八月十六日彼得卢惨案，理查德・卡莱尔绘

49.《雪莱的葬礼》，路·爱·富尼耶于一八八九年绘，
左边跪着的是玛丽·雪莱，中间站着的依次是特里劳尼、亨特和拜伦

50. 位于罗马的雪莱之墓

51. 克赖斯特彻奇小修道院内纪念雪莱及玛丽·雪莱的雕像，亨利·威克斯塑

第十五章　修剪花园的日子(马洛,1817)

一八一七年二月,雪莱终于签订了阿尔比恩之家二十一年的租约。
经过数次耽搁,雪莱与玛丽于三月十八日乔迁新居。克莱儿已从巴斯赶来,随行的还有埃莉斯、小威廉和她心爱的阿尔芭。租下阿尔比恩之家后,雪莱从未像现在这样下定决心永久定居英国。这是一座长长的两层小楼,它的地势很低,用白色小卵石粗糙地装饰了外墙,阁楼上有几扇小窗户,俯视着仿哥特式栏杆的顶部。窗框的形状颇为奇特,也是仿哥特式风格,每一个窗框都形成一对渺小的点,更加深了给人留下的诡异印象。前门直接对着大街,门前是一圈篱笆,通过网格形的门廊和栏杆遮蔽,紫藤与三角阔裂豆在上方枝叶葳蕤。房间内部都很大,但采光不太好,也很潮湿。这座房子的出众之处是设有巨大的图书室,对着后院,雪莱立刻用奥利尔寄来的书籍将它装满,并用维纳斯和阿波罗的全尺寸雕像对其进行装饰,体现出亨特的风格。花园位于房子的后方,它本身就非常美观,面积大约一英亩,有一部分用高大、漂亮的红砖墙围了起来。花园里已种上整洁的草坪,还有一棵高耸的墨绿色松树,俨然花园的焦点。花园边缘被密密麻麻的杉树和柏树遮蔽。草坪下面是一个土堆,他们有时会在傍晚坐在这里观赏草地的景色。花园后面是一座菜园,种着卷心菜，卷心菜中还生长着装饰植物，这似乎与众不同。在院子尽头，有一条陡峭的白垩河堤，高度不断下降。有一些资料曾记录雪莱就在这条小道中躲避不速之客；他也会在散步之余将家中的女士们带到这条白垩河堤，并将其当作滑滑梯，“在白垩灰的扬尘中”飞速地追上亨特家兴高采烈的孩子们。[1]雪莱订购的第一批书籍中，有一本是马韦的《园艺日
368 历》。他新聘请的园艺师名叫哈利，给他安排的工作是将他们从瑞士带回的阿尔卑斯山种子播下。玛丽还雇了一位厨师和一名女仆。

从伦敦通往亨利镇的马车主路旁，矗立着阿尔比恩之家，它位于马洛镇中心以西约两百码。皮科克就和他母亲一同住在马洛镇中心的一栋三层砖石小楼中。从阿尔比恩之家穿过马路，再在秣草地中步行约三分钟，便来到泰晤士河、马洛台阶和大坝。这一年的春夏，雪莱一直在这里停泊着一条小艇，供他水上旅行。从泰晤士河畔向南约一英里，穿过晶莹的露水草地，耸立着一片陡峭的绿色悬崖，这便是比沙姆森林，森林中稀疏地生长着山毛榉、桦树和杉树。雪莱喜欢在这里散步，他将一些与世隔绝的地方当作露天研修场所，他也喜欢和皮科克、霍格及亨特的几个孩子在这里玩耍打闹，还喜欢在土坡上赛跑并在树上刻上希腊圣书文与革命口号。他们甚至在这里为潘神①设立了神坛。雪莱出国之后，霍格与皮科克很久之后还来这里郑重地祭拜了一番。

从一开始，玛丽就迫不及待要当好女主人。三月，她邀请亨特一家前来做客：“我现在在我们家的图书室里给你写信，这是我们入住的第一天——这里非常舒适，我们期待着贵客的到来。雕像已经运来了，一切都井井有条。亲爱的朋友，来做客吧，让我们一起享受马洛的美丽阳光，愉快地散步，这将让你们得到健康、精气神和**勤勉**。”但是，霍格与皮科克却让她想起了往事，而且玛丽对于雪莱在那段颠沛流离的日子里结

---

① 潘神（Pan）是古希腊神话里的牧神，牧神潘是众神传信者赫密斯的儿子，其名字的原意是一切。他是掌管树林、田地和羊群的神，长着人的躯干和头，山羊的腿、角和耳朵。

识的老朋友都不太热情。“霍格现在去皮科克那里做客。我不喜欢他，我认为他比以前更讨人嫌。不管怎样，我不希望他每周过来打扰我们平静的生活，他脾气太坏，也很聒噪。这两人都对济慈的颂歌和十四行诗大加毁谤，也反对其他作品的发表，我认为此举很卑劣。”[2]玛丽矢口不提雪莱对济慈的评价也非常低；也没有提雪莱在汉普斯特德曾郑重地建议济慈不要在年轻时出版著作，但他自己却已出版了《麦布女王》和《阿拉斯特》。

第一位正式到访的客人是葛德文，他在四月初前来做客。此时天气很冷，这次做客气氛全程都很紧张，但雪莱还是大气地安排了一场水上旅行，带着他们去了美德曼海姆、亨利镇和梅登黑德，还与岳父讨论了后者新出的小说《曼德维尔》，以及“完美性”等老话题。克莱儿则将阿尔芭留在汉普斯特德，托付给玛丽安娜·亨特与她的姊妹贝茜·肯特照顾，她自己则直奔马洛，仿佛又成了纯洁的少女。葛德文离开几个小时后，亨特一家都来做客，他们还带上了自己的几个孩子和他们的小“侄女”（好心的克莱儿姑姑答应在这一年夏天照顾好她）一同前来。于是在雪莱的悉心安 369 排下，阿尔芭顺利住进了马洛家中。亨特一家到来后，天气也似乎变得晴好，他们会定期举行水上旅行，或者一整天都消失在比沙姆森林中。雪莱聚精会神地研究斯宾塞的诗歌和拉克雷泰勒的《法国大革命史》，他渐渐酝酿出创作一部政治长诗的想法。在此期间，玛丽开始修改和誊清她的《弗兰肯斯坦》。在冬天的一系列变故中，这些工作都被搁置了。

雪莱为了让克莱儿顺利融入这个家庭，煞费苦心。他两次写信给奥利尔，请求他“根据哈洛绘制的拜伦像，为她弄一份印制的清样”，并仔细说明了应当怎样为这幅清样配相框。四月底，他又洽谈了一笔七十五英镑的借款，打算从文森特·诺韦洛那里购买一台顶级大钢琴，这样亨特等人还可以为她伴唱。这台钢琴的账单直到一八二一年还没有支付。

在写给拜伦的信中，雪莱对克莱儿和她的小宝宝在马洛的情况作了一番欢快但略带揶揄的描写。“［阿尔芭］长得很漂亮，虽然体格略显纤柔，但很健康。我从未见过小宝宝的眼睛像她那样聪慧。她一头黑发，眼珠是深蓝色的，小嘴十分精致。她被送到了这里，假装是伦敦一位朋友的孩子，借口将她送到乡下来是为了她的健康着想，而克莱儿重又变成少女的样子。其实，现在更有必要提前发出这些提醒，因为我们又和葛德文建立了密切的关系，这是我和玛丽结婚所致，这个变化（假如这算得上是个变化的话）主要体现在她对葛德文的感情上。我没必要通知你这一点，这对于我们来说只是影响了方便程度，而且无论是对这种假意认可，还是对所有与之相关的偏见，我们的看法都没有改变。”雪莱接着又笼统地讨论了阿尔芭的前途问题。他毫不怀疑拜伦会对这个孩子尽到责任，但也暗中承认拜伦很可能对孩子的母亲不太负责。他又说，拜伦不在这个孩子身边时，他和玛丽理所当然地会给她“无微不至的照顾”。雪莱并没有提起玛丽认为克莱儿是她一生中的主要负担：“没有克莱儿”依然是她人生幸福的一个先决条件。总之，雪莱认为，上策是拜伦想方设法回到英国，亲自来处理此事。拜伦后来在威尼斯全力以赴处理了此事。[3]

此外，雪莱在这封信中还描绘了一派宁谧的景象。其实他依然担心大法官法庭的案件，害怕《麦布女王》在政治和宗教内容方面可能产生
370 “刑事信息”，但他决心打消焦虑，而不是受其折磨。* 他告诉拜伦，他对自己的花园、书籍和小艇都很满意。在马洛，苹果树已经开花了。

五月和六月，玛丽安娜·亨特、贝茜和孩子们似乎大部分时间都住在阿尔比恩之家，亨特本人则只要一忙完《检查者》的事务，便会飞奔回来。孩子们在一起玩得很开心，而且有贝茜、埃莉斯和克莱儿一同照看，

---

* 他完全有理由恐惧。1817 年，法庭曾受理对煽动和亵渎神灵罪的二十六次公诉，其中就包括对威廉·霍恩、汤姆·伍勒和理查德·卡莱尔的公诉。由于政府在这段时间采取了这种暗中的政治破坏，《麦布女王》尤其受到攻击。雪莱意识到，如果进一步卷入民事诉讼，很可能产生刑事“信息”，并有可能受到巨额罚款甚至被判刑。1821 年，对《麦布女王》的公诉实际上已经胜诉，该书出版商遭到了巨额罚款。参见第二十七章。

他们会在封闭的花园里玩上好几个小时，享受着阳光的沐浴。威廉很快就与小阿尔芭形影不离，他们一起忍受着雪莱例行的冷水浴考验。雪莱则终日不停地荡舟，或是独自一人，或是与亨特和皮科克一同。

就在这一年五月，雪莱开始创作一首长篇政治诗的前几诗章，这首诗自传色彩很浓。他打算起名为《莱昂与茜丝娜，或黄金城的革命》。其中大量篇幅实际上创作于小艇中，或是他在比沙姆森林中坐在枝叶茂盛的高地上创作的。雪莱在创作时使用一套又小又厚的素描本，并用软芯铅笔飞快又潦草地在上面书写，每一页几乎刚好写完两个斯宾塞诗节（每个诗节九行）。[4]他的主人公是一对兄妹，他们彼此相爱，领导了一次城市起义与革命。这个故事看似发生在远东，实际上却以巴黎革命为蓝本。之后的一些段落写得更认真，用钢笔书写，表明雪莱有时也在阿尔比恩之家的图书室中创作。有一点值得注意，这部作品整体上哲性叙事过于散漫，但这部分却包含了最严密、最精巧的诗篇。雪莱在五月开始创作，没有迹象表明他就情节的具体设计与模式制订出明确的提纲。在第一诗章，出现了一个正式的斯宾塞式的讽喻，内容是一头鹰与一条蛇搏斗。之后，这首诗对雪莱的童年展开了多重自传叙事，其中部分篇幅拓展为半英雄式的史诗与神话作为伪装。大约一千五百诗行之后，作品才逐渐开始在第四诗章中聚焦于当前的公共事件与政治事件。全诗总共四千八百一十八行，共分十一个诗章。雪莱一直到九月都忙于创作这部作品。这是他写过的最长的作品，也达到了目的，即完全突破他的创作瓶颈，自一八一六年春以来，这就一直阻碍着他的创作。其实，他正力图创作一首关于法国大革命的诗歌，这是“时代的主题”，他一开始就曾向拜伦推荐过这一主题。

晚上回到家时，雪莱会花很多时间与玛丽一同读书、交谈，一家人通 371
常很早就寝，一般在十点以前。亨特情绪低落时，或者霍格与皮科克来做客时，他们会举行音乐晚会，交谈的话题更加自由不羁。据玛丽回忆，“如果谈话的主题是哲学、政治或品味，他就格外健谈。他幽默诙谐；性喜落拓不羁，既进行自嘲也嘲笑别人——他不是要让人痛苦，而是以此为乐”。[5]小威廉学走路时，雪莱在写给霍格的信中一边讨论荷马与阿普列乌斯，一边说：“自从你到来之后，我养的这个四足动物就变成了不长羽毛的两足动物。他生活在他父亲家中，却再也不爬行了，而是非常敏捷地步行。”[6]这番话体现出他的特点。

五月底，雪莱与玛丽在伦敦陪了亨特几天，还前往阿尔比马尔街50号，将《弗兰肯斯坦》的手稿交给了默里。他们去歌剧院观看了《唐·乔瓦尼》演出，还去看了透纳风景画的展览，又和海兹利特一同用餐。他们讨论了《黑矮人》的编辑伍勒即将受到的审判，该案件将于六月五日开庭，他们还迫不及待地猜测，英格兰中部地区即将爆发大规模骚乱。*

雪莱夫妇回到马洛之后，整个六月和亨特夫妇一同参加了一系列田园牧歌式的野餐远足，带着孩子们一起去了泰晤士河和克里夫顿森林。

克莱儿因为女儿有了新的需求和兴趣而忙碌，但她有时也会情绪暴躁，像过去那样愤懑，而且还因拜伦很少来信而陷入抑郁，因为拜伦总是写信给雪莱，却把她排除在通信对象之外。有证据表明，霍格与皮科克曾接近过克莱儿，却发现她冷若冰霜。但是在愉快的晚会上，大家也能说动她引吭高歌，这就是雪莱在诗歌中所描写的那一幕，其中炽烈的情感难以掩饰，这颇让人惊奇。这部作品就是他在这一年夏天创作的诗歌《致歌唱的康斯坦西亚》。**

---

* 1817年6月9日晚，德比郡爆发了骚乱，这就是著名的彭特里奇革命。雪莱后来写出了他最精彩的政论小册子，为参与此次骚乱的人辩护。西德茅斯爵爷通过密探展开了诸多政治活动，这次最为成功。

** 在西尔斯比——哈佛手稿钞本中，克莱儿在这首诗的誊抄版本中加了一条用铅笔写的注释，这是她后来补充的：“写于马洛，1817年——不要让玛丽看到它——交给《牛津公报》或牛津或牛津郡的报纸，但不要署他的名字。”《牛津大学和城市先驱报》在1818年1月31日发表了这首诗，这最先由朱迪思·切尔奈克发现并重新出版。（《雪莱抒情诗集》，凯斯西保留地大学〔1972〕，页195-197）其中包含了一些小小的文字出入，且署名为“普莱耶尔”。普莱耶尔是查尔斯·布罗克登·布朗的浪漫传奇《维兰》中的人物，他是理性主义者，也是克拉拉·维兰的情人。

康斯坦西亚，请转身！
在你的眼睛里确实有一种力量很像光，
即使曾经是燃烧在你双唇之间的嗓音， 372
你那歌声，此刻已经卧倒而深沉睡去；
你呼吸和头发里，它还在，似香气，
还在从你的接触处像火焰般向上跃起。
甚至在此执笔之时，我的双颊润湿，
唉，撕裂的心会流血，却不会忘记！[7]

雪莱在阿尔比恩之家偶尔创作时，都将手稿写在一本钞本中，并在最后一个诗节旁写上一篇断章。后来，他在一八一九年创作的诗剧《倩契》中，将此用于人物对话。人们无法从中找到确定的自传意义，但它表明克莱儿的歌喉强烈地提醒他，《阿拉斯特》中咏唱的欲望依然在发挥强劲影响。

渴望，而得不到满足——放声哀号，
蹒跚着四处流浪——有时停步思考——
觉得，血液在脉管叮咚有声地流动，
专心的思念和无稽的感受混合其中；
孜孜营造不曾感受过的爱抚的意象，
直到朦胧的想象刚刚占有创造一半
未完成的影像，然后是难过的一晚……[8] *

---

* 在《倩契》中，雪莱将这篇断章改编为奥尔西诺在第二幕第二场第一三二行中的独白，其中明确描述了他对贝特丽采的肉欲所产生的强大力量。

她姣好的形影常在神坛前和我
并肩跪拜，会随同我前往稠人
广众之间，使我睡眠充满极乐

（接下页）

另一首有感而发的诗歌题为《玛丽安娜的梦》，这是在亨特夫人用刮刀加工和还原图书室中的石膏塑像时创作的。在雪莱看来，这一幕充满突如其来的政治象征，宛如地震、洪水和火山爆发。在一座烈火熊熊燃烧的城市中，雕像拥有了生命。

到了六月末，雪莱与亨特又一次短暂地去了伦敦，之后便回到马洛。他突然病倒了。不得不暂时将《莱昂与茜丝娜》的创作搁置几天。他变得脾气暴躁，这是因为他的老毛病又犯了，即腰部出现慢性疼痛和痉挛症状。在写给拜伦的一封信中，他似乎感到这些症状之所以产生，是因
373 为大法官法庭的诉讼以及英格兰的整个政治局势使他产生了紧张情绪。“我最近旧疾复发，倘若总理大臣威胁要侵犯我的家人和社交圈，我就会去意大利；为了躲避这些法律造成的愚蠢的暴政和我自身的疾病，我宁愿立刻做一名难民。”他又给亨特写了信，信中更多地提到“精神不佳”，玛丽记得他曾说过：“不要向你的侄子提起我的不适；因为作为支持新型膳食制度的人士，必将百疾不侵，这就像倡导一种新宗教的人士必将比其他人更道德高洁一般，或者说议会改革之后必然能消除各种政治邪恶。其他人都不愿改变膳食、接受新的宗教、改革议会。”[9]

但是，雪莱在阿尔比恩之家的花园中和小船上度过了漫长而慵懒的七月时光，很快让他恢复了健康。他又迫不及待地继续创作。贝蒂·亨特记得他当时在河上荡舟的情景，就平躺在船舱中读书，“仰卧着沐浴在阳光之中”。有时，他从比沙姆森林回来后，会给几位女孩带一捧野花，或是在他的遮阳草帽上缀上一圈绿白相间的野花。[10] 桑顿·亨特记

（接上页） 狂欢的美梦，醒来时热血仿佛
火燃……
我就像这样徒劳无益地保住那
无从体验欢乐的幻象，直到我
软弱的想象以为我似乎已拥有
我自己创造出来的影子。

得曾与他一同漫步在河堤上,他一边喘着粗气,一边逆着水流将一船宾客拉回家。亨特父子都注意到,雪莱很快就在这里的村庄中出了名,他会将钱施舍给村民,还会给他们提一些简单的医疗建议。玛丽写道:"住在马洛的人……非常贫困。女人们编织蕾丝,因为久坐着工作而健康不佳,而且她们的工作报酬很低。济贫法无论对贫民还是生活比他们稍好一点的人都不放过;他们都要支付济贫税。此外,漫长战争之后的和平所带来的种种变化,农业歉收,这些都给穷人带来了极为悲惨的灾难。雪莱竭尽全力为他们雪中送炭。在冬天,他一边创作诗歌,一边忍受着严重的眼部发炎,这是他走访穷人住的木屋时感染的疾病。"[11]

有一天,雪莱从比沙姆森林中冲出来,偶遇了村子里的一位小姑娘,她叫波莉·罗斯,长着一对褐色的眼睛,天生丽质但衣着褴褛。雪莱与玛丽短暂地商量了一番,然后邀请她和她母亲一同来阿尔比恩之家做客,并随时欢迎她们到来。雪莱承诺做她的老师。波莉在花园里和几位小孩子玩耍,也和玛丽长时间交谈,她经常住在雪莱家中,而且可以晚上十点后就寝。没有记载表明雪莱是否真的教过她知识,但在她步入暮年后,仍很清楚地记得雪莱疯狂的玩闹。有一个游戏是让她坐在一张光亮的木质餐桌上,然后把桌子倾斜起来,这样她就从桌子上滑了下来,她高兴得放声尖叫,然后被雪莱接住。雪莱还鼓动克莱儿也参加这一类游戏,她和波莉 374
有时会坐在这张长桌上,兴奋地大喊大叫。同时,雪莱还以过人的精力和热情"将桌子从房间的一头搬到另一头"。[12]

波莉·罗斯也受到了恐怖的"折磨"。她记得雪莱会突然从森林中窜出来,他的头发上粘满了老人的胡须和各种野生植物,"棕色的大衣,卷曲的羊毛领子和袖子,这些都在他身后飘扬"。他的衬衫敞开着,他的目光四处睃巡。在当时,如果在公共场合下,绅士在室外不戴帽子是很罕见的。而且,不穿长筒袜或不打领结也是十分失礼的。此外,雪莱散步回来后,就喜欢进入心无旁骛的状态,这也同样古怪和缺乏绅士风度，“而且不管遇到或路过什么人，他都滔滔不绝地与之交谈”。[13]

在阿尔比恩之家，有一些游戏很容易让人不快，雪莱也编了各种恐怖故事，其中包括他最早编的恐怖故事。他在比沙姆森林中做的事情其实就是用巫术来召唤魔鬼，“这证明了他的可怕言论，即背诵召唤术中使用的可怕咒语”。[14]他还推荐波莉去读哥特式恐怖故事，此举在一八一七年的圣诞节达到高潮。“雪莱在圣诞夜讲了一个鬼故事，它取自布尔格的《利奥诺歌谣》，雪莱有这本书，它由斯宾塞翻译、博克莱尔配图。这个故事产生了无穷的恐惧感，也使波莉产生了兴趣，她‘满心期盼地看到威廉走进客厅’。”[15]

到了这一年年底，当地人都知道比沙姆森林已成为雪莱的特殊王国。雪莱曾与霍勒斯·史密斯一同在这片森林中散步，他们遇到了村子里的两名“顽童”，他们正在向松鼠投掷石块，这只松鼠在榆树的树枝上来回乱窜。雪莱都不用提高嗓门，就让他们乖乖放下了自己的远程武器，“溜之大吉”。[16]

雪莱在这片地区仿佛是一位古怪的乡绅，这在朋友眼中营造出一种新的威严感，也颇令他们好奇，也许是因为他乱伦和养私生子的传言让他更为出名。霍格喜欢写信给皮科克，拐弯抹角地打听有关“螺旋线、冥府之神和我在马洛的其他朋友”的消息，他这番话其实指的是雪莱、玛丽和阿尔比恩之家的朋友们。雪莱在写给亨特的信中称：“这可谓是世界上最搞笑的事情：你写信告诉我你最好的表现，就仿佛我是个长满皱纹、心地善良的老叔公。现在，这使我产生了新的感情。我已经习惯于将我自己视为最审慎、最难以捉摸之人。”[17]

皮科克在他的小说《噩梦修道院》（1818）中刻画了喧闹的一家人，即以阿尔比恩一家为原型，他根据这一年盛夏时节对这里的印象创作出
375 这部作品。因为这是一部小说，他便将其中哥特式城垛改成了神秘的塔楼，“早已废弃，到处是猫头鹰”，他不仅把拜伦作为原型放在这家人中，还加上了柯尔律治。玛丽显然发现雪莱就是西塞罗普的原型，而且此人

有神秘的怪癖,这种怪癖半是滑稽半是古怪,他的感情生活隐秘、分裂,他还对革命改革运动的阴谋计划十分着迷。作者以这种肖像戏仿手法,对创作《莱昂与茜丝娜》和政论小册子时期的雪莱作出了一番自由的、亲切的、怀旧的揶揄。

> [西塞罗普]此时为**改革世界的热情**所困扰。他建造了许多空中楼阁,并在其中设立了神秘的法庭并请来了一群群光明会成员,在他想象的人类重生中,这些人始终是他幻想的工具。他打算建立一个完美的共和国,因此他对自己赋予了绝对权力,统治着这些传播自由的神秘人士。他在睡觉时,枕头下放着恐怖的神秘故事作品,还梦到了秘密组织威严的首领和恐怖的同党,他们在子夜时分一同在地下的洞穴中举行会议……西塞罗普继续思考着复兴改革者联盟的可行性。为了明确了解他本人的想法,也为了给这个时代的智慧与天才把脉,他撰写并发表了一部专著。在这部著作中,他在僧侣超验技术的斗篷中,将自己的意思小心地包裹其中,但这却暗示了深奥和危险的问题,他认为这种问题将使整个国家处于动乱之中。他翘首期盼着由此产生的结果,就像是矿工点燃了一组炸药后等待着岩石爆炸。[18]

据皮科克说,最后的结果并不是爆破,而仅仅是他的书商寄来了一封信,通知他只卖出了七本书,并在结尾礼貌地请求他"弥补亏损"。西塞罗普并没有绝望,而是"预见到一位人类永生的伟大领袖将遇到可怕的两难境地,并决心为了全人类的利益,发出各种可能的提醒来保全自己"。他将一个愚笨的木匠拐到了噩梦修道院,让他安装秘密通道和滑动门,他还教导仆人们,"甚至包括女人们",让他们做到绝对的守口如瓶。西塞罗普这一章的结尾是一段令人难忘的散文。"傍晚时分,他在高台上陷入了冥想,在废弃的塔楼上的常春藤下,唯一传入他耳中的声音是晚风摩挲常春藤的沙沙声。鸟儿像唱诗班的歌手那样发出了悲鸣，它们是猫头鹰，有时还传来修道院的钟声，以及海浪拍打在低矮平坦的海岸上发出的单调响声。与此同时，他饮了马德拉白葡萄酒，制订出深奥的计划，一心要彻底修补人类疯狂的本性。”[19]

直到一八一九年六月，雪莱才看到这本小说的全本，之后他写信给皮科克，叙述了自己对此书的反应。他的语气庄重得出人意料，因为他
376 认真对待了揶揄这一核心主题。“我很高兴读到《噩梦修道院》，我认为西塞罗普这个角色的构想和描写都使人钦佩；我简直不知如何对整个语言的轻松、质朴和有力加以足够的称誉……我猜想故事的寓意就在于法尔斯达夫的那句话——‘看在上帝面上，像世人一样说话吧’；然而，再看深一层西塞罗普错误的热诚，就是 J. C. [耶稣・基督] 说的‘世上的盐’吗？”[20]但是，他并未提到西塞罗普与斯特拉和马利翁奈特之间的三角恋爱，斯特拉是一头黑发的知识女青年，马利翁奈特则是一头金发、精通音律的女子。这实际上是对雪莱在哈丽雅特、玛丽和克莱儿之间的恋情所做的高明模仿。[21]玛丽在《有关一八一七年诗歌的题记》中也认为，皮科克“在描绘西塞罗普时就抓住了雪莱性格和生活习惯的某些方面”，但她也表示，雪莱并没有“喝波特酒或马德拉酒上瘾”。

雪莱继续带着克莱儿、亨特一家和孩子们一同乘船去汉普登、弗吉尼亚湖和埃格姆旅行，玛丽通常会留守家中。她即将临盆，而且喜欢静静地待在阿尔比恩之家，为孩子们做果酱，或是阅读布罗克登・布朗的恐怖小说。八月四日，他们为雪莱的二十五岁庆生，八月三十日，又为玛丽的二十岁庆生。

默里与查尔斯・奥利尔先后拒绝了《弗兰肯斯坦》的出版请求，但到了这个月末，雪莱作为玛丽的代理人，持续不懈的努力终于取得了回报。拉金顿和艾伦出版公司与他签订了合同，这部小说迅速送到了印刷商手中。拉金顿和艾伦出版公司是一家理想的书商，因为他们设立了许多图书馆与书店，而且拥有气派的圆形展桌和藏书馆，是英国最畅销的

书商之一。雪莱坚持要签订一份条款严密、高度商业化的合同，他在写给拉金顿的信中称："印刷、宣传等方面的风险，全都由你们承担。作品出版后，第一版和以后每次再版所得的收益，扣除这些方面的费用后，可由你们与作者分享。"[22]雪莱对于自己的任何一部著作，都从未能坚持签订这样的合同。

随着九月来临，夏季阳光明媚的日子结束了，阿尔比恩之家似乎变得越来越寒冷。玛丽注意到，太阳升得越来越低，阳光甚至无法越过屋顶照射在花园中，各个房间似乎也一直阴黑潮湿。她之后又发现，雪莱放在图书室中的藏书开始长出一层令人恶心的绿霉。[23]她在九月二日分娩。尽管母子平安，但玛丽始终因奶水不足而困扰。她知道，雪莱不会考虑聘请奶妈，而且孩子一直因为喝牛奶而烦躁不安。雪莱竭力要完成诗作，但他再也不能像之前那样整个白天都外出创作，他又开始生病了，胸口尤其难受。与之前威廉出生时一样，新出生的女儿也未能打动 377
他。他顽皮地写信给拜伦称："自我上次给你写信之后，玛丽又给我生了一个女宝宝。我们给她起名叫克拉拉。小阿尔芭与威廉已经是挚友了，他们的一大乐事就是聚在一起，用根本无法听懂的语言交谈。他们对这个陌生的小孩感到格外惊奇，并认为她非常鲁钝，因为她无法下地和他们一同玩耍。"[24]雪莱付出了巨大心血，终于在九月二十日完成《莱昂与茜丝娜》的收尾工作。他写的题献名为"致玛丽"——

我夏天的工作已经完成，玛丽，
　现在就回到你身边，我心灵的家园；
一如从仙界凯旋而归的骑士，
　以辉煌的战果走进他王后的宫殿……[25]

但是，雪莱绝非回到他"心灵的家园"，他立即动身前往伦敦，并于二十三日傍晚与克莱儿一同到亨特府上做客。他突然埋头处理各项事务：校对《弗兰肯斯坦》的清样，与奥利尔洽谈他本人诗作的出版事宜，还处理了债务（在朗迪尔的办公室内，他的债务急剧攀升）。他又一次接受了威廉·劳伦斯的治疗。他的健康处于"糟糕的状态"，而且他还悲观地告诉玛丽，称自己身患痨病，有时担心会在冬天就告别人世。除了在周末短暂地看望玛丽之外，他整个九月和十月几乎都与玛丽分居两地，而且他后来让玛丽的焦虑达到了恼火和不安的地步，因为她想到了两人在一八一五年的离别。

雪莱之所以突然在九月陷入悲观，心灰意冷，是因为他再一次认识到自己所面对的局面。他欠了很多债，需要对阿尔芭尽到责任，还要面对玛丽对克莱儿的抱怨。自打她生下小克拉拉之后，这种抱怨就愈演愈烈。何况，由于秋天生活在阿尔比恩之家的潮湿环境中，他的身体垮掉了。他产生了殉难和牺牲的情绪，并在亨特的帕丁顿新居中给拜伦写了一封信，以耸人听闻的笔调描述了《莱昂与茜丝娜》的未来。"这个夏天，我一直全身心地投入到一项工作中。我已经完成了一部诗作……它的风格和主题跟《麦布女王》相同，但讲述了一个人类爱情故事……它**即将付梓**——因为我在宗教等方面并不像你所想的那样，也正因为这个原因，他们对我的看法会造成怎样的后果，我都无所谓。我只是痛苦地遭受迫害，因为我痛苦地悲叹，迫害别人会使自己陷入怎样的堕落与错误之中。至于我这个人，他们必将把我撕成碎片，除之而后快，或者让我遗臭万年……"[26]

378 雪莱已下定决心，决不能让马洛的这座房子成为他们永远的家。这将是一项重大决定。到了九月底，他已打出广告，希望将租约出售。并给玛丽提供了两种选择，由她来做决定。这两个选择分别是赴意大利过冬和赴肯特郡的海边过冬。玛丽意识到，雪莱一直向她隐瞒了家中拮据的经济状况，等到克莱儿从伦敦独自回来时，玛丽对她进行了一番盘问。之后，她焦急地给雪莱写了一封信，信中称"[克莱儿]无论是否情绪低落[她肯定情绪低落]，或者说无论她的话是否属实，我都不清楚，但情况肯定不太妙——她谈到了哈丽雅特的巨额债务，也谈到了朗迪尔对这些债务所采取的相关行动，目的是偿还这些债务——她还提到你正在洽谈遗产抵押贷款……”[27]

玛丽在写给雪莱的其他信件中，敦促他对意大利之行速做决定。与此同时，还向他索取家计之需，让他理发，另要求他立即返回马洛。玛丽指使雪莱为威廉购买一顶帽子，她的颐指气使从中可见一斑。“我希望以后威廉能陪我一同散步——为了实现这项计划，如果有可能的话，你要给他买一顶海豹皮帽子，用周一的马车送过来（如果你去朗迪尔那里，就很有可能买到这顶帽子——因为你可以在南安普顿大楼的拐角处买到这顶帽子，然后把它送到老贝利街的马车那里）。我要特别叮嘱你一句，这顶帽子必须是时髦的圆形款式，是给**小男孩**戴的那种，而且要镶上一圈很窄的金色缎带边，这样就算大一点也能戴得上；帽子的周长必须为［空白］，而且宁可大一点，也不能太小——但是，大小正合适就最好了——如果没有这顶帽子，他就无法和我一起散步……”但过了几段之后，她又撤回了这项请求，“因为他戴可能不合适，或者说我不喜欢它”。[28]玛丽渴望在情感上得到足够的安全感，便逐渐显露出她性格中唠叨、吹毛求疵的这一面，但雪莱的性格却无法满足这一点。

一开始，玛丽只是抱怨一下皮科克“贪杯”、克莱儿情绪暴躁以及她本人对孩子们感到沮丧，但她后来就对雪莱的低效与迟疑不决愈发不满。在十月二日的信中，玛丽开头便写道：“亲爱的，今天晚上随包裹一同收到了你的来信，这封来信让我很不满意。你什么决定也没有做，什么**也不**告诉我。——你只说——‘大法官法庭的诉讼费用必须支付’，但你并没有说我们去意大利之后，是否就不用付这笔钱了。”[29]

雪莱四天之后给她写了回信，信中作出了各种解释。“我们必须去意大利，不管什么理由都得去。这里的气候对我的身体非常不利。我很当心我的身体，这些好心人对我照顾得很周到。我想念你，亲爱的，有关我健康的，哪怕是最细微的事情，我都很留心。今天腰部痛得很厉害，使

379 我整天出不了门。我不得不推迟与朗迪尔和葛德文的会面,明天一定得与他们会面了。我向霍勒斯·史密斯借了两百五十英镑,这笔钱现在在我的银行家那里。”[30] 玛丽很快回信,称自己无法理解他对天气的抱怨,因为她“很少见过更宜人的天气”。她对霍勒斯·史密斯的雪中送炭不以为然。“你对我们的开销太乐观了。你说你只借到了两百五十英镑——我们在马洛的债务已经超出了你的想象,更别提在此期间的生活费以及我必需的衣物开销——现在,我们无法指望能将这座房子卖出一千两百英镑的价格——而且你想想看,只带两百英镑出国,疯子才会这样干……”她在便笺的结尾亲切地说了一番话,但切中要害。“再见,我的爱人——愿你的腰部再也不疼了——你告诉我,意大利的阳光就是最好的医生——但愿如此——但是钱啊,钱啊……”[31]

日子一天天过去了,除了这样的拌嘴之外,葛德文也从伦敦发来资金求助信,一大批当地的债主也开始来阿尔比恩之家讨债,因为这座房子要出售租约的消息迅速传开了。大约在十月十五日,雪莱因为欠债不还遭到逮捕,并被关押了两天,最后是他父亲和他早在爱尔兰时就结识的老朋友皮尔福德上校把他营救了出来。据蒂莫西爵士的律师惠顿估计,雪莱光是在这场风波中的债务就高达约一千五百英镑。[32]

尽管杂务缠身,雪莱还是坚定地推进自己的文学项目。他的重点始终放在为《莱昂与茜丝娜》寻找出版商上。但是,他依然挤出一些时间创作了一首田园牧歌的开头部分。这首诗题为《罗萨琳和海伦》,取材于玛丽与伊莎贝尔·巴克斯特之间的关系,此人是她在苏格兰时的校友。这首诗缺乏影响力,雪莱之所以于第二年在巴尼迪卢卡硬着头皮将其完成,完全是应玛丽的要求。这篇作品由两个故事组成,分别由罗萨琳和海伦姐妹俩讲述,并融入雪莱在一八一七年处理的诸多公事和私事,还浮光掠影地加入了许多材料,但雪莱在《莱昂与茜丝娜》中以更为出色的技巧和洞察力加以处理。罗萨琳的故事涉及乱伦的爱情结合,还出现了一位暴君般的父亲;海伦的故事则叙述了她在家庭生活中经历的磨难，起因是她丈夫莱昂内尔所受的政治迫害。作品中对流放的强调也十分突出，姐妹俩在诗的开头重逢于科莫湖。雪莱后来曾于一八一八年春在这里寻觅过住所。

莱昂内尔与莱昂一样，都反映出雪莱对领导激进政治运动产生了雄心壮志，也反映出他本人处于精神流放的状态。虽然艺术手法颇为粗糙，经常沦落为类似于笨拙的斯克尔顿体打油诗，但它也表明雪莱对自己作为作家的角色所持的看法。莱昂内尔以“狂放、奇特”的诗篇，抨击了“牧师”的信条与迷信：

> 所以出了句谚语：“别长老了 380
> 且等听莱昂内尔的‘地狱筵宴’，
> 你会将自己笑年轻。”
> 所以牧师恨他，他可好，
> 对仇恨他反报之以欢笑。

政治希望破灭后，莱昂内尔无比沮丧：

> 火焰永不安宁的精神，
> 激励驱策他苦难之中
> 走遍人世茫茫的荒丛。[33]

这篇作品并不属于他的重要著作，唯一的意义在于它在雪莱心中确立了他的创作模式，即从一首讲述公众“愿景”的诗歌中，撷取其主题在第二首更亲切的“家庭”诗歌中重复。因此，《莱昂与茜丝娜》与《罗萨琳和海伦》可谓是平行文本。后来，雪莱在意大利创作的许多诗歌都以这种方式构成了平行文本。

对于《莱昂与茜丝娜》，雪莱曾给朗文公司写过一封信，信中作了明确说明，随信还寄去了作品的前四大张（六十四页）。他之前就已经将这部分印好，希望引起朗文的主审托马斯·摩尔的注意。“我设想故事发生在君士坦丁堡和现代的希腊，但……实际上，故事中讲述的革命，可以设想发生在欧洲的一个国家……这次革命属于这样的性质，它追求**最高理想**，如同法国大革命那样，但它是靠个人天才的影响，而不是由公众的普遍认识引发的革命。它的发起者被设计成我作品中的男女主人公，他们的名字就在作品的标题上。”[34]

雪莱小心翼翼地对莱昂与茜丝娜之间的乱伦矢口不提；诗的序言采用了散文形式，但他在其中称之所以要引入乱伦这一主题，“意在使读者打破平凡生活的幻觉。我的目的是要敲碎陈腐观点的外壳，而长期以来形成的体制正建立在这种观点之上”。[35]此举是要给资产阶级留下深刻印象，并充分阐释莱昂内尔所暗示的内容，即“以德报怨”。

十月的最后一周，雪莱实际上在阿尔比恩之家只住了寥寥几天。他带着沃尔特·库尔森一同回家度周末。库尔森是杰里米·本瑟姆的门徒，他是一位记者，属于自由派知识分子。他来了之后，凭借热情洋溢、知识渊博的谈吐，家中的氛围变得轻松起来。他回到伦敦之后，雪莱又与玛丽、克莱儿及孩子们一同度过了宁静的最后一周，“写作、阅读和散步”，还将斯宾诺莎一篇作品的粗略译文口述给玛丽。[36]

《莱昂与茜丝娜》的序言此时已宣告完成，尽管篇幅只有三千单词，
381 却涉及许多关键问题。此外它还表明，这个夏天，在雪莱这股持久的甚至可能透支的创造力背后，一种强烈的批评过程也在运作。这代表着他作为作家首次形成了成熟的思想，并且其中包含了他几乎所有文学观点的萌芽。日后，他将在独立的随笔中对这些观点挥洒宏论。

作为一名诗人，雪莱对自己所受的教育进行了一番介绍，这不仅宣告了他的浪漫主义立场并引人注目，而且因为它对物质经历和旅行的强调而引发了人们的兴趣。

诗人应该受到一种特定的教育，否则他的天才和灵敏的感受力就不能发挥尽致……我凑巧受过这方面的教育，这倒是有利于我这种抱负。我从童年就熟悉山岭、湖泊、海洋和寂静的森林。我与“危险”结成了游伴，看它在悬崖峭壁的边缘上嬉戏。我曾踏过冰封的阿尔卑斯山，曾在勃朗峰之麓居住。我曾在遥远的原野里漂泊。我曾泛舟于波澜壮阔的江上，日以继夜地驶过山间的急湍，看日出日落，看漫天繁星闪现。我见过不少人烟稠密的城市，处处看到群众的情绪如何昂扬，磅礴，低沉，递变。我见过暴政和战争的明目张胆、暴戾恣睢的场景；多少城市和乡村变成了零零落落的断壁废墟，赤身裸体的居民们在荒凉的门前坐以待毙。我曾与当代不少天才人物交谈。古希腊、罗马的诗歌，现代意大利诗歌，以及我们本国的诗歌，一如外在的自然风光，对于我始终是一种热爱，一种享受。我就是从这些泉源中吸取了我的诗歌形象的养料。我曾经从最广泛的意义上来看待诗歌；我曾经读过我所能理会的诗人、历史家和形而上学者的著作，把壮丽的大地风光看作诗人应当加以体现、加以融会贯通的各种自然元素的共同泉源……至于诗歌的一个更重要的特点（也就是将我自己胸中的感受引起别人共鸣的那种能力），我究竟掌握了多少，老实说，我自己也不得而知……[37]

这段宣言中，最引人注目的一点在于行文详赡细切而又字斟句酌，使人想起钦定版《圣经》。其中体现出英勇无畏的威严，但既没有自吹自擂，也没有自怨自艾。这是一种近乎英雄般的气概。雪莱为“自由和全面的道德事业”开展了创作活动，并宣布其用意，他还在其中重复和加强了自信的笔调，也采用《麦布女王》式的传教般的陈旧语气。 382

我并未企图用一套完整的论据去推行我的主张，以代替人类现行的主张。我只是要唤醒人们的情感，从而使读者明了真正的德行

> 之美，并激励他们从事探讨——我就是通过这种探讨而树立了我的道德和政治信仰，我对于人世间某些极其辉煌的智力的信仰。因此这首诗是叙事式的，而不是说教式的（第一篇例外，完全是绪论性质）。诗中一系列的画面展示了：热衷于美德并致力于人类爱的那样一颗心灵的成长和进展过程……[38]

从一八一七年开始，雪莱就更多凭借散文去推进“一套完整的论据”，以改变人类当前的政府。

在这篇序言的最后，雪莱竭力要对他创作时所处的社会、政治与精神氛围做出一些总体评价。他的评价从本质上说已摆脱了葛德文的影响。他的分析强烈地表明，无论是他在一八一六年与拜伦的讨论，还是一八一七年与亨特和皮科克（某种程度上说还包括海兹利特）的讨论，都对他产生了影响。这不仅从历史角度上说已成熟，而且我们此时能发现他的观点也很透辟。

> 今天的人们都已经熬过了一个失望的时代。
>
> 法国革命可以看作文明人的一种普遍情绪的表现，其所以造成这种情绪，乃是由于当时社会的知识水平不能适应当时政治制度的改革或逐步废除问题。这种情绪造成了种种重大的危机，一七八八年可以看作危机肇始的年头……那一次由于许多鼓动家的粗暴和暴政的一再复辟所引起的剧变是可怕的；其影响所及，在整个文明世界里可谓无远弗届。在那种富则穷奢极侈、穷则难免饿毙的社会里，被灾难压得呻吟不已的人怎么会听取理性的呼吁呢？昨天还是一个横遭践踏的奴隶，今天就可能一下子变得心胸开阔、忍让为怀、
> 383 独立不羁吗？要获致这种成果，有待于世世代代的德智兼备之士以坚韧不拔的毅力，始终不渝的希望，饱经折磨而始终保持其信心的那种勇气，经过有系统的努力，来开创社会风气。

这是经验所提供的教训。但是，在法兰西争取自由的进程中，希望一经遭到挫折，迫不及待的求善心情却忽略了这些问题的解决，以至这种心情本身也由于意料不到的结果而一度趋于湮灭。于是许多极其热诚、极其好心、崇尚公众利益的人，片面地看了一下他们所叹息的某些事件，便以为他们的满怀希望已遭到悲惨的破灭，因此造成他们精神上的破产。于是意气消沉和厌世心理便成了我们这个时代的特征，成了沮丧中的安慰，而这种沮丧也唯有在不知不觉地夸大其本身失望的过程中获致解脱。影响所及，使得一代文学也受到作家们失望情绪的沾染。形而上学也好，伦理科学和政治科学方面的探讨也好，简直无异于徒劳无益地企图复活某些已经被推翻的迷信，甚至沦为马尔萨斯之流的诡辩，其用意无非是为了保证人类的压迫者千秋万世的跋扈飞扬。我们的小说和诗歌中也同样笼罩着这种富有传染性的、意气消沉的阴影。可是在我看来，人类正在从浑浑噩噩中觉醒过来。我似乎觉察到一种缓慢的、逐步的、无声的变化。出于这种信念的支使，我写了这个诗篇。[39]

十一月二日，雪莱独自回到伦敦。十一月八日，他在玛布勒登广场19号觅得一处临时住所，住了一个月。这里靠近尤斯顿路，玛丽就在这里与他会合，孩子们则留在了马洛，托付给克莱儿照顾。玛丽和雪莱此时都忙于审校自己即将出版的著作。在这两周里，玛丽很多时候都在与奥利尔和胡卡姆这两位出版商用餐、品茗，有时也和葛德文一家、亨特一家或巴克斯特一家用餐、品茗。济慈与沃尔特·库尔森于十八日来玛布勒登广场做客。十九日之后，雪莱身边的伴侣便换班，玛丽回到马洛，克莱儿来到伦敦；她与雪莱一同于二十四日前往葛德文家中用餐。

无论雪莱在写给玛丽和拜伦的信中如何描述自己的病情和抑郁，他还是为自己的诗作即将出版而激动不已。奥利尔已答应，这部作品在圣诞节前后即可面世。雪莱在这一年曾在亨特家中对众人表现出自信甚至骄纵,此时再次流露出这样的神情。亨利·克拉布·罗宾逊十一月六日来葛德文家中用餐时,觉得雪莱一点也不显得拘谨。当天晚上他在日
384 记中写道:“我去了葛德文家,雪莱也在他家。我之前从未见过他。他长得很年轻,长相很像骚塞,嗓音尤其像,这给人留下了愉快的印象。虽然他的谈吐言辞激烈又傲岸不群,令人无法忍受,但也没有完全毁坏这种印象。他对骚塞恶言有加,并称其将灵魂出卖给法庭。他对此使用了常见的党派俚语……雪莱谈起华兹华斯时,言辞要温和一些,但也暗中嘲讽了他的伪善等方面。”[40]

作为《莱昂与茜丝娜》的作者,雪莱投身于创作公开的政治宣言。在整个十一月,他无论是谈话还是思想中,“党派俚语”与激进政治都占了重要地位,在他以“马洛的隐士”名义发表的第二本小册子中,这是其主题。此前他从未创作过如此优秀的政论小册子。

这部作品的缘起颇令人意外。在克拉布·罗宾逊举办的晚宴中,雪莱听说夏洛特公主当天上午突然死于难产。她是摄政王唯一的女儿,父亲遭人痛恨,她却深受爱戴。官方已宣布为她举行正式的公开悼念仪式。此事恰好与彭特里奇革命领导人的审判同时发生。十一月八日,德比举行了审判,定罪量刑,他们都被判处死刑。

雪莱通过《检查者》及其他更为激进的期刊,密切关注了此次审判。这桩案件在自由派人士和工人阶级中都臭名昭著。法庭有选择性地组建了陪审团,公诉方配备了十名律师,而辩护方只有两名。此外,所有的犯人之前都被关押了几个星期,只靠面包和水维生,也不允许任何人探视。最令人不安的一点在于,虽然庭审记录中从未出现过奥利弗的名字,但众所周知,此次叛乱的罪魁祸首和骨干之一就是政府间谍奥利弗。[41]杰里迈亚·布兰德雷思被判处叛国罪。另外两名叛乱分子也被判处同一罪名,他们是伊萨克·卢德拉姆与威廉·特纳。十一月八日,三人被公开绞死并开腔分尸示众。与普遍的看法相反,这三人并不是

“饥寒交迫、目不识丁、没有工作”的劳工。[42] 布兰德雷思自学成才，是意志坚定的浸礼会教徒，他可能领导了一八一二年的卢德派运动。特纳四十七岁，是位石匠，性格沉稳、独立，曾在埃及战争中服役。卢德拉姆是卫理会牧师，是当地一家采石场的合伙人之一。他们都是新一代的自学成才之辈，也是政治意识浓厚的工人阶级，这些人中也涌现出科贝特、卡莱尔与塞缪尔·班福德等人物。*

虽然密谋彭特里奇暴动的三人和夏洛特公主都失去了生命，但这两 385
则消息体现出官方的区别对待，这一点很残酷，顿时让雪莱怒不可遏。他在思忖这个问题之前，就已思考过创作一本小册子。十一日傍晚，他与玛丽一同从玛布勒登广场出发，行走在马里波恩旷野上，还与亨特一同在利森树丛品茗。葛德文与查尔斯·奥利尔也来到亨特家中做客。在此后举行的政治讨论中，雪莱的计划得到好评。当天晚上，他便开始创作这本小册子，并给它起名《为夏洛特公主去世告人民书》。第二天，他又聚精会神地继续创作此书。到了十二日中午，他已经完成大部分内容，并急忙将手稿寄给了奥利尔。“我随此信寄上我写的一本小册子，写的就是那天晚上我们谈话的主题。我希望马上把它送去印刷，一刻也不要耽搁……印刷厂家可以照样印下去并且寄我一份校样；其余的手稿将于傍晚前寄出。”雪莱认为，“它涉及的主题尽管大胆，处理得还是平和的”，并希望奥利尔不要拒绝出版。[43] 这天下午，他依然笔耕不辍。到了傍晚，他按照约定，带着完成的手稿与玛丽一同散步。他已经给这部

---

* E. P. 汤普森的总结一语中的。“我们可以将彭特里奇暴动视为历史上第一次爆发的、纯粹的无产阶级暴动，中产阶级并未对此次暴动给予任何支持。对于此次革命运动的目标，总结得最到位的也许莫过于贝尔珀大街的民谣——‘革命开始了’……但是，此次革命运动产生了更为长远的影响……三年来，关键性的政治争斗聚焦于对公民自由和舆论自由的捍卫，中产阶级本身对此最为敏感……彭特里奇暴动的失败凸显出共谋的极度危险性。只有彼得卢(1819 年 8 月)事件才将这场运动引回到革命的道路上；而且卡托街阴谋(1820 年 2 月)的作用是加强了奥利弗与彭特里奇的教训。从 1817 年到宪章运动时代，工人阶级的核心传统是利用各种煽动和抗议手段，但缺乏积极的暴动准备。”(《英国工人阶级的形成》，页 733-735)

作品拟好了副标题——“我们怜惜鸟羽,却忘记鸟儿快要死了”,这是托马斯·潘恩一句著名的嘲讽,它具有革命色彩。一七九三年,法国大革命岌岌可危时,玛丽·安托瓦内特遭到处决。伯克曾为她写下催人泪下的挽歌,潘恩却大加鞭挞。雪莱此言抨击了人们对公主之死的关注,因为政治自由正在消亡。

《为夏洛特公主去世告人民书》是雪莱在英国写的最后一本政论小册子。它突出体现了雪莱对于当时公众事件所作出的迅速、明智和饱含深情的反应。它直切主题,但又丝毫不减哲理性,而且可读性很强。雪莱真正的目标与之前一样,依然是迫切需要发动大刀阔斧的政治改革。但是,他又加上了经济改革的要求。与《莱昂与茜丝娜》的序言相仿,这部作品第一次表明,雪莱的态度使他的作品臻于成熟。这部作品在他的政论著述中属于上乘,体现出风格的灵活与直接。雪莱从大众报刊中撷取耸人听闻的数据,效果突出。据此他提出了主要观点,这自然富有煽动性,政治色彩浓厚:

> 在十一月七日那一天,布兰德雷思、特纳和卢德拉姆三人走上了绞刑台。对布兰德雷思,我们比较不动情,因为他似乎曾杀了一个人。但是回想一下是谁引导他造成这次凶杀的经过吧。布兰德
> 386 雷思,作为一个将死的人,他告诉我们:“**奥利弗**让他这样”——“要不是**奥利弗**,他就不会在那个地方”。我们也看一看卢德拉姆和特纳吧,他们的儿子、兄弟和姊妹,怎样跪在一堆,怀着恐怖的痛苦作了祈祷。地狱就在他们眼前,他们恐惧得颤抖、惊慌,似乎某种不可悔改或者有意犯下的罪孽将会注定让他们陷身于永恒的火焰地狱之中。面临着那恐怖的刑戮——特纳所说的一切带来巨大的真实性,当刽子手把绞索套到他的颈上时,他响亮而清楚地呼喊道:“**这一切都是奥利弗和政府干的。**”[44]

雪莱控诉了利物浦爵爷内阁在整个事件中所起的作用,非常直接,也很尖锐。奥利尔竟然准备以自己的名义出版这本小册子,这从许多方面说都令人惊讶。此书遭到煽动性诽谤罪的公诉风险必然极高。

> 政府面临着一场很难演的戏。在英格兰的一些工业制造地区,人们的不满和反感已经泛滥多年了;这便是上述根源所产生的双重贵族分子制度的后果。工匠们是为奢侈生活服役的奴隶,这种制度迫使他们饥饿,丧失了感情,丧失了健康,也没有闲暇或机会受到教育……对于任何冒险家来说,这些地区是他们现成的用武之地,他们可以为了任何目的,煽动一些无知的人搞出非法的暴行。事情很快就明白,如不同意人民关于自由选举代表的要求,就须想出某些恫吓和损害,于是一个最可怕的暴行的阴谋诡计就被策划出来了。政府的高级人员怎样参与他们的鹰犬特务的罪恶勾当,我们是不可能知道其详的……但是我们知道的是,当全国响起议会改革的呼声时,间谍就出动了……他们的职务就是寻找牺牲品,不管是非对错。他们的职务就是使公众产生一个错觉,如果争取民族自由,或者减轻使我们呻吟的债务和捐税负担的努力有所成功的话,那么饥饿的大众就会作乱,把一切秩序和界限、制度和法律一股脑儿弄乱,搞得大家活不下去。[45]

这段论述观点明确,铿锵有力,再次表明雪莱这个夏天孜孜不倦的创作取得了成果。

这本小册子还包含几段卓有成效的经济分析,只是比较简略。雪莱在其中厘清了政治压迫的根源在于对劳工和工厂工人("工匠们")
的经济剥削。他暗示,这种盘剥的主要因素之一是国债。过去二十五 387
年来,国债总额急剧攀升。资本家、商人和官僚组成的"二等贵族"也是主要因素。这些人利用越来越发达的股票和贷款制度,是"专干一些琐屑勾当的奴才，他们获得公众债主称号的权利，要不是靠了债款的赌博，就是靠了为政府效犬马之劳，或者干些邪恶的营生”。人们公认这段论述是用英语写成的最早的“前马克思主义”分析之一。雪莱得出的政治教训在于，需要大胆、积极地发动民主革命：

> 这种社会制度的后果是，那些计日取酬的劳工现在一天劳动十六个小时所得，还没有以前八小时的多。事实最单纯、最好理解的形态是，耕地和织布的劳动者，除了养活妻儿之外，还必须负担那些人的奢侈舒适生活的全部费用，这笔费用就是英国民族每年付出的四千四百万英镑巨款……公众大声疾呼，要求自由选择人民的代表。人们开始感到，没有别的机构能够应付这种临头的困难。[46]

他始终对崇尚阴谋诡计的光明会信仰避而不谈，对民主和议会之外的大众运动则树立更公开、更积极的信心，这充分反映了当时的运动特点。

雪莱在结尾以高超的手法将两大主题融为一体，使之成为一曲志哀的挽歌。这两大主题分别是夏洛特公主之死和德比郡众人在争取政治自由进程中中毒计殒命。这段文字尤为重要，因为雪莱首次专门向群众和工人阶级受众（即“英格兰人民”）发出了号召。其中的意象接踵而来，还出现了“光辉的精魂”——自由，这些都将在一八一九年再次出现在他伟大的政治歌谣和诗歌中。①

> 英格兰人民志哀吧。穿上庄严的黑色衣服吧。让钟声响起。想想死亡和变故吧。让你们自己默默地沉入神圣的悲哀的阴影里吧。使用一切志哀的表示吧。哭泣——伤恸——哀号吧。让这伟

① 指雪莱在1819年写的十四行诗《一八一九年的英国》，诗末写道：“从这些坟墓，也许会有一个光辉的精魂跳出来，／照亮我们这个风雨飘摇的时代。”（杨熙龄译）

大的城，让无边的原野响彻悲号之声，响起哭泣的回声吧。一个美丽的公主死了：她本来应成为她所爱的民族的女王，她的子孙本来将永远统治这个民族……她是温柔的，而且也可能得到智慧，但是她年纪轻轻，在花朵儿盛开的春天，死神向她走来。**自由**死了。

如果说死去的是像她这样一个将要统治这个国土的人，同自由之神一样，年轻、无邪，而且可爱，那么你们须知使她死去的是**神**，而且这仅仅是使个别人伤心的事。但是，**人**杀害了**自由**……让我们跟随着英国自由神的尸体行进，缓步地、恭敬地护送她进坟墓；如果真 388
出现了光辉的精魂，把她的宝座建立在被踩碎踏破的断剑、皇节和王冠的废墟上，那么让我们这样说吧：自由的圣灵已抛下了肉体的混浊的一切，而从坟墓中升起了，那么让我们跪下，膜拜她：她就是我们的女王。[47]

雪莱的这本小册子用四开本纸张印了十六页，于十一月十五日（星期六）上午面世。据玛丽的日记记载，她和亨特社交圈的人士都迫不及待地读了这部作品。但关于它在更广范围内的传播，至今仍迷雾重重。与《关于在整个王国实行选举制度改革的建议》不同，这部作品没有留下邮寄名单，也没有具体印数，最早的版本也没有留存于世。它的现代版是根据十九世纪四十年代出版的"复制品"编写的。奥利尔似乎最终还是不敢将这部作品大规模刊行并广为传播。这本小册子不像《麦布女王》那样走运，理查德·卡莱尔等工人阶级的激进出版商未能弄到这本书，但这也避免了危险。*

回到马洛之后，玛丽便给她的老朋友伊莎贝尔·巴克斯特写信，鼓

---

* 这部"复制品"由托马斯·罗德出版，他指出"作者将这篇演讲只印了区区二十册"。这番话无法核实，但雪莱在这本小册子中确实表达了强烈的政治观点。而且与《改革的哲学观点》一样，同时代的读者都无缘此书，它是在他去世后多年才与世人见面。参见 T. J. 怀斯，《雪莱图书馆》（1924）。

动她去拜访雪莱与克莱儿，他们最终于十一月二十三日在葛德文家中相见。伊莎贝尔的父亲威廉·巴克斯特也在场，他对雪莱甚是仰慕。在场的还有伊莎贝尔的丈夫大卫·布思，他是年长的苏格兰酿酒商，观点中带有强烈的长老会色彩，他对雪莱并不崇拜。当天晚上是采取另一项直接行动的好机会。雪莱同意巴克斯特的想法，即让他代表雪莱采购二十张军队淘汰下来的毛毯和制作床单的布料，并将它们及时送到马洛，以便雪莱将它们作为圣诞礼物馈赠给这一地区的穷人。这些物资上绣着雪莱的名字，这样物资就不会遭到转卖："P. B. S. 先生，巴克斯郡马洛镇"。这次采购的账单金额为十七英镑两先令九便士，雪莱确实付清了这笔钱。[48] 巴克斯特高度认可了这种做法，认为这体现出基督教的精神，但大卫·布思后来建议他不要让自己家人在马洛与雪莱来往。巴克斯特便有策略地写信给雪莱，信中称："[您]经济独立，也使您有了行动和思想的自由，这与欧洲的习俗、规矩和偏见格格不入。我曾费尽心血将后者灌输到他们的心中，我希望不要将它们革除。"[49]

雪莱立即感受到对方有礼貌的婉拒，便写了一封回信表达他的愠怒："虽然在这个问题上我既没有傲气也没有怨气，但我耻于说任何话来**说服**你，让你改变决定。"[50]

389 巴克斯特一家就这样与雪莱一家断交了，雪莱发现自己只能在葛德文式的文坛小圈子和亨特的自由派圈子中交往，在此之外便难以建立社交关系，对此他感到心灰意冷。

十一月底，雪莱携克莱儿回到马洛，准备过圣诞节。他写信给奥利尔，要求在十二月尽快出版《莱昂与茜丝娜》，并要求立即在公开发行的报纸上登载广告。他知道印刷厂已完成了印刷工作，只须装订和发行。"我要一包十二本，你们装订好后，立即寄给我。如果你把广告费用的账单寄给我，只要一看到广告，我就立即把钱寄给你。"[51]

雪莱又向霍格发出了邀请，请他来马洛住，但矢口不提《莱昂与茜丝娜》："天气宜人，根本不像这个时令的天气。黄色和蓝色的花朵盛开在树篱上，迎春花在花园中绽放，就仿佛是春天一般：再过几天，它们都要盖上一层白雪。”[52]霍格在整个圣诞假期确实住过来了，但他住在皮科克家中，因为他对玛丽的冷漠态度敬而远之。玛丽本人著作的出版工作也正由拉金顿稳步推进。拉金顿建议在第二年的一月出版此书。十二月三日，雪莱将玛丽的题献寄给了拉金顿，题献并非写给他自己，而是“献给威廉·葛德文，他著有《政治正义论》《迦勒·威廉姆斯》等作品。本书作者对这些作品满怀敬意”。他们将圣诞节毛毯发给了村民，准备过圣诞节。此时，雪莱又生病了。

查尔斯·奥利尔突然对《莱昂与茜丝娜》感到不安，距离圣诞节只有两周了。但已为时过晚：雪莱已经在催促他在《泰晤士报》和《晨间纪事报》上刊登更多广告；葛德文、亨特一家和马洛的朋友圈都在读这部作品，一些装订好的书已经送到书商手中。有一本最后流转到《每季评论》手中。但是，印刷商麦克米兰开始对奥利尔提出怀疑。起初，雪莱竭力要气势汹汹怒斥一番。“那个麦克米兰是一条顽固的老狗，他厚颜无耻，令人讨厌。正如老太太们说的，老天保佑！我的诗终于在他那里通过了。让他印勘误表去吧，他要是愿意就让他吹去吧，说所有的错误都是作者犯的，而他自己就像上帝的羔羊那样洁白无瑕。”[53]

之后，他又赶紧对自己的动机作了一番慷慨激昂的辩护，认为这是为了维护葛德文的利益。“放浪不羁且持久不衰的热情充盈在我心中，使我产生了一连串思想，催生了这部诗作。我感到了我生命的不稳定性，于是决定在这本书中留下我的思想的一些记录。书中包含的许多思想是带着一种感情写成的，这种感情虽然不带有预言的性质，却跟一个垂死者的思想交流一样真实……”葛德文曾在伦敦批评过这部诗作，雪 390
莱则希望巧妙地驳斥他的批评。雪莱最希望实现的目的，不啻在葛德文的印象中留下自己真诚的一面。“我感到这作品在许多方面是我自己心灵的真实写照。我感到它的感情是真实的，绝非虚饰；在这方面我一直相信我的才能就在于我富有同情心——以及想象力中有关情感与思索的部分……”

雪莱觉得,他已掌握并理解了自己写作天赋中某种根本性的方面。他继续写道:“如果说我被造就得不同于芸芸众生,那就是说,我善于理解细致而微小的感觉差别,不管这是联系到外部自然界的还是联系到周围生物的感觉差别;还有,我善于把思考整个道德世界或物质宇宙而得出的观念传达出来……”

但是,葛德文对此并没有留下太深的印象:他告诉雪莱,他对《曼德维尔》(葛德文新创作的小说)的评论,要比这首诗更能体现他的力量。雪莱十分惊诧,因为雪莱在创作这部诗作时凸显出“智力劳动的痛苦与艰辛的汗水”,但葛德文竟将其贬为零散的新闻作品。[54]

十一日,奥利尔写信通知雪莱,他准备停止这部诗作的销售工作,借口是有一位年迈的顾客走进他的书店,觉得此书令其反胃。他无法以现在这种形式将此书出版。他完全有理由担心政府会对此提起公诉。雪莱写了一封长信,信中通过冷静的论证,证明人们可以感受到这部作品是他与玛丽甚至皮科克之间发人深思的讨论所取得的成果。

对于那位感到反胃的顾客,雪莱以冷静的逻辑展开论证:“那些拜访您的书店的人,那些毫无意义地光顾其他书商并心存偏执的可怜之人,他们不能代表公众。公众尊重才干;他们当中的一大部分人,在有关我的书所抨击的各种偏见的问题上,已经不再受骗。您将失去一些顾客,但您将得到另一些顾客。您的生意将会转到与您自己的原则更为一致的渠道上来。”

雪莱进一步论证指出,只有作者而非出版商才对此书负有文责,但这种观点法律上站不住脚。雪莱又补充称,自己给托马斯·摩尔寄了一本诗作,他读完之后,做出了积极评价。雪莱还说,此时将由奥利尔决定是否“毁掉”他的名誉与文学形象。[55]“我希望您真正尊重您印章上精心挑选的箴言,不让几个心地褊狭者的怨言掩盖这封信里表达的严肃而持久的想法。”奥利尔印章上的箴言:“实现各种自由”(In omnibus libertas)。

两天之后,雪莱收到了奥利尔的回信。雪莱惊讶地发现,奥利尔唯一的反对理由显然是书中明确表明了两位恋人(莱昂与茜丝娜)之间的血缘关系并在序言中含蓄地为这种乱伦辩护。只须修改几行内容和一 391 些措辞,就能解决这个问题,而且奥利尔并没有提到政治问题。雪莱在回信中称奥利尔的解释“当然改变了问题的性质”,便仓促地邀请奥利尔来马洛,以便在现场帮自己修改书稿。奥利尔立即于十二月十四日赶到,他发现他甫一赶到,就得到了“友好的欢迎与温暖的炉火”。书稿两天就修改完成,之后奥利尔便带它回到了伦敦。[56]

这项工作完成得很轻松,这也许令人惊讶。奥利尔出发的当天,雪莱给摩尔写了一封辩护信,信中称《莱昂与茜丝娜》的出版受到了阻碍,将于圣诞节后改名为《伊斯兰的反叛》重新出版。“有些修改,不过是一些措辞,如‘**朋友**’或‘**情人**’变作‘**兄弟**’和‘**姐妹**’这样的更换。”[57]

但是,雪莱的这番话并不坦诚。虽然这部诗作只修改了六十三行,但只有十三行是因为提到了乱伦而被删除。其余内容之所以被删除,是因为提到了上帝、地狱、基督、共和主义和无神论等敏感问题。无论哪种情况,雪莱都不得不采用含糊和婉转的方式加以处理。* 明显带有政治色彩的内容都遭到模糊处理,或换成隐晦的说法。

---

* 有一处修改比较典型,它出现在第十二歌第三十诗节中,这是莱昂的一位支持者发表临终演说中的高潮部分。雪莱原先的手稿如下:

“对于我,这世界愈来愈冷酷,愈寂寥,
因为希望以那么迟缓的脚步
追踪着永恒的命运——你们这才看到
无神论者和共和主义者是怎样赴死不惧!
这件事,务必要告诉你们的儿女!”
突然间他把利剑插入心房,没了命……

但根据奥利尔的要求,第四行最后改为既不会冒犯也平平无奇的一句:

充满爱心、毫无畏惧之人怎么会畏惧死亡。

此类修改必定让雪莱绞尽脑汁。但有一点可以确定，奥利尔让雪莱不得不在原则上接受修改之后，雪莱就要动手开始修改。皮科克写道：“他的朋友们最终说服他做出让步。他依然无法坐下来亲自做修改，或者说他是不愿修改。整个修改过程实际上是通过连续的会议完成的，我也可以称之为文学委员会。他一步步地对修改意见展开争论……”[58]第二天，雪莱给拜伦写了一封信，信中只告诉他，“我的长诗马上就要付梓了，题为《伊斯兰的反叛》”。[59]

霍勒斯·史密斯在圣诞节后的第一个工作日登门拜访，这令阿尔比恩之家那些潮湿、昏暗的房间一下子充满欢快的气氛。但他只小住了两天。玛丽说服了雪莱食肉，但他很快就放弃了。雪莱的健康再次恶化。
392 在写给葛德文的一封信中，他暗示自己严重依赖鸦片酊，因为两人所描述的症状中表现出情绪与感觉的剧烈波动，这通常是麻醉药物造成的效果。如果真是这样，就表明他已陷入精神衰竭状态，类似于一八一一年冬的情况。当时，雪莱明确承认自己在凯西克服用了过量的鸦片。他在写给葛德文的信中称：“我的身体更糟糕了。我的感觉时常麻木，死气沉沉，或者惊醒过来，导致一种不自然的极度兴奋，以至仅就视觉来说，我发现草叶和稀疏的树枝以纤毫毕见的清晰度展现在我面前。到了黄昏时分我就昏昏欲睡，打不起精神来，在沙发上一连躺几个小时，半睡半醒，被万分痛苦的、极度敏感的思维所困扰。这就是我的状态，连续不断，经常如此。忍受着这种折磨，还得小心谨慎地抽出时间来学习。”[60]有个问题一直萦绕在雪莱心头，那就是要不要下定决心前往意大利。他将这个决定推迟到来年春天。他对自己的这部诗作寄予厚望，这促使他留在了英格兰。但他又担心染上痨病；担心再次遭到公诉，失去玛丽给他生的孩子们；担心葛德文再次向他索要巨款；还担心自己在公开场合和私下社交中遭到更多嘲笑——所有这些担忧都沉甸甸地压在心头。

一八一七年和一八一八年之交的冬天，雪莱深陷于抑郁和自我怀疑，十二月和一月的许多天里他都郁郁寡欢。雪莱不禁得出结论，他在诗歌和政治上的希望很可能都会破灭。一月四日，他打起精神，为“霍恩先生和他一家人永久的福祉”捐赠了五个畿尼。霍恩在一八一七年曾三次遭到起诉并被定为煽动性诽谤罪，这是政府的积极镇压政策所收到的效果。到最后，霍恩几乎一无所有。出版自由之友是一个激进的群众组织，该组织在激进刊物《冠军》上登载了募捐广告。亨特也捐了钱。

《伊斯兰的反叛》采用了新的扉页，并撤换了二十七页，最终在新年(1818年)伊始面世。这部诗作分为十二诗章。除了序言部分外，没有任何注释。第一诗章讲述的是革命力量与压迫力量之间斗争的讽喻，即蛇与鹰在惊涛骇浪的海面上争斗的情景。蛇代表着革命力量，它受了伤，坠入水中，游到了一位美丽的女郎怀中。在诗人的追问下，她解释了自由从雅典一直到法国大革命的历史进程，证明这是一场旷世之争。在手稿中，雪莱在这位女郎首次开口说话的诗节上方写了一行字：“爱着恶魔的人”。[61]

在第二诗章至第四诗章中，雪莱通过莱昂之口，将自己饱受迫害的 393
青年时期投射到神话之中。他描写了自己与十二岁的茜丝娜之间的友谊，这段描写是早期评论人士所喜爱的段落，尤其是在《布莱克伍德杂志》与《每季评论》中。这充分表明同时代的人对他的价值所作的判定。虽然这颇有讽刺意味，但这部作品从一开始就打算描写乱伦的爱情。

> 她行走在大地上，是一个光明的幻影，
> 　是一种力量，简直不是靠外界
> 来推动她自己生命的进程，
> 　她遍体的光明像沐着朝露的云彩，
> 　飘向浩渺无际的蓝天之外，
> 让那偏远的荒漠也得到滋养；
> 　她在我身边愈来愈美丽可爱，
> 犹若是一个永恒的光明的梦想，

踏碎了暴风雨后生命的黑河里的巨浪。[62]

雪莱从两人的友谊中,得出了妇女自由的结论,这更符合雪莱的旨趣,却不符合评论人士的口味。他通过茜丝娜之口道出了他的结论:

“女人做奴隶,难道男人能自由?
活着要呼吸无边无际的空气,
怎么能给关进坟墓,自甘腐朽?
眼看着妻子做牛马,备受侮蔑,
比苦役和烦恼还要难受无比,
丈夫们哪里有胆量和压迫者作对?
妇女们在家里尽管儿女绕膝,
却被当作祸水,到老活受罪……”[63]

正因为此,茜丝娜在这座城市开始独立发起斗争争取自由,没有依赖莱昂的帮助。她立刻遭到暴君手下军队的逮捕。莱昂也被捕了。他遭到关押,发了疯,又成功越狱,后来一位睿智的老隐士收养了他,这些都是读者熟悉的神话模式。雪莱借此解释了他本人青年时期的斗争经历。

在第五诗章中,雪莱叙述了革命军攻占这座城市的过程。率领革命军的正是莱昂,他受了伤。他恳求众人不要取暴君的性命。到了傍晚,茜丝娜向革命军发表了一番慷慨激昂的演说,演说的主题是胜利、政治自由、自由恋爱和无神论。她也从监狱中逃出来,化名为莱昂妮,加入了革命队伍。在她的语言中,出现了雪莱在爱尔兰创作的诗歌所采用的许
394 多粗陋的修辞。但是,雪莱在描写演说对听众情绪所产生的效果时,融入了现实性和象征性,体现出成熟的抒情风格。

她的声调宛如一泓山泉，
　席卷着秋天的落叶向江湖驰奔，
傍着深沉而狭窄的山洼边沿，
　拣个林荫岸来睡眠；等波涛轰鸣，
　落叶惊醒，又是花木争春，
蓝海青天将平添几许鲜妍；
　这呆滞的人群也自会生机旺盛，
喃喃响起一片热烈的语言，
无声的静默中会掀起无比的喜悦和惊羡。[64]

在这段描写中，人们顿时能发现《西风颂》中聚合的意象。

在第六诗章中，暴君的军队借着暮色出其不意地发动反攻，焚毁了这座城市，大肆屠戮革命者。这标志着雪莱认识到暴力革命必然会遭到反扑。莱昂的所有部众都死在他身旁，包括白发苍苍的老隐士。在描写战斗场景时，凸显出暴力和厌恶之情。莱昂注意到，在作战中，疲累、恐惧和仇恨使敌我双方的面部都扭曲了——

……睁大着眼睛，眼珠险些儿要爆裂，
他们一个个伸长了舌头，筋疲力竭。

他们像吊在树上的软瘫的疯狗，
口流白沫……[65]

在最后时刻，莱昂妮骑着一匹高大健壮的黑色鞑靼骏马出现，她救下莱昂，带着他离开了屠杀现场。他们骑马进了山。风吹散了她的一头黑发，吹拂在莱昂的眼睛上，这是一个典型意象。

之后，莱昂妮表明身份，她其实就是茜丝娜，而莱昂早已猜到。在第一稿中，她其实是莱昂的妹妹。两人躺在长满青苔的废墟上，仰望着“东方的星辰”。这是两人第一次欢爱，他们安慰了对方，不会因可怕的政治灾难而气馁，“抚慰了悲痛”。

此后五个诗节是雪莱最直接的尝试之一，意在描写云雨过程中的生理和心理感受。虽然他的诗歌总体上不乏接吻、爱抚、进入和高潮的意象，但他很少如此直白地描写性爱动作，而他在此处就作了这样的描写。他在描写中体现出充分的深思熟虑与柔情。“身躯”“心灵”“肢体”和“生命”等描写身体的词语，在上下文中都显而易见，因此诗歌在生理方面的描写十分直白。但是，奇迹感甚至于惊诧感无处不在。这片废墟先
395 是被“一颗流星”照亮，这充满了象征意味，象征着光明。这颗流星“在绿屋顶的高空显露”，预示着暴风雨的到来。

流星照见了我们身下的树叶，
　照见了茜丝娜一双红通通的臂膀；
她柔软的发辫把我俩的脖子拴上了结，
　她一双深沉的眼睛乌溜溜闪着光，
　像一颗星在井里映出两个幻象，
星儿虽静止，幻象却转动不停，
　在我们无声的狂喜中流盼纷忙；
她的容颜如大理石；她玫瑰色的唇
不假春风吹绽，吐出阵阵清芬。

流星回到了那片辽远的池沼，
　我们跳动的血管暂时平静；
继而我感到她身上的血液在燃烧，
　和我的血溶合，火辣辣地淹没了我的心，
　烟霭笼罩了一切，迷蒙氤氲——

这静默而深沉的欢乐直使人晕眩：
　每逢两个肢体独立的精灵
合做一体，跃出昏睡的地面，
这样的一种境界往往总是难免。

难道就在这短短的一刹那时光，
　一切的思想，一切的知觉和感情
都糅合成一种不可言喻的力量——
　当我们进入放浪的忘我之境，
　既忘了骚动，同时也忘了柔情，
这力量便保护我们免受自己的冷眼？
　难道现在已消度了几世纪的光阴，
日月，四季和人类都了解其中变迁，
唯有我们却没有了时间和忧虑的概念？

我不明究竟。什么叫作热吻？
　它火样的情热炙萎了衰竭的心房！
为什么四肢要那样缠牢勾紧？
　当失神的眼睛透过泪水汪汪，
　只看见眼前一片迷雾茫茫，
生命又如何在搂抱中气息奄奄？
　是怎样的操纵力引心灵攀到那悬岩上——
那儿大雾罩没了整个的人间，
让两个不安的躯体在一个灵魂中融洽无间……

茜丝娜的香唇发青了，映着月光； 396
　她美丽的四肢给夜风吹得寒战，

乌黑的头发披散在雪白的胸脯上——
　她平静的心坎里没有一丝儿微澜，
　欢乐把一泓隽永而平静的清泉
注满了她深不可测的眼底深处；
　我们静坐着，哪怕波涛泛滥，
在山岩的洞穴里不断猛打狂扑，
预报着暴风雨，苍凉的废墟浑身抖索。[66]

在这段炽烈、柔美、艳情的描写中，引人注目的是心理的敏锐，这体现在第三诗节中的“免受自己的冷眼”和最后一个诗节中的“注满了”。这也体现出雪莱的成熟。

之后的两个诗章，第七章与第八章，茜丝娜向莱昂讲述了她的经历，她遭到逮捕，遭到关押，发疯，最终在水手的帮助下逃到了这座城市。在她的幻觉中，她看见可怕的一幕：她遭到强奸并生下一个孩子，她还以为自己被迫吃下了莱昂遇害后的尸块。登上船之后，她迅速康复，并将水手们都转变为无神论者。之后，她便说服水手们释放了货仓中戴着镣铐的奴隶们，还鼓励船员和奴隶一同将自由恋爱的原则付诸行动。他们听从了她的劝告，抵达这座城市的港口之后，就立即率先加入了革命队伍。他们得到政治解放之前，先争取到了性爱自由。在这座城市中，茜丝娜通过演说掀起了一场起义，她的演说主要针对妇女，“把她们从死心塌地的奴役中唤醒”。就在此时，莱昂赶到，接过了革命队伍的领导权。茜丝娜的回忆到此结束。两人一同思考了革命的未来，也思考了两人生活的未来，但都不容乐观。但是，莱昂满怀激情地引吭高歌，赞颂了希望与爱情。此时，第九诗章结束，这是全诗的高潮之一。

“种子现在正在地底下睡觉，
　暴君在各处地牢里关满了俘虏，

苍白的牺牲者在森严的绞架上微笑，
因为他们再也不能言语；
科学的月亮在星群中瘦损无余；
茫茫无际的黑暗中，大地的儿女们
在祈求他们卑鄙的偶像来保护；
老朽的教士们得意了；自私的阴影
把人类脸上笼罩得一如满天乌云。

这正是世界的冬季；就在这里， 397
我们死亡，一如阵阵秋风
在大雾弥漫的、严寒的天空里咽气；
瞧！春天来了！我们的生命虽告终，
但春天的诞生早在我们意料中——
犹如山间的阴影烘托出朝阳，
我们的死亡会促进人类的前程；
像一只苍鹰扑扇着遮天的翅膀，
大地从铁索叮当的深渊里一跃而上。”[67]

斯宾塞体诗节中的音律和交叉节奏很难驾驭，但雪莱却运用得得心应手，这突出体现了自由和力度，这也是他在技巧上取得的巨大成就。同时，雪莱在修辞中扬弃了许多空洞的抽象表达。被判有罪的人都像卡什曼一样，含笑走上绞刑台，这是一种新颖的特写手法，意象也很应景，实现了新的精确性，尤其体现于“科学的月亮在星群中瘦损无余”。此外，不仅是风格，实际的论证也愈发严谨。雪莱让莱昂陷入沉思，他思考了政治上漫长而又刺骨的“冬天”，甚至还思考了他个人希望的幻灭，但他没有绝望，因为政治自由和社会自由的春天终将到来。

“大地像一只苍鹰一跃而上”的意象，证明了雪莱此时精骛八极，心游万仞。大地与苍鹰,乍一看两者似乎在**外观上**没有相似之处,将两者作比较,似乎仅仅是对力量、行动、自然威势的模糊祈求。但是,这种外观上的比较其实是最根本的。在之前的诗节中,雪莱写到了"长着羽翼的种子"和"轻风是象征的翅翼"。*这些"羽翼"使得种子随风播撒,而在"苍鹰"的意象中,雪莱将整个大地想象为一粒"长着羽翼的种子"。圆形的地球宛如种子的种皮,而大地的阴影则通过太阳和月亮的光芒轮番投射到太空中,形成羽翼。

会促进人类的前程;
像一只苍鹰扑扇着遮天的翅膀

整个大地通过日光和月光照出的阴影获得了羽翼,之后便化作巨大的"象征的翅翼"。因此,大地便化为一只飞鸟。**外观上**大地也就像一只苍鹰了,在雪莱的意象中,它幻化为太阳系中一只巨大的太空鸟。因此,"一跃而上"(spring)一语双关①,充分发挥了它的力量:地球化作大鸟朝
398 着阳光一跃而起,地球化作种子结出了果实("生长"),人们同样可以说某个事物化作冬天,或化作夏天。这两者将同时发生在革命的季节中。**

第十诗章描写了在新的暴君统治下,城市中众人的命运,这是莱昂偷偷骑着马从山中潜入这座城市后目睹的情景。人们被瘟疫、饥荒和干旱夺去了生命,而新的统治者又恢复了以往的迷信做法,乞求神灵相助。

---

* 这些象征是雪莱喜欢采用的,之后在意大利的钞本中,他也经常为这些象征绘制素描图,它们往往酷似悬铃木的种子,中央有一个圆形的种皮,还有一两个纤维状的翅翼。参见牛津大学博德利图书馆馆藏雪莱手稿,位置:e.6,页97修订版。

① spring既有"一跃而上"之意,也有"春天"之意,在诗中作动词解,可解读为"化作春天"。

** 在雪莱的手稿钞本中(牛津大学博德利图书馆馆藏雪莱手稿,位置:e.10),第九诗章从第十九到二十六诗节,都用墨水认真地书写,且精心修改过;但第九诗章的其余部分则像以往那样用铅笔潦草地书写。特里劳尼后来称,整个手稿就像是一片沼泽地,长满了芦苇,遍布着野鸭。

教士们声称,只要抓住莱昂与茜丝娜并将两人处死,便可让神灵停止对其他人的报复。在这个诗章中,出现了雪莱最遒劲、最激昂的一段文字。它清楚地表明,从一开始,哥特式和诡异的传统就在雪莱的诗歌与散文中发挥着持久的力量。恐怖感、生理上的厌恶和反胃都产生了强烈的作用。丑陋与愤怒的景象展现出雪莱刻画死亡场景时的文辞精准:

瘟疫紧随着贫乏来袭击野兽;
　断绝了粮食,他们只闻到臭气。
成百万的走兽,有的被血腥气所引诱,
　还有的来自各处辽远的异地,
　来自黑暗的荒漠,成群来觅食;
瞧它们现在都憔悴消瘦得不成形,
　悄悄行走在尸体中,简直像群鬼;
绿惨惨的眼睛里显出异样的病症,
忽然一阵抽搐,一阵剧痛,就倒下来没了命。

江河里的鱼类全都中了毒;
　飞鸟已在青葱的森林中绝迹,
昆虫的族类整个干瘪焦枯;
　零星的牛羊刚逃过饿兽的追击,
　发出一声声悲啼,纷纷倒毙,
在垂死的痛苦中彼此干瞪着眼睛。
　瘦削的鬣犬整夜向全城报丧,
悲苦的曲调像饿婴濒死的呜咽,
多少个母亲失声痛哭,伤透了慈心。[68]

最后一个意象产生了可怕的暗示,许多母亲在为濒临饿死的鬣犬哭泣，这预示着整个社会的命运。整个自然系统已经崩溃。压迫是违反自然的，它实际上摧毁了自然。

399 没有了粮食，五谷被践踏精光，
牛羊六畜再也不见踪迹；
死鱼和那发臭的鱼狼藉江畔，
海洋里也没有食物可供充饥，
风声中再也听不见扑动的鸟翼——
唯有飞虫依旧在振翅作声，
秋天的金色仓库——葡萄树和果园地
都被烧毁，最下贱的食物论秤用黄金，
贪婪在它自己创造的神祇面前送了命。

没有了五谷——在那广阔的集市上，
一切恶心的物品，连人肉都出卖；
他们用小小的戥盘论斤计两，
多少张脸蛋直吓得焦急发呆，
守财奴也只得忍痛把黄金带来；
饿得没廉耻的少女徒然出卖色相；
慈母携着最大的孩儿来出卖，
都因为母爱敌不过辘辘饥肠，
刚转过脸喂婴儿奶，就在无声的痛苦中死亡。[69]

细微、精确的文辞尤其值得注意，例如风中“扑动的鸟翼”。饥荒，被迫出卖色相，甚至人相食的故事，在法国各地屡见不鲜，雪莱曾在一八一四年途经法国时有所耳闻，这纯粹是革命之后的战争带来的。雪莱此时描绘出瘟疫、疾病和心理错乱遍布城市中各条街道时的景象。内部秩序和外部秩序最终崩溃。还出现了一小段敌人追捕的情景，这在雪莱作品中屡见不鲜。

眼前不再是饥饿，而是口渴。
　每个水井都塞满腐烂的尸体，
像一口大锅，日出时蒸发着绿霭。
　依然有千千万万人来到这里，
　想喝口井水把口渴的火焰浇熄。
这火焰像毒液，烧得你血管爆破，
　烫得你赤身裸体，顾不得羞耻，
遍身是红肿的脓泡和无名的创口，
儿童，青年，老年，都痛得身子直扭。

那不是什么口渴，而是疯狂！
　多少人到处看见自己的瘦影，
像一个狰狞的鬼影走在身旁，
　直吓得呼天抢地，送了性命；
　有些人没断气就发出可怕的共鸣，
让这片呼号像传染病一般传布；
　还有人扯着乱发，惊呼不停：
“我们脚下踩着的是一片大火，
复仇的上帝在大地上布下了地网天罗！”[70]

这段诗文的神韵与意象最终都变得颇为粗糙。这接近于耸人听闻的描写，因为雪莱要走向极端，人们可以感受到他刻意在营造张力。尽管如此，还是保持了力量和准确性，近于超现实的力量：“自己的瘦影”，“呼号”像传染病一般传播。在第一稿中，雪莱在最后一行写道：“我们脚下踩着的是一片大火，全能的上帝在大地上布下了地网天罗！”[71]

在第十诗章的这段描写中，雪莱结束了歌中对历史与社会的描写部分。这座城市陷入了疾病、饥荒、专制主义和偏执。暴君的宫殿中弥漫着盲信的恐怖，“教士们”在四处重新掌控了人们的思想。在这一背景下，作者描写了莱昂与茜丝娜的个人生活，体现出激进和无神论的价值与愿望，并特别在第七诗章和第九诗章中作了呼应。

雪莱的诗歌完全摒弃了一切粗陋的社会理想主义或普遍流行的“完美性”。它从根本上说是一首恐怖的诗歌，而且在描写希望与爱情时，将其表现为只有在绝望和憎恨中才能愈发强烈、蒸蒸日上。此外，这也是他摆脱葛德文影响之后创作的诗作，因为其中对反革命的描写与对革命的描写相当。尽管这部作品满心欢喜地认可了法国大革命的原则与历史成就，但也反对将革命作为进一步政治变革与社会变革的范例。

在倒数第二诗章（第十一诗章）中，莱昂与茜丝娜在山中要塞道别。莱昂要径直前往这座城市，他举行了谈判，发誓要用自己的性命换取茜丝娜的生机，使她能前往美国。在第十二诗章中，莱昂戴着锁链在游街，这一幕使人想起了一八一七年的处刑场面，当时人群在静静地旁观。莱昂来到刑场之后，要被活活烧死。

一群哑奴领着我走上火堆就刑，
　我举目向四下瞭望，但见远方：
每一座岛屿在晨光中都成了黑影，
远近的高塔像火焰柱，戳穿了颤索的大气层。[72]

在最后关头，茜丝娜骑着鞑靼高头大马赶到。人群慌忙给她让出一条道。她驱马赶到火刑柱前，下了马，一言不发，但是面带微笑，攀上火刑柱，来到了莱昂身旁。

茜丝娜跃下了她那匹高头大马， 401
　随手在马儿脖子上扔下了缰绳，
　又把它带着月亮形白斑的头一吻，
马儿便活像一个幽灵被疾风追逐，
　在空空荡荡的街道上撒野狂奔。[73]

莱昂与茜丝娜一同被烈焰吞没。

之后还有二十五诗节的尾声部分，它又回到了第一诗章中总括性的讽喻诗节。两位恋人兼革命同志醒来，发现他们坐在一条晶莹透亮、闪闪发光的小船（“原是一颗镂空的珍珠”）上，在一条异国的河流上快速地顺流而下。一位宛如天使的孩童引着这艘小船前进，她使人们联想到茜丝娜陷入幻觉后，在狱中生下的那个孩子。这个孩子告诉他们，莱昂的追随者（“无神论者兼共和主义者”）自杀身亡，雪莱不得不去掉了对此人的描写；他象征着青年中依然有大量的追随者，随时准备在时机成熟时再度起事。这艘船驶入了阳光灿烂的海洋，朝着幻想的赫斯珀里得斯①驶去。

《伊斯兰的反叛》是雪莱写过的篇幅最长的诗作。他原本打算将其创作为描写现代革命的政治史诗，但它在文学上模仿了斯宾塞的《仙后》。这部诗作大相径庭于那些受法国大革命直接鼓舞而创作的历史剧，例如骚塞的《瓦特·泰勒》或柯尔律治的《罗伯斯庇尔之死》。从政治上说，这部作品对革命进程的理解甚少，但重要的辩证原则除外，即革命造成的无政府状态将产生革命的专政，《检查者》的每一位读者都会认同这一原则。但是，它也表明作者并未理解真正的民主进程或大众运动。莱昂与茜丝娜都脱胎于古代的贵族模范，属于英雄式

① 赫斯珀里得斯是古希腊神话中的仙女，共有姐妹三人。她们居住在阿特拉斯附近的一处荒岛，这座岛位于西方大洋中。她们在赫拉的花园中看守金苹果树。

的领导人物，更接近斯宾塞笔下的神秘骑士，而非布兰德雷思、亨利·亨特或弗朗西斯·伯德特爵士所在的世界。无论是雪莱以散文形式写出的前言，还是那本政论小册子，都表明了他思想的进步和学术洞察力，而且均超过了他的这部诗作。只有在第十诗章的诡异场景中，通过描写自然界和社会在恐怖和压迫下崩溃，才体现出与众不同的表现主义特点，他这才找到与他所在时代对应的政治意象：这是反动的意象，而非革命的意象。

在《伊斯兰的反叛》中，作者赞颂的真正的革命是道德革命和社会革命。革命的核心在于新型的自由与独立的合作伙伴关系，这体现在莱昂与茜丝娜的关系之中。他们平等相处，共同发展；无论是在交谈、为事业而奋斗还是在性爱中，他们都是平等的。他们都恋着彼此的肉体，但
402 在道德和行动上是独立的。此外，正是茜丝娜这位女性点燃了革命之火，而非莱昂这个男性。雪莱起初的目的是尽力让读者关注这部作品的革命性与打破社会常规的特点。放弃对乱伦主题的描写，对这部诗作的意识形态造成沉重打击。通过更改书名，查尔斯·奥利尔希望读者的注意力从道德方面转移到政治事件上。但恰恰在这种关系中，包含并赞美了这首诗中所有真正的革命价值观，即无神论思想、自由恋爱、男女社会平等及为他人的无私奉献。只有在描写这些价值观的过程中，雪莱的诗歌才实现了短暂的辉煌，并在神秘与现实主义表征之间成功达成了难得的平衡。在其他方面，这部诗作是失败的。但对于雪莱而言悖论的是，这部作品使他的成熟作品实现了重大突破。《伊斯兰的反叛》成书于他二十五岁之时，这是他青年时代创作的最后一部诗作。也是他创作的第一部成熟作品。

这部诗作除了影响了十九世纪晚期创作的工人宣传诗歌之外（例如宪章派打油诗人托马斯·库珀、威廉·莫里斯和托马斯·胡德的作品），其实影响力并不大。十九世纪四十年代，库珀在工人的俱乐部与机构中广泛举办有关雪莱的讲座。他在政治史诗《自杀者的炼狱》中将

雪莱的《伊斯兰的反叛》和拜伦的《恰尔德·哈洛尔德游记》并称为两大神圣作品。这也表明，雪莱在宪章派人士眼中俨然已是先知，具有重要意义：

> 不朽的恰尔德，你和见证了伊斯兰反叛的他，
> 宛如老僧入定，在全神贯注地预知未来——
> 对残酷对待的畏惧，是否吓到了
> 你们炽热的灵魂，无法炽烈无畏地迸发出
> **自由**的呐喊？——你们怒目瞋视
> 教士的腐败，汝等是否已驯顺，
> 一直到教士们应允闪电般的缓和？
> 明白对汝等的冷酷回报将激起
> 对权力和教会阴谋的不满——汝等最严峻的想法广为人知。[74]*

雪莱十分重视公众对这部诗作的看法。他之所以迟迟不愿去意大 403
利，原因之一就在于他希望自己能蜚声文坛，最终在文坛拥有一席之地。拜伦的《恰尔德·哈洛尔德游记》之前销量火爆，这个榜样对他产生了诱惑，他一心希望在英国获得自由派读者群体的认可。他之所以向奥利尔让步，也同意作出修改，正是因为他希望扩大自己的读者群。

从他写给奥利尔的信件中，明显可以看出他非常关心这部作品的广

---

* 这部作品影响了一个世纪后的德国表现主义作家，这颇为意外，也令人好奇。这些作家的创作背景是1917年至1922年的社会动荡与绝望的时期。在厄恩斯特·托勒与格奥尔格·凯泽创作的表现主义革命独白剧中，尤其反映出《伊斯兰的反叛》的影响，因为这些作品中将史诗剧情与政治意象和乌托邦意象相结合，同时将个体自我强烈地投射到神话中。与雪莱相仿，他们都依赖于暴力的意象和耸人听闻的扭曲意象，并将其与高度抽象的华丽辞藻相结合；但是他们也像雪莱一样，发觉无法将纯粹的英雄神话与政治现实相融合。表现主义小说家B. 特拉文，《幽冥鬼船》（1926）声称，他主要受马克斯·斯坦纳与雪莱所影响。[75]

告与书评。一月十一日,他在信中写道:“请继续为它**做广告**,钱一用完便请来信。”四天之后,他给奥利尔汇去十英镑,称“请毫不拖延地大力加强广告宣传。我想我说过,我希望在新的情况下,给评论刊物每家各寄一册”。[76]一月二十二日,他再次写信。“请不要放松广告工作。据我猜想,这首长诗目前几乎是完全卖不动的。如果你在任何一家刊物、报纸看到有关此书的评论或提到此书,请你寄给我,这是我应得酬劳的一部分——听听那些老顽固辱骂的乐趣。”[77]到了月底,他依然在催促,“你应该坚持不懈地为这部诗作做广告”,他还在附言中随口补充说,奥利尔可以寄来《每季评论》的最新一期。[78]但一切都徒劳无获。销售情况很糟,评论更糟,即便亨特在《检查者》中全力以赴地为雪莱摇旗呐喊也无济于事。

首先,亨特从这部诗作中节选了两大段作为预告,分别发表在一八一七年十一月三十日和一八一八年一月二十五日的《检查者》中,每一段都超过五十行。之后,他又在二月和三月发表了两篇长篇评论褒扬此作,包括对整个情节的简述,并引用了大量的原文。“如果作者的天赋使我们想起了其他诗人,那就是两位与之截然不同的诗人,分别是卢克莱修与但丁。他与前者的相似之处在于这部作品中错综复杂的部分,他大胆的思辨,以及对美德、外在自然和爱情的热爱。恰恰是作品中比较阴郁或更富想象力的部分,有时使我们想起了但丁。”[79]

亨特的褒奖虽然让雪莱很是受用,却来自他的交际圈。他的力挺甚至可能阻碍了雪莱在更大范围内实现他的事业,因为在自由派阵营之外,亨特的形象是儒雅的江湖骗子,而且与“伦敦佬学派”有联系的作家都受到了粗暴对待。济慈后来也苦于受到这般待遇。《杂志月刊》在三月号中引用了《伊斯兰的反叛》中两三个温和的诗节,仅评论“几乎完全忽视了和谐的音律与数量”,而对其他方面闭口不谈。在《每季评论》的五月号中,评论者先是对亨特的《植物》(这篇作品题献给雪莱)大加鞭挞,继而话锋一转,不点名地猛烈抨击雪莱。这位匿名评论者(可能是约翰·泰勒·柯尔律治)先是提到了他在伊顿公学和牛津大学的不光

彩经历,之后又写道:“根据我们的理解,残忍和出轨之举让他的妻子心 404
碎,无法证明他有一颗出众的仁爱之心;而且如果我们知道有这样一位男士,他曾置身于耸立云端的荒岩之上,甚至在那样的高度被尖塔一般的群峰环绕,如置身高耸的圆形剧场之中,而下方是常年冰封的山谷……如果我们得知这样一位男士,在见证了自然界最崇高物体的荟萃之后,居然在回到附近的木屋后,在登记簿中写下了**无神论者**,那么我们希望我们的感情将会是怜悯而不是恶心;但是,我们应当认识到,无论是与此人建立友谊,还是将他的头脑或心灵赞为当代最明智或最热心之人,都不啻愚蠢之举。”[80]《伦敦编年史》与《商业纪事报》于一八一九年又重复了这番评论。在伦敦的社交圈,雪莱的名字已广为流传,却是无神论和背德的代表而非诗人。但是,《周刊评论》直到一八一九年四月才对《伊斯兰的反叛》发起总攻。在发动征讨时,它准备了一本修改前的版本,这个版本中“宣扬了乱伦”,这就是《莱昂与茜丝娜》。

一八一八年,第三份发表评论的期刊是右翼的《英国评论家》,文章更像是含沙射影而非文学评论。“珀西·比希·雪莱先生——但我们不会相信此人;塔西佗教导我们,他们的本性中存在某种卑鄙无耻的罪过,因此为了公众的道德着想,有必要隐瞒对他们的惩罚。因此,我们要让他们受到无言的复仇,邪恶**必然**迟早会遭到报应。”[81]在反思雪莱为何会使评论人士产生近乎病态的憎恨时,必须要思虑到此类诽谤性的新闻作品。

十二个月之后,《布莱克伍德杂志》对《伊斯兰的反叛》作出深入评论。只可惜它来得太迟,已无法改变雪莱的感受,即这首诗使他一无所得,收获的只有憎恨和污名。尽管如此,这篇评论还是表明,当时聪慧之士其实能够欣赏他的作品。这篇评论在开头敏锐地将雪莱的作品与“伦敦佬学派”诗歌(例如亨特的作品与济慈成熟期之前的作品)区别对待。它精辟地评论了“我们的职业评论人士观察到的沉默”,并认为其原因在于,在当前的政治气候下,因为一首诗中宣扬了激进的意识形态,因而不敢称赞其中的文学优点:“若是对其中的天赋给予应有的赞赏,他们可能只会让这种观点盛行,即[雪莱先生]不明智地将自己的精力用于这项事业。”同样,《布莱克伍德杂志》认为他与亨特的关系已经吓跑了其他批评人士,他们担心“公众会感到厌恶”。

405 这篇评论的作者 J. G. 洛克哈特*认真地将这首诗与政治区别对待。“我们的作者,作为哲学家,是薄弱的,无足轻重的;我们关心的是作为诗人的作者,这个作者是强大的,有力的,创新的。他理应跻身于伟大的创作大师之列,他们的作品将最真实的光荣播撒到我们所生活的时代。《伊斯兰的反叛》是一部政治著作,也宣扬无神论思想,这一点是可鄙的——我们很高兴看到,其中很大一部分与政治或无神论思想没有必然联系。”至少可以说,这篇评论比较虚伪,但它达到了目的。之后,洛克哈特像亨特一样,总结了诗作的情节并大量引用原文,但确实体现出更高明、更全面的欣赏。这篇评论撷取的选段包括莱昂与茜丝娜在第二诗章中青梅竹马的描写;黑色鞑靼骏马在第六诗章中的战斗与出现,对此评论道“这种力量与精力令人敬佩”;还有两人在山中的整个男欢女爱的过程。最后这部分选段尤其体现出评论的巧妙与大胆。洛克哈特的评论在现代评论中无出其右。“正是在描写疾风暴风的、压倒一切的、无所畏惧的、永不磨灭的爱情之中,雪莱先生证明自己是一位伟大的诗人。此外,他将冷静的优雅播撒给他笔下的恋人们,在他们的热情之中,这是某种庄严的、里程碑式的沉静,体现了我们对希腊人的看法……即在他们父辈最杰出的精神鼓舞下,为了自由而奋斗。”[82]

倘若雪莱在英格兰期间读过这篇评论,不难想象他或许就不会选择远走异国。但为时已晚。《伊斯兰的反叛》似乎纯粹是一场灾难性的失

---

* 约翰·吉布森·洛克哈特(1794-1854)是评论人士、编辑和传记作家。他几乎是与雪莱同时代,曾与约翰·威尔逊一同使《布莱克伍德杂志》复兴。他写的很多评论被误认为威尔逊所写。1825 年至 1853 年他又担任《每季评论》的编辑。尽管他后来证明是最高明的雪莱评论家,但他的同情心也不太可靠,而且济慈的《恩底弥翁》在 1818 年受到臭名昭著的攻击,此人也要承担一部分责任。他的巨著《司各特传》因才华横溢而又内容不实而闻名。

败。他的整个人生似乎已走上歧途。

一八一八年一月，雪莱再次眼炎发作，这也许是他在圣诞节期间前往马洛的木屋中做客并发放毛毯所致。病情十分严重，他实际上已无法看书，只得不再长时间阅读吉本的作品和《失乐园》，而他本可以从中找到慰藉。玛丽请来了霍格与皮科克来改善他的情绪，但每到傍晚，她就将所有人赶出房间，独自与雪莱严肃交谈很久。她在日记中简要记录了谈话内容。几天之后，雪莱眼炎症状缓解，他们便一同去灰蒙蒙的泰晤士河畔散步，雪莱又开始翻译荷马的《赞歌》了。[83]

小阿尔芭的问题让雪莱心神不宁。怎样将她送往意大利呢？如果他们自己无法送她去那里，谁又能来完成这个任务呢？如果做不到这一点，玛丽就不会善罢甘休。只有将这个孩子送到拜伦手中，才能确保孩子得到应有的养育；只有此时，才能解决克莱儿在雪莱家中的暧昧地位；只有这样才能让玛丽满意。雪莱在写给拜伦的信中问道，“你能给出计 406
划吗？”并解释了他“始终推迟和逐渐推迟”的原因。“你有没有朋友或信得过的人准备从英格兰前往意大利？”[84]此外，雪莱在信中还表现出令人好奇的坦荡，而且始终让克莱儿的孩子感受到父爱，就仿佛孩子的父亲是他而非拜伦，还讲述了克莱儿变得“多么美艳动人”。“她的脾气已经远没有之前那么暴躁了，变得很有爱心，也更温和。”在冬日沉闷的日子里，唯一让他感到快乐的时候，便是观看阿尔芭与他心爱的威廉在婴儿房的地上一起玩耍。此时，威廉两岁左右，能活蹦乱跳了，每当大人给他葡萄干或蜜饯时，他总是飞快地把其中的一半甚至一大半塞到小阿尔芭口中，这一举动让他的父亲很高兴。[85]

但是，这些让人快乐的消遣最终只能让雪莱想到他的处境，让他认识到生活充满变数且举步维艰。几个孩子和这两位母亲的幸福都完全依赖于他。他迫不及待地告诉葛德文：“我在意大利追寻的是生活而非健康，这不是为了我，我觉得我能够克服所有这些弱点——而是为了别人，我的生命是他们幸福、安全和荣耀的源泉。而且对其中某些人来说，我的死亡可能将这一切都改写。”[86]

在冬天这种凄凉与进退失据的心情中，雪莱开始创作自传片段，这些片段构成了他的诗作《阿萨奈斯王子》，其中大部分内容都与他的童年生活有关。尽管如此，诗的第一部分很大程度上反映出他在马洛的情感经历，还描写了他的朋友企图寻找他抑郁的根源。对于“将爱情作为自己最高法则”之人，有一个表述是描写了他们所遭受的“神秘的苦痛”，这对于他与哈丽雅特、玛丽和克莱儿这种剪不断、理还乱的关系，产生了纯属灾难性的暗示。阿萨奈斯王子的朋友思忖着他的痛苦，并竭力要让他参加对话，而他并不打算逃避这个话题。但这最终似乎只会给他的人生带来更多痛苦，更多绝望，更多束缚：

……他也常带着人间的苦闷，
参加这讨论；仿佛这话题

与他无关，他智慧超群，
不厌其烦地与人们探讨，
其实只有最爱他的人们

才知根由，而他却不知道，
冷漠的空谈咬啮着他的心，
悲哀如梦魇把他抓牢；

407 如一条毒蛇缠裹在身，
挤压着生命，他若是挣扎，
这缠绕的恶魔就勒得更紧；——
他痛苦依旧——无言表达。[87]

但是,最后的意象与他一八一五年的诗作惊人地相似,这本身就表明,直接将一八一七年和一八一八年之交的冬季时的焦虑与之对比是不合适的。在他的手稿中,雪莱插入了一段枯燥乏味的评论,但总的来说并非讽刺。“作者在描绘阿萨奈斯的理想性格时,忽然想到这种把人物写得尽善尽美的做法,也许会适得其反,最终会写成一个病态的形象。因此作者改变了手法,但究竟是得是失,只能待读者去判断了。”[88] 显然,雪莱正在努力控制自己。

一月二十日,葛德文经过长久、谨慎地询问眼炎是否有传染性之后,终于带着他的儿子威廉来雪莱家中做客两天。小威廉·葛德文时年十五岁,他不愿与同父异母的姐姐和姐夫郑重其事地交谈,而是立刻与克莱儿打成一片。他一直在哈哈大笑,还戏弄了克莱儿。雪莱看到克莱儿快乐的样子,也感到欣慰。到了下午,他们会出门去森林里散步,晚上则围着火炉下棋。[89] 葛德文再次坚决地索要资金。他为雪莱制订了一项计划,这项计划让雪莱申请遗产抵押贷款,并让他与伦敦的金融家威廉·维拉茨签订人寿保险合同。二十二日,雪莱的眼炎复发,葛德文父子慌忙离开马洛。但这次做客在另一方面发挥了决定性作用,它最终使雪莱认识到,必须立刻将意大利之行的计划付诸行动。他给霍格写了信,给伦敦的律师们也写了信,让玛丽做他的誊写员。一月二十五日,他们发现阿尔比恩之家终于有了诚心的买主,众人颇为惊讶,也很开心。自打去年十一月以来,他们就在市场上打出了出售广告。他们终于下定决心前往意大利。四天之后,雪莱把眼疾抛诸脑后,收拾好行装与克莱儿和皮科克一同登上前往伦敦的马车。之后五个星期,他们的生活变了个样,他们无休止地参加社交活动、法律会议、茶会,看歌剧,参观博物馆,去亨特家和葛德文家用餐,打包行李,将书籍装箱,为孩子们购置各种衣物和意大利人肯定闻所未闻的器物,这些活动仿佛突如其来的旋风一般接踵而至。

雪莱住在大罗素街119号,这是一套舒适的房子,毗邻大英博物馆,但

又远离托特纳姆考特路的喧嚣与马车的轰鸣声。这是雪莱在英国的最后
408 一个住处。他于六日又回到马洛，帮玛丽收拾行李，又将阿尔比恩之家的收尾工作委托给当地的马多克斯先生办理。还有许多笔账单没有支付，有的是房子欠的钱，有的是欠当地供货商的钱。雪莱向马多克斯和维拉茨都作出保证，称自己在四月之前不会离开英国，“因为这样太仓促”。[90]他并没有完全遵守这些保证与安排。七日，雪莱动身回伦敦之前，最后一次向他的图书室、花园及维纳斯和阿波罗的雕像辞别。考登・克拉克是济慈的校友兼恩主，他为人友善；七年之后，他来到附近故地重游，曾听当地一位富户说，“他们都认为雪莱是个疯子”。无论是到来还是告辞，雪莱都没有像常人那样正式拜访邻居。[91]

三天之后，玛丽、孩子们以及家中的其他人都到达了伦敦。在皮科克的陪同下，他们去观赏了盛大的《唐・乔瓦尼》演出，以此欢庆他们来到伦敦的第一个夜晚。皮科克对克莱儿特别关注，有一次去购物时，他似乎告诉克莱儿雪莱多年之前曾在爱丁堡遇到的那位巴西留学生的情况。无论怎样，克莱儿都在日记中写下了佩雷拉赞美雪莱的这首十四行诗，笔调明显快乐、自豪：“崇高的雪莱，真理的歌手…… /《麦布女王》的出现复兴了世界。”[92]第二天傍晚，他们一同前往帕丁顿去亨特家中做客，恰好霍格前来拜访，济慈也来了，雪莱这次还是未能将诗人济慈收为自己的信徒。当晚举行了音乐演奏，亨特弹了钢琴，克莱儿献唱，此时的她宛如康斯坦西亚一般。二月十四日是情人节，雪莱又一次带着克莱儿去考文特花园欣赏《唐・乔瓦尼》演出，随行的还有霍格与皮科克。从这一天起，二月几乎每一天晚上都像节日一般度过。他们不停地去歌剧院听莫扎特演奏，去芭蕾舞剧院观看首席芭蕾舞女演员米拉尼小姐的表演，还去戏院看戏。有一天，皮科克带着众人去博物馆参观。他们对埃尔金爵爷最近从希腊运来的大理石赞佩不已。他们还观看了彩绘玻璃展览，之后亨特在《检查者》中对此发表了评论，雪莱也对皮科克新出版的《罗多达芙妮》发表了一篇慷慨的评论。他们还去了邦德街，看到

了卡诺瓦的《卡斯特》和《墨尔波墨涅》的演职人员，这就仿佛是他们前往意大利游览露天市场和美术馆之前的开胃酒。他们还去了一个巡回展出的动物园，观看了一头母狮和几头幼狮，又去看了几次阿波罗尼肯，这是位于圣马丁胡同的一架巨大的手摇风琴。它以一万英镑的巨额造价而闻名，至少需要六位风琴演奏师同时演奏，克莱儿和其他数千名听众听得如痴如醉。

这也许是雪莱一生中最有活力、社交活动最频繁、都市生活味道最
浓的一个月。经过数周的抑郁与犹豫，他终于满心喜悦、全力以赴地投 409
入这项计划。无论是比沙姆森林中的世界，莱昂与茜丝娜，还是泰晤士河上那艘孤零零的小船，都渐行渐远。同样，他似乎也已忘记，一旦做出决定，生活就要发生天翻地覆的变化，这实际上就相当于他被迫浪迹天涯。二月是一段快乐的过渡时光。老朋友霍格经常会从他位于花园寺的公寓出发，前来参加庆祝活动，他尤其赞赏这样的变化。他在写给朋友的信中称，雪莱“最近搬出了马洛的住所，售价对他很有利。他秉持的观点是：智者唯有住在沼泽之中或大山之巅，方可使他人受益”。此言竟一语成谶。

雪莱再也不离群索居，也不对城市的快乐冷眼批评。“他现在住在市区，穿着考究的紫色亚麻衣服，蓝色的外套和白色的马甲；三个星期以来，他一直准时去歌剧院看演出；他赞佩福多夫人和米拉尼小姐，还经常出入展厅、音乐会和戏院。”他在吉尔比公司赊的红酒账单达到前所未有的九个畿尼。与此同时，他还在朗埃克的一家马车房定做了一辆马车。[93]霍格不禁起了疑心，但他立即将它们抛诸脑后。“他打算不久后出国游览巴黎，也许还要去意大利；离开我们的祖国似乎不大合适，因为只有在这里，他才能发挥巨大作用，而且他对这里也有感情。我认为他离开不会太久，他会回来，住在伦敦郊外。”[94]

对于玛丽来说，与雪莱品尝城市生活的滋味令她终生难忘。毕竟她是由葛德文抚养成人的，之前就出席过各种晚宴和娱乐活动，也享受过

在戏院与音乐会上受众人瞩目的滋味。她的《弗兰肯斯坦》终于出版了，各种期刊登载了耸人听闻的评论，司各特和汤姆·摩尔等知名作家都对这位寂寂无名的作家表示认可。玛丽对戏院和歌剧院都很向往。尽管皮科克认为，雪莱憎恨舞台喜剧，但他在这些日子里还是热衷于晚上出去看戏。他在考文特花园还订了一间包厢。雪莱离别之后很久，亨特还满怀惆怅地回忆起当年的那些夜晚。“我们举头仰望你的包厢，希望能看到那位雍容华贵的瘦削男子，他心系天下，探出身子和我们打招呼，还有一位喜怒不形于色的年轻仕女，她也向我们弯腰致意，她天庭饱满，香肩宛如凝脂，身着一件酒红色晚礼服。”[95]雪莱还与克莱儿一同看了哑剧，光怪陆离的魔术让他如饮醇酒，久而不知其醉。雪莱酷爱舞美装置和传奇剧。多年后，玛丽去了日耳曼歌剧院之后，还在信中告诉霍
410 格：“我们喜欢音乐，而且祭出咒语的场景会让雪莱开心得放声尖叫，模仿扑扇着翅膀的猫头鹰和乌鸦、蹦跳的蟾蜍、怪异的爬行动物、火蛇、骷髅猎人……”[96]

除了为《检查者》撰写评论稿件之外，雪莱几乎没有进行其他创作。但是在亨特的朋友圈中，诗歌是一项社交艺术。二月十四日，在利森树丛举行了一场晚会，众人就尼罗河这个主题举行了赛诗会。参赛者是亨特、济慈与雪莱，他们共创作出三首十四行诗。[97]亨特的作品最具竞争力，而济慈与雪莱的作品都有一些瑕疵，这也许并不让人意外。有关埃及的主题此时非常盛行，因为在一八一七年秋，大英博物馆收藏了拉美西斯帝国的一批残片和雕像，有些大约是公元前二〇〇〇年的文物。这其中就有著名的罗塞塔石，还有拉美西斯二世的巨型石像，从这位国王的底比斯神庙中出土，并由亨利·索尔特与 J. L. 布克哈特运到英国。这尊石像也许是埃及出土文物中最著名的一件，它用蓝色与白色的大理石雕刻而成。报刊中还发表了很多文章，讲述了神奇的埃及见闻。编辑沃尔特·库尔森在圣诞节来马洛做客时，也经常讨论这一点。雪莱与霍勒斯·史密斯一同游览大英博物馆时，提议两人可以就这个主题写一首

十四行诗。史密斯是股票经纪人兼诗人，他答应在伦敦为雪莱担任财务代理人。他写出了一首技巧精湛的诗作。而雪莱写的诗题为《奥西曼迭斯》，他此前从未写过如此出色的十四行诗：这首诗措辞严厉，充满戏剧性，深深地表达了他对暴政经久不变的憎恨，也表达出他充满哲理、挥之不去的怀疑。在他离开英国前不久，这篇作品发表在亨特的《检查者》中，仿佛是向他道别：

我遇到过一位来自古老国土的旅客，
他说：一双巨大的石足，没有身躯，
矗立在沙漠……近旁的黄沙半露着
一副破碎残缺的面孔，它眉峰紧蹙，
嘴唇起皱，号令万方睥睨一切的神色，
表明雕刻师对这类情欲曾深有感受，
却由于留痕在这了无生命的物体上，
竟比孕育它们的心，仿造它们的手，
都存活得更加长久；台座上石足下，
有这样的字迹依稀可读："众王之王——
奥西曼迭斯就是我，看看我的业绩吧，
纵然一世之雄，也定会颓然而绝望！"
残骸的四周，此外再没有留下什么，
寂寞、荒凉，无边的平沙伸向远方。[98]

除了与马洛的房子有关的事务以及当前要解决马车和旅途方面的安排之外，雪莱只有一件重要事务还需要安排：葛德文的财务问题。411
雪莱通过技术手段，针对自己在蒂莫西爵士之前身故的可能性投了人寿保险。这样他就能获得一笔巨额遗产抵押贷款，葛德文希望从中获得相当大的份额。尚不清楚这笔钱的具体金额，但可能高达四千五百英镑；

无论利率如何，他欠维拉茨的债务总额为九千英镑。[99]葛德文发现，雪莱就像一八一五年那样，决定将这笔钱中很大一部分供自己挥霍。虽然他得知这项协议很快达成后非常喜悦，但此时这种喜悦之情却烟消云散了。他在信中承认，收到了“你在信中提到的那笔钱。我同样明确地承认，我心中怏怏不乐。我注意到你所使用的措辞，即你‘决心将扣除这笔钱后的其余金额都留在自己手中’”。[100]

葛德文向雪莱施加压力，要求他将这笔遗产抵押贷款全部留在英格兰，存入一个联名账户，需双方联合签名方可取用；但雪莱是不会接受这一点的，因为他已吸取教训，不会在资金问题上给自己留下隐患。葛德文的强烈反应显示出他对雪莱混杂着羞耻和敌意的态度，他在雪莱一八一六年成婚后就一直竭力压抑这种情绪。此时，他给雪莱写了一封信，在我们所掌握的信件中，这也是雪莱在英国收到的最后一封来自葛德文的信。信中葛德文难过地回忆起师徒二人自打一八一二年以来的渐行渐远。他在信中称，已经“充分反思了这个问题。我对自己最近在我们的谈话中所使用的语气感到羞愧。我就像是吹篪乞食之人，丢弃了哲学家的尊严。我刚与你相识时，谈话中绝非这种语气。我再也不愿这样与你交谈了。我要讲原则；我要讲《政治正义论》，无论这对我是利是弊，我都不在乎。我完全能做到这一点……像你这样意气用事之人，我对你无话可说；至少我希望能打动你的感情；最起码也能让你感到伤痛。我的言辞要有哲学的冷静，我的举止要出离庸俗的感官刺激。如果你有勇气听我讲话，就来吧；如果你没有，那就算了吧”。[101]

葛德文最后这条请求表现出他的尊严甚至气度，但是在雪莱听来，不啻虚伪和煽情之举。他的回答也振聋发聩。雪莱先保证葛德文能够拿到规定的金额，之后便与他断绝了联系。他在英国最后的这段日子，都住在大罗素街的住所中，几乎每天晚上都去拜会朋友，但一次也没有去葛德文府上做客。与此同时，葛德文已无所顾忌，他一封接一封地给雪莱写信（2 月 2 日、3 日、5 日和 10 日），而且在十七日、二十二日、二十四日和二十五日又发动了猛攻。没有记录表明雪莱写了回信,而且葛德文的这些信件也没有留存于世,也许是因为雪莱将它们都撕了个粉碎。[102]在他们离开伦敦前五天,葛德文做了最后一搏,他趁雪莱外出之际溜进他们家中去见玛丽。他还没来得及走,碰巧雪莱回家了(这也许 412
是葛德文的精心算计)。双方便突兀但又不失礼数地和解了。

三月七日与八日是他们在英国度过的最后一个周末。雪莱匆匆拜访了葛德文,并和他一同品茗。但与他同行的还有霍格、皮科克和霍勒斯·史密斯,因此不可能谈正事。克莱儿也去看望了母亲葛德文夫人,和她道了别。三月九日星期一,他们同意葛德文来参加威廉和小克拉拉的洗礼,地点在圣吉尔斯教堂。克莱儿还根据拜伦的授意,让阿尔芭也接受了洗礼,成为“克拉拉·阿利格拉”,又加上了一句“居无定所、在欧洲大陆旅行、受人尊敬的乔治·戈登·拜伦勋爵大名鼎鼎的女儿”。他们都回到了罗素街,但雪莱立即召来了皮科克与霍勒斯·史密斯,众位宾客早早就告辞了。到了晚上,亨特与贝茜·肯特一同从帕丁顿步行前来,并在第二天安排了一场告别盛宴。星期二是十一日①,众人都忙着收拾行装,许多朋友前来道别。孩子们早早便就寝了,为第二天的旅程养精蓄锐。亨特与玛丽安娜前来庆祝雪莱在英国的最后一夜。晚饭之后,雪莱精疲力竭,躺在沙发上睡着了,亨特一家悄悄离去,根本没来得及与他做最后的道别。

第二天清晨,一行人在拂晓之前就出发了,出伦敦城时,天还没有亮。他们在达特福德用了早餐,并在夜幕降临之前从坎特伯雷赶到绵延起伏的多佛尔山丘。克莱儿向孩子们指着下方的灯光、城堡和大海,“宛如仙境中的城市”。雪莱以前出国,从未带上过如此庞大的家庭,共

① 此处应为 10 日之误。

有八人：玛丽和克莱儿，小威廉，克拉拉和阿利格拉①这两位婴儿，忠诚的瑞士保姆埃莉斯与米利·希尔兹（她是来自马洛的一位女佣）。这次，他们身后没有追兵，还在约克别墅酒店中舒舒服服地住了一晚，打算第二天启航。第二天一早，克莱儿和两位女佣就带着孩子们去海滩漫步，阿利格拉第一次在海里游了泳。[103]

在等待船长决定是否能平安应对强劲的东北风之际，雪莱突然想起他还有账单未支付，需要向银行家布鲁克斯下达指令。于是匆匆写了一封便笺，规定只有四个人才能从他账户中申领到资金，“其他账单一律不予兑付”。他最先写的是皮科克，给了他三十英镑的额度。为了完成《伊斯兰的反叛》的印刷工作，雪莱也规定查尔斯·奥利尔可以领取三十英镑。葛德文可领取一百五十英镑。最后，“马多克斯先生可领取一百一十七英镑（用于清偿马洛的账目）”。[104]雪莱在英格兰写的最后一封信，内容是关于账单而非诗歌。

一行人登船出发了。海上风高浪急，他们迎着三月的暴风雨驶离多佛尔。据克莱儿观察，海浪“有山那么高”，但前往加莱的航程只用了两小时四十分钟，雪莱从未如此迅捷地穿过英吉利海峡。两位襁褓中的
413 孩子都生了病，但他们表现都很出色，他们和佣人一起睡在船舱中。雪莱、玛丽和克莱儿都靠在甲板的栏杆上。他们身旁站着一位军人的妻子，她恐惧晚风，反复地大声向上帝作祷告。每当晕船时，她就吩咐佣人替她继续作祷告。[105]雪莱向着法国方向极目远眺：在他看来，春天似乎从南面赶了过来，它加快着步伐，迎接一行人的到来。[106]

注释

[1] 桑顿·亨特发表于《大西洋月刊》，1863 年 2 月。

---

① 这里的克拉拉是指雪莱女儿克拉拉·伊芙里娜·雪莱，阿利格拉则是上文提及的克莱儿和拜伦的女儿——克拉拉·阿利格拉·拜伦。

［2］《玛丽·W.雪莱书信集》，第一卷，第二十八篇，页24。

［3］《珀西·比希·雪莱书信集》，第一卷，第三九五篇，页539—540。

［4］牛津大学博德利图书馆藏雪莱手稿，位置e.10。

［5］《珀西·比希·雪莱诗集》，页551。

［6］《珀西·比希·雪莱书信集》，第一卷，第三九八篇，页542—543。

［7］《珀西·比希·雪莱诗集》，页539。

［8］牛津大学博德利图书馆藏雪莱手稿，位置e.4。《珀西·比希·雪莱诗集》，页549。

［9］《珀西·比希·雪莱书信集》，第一卷，第三九九篇，页543。

［10］伊丽莎白·肯特，《国内植物群落》（1831），页xix。

［11］玛丽在《珀西·比希·雪莱诗集》中加的注释，页157。

［12］道登，《珀西·比希·雪莱的一生》，第二卷，页123—124。道登的信息来自波莉·罗斯在老年时的口述原文，我节选使用，删除了维多利亚时代明显的矫饰，例如称雪莱的“眼睛像一只鹿”等。

［13］罗斯小姐写给雪莱女士的信，参见道登，《珀西·比希·雪莱的一生》，第二卷，页120。

［14］同上。

［15］道登，《珀西·比希·雪莱的一生》，第二卷，页123。

［16］A.H.比文，《J.H.史密斯》，页171。

［17］《珀西·比希·雪莱书信集》，第一卷，第四〇五篇，页551。

［18］皮科克，《噩梦修道院》，第二章，参见《托马斯·洛夫·皮科克小说集》，大卫·加尼特编（1970），第一卷。

［19］同上。

［20］《珀西·比希·雪莱书信集》，第二卷，第五〇一篇，页98。

［21］皮科克，《噩梦修道院》，第十章，参见《托马斯·洛夫·皮科克小说集》，第一卷。

［22］《珀西·比希·雪莱书信集》，第一卷，第四〇九篇，页553。

［23］《玛丽·W.雪莱书信集》，第一卷，第四十四篇，页42。

［24］《珀西·比希·雪莱书信集》，第一卷，第四一一篇，页557。

［25］《珀西·比希·雪莱诗集》，页37。

［26］《珀西·比希·雪莱书信集》，第一卷，第四一一篇，页557。

［27］《玛丽·W. 雪莱书信集》，第一卷，第三十五篇，页33。

［28］同上，第三十五篇，页33–34。

［29］同上，第三十七篇，页37。

［30］《珀西·比希·雪莱书信集》，第一卷，第四一五篇，页560–561。

［31］《玛丽·W. 雪莱书信集》，第一卷，第三十九篇，页41。

［32］罗杰·英彭，《雪莱在英国：雪莱–惠顿文献中新的事实与信件》，页523–526。

［33］《珀西·比希·雪莱诗集》，页178–179。

［34］《珀西·比希·雪莱书信集》，第一卷，第四一七篇，页564。

［35］《珀西·比希·雪莱诗集》，页886。

［36］《玛丽·雪莱日记》，页85。

［37］《珀西·比希·雪莱诗集》，页34–35。

［38］同上，页32。

［39］同上，页33–34。

［40］《亨利·克拉布·罗宾逊日记》，托马斯·萨德勒编（1869），第二卷，页67–68。

［41］E. P. 汤普森，《英国工人阶级的形成》，页727。

［42］哈蒙兹引自E. P. 汤普森，《英国工人阶级的形成》，页730。

［43］《珀西·比希·雪莱书信集》，第一卷，第四二〇篇，页566。

［44］雪莱，《散文作品》，页168。

［45］同上，页167。

［46］同上，页166–167。

［47］同上，页168–169。

［48］《珀西·比希·雪莱书信集》，第一卷，第四三一篇，页575，注释2。

［49］同上，第四三九篇，页586，注释1。

［50］同上，第四四一篇，页 587–588。

［51］同上，第四二三篇，页 568。

［52］同上，第四二六篇，页 569。

［53］同上，第四二七篇，页 571。

［54］同上，第四三二篇，页 577–578。

［55］同上，第四三三篇，页 579–580。

［56］《玛丽·雪莱日记》，页 87。

［57］《珀西·比希·雪莱书信集》，第一卷，第四三五篇，页 582。

［58］霍华德·米尔斯编，《皮科克：回忆录、随笔文与评论》，页 89。

［59］《珀西·比希·雪莱书信集》，第一卷，第四三六篇，页 584。

［60］同上，第四二九篇，页 572–573。

［61］牛津大学博德利图书馆藏雪莱手稿，位置 e. 19。手稿中此处之前也提到过"威廉·葛德文"。本诗的前两诗章用墨水工整地誊写，这与本诗的其他部分不同(载于另一钞本)。雪莱之后使用了其中许多历史材料作为 1820 年创作《自由颂》的依据。

［62］这首诗发表于《伊斯兰的反叛》，第二诗章，第 23 诗节；《珀西·比希·雪莱诗集》，页 31–156。

［63］同上，第二诗章，第 43 诗节。

［64］同上，第五诗章，第 53 诗节。

［65］同上，第六诗章，第 16–17 诗节。

［66］同上，第 33–36 诗节，第 38 诗节。

［67］同上，第九诗章，第 24–25 诗节。

［68］同上，第十诗章，第 14–15 诗节。

［69］同上，第 18–19 诗节。

［70］同上，第 21–22 诗节。

［71］《珀西·比希·雪莱诗集》，页 887。

［72］《伊斯兰的反叛》，第十二诗章，第 5 诗节。

［73］同上，第 13 诗节。

［74］《自杀者的炼狱》，第二卷，第 7 诗节，见托马斯·库珀，《诗集》（1877）。

［75］参见托勒，《转型》（1919）与《群众与人》（1920）；另见凯泽的三部曲《气体》（1919–1920）。托勒实际上为 1812 年的英国的卢德分子写了一部戏剧，题为《破坏机器的人》。

［76］《珀西·比希·雪莱书信集》，第一卷，第四四八篇，页 593。

［77］同上，第四五〇篇，页 594。

［78］同上，第四五三篇，页 596。

［79］《不灭的炉火》，页 123。

［80］同上，页 125。

［81］同上。

［82］同上，页 128。

［83］《玛丽·雪莱日记》，页 91。

［84］《珀西·比希·雪莱书信集》，第一卷，第四三六篇，页 584。

［85］同上，第四三六篇，页 584。

［86］同上，第四二九篇，页 573。

［87］《珀西·比希·雪莱诗集》，页 161。

［88］同上。

［89］《克莱儿·克莱尔蒙特日记》，页 80。

［90］《珀西·比希·雪莱书信集》，第一卷，第四五四篇，页 598。

［91］埃德蒙·布伦登，《雪莱生平》，页 173。

［92］《克莱儿·克莱尔蒙特日记》，页 83。

［93］同上，页 85。

［94］霍格写给 J. F. 牛顿的信，《新编雪莱书信集》，页 107。

［95］道登，《珀西·比希·雪莱的一生》，第二卷，页 182。

［96］玛丽写给霍格的信，1824 年 10 月 3 日，《新编雪莱书信集》，页 151。

［97］《珀西·比希·雪莱诗集》，页 552。

［98］同上，页 550。《奥西曼迭斯》首次发表于《检查者》，1818 年 1 月。

[99] 如需关于这项复杂交易的讨论，参见纽曼・艾维・怀特，《雪莱》，第一卷，页 743-744（注释）。这些文件令人困惑，而且道登、英彭、佩克与怀特都认为这笔贷款只有两千英镑。但在我看来，考虑到雪莱在 1822 年时所欠的债务，这些金额似乎并不够。

[100]《珀西・比希・雪莱书信集》，第一卷，第四五五篇，页 597，注释 3。

[101] 同上，第四五五篇，页 597-598，注释 3。

[102] 同上，其中附上了葛德文在 1818 年 2 月的日记。

[103]《克莱儿・克莱尔蒙特日记》，页 86。

[104]《珀西・比希・雪莱书信集》，第一卷，第四五七篇，页 599。

[105]《克莱儿・克莱尔蒙特日记》，页 87。

[106]《珀西・比希・雪莱书信集》，第二卷，第四五九篇，页 2。

第十六章　柏拉图的信徒（巴尼迪卢卡，1818）

414　根据玛丽日记的记录，一行人已是第三次来到加莱。雪莱并不希望在法国逗留很久，他已经领教了这里卫生条件恶劣的旅馆、不靠谱的马车和“法语中刺耳的鼻音和吞音”。[1]他决定全速向阿尔卑斯山前进。但不管怎么说，他还是要在加莱买一辆马车，这一天是一八一八年三月十三日，星期五。他们将行李放上马车，驱车途经阿图瓦和勃艮第前往瑞士边境，特意绕开了巴黎。旅程的第一段主要是借着月光赶路，他们不得不在圣欧麦给守兵塞了许多钱，方在深夜得到入城许可。一位妇女从护城河对面发出尖叫，询问这些入侵者是什么人。[2]一行人从圣欧麦出发后，途经兰斯、马恩河畔夏龙与第戎，最终在三月二十一日（星期六）子夜时分抵达里昂。他们在这里第一次停下脚步休息一番。雪莱给亨特与拜伦都写了信，告知了他们飞速赶路的过程，还与一位马车夫商谈，让他驾着马车翻越阿尔卑斯山送他们去米兰。

整个旅途中，雪莱都对法语书籍不屑一顾，注意力全都放在施莱格尔撰写的关于莎士比亚与戏院的随笔上，他还在思忖着创作一部诗剧。天气炎热，法国南部的天空是湛蓝的，雪莱的精神状况越来越好。他们从里昂动身的前一天晚上，就与这位马车夫坐在一起讨论这座城市在大革命时代的情况，因为他当时就目睹了各种事件；他们后来还出门赏月，月亮悬在遥远的阿尔卑斯山上空，倒映在水中，发出夺目的光芒，索恩河就在这里汇入罗讷河。[3]第二天，一行人驱车进入丘陵地带，在莱塞谢勒穿越国境线。雪莱的书籍需要交给撒丁审查官检查，“那里有一名神父，他是决不允许卢梭、伏尔泰等人的任何东西进入撒丁国王治下的领地的”。他在日记中嘲讽地写道，“所有那类书籍都要付之一炬”。[4]但是，雪莱是一位英国旅客，他的图书十分冷僻，最终得到了放行。

虽然在这里耽搁了一些时间，但驶出莱塞谢勒之后，就能欣赏到怪石嶙峋与悬崖峭壁的奇观，众人忘记了之前的不愉快。这里的美景使雪莱想起埃斯库罗斯笔下的一个著名场景，“这些垂直计算远远不足一千 415
英尺高的岩石，有时孤悬在路的两侧，几乎遮去了整个天空。这种情景就像埃斯库罗斯在《被缚的普罗米修斯》中所描绘的那样。花岗岩石的悬崖上，满是巨大的裂缝和洞穴，山顶一片冰雪世界，洞内传出暗流的巨响，向外倾斜的岩石，正如他所描述，也只能有海中仙女驾上带翅膀的马车才能登上”。[5]无论是这番景象，还是之前在一八一六年夏天前往阿尔卑斯山旅行时看到的风景，都开始在雪莱心中融为一体，化为泰坦普罗米修斯的形象，即他被锁链束缚、钉在悬崖峭壁上的景象。这是一个神秘的意象，可以追溯到雪莱在孩提时代最早读过的几本浪漫传奇，此时雪莱突然找到了它在现实世界中的背景。玛丽笔下的那个遭到人类遗弃的怪物和那位现代的普罗米修斯，也都诞生于这片崇山峻岭之中。但雪莱还在享受旅行中的喧闹、兴奋和快乐，埃斯库罗斯的这个意象还在他心中酝酿。

到了尚贝里之后，他们的马车在过桥途中再次被拦下，桥的一头是法军士兵，另一头则是皮埃蒙特人。海关人员检查了护照与书籍，他们颐指气使的官架子让雪莱抓狂。一个小时之后，他们还是既不让马车前进，也不让后退，当时还一直下着雨。最后，一位瑞士牧师路过海关检查点，他曾在诺福克公爵家中见过蒂莫西·雪莱爵士。他向官员们保证珀西·雪莱深受人们爱戴，而且结交甚广，他的说法更像是照顾雪莱而非实事求是。马车得到了通行许可，车内几箱宣扬异端思想的书籍也没有遭到收缴。这一天他们在尚贝里度过，因为瑞士女仆埃莉斯的父母安排好在这里与女儿见面。

之后几年里，埃莉斯将在雪莱的意大利岁月中扮演重要角色，而且此时对她的背景也稍有了解。埃莉斯的母亲曾结过两次婚。埃莉斯的家庭颠沛流离，二十出头她就未婚先孕。一八一六年，她的母亲和继父答应为她照顾好孩子，而她则与雪莱等人开始新的生活。这一事实也许能说明当初她为何愿意离开瑞士，也能说明雪莱为何认为她是照顾玛丽与克莱儿的几个孩子的不二人选。她对婚外情这一类事情非常了解。埃莉斯自己的女儿虽然年龄不详，但我们知道她名叫艾梅，埃莉斯的继父名叫罗米厄。但是，埃莉斯原先的名字却不为人知。[6]克莱儿很喜欢埃莉斯，称她为“出类拔萃的瑞士女子，年龄约为三十岁，已经当了母亲”。[7]人们往往认为埃莉斯在十多岁时就成了质朴的劳动阶层，当上了女仆，其实不然。她受过一定的教育，也有过性经验，她其实是雪莱一行人中年龄最大的，比他们要年长四五岁。她显然与伊丽莎白·希钦纳
416 具有可比性，因此这也表明她在玛丽、克莱儿和雪莱的三角关系中将发挥重要作用。没有记录说明埃莉斯的长相或魅力方面的情况。雪莱除了对此人绝对信任之外，当时似乎也没有为她写下任何内容。她几乎已成为他的家庭一员。

三月二十八日离开尚贝里之后，马车驶过白雪皑皑的塞尼山，沿着拿破仑进军的路线，穿过了魔鬼桥。据克莱儿说，雪莱兴高采烈，一路唱着歌，他的声音在冰封的瀑布和白雪覆盖的悬崖峭壁上传来了回声。他的歌曲是一首宣扬无神论思想的诗歌临时改编的小调，内容是上帝“挂在每一棵树上”，他还开心地开玩笑说这里的风景可能就是普罗米修斯故事的背景，还会出现神秘怪物，他断定“这里的山是上帝的‘群舞’，而

少女峰就是米拉尼小姐”。[8]第二天，他们来到苏萨，欣赏了一片片沐浴在阳光下的草甸和迎春花，接着他们抵达都灵，并于四月一日去了歌剧院。四月四日，一行人终于抵达他们在意大利的第一个目的地——米兰，这里有宏伟的戏院，歌剧院和大教堂上都矗立着白色的尖顶与雕像。他们在意大利参观的第一座纪念碑颇有象征意义：“一块开遍了紫罗兰和迎春花的草地大道上，矗立着一座气势宏伟然而已经残损的希腊风格拱门。”一位**金发碧眼的**意大利女孩给他们做导游，这让雪莱很是开心，觉得她很像菲尤泽利笔下的夏娃。[9]也许，他又一次来到了天堂。

在皇家旅馆的一间小公寓入住之后，一行人一到晚上就前往米兰的歌剧院和芭蕾舞剧院。雪莱在寄往英国的信件中，向朋友们报了平安，还称自己总的来说很健康，兴致也很高。他告诉皮科克，他正在就塔索发疯这个话题酝酿一部悲剧，他打算搬到别墅后，就用整个夏天来创作这部作品：“我渴望安顿下来，这样我就可以动笔了。”在白天，克莱儿会写长长的日记，日记中讲述了意大利芭蕾舞的魅力，雪莱和她都为之倾倒。“充满疯狂和令人陶醉的快乐，但又充斥着靡靡之音。”他们还观赏了改编自《奥赛罗》的舞剧，饰演苔丝狄蒙娜的舞蹈演员是玛丽亚·帕莱里，克莱儿对她的描写体现出雪莱诗歌的特点：“她的脚步更像是凌风微步，而非凡人的步伐，她的神态宛若画中人一般。”[10]雪莱在作品中力图要实现的效果，正是这样将流动的线条与雕像的雕带融为一体。意大利给他留下的第一印象，似乎唤醒了他心中太多的反响与共鸣，仿佛顿悟一般；他几乎没有时间去询问“科贝特与政治”，也没有时间去过问即将出版的著作（《罗萨琳和海伦》）的校样。即便是天主教堂，也以最形象、最共情的方式给他留下了深刻印象。“教堂用白色大理石砌成， 417
被分割成几座极高的塔尖，装饰各种各样的雕塑。成群耀眼的塔尖刺穿坚实蓝天的效果，在意大利天空的深邃和宁静中，或是在星星似乎簇拥着那些雕像时的夜晚月光下，显得更加突出，超过了我想象中任何建筑物所能产生的效果。”内部是庄严、奢华的彩色玻璃，“巨大的花岗石柱上有古老的雕像”和“银灯昼夜长明”。在他看来，这些都像是“华丽的陵墓”。它们都没有让他感到厌恶，这颇令人好奇，而且在高高的圣坛后面，走廊上有一个特别的地方，这里“也许是彩绘窗户的缘故，光线昏暗”。下午他会经常来这里参观并阅读但丁的作品，他选择但丁的作品作为了解意大利文学的窗口。他正在阅读《神曲》的“炼狱篇”。[11]

他和玛丽都很满意这里的生活：房租非常公道，主食的价格似乎很低，“最好的面包，用仔细筛过的精白面做的，我所吃过的最白、最好的，一磅才一个**英国便士**”。[12]只有一些奢侈品才贵得离谱，很不幸，茶也在其中。

雪莱与庞大的随行人员最终抵达意大利，立即面临两个问题。首先，他们要寻觅并租下一座房子，周围的环境要让他们满意。其次，要把小阿利格拉送到拜伦勋爵手中，并为克莱儿争取到令她满意的协议。完成这些工作之后，雪莱还无法为塔索的疯癫动笔创作诗剧。他忙着阅读乔瓦尼·曼索（1619 年）与彼得罗·塞拉斯（1785 年）创作的传记，这是他在米兰的书店中发现的。[13]雪莱与玛丽决定，如果他们能在科莫湖（向北坐车六个小时即可到达）找到合适的房子，就能解决这两个问题。他们可以邀请拜伦从威尼斯前来做客，并把他的孩子接走。因此，他们于四月十日至十三日那个周末启程，将克莱儿、保姆和孩子们留了下来。他们一同游览了科莫湖周围陡峭的环境。无论是郁郁葱葱的月桂树和野生的无花果树、橄榄树与柠檬树种植园，还是米兰贵族精巧的别墅，都令他们赞佩不已，他们决定租下普利尼亚纳别墅，“因此我们造访了一座喷泉，它每三小时涨落一次，小普林尼描写过它，就位于庭院中”。别墅的房间很宽敞，它们空荡荡的，传来了回声，而且处于严重的年久失修状态。它孤零零地矗立在湖畔险峻的位置，阴森森的黑色巨石、瀑布和巨大的柏树环绕在它四周。这座花园里到处是蛇。

至少，雪莱对租下这座房子热情很高，也提出了租赁申请；但玛丽似乎对这里感到不太舒服。发生了一件令人好奇的事件，使她无法打消疑

虑,此事与雪莱的手枪有关。在日记中,她刻意闭口不提此事。但是周 418
日晚上返回米兰之后,雪莱立即将此事告诉克莱儿,克莱儿的日记中记录了此事的一个版本。

> 他们来到了科莫湖畔,雪莱想去某个荒僻的地方走一走,这样他就能用手枪练练枪法。在我们的整个旅途中,他手枪里都装上了子弹。他在途中发现有两人尾随他,他走了很远之后,突然停了下来,于是他们便走到他面前。他们自称是警察,还称必须逮捕他,因为任何人都不得携带武器,但他却携带了武器。雪莱表示抗议,但他们还是坚持把他带到地方长官那里。地方长官听说雪莱是个英国人,还携带了手枪,便尽可能以礼相待。地方长官说他应当妥善保管好枪支,直到这位绅士从雪莱夫人那里得知,她的丈夫决不打算用枪把自己的脑袋打穿。玛丽也作证确有此事——他们便归还了手枪。[14]

她没有解释雪莱为何刚到这里就遭到警方盯梢,也没有解释为何地方长官认为雪莱打算把自己的脑袋打穿。克莱儿只说这是"令人好奇的历险"。

雪莱第二天给皮科克写了一封信,他似乎正对意大利人产生失望:"男人很难称得上是男人,他们更像一群愚笨、萎缩的奴隶。自打翻越过阿尔卑斯山,我还没有看见过一张带有一丝智慧的脸。在被奴役的国家里,妇女的情况总要比男人好一些,但是她们束紧腰肢的体形和面貌(哦,和法国人多么不同啊!)表现出一种卖弄风骚和过分拘谨的混合气质,使我想到了英国女人身上最糟的一些特征。"[15]他们此时一边等待租赁申请的回复,一边将时间用于读书、对弈或晚上乘马车在科尔索附近兜风。雪莱给拜伦写了一封信,邀请他来普利尼亚纳别墅做客,这未免有些唐突:"如果你愿意来我们这里做客——而且我认为你在任何地方都无法获得比我们更热情的欢迎,小阿利格拉就可以和你一同回去。"[16]他还将克莱儿的一条消息转告拜伦,询问拜伦是否已收到了她之前寄去的阿利格拉的一缕头发。在此期间,雪莱读完了"炼狱篇",开始读"天堂篇"。

经过约十天的等待(在此期间科莫湖没有传来任何消息),雪莱收到拜伦的来信,信中突兀地宣布,邀请他来米兰做客既不妥当也不明智,因为他不希望见到克莱儿,但他愿意派一位使者将孩子接走。拜伦写给好友卡姆·霍布豪斯的另一封信则一定程度上反映出拜伦的态度,信中提到了阿利格拉的问题,流露出装腔作势的轻率之情:他在信中称,"一个职员就能把文件带来",还谈到必须在春天从英国带过来,"(与此同
419 时,再见吧,克莱儿给我生的这个**孩子**。我希望雪莱细心地给这孩子整理行装),带上**牙粉,只能是红色的**;带上氧化镁、苏打粉、牙刷、铅膏,无论如何,还要带上新出版的小说,什么小说都行"。[17]拜伦似乎对流言蜚语格外敏感,因为在威尼斯的上流交际圈中,正在流传他私生活的流言蜚语,就连雪莱一家也在米兰听说了许多此类绘声绘色的传言。

雪莱充当拜伦与克莱儿的中间人,而且拜伦的使者即将来把孩子接走,雪莱又一次身处调解人的位置。他在当天(4 月 22 日)写给拜伦的回信中,详细地作出答复,非常迅速而且判断准确。信中表达了感激与坚定的信念,这些都表明雪莱既善交际又成熟。他的态度很明确:"等你的使者到来时,克莱尔[原文如此]和你还没有就这个问题达成谅解,我就会把他留下来,一直到那边发来进一步的指令,除非你明确告诉我放他走。"对此他又补充了一句:"你在信中写的内容仿佛是,自打他出发那一刻起,克莱儿和她的孩子今后将断绝一切联系。我认为你不希望看到这样的结果,甚至连想都不愿想。"之后,他又进行了一番论述,讨论了拜伦打算推卸对母女二人的情感责任,以自己的诚恳让对方打消戒心。"我知道你心中现在对这个问题是什么看法;但有一点可以肯定,地位、名誉和谨慎与一位母亲的诉求相比不值一提……我亲爱的拜伦勋

爵,我向你保证,我这番话既真诚又急切。我并非是要为克莱儿做说客;你肯定能明白,我的**利益**完全相反。我也没有以任何办法对她发挥影响力。我认为,在这个问题上,让她根据自己的感情作出判断是我的责任,如果她没有感情,她就没有诉求。但其实如果她要与孩子分开,她就需要得到保证和柔情。心与心的羁绊不应粗鲁地拆散。正是通过我的这番游说,我希望(我还有一千种理由证明我想见你一面)你会接受我们的邀请,来到普利尼亚纳。如果能看到她的孩子和你在一起的情景,就会缓解克莱儿的痛苦,她就不用担心你的信件所造成的恐惧了,因为你还会再来做客。你目前的行为必须消除一切可能的残忍之举,无论你认为这样做多么有道理。如果我们是错误的,如果我们因为善良而犯错,那结果肯定也要比铁石心肠更好。只要你想,你可以停下来。你并非意志薄弱之人,以至于巧言令色就能让你在关键事情上超出自己的底线。”*

拜伦可能已经觉察到,雪莱表面上对克莱儿的权益泰然处之,实际上却更为**关心**;对拜伦本人来说,他根本不确定自己在“关键问题”上的目的有多么坚定。不管怎样,此时与克莱儿生活在同一屋檐下都是不可能的。无论他在其他方面做出怎样的让步,他始终坚决不与克莱儿见面。尽管如此,雪莱还是心平气和对他讲了一番道理并责备了他一番,这确实起了作用。拜伦于二十七日写了回信,语气更温和,也更愿意做出妥协。他承诺如果孩子到了威尼斯,他会尽全力去关爱她,他还向雪莱保证会允许克莱儿在夏天来看望阿利格拉。最后,雪莱要求他信守诺言,这项安排便付诸实施了。[18] 420

雪莱在信中还针对流言蜚语恭维了拜伦一番,这让他很是受用。因

---

* 这封信是重要的证据,它证明雪莱在私生子的问题上对父亲的责任和母亲的权利总体上持怎样的态度。这也适用于即将在这一年冬天发生的类似情况。“如果她没有感情,她就没有诉求”这番话与此关系尤其大。

为拜伦一开始就对这个问题忧心忡忡。雪莱告诉拜伦："木秀于林，风必摧之。昔日但丁行走于街头时，老妪皆指其云：'此人曾与维吉尔同去地狱；看他胡须烧成什么样子了。'在威尼斯也流传着有关你的谣言，它虽与之不同，但同样是无中生有、荒诞不经。但是，我看不出你有什么理由关心这些言论。"[19]

如果雪莱详细了解拜伦在威尼斯的生活方式，他可能就不会这样不以为然了。莫契尼格宫的灰色巨石位于大运河边，它距圣马可区几百码，当年曾见证了丰满、轻佻的女子络绎不绝地来到这里，这里还是喧哗斗殴、酗酒与政治颠覆的中心。拜伦刚刚与花魁玛丽安娜·拉塞加蒂分手，就与玛加丽塔·科尼斯混在一起。科尼是面包师的妻子，长着一双黑眼睛，身形妖冶。拜伦曾向朋友吹嘘，称她"体力充沛，只有角斗士才能满足她"。他又在写给霍布豪斯的信中讽刺地补充了一句："……我之前的'那段情'已结束，但我又找到了新的缘分（还得了淋病，但现在几乎快好了）。"[20]拜伦刚过而立之年，他在家中沉溺于声色犬马，这实际上已是他最后的归宿。而且他的放浪近乎绝望。到了一八一八年底，他已着手创作他一生中最伟大的诗歌——《唐璜》，友人曾发现他独自在半夜爬上了一位意大利女继承人的阳台，她只有十八岁。之后，他告诉梅德温，他对这段情缘的结果不以为意，也不在乎警官是否会过来将他击毙或勒令他与之成婚。[21]轻浮已成为他最后的藏身之所。即便拜伦没有与维吉尔一同去过地狱，这也是一个令人好奇的威尼斯式的天堂。他在第一首成熟诗歌《贝波》* 中，就刻画出一些肮脏的崇高之举。

421 雪莱在四月二十二日的信件中提供了两个选择，都具有可行性。一个是为阿利格拉解决一切费用，在当时的情况下，他只能勉为其难地提供这个慷慨的选择。另一个是让阿利格拉的保姆米利·希尔兹一同

* 默里于1818年2月出版了《贝波》；他请雪莱放一本《贝波》到书箱中带走，之后转交给拜伦勋爵，但雪莱忘了此事。

前往威尼斯；“阿利格拉有一个英国保姆，她非常爱干净，脾气也很好，为了打消忧郁的心情，我推荐她到你这里”。

四月二十七日，克莱儿凄凉地度过了二十岁生日，雪莱收到消息，得知租赁普利尼亚纳别墅的申请没有成功。这很可能是因为他给地方长官留下了不好的印象，但真正的原因不详。定居科莫湖畔的计划失败，对雪莱之后九个月的人生产生了决定性的影响。他实际上成了一位过客，一直在旅行，直到他在一八一八年和一八一九年之交的冬天抵达那不勒斯，才结束了这种状态。在此期间，他在这个国家每个地方住的时间都只有几星期。雪莱很喜欢像这样不停地改变风景与印象，他给皮科克写了一系列长信，这些信件组成了一部出类拔萃的意大利游记，堪与狄更斯、特罗洛普和劳伦斯的旅行信札相媲美。但是，颠沛流离的过客生活，加上由此带来的艰辛与不菲的费用，肯定与玛丽和雪莱去年秋天的计划大相径庭。由于未能租赁到普利尼亚纳别墅，最终还产生另一个可怕的后果，这影响的是家里的孩子们。最直接的后果发生在二十八日，因为雪莱无法用定居科莫湖的计划打动拜伦，便说服克莱儿把阿利格拉送走，孩子在拜伦的使者梅里韦瑟和一位保姆的陪同下前往威尼斯。雪莱在信中写道，克莱儿“郁郁寡欢，楚楚可怜，我不知道该怎样安慰她，只好等待来信”。他与玛丽计划立即离开米兰，向南前往比萨，“我打算在这里观光，以此排遣克莱儿的忧郁”。

计划出现了一个小小的改变，这引起了人们的兴趣，也许还很重要。这就是让埃莉斯代替米利·希尔兹与阿利格拉同行。尽管米利一直是阿利格拉的保姆，但他们还是做出了这个决定。雪莱随意地对拜伦作出了解释，但这也暗示这个决定也许是玛丽而非克莱儿或雪莱做出的。“与她随行的佣人并非我上一封信中提到的那一位，而是一位瑞士人，她此前照顾过我自己的两个孩子，雪莱夫人对她完全放心，她甚至对离开我们感到恋恋不舍，玛丽和她单独辞别，克莱儿与你都可以放心，阿利格拉得到的照顾不亚于她母亲的悉心关怀。”[22]玛丽为什么认为让埃莉斯离开这个家庭更合适也更方便，人们还没有找到现成的证据。也许，这仅仅是因为她觉得与年轻的米利相比，“出类拔萃的女子”埃莉斯可
422 能会更好地应付拜伦家中的紧急情况。但人们还能觉察到，在雪莱突然改变既定计划的过程中，玛丽的决定发挥了一定的作用。从之后的事件中似乎可以发现很明显的一点，即在一八一八年四月底之前，玛丽一有机会就要将埃莉斯从他们的小圈子里赶走，并使之与他们保持安全的距离。

一行人最后一次在晚上去了歌剧院，又给霍格和皮科克寄去了简短的信笺之后，便于五月一日离开了米兰。雪莱在写给霍格的信中采用之前在《阿拉斯特》中使用的风格，这个湖有“绿色湖岸，为了这些漂亮的湖岸，你曾经周游世界。你对旅行经验中人的部分更感兴趣；而我对这方面则所见很少懂得更少，就算见到了也懂得多了一些，恐怕我也没有能力加以描述”。[23]但之后，他又愉快地给皮科克与霍格都写了信，讲述他对意大利人的印象，尤其是对意大利女子的印象。

此时同行的人数已有所减少，克莱儿也痛苦地蜷缩在马车的角落里，她喜怒无常，心怀怨恨。一行人向南经过了帕尔马平原。他们凝望着高高的草甸和野生的葡萄藤，葡萄仿佛经过训练一般，像常春藤一样顺着树木攀援；在摩德纳和博洛尼亚稍事休息之后，他们登上了亚平宁山脉，之后又下到长满栗树的雅诺河谷，向着比萨前进。在亚平宁山中，众人找了一处荒僻的旅馆过夜，雪莱为荒凉的景色震撼，他觉得“想象力无法在其中找到一个落脚点”。[24]克莱儿听着狂风凄厉地啸叫，她突然感到恐怖，就仿佛整个马车会被吹跑。[25]雪莱又一次把众人聚集起来，恐怖、幽默地猜测着山中的怪物。他匆匆记下了一段内容，开头这样写道：“我的玛丽，听一听亚平宁的悄悄话。”其中还写道，当夜幕降临在这座山脉时，它就会复活，“在暴风雨的掩护下走出去”。一想到它，众

人似乎精神为之一振。[26]

众人行驶在佛罗伦萨平原的边缘，沿着雅诺河畔的道路前行，于五月七日径直进入比萨。他们入住这里的一家大旅馆，名叫三少女酒店。它位于拱桥的正对面。自中世纪以来，比萨城就由河畔的建筑物组成，它们形成了一条长长的弧线，这座旅馆就位于这条弧线的正中央。* 他们游览了比萨斜塔和洗礼堂，但沮丧地看到一群群意大利犯人戴着镣铐、在武装卫兵的命令下在街头做工，街上像幽灵一样空旷、荒废，令人感到甚是奇怪——“一座巨大的城市，令人不快，几乎没有居民”。过了几天，他们又动身前往海边。这使他们对这座城市留下了不太好的第一印象。这座城市显然不太好客，但他们最终还是要把家安在了这里。 423

向东行驶三个小时就是里窝那港，它位于“蔚蓝、宁谧的地中海边”，这里至少更亲切，因为客居海外的英国人在这里建立了一块小小的、半永久性的侨民区，这些人中就有雪莱的朋友吉斯伯恩夫妇。这是他在意大利第一次与国际激进人士和自由派人士建立联系，在热血澎湃的十八世纪九十年代，他们都曾加入葛德文的朋友圈。六年前，雪莱还曾在爱尔兰见过其中一些人。玛丽亚·吉斯伯恩在二十岁那年，就已通过她的第一任丈夫雷弗利，在伦敦与葛德文和霍尔克罗夫特建立了友谊。雷弗利是一位商人，他倾向于自由派。玛丽·沃斯通克拉夫特去世后，玛丽亚还帮助葛德文抚养了他的幼女玛丽。玛丽亚天生丽质，知书达理。雷弗利一七九九年也去世之后，葛德文实际上向她求过婚。虽然遭到拒绝，两人依然是好友。一八〇〇年，她嫁给了约翰·吉斯伯恩，这一任丈夫也是商人，她第二年又带着年幼的儿子随丈夫一同出国，来到了罗马。吉斯伯恩一家与葛德文一家一直保持着书信联系。一八一五年之后，吉斯伯恩一家就定居在里窝那，玛丽亚此时已有四十八岁，她博

---

* 昔日的三少女酒店今天依然矗立在这里，它的样子几乎没有变，左侧拐角的建筑物现在是加里波第广场。它的一层已经改造为一座英式茶室。参见插图 27。

览意大利语与西班牙语文学作品，并在当地文化程度较高的英国人中开设了小型沙龙。玛丽亚不仅聪慧，而且成熟，魅力四射，这使她的丈夫黯然失色，只得当一个退休的商人并忍受着无聊的生活。但是，从她丈夫的信件中，却能看出他的另一面，即智慧和理性的一面，而且是一位可信赖的朋友。吉斯伯恩夫妇后来成为雪莱在意大利最亲密的挚友，他们不仅为他的创作提供了帮助，还帮他处理家中此起彼伏的复杂风波。尽管如此，他从一开始还是以为约翰·吉斯伯恩为人鲁钝，他一方面利用约翰为自己服务，另一方面几乎只与玛丽亚交谈和通信，这也属于他的行事风格。仅仅过了四年，雪莱就认识到约翰·吉斯伯恩的真正价值。玛丽亚与前夫生的儿子亨利·雷弗利在里窝那成长为一名航海工程师，他也将走进雪莱的世界。

第一天晚上，雪莱、玛丽和克莱儿立即做了自我介绍。此后两周里，吉斯伯恩夫妇一直与他们散步和品茗。吉斯伯恩家位于维亚杰内西的里奇寓邸，这里很快便成为他们的邮寄地址。吉斯伯恩夫妇就周边的乡村和温泉浴场为他们提供了建议，还建议他们要好好品尝新鲜的蔬菜和这个季节罕见的草莓，玛丽还用这些招待过玛丽安娜和利·亨特。[27]玛丽对他们的第一印象是"保守，但举止不拘小节"，她对这一点很是受用。[28]雪莱则更为赞赏："我们在那儿结识了一位和蔼可
424 亲且颇有修养的女士，她是吉斯伯恩夫人，在这个最缺乏魅力的城市中，她是绝无仅有的魅力之源。"[29]雪莱听取了吉斯伯恩夫妇的建议，于五月二十六日独自离开里窝那，到巴尼迪卢卡的温泉浴场附近寻觅住所，这里很受人们欢迎，而且在当时也是时尚的地方。它位于利马河谷的高处，距离为一天的车程。利马河就从亚平宁山脉的中央穿过。除了具有治疗功效的温泉之外，巴尼迪卢卡还有几家舒适的旅馆，一家娱乐场，娱乐场中定期举办舞会与宴会，还有二十余座坚固的避暑别墅，它们都有独立的花园，分布在郁郁葱葱的陡峭山坡上，俯瞰着小城和桥梁。拜伦和许多英国人一样，都会来这里度假，他的住所

就在山坡上,是最大的别墅之一。

雪莱寻觅到的别墅名叫贝尔蒂尼寓邸,要小一些。这座别墅有三层,屋顶的瓦片很典雅,配备了全新的家具,百叶窗的油漆刚刷不久,但它的设计只是比大型乡村木屋稍大一些。别墅的主人是当地的一位商人,名叫 G. B. 德尔 · 基亚皮先生,这座别墅一整个夏天都可以出租。它最吸引人之处是它的干净整洁与位置。它几乎隐身于一条尘土飞扬的土路的最高处,这条路宛如一根鹅黄色的玉簪,斗折蛇行,穿过村庄,消失在周围的山丘中。贝尔蒂尼寓邸正对着这条路,从阳台上的小花园可以将这条路的弧面尽收眼底,背面则是一座繁茂的小花园,长度约为二十码,在花园的尽头,有一座用月桂树做成的简易凉亭。只有用手拨开芜生的枝叶,才能一睹利马河的芳容。它流淌在远远的下方,晶莹透亮。洪水在冬天冲积形成一片白色的鹅卵石滩,这条河就从鹅卵石滩弯弯曲曲的边缘穿行。雪莱立即意识到,这里是他创作作品的不二之选,于是在两天后返回,将这个好消息告诉了家中女眷。但是在托斯卡纳大区,大家的行事风格总是慢慢吞吞的,不仅此时如此,一年中任何时候都是如此。几乎又过了三个星期,他们才办理完手续,准备入住贝尔蒂尼寓邸。与此同时,他们也适应了里窝那侨民喜爱说长道短的快乐生活(这里在英语中名叫“莱格霍恩”,这着实缺乏想象力),他在上午读书、研修,下午则步行前往露天市场闲逛,还去港口古老的中世纪鼓形要塞闲逛,傍晚则去品茗,谈天说地。雪莱暂时将但丁的作品放在一边,集中精力研读希腊戏剧家的作品。他读了欧里庇得斯的《希波吕托斯》,之后又开始读索福克勒斯的作品。索福克勒斯无论是慎重的哲学思想还是对人物性格所作的敏锐的心理刻画,都使他茅塞顿开。他还读了《厄勒克特拉》《埃阿斯》和《菲罗克忒忒斯》,发现自己的翻译速度越来越快,也越来越流畅。最后一部作品通过孤立、疾病和疯癫等象征主题,在雪莱心中与他已动手开展的另一项研究产生了联系,这就是对塔索生平的

425 探寻。* 他为这部戏剧中的一两个场景绘制了素描，希望能在巴尼迪卢卡为此创作一部作品，他还写了一首《歌》，赞颂塔索对莱奥诺拉公主的爱。

有时候，我看见我的眼前有一个
银色精灵的形体一闪而过，像你，
哦，莱奥诺拉，于是我一直坐着，
……一直注视
直到它从那有格子的窗框旁消失，
伴着一声叹息，就仿佛是蓑衣草
在微风吹拂的小溪边发出的声息。[30]

《塔索》中的戏剧要素引起了人们的兴趣，因为它预示雪莱将尽全力创作一部用于舞台演出的诗剧，但这在伟大的莎士比亚面前却相形见绌，柯尔律治和济慈也有过同感。即便在这首短歌中，也包含了《哈姆雷特》中奥菲利亚的忧郁回声。只有等雪莱进一步发展《麦布女王》和《伊斯兰的反叛》中的新模式之后，他才能够迈入自由王国，在史诗或歌谣的框架中，以戏剧冲突的形式实现原创性和个性。对他最富成效的范例并非伊丽莎白或詹姆斯二世时期的戏剧，而是古希腊戏剧、弥尔顿的《复乐园》和柯尔律治的《老舟子咏》。

但是，《塔索》还是表明了雪莱在一八一八年的努力方向。诗中出

---

* 菲罗克忒忒斯是雅典伟大的神箭手，他参加了希腊远征军，前去攻打特洛伊。他的脚被蛇咬成重伤，为了不影响士气，他留在一座小岛上。他在这里孤独地住了十年左右，陷入了幻觉，而且脓疮不断发作，产生了痉挛和剧痛。最后，奥德修斯和年轻的尼奥普托列墨斯救了他，因为神谕警告希腊人，如果没有菲罗克忒忒斯和他的神弓，是不可能攻下特洛伊城的。在索福克勒斯的戏剧中，刻画出孤独对菲罗克忒忒斯的心理产生的可怕影响，还刻画出说服他的艰难过程。因为要让他相信过去的不公对待是在所难免的，而且他必须回到曾经迫害过他但又亟需他帮助的社会中。最终凭借天神赫拉克勒斯相助，才说服他回到军中。

现了一位诗人,名叫马达罗伯爵。在雪莱秋天创作的一首诗作中,他即将成为主人公,这首诗是雪莱最伟大的诗作之一。但是,这部作品尤其使雪莱将注意力集中于一系列神秘的想法。无论在他为莱昂、菲罗克忒忒斯和塔索创作的故事中,还是在埃斯库罗斯和玛丽·雪莱为普罗米修斯创作的故事中,这些想法都反复出现。

发生在文艺复兴时期的一个耸人听闻的故事,早已在里窝那的英国侨民中流传。雪莱前往巴尼迪卢卡之前,就已经将这个故事列入素材。吉斯伯恩夫人用了一晚上时间,向玛丽讲述了"她亲身经历的一个疯女孩的诡异故事"。[31]她发现玛丽特别感兴趣,便在第二天将一本《倩契手稿》给了玛丽,书中讲述的是邪恶的罗马伯爵倩契的可怕故事。他与自己的女儿、美丽的贝特丽采乱伦,最终被她杀死。五月底,玛丽将这部手稿用圆形铜板印刷体誊抄在一本黑色的牛皮钞本上,供雪莱构思所用。426
文中采用了大胆的哥特式风格介绍恶贯满盈的倩契,留下了令人记忆犹新的句子,"在弗朗切斯科[·倩契]的罪行中,鸡奸算是最轻的,无神论思想是最重的……"[32]

玛丽亚·吉斯伯恩的儿子亨利·雷弗利为克莱儿排遣了一些烦恼。他时年二十八岁,为人有点过于拘谨。他非常聪明,但有些唯唯诺诺。他似乎与他的继父一样,都笼罩在他母亲的光环之中。玛丽后来在作品中提起了他,称"他言听计从,十二岁大的小男孩都很少像他这样",还称他是"好男孩的楷模"。[33]在克莱儿看来,此人即使不适合引诱,也是再好不过的捉弄对象;而在捉弄别人的时候,心情又怎么会不好呢?亨利告诉雪莱,他曾师从于约翰·伦尼,伦尼是滑铁卢大桥的建筑设计师兼工程师[34],他还迫不及待地带着雪莱参观了他的海边工作间,他在这里打算建造一款具有革命意义的船用蒸汽发动机。雪莱对此产生了兴趣,于是在六月晴朗的傍晚,亨利也定期加入他们散步的行列,直到他们搬到巴尼迪卢卡的贝尔蒂尼寓邸。雪莱与玛丽认为,终于能过上他们梦寐以求的生活了。深夜,他们一同阅读阿里奥斯托幽默、艳情的诗章,通过这种方式自学意大利语。

雪莱、玛丽、克莱儿、米利·希尔兹和两个孩子于六月十一日抵达贝尔蒂尼寓邸。此时,泡温泉的季节已经揭开了帷幕。他们都兴高采烈。基亚皮先生已为他们聘用了一位全职厨师和一位负责保洁的女佣,女佣每天都来打扫卫生。玛丽对新刷的油漆很满意。雪莱挑选了一间小房间作为自己的书房,这里能俯瞰窗外郁郁葱葱的亚平宁山脉。自打来意大利之后,他第一次将书籍全部从打好的包裹中取了出来。他们迅速实行了一套轻松的作息时间,即研修、泡温泉和去栗树林中漫步。实际上,此后七个星期他们始终保持着这种状态。有时,他们会租些马匹,骑马去周围的小山上游玩,有时也会盛装打扮,前往娱乐场,这里每周都举行两次热闹的舞会。玛丽仔细观察过,"有英国与法国的乡村舞蹈、四对方舞、华尔兹舞和意大利舞蹈"。

雪莱一边沐浴在意大利温暖的阳光中,恢复健康,一边经常带着书本,连续几天消失在森林中。他去户外研修,这是他从主教门和马洛就养成的习惯,他通常选择在小溪或瀑布旁边。他继续浏览希腊作家的作品,阅读阿里斯托芬和柏拉图的著作,并对黄金时代的雅典社会形成同样的印象。也许,他依然在酝酿《塔索》,他断断续续地阅读了詹姆斯二世时期的作品,尤其是琼森、博蒙特与弗莱彻的作品。他给皮科克写了
427 一封信,对他自己在户外研修的情景作了一番肖像描写,这并非一本正经的模样,而且给人留下深刻印象,也使他自己逐渐由学者转化为德律阿得斯[①]的化身。

> 泉水的四周是陡峭的岩石,形成水潭的瀑布在一边飞落而下,溅起的水花永远在翻腾着。瀑布附近的岩石顶上,长着赤杨树,再

---

① 德律阿得斯是希腊和罗马神话中保护和管理森林的女神。她们居住在树林中,与树木同生共死。

往上去是巨大的栗树,长而尖的树叶子像浮雕似的,直刺深邃的蓝色天空。水潭里的水……和空气一样的透明,水底的石头和沙子清晰可见,就仿佛是在正午阳光中颤动。潭水寒冷异常。我的习惯是,脱了衣服,坐在岩石上,看一会儿希罗多德的书,等到身上不再出汗,再从岩边跳入水中——暑天里的这项活动颇能使人神清气爽。这条湍流由许多一连串的水潭和瀑布组成,我有时候在洗澡时向上游攀爬着玩,让水花在我艰难地往雾茫茫的岩上爬时泼溅在我的全身。[35]

于是,雪莱开始与意大利的水结下不解之缘。无论去哪里,他都会对那里的水产生浓厚的兴趣与热情,丝毫不亚于对建筑设计的热衷。但是,他并没有提到自己是否参加过水上运动,而且玛丽的日记和克莱儿的日记都没有对此作出过评论。[36]

玛丽此时盼望吉斯伯恩一家也来与他们同住,使这里偏远的生活增添社交色彩。她于七月初给他们写了一封信,对于一切都很满意,除了**壮游**(gran turismo)。“我敢肯定你们会对一切都很着迷,但聚居在这里的英国人除外,几乎没有意大利人……我们只能看到英国人,我们只能听到英语。人行道上都是英国保姆,我一点儿也不喜欢她们。还有目不转睛的时髦的英国女人,她们会骑马,这让总是乘坐轿子代步的意大利人大吃一惊。——我们一般都会步行,但上周二例外。那天我和雪莱骑马走了很远,一直骑到了开满鲜花的草甸;它位于附近,在亚平宁山脉的一座山顶上——我们在栗树林中一边骑行,一边听着知了的叫声,除了爬坡过于陡峭之外,这次旅行无可挑剔……不久之前,我们还听到了布谷鸟的叫声。”[37]

在雪莱看来,喧闹的生活已不复存在。“我们在这里的一个月,除了在小别墅的一个晚上,一直过着我们通常所过的离群索居的生活;离开英国前,我们将从古往今来各个时代精选出来的朋友们仔细装在大箱子里，在这里又来和我们作伴……”前往普拉托菲奥里托的旅程使他满心欢喜，美丽的景色突然跃于眼前，他看到了奔流的河水与葱郁的裂谷，便立即计划将旅行范围扩大到圣佩莱格里诺山，旅程增加到两三天，这
428 里自古以来就是夏季朝圣的热门场所。但是，玛丽却对投身于郊野的欢乐并不感冒，因此雪莱直到两年之后才独自去了这里。尽管如此，雪莱还是慢慢说服了玛丽，让她在晚上多参与骑行活动。[38]

最吸引雪莱、最令他着迷的一点，莫过于意大利亚平宁山脉的气候与乡野风光。他时常凝望着天空中云彩的变幻、树林中光与影的变化以及利马河谷空气中蓝色与绿色的交错，一看就是几个小时。他告诉吉斯伯恩夫人：“我非常喜欢观察这里的天气变化和雷阵雨的形成，这时，月亮常被遮掩，有时，阵雨也会向傍晚的云团中隐去。我们的萤火虫很快就失去了光亮，但是木星壮丽地升起在南边森林覆盖的山岭峡谷上空。每天夜晚，天空中时时划过夏日微弱的闪电。无疑，是上帝创造了这一切，以便在萤火虫的光亮熄灭以后，低飞的猫头鹰能够看见回家的路。”[39]这里几乎每一个细节，无论是云彩、暴风雨、闪电、星辰，还是萤火虫，甚至是猫头鹰，之后都在他的诗歌中拥有一席之地。他当时给葛德文写了一封信，篇幅很短，主要讨论政治、图书和评论问题，但在开头就讨论了意大利的天空。在写给皮科克的便笺中，他还描述了暴风雨来临时，有时会下“鸽子蛋大小的冰雹”，他还观察到云彩的差异，“我们在英国的天空常见的那种水蒸气的精编织物和缓慢移动、羊毛般纤细的云团，在日落前又全部影失形消”。在晴朗的夜空中，他还注意到星辰的出没，只不过在写给皮科克的信件中，他的评论中还是带有些许雅谑。“日落时我们会在东方看见一颗星——我想是木星——几乎和去年夏天的金星一样漂亮；但是它缺少一点梦幻般的银白色泽、柔和然而有穿透力的光芒，我以为这种特点是因为后者同时具有神和女性的本性。我一直忘了问一问女士们，木星对她们是否能产生同样的影响。”[40]

雪莱虽然很少去娱乐场所，但到了那里之后，他显然比玛丽甚至克

莱儿都更欢乐。雪莱觉得有一点很有趣,因为虽然他们都非常期盼着这样的外出,但这两位女孩在关键时刻实际上都不会跳舞:“我不知道这是出于哲学上的考虑,还是为了表示抗议。”[41]他本身却没有这样的顾虑,但他也戏谑地告诉皮科克,这里没有什么能让他神魂颠倒:“妇女们离对美和优雅最宽松的理解都相去甚远,她们显然又缺乏智力上的优点来弥补这种缺陷。尽管如此,我还是可以向你保证,这里的舞,特别是华尔兹,简直美极了,对于来自极地的我们刚刚解冻的感觉和想象力还真有点危险呢。实际上,除了在黑夜,是不可能有危险的。”[42] 429

但是,这些轻浮之举几乎没有在他的贝尔蒂尼寓邸生活中泛起涟漪。他偏安一隅,享受着远离尘嚣(尤其是英国的事务)的生活,他几乎不会去注意威斯敏斯特选举的消息,也对“残忍、可怜的华兹华斯”的政治背叛漠不关心。评论界对玛丽的《弗兰肯斯坦》的评论大体上赞誉有加,而他的作品却在《每季评论》中被抨击为道德和宗教上的变态,反而引起了人们更多的兴趣。但一想到皮科克的《噩梦修道院》即将引发读者的热情,他便引用本·琼森的一句格言作为对自己的建议,“你有一个可以让忧郁坐在上面的凳子吗?”雪莱从皮科克那里了解到,这部作品将抨击现代英国作家中存在的悲观与保守心态,便催促他:“我希望你没有给予敌人任何的宽恕。要记住,这是一场神圣的战争!”[43]到了八月,皮科克向雪莱发出含糊不明的提醒,或者也可以说是雪莱根据自己的猜测,认为其中涉及他的朋友圈。雪莱突然在信中尖锐地指出:“那么,它包含着什么?它是什么?你神秘得就像是刻瑞斯①的祭司口授了这本书的神圣篇章。”[44]

雪莱从贝尔蒂尼寓邸寄出的邮件体现出复杂的情绪,他既产生了幸福感和超脱感,又会突然流露出愤怒和自嘲。雪莱来巴尼迪卢卡就是为了创作完成一部重要著作,他在米兰就已定下这个计划。但是,除了在

① 刻瑞斯:罗马神话中谷物与耕作女神。

里窝那开始创作的一些断章之外，他酝酿的诗剧《塔索》却毫无进展，玛丽建议他先完成《罗萨琳和海伦》，他也确实这样做了。但这既没有解放他的创作灵感，也没有让他感到满意。他的阅读速度非常快，尤其是阅读希腊作品时，但他的钞本依然空空如也。最后，他开始翻译自己阅读的作品，近于消遣。来到意大利之后，这种不经意之举成为他的第一项重要的文学工作，但他此时并没有充分意识到这一点。结果证明，翻译是一种极为重要的催化剂。一方面他翻译的原作都是极为优秀和重要的作品，另一方面翻译本身给他本人的许多作品带来了灵感和创作的基础。

六月底，雪莱的阅读内容已从希腊戏剧家的作品转为柏拉图的作品。他在创作上举步维艰，陷入焦躁。七月的第一个星期六，他租了一匹马，沿着绵延、漫长的利马河谷骑行，最远到了卢卡，几条河流在这里汇聚成塞尔基奥河。这里距他的住处有十八英里，但他用了一晚上就赶到了，夜里就在这里留宿。星期日，他回到家中，和大家一同去了娱乐
430 场。在这段时间，他心头突然闪过一项计划，即翻译《会饮篇》。到了九日（星期四），他已开始动笔翻译。翻译过程中，他偶尔会将部分内容念给玛丽听。工作一周，他于十七日（星期五）完成了初稿。之后，他又骑马前往卢卡，这次还带上了克莱儿，但她从马上摔了下来，两人只得又回到贝尔蒂尼寓邸休养。第二天的旅行十分顺利。玛丽的日记对此语焉不详，但根据骑行的距离和克莱儿明显拙劣的马术判断，她和雪莱很可能当天晚上一起住在卢卡，第二天才回来，雪莱一周前就是这样做的。克莱儿的马术没有提高，因为她在八月又发生了坠马事故。[45]

二十日（星期五），雪莱将整部手稿交给了玛丽，请她认真誊抄。对于其中很多社会背景和文学背景，玛丽都很难理解，这促使雪莱思考写一篇介绍性的专文，对相关的各种问题展开讨论。他觉得这项工作更困难，直到八月十六日，他还在增补和阐明，但外部事件吸引了他的注意力。

无论是雪莱的《柏拉图〈会饮篇〉译文》，还是他为这部译本加的介绍《论古希腊风俗，涉及爱的主题》，都由他独立完成，其中清晰展现了他作

为纯粹的学者所具有的品质。霍格称马洛之夏为“只是对希腊怀着憧憬”，但在这两部作品中，人们可以从这种本质上温文尔雅的古典主义中，评估其真正价值。它的价值非常高。雪莱的译本表明，他对于哲学对话的整体风格掌控游刃有余，他还高超地处理了苏格拉底和阿迦同的发言中更加情绪化的部分。雪莱天资卓然，能表现出每一位说话人的个性与风格。他的风格总体上直率、透彻，又保留了某种高雅的正式性，尤其是在译文的音律上，这一点特别让人赏心悦目。如果将他的译本与乔伊特伟大的维多利亚时代译本以及 W. D. 劳斯的通俗现代译本进行比较，就能发现雪莱在书卷气与令人如沐春风的亲切感之间实现了典雅的平衡，即便在最世俗的层面上亦是如此。* 还有一点值得注意，即这些译本如何反映出它们创作时的背景，以及雪莱的译本怎样突出体现他对其生活经历的共鸣：“例如，乔伊特在翻译亚希比德的发言时，采用了一位英国本科生 431
的口吻，而雪莱笔下的亚希比德则带有某种拜伦式的神情，还有一种难以名状的气韵、魅力和精气神，这是出入上流社会的成功男士所具有的气度，也是众神的宠儿。”[46] 雪莱虽然在哲理性更强的段落中偶尔也有翻译不确之处，但这是因为他更愿意放弃使用斯卡皮尤拉的希腊词汇，而依靠柏拉图在文艺复兴时期的门徒马尔西利奥·菲奇诺作出的解读。雪莱在贝尔蒂尼寓邸创作时，就把此人的拉丁文作品带在身旁。[47]

雪莱早在伊顿求学时，就在林德博士的推荐下了解到这部不为人知且具有颠覆性的作品。自此以后，他就一直对柏拉图保持着浓厚的兴趣。雪莱的译本最有趣的一点在于，他和玛丽依然认为这部作品存在争议。《会饮篇》因为其粗俗的内容而成为著名的“毒草”，尽管托马斯·

---

* 以这些译本的开头部分为例，阿波罗多罗斯在叙述举办宴会的景象时，乔伊特将其译为：“你咨询的事情，我认为我还没有准备好答复。”给人的感觉难免有些书卷气。W. D. 劳斯的译法则更像是受到警方审问的学童：“你询问的问题，我觉得我能一字不差地回答。”雪莱给人留下的印象则像是一位绅士的回答，而且是在阳光明媚的日子里逛露天市场时，被另一个人拦下之后的回答：“你询问的话题，我觉得我记忆犹新。”这个译本是最完美的。

泰勒出版了他的译本(1792),但它依然在英国的大学受到学术质疑。直到一八四七年,柏拉图才被列入牛津大学人文学科的阅读书目。[48]玛丽私下里写信给吉斯伯恩称:“雪莱用了十天时间翻译了《会饮篇》(比尔拜先生打听到的轶事)。这是最美的一篇作品——我认为你读了之后一定会很开心——诚然,某些细节会让我们现在的风俗感到震惊,但在阅读一部古老的作品时,读者应当从当前的时代跳转到当时的时代,而且不应根据我们的道德,而应根据他们的道德作出判断。”[49]她之所以如此**告诫**,并非是因为柏拉图的理想主义,而是因为整部作品的同性恋基调。雪莱非常清楚这一点所产生的力量,他在《论古希腊风俗,涉及爱的主题》中主要论述的是将问题放在当时的历史背景中考察。根据他对皮科克的解释,这是“一个须慎重处理的主题,这种慎重我在其他问题上既不可能也不愿意用,但在这里我承认它是必要的。并不是因为我真地想要发表这篇论文,或是《会饮篇》,至少是在我回到英国,我们能够讨论是否合适以前还不急于发表”。[50]

雪莱在讨论是否适合出版时的想法着实令人惊讶,这引发人们猜测,以为同性恋问题对雪莱来说尤其敏感。但是,雪莱对出版的困难程度预计得完全准确。莫克森和利·亨特等编辑人员十分谨慎,尽管玛丽竭力要保留相对公开的文本,但他们只同意在一八四〇年的官方版雪莱
432 散文集中出版这两篇作品的删节版。* 这两部删节版删减量大,此后每一个版本都这样做,这种做法持续到本世纪。[51]心理学家和批评家错误地将此作为初步证据,证明雪莱是“受压抑的同性恋”,这种观点认为,

* 玛丽在1839年10月写信给亨特称:“您说:‘学学米尔斯吧,他指出普通作者会认为这指的是正常的爱情,只有博学的人才知道他真正的意思。’因此,我读了[米尔斯的]《斐德罗篇》,发现其中的掩饰并没有我预想的多——因此我鼓起勇气抛开了它,以便我们那种文明的爱情能加以理解——现在拟将其改回为友谊——难度会极大……我已经留下了一些,其他没有——你的反应似乎非常激烈……但是,这是一篇讲述爱情的著作,我无法让自己从中将爱情这个词全都删去……这令人困惑……这就是美国人说出的**事实**。”

他无法面对某些部分的翻译工作。[52]其实，玛丽在一八一八年八月誊抄的手稿中，有雪莱的《论古希腊风俗，涉及爱的主题》与《会饮篇》的全本。一九三一年，它们首次以限量发行的学术研究的形式面世，发行量为一百本，“用于私下流通”。[53]

雪莱客居意大利期间，对柏拉图的痴迷始终对他发挥着影响，这在一八一八至一八二〇年尤为显著。他还翻译了柏拉图的《伊安篇》《裴多篇》节选和一些警句。在他思想的发展过程中，这已成为主要因素，尤其是在政治、宗教怀疑以及道德思辨与心理思辨的特殊结合（雪莱称之为形而上学）方面。但是，雪莱绝非奉“柏拉图主义”为圭臬，这与他之前对葛德文主义的态度如出一辙。他的态度从一开始就是批判性和比较性的。他会按自己的想法取舍和探索：正是柏拉图使雪莱对观念和社会价值产生了**历史相对主义**的认识，在这一点上柏拉图的影响最为重要。柏拉图作品中逻辑与诗歌的结合，使雪莱尤为喜悦，这启发了他将其与培根的散文相比较。但由于处在保守的批评界背景下，即便是在介绍性质的《论会饮篇》中，雪莱始终小心翼翼地界定柏拉图的美德。“柏拉图关于心灵和存在的本质的观点往往是隐晦的，这正是由于其深奥。虽然他关于世界上政府和道德行为基本法律的理论不尽正确，虽然他的论文因孩子气的诡辩而略有瑕疵，但却包含了对人类心灵所有课题的卓越的直觉洞察……题为《会饮篇》的对话录是译者从柏拉图的全部著作中选出的最优美、完满的一篇。”[54]此外，从雪莱此后对柏拉图的评价中，显然可以看出他认为《会饮篇》既是一篇伟大的希腊诗作，也是一篇阐述哲学思想的作品。他在三年后这样写道：“柏拉图本质上是一个诗人——他的意象真实而壮丽，他的语言富有旋律，凡此种种都达到人们可能想象的最强程度。他不采取史诗、诗剧、抒情诗等形式的格律，因为他想在不属于表现形象和行动的纯粹思想中创造一种和谐，并且他不愿发明任何有规律的格律，将文风中的一切抑扬顿挫尽纳入一定的形式中。”[55]他对散文格律的看法引发了人们的兴趣，因为在雪莱的译文中，他最惊人的成就就是他对应使用的格律，与此后的译本相比鹤立鸡群。

雪莱的译本和对柏拉图的评论，除了具有文学价值之外，人们的主
433 要兴趣在于它广泛、坚定地揭示出雪莱本人对性爱的理论和个人的感情。他的其他作品从未像这样明确地表明这些方面。

首先，雪莱考察了同性恋问题。

> [希腊]诗人与哲学家描述和感受到的这种爱情，似乎与此后的原则[即天性]相悖，这在现代的欧洲人看来无法想象。但我们不要对这个问题夸大其词。我们其实没有意识到(而且现代的出版法律也几乎不允许一位谦逊的作家以哲学上的准确性去探讨这个问题)，希腊人是通过什么行动来表示这种爱情的。有人说服了我，认为这完全不同于庸俗之辈对这个问题形成的荒唐、令人作呕的构想，至少说除了更加恶劣和放纵的人之外，大部分人是这样的。一个爱人通常不可能将他依恋的对象进行如此可恶的侵犯，或同意将爱人心中的回忆与痛苦、恐怖的画面相联系。[56]

雪莱排斥对同性恋作直接的、肉体的表述(他形象地称鸡奸行为为“费力、残忍的机械运动”)，并解释了他本人对“某些与睡眠相联系的现象”所提出的理论，还联系《阿拉斯特》进行了考察。之后，他又将他对希腊同性恋的批评发展为衡量社会不公和扭曲的指数。

> 也许，在尊贵、高雅的人中，有无数个例子证明，在爱人与被爱之人之间，绝不会发生自然的谦逊受到辜负这一现象。爱人用他的妻子或奴隶来满足自己的肉欲冲动，或是为崇高的思想与感情所吸引，以至于承认他们不可能与不太强烈的感情相调和。因此需要承

认一点(这按照你的想法来再现这种爱情),一方面要营造社会生活中的良好秩序,让所有人都理所当然地获得平等参与;另一方面,根据希腊的安排,将一半的人类[即女性]排除在外,这两者不啻水火不容。这种做法将人类不公平地划分为两种性别,实属蒙昧的野蛮之举留下的残余。与他们相比,我们更没有理由不将其全面废除。[57]

通过同性恋这个话题,雪莱希望将读者的注意力吸引到柏拉图思想中的某些局限性上,使其注意到整个希腊社会在奴隶与妇女问题上的局限性。他认为,希腊将奴隶和妇女作为纯粹的财产加以剥削。在他们的 434
社会生活与精神生活中,这种行径就是一种根本性的时代错误。他对异性恋总结如下:

事实在于,现代的欧洲人在这种环境下,以及在废除奴隶制的状况下,已经在人类社会的管理方面做出了最具决定意义的改良;而且伯里克利时代的所有美德与智慧都是在其他的制度下产生的,尽管法律和舆论认可了奴隶制和女性地位低下,但这必将削弱道德、政治和形而上学……[58]

然后,雪莱希望将希腊人的这种错误与现代欧洲社会的错误和畸形相比较,雪莱认为后者同样错误。

这种爱情[同性恋]表现出的行为,从最广泛的意义上说,实际上足以让人们深恶痛绝。但是,一个人只有被迷信蒙蔽了双眼才会认为它比跟一位患病的、麻木不仁的妓女发生性交还要可怕,而后者却是几乎每一个英国青年都能忍受的现象。它不可能更有违人情天理,因为没有什么比卖淫嫖娼更能打破、违反自然法则或性本能存在的目的。吞没一种爱害者的社会并不比另一种更恶劣。[59]

他又对比了现代的淫秽作品，为希腊的艳情作品作了辩护。

希腊人从未产生过卡图卢斯、马夏尔、尤维纳利斯和苏埃托尼乌斯提出的这些想法；或者说即便是罗马人，例如卢克莱修、维吉尔、贺拉斯，也都是模仿了他们。罗马人残忍、淫邪；希腊人似乎并不是严格意义上的淫荡。即便是阿里斯托芬笔下的吕西斯特拉忒，与卡图卢斯臭名昭著的变态行径相比，也是多么地无辜！之前的英国戏剧作家经常淫邪得令人恐惧，甚至超过了罗马人。我应当将淫邪视为一种能将令人作呕的形象与性冲动的行为相联系的能力。奢华对罗马人产生的影响，不啻性病对詹姆斯[一世]时期的作家产生的影响，而且在弥尔顿主导的、短暂的救赎时期过去之后，又与查理二世时期的影响结合在一起，传染到文学上。[60]*

雪莱倡导对柏拉图和希腊社会采用这种批判性质的历史比较法，
435 在《论会饮篇》之后的部分中，终于将重点放在爱情的道德、心理和理想性质上，以此作为普世的、主导性的人类感情。在这里，雪莱从《会饮篇》中挑出了他喜爱的某些段落。在诸多讲辞中，保萨尼阿斯（第二）、阿里斯托芬（第四）、阿迦同（第五）和苏格拉底（第六）都拨动了他的心弦。

---

* 对性病的过度强调令人好奇，这一点也在之后的作品中反复出现，这可能暗示雪莱曾与妓女发生过关系。在手稿钞本中，还有一个断章式的注释，其中包含了《论会饮篇》："令人厌恶的疾病是现代社会产生淫乱的原因，在丑恶与恐怖方面都超出了古代最糟糕的现象……"牛津大学博德利图书馆馆藏雪莱手稿，位置 e.2，页 73 反面。

雪莱从保萨尼阿斯的讲辞中，得出潘迪莫斯之爱与乌拉尼亚之爱①之间的区别，这经常在他的爱情诗中成为诗歌的基调。前者是肉欲、淫乱、难以持久的爱，而且年轻的男孩和女孩同样会受此影响。第二种爱是乌拉尼亚之爱，它本质上是阳刚的爱，与整个人格（既包括肉体也包括灵魂）产生了深深的共鸣，可以做到长久的忠诚，也许还可以做到终生不渝，而且大体上可以产生改良和教育的功效。根据希腊的限制制度，乌拉尼亚式的爱只能产生于两个成年男子之间，或是一个男子与另一个门当户对的年轻男子之间。无论是女性、小男孩还是奴隶，都无法产生这种爱。潘迪莫斯之爱与乌拉尼亚之爱的区别对于雪莱十分重要，但他认为，对此做出同性恋和阶级解读反映出希腊蒙昧状态的特点。玛丽·雪莱之后在写给亨特的信中，将乌拉尼亚之爱中那种成熟、异性、平等的形式，称为"我们这种文明的爱"。玛丽在为《阿萨奈斯王子》所作的一个注释中，又提到了这两种爱情的区别。"雪莱在塑造阿萨奈斯王子这一形象时，在许多方面是以阿拉斯特②为原型的。长诗初稿的标题是《潘迪莫斯与乌拉尼亚》。阿萨奈斯巡游世界，去寻找他能为之奉献爱心的人。一次在乘船时，他遇见一位女性，仿佛从她身上看到了自己理想中的爱和美。结果却发现她是潘迪莫斯，是那个俗不可耐的维纳斯；她使他大失所望，他心爱的梦想和希望均成泡影之后，她便抛弃了他……'在他奄奄一息时，那位能与他心灵相通的女性终于来到他的身边，在他的嘴唇上印下了她的亲吻。'"[61] 如果乌拉尼亚存在的话，她也是女性。这种柏拉图式的（严格意义上说是保萨尼阿斯式的）解读，也反映出雪莱在两年半之后创作的《心之灵》的结构，但这绝不是它的

---

① 潘迪莫斯之爱（pandemic love），也被意译为"泛众的爱"，pandemic 源自 pandemos 一词，即阿佛洛狄忒·潘迪莫斯，在柏拉图著作中掌管肉欲之爱的女神，与乌拉尼亚，即阿佛洛狄忒·乌拉尼亚对立。（可参阅刘小枫等译的《柏拉图的〈会饮〉》，页 28）另外，在英语里，乌拉尼亚之爱（Uranian love）也指男子之间的爱。

② 希腊神话中的复仇之神。

主题。

在翻译保萨尼阿斯对阿佛洛狄忒·乌拉尼亚的描写时，雪莱做出了值得注意的调整，并对原文本进行了补译，反映出他本人对建立一个由亲密的朋友所组成的小型进步社区的持续关切：

> 而且，很容易区分出尤其容易受这种力量［乌拉尼亚］影响的人，他们在风华正茂时，选择那些心智能力开始发展之人作为他们的爱情对象，而不是纯粹的年轻人。对于以这种方式开始恋爱之人，在我看来他们似乎正准备在一个善恶并存的社区中一生偕老，而且不会轻易欺骗爱着他们的人，也不会轻易背弃他们的誓言。[62]

436 “善恶并存的社区”是神秘的措辞，它发人深思，这完全是雪莱自己加上的。他还扩大了希腊语的用法，原文明显谈论的是“年轻男孩的幼稚、轻率”。此句意在让年轻男女都体现出爱情与忠诚的乌拉尼亚式品质。*

阿里斯托芬对男性的双重天性采用了大胆、有趣的寓言（这是众神将其分开的，“就像我曾见过用头发剖开［煮熟的］鸡蛋一样”），这使雪莱写出了第二篇关键性的作品。他对于希腊作品中心理的敏锐性十分着迷。有几个概念迅速加强了这种思考，雪莱的思想自然一直沿着这些思路发展。其中包括双重自我，自我对另一半自我的寻找，以及对进一步心理分裂的恐惧，“就像绘在柱子上的人物一样，沿着我们的鼻子正中一劈两半”，这就是众神带来的威胁，并会使人疯癫。但在他看来，

* 雪莱通常在他的文本中坦言性别上的差别，例如：“但是，另一个参与者乌拉尼亚，性格完全是男性的，这就是爱，它激励我们对男子产生了爱情……”其实，雪莱极少出于性方面的得体考虑而修改原文，甚至不会将其改得委婉；但他会增加一个单词或词组，以便在哲学上扩大它的含义，这体现在文中二十余处。他偶尔也会请菲奇诺来帮助他翻译某个技术上难以处理的段落。

阿里斯托芬的讲辞最令人好奇之处也许是无名的第三性,即海尔玛弗狄忒。

> 阴阳人的性别,无论在形体还是在名称上,都是阴阳两性兼具的;现在只有它的名称保留下来,成了骂人的字眼……男性源于太阳,女性源于地球,阴阳人这个性别则源于月球,它同时具备两性的性格,因为月球同时具备太阳和地球的性质。[63]

雪莱后来又在罗马发现一部有关海尔玛弗狄忒的优秀的希腊著作,并在之后的作品中探讨了它在心理和诗歌方面的可能性,尤其是在《阿特拉斯的女巫》与《心之灵》中。

雪莱在一本手稿钞本中对阿迦同的讲辞做出了特别的注释。阿迦同是一位年轻的悲剧诗人,时年三十一岁,宴会就在他家举办。雪莱写道,这是“对爱情的神奇的描写”,并标出了几段内容,其中讲述的是爱情在“神祇与人类的灵魂与内心品质”中流转时的柔情与精妙。他认为“阿迦同是一首诗”,之后又将他讲辞中的一部分内容加入《解放了的普罗米修斯》。[64]

但是,最终还是先知迪欧蒂玛的哲学引发了雪莱最大的兴趣,它由苏格拉底在讲辞中转述。他在钞本中标记出六个不同的段落,放在一个他表示赞同的标题之下——“迪欧蒂玛的无神论思想”。[65]最令他欣喜的莫过于迪欧蒂玛与苏格拉底之间的辩论,这证明爱情终究无法成为神 437
圣的神祇。爱情是一种特殊的**媒介性**力量,因为在已知的人类世界与永远未知的神秘的神祇世界之间,存在着陌生的、恶魔般的层面。在这一段中,雪莱发现柏拉图单刀直入地洞悉了自己内心最隐秘的一点,即他内心深处对恶灵世界的痴迷。在哥特式隐喻与心理现实之间,这始终萦绕在他心头并让他不安。这一点论述得十分详尽,这也许是最能体现出雪莱翻译技巧的例子,而且最能说明他在离开巴尼迪卢卡之后,创作中的一个层面是如何发展的。

> [苏格拉底说],“可是人人都承认爱神是一位伟大的神”……“你难道不是把拥有美的东西和好的东西的人称为幸福之人吗?”——“不错。”——“可是你却承认过,爱神正由于缺少美的东西和好的东西,才盼望这种东西。不对吗?”——“确实,我承认过。”——“但我们怎么能想象得到,神竟然缺少美的东西和好的东西。”——“我承认,这是不可能的。”——“你看,你自己也不把爱神当作神祇。”——我说:“既然如此,爱神又是什么呢?是会死的凡夫吗?”——“绝不是。”——“那又是什么呢?”——“就像我之前举的例子一样,他既不是神祇也不是凡夫,而是介于两者之间。”——“那是什么呢,迪欧蒂玛?”——“苏格拉底呀,他是一个大精灵。因为精灵在各个方面都是介于神祇与凡夫之间的。”
>
> 我问道:“他的力量与本质是怎样的?”——“他在神祇与人类之间起到翻译和沟通作用,他将人类的祈祷与献祭传达给神祇,再将神祇对他们最喜爱的祭祀方式所下达的命令和旨意传达给人类……通过它实现了一切语言活动和神圣事物的法门,这些都与牺牲、献祭、念咒、占卜、巫术有关。由于神祇和人类相隔,彼此间无法直接沟通。无论是在梦中还是醒时,诸神与人类的交流和交谈都是通过爱神在中间实现的。通晓交流的法门之人极为幸福,是深谙精灵天性之人,通晓其他技术和行业的人则不过是普通的奴隶。其实,这种精灵多种多样,爱神就是其中之一。”[66]

雪莱将把他在意大利的思想与创作中许多更隐晦、更私密的内容,倾注到对两者之间的这种“法门”的研究中,也倾注到对爱神和“多种多样”的其他精灵的认可中。柏拉图的这篇文章为他提供了开启神秘宗
438 教的钥匙。凭借一八一八年夏天出色的翻译工作,《会饮篇》总体上已

成为他自主创作的作品，成为雪莱的一种象征性的指南，指引着他应对本人心理过程中的复杂性与悖论。鉴于怀疑已在雪莱的心灵中根深蒂固，之后的四年中，柏拉图对于他来说始终是最接近其原则之人。在痛苦之时（之后将屡见不鲜），他的思绪中从未遗忘过柏拉图。

注释

[1]《珀西·比希·雪莱书信集》，第二卷，第四六〇篇，页4。

[2]《玛丽·雪莱日记》，页93。

[3] 同上，页94。

[4] 同上。

[5] 同上，页94–95。

[6]《克莱儿·克莱尔蒙特日记》，页88。

[7] 道登，《珀西·比希·雪莱的一生》，第二卷，页190注释。

[8] 同上，页88。

[9]《珀西·比希·雪莱书信集》，第二卷，第四六〇篇，页4。

[10]《克莱儿·克莱尔蒙特日记》，页89，注释46。

[11]《珀西·比希·雪莱书信集》，第二卷，第四六二篇，页7–8。

[12] 同上。

[13]《克莱儿·克莱尔蒙特日记》，页90–91，注释48。

[14] 同上，页91。

[15]《珀西·比希·雪莱书信集》，第二卷，第四六二篇，页9。

[16] 同上，第四六一篇，页5。

[17] 马钱德，《拜伦传》，第二卷，页731。

[18] 拜伦关于克莱儿与阿利格拉的信件都没有留存，但从雪莱的回信中可以明显推断出其内容。

[19]《珀西·比希·雪莱书信集》，第二卷，第四六三篇，页10–11。

[20] 马钱德，《拜伦传》，第二卷，页730。

[21] 同上，页772。

［22］《珀西·比希·雪莱书信集》,第二卷,第四六四篇,页 12。

［23］同上,第四六五篇,页 16。

［24］同上,第四六八篇,页 18。

［25］道登,《珀西·比希·雪莱的一生》,第二卷,页 205。《玛丽·W. 雪莱书信集》,第五十一篇,页 50。

［26］《珀西·比希·雪莱诗集》,页 552-553。

［27］《玛丽·W. 雪莱书信集》,第五十一篇,页 52。

［28］《玛丽·雪莱日记》,页 98。

［29］《珀西·比希·雪莱书信集》,第二卷,第四六八篇,页 18。

［30］《珀西·比希·雪莱诗集》,页 559。

［31］《玛丽·雪莱日记》,页 98。

［32］牛津大学博德利图书馆藏雪莱手稿,位置 e. 13,页 2。

［33］《玛丽·W. 雪莱书信集》,第七十三篇,页 77。

［34］《克莱儿·克莱尔蒙特日记》,附录 C,页 469。

［35］《珀西·比希·雪莱书信集》,第二卷,第四七二篇,页 26。

［36］在克莱儿的日记中,1818 年 7 月至 1819 年 2 月的部分没有留存。她从 1819 年 3 月 7 日(星期日)才重新开始记日记,此时她已来到罗马。"4 月 23 日至 6 月"的日记手稿藏于普福尔茨海姆图书馆;但当前的编者是唐纳德·H. 莱曼,我曾询问他这一时期的日记中是否有关于她个人的内容,他在回信中提出建议:"日记手稿出版在《雪莱与他的交际圈》之后,具备资质的学者在提出申请并获批准之后,便可获得手稿。虽然这部分克莱儿日记还没有出版,但让你提前了解其中的内容可能对你大有裨益,这部分中并没有你所提到的这些具有启迪性的个人观点。"(莱曼写给霍姆斯的信,1971 年 11 月 8 日)

［37］《玛丽·W. 雪莱书信集》,第五十三篇,页 54-55。

［38］《珀西·比希·雪莱书信集》,第二卷,第四七二篇,页 25。

［39］同上,第四七〇篇,页 20。

［40］同上,第四七二篇,页 25。

［41］同上,第四七一篇,页 22。

［42］同上，第四七二篇，页 25。

［43］同上，页 27。

［44］同上，第四七五篇，页 29。

［45］《玛丽·雪莱日记》，页 101–103。

［46］《雪莱希腊语译作集》，本杰明·法林顿编，载于《都柏林杂志》，第三期（1928）。

［47］同上。

［48］参见对柏拉图十九世纪时在英国地位的讨论，载于詹姆斯·A. 诺托珀勒斯，《雪莱的柏拉图主义》（杜克大学出版社，1949），页 375–401。

［49］《玛丽·W. 雪莱书信集》，第五十四篇，页 56。

［50］《珀西·比希·雪莱书信集》，第二卷，第四七五篇，页 29。

［51］例如，H. B. 福尔曼编的雪莱散文集，共四卷（1880）；朱利安于 1926 年至 1930 年编写的权威版本。甚至 D. L. 克拉克的散文集（1954–1967）中也没有收录《会饮篇》。

［52］爱德华·卡彭特，《诗人雪莱的心理》（1925）。赫伯特·里德，《真正的心声》（1947）。

［53］牛津大学博德利图书馆藏雪莱手稿，地址 d. 8，由约翰·C. E. 雪莱–罗尔斯从男爵和罗杰·英彭出版，题为“柏拉图的《会饮篇》，译自希腊语著作……”（1931）。另见詹姆斯·A. 诺托珀勒斯，《雪莱的柏拉图主义》。

［54］詹姆斯·A. 诺托珀勒斯，《雪莱的柏拉图主义》，页 402。

［55］《为诗辩护》，收录于雪莱，《散文作品》，页 280。

［56］詹姆斯·A. 诺托珀勒斯，《雪莱的柏拉图主义》，页 411。

［57］同上，页 411–412。

［58］同上，页 407–408。

［59］同上，页 412。

［60］同上。

［61］玛丽所作的注释，《珀西·比希·雪莱诗集》，页 158–159。

［62］詹姆斯·A. 诺托珀勒斯，《雪莱的柏拉图主义》，页 422。

［63］同上，页429-430。

［64］他对阿迦同的评论见牛津大学博德利图书馆藏雪莱手稿，位置e.16。

［65］同上。

［66］詹姆斯·A.诺托珀勒斯，《雪莱的柏拉图主义》，页441-442。

第十七章　与马达罗伯爵共度一晚（威尼斯）

到了一八一八年八月中旬，无论是在利马的栗树下，还是在贝尔蒂尼寓邸的月桂树荫下，对爱情这个主题展开的理论探讨与冥想，都突然偃旗息鼓，取而代之的是迫切的现实需要。阿利格拉于四月前往威尼斯之后，雪莱与克莱儿之间一定程度上恢复了旧日的亲密关系。克莱儿郁郁寡欢，对阿利格拉的情况也十分焦虑，雪莱表现出近乎父亲般的同情心，这促使他对克莱儿和玛丽的处境都感同身受。从威尼斯传来的消息很少，而克莱儿的身心都在稳步康复。但是，此时收到了埃莉斯寄来的两封紧急邮件，邮件的间隔时间很短，分别于十四日（星期五）和十六日（星期日）收到，克莱儿再次陷入绝望的恐慌，对她的孩子担心不已。[1]她起初坚持要立即前往威尼斯。据克莱儿说，在埃莉斯的信中，有一些内容是无法理解的，这让情况变得更为糟糕。[2]如果让克莱儿再次去对拜伦发难，其意义也值得怀疑，何况前往威尼斯路途遥远，有两百多英里，旅途漫长，花费也不菲。但雪莱还是立即同意让克莱儿动身，这不免令人惊讶。他还决定陪她前行。雪莱与克莱儿一收拾好行李，就租了一辆单马拉的敞篷马车，于十七日（星期一）黄昏出发，这辆马车没有安装弹簧。他们的第一段行程是向东赶往佛罗伦萨。他的意大利男仆能力很强，名叫保罗·福吉，玛丽从六月份就在贝尔蒂尼寓邸雇用了此人。他也一同出发，并在第一段行程中随侍左右。玛丽则遭到了“遗弃”，她给吉斯伯恩夫妇写了信，请他们到她家中“为她的孤独而喝彩”，家中除了几位佣人和两个小宝宝之外空空如也。

但对于雪莱与克莱儿来说，这就仿佛昨日重现。虽然他们急着赶路，时常日行六十英里，但这次旅行十分美好。根据雪莱的信件判断，他整个人都处于非常好的状态。离开贝尔蒂尼寓邸这片田园牧歌式的世外桃源，他油然而生一种解脱感，之后他将会见到拜伦，而且克莱儿虽然心急如焚，但在乡间道路的旅行中，她的陪伴无疑令他心动，这些都令雪
440 莱产生了一种自由和载欣载奔的感受。刚一看见佛罗伦萨，两人就对阿尔诺旷野、桥梁和河流上的帆船感到喜悦无比，“耀眼的别墅。到处都有圆拱形的屋顶，插入蓝天的塔尖高高耸起”。他们前往奥地利公使的办事处签发护照①，因而耽搁了四个小时。在等待期间，他们还以无花果和桃子大快朵颐了一番，评价这就像是“天堂花”的芬芳一般。凭借保罗高超的讨价还价手段，众人弄到一辆小四轮车前往帕多瓦，他们在星期二中午时分出发，乘坐的是“由两头骡子拉的车，坐上去很舒服”。之后，雪莱便打发保罗回到巴尼迪卢卡，还给玛丽写了一封信。他表达了对威尔茅斯与小克（即他对两个宝宝的昵称）的思念，并快活地告诉玛丽：“要相信我不会因为你的忧伤而觉得是受到了恭维，虽然你的愉快倒会使我感到欢欣；我最高兴的是，如果能看到我外出期间又产生了我们在日内瓦期间产生的那种成果。”说不定她可以再写一部像《弗兰肯斯坦》一样的作品呢？

与此同时，雪莱和克莱儿迫不及待地讨论与拜伦交涉的各种计划，这经过了“大幅修改”，因为雪莱逐渐说服了她放弃当面与拜伦对质。

---

① 在拿破仑战争结束后的维也纳会议（1814–1815）上，威尼斯和伦巴第等地划归奥地利帝国。

雪莱在信中告知玛丽，称克莱儿将先下车，在帕多瓦或福西纳等待结果，但他是否真的这样打算还存疑。不管怎么说，他们于八月二十一日（星期五）抵达帕多瓦时，床铺很糟糕。雪莱欢快地解释称，“爬满了难以用高雅的意大利语言词表述清楚的那种小虫”，而且克莱儿也不愿意“在孤独与陌生的地方”与他分开，他们因而再次改变计划。

他们在星期六夜里一同乘坐一艘黑色的贡多拉前往威尼斯。他们在船舱中蜷缩在松软、舒适的长条沙发和灰色毛毯上。此时，雨点打在窗户上，窗外的整个泻湖电闪雷鸣。大海上波涛翻滚，闪射出宛如星光般的亮光，“在大风雨中时隐时现的威尼斯灯光暗淡”。在贡多拉中，他们感到温暖舒适，“只是克莱儿在我们的舱里有时觉得有点害怕”，雪莱总是喜欢她这一面。由于某种原因，雪莱对贡多拉窗户的构造产生了浓厚的兴趣，他拉开窗帘线展示给克莱儿看，演示了它们是“按照你的意愿，安装有花纹的威尼斯平板玻璃或者威尼斯百叶窗，也可以用黑布窗帘遮住外面的亮光”。[3]等他们赶到威尼斯的旅馆，已是子夜时分。

第二天是星期日，这是很关键的一天，雪莱凭借暗中行事和坦率成功达到了目的。从进入威尼斯的那一刻开始，他们便不断听到人们对拜伦的丑事议论纷纷。无论是贡多拉的船夫，还是旅馆老板，概莫能外。雪莱意识到，此事需要特别的手段。埃莉斯在信件中已经通知克莱儿，称阿利格拉暂时住在英国总领事馆，托付给总领事夫人理查德·贝尔格雷夫·霍普纳夫人照顾。用完早餐，雪莱立即动身，他知道拜伦定然住在莫琴尼戈宫，便雇了一艘贡多拉，径直与克莱儿前往霍普纳府上。之 441
后，克莱儿独自进入总领事馆，询问了孩子的情况，这激起了霍普纳夫妇的同情心。雪莱聪明地意识到，自己在这里只会让事情变得更复杂，便谨慎地留在了贡多拉的船舱中，透过窗玻璃观察动向。过了几分钟，一位仆人赶到锚泊区的台阶处，请雪莱来府上，令他惊讶不已。一切都很顺利。克莱儿发现，霍普纳夫人是一位“和蔼可亲、值得敬重”的女士，而且对他们的旅途和他们的担忧感同身受。一番介绍之后，她便吩咐埃莉斯带着小阿利格拉过来，雪莱觉得她脸色苍白，有些柔弱，但“还像以前一样美”，母女两人再次团聚，都非常开心。霍普纳夫妇邀请雪莱用餐，同时霍普纳先生友好地将雪莱带到一边。“就我应该怎样和他交涉的问题，我们讨论了很长时间，最后决定不告诉他克莱儿已在这里，因为霍普纳先生说他常常表示对克莱儿要来的意愿极为反感，如果她来这里，将迫使他不得不立刻离开威尼斯。”[4]霍普纳夫妇参加了讨论，认为应当隐瞒这一点，“就仿佛这是与他们自己利害攸关的大事”。他们饶有兴致地解释了拜伦家中的某些奇闻轶事。雪莱倾向于认为“无疑有些夸张”。

用完餐，雪莱便开始实施计划中的第二阶段：他要做一个不速之客，造访莫琴尼戈宫。这一阶段也是出乎意料地顺利，只不过并不完全像他预期的那样发展。下午三点，雪莱登门来访，根据他的盘算，拜伦此时不会有任何女性客人到访，这就避免了尴尬，而且他也已洗漱穿戴完毕（这方面他一贯用时很长），也用完了早饭（他的食量很小）。弗莱彻将雪莱引入屋内。拜伦见到雪莱后既高兴也惊讶，他请雪莱坐下，然后爽朗地询问他为何大驾光临。雪莱以最坦诚、最慎重的方式，解释称自己最近与玛丽和克莱儿以及几个孩子前往帕多瓦旅游。克莱儿非常担心女儿的健康状况，迫不及待想要再见她一面，但前提是她过来方便。雪莱认为自己应独自来威尼斯，并很乐意与拜伦勋爵旧友重逢，讨论两人之间的私密话题。

拜伦依然性格开朗。再次与雪莱相见，确实非常开心，而且也放下了包袱。他很享受像当年在迪奥达蒂别墅那样继续进行思辨性的交谈。他甚至开始致歉，称自己未能将阿利格拉送到佛罗伦萨：显然，他害怕“威尼斯人会认为他已经开始厌倦他的女儿而把她打发走了；他已经有了反复无常的名声”。雪莱后来告诉玛丽当时谈话的情况：“‘但是，如果你愿意，她就该到帕多瓦去，在克莱儿身边住一个星期。’（他这样说
442 时是以为你和全家都在那里。）‘说实话，’他又说，‘毕竟，我对这孩子并

不具有理所当然的权利，如果克莱儿想要带她，就让她带去吧。我且不说在那种情况下多数人会认为，她若是那样做，一定是因为我拒绝抚养或是遗弃孩子；但是她自己应该明白那会是一种多么轻率的举动。'"[5]雪莱发现，拜伦表现得迫不及待地要讨好他和克莱儿，这实在出人意料，而且他看到拜伦处理这件事的整个精神状态之后松了一口气，于是两人的谈话变得更加轻松。拜伦突然提议让雪莱带着玛丽、克莱儿和孩子们从帕多瓦来到埃斯特，住进他的一座乡间别墅。这是一项慷慨而又突兀的决定。埃斯特是一座年久失修的中世纪要塞城镇，位于尤根尼亚群山。它的陶器在当地小有名气，位于威尼斯西南约四十英里。拜伦在那里租下了最大的一座避暑别墅，名叫"卡普奇尼别墅"，因为它修建在卡普钦修道院的遗址上。他原本的打算是，如果在莫琴尼戈宫与福尔娜瑞娜的生活过于忙碌，那么就将此地作为退隐之地。此时，他迅速做出决定，将卡普奇尼别墅全权交给雪莱，以供他在整个夏天使用，这就解决了克莱儿与阿利格拉的问题。他还表示，阿利格拉若是去了埃斯特，他自己就会留在威尼斯，这样就不会受到克莱儿的烦扰。

此时，两人的谈话地点已经从拜伦住所中的客厅转移到大运河上的一艘贡多拉中，之后又乘坐贡多拉穿过泻湖，来到了威尼斯丽都岛的沙滩上。拜伦在这里备好了几匹马，随时等待他下午来骑。他们骑上了马，"并辔沿着海岸的沙滩边骑边谈话"。他们没有再讨论克莱儿的话题，而是转到了关于他们自身的话题：哈丽雅特·雪莱，拜伦的姐姐奥古丝塔，为《恰尔德·哈洛尔德游记》新创作的第四诗章，亨特以及《每季评论》的攻击。拜伦的心情很适合忏悔和倾诉。"我们的谈话内容包括他感情上屡屡受到伤害的故事，有关我的案件的一些问题，对于我友谊和关怀的动人表白。他说，如果大法官法庭审理案件时他在英国，他一定会千方百计、竭尽全力避免做出那样一种判决。"[6]拜伦产生这种情绪之后，雪莱也相应变得振奋，两人几乎已毫无隔阂。两人的交谈从下午三点开始，直到次日凌晨五点才结束。两人的交谈一刻不停，长达十四个小时。谈话过程中，拜伦还以恣意纵情的活力，背诵了《恰尔德·哈洛尔德游记》。自从前一天的午餐结束后，克莱儿就一直在霍普纳府上焦急地等着消息，但这些都无关紧要了。不管怎么说，她原先打算留在帕多瓦。因此，更加心神不宁的是玛丽和孩子们。

但是，雪莱的情绪并不会受到时间或空间的影响。回到旅馆，天
443 刚蒙蒙亮，他就拿起纸和笔，匆匆写了一封长信给玛丽。信中解释了之前二十四小时中所发生的一切情况，并要求她立即赶往埃斯特，以便将他为克莱儿制订的计划付诸实现。他写道，这项计划最终能否成功，“依然存在疑问”，而且一切都取决于玛丽要使他编的帕多瓦旅游的说辞天衣无缝，且不能让拜伦发觉克莱儿就在威尼斯。这就要抓紧时间。“请立刻到埃斯特来，我将在那里急不可耐地等待你的到来。你见信便可收拾行装，第二天再准备一天，第三天一早四点起床，搭邮车去卢卡，六点可以到达。然后，租用一辆四轮马车，当晚可到佛罗伦萨……埃斯特是个小地方，那座房子不费劲就找得到。我估摸这封信要走四天，准备行装一天，来时路程四天，第八、九天我们就可以见面了。”[7]

无论是这些安排、整理行装、天亮前的出发，还是冒着八月的酷暑，带着两个孩子忍受五天的舟车劳顿，都会让玛丽品尝艰辛的滋味，但雪莱不会真正体恤这一点。他认为此举关系到克莱儿的幸福，这也许是正确的，而且在此情况下，玛丽必然对他言听计从。他也温柔地给出了理由，但却并不是很严肃：“我已经做到竭尽所能——你一定要赶紧来，骂我，我若是做错了；吻我，我若是做得对——因为，我敢肯定的只是，我也不知道是错是对——只待有了结果才能知晓。”但这并没有缓解紧张的旅途安排。

信到此戛然而止。一艘贡多拉赶来，将雪莱接到了银行，他要在这里开具五十英镑的汇票，用于玛丽的旅费开支。之后，他在银行草草写了一行附言：“请替我亲一亲两个蓝眼睛的小宝贝，别让威廉忘了我。

小克还不可能记得我。”他没有赶上邮递员取件，但寄了特快邮件。也许在这之后，他将克莱儿唤醒，告诉了她这个好消息。

八月二十五日和二十六日，两人带着霍普纳夫妇的美好祝福，与埃莉斯、阿利格拉一同悄悄从威尼斯出发，赶赴埃斯特。他们并不知道小克拉拉在巴尼迪卢卡病倒了，因为在当时的条件下，他们不可能知道此事。小克拉拉有点发烧，吃不下东西，玛丽对她的病情心急如焚。这十天来，雪莱与克莱儿都在卡普奇尼别墅中沐浴在阳光下，等待着玛丽一行的到来。他们发现这座别墅令人心情格外愉悦，意大利的和煦阳光洒在每一个角落。它坐落在连绵起伏的尤根尼亚山脉的山丘上，向南俯瞰着伦巴第平原。每天早晨，空气中尚未形成蓝色的薄雾，向西依稀可以看见遥远的亚平宁山脉。雪莱再一次花了好几个小时去观看日月星辰的起落，并研究了“金光灿烂的秋季云霞”缓慢的形状变化。他在写给皮科克的信中称：“我们的背后，是绵延起伏的尤根尼亚群山——没有巴尼迪卢卡的那些山美——彼特拉克的住宅和他的坟墓位于阿尔夸，人们以宗教的虔诚将其保存并前来谒拜。在我们花园的尽头，是一座规 444
模庞大的哥特式城堡，现在已成了蝙蝠和猫头鹰的出没场所，美第奇家族迁往佛罗伦萨以前就曾住在这里。”[8]雪莱发现，到了夜晚，月亮“落到黑色的、沉重的雉堞后面”，他便可以召唤出猫头鹰，并且从那座废弃城堡的巨大城墙还会传来回声，这令他心满意足。[9]

但是，卡普奇尼别墅最突出的特征是它的凉亭，坐落在石板铺成的道路尽头，沿着这条道路穿过小小的后花园，通过别墅后方大厅的玻璃门道即可到达。这条小路上搭着一排藤蔓棚架遮荫，葡萄藤沿木棚架攀缘，形成一片美丽的绿廊，颇有当地的特色。雪莱将书房选在这座小小的凉亭中，并将他的几本书籍和稿纸摊得到处都是。每天上午，他都会穿过这条阳光隧道和绿荫，来到这里创作。

翻译了《会饮篇》之后，他的思想再一次关注普罗米修斯的主题。他此前曾打算在里窝那就这个主题做文章，在巴尼迪卢卡创作有关塔索的舞台剧时,他也打算过创作这个主题,但都没有成功。雪莱意识到翻译活动既可以释放也可以保持创造力,现在他挑选了另一部希腊文著作,将其中一部分内容翻译为英文,这就是埃斯库罗斯的《被缚的普罗米修斯》。他再也不打算有条不紊地将其严格翻译为英文,而是通过某些意象与言辞、调整、扩写和即兴创作,对其进行改编。他逐渐得出结论,以埃斯库罗斯的这部戏剧为蓝本,他可以尝试用英语重新创作出埃斯库罗斯三部曲散佚的第三部——《解放了的普罗米修斯》。他可以改编埃斯库罗斯的神话与象征主义,使之围绕政治革命与道德重生的主题。他此前创作的史诗《麦布女王》与《伊斯兰的反叛》,始终与这两个主题息息相关。

改编过程证明,这是一项缓慢且艰辛的工作。雪莱从未像这部诗作这样,在如此长的时间里集中写作。到了九月二十二日,他已经写完二十六页稿纸,十月八日,他在写给皮科克的信中称,“刚完成一部古典题材的抒情诗剧的第一幕,这部诗剧将题为《解放了的普罗米修斯》”。但两个月后,雪莱在那不勒斯依然在对第一幕进行修改,而且他在一八一九年一月底写的信中称,这一幕“已经完成”。《解放了的普罗米修斯》的第二幕与第三幕于一八一九年六月在罗马完成。但是,第四幕(即最后一幕)直到一八一九年才开始在佛罗伦萨构思,也可以说这一幕是新增的。总之,《解放了的普罗米修斯》的创作耗时十六个月。他最早在九月开始构思这部作品,当时他与克莱儿在埃斯特过着平静的生活,并在卡普奇尼别墅浓荫蔽日的凉亭中奋笔疾书。此时,他一直打算在埃斯库罗斯的同名作品基础上进行创作。

与此同时,玛丽在雪莱的催促下,不得不遵从雪莱定下的旅途安排,这次旅行强度很大。虽然吉斯伯恩夫人在巴尼迪卢卡提供了帮助,但小
445 克拉拉的病情却越来越严重。无独有偶,雪莱在卡普奇尼别墅也因为吃了些意大利蛋糕而病倒,他认为一定有人在蛋糕中下毒了,但下毒原因并不清楚。玛丽于九月五日(星期六)赶到,她的二十一岁生日已经过

了六天。生日当天，她就在巴尼迪卢卡整理行装，以这种方式孑然一人过了生日。抵达之后，她受到雪莱与克莱儿的欢迎。三个星期以来，他们和阿利格拉和埃莉斯就住在这里。九月五日也是个重要的日子，因为保罗·福吉在这一天第一次遇见了埃莉斯。小克拉拉的病情令人担忧，而且雪莱的胃痛也演变为痢疾。克莱儿似乎也病了。九月十六日，两人前往帕多瓦去找医生看病，因为在乡下找不到医术高明的大夫。玛丽焦急地在日记中写道，“［雪莱］中毒后，病情很严重”，她还提到了孩子：“可怜的克拉拉，她的病情十分危急。”[10]小克拉拉由于舟车劳顿和长牙，病情加重。雪莱最先痊愈，玛丽在日记中称，他又开始在凉亭中奋笔疾书，还在傍晚给她读索福克勒斯的《俄狄浦斯》。他在写给拜伦的信中称，他已有“四五次都打算前往威尼斯”，但由于克拉拉的病情，不得不“焦急地困守在”埃斯特。“我们在这里习惯了居家生活，无拘无束，而且发现这是最令人愉快的住所，我认为你也会这么认为。”[11]但是，拜伦没有领会到这个暗示。

九月二十二日星期二，雪莱再次带着克莱儿前往帕多瓦看病，但当天上午赶到时已经迟到了，他们过了约好的就诊时间。他们原本还打算请这位医生对小克拉拉的病情给一些建议。雪莱一副若无其事的样子，他决定独自一人去莫琴尼戈宫找拜伦，这是他很久以前对拜伦做出的承诺，并打算在那里住到星期四。他打发克莱儿回到埃斯特，并托她带去一封写给玛丽的便笺，他又一次制订了一份艰苦的旅行安排。“克莱儿说她必须来看医生，但是我们今天上午错过了就诊时间。按医生的规定，只有一早八点半他才有空。所以，你一定要把事情安排得能使你在那个时间以前抵达斯泰拉多洛——就只有凌晨三点半动身才能办到。”雪莱打算在帕多瓦和她们碰头，然后带着玛丽回到威尼斯去见拜伦，同时让克莱儿回到埃斯特。尽管他解释称这是为了避免中暑，但却没有改变一个事实，那就是为了方便克莱儿，宁可让玛丽带着孩子四处奔波。雪莱也并不满意自己对待玛丽和孩子的做法。“我可怜的小克拉拉，她今天怎么样？我确实有点为她担心，虽然我觉得肯定不会有危险，要是有个明白人能对她的情况发表点意见也可得些安慰，帕多瓦的那位医生确实有点名气，但是我承认我信不过他。我是不是像一只就要突然离去的野天鹅?”他又发表了一
446 番神秘兮兮的评论，称还不能称她为“雪莱女士”——这也许是要提醒她，之后将有好运到来。① 雪莱在便笺的结尾催促玛丽继续翻译阿里奥斯托的作品。自打雪莱离开巴尼迪卢卡后，玛丽就一直打算翻译这部作品。雪莱还叮嘱她将自己的诗作手稿带来：“……《解放了的普罗米修斯》的稿子，在亭子里的桌子上，从第一到第二十六页都已经编写了页码的。”[12] 写完这封便笺，他便动身前往威尼斯，他将和拜伦陶醉在秉烛夜谈中，还要在荒无人烟的丽都岛上纵马驰骋。

玛丽对孩子的病情忧心忡忡。她在写给玛丽亚·吉斯伯恩的一封信中，采用完全不同的口吻，这反映出雪莱对她的心情缺乏认识或满不在乎。这封信四天前寄到了里窝那。“……疲惫使我可怜的小克得了痢疾，病情现在稍微有些好转，但身体依然虚弱得吓人，而且发着高烧。没过多长时间，她就已经瘦得不成人形，你都认不出来她——埃斯特的医生就是个蠢货，但有个医生从帕多瓦过来了，他似乎很聪明，因此我希望在他的治疗下，她的身体很快好起来，但我们现在依然对她心急如焚。”[13] 玛丽不得不从埃斯特前往威尼斯，而且要在凌晨三点半出发，并在下午五点赶到，考虑到当时的情况，这次旅行也许并不妥当。[14]

孩子的病势发展很快，这肯定不难预料。小克拉拉于星期四上午抵达帕多瓦的斯泰拉多洛，病情再次恶化。但是，雪莱坚持让她按照原先安排好的行程赶往威尼斯，而不是让她接受帕多瓦医生的治疗，这位医生此前就曾经给她看过病。在旅途中，克拉拉表现出“越来越虚弱的症候，嘴和眼睛甚至出现了痉挛”，这促使雪莱“迫不及待地要找医生”。在福西纳，旅客要乘坐贡多拉穿过泻湖抵达威尼斯，雪莱到了这里之后，

---

① 只有贵族女子方可称为女士(Lady)，此处是提醒她日后将继承爵位。

却发现忘了携带通行证，被执勤的海关卫兵拦下。玛丽此时已经因困难和延误而情绪失控，雪莱也情绪爆发（这体现了他的特点），径直冲到了贡多拉那里。玛丽之后写道："在这样的时刻，他们无法阻挡［他的］暴烈情绪。"[15]在这条贡多拉中，孩子的病情愈发恶化。到达旅馆，雪莱立即租来另一条船去找拜伦的医生阿列蒂。但是，他没有预约，医生并不在家。与此同时，玛丽一个人留在威尼斯旅馆的大堂中，"痛苦得使人害怕"，因为孩子的痉挛更加严重了。还没等雪莱回来，玛丽就已经孤注一掷，她让仆人请来了当地的一位医生。但这位医生回天无术，只是说这孩子没救了。小克拉拉的痉挛停止了，她静悄悄地、无声无息地离开了人世，时间大约是他们到达威尼斯后一个小时。等到雪莱回到旅馆，他发现她已经在玛丽的怀中死了。几分钟后，霍普纳夫妇乘贡多拉 447
赶到。接到信使的通知，他们就赶来了，并将这对仓皇失措、痛哭流涕的夫妇接到领事馆。第二天上午，他们将克拉拉安葬。雪莱在写给克莱儿的信中称，"这意外的打击使得玛丽陷入绝望。她今天已经好一些了"。[16]

但是，玛丽在之后十二个月里其实并没有"好一些了"。对于小克拉拉之死，雪莱的疏忽大意与漠不关心是重要原因，这产生了一种危机状态，夫妻之间已开始紧张的关系雪上加霜。这一年冬天发生的其他事件也推波助澜，使玛丽陷入长期的衰弱并独自承受痛苦。直到一八一九年十一月，家中又诞生了一个孩子，才最终让她重新在意大利找到生活的意义。此时，她已成为成熟、坚强的女子，她已经接受她与雪莱关系中更加现实、更加冷酷的一面，也接受了由此产生的种种桎梏。在青年玛丽与成熟玛丽之间存在着一段明显的情感停滞期。比较她的两幅肖像画，可以略见端倪。第一幅肖像画的绘制时间是她动身前往意大利之前，第二幅则是她回到英国之后。这次危机类似于心理崩溃，她之所以能渡过这次危机，原因之一是撰写了一部长篇自传体小说，但它还没有出版，题为《玛蒂尔达》。[17]“这种绝望”产生了诸多副作用，都让她深受打击，但一个主要影响在于，此前她与雪莱之间一直是推心置腹、无话不谈，自此以后这种状态便一去不复返了。雪莱情感生活中的某些方面，已经永远向她关闭了门扉。他发现，自己更容易得到克莱儿与其他人的理解。自小克拉拉夭折到一八一九年春，玛丽只有一封完整的信件留存下来，但她的日记依然保持着往常那样简洁的风格。她在九月二十五日的日记中写道：“这是一部记载不幸的日记。”[18]

克拉拉的葬礼结束后，到了周末，拜伦勋爵与霍普纳夫妇出于一片好意，带着雪莱和玛丽游览威尼斯的宫殿、桥梁和博物馆，以此排遣他们心中的悲痛。之后，雪莱夫妇便回到了埃斯特，悲痛的情绪有所缓解。拜伦将自己的诗歌新作《马泽帕》的手稿交给了玛丽，并郑重地告诉她，如果她能抽空将稿件誊清，就帮了他的大忙了。雪莱又回到了凉亭，继续断断续续地创作《解放了的普罗米修斯》，而且还写出了《尤根尼亚山中抒情》的初稿，这首诗讲述的是个人巨大的不幸经历。

到了十月中旬，玛丽似乎发现卡普奇尼别墅的气氛过于忧郁，便和雪莱回到了威尼斯，一直住到十月底。他们经常乘坐贡多拉旅游，去歌剧院看演出，还定期到霍普纳府上做客、用餐，以此放松心情。克莱儿、阿利格拉和埃莉斯都留在了埃斯特。霍普纳夫妇的一位意大利朋友名
448 叫舍瓦利耶·门加尔多，他得知玛丽是《弗兰肯斯坦》的作者之后，兴高采烈地向她详细讲述了一些鬼故事。玛丽将其中三个故事原封不动地记录在十月二十日的日记中。一八二四年她发表在《伦敦杂志》中的文章就使用了这些故事。舍瓦利耶曾参加过拿破仑远征俄国之战并光荣负伤，他对玛丽大献殷勤，陪她去歌剧院看演出，还陪她去戏院看喜剧。但私下里，玛丽将这些活动斥为“拙劣”“愚蠢透顶”。[19]雪莱一有机会就乘坐贡多拉溜出去，和拜伦一同顶着大风在丽都岛上纵马驰骋。到了傍晚，他大多前往莫琴尼戈宫，在私密的房间中与拜伦交谈到深夜。除了讨论更加私人的话题之外，雪莱还与拜伦讨论了柏拉图的《会饮篇》

与《理想国》,并将柏拉图的一部作品借给了他。一有机会,他总是迫不及待地要提高拜伦的思想境界,甚至要提高他的道德水准。针对这一做法,拜伦则将雪莱的注意力吸引到《每季评论》对亨特先生和雪莱先生的猛烈抨击上,这也许是他自己独特的改良动机使然。[20]

雪莱在威尼斯初见贡多拉、运河及宫殿的欢欣之情,慢慢被深深的恶心与反感情绪所取代。这种感情首先是政治因素使然;他觉得总督府的地牢令人发指,“受难者在那里被意大利太阳的灼热烤得死去或是发疯。第三种叫 Pozzi——也就是阱,深挖在地面以下,有秘密通道和顶上的牢房相通——关在这里的囚徒被泡在齐腰深的污水里”。在西庸时,人们怀疑恐怖的幽闭意象令他格外心惊胆战。但是,此地现在正处于奥地利军队的占领下,人民也已经绝望;与当前的状况相比,这些古代暴政的遗迹根本算不了什么。雪莱指出,奥地利人在这里征收的税金高达百分之六十,而且肆意征用当地民宅;他们的士兵残暴地横行于市区,并且在公共娱乐活动中横行霸道。[21]*

但是,政治只是威尼斯社会令人反感的表象,因为它的内部结构也已令人生厌。威尼斯既有光鲜的一面,也有可憎的一面,既有体面的一面,也有龌龊的一面,这些都深深刺痛了雪莱极其敏感的神经。他逐渐了解到拜伦的私生活,而且拜伦将充沛的精力与愤世嫉俗与众不同地结合在一起,并影响了他的精神面貌,这些都给雪莱留下了深刻印象,也让他感到惊恐。他给皮科克写了一篇长长的分析,其中表明,除了他自身敏锐的观察之外,雪莱内心始终像清教徒一样,将反感与迷恋相结合。

> 我完全同意你对《恰尔德·哈洛尔德游记》[第四诗章]的观点。这部作品在创作时的精神如果是迷狂的,那么这就是有史以来表达出的最邪恶、最有害的迷狂。这是一种固执和自说自话式的荒

* 波利多里医生曾于 1817 年遭到逮捕,因为他在歌剧院中请一名士兵脱掉他的毛皮高顶帽。

449 唐之举,他却固执己见,坚持这种做法。我对他的这种心态表示出反对,因为这只会导致他产生这样的想法,但徒劳无果。它的真正根源与它的表象截然不同。我从未见过比这些鄙夷和绝望的真正根源更庸俗的事物了。事实就在于,首先意大利的女子也许是世界上最可卑的、最无知的、最恶心的、最偏执的、最龌龊的。伯爵夫人们身上都散发出浓郁的大蒜气味,一般的英国男子都不敢靠近她们。好吧,拜伦勋爵对这些女子中最下贱的人都很亲近,贡多拉的船夫们在大街小巷中对这些人的绯闻津津乐道。他能让女孩子的父母用他们的女儿与他做交易,这在意大利习以为常,但是对于一位英国人来说,鼓励这样恶心的作孽之举是件令人心痛的事情。他与卑劣的人沆瀣一气,这些人似乎已丧失做人的底线,而且寡廉鲜耻,可以大言不惭地承认一切行为。但在我看来,这些事情不仅难以启齿,甚至在英国都难以想象。他嘴上说自己不敢苟同,但却在容忍这样的行径。他还不是个意大利人,而且他在内心深处对自己很不满,何况在他内心扭曲的思想中,也在思考着人的本性与命运。除了令人鄙视和绝望的事物之外,他还能看到什么呢?[22]

尽管拜伦有这样的堕落,雪莱对拜伦作为诗人的杰出才华和作为公众人物的伟大潜质却赞赏有加,甚至他这样的堕落可能正是赞赏的原因之一,这次威尼斯之行更加深了这一认识。雪莱承认,《唐璜》将比《贝波》"好得多,不可相提并论",而且是这个时代一部伟大的讽刺诗歌。实际情况产生的悖论与矛盾令他深感困扰。他也知道,虽然在威尼斯小住了几个星期,两人的友谊有所升华,但两人在性情与品味方面的根本对立也充分显现出来。他怎样去解释这些呢?如果其中存在更广泛的哲学意义,那又是什么呢?雪莱在信中思忖了这些问题。

克莱儿一直与阿利格拉住在埃斯特。到了十月的最后一个星期六,雪莱独自回到卡普奇尼别墅,整理他的书籍与文稿,并来接走这孩子。

因为按照约定，她该回霍普纳府上了。雪莱利用这次机会，在别墅中度过了宁静的四天，他在凉亭中潜心创作，还与克莱儿谈心，到了晚上就和小威廉一起玩耍。他很可能还与埃莉斯进行过严肃的交谈。等到他在十月二十九日（星期四）返回威尼斯时，他已完成了《朱利安与马达罗》诗作的初稿，这是他在威尼斯创作的一部伟大诗作。这是他的第一部代表作，也是他创作的四部最杰出的长篇诗作之一。

《朱利安与马达罗》的创作直接源于雪莱与拜伦交往时的思考。这部作品的提纲很简单，特意带有强烈的现实色彩：朱利安的原型就是雪莱，450
马达罗伯爵则是拜伦勋爵的化身，马达罗这个名字取自《塔索》的手稿。这首诗的背景发生在威尼斯，取材于他们的讨论。当时，无论是乘坐贡多拉在威尼斯度过休闲之旅，在丽都岛上骑马，还是在莫琴尼戈宫中，他们的交谈都成为这部作品的素材。诗中的对话取材于两人文雅的哲学讨论与两人性情的强烈冲突，这构成了雪莱的意图，即通过他与拜伦在人生观上的差异，尽可能准确地评估人类的全部意义。马达罗在哲学上是悲观主义者，也是愤世嫉俗之人，他往往认为大部分人不过是绵羊，而所有的人都摆脱不了时势和自身情绪的控制。朱利安在讨论中则选择了进步派和理想主义者的立场，他认为人类所处的时势是可以改变的，而且社会也能不断进步，并认为个人最终可以掌控自身的命运与能力。马达罗在讨论中表现为行为主义者，朱利安则表现为进化论者。马达罗从本质上说对政治漠不关心，朱利安即便不能说是革命派，也是一位改革派。在诗歌中，作者以高超的手法，轻松勾勒出两人间的对立。

这是愉快而又寒冷的一天，过一会
红日西沉，风也停吹，
我们谈得严肃起来，笑语声中
不免掺上了自我嘲弄，
有的思想要破除，却难一笑了之，

明知无望，却又高兴一试。
诗人们说有一次在地狱深处
魔鬼们聚在一起狂语，
议论了上帝、自由意志和命运。
我两人也谈地球的过去和来程，
虚妄的人的一切想象和信念，
一切靠希望所能描绘，靠苦难所能实现，
谈得起劲，而我像通常的样子
（难道尽量从恶中取善不更明智？）
不赞成灰心丧气，而我的友伴
却因高傲的性格而持论相反。[23]

雪莱在散文体的前言中，认真指出了这两位主人公的人格差异。从对马达罗的描写，可以发现这取材于他在写给皮科克的信中对拜伦的分析，但更委婉、更笼统。

马达罗伯爵出身威尼斯古老贵族……独居该城一所华美宫殿之中。他有极高的天分，如愿为国效力，必能救国于倾颓，不过他有
451 一个弱点，即高傲；当他把自己的高超心智与四周的庸才对比，就更强烈地感到人生的空虚……但……在与人交往时，马达罗却比谁都要温和，有耐心，没架子。他常是高兴的，坦率而富机智。他的严肃谈话有如陈酿，令人心醉。[24]

通过对朱利安的描写，立即可以发现这是雪莱为自己创作的肖像，玛丽·雪莱更强调了这一点，称之为“自我模仿的灵魂”。

朱利安是一个出自名门的英国人。他所强烈地信奉的哲学观念

> 是人能控制自己的思想，通过破除某些道德上的迷信，人类社会还可以有极大的改进。他不讳言世上有恶，但总在考虑如何能使善更有力。他是一个彻底的不信教者，嘲笑一切号称神圣的东西；马达罗常以激他攻击宗教为乐，而马达罗本人对这些问题有何看法则无人确知。朱利安尽管有异端言论，却被朋友们认为有良善品质。这两者如何能够并存，有待虔诚的读者自判。不过朱利安是十分严肃的。[25]

在这首诗的叙述与对话中，体现出清醒的克制与客观的反讽，甚至于一种智慧。而且一开篇就凸显出行文的流畅与不假藻饰，这是雪莱多年笔耕不辍而实现的高超艺术成就。最令人记忆犹新的意象与措辞，莫过于开篇精致、简约的描写，无论是其中的氛围，还是对威尼斯景色的感受，都徐徐烘托出人物的性格特点。

> 一个黄昏，我同马达罗骑马出游，
> 来到一处隔断海水的岸头，
> 威尼斯在此挡住了亚德里亚的波澜，
> 一座由流沙堆成的小山，
> 荒滩上只有蓟和两栖植物，
> 长在大地怀抱盐水之处。
> 就在这片无人居住的海丘，
> 偶有渔夫来把网晒了就走，
> 地上无一物打破荒凉，
> 除了一株矮树，几根木桩，
> 全无人管，只有潮汐来往，
> 留下了狭长的沙滩一片，
> 正是我们每逢日落去骑马的地点。
> 我喜欢去那里骑马，我爱一切荒凉 452

无人之地，它们能让我品尝
一种愉快，感到眼前无边无际……[26]

朱利安与马达罗从丽都岛出发，穿过泻湖回威尼斯时，马达罗指了指黑黢黢的疯人院，这座建筑物没有窗子，它将在这首诗的第二部分发挥核心作用。朱利安不屑于这座疯人院举行的集体祷告。但根据之后发生的事件，马达罗对朱利安的评论略微有些离奇：

"我们所见
乃是疯人院，"马达罗说，"每到这个时辰，
过海的人会听见这里鸣钟，
它召集院里的所有疯子
走出每人的小屋子
去做晚祷。"我说："这祷告可不容易，
需要本领才能对严厉的上帝
为自己黑暗的命运表示感谢或希望。"
"啊唷，你这话还是同过去一样狂，"
马达罗说，"人真是难改，你永不悔悟，
总是耶稣门下一个危险的异教徒，
羊群中的一只狼。——你不会游泳，
当心上苍惩罚你。"我看着他的面容，
愉快的笑已从他的眼中消失。[27]

第二天，朱利安去宫殿中拜访马达罗，继续两人的讨论。马达罗自然还没有起床，朱利安便与马达罗的小女儿一起玩耍，这显然是一段不太重要的插曲，但这明显是为阿利格拉绘制一幅富有魅力的肖像描写。在这段描写中，以突出的简约手法和感情的直抒，描写了当时的场景。这体

现出强烈的艺术控制力，看似随意刻画出小女孩的形象，其实颇有欺骗性，因为她将在本诗的结尾部分发挥重要作用。

第二天早晨下着雨，寒冷而昏暗，
马达罗还未起床，我就去找他谈，
等待的时候我同他的孩子玩耍，
更可爱的小东西大自然还未创造！
认真，灵秀，野气而又温柔，
优雅而没有心机和图谋，
那双眼睛——怎能不令人惊叹！
宛如一对意大利的天镜，闪闪发亮， 453
但又充满了情意，只见于世上
富于人性的多情脸庞；
她对我特亲，我曾看护她的小身体
当她刚生在这个凄凉的世界里。
她把我紧看一眼，认出了
她的玩伴的老面貌，
毕竟半年里我的变化比她少。
等她脱尽了初步的娇羞，
我们就并排坐着玩滚球。
这时伯爵出来了。[28]

直到这首诗的最后五十行，这孩子才再次出现；但是，雪莱小心翼翼地将她放在全诗主题的发展中，以此对抗命运，对抗朱利安与马达罗讨论中纯粹的知识层面。

此时，宫殿中的讨论仍在进行，朱利安接着两人昨天夜里的话题继续讨论。他在此抨击了宗教和各种信仰，认为它们“把他们的天性钉上了桎梏”,并继续论证认为,可以通过克制自己来实现进步,而思想却始终保持自由和开放。

“看这孩子多可爱,
多么天真,自由,愉快,
她欢乐地生活,无忧无虑,
而我们却受困于病态的念头,
昨夜它就附上了你的身子。
束缚我们的原是我们自己的意志。
如不自找心病,我们早已实现了全部的梦,
变得快乐,崇高,恢宏!
何处去寻找爱、美和真理,
如不在我们自己心里?……”[29]

实际情况是,朱利安的论证显然不够有力,而且他以这个孩子为例,这也失之肤浅,属于华兹华斯式的陈词滥调。马达罗轻松地作出回答,一语中的:“你这是乌托邦之谈!”朱利安再次作出回答,称这些事情依然值得尝试:“上古哲学的圣人们如此教诲,他们统治在前,后来基督教只使人盲目。”马达罗巧妙地不让自己陷入到对古希腊和基督教的伦理进行讨论,而是再次以现实的口吻回答称,朱利安可以建立起“理论一套,在文字上无人能够驳倒”,但个人的生活其实并不是这样的。为了证明自己的观点,马达罗引出了这首诗中的第四位主要人物——疯人:

454 “……我倒是认识一个像你的人
他在几月前来到此城,
曾同我作过同样辩论,而如今
他疯了……”

作完这段枯燥的介绍，马达罗再次飞快地带着朱利安坐上了他的贡多拉，“迎着骤雨怒涛”，驶到马达罗在前一天傍晚指明的疯人院。

这首诗已经到了核心部分，无论是诗歌的结构，还是其中的讨论，都无形中巧妙地发生了改变。恶劣的天气和海上的惊涛骇浪也烘托出人类社会的情景，语言也放弃了原先精巧、简洁的风格。

> 登了岸，只听见疯人们拍着伤残的手，
> 呼喊，尖叫，或者低声诅咒，
> 或者发出比骂人还难听的怪笑，
> 呻吟，哭泣，渎神的祷告。
> 我们爬上泥泞的石级，进到
> 一个古旧的庭院。[30]

他们来到了疯人面前，他住在楼上的一个房间里，坐在一架钢琴前，身旁是一扇开着的窗户。此时，狂风从泻湖上刮来，将雨点倾泻在房间内，拂乱了他的长发。疯人将头斜靠在一本音乐书上。他的双手合在一起，喃喃自语。之后的两百诗行是他的内心独白，其中有几次被打断，然后再接着进行内心独白，这其中并没有体现出明显的逻辑或联系。疯人时而述说，时而大叫，时而啜泣。雪莱在散文体的前言中，故意简略地说明了疯人在文中的作用，并强调他没有找到此人的过往历史，也没有找到对他的性格刻画。

> 关于疯人我无可奉告。根据他所自言，他似乎曾经失恋。在头脑清醒时他显然是一个很有教养、和蔼可亲的人。他的故事讲得很详细，可能像同类的其他故事一样，其中痛苦的呼号虽然不甚连贯，也许已为每个研读本诗的人提供足够的说明了。[31]

对疯人的情况缺乏了解,便产生了神秘感,马达罗对此人的评论更强化了这一点。朱利安问道:“唉,那么什么使他发疯?”

“我说不清这个;
有位女士同他一起从法国来,
接着走了,他就在那边荒岛一带
455 一个人流浪,后来就疯了,
也没有钱财房产剩下。
警察把他送到这里来收容,
他看上了这地方,不肯让人
把他搬走,我就叫人把海边的房子
修好让他住,为了迎合他的性子
还送他雕像、书籍和花盆,
让他重新用过去的爱好解闷……”[32]

疯人的内心独白与全诗其他部分中冷静、冷漠的口吻产生了强有力的联系,这颇为独特。这是雪莱精心设计的效果。读者顿时便能意识到,他在疯人院中不啻进入了一个区域,从严格意义上说,这是一个超自然、超感觉的区域。场景已经警告了他这一点。这段内心独白充满了病态的性紊乱的想法:性虐狂的折磨,恋尸癖,自我阉割,自杀,反感没有爱情的交欢。但是,疯人并没有追寻这些想法或要对其加以解释:它们涌上心头,破灭,然后烟消云散。

“但愿你从未看见我,从未听过
我的声音,特别是从未忍受过
我那深染毒汁的可憎的拥抱;
但愿你的眼睛从未对我把爱情虚报;

但愿我早就像疯狂的僧人一样狠心
用战栗的手指把男子汉的神经,
血淋淋连根拔掉,免得我俩的心
会在那里短暂地混合,
又厌恶地分开——这类不是你的思索,
它们是受着抑制的可怕念头,
常要袭上我们的冥想,却不能入侵
一颗纯洁温柔的真心……"[33]

无论何时,疯人都从未让自己完全听命于这些感受的摆布;他始终坚持着要保持清醒,而且也断断续续地做到了这一点。他并不打算伤害别人,他抛弃了"一切感情,一切复仇心,一切自尊心"。但是,他的决心与他的清醒都始终未能坚持很长时间,最终他精疲力竭,精神崩溃,惨笑着躺倒在沙发上,进入了熟睡,只有哭泣才能打扰他。全篇的效果十分出色,也表现出他受的创伤。疯人就像是朱利安与马达罗同时探访的一个梦境,疯人所说的一些话中,也间接提到了他们在有意识或苏醒时的经历。疯人并不是一个真正的角色或人物,而是人格中的**一部分**,它位于意识层面之下。这象征着两位来客发现了他,并让他陷入沉睡之中。雪莱在前言中强调,疯人的经历具有**典型性**,"已为每个研读本诗的人提供足够的说明了"。

朱利安对疯人的反应是"我从未这样感动",而且两人"也早忘了彼此争论的事由"。他们回到了宫中,讨论他们所见所闻的意义,一直聊到拂晓时分。他们并没有得出结论。朱利安观察到,疯人遭遇的苦难似乎源于"一种爱情上的可怕突变,做梦也没料到的抛弃誓言"。马达罗回忆起他的语言的力量,"他心里的颜色尚未全褪": 456

我记得马达罗讲过一句话,
他说:"多数不幸者的痛苦生涯,

往往发而为诗歌，
唱以劝世的乃是身受的折磨。”[34]

在诗的最后一部分，雪莱迅速给全诗收尾。其中对威尼斯又进行了一番精彩的描写，这里深深地吸引了朱利安，还描写了贡多拉、建筑物和雕像，甚至还有马达罗的谈吐。朱利安希望留下来，但还是被召回伦敦。他无法将帮助疯人的计划付诸实施，但还是作了一番介绍。此时，他思考的是人类的心理，绝非只是哲学讨论：

如果我能一天又一天
照顾他，片刻不离他身边，
注视他的心情的一切变动，
用最大的热忱，像人们钻攻
一种艰难的本领，我用耐心
会寻路通向他那洞穴似的内心，
这样把他从黑暗的命运中挽救……[35]

雪莱在意大利创作的作品中，将反复出现地下的洞穴或迷宫这一意象，表示对自我的真相展开精神上的追寻。

在诗的结尾，朱利安在多年之后回到了威尼斯。马达罗已经旅行到亚美尼亚的群山深处，而且“他的狗已死”。但是，那位小女孩已出落成一个模样俊俏的大姑娘，就像是某个“莎士比亚作品中的女子”，她讲述了疯人的爱人又一次前来看望疯人，之后疯人就死了。“见了面，又分手，不就已够?”这位爱人冷静、美丽，仪态万方，她作为人类价值的代表，与疯人病态般的呓语形成强烈的反向的对比。但是，作品并没有最终的确认，因为疯人的苦难并没有得到解释，也没有证明其正当性。这一段相当于挽歌，简练而又亲密，全诗戛然而止，雪莱并没有做出明确的道德劝诫或得出结论。

我仍然紧问，于是她吐露了
全部经过——但冷酷的世界无须知道。[36]

在雪莱的主要诗歌中，《朱利安与马达罗》也许一直是最精妙、最含蓄、心理分析最丰富的一部作品。其中，对人类的性格刻画和对意大利风景的表现以最巧妙、最和谐的手法融为一体。在诗歌中体现出技巧、超逸、典雅和对情感的控制，这些都表明雪莱创作的成熟度更高了。 457

这部手稿之后的历史颇有些奇怪，而且雪莱的所有优秀作品几乎都有过这样的遭遇。他将一部誊清稿寄给了亨特，让亨特发表在当年年底的《检查者》中，还在一八二〇年给奥利尔写过几封信，以表明此作既可以单行本出版，也可以与其他诗作结集出版，但实际上，这部作品直到他辞世之后才出版。[37]一八一九年八月，雪莱在写给亨特的信中介绍了这部作品，称其“在某种程度上与你对诗的见解是一致的。我已经在使用某种通俗的语言风格来表达人们交谈的实际方式……”对于朱利安、马达罗和疯人，他这样写道：“诗中的两个人物你认得出来；第三个人物某种程度上自然天成，但在时间和地点上理想化了。”亨特却无动于衷。

一年之后（1819年），雪莱在佛罗伦萨计划将这部诗作作为今后创作的典范：“我想再写三首诗，背景放在罗马、佛罗伦萨和那不勒斯，题材都取自像这一篇一样的可怕或美丽的现实。”[38]因此，虽然这部作品未能出版，但对于雪莱而言，这首诗代表着“现实主义”写作的重要尺度，迥异于他在《解放了的普罗米修斯》完成之前大多数作品中那种浮华和理想主义的动向。* 确实，这首诗在对朱利安理想主义的批判

* 雪莱过世之后，《朱利安与马达罗》对罗伯特·布朗宁最优秀的作品产生了巨大的影响，尤其是他在意大利创作的独白作品，例如《利波·利比兄弟》。

上——于雪莱而言也是一种自我批评——在坚持精神理解、自我认知和个人经验的价值上,已在许多方面达到了更高的精神境界,远超《解放了的普罗米修斯》的摩尼教意识形态。《朱利安与马达罗》的伟大就在于它对**人性**的洞察和细腻的自我发现:雪莱为此成就吃了不少苦头,而且,更多的苦还在等着他们。

注释

[1] 玛丽·雪莱,《玛丽·雪莱日记》,页104。

[2] 根据克莱儿写给拜伦的信。载于《致拜伦勋爵》,G.帕斯顿顿和P.昆内尔编(1939),页237。埃莉斯似乎因为拜伦对雪莱、克莱儿和阿利格拉发表的某些评论而感到心神不宁。

[3]《珀西·比希·雪莱书信集》,第二卷,第四七九篇,页34-35。

[4] 同上,页35-36。

[5] 同上。

[6] 同上,页36-37。

[7] 同上,页37-38。

[8] 同上,第四八三篇,页43。

[9] 玛丽在《珀西·比希·雪莱诗集》中所作的注,页204。

[10]《玛丽·雪莱日记》,页105。

[11]《珀西·比希·雪莱书信集》,第二卷,第四八〇篇,页38。

[12] 同上,第四八一篇,页39-40。

[13]《玛丽·W.雪莱书信集》,第五十五篇,页58。

[14] 关于雪莱对子女缺乏关爱有一篇优秀的女性主义批评,参见厄休拉·奥兰治,《天才的踢皮球之举》,载于《济慈-雪莱回忆录公报》,第195期。

[15] 玛丽在《珀西·比希·雪莱诗集》中所作的注,页204。

[16]《珀西·比希·雪莱书信集》,第二卷,第四八二篇,页40-41。

[17] 朱利安·马绍尔夫人的《玛丽·雪莱传记与作品集》中讨论了《玛蒂尔达》。这部小说由伊丽莎白·尼奇根据阿宾杰收藏的手稿(第六至七卷)编辑

出版:《玛蒂尔达》(教堂山,1959)。

[18]《玛丽·雪莱日记》,页105。

[19] 同上,页106-109。

[20]《珀西·比希·雪莱书信集》,第二卷,第四八四篇,页44。

[21] 同上,第四八三篇,页43。

[22] 同上,第四八八篇,页58。

[23]《珀西·比希·雪莱诗集》,页191。

[24] 同上,页189。

[25] 同上,页190。

[26] 同上。

[27] 同上,页192。

[28] 同上,页193。

[29] 同上。

[30] 同上,页194。

[31] 同上,页190。

[32] 同上,页195。

[33] 同上,页199。

[34] 同上,页201。

[35] 同上,页202。

[36] 同上,页203。

[37]《遗诗》(1824)。

[38]《珀西·比希·雪莱书信集》,第二卷,第五四〇篇,页164。

第十八章　那不勒斯之墓(1818)

458　雪莱与埃莉斯将阿利格拉送回霍普纳府上,到了一八一八年十月三十一日(星期六),他和玛丽向拜伦告辞。待到他们再次相见,已是近三年之后。埃莉斯要求回到雪莱家中,并得到了许可,只是颇有些尴尬。雪莱家中此时有小威尔茅斯、米利·希尔兹、埃莉斯和保罗·福吉,克莱儿也从埃斯特赶来。经过五天的收拾行装与准备,他们动身出发,缓缓向南前进,到了冬天就在那不勒斯住下了。雪莱无心记日记,他开始给皮科克写一系列长信,介绍自己的旅途经历。这些信件表明,雪莱迫不及待地要讲述自己的旅行见闻,而且对旅游乐此不疲,但连他自己也没有意识到这一点。旅游也使他忘却了其他事情,越来越注意细致入微地观察。在费拉拉以北,有一座农场"位于帕西法厄的乡下",雪莱在这里的牛棚中发现了白色和灰色的牛,他数了数,足有六十三头。他还注意到,这里农庄中的百叶窗看上去很是古怪,都不涂油漆,总是紧闭着。他还注意到打谷场碾压得很平整,就像《农事诗》[1]中描写的一样,因此,

---

[1] 《农事诗》为维吉尔所著,该书共四卷(约成于公元前37—前30),每卷五百余行,分别写种谷物、种橄榄和葡萄、畜牧、养蜂等农事,属于赫希俄德的教谕诗的类型。

“无论是鼹鼠、蟾蜍或是蚂蚁”都无法在这里找到藏身的裂隙,五颜六色的西葫芦和南瓜堆在这里,准备用来喂猪;火鸡与别的家禽都在院子里自由地闲逛,“还可以看到两三只叫声刺耳的狗”。农场的帮工都粗鲁野蛮,“有一种英国气味,对于尚未习惯当地居民厚颜无耻且并不高明的谎言的人们来说,是非常令人泄气的”。[1]

在费拉拉,雪莱迫不及待地要去看阿里奥斯托与塔索留下的文物。他从塔索住过的监牢的牢门中抽出了一小块木片,并冷酷地评论道:“当我说这地牢确实非常像样时,是在已经见过威尼斯总督府内监狱的情况下说这番话的。”他还观察了一番阿里奥斯托坐过的木头椅子,它的“寿命远远超过了曾经铺在那上面的坐垫和它的主人”。他还盯着三个丰满的仙女的青铜像,它们在塔索的装饰性墨水台的圆周上探出身子。雪莱对这两位诗人的手稿作了一番思考,进而对笔迹问题发表了一番论述。

> 阿里奥斯托的笔迹显得细小、坚实、棱角分明,我以为,表达了一种强劲、敏锐然而是有所拘束的精神能力;塔索的,粗大、自由、流畅,但是在流畅的中途有受到抑制的表现,使得后来的字母比人们在一个词开始时所预期的要小些。 459

雪莱认为塔索的手稿也不能说不像他的字迹,并评论道:“这是一种热烈、诚挚心灵的象征,有时超过了它本身的深度,它冒险的脚会由于被忘川水的寒冷惊醒而退回。”他仿佛想象出皮科克开心得神采飞扬,便又提笔补充了一句:“——你知道,我总要从我所看到的事物中寻找现存的可感知对象背后某种事物的表露;正像我们对面相的看法常不一致,我们现在的看法可能也不一致。”[2]

走出这座博物馆,雪莱突然在大门处停了下来,出现了一只手,摇晃着木盒子当当作响请求布施。雪莱惊恐地盯着这个身影看了一会儿,就像是他梦中见到的鬼魂一般。此人从头到脚“身体完全被白色法兰绒包裹得就好像是鬼魅”，他的脸甚至用一种网状眼罩遮住，只有眼睛透过网眼闪着精光。“我猜想此人一定是为了只有他自己和他的告解神父才知道的某种罪过而以苦行自赎的。”之后，雪莱继续写了下去，加上了一句更加欢快的评论，“这种表现是显示天主教迷信对人类心灵影响力的突出一例”。[3]后来在一篇题为“柯利修姆遗址”的断章故事中，这个罩在法兰绒中的人物再次出现，雪莱几周后在罗马动笔创作这篇作品。

一行人从费拉拉出发，到达博洛尼亚，这是“一座柱廊之城”。这里有一座大型美术馆，小山上还有一座奉献给圣母的小教堂。雪莱很喜欢在月光下在它周围散步，并观看巨大、倾斜的砖塔在月光下产生的阴森效果。这两座塔是由富有军事头脑的贵族建造的。“这里有两座塔，有四百英尺高，很丑陋，用砖块建成，两座斜塔的倾斜方向各不相同，而且在月光的阴影下使人产生了一种幻觉，仿佛这座城市遭到地震摧毁了一般。”在这座美术馆中，雪莱盯着柯勒乔、圭多、多梅尼基诺、圭尔奇诺的作品欣赏，他满心欢喜地向皮科克介绍了一番，但也嘲讽了其中的宗教暗示。他的目光为圭多的一幅精美的画作所吸引，这幅画描绘的是爱神在追逐幸运女神，颇有深意。爱神“揪住她的头发试图把她拉回来，她半对着他侧转了面孔，栗色的头发迎风飘扬，把阴影投在她美好的额头上”。[4]这是一个欲望的意象，雪莱本人就曾在他的诗歌中经常使用，它使他心生某种近乎怀旧的情怀。

在博洛尼亚度过两天的时光后，一行人继续前行。他们沿着海岸公路经过福松布罗内，在斯波莱托领略了雄伟的高架渠，在特尔尼观赏了
460 著名的瀑布，最后于十一月二十日（星期五）到达了罗马。他们已决定雇上马匹，并让保罗亲自赶马车。玛丽说，这样做非常经济，只是不太愉快。

雪莱认为，除了冰海冰川之外，特尔尼的瀑布是他有生以来见过的

最雄奇的自然景观。他细致入微地描写了瀑布飞流直下三百英尺流入韦利诺河谷时,光线与磅礴的水流运动所产生的奇幻效果。"它来时翻卷黄褐色滚滚巨浪,它飘然离去像积雪崩落下山……你用你的目光追随着,它却在下面失去了踪影……真正的想象力也要为之惶惑……我们站在一个地点看它看了半个小时,却好像只过了几分钟。"[5]玛丽则想起了萨福①从崖上跳下,"她的身影像天鹅一般消失在远方"。在整个旅途中,这几乎是她本人所做的唯一观察。[6]一行人到达罗马时,看到一只巨大的雄鹰在高空翱翔,它在罗马的野外寻找猎物,仿佛是在欢迎他们一般。

一行人在罗马住了一周。雪莱对罗马的第一印象显然十分震撼,并乐于像其他游客一样游览必去的景点:圣彼得大教堂,斗兽场,古罗马广场,神殿遗址,各处喷泉和广场。令他感触最深的莫过于大自然在遗迹上重新焕发出勃勃生机:一道古老的城墙构成了全长十六英里的圆周,城墙内是大片的野花、杂草芜生的小路、绿色的山丘,山丘上可以俯瞰台伯河,遗址中长满了一片片杉树。*从这个角度说,斗兽场尤其让雪莱惊叹,因为它已化为一座巨大的遗址花园,一座封闭的花园,大自然与文明世界在这里和睦共处。"经历过岁月的风雨,斗兽场已变成岩石山地圆形露天竞技场的模样,场地长满了野生的橄榄树、桃金娘树和无花果树,一条条小径穿插在倾圮的楼梯和难以计量的通道之间;当你漫步在错综复杂的曲折路径上,矮树林会为你遮阴,当地气候条件下特有的野花野草开放在你的脚下……我很难相信,当它盖着多利斯大理石,镶着埃及花岗岩时能像现在这样令人望而起敬……"[7]玛丽发现这里的

---

① 萨福(约前630或612—约前592或560),古希腊著名的女抒情诗人,一生写过不少情诗、婚歌、颂神诗、铭辞等。

* 从某些方面来看,这一幕已回到了菲利波·布鲁内列斯基第一次进入圣城研究万神殿的建筑设计之时,当时他还发现狐狸在街道中乱窜。参见文森特·克罗宁,《文艺复兴时期的奇葩》(1969),第一章。

废墟“数量上”令人失望；他们到达罗马的第二天傍晚，雪莱带她去看了歌剧，玛丽觉得“从未见过如此难看的歌剧”。[8]之后的两个上午，玛丽都带着威尔茅斯去斗兽场写生，而雪莱则带着克莱儿去梵蒂冈游览更引人入胜的景点。

在这个星期，雪莱抽时间创作了他的断章故事《柯利修姆遗址》，总
461 共完成两千字的初稿。一位瞎眼的老人，在女儿的陪同下，走进斗兽场遗址，他的举止令人想起索福克勒斯的《俄狄浦斯在科罗诺斯》。这位老人将斗兽场幻想为魔法洞府，里面随处可见各种异兽。“它们难道不正是在印度的荒野莽林中，野象用来藏匿幼仔的洞穴吗？就好比海水漫过陆地时，海洋深处最强大的怪兽会把它们作为自己宽敞的居室。”[9]他们在这里遇见一位陌生人，他的形象取自雪莱在费拉拉见到的那位赎罪者。这位陌生人很年轻，就像幽灵一般住在斗兽场，他想对这父女俩作一番自我介绍，却听见这位老人神秘地讲述“每个人内在本性”的周围有一道环，阻止了人与人之间的接触。但就在一个主题正要开始时，手稿却戛然而止，留下了一个有趣的细节。在这位青年的鞋子上刻着一个雕像。无论是雪莱后来从罗马寄出的信件中，还是雪莱最后在《解放了的普罗米修斯》的创作中，都出现了这个意象。“雪白的脚上是一双合适的象牙色便鞋。这双鞋雕刻得精美雅致，恰如两个女性人体；她们的两个翅膀在后跟处相逢，那热切的、半开合的嘴唇颤抖着想合上。”[10]像这样明显不相关的意象，经过长期、缓慢的沉淀，将在未来给雪莱成熟期创作的诗歌带来丰富性。此时，它依然处于蛰伏状态。

十一月二十七日，雪莱决定给一行人打前站，便独自前往那不勒斯。他显然是要去安排客房，这样就不用一边住在那不勒斯的“小旅馆”中一边寻觅住所了。至于雪莱在那不勒斯是否还有别的私事要办，就不得而知了。他乘坐小四轮马车日夜兼程，并与一位伦巴第商人和一位粗鄙的卡拉布里亚牧师结伴而行，天黑之后穿过了恶名昭著的蓬蒂内沼泽。那位牧师惊慌地表达了对路遇强盗的恐惧，而那位商

人却亲切地谈起最近两位主教遇害的事件。[11]牧师看到雪莱从旅行包中取出手枪(他总是随身携带),更为惊慌失措。雪莱是在故意炫耀自己的手枪,但不得不请马车夫来平复牧师的“歇斯底里症”。一行人刚到那不勒斯,那位卡拉布里亚牧师便进行了报复。他们近距离目睹了一起谋杀:一位年轻人从商店里刚走出来,就有人一刀刺在他的脖子上。雪莱惊恐不已,但牧师却表现出真正的勇气,也表现出与他相称的威严,他当着雪莱的面放声大笑。雪莱十分恼火:“神父居然放声大笑,并且试图戏弄我,就像戏弄英国人所说的傻瓜。我从不曾比这个时候更想揍一个人。他知道我没有多少力气,但是,他看到我的表情极为恼怒,也就默不作声了。”[12]这件事证明了雪莱对意大利教会的看法,但炫耀自己的手枪确实给他惹来了麻烦。这不是第一次,也不是最后一次。

雪莱在那不勒斯著名的游客聚居区住了下来,位于基艾亚滨海路250号。客房似乎位于二层或三层,从高高的窗户可以领略壮丽的风 462
景。这里能俯瞰皇家花园,而且远处是“海湾中蓝色海水,永远在变动又永远是同样的海水,包围着这片海湾的是峰峦起伏的卡普里岛[原文如此]、耸立在萨莱诺的高峰和林木茂盛的福西利波山,它深入海面的悬崖挡住了高高的埃纳里亚岛,正是这座火山岛及其一分为二的高峰形成了和海湾遥遥相对的海岬”。玛丽与克莱儿等一行人于两天后(12月1日)抵达。他们对这里的房间赞不绝口,觉得自己的状况“好极了”;但玛丽精神萎靡,神情颓唐。雪莱带着她到皇家花园中散步,还给她遥指维苏威火山喷发出的浓烟,三月宜人的气候让他们欣喜不已,这样他们就能在晚上开着窗户,不用生火也不觉得冷。他们享用了“几乎是英国夏天所有种类的水果”。但是,玛丽却开心不起来,十天之后,她在写给玛丽亚·吉斯伯恩的信中,称自己依然感到心力交瘁,始终无法消除长途旅行造成的疲惫感——“因此,你一定会认为这是一封愚蠢的信吧”。[13]克莱儿病倒了，她在十月初就曾找帕多瓦的医生看过病，但显然一直没有好透。

此外，玛丽发现意大利男仆保罗·福吉与埃莉斯似乎暗生情愫。两人的关系是在从威尼斯出发的途中和在罗马小住那一个星期公开的，玛丽竭力要阻止两人关系的发展。雪莱也是一样。玛丽之后在信中写道：“我们都想方设法说服她不要与保罗谈恋爱。我们都知道保罗是个卑鄙之徒，而她为人很好，保罗配不上她。”[14]根据她的叙述，他们的劝说至少在短时间内收到了成效。但是，这并没有让基艾亚滨海路 250 号的气氛有所缓和。雪莱虽然对观光旅游热情高涨，但倘若不去旅游，雪莱本人似乎也会陷入神秘的忧郁之中。他在夜间透过窗外发现，维苏威火山冒出的浓烟化为暗红色的光芒。[15]他的肾脏又旧病复发，病情较为严重。

在雪莱一家人当中，只有玛丽的日记在十二月和一月记录日常的事件。根据日记的记载，雪莱在前三个星期里，精力都放在带着他们四处游山玩水上，而且他还安排在十二月五日（星期六）前往赫库兰尼姆城的古代戏院游览，八日（星期二）则乘船游历了巴亚湾，还游览了马雷莫尔托海滩、艾利西安原野和西比尔山洞。雪莱依然在收集意象，这些意象后来出现在他的诗作中：“海水……透明得使你可以看得见被灰蓝色海藻和坑洼不平、海底杂草纤细茎叶遮蔽着的洞穴”[16]；但玛丽却只记录了这样一句话，“巴亚湾很美丽；但游览了各处景点之后，我们都感到颇为失望”。[17]到了十三日（星期日），一行人又去了歌剧院，到了下一
463 个星期二，他们去了维吉尔之墓。十二月十七日（星期三），他们利用当天的下午和傍晚去游览了维苏威火山的山顶，这次旅游近乎于一次惨痛的经历。玛丽精疲力竭，克莱儿实际上在黑暗中遭到了导游的遗弃，雪莱在点着火把下山的途中病情发作，腰部剧痛无比，“忍受着肉体折磨”到了导游的“隐修院”，他已濒临崩溃。尽管如此，他还是在第二天上午写了一封信给皮科克，介绍了此次旅游的见闻，这是他描写景物最出色

的信件之一。

到了圣诞节前三天，雪莱又组织了一次出游，这次是前往庞贝城。这是一座古城的遗址，雪莱穿行在街道中，感慨万千。他注意到镶嵌的花纹，“有翅膀的小雕像和制作精美的小装饰品”，以及希腊人在神庙上雕刻的埃及天使的浅浮雕。他很认可公共建筑物的数量与雄伟。在朱庇特神庙的柱廊下，一行人举行了午餐会，“我们在柱廊的柱列下坐下来休息，并且拿出我们的橘子、无花果、面包和欧楂（你会说，糟糕的伙食）来吃”。[18]他们静静地咀嚼着食物，凝视着外面海湾里一泓碧蓝的海水和苏莲托群山。这里风光旖旎，但令人心烦意乱。“我们时不时听到维苏威从地下发出的轰鸣声，那遥远的持久而响亮的轰鸣声似乎在以震耳的阴沉巨响震撼着那渗透我们躯体的空气和阳光。”

他们从东门离开了庞贝城，此时已是金乌西坠，地上影子越来越长。一行人穿行在墓园中，坟墓坐落在城门外道路的两侧，都是精美的大理石雕塑。雪莱注意到一个陵墓的灰墁墙，墙上“有一些特别浅的浅浮雕象征性图案，所表现的是已死或垂死的动物，有翅膀的小精灵，一组组正在躬身弯腰履行某种殡葬仪式的妇女”。他忽然觉得这似乎不像英国陵墓那样隐藏在土中静静地腐烂，“倒像是不朽精灵们奢侈豪华的寝宫”。

在玛丽的日记中，对于十二月的其余时光和整个一月的记录仅限于一些最简练的叙述，通常只记载她或雪莱读过的书——但丁和李维的作品，还有温克尔曼的《古代艺术史》，而且日记中经常只写上当天的日期。这种缄默其实是在掩盖雪莱的一场严重的个人危机；一八一八年十二月，雪莱创作了一首最绝望、最自艾自怜的抒情诗《写在那不勒斯附近心情抑郁时》。

我，既没有希望也没有健康，

内心不安宁周围不平静，
没有哲人冥想中发现的那样
比财富可贵的满足心境，
沐浴着内在的荣光行进……
我可以像困倦的孩子般躺卧，
可以在哭泣中消磨净尽……[19]

464 从这段时间开始，雪莱还创作了《召苦难》《我的头哭得发昏》等断章诗作。[20]雪莱可能还撰制了《朱利安与马达罗》中描写疯人的部分，并创作了发生在比萨的故事《马伦吉》，主人公马伦吉不得不一生都放逐于近岸沼泽地，以此为一桩未知的罪行赎罪。[21]

玛丽在二十年后出版的作品中，选择道明这段危机，但没有充分解释其原因。但对于她本人与雪莱之间的情感隔阂，她倒是毫不讳言。

> 这时的雪莱忍受着健康不佳带来的极大折磨。他寄希望于一位医生，这位医生许诺得天花乱坠，却让雪莱经受了严重的肉体痛苦，而毫无良好的结果。* 持续不断而又强烈难忍的折磨使他精疲力竭。他虽然还保持着快活的外表，而且我们在那不勒斯周围游逛和乘船在晴天的海面上出游时他常常非常高兴，但是，也有不少时候他的思想由于疾病的阴影而变得十分消沉，——于是，他便自我逃避，落落寡合，或是埋头写诗，他当时为了怕伤害我而藏了起来的这些诗，所倾吐的是不满和悲哀，病态而非常自

* 这位医生是一名苏格兰外科医生，名叫 J. 贝尔。但直到 1819 年 1 月中旬左右，雪莱才开始真正遵照医嘱。贝尔医生作出的诊断是“肝脏疾病”，他开的药方是“水银和切尔滕纳姆的海盐”，并嘱咐要谨慎用药，还要与每天骑马锻炼相结合。雪莱在抵达那不勒斯的前五六个星期里并没有去看医生，这也是玛丽力图暗示的，而且他的心理压力显然也是造成其生理疾病的因素之一，但却是玛丽竭力掩盖的。

> 然地爆发。现在怀着难言的遗憾和痛心的懊悔回顾像那样的一些时期,会情不自禁地幻想,如果当时有人能够理解到他那种感情的性质,能够更关心他,安慰他,那样的感情就不会发生。然而,尽管他对天地间任何景色或是影响都显得十分高兴,但是很难想象除了他长时间遭受的痛苦折磨还有什么会使他流露出任何一种忧郁情绪。
>
> 我们过着极其孤独的生活。[22]

经过十二月十七日这次惨痛的维苏威之旅,雪莱在圣诞节前给伦敦的好友们写了三封信。收信人分别是皮科克、亨特与霍格,它们表明雪莱陷入了严重的抑郁状态,而且这是他来到意大利之后第一次产生孤独与思乡的情绪,但信中并没有给出任何直接原因。在写给皮科克的信中,他先以生花妙笔介绍了维苏威之旅,然后在结尾处发表了一番悲伤的感慨:“我的情绪是够抑郁的,身体也不好,尽管我相信那不勒斯温暖的气候对我有好处。我们在这里绝对不见任何人。再见。”[23]雪莱在给亨特写这封信之前,好几个星期都没有给他写信。信中大部分内容是针对骚塞在《每季评论》中的抨击,为自己性格作出一番病态的辩解。在信件的结尾,他十分突兀地催促亨特,让他和皮科克尽快在春天赶来意 465
大利:“请立刻给我写信,像以往一样请寄莱格霍恩,因为我在知道你来或不来以前会像发烧一样寝食不安。我应该告诉你,我身体不好,心情也不好,你来了一定能使我身心全都好起来。”[24]他写给霍格的信是这三封信中最短的,其中简要介绍了他们的旅行,还猛烈抨击了意大利妇女,她们的“无知与堕落真令人恶心”,而且强烈地暗示,“我们很快就要再见面了”。[25]无论是写给亨特的信,还是写给霍格的信,都没有提到克莱儿或任何一位仆人,也没有提到玛丽的精神状况不佳。其实,雪莱当时写的信件中,都没有解释造成他痛苦的真正原因。但是,生理的疾病与抑郁只是雪莱情绪不佳的症状而非症结。他在那不勒斯遭遇的神秘麻烦不过是具体的人所遭遇的实际问题与困难。直到十八个月之后，雪莱才给吉斯伯恩夫妇写了一封推心置腹的信来解释。此时他已离开那不勒斯："我在那不勒斯的责任已经了结。使我心力交瘁的破坏活动仿佛是弥漫的大气，包围着、传染着和我有牵连的一切事情。那个败类保罗一直企图利用我一八一八年十二月在那不勒斯的情况向我敲诈钱财，扬言将指控我犯有极其可怕的罪行。他和这里的几个英国人有来往，这是几个仇恨我的英国人，而且几乎是以这种仇恨的激烈来证明其迟钝头脑之价值，他们喜欢听也喜欢散布离奇荒诞的谎言。好心的药店掌柜，请给我一两麝香来熏一熏这人世粪堆的臭气吧。"[26]

这一段很短，尽管提到的内容乍一看似乎十分隐晦，但却道明了困扰雪莱问题的本质所在。它表明，雪莱在这一年冬天在那不勒斯受到某种个人问题的困扰——"我的情况"；而且由此造成的结果是他认为自己要对一个孩子负责——"我在那不勒斯的责任"，而且其中还有严重的不端行为，这导致他的仆人保罗·福吉以张扬此事为要挟向他敲诈勒索。这次敲诈十分重要，因为它极大地影响了雪莱此后在意大利的生活。保罗对此事十分确定，也对自己的优势十分笃定，因此扬言雪莱尽可以聘请一位意大利律师来控告他。这位律师是里窝那的先生·德尔·罗索，雪莱从一八二〇年六月开始聘请他，至少聘请到一八二一年二月。[27]

对于这个孩子，我们现在已掌握了一些确凿的事实。她是一位小女孩，雪莱曾两次在那不勒斯的官方文书中将自己登记为她的父亲。第一份文书是国家登记文件，于一八一九年二月二十七日签字。其中称埃琳娜·阿德莱德·雪莱是珀西·B. 雪莱的女儿；一八一八年十二月二十七日晚七点，她出生于基艾亚滨海路 250 号。第二份文书是受洗证明，其中称珀西·B. 雪莱的孩子于一八一九年二月二十七日受洗，名为埃琳娜·阿德莱德·雪莱。在那不勒斯国立档案馆中，还有第三份文书。
466 这是一份死亡证明，其中称埃琳娜·雪莱[原文如此]于一八二〇年六月九日在那不勒斯运河大道45号夭折，在世十五个月十二天。[28]*

对于这些文书中的日期，可以再补充一些旁证，它们同样很确凿。十二月二十七日是证明中埃琳娜的出生日期。在这一天，雪莱、玛丽、克莱儿、米利·希尔兹、埃莉斯与保罗都住在那不勒斯基艾亚滨海路250号。[29]一八一九年二月二十八日，就在雪莱对埃琳娜登记和洗礼的第二天，雪莱一家便离开了那不勒斯，再也没有回来。[30]也就是说，雪莱、玛丽、克莱儿和米利都走了。此时保罗已和埃莉斯成婚，他们再也没有和雪莱一行人在一起了。到了一八二〇年六月九日，就在埃琳娜在那不勒斯去世的第二天，雪莱夫妇在巴尼迪比萨；三天之后（6月12日），保罗·福吉第一次通过书信的方式开始了敲诈勒索。[31]此时，埃莉斯下落不明。她可能在那不勒斯、罗马或佛罗伦萨；但之后到了一八二〇年夏天，她又回到威尼斯重操旧业，给一位英国贵妇当佣人兼女伴，她也许是费尔希尔小姐。保罗似乎再也没有和她在一起了。[32]此时，对于雪莱“一八一八年十二月在那不勒斯的情况”，已经大致勾勒出了轮廓。

但从此时开始，证据就令人极其困惑。雪莱已登记为埃琳娜的父亲。那么谁是她的母亲呢？她的出生为何令雪莱陷入绝望的忧郁之中呢？这为何又导致他遭到敲诈勒索呢？雪莱为何在她出生两个月之后才去办理出生登记呢？他为何要将她留在那不勒斯呢（她的养父母应该是意大利人，住在运河大道45号）？

国立档案馆的这些文书并没有解答对埃琳娜之母的疑问。因为其

---

* 那不勒斯国立档案馆中的出生证明最先由N. I. 怀特于1947年发现并复印。这份文书中有许多有意思的细节。它是由官方颁布的，并且由雪莱亲自签名，还有两名公证人签名，但玛丽·雪莱却没有签名。在这份文书中，玛丽的名字写成了“玛丽亚·帕都灵”，这是意大利语对玛丽·葛德文的错误读法，但雪莱没有将其纠正。雪莱的年龄与地址都登记无误，却将玛丽的年龄填成了二十七岁——实际上她是二十一岁。雪莱家中年龄超过二十五岁的女性唯有埃莉斯。受洗证明是由基艾亚的圣约瑟夫教区的牧师出具的，雪莱并没有签名，玛丽的名字也比之前一份证明更准确——玛丽亚·葛德文。死亡证明是1820年6月10日出具的，小埃琳娜的年龄是从受洗之日算起。

中称埃琳娜的母亲是玛丽·葛德文·雪莱。这明显是雪莱伪造的，倘若真是如此，就不可能将孩子留在那不勒斯，而且也不会出现这么多波谲云诡的情况，更不会出现敲诈勒索。此外，无论是当时，还是其他任何时候，玛丽的书信和日记都没有提到埃琳娜，而且在福吉于一八二〇年六月开始敲诈之前，人们也无法确定玛丽对这个孩子的出生是否知情。即便到了此时，依然没有确切的证据表明雪莱已将福吉威胁要张扬的内
467 容向玛丽和盘托出，只不过在埃琳娜去世之时，玛丽很可能已知道这个孩子的情况。总之，玛丽也许知道了这个孩子的存在，也知道自他们十二月来到那不勒斯之后雪莱的“情况”。

如果埃琳娜·阿德莱德·雪莱的母亲不是玛丽，那么又是谁呢？对于这个问题，有一个答案似乎出现在一八二〇年的一封臭名昭著的信中。这是雪莱的老朋友、英国驻威尼斯领事与拜伦勋爵的通信。在这段时间，霍普纳夫妇一度照顾了阿利格拉，同时克莱儿也（通过书信）向拜伦争取了这个孩子的探视权。一八二〇年九月十日，拜伦从拉文纳写信给威尼斯的理查德·贝尔格雷夫·霍普纳：“……我很遗憾你对希洛［雪莱］的看法如此不堪；你之前曾认为他是个堂堂君子。他的才华与荣耀肯定是没说的，但他却对宗教与道德产生了疯狂的想法……他的《伊斯兰的反叛》是一部出色的诗作。你似乎后来对他颇有成见。克莱儿就阿利格拉的问题给我写了几封傲慢无礼的信；看看吧，一个人养育亲生子女之后都得到了些什么！要不是看在这个可怜的孩子的分上，我恨不得把她送回到她那不信上帝的母亲那里……”[33]

霍普纳原先对雪莱夫妇鼎力相助，也很同情他们的遭遇，但此时却对他们“颇有成见”。他在一八二〇年九月十六日写给拜伦的回信中，也证明了这一点。从这封信中可以发现，他称自己第一次了解到雪莱的真面目是在一八二〇年六月或七月，因此这就对应了保罗开始敲诈雪莱的时间。这封信中详细介绍了雪莱的情况，尽管它明显对雪莱的为人很是不齿，但还是栩栩如生地介绍了他了解到的雪莱家中的紧张关系，并

证实了在此之前最多还只能算暗示的一些线索。贝尔格雷夫·霍普纳在写给拜伦的信中称：

我亲爱的勋爵先生……你很惊讶我对希洛的看法出现了这样的转变，这也在情理之中；他的真正为人肯定不是我曾经对他的印象，我要将我心中这个可怕的秘密告诉你。我相信，即便不看在我和我妻子的分上，但看在他不幸的妻子的分上，你也不要让雪莱夫妇知道我们已了解这件事情……

雪莱夫妇来这里时，你必然知道克莱儿和雪莱的孩子在一起；你可能还记得，曾听说过她的身体始终不舒服，而且要去看医生。我向来不惮以恶意揣测别人，因而不相信她当时服用的药物仅仅是为了恢复健康。我还认为，她天生就害怕鬼魂和强盗，但却为何情愿独自留在埃斯特，也不愿意来这里和雪莱夫妇同行。即便这样，他们还是从这里向那不勒斯出发，有一天夜里，雪莱被叫去看望克拉拉，她病得很重。他的妻子自然认为，派人喊他过去十分奇怪；尽 468
管她还没有认识到两人之间关系的本质，但她还是有足够的证据来证明雪莱的冷漠，也证明了克拉拉对自己的憎恨；此外，因为雪莱不许她声张此事，她便不敢插手此事。

他们找来了一个接生婆，这对野鸳鸯并没有准备好接纳这个不幸的小生命来到这个世上，便贿赂了这个接生婆，让她将孩子带到皮艾达。这孩子出生半小时之后，就被送到了那里。他们还不得不花重金贿赂了医生，让他不要声张此事。雪莱夫人虽然不能外出，但始终对她表达了强烈的焦虑，他们却不准雪莱夫人接近她，这些禽兽并没有报答雪莱夫人对克拉拉的关心，至少连一句中听的话也没有说，反而自此之后越来越视她为眼中钉，并以最残忍的方式对待她，克拉拉则尽一切所能去怂恿雪莱抛弃自己的妻子。可怜的雪莱夫人呀，无论她怎样怀疑两人之间关系的性质，但对于他们在那不勒斯的勾当都一无所知……我们是从埃莉斯那里了解到这些情况的，她在今年夏天陪同一位英国贵妇经过这里，这位贵妇对埃莉斯的评价很高。她还告诉我们，克拉拉毫无顾忌地告诉了雪莱夫人，称自己希望她去死，还当着她的面对雪莱说，自己怎么也想不到他居然能和这个人生活在一起。

因此，你就知道你对她的评论甚至可以说是过于温良；而且我认为你不仅认为她是个——*，而且真实情况比你对她的评价还要差。我希望这段叙述能促使你改变对可怜的小阿利格拉的良好愿望，她已经没有其他人可以依靠了……[34]

在这封信的最后一段，霍普纳表明他认为自己是在履行一个基督徒对阿利格拉的责任，以此解释这封信为何热衷于高尚的说教和恶毒的攻击。信中还表明，他之所以迫不及待地根据他的想象来解释这些事件，目的是为了取悦拜伦。人们可以确定一点，信中毫不掩饰埃莉斯讲述的有关克莱儿的情况，而且人们有理由怀疑，霍普纳对堕胎意图的“无情”推测，要么是添油加醋了，要么是加入成见了。

拜伦过了三个星期才写了一封简短的回信，信中不偏不倚，称“希洛的情况无疑是真实的，只不过埃莉斯只是个供出同伙的同犯而已。你还记得吗，她曾经迫不及待地要回到他们身边，然后她就走了，还辱骂了他们。但这些事实没有太大疑问；事实就是如此。你可以放心，我将你的建议记在了心头……”[35]

469 乍一看去，尽管这个故事的意图明显是极力抹黑和中伤，但它在叙述时毕竟还是带着同情和理解的。霍普纳讲述的是保罗和埃莉斯的“可怕的秘密”，这似乎与雪莱家中的事实十分吻合，这也具有可信度。自打从米兰将阿利格拉送走，到雪莱与克莱儿在八月和九月在卡普奇尼

---

* 拜伦曾对她发表过简短的评论，称她为“该死的泼妇”，这在霍普纳看来简直就是一种夸赞。

别墅独自相处了三周，这两人的关系就越来越亲密，这一点毋庸置疑。此外，此时只有埃莉斯与他们住在一起。

雪莱与玛丽的裂痕与日俱增，尤其是小克拉拉之死使两人的矛盾激化，这一点同样不容怀疑。信中称雪莱达到了“漠不关心”的地步，克莱儿似乎也达到了“憎恨”的程度，这一点似乎不大可信：不管怎么说，四年来这三人一直同甘共苦，但埃莉斯只和他们一起生活了两年多时间。但是，毫无疑问，这样的情况是存在的，而且克莱儿有时肯定言辞刻薄。

克莱儿经常去帕多瓦看医生，而且在那不勒斯时“病得”很重，这些肯定也是事实。十二月十七日，他们去维苏威火山旅游时，雪莱就在信中写道，他和玛丽都骑着骡子，而克莱儿“则坐在由四个轿夫抬着走的椅子上，很像一名当选后的议会议员，但是看上去十分害怕，尽管没有什么理由”。[36]在皮科克看来，雪莱这么写是想开个玩笑，但他们之所以这样做，纯粹是因为克莱儿身体不适，无法像其他人那样坐在骡子上忍受剧烈的颠簸。几天后，她实际上已卧病在床，玛丽后来也向霍普纳承认了这一点：“我现在记得，克莱儿确实卧病在床两天，是我照顾她的，我去找了医生，她的疾病是陈年旧疾。”[37]霍普纳称，埃莉斯专门提到，此时是雪莱而非玛丽照顾了克莱儿。玛丽意识到，克莱儿的病情令人非常尴尬，因为她曾私下写信告诉雪莱这桩丑闻，还评论道：“如果我提到克莱儿在那不勒斯的病情，不要以为我说得轻率，事实全都对上了，这些事实既狡诈，又恶劣……”[38]

但是，玛丽在日记中写到了克莱儿生病的日期，这更有说服力。她这篇日记的日期为一八一八年十二月二十七日，星期日，地点在那不勒斯：“我完成了《农事诗》第二卷的翻译。克莱儿健康不佳。雪莱在读温克尔曼的作品。在园子里散步。”[39]十二月二十七日正是埃琳娜·雪莱出生登记中的生日。根据这条证据，似乎必然会得出结论，认为小埃琳娜其实就是雪莱与克莱儿·克莱尔蒙特的私生女。

即便这些旁证极具说服力，依然有压倒性的理由来反驳。首先，我们

对克莱儿的性格非常了解，也了解她对于自己的第一个孩子阿利格拉的
470 感情与做法。这些都表明她不可能会遗弃自己的孩子，交给那不勒斯的养父母抚养，更不用说这还是她给雪莱生的孩子。除非有关她生平的其他所有证据都具有严重的误导性，包括她与雪莱的友谊、她现存的书信和日记，否则无法想象她居然会参与这样的遗弃行为。她在一八二〇年写的日记留存至今，其中的证据充分证明了这一观点。没有迹象表明，当雪莱在六月或七月初得知埃琳娜的死讯时，她表现出任何不同寻常的沮丧。但雪莱却伤痛欲绝。而且也没有证据表明，她在一八一九年二月至一八二〇年六月之间曾打算回那不勒斯。另一方面，她的日记却表明，雪莱在这个问题上对克莱儿要比对玛丽更为信任，而且克莱儿很为雪莱担心，克莱儿后来还曾与埃莉斯交流过后者对霍普纳夫妇吐露的情况。这也形成了鲜明的对比，表明克莱儿**当时**偶尔会因阿利格拉的命运向雪莱吐露内心的痛苦。当然，这并不是说克莱儿从未爱过雪莱，也不是否认两人曾发生过关系，而仅仅表明埃琳娜不可能是她的孩子。

其次，根据霍普纳的转述，在埃莉斯的叙述中，她声称克莱儿秘密生下了一个孩子，却并没有对具体的细节做出细致的观察。根据埃莉斯的叙述，她在埃斯特与玛丽住在一起时，已经有了七个月身孕；在他们一同在罗马撇开雪莱游山玩水时，已有八个月身孕；在他们前往维苏威火山、庞贝城和那不勒斯的景点旅游时，已有九个月的身孕。在此过程中，玛丽居然没有意识到克莱儿怀孕了！玛丽向霍普纳夫人坚决否认了克莱儿又生过孩子，她本人明确指出："在埃莉斯信中所标明的时间里，也就是我们离开埃斯特之后的冬天，我认为当时她和我们在一起，而且地点就在那不勒斯。在我们住的房子里，我经常去每一个房间，这样的事情不可能逃过我的眼睛。"[40]

此外，埃莉斯的叙述还存在前后矛盾之处：她称雪莱并未准备好接纳这个不幸的小生命来到世上，又称克莱儿在孩子出生的当天同意将她送给别人抚养；还称埃琳娜被送到了一家普普通通的育婴堂，而不是将

她交给一对体面的养父母抚养。埃莉斯的这些说法都不成立。

对于克莱儿、玛丽和雪莱三人的关系，整个叙述貌似真实但添油加醋、刻意中伤，只有两处具有合理性。首先，玛丽确实不知道雪莱与克莱儿在卡普奇尼别墅中发生的情况，但埃莉斯可能知情，因为她当时也住在那里。但是，此时是一八一八年八月和九月，而且两人的关系也与埃琳娜无关，埃琳娜到了四个月之后的十二月就出生了。其次，克莱儿“生病”的这一天（根据玛丽本人的记录）存在一个巧合，即根据雪莱在 471
出生登记和受洗证明中填写的内容，埃琳娜的出生日期也在这一天。但也许这就是一个令人好奇的巧合。

此时便产生了一个问题，埃莉斯作为雪莱一家忠实的仆人和伴侣，早在他们与拜伦共度一八一六年的夏天时，就开始陪他们历经各种艰难坎坷，为何会如此疯狂地编造谎言来诋毁克莱儿和雪莱呢？答案就在于，埃莉斯很可能就是埃琳娜的亲生母亲，即雪莱称“我在那不勒斯的责任”。

这种观点绝不能说证据确凿或充分。无论是雪莱、玛丽，还是埃莉斯本人都没有这样明确说过。但可能性很大，它与所有已知事实完全吻合，没有任何矛盾之处。最重要一点在于，从人性的角度来看，这在每一个方面都很有说服力。

一八一八年十二月，埃莉斯定然在那不勒斯身怀六甲。对此给出证据的正是玛丽本人。她发现此事之后，立即改变了之前对保罗的态度；她坚定地鼓励保罗与埃莉斯成婚，甚至可以说是命令他这样做。之后便将两人都解雇。玛丽后来在写给霍普纳夫人的信中称：“发生了一个变故，使我认识到此二人已经发生了婚前性关系；埃莉斯生病了，我们找来了医生，医生说她有流产的危险。我没有对这个女孩子放手不管，而是让她与这位男子成婚。我们在 W. A. 爵士的庭院中为他们举行了婚礼；她离开了我们，在罗马皈依了天主教，与他成婚，然后又去了佛罗伦萨。”[41]

因此，是埃莉斯怀了孕，不得不将她赶紧嫁出去。但是，这个孩子不可能是福吉的。福吉虽然非常能干，但他第一次与埃莉斯见面是在埃斯特，当时是九月五日。玛丽也在这封信中称，“我们前往罗马时，埃莉斯与保罗暗生情愫”。他们一行人于十月三十一日离开了威尼斯，并于十一月二十日到了罗马。如果埃莉斯在这段时间怀上了保罗的孩子，那么一直到圣诞节她都不可能知道自己怀孕了，因为此时她只会有一次月经没来，或者最多两次没来。根据这些情况判断，玛丽暗示流产的可能是福吉的孩子，无疑就显得很荒唐了。* 此外，在此后的出生登记、日记或书信中，都没有一次提到福吉的孩子。当时只有一个孩子出生在基艾亚滨海路250号，而且雪莱将其登记为他的亲生女儿埃琳娜·阿德莱德。

但人们可能依然认为，埃莉斯是埃琳娜之母不过是一种假设。但有大量细节都能说得通，而且也与当时的情况很吻合，这不免令人惊讶。
472 如果埃琳娜是在十二月底出生的，那么怀孕时间就应该在一八一八年四月，当时雪莱夫妇第一次来到意大利。这也许就能解释玛丽为何突然派埃莉斯与阿利格拉一同前往威尼斯，原本应该是米利与其同行的；也许还能解释为何在科莫湖发生雪莱要用手枪“自杀”的事件，这件事很令人好奇。玛丽可能已开始怀疑两人的奸情，而且希望解决此事。四个月后（1818 年 8 月），正是埃莉斯写了几封信给巴尼迪卢卡，让克莱儿和雪莱匆匆赶到威尼斯。除了有关阿利格拉的消息之外，其中还可能是埃莉斯第一次透露了怀孕的确切消息。雪莱此时已得到消息，他利用这个机会企图在现场做出安排。但是，埃莉斯与保罗·福吉在十月与十一月产生了恋情，局面变得异常复杂，而且小克拉拉之死也让雪莱难以启齿，无法将这个糟糕的消息告知玛丽。

到了那不勒斯之后，玛丽很可能已从保罗身上发现了解决他们所处困境的办法。无疑，埃莉斯也是这样想的。玛丽催促二人尽快成婚。与

---

* 即使医术高明的医生，在没有化验诊断的条件下，很可能在怀孕十周后方可诊断出怀孕。即便如此，福吉与埃莉斯相识也没有这么久，而且这依然与流产危险所造成的病情无关。碰巧，玛丽后来也向雪莱宣布了自己怀孕的确凿消息，此时她怀孕已过了三个月。雪莱是在 1819 年 2 月让玛丽受孕的，而玛丽是在 5 月底宣布这个消息的，孩子后来在 11 月出生。

此相反，雪莱却更倾向于采用更加依靠自我、低调、“受人尊敬”的办法，他对这两人的结合非常不满。[42]他希望留下这个孩子；玛丽刚刚失去克拉拉，她显然无法忍受这一点。但是，保罗的存在迫使他们迅速下定决心。埃琳娜的出生日期是一八一八年十二月二十七日，而出生登记日期却是一八一九年二月二十七日，这中间的空白表明，此事依然在讨论之中。保罗与埃莉斯是在一月第三周成婚的，恰好在这段时间内。[43]人们便会猜测，雪莱夫妇就在此时最终决定离开那不勒斯，而且玛丽的意见占了上风。但是，雪莱一面将这孩子交给养父母抚养，一面又决定在这个孩子出生登记时让她随自己姓。从他后来所写的显然可以发现他偶尔依然希望将这孩子接回到比萨的家中。[44]这孩子在登记时姓必须登记为雪莱或福吉才具有合法身份。雪莱刻意选择了第一个选项，才导致后来遭到保罗敲诈。玛丽称，埃莉斯皈依了意大利天主教，这就解释了这孩子为何会受洗。

雪莱可能已同意向福吉支付抚养费，我们知道，他实际上确实“在那不勒斯产生了开销”。[45]但是，似乎是埃莉斯本人将这孩子送到那不勒斯运河大道的养父母家中收养。这孩子因“出牙期发烧”，不幸夭折。福吉再也得不到抚养费了，便立即于一八二〇年六月开始对雪莱敲诈勒索。

埃琳娜夭折后，埃莉斯定然感到内疚和懊悔，雪莱显然也十分痛苦，这在他写给吉斯伯恩夫妇的信中可见一斑。保罗企图敲诈更多的钱，从逻辑上说，这应该是从一八二〇年六月开始的，埃莉斯对霍普纳夫妇的叙述就是在这一年夏天。她这么做并非像保罗那样出于经济动机，而是她内心的负疚使然，她显然也对雪莱深怀怨气。这两种感情都是强烈的反应。不仅如此，埃莉斯作为雪莱“在那不勒斯的责任”（雪莱还在其他 473
场合称这个孩子为“我在那不勒斯的孩子”）之母，在叙述中表现出对克莱儿的嫉妒。她与克莱儿的关系始终要比玛丽更为密切，从某种意义上说，她似乎认为自己和克莱儿在雪莱面前争宠，而玛丽则置身事外。

也许，埃莉斯确实相信自己的叙述，认为克莱儿就是雪莱的情妇。她对自己秘密分娩的细节留下了懊悔的记忆，也许将此嫁接到克莱儿头上。无疑，雪莱在埃琳娜出生时，确实偷偷聘请了守口如瓶的医生与接生婆，并给了他们一笔封口费。接生婆的姓名出现在受洗证明上，名叫加埃塔·马斯托。此外，埃莉斯出于内疚、伤心和妒忌，将这番叙述告诉了她之前的雇主霍普纳夫妇，这绝不是为了牟取经济利益。不管怎么说，她与保罗不同，保罗深知这桩丑闻价值不菲，但前提是绝不能走漏风声。埃莉斯的做法与雪莱颇有相似之处，她对于自己沦为命运的牺牲品分外痛心。在她可怜的孩子夭折之后，她的悲痛是否比雪莱更深呢？

雪莱与玛丽都没有再见过埃莉斯，但埃莉斯有时也向玛丽和雪莱伸手要钱，因为保罗并没有给足她生活费。根据玛丽的叙述，她来要钱时一副无辜而恳求的模样，压根就没有敲诈的意思。但是，玛丽显然对雪莱为她伸出援手而感到十分不满。[46]

三年以后，到了一八二二年二月与三月，克莱儿与埃莉斯在佛罗伦萨再次邂逅，两人再次成为密友。此后的几星期，两人几乎每隔一天就见一次面。[47]两人的关系是从一八二二年二月十日开始的，当时埃莉斯向克莱儿提到自己曾将此事告诉了霍普纳夫妇。克莱儿对于埃莉斯告诉她的某些情况感到极为沮丧，她写到自己“精神状况苦不堪言”；但这显然是她得知拜伦对阿利格拉的态度后所致。不管怎么说，克莱儿对埃莉斯的怒火并没有持续很久，这从两人重归于好便可看出。这也表明克莱儿十分同情她痛失埃琳娜的遭遇。但是，克莱儿让埃莉斯保证给玛丽和霍普纳夫人各写一封信，以澄清雪莱与克莱儿之间的不伦关系纯属谣言，作为迎战丑闻传言的法律武器。* 但是，这些信件并没有提到埃琳娜，这孩子已去世两年了。

---

* 1822年4月19日，克莱儿在写给玛丽的信中称：“我希望你能给我写回信，说出你希望埃莉斯对你说的话，还有你要让她对霍普纳夫人说的话。我已经尝试过去编这些话，但没有成功。”（《克莱儿·克莱尔蒙特日记》，页279，h.3）

到此为止，我们可以合理作出判断，确定雪莱一八一八至一八一九年在那不勒斯过冬时，造成他痛苦、健康不佳，时而陷入抑郁，甚至要寻短见的真实背景。如果将有关此事的各种事实与可能性汇总，就能得出一个更具说服力的推论。这个推论就是，小埃琳娜不仅是埃莉斯的私生女，也是雪莱的“责任”。雪莱去那不勒斯政府登记为埃琳娜的父亲时，474
他的陈述与签名并不是临时起意伪造（但孩子的母亲“玛丽亚·帕都灵”却是随手伪造的），恰恰相反，这是他在痛苦地陈述事实，也是他刻意而为。不幸的埃琳娜·阿德莱德·雪莱是雪莱的私生女，她母亲是“自命不凡”、性经验丰富的女子埃莉斯·福吉。

这桩公案的性质很难把握。里窝那的律师德尔·罗索后来曾处理过雪莱支付给埃琳娜的抚养费，还处理过保罗·福吉不停的敲诈企图，即便我们假设他经手的文件最终能大白于天下，但能否帮我们最终了解真相，依然值得怀疑。根据雪莱此前与伊丽莎白·希钦纳、布安维尔一家的关系，更不用提与克莱儿等人的关系，雪莱应该是故意或偶然间与埃莉斯发生了关系，但仔细一想也不是太令人吃惊；这样的插曲也不是他在意大利最后一次发生。他的这段情感生活基本上不为人知，这也许令人不解，不过也可以理解，而其诗作从《朱利安与马达罗》开始，就一直存在一条模糊的逃避主线，这似乎就暗指他的负罪感与痛苦。正因为他的故事中存在难以解释的因素，最终才具有说服力：雪莱内心深处对这个孩子怀着浓厚的兴趣，也有深厚的感情；福吉不断对他敲诈勒索，这本来是可以迅速予以制止的，而且也公开予以否认（在一八二一年这个标志性的情形下）；埃莉斯始终对雪莱怨恨不已，最后，使雪莱与玛丽之间的关系出现了持久、严重的裂痕。正因为私生女的存在，她在威尼斯痛失克拉拉后的伤口又被撒了一把盐。更恶劣的是，言而无信的保罗·福吉莫名其妙地与埃莉斯相恋，这充分解释了这个家在一八一八年十二月和一八一九年一月承受的压力与紧张关系。即便这些并不能揭示事件的全貌，但也足够了。*

到了一八一九年一月底，雪莱至少在竭力与病魔和抑郁心理进行抗
475 争，他还开始定期在那不勒斯及其周围的乡野骑马。他再次去了这里的美术馆，只不过光是站立和步行就让他精疲力竭。他打起精神，力图摆脱病魔的困扰，还提笔给皮科克写信，称准备重新提笔撰写政治讽刺作品。“我是从坟墓里写信给你，而你是从尚未被埋葬的人们的居住场所写信给我；尽管那殡葬司事卡斯尔雷在为他们掘好了墓穴之后正扶着铁锹站在一边，显然是在犹豫要不要由他自己占用。”皮科克从英国传来了消息，内容是政局日益紧张，这起初给他带来慰藉并转移了他的注意力，但慢慢开始在他心中萌生政治意识。实际上，在此前十二个月里，政治意识就一直蛰伏于他的心中。在他一八一九年撰写的巨著中，这将成为主旋律。

雪莱在信中询问，陪审团之所以不愿同意政府对伪造纸币案提起的四项公诉，是否是因为科贝特的巨大影响力使然，并郑重地补充了一句：“科贝特是一个很不错的流行赞美诗作家——他的影响是增强了还是缩小了？多么可惜，这样出色的天才竟和最可恶的道德品质结合在一起。”[48]他也向皮科克介绍了欧陆的政治新闻，尤其是第一次传言称加泰罗尼亚爆发了反抗西班牙王权的起义。之后，他便开始思考如何针对当前政治解放运动创作作品。他在《解放了的普罗米修斯》的第一幕中（玛

---

* 对于埃琳娜所造成的问题，如需了解相关背景，参见梅德温对跟随雪莱前往那不勒斯并在这里去世的这位“女士”的精彩叙述。见托马斯·梅德温，《珀西·比希·雪莱的一生》，页204-210。该书似乎对此事的了解存在一定的混淆；另见纽曼·艾维·怀特的讨论，《雪莱》，第二卷，页71-83；伊万·罗，《雪莱：最后的阶段》（1953），页161-181；厄休拉·奥兰治，《埃莉斯：雪莱一家的女佣》，载于《雪莱-济慈纪念公报》，第六期（1955）。怀特提出的假设是，埃琳娜只是他们家随意“领养”的孩子，但这不足以解释这一事件为何如此波谲云诡，为何雪莱不断受到敲诈勒索，以及其他与之相矛盾的因素，也无法解释此事件中强烈而复杂的感情。奥兰治小姐率先提出了雪莱与埃莉斯之间的关系，并勾勒出一些要点，使这个难题迎刃而解。如需当时对雪莱与克莱儿的其他评论，参见附录一。

丽在圣诞节前刚为他誊清了这部分内容)撰制了他在这一年最为深思熟虑的文学宣言。

> 我认为诗歌和伦理与政治学相比非常次要,如果我有好的身体,我就会致力于后者,因为我能设想出一种宏大的体系,对各个时代的人类发现兼容并包,使迄今支配着人类而互不相容的不同信条和谐一致。而像这样一种企图离我已远,我将满足于运用我的想象娱乐我自己,也许,同时娱乐一些别人,并且在阿特加尔的巨人手中的天平里投入我所能投的砝码。[49]

雪莱在这里回忆起他与皮科克的一场交谈,当时他将阿特加尔爵士的随从塔鲁斯(斯宾塞的作品《仙后》中的人物)解释为高压政府的野蛮力量。另一方面,他将巨人视为激进的、深受欢迎的人物,雪莱站在了巨人的立场上。*

无论是对卡瑟尔瑞勋爵的看法,还是关于利物浦内阁有所变动的谣 476
言(因为威灵顿公爵于一八一八年进入内阁,自由派人士越来越害怕政府走向军事独裁),都使雪莱的注意力暂时回到他自己的问题上。他向

---

* 斯宾塞的含义十分明显,雪莱的偏见也同样明显。巨人观察到"各个王国与国家都走上了邪路":

> 他所做的一切事情,为了修补
> 它们都是自古以来就形成的,
> 所有一切都将化为平等,
> 因此世人在他身边云从……
> 就像愚蠢的苍蝇围着蜜坛转,
> 期冀通过他牟取巨大的利益
> 还要获得随心所欲的自由。
>
> (《仙后》,第五卷,第二诗章,第32-33诗节)

塔鲁斯最后用棍棒猛击巨人,将他从悬崖上击落到海中,雪莱认为,"这是权力对待意见的惯用方法"。斯宾塞并不像雪莱这样同情平权派。

皮科克发问:“这种变动有多大意义?因为,除了涉及国家利害的关心之外,我还在等候时机维护我被大法官法庭侵犯了的最神圣的权利。”埃琳娜的出生使他再次想到了艾恩丝与查尔斯。

他产生了塞克斯顿·卡瑟尔瑞站在一片坟茔中的意象,这始终萦绕心头,并且与其他意象(这些是他在那不勒斯居住时所特有的意象)古怪地结合在一起,从而使他针对英国的政治高压状态创作出第一首也是抨击最猛烈的通俗赞美诗。雪莱在一八一二年曾通过拼贴柯尔律治的作品,创作出《魔鬼出行》。在这之后,这部作品似乎是他第一次重新创作这一文类。有趣的是,他可能是在想到科贝特之后,再次萌生起创作此类作品的念头。在这一年,他特意以高超的手法创作出属于他自己风格的作品。雪莱此时创作的诗歌在语气上十分怨毒,充满仇恨,但在音律上却收放自如。这首诗的诗节并不长,采用了歌谣体,前三行平铺直叙,最后两行骤然直下,用一句长句发出致命的攻击。通过控制音律并将音律上的不和谐与半韵相结合,产生了持久的低吟浅唱和元音的奏鸣,这体现出雪莱成熟时期的特点,它产生了愤怒之音的暗流,仿佛是部落中的哭丧。倘若不是这种野蛮的特点,这首诗一无是处。它题为“写在卡瑟尔瑞执政时期”:

坟墓里的尸体已经冰冷;
路上的石头,喑哑无声;
不足月的胎儿死在腹中,
母亲们面色苍白——像阿尔比恩
　　死灰色的海岸,自由已告终。

她的儿子像路上的石头,
他们是麻木不仁的泥块,
惨遭蹂躏却不知道移开,

使她备尝产褥之苦的流产胎儿
是那备受折磨而死的自由。

你且蹂躏、欢跳,压迫者! 477
因为受害的一方对你无奈;
你独占尸体、泥块和死胎,
你是唯一的主人;你前往坟墓的途径
也由他们铺砌而成……

哎,快娶了你可怕的妻子!
让那纷争、不安和恐惧
在生活的厅堂铺设枕席!
同毁灭成婚吧,恶魔!让上帝引导你
向新人的喜榻走去![50]

对坟墓的思考使雪莱想到了圣诞节之前去庞贝城旅游的经历,并用约翰·尤斯塔斯的《一场经典之旅》作为自己的旅游指南,他详尽地为皮科克介绍了他们的旅游见闻。他回忆起自己曾在回家途中路过那不勒斯的坟冢,此时金乌西斜,太阳的影子很长,吹来了料峭的晚风,他忘记了这本旅游指南,几乎随意地向皮科克作了一番介绍,这也许是他在意大利写出的最优美的一篇散文。文中充满了志哀的意象,这些意象后来也大量出现在他的诗歌中,但是,这充满了古希腊的活力,而且与他精神希望的最大来源和谐地融为一体。他对基督教的愤怒,对古罗马负罪和暴力的帝国文化(已威胁到希腊理想)的愤恨,也在其诗文里强烈流露出来。

这些坟墓给我留下的印象之深胜过了一切。荒凉的盛大森林从两边环抱着这些坟墓;走在把他们分开的大块石头砌成的道路上，你能听得见深秋的树叶在变化不定的秋风中瑟缩颤抖，发出仿佛是鬼魂经过时的脚步声。这些死人住宅的富丽堂皇，似乎刚完工的大理石件的崭新洁白，装饰图形中人物富于想象或充满激情的生活，和被维苏威火山吞没以前这里居民房屋的简朴形成了奇特的对比……现在，我懂得了为什么希腊人会成为那样一种伟大的诗人；而尤为重要的是，好像我已经能够为他们所有那些艺术作品的和谐、统一、完善和均匀的优美作出解释。他们生活在和大自然的不断交流之中，从形形色色自然美的精神汲取了营养。他们所有的剧场完全向着高山和天空开放。他们的圆柱是一种神圣森林的理想典范，交织成窗格花纹的屋顶能放进风和光；乡村的气味和清新渗透进了城市。他们的庙宇大多没有屋顶，浮动的云彩、闪烁的星星
478 和深远的高空全都抬头可见。哦，要不是以罗马人征服世界告终的那一系列战争，要不是最后结束了古代制度的基督教，要不是导致雅典毁灭的那些变化——人类能达到怎样一种崇高的境界！[51]

这正是他在诗歌与政治上的信条，雪莱正是为了亲身体会古典世界并对此形成直观认识，才来到意大利的。* 他客居那不勒斯期间，虽然在其他许多方面都深受困扰、身心俱疲，但却为他的哲学思想开辟了新的空间，使他对古希腊理想的现实性有了根本性的认识，并产生了创作冲动，这促使他推出了人生最后阶段的作品。

到了二月，雪莱一家在痛苦中再次萌生搬家的念头，雪莱又开始筹划外出旅行。他们对阿格纳诺湖的野生水鸟赞不绝口，还去卡恰迪希埃里的皇家围场游览了两天，那里有几个湖泊，湖边长满了茂盛的松树，还

---

* 雪莱在庆祝“和大自然的不断交流”中，忘记了古希腊社会在对待妇女和奴隶方面存在巨大局限，或者至少说他刻意隐瞒了这一点，他此前就在《会饮篇》的绪论中认真阐述过。新词“unpaithric”取自希腊语“upaithrios”，意为“露天的”，《牛津英语词典》准确地将这个词认定为雪莱首创。

有大片的橡树林，“高悬在它宁静的暗紫色水域上空，像意大利的午夜”。这些旅行大获成功，二月二十三日，他租了一辆轻便双轮马车和两匹黑色的骏马，这辆马车采用了意大利式的缰绳。他们向南疾驰了六十英里，赶到帕埃斯图姆的伊特鲁里亚文明遗迹。雪莱还邀请了一位名叫查尔斯·麦克法兰的英国人同行。多年以后，他仍记得雪莱赶路的速度非常快，扑面而来的风吹拂在他白皙的脸颊上，泛起红晕。[52]

这次出游当晚他们住在萨莱诺，第二天赶在拂晓之前出发，沿滨海大道疾驰。“上路时一片漆黑，只是当长条的波浪在雷鸣般的轰隆声中破碎时，才会在不见星月的天空下溅起一种冷冷的雾气般的白色光泽。”在一座断桥前，马车不得不停下来，此时到了城外七英里，但雪莱要求所有人走出马车，沿着泥泞的道路步行穿过近岸沼泽地。他们一路上采撷了一捧捧巨大的紫罗兰，花儿散发出甜美的芬芳，然后去了三座神庙。雪莱给麦克法兰指出这些带着凹槽的黄色柱子是怎样精心设计的——它越往顶处就越细，这样就产生了一种独立的远景，“完美匀称的比例会削弱人们对高大的感觉；就像要把一种相对的伟大观念强加给我们就必须诉诸形式上的不平衡和不规则”。[53]返程路上，一行人驻足于托尔安农齐阿，麦克法兰惊讶地发现，雪莱冲进了一家通心面作坊，饶有兴趣地观看制作过程，还聚精会神地观察一个压面杠杆的机械运动。走出这座作坊，一群乞丐朝他们围了上来，雪莱把口袋里的零钱都施舍 479
给了他们。麦克法兰几乎不知道之后又会发生什么情况，他对雪莱高调的慷慨之举留下了深刻的印象。他感动地对雪莱评论起那不勒斯穷人的悲惨状况。雪莱突然认真地盯着他，并表示他们至少有支配自己身体的自由。“我宁可在那不勒斯当一个乞丐，也不愿在英国当贵族或女佣。”[54]众人又坐上了两轮马车，风驰电掣地赶回那不勒斯，沿途还游览了庞贝城，听到维苏威火山的轰鸣声。

这次旅游令雪莱精神一振，也让他决定离开那不勒斯，并在这一年春天向北回到罗马。他们在那不勒斯的最后一天是在美术馆度过的，他们又去观赏了雕塑与绘画。有一幅作品名叫《最后的审判》，它是米开朗琪罗所作的壁画，雪莱既为之着迷，又感到厌恶。这幅画由皇家收藏，雪莱还以无神论的幽默对其评论了一番。摩西不像他的历史原型那样狰狞可怕；基督正对着人群声嘶力竭地发表讲话，表现出“凡夫俗子的愤恨模样”，而炼狱中的人则“以‘穆罕默德灵柩式的’（Mohamet-coffin-kind）姿势半悬着，我相信，那是大多数不抱奢望的基督徒所能指望的一种未来境遇”。只有地狱真正给人留下了深刻印象，因为朝向地狱迈出的每一步“都在接近画家能力的专属领域……地狱和死亡却是他的真实部分”。雪莱观察了魔鬼与被罚入地狱的灵魂，这些灵魂被纠缠成结的毒蛇环绕在身上。他以艺术鉴赏家的口吻下了一番结论：“一种绘画中的《提图斯·安德罗尼库斯》，但是作者肯定不是莎士比亚。”他又想到了地狱，便加上了一句颇有思想内涵的评论：“如果不和美作对比，不和美相联系，恐怖是否还能成为恐怖？但丁对这一秘密的理解是多么精到。”[55]他本人也在后来的一首诗中尝试过这种做法。这首诗的主题是达·芬奇的画作——《美杜莎》。

写完了寄给皮科克的信件，雪莱又给他的银行家布鲁克斯寄去了一些便笺，还给他的出版商奥利尔写了便笺，之后便开始帮忙收拾行装。雪莱与房东发生了争吵，因为房东希望他们赔偿因热海风而损坏的窗棂，雪莱喜欢开着窗户吹热风。[56]二月二十七日，他对小埃琳娜做出了最后的安排，并在出生登记表格和受洗证明上签了字。第二天，他们动身很晚，直到下午两点才启程。他们聘请了一位新的意大利仆人，名叫温琴佐，他负责驾驶马车，拉车的是他们自己家的马。

匆忙赶路的岁月已一去不复返，雪莱一行用了六天五夜才抵达罗马。他们在加埃塔驻足了一天，在和煦的阳光下沿着海滩漫步，还在树林中野餐。他们当晚就住在一家陈旧的小旅馆中，它建造在西塞罗的一座避暑别墅的旧址上，位于陡峭的悬崖上，可以俯瞰大海，周围是橄榄树林和橙子林。他们就在旅馆的台阶上对弈，雪莱则靠在椅子上，凝视着“绿叶形成了一片碧玉般的天空，像繁星般点缀着那一片天空的是无数正在成熟的球形果实”。这片海湾中有一个小岛，名叫“喀耳刻海角”。[①] 480

三月五日下午，他们终于朝着天国之城前进。从阿尔巴诺开始，他们就见到了荒凉、肃杀的景色和破碎的水渠，表明这里就是天国之城。“一道道又一道道的拱门，跨立在无穷无尽延伸于荒凉旷野的纵横交错的交通线上，和拱门之间蓝色的高山轮廓线；一堆堆无名废墟的残垣断壁像矗立在平原上的岩石；平原本身和波浪般起伏不平的平原表面，全都在宣告罗马近了。”[57] 这次没有雄鹰欢迎他们的到来。

注释

[1]《珀西·比希·雪莱书信集》，第二卷，第四八五篇，页 45。

[2] 同上，页 45–47。

[3] 同上，页 48。

[4] 同上，第四八六篇，页 50–52。

[5] 同上，第四八七篇，页 56。

[6]《玛丽·雪莱日记》，页 111。

[7]《珀西·比希·雪莱书信集》，第二卷，第四八八篇，页 59。

[8]《玛丽·雪莱日记》，页 111。

[9] 雪莱，《散文作品》，页 226。

[10] 同上，页 224。

[11]《玛丽·W. 雪莱书信集》，第五十九篇，页 60。

[12]《珀西·比希·雪莱书信集》，第二卷，第四八八篇，页 60。

[13]《玛丽·W. 雪莱书信集》，第五十九篇，页 59。

[14] 同上，第一二八篇，页 148。玛丽于 1821 年 8 月 10 日写给霍普纳夫人

① 喀耳刻，希腊神话中的巫术女神、魔女之神，隐居在埃埃亚岛上的著名女巫。她是太阳神赫利俄斯与大洋神女之一的焚烧仙女珀耳塞伊斯的女儿，科尔基斯国王埃厄忒斯和帕西法厄的姐妹，女巫美狄亚的姑妈。

的信。

[15]《珀西·比希·雪莱书信集》,第二卷,第四八八篇,页60。

[16] 同上,页61。

[17]《玛丽·雪莱日记》,页113。

[18]《珀西·比希·雪莱书信集》,第二卷,第四九一篇,页73。

[19]《珀西·比希·雪莱诗集》,页561。

[20] 同上,页559、570。

[21] 同上,页564-569。

[22] 同上,页570-571。

[23]《珀西·比希·雪莱书信集》,第二卷,第四八八篇,页54。

[24] 同上,第四八九篇,页67-68。

[25] 同上,第四九〇篇,页69。

[26] 同上,第五七二篇,页211。雪莱于1820年7月7日写给伦敦的吉斯伯恩的信。双引号中的最后一句引自《李尔王》第四幕第六场,这产生了特殊的性指称。

[27] 参见《玛丽·W.雪莱书信集》,1820年6月18日写给玛丽亚·吉斯伯恩的信,第九十六篇,页108。《珀西·比希·雪莱书信集》,第二卷,1821年2月18日写给克莱儿的信,第六〇九篇,页267。另见《玛丽·W.雪莱书信集》,1821年8月10日写给霍普纳夫人的信,第一二八篇,页128。

[28] 这三份文书由纽曼·艾维·怀特率先发现并出版于其《雪莱》,第二卷,附录七,页546-550,并附了译文。怀特在第二十章中讨论了这些文书的影响,并肯定因这项研究而广受好评,但他的结论我不敢苟同。

[29]《玛丽·雪莱日记》,页114。

[30] 同上,页116。

[31] 阿宾杰收藏的手稿(第五卷);《玛丽·雪莱日记》,页134。

[32] 霍普纳写给拜伦的信,载于《拜伦勋爵书信集》,约翰·默里编(默里,1922),第二卷,页179-183。《克莱儿·克莱尔蒙特日记》,页277-279,她在1822年3月和费尔希尔谈起了埃莉斯。

［33］《拜伦勋爵：散文选》，彼得・冈恩编（1972），页 354。

［34］《拜伦勋爵书信集》，第二卷，页 179–183。

［35］《拜伦勋爵：散文选》，页 355。

［36］《珀西・比希・雪莱书信集》，第二卷，第四八八篇，页 62。

［37］《玛丽・W. 雪莱书信集》，第一二八篇，页 148。

［38］同上，第一二七篇，页 147。

［39］《玛丽・雪莱日记》，页 114。

［40］《玛丽・W. 雪莱书信集》，第一二八篇，页 148。

［41］同上。

［42］《珀西・比希・雪莱书信集》，第二卷，第四九一篇，页 76。

［43］同上。

［44］同上，第五七一篇，页 208。

［45］同上，第五五三篇，页 175。

［46］《玛丽・W. 雪莱书信集》，第一二八篇，页 148。

［47］《克莱儿・克莱尔蒙特日记》，页 274–283，1822 年 2 月与 3 月。

［48］《珀西・比希・雪莱书信集》，第二卷，第四九一篇，页 75。

［49］同上，页 71。

［50］《珀西・比希・雪莱诗集》，页 571–572。在倒数第二行中，我采用了哈佛手稿钞本以及 1832 年出版的诗集中的内容。牛津版中写的是“让地狱引导你”。这首诗写于 1819 年，尚无法确定具体创作时间，有可能是秋天，但根据某些意象、对拿波里信件中措辞的重复以及普遍的抨击政治，我相信这是这一年年初所写。

［51］《珀西・比希・雪莱书信集》，第二卷，第四九一篇，页 75。

［52］查尔斯・麦克法兰，《一位文学家生平回忆》（1917），页 1–12。

［53］《珀西・比希・雪莱书信集》，第二卷，第四九二篇，页 80。

［54］查尔斯・麦克法兰，《一位文学家生平回忆》，页 9。

［55］《珀西・比希・雪莱书信集》，第二卷，第四九二篇，页 80–81。

［56］《玛丽・W. 雪莱书信集》，第六三篇，页 62。

［57］《珀西・比希・雪莱书信集》，第二卷，第四九五篇，页 84。

第十八章 附　录

481 上文叙述了雪莱一八一八年冬天“在那不勒斯的情况”，我认为这是根据已知事实按照逻辑推导而得出的结论，**就目前来看**这就是真实的情况。

首先必须承认，我们对埃莉斯·福吉知之甚少，因此肯定存在一些无法解决的问题。现将这些问题归纳如下：

1. 埃莉斯对雪莱一家怀着怨恨与忠诚交加的态度，因此很难理解埃莉斯既然会告诉霍普纳夫妇“克莱儿的丑闻”，为何却不提她自己的私生女。她的动机显然包含复仇的愿望，根据她本人的情况进行“移花接木”，很可能还有她对克莱儿的嫉妒心，但并没有敲诈勒索的动机（这一点很重要，也与保罗不同）。但人们很想了解更多的情况，尤其是了解埃莉斯一八一九至一八二〇年间在意大利的行动轨迹。此外，还要了解她“高傲”的性格，这来自克莱儿多年之后所作的评论。埃莉斯一家在尚贝里没有留下记录，但依然需要从这方面发掘某些信息。

2. 人们还希望更详细地了解雪莱在一八一八年四月旅行时的日常生活。这方面的相关证据奇缺。几件值得注意的事情是：玛丽突然决定派埃莉斯而非米利·希尔兹前往威尼斯；雪莱在科莫湖畔的树林中的举动令人警觉，显然有自杀苗头；雪莱在信中多处评论称意大利女子水性杨花，这一点似乎时而令他心动，时而又让他恶心。他还对拜伦论述了私生子的母亲所拥有的权利——“如果她没有感情，她就没有诉求”——但在当时，这番话显然是针对克莱儿所说，而且直到他在十二月下定决心将埃琳娜·阿德莱德送给养父母抚养之前，这番话都没有产生影响。玛丽的
信件和日记没有太大帮助，剩下的资料来源只有克莱儿的日记，它也毫无 482
助益，其中只叙述了他们去看歌剧、观光游览和不停对弈的经历。诚然，在这部日记中，四月最后八天的记录都不翼而飞（埃莉斯于四月二十八日从米兰动身出发），但其中的内容不会像人们想象的那样重要（参见第十六章注释36）。总之，四月的证据尽管在某些方面提供了信息，但其实是非常稀少的；也不大可能通过查阅资料进一步找到证据。

上述问题不大可能全部找到答案，但由于它们本质上并不属于**反证**，而仅仅是缺少证据，因此它们在最终的斟酌中不可视为重要的对立观点。其他的事实证据与旁证更为重要，与此相比，这些问题便无足轻重了。

其次，通过通盘考虑，认识到这依然不是**此事件的全貌**。我故意在正文叙述中省去了对克莱儿与雪莱两人当时关系所作的进一步推测。我之所以这样做，是因为我虽然认为雪莱与埃莉斯是埃琳娜·阿德莱德的父母这个推论不仅是可靠的，实际上也是根据事实得出的确凿结论，但并没有足够证据能够对克莱儿的怀孕作出类似推论。无论我的看法如何，对于留存的记录，我思考了当前所掌握的所有相关事实[1]，也考虑到雪莱与克莱儿在意大利的大体生活模式，此后得出的结论如下所示。

雪莱与克莱儿对阿利格拉与埃莉斯都很担心，这使他们走到了一起。两人在前往威尼斯途中的十九天里发展为情人。一八一八年八月和九月，他们又在埃斯特继续这段情缘。克莱儿为雪莱怀上了一个孩子。之后她可能在帕多瓦初步确定自己怀孕了，而雪莱也许并不知情。埃莉斯与克莱儿住在一起，可能已经知道此事或对此产生了怀疑。到了

九月下旬，小克拉拉之死造成的变故令他们惊愕万分，于是一致认为之后再将此事告知玛丽。不管怎么说，这孩子在一八一九年六月之前都不会出生。但是，怀孕让克莱儿经常出现身体虚弱甚至病倒的现象，甚至给她造成了危险，例如前往维苏威火山之旅。十二月二十六日至二十七日，他们当时还住在那不勒斯。根据玛丽日记中的记载，克莱儿"身体不适"。我认为她的"病情"实际上就是怀孕四个月时流产了，但玛丽依然毫不知情，这和埃莉斯的说法完全一致。已没有必要再告知玛丽此事了，也能避免让她心情郁闷。雪莱永远没有告诉她此事，至少在一八二〇年之前没有告诉她。埃莉斯的孩子应该就在同一天出生，或者说，更有可能是在这之后不久出生，即一八一九年一月出生。但是，无论如何雪莱都下定决心纪念这个可怕的日子——十二月二十七日。他纪念的方式是将这个孩子的出生日期登记为这一天，这样就带来了一个略让他
483 开心的事实——小埃琳娜平安出生。这也为他们在圣诞节后请医生来基艾亚滨海路 250 号看病找到了借口。因此，埃琳娜的出生与登记和克莱儿的疾病都发生在同一天，否则这根本解释不通。

虽然乍一看去似乎不大可能，但克莱儿与埃莉斯**很可能**都和雪莱上了床。雪莱几个月后曾在罗马写了一首诗，这首诗为这种猜测提供了佐证。从一部文学作品中得出的传记证据始终是极为可疑的，但读者必须自己斟酌，这样的参考有多大可能源自巧合。雪莱在意大利创作的恐怖戏剧《倩契》，第一幕第三场是一段有名的描写，变态的伯爵在一场盛大的宴会上公布了他两个儿子的死讯，他的妻子、女儿和其他贵族都参加了这场宴会。伯爵在宣布两个儿子的死讯时，仿佛这是好消息，他还提议大家为此干杯。妻子当场昏厥，在座各位纷纷站了起来，陷入混乱与恐怖之中。**就在这一天**夜里，罗柯与克里斯托法诺也都死了，这让伯爵宣布死讯之举更为恐怖。此二人一个被捅死，另一个被砸死。倩契幸灾乐祸地称，这个巧合是上帝"最仁慈的天意"。但是，在他讲话的最后，出现了冲击力最强的内容。他的两个儿子都死了，倩契称——

这些都发生在同一个夜晚同一小时；
这表明上天对我有特殊的眷顾。
我请求所有爱我的朋友全都在
日历上，记下一个欢宴的日子。
那就是十二月的二十七日；如果怀疑
我郑重的宣告，请读两封来信。[2]

在我看来，雪莱将这个关键的日子单列出来，又表现出如此明显的痛苦，是为了再次纪念**他两个孩子的夭折**，而且他们都是在这一天出生的。一个是克莱儿的孩子，不幸流产；另一个是埃莉斯的孩子，这孩子因为埃莉斯与保罗·福吉结婚而落入他的诡诈之手。这两个孩子都在十二月二十七日离雪莱而去，这也是天意。

最后，如果有人提出反对意见，认为雪莱从未让这两位女子同时怀孕，而且肯定也不会在同一座房子中怀孕，那么就想一想他在一八一四年和一八一五年之交的冬天的境况。哈丽雅特与玛丽的孩子出生前后只隔了两个半月；此外，玛丽怀孕才七个月就生下了孩子，这个早产儿距离预产期太久，实际上就是流产，孩子当然也不幸夭折。这一幕此时几乎又在雪莱身上重演了，他感到自己遭到了命运（甚至是更为可怕的存在）的捉弄，这种感受几乎无法缓解。我认为，这种双重恐怖就是雪莱在一八一九年初创作的这部诗作中某些意象的直接来源，而且雪莱此后在意大利的整个创作过程中，它都无处不在。

尽管这些可能就是事实，但是传记证据依然不够充分，而且笔者既 484
没有采信，也没有在此书的正文部分提到。我将这个悲伤的话题留给后世的学人研究。目前，读者须自行判断这段叙事是证明了这个进一步推导出的假设，还是与之产生了矛盾，尤其是雪莱、玛丽与克莱儿之间的情感纠葛与这一事件留下的痛苦、不幸的回忆之间的吻合程度。

注释

［1］对于雪莱1820年至1822年间写给克莱儿的十一封信件，卡尔·H. 普福尔茨海姆图书馆尚未出版或提供其原稿。但这些信件除一封之外，都由F. L. 琼斯根据之前的手稿发表在他的权威著作《珀西·比希·雪莱书信集》中。而且人们怀疑普福尔茨海姆图书馆的手稿中是否会出现实质性的内容。但我们还是会有所发现。另见第十六章，注释36。

［2］《珀西·比希·雪莱诗集》，页285-286。

第十九章　罗马之春(1819)

在罗马,雪莱住在科尔索300号的韦罗斯皮宫。科尔索也许是罗马城最时尚的地方,这是一条又长又窄的街道,旅馆、教堂、宫殿、银行和别墅鳞次栉比,还有柱廊围绕的小广场,里面挤满了摊位与手推车。这实际上就是弗拉米尼大街的延伸,它从北城门一直延伸到卡皮托利山脚下,已成为罗马城的社交中心,因此每到傍晚,川流不息的马车产生的响声便在密集的灰墁墙与黄色的石质立面上产生回声,回荡在空气中。从这里往西走,穿过台伯河,就是梵蒂冈。从这里往南走,是古罗马城遗址、古罗马广场、斗兽场和帕拉蒂诺山。走到巨大的拱形遗迹之外一英里,就是卡拉卡拉浴场。韦罗斯皮宫坐落在科尔索的西侧,就位于圆柱广场的下方,距古罗马广场步行约十分钟,距雪莱在罗马最喜爱的建筑物(万神殿)步行只有三分钟左右。 485

对于雪莱一家来说,回到罗马就宛如苏生一般。他们天天四处游玩,不知疲倦。每天上午主要去参观古罗马遗址、各大美术馆和私人收藏的绘画与雕塑作品,例如博尔盖塞别墅。各种雕塑与雕刻作品都对他们产生了特别的吸引力。到了下午和傍晚,一行人便会循着一条时尚的观光路线,乘坐马车穿过蒙特卡瓦洛、基里纳尔花园和博尔盖塞花园,还游览了纳沃纳广场与特雷维广场中巨大的大理石喷泉。雪莱与玛丽都对梵蒂冈宗教仪式的一面甚是入迷，这颇令人惊讶。在几次节日庆典中，他们还在圣彼得大教堂参加了教皇主持的宗教仪式。到了罗马之后的第二个星期六，玛丽在日记中写道："步行前往卡拉卡拉浴场。遇见教皇。"[1]

克莱儿开始写一部新的日记，玛丽则又开始写信，雪莱再也不看温克尔曼的《古代艺术史》了，开始读起欧里庇得斯与卢克莱修的著作；继
486 续酝酿《解放了的普罗米修斯》。玛丽还去上了绘画课，克莱儿则上了声乐课。小威尔茅斯每次看到喜欢的事物，就会用意大利语大声喊道："哦，上帝！多美呀！"[2]吉尔福德勋爵和贝尔医生夫妇都会上门做客，后来威廉·德拉蒙德爵士也来登门造访。雪莱一家最常去做客的地方是玛丽安娜·迪奥尼加夫人举办的沙龙，"这是一位著名的画家、古董家、作家，还是多个学会的会员"，她在科尔索 310 号举行了小型社交聚会。[3]他们傍晚总会去那里参加聚会，由此判断，这位罗马才女一定深得雪莱青睐。玛丽却对她有些嫉妒，她后来对玛丽亚·吉斯伯恩称其"又老，又贪婪，又吝啬"。克莱儿曾介绍过一次参加聚会的经历，也许具有代表性："去和玛丽安娜·迪奥尼加夫人交谈，那里有一位红衣大主教，还有一些不幸的英国人，他们跷着二郎腿坐着，整个晚上一言不发，然后一下子全都站起身来，鞠躬之后鱼贯而出……"[4]但是，她无疑是在兴高采烈地讲述聚会中最不堪的一面。

但在玛丽写给玛丽安娜·亨特的信中，道出的却是她的整体情感："来罗马真是太值了。——来了之后，你就会喜欢上这里！我们平日里去游览了世界上最神圣的雕塑……哪怕我只是讲述罗马快乐时光中百万分之一的内容，这封信也永远写不完。但是，这也对我产生了一种作用，我来到罗马之前的生活似乎是一片空白，现在才开始了真正的生活——在教堂里，你能听到天籁之声和天使的吟唱。"玛丽提到威廉的意大利语水平时，还匆匆介绍了过去遇到的麻烦："[威尔茅斯]已经忘

记了法语，因为埃莉斯已经离我们而去——她嫁给了我们之前的一个意大利仆人，他是个流氓，她皈依了天主教——威尼斯毁了她，她此时似乎和那里的人一样，变成了典型的意大利人。她已经定居佛罗伦萨。”但她的附言同样表明她兴致很高，悲痛的心情有所缓解：“雪莱、克莱儿和我都想对亨特与贝茜表达我们无以言表的爱。你有没有见到霍格？如果见到罗马的美景，他一定会大声疾呼，捶胸顿足。不管他会不会这样做，还是说他高兴得把自己的肋骨给捶断了，或者说捶青了，这都不打紧。”[5]

对于雪莱而言，罗马也有益于他的健康，使他逐渐康复。到了三月底，尽管他的精神状况“不是世上最卓越的”，但“他的身体比过去好了些”。他似乎将此归功于持续的孤寂环境和远离英国社会，有时他也会表达出自己对避开英国人的欣慰之情。而意大利社会则给他带来了一定的补偿，就像他以略带挑衅的口吻向皮科克描述意大利女性时暗示的那样。他再一次改变了看法，言辞不再尖刻。

> 我很喜欢罗马人，尤其是妇女……她们的极度单纯与天真，那种自由自在和优雅的仪态，全然不会装模作样，使得我和她们之间 487
> 的交往，简直与未受腐蚀的儿童交往一样，她们如孩子般可爱单纯。我曾经在社交场合看见这里最美的两位妇女，她们的双眉和嘴唇以及面部的气质如精确的雕刻所塑造，乌黑光亮浓密的青丝飘拂在她们美好的肤色上，还有嘴唇——你一定得听听那些平淡无奇的话语怎样脱口而出，又在夸夸其谈之前戛然而止。[6]

初来乍到时迸发出对旅游的热情之后，雪莱一家开始恢复正常的生活。他们几乎每天都会乘车或骑马前往博尔盖塞花园，克莱儿则经常整个上午都在那里，享受那种混合了正式感和荒芜感的气氛，“到处是绿荫遮蔽的角落，还有喷泉和雕塑”。她发现了一个特别的地方，那就是埃斯科拉庇俄斯神庙的台阶,她会坐在上面阅读华兹华斯的作品。[7]玛丽也喜欢在旅途中一路欣赏美景,但她给大家的印象是她很容易疲惫。她更愿意去科尔索附近的美术馆与博物馆参观,也愿意和小威尔茅斯一同去古罗马广场和斗兽场写生。她还阅读了大量作品,包括莎士比亚和李维的作品。

在雪莱看来,罗马的精神逐渐凝练为三座富有考古价值的魔法花园:古罗马广场,斗兽场和卡拉卡拉浴场。他每天都会步行前往前两处古迹,还促使克莱儿在她的日记中写下这样一段话:“在古代,古罗马广场之于一座城市,不啻灵魂之于肉体。”雪莱还喜欢沐着月光散步。他时而独自散步,时而带上一两位女伴同行。比较玛丽日记与克莱儿日记,似乎可以发现,总体来说他不愿让她俩同时与他散步。他最喜欢独自散步。“在这样的场地,我常沐浴在一个意大利黄昏紫红、金黄的余晖里漫步出行,顶着月光和星辉返回。那几棵榆树刚刚发芽,和煦的春风带来乡村不知名的芳香。穿过康科德神庙*高大宏伟圆柱之间的空隙,我看见猎户星座以时明时暗的柔和光辉削弱卡皮托利山上现代建筑跟环境格格不入的影响,这些建筑是这庄严肃穆的荒凉景色中仅有的不协调物体。在卡皮托利山本身的台阶上,立着卡斯托耳和波卢克斯两尊巨型雕像,身旁各有一匹骏马,制作精美,虽然远不如蒙特卡瓦洛的那两尊,其中一尊的复制品我们一起在伦敦见过。这样的散步在我住处附近,这是我黄昏时的散步。”[8]

488 在古罗马广场所有纪念碑与大理石遗迹中,坐落在萨克拉大街东侧尽头的提图斯凯旋门,以及位于斗兽场广场西南角下方的君士坦丁凯旋门,引发了雪莱最为浓厚、持久的兴趣。提图斯凯旋门是一座庆祝胜利

---

* 雪莱提到的“康科德神庙”,被现代的古典考古学家称为萨杜恩神庙,它坐落在卡皮托利山脚下,俯瞰萨克拉街的北端。神像中倒上了橄榄油,神祇的手中举着一把修剪枝叶的小刀,这是农业与畜牧业的象征。他的神庙是国家的财富,也是每年冬季农神节庆典的中心。此时人们将举行狂欢节并表达美好的愿望。这座神庙现在仅存八根巨大的花岗岩柱子。

的拱门，始建于公元八十一年，目的是庆祝古罗马帝国攻占耶路撒冷，中世纪时它被称作七星圣灯凯旋门，因为在门廊内部的浮雕上，气势恢宏地展现出古罗马战车得胜班师的场面，它们载着奴隶和战利品，以及犹太的国宝——巨大的七星圣灯。君士坦丁凯旋门是一座巨大的三重拱门，有些俗气，它始建于公元三一五年，表现出罗马古典理想的衰落，但依然通过一系列精美的早期浮雕，进行了华丽的装饰，这与图拉真、哈德良和马可·奥勒留的纪念碑截然不同，并且由八根科林斯式柱子支撑外立面。这组史诗般的浮雕与雕刻气势磅礴、鲜明、遒劲，使雪莱在他的想象中毫不费力就看到了一股象征性的力量。雕刻中简洁明快的线条，以及它们盘踞在空中时所产生的优美，都给他留下了深刻印象。它们不仅仅是雕刻作品，还是悬浮在巧石上的芭蕾，为雪莱树立了榜样，也激发了他的灵感。根据这些雕刻作品，雪莱发现了如何利用意象，保持其人性，并表达出神性、超人类力量和永恒的力量或潜力。在这两件雕刻作品中，雪莱找到了具体的意象——胜利、战车和长着翅膀的天使，从而将其直接融入创作。雪莱先是在信件和罗马钞本中详细介绍了这些雕刻作品，后来又将它们运用于诗歌创作。

有一天傍晚，雪莱从古罗马广场散步回来，在他的钞本上写下一段文字，描写了古罗马帝国对耶路撒冷的破坏：

> 在雕塑中，提图斯站在一辆四匹马拉的战车上，戴着桂冠，身边簇拥着桀骜不驯的凯旋的官兵，还有地方官员、牧师、将领、哲学家，他们都被锁链拴在他的战车旁。在他身后站着胜利女神，身上长着像鹰隼一般的翅膀。
>
> 经过五十代人之后，这座拱门现已化为废墟，这番景象也几乎不复存在。这座希伯来浩劫的纪念碑已是寂寂无名。走出这里后，看到的是这个毁灭者一家的墓地已成了一座遗迹之山。
>
> 弗拉维王朝的半圆形露天剧场已成为猫头鹰和龙的栖息地。

曾经拥有过权力，但又失去了权力之后，就成了现在这样的象征物，这是梦幻与记忆之所。罗马与耶路撒冷如今并无轩轾。[9]

古罗马广场挤满了游客，而且距科尔索300号太近，因此无法成为
489 雪莱的露天研修场所。但是，倘若步行约三十分钟，就能翻过帕拉蒂诺山，让马克西穆斯竞技场和台伯河来到他的右侧，此时他便到达卡拉卡拉浴场遗迹，这是一个神奇的地方，植被芜生。雪莱像在马洛时一样，每天上午都会走进荒野，开始他例行的创作，他的几个口袋都塞满了书籍和文具，还带着一本小小的素描本，它用黑皮面装订起来。* 卡拉卡拉浴场非常大，可容纳一千五百多人。它由塞普蒂穆斯·塞维鲁于二〇六年开始兴建，一直是古罗马人的浴场、体育场、运动俱乐部和社区中心，直到哥特人于六世纪切断了沟渠。到了十九世纪，这里已完全化为一片废墟，但依然保留着高大的围墙，巨大的砖石拱形门廊和拱顶。其中有许多高度超过了两百英尺，耸入云端。这些都长满了各种植被，但如果从残存的一两座楼梯上攀登，还是足够安全的。这里给人的印象就仿佛是一座巨大的空中花园。遗址的第一层覆盖着一层罗马的红土，透过这些泥土，可以发现一块块色彩鲜艳的马赛克砖在雨后闪闪发光。雪莱将这片废弃但不失奢华的遗址作为自己的活动据点，他很快就发现，自己可以消失在这座迷宫中，而且想多久就多久。他可以攀登上高高的空中树林，也可以栖息在花丛中。他再次提笔创作《解放了的普罗米修斯》，并撰写了这部作品的前言："我这首长诗大部分写在卡拉卡拉浴场的山间遗址，那遗址坐落在点缀着花朵的林中空地之间，绽放着芬芳鲜花的灌木丛像无穷无尽的迷宫般蔓生在广阔的平台和凌空矗立令人目眩的门拱之间。罗马那明媚的蓝天，正在苏醒的春天对于这气候宜人地区蓬

* 也许现今藏于牛津大学博德利图书馆藏雪莱手稿，位置 e. 12，这是一本黑色的皮面钞本，其中有《解放了的普罗米修斯》第一幕至第四幕，但可能是雪莱的誊清本。

勃有力的影响，和春天沁人心脾令人陶醉的神秘气息，都成了我这部戏剧的灵感源泉。”[10]

雪莱在三月底写给皮科克的信中，企图通过大段的描写，捕捉卡拉卡拉浴场的特殊氛围，它给他留下了近乎神秘的印象。

> 再没有一处废墟能够比它更加壮美。废墟上笔直的高墙裂开陡峭的豁口，里面长满了正在开花的灌木，稠密的灌木树根在石缝中纠结成团。每走一步，那些破碎石头的凌空尖峰都会组合成各种不同的新景观，高耸在那些平整的高墙之上，就像远方的山峰把不断改变着的侧面展现给疾速行进在平原上的旅行者。那些直立的墙壁就像是比沙姆森林的那座悬崖，长满了树木，然而陡峭而且坚
> 硬——你知道我指的是哪一座：不是那白垩矿场，而是崖脚有一处 490
> 长着冷杉树和女贞林的那一座，也就是我和霍格爬了上去，而你却一定要回家的那一座，这使我非常不满。

他又接着解释怎样通过“倾圮的一条古代楼梯”登上这座建筑物，这里有许多转角位置向着悬崖敞开，十分危险。他还介绍了攀登数百英尺后来到最高点时的景象。

> 四周围的荒原，蔓生着相互纠缠着的密密的桃金娘、香桃木、月桂和白色花朵刚刚绽开的绣球花，白色的无花果，还有上千种随着飘荡的风到处播种的无名植物。从四面八方穿过这些树林的路径像蜿蜒在崇山峻岭灌木林之间，延伸到那庞大迷宫每一部分的羊肠小道……四周围还有其他一些巉岩和高峰，全都披覆着大自然赋予的永不衰败的衣物和装饰，从而冲淡了它们大片荒凉对景色所造成的损害。到罗马来吧。这里的景物是难以用语言描述和表达的。[11]

在雪莱看来，罗马产生了压倒性的证据，这既有实际的也有象征的证据。这些证据表明，他的范式是一种永恒的真理，也具有历史意义，他曾在《奥西曼迭斯》中语焉不详地介绍巨大的遗迹时表明了这一范式，即权力与帝国都遭到了毁灭。无论是人类的爱与自由所产生的力量，还是大自然的力量（他认为这两者是同盟），最终都再次凸显出自我，就像荒凉的卡拉卡拉浴场中四处盛开的绣球花一样美丽与洁白无瑕。此前在那不勒斯的不幸经历还历历在目，曾使他一度濒临崩溃，再次见到这番景象，这种力量和宗教顿悟感完全主宰了他的心灵。在诗剧《解放了的普罗米修斯》中，他所要努力建构和表达的正是这种力量，这种满怀激情、如愿以偿的心理。他发觉，创作时自己仿佛不是一个英国游客，而宛如一位古希腊先知。他根据古希腊的文本展开创作，主题也是关于古希腊的，所处的地点也是古希腊的露天自然神庙。

他开始创作之后，便像以往一样速度飞快。来罗马四个星期之后，雪莱就在信中告诉皮科克：“我刚刚写完《解放了的普罗米修斯》，一两个月内我将寄去。这是一出戏剧，里面的人物和手法是我尚未尝试过的，我想效果也比我以前的任何尝试都要好些。”[12]

在神话中，普罗米修斯是盗火者，也是人类的解放者，这在十九世纪的自由派文化中已成为一支熟悉的力量，这一点与歌德和拜伦的诗歌不同。玛丽·雪莱将这个神话成功现代化了，她的成功明显表明它是深受
491 雪莱欢迎的主题。从政治上说，普罗米修斯的神话也始终存在于理性与革命的“进步哲学”中。自雪莱出生之后，这就风靡了整个欧洲。法国大革命派就相当于普罗米修斯。雪莱敏锐地想到了这些先驱者，但他打算以新的形式重构埃斯库罗斯的这部戏剧。

> ……我对那样一种软弱的结局，让人类利益的维护者和人类的压迫者言归于好的结局，非常反感。这则寓言由于普罗米修斯所受的痛苦折磨、所表现的坚韧不拔而大为增强的道德涵义，如果想到他

竟会在背信弃义而获胜的对头面前自食豪言、俯首战栗，就会荡然无存。能在某种程度上和普罗米修斯相仿佛的形象，只有撒旦；而普罗米修斯，据我判断，是一个比撒旦更富有诗意的角色，因为除了勇气、尊严和对于万能权势顽强而有耐心的反抗以外，还可以被描写成具有不为野心、忌妒、报复和争权夺利的欲望所污染的品质……［他］似乎在道德和智力两方面都称得上是最完美的典型……[13]

在他的构思中，朱庇特（上帝）是十恶不赦的，普罗米修斯（撒旦）是人类完美的典型。其中不存在像埃斯库罗斯作品中那样缓慢、纪念碑式的道德认识过程，也没有突出普罗米修斯对必然性的承认（严格意义上说是悲剧性的）。雪莱的模式更像传奇剧，也更为严谨：两种完全异化的道德准则将在摩尼教的框架中相互对立。宇宙将形成不可知的对立两极，即黑暗与光明、暴政与自由、恶灵与善神。

此外，雪莱希望在诗歌语言的运用上有所创新。他写道：

我的角色形象，有许多都取材于人类心灵的各种活动，或表现那些心灵活动的外在行动。

对于这一点，他又补充了一番文学评论，这证明阅读意大利的作品，已经对他的创作产生了重要影响。

在近代诗歌中这种写法已不多见，尽管在但丁和莎士比亚的作品中几乎比比皆是；但丁用得比其他任何诗人更多，也更成功……希腊诗人，就惯常使用这种方法。[14]

外部的生理意象表达了心理上的状态与过程，这些意象主导了本诗中的语言。这使人产生的感受是整个行动位于形而上的层面，而非物质

实在的层面，而且这部诗剧的背景并非整个宇宙，而是一颗人类头颅的
492 圆顶，这样卡拉卡拉遗迹在他看来，有时宛如一座巨大的头颅。四年前，雪莱在《阿拉斯特》中首次发现，可利用物质场景“唤起”某种心理状态，并在这部作品中首次运用了这一技巧，之后又在《朱利安与马达罗》中使这一手法臻于化境。但此时，雪莱希望更上一层楼，因为他认为古希腊人已实现了这一点。他希望在自己的诗歌中，使物质意象在实现自身全面性的同时，在其他多个层面上赋予其意义。以一个神话的意象为例，他希望还能由此产生心理、政治或现代科学的意义：也许同时在这三个层面上赋予其意义。在第一幕中，几位惩罚女鬼来折磨普罗米修斯时，她们先通过完全凸显神话色彩的行动来宣告自己的登场：

惩罚女鬼一　我们是几名神灵，执掌着痛苦、
恐惧、失望、猜测、怨恨，和
摆不脱的犯罪内疚；仿佛一群
瘦狗，穿越森林湖沼跟踪穷追
那已经受伤、呻吟不止的麋鹿；
我们跟踪哭泣、流血而仍然在
活着的一切……[15]

但她们很快就以心理折磨来威胁普罗米修斯，她们的语言也开始不仅体现神话色彩，严格意义上还具有医学特点：

……成为你那脑海深处的可怕思想，
环绕着你受惊心灵的卑劣欲望，
在你迷宫路径般血管中像痛苦
一样流动的血液。[16]

无论是这些诗行中的生理暗示，肾上腺激素对心脏的“冲击”所产生的暗示，还是通过精密的血液循环网络产生的性病感染的“可怕”入侵（这个意象早在他创作《勃朗峰》时就已构思成形），都赋予了这些制造负罪感与懊丧感的惩罚女鬼一种全新的当代感。这个意象的医学色彩将贯穿于整部诗作，其他主要意象也同样源于自然科学：地理学，气候学，尤其是物理学中的电学。

在这些“多重”意向中，有些甚是高明，萦绕在人们心头，甚至可以脱离文本而存在。在第二幕中，两位牧神坐在亚细亚居住的山洞入口的岩石上，互相询问起对方宇宙中生机活力的本质是什么。（这使人想起雪莱与拜伦在迪奥达蒂别墅中的探讨。）牧神一问道：“你能否想象那些在森林中奏出如此美妙音乐的精灵住在哪里？”牧神二的回答不仅是对自然界中创新力量的思辨——“森林中的音乐”，而且是对心灵中创新力量的思辨。在神话的层面上，雪莱借用了莎士比亚《暴风雨》中的精灵世界；但与此同 493
时还产生了一个神奇的心理意象——人类的“创造行为”。有一点值得注意，这表现为一种纯粹的、令人兴奋的“游戏”行为。这个意象也具有科学色彩。这取自浸没在水中的植被分解产生沼气这一现象，是阳光辐射作用的结果，它与空气接触后可燃烧。雪莱无疑在那不勒斯与里窝那附近的近岸沼泽地无数次观察过这一现象。严格意义上说，这是甲烷，这种气体是有机物腐烂形成的，它与氧气接触后能发生自燃。这一现象有时被称为鬼火或磷火，但雪莱的意象也可以写作 $CH_4 + O_2$：

我听得熟悉精灵的人们讲，在
明净的湖泊和池塘松软的泥底
开遍了娇嫩的白花，那太阳的
魔力从中吸引出来的气泡就是
那些精灵居住和在中午的日光
透过叶缝所照明的翠绿、金黄

> 氛围下飞来飞去时顶上的华盖；
> 等到气泡破裂了，他们在那些
> 晶亮清澈的圆形屋顶下呼出的
> 如火燃烧的气体便会冲天升起，
> 像一颗颗流星穿过黑夜，他们
> 乘着这些流星，控制住流星那
> 迅猛的速度，压低燃烧的尖顶，
> 然后，又重新在地球的水面下
> 像一团团烈火自由自在地滑行。[17]

这里的"多重"意象存在于三个层面，分别是神话、自然科学与心理学，完美地融会贯通。作为一种创造性的力量，"自然界的火焰"这个想法在《解放了的普罗米修斯》中形成核心主题。雪莱阅读的希腊作品，直接激发了他使用这个"多重"意象的灵感。这个意象已成为他创作的这部诗作中最富雄心壮志的要素之一。

最后，雪莱打算赋予这部作品政治色彩。他始终站在进步派、反威权和激进派的立场上，但他也写道："如果认为我写诗完全是为了直接实施改革……那就错了。"[18]

尽管如此，雪莱还是希望读者能在明确的公众语境下审视这部诗作。他指出，正因为这一点，私人的写作有可能转变为伟大的文学作品。

> 我们文学黄金时代的伟大作家的出现，应该归功于公众理性的
> 494 昂然觉醒，是这种觉醒粉碎了基督教最陈腐、最暴虐的宗教形式。
> 我们还应该为弥尔顿的出现而感谢这同一精神的进步和发展；愿人们永远牢记，神圣的弥尔顿是一位共和主义者，一位道德和宗教的大胆探索者。我们有理由设想，我们时代的伟大作家们会是对我们的社会状况或巩固这一状况的观点做出前所未有之变革的同行者

或先行者。我们心灵的云团正在释放出它蓄积已久的电光，社会制度与社会舆论之间的平衡正在恢复或即将恢复。[19]

这部诗剧描写的是普罗米修斯这位盗火者。即便是在前言中，对电学意象的使用也绝非巧合。除了使用神话、自然科学与心理学之外，在创作这部伟大诗剧的过程中，雪莱还力图在行动和意象中描绘政治自由的愿景。

在罗马时，《解放了的普罗米修斯》的情节已完成三幕，它描写的故事象征人类从暴政中获得解放。在作品的开头，背景是“印度高加索冰山一条幽谷”；普罗米修斯被缚在悬崖上的岩石上，而大洋河神俄刻阿诺斯的两个女儿潘堤亚和伊奥涅静静地坐在他脚下。正值严冬，整个地球已处于寒冬中达一千年之久。普罗米修斯在开场作了一段长长的内心独白。通过对埃斯库罗斯的文本一系列高明的改动，雪莱以多重意象描写了这种状态，并采用了地球物理学与心理学的几个参照框架：

缓慢爬行的冰川以月光凝成的
冰晶长矛刺穿我，明亮的锁链
冰冷如烙，在侵蚀着我的骨骼。
天上会飞的猎犬，以它从你的
嘴唇沾染了毒液的利喙撕裂着
我的心；无定形的幻象那梦幻
王国狰狞的居民来到我的身旁
嘲笑我……[20]

雪莱对这个神话增加了可怕的描写，即老鹰以沾染了朱庇特有毒口水的利喙来撕扯着普罗米修斯的内脏。这体现出雪莱的创新。它暗示着言语中伤、讥笑和谣言，表明威权能够以此来刺伤和侵蚀任何胆敢抗拒的个人。

大地精灵举行了合唱，大地本人也回答了普罗米修斯的问题。通过这些内容，我们了解到，无论是普罗米修斯的困厄，还是大地精灵们的苦难，都是普罗米修斯与朱庇特之间自古形成的僵局所致。在大地的内心独白中，充满了对埃斯库罗斯、卢克莱修和雪莱本人的《勃朗峰》中观点的附和：

495 我么，大地，
你的母亲；在我的岩石脉管里，
直到每片树叶都在寒风中瑟缩
颤抖的最高乔木最后一丝纤维，
全都奔腾着欢乐，就像流淌着
血液……[21]

我们从大地处可以得知，她本人遭受的苦痛源自她的孩子普罗米修斯为报复朱庇特的迫害而对朱庇特施加的诅咒，这颇似一个悖论。普罗米修斯希望收回这个诅咒，但若要这样做，实际上就是要“重新发出诅咒”：即第二次念出这个诅咒，作为驱邪之举。无论是普罗米修斯本人，还是每一位大地精灵，都无法面对这个可怕的前景。在一个独出心裁的段落中，大地表明，可以怎样通过召唤“第二个世界”的精神存在，将这些词语收回。在这里，雪莱将古典时期对哈迪斯①的看法，柏拉图对精灵和邪灵提出的“媒介性的”世界，但丁对基督教地狱的看法及现代对于心理分析可以还原个体无意识和集体无意识的看法，神奇地融为一体。此外，他还引入了魔法师琐罗亚斯德②，这位诺斯替教徒通过他离奇的唯信仰论思想和神秘的联想，对雪莱产生了巨大的吸引力。这是这部诗剧

① 哈迪斯，又译黑帝斯、哈德斯等，古希腊神话中的冥界之王，同时还是掌管瘟疫的神。

② 琐罗亚斯德(前628－前551)，波斯琐罗亚斯德教创始人，琐罗亚斯德教在汉语中又称拜火教或祆教。

的一大要点,值得人们深入思考。这也是雪莱所取得的一大成就。实际上,除了埃斯库罗斯情节中的大致轮廓之外,读者并不需要了解这个"第二世界"概念的意识形态背景:

　　　　　　在那巴比伦化为
灰尘以前,大祭司琐罗亚斯德,
我死去的孩子,在花园散步时,
曾遇到自己的形影。他见到的,
完全是人类才有的显灵。而你
知道,存在着生与死两个世界:
一个,是你所见到的;另一个,
在坟墓底下,那里居住着各种
形体的影子,那些形体,生前
都能思想、会活动,直到死亡
使他们聚合在一起,永不分离;
那里还有人的梦和琐细的想象,
信仰所创造、爱所渴望的一切……

　　　　　　　　　　……那里,
还有一切无名世界的各种神明,
高大的帝王幽灵;英雄、凡人、
牲畜;和狄摩高根,一个高大
魁梧的阴影,至高无上的暴君,
坐在他燃着烈焰的黄金宝座上。
儿子,其中一个将会说出全都 496
记得的那句诅咒。请随意召唤
你自己的幻象,或者是朱庇特……

问他们吧，他们必须作出回答：
对于那至高无上统治者的报复
将从虚空的阴影之间扫掠而过，
就像扫掠着穿过已倾圮的殿堂
虚空的门洞。[22]

普罗米修斯召唤出了朱庇特的幻影，它重复着普罗米修斯的诅咒，“恶魔，我藐视你”。普罗米修斯听到自己的话如此重复，突然认输，就在他虚弱的关头，朱庇特的使者墨丘利赶到，随他而来的是几位惩罚女鬼，这里又是按照埃斯库罗斯的情节发展。当墨丘利的想法与外交斡旋活动遭到断然拒绝后，这些惩罚女鬼便围拢在普罗米修斯周围。她们带来了恐怖和懊丧的情感，这情感既是公共的也是私人的。普罗米修斯看到了一幕幕战争与饥馑的景象，还有法国大革命失败的血腥场面。作者发现，工业化和城市化使人类陷入困境，这样残酷无情的场面大量聚合在一起：

瞧！布满了那辽阔的地平线
　许多居住着上百万人的大城，
在向明净的天空喷吐着烟尘。
请听听那出于绝望的呼喊声！[23]

历史上真实的耶稣带来了“真诚宁静和怜悯”的消息，但遭到恶意歪曲。雪莱认为，这位耶稣是一位单纯的人，也是一位政治人物，“一青年泰然自若钉在十字架上”，并将他刻画为朱庇特的势力所造成的又一个悲惨现象。普罗米修斯此时对一切都了如指掌，对一切都洞若观火，他似乎在低眉折腰，最终陷入了绝望。整个世界似乎都被锁链束缚着。

只有在大地召唤来一队精灵（“他们的家园是人类思想晦暗的洞穴”，而且他们与永远不断重现的春之力量相联系）之后，普罗米修斯才从绝望中有所恢复。精灵六回答了“爱的形影”，称这是人类心灵中最强大的力量。她的回答非常模糊暧昧，但却引发了下一步行动，即收回诅咒，打破普罗米修斯与朱庇特之间的僵局。雪莱在这里使用的意象直接引自阿迦同在《会饮篇》中的言论。这位精灵并非从爱开始咏唱，而是先介绍了一番失去爱之后的情景——**荒凉**。

啊姐姐！**荒凉**是一种微妙的东西，
　它不在地上走、不在空中飞翔，
却用催眠的步履、用无声的羽翼
　在善良之人心头扇起美好希望；
他们在扇动的羽翼和激起乐音的 497
　轻柔的脚掌安抚下梦见了虚假
欢乐美景，称妖精为爱，醒来时
　发现只是痛苦的影子，就像他。[24]

这段对“妖精之爱”的介绍，起初只是一个梦境，等同或仿造了痛苦。潘堤亚抓住了这一点。她提醒普罗米修斯注意他永恒的恋人亚细亚（俄刻阿诺斯的三女儿、潘堤亚的姊妹）。普罗米修斯已忘记了这一点，这个细节也许很重要。潘堤亚还表达了自己对亚细亚的爱，我们一度发现，这里存在着我们所熟悉的三角恋情。潘堤亚去了“遥远的印度山谷”去唤醒亚细亚。此时，雪莱为第一幕画上了句号。

第一幕没有细分为各场，它以一种稳定的、从容的、歌剧风格的节奏向前发展。它介绍了主要人物，描写了场景，并烘托出戏剧冲突。可以看出，这部诗剧依然带着埃斯库罗斯的影子。但也存在完全原创的、雪莱式的主题，它就像是酵母，在未发酵的古典文本中发挥作用。这就是人们所熟悉的双重本质的思想，即追捕者与被追捕者，或可称为“分身灵”。

无论在何处，读者都意识到自然的分裂，自然本身是分裂的。大地划分为两个世界。在永恒的冬天里，长不出任何果实，这里是疾病与刺骨的严寒。在另一个世界，气候温暖宜人，物产丰富。甚至有迹象表明，雪莱将地球沿极轴倾斜九十度的地理现象视为内在矛盾与不和谐的象征。无论是琐罗亚斯德提出的无意识的地下世界，还是他提出的相互割裂的两个世界，都表明普罗米修斯本人处于人格分裂状态。他分裂成怎样的存在呢？大地解释称，他可以召唤他本人的幽灵或朱庇特的幽灵来重复这句诅咒，这表明普罗米修斯与朱庇特之间水火不容，也证明两人曾是一个完整、和谐的自然中的两个平等的部分，这颇似一个悖论。就像弗兰肯斯坦和他创造出的怪物一样，这表明两人之间无法组建“共同体”，他们轮流担任迫害者与受害者、追捕者与被追捕者的角色。

精灵六对荒凉作出的这段古怪评论，似乎强调了存在的二重性，以及梦境与苏醒、欲望与现实之间的转化，这一段也是整部作品中最为神秘的部分之一。“妖精之爱”可以通过一个行动或注意力的转变，转化为“阴影的痛苦”。通过潘堤亚前去唤醒亚细亚的旅途，清楚地表明至少在神话的层面上，普罗米修斯与爱是割裂的。

根据雪莱对整部诗剧的解释，这种神秘的割裂或异化，一定也会产生心理和政治色彩。因此，在第一幕中刻画出的整个世界，是一种互不
498 联系、无依无靠、精神分裂和异化的存在。这个世界中的“荒凉”也是政治希望的冬天，是病人、饿殍和蒙昧无知者冰冷的痛苦。普罗米修斯若要解放人类，并将精神对立的双方统一起来，就不得不让自己的各个部分相对立，这就是朱庇特和亚细亚所分别代表的部分，即暴政与爱所分别代表的部分。此外，他还要以某种新的媒介，重新让人类拥有“创造的火焰”的天赋。

第二幕将关注焦点转移到普罗米修斯的爱人亚细亚。普罗米修斯本人并没有现身。第二幕第一场的背景是“印度高加索冰山一条幽谷”，时节是雪莱所领略的罗马之春。亚细亚首先发话，她有节奏的述

说使人想起《圣经·雅歌》：

凭高空的劲风从天而降，是的，
你像一个精灵，也像一种思想，
使不常有的泪涌入蒙眬的眼睛，
使应该已学会宁静的不幸的心
又怦怦搏动：你已降临，成长
在暴风雨的怀抱之中；你确已
苏醒，哦春天！哦，风的孩子！[25]

第一幕中冰冷、生硬、近乎刺耳的史诗体语言，在这里转变为丰富、细腻、精心锤炼的语言，其中有大量感官和情欲的意象。在潘堤亚对亚细亚的描述中，介绍了普罗米修斯在“堕落”之前，她作为俄刻阿诺斯的女儿处于非常安宁的状态，这是一段富有特色的文字：

……我睡在……
绿色和紫色海藻构成的
阴暗深闺，我们的妹妹伊奥涅
那莹润、娇嫩的双臂合抱在我
乌黑潮湿的头发的背后，就像
现在这样……[26]

潘堤亚需要以两人久别之爱的回忆唤醒亚细亚，就像她曾唤醒普罗米修斯一样。另一段文字叙述了她是怎样唤醒亚细亚的，这是与众不同的一段文字。亚细亚想起了普罗米修斯的情感力量与性爱力量，看到了潘堤亚对普罗米修斯做的一个梦的梦境，这一幕投射在潘堤亚眼中：“幽暗、深远，不可测度，圆球中包含着圆球。”在这里，潘堤亚既扮演了信使的角色，也相当于精神媒介。她对普罗米修斯云雨时的记忆，是雪莱自《阿拉斯特》中对春梦中翩翩起舞的女孩进行描写之后，对梦境中性高潮所作的最精彩的描写之一。

> 我看不见、听不到，也动不得，
> 只是感觉他的存在流动和融合
> 在我的血液，以至血液变成了
> 他的生命，而他的变成了我的，
> 我就这样神魂颠倒、不由自主，
> 499 直到这种状况成为过去，才像
> 日落后水蒸气又在松树上凝聚
> 成水滴，也像他们一样在深夜
> 颤抖，我的生命重又凝聚成形……[27]

潘堤亚和亚细亚已被这个梦境引出了印度的幽谷，此时梦境首次化为人形（“**梦**：跟上！跟上！”），最后化为不断幻化的回声、精灵和牧神组成的合唱。第二幕前三场的节奏非常快，之后潘堤亚不由自主地被带到了狄摩高根的洞府，这里隐蔽、幽深，宛如在火山灰层中。这段描写取材于雪莱前往维苏威火山游览的经历。与第一幕一样，通过向下、向内和向后的前进，深入到记忆与地球的深处，这段描写的重要性值得强调。她们探索的是时间的种子，混沌未开的世界，宛如一口煮沸的坩埚。在第四场的开头，她们来到了狄摩高根的地下洞府，这改编于埃斯库罗斯对堤丰的描写，堤丰代表着必然、改变与革命的力量，在这里

> 向四周射出阴暗，像中午的太阳放射光芒。[28]

这指的是电磁波谱中的红外线段和紫外线段,人的肉眼无法看到,雪莱大致将其理解为“创造的火焰”的一种形式。在雪莱对这个神话的改编中,普罗米修斯将给人类带来“新的火焰”,而这将为这种火焰的本质提供线索。

无疑,第二幕第四场是整部戏剧中最出色、最难忘的部分。这一场共有一百七十二行,主要是亚细亚与狄摩高根之间的对话。其中根据埃斯库罗斯的版本,描写了普罗米修斯为人类带来的天赋,并包含了亚细亚对这一天赋所发表的一段令人叹为观止的内心独白。除了结尾部分,整个这一场(第435–525行)都与埃斯库罗斯的原文十分接近。亚细亚是爱的化身,她向狄摩高根发问,宇宙中力量的本质是什么。她的一系列问题最后浓缩为一个问题:谁是宇宙中邪恶的始作俑者?这个始作俑者(她暗示此人是朱庇特,即摩尼教的邪神)最后是他自己所造物的主人还是奴隶呢?狄摩高根没有理会这个问题,亚细亚的回答是雪莱诗歌中的一个著名哲学难题。

亚细亚 谁是这奴隶的主子?
狄摩高根 如果黑暗的
深渊能吐露秘密……但是没有
能说话的声音,那深刻的真理
无影无形;让你注视着旋转的
世界又有什么意义?何必要求
谈论命运、机遇、偶然和变异?
除了永恒的爱,万物都逃不脱
他们的支配。
亚细亚 我已经问了你许多,
我的心也作了你作的那种回应;
这些事实一定全都是它们本身

未来命运的预言。[29]

通过狄摩高根之口，雪莱证实了他的怀疑论思想，并否认了在宗教或科学意义上存在绝对的知识；他认为，科学与宗教都不过是“无影无形”的真理产生的表象。尽管如此，狄摩高根的回答还是证实了亚细亚自身的自由，前提是她代表了“永恒的爱”或是其化身，任何事物都无法将其主宰。通过将爱与自由等量齐观（它在第二幕中还不过是一种诗歌的定式），指向了获得解放的世界，雪莱希望在第三幕中对这个世界展开描写和赞美。亚细亚与狄摩高根之间的所有对话都是在埃斯库罗斯的文本基础上再创作得出的，具有威力与权威，而且具有紧迫性，它远远超出了原文本的古典、神话范畴。这场辩论具有现代色彩。亚细亚具有她姊妹潘堤亚的一切火热与激情，却没有她的温和与柔情。她是爱的斗士，她在这场辩论的发展中迅速表明了这一点。

亚细亚 是谁，
创造了感觉：当春风难得来临，
或是在青春期单独听见恋人的
声音，便会使眼睛充满了热泪、
使麻木的花朵黯然失色，一旦
丧失，便又会使这熙攘的世界
陷入凄凉的感觉？
狄摩高根 是仁慈的上帝。
亚细亚 是谁创造了恐怖、疯狂、罪过、
悔恨：它们从万物之链的环节，
到人心的每一个念头，沉重地
摇摆和拖拉，使他们在重压下
一个个踉跄着走向死亡的深渊；

被放弃的希望，转化为恨的爱；
喝着比血更难下咽的自轻自贱；
日复一日以哀号和尖叫声代替
说话的痛苦；还有地狱和对于
地狱的尖锐恐惧？ 501

狄摩高根　他，主宰一切。

亚细亚　说出他的名字：整个在痛苦中
旋转的世界就想询问他的名字：
千万声诅咒将会把他拖下台来。[30]

这就是爱按照雪莱的要求所讲述的内容。如果说第二幕第四场是这部诗剧的中心和高潮，那么亚细亚发表的这番普罗米修斯式的演说则是这一场中的名篇。对于雪莱本人的创作过程，最离奇的评论之一在于，早在他阅读埃斯库罗斯这部作品之前，他就率先发表了类似的演说，即他六年前创作的《麦布女王》最后一个诗章。诗中高度而复杂的清晰，理性抽象与生动具体意象之间近乎完美的平衡，平白陈述中凝聚的巨大能量，这一切都表明雪莱的创作达到了他的诗艺巅峰。

现在朱庇特统治了；因为，对于
人类，先是饥饿，然后是劳苦
和疾病、纷争、伤害、从不曾
有谁看见过的惨死，相继降临；
违反时序的季节，又交替着用
霜雪和烈火的利箭把他们无处
栖身的苍白族类赶进深山洞窟：
他又给他们荒凉、空虚的心灵，
送去强烈的欲望、疯狂的不安、

伪善的幻影，让他们彼此争战，
以至毁坏他们寄寓其中的巢穴。
普罗米修斯见到后，他唤醒了
酣睡在极乐园林花丛，忘忧草、
魔力草和不凋花心的成千上万*
希望，让他们以彩虹般的羽翼
遮蔽死亡的形影；他派出了爱，
把产生生命酒浆然而是分散的
葡萄藤蔓，人心，结合在一起；
他又驯服如同某些猛兽，凶猛
可怕而又可爱的火，让它按照
502 人的意愿效力；并且通过酷刑，
迫使黑铁与黄金，权力的奴仆
和标志，珍宝和毒药，深藏在
水底和山下的一切难以捉摸的
各种形式财富都听从人的意志。
他给人语言，语言创造了思想，
有思想才有了衡量宇宙的手段；
科学冲击了天与地的至尊宝座，
但是动摇却并未倾覆；和谐的
心灵倾吐为极富预言性的歌声；

---

* 魔力草是一种传说中的草药，有时被认为是野生大蒜。荷马告诉我们，天神赫尔墨斯将魔力草给了奥德修斯，以此抵御喀耳刻将人变成动物的巫术。它的花是白色的，根是黑色的。在雪莱看来，魔力草似乎代表着控制内心的力量，防止人类蜕变为禽兽。不凋花是紫色的花，有时被认为是雁来红，它一直与长生不老相联系；它在斯宾塞和弥尔顿的作品中成为“不朽”的象征，并给人类带来长生不老的幻觉。忘忧草也是荷马提到过的草药，称其是奥德修斯用来祛除心灵中痛苦、忧愁和困扰的药物；它原产于埃及，雪莱可能联想到了鸦片或大麻等麻醉药剂。

音乐使听者的灵魂上升，摆脱
人间烦恼，以至于像神祇一样
昂首阔步在甜美音响波浪之上；
人类的双手雕塑肢体，最初是
模仿人的身影，后来甚至胜过
原型，以至大理石也变得有了
灵性；母亲们观看时吸收的爱
反映在子女身上，见到的人们
会荡魄销魂。他告诉我们草药
和泉水隐藏着的力量，说疾病
饮下便会睡去。死亡变得像是
安眠。他教导人，四处漫游的
星辰轨道错综复杂；太阳如何
迁移他的巢穴；是什么样魔力
使白皙的月亮改变容貌，以至
月末月初晦暗的海洋看不见她
那只大大的眼睛。他教导要像
生命指挥肢体，要去驾驭海洋
有着暴风雨羽翼的车辇，于是
凯尔特人结识了印第安。这时，
一座座城市已经建立，穿过那
一根根雪白的圆柱，温暖的风
往来流动，天空蔚蓝明净晴朗，
碧绿的海隐约的山，清晰可见。
就像这样，普罗米修斯提高了
人的生存状态，却为此而被吊

在危崖，忍受无可规避的痛苦……[31]

在气势恢宏的第四场的结尾，诗歌的力量丝毫不减。无论是亚细亚对狄摩高根的发问，还是她对普罗米修斯的历史作用的赞美，都产生了决定命运的时刻，这正是整个地球一直翘首以待的时刻。历史的火山开始喷发。狄摩高根以一个令人难以忘怀的意象，展示了时序女神的战车怎样不断蜂拥而上，在紫色的夜晚中奔驰而过，就仿佛一个个火星在管道中
503 穿行。有一辆战车上载着朱庇特可怕的命运，另一个则载着亚细亚与普罗米修斯的幸福团聚。两者在政治上都具有革命性。

雪莱直接根据君士坦丁凯旋门上古典时期的雕刻，刻画出这些车辇。如果将这段描写与他在古罗马广场中所作的散文体记录加以比较，就可以准确地发现他想象力的转化过程。雪莱先是观察到：

拱门的拱顶石，全都被两个带翅膀的胜利女神雕像托住，女神的头发由于快速飞行而随风飘荡，双臂张开，手中握着战利品，仿佛急于相会而已经迫不及待。这两个女神看上去就仿佛分别脱胎于地球的两极，她们赞美了这场战役和荒凉，她们的使命就是要纪念这样的场面。[32]

雪莱后来又提到这座浮雕，进一步论述了其中的视觉细节与象征主义。

胜利女神那些张开翅膀、伸出脚去把一个球体向后踢的雕像，比其他凯旋门上的同类雕像都更美。她们的嘴唇分开，惟妙惟肖地表现了急欲到达预定休息场所的那种热切愿望，也表现出快速运动所导致的急促喘息。[33]

此时，诗歌中再次表现出这一点，将其塑造为完整的意象，具有特殊的力

量与美感。雪莱从这件巨大而又质朴的古典雕刻作品中汲取了勇气，在一幅简单的肖像画描写中，大胆地采用了高度抽象的"伟大的历史时刻"思想，即文明发展中伟大的转折点：

狄摩高根　瞧！

亚细亚　　　　山峰正在裂开，

透过那紫红色的明光，我看见
许多车辇，在羽翼如虹、四蹄
生风的骏马牵引下，奔驰而过：
驱策骏马前行的驭手目光凶猛。
有几个回头张望，仿佛有恶魔
在追赶，我却只见灿烂的群星，
不见其他形影；也有些，双眼
如有烈焰，身体前倾，急切地
吞咽由于本身的高速所引起的
扑面劲风，仿佛所爱正在逃遁，
而此刻，就在此刻，就要抓住。
他们明亮的发丝飘荡，仿佛是
彗星曳光的彗尾，他们全都在
飞掠着向前。[34]

这是雪莱运用的伟大意象之一。作品在这里要比普罗米修斯的讲 504
话部分更加丰富、词藻更华丽；但依然保留了运动产生的巨大能量，它的视觉线条清晰，使人们不禁想起了石雕。雪莱在其中加入无数他所熟悉的主题，令人耳目一新：战车-小舟-飞艇；恶魔；追捕者与被追捕者；彗星与彗尾产生的性爱之火。在这样一行（"我却只见灿烂的群星，不见其他形影"）中还实现了质朴与意味深长的效果，并将两者与众不同地融为一体。

第四场的结束部分是整部剧作高潮所在。在神话中,狄摩高根要结束朱庇特的统治,并让普罗米修斯恢复自由。他登上了时序女神的战车,车夫是一个“面目狰狞的精灵”。

潘堤亚 那恐怖的阴影
从它的王位飘浮而起,像地震
摧毁的城市烟尘,升起在海上。
瞧!它登上了车辇:吓得马匹
飞奔:看它在群星之间的路线
使夜晚变黑![35]

从物质的角度来看,雪莱描写了巨大的喷发场面和地动山摇,宛如维苏威火山喷发一般,使大自然恢复到黄金时期的平衡,物产丰富,四季交替。

从心理角度来看,亚细亚作为爱的准则的化身,找到了自己的自由,并打算登上第二辆战车,“象牙的车厢上镶嵌着红色火焰”,驾驶这辆战车的是一位年轻、俊美的精灵,他拥有普罗米修斯一般的灵魂。爱是人类关系中私密、富有创造性和与性相连的方面,它从各种禁令和压迫中解放出来,与这些社会要素重新结合在一起。它构成了心灵的完整性,雪莱认为,单凭这一点就可以产生伟大的科学家、艺术家、医生、建筑设计师和立法者。人类天性中的裂痕得到了愈合。

最后,从政治角度来看,这是对暴政和强权政治的揭竿而起与革命。雪莱在这里并没有点明这场革命发生在哪个国家,甚至都没有点明其历史背景。这也许是光明会长期以来的世界革命理想,原先的标志是一系列火山喷发。但第一幕中提到了法国大革命,因此可以认为雪莱心中思忖的是欧洲,是欧洲的英国。

他赞美的是一场暴力革命、一场“民主”革命吗？文本与序言一样都语焉不详。文中提到了两辆战车：一辆载着狄摩高根去找朱庇特，这无疑代表着可怕的暴力革命：朱庇特象征威权政府，它将臣服于巨大的力量，而且这一社会过程类似于火山喷发和地震，这“摧毁了”城市。* 505
在这里进行追本溯源的阅读肯定是合适的。这就是“狄摩高根”这个“半人半怪”的爆发。[36]

但是，这里还有第二辆战车，具有“新奇而精致的装饰”，它的车夫很温柔，“有一双鸽子那样充满希望的眼睛”。这辆战车将亚细亚与潘堤亚送回到普罗米修斯那里，这似乎表明，政治自由改变了人类自身的性质，使得爱的伦理取代了复仇与毁灭的意识形态（这体现在普罗米修斯的诅咒中）。从历史角度来看，第二幕的结束让这两种结局都保留了可能性。革命将会到来，但革命的形式却取决于人类本身。始终存在两种战车。无论哪种情况，革命都是不可避免的，而且应当赞美。

这一幕的最后是第五场，它篇幅很短，结尾一段是合唱。在潘堤亚和亚细亚乘着战车向前、向上飞行的过程中，潘堤亚描述了亚细亚的转变，并将她与女神维纳斯·阿纳迪奥梅进行比较，爱的创造力量从海面上升起，“像太阳充满了有生命世界的烈火气氛”。这段合唱包括著名的赞歌，“光的孩子！你肢体的光焰在烧穿”与“我的灵魂是着魔的小舟”。这一幕的最后几行预言了一段奇幻之旅，通过时光倒流，进入了轮回转世的天堂，这有些部分像子宫，有些部分像重生的星球。

> 我们已通过老年的冰窟，
> 壮年的汹涌澎湃的浪波，

---

* 与雪莱同时代的亚历山大·冯·洪堡、汉弗莱·戴维爵士和威廉·汉密尔顿爵士都对火山活动进行了重要研究。埃特纳火山于1792年喷发，此后又于1819年底喷发。维苏威火山于1794年喷发，雪莱1818年游览维苏威火山时，它又开始活跃起来。

青春期表里不一的平静海面，
　我们已经逃出了婴幼年
　充满了阴影的明净深渊
从死和生来到更神圣的一天；
　一个高厅广厦般的天堂——
　被俯视着的花朵所照亮，
　溪流与河川，委曲婉转
　在碧绿宁静的原野之间，
其中的形体太亮而难以看见……[37]

我们其实又回到了我们开始的地方，幻象开始破灭，雪莱又端坐在芳草鲜美的卡拉卡拉浴场的迷宫中。

从第三幕开始，这部作品就再也不像埃斯库罗斯的戏剧那样具有严密的情节结构。雪莱试图通过刻意加入情节架构来有意识地展开这个
506 神话，这部诗作便立刻在他手里变得支离破碎。普罗米修斯其实最终已从朱庇特的手中将人类解放，他已不再是原先的普罗米修斯。他代表着苦难、希望、创造技能与永恒的争取自由。他象征着为了未来而作出抗争的人们，他象征着期待革命和新的黄金时代的人们，但是他绝不代表胜利本身。

第三幕和第四幕是真正的创新，这体现在对普罗米修斯的火焰这一意象的发展。无论在诗歌上还是在知识上这都是高明的改动。普罗米修斯带来的新的火焰就是电。

伊奥涅　姐姐，它不是凡间生灵：看它
　　　　怎样在树叶底下游动！它头上
　　　　放光，像绿色的星星，碧绿的
　　　　光芒和它秀美的头发相缠相绕！

它一边走动着一边把灿烂光辉
像雪片般纷纷洒落在青草上！
你认识它吗？

潘堤亚　　　　那是指引着地球
穿行在天空的难以捉摸的精灵。
远方繁多的星座都称这点明光
最美的星星；它有时候飘浮在
咸涩海水的浪花之上，有时候
乘坐着云雾的车辇出游，或是
在人们熟睡的时候步行过田地
和城镇，翻过高山、涉过河流，
或是就像现在，穿越绿色旷野，
对它见到的一切全都感到惊喜……[38]

雪莱当然不可能做到像科学一样精确，何况他在创作时，法拉第的著作尚未问世。他在描写“难以捉摸的精灵”产生的电学现象时，无差别地加入了萤火虫、磷光、“鬼火”、闪电、“清洗沉闷夜空的蓝白色长尾彗星”、北极光，甚至还有“情人目光般磁性的不可抗拒的极乐引力”让月亮绕着地球转。但是，他赞美了物质原子结构中的电子壳层：

　　　　　　　有一颗
发出旋风般强烈、响亮乐音的
星球掠过，同千万颗星球一样，
像水晶一样坚实，然而，贯穿
它的整体，光和音乐全都可以
自由流动，像通过一无所有的
虚空：它环绕上万星球，也被

上万颗星球环绕着，旋转运动，
有紫色蓝色白色绿色和金色的……
上千条轴线以毁灭自身的高速
旋转……[39]

507 电作为新的火焰，在神话层面和科学层面都完美满足了情节的延伸。电将成为一种巨大的、新的力量源泉，使人类获得解放，从必然王国迈入自由王国。但是，就像整个第三幕和第四幕一样，电，作为精神能量与政治力量释放的隐喻，也有着摇曳不定的问题。这也许可以象征任何一种朦胧的善意辐射。这首诗的其余部分无法紧密结合在一起，但后来在一八二〇年，雪莱创作《阿特拉斯的女巫》时，从这首诗中获得了核心意象来表现身心自由。

从第三幕开篇开始，这首诗的结构便开始瓦解。推翻朱庇特的情节仿佛是史诗剧表演时吱呀作响的舞台机械；朱庇特与普罗米修斯之间没有产生冲突，因此也就不存在和解。对邪恶的原则仅仅是不予理会。普罗米修斯与亚细亚的团聚空洞无物，而且虎头蛇尾。对革命之后的世界与自然界的景象描写几乎完全失败，这在诗学上也是无法完成的任务。语言整体上越来越夸张，而且意象依赖于对前两幕中的转喻和隐喻连续修改与弱化。普罗米修斯对自己获得的解放以及人类社会的革命作出了反应，这就是退隐乡野，“有一个蔓生着芳香攀缘植物的洞穴，植物的叶子和花朵的帘帷把日光挡在洞外”。但这是对卡拉卡拉浴场意象的另一个改编，即一个封闭的庭院，而且这象征着避世之举，而非一场彻底的社会革命。从这个意义上说，雪莱的诗歌始终要比他的意识形态更为坦诚，因为普罗米修斯在第三幕中的行动属于一位领袖的举动，他逃避了失败，他已厌世，浪迹天涯。这不是一个真正的胜利者之所为。

雪莱本人也加重了对第三幕的怀疑。在这一年的秋天，他在佛罗伦萨重新拾起这部作品，给它加上了第四幕。这实际上等于他承认艺术创作的失败。他完全放弃了神话结构，让普罗米修斯和亚细亚退隐于森林中的一处山洞，他们根本没有出现，也没有发表言论，雪莱企图创造出关于宇宙的一场轻歌剧，由大地、月亮和狄摩高根举行抒情二重奏或三重奏。这就仿佛为一篇伟大的音乐作品所作的唱词，但他从未胜任过这样的创作工作。

因此，《解放了的普罗米修斯》的巨大成就在于前两幕，它们共同构成了一部完整的、统一的诗篇，篇幅约为一千五百行。其余部分都可以删去，它们属于二流水平。这部作品实际上由两幕组成。雪莱在意大利创作的四部代表作中，它无疑可以列为第二部。无论在哪个层面，这都是一部描写希望的诗作，历经千难万苦，在痛苦的过程中实现希望，但它绝不能算作乐观主义诗歌。这部作品在许多方面都执着于人世间的邪恶、痛苦与暴政，这与雪莱之前的各种创作相仿。这部作品比《伊斯兰的反叛》更加凸显出道德革命与政治革命的一触即发，也许比《麦布女王》更甚。从这个意义上说，它更为积极进取、信心十足。但是，它也明确地表明和平革命与暴力革命并存的可能性：这个选择始终存在，某种意义上说，始终存在于未来。这部诗作和这个神话都说最终会取得胜利。但雪莱的诗歌中并没有胜利。革命仍有待发动。 508

注释

［1］《玛丽·雪莱日记》，页117。

［2］《玛丽·W. 雪莱书信集》，第六十四篇，页64。

［3］道登，《珀西·比希·雪莱的一生》，第二卷，页255。

［4］《克莱儿·克莱尔蒙特日记》，页103。

［5］《玛丽·W. 雪莱书信集》，第六十四篇，页64。

［6］《珀西·比希·雪莱书信集》，第二卷，第四九八篇，页93。

［7］《克莱儿·克莱尔蒙特日记》，页101。

［8］《珀西·比希·雪莱书信集》，第二卷，第四九五篇，页87。

[9]《与雪莱同在意大利》,安娜·麦克马汉编(1908),页101-102,注释1。

[10]《珀西·比希·雪莱诗集》,页205。

[11]《珀西·比希·雪莱书信集》,第二卷,第四九五篇,页84-85。

[12] 同上,第四九八篇,页94。

[13]《珀西·比希·雪莱诗集》,页205。

[14] 同上。

[15] 同上,页218。

[16] 同上。

[17] 同上,页233。

[18] 同上,页207。

[19] 同上,页206。

[20] 同上,页208。

[21] 同上,页211。

[22] 同上,页212。

[23] 同上,页220。

[24] 同上,页225。

[25] 同上,页227。

[26] 同上,页228。

[27] 同上。

[28] 同上,页236。

[29] 同上,页238。

[30] 同上,页236。

[31] 同上,页237-238。

[32]《珀西·比希·雪莱书信集》,第二卷,第四九五篇,页86。

[33] 同上,页89。

[34]《珀西·比希·雪莱诗集》,页239。

[35] 同上。

[36] 对于贯穿于雪莱1817年至1821年间诗歌中的革命和民主意象,如需

对此的精辟分析，参见 G. M. 马修斯，《雪莱火山式的话语》（1957），载于 R. B. 伍丁斯，《雪莱：现代的评判》（1968）。

［37］《珀西·比希·雪莱诗集》，页 242。

［38］同上，页 249。

［39］同上，页 260。

第二十章　黑暗宫殿

509　一八一九年四月，《解放了的普罗米修斯》接近完稿。雪莱带着玛丽和克莱儿去梵蒂冈的圣彼得大教堂观看复活节点燃的众多蜡烛，以此放松心情。四月十六日，他开始在傍晚放声朗读《失乐园》。四月二十五日，他将《解放了的普罗米修斯》手稿交给玛丽阅读。玛丽在日记中没有发表评论。

玛丽依然处于抑郁中，沉默寡言。“天晓得为什么会这样，我［情绪低落］要比我来意大利之前糟糕十倍，负面的想法在心头挥之不去——但这只是偶尔发生——”[1] 但芬奇上校兼牧师①走进他们的小圈子之后，还是让她略感开心。此人惯于虚张声势，性格乖张，“是阿伯拉尔②与老布吕歇尔③两者的结合”。雪莱一家人给他起的教名为卡利科特，这是汤姆·摩尔的故事中的人物。他至少是可供玛丽取笑的对象。奥

---

① 玛丽于1819年4月与芬奇相遇时，芬奇谎称自己是退役龙骑兵上校。

② 彼得·阿伯拉尔（1079–1142），法国著名神学家和经院哲学家，世人认为他首倡概念论。阿伯拉尔出身于法国南特附近的贵族家庭，但醉心辩证学，放弃骑士生涯与贵族继承权。

③ 格布哈德·列博莱希特·冯·布吕歇尔（1742–1819），普鲁士王国元帅，瓦尔施塔特侯爵，在数次重大战役中名声远扬，并在滑铁卢战役中协助威灵顿取得了胜利。

地利皇帝也在四月底来到了这里，并在卡皮托利山上举行了宴会。宫殿长廊上悬挂着彩绸，晚上还燃放了焰火。玛丽在信中跟玛丽亚·吉斯伯恩闲话："我没机会告诉你，这位可敬的老教皇是如何优雅地主持教堂仪式的。"雪莱还让玛丽打听可用于制作跳蚤粉的草药。[2]

雪莱并没有考虑出版事宜。诗歌创作已让他精疲力竭，他外出散步更少了。他待在科尔索读书，或是乘坐马车去参加休闲之旅。看着熙熙攘攘的意大利人忙着每天的工作，他感到心满意足。玛丽读完手稿后，他便将其存放在压箱底的位置。此后几个月里，他再也没有在信中提过这部手稿。直到九月，他才写信给查尔斯·奥利尔，因为后者从皮科克那里得知了这部诗作："我的《解放了的普罗米修斯》早已完成，现在正在抄稿，不久将给你寄去出版。照我的判断，这是我曾经试图塑造的比
较高层次的人物形象……"[3]他对此充满信心，也十分满意，但他却对 510
他的受众没有信心。* 与此同时，他需要一个吸引力更为明显的主题：更加外向、更加流行的主题。意大利的生活也许可以提供吧？

雪莱小心翼翼地观察着周围。他第一次将罗马视为安身立命的城市，而非一座巨大的博物馆。他的过客心态荡然无存。"在圣彼得广场约有三百个戴脚镣的囚犯在劳动，铲除长在石缝里和人行道上的野草。他们的腿上戴着重镣。也有两人铐在一起的，他们坐成一长排，穿着杂色斑驳的衣服，一面锄着草，靠近他们有群荷枪实弹的兵士，或坐着或巡逻……这是意大利的象征——道德的堕落与神圣的大自然和艺术的鲜明对照。"[4]

---

* 《解放了的普罗米修斯》一直到1819年底才送到英国，1820年夏才出版。之后，在雪莱的意大利诗集中，标题就是这以这部诗作命名。从1820年6月至1821年底，评论界一直在对这部作品发表书评。尽管评论褒贬不一（《每季评论》大加鞭挞，而《布莱克伍德杂志》却盛赞不已，还大力为之辩护），但这部作品的销量却很糟糕。雪莱在伦敦创作的作品遭到舆论指责，被认为是伤风败俗之作，而非锐意创新的作品。尚不清楚奥利尔在这部作品上赔了多少钱，但有人嘲笑称《解放了的普罗米修斯》并未装订，因为出版商连装订费都出不起了。雪莱去世前出版的作品中，这部作品无疑是最伟大的一部。

与此同时,他对真实的意大利产生越来越强烈的认同感,他也痛苦地意识到,他并不是个过客,其实只是个流浪者。皮科克收到的那不勒斯来信中充满了抑郁与焦虑,他便在信中强烈建议雪莱最好返回英国。雪莱在回信中写道:“怎么可能呢? 健康,合法的权利,宁静的生活——在意大利容许的,而在英格兰则一切都被剥夺去了。”他在信中称,也许只有五个人不会将其视为“罪犯和败类,看上一眼都会被传染的”。在那不勒斯发生的变故无疑导致他作出这样悲观的自我谴责。雪莱一行人依然计划在这一年夏天向南重返那不勒斯,他们应该是要在那里看望埃琳娜,但没有向皮科克提起这个打算。雪莱还托他向布安维尔太太问好,“我渴望我对她的问候就像一个流亡者,一名被社会遗弃的人获准与人类社会中得到承认的一员交谈一样”。这是有意模仿弗兰肯斯坦创造的怪物在冰川上讲述的那番话吗? 也许是这样的,但不管怎样,都有些讽刺。雪莱热情地写道:“几乎不可能找到一个人像布安维尔夫人那样在情感和理解力方面如此细腻和敏锐的了。”在他的信件中,还提到“海外英国人的精神”对他来说越来越志不同道不合,而且无论是时尚的科尔索,还是玛丽安娜·迪奥尼加举办的社交晚会,都令他大倒胃口。

但是,他还是找到了某种慰藉。四月二十三日,克莱儿凭借一双犀利的眼睛,在博尔盖塞花园中发现了埃米莉亚·库兰的身影,她正要离
511 去。库兰小姐是爱尔兰政治家约翰·菲尔波特·库兰的长女,她能言善辩、个性独立、精神昂扬。库兰与葛德文一家过从甚密,因此克莱儿与玛丽都认识她,雪莱也曾于一八一二年客居都柏林期间与她有过一面之缘。她们对库兰一番嘘寒问暖,还留下了一张名片。[5]此人确实是库兰小姐,遇到几位故旧,她感到很开心。双方互相到对方府上拜访,库兰很快就经常和雪莱一行人乘坐马车同行,也常同去美术馆。

库兰小姐是典型的葛德文式的人物:她在政治上是爱尔兰激进派人士,而且个性坚韧、独立,她独自做出了出国和接受教育的决定,并独

自一人住在塞斯蒂娜大街64号,这是一条狭窄但高雅的街道,砖石房屋紧凑地挨在一起,坐落于罗马北侧的高地上,毗邻天主圣三教堂威严、美丽的广场。她主要从事绘画职业。她的经济来源中,似乎有一部分是绘制社交肖像油画。她能讲一口流利的意大利语,并且对欧洲大陆的生活如鱼得水。直到一八二一年,她依然在罗马深居简出。到了一八二二年夏,她已移居巴黎的圣日耳曼郊区,过着同样怡然自得的生活。她对雪莱一家产生了振奋作用。他们偶遇后几天,玛丽便放弃了她原先的绘画课程,改学油画了。五月五日,克莱儿请库兰小姐为她绘制肖像。克莱儿与雪莱曾于下午多次去塞斯蒂娜大街看望她,雪莱还得知,她家隔壁的65号还有空房间可供出租。

五月五日还发生了一件扫兴的事情,这使得科尔索的社交活动更加令他们反感。玛丽与克莱儿的记录语焉不详:“雪莱在邮局的冒险。”[6]汤姆·梅德温曾在一八二一年见过雪莱,他听说了这个故事,也记录了下来,但却弄错了时间与地点(他以为此事发生在比萨),这也是他的一贯作风。关键的事实似乎在于,雪莱“在邮局询问自己的信件是否已寄到(他在意大利经常这样做,他的收信地址留的是邮件候领处),这时一个穿着军用斗篷的陌生人听到雪莱报出姓名,便说:‘什么,你就是那个该死的无神论者雪莱?’然后他二话不说一拳打在雪莱身上。此人孔武有力,当场就将雪莱打倒在地。雪莱顿时昏了过去。等他醒来,发现这个恶棍已溜之大吉”。[7]梅德温加入了一些凭空想象的细节,称此人尾随雪莱到了热那亚,这似乎纯属梅德温的编造。但是,克莱儿用了“冒险”这个词,暗示雪莱可能不会像梅德温叙述的那样,任由对方将自己打昏在地,这使人想起了一八一四年在莱茵河乘船时发生的事件。这位“该死的无神论者”挨了一顿打,但也同样揍了对方一顿。第二天,他们便搬到了塞斯蒂娜大街65号。

这座房子是天主圣三教堂前的最后一座房子,紧挨着它下方的是 512
西班牙阶梯的三个优雅的驻脚台,此时已是花卉贩子们的摆摊之所。

还有西班牙广场，其中有贝尼尼设计的精美的赭石扇贝形喷泉。再往外走，可以领略到罗马极美的一处巴洛克景致，它向东南方向延伸，经过博尔盖塞宫，跨过了台伯河，一直延伸到圣天使堡。这座城堡开了堞眼，外形酷似一面鼓，切利尼曾在这里执掌过炮台，再往前走，就能看见圣彼得大教堂银绿色的穹顶耸立空中，还有梵蒂冈城的黑色墙壁。包括圣三教堂和西班牙阶梯的整片区域最后都将被称为“浪漫主义区”或“英国区”，并最终将新建各种维多利亚风格的旅行社与茶馆。但是在一八一九年，这里相对来说还不为人知。直到两年后，济慈与约瑟夫·塞文来到罗马，在西班牙阶梯下的第一座房子中，租了一间廉价的公寓。济慈的房间直接将贝尼尼喷泉收于眼底，到了夜里，这里满是水花飞溅声。克莱儿在五月六日的日记中写道：“圣三教堂前的最后一座房子。今天傍晚时分，与雪莱徜徉在圣三一山……”随着夜幕降临，他们都对眼前美景赞叹不已。贝尔医生也与他们一同散步，他是位著名的苏格兰内科医生，雪莱决定向他咨询自己的健康状况。

第二天上午，雪莱来到隔壁，请库兰小姐为自己画肖像。到了下个月，库兰小姐不仅为克莱儿和雪莱画了肖像，还完成了玛丽和小威尔茅斯的肖像画，至少她已开始动手绘制。很可惜，这一套画作未能留存。前两幅已散佚。克莱儿的肖像画已经完成，而且定然是其中最优秀的作品，但她本人却不喜欢。[8]也许她觉得自己看上去一副愠怒的样子；或者说显出她下巴赘肉太多。

雪莱的肖像是库兰最出名的画作。但是，人们普遍不知道这幅作品并未完成，库兰本人也觉得，其实与雪莱本人并不太相似。在一八二二年之前，这幅画一直闲置在她的画室中，等待着日后有机会改动和完成。玛丽于一八二二年索要这幅画时，库兰小姐答道：“你在来信中索要的[这幅肖像]，我认为不值得拿回去。这幅画画得并不好，我正打算在离开意大利之前将它与其他作品一并烧掉。幸好我刚要把它放在火上，就改变了主意,它现在和我的其他画作都存放在罗马……”[9]*

在罗马度过的五月,不仅标志着雪莱逃离了科尔索的社交圈,而且也为艺术而搬了家。雪莱此时的注意力放在了文艺复兴上,而非古典时期的罗马。他在卡皮托利山和古罗马广场的散步几乎没有留下记录,但 513
他游览宏伟宫殿的记录留下了一些。四月底,雪莱第一次见到了贝特丽采・倩契的肖像画。到了五月,他又产生了创作的念头,他早在里窝那发现倩契手稿时就萌生了这个创意。五月十一日,他用了一下午参观了倩契宫恐怖的建筑物,它坐落在台伯河的小岛上,窗户上装着铁栅栏,庭院很小,光线昏暗。这座建筑物的外观十分凄凉而非庄严,给人留下了凶险的感受:一群黑色的房屋和阴暗的胡同宛如一座迷宫,倩契宫就藏身于迷宫中央,周围紧密簇拥着房屋,以至无法看清整个建筑物的外形和大小。人们往往只能走到它的一面围墙的阴影下方。这迅速激发了雪莱的想象力。五月十四日,玛丽在日记中称,雪莱已经在创作“他的悲剧”的初稿。他找到了一个通俗的主题。他要创作一部传奇剧,这部作品专门为伦敦的剧院而作,并打算让演员奥尼尔小姐饰演女主角贝特丽采・倩契,还要在考文特花园上演。

他打算创作一部通俗作品,因此怀有雄心壮志。这需要舞台策划与对话方面的天赋,但雪莱从未从事过这些工作,他自然便打算创作一部诗剧。雪莱一家人已讨论过整个主题,并迸发出强烈的感情。起初,甚至存在一些怀疑意见,即由谁来创作这部作品。据玛丽回忆:“这激起了雪莱强烈的想象力,他催我创作这个主题,并称这非常适合写一部悲剧。我从未感到过这样无能为力;于是我请求他来创作这部作品……在他的作品中,只有这部悲剧曾经在创作过程中与我交流过。我们一同讨

---

* 也许并非运气使然。这幅画现存于英国国家肖像艺术馆,上面没有留下遭火炙烤的痕迹,这表明库兰小姐在听到雪莱的死讯之后,对其进行了润色。“官方”肖像显得木然、苦闷,嘴唇与脖子都表达出丰富的感情。如果将库兰在克莱儿的肖像画中表现出的丰满与活力的风格与这幅作品作比较,会发现十分有趣的现象。

论了每一场戏的安排。”[10]克莱儿也在读《倩契》手稿，五月十二日傍晚，克莱儿、雪莱、玛丽和库兰小姐在塞斯蒂娜大街64号的画室中举行了一场“关于嫉妒”的讨论。

第二天，克莱儿给拜伦写了封信。两人已中断联系很久。信中称：“你有没有读过倩契的历史？我从未听过如此可怕、恐怖的故事。我很痛心地说，从老倩契①身上，你可以看到二十年之后的你……但只要我还在世上活着，我就决不允许阿利格拉变成贝特丽采。”倩契伯爵不仅是个无神论者、鸡奸者和贪婪的唯物主义者，而且谋杀了长子与次子，还奸污了长女贝特丽采。克莱儿的这番话说得很重。经过一番深思熟虑，她删去了第二个句子；但字迹依然清晰可辨。[11]

克莱儿对雪莱一家五月中旬在塞莉蒂娜大街的生活进行了一番颇为阴郁的描写。“雪莱此时病得很重，贝尔先生是雪莱找的第一位英国医生，他要求雪莱今年夏天都在那不勒斯过，并称如果雪莱的痨病症状在冬天来临之际还没有痊愈，就必须到突尼斯过冬……如果雪莱在那里
514 去世，那么我们也没法活了。”[12]她两天前曾与雪莱和库兰小姐用了一天时间去蒂沃利游玩，还在日记中将这一天傍晚形容为“我人生中最开心的[一天]，只有意大利才能让我如此开心”[13]，这也表明克莱儿是在为拜伦安排事宜。尽管如此，客居意大利期间，雪莱始终将前往意大利南方、北非甚至中东地区的计划暗藏心底，视其为自己进一步逃避的去处。一八二一年，他又要与克莱儿认真谈论此事；却没有同玛丽讨论过。

是否要回到那不勒斯，这取决于雪莱的健康状况和埃琳娜的消息。玛丽显然希望前往北方，在托斯卡纳与吉斯伯恩一家相聚，除了雪莱的痨病症状之外，人们还产生了一个强烈的印象，即玛丽再也不想和那不勒斯产生瓜葛了。雪莱让她写信给吉斯伯恩夫妇，请他们也来南方过夏天，作为折中的办法；雪莱还亲自给吉斯伯恩夫妇写信，并承诺“我们这

---

① 指倩契的父亲，弗朗西斯科·倩契。

儿有架钢琴，有些书，除了我们自己的还有其他人的一小部分。但是……一想到你在里窝那被琐事埋没，简直使我不能忍受”。[14]吉斯伯恩一家最后还是谢绝了邀请，雪莱一家别无他法，只能等着看六月的情况再说。与此同时，雪莱继续时断时续地创作《倩契》，玛丽在读薄伽丘的《十日谈》，克莱儿在快速浏览但丁的《炼狱篇》，同时还密切关注着适合她与拜伦居住的地方。[15]

《倩契》的主题为何始终如此吸引雪莱呢？原因之一在于，这是创作普罗米修斯长篇著作的过程所产生的反作用：在篇幅和风格上都是彻底的转变。雪莱之前创作的是关于宇宙的剧作，同时多个象征层面复杂地纠葛在一起，此时已转变为要在国内上演的传奇剧，情节大胆而简单，讲述的是暴行与复仇，而且文辞几乎没有采用意象。他后来写道：“写剧本时我一直小心翼翼地避免采用一般人所谓纯诗那种写法，我想，在这里是很难找到一个游离的比喻或是一段孤立的描绘的……”[16]在许多方面，他的创作都相当“草率”，“在文字运用上缺乏挑剔和考究的推敲”。从艺术上说，这是他寻找到的慰藉。但最重要的一点在于，倩契的历史给了他一个话题，他知道这个话题在英国侨民中具有极高人气：其实，有一定证据表明，他的创作原因之一是他害怕其他人会抢在他之前想到这个创意并将它带回英国。但是，其他作家很少会对自己的实力有充足的信心，或者会像他这样毫不顾惜声誉，因此他们不会以自己的名义去尝试创作并在伦敦上演这样一部乱伦和弑父主题的戏剧。《莱昂与茜丝娜》的经历已经使他认识到，乱伦的话题对伦敦的公众来说极具争议、极为敏感，世人肯定能从这个选择中追溯到他早在牛津大学创作《论无神论的必然》时的冲动。有趣的是，尽管这部手稿证明倩契伯爵是无神论者，但雪莱却没有将他刻画为无神论者，而是一位狂热的天主教徒。用雪莱的话说，“宗教色彩较为浓厚”。这最终成为比无 515
神论思想更为微妙和挑衅意味更强的选择，而且更符合雪莱公然令人震惊的目的。他在这部剧作的序言中对宗教作出了一番评价，这富有深意，并表明他敏锐地洞悉了罗马的日常生活：

> 就新教徒的理解而论，弥漫倩契一家悲剧的涉及人与神相互关系的那种热诚而恒久的感情，也许会显得有悖常情。尤其是对于流行宗教观念真实性确信不疑的信仰和实施一起重大罪过的冷静的坚持不懈精神的结合，会使他们感到吃惊。但是宗教在意大利并不像在一些新教国家，并不是在特定的日子才穿在身上的外套，并不是不希望在路上被截住的人们带在身边以备随时出示的通行证，也不是想要洞察不可洞察的我们生命之谜那种谁有了谁就会在它引导下临近一个黑暗深渊的边缘而被它吓坏的欲念……它和任何一种美德之间不存在必然联系。一个穷凶极恶的歹徒可以同时是严格意义上的虔诚教徒，他可以供认这一事实而不致对国教形成任何有害的影响。宗教强有力地渗透了全部社会结构，由于信徒的不同气质而可以是一种激情、一种信念、一种辩解借口或是一种托庇场所，而从来也不是一种制约。倩契本人就在他的府邸内修建了一座小教堂而把它奉献在使徒圣托马斯名下，并曾一再为他灵魂的安宁举行弥撒。[17]

对于这种“伪善的文化”，雪莱的反应显然是他个人感受到了恐怖，这反映出他根深蒂固的清教思想。此外，他将“洞察我们生命之谜的欲念”描写为一种**宗教**冲动（一种新教的冲动），这也许是他正式承认了自己天性中存在宗教要素，只不过这种情况很少见。这些强有力而又可怕的要素，使雪莱对描写文艺复兴时期这个家族暴行的邪恶故事产生了浓厚的兴趣。

在罗马，倩契的故事留存下来两件文物，分别是倩契府与贝特丽采的画像，它们在不同层面吸引了雪莱，这也许是一种无意识的吸引。光是倩契府，就让雪莱心中充满一股令他不安的象征力量。他后来写到这股力量时,就仿佛它是自己梦境中的一个样本一般。“倩契府坐落在罗马一个偏僻角落,距离犹太人聚居区不远,但是通过上层的窗口却可以看到帕拉蒂诺山上壮观的残垣断壁掩映在葱茏林木浓密的绿荫之间。府内一角有一座支撑在花岗石圆柱之上的楼房(也许就是当年倩契修建小教堂以奉献给圣托马斯的地方),装饰着雕工精细的饰带,而且,按照古代意大利流行的风格,造有一层之上再加一层的透雕细工阳台。倩契府的众多门洞中有一座是用大块石头砌成的,经过一条阴森高大的过道,通往一些建造在地下的暗无天日的房间,这一景观给我留下了特别深刻的印象。”[18]在雪莱看来,倩契宫仿佛是通往地狱的一扇大门,这是 516
形而上而非形而下的地狱,是心灵的地狱。

在他最终完成的《倩契》中多处出现整段的内心独白,不仅有贝特丽采的独白,还有她哥哥贾科莫及同谋奥尔西诺的独白,这些都通过强烈的个人化的处理手法,描写了邪恶行为对心灵所产生的影响。作品中有几处使人意识到,雪莱是在以戏剧的形式创作自传。从心理和解析的角度上,他使邪恶的动机与后果构成了这部戏剧的主要主题。在这一点上,这部戏剧与《解放了的普罗米修斯》中最核心的一场(即亚细亚与狄摩高根在第二幕中的针锋相对)构成直接的平行关系。一部作品从家庭的层面审视了邪恶,另一部作品则从宇宙的层面审视了邪恶。与此相反,伯爵作为这部剧作中唯一一位彻头彻尾的邪恶人物,他在心理上却无关紧要,而且具有哑剧中恶魔的诸多恶劣性质。根据雪莱的叙述,这部剧作中的许多事件都“为了一个惊心动魄的目的而合谋”,将“成为一束照彻人心最阴暗隐秘洞穴的明光”。他似乎正执着于这个念头。

罗马留存的另一件文物是贝特丽采·倩契的肖像画,它产生了特殊的吸引力。雪莱不仅在科罗纳宫中观赏了这幅作品,还亲自临摹,挂在塞斯蒂娜大街 65 号的住所中,就挂在他房间的墙上。他家的意大利仆人立即认出这是倩契小姐,这令他十分开心。[19]这幅画作由圭多·雷尼所作。据说绘制时倩契正身陷囹圄、等待审判。之后,这幅作品送到了巴贝里尼宫，最后送到了意大利国立古代艺术美术馆。根据雪莱对这幅作品的描述，显然他不仅深受触动，而且对倩契小姐的为人产生了强烈的同情：

> 她有一副坚定的苍白容貌……她的头上缠着白色头巾，头巾下漏出的几绺金黄色头发落在脖颈旁边。面孔的造型极其娟秀，弯弯的两道眉毛十分清晰，嘴唇有一种痛苦未能压抑……她的额头宽阔明净，据说那一对十分灵活生动的眼睛由于哭泣红肿而缺乏光泽，但是仍然温柔、恬静而美丽动人……贝特丽采·倩契似乎属于那罕见的一类，力量和温柔可以并存在其身心而不至于互相削弱……[20]

但雪莱在描述雷尼的这幅作品时，对作品中最突出的一点却绝口不提。我们没有掌握线索去了解他是否清楚地意识到这一点；或者说他家中是
517 否有人意识到这一点。但在一个外人看来，立刻可以清楚地发现，雷尼对倩契小姐的画像与库兰为雪莱绘制的画像存在惊人的相似之处。

画中人物都是男身女貌或女身男貌，这一点很奇特。他们的眼神中都流露出桀骜不驯与伤春悲秋的神情；两人的额头都是既宽阔又白皙；两人都长着弯弯的秀眉，眼睛都很大，杏眼圆睁。最后，两人的鼻子都很长，略呈鹰钩状。上半脸的这些外貌特征非常相似，使人几乎可以肯定库兰小姐受到过雷尼的影响，即便是她并没有意识到这两位主人公的相似之处亦是如此。* 雪莱在创作这部剧作时也对贝特丽采产生了认同，因此库兰小姐在绘画过程中，似乎已经下意识地发现了这一点。

男性与女性的身份始终是雪莱创作中一个含蓄的主题，或者至少是

---

* 1819 年 9 月，雪莱委托库兰小姐复制雷尼的这幅肖像画，以便在英国首次出版《倩契》(1820 年)时将这幅画用作封面。

两性之间共通的要素。他经常让作品中的女主人公发挥男性的作用，如茜丝娜或亚细亚，而男性角色却十分消极被动，如《阿拉斯特》中的诗人，这是他诗歌中一以贯之的原创特征之一。在创作《倩契》时，雪莱表明他已将这一特征进一步发展为对他本人人格中某些要素与性情的认识与接受。此外，这部剧作的重要性在于，它仿佛是一部心理纪录片，刻画出了其中人物的心理。在之后创作的诗歌，尤其是《阿特拉斯的女巫》和《心之灵》中，他将更加有意识地追寻两性共存和雌雄同体的创造力量等问题。

雪莱在塞斯蒂娜大街的住所中潜心创作了《倩契》一周之久。五月二十三日，他亲自去游览了阿尔巴诺。玛丽还在阅读薄伽丘的作品，克莱儿则在如饥似渴地阅读《地狱中的堂吉诃德》，这部小说讲述的是一位年轻女子遭到玛丽·沃斯通克拉夫特的原则所腐蚀的经过。[21]雪莱回来后过了三天，小威廉就病倒了，他直喊肚子疼，病情急剧恶化，还发起了高烧。他也许被库兰小姐传染了某种病毒，在此前一周，她一直在为小威廉画肖像。小威廉一连病了好几天。[22]五月二十七日，他们请来了贝尔医生，他的诊断让他们都松了口气，因为雪莱当天便带着克莱儿前往西班牙广场的音乐学院参加社交晚会。五月二十九日，威尔茅斯病情似乎有所好转，雪莱完成《倩契》的第一稿也是在这一天。[23]玛丽借着这段时间担惊受怕的心理，说服雪莱不要再回到那不勒斯，因为那里的夏天太炎热，小威尔茅斯受不了。她成功地说服雪莱去巴尼迪卢卡的山中纳凉，从那里骑马就可以到吉斯伯恩家中做客，这就遂了她当初的愿望。这样做的另一个依据是他们已对贝尔医生极为信任，也很欣赏他的为人，贝尔本人也要在这一年夏天去北方，为一位贵人也就是保利娜· 518
博尔盖塞公主看病。玛丽告诉雪莱，称她希望腹中的孩子出生时，贝尔医生也能到来，因为她最近发现自己又怀孕了，怀孕时间是二月。玛丽在日记中叙述这些事件时，体现出她之前对吉斯伯恩夫人相仿的热情，她还对厨师和家中佣人加上了详细的要求。她甚至期待着参加一些娱乐活动。[24]

但到了六月二日，此时距他们计划中从罗马动身的日期只有五天，小威尔茅斯的病情再度急转直下。六月四日，他开始严重地抽搐，就像小克拉拉前一年在威尼斯的症状一样。贝尔医生一直在他身边为他医治，雪莱则一连三天三夜枯坐在房间里，他已心力交瘁。[25]他告诉自己决不能让这个四岁大的儿子夭折，这是他一生中最可宝贵的孩子。六月五日，克莱儿给吉斯伯恩夫妇写了一封简短的便笺。两天之后，威尔茅斯在中午安详地离他们而去，他去世时不哭也不闹。他们立即将他埋葬在新教墓园中。

六月十日，雪莱一行离开了罗马。他们缓缓地向北方前进，七天之后到达了里窝那。玛丽不再写日记了。雪莱则在信中无精打采地告诉皮科克："请你告诉我的朋友们……真是需要尽极大努力才能完成这样的信件，而在我看来如果我一直为随身的灾难所缠住，我会从此一蹶不振的。"[26]克莱儿在日记中称他们抵达了里窝那的黑鹰旅馆，但没有发表评论，还记录了他们去了吉斯伯恩家做客。她还提到在六月的第三周，雪莱在里窝那郊外租了一座小小的乡间别墅，即瓦尔索瓦诺别墅，它位于蒙特内罗村附近，距里窝那港以南约三公里。之后，她的日记戛然而止。玛丽一直到一八一九年八月才重新开始记日记；克莱儿的日记则一直到一八二〇年一月才重新写。罗马之春欺骗了他们，他们几乎被生活击垮。

注释

[1]《玛丽·W.雪莱书信集》，第六十五篇，页66-67。

[2] 同上，第六十七篇，页69-70。

[3]《珀西·比希·雪莱书信集》，第二卷，第五一三篇，页116。

[4] 同上，第四九八篇，页93-94。

[5]《克莱儿·克莱尔蒙特日记》，页109。

[6] 同上,页 110。

[7] 托马斯·梅德温,《珀西·比希·雪莱的一生》,页 239–240。

[8]《玛丽·W. 雪莱书信集》,第九十七篇,页 111。

[9] 同上,第一四一篇,页 175,注释 2。

[10] 玛丽在《珀西·比希·雪莱诗集》中所作的注,页 335。

[11] 默里手稿。

[12] 同上。

[13]《克莱儿·克莱尔蒙特日记》,页 111。

[14]《珀西·比希·雪莱书信集》,第二卷,第四九七篇,页 91。

[15]《克莱儿·克莱尔蒙特日记》,页 111–112。

[16]《倩契》序言,《珀西·比希·雪莱诗集》,页 277。

[17] 同上。

[18] 同上,页 278。

[19] 同上,页 276。

[20] 同上,页 278。

[21]《克莱儿·克莱尔蒙特日记》,页 112。

[22]《玛丽·雪莱日记》,页 121。

[23]《珀西·比希·雪莱书信集》,第二卷,第四九九篇,页 95。

[24]《玛丽·W. 雪莱书信集》,第六十九篇,页 71。

[25] 同上,第七十三篇,页 76。

[26]《珀西·比希·雪莱书信集》,第二卷,第五〇〇篇,页 97。

第二十一章　温室(里窝那,1819)

519 一八一九年夏,雪莱一家在蒙特内罗的生活郁郁寡欢。一八一八年离开多佛尔时,他们还是人丁兴旺的一大家人,此时已日渐凋零。他们三人都失去了孩子:克莱儿在米兰失去她心爱的阿利格拉;克拉拉在威尼斯夭折;雪莱的小埃琳娜则留在那不勒斯;此时他们的威尔茅斯也葬身于罗马,这是他们最喜爱的孩子,也是唯一的儿子。这家人仿佛得了传染病,宛如一座废墟,一座坟墓。

雪莱像往常一样,与危机感展开了坚强的斗争。虽然在六月底写给皮科克的信中,他痛苦地称"流亡与孤寂加上噩运有多么沉重",并偷偷提到了他一心期盼着回到英国,但他很快又写了一行,称"忧郁已经够多的了",之后就只讨论著作与政治。[1]克莱儿则忙于照顾玛丽,与雪莱一样,她总会在危难关头出其不意地表现出坚忍、顽强的一面。但是,玛丽遭受的打击最大,她在这一年春天才刚开始从那不勒斯的抑郁中逐渐恢复元气,此时又完全倒退到原先的抑郁状态,并且陷入更为严重的绝望与自闭情绪中,这实际上就是一次严重的精神崩溃。她在这几个月里很少写信,写给库兰小姐的信件也都很"愚蠢"。"我才拿起我的钢笔,我的思绪就消失得无影无踪,我无法控制我的钢笔,除非是那一个话题,但我必须回避那个话题。”[2]更加直白的评论是:“我永远也无法从这次打击中恢复元气……我对世上的一切都失去了兴趣。”她也许还无意识地向玛丽安娜·亨特表示出她是怎样再次责备雪莱的:“我们之所以来意大利,是为了雪莱的健康着想——但这里的气候却没有暖和到让他康复,反而害死了我的两个孩子。”这封信也很短:“如果我还要写一写我的其他方面,那就只能是我一连几个小时以泪洗面,悔恨交加[原文如此]。”[3]

第二年三月,克莱儿向拜伦解释了当时的情况有多么糟糕。“去年 520
五月,我答应你要来威尼斯,但雪莱来不了了。我们家的小男孩去世了,我们后来又去了里窝那——到了那里之后,我[与你]就更近了,但玛丽又陷入忧郁,情况很不乐观,我无法想象把她单独留在那里会造成什么后果。”[4]对于克莱儿来说,她放弃了看望阿利格拉的机会,表明当时玛丽的情绪一定陷入了绝望。

雪莱清楚地意识到玛丽是怎样的情况,但他还是故意做出决定,让自己远离玛丽的痛苦的影响范围,而只是从外围帮助她。雪莱认定,最好的办法就是让她自己去克服这样的绝望情绪。这一年夏天,他一直在阅读和写作,并且采取了某些实际措施,建立起独立于玛丽的个人作息制度。此举冷酷无情,但也体现了他的为人。他写的一篇断章诗歌曾简要叙述了这件事:

最亲爱的玛丽,你为什么离去,
却留我在这悲惨世界独受凄苦?
你的形体确实还在,美好如故,——
然而你却已离去,沿着凄凉的路,
那条路通往悲哀最晦暗的幽居,
你坐守在那苍白的绝望的火炉
那里

正是为了你，我不能随你同去。[5]

雪莱在这首诗中直接向玛丽发出呼告，仿佛是在写信。但直到一八三九年《雪莱诗集》出版时，玛丽才允许这首诗发表。他还两次试图就小威廉之死创作作品，但这两首诗都因悲恸而过于死板，拘泥于形式，而且始终没有写完。有一首诗眼看就要发掘出雪莱最著名的挽歌表述，却戛然而止：

请容我设想通过香花绿叶
和向阳的小草微不足道的种子
有可能把一部分——
向它们那些色彩和芳香中转移。[6]

仅仅过了两年，在《哀阿多尼斯之死》中，雪莱最终发现了如何将思绪与诗歌统一起来。

在吉斯伯恩一家的帮助下，仓皇失措的这一家人终于在六月底住进了瓦尔索瓦诺别墅，在雪莱看来这是一处理想居所，可以休养一段时间。这座别墅足够宽敞，结构简单，砖石建造，至少已有两个世纪的历史，一部分是乡间别墅，一部分是农舍。这里看得见海，而且它坐落在高地上
521 的花园和橄榄树种植园中，周围的乡野一览无遗，景色十分壮丽。这里远离里窝那的喧嚣，离城墙又很近，因此步行前往吉斯伯恩府上是每天既轻松又愉快的出行。

玛丽无精打采地将这座别墅形容为“空中楼阁”，但根据她的信件判断，她似乎直到八月底才产生这样的看法。她这才注意到通往别墅大门的小路（绿荫掩映）所具有的魅力，还发现当地农民在周围的农田中劳作时传来的寂寥歌声所具有的魅力。一排排犁过的田野上长着葡萄藤、卷心菜、橄榄树、无花果树、桃树、玉米，甚至还有芹菜，令人神往。这

是一处典型的意大利农庄,融农场和菜园为一体。玛丽认为,这里对利·亨特具有完美的吸引力。玛丽很多时候都坐在藤架下石质的座椅上(这里藏在花园附近),观看农民劳作。这似乎抚慰了她的心灵:“他们在炎热的天气里,穿着短裤或长罩衣,却敞着怀,他们的双腿晒成了棕色,几乎与他们脚下的泥土颜色相仿,只不过更偏棕红色。他们的歌喉并不动听,却非常嘹亮——唱的是罗西尼的曲子《你将再次见到我》,知了在为他们伴奏……”[7]

但在雪莱看来,瓦尔索瓦诺别墅最引人入胜之处莫过于塔楼。这其实是建在屋顶的阳光房。它四面采用玻璃材质,使雪莱沐浴在耀眼的阳光中,可以俯瞰农场的风景和海湾中湛蓝的弧形海岸线,仿佛置身于一艘飘浮在空中的孤独的飞艇中。这样的设计颇具里窝那地区的特点,在现代建筑物的正面依然可以看到,它们或多或少也都采用了这样的设计。对于雪莱而言,这化为他现实世界中的城堡,也带来了知识之光。他走上塔楼,将黑暗关在身后,将人类的痛苦留在楼下。玛丽后来回忆称:“雪莱[将它]当作自己的书房;从这里可以眺望肥沃的原野,还能看到附近的海洋。暴风雨有时会改变我们的日常生活,它会在海上席卷而过,表现出最迤逦如画的一面。有时,黑压压的乌云眼看就要落在波涛上,并化为水柱,搅动起下方的水流,就仿佛它们受到暴风雨的追赶,四散而逃。还有的时候,炫目的阳光与酷热让其他人都难以忍受,雪莱却沐浴其中,在这样的条件下,他的健康与精神状况都在康复。在这座空中书房,他创作出《倩契》的主要部分。”[8]他慢慢吞吞地做着这部作品的第二稿。他将自己关在这个小房间里,直射的阳光产生的酷热让其他人都无法忍受,而他却能独自埋头创作。

雪莱强迫自己保持规律的作息。他通常在早晨七点醒来,然后躺在床上读半小时书;之后穿好衣服独自吃早饭。“早餐后**走上我的阁楼**,阅读或写作到下午两点钟;然后吃中饭;饭后我和玛丽阅读但丁作品;闲 522
聊一阵子,吃葡萄和无花果;有时散散步,但很少这样做;下午五点半去看望吉斯伯恩夫人，我们一道读西班牙语到将近晚上七点钟。然后我们去看玛丽，溜达到晚餐时分。”[9]雪莱已阅读和翻译了卢克莱修、柏拉图和但丁的原版作品，他下定决心，现在应该学习第四门语言，以阅读伟大的西班牙剧作家卡尔德隆的作品。玛丽亚·吉斯伯恩也鼎力帮助雪莱照顾玛丽，而且每天最后的晚饭经常是时吃时不吃。雪莱决定要外出散步时，要么是独自一人去吉斯伯恩府上做客，要么是带着克莱儿一起去看海。他发现带上玛丽会让人扫兴。克莱儿是最佳人选，但她有时也会像之前那样情绪上头，不太牢靠，而且据雪莱说，“她穿衣服总是不合时令”。克莱儿向来有个缺点，这就是她不仅会睡到早饭时分，还会睡到**午饭**时分。一旦她能同行，她就是雪莱最亲密的同伴。米利·希尔兹是他们从英国带来的仆人，她似乎也为雪莱提供了小小的消遣，这发生在她天黑之后去花园里看星星时。雪莱在信中写道：“有一天米利使我们大吃一惊，因为她发现了一颗彗星，我们一直在推测，她也许‘会引起轰动，像一位伟大的天文家那样’。”[10]

雪莱康复的另一个方法是皮科克寄来的第一箱书籍，这是前一年十一月通过海路寄来的，它终于到达了里窝那港。无论是科贝特的《政治纪事报》的八份过期报纸，还是此人宣扬民主和农业的一部生动的布道作品《在美利坚合众国居住的一年》（书中讲述的是他在一八一七年流亡海外的经历），都使雪莱产生了特别的兴趣。科贝特面临遭政府公诉的威胁，罪名是煽动性诽谤或亵渎神教罪，便逃出了英国，但他此时已回到原籍地工作。雪莱对科贝特的看法明显有了转变，同时他对英国大众民主运动的整个态度也发生了改变。“科贝特使我越来越感到高兴，因为我原先害怕他那种充满咒骂的口头禅的信念。他计划用假钞票来对付钞票的发行，更使我感到格外滑稽。”[11]十八个月之前，雪莱可写不出这样两个句子。

这一箱书最后转交给了玛丽，其中除了司各特的著作外，还有皮科克的一本《噩梦修道院》。他们迫不及待地传阅了这本书，就连吉斯伯恩夫妇也看了。他们都想起了一八一七年度过的马洛之夏，已觉恍如隔世。雪莱郑重其事地对皮科克写了一番赞美之词：“我猜想故事的寓意就在于法尔斯达夫的那句话——‘看在上帝面上，像世人一样说话吧’。”他毫无怨恨之情，自马洛的花园中度过的那一段时光之后，已是物是人非。[12]

之后他又告诉皮科克：“我在这座有些像西塞罗普式的塔里收拾了 523
一间书室，在这小室里我才刚刚恢复我读书写作的能力。我的健康，不论有没有在利勃契奥的打击，已显有进步。从我的塔可以眺望大海，还有那些岛屿，戈尔戈那，卡巴雷亚，伊尔巴和科西嘉在一边，另一边则是亚平宁的群峰。”[13]

此时，由于无法稳定地收取英国寄来的邮件，他们遭遇到更大的困难。雪莱自打三月之后就没有从皮科克那里收到过消息，而且他知道，至少有三封信在那不勒斯遗失了。他想知道皮科克是否已成婚，并询问了玛丽安娜·圣克鲁瓦的情况。他后来（但还在这个月）从霍格的来信中得知，皮科克尚未婚娶，但已在东印度公司谋到一个肥缺。霍格在信中使用了之前在牛津大学就读时的口吻：“他对自己的命运改变很开心，并且在斯坦福大街找到了一座房子，你可以预计一个共和派人士会做的事情，他装修得非常精美。”[14]在之后的信件中，雪莱不厌其烦地询问了皮科克与霍格的职业发展情况。他若有所思地评论道：“确实跑得快的未必得奖。”①[15]

整个七月，雪莱一直待在塔楼，每天上午顶着耀眼的阳光独自一人创作《倩契》。在奥尔西诺企图说服贝特丽采的哥哥贾科莫谋害父亲倩契伯爵的几场戏中，越来越明显地叙述了心理分析主题和对良知的执着审视——奥尔西诺在舞台上喃喃道出内心独白：

① 此句引自《圣经·旧约·传道书9》：“跑得快的未必得奖，勇士未必战胜，智慧的未必得粮食，精明的未必致富，博学的未必得人赏识，因为时机和际遇左右众人。”

那就是，让他们这一家人分别
暗自分析自己的和别人的心思。
这样一种自我解剖能教会意志
危险的秘密：由于懂得了什么
应加以考虑，什么有可能做到，
会诱惑我们把力量深深投入于
追求某种最阴暗的目的。于是，
倩契也就会落入陷阱……[16]

到了第五幕，贾科莫已意识到奥尔西诺地狱使者与诱惑者的角色身份，可为时已晚。他愤怒地斥责奥尔西诺，但于事无补：

如果我从不曾在你光滑如镜的
脸面上发现我自己阴暗的想法，
如果你不曾以暗示和提问使我
熟视我的思想妖魔直到它熟得
像熟悉的愿望……[17]

524 雪莱还将他原先创作的自传材料加入奥尔西诺的内心独白，这是一八一七年在马洛创作的，当时他并没有打算将其用于戏剧创作。无论是在刻画贝特丽采的人物性格时体现出的最高明的拓展，还是在诗剧中最直白的部分，都突出体现出自我分析的内容，这样的段落始终都充满深深的恐惧。贝特丽采被母亲偷偷问到，她父亲的奸污行为是否让她精神失常（这最终导致伯爵被杀），贝特丽采回答如下：

但是你要我使用
什么样的言词来讲？我的头脑

描绘不出改变了我的那种行为。
我,思想已像个厉鬼被它自身
无形的恐怖紧紧裹住;在凡人
交谈时使用的语言中,你愿意
听哪一种?[18]

整部剧作中,贝特丽采的人物性格发生了转变,变得更加坚强,因此到了审判的那一场戏,尽管她已达到英雄的高度,但她还是有冷酷与残忍的目的,这本身就与她父亲的邪恶并无轩轾。这就使这部剧作产生了戏剧平衡与反讽。同样,这部作品没有包含一丁点人类的热情或道德。没有一个人物值得称道。贝特丽采既是一个恶徒,也是女主人公,对此雪莱指出:“人们为开脱贝特丽采的罪责而无尽无休作出的条分缕析的诡辩……正是她的行为和痛苦的戏剧性所在。”[19]整部戏剧显得严厉凄楚,冰冷无情。

第五幕中,贝特丽采最终因谋杀倩契而被判死刑,她一度打破了她惯有的冷酷与单纯。她发表的讲话也许是这部剧作中精彩的言论:“这难道是可能的吗, / 我就要突然死去? 就这样年轻, / 就要去到那阴冷、腐臭、晦暗, / 蛆虫拱动的地下!”在这番话的开头,雪莱无意识地大量抄袭了莎士比亚的《一报还一报》中克劳迪奥的讲话:“是的,可是死了,到我们不知道的地方去,长眠在阴寒的囚牢里发霉腐烂。”[20]这几乎完全抵消了它的作用。

但是,经过约八个诗行之后,这部作品便跳出了莎翁的影响,深入剖析贝特丽采将她所信奉的宗教之神等同于她家中的家长之举。无论是这种敏锐的洞察力,还是这与雪莱一直信奉的无神论思想之间的联系,都无须再作强调:

但愿竟有个虚空的宇宙,

既没有神，没有天，也没有地；
一个广大、灰暗、无光、幽深、
525 无人居住的宇宙！如果那一切
竟然是……我那父亲的鬼魂，
他的眼睛、声音，和他的触摸，
那围绕着我的死去了的生命的
气息！如果有时，他竟然来了，
以类似他的形体，甚至依旧是
生前折磨我时的模样，有白发
有皱纹，用罪恶的手臂搂住我，
凝视我的眼睛，强拉着我向下，
向下，向下！[21]

但无论在这里，还是在其他情感强烈迸发之处，都明显体现出雪莱这部舞台剧创作得很粗糙。而且从文学的角度看，《倩契》从头至尾几乎完全是将莎士比亚的剧作与詹姆斯一世时期的剧作拼凑而成。此前他在《朱利安与马达罗》和《解放了的普罗米修斯》中取得了长足的进步，但这部作品却标志着他的想象力急剧下滑。眼下他的感情已枯竭，这部剧作主要为他充当私人记录和心理慰藉的工具。有一点很奇怪，即玛丽·雪莱后来认为，《倩契》第五幕是“他所写过的最出色的东西”。[22]

《倩契》的最终稿于八月八日完成。创作过程中，大获流行和一炮打响的念头始终萦绕在雪莱心头，也许正因为此，他似乎没有特别在意他这部作品的真正本质与质量。在七月底，他甚至提前告知了皮科克，会将一本意大利的书稿寄给他，还偷偷表明自己希望这部作品能在考文特花园上演，并由奥尼尔小姐和埃德蒙·基恩主演。他还介绍了对雷尼画像的仿作，但明显不愿让自己和这部戏的真正上演有瓜葛。他希望匿名发表，否则他的名声将拖累这部作品。不管怎么说，“上帝保佑我永远不会看到她［奥尼尔小姐］的演出——这会将我的神经撕成碎片”。[23]到了八月初，雪莱开始给自己的出版商查尔斯·奥利尔写信，两人已有好几个月没联系了。此外，雪莱在短时间内从里窝那接连寄出了至少四封信。他的语气已大不一样，他提到了几部有趣的手稿，但没有寄给对方："如果你愿意，我就给你寄去**更多的诗作**，如果你不管我要，自然就得不到。"[24]他的桌上放着《解放了的普罗米修斯》的三幕手稿、《倩契》的五幕手稿和《朱利安与马达罗》的手稿，他自然感觉底气十足。他在信中称，只要奥利尔依然是他的出版商，"**我**就不打算换别人，除非你自己不愿干了，因为你的置若罔闻，我有理由这样猜测"。[25]

八月十五日，雪莱双管齐下，又给亨特寄去《朱利安与马达罗》的书稿。雪莱请亨特将此稿件交给奥利尔发表，"但**不要署我的名**"。[26]

雪莱忙着为英国开辟流行作品读者群的同时，玛丽在竭力摆脱自己的抑郁症状。这是个缓慢的过程。八月四日，雪莱度过了二十七岁生日，玛丽又开始记日记，主要是为了取悦雪莱。日记的开头写道："莱格霍恩——在雪莱生日这一天，我开始记我的日记。我们现在已共同生活了五年；假如这五年来发生的所有事件都一笔勾销的话，我会很高兴。但如果先获得与这四年有关的记忆，然后再残忍地抹去它们，可不是人类的心灵所能承受的，必将遭受巨大的痛苦。"[27]这个愿望就是让她与雪莱一同度过的所有时光都从记忆中抹去，这标志着玛丽的危机已到了极度严重的地步。从她接受这种心态的现实开始，她就开始逐渐在意大利重建自己的人生。 526

整个八月，她在日记中都记录了"写作"，这几乎一定指她那本具有强烈个人色彩、自我阐释性的小说《玛蒂尔达》，这对她来说相当于一种治愈工具。这与雪莱创作《倩契》并无轩轾。[28]到了八月，玛丽已有六个月身孕。她明显感到这个新的生命存在之后，便将她新的希望与新的信心汇聚其上。在雪莱看来，这个孩子有助于恢复与玛丽的理解与同情关系，他在这一年秋天创作的诗歌也体现出这个孩子所象征的希望。

但是，这种好转似乎极为缓慢，依然令她受痛苦煎熬。葛德文没有帮助他们，他在写给玛丽的信中对她的丧子之痛没有表示同情，甚至也没能体谅她的处境，反而催促她纾解自己经济上的燃眉之急，并因雪莱未向他提供资金而对其百般辱骂。他已察觉到玛丽对雪莱产生的怨恨心理，而且直言不讳地火上浇油。雪莱曾截获他写来的多封信件，并在信中愤怒地告诉亨特："……可我没法在这种状态下把她的情况告诉葛德文……就在昨天收到的他给她的来信中，称她的丈夫（也就是我）是'一位不要脸面而臭名昭著的家伙'。他企图说服她说，我承诺过要给他更多的钱（在给了他四千七百英镑之后），并强烈要求她同他继续保持联系，以便迫使我为他弄钱……我还没有把这封信给她看——但是我非给不可。我在犹豫要不要揭穿他这个一本正经的诺言；葛德文真不是东西……我花了四千七百英镑买了个苦头尝尝。此时我宁愿这笔钱都给了你！"之后，葛德文债台高筑，眼看连自己的房子都要被收去抵债，此时雪莱决定将他写给玛丽的所有信件都扣下来。[29]雪莱还写信给库兰小姐，询问了一个小型金字塔式的石质纪念碑，准备在罗马当作墓穴，他解释了一番："玛丽仍然很沮丧，那不是一个陌生人（虽然也许我不该这样称呼您）可以想象得到的。"但是，他忍不住用《倩契》的消息来让描
527 述明亮起来——"玛丽喜欢它"，并详细询问了能否用雷尼的肖像画制成雕刻作品，放在这部流行作品的封面上，他打算让这本书风靡伦敦。

在里窝那，主要的活动依然由克莱儿与吉斯伯恩夫妇参加。克莱儿已参加了一系列音乐和声乐课程，她在市区的一位音乐教师家中上课，每周三次。玛丽最早表现出的康复迹象是她抱怨费用太高——学费高达每周四克朗，而之前在罗马一堂课才三先令。雪莱认为这笔钱花得物有所值。克莱儿还继续与吉斯伯恩家公子亨利·雷弗利保持着不乏挑逗意味的友谊，这位彬彬有礼的工程师已经三十岁了。九月四日，查尔斯·克莱尔蒙特也来投奔他们。他在西班牙留学了十五个月，此时突然到来，目的是看望他的妹妹和雪莱夫妇。他很快就适应了雪莱家的生

活，并力图帮助克莱儿打赢她的战役，即让可怜的亨利不要那么彬彬有礼。九月底，亨利向克莱儿求婚，但吉斯伯恩夫妇明显认为这桩姻缘不般配，不管出于什么原因，克莱儿最终还是拒绝了他。[30]雪莱对雷弗利产生了父爱般的感情，但其实雷弗利比他还长三岁。雪莱听了亨利讲述的梦想——设计并制造出远洋航行的蒸汽船原型，并经营往来于里窝那、热那亚和马赛之间的航运，他也对亨利的工程天赋深信不疑。他宣布将为这个项目提供资金支持。到了十月底，亨利的梦想已变为现实，他与当地的造船厂签订了合同，他的工坊里满是铸造与锻造的模型，还谈下了一笔贷款，用于购买造船用的木料。[31]吉斯伯恩夫妇也同意合伙融资，并认为亨利的这个项目要比他的婚姻计划更靠谱。

尽管雪莱有时喜欢将玛丽亚的文化修养与感情细腻同布安维尔夫人作比较，但他很信任吉斯伯恩一家，这一家人同样也善待他。但雪莱觉得可以稍稍放纵自己，对他们说三道四。他在写给皮科克的信中，仿佛认为他们可以原封不动地放进《噩梦修道院》。“吉斯伯恩夫人是一位和蔼可亲而极有才华的女子；她既民主，又是个无神论者——她慈善到何种程度，我不得而知，因为她是一位冷美人。她的丈夫薄唇，凹额，大鼻子，是位无聊透顶的人。他的鼻子有时颇有点像斯洛肯伯季乌斯①式的鼻子——看上去沉甸甸的。那是一种把‘g’音都发成‘k’音的鼻子。这种鼻子，一睹难忘，而且需要极大的基督教式的慈悲才能宽恕。你知道，我的鼻子是小朝天鼻，霍格的鼻子是大鹰钩鼻，把我和他的鼻子加在一起，作平方自乘，再作立方自乘，我上面说到的那管鼻子是个什么样儿，你就大体有个概念了。”[32]吉斯伯恩一家还养了一条又大又讨喜的狗，叫奥斯卡，和玛丽很亲近。[33]

此时，有一幅真正的肖像画让雪莱很是开心，这是他长期以来一直 528
索要的利·亨特画像。八月的第三周，这幅画终于从伦敦寄到。[34]一想

---

① 斯特恩的小说《项狄传》中的人物。

到亨特及其家人，以及他们在一八一六年冬天的那场危机中给他的莫大支持，雪莱在瓦尔索瓦诺别墅塔楼孤寂的时光中就备感宽慰。收到这幅画不久，雪莱便将其架在自己的书桌前，并写了一封信作为题献，将《倩契》献给了亨特。他在结尾处写得颇具英雄气概：

> 你一生中大部分时间都表明你与家庭和政界的暴虐和欺诈始终誓不两立、不可调和，倘若我有健康和才能，定当证明我也持此立场，让我们在共同的事业中互勉，生死不渝。[35]

他注明是在罗马所写，这是这部剧作最初酝酿和创作初稿的地方。直到当年十月，第一版的两百五十本才在里窝那印刷出来，并以未装订的书页形式运到伦敦斯坦福街的皮科克手中，这时亨特才读到了这篇慷慨大度的题献。[36]

八月，更多的书籍、评论和第一批《检查者》刊物与亨特的这幅肖像画一同寄到。雪莱将这些资料存放在那座西塞罗普式的塔中。八月下旬，雪莱花了好几天时间阅读英国的政治、文学新闻，并思考着他在意大利自我放逐所产生的离群索居之感。在八月二十四日写给皮科克的信中，雪莱对再次回到英国居住展开了一段长长的幻想。“我极虔诚地希望我此时是住在伦敦附近。我不想住在像里士满这么远的地方，而住在泰晤士河边的任何一个中途地点，我会受河水的湿气侵袭的；还别提这不大合乎我的口味。我倾向于汉普斯特德；但我不知道……”

这时，雪莱似乎放下了手中的钢笔，在这座玻璃阁楼中来回踱步，向西放眼眺望海湾，向北眺望里窝那与比萨之间的近岸沼泽地，一直将目光投射到遥远的亚平宁山脉。他一度认为这一切都是虚无缥缈的景象，就仿佛他在半梦半醒中。之后，他又提笔在手，飞速地写下如下内容：“我在意大利看到的一切——以及我现在从我的阁楼窗前看到的环抱半个平原的亚平宁的瑰丽山峰——都是卑微的；当我想到一些在回忆中栩栩如生，本身也许场面不大的熟悉的景色时，这一切就在脑海中收缩为一抹云烟。见到我们过去鄙视的东西出现，我们是多么珍惜啊！所以，我们逝去的联想的鬼魂出现了，并且经常出现在脑海里，这是对我们任其饥饿，并任其死亡的报复。”[37] 皮科克知道该怎样解读这段内容。这样的情绪萦绕在雪莱心头，在九月骄阳的反复炙烤中，更加刻骨铭心。生活似乎过得越来越缓慢，只有夜晚才是凉爽的。

注释

[1]《珀西·比希·雪莱书信集》，第二卷，第五〇一篇，页98。

[2]《玛丽·W. 雪莱书信集》，第七十一篇，页73。

[3] 同上，第七十二篇，页74-75。

[4] 默里手稿。

[5]《珀西·比希·雪莱诗集》，页582。最后一行首次出版时采用的是牛津大学博德利图书馆藏雪莱手稿，位置 e. 12，页179（修订版），由朱迪思·切尔奈克发表于《雪莱抒情诗集》（凯斯西保留地大学，1972），页247。

[6] 同上，页581。

[7]《玛丽·W. 雪莱书信集》，第七十三篇，页76。

[8] 玛丽在《倩契》中所作的注，《珀西·比希·雪莱诗集》，页336。

[9]《珀西·比希·雪莱书信集》，第二卷，第五一一篇，页114。

[10] 同上，第五〇二篇，页100。

[11] 同上，第五〇一篇，页99。

[12] 参见第十五章，了解马洛的西塞罗普的大致情况。

[13]《珀西·比希·雪莱书信集》，第二卷，第五〇二篇，页100。

[14] 同上，第五〇四篇，页101，注释2。

[15] 同上，第五〇五篇，页104。

[16]《珀西·比希·雪莱诗集》，页295。

[17] 同上，页320-321。

[18] 同上，页299。

［19］《倩契》序言，《珀西·比希·雪莱诗集》，页277。

［20］《一报还一报》，第三幕，第一场。利维斯博士在他关于雪莱的论文《重估》（1936）中，深思熟虑地论述了这些及其他明显的抄袭之举。但是，他对《暴政的假面游行》和《彼得·贝尔第三》作了精辟评论，成为现代英国文学界雪莱评论中为数不多的佳作之一。

［21］《珀西·比希·雪莱诗集》，页332。

［22］同上，页337。

［23］《珀西·比希·雪莱书信集》，第二卷，第五〇四篇，页102–103。

［24］同上，第五〇六篇，页106。

［25］同上，第五〇九篇，页110。

［26］同上，第五〇八篇，页108。

［27］《玛丽·雪莱日记》，页122。

［28］参见朱利安·马绍尔夫人，《玛丽·雪莱传记与作品集》。

［29］《珀西·比希·雪莱书信集》，第二卷，第五〇八篇，页109。

［30］《玛丽·W. 雪莱书信集》，第七十六篇，页83。

［31］玛丽亚·吉斯伯恩写给玛丽·雪莱的信，《玛丽亚·吉斯伯恩与爱德华·E. 威廉姆斯：日记与书信》，页54。

［32］《珀西·比希·雪莱书信集》，第二卷，第五一一篇，页114。

［33］《玛丽亚·吉斯伯恩与爱德华·E. 威廉姆斯：日记与书信》，页53。

［34］《珀西·比希·雪莱书信集》，第二卷，第五一〇篇，页111。

［35］同上，第四九九篇，页96。

［36］同上，第五一四篇，页118。

［37］同上，第五一一篇，页114。

第二十二章　西风(佛罗伦萨,1819)

雪莱在这座玻璃阁楼中,翻阅着吉斯伯恩夫妇从巴黎带来的评论文章和杂志。之前,他就已从亨特的《检查者》中对英国的政治状态有所了解,此时印象更加深了。一场危机似乎正在形成,且不亚于一八一二年和一八一七年的危机,但还不能肯定。“如果从法国报纸来判断的话,英格兰现下似乎一团糟。我猜想报纸过甚其词了。但是当我们听到他们说起以黄金支付——不,我敢说逐步在这样做,我承认收缩的基金乃是一个骗局,等等。我不再感到诧异了。”他简短地引用了过去辉格党-自由派的格言:“但变化应从高级阶层开始,否则无政府状态只会是暴政前的最后一道闪光。我感到奇怪而战栗。”但是,雪莱此时所能想象到的一切政治改革,都无法影响到在东印度公司供职的皮科克,“你受到了很好的庇护”。[1]

雪莱的心情仿佛永远也无法醒来的夏日午睡,他上午始终独自阅读和思考,但这种状态突然被英国传来的令人激愤的新闻打断。皮科克特意让邮政马车从伦敦寄来一批英国报纸,这样邮寄只需两周。雪莱九月五日就收到了这些报纸,同一天还收到了奥利尔寄来的一个箱子,这是他盼望已久的,装的是《罗萨琳和海伦》的第一版样书与济慈的《恩底弥翁》,但由此带来的好心情几乎全被这些报纸毁掉了。

英国传来的消息与政局有关:八月十六日,在曼彻斯特郊区的圣彼得广场,大约有六万名工人公开集会,但遭到骑兵的野蛮镇压和驱散。手无寸铁的平民遭到屠杀,史称“彼得卢惨案”。此事件仿佛拉开了英国革命的序幕。

雪莱在九月六日写给奥利尔的回信中,并没有体现出太多辉格党-自由派色彩:“你信件到来的同一天,彼得卢惨案的消息传来。我的愤怒狂
530 潮迄今仍在我的血管里沸腾不已。我焦急地等着瞧一瞧国家对这次血腥屠杀如何表态。‘必须做点什么……我还拿不准。’”[2] 这是他怒不可遏地从自己的作品《倩契》中引用的内容,讲述的是贝特丽采刚萌生弑父的念头。雪莱在诗剧中写道:“……必须做点什么;做什么,我还拿不准……应该能使我们所忍受的一切都化作可怕复仇电光下的阴影;简短,迅捷,不可逆转,同时又要能消除它无法医治好的症结所产生的后果。”[3]

这则消息肯定够糟糕了,更何况现场还有许多目击者与职业素养很高的记者。之后的一星期(8 月 17 日至 22 日),读者从报道中了解到各种重要的细节。《泰晤士报》《曼彻斯特观察家》和《检查者》的报道尤其翔实。八月底,《曼彻斯特观察家》的编辑就在狱中等待审判。* 亨利·亨特曾号召在圣彼得广场举行这次集会,还在当地报纸上提前几个星期就登出广告。根据他的宣誓和发布的信息,此次集会意在思考并支持“合理采用最合法、最有效的途径来实现议会下议院的改革”。[4] 八月十六日上午,六万多名工人和工会代表从方圆五十英里的范围赶来。许多人是有组织地赶来,他们有序排队,打着旗帜和标语,并且由“激进的骨

---

* 根据提拉斯在《泰晤士报》,贝恩斯在《利兹墨丘利》,理查德·卡莱尔在《政治纪事报》中的报道,可以推导出这一事件的来龙去脉。亨利·亨特的《审判》还提供了法庭审判方面的证据。此外还有三篇出色的目击者叙述,一篇由第十五轻骑兵团的一位中尉所写,它们最终发表于《对彼得卢惨案的三份叙述》(F. A. 布鲁顿编〔1921〕)。塞缪尔·班福德是此次集会的组织者之一。

干”带领,这些人已经在拿破仑战争期间积累了经验。但所有报道一致认为,这些人都手无寸铁。根据媒体的记载,旗帜和标语上的口号明确表明这些议题和政治氛围的力量:“自由与博爱”;“议会每年一选,人人拥有普选权”;“统一和力量”。塞缪尔·班福德注意到女性打出的几幅标语,“美丽的女孩”把自己放在游行队伍前方的关键位置,亨利·亨特也将在人群的中央发表讲话。[5]他还评论了利斯与沙德伍兹工会的标语,特别是惨白色的字体在漆黑的布上格外扎眼——“无平等代表,毋宁死”,下方还用红字画着握在一起的两只手,并装饰着“爱”的字样。这是对英国无政府主义色彩(红色与黑色)的记录,之后的一百五十年里,它在抗议游行中一直与曼彻斯特的传统相联系。在雪莱看来,这必然像《伊斯兰的反叛》某些场景的真实再现,狄摩高根的战车正朝着朱庇特进军。

但是,朱庇特做好了准备,也武装到了牙齿。当地治安官调集了第十五轻骑兵团的六个小队,第八十八团的几个连,第三十一团(步兵团)的全部和一个小队的马拉炮兵。接到命令后,他们在十分钟之内即 531
可从驻地赶到。这支部队由盖伊·莱斯特兰奇上校指挥。[6]西德茅斯已提前参与计划的制订,即先出动当地的义勇骑兵驱散人群并逮捕亨特,必要时方可出动军队。[7]

当天下午,亨利·亨特到达人声鼎沸的现场,他头戴白色高顶礼帽。他刚开始讲话,当地治安官就下令,由曼彻斯特与索尔福德的义勇骑兵冲进密集的人群将他逮捕。这项任务虽然十分困难,但他们还是完成了。他们将亨特从人群中拖了出来,没有遇到抵抗。但这时发生了一件不幸的事,他们在冲锋时将一名妇女撞倒,而后踩死了她的孩子。[8]人群沸腾了,就在他们将亨特押解到地方治安官的官府时(他一路上遭到了一排特警的棍击,白色礼帽“盖在了他的脸上”)[9],其余的义勇骑兵在广场上遭到了孤立,人群大声斥责他们,并将他们团团包围。他们拔出了剑。就在这时,地方治安官下令轻骑兵出动,为义勇骑兵解围并驱散人群。轻骑兵拔出马刀,冲进人群,他们起初只是挥舞着马刀的刀背,就像是在训练中那样。义勇骑兵却掌握不好这种尺度,但过了一会儿,就没有必要这样做了。据班福德称,这场屠杀只持续了十分钟。惨案结束时,广场上实际上空无一人,只剩下尸体、弃帽和旗帜,下了马的义勇骑兵在擦拭剑上的鲜血并松开战马的鞍具。[10]八月午后的阳光在尘土中化为橙色。

无论是西德茅斯爵爷,整个利物浦内阁,还是摄政王,都公开支持此次行动,并盛赞地方治安官的果断和军队的镇定。死亡总人数为十一人,包括遭义勇骑兵践踏而亡的孩子在内。官方委员会认定,现场共造成四百二十一人重伤,包括一百多名妇女和儿童。经查明,有一百六十二人的伤情为马刀所致。无论是非官方统计的受伤人数,还是伤重而亡的人数,都远远高于上述数字。[11]

雪莱将自己关在西塞罗普式的阁楼中。他的心情已无以言表,或者说他已出离愤怒。九月九日,他给皮科克写了一封很短的信,信中提到曼彻斯特传来的"可怕事件的重要新闻"。"这是即将来临的可怕暴风雨的遥远雷声。这儿的暴君们,就像在法国大革命中那样,已经初次制造流血事件了。但愿他们不要以同样的温驯去汲取可恶的教训。我仍然在想,直到压迫者与被压迫者在财政上彻底拉平,两者是不至于非常接近的。请你把这次危机中你认为重要的政治消息,尽早告知。"[12]此
532 时,雪莱凭借敏锐的观察力,发现了整体经济形势具有决定性意义,这一点十分突出。之后的十二天里,他一封信也没有写。他的注意力没有放在信件上。他已进入一生中创作成果最丰硕的八个星期,但他几乎对此浑然不知。

最初的十二天里,雪莱创作并誊清了《暴政的假面游行》,这部作品分为九十一个诗节。这是英语诗歌有史以来最伟大的一部政治抗议作品。这也是雪莱一生中构思最高明,创作最简洁、最为隽永的一首诗作。在《朱利安与马达罗》和《解放了的普罗米修斯》(第一幕与第二幕)之

后，这部作品是他在意大利创作的四大代表作的第三部。诗的开头，体现出毫不犹豫的凝练，采用了雪莱写给皮科克的信件中所用的措辞与节律，就仿佛他在阁楼中坐定，提起钢笔疾书：

正当我在意大利，躺卧着，
越过大海传来呼唤的声音……[13]

他发现自己顿时采用了口语体的歌谣风格，自一八一二年以来，除了在那不勒斯创作的那首篇幅很短的告诫诗歌外便再也没有使用过这种形式。这首诗简明扼要，灵活多变，节奏很快，是以他在大开本纸张上写的四重音诗文为基础创作的，有时行末有停顿，有时则整个诗节都不停顿，采用了令人眼花缭乱的押韵，如完全韵、半韵、谐韵、令人好奇的半谐韵小调，还会突然爆发出野蛮、无情的押头韵。可以看出，他的意象几乎完全取自他此前创作的政治诗，最早可以追溯到《魔鬼出行》。读者也认识到，无意识中准备好的大量素材一瞬间便可迸发为一个整体。主要素材来自一八一七年的小册子《为夏洛特公主去世告人民书》，也取材于这一天的新闻报道。雪莱从这些报纸中撷取的最重要的意象是手无寸铁的母亲，她的孩子在义勇骑兵队的第一波冲击中被践踏而死。

九十一个诗节很自然地形成三个部分。前三十四诗节刻画出利物浦内阁各位大臣邪恶、讽刺意味的群像，他们骑着马，践踏着英国民众。每一个诗节都仿佛是一把投枪。它与众不同地将柯尔律治与克鲁克香克的风格融为一体，并超越了二人：

路上遇到戴着假面的**谋杀**，
活像是那位卡瑟尔瑞侯爵，
貌似温和，其实残忍可怕；
七条凶猛的恶狗紧跟着他。

533 七条恶狗，全都膘肥体壮，
看来，处境优裕值得羡慕，
他经常地一个个、一双双，
把人的心脏从斗篷里掏出，
投送给它们，去填充饥肠。

随后，是**欺诈**这位大人来到，
像埃尔登一样身穿貂皮长袍；
他素来善哭，哭得十分不错，
泪珠落地却变成一扇扇石磨。

天真无邪的孩子幼稚无知，
围绕在他的身边嬉笑玩闹，
以为每一滴眼泪都是珠子，
结果，被磨石砸碎了头脑。

然后是**伪善**，以圣经为外衣，
和西德茅斯不差一分一毫，
如同黑夜的阴影披着明辉，
骑在鳄鱼的背上向前奔跑。

同时，还有许许多多**毁灭**，
也来参加恐怖的化装行列，
都伪装得连眼珠都不漏掉，
扮成贵族、律师，和主教。[14]

这些都是政府和各种机构的大人物，却都听命于另一位更加邪恶的人物，

他骑着马,取材于哥特式雕刻作品,或者说甚至取材于但丁对地狱的描写:

> 最后**暴政**驾到,骑着白马,
> 污秽的血迹溅满浑身上下,
> 他的脸色苍白,嘴唇发灰,
> 活像《启示录》里的死鬼。
>
> 他头戴帝王的冠冕金碧辉煌,
> 手中握着一杆权杖闪闪发光;
> 他的额上可以看到这些字样:
> **"我就是上帝、法律、君王!"**
>
> 他迈着庄严而迅疾的步武, 534
> 跨越过英格兰的山河疆土,
> 践踏着臣伏、膜拜的百姓,
> 把他们踏成了血肉的泥泞。[15]

人群虽然遭到了践踏与屠杀,雪莱却称他们依然在"膜拜"。这是诗歌中的第一个智力游戏,在其冷酷、积极的皮相之下,实际上是复杂的意识形态论述结构。"**暴政**那骷髅",这是政府杀人犯在假面游行中得到的明显奖赏,也是一个丧心病狂的凶神,他"一一答礼,点头龇牙",引导顶礼膜拜的众人去攻打宫殿、国库和塔堡。

> 并且着手安排,开始筹备,
> 召见他所津贴资助的议会。

此时,他却遭到了制止。雪莱意在表明**暴政**已成为政府官员的偶像,他是野蛮的神灵，对人类的一切法律无所忌惮。他也可以轻松成为民众的领袖。但是，雪莱制止了他。制止他的是躺在群马铁蹄下的一位姑娘。

这时一旁闪出个癫狂姑娘，
她说，她的名字叫作**希望**，
其实，看起来更像是**绝望**，
她面向着苍天，高声叫嚷：

“我父亲**时间**，为等好日子，
已等坏了身体，等白了头；
瞧，他站在那里像个白痴，
不住搓弄着他麻痹的双手。

“他生儿育女，不计其数，
都已经埋葬入死亡的泥土，
唯独，就只剩下了一个我——
痛苦，哦，**痛苦**！”

然后，倒卧在街道的中心，
直躺在那群马的乱蹄之前，
她大睁着一副忍耐的眼睛，
守候着**谋杀**、**欺诈**和**暴政**。[16]

这位人物体现出突出的质朴与情感的清晰。在“忍耐的眼睛”中，体现
535 出强烈的现实主义色彩。她躺在那里，在她和**暴政**之间开始出现某物：
一开始是一片雾，然后是水汽，继而化为浮云，又化为闪射着电光的风
暴，直到最后：

飘浮在空中,披挂着铠甲,
比那蝮蛇的鳞片更加明亮。

而且掠过了人群的头顶,瞬间便让**暴政**从马背上跌落下来,死于非命。

备受摧残的百姓早在眺望——
血泊,已经淹没了脚踝,
那一位最恬静的少女**希望**,
神态安详地一步一步走来。[17]

通过这段令人目不暇接的解放过程,该诗第一部分结束。

第二部分从三十四诗节到六十三诗节。这位姑娘与众人进行了交谈,她先是描述了虚假的自由,然后介绍了真正的政治自由。她谈到了食物、衣服、炉火和舒适的家园:

"你,是所有劳动者的面包,
是一桌精美、可口的菜肴,
来自他们每日的劳累辛勤,
陈设在整洁、欢快的家庭。

"对于饥寒交迫的贫苦大众,
是衣食炉火,但是在真正
自由的国家也不可能发生
像在英格兰所见到的饥馑。

"对于那些财主,你是克制,
当他们脚踏受害者的脖子,

你能使这群为富不仁的人
变成为踏上了毒蛇的蛇身……”[18]

她的思虑更加广泛：保护财富，反对榨取；不用贿赂也可以实现正义；使心灵免于宗教偏执；国家实现和平；主动将财富用于改善恶劣条件；“思想、科学和诗”。

在本诗最后一部分，这位姑娘发出了著名的呼唤，号召英国劳动人民发动一系列大规模示威游行，伸张他们的政治权利：

536 “让一次宏伟、盛大的会议
由无所畏惧的自由人主持，
在原野广阔，无边、无际
英格兰国土上的某地召集……

“你们，来自英格兰这岛国
那穷乡僻壤的每一个角落
来自那茅舍、村墟和城镇——
那里生活着受苦难的人们，
为自己或别人的灾难呻吟；

“你们，来自收容所和监狱，
那里妇孺老弱，面无血色，
像从坟墓里站起来的尸体，
为痛苦呜咽，为饥寒哭泣……”[19]

面对“暴君的锦衣禁军”、大炮、锋利的枪刺或骑兵的弯刀，

“你们且安详而坚定地站立，
像一座绵密、沉默的森林，
请注目凝视，紧抱着双臂——
这就是，不可战胜的武器……

“让你们自己的本土的法律，
在你们的中间，不论优劣，
肩与肩相并；手与手相携，
排解纠纷，主持公道正义。

“英格兰国土那古老的法律，
诞生在久远的明智年月里，
年高德劭的头已白发盖顶；
但是他们那庄严的话语声，
必定是你自由啊你的回音。

“谁若是在他们的家国故居，
首先侵犯这些神圣的先驱，
就该是他们，而不是你们，
承担必然引起的流血责任……”[20]

这番豪言将消极抵抗作为政治改革的手段，以英雄气概表现出对群众示威游行的信念，同时也体现出禁欲思想。对于雪莱的激进思想，这番话 537
值得注意。除了工人阶级中的激进领导群体之外，很少有人会公然发表这样的政策。但这首诗还没有结束。还有一个意想不到的转折，让这部作品没有止步于禁欲主义，而是体现出与弱势群体、受压迫群体和无人代言的群体实现了胜利的团结，一同反对掌权的精英阶层。这就是最后三个诗节的内容，它们再次呼应了彼得卢惨案：

“这个民族所遭受的屠杀
将像神灵的启示蒸腾升华，
有如雄辩的预言，仿佛那
声震遐迩的火山勃然爆发。

“而这一番话语，就应该像
所有压迫者们的末日宣判，
响彻每个头脑、每颗心脏，
经久而不断，不断，不断：

“像睡醒的狮子一样站起来，
你们的人数多得不可征服；
快摆脱束缚着你们的链锁，
像抖掉沉睡时沾身的霜露：
你们是多数，他们是少数。”[21]

雪莱奋力创作出这首诗，迫不及待地要在英国尽快发表。这是一位作家必须把握好的危机之一。九月二十一日，他在写给皮科克的另一封便笺中只是称：“这个曼彻斯特大屠杀真是混蛋透顶！怎么办？肯定要干点什么的。照我看，亨特在整个事件中表现得极有气魄，也非常冷静。”[22]* 他对《暴政的假面游行》闭口不提，但这部作品已然完稿。

其实，雪莱似乎一直是在暗中创作这部作品。玛丽一直忙于创作她

---

* 1819 年 9 月 15 日，亨利 · 亨特被押解到伦敦受审。一名观察人士指出：“从伊斯林顿的天使酒店到王冠与海锚酒馆（斯特兰），一路上全都是人。”这位焦急的围观者就是约翰 · 济慈。

自己的《玛蒂尔达》,除了她此时的日记内容空洞之外,并没有迹象表明她和雪莱关系疏远。日记中提到雪莱在阅读卡尔德隆的作品,与梅尔韦耶·迪·普朗提斯夫人和她的女儿佐伊德一同品茗,还讨论了前往佛罗伦萨准备自己临盆的计划。他们家过着平淡的生活。[23]之后,玛丽便写道,她记得自己有时曾听到雪莱在家中重复诵读着一些诗句,开头这样
写道:“我父亲时间,为等好日子,已等坏了身体,等白了头。”玛丽对此 538
十分赞佩,但她并不知道这取自哪首诗。[24]

最后,雪莱宣布他已创作出诗作《暴政的假面游行》,并准备寄给《检查者》的主编亨特。玛丽拿到了手稿负责誊清,而后雪莱又作了一遍修改,九月二十三日带到佛罗伦萨寄出。与雪莱同行的还有查尔斯·克莱尔蒙特。雪莱已为他们都做好安排,从十月开始,他们这个冬天都将在梅尔韦耶·迪·普朗提斯夫人家中度过。

雪莱于九月二十五日(星期六)回到了瓦尔索瓦诺别墅,他十分疲倦,身体也感到不适。玛丽写道,天气开始变得冷热无常:有时在中午外出时感觉特别炎热,有时又感到冷得就像英国的圣诞节似的。风向也开始变幻莫测,而且“既没有火炉也没有石砌地面”。意大利人似乎对寒冷毫无防备,“只是手上提着一个陶罐,里面装着木炭在烧”。[25]

在瓦尔索瓦诺别墅中度过的最后几天,雪莱再次躲进阁楼。玛丽则忙着打点行装和拜访玛丽亚·吉斯伯恩。吉斯伯恩先生早在天气转凉之前就已启程前往英国,并打算打听亨利的前途,这令玛丽有些安心。她在一封信中告知亨特夫妇,他即将到来,并痛苦地补充了一句,称她自己的“生活与新鲜感”已离她而去,“去年我过二十一岁生日那天——我抱怨时光过得飞快……现在我已二十二岁了……要是我去年六月七日死了就好了”。[26]她并没有将这封信给雪莱看。[27]

三天之后,雪莱还在他的阁楼中给亨特夫妇写了一封信。他这次兴致又很高。“奥利尔告诉我《每季评论》的负责人将要接见我。我想必定很有趣,而且我正在找寻一点幽默感,所以我承认我对这次接见是好奇

的。”他详细讨论了薄伽丘的过人之处,也嘲笑了他的爱情理论,对其部分认同,觉得最后一段就像是用感叹号写成的哑剧。“在我看来,薄伽丘似乎深刻体味了人类生活中合理的理想,并从人生中社会关系的角度思考这个问题。尤其是他有关爱情的较为严肃的论点,与我不谋而合……他是一位道德决疑论者(moral casuist),是基督教的、禁欲主义的,现有的以及世俗的道德体系的死对头。他说过这么一句话,或者毋宁说是他的箴言?‘亲吻之后不会丢掉好运,而是会继续好运,就像月亮再升起一样。’这是针对狭隘的恋爱观说的。你记得吗?如果你这句箴言给玛丽安娜看时,为我问候她,并且告诉她我的意思不是 XXXXX……——!!??[原文如此]”至于玛丽,他简单写道:“我们期待玛丽能在十月底分娩,而我们去佛罗伦萨的目的之一是想找贝尔先生来护理她。他是有名的苏格兰医生。那时他将会在佛罗伦萨……玛丽现下精神抑郁,生个孩子大概会有
539 所缓解的。”他在这里使用了非个人化的代词“我们”,这可能让亨特夫妇十分困惑。[28]

尽管健康欠佳,雪莱依然心情很好,这可能是因为他知道自己的作品质量很高,正在伦敦准备出版。其实,他在九月底寄出《暴政的假面游行》,就标志着他整个职业生涯最重要的一个时刻。亨特已收到了《朱利安与马达罗》,并在八月将其发表;《解放了的普罗米修斯》的手稿已在九月初分别寄给了皮科克与奥利尔;《倩契》的誊清稿已在九月二十一日寄给了皮科克。因此,这四部主要著作可谓雪莱在客居意大利的十八个月期间的丰硕成果,它们寄到伦敦的时间彼此只相隔几天。事后看来,人们可以说,这一切都在催促亨特按照雪莱的意愿采用《暴政的假面游行》,并立即发表于《检查者》。

问题在于,雪莱的著作此时是否最终能实现广泛的读者群。《暴政的假面游行》出版后,无疑将产生爆炸性效果,尤其是这将率先在自由派而非严格意义上的激进派读者群中产生。即便是在自由派中,雪莱这部诗作凭借极其直白的抨击和力量,将会以独特的冲击效果直击要害。

何况他们在九月也发现霍恩的小册子《杰克建立的政治机构》出版，它配上了克鲁克香克的恶毒插图，成为彼得卢惨案之后大规模抗议活动的组成部分。此外，雪莱的这部作品向街头民众发出呼吁，而不仅仅是对评论人士、政治家或汉普斯特德会客室中的人们发出呼唤。这首诗的语言仿佛没有经过锤炼，语法与文风也故意表现得很粗鄙，这都让诗歌爱好者与文学家望而却步。

这产生了一个重要的法律问题。弗朗西斯·伯德特爵士向媒体寄去了一封公开信，发表他对彼得卢惨案的抗议。这封信题为《致威斯敏斯特选民》，他因此受到公诉，罪名是煽动性诽谤且罪名成立。法官贝斯特先生在引导莱斯特的陪审团做出有罪判决时，对文学与政治做出了当时最重要的区分之一："如果你[在他的作品中]发现他在煽动下层民众的情绪，而不是对能够改正恶习的人士提供信息，那么这就属于诽谤。"[29]换言之，如果像伯德特作品这样以统治阶级为目标读者，就是允许的，如果是面向工人阶级发表这篇作品，就属于诽谤。无疑，雪莱的《暴政的假面游行》也属于这一类作品。伯德特最终被判处有期徒刑三个月，并处罚金两千英镑。仅仅因为他给报纸写了这封信。

因此，假如雪莱的这诗作按其意愿发表在《检查者》上，无疑会产生严重的公开争议，而且几乎肯定会遭到公诉。但是，《暴政的假面游行》 540
不仅是一部极具争议性的作品，还是一部伟大的诗作，而且雪莱的大名最终将在自由派和激进派人士中远播，也会被英国的各种政治派别发现。若能获得真正的公共声望，很有可能会使考文特花园的负责人哈里斯同意上演《倩契》，至少会短暂上演一段时间，而且另外两部重要诗作也已寄给奥利尔了，分别是《朱利安与马达罗》和《解放了的普罗米修斯》，观众肯定趋之若鹜，销量也会出色。

真实情况截然相反。亨特同他的兄弟约翰·亨特一番商量之后，将《暴政的假面游行》束之高阁。直到雪莱去世，这部作品都没有发表。此后，尽管皮科克进行了一番游说，但考文特花园与特鲁里巷剧场都拒绝上演《倩契》,认为它的作者没有名气,话题也很危险。雪莱在世时,《朱利安与马达罗》也没有发表。《解放了的普罗米修斯》在一八二〇年下半年出版,除了一些评论家之外,没有人注意到它。销量还不到二十本。在一八一九年秋前后,雪莱眼看就要得到公众的承认,但因为朋友们和出版商都过于谨慎最终错失良机。

亨特为何没有发表《暴政的假面游行》? 很简单,他显然是害怕遭到政治公诉。他的恐惧不是没有道理的。一八一九年标志着政府对舆论自由的压制达到了顶峰,而且这一年的煽动性诽谤或亵渎神教罪案件至少有七十五起。[30]它们造成了高额的罚金,当事人被处以几个月到五年不等的有期徒刑。亨特本人也曾被判有期徒刑十年,他的兄弟约翰·亨特是《检查者》的副主编,后来在一八二〇年因攻击君主制而被判有期徒刑十二个月。亨特再也不愿以身试险了,在危机考验下的关键时刻,他暴露出真面目,即他是位自由派而非坚定的激进派人士。

亨特最后于一八三二年发表了《暴政的假面游行》,此时议会恰好通过了《一八三二年第一次国会改革法案》,他这样解释自己在一八一九年所作出的决定:"我没有把它收进刊物……是因为我当时认为,一般公众尚未成熟到有足够的鉴别力公正对待这篇炽热如火的诗作外衣下那颗灵魂的善意和诚挚。"[31]换言之,普罗大众可能会认为雪莱写了一首激进的诗歌,而且内政部也会这样认为。但亨特确实认为,广泛发动公众的时机尚不成熟*,而且雪莱秉持的消极抵抗的信念在当时也与大规模民主示威游行格格不入。

541 尽管如此,人们还是注意到,许多人因为对彼得卢惨案发出抗议而

* 正是这种自由主义,使海兹利特在1825年秋发表的一篇回忆性的随笔文中发出了讽刺:"但是,伟大之处在于优雅并远离乌合之众。他们与坏人来往后也会受到玷污。'不要与暴民有瓜葛',这个标签被贴在人民的每一位朋友的身后。每一位坚持反对意见的人都要小心,要和[亨利·]亨特、卡莱尔或科贝特这样的家伙断绝一切来往……群众、暴民等都使少数派的主要恐惧更为加深。"

遭到了公诉：塞缪尔·班福德、弗朗西斯·伯德特爵士、梅杰·卡特赖特、查尔斯·沃尔斯利爵士、《曼彻斯特观察家》的詹姆斯·罗伊和勇敢无畏的小册子作家约瑟夫·斯旺（他来自迈克莱斯菲尔德，被判处有期徒刑四年半，并戴着镣铐服刑）。最重要的一位人物是理查德·卡莱尔，当时最著名的激进派报纸《共和主义者》的编辑。* 但无论案情如何，这些人受到公诉的原因是他们自己创作或帮助别人发表了某些材料。如果这位作者不在英国，那么亨特不愿为其发表文章也是情有可原的。雪莱并不在英国，无法和他同舟共济，也无法亲自承担法律责任。其实，雪莱也无法选择其他途径发表作品。正因为雪莱本人选择浪迹意大利而无法来到英国，最终导致他在一八一九年末和一八二〇年初创作的一系列关键性著作未能出版。这反过来又决定了他一生中出版的其他作品沦落到寂寂无名的地步。但是，雪莱很久都没有弄清楚这些情况。相反，他此时雄心勃勃，认为自己早已为当前的危机时期做好了准备。这一年冬天，在他搬家和移居的过程中发生了短暂的小插曲。九月三十日，雪莱一家和查尔斯一同离开了瓦尔索瓦诺别墅。他们向吉斯伯恩夫人和亨利辞行，并对蒸汽船项目作出了许多承诺，然后动身前往比萨与佛罗伦萨。他们向东启程，马车刚行驶在颠簸、崎岖的道路上，奥斯卡这条狗就开始朝着马车飞奔，它的小尾巴不停地摇动，它咧着嘴、露出雪白的牙齿对着座位上的玛丽露出了笑容。玛丽已有八个月身孕，小宝宝在微微地胎动，似乎是不满旅行的疲劳。[32]

雪莱后来在写给吉斯伯恩夫人的信中称："可怜的小狗奥斯卡！每当我想起两种动物的爱不均衡，它对我们那样好，而我却无动于衷时，我就感到内疚。然而关于你，它的无尽的遗憾也是我们那一类的，我们的

---

* 在这个关键时期，雪莱在英国发表的唯一一篇作品在 1819 年 12 月 24 日载于《共和主义者》第五期。早在 1812 年，他的《人权宣言》就发表在《共和主义者》上，讽刺的是，卡莱尔并不知道该文作者是谁。

记忆——如果你接受这样谦卑的一个譬喻的话——总是无休无止地在你们不在家的时候在抓你们的门呢！”[33]

一行人在比萨短暂停留，拜访了另一位旅居意大利的英国贵妇。她名叫梅森夫人，住在马纳贡内拉大街。与库兰小姐一样，她也与葛德文和爱尔兰共和党人有过联系。她已婚，家住比萨的席尔瓦寓邸。到了春天，
542 这里便成为雪莱在意大利至关重要的一个去处。前往佛罗伦萨的路况非常糟糕，玛丽也觉得此次旅程让人疲惫不堪，便在比萨小住了一晚，又在恩波利住了一晚，最后在十月二日抵达佛罗伦萨。他们立即搬入迪·普朗提斯夫人家中的公寓，公寓位于瓦尔方达大街4395号的马里诺宫内，靠近佛罗伦萨新圣母玛利亚教堂。玛丽觉得这里的房间非常舒适、安全，而且她很高兴地得知这座建筑物内还住着其他英国人。她往里窝那寄去一封便笺，告诉吉斯伯恩夫人他们都已平安到达，并请她将他们的几本书寄到比萨的梅森夫人那里，其中有科贝特的作品，拜伦的《恰尔德·哈洛尔德游记》和《伊斯兰的反叛》，并请她随信寄来半磅“上等绿茶”。但她转念一想，又将《伊斯兰的反叛》划掉了。“克莱儿与雪莱都向您致以最诚挚的问候，我也要对亨利表达这样的问候，但这位年轻女士不会这样问候他，因此请去掉她的名字，只要记得她和我都对他非常好就行。”[34]

来到佛罗伦萨后的第一周，他们去观赏了芭蕾舞和歌剧表演。克莱儿还为自己安排了音乐课程。玛丽再也无法参加这些外出游览，多半是坐在沙发上或躺在床上。查尔斯与佐伊德·迪·普朗提斯眉来眼去，雪莱则愉快、老练地观察着这一幕，称佐伊德“并不漂亮，但我怕她像斯宾塞的白如雪的弗洛里梅尔一样冰冷，正跟查尔斯像风似的一下子相爱又一下子不爱了”。[35]查尔斯“情绪高涨”，但他准备在十一月前往维也纳继续求学。

很多时候雪莱都是独自一人。经过刚来佛罗伦萨时的一番游览之后，他决定专心在乌菲兹美术馆参观，而且整个冬天都在“一件一件地研究它的陈列品”。他独自一人游览，几乎与他在罗马时独自一人游览

古罗马广场与卡拉卡拉浴场一样有规律。他称自己是想专门观察雕塑作品中的规律,即外部形式中所实现的“理想美的尺度和规律……这种标准美,我们有着如此强烈但又如此模糊的概念”。[36]之后,他又为这个话题收集了一系列有趣的手稿笔记。

但是,政治和英国革命依然是他最关注的问题。这一年的十月和十一月,雪莱创作出一系列优秀的政治歌谣、短诗和挽歌。其中,《暴政的假面游行》以愤怒的直白贯穿整部作品并闪耀着光芒。这些作品都属于雪莱创作的最优秀的短篇诗歌。他还针对当时的英国诗坛与政局创作出长篇讽刺诗歌。十一月初,他又为《检查者》创作了一篇长篇公开信,抨击当局以煽动罪公诉理查德·卡莱尔。他在阅读克拉伦登的三卷本《英国叛乱和内战的历史》,还读了柏拉图的《理想国》。[37]

彼得卢惨案的恐怖让雪莱产生了一种冲动,之后又发现《每季评论》 543
对他发起了野蛮的人身攻击,这种冲动便无比强烈。这两种暴行虽然在外人看来简直风马牛不相及,但在他的内心却融为一体,产生了最为与众不同的创作力量。在他的想象中,公众的苦难和私人的痛苦并无轩轾。

雪莱已经从亨特和奥利尔那里听说,《每季评论》在一八一九年四月号上刊登了一篇有关《伊斯兰的反叛》的评论。他还从里窝那写了一封信索要这一期的杂志。但就在杂志寄到之前,他在十月第二周的一天下午,在德尔塞的英文图书馆无意中读到了这篇文章。

文章很长[38],作者是约翰·泰勒·柯尔律治。他是诗人柯尔律治的远亲,也曾是雪莱在伊顿公学的同学。他显然收集了雪莱的个人信息。文中多处明确提到雪莱在学校所遭到的欺辱,他被牛津大学开除,他与葛德文的友谊及他的《莱昂与茜丝娜》(即宣扬“乱伦”的版本)遭到出版方退稿。这位评论者在阐述最后一点时,手中已掌握这部作品的两个版本,并认为雪莱的改动“极为谨慎”,但依然离经叛道。无论是这一点,还是雪莱乱伦的倾向,都被柯尔律治大做文章,但这番评论并无偏颇。他还批评雪莱剽窃了华兹华斯的作品。这似乎表明,柯尔律治知道雪莱写过《麦布女王》和“马洛的隐士”系列小册子，并且还调查过雪莱在一八一四至一八一六年间与哈丽雅特、玛丽和克莱儿的关系。

这些背景信息有些非常详细，雪莱终其一生都认为，文章的作者是他以前的熟人，也就是他早年曾对其推心置腹的罗伯特·骚塞。[39]否则，别的人怎么可能写出这样的话：“［雪莱先生的］空想及其失望从他的孩提时代［就开始了］，甚至从当时开始，他的精神状态就是痛苦失望与不满——他童年时期就不服管教，青年时期不合群，成年之后又爱发牢骚、生性懦弱——这些总结起来说就是缺乏幸福。”除了他，又有谁会以一个父亲的口吻做出以下断定，“［雪莱先生］确实太年轻了，太无知了，太嫩了，太顽劣了，无法完成任何改造世界的任务，他只能改造自己内心的小小世界”。[40]《每季评论》对雪莱诗作的批评其实是附带性的，甚至可以说有所恭维；文章主要反对的是他的“理论”，包括政治、社会、宗教和性爱理论。文章将雪莱的激进派思想斥为荒谬无稽之谈。泰勒·柯尔律治的看法代表了《每季评论》的核心信念，即主张开明的政府、法律和秩序，等级制社会，体制化的宗教与善意但坚定的父权主义。他力图从个人和政治与哲学**类型**这两方面抨击雪莱，认为在詹姆斯党人之后，此人是新出现的、危险的民主人士兼平权派的代表。这篇文
544 章绝不是一篇平庸的恶意中伤之作，它包含了真正的社会关注。考虑到《每季评论》是当时阅读量最大、最权威的评论刊物，就更加凸显出这一点。亨特将这篇文章斥为纯粹的讥讽之作，其实并非如此。

> 雪莱先生会废除我们的法律——这将一蹴而就地结束重罪与不端行为；他将废除财产权利，当然此后也就不会发生侵犯财产权利的现象，穷人也不会对富人产生仇富心理，遗嘱也不会产生争议，也不会对遗产问题产生诉讼了……他会推翻宪法，然后我们就不用为法庭审判浪费大量财富了，没有年俸或尸位素餐……没有海军，也没有陆军；他会拆毁我们的教堂，推平我们的机构，焚烧我们的圣

> 经……他无法忍受婚姻。人们曾担心通奸现象越来越严重，但这立即就能得到遏制，同时原本我们天经地义地反对乱伦行为，这也会受到废除。他会使兄弟姐妹之间的感情变得不纯洁并加入情欲；最后，作为他整个思想的基础，他会让我们放弃我们的宗教信仰……
>
> 这段内容至少能够让人理解；但却不太容易描述雪莱先生在这片废墟上所建立的新制度。他认为"爱是支配道德世界的唯一法律"；但爱是非常宽泛的词语，具有多重含义，而且我们对于他此时希望这个词表达的意义十分茫然。我们不太情愿从最低的层次去理解它，但我们认为，对于这个问题，这样做就是最正确的解读方式。至少有一点很明确，雪莱先生并不是指这个词最高层次的含义：他并不认为爱是履行法律，而且他藐视各种戒律，他会废除《摩西十诫》及其他各种法律。[41]

上述攻击使《每季评论》立于不败之地，尤其是它对"最高层次"的爱所作的定义，同时表明它最害怕的是什么。与其他少数评论人士一样，他准备讨论的是**理念**，或者至少说承认其存在。还有一点也很值得关注，这位评论者发表这篇抨击文章时，他还没有听说过《解放了的普罗米修斯》和《倩契》这两部作品，或者说他也没有预料到会发生彼得卢惨案这样引人注目的政治事件。

在文章的最后一段，他以颇为优雅的方式对雪莱个人发起致命一击，给人留下深刻印象。它提到雪莱"高傲、反叛的思想"，他"成千上万的诡辩行为"和他的"行为不端"，这产生了奥西曼迭斯式的结尾。我们永远无法知道，约翰·泰勒·柯尔律治是在怎样一种神奇的启示力量指引下，采用了以下圣经意象：

> 与古埃及人相似，他战车的车轮已经断裂，强大的海水中形成的通路正在他身后封闭，他眼前是越来越深的海洋：——短时间 545

> 内,我们看到他力不从心地与不可抗拒的力量进行抗争,我们听到他发出亵渎神灵的咒骂,但他在绝望中却摆出一副胜利的姿态和睥睨天下的神情,他号召其他人跟着他前往这片废墟,却应者寥寥——最后,他"就像铅块"一样沉入海底,被遗忘了。此时,这一过程还未完成,不久雪莱先生就会完成这一过程。[42]

这段"最强音"振聋发聩,犹如乐章临近结束时的华彩乐段,影射了雪莱的家事,其中提到了雪莱私生活中"令人作呕的一面",这位评论者故意对此予以掩盖。《每季评论》得出的结论是,"对于**只阅读**而不创作之人,很难想象这种'放之四海而皆准'且'无法无天的爱'的法则有多么可鄙,有多么冰冷和自私,有多么懦弱和残忍"。这番话就像最后的致命一刀。对于身处德尔塞图书馆的雪莱而言,这肯定是最令他愤懑的部分。*

就在这一天下午,恰好有位迪龙爵爷"在德尔塞的图书馆中观察到,有一位年轻男子在如饥似渴地阅读最新一期《每季评论》。他看完之后,突然挺起胸膛,发狂似地迸发出一阵笑声,在歇斯底里的笑声中合上书,飞快地离开了图书馆。他的哈哈笑声还回荡在楼梯间"。[43]十年前,这种恶魔般的笑声曾在安息日让格拉斯哥的长老会教徒大为不满,此刻没有丝毫收敛。

雪莱遭到了沉重打击,但他不愿承认这一点,表面上他并没有显得意志消沉。他听说皮科克刚刚阅读了《倩契》就对这部作品产生了怀疑,便在十月十四日给玛丽亚·吉斯伯恩写了一封直言不讳的信:"他不怎么喜欢。但为了挫一挫他的批评的锋芒,我必须说,他对诗的知识还处在哺乳期。"实际确实如此。[44]第二天,他又直接给奥利尔写信,讲述了《每季评论》对自己的攻击,并"很清楚"这是骚塞写的评论:"这都是无中生有"——"垃圾"——特别是"对我个人人格的片面攻击,那是

---

* 经过这次出色的首秀,约翰·泰勒·柯尔律治成为国王的内庭法官和基布尔的传记作家。

作者用心恶毒”。他决心向奥利尔表明，他不会受到这种文章的打击，而且他对那段致命一击也写了一段上乘、滑稽的即兴创作内容。“我也喜欢最后一部分，它就像一部歌剧的第一幕结尾，此时管弦乐奏出强大的不谐和音，人们立刻谈论，并唱了起来，它描绘了我和他们的万能的上帝战斗的结果；他揪住我的头发往海里沉，像法老似的；我的呼唤像魔鬼；用一切喜剧和恐怖的咒语发誓赌咒，像塞尼山上的法国马车夫；请求每个人都自己溺毙；我自己淹死了还假装没有淹死；最后，已经淹死了。”[45]奥利尔无疑对此深信不疑。

但是，这篇批评文章还是在雪莱内心的最深处慢慢发挥着作用。他 546
咀嚼着其中的内容，只不过他当时似乎从未与任何人谈论过这个问题。据玛丽记载，他在十月中旬总是独自一人去各个美术馆参观。天气真的开始变冷了，尽管佛罗伦萨的气温依然比较温和，但下午的风开始刮得越来越强劲，西边飘来的云彩高高地挂在整个天空，从比萨附近的海面席卷而来。雪莱沿着阿尔诺河的两岸散步，思忖着《每季评论》对他的攻击代表着什么，还想到了自己的浪迹天涯，自己“改造世界的热情”，自己显然无力帮助英国受压迫的民众。他还想到自己私人生活中的灾难，也想到自己的青春在二十七岁那年已无可挽回地宣告结束。他已注意到自己长出了灰白的头发，不免有些惊诧。但是，一切都还未完成。他散步时有时会走出城墙，迈进河边的树林，秋天的叶子堆积在银灰色的桦树与法国梧桐树旁。雪莱随身携带了一本新的钞本。[46]在第七页，他简要记录了一篇断章诗歌：

这一天是十月二十日
树林中一派肃杀景象
就像一位男士的头发
灰白斑驳，日渐稀疏
枯萎、凋谢的落叶

仿佛在嘲弄愚者
宛如魑魅魍魉……[47]

十月二十日是星期四。① 在这周临近周末的一天，雪莱再次带着这本钞本外出，开始创作第二篇断章作品，他飞快地在另一面写下了这段文字。这篇断章是一首挽歌，篇幅更长，但语气不那么悲观。每一行诗的长度有所增加，而且粗糙的对偶句也改成了英式三行体。写完第二十三行之后，雪莱开始犹豫不决，这首诗也戛然而止，结尾这样写道：

　这就是我的荣耀，如果我倒下
我不会在那个关键的日子
　匍匐在尘土之中，也不会躺在棺材中
我的希望如火焰，我的朽去
　也如覆在火焰上的灰尘。哦，大地
哦，朋友，如果我的　已消退

　那片灶台中熄灭的火星
将在……中重燃[48]

547 此时是十月二十三日至二十四日，恰逢周末。到了星期日，雪莱再次前往德尔塞图书馆，在那里发现了一本雷诺兹的讽刺著作《彼得·贝尔第二》，其中拼凑了华兹华斯的同名诗歌。[49]雪莱又产生了轻蔑的念头，他重拾信心，开始酝酿一部新的诗作。

十月二十五日（星期一）上午，雪莱给《每季评论》的编辑写了一封长信，信中的语气十分冷淡，但怒火显而易见。他采用的措辞在他

① 原文误为星期二。

钞本的誊清稿中很常见。[50]“先生……我在此请求该文的作者,或者你这位负责的代理人,公开发表你们的证据,否则,因为你们已经跳出来充当诽谤者的角色,也要同意……”但是,信并没有寄出,他也就此罢笔。

星期一下午,雪莱又独自一人去阿尔诺河畔散步,他看到卡夏诺的上空出现了猛烈的暴风雨,直扑湛蓝的天际。狂风从西边刮来。雪莱回到马里诺宫之后,便开始对此创作诗歌。“这首诗构思于佛罗伦萨附近阿尔诺河畔的一片树林里……那一天,孕育着一场暴风雨的暖和而令人振奋的大风集合着常常倾泻下滂沱秋雨的云霭。不出我所料,雨从日落下起,狂风暴雨里夹带着冰雹,并且伴有阿尔卑斯山南地区所特有的气势宏伟的电闪雷鸣。”[51]

此后,雪莱又拾起当初写信给《每季评论》时使用的钢笔,将这本钞本倒过来,然后将这首诗誊清了一遍。[52]他在开头注明了日期“十月二十五日”,然后写下标题。[53]但是,他写到最后一个诗节时依然遇到了一个小麻烦,便随手拿起桌上的第二本钞本,他在两页纸上又将这首诗誊抄了一遍。这次这个诗节几乎没有问题了:

……就像从未灭的余烬扬出炉灰和火星……
……通过我的嘴唇,向沉睡未醒的人境……
……哦,风啊,
如果冬天来了,春天还会远吗……[54]

然后,他在下方用希腊语匆匆写上一行欧里庇得斯的话作为结束语,像是宣布自己的胜利,又像是在睥睨天下。就仿佛他刚刚取得了一场重大的胜利。[55]“通过道义的力量,我这个凡人征服了你这个强大的天神。”这首诗就此完结。

一

哦，犷野的西风哦，你哦秋的气息！
由于你无形无影的出现，万木萧疏，
似鬼魅逃避驱魔巫师，蔫黄，黢黑，

548 苍白，潮红，疫疬摧残的落叶无数，
四散飘舞；哦，你又把有翅的种子
凌空运送到他们黑暗的越冬床圃；

仿佛是一具具僵卧在坟墓里的尸体，
他们将分别蛰伏，冷落，而又凄凉，
直到阳春你蔚蓝的姐妹向梦中的大地

吹响她嘹亮的号角（如同牧放群羊，
驱送香甜的花蕾到空气中觅食就饮）
给高山平原注满生命的色彩和芬芳。

不羁的精灵，你啊，你到处运行；
你破坏，你也保存，听，哦，听！

二

在你的川流上，在骚动的高空，
纷乱的乌云，那雨和电的天使，
正像大地凋零枯败的落叶无穷，

挣脱天空和海洋交错缠接的柯枝，
飘流奔泻；在你清虚的波涛表面，

似酒神女祭司头上扬起的蓬勃青丝，

从那茫茫地平线阴暗的边缘
直到苍穹的绝顶，到处散布着
迫近的暴风雨飘摇翻腾的发卷。

你啊，垂死残年的挽歌，四合的夜幕
在你聚集的全部水汽威力的支撑下，
将构成他那庞大墓穴的拱形顶部。

从你那雄浑磅礴的氛围，将迸发
黑色的雨、火、冰雹；哦，听啊！

三

你，哦，是你把蓝色的地中海
从梦中唤醒，他在一整个夏天
都酣睡在巴亚湾一座浮石岛外，

被澄澈的流水喧哗声催送入眠， 549
梦见了古代的楼台、塔堡和宫闱，
在强烈汹涌的波光里不住地抖颤，

全都长满了蔚蓝色苔藓和花卉，
馨香馥郁，如醉的知觉难以描摹。
哦，为了给你让路，大西洋水

豁然开裂，而在浩淼波澜深处，

海底花藻和枝叶无汁的淤泥丛林，
哦，由于把你的呼啸声辨认出，

一时都惨然变色，胆怵而心惊，
战栗着自行凋落；听，哦，听！

四

我若是一朵轻捷的浮云能和你同飞，
我若是一片落叶，你所能提携，
我若是一头波浪能喘息于你的神威，

分享你雄强的脉搏，自由不羁，
仅次于，哦，仅次于不可控制的你；
我若能像在少年时，作为伴侣，

随你同游天际，因为在那时节，
似乎超越你天界的神速也不为奇迹；
我也就不至于像现在这样急切，

向你苦苦祈求。哦，快把我飏起，
就像你飏起波浪、浮云、落叶！
我倾覆于人生的荆棘！我在流血！

岁月的重负压制着的这一个太像你，
像你一样，骄傲，不驯，而且敏捷。

五

像你以森林演奏，请也以我为琴，

哪怕我的叶片也像森林的一样凋谢！
你那非凡和谐的慷慨激越之情，

定能从森林和我同奏出深沉的秋乐， 550
悲怆而又甘冽。但愿你勇猛的精神
竟是我的魂魄，我能成为慓悍的你！

请把我枯萎的思绪向全宇宙播送，
就像你驱遣落叶催促新的生命，
请凭借我这单调有如咒语的韵文，

就像从未灭的余烬扬出炉灰和火星，
把我的话语传遍天地间万户千家，
通过我的嘴唇，向沉睡未醒的人境，

让预言的号角奏鸣！哦，风啊，
如果冬天来了，春天还会远吗？

十月的最后一周和十一月的第一周，雪莱一直在飞速地创作和办理各种事务。他似乎腾出了足够的时间来完成各种工作。亨利·雷弗利的蒸汽船项目的融资安排出现了意想不到的复杂情况，这与雪莱在伦敦的布鲁克斯银行的账户有关，因为他突然发现账户支取金额超限。十月二十一日，雪莱已经往里窝那寄去了一张用意大利金币支付的支票，金额为五十英镑，以此作为蒸汽船项目开支的第一笔付款，同时承诺将立即支付两百英镑。十月二十八日，雪莱收到了英国代理人寄回的两百英镑账单，解释称这份账单遭到布鲁克斯退回，这让他大吃一惊。他飞快地给玛丽亚·吉斯伯恩和亨利写信作出解释，同时向伦敦发出了特快邮件，进行询问并提出要求。收信人包括他的律师朗迪尔、皮科克和他忠实的财务顾问兼助手霍勒斯·史密斯。问题的原因纯粹是蒂莫西爵士、惠顿和朗迪尔的疏忽，导致雪莱在伦敦的账户没有收到年金。史密斯很快在十一月底之前解决了一切疏漏。[56]雷弗利最终在圣诞节之前收到两百英镑。与此同时，雪莱还给他写了一些具有督促性质的信件，“咱们俩试试看，在守时和一丝不苟上，不信就赶不上他们中的佼佼者”，并催促雷弗利学会写上等的商务信函，并认为这一点非常重要。他还通过亨利向吉斯伯恩先生提出建议，认为“在快要到来的革命的危机中”，不建议他家继续投资英国国债。[57]

与此同时，雪莱还尽全力呵护玛丽，确保她的第四次分娩万无一失。根据玛丽的叙述，雪莱体贴地采取了措施帮助葛德文。这一年秋天，
551 葛德文拖欠斯金纳街住所一千五百英镑租金的罪名成立。雪莱也没有忘记克莱儿。霍普纳夫妇调往瑞士工作之后，雪莱给新任英国驻威尼斯副领事写信，询问了阿利格拉的健康与受教育情况，“并请告知拜伦勋爵现在何处，又将何往”。[58]他甚至在信中提及一项计划，准备在圣诞节后独自前往英国做短暂停留。无论从政治还是诗歌的角度来看，伦敦似乎都是世界上最引人注目的地方；而且有许多人迫不及待地要见到他——亨特、皮科克、霍格，肯定还有葛德文，也许还有奥利尔，更不用说考文特花园的哈里斯先生了。伦敦似乎再也不是与他作对的地方了。当然也存在一个问题，即雪莱刚对玛丽大致提起这个想法，就遭到了她的反对。[59]

雪莱在一周前刚创作出《西风颂》，再过一周又要迎来玛丽的分娩。他在这一周又创作出《彼得·贝尔第三》，这篇诗作共有一百五十二个诗节。用雪莱的话说，“一篇**非常英雄的**诗”，并打算像《暴政的假面游行》一样立即将其发表，但两者的原因不同：不过他在写给奥利尔的信中称，“也许谁也不会相信我以玩笑的形式呈现的任何事情”。[60]在里窝那，雪莱就已读过亨特对华兹华斯的原作《彼得·贝尔》和汉密尔顿·雷诺兹高明的仿作《彼得·贝尔第二》所写的一篇睿智的评论，这篇文

章发表在《检查者》上。[61]但是，直到他在德尔塞图书馆读到评论中论述的这两部原作，他才萌生了创作第三部"彼得·贝尔"作品的想法。他创作了整部作品、序诗与前言，还假扮成学究为这部作品作注，将狂放的戏仿与严肃的精神相结合。无论是语气还是理念，这部作品都体现出他在写给奥利尔的信中对《每季评论》的攻击所作的一番滑稽的改编。

《彼得·贝尔第三》的核心是对华兹华斯发起政治攻击，其次是对柯尔律治的攻击："起初他崇高，忧郁，博大深沉，后来却变得……沉闷啊——实在沉闷！沉闷至极。"这部作品创作速度惊人，每天完成的篇幅超过二十诗节。雪莱在前言中写道，"我要申明，我花了六七天时间才写成这篇庄严的史诗；我明月般的天才按其轨迹绕着您所居住的沉闷大地旋转了四周，让您差点发了疯……"[62]

这部作品献给托马斯·布朗（托马斯·摩尔的化名），并讽刺了公众信誉与名誉等问题。其实雪莱内心深处对这些问题十分在意。雪莱的风格是将滑稽与莫名的悲伤结合在一起：

> 但愿您在使福杰一家*不朽的同时，也借以获得不朽的名声，并坚信当伦敦变成鹭鸶们的聚居之地时；当圣保罗大教堂和西敏寺都残破 552
> 不堪成为一堆无名的废墟，兀立于荒无人烟的沼泽中时；当滑铁卢桥的桥墩变成丛生着芦苇和杞柳的荒岛的中心，并将颓圮的桥拱参差不齐的阴影投射在孤寂的水面上时，大西洋彼岸的某个评论家将会用新的目前尚难想象的尺度，来衡量三位贝尔和福杰一家及其作者的各自价值。亲爱的汤姆，我仍是您忠诚的友人，米钦·玛莱乔。[63]

这首诗表面上采用了《暴政的假面游行》中粗糙、快速、口语化的风格，但它的讽刺却不如后者那样强烈和发自肺腑，而是更加温和、轻快，对多

---

* 福杰一家是托马斯·摩尔创作的流行儿童系列故事中的人物。

个问题同时展开抨击。这部作品体现出真正的智慧，而且在雪莱一生的诗作中，人们在这首诗中方可清晰地察觉到蒲柏式的尖酸、优雅风格。它分为七个部分，起的标题都很骇人，分别为："死亡""魔鬼""地狱""罪恶""恩典""毁灭"与"双重诅咒"。如果说这首诗存在事件发生的背景，那它从头到尾都设定于梦魇中的伦敦，这是琐罗亚斯德教式的伦敦城。人物经过扭曲的描写变成半陌生、半熟悉的形象，他们匆匆而过，包括迷失在日耳曼幻想中的柯尔律治，煽动暴民去发动谋杀庆典的科贝特，利物浦勋爵的几位内阁成员，摄政王，威廉·德拉蒙德爵士，评论人士，律师，主教和上流社会的仕女，他们都匆匆而过，仿佛地狱亡魂在梦境中汇聚成的幻景一般，这是"疫疠摧残的落叶无数"。其中最奇怪、最变化莫测的就是主人公彼得，他有时明显是华兹华斯的化身，作品中以一个尖锐的批评术语对其定性——"成了一名正式的清教徒，一个道貌岸然的无性人"；他有时又是一种复合式的诗人，是华兹华斯、骚塞、柯尔律治的结合体，背叛了他的政治信念与诗歌信念；有时甚至成为雪莱本人，在评论中被钉上了十字架：

于是各种期刊纷纷
　出击，射出疯狂的毒箭。
有的说他"勾引了福耶夫人的千金，
然后把母亲淹死在河中，
　在他上床睡觉之前"。……

另一篇说"难道乱伦
　还不够，还必须加上通奸？……
你最近出版的那本书啊，
　使人们对你更加鄙视；
我们曾警告你要悬崖勒马。

你的黑名让婴儿都害怕，
　不敢诞生到人世。”[64]

但是，这属于嘲讽，近乎受虐狂式的猥亵。但这部作品中最出彩之处就在于第三部分（“地狱”）和第五部分（“恩典”），篇幅都不长，确实非常出色。这两部分都突出体现出智慧的欢乐，这在恐怖的背景中显得格外夸张。在对“地狱”部分的描写中，出现了毫不畏缩的眼睛，既像是个孩子，也很致命。地狱当然指的就是伦敦。 553

地狱与伦敦十分相像，
　也人满为患，烟雾迷蒙；
多少人在此名败身亡，
找不到欢乐凄凄惶惶；
　更难得怜悯和公正……

还有一位，究竟是丧失
　或出卖了理智，谁也说不清；
他是一具双料的行尸，
虽骨瘦如柴，与虚伪酷似，
　却愈加阔气和残忍。

还有高等法院；和国王；
　还有劳苦民众；和一帮
小偷，他们选举自己来
代表同样的小偷*；加上

* 指改革前的下议院。

一支军队；和公债……

有人把革命侃侃而谈——
这是个专制暴政的时代——
德国兵，军营，一片混乱，
骚动，彩票，愤怒，破灭的梦幻，
杜松子酒，自杀，美以美教派……

还有装腔作势的女人，
喵喵地叫（如残忍的猫），
夸自己贞节，却把姐妹们
推入火坑，否则又怎能
保持自己的贞操？……*

554 他们在招待会上相遇，
或参加欢乐的政治晚宴；
史诗作者的晚餐；茶会上，
谈话在苦闷中逐渐沉寂；
还有严肃的专业早餐……

或在座谈会和舞会上露面，
或出现在集会和客厅里，
在各种理事会，或在法院，
在午前拜会、俱乐部或书摊，

---

* “姐妹们”当然是指伦敦的娼妓，雪莱在他自己所作的脚注中写道：“若无卖淫作其内核，贞操这一道德的外壳和装饰将成为什么呢？”为了与“**喵喵**”押韵，需要将“**贞操**”轻读。

　　在教堂、假面舞会或坟墓里。

这就是地狱，在这混沌中，
　个个该死，人人被诅咒；
人人又都在诅咒别人；
相互诅咒谁也不放松，
　其实是把自己诅咒。[65]

雪莱憎恨都市生活中的虚伪、残忍、不公和温文尔雅的阶级分层，这首先体现于他早期创作的对开本作品《魔鬼出行》，之后又在《暴政的假面游行》中发出了最纯粹的政治表述。在这里，它又体现出讽刺色彩，更接近蒲柏、拜伦和皮科克的风格。但是，雪莱并没有处理好《彼得·贝尔第三》的主题。一八一九年底，他又创作了一首著名的十四行诗，作为一种回顾，该诗又回到这一段描写，并浓缩它，深化其痛苦的感受，他还在此后的诗作中继续对这种冲动加以改造。雪莱一生中创作的最后一部长篇诗作是《生活的凯旋》，依然延续了《彼得·贝尔第三》中这部分的主题，尤其是针对徒劳无益的人类活动，对这个怪异的、毫不停歇的理念加以拓展。这一类著作源自古典时期的范例——尤维纳利斯①的作品。

本诗的第五部分是“恩典”，这完全是对华兹华斯本人的一幅个性化的肖像描写，使他呈现出伟大的诗人形象，但之后琐罗亚斯德式的“毁灭”主宰了他。雪莱逐渐淡化了作品的鲜明度和尖刻性，行文更加流畅，而且押韵也表现出抒情的力量而非警句般的力量。最终，我们看到的是以诗歌的体例对华兹华斯的天赋作出的评价与赞扬，这与柯尔律

①　尤维纳利斯（约60－约140，亦有说为60-127），又译朱文纳尔、朱文诺尔，古罗马讽刺诗人。共留下五卷诗集，其中有十六首史诗体讽刺诗。他在诗中采用托古喻今的手法讽刺皇帝的专制、朝廷的谄媚、贵族的荒淫，用以影射当时的社会现实。

治或海兹利特所作的评价一样高明，也如 J. S. 穆勒或阿诺德后来对此所写的随笔一样出色。

他在幻想中重又来到
　他生前住过的地方，
生活啊多么反复无常；
他不知道究竟是怎么回事，
　脑中充满了幻想。

555 正是这些模糊的记忆，
　激起了彼得心灵的乐音，
无论他在何时，在何地，
他都能运用诗的韵律
　来歌唱树林和山峰。

尽管他无意把往事回想，
　旧日的印象仍留在心间，
那些沟渠和简陋的篱墙；
熟悉的湖水碧波荡漾，
　还有北方的旷野荒原。

他也依稀记得，小贩
　来村中兜售，敲着奶桶
和奶锅；还记得一些格言
和谚语；老牧师站在坟边
　为亡灵祈祷诵经。

但彼得的诗读来还清新，
　仿佛出自冰冷的炉膛，
在冰冷的年代，谁也不能
驯服被圣火燃烧的灵魂，
　在这遭劫的大地上。

像细雨落在干旱的田野上，
　使灰暗变成一片苍翠，
像月亮突然洒下清光，
把幽暗笼罩的窗户照亮，
　仿佛已晨光熹微。

因为语言在彼得手中，就像
　陶土，当他还是个陶工；
他要写诗，为全世界歌唱，
歌声甜蜜，也并不难懂，
　像山民手中的小铁锅一样。[66]

在这几个星期，雪莱迸发出的创造力具有多样性，有时很难将他创作《西风颂》时的思想与《彼得·贝尔第三》中的理念相对应。这不仅在创作每一部作品的几天里各不相同，而且每隔几小时也有所不同。但是在《彼得·贝尔第三》这部作品中，通过神奇、睿智地扩大感情的范围，凭 556
借第五诗节与第六诗节中流畅的诗文，这两首诗的灵感实现了和谐性和几乎不可打破的连续性，这一点是确凿无误的。

雪莱于十一月一日将这部诗作交给玛丽誊清，准备立刻在伦敦发表。玛丽即将临盆，时而会有阵痛，但她还是在第二天完成了这项工作。之后她写道，尽管必须将这部作品视为一种消遣文章，但它“具有较大的优点和诗才——体现出雪莱本人的鲜明色彩”。[67]这部手稿直接寄给了亨特，“清样就劳您校订了”。但是，《彼得·贝尔第三》直到玛丽一八三九年出版《雪莱诗集》时才发表。尽管雪莱在这一年冬天一直追问此书的出版事宜，但无论是奥利尔还是亨特都没有给出真正的解释。

自这一年六月以来，雪莱在这封信中首次体现出玛丽的积极存在，她仿佛又重新回到雪莱的生活中。“下一个邮班我还要给你写信，因为我还有许多事要说，而且要宣告玛丽的新作正在付印。你将看到，她已誊清我的《彼得》，我想这是她在**生产**前要做的最后一件事了。”[68]玛丽的宝宝与雪莱的创作之源和希望之源之间存在着联系，这贯穿于他这一年秋天所创作的所有诗歌，并逐渐体现在其意象中，也最终明显地反映在十一月的这些信件中。

但是，这个宝宝还没有出生，雪莱在十一月的第一周一直在创作奇幻作品。从十一月一日开始，他就开始创作一封长篇公开抗议信的初稿，准备发表在《检查者》上。这封信的主题是理查德·卡莱尔在伦敦接受的审判，审判于十月十日开始，并成为一条轰动新闻，受到自由派与激进派报刊的广泛报道。雪莱对卡莱尔尤其感兴趣，因为在十桩涉及煽动性诽谤或亵渎神教罪的官司中，有一桩涉及托马斯·潘恩的《理性时代》的普及版的出版，另一桩涉及卡莱尔在舍温的《政治纪事报》中对彼得卢事件的出色报道。

雪莱用了五天时间，写出这封挥洒宏论的公开信，最终篇幅超过六千单词，实际上成为一本小册子，讨论的话题是出版自由的法律依据。他当时似乎刚创作完《彼得·贝尔第三》，就在同一天动笔写这封信。[69]他的创作无论在速度上还是在广度上，都令人惊讶。他从九月六日第一次得知彼得卢惨案的消息开始，直到十一月五日，始终保持着连续的创作曲线，创作涉及迥异的诗歌与散文文类，同时还创作出歌谣断章作品与短诗，这表明他在精力与想象力上处于亢奋状态，一种超乎寻常的活跃的意识状态。

卡莱尔的审判结果对于雪莱尤为重要,因为它标志着政治希望首次遭到决定性的钳制。卡莱尔的两项罪名成立,分别是“不道德的恶毒之举与亵渎神教罪”,他总共被判有期徒刑三年,并处以一千五百英镑的罚金。这本身就足以让他破产,但最重要的一点在于,当地政府还扣押了他的全部藏书,总共七万本,这对于他的整个资本投入不啻毁灭性的一击。雪莱和其他许多观察人士都认为,通过压制卡莱尔的声音,政府取得了一场战术胜利。* 雪莱根本不相信这样做会影响激进改革的进程。他认为这一进程不可阻挡,而且群众与政府之间发生流血和暴力对抗的可能性更大了。他认为这样的对抗使得军事独裁的危险变得极大,他始终秉持这一观点。倘若如此,大批民众的福祉将受到影响,而且比之前更缺乏民主的代议。 557

他在信中阐述了三个主要问题。首先,卡莱尔作为自然神论者,他之所以受审,本质上是因为其宗教观点。但审判他的陪审团由坚定的基督教徒组成,因此根据法律定义,不得将他们视为与他“法律地位同等的人”。因此,这样的陪审团无效。其次,如果是因为出版托马斯·潘恩的著作就对卡莱尔提起公诉,简直荒谬,因为中产阶级的书商还出版了休谟、吉本、威廉·德拉蒙德爵士、葛德文或杰里米·本瑟姆的自然神论著作,但政府却并没有对他们提起公诉。第三,尽管有人可能认为,卡莱尔出版的动机是挣钱,“出自养家糊口的卑微心计”,但无论这种看法对错与否,都没有一丁点法律证据能证明,卡莱尔出版时的动机是“不道德”或“恶毒”的。所有这三点都是言之凿凿的法律论据,它们驳斥了审判结果;其实,最后一点在内殿律师学院中也产生了显著的共鸣。

雪莱的总结部分实属上品之作,只是因为这封信是他仓促间创作而

* 此次事件证明理查德·卡莱尔是一位不屈不挠的人士,他后来做出版并倒了很多年的霉。此次他是在多尔切斯特的监狱中服刑,他还在年轻的约翰·斯图亚特·穆勒所写的一本非法小册子的基础上,就家庭计划与生育控制问题方面写出了最早的流行专题报道之一,题为“爱是什么”。

成，因此没有将其放在结尾。它似乎是用来发表一番慷慨激昂的演讲。它体现出强大的力量且富有特点，其中斩钉截铁地透过这桩法律案件的表面，拷问其政治本质。

> 在起诉卡莱尔时，他们把陪审团的迷信当作工具来整垮一个政敌，或者说他们以打击他来打击他们的一切政敌。他们知道国教是建立在十八世纪时发生在朱迪亚的某些超自然性质的事件的信仰的基础上的。如果不是出于这种信仰，农场主会拒绝支付其劳动产
> 558 品的百分之十以养活其无所事事的一家人的。这个阶级的人，如果不是闲养着，必会干点别的什么，而不是转移人们的注意力，不叫他们去改革压迫他们的政府。况且政府最终必定会被改革的，人民也会按劳得到公正的报酬……[70]

与雪莱在这一年秋天专为发表而创作的所有著作一样，雪莱为卡莱尔所写的这封信在他去世之前始终未能出版。这封信首次出版工作还要到一九二六年。[71]

思考卡莱尔的命运时，雪莱似乎第一次意识到，他将自己的政治著作交给亨特和奥利尔发表后，将会遭遇怎样的命运。他提议公众为卡莱尔募捐，并依依不舍地对亨特评论道："我知道你的职业的价值，也知道你的健康很脆弱，我很抱歉今年冬天我无法和你在一起，[帮助你]完成这项责任。"他逐渐意识到这一点很关键。[72]

在为卡莱尔写的这封信的结尾，雪莱抓住机会回顾了一八一九年秋政治动态的全貌，他公开提出，他的激进主义思想与亨特的自由主义思想存在差异，同时也承认他们的目标在根本上是统一的。这是他对永恒的政治责任所作的伟大宣誓之一。"亲爱的亨特，这是可怕的时代。一个巨大的问题正在酝酿：一种军事和司法的专制将由当前的统治者建立，或者，在欲推翻他们的群情激愤中，某种对所有人的真正且恒久的利

益危害较少的政府即将产生。我们不能犹豫应当拥抱哪个政党；而且尽管压迫会改变它的名字，使它的名字也不再是压迫，但无论发生什么革命，我们的政党将代表自由和被压迫者。你可以想象，无论我们在政治理论上的差异是什么，我都坚信，我将通过赞同你的政治实践原则，证明它们要比你所想象的更为渺小，我发自内心地坚信这一点。”雪莱开始进一步分析两人在“理论与实践”上的区别，但是他转念一想，又将这句话删掉了。此时并不是深入探讨的时候，大家应当团结一心。在“可鄙的暴君与骗子”包围下，雪莱发自肺腑地站在亨特这一边，但亨特会在实践中力挺雪莱吗？他会发表雪莱的作品吗？

雪莱放下了手中的笔。他已没有什么要写的了。他为玛丽大声朗读，而玛丽坐在沙发上，等待临盆阵痛的开始。[73] 他拿起书桌上亨特的肖像画，将它悬挂在墙上，正对着玛丽的床。[74] 十一月六日，他又给吉斯伯恩夫妇寄去一封简短的书信，再次建议他们不要投资政府公债。“我已经荒废了文学的芳香园地，去横跨政治的浩瀚沙漠，并不是没有 559
产生找寻一个扑朔迷离的天堂的希望，这你也是可以想得到的。”然后，他夸张地展开这个隐喻，这是他从卡尔德隆那里学到的，他对玛丽亚称这是“卡尔德隆手法”。之后他又开心地写道：“完全可能，我将被肆暴凶虐的暴风雨湮灭在混乱和没有路的荒原里。同时你将会在我回不去的一个愉快的绿洲里哀叹。”天气已完全转冷。午后和傍晚经常下雨，还有闪电。但是，雪莱依然喜欢想方设法溜出去到卡西尼花园，“在那里我常常一个人散散步，看看树叶，看看阿尔诺河的涨落”。他说，他心中充满各种文学创作的计划。[75]

注释

［1］《珀西·比希·雪莱书信集》，第二卷，第五一一篇，页115。

［2］同上，第五一三篇，页117。

［3］《珀西·比希·雪莱诗集》，页298。

［4］ R. J. 怀特,《从滑铁卢到彼得卢》,页 191。

［5］ 班福德,《自传》,第二十四章至二十五章。

［6］ R. J. 怀特,《从滑铁卢到彼得卢》,页 192。

［7］ 如需了解对内政部文件的权威讨论,参见 E. P. 汤普森,《英国工人阶级的形成》,页 750,注释 1。

［8］ R. J. 怀特,《从滑铁卢到彼得卢》,页 194。

［9］ 根据目击者的叙述,引自 F. A. 布鲁顿,《对彼得卢惨案的三份叙述》(1921)。

［10］ 班福德,《自传》,页 157。

［11］ E. P. 汤普森,《英国工人阶级的形成》,页 754。

［12］《珀西·比希·雪莱书信集》,第二卷,第五一四篇,页 119。

［13］《珀西·比希·雪莱诗集》,页 338。

［14］ 同上。

［15］ 同上,页 338-339。

［16］ 同上,页 339-340。

［17］ 同上,页 340。

［18］ 同上,页 342。

［19］ 同上,页 343。

［20］ 同上,页 344。

［21］ 同上。

［22］《珀西·比希·雪莱书信集》,第二卷,第五一五篇,页 120。

［23］《玛丽·雪莱日记》,页 124。

［24］ 玛丽在《珀西·比希·雪莱诗集》中所作的注,页 345。

［25］《玛丽·W. 雪莱书信集》,第七十五篇,页 80。

［26］ 同上,页 81。

［27］《珀西·比希·雪莱书信集》,第二卷,第五一七篇,页 123。

［28］ 同上,第五一七篇,页 122。

［29］ W. H. 威克沃,《为新闻自由而举行的斗争,1819-1822》(1928)。对伯

德特的审判的整段描写非常具有启迪性，页 115-128。

[30] 同上。

[31] 玛丽在《珀西・比希・雪莱诗集》中所作的注，页 345。

[32]《玛丽亚・吉斯伯恩与爱德华・E. 威廉姆斯：日记与书信》，页 53。

[33]《珀西・比希・雪莱书信集》，第二卷，第五一八篇，页 124。

[34]《玛丽・W. 雪莱书信集》，第七十六篇，页 82。

[35]《珀西・比希・雪莱书信集》，第二卷，第五一九篇，页 126。

[36] 同上，第五一八篇，页 126。

[37]《玛丽・雪莱日记》，页 125-126。

[38]《不灭的炉火》，页 133-142。

[39]《珀西・比希・雪莱书信集》，第二卷，第五一九篇，页 127。

[40]《不灭的炉火》，页 141。

[41] 同上，页 140。

[42] 同上，页 142。

[43] 托马斯・梅德温，《珀西・比希・雪莱的一生》，页 226。

[44]《珀西・比希・雪莱书信集》，第二卷，第五一八篇，页 126。

[45] 同上，第五一九篇，页 128。

[46] 几乎可以肯定，这本钞本是三本“比克斯比钞本”中的第一本，藏于加州的亨廷顿图书馆。内维尔・罗杰斯在《工作中的雪莱》中细致入微地考察了雪莱的钞本，认定为这是“比克斯比-亨廷顿笔记本之一”。

[47]《比克斯比-亨廷顿笔记本之一》，载于内维尔・罗杰斯，《工作中的雪莱》，页 222。

[48] 同上，页 224。

[49]《玛丽・雪莱日记》，页 125。

[50] 牛津大学博德利图书馆藏雪莱手稿，位置 e. 12，页 150-151。《珀西・比希・雪莱书信集》，第二卷，第五二二篇，页 130。

[51]《珀西・比希・雪莱诗集》，页 577。

[52]《珀西・比希・雪莱书信集》，第二卷，第五二二篇，页 130，注释 1。

[53] 牛津大学博德利图书馆藏雪莱手稿,位置 e.12,页 63。皮书套背面附了插图。

[54] 牛津大学博德利图书馆藏雪莱手稿,位置 e.6,页 137,修订版。

[55] 内维尔·罗杰斯,《工作中的雪莱》,页 19。这引自欧里庇得斯的《发疯的赫拉克勒斯》。雪莱曾在夏天翻译过欧里庇得斯的《独眼巨人》,1819 年 10 月 10 日发表于《检查者》。

[56]《珀西·比希·雪莱书信集》,第二卷,第五三五篇,页 160。

[57] 同上,第五二四篇,页 132。

[58] 同上,第五二〇篇,页 129。

[59]《玛丽·W.雪莱书信集》,第七十八篇,页 85。

[60]《珀西·比希·雪莱书信集》,第二卷,第五三九篇,页 164。

[61]《珀西·比希·雪莱诗集》,页 362。

[62] 同上,页 346。

[63] 同上,页 347。

[64] 同上,页 356-357。

[65] 同上,页 350-352。

[66] 同上,页 355-356。

[67] 玛丽在《珀西·比希·雪莱诗集》中所作的注,页 363。

[68]《珀西·比希·雪莱书信集》,第二卷,第五二六篇,页 135。

[69] 同上,第五二七篇,页 136,注释 1。

[70] 同上,页 143。

[71]《牛津大学博德利图书馆藏雪莱书信》,R. H. 希尔编(1926),页 21-30。

[72]《珀西·比希·雪莱书信集》,第二卷,第五二七篇,页 147。

[73]《玛丽·雪莱日记》,页 126。

[74]《珀西·比希·雪莱书信集》,第二卷,第五二九篇,页 151。

[75] 同上,第五二八篇,页 150。

第二十三章　来自美术馆（佛罗伦萨，1820）

一八一九年十一月十二日，玛丽的第四个孩子出生了。他们做好各 560
种安排，但贝尔医生却未能赶来，不过分娩非常轻松，两个小时就结束了。是个男孩，雪莱非常开心。他长得小巧，但健康又漂亮。孩子的出生对玛丽产生了显著的效果，这让雪莱松了一口气，也乐于见到这一结果。“可怜的玛丽（第一次）看起来开始有点舒心了，因为我们正如你可以想象到的，已过了五个月的悲惨日子。”[1] 他们用孩子的出生地和父亲的名字给他起名，名叫珀西·佛罗伦萨·雪莱。

雪莱与玛丽都觉得这孩子非常惹人疼爱。此时白昼越来越短，阳光也越来越弱，他们可以悄悄溜出门。雪莱独自外出的次数越来越少，玛丽又没有心思写她的日记了。过了一周左右，雪莱开始缓慢寄出信件，这些信件并不是匆匆写就的。他在写给玛丽亚·吉斯伯恩的信中，以**卡尔德隆手法**对卡尔德隆进行了一番论述。“我最近没带领航员而在海上做航行。而且尽管船帆经常被撕破，船体漏水，航海日志也丢失了，我还是设法得以从一座岛航行到另一座岛……**我已经不等你就在读卡尔德隆了。**”在信件的附言中，他从《英格兰的分裂》中抄写了四个诗节，这部诗剧讲述的是乱伦之爱。雪莱在誊抄时都没有将它从西班牙语译为英语。[2]在写给约翰·吉斯伯恩的信中，他明智地写到了忒奥克里托斯、英国的基金和年轻人的荒唐事。“我们这些有点价值的人，把成年的时光度过了，忘却青年时代的嬉戏或避开青年时代的过失。”[3]在写给罗马的库兰小姐的信中，他提到了自己家中新添的宝宝，还提到葛德文的债务和他来年春天偷偷前往英国的大致计划。[4]

雪莱还从亨利·雷弗利那里得知八十三磅重的铜质汽缸已经在里窝那的工厂中制作完毕，它可用于蒸汽船。雪莱对此次发明创造展开了一番卡尔德隆式的论述。雷弗利迫不及待地要讨好雪莱，详细描述了模具的铸造过程和熔铸金属时“一道浅蓝色的亮得耀眼的块流”，它就仿佛“流星在眨眼一般”。雪莱在回信中采用了同样的写法：“你对汽缸诞生绘声绘色的描写，非常能体现你的性格和汽缸的特点。人们可以想
561 象，上帝多么高兴地看到他创造了大地，花岗石的群山和燧石的海岬形状嶙峋，像彗星的尾巴一样非凡，横空出世于百万英里的空间。上帝看到了他的机器绕着太阳旋转，高兴地看着机器的顺利运行。而且得到了专利权向宇宙的恒星供应同样的机器。你的船对于水的大洋，犹如地球之于太空——一个成功而快速的航行者。”这艘金属蒸汽船已化为雪莱笔下一艘耀眼的飞艇。查尔斯·克莱尔蒙特已于十一月十日离开了马里诺宫，“颇有哀伤之情，所有真正的情人在这样的情况下都在所难免”。雪莱委派他去撰写一篇关于的里雅斯特蒸汽船的叙述报道，这特别为雷弗利而写。[5]

十一月十八日，雪莱给亨特写了一封信，讨论了小宝宝的衣物和翻译中遇到的困难。字里行间流露出他拐弯抹角、试探性地询问文学方面的问题：“你没有告诉我是否已收到我那篇关于曼彻斯特大屠杀的诗……我不知道该怎样出版《朱利安与马达罗》。你认为最好怎么做？由你来定。”信中有些内容是讨论政治的，在“人民的忍耐与暴政的顽固性之间保持平衡”的必要。雪莱写道，要采取的重大行动就是推行温和的事业，方法要能吸引《检查者》的编辑，“猛烈地灌输反抗的权利和忍

耐的义务”。即便是这种情况下,他的激进主义思想也不可遏制。“你知道,我的原则使我去获得政治上可以获得的一切好处,永远想着去获得更多的东西。我属于那种没有什么可以使我完全满意,但也准备实实在在地求得局部满足的人。我们等着看吧!”[6]

到了十一月底,玛丽开始缓慢恢复到过去的状态。回忆起自己在里窝那度过的那五个月时光,她就会“惊恐得瑟瑟发抖”,但这也需要她具备回忆的能力。她开始关注起实用的细节。她担心的是怎样为珀西·佛罗伦萨弄到法兰绒布料,好将他裹起来,抵御意大利的寒冬;她还开始大声抱怨亨特怠慢了给他们写信。她也像雪莱一样询问起这些诗作的情况:他们在离开里窝那之前几天寄出的《暴政的假面游行》怎么样了?“到现在已经过去两个月了”,《彼得·贝尔第三》又怎么样了?这是她亲手誊清的稿子。玛丽对雪莱和玛丽亚·吉斯伯恩玩的这种卡尔德隆式的游戏感到很开心。根据她的介绍,有一天雪莱站在窗户旁,宣布最近的天气已是“史诗般的淫雨,霜冻是其中的插曲,还有一些有关好天气的明喻”。[7]她感觉内心更平和了,而且她看到克莱儿在佛罗伦萨一位新的音乐教师教导下提高了歌唱水平,感到很高兴。她问起了马洛的“乡巴佬”,而且刚一得知皮科克还未迎娶玛丽安娜·圣克鲁瓦,便以她过去的那种戏谑方式发表了一番评论,“恐怕这位牧羊王已忘记了他捕羊用的曲柄杖和他的情妇了”。当下的问题就是雪莱打算在来年春天前往英国,显然是为了帮助葛德文。但是,玛丽却对自己的父亲得出了 562
新的结论,她再也不会对他无休止的经济困难而轻易内疚了。无论是这个原因,还是其他什么原因,她都下定决心要反对雪莱独自一人离开意大利。她也得到了玛丽安娜·亨特的同情。“雪莱在他上一封信中提到他要回英国,但语焉不详,我希望他不要回去,你可以猜想到我说这番话是多么认真……从各方面来说,他回英国都是极其可怕的做法,我都不敢长久思考这个问题。我们压根没有想过回来的事情。”[8]难题之一是资金问题。玛丽负责掌管家计支出,这表明他们移居托斯卡纳之后,首次在意大利“过起了精打细算的生活”。无论是让一家人分开，还是承担前往英国的旅费，都是“疯狂的”。尚不清楚玛丽是否害怕雪莱到伦敦后可能会卷入当地的政局，但她在信中告诉玛丽安娜，此行倘若走漏风声他就会遇到危险，还会遭到“逮捕和其他一千种麻烦”。可能会因为债务问题而非煽动性诽谤而身陷囹圄，这也是玛丽害怕的。[9]

雪莱并没有在这个问题上纠缠不放。他对这个孩子出生后营造的和谐气氛感到喜悦。十二月二日，玛丽在信中称她觉得自己的健康状况很好，身体也结实多了，又称珀西·佛罗伦萨比出生时体重几乎增长了两倍，但她依然没有从热那亚收到法兰绒衬裙。[10]

也许是看到这位妙龄母亲和孩子，促使雪莱回忆起彼得卢惨案中那位无名母亲手中惨死的孩子，这一幕曾令雪莱惊骇不已。雪莱这一年九月和十月创作的诗歌，这个意象始终贯穿其中，他在十一月就理查德·卡莱尔的审判所创作的公开信，开头部分又采用了这个意象。不管怎么说，在这本创作过《西风颂》最后几个诗节的黑皮面钞本上，他在第二页就草拟出一首歌谣的诗节，这首叙事诗讲述的是一位饥饿的母亲抱着一个婴儿。第一诗节中没有作出解释，但语气急切：

给我一片上等的白面包
我可以用我的血来交换
要赶在我昏倒、孩子死去之前
哦，求你给我一点[11]

这首诗逐渐变成一位饥饿的妇女向教区牧师发出恳求，这位牧师很年轻，名叫理查兹。这位妇人解释道，她被“一小块金子”诱惑，被糟蹋，逐
563 渐陷入饥饿与贫困，直到因生活所迫而变得寡廉鲜耻、不顾一切。她怀中抱着小宝宝，隔着教区长住宅的大门向这位牧师苦苦哀求。

……一张破旧的布毯
我们哭着挤在毯子下入睡
毯子没了——雨水顺着屋檐淋湿了我们
我哀号——但再也哭不出来

当妓女对我有什么好处
这羸弱的身体肮脏而又狂野
但我对天发誓,我甘愿去当
只要能救救我的孩子

也许你愿意——但你是
正人君子,为人保守
而且,如果你不是……谁会在乎
四肢太瘦,脸色太苍白

这部作品颇为直白,而且无意间实现了反讽效果,同时这妇女的言辞结结巴巴又不失朴实,表现出一种急切的冲动。这种冲动曾经使雪莱对《暴政的假面游行》与《彼得·贝尔第三》的形式与风格产生了灵感;在这部作品中,它最终使之达到了极致的直白。似乎是人对同类的非人性之主旨在雪莱心中产生了强烈反响,以至于每一种干预的形式——政治、讽刺文学甚至是诗歌的礼仪,最终都在人类苦难与需求的这种简单而痛苦的言辞面前撤退。这位诗人日后被誉为英国浪漫主义诗人中最伟大的修辞学家和最出类拔萃的抒情诗人,他不得不这样创作,方可抒发肺腑之言:

可怜的小家伙拼命吮吸却吸不出乳汁,
他想哭,但却没有一丝气力——

他日渐虚弱,话也说不出来,
连呻吟声都依稀难辨。

眼旁的皮肤苍白、淤青,
他的目光呆滞,哭干了眼泪——
我希望你等上一会儿
知晓一位母亲的恐惧。

雪莱在其他手稿中继续创作这首诗。这首诗的最终版中,年轻的牧师始
564 终一言不发,他眉头紧锁,走向了小门,待他走到那里时,这位母亲和孩
子都已昏倒。这首诗到此戛然而止,诗中的人物静悄悄地死去。作者对
毁灭性的转折一带而过,难以察觉:

这位贤者愤怒地皱着眉
走向花园的小门
他看到妇人已倒下
蜷缩成一团。

孩子直挺挺地躺在冻草堆里
抱着妇人雪白、冰冷的胸口——
牧师从孩子死灰般的脸上看到
浮现出自己真正的面容。

他将目光从胸膛移开,那里面的心已碎
他曾在熟睡中枕着这胸膛——
他将目光从嘴唇挪开,其中话音全无
将目光从双眼移开,其中再无泪水——

这位牧师怎么……
变成了你……
我也说不清楚……[12]

雪莱并未尝试过将这首诗的各个版本整合在一起，但他后来确实在一本钞本上为克莱儿誊清了一个版本。也许她比玛丽更喜欢这首诗。他懒得将其寄给亨特和奥利尔。直到一八八九年，编辑依然认为这首诗不适合发表。

到了十二月，一位富有魅力的英国女士索菲亚·斯泰西和比她年长些的女伴科比特·帕里-琼斯（她长得有些像龙）到来，这使马里诺宫的生活更富有社交色彩，也更为活跃。这两位女士是来参加欧洲大陆文化修学旅行的。她们的出现也不完全是巧合，因为雪莱在苏塞克斯的舅舅是斯泰西小姐的监护人，而且她听说过珀西·雪莱的情况，知道他是家族中声名狼藉的害群之马、无神论者、私奔者和诗人，觉得此人很有意思，还听说他这一年冬天就住在佛罗伦萨。斯泰西小姐最终说服了帕里-琼斯小姐正式拜访雪莱一家，并立即弄清楚了情况，雪莱的魅力一下子征服了她们俩，没费多大劲——正如玛丽风趣地评论道："那位年轻一些的小姐见到他之后满腔狂热之情——年长一些的小姐则称他是个让人惊诧之人——但发现我们成为她为之向往的楷模。"

帕里-琼斯小姐是个身材娇小、年长一些的威尔士妇女，"没有受过任何教育"，她很有勇气，学习了法语和意大利语，但带着浓重的威尔士口音，并且与她的母语掺杂在一起，无法区分。索菲亚·斯泰西魅力四 565
射，性格活泼，相对不那么矫揉造作，玛丽也承认这一点，而且认为她"作为一个英国业余歌咏爱好者，歌唱得非常好"。不过在玛丽看来，她过于看重自己的"甜美嗓音"，而且不够重视音阶。克莱儿立即加入了雪莱的活动，并在意大利音乐教师的授课中迅速成为其中不可或缺的同伴兼口译员。还有一两位年轻的英国女士似乎也加入了他们的活动。

其中一人也名叫琼斯小姐，她在英国有一位严厉的音乐教师，当温文尔雅的意大利音乐教师加斯佩罗·佩莱斯基请她唱音阶时，她立刻号啕大哭。可怜的佩莱斯基看到这位英国人的奇怪反应，目瞪口呆，他绝望地对克莱儿大喊，“我不明白怎么会这样”。雪莱夫妇作为定居海外已久的侨民，也被这一幕逗乐了。[13]克莱儿“非常忙碌”，迪·普朗提斯夫人在马里诺宫中设有公共会客厅，其中的大理石壁炉很小，但已成为人声鼎沸之所。[14]

在一八一九年整个十二月和一八二〇年一月的部分时间里，佛罗伦萨的天气严寒刺骨，还出现了严重的霜冻。玛丽大部分时间都待在家里，忙着照顾宝宝。据索菲亚·斯泰西日记中的记载，雪莱夫人似乎总是坐在床上，膝盖上放着一只小床头柜，里面精致地摆放着笔墨等文具。[15]另一方面，雪莱始终沉迷于各座美术馆，迸发出旺盛的精力，还经常邀请斯泰西小姐和其他英国女孩同去。他披着一件硕大的冬季哔叽斗篷，上面缝了一条奢华的灰色毛领，这样便将自己白皙、微笑的脸半遮到耳根部位，也用它在佛罗伦萨狂风大作的狭窄巷子中抵御风寒。尽管外面刮着刺骨的寒风，雪莱依然裸露着脖颈，就像穿室内便服那样没有佩戴围巾或领巾。这些细节都被一位英国业余画家注意到，他名叫汤普金先生，与雪莱一家交好，还在一月初为雪莱绘制过肖像。[16]索菲亚显然因为雪莱的关注最为受宠若惊。雪莱强调要帮助她学习意大利语，还教她烧炭党人①歌谣和当地爱情歌曲中的歌词。他们似乎一同参观了各座美术馆，克莱儿与琼斯小姐也许也与他们同行，这便组成了一个叽叽喳喳的女士派对，很吸引人，而且完美地契合了雪莱的社交品味。索菲亚在日记中小心翼翼地记录了雪莱曾两次将她从马车上抱下来；还记录了有一天傍晚，她在马里诺宫“觉得钻心地牙疼”，雪莱特意从他的公

---

① 烧炭党是十九世纪前期活跃在意大利各国的秘密民族主义政党，追求一个统一、自由的意大利，在意大利统一的过程中发挥了至关重要的作用。

寓中走下楼，非常温柔地将一团棉球塞进她口腔里侧牙疼发作的臼齿中。[17]

雪莱此时创作了《佛罗伦萨雕塑笔记》。雪莱携索菲亚和克莱儿一同参观乌菲兹美术馆时，他言谈中的热情活泼与魅力一定程度上体现于这篇文章中。他最早的一篇笔记是关于一个无名的运动员雕塑，开头这样写道："诅咒这些无花果叶子；为什么一个圆白铁皮材质要比圆柱形的大理石更加体面呢？一件极为精美的雕塑……"[18]另一篇笔记则是关于母神维纳斯的雕塑（*Venus Genetrix*）："她的外形比例十分匀称，凸显出性感的效果，体现在布料的褶皱上，这样的布料一定取自希俄斯岛，'用风编织而成'。"[19]第三篇笔记是关于另一座维纳斯的雕塑，他评论道："平淡无奇的人，这位女士平淡无奇的态度。身体与臀部以及——的线条都消失在大腿部位，无论是想象力还是雕工都十分精巧。"[20]对于勒达①的雕塑，雪莱用两句话作出了评判："勒达的脸部非常丑陋。我可不愿和她同床共枕。"[21] 566

与传统评论在开头的巧妙与引人注目不同，雪莱的描写不落窠臼，通常聚焦于一座雕塑的两个方面。一方面是布料、关节和摆出姿态的技术细节，着力研究雕刻者所实现的性感或明显的性爱效果。另一方面则是一座人物雕像或一组雕像所表现出的情感，尤其是对其**道德**的刻画。他的评论很少表现出严格意义上的审美欣赏，而且对线条、平面或立体图形的纯形式关系几乎毫无兴趣。实际上在他的作品中，这些石质雕塑作品俨然如活生生的戏剧舞台造型一般。他在品鉴中最有趣的部分之一，是突出这些雕塑的栩栩如生感，而且他经常对他的评论采用这样一种个性化的手法，它们更多表现的是他本人的情感，而非石材的雕刻方法。有时，它们接近散文诗的风格。他对《据说是阿波罗的一位青年》

---

① 勒达是廷达瑞俄斯的妻子，斯巴达王后。宙斯醉心于她的容貌，趁她在河中洗澡时，化作天鹅与她亲近。她因此怀孕，生下美人海伦。

的作品评论道：

> 他的表情虽然精致、可爱、典雅，却不够神圣。他在获胜后活泼的样子给人留下了阴柔的印象，他的快乐也是一副消极被动的样子。他像个小男孩一样青涩，天真可爱……这就仿佛是梦境中的精灵。他的脖颈很长，但很圆润，支撑着他的头颅，一头浓密的头发编成了辫子，就仿佛它不需要支撑一般。[22]

雪莱在这段描写中似乎已进入半梦半醒的遐思奇想状态，读者可以注意到，其中出现了双性主题。他最先是在罗马的博尔盖塞美术馆中见到了《沉睡的海尔玛弗狄忒》，之后才有意识地产生并认识到这一主题的。雪莱篇幅最长的笔记仅涉及三个主题："巴克科斯和安珀琉斯"雕像，其中对青少年的友谊发表了评论；"密涅瓦雕像"，它代表古希腊酒神女祭司的迷狂，形式独特；"尼俄柏"雕像。"尼俄柏"雕像是美术馆中最伟大的作品之一，刻画出宙斯谋害尼俄柏的最后一个孩子时，尼俄柏用自己的身体护住孩子的场景。雕塑者"似乎并没有将她的惊恐停留在大理石里"，这对雪莱产生了极为深远的影响。他的描写其实并不算出色，因为他将自己的感情过度代入其中，但无论是他的信件还是玛丽的信件，都经常提到它，称他在意大利从未见过这样令人印象深刻的雕塑作
567 品，而且他一直以一种敬畏的心情将这部作品记在心头。其原因之一在于，它与彼得卢惨案中那位母亲与孩子的形象产生了联想，这便在这一年秋天的诗歌创作中成为主导性的诗歌题旨。对于将美同巨大的痛苦或强烈的反感相结合后所产生的艺术效果，雪莱展开进一步研究，创作出《咏佛罗伦萨美术馆达·芬奇的美杜莎》，但这首诗并没有写完，其中深刻思考了达·芬奇一幅令人反感的绘画作品的特质。

在雪莱对美术馆作品所写的评论中，最令人愉悦、最具特点的也许是对小型雕塑作品"维纳斯·阿纳迪奥梅"的评论，这是一件精美的古

希腊作品的复制品，原作的创作年代为三世纪，高度为三英尺略多。它采用大理石雕刻而成，上面密密麻麻点缀着深色的琥珀与黄金，表面作了抛光处理，在阳光下宛如一泓清水闪闪发亮。维纳斯除了两个臂环外一丝不挂。* 雪莱对其中的情爱暗示创作出一篇惟妙惟肖的随笔。

> 她刚刚沐浴完毕，沐浴的欢乐使她全身焕发着生命的活力。她似乎充满了娴雅的、温柔的欢乐。那优美的躯体所展示的蜿蜒不尽的曲线柔软地流动着。她脸上露出一种娇喘吁吁的情欲，而这种情欲是柔顺而无邪的，没有一点矫揉造作。在她的唇上……具有一种调皮的，然而又是纯洁、钟情的温柔的欲望。她那略微抿起的嘴角，向上翘着或半开合着。那永远荡漾在嘴边的微笑，那由无法遏制的激情所锻造的战栗而敏感的曲线，那抵住下唇的舌头，仿佛在柔顺的快乐的慵倦中，表达着爱，一种沉静的爱。
>
> 她的眼睛似乎因快乐而沉重、眩晕。她娇小的额头、从两侧渐渐隐入动人地隆起又微微倾斜的眉骨中，表达出朴素与温柔的情感。
>
> 她的脖颈是丰满的，仿佛因欢乐而喘息，优雅柔和的曲线蜿蜒地流动着，与她整个完美的形体融成一片。
>
> 她的形体的确是完美的。她正从一只贝壳中半坐半起。躯体的丰满、浑圆与美妙，丝毫无损于赋予这一切灵气的生命的活力。这些玲珑曲线流动到大腿的位置，还有腹部皱起的精肉，都因她的一个姿态而皱起，这确实让人惊诧万分……也许在所有古代雕塑中，这是维纳斯——朦胧的欲望之神的最杰出的人格化体现。她那有棱有角、梨一般形状的人体，永远是个处女。圣母玛利亚可能就像这样美，但是，呜呼……[23]

---

* 这件雕塑现存于乌菲兹美术馆的南侧，恰好俯瞰阿尔诺河，编号为一八八号《维纳斯的诞生》。参见插图 26。

568 人们尚不知道雪莱是怎样亲自向索菲亚·斯泰西解释这些“雕塑笔记”的，但雪莱专门为她写过几篇短篇爱情抒情诗，作为歌词和着曲子咏唱。其中包括著名的《为印度小夜曲而作》，它改编自一首东方的爱情抒情诗，开头这样写道：

从梦你的梦中起身下了地，
习习的夜风正轻轻地吹……

另外还包括《爱的哲学》《致索菲亚》，也许还有小咏叹调《佳人啊我害怕你亲吻》。[24]

过了圣诞节，斯泰西小姐和帕里-琼斯小姐都不得不前往罗马，继续她们的文化之旅。在她们最终于十二月底动身之前，雪莱大费周折地安排将她们引荐给玛丽安娜·迪奥尼加夫人。[25]雪莱后来给索菲亚寄去一本亨特主编的作品集《文学口袋书》。其中有他一首短诗《晚安》，共有三个诗节。这是他首次用意大利语创作。作品的结尾写道：

若是两颗心能通宵达旦，
　彼此贴近，相偎相伴，

这样的夜晚好，亲爱的，
　因为他们不说：晚安。[26]

雪莱希望在托斯卡纳再和她相见，玛丽后来也在来年春天从比萨给她写了信，但他们再也没有相见。

有了这些消遣，雪莱在十二月的创作工作就不那么紧迫了，而且英国也没有传来任何引人注目或决定性的消息，眼前的政治压力似乎已经缓解，而且他在信件中的语气更加冷淡。《每季评论》中的抨击曾令他分外痛苦，但此时已大为缓解，这主要归功于《西风颂》的创作，也因为他阅读了洛克哈特对《伊斯兰的反叛》发表的一篇高明的辩护作品，它发表在《布莱克伍德杂志》上，奥利尔十分体贴地将它寄给了雪莱。这两本杂志后来作为“毒药与解药”流传到吉斯伯恩夫妇手中。

雪莱继续向奥利尔询问《倩契》《彼得·贝尔第三》《朱利安与马达罗》这三部作品的情况，但直到春天，他似乎对此都不抱希望，他也许猜到这些作品一定都吃了闭门羹。[27]但是，他仍继续创作政治主题的作品，并在十二月完成了《解放了的普罗米修斯》的第四幕，也是最后一幕。他在创作过程中的压力明显小多了。对于这样一部讲述革命和胜利的作品，也许很难创作出一部伟大的歌剧式的结尾，此时英国实际的政治局面处于关键的停滞时期。玛丽将最后一幕誊写完毕，并在圣诞节前后寄给了奥利尔。[28]

雪莱需要对英国的形势作出实事求是的评估，这促使他下定决心创 569
作一篇散文体的论文，描写个人解放与社会自由制度的发展历史；尤其是当前英国有条件采用的民主改革方法。他从未写过对学识要求如此之高的文章。这篇作品从十二月中旬开始动笔，直到一八二〇年五月才最终完成，题为《改革的哲学观点》。

十二月十五日，雪莱提醒奥利尔，“我正准备对改革问题写一个八开本——一种普通版本的书——这种开本，我不想麻烦自己于本季度来完成，因为我看到有关方面不到明年是不会出大力的。我的意图是使它变成一本既有教益又有可读性的情理并茂的书”。[29]无论是雪莱政治希望的步伐，还是他诗歌创作的速度，同时开始放慢。他开始创作散文作品和“说理”作品，这明显标志着他在一八一九年秋开始的创造力大爆发阶段步入尾声。但直到雪莱去世，这种力量与愿景在雪莱的想象力中始终是一种潜在而永恒的资源。与他在一八一二年和一八一七年的创作活动相似，一八一九年的创作同样是对社会中爆发的政治与社会危机所做的反应，而且扩大了雪莱文学力量的广度。在他心中，他对自己和他人的行为和苦难都产生了更为成熟的构思。在艺术方面,最大的收获就是他的风格更加凝练、炽烈。

到了这一年年底,雪莱给亨特写了一封短信,它标志着雪莱意识到这段创作时期的结束。他询问亨特为何不经常给他们写信,但并没有指望得到真正的答案。此外又问亨特在来信中为何没有谈论政治,至少没有在他的《检查者》中谈论政治和“这个国家的真实情况”。因为卡莱尔于十一月受审后,自由派的报刊万马齐喑。“现在,一个人必须说的每句话,对公众都是有价值的,所以你必须立即使你的朋友们高兴,不,是指点他,或者使他高兴,或者迫使他听天由命,并唤醒人们的心灵。”他仿佛认为自己创作的作品不值一提;“我在这行当上是只雄蜂,而不是工蜂,想着,我最近随信附寄的东西你一直没说是否已经收到,也许你不喜欢,寄什么都那么回事”。雪莱的感受是听天由命而非憎恨。在信的结尾,他得出结论,却又半信半疑,“我想我们很快就要在英国打起来了。亲切地问候大家”。在附言中,他还附上了一首十四行诗,这首诗题为《一八一九年的英国》,但他对发表这首诗已经不抱任何幻想了。“我并不期望发表它,但是谁喜欢你就给谁看看。”[30]这首诗回忆起这一年秋天发生的多次群体性事件,他之前从未写过感情如此强烈、内容如此质朴的作品。对节律的处理尤其强有力。这首诗的基调是痛苦和幻灭,但希望的幽灵依然在游荡,就仿佛遭到“暴政”铁蹄蹂躏的那位姑娘。

570 一个老迈垂死又疯又瞎被人轻贱的国君,——
王亲贵胄,一群愚蠢族类的残余的渣滓,
在笑骂声中走过似来自泥泞源泉的泥泞,——
当朝执政公卿,昏聩、麻木,不明事理,
只会像蚂蟥那样把奄奄一息的国家叮紧,
直到吸足了血才昏昏然落地而不待打击,——

人民，在荒芜的田野里忍受饥馑和刀兵，——
军队，一柄双刃利剑，既擅长绞杀自由，
也会使挥刀弄剑者本身成为黩武的牺牲；——
法律，拜金而嗜血，为屠杀而先行引诱；
无基督也无上帝的宗教，一本闭阖的书；
国会，历史上最恶劣的法规，犹未废除，——
这一切全都是坟墓，从中会有幽灵奋飞，
焕发灿烂荣光照亮这风狂雨暴的年月。[31]

倒数第二行的重音故意落在了“会”上；普罗米修斯式的未来始终有可能实现。利·亨特自然没有发表这首诗，却在他的文学刊物《指针》一八一九年最后一期中发表了雪莱的另一首诗，这着实奇怪。这是一首爱情诗，篇幅很短，共有两个诗节，为索菲亚·斯泰西而作。

那甜蜜的作为有何价值，
　如果你，不亲吻我？[32]

一八一九年就这样结束了。

注释

[1]《珀西·比希·雪莱书信集》，第二卷，第五二九篇，页151。

[2] 同上，第五三一篇，页155。

[3] 同上，第五三二篇，页156。

[4] 同上，第五三四篇，页159。

[5] 同上，第五二三篇，页158。

[6] 同上，第五三〇篇，页153。

[7]《玛丽·W. 雪莱书信集》，第七十九篇，页87。

［8］同上,第七十八篇,页85。

［9］同上。

［10］同上,第八十篇,页87。

［11］牛津大学博德利图书馆藏雪莱手稿,位置e.6,页136,修订版。

［12］这二十一个诗节的完整版首次于1970年发表在一本小册子中。W. J. 麦克塔格特,《1819年的英国：教会、国家与贫困》,由济慈-雪莱纪念协会出版。书中对各个版本的手稿作了完整的讨论。我在开头引用了牛津大学博德利图书馆的手稿,结尾引用了希尔斯比-哈佛手稿。

［13］《玛丽·W. 雪莱书信集》,第八十一篇,页88。

［14］同上,第八十一篇,页89。R. 格林·格里尔斯,《克莱儿·克莱尔蒙特》,页113。

［15］索菲亚·斯泰西的日记并未出版,但海伦娜·罗塞蒂·安杰利在其著作《雪莱和他在意大利的朋友》(1911)中收录了重要选段。

［16］《克莱儿·克莱尔蒙特日记》,页116。

［17］H. R. 安杰利,《雪莱和他在意大利的朋友》。

［18］雪莱,《散文作品》,页346。

［19］同上。

［20］同上,页347。不幸的是,我并没有看过这条注释,但我猜想这里礼貌起见留下的空白是编辑而非雪莱所为。

［21］同上,页351。

［22］同上。

［23］同上,页348。

［24］《珀西·比希·雪莱诗集》,页580、583、610。

［25］《珀西·比希·雪莱书信集》,第二卷,第五四四篇,页167。

［26］《珀西·比希·雪莱诗集》,页627。但我采用了斯泰西1820年的手稿。

［27］《珀西·比希·雪莱书信集》,第二卷,第五三九篇,页163-164。

［28］同上,第五四二篇,页165。

［29］同上，第五三九篇，页164。

［30］同上，第五四三篇，页166。

［31］《珀西·比希·雪莱诗集》，页574–575。最后一行的标点我作了改动，原先是雪莱夫人在1839年加上的。

［32］同上，页583。

第二十四章　改革者(比萨,1820)

571　一八二〇年一月的严寒,加上年轻的英国朋友已经离开佛罗伦萨,使得雪莱一家蜷缩在马里诺宫中。雪莱的腰部出现了风湿痛,玛丽将此事告诉了吉斯伯恩夫人:这样他在新年前往里窝那做客的计划只得取消。雪莱待在家中,为玛丽大声诵读索福克勒斯的作品和《新约》——他将每一部福音书依次读给她听。也许就是在这段时间,他创作出《论基督教》的草稿,但还没有完稿。这是对耶稣的一篇肖像素描,将其刻画为制度化宗教和《旧约》的敌人,还将他塑造为第一批伟大的社会改革家之一。他认为耶稣对旧社会有所妥协,并对要表述的信息略作调整,以便普通人都能理解。雪莱在对此思考的过程中,回忆起他本人此前几个月的经历,得出以下结论:“所有的改革者都迫不得已去歪曲自己的真实感情和观点。”[1]

克莱儿又开始记日记了,她记录了自己与马里诺宫中其他英国住客之间繁忙的社交生活,尤其是哈丁一家和梅多斯一家。她继续请性情温和的佩莱斯基给她上课,但出门去美术馆参观时,通常与梅多斯一家或迪·普朗提斯的两位女儿佐伊德和路易莎同去。雪莱再也不去美术馆了。一月十二日,克莱儿在日记中提到了阿利格拉的三岁生日,但没有发表评论。她已听说拜伦带着他的新情妇（特蕾莎·圭乔利伯爵夫人）从威尼斯搬到了拉文纳。

一月十三日和十四日，下起了大雪，佛罗伦萨银装素裹。克莱儿利用雪后的晴天，在阳光下带着佐伊德、路易莎和哈丁家的孩子出门到花园里打雪仗，雪莱还是没有和他们同去。他留在家中，和玛丽一同阅读《暴风雨》。佩莱斯基称这是佛罗伦萨近七十年来最寒冷的冬天。[2]

克莱儿本人见缝插针地抽时间阅读，这也反映出雪莱的指导。她在研究古希腊社交生活时，注意到古希腊女子要比古罗马女子拥有更大的
自由度。她在日记中若有所思地写道：“毕达哥拉斯曾说，我们祭祀天 572
神时，祭品的数量应当为奇数；我们祭祀地神时，祭品的数量应当为偶数；‘因为奇数是最完美的，这是由于它无法分为等分，而偶数却可以，因此就象征着分裂’——这条法则也适用于婚姻，我们会发现爱发牢骚的不幸福状态源于何处。”[3]基于这样的观点，三角恋情构成了最小的稳定社会单元。克莱儿可能希望与雪莱和玛丽理性地解决这个问题。但实际上，在即将到来的春天，不在场的克莱儿这个老麻烦以一种意想不到的、构成威胁的方式再度出现了。它的出现并没有多少征兆，只是克莱儿在一月二十三日的日记中写道：“埃莉斯前来拜访。我们一起去散步，但时间不长。”[4]玛丽在日记中则未记载此事；只是在第二天写道：“和雪莱一同散步”——这暗示了两人私下里有过讨论。

整个一月，玛丽和雪莱一直在讨论这一年将前往何方。由于严寒，他们无法在圣诞节后立即动身，而且由于雪莱腰部疼痛，他偷偷返回伦敦的念头也化为泡影。罗马似乎过于遥远，而且不管怎么说，那里的气候不利于健康，也会使他们产生痛苦的联想，因此玛丽不敢想象回到罗马生活。因此，他们只剩下托斯卡纳可去，他们在这里已结交几位挚友：里窝那的吉斯伯恩夫妇，也许还有比萨的梅森一家。吉斯伯恩夫妇显然希望他们回到瓦尔索瓦诺别墅，而且雷弗利也希望自己的恩主来到造船的现场。但是，各种因素促使他们前往比萨：这是意大利的一座古老的

大学城，不像里窝那是商业中心；这里也不像里窝那是英国侨民的聚居地。比萨位于佛罗伦萨和里窝那之间的马车主干道上，是一处战略要点，因此无论是前往佛罗伦萨、里窝那，还是向北穿过亚平宁山脉前往巴尼迪卢卡都相对快捷。比萨沿着阿尔诺河的弧形河畔而建，非常方便乘坐小船从这里开启水上之旅，这也极大地吸引了雪莱。还有一个考虑因素：这一地区最著名的意大利医生安德烈亚·瓦卡就住在比萨，在大学担任教授。瓦卡曾在巴黎和伦敦深造，出版过著名的医学专著，在欧洲文化方面知识渊博。

圣诞节前后，雪莱的表兄汤姆·梅德温从日内瓦寄来了几封信，他是雪莱孩提时代的老朋友。一月中旬，雪莱给他写了回信，并在信中邀请他前来做客："来年我们肯定要到托斯卡纳。"雪莱这封信给人的印象仿佛是他在意大利乐不思蜀，从未想过回英国。"我记得，你的画很高明，而且如果我没有弄错的话，你对于美术自有特别的情趣和知识。意
573 大利是你求之不得的地方——是流放者的天堂，流浪者的庇护所。但我还是为自己着想，而不是为了你。"他对于自己的创作言之甚少，但依然将其放在政治背景中："我尚有足够的未受责难的希望，等着让英国的事物发展的进程来叫我胆战心惊……这不是人们可以打起多少精神来写诗的时代，虽然也有浓烈的气氛磨砺人的才智，使他们即使在失望中也怀着活泼的想象。"[5]这恰恰是他在佛罗伦萨所取得的实绩。

一月的最后两周，冰雪突然开始消融，从一月二十三日开始，佛罗伦萨每天便开始长时间沐浴在春天和煦的阳光中。两天之后，雪莱立即决定移居比萨，他再也不愿拖延了。他甚至懒得提前打探住处，而是命令几位女眷收拾行装，又步行前往阿尔诺预定了二十六日前往恩波利的船票。当天上午，他们于八点出发，梅多斯一家和佐伊德·迪·普朗提斯都来到码头，在早晨微弱的阳光下送别他们。轮船借着猛烈、料峭的东风顺流而下，虽然把他们冻得够呛，但也带着他们疾驰了三十多英里，只

用了五个小时就到达恩波利。[6]当天傍晚，刚过五点，他们就乘马车经过了通往比萨的主桥，并在阿尔诺河滨区左侧的第一家旅馆入住，名叫三少女酒店。

三少女酒店坐落在阿尔诺河北岸，位于小广场的边缘。顺着马车主干道从佛罗伦萨和恩波利赶来的人群经过中桥汇聚到这个广场。这座酒店是一座果橙色的三层石质建筑，表面被太阳晒得褪了色，都装了百叶窗，屋顶则采用硕大的弧形瓦片。雪莱一家透过窗户可以看到阿尔诺河宛如一张长弓，向左侧和右侧蜿蜒流淌，河的两岸是两排连绵不断的华美建筑与宫殿，其中许多采用大理石修建房屋的立面和阳台，使用了复杂的竖框窗，而且饰以精美的盖顶石（用陶土制成）。有几座宫殿是十五世纪和十六世纪建成的，譬如美第奇宫、托斯卡内利宫和雷亚莱宫。弧形的石质建筑物景观与弧形河岸上柔和的黄色和橙色交相掩映，产生了宁谧的氛围与贵族般的气息，简约的线条使人想起古典时期的罗马而非文艺复兴的罗马。

这一幕使雪莱赏心悦目。但是，这座城市的雍容华贵和优雅已是日薄西山。比萨起初是一座繁荣的海运中心，之后逐渐遭到近岸沼泽地的包围，就像英国的拉伊也遭到沼泽地的蚕食一样。自十七世纪以来，它的显赫地位与人口都在下降。正面的石质建筑出现了开裂和破碎，许多大型宫殿的空置率都很高，其中就包括美第奇宫。而且在城墙附近一带，整条整条的街道沦为荒地，野生植物芜生。在古老的旧堡垒上，屹立 574
着巨大的柱形塔楼，守卫着通过马勒桥进入西门的通道，这里的废墟述说着中世纪时的繁华景象以及伽利略、乌戈利诺伯爵和比萨人当年的荣耀。这是一座暮气沉沉的城市，充满了记忆与鬼魂，雪莱很快便认识到这一点。

但是，这座城市的核心地带依然十分繁荣。在阿尔诺河-美第奇和三少女酒店后方，矗立着无数教堂的塔楼，还有大学的建筑物。这座大学始建于十二世纪，它的医科和植物园都非常有名，还有一群活泼、古怪的学生与教授。这里的歌剧院与戏院不是太出名，但大教堂、洗礼堂和位于奇迹广场的比萨斜塔，堪称建筑史上的伟大里程碑。这些景点从十八世纪末开始，始终吸引游客络绎不绝地从英国、法国和德国赶来。因此即便在其他方面都已沦为一潭死水，这座城市的商业依然很活跃。

雪莱客居比萨这段时间，这座城市既拥有梦境般的奇异特质，又富有异域色彩，它独特的建筑风格更加深了这一印象，赢得了比萨风格这一赞誉。这是一种混杂的风格，将各种影响融为一体，使人产生共鸣。拱顶与柱子采用古罗马风格，又粗又朴实，它们简约地横亘于整个立面和多个层面上。在这一背景中，又突兀地出现了哥特式的奢华风格，它采用华丽的尖顶、复杂的竖框，并通过密集、繁复的雕工，凸显出八角形布道坛或大教堂宏伟的大门。此外还有第三个要素，即整体上的基调更富异域特色和异教特色。这尤其体现于洗礼堂的穹顶，它采用葫芦造型。这也体现于纪念碑公墓内部的简约风格上，酷似清真寺。人们可以从中发现摩尔人的影响，这使人想起比萨在古时候与非洲和东地中海地区建立的贸易联系，这必然会在雪莱心中产生共鸣。在意大利的城市中，雪莱唯独对比萨从未产生过过客心态，这一点很有趣。他从未对比萨的著名展品写过建筑或艺术方面的笔记，也从未对其绘画或雕塑作品写过评论。但是，他却为这座城市创作了多首诗歌与散文体断章作品，它们紧扣这座城市在不同时期和不同意义中所展现的氛围。比萨以一种出人意料的方式，反映出他内心深处的情感。

在三少女酒店住了三天后，雪莱一家在新结交的梅森一家（他们住在席尔瓦寓邸）的建议和帮助下，搬到了弗拉西寓邸的一套宽敞公寓中。这套公寓位于夹层，它所在的建筑物位于阿尔诺河西北角的南侧。玛丽特别喜欢里面的房间及实惠的物价。“我们有两个卧室、两个客厅、厨房、保姆房，它们都装修得美观大方——非常整洁，而且是**崭新的**（这在这个国家可是件稀罕事），一个月只要四个半畿尼，房间的采光与
575 通风都很好，所以你就知道，意大利的物价对我们很有利——我们慢慢

才体会到这一点,我可以向你保证,这里一克朗购买的生活日用品和必需品与一英镑在英国的购买力相当。"米利已不在雪莱家工作了,这绝非巧合,她在佛罗伦萨就换了雇主,因此此时雪莱家中所有仆人都是意大利人,玛丽对自己的孩子照顾得更加细致入微。意大利人无法完全让人满意,他们"会在生活中捉弄我们",而且玛丽也想过再雇用一个瑞士仆人,但他们最终还是努力适应了意大利人的行事方式。

雪莱于一八二〇年一月抵达比萨,这标志着他的生活方式发生了重大改变。自打两年前离开马洛之后,雪莱便过着居无定所的生活。他一直在旅行的路上:伦敦、米兰、巴尼迪卢卡、威尼斯、那不勒斯、罗马、里窝那、佛罗伦萨,他在不到二十四个月的时间里去了这八个地方。无论是无休止的旅行,还是内心的无根感,都掩盖在日常的生活细节之下。家事、财务和政治方面似乎都存在大量的理由与动机,解释了他为何要不断迁徙。而迁徙背后的深层次原因肯定是他人生中最为复杂的问题之一。与《阿拉斯特》中的那位诗人一样,他始终处于两难境地:雪莱要摆脱什么事物,还是他要追求什么事物呢?

雪莱在比萨居住的时间断断续续加起来共有两年多,最终结束了他之前居无定所的生活方式。自雪莱离开菲尔德庄园,比萨对他来说已成为最接近家的地方。但依然有证据表明,他在比萨只是将搬迁的念头暂时搁置,而非永久性地打消。一八二〇至一八二二年之间,雪莱将从比萨出发,进行一系列远足旅行,并在附近的多处住所短暂地住上一段时间。他又萌生了去更远的地方旅行的念头:离开英国之后,他来到了欧洲大陆;离开欧洲之后,他至少考虑过前往非洲或中东地区。他再也不将这些新的想法向玛丽和盘托出,而是将克莱儿当作推心置腹之人,这一点很重要。他肯定也告知了他在比萨结交的那位贵妇,而且采用了更加文学和梦幻的方式。

在弗拉西寓邸安顿下来,雪莱便飞快地独自前往里窝那拜会了吉斯伯恩一家,一是看一看蒸汽船的最新进展,二是向他们解释自己为何要定居比萨，而非回到瓦尔索瓦诺别墅。他于二月二日返回，从此他与梅森一家的关系便越来越亲密，逐渐取代了他与吉斯伯恩一家的关系和卡尔德隆式的手法。

席尔瓦寓邸的梅森夫人其实是位伯爵夫人，本名玛格丽特·芒卡斯尔。她从小在爱尔兰长大，家中田宅甚巨。她青少年时期的家庭教师是
576 玛丽·沃斯通克拉夫特，一生都深受其影响。之后，她开始与葛德文通信，成为热忱的共和派人士，也成为爱尔兰联合协会为数不多的女性主义成员之一。她稍微参与了十八世纪九十年代的起义，还出席了伦敦的著名审判，即对工人领袖哈代、霍恩·图克与塞沃尔举行的叛国罪审判。之后，她又在葛德文的《青少年文库》中发表了几本政论小册子与书籍。在拿破仑战争时期，她已经与芒卡斯尔伯爵分道扬镳，化名梅森来到了比萨，与农学家乔治·威廉·泰伊同居。泰伊也是英国侨民，天资卓越，而且两人政见相似。

雪莱一家都很喜欢泰伊，并亲昵地称他为“塔提”①，因为他对农业具有浓厚的学术兴趣。在土壤化合物的化学成分以及有机物的生长方面，塔提具有渊博的知识，这让雪莱很是开心，也觉得很有趣，他在一本钞本的背面记录了大量的笔记，这就是他创作《西风颂》最后几个诗节的那本钞本，他还在上面为那位饥饿的母亲创作了那首未写完的“歌谣”。

雪莱对农学所作的笔记包括四十七种已知的化学元素，对电解作用的描述，提到毛细管虹吸以及使用酸性物质作为肥料。其中还提到了镁、二氧化硅和“六角形晶胞”；对“乳业体系”的评论；人类对食物的消耗，还有马铃薯、牛奶和黄油的每英亩土地产出量的基本统计数据对比。从这些笔记中还明显可以看出，泰伊曾鼓励雪莱阅读大卫的农业讲座，并思考马尔萨斯对人口数据和食品生产所提出的社会学理论及其产生

① Tatty 在英文中有“邋里邋遢，脏兮兮”的意思，并与 Tighe（泰伊）音近。

的问题。雪莱并没有感受到需要将这种科学知识与他的诗歌相割裂,因此没有使用新的钞本,这也体现出他的特点。[7]

雪莱于一八二〇年开始与梅森一家建立起友谊,此时梅森家已有两位女儿,分别是十岁半的洛蕾特与四岁半的内里纳。克莱儿对这两位小姑娘非常友好,也十分和蔼。梅森夫人也将克莱儿视若己出。她为克莱儿制订了社交与学术方面的培养目标,而克莱儿也称梅森夫人为她的"密涅瓦"。① 梅森夫人已有四十多岁,是一位高挑、瘦弱、率真的中年妇女,体现出典型的凯尔特妇女的特点,她非常健谈,具有过人的魅力和强大的人格力量。[8]

二月上旬,梅森夫人让雪莱一家阅读了大量有关爱尔兰的小册子。他们还在席尔瓦寓邸举行了漫长而又热烈的讨论,讨论的是爱尔兰起义和卡瑟尔瑞对爱尔兰和英格兰产生了多么恐怖的影响。在一次热烈的讨论后,克莱儿在日记中称,她"做了一个噩梦,梦中出现了斯金纳街和中风发作"。[9]玛丽写给玛丽安娜·亨特的一封信也表明了梅森夫人的影响,其中几乎完全是对"国王的伪善"以及"卡瑟尔瑞之流"发出的长篇声讨,这些人受到激进派人士的一致声讨。[10]雪莱在比萨的日常生活中,弗拉西寓邸与席尔瓦寓邸两家人的相互走访是常态,这两家人很快便经常聚餐。

玛丽开始骑马,雪莱则迎来了瓦卡的来诊。这是一位朴实无华的医生,能说一口流利的英语,他为雪莱仔细诊断,并询问了症状。诊断结果很简单:雪莱应停止服用某些药物,多锻炼身体并照顾好自己,然后就会完全康复。在当下的季节,他建议多去浴场泡温泉,既可以前往巴尼迪卢卡浴场也可在当地泡温泉。他似乎对玛丽和雪莱都立即产生了好

577

① 密涅瓦是罗马神话中的智慧、战争、月亮和记忆女神,也是手工业者、学生、艺术家的保护神。罗马十二主神之一。对应希腊神话中的雅典娜、摩涅莫绪涅,凯尔特神话中的苏莉丝等女神。

感:“伟大的共和派人士且不信基督教。”[11]他还顺带为克莱儿的身体微恙作了诊断,结果让她很是反感:“瓦卡称我有淋巴结核,我说他的诊断真是太荒唐了。”[12]瓦卡的诊断其实完全正确。一年后,克莱儿就不得不前往佛罗伦萨接受治疗。雪莱一家与瓦卡的友谊也日渐深厚,他们有时也通过他在席尔瓦寓邸与其他医生建立社交关系。因此,他们在一八二〇年秋之前便进入了大学的交际圈。

比萨狂欢节于情人节后的第二天结束,这使他们很早就有机会走上街头,领略洋溢在节日气氛中的这座城市。到处都是“顽皮的家伙和垃圾”,头发乱蓬蓬的,穿着破破烂烂的衬衫,其中许多人一看就是大学生。这里有驳船的船员、乞丐,就连囚犯也都快乐地穿着黄色和红色的衣服,戴着镣铐。意大利的知名人士很喜欢穿着粉色的丝绸帽,留大胡子,拄着文明棍,穿白色绸缎鞋,他们的纽扣眼里系着五颜六色的缎带,玛丽认为这些就是贵族的象征。[13]雪莱发现这些都非常艳丽,但克莱儿却与梅森家的两个孩子沿着阿尔诺河滨路乘坐马车或是骑行,她们都戴着纸面具,开心得大喊大叫。[14]

经过狂欢节的兴奋,雪莱与玛丽适应了弗拉西寓邸的生活。他们新聘请的佣人于二月二十八日来到家中,克莱儿的日记全都记录的是雪莱与梅森两家的定期讨论。话题包罗万象。有一天,谈话的主题是洛克对社会迫害异见人士所发表的评论:“有没有人能够平心静气地准备好承受异想天开、怀疑或无神论的名号呢?这样他肯定会遇到对公认的观点有所顾虑之人。”还有一次,梅森夫人与瓦卡教授讨论了人的鼻子所拥有的力量。他们还谈论过爱德华·菲茨杰拉德勋爵,这是一位具有传奇色彩的爱尔兰共和派贵族。一七九八年,他因为策划对英国内阁大臣发动大规模暗杀活动而在都柏林被处死。这居然与此后从英国传来的消息不谋而合。[15]

好天气带来的舒适就此结束。二月的最后一周,尽管得到瓦卡的治
578 疗,雪莱又开始感到身体不适。对于玛丽而言,这是“一段无所事事和

照顾病人的时光”。[16]这场病情不大可能完全归咎于比萨的气候。三月三日，雪莱康复了，他立即骑马赶赴里窝那，在那里一直住到三月六日。他回来后，便给吉斯伯恩夫妇写了一封简短的信件：“我亲爱的朋友们：我已经冒昧地写了在我看来不写不行的信件。我已指示我佛罗伦萨的账户银行将其所存的全部余款汇给你们。你们一两天后就会收到的，届时请告知款额有多少。不足之数，我从比萨补足。我随函附上一份那不勒斯的开支以外的账目表，账是以杜卡特为单位的。我想，最好交给德尔·罗索或其他干这行的人一百五十杜卡特——或者更多些，你们视情况而定——但在这点上，请你们用你们的判断来调整一下我的判断。”[17]雪莱之所以要前往里窝那，全是为了埃琳娜这孩子，她已经十四个月大了。由于某种原因，此时有必要给她拨付更多的资金。雪莱已决定将实情向吉斯伯恩夫妇和盘托出。雪莱三月十九日寄出的信表明，玛丽对这些最新情况一无所知，而且雪莱在信中还提到要使用化名来保密：“如果有必要就德尔·罗索这个话题再**写**一封信，收信人请不要写**梅德温**，也不要写雪莱，写‘琼斯先生’即可。”[18]

雪莱请求律师为其服务，这表明在那不勒斯出现了一些棘手的问题，似乎很可能与埃莉斯·福吉一月出现在佛罗伦萨有关。显然，对方要求雪莱对这个孩子支付更多抚养费：雪莱在信中明确指出，对于“那不勒斯产生的费用”（这肯定存在争议），应当由律师来支付这笔钱（但不要支付给他任何法律服务费用）。尽管为了保密而谨慎行事，但并没有任何迹象表明，埃莉斯或其丈夫此时参与了任何敲诈勒索行为。但从此时开始，雪莱对这个孩子的责任感似乎就变为越来越沉重的负担。支付给德尔·罗索的佣金有一部分肯定是为埃琳娜在那不勒斯寻觅新的养父母，或者是为了确认运河大道45号的养父母是令他满意的。这可能也解释了雪莱“冒昧写的”其他信件的主题；但并没有确切证据。

雪莱为何会让吉斯伯恩夫妇参与此事，同时又非常谨慎，防止玛丽得知此事呢？这个孩子与玛丽在那不勒斯和罗马的痛苦经历都密切相关,因此不难理解,雪莱为何要向她隐瞒此事。他也希望自己家中能安宁无事。他此后下定决心,向她隐瞒她父亲的来信,也出于同一动机。另一方面,吉斯伯恩夫妇对意大利很熟悉,思想也很独立,非常适合为他
579 提供帮助。雪莱不必担心他们对私生子怀有“社会偏见”,因为他想到了玛丽亚的“无神论”思想和“开明”思想。雪莱对社会的偏见完全不以为意,但长远来说,雪莱可能还是过于乐观了。不过在眼前,吉斯伯恩夫妇确实给他提供了实际的帮助与务实的建议,三月和四月的各项安排似乎也进展顺利;不管怎么说,雪莱在为蒸汽船项目提供资助。

玛丽十分快乐,她似乎对这些动向一无所知。她在写给玛丽亚·吉斯伯恩的信中,似乎只提到了缝纫的针线、竹芋茶和小珀西身上出的麻疹。她负责安排家中事务,包括在弗拉西寓邸招聘新的佣人,一日三餐,置办衣物。雪莱和克莱儿更频繁地一同外出游览比萨。他们与卡利科特·芬奇上校产生了小小的摩擦。此人似乎无处不在,现在又出现在托斯卡纳。雪莱与克莱儿发现一个腿很长的绅士一边打着伞,一边在街上追一个脏兮兮的小男孩(他是铁匠家的孩子),口中大喊“抓小偷!”他抓住这孩子后,一把揪住他的领子,“以最猛烈的声音”朝他大吼。雪莱决定插手此事,但此人突然转过身,用意大利语向雪莱大吼,警告他少管闲事。玛丽则明显以幸灾乐祸的语气接着叙述:“聚集了一群围观群众——克莱儿拉了拉雪莱,并表示抗议——堂吉诃德想将这个小男孩从奴役中解放出来,却被这个高大男子的大声喊叫震得耳朵发聋,也被克莱儿的强行阻拦所阻挡,便走开了。克莱儿吓得大气也不敢出,你可以猜得到,说‘行行好吧,不要和这些人产生瓜葛,这人是尊敬的卡利科特·芬奇上校’。于是,他们便从现场逃回来了。”[19]后来,卡利科特·芬奇对一位大学医生的夫人“有轻佻之举”,遭到撤职。[20]总的来说,他们还是非常适应比萨的生活,到了月底,他们搬到了新家,这里的房间更加“明亮、宽敞”,位于弗拉西寓邸的顶楼,将阿尔诺河的风景收于眼底。玛丽给罗马的索菲亚·斯泰西写信称:“我们要在这里一直住到五月

底，到那时，雪莱先生就不得不前往巴尼迪卢卡浴场，我们要在那里度过夏天——美丽的索菲亚呀，如果你们也到那里去度过夏天，我担心会与你们的计划不太一致，你们难道不愿像燕子那样回到家乡，去观看最盛大、最优雅的［乔治四世］加冕仪式吗？”雪莱还在信中附上一首诗（《咏一朵凋谢的紫罗兰》）并写了附言，这实际上推翻了玛丽对邀请的婉言谢绝：“你们来比萨后，还能在阿尔诺河滨的弗拉西寓邸见到我们。”[21]

除了乔治四世即将举行加冕典礼之外，从英国寄来的书信与报纸只传递了一个震撼人心的消息——卡托街阴谋。西斯尔伍德与他的四名同党于二月二十三日遭到逮捕，他们即将于第二天发动阴谋，在伦敦刺杀利物浦爵爷的内阁大臣。在席尔瓦寓邸，这则消息引发了数天的热烈讨论，话题转到了参与阴谋的这些人的命运。梅森夫人讲述了爱尔兰阴谋家杰克逊的故事，他“吞下了剧毒的毒药，逃脱了审讯人员对他的严刑拷打”，这样也不会因越狱企图给其他犯人带来危险。她又提到一种毒药，她对这种毒药的了解来自塔提，这种毒药既致命又毫无痛苦。根据克莱儿的记录：“与梅森夫人谈到了氢氰酸，从月桂叶子中提炼而成，它可以在几分钟内让人毫无痛苦地毙命。”[22]雪莱怀着极大的兴趣听她讲述，然后记在心头。 580

经过一番深思熟虑，雪莱对卡托街事件作出反应，但绝不是热情支持。他认为这是毫无益处的极端主义取得了胜利，只会让政府进一步掌握政治主动权。这是自彼得卢惨案开始的一系列悲剧的最后一幕。西斯尔伍德已经公开发表声明，目的之一是为彼得卢惨案的死难者报仇，雪莱认为，当前立即实施民主改革的希望已不复存在，要等到未来不知何时方可实现。他在写给皮科克的信中称：“怀着深深的遗憾，我今天看到报纸上说要谋杀大臣。一切都似乎要阴谋反对改革——科贝特怎么可以取笑‘恢复以黄金支付’呢？我渴望见到他。我戒指上有意大利语格言一则：‘好日子会来的。’在公众与个人事务中有一个潮流，它既等待着人们,也等待着各个国家。”[23]雪莱直到临终都戴着这枚戒指,它意味着好日子终将到来。

雪莱还给奥利尔写了信,再次询问《倩契》的出版情况。他的询问带有嘲讽意味:“我希望你没有受到最近一个阴谋案件的牵连。亨特尚未有信来,我恐怕他至少与此有点干系。众所周知,从贾菲尔开始,阴谋家都没有时间去考虑自己的朋友了。”这是略显辛辣的讽刺,意指亨特之所以连政治诗也不愿发表,可能是因为他参与了政治阴谋,但这是不可能的。[24]

直到四月初,雪莱才终于收到亨特与贝茜·肯特的来信。信中解释称之所以这三个月没有来信,是因为深陷资金上的“困扰”。但是,这依然没有解释亨特为何一直未回复雪莱去年秋冬的一系列来信,也没有免除他的责任。雪莱在回信中单刀直入地询问《倩契》的情况,并补充了一句:“我不知道我是否已函复承认收到《罗宾汉》,你也没有承认是否收到《彼得·贝尔》。这算是以牙还牙吧!……最后,要告诉你我身边有卡莱尔的一封信。我对这封信极感兴趣。”[25]

雪莱再也不提前往英国的念头了,他反而像过去那样邀请亨特来意大利。两星期之后(4 月 20 日),他还给霍格发出了邀请。两人已有
581 一年多没有通信了。雪莱希望霍格能在这一年夏天来做客,一直住到十一月的开庭期前夕。他显然是郑重其事地发出邀请,还讨论了最佳旅行方式,即先乘马车前往马赛,然后乘船前往里窝那。他还以怀旧的语气回忆了各位老朋友。“你现在有没有见过布安维尔一家?有没有见过牛顿?如果见过,那请转告他们,我没有忘记他们,尤其是布安维尔夫人。我认为他们都没有享受过这样极乐世界般的天气。我就仿佛是尤利西斯麾下的水手,吃着莲花,但依然保持自我。”[26]霍格最终从花园巷写来了回信,称由于要举行加冕仪式,他今年无法到访,“虽然我想见一见小珀西·雪莱,然后躲在月桂树后面偷窥你像国王一样引吭高歌;但这个愿望无法实现”。[27]

雪莱在四月发出第三次邀请才取得成功,他又一次邀请汤姆·梅德

温,请他从日内瓦出发,向南来比萨做客。他已听说梅德温正与他的战友爱德华·威廉姆斯住在一起。此人与梅德温一样都曾担任过军官,并从驻印军中退役,领取原薪饷一半金额的退役金。雪莱也向威廉姆斯发出邀请,还邀请了他美丽的妻子简,不过他开朗的言辞略有些粗俗。“我希望,如果他们到意大利来,我可以看到那位夫人和你的朋友。虽然我还未害过疟疾,但我发现这类人,尤其是前者,对我现在害的这类疾病帮助太大了……请宽恕我拿所有诗人必定认为是神圣不可侵犯的题目开玩笑。”但就连梅德温与威廉姆斯也没有待上几个月。

在弗拉西寓邸这套宽敞的新公寓中,雪莱最终为自己打造出一间完全属于他本人的书房。自打他离开瓦尔索瓦诺别墅中那间阳光普照的阁楼,他便一直很怀念那里。他已为一部“讲述改革的八开本著作”拟好了提纲,还在去年秋天写了一些政治抒情诗。四月初,卡托街阴谋的不良影响被意想不到的好消息所消除——共和党人在马德里成功举行了起义,整个西班牙半岛宣布实施《一八一二年宪法》。雪莱戒指上的那句格言似乎显灵了,他还半认真地考虑在这一年冬天前往马德里。[28]玛丽迫不及待地表达了两人的心情:“宗教审判所遭到了废除——打开了地牢,爱国者们蜂拥而出。这太好了。我多么想现在就在马德里。”[29]席尔瓦寓邸举行了热烈的讨论。

这则政治消息有利于平复雪莱的注意力。这一年的三月和四月,雪莱在比萨创作的作品很少,且漫无边际,语言和隐喻凸显出过度、漫无目的的暴力特点。其原因之一是他此前三个月的创作热情过于强烈。他的力量似乎已过快地消退,而且没有恰当地涉及实质性的话题或令他深有感触的话题。他的语言似乎迸发出反感与憎恨的能量,发挥着一种
近乎净化和治疗的功能。《含羞草》这首诗,传统上认为它讲述的是雪 582
莱对梅森夫人的第一印象,秋日与冬日的意象使丑陋与恐怖达到了特殊的高度。

还有名称不雅难以入诗的植物，
使这里充斥着畸形的低矮草木，
有刺的，多汁的，起疱的，青色的，
铅灰色的，沾着星星点点苍白的露水。

它们苔藓状的枝叶一片片腐败剥落，
粗壮的茎像处决凶手的火刑柱立着，
零星的残皮剩肉仍在高处颤抖，
把疫疠传染给从旁经过的气流……

菌丝，莠草，垃圾，有毒的渣滓，
使流动的小河淤塞，不再喧响，
河口的菖蒲有如木桩，用它们的根子，
像纠缠成结的水蛇，形成挡水的坝墙……

因为冬季来到了，风是他的鞭子，
向嘴唇伸出一根布满皱纹的手指；
从山岭间扯来一条条瀑布，
像银铛作响的手铐挂在他腰部。[30]

在这些诗行中，雪莱认为春天实际上早已过去了，其中还流露出个人的愤怒、反感和绝望，这是他在信件中既不愿承认也不愿放弃的。

他在四月还写了另一首篇幅较长的诗歌，但没有写完，这是一篇更为怪异的作品，缺乏形式结构，题为“海的幻景”。这首诗描写的是一场暴风雨，一艘小船遭到风暴的打击并沉没——也许是基于自传的原因，这艘船还载着几只野生老虎，船上还有一位抱着孩子的妇女，这也是我们熟悉的人物。波涛汹涌的大海上住的是海蛇和鲨鱼。整篇断章作品给读者的感觉就仿佛是在“自动”书写或梦境中的书写。人们依稀可以辨认出熟悉的形状，例如亨利·雷弗利的蒸汽船，采用这个意象是用来描写老虎和海怪在海浪中搏斗的场面：

那嘈杂声和海水溅泼声
仿佛是一台机器的金属牙齿把轻风
和平缓的波浪搅打成为雷霆；厉吼
和嗞嗞之声迅速覆盖上平静的洋流，
每一声都仿佛蜈蚣。[31]

这段引文中对痛苦和空虚描写得十分出色，也许表明他患有“严重的神 583
经症状”。玛丽在这几个星期的日记和书信中曾简短地记录了这一点。[32]这些可能体现为歇斯底里的爆发，他之前经常做特别可怕的噩梦，宛如身临其境。对于此类噩梦，玛丽后来在一八二二年极为详细地描述过。这有时也体现为突然出现不可遏制的神经症状发作，雪莱本人曾在一八一五年创作的《梦幻现象目录》中提到过这种现象。没有迹象表明它们属于癫痫症状，甚至不属于桑顿·亨特在汉普斯特德见到的肾脏痉挛现象，而是表明他的生活处于某种无形的压力下。

雪莱慢慢回到政治主题的创作，并开始创作《改革的哲学观点》，连续创作了三个章节，最终使之成为一篇篇幅两万单词的重要论文。与此同时，雪莱还开始创作一篇正式的《自由颂》，作为《改革的哲学观点》的姊妹篇。在《自由颂》的开头，雪莱歌颂了西班牙的起义，进而描写了自由在整个人类历史中的发展壮大，他从普罗米修斯之前的时代，到雅典时代，最终写到同时代发生的法国大革命、南美革命和欧洲革命。这首诗和这篇随笔多处契合，雪莱在四月和五月坚持不懈地完成了这两篇作品的创作。文章准备在五月二十六日之前发表，雪莱再次就此问题写信给亨特。[33]诗作则寄给了奥利尔，让他加在《解放了的普罗米修斯》中。

雪莱将其命名为《改革的哲学观点》，是因为他打算对世界历史中的政治改革与革命展开研究，还要研究人类关于自身的思想自由、社会自由和宗教自由的看法的演变。他认为，在人类的思想与制度中逐渐产生了自由，这是社会发展中一条可以辨认的“法则”。这与信仰物质发展无关，也没有否定一个事实，即可怕的政治“冬天”和暴政与血腥反动的周期经常会加以干涉。雪莱通常认为，上述反动时期就是帝国主义取得胜利之时，包括古罗马帝国、天主教会、西班牙在南美洲和西印度群岛建立的奴隶帝国、土耳其帝国和十八世纪欧洲的专制主义国家。

尽管如此，雪莱依然认为这将逐渐转变为更加自由的生活方式与政体形式，他认为这是历史的**必然**，并且能研究和加速这一进程。这种广泛的论证构成了第一章的本质内容，探讨的范围包括中国、印度、波斯、南北美洲、巴勒斯坦的犹太人、土耳其人、希腊、叙利亚、埃及、法国、德国、意大利和西班牙。在他的论证中，对欧洲提出了最敏锐的看法，认为这是当前历史转变的焦点。而在欧洲范围内，则聚焦于英国——“此文涉及的对各
584 国广泛的关注都是为了英格兰这一特殊的目标”。雪莱认为，从这个意义上说，要将英国视为“命运处于危机之中”。[34]在第一章中，雪莱还将全国动荡与社会革命时期和辉煌的文学成就时期相联系（从哲学角度来说，这也是**必然的**联系），陈述了自己的信念。“因为诗歌总是领先于，或伴随或追逐着整个民族要产生有益变革的心态，意即诗歌是一种荡气回肠的力量，就人与自然都产生了强烈和激奋的印象。”[35]

从社会学的角度说，雪莱对这种联系的本质并没有展开具体论述。他并没有说，伟大的文学实际上产生了伟大的革命；或者反之亦然。他似乎认为，这两者都踏上了具有神秘色彩的相同道路——“领先于，或伴随或追逐着”。他还认为两者的共同之处并不在于直接的社会因果关系或教诲意图，而是想象力的某种特质，即“自在”（let loose）。

这是一个具有争议性的论断，显然存在一桩公案可以证明相反的结

果，即只有国家稳定方可催生伟大文学作品的时代，这经常出现在威权统治或帝国政权的中间阶段。雪莱将公元四世纪的雅典著名戏剧家和哲学家作为自己的历史案例加以引用；“莎士比亚和培根勋爵以及伊丽莎白和詹姆斯一世时代的伟大作家们”，美第奇家族统治佛罗伦萨**之前**伦巴第联盟中意大利各共和国的画家与诗人，最后是与他同时代的英国诗人与哲学家（雪莱将这一时代界定为十八世纪九十年代法国大革命之后的时期）。还有一定的证据证明，雪莱认为《圣经·新约》中的四福音书和某些最早的使徒著作与启示录著作，都是公元一世纪在小亚细亚地区创作而成的，这也构成了论据并“领先于”古罗马帝国的崩溃。[36]总之，雪莱强有力地论证了这一观点。在此后十九世纪文学理论家与社会理论家的著作中，这一观点可能得到了进一步发展，尤其是阿诺德、泰纳和马克思的著作。

雪莱转而论述与他同时代的英国作家，他怀着满腔热情，认为这些人处于文学中的“伟大”时期，这一点肯定是正确的。他认为想象力发挥了作用，并力图更为缜密地界定想象力的作用过程。具体而言，他的论述中有两点格外特别。首先，不仅诗人，而且创作想象性文学的其他各类作家，也涵盖于他的论述之中。其次，作家**意识中的本意**，甚至是他正式的哲学与政治效忠对象，最终都不会影响他们的倾向，他们必然倾向服务于“自由权益”。马克思后来也持这种观点。

> 凡具这种力量的人，就其主要的特性而言，并未有意识地追求 585
> 美好的境界，但实际上他们已达此境界。虽然他们可以拒绝或发誓弃绝，但还是不由自主地为他们自己灵魂深处那些美好的东西服务，无论他们支持忠于什么制度，实际上都是在弘扬自由精神。
>
> 只要看一看我们最知名作家的作品，无论其思想方式或手法如何，言辞之中无不充满震撼人心令人讶异的活力。他们秉持着全面而深入的精神去盱衡事态、探测人性的根底，这种精神或许连他们自

> 己都感到吃惊,因为它不是某个个人的精神,而是当时的时代精神。
>
> 它是尚未领悟的神感祭司,是未来投射到现在之上的巨影之镜;文字表达了他们想象不到的涵义,战斗的号角激励着他们尚未觉醒的斗志,权势是不可动摇的,但它动摇了,诗人和哲人是未被认可的世界立法者。[37]

由诗人来担任立法者的想法并非雪莱首创。可能早在乔治·帕特纳姆的《英诗艺术》(1585)中就已明确提出这一思想,最迟也已由塞缪尔·约翰生在《拉塞拉斯》(1759)中提出。雪莱的创新之处在于认为它们是“未得到公开承认的”:不仅政治家与商人没有认识到这一点(这是显而易见的),而且诗人**本身**也不知道或未意识到自己的历史角色。对于作家而言,“或许连他们自己都感到吃惊”,他们自己并没有了解自身灵感的真正源泉及其最终产生的社会影响。

在雪莱的分析中,最困难的一点实际上也是最具形而上学特色的思想,即将作家视为预知未来的镜子。他采用的意象十分复杂:作家是“未来投射到现在之上的巨影之镜”。这里并非指作家能够有意识地预测新的发明或社会体制,也不是指作家具有某种未卜先知的能力。而是指伟大的作家能创造出浑然天成的作品,并在此过程中**无意识地表现出**未来的压力和矛盾以及他所处的社会取得的成就。作家就像是创作旋律时所使用的音叉。

雪莱在这一年五月写给皮科克的信中,以更富个人化的色彩,表达出这个晦涩、复杂的思想。针对皮科克出人意料的婚事,雪莱发表了一
586 番颇具深度的评论:“你对婚事寥寥数语的叙述,真使我开心。这太像你本人的一部小说的结尾了。因为这种做法与我曾经有过的论点一致,即任何一个人曾经写过、讲过、做过或想象过的事,都好像包含着他未来生活的寓意,就像橡实里包含橡树一样。”[38]《伊斯兰的反叛》与《解放了的普罗米修斯》的散文体前言中都已出现过这番论述(它本身就是橡

实)。几个月后,雪莱又在他为皮科克所写的一篇杂志文章中,将这段内容的简化版作为其结尾。这篇文章就是《为诗辩护》,这段内容则是其中的名篇。

《改革的哲学观点》的第二章标题为“论变革必要性的观点”。在这一章中,雪莱详细考察了英国一八一九至一八二〇年间政治环境与社会环境的突出特征,这产生了一种两难局面,即“臣服于声名狼藉、江河日下且没有出路的专制主义,或去冒肯定会被认为有革命倾向的风险”。[39]他分几个方面讨论了这个问题:“以真正的宪法力量”使大部分人失去议会代表;“公债”、国债和资本投资等新型金融体系中存在的腐败;农业与制造业劳动力每天的平均工作时间在增加,对应的却是每日平均工资的实际价值在严重下降;马尔萨斯人口控制理论等盛行的理论维护的是阶级利益;通过“劳动、勤勉和技能”获得的财产与通过继承与资本投资获得的财产之间的区别;最后是男性与女性的普选权问题。

雪莱深入浅出地提出了这些问题。当时只有史密斯与边沁的专业著作和《威斯敏斯特评论》中的文章才更胜一筹。雪莱得出的结论,无论在政治洞察力还是大胆的原创性上在英国都很罕见,直到宪章时代的著作和恩格斯的早期著作出现。*

针对通过资本投资实施剥削的行为,雪莱这样写道:

---

* 当时,很少有人从经济角度全面分析影响英国下层阶级状况的力量。有几部著作很重要,具有里程碑式的意义,包括大卫·李嘉图的《政治经济和税制的原理》(1817);詹姆斯·穆勒的《政治经济学要义》(1821)和边沁、穆勒、布鲁厄姆等人在1824年创办的激进派杂志《威斯敏斯特评论》。到了十九世纪三十年代,出现了埃德温·查德威克爵士和第七任沙夫茨伯里伯爵安东尼·阿什利·库珀撰写的《蓝皮书》现场报告。宪章运动时代之后,两部经典著作将这些独立的分析传统融为一体,分别是恩格斯的《英国工人阶级状况》(1844)和约翰·斯图亚特·穆勒的《政治经济学原理》(1848)。J. S. 穆勒与恩格斯都承认,两人在二十多岁时都曾受过雪莱的深远影响。如需了解对此的全面考察,参见 J. L. 哈蒙与 B. 哈蒙,《熟练劳动力》(1919);E. 哈勒维,《哲学激进主义的增长》(1928);J. P. 吉恩,《雪莱的政治思想》(1969)。

587 这种做法被吹嘘为有发展民族工业之功效,即增大穷人的劳动强度,增多提供给富人的奢侈品;原先工作八小时的工人得干十六小时,使本应在父母农舍前嬉戏玩耍的孩童变成了毫无生气、面无血色的机器;与从事体力劳动的人相比较,享用他人劳动成果的人的比例无限扩大了……这种交易产生了新兴贵族,他们发迹于欺诈……另一种贵族是律师、税官、董事、政府官员、高利贷者、股票经纪人、乡村银行家及其妻室儿女们。[40]

对于人民真正的“宪法力量”的下降,雪莱先统计了克伦威尔大革命时期的选举权情况,发现按照一六四一年长期议会的新选区划分,每八个人中就有一人拥有民主的选举权。这是迈向“真正代表”之嚆矢,但在此后一百七十年里,这一数字非但没有提高,反而下滑了。到了一六八八年的光荣革命时期,这一数字下降为每二十人中只有一人拥有选举权。这是因为“人口增长了,更多的人手去务农和经商,昔日的乡村如今变成了城镇……第四阶层出现了,他们是无选举权的民众”。[41]到了一八一九年,雪莱发现拥有选举权的比例已经下降到约“几百分之一”,下议院甚至远远无法“真正代表”英国人民,导致从政治角度来说,可以将英国贴切地称为专制的寡头统治国家。“……行使政治权利者的相对人数是判断一个国家是受奴役或享有自由的衡量标准。”通过这一衡量标准,英国既不民主也不自由,如果不进行改革,就会每况愈下。

雪莱对“国债”的分析体现了他最为激进的立场之一。这笔国债是在美国独立战争和拿破仑战争期间募集的,年利息为四千五百万英镑,以全国征税的方式偿还。雪莱认为,这笔钱实际上只是富人和有产阶级的一笔战争投资。全国征税偿还**利息**,影响的是各个阶级的利益,这样做既不公平也不合宪。让富人获取战争的利润,却让穷人为此买单,这毫无公平可言。雪莱提出的解决方案是一次性直接化解这笔债务:根本就不应支付利润或利息,剩余的本金应当由原始持有人和投资者分摊损失："这只是有产者之间转让财产。这样的绅士势必损失三分之一的不动产，那样的公民要转让四分之一的资金；借了钱的要还债，这样行诈骗的繁杂实票券金融体系将骤然告终。"[42]这属于严格的平均主义思想，反映出雪莱认为大额财产继承和资本投资利润，所产生的巨额个人财产造成了根本性的不公。 588

对于这样的私有财产和继承行为，在某些严格限定的社会公平的范围之内，雪莱是接受的。只有积极从事生产的社会成员，才真正有权利获得财产：

> 每个人在社会中发挥能力的机会都有普通但却显而易见的功用，个人的努力对他来说比资金更有价值，每一个不是独家垄断的商人，所有的外内科医生、机械师、编辑、文人、艺术家、农夫，所有靠正当和诚实地发挥自己的娴熟技艺、聪明才智和强壮体力获利……劳动、勤奋、节俭、技术、才华或任何类似的正当清白的能耐是一类财产的基础，所有真正的政府机构应该保护所有这些人的财产自决权。[43]

在这一背景下，雪莱认为财产是面目可憎的，对此他提出了著名的观点：

> 但是另一种靠侵占、诈骗、暴力得来的财富，若不靠这些手段，他们永远不可能聚积起金币或土地为形式的大量财富。这种性质的财产大多被贵族和资产所有人占有，其中大多数人的祖先既没靠技巧和才能，也没用个人的劳动去获得和创造它……[44]

只有一种财产来源是诚实、公平的：

劳动、技巧及劳动和技巧的直接收益是最神圣、最无可争议的正当权利，是所有其他财产的基础。[45]

广泛地分析了英国一八一九年的劳动、薪酬、财产和选举制度，雪莱总结出第二章的结论。共计五个：

(1) 大多数英国人贫困交加，他们衣不蔽体，食不果腹，缺乏
589 教育。

(2) 他们懂得这个道理，因此迫不及待地要革除使他们悲惨凄楚的根源。

(3) 使他们痛苦不堪的根源是，他们的劳动所得和祖辈的成果被别人以国债的形式私下分发了，而一切财产都是劳工生产出来的。

(4) 产生此原因的根本所在是政府失职。

(5) ……凡开明诚实之士，不论本阶级利益何在，均应启发他们去发现事态的真相，向他们心平气和但不容反驳地证明，他们的权利是正当的。[46]

这一章表明，雪莱政治思想与分析的力量是怎样从鲁莽任性时期创作的《关于建立慈善家协会的倡议》与《人权宣言》(1812)，逐步在一八一七年转变为以“马洛的隐士”名义所发表的早期经济分析。他绝没有蜕变为他出身的辉格党-自由派人士，而是稳步转变为真正的激进派立场，只是这一过程有些痛苦。他已意识到资本剥削和群众民主运动的影响，也意识到作家与受教育的人士必然有责任向民众和本阶级大声疾呼。

在最后一章中，雪莱将这些考虑因素代入一八二〇年春的政治形势中。这一章的标题是“可能采取的方式”。他思考的是英国激进派人士

在未来四五年间能够奏效的政治策略："我们目前面临的是现实生活中十分困难而又不易变更的状况。"这一策略的根本性原则可称之为渐进式应对的原则。

他提出的第一点就是有必要立即实施议会改革："被称为下议院的代表会议应不容置疑地由广大人民群众**直接**提名。"但他绝不是言之凿凿地认为立即举行改革指的就是一蹴而就地实现全民普选。他觉得边沁等人"似乎有点不成熟"，因为他们呼吁立即给女性普选权。也许他这样犹豫不决很让人吃惊。但是，雪莱考虑的是在一八二〇年给予全体男性和女性普选权的问题，而且考虑到英国的文盲率普遍较高，这也是可以理解的。* 但是，"如果我的观点是由失望造成的，那么这篇文章的作者将是最乐意投票支持任何一种倾向于使所有的人能平等和充分发挥其潜能的制度"。如果当前的政府屈服于其中的部分要求，就应将政 590
府的这种接受作为实现全面改革的一种战略上最快捷的途径："我们就会满足于一个小小的**开端**……改革再慢，再一步步地循序渐进，再谨慎小心都可以；我们将坚决而适度地要求越来越多的权利，不要过早表露这种要求，但也决不拖延成功反抗的时机……"[47] 雪莱知道，这可能会与自由派关于日常战术的观点相混淆，他与亨特的分歧也体现了这一点。但是，这背后的战略既表明残酷的现实性，也极为激进："……不做出巨大的牺牲就无法获得无限的利益，所以我们毫无理由去拒纳有限的利益。"一旦对政府做出改革，就再也无法阻挡。这就是雪莱渐进式应对原则的第一个层面。

但雪莱实际上认为，在一八一七年和一八一九年的改革努力遭到失败之后，政府推进改革的可能性已十分渺茫，而且两党都过于极端化。无论是彼得卢惨案，还是卡托街阴谋，都可怕地证明了这一点。这样的思考促使他提出渐进式应对原则的第二个层面。它的内容很明确："如

---

* 直到 1928 年，英国下议院才通过了法案，给予男性和女性平等的选举权。

果议院长期顽固地拒绝人民进行改革，我将投票支持普选和平均代表权。”应当在法律与议会上展开不断对抗，通过不停的思想攻击、公共集会与公民的不服从计划，来实现这一目的。雪莱对这场斗争提出的纲要，不啻一番最为特别的描述，其中介绍的方法后来在十九世纪和二十世纪成功改变了英国的政治面貌。

> 在案件的结果令人生疑时，应违抗政府的旨意，对政治诽谤罪起诉。对所有与令人生疑的行政长官的司法及法庭有关的问题，要孜孜不倦地追根究底。两三个特别受欢迎的领导在这方面起了表率作用，做了最好的示范。* 他们只需要制度和合作。当征税的权利在法庭上被压倒多数的被告以合乎法律的方式提出质疑时，就要强行要求收税员在一切可行的情况下扣押财产……由绝大多数辩护人根据不成文法正式提出抗议……[48]

在发动这些抗争的同时，还要采用请愿的方式。“下议院案头应堆满请
591 愿书签名人的真正的诉状和来自重要会议的请愿书。”诗人、哲学家、艺术家应直接向政府抗议，还要撰写“抗议书”，以显示“国家的繁荣与自由之间，想象力的培养与科学真理的锤炼之间……都有不可避免的联系”。雪莱特意提到了葛德文、海兹利特、边沁和利·亨特的名字，称他们显然是完成这项任务的人选；他正在创作的这部著作也符合这一范畴。[49]

最终，激进的爱国者和工人阶级的领袖应协助组织广大群众为这项抗争活动做出贡献：

---

* 雪莱在这里显然想到了最近对威廉·霍恩、理查德·卡莱尔、亨利·亨特、弗朗西斯·伯德特爵士和《黑矮人》的汤姆·伍勒的公诉。无疑还想到了他自己的编辑与出版商都未能出现在名单中。

> 他将坚持频繁地激励人民去实施以有限的人数集会的权利，以便使所有与会者参与当今的议项。最后，若能像值得纪念的八月十六日曼彻斯特那样聚集起更多的人，并且长聚不散，暴君下令军队向他们开火或杀戮时，他们会不予抵抗地等待骑兵的攻击，双臂交叉胸前耐心等待武器发火的结果……首先，军人是人，而且是英国人，手无寸铁的同胞们整队集结在他们面前，镇静自若，誓死捍卫着自己的权利，他们竟然对这些同胞们大肆进行屠杀，这实难令人置信。[50]

在这段话中，《暴政的假面游行》所提出的消极抵抗原则再次出现，只不过作者高明地加入了一段内容，即假如实施了与这种对抗相关的其他各种鼓动行为之后，普通士兵很可能会亲自加入这样的示威游行。这始终证明一种关键性的权力转移，自一七九二年以来，它在西欧和东欧引发了一次次成功的城市革命。

雪莱在创作过程中，将目光聚焦于英国政局中的实际情况。而且他知道，像彼得卢惨案等其他对抗，无法通过消极抵抗无限制地持续下去。这些肉体压迫行为使整个国家濒临暴力革命的边缘。

这一认识促使他义无反顾地提出了渐进式应对策略的第三阶段，这就是第三章的结论。流血和暴力的可能让雪莱大为惊骇，而且爆发内战的可能与军方可能做出的反应也十分恐怖，这生动地体现在《伊斯兰的反叛》中，雪莱依然痛苦而又清晰地记得其中的描写，而且他再一次作了详细列举。但他始终承认，存在两种战车，如果无法登上其中一种，那么就必须乘坐另一种。他平实地陈述了自己的结论，体现出高度的思想完整性。“进行抵抗的最后一招无疑是造反。若统治者动用武力反对国民意志，人民则有权造反。”[51]在论文结尾，是较为柔和的篇章，但表 592
现出坚定的希望与胜利感。“当人民不论以任何方式终将战胜他们的压迫者，以及当人民选派的人在国内代表议会获取席位并根据宪法规则管理民众事务时，在立法、法学、政府、宗教和学术机构中使所有能保留的古老制度兼容更文明时代的知识所带来的改进，这一任务还是十分艰巨的……”[52]

雪莱的《改革的哲学观点》无疑是浪漫主义时期诗人所创作的最为突出的政治文献之一。* 它不仅对政治变化与演进的内在哲学勾画出粗略的基础性草图，还对英国在工业革命第一个关键阶段结束之际的状况展开了一番翔实、人道和巧妙的描写。其中将清醒、坚定地贯彻激进派原则和平均主义原则与生动、务实地把握政治现实相结合。不仅如此，在第一章和第三章中，还提出了两个极具原创性的重要论点。第一个论点力图界定想象性文学与社会变革和政治变革之间的关系。第二个论点实际上是一项政治计划的蓝图，旨在针对不同程度的反对和压迫实现激进的变革。从这个意义上说，这部作品不仅是“改革的哲学观点”，还是真正的革命者哲学，具体而言，就是**英国**革命的哲学。雪莱于一八二〇年五月中旬在弗拉西寓邸完成了这部“讲述改革的八开本著作”，它极好地证明了雪莱自我教育和思想韧性的力量，也证明他的想象力天赋具有异乎寻常的广度。

在五月的第一周，雪莱就已写信给皮科克，称自己对当前的事件几乎一无所知，只看了《加利尼亚尼信使报》的报道，这份报纸在巴黎出版，其中的文章摘自当地《信使报》。“而从那报道看来，似乎人民群众看法不一，而且从大臣们的胜利和穷人的愤怒看来，内战在迫近。我焦急地等着你的科贝特……科贝特说服了你，你又说服了我，我又说服了吉斯伯恩夫妇，使他们认为英国的财产是非常不安全的。他们因此来到英国抛售他们的财产。”[53] 他们动身后，雪莱拿起一套大部头的对开本百科全书，这是雷弗利留下来供他使用的，克莱儿注意到雪莱心不在焉

---

* 在 R. J. 怀特编的《华兹华斯、柯尔律治与雪莱的政论作品》（剑桥大学出版社，1953）中，作者对雪莱思想的活泼与进步性，展开了具有启蒙性而又不失可读性的对比评估。

地在其中厚厚的一卷中找出了比萨这个词条,他胳膊下面还夹着另一卷。他可能在收集人口方面的统计资料。[54]

之后,雪莱又前往卡夏诺温泉疗养地短暂拜会了塔提,疗养地隐藏在山中茂密的栗树林中。五月二十六日,雪莱带着已完成的书稿回到比萨,玛丽负责誊清。雪莱向亨特小心翼翼地宣布了这个消息:"有一点 593
我想问问你——你知道有书商愿意为我出版一部八开本的著作吗?它题为《改革的哲学观点》。这部作品十分大胆,但文笔很有分寸。我认为也具有可读性。它的创作目的是面向富有哲学和政治思维的改革者,成为他们的必读书籍,这就像杰里米·边沁的作品一样,但与之不同,也许更系统化。——我要一页一页地将它寄出去。你愿意为我提出问题并展开思考吗?"[55]但亨特什么也没有做,这部作品直到一百年后才发表。就雪莱之后作为激进派诗人和作家的声誉而言,这部作品遭到拒绝所产生的伤害也许最严重,而且是玛丽后来也不愿发表的少量著作之一。[56]

雪莱还在信中告知亨特自己完成了一部诗集。"我想问一问你,你是否知道有哪位书商愿意出版一部篇幅不长的《流行歌谣》,完全是政治性的,目的是唤醒并指导改革派人士的想象力。我看到你在微笑——但请回答我的问题。"[57]亨特还是没有回答这个问题,他也不喜欢这部讲述改革的八开本著作,雪莱打算将这部作品与这部诗集组成姊妹篇。直到雪莱去世,这部诗集也没有出版。根据雪莱在一八一九年九月至一八二〇年五月的钞本,有可能较为可信地还原雪莱创作但最终散佚的《流行歌谣》集(1820)的内容。卡莱尔,舍温,甚至圣保罗大教堂墓园中的 J. 约翰逊可能都读过这部作品,他们爱不释手。目录页大致如下(实际最初发表日期注于括号中):

《暴政的假面游行》(1832)

《写在卡瑟尔瑞执政时期》(1832)

《给英格兰人的歌》(1839)

《为一八一九年两政客造像》(1832)

《人们的正当所得》(1839)

《新国歌》(1839)

《十四行诗：一八一九年的英国》(1839)

《饥饿的母亲歌谣》(1926 / 1970)[58]

雪莱似乎考虑过再将两首更加正式的诗作放入这部诗集，它们不仅产生于相同的灵感启迪，也为了达成相同的目的。但是，这两首诗很快便在别处发表了：

《自由颂》(1820)

《致云雀》(1820)

594 即便没有加入这两首诗，这部诗集依然篇幅可观，共有五百多诗行。它的散佚对现代诗歌不啻巨大的损失，对现代政治也许同样如此。

英格兰的人们，凭什么要给
蹂躏你们的老爷们耕田种地？
凭什么要辛勤劳动纺织不息
用锦绣去装扮暴君们的身体？……

你们播下了种子，别人来收割，
你们找到了财富，归别人占有；
你们织布成衣，穿在别人身上；
你们锻造武器，握在别人的手……

就用锄头和织机,耕犁和铁铲
构筑你们的坟,建造你们的墓,
织制你们的裹尸布吧,终有一天
美丽的英格兰成为你们的葬身窟。[59]

几个月来,奥利尔和亨特一直在推诿,或是为自保而拒绝出版雪莱的作品。有证据表明雪莱的怒火与日俱增。到了一八二〇年夏,雪莱不止一次有过与奥利尔分道扬镳的念头。他还不愿同亨特决裂,毕竟亨特还是挚友,也许是他在英国最亲密的朋友,而且他也能体谅一位文学编辑的难处,因为亨特办了一份期刊,要考虑可能遭到公诉的问题。相反,他利用亨特来抒发自己对奥利尔的情绪。“至于奥利尔,我恐怕他的缺点就非常严重了。在**你**可以觉察到时,这些缺点就已经是这样严重的……恐怕**我**在某种程度上要由他摆布。我再没有别的书商可以依赖以出版我的作品了。虽然这些作品有可能受欢迎,他也会像绵羊一样驯顺。事实上,他们这伙人全都是流氓。”但即便在愤怒和沮丧中,雪莱依然不会忘记英国出版商是在怎样的政权统治下开展经营的。“这不是个人的品德问题,而是他被放到一个决定他诚实与否的位置上去,也许我们应该把他当作一个诚实的书商来看待,或者在目前这种人际关系上把别的什么诚实的书商当作耶稣一类的人来看待。目前这种社会制度必须连同它座右铭和礼仪的上层建筑,从根基上推翻,我们才不至于在与那为数不多的高尚之人交往时只觉失望。”[60]无疑,亨特自视为好人,但他见到雪莱的激进主义思想爆发,依然会望而却步。雪莱的目的无疑就是如此。

但到了六月初,有一些因素共同导致雪莱对自己的出版活动更泰然 595
处之了。首先,他得知奥利尔排除万难出版了《倩契》。此外,这部作品销量非常好。这一年的整个春夏,这部作品受到广泛评论,尽管有些评论人士认为这是“一盘腐肉”,但许多评论不仅篇幅很长,而且对这部剧作的“力量”与“令人惊诧的人物形象”都表现出巨大的热情。同时,雪莱也没有受到人身攻击。四月底,《杂志月刊》《文学公报》《伦敦批评与戏剧评论月刊》和《戏剧检察官》都登载了评论文章。最后一种期刊尤其重要,因为读者是喜爱看戏的广大伦敦观众,在它的评论文章中,仿佛之前从未听说过雪莱所发表的诗作一般。此外,这篇评论对这部作品也赞美有加:“虽然是作者的第一次戏剧创作,《倩契》在戏剧美学的各个方面都无与伦比。”[61]五月,《新杂志月刊》《爱丁堡评论月刊》《伦敦杂志》相继发表评论文章,亨特也在《指针》中发表了一篇赞歌式的评论。[62]在雪莱的著作中,这部作品无疑是最流行的,而且当时就开始讨论出版第二版。其实,雪莱几周以来形成了一个印象,即加利尼亚尼已经在巴黎出版了盗版,以满足欧洲大陆作者迫不及待的渴望。但实际上他只是在他的《加利尼亚尼信使报》中对这部作品的伦敦版登过广告。[63]《倩契》第二版最终于一八二一年问世。雪莱从未这样准确地判断出作品的市场销售情况。

其次,这些畅销与好评的迹象也大大纾解了奥利尔的不满情绪,雪莱也能猜到这一点。奥利尔坚定地与雪莱签订了合同,为他在一八二〇年夏出版《解放了的普罗米修斯》,而且还同意随此书一同出版一批篇幅不长的诗作。诗集包括《西风颂》《含羞草》《海的幻景》和《自由颂》。六月和七月,雪莱不断将其他短篇诗歌寄去,让奥利尔将它们加入到这部诗集。* 约翰·吉斯伯恩答应为雪莱在伦敦校对稿件,并最终成为他实际意义上的文稿代理人。[64]此外,奥利尔显然告知了亨特,称他最终还是考虑匿名出版《彼得·贝尔第三》。[65]直到这一年秋天,才确定在这个季度没有任何作品会出版,但玛丽还是给吉斯伯恩夫妇写信,偷偷询

---

* 这部作品最终于1820年8月出版,题为《四幕抒情诗剧〈解放了的普罗米修斯〉及其他诗歌》。尽管尚未获得准确数据,但这部作品的销量不会超过二十本。但是在1820年6月,伦敦许多读者都在讨论《倩契》,这部作品前景一片光明。

问是否可以接洽其他出版商[66]。

《暴政的假面游行》《改革的哲学观点》和《流行歌谣》的损失（还有《彼得·贝尔第三》造成的实际损失）此时似乎是一个令人懊悔的话题， 596
对此，雪莱心知肚明。雪莱在五月底已经在原则上做出让步——尽管有些无奈。“我似乎别无选择，只得继续保留［奥利尔］，他手中有我的许多著作……因此我最好尽可能挽救这笔糟糕的生意……我必须承认，他在佣金方面没有骗过我——恰恰相反，我给他百分之二十的佣金，他却只收了百分之十——奥利尔只肯收这么多。”[67]也许他做不到耶稣那样高尚，但至少也是诚实的法利赛人。

雪莱之所以勉强同意，还有一个私人原因。这一年的六月，在弗拉西寓邸静静地度过春天之后，雪莱家中爆发了一场危机，这需要他全力应对。一家人原本打算在此时前往巴尼迪卢卡度过夏天，却因一些变故无法成行。根据小埃琳娜·阿德莱德·雪莱的死亡证明，她于六月九日在那不勒斯夭折。根据雪莱与吉斯伯恩夫妇的通信，雪莱还没有得知这个消息，直到七月二日至七日才获悉她的死讯，但他在六月三十日之前就了解到孩子发了“高烧”。但保罗·福吉似乎没过几天就知道了此事。雪莱用一百五十杜卡特妥善解决了孩子的问题，但事态已升级为赤裸裸的敲诈。六月十二日（星期一），雪莱一家人正在收拾行装，准备前往巴尼迪卢卡，但不知通过什么途径得知保罗·福吉对他们发出的威胁和要求。克莱儿与玛丽都知道了真相。克莱儿在日记中写道：“收拾东西很麻烦，而且乱糟糟的。——我们在席尔瓦寓邸过夜。哦，真麻烦。”玛丽则只在日记中写了“保罗”，然后又画了一幅小小的月牙。[68]第二天，他们回到了弗拉西寓邸，雪莱飞快地去里窝那咨询了德尔·罗索。克莱儿在日记中写道：“英国国王和他所有快乐的扈从 / 走上了一座小山，又走下了山。”[69]雪莱于当天傍晚赶回。第二天，塔提从卡夏诺的浴场返回,他也许是为了在艰难时刻给他们出谋划策。*

一行人决定放弃前往巴尼迪卢卡的计划,不得不住在里窝那,这样就可以靠近德尔·罗索。雪莱已询问吉斯伯恩夫妇的仆人,能否将里奇
597 寓邸让给他们住。因此,到了六月十五日,他们便重新收拾行装前往里窝那,克莱儿带着孩子和行李乘坐两轮马车先走一步。珀西·佛罗伦萨患了腹泻,根据玛丽的记录,他们都“垂头丧气,非常不满”。[70]雪莱搬到了亨利工坊的书房中,这样他就可以一个人独处。

但两天后,德尔·罗索便打消了他们的顾虑,情况看起来并不是太糟糕。玛丽给伦敦的玛丽亚·吉斯伯恩写了一封信,解释他们为何来到里奇寓邸:“我们无法前往卢卡的浴场,觉得有必要来咨询律师德尔·罗索,便来这里了——你感到开心还是烦恼?——造成这种局面的原因之一是我们的老朋友保罗——他对我们策划了卑鄙的阴谋——还有一些因素,但我想等到我们见面之后再解释——就是这个保罗,他是最无耻的无赖——我希望我们能摆脱他的纠缠,但我不知道能否做得到——因为到目前为止,我们只能猜测他有哪些同伙。”[71]这封信显然表明,他们与保罗打交道时,已开始为遭受他的敲诈勒索,而且玛丽至少知道相关原因。此外这也表明保罗曾对里窝那的其他英国人透露过此事。

除保罗·福吉之外,葛德文又开始不停地索要钱财,雪莱又开始担心这会对玛丽产生不利的影响。六月三十日,他给吉斯伯恩夫妇写信

---

* 玛丽和克莱儿的日记仿佛加密信息一般,这表明在雪莱家中所有留存至今的私人文献中,保罗·福吉的行动与埃琳娜的命运始终笼罩着一层神秘和秘密的色彩。玛丽画的月牙既可以指克莱儿本人(只不过在玛丽日记的其他地方,用太阳这个符号表示克莱儿),也可以指埃莉斯·福吉,还可以指小埃琳娜(“月亮-孩子”指私生子?“月亮-小牛”指流产?)。但是,不可能对这一点或克莱儿的儿歌展开言之凿凿的解读。雪莱在信件中同样对这些问题语焉不详或含糊其词。保罗的动机除了贪婪之外,也让我们想起了伊阿古。而且德尔·罗索的文件始终无法找到。但总的来说,人们可以明确感受到,无论是雪莱在这个私生女问题上遇到的麻烦,还是他称保罗的做法为“恶魔的行径”,都体现出紧张的关系和极度的愤慨。

称:“家庭安宁,我也许会有——我可能会有——如果能见到你们我就会有——但是我现在没有,因为玛丽在为葛德文的处境而承受着极大的痛苦。我的神经非常紧张,但是总体说来健康状况良好。我们由于保罗而发生过一场最可怕的冲突,不过我们终于挫败了他的图谋。我在亨利的书房中写了这封信,我给你寄来了一些诗文,这是我来到这里的当天写下的,这将向你表明,我在努力与意志消沉作抗争。”[72]雪莱以为他已挫败了保罗(以及他在旅居意大利的英国人中找到的同党)的阴谋,这体现了他幼稚的一面。但他还没有得到埃琳娜的确切死讯,只不过他已预料到这个残酷的消息。

他与意志消沉作斗争时所写的诗文题为《致玛丽亚·吉斯伯恩》。在诗中他为自己在伦敦的好友绘制了一幅幅亲切、讽刺的肖像——亨特、霍格、皮科克,甚至还包括葛德文,对他的描写就像是模仿英雄豪迈的撒旦,“举世无双,虽然已衰落于际遇的不幸”。雪莱想象他们此刻行走在伦敦的街道上,他们头顶上是相同的月亮与星空,“都是美丽的,在所有各地全一样”。但是,他也无法忘记其他方面:

> 此外,还看见什么?破敝的一帮
> 出租车辆,一座砖瓦房屋,一道
> 围着某一家孤独院落的墙,由于
> 涂着我国不幸的政治而颜色苍白,
> 或是更糟,一个可怜的女人一路蹒跚……[73]

这首诗的突出之处在于它采用了浅显的对话风格,这使人想起了《朱利安与马达罗》,而且它紧紧地、有意识地抓住了雪莱创作时所处房间(即亨利的书房)的物质细节。他缜密地枚举了螺钉,锥体,槽轮,蓝色和黄色的机械设计,一堆松脂,打碎的墨水瓶,没有手柄的茶杯,油漆盒,烧成半截的火柴,一组对数表和一只盛放水银的胡桃木碗。 598

而在这一钵水银上——出于幼年
养成至今未改的癖好，我漂浮过
另一种纸船：一只中空有齿螺旋——
亨利一定会知道我指的竟是什么，
而且会为此而对我发笑……[74]

他随信还寄去了一项谨慎的计划，准备为葛德文提供四百英镑，还询问吉斯伯恩夫妇能否先从法律文书中确定这笔钱是否可以真正改善葛德文的整体处境。这笔资助纯粹是为了取悦玛丽，而且雪莱并不是非常希望吉斯伯恩夫妇认可他的资助。他在附言中加了一段内容，但她并没有阅读："你们了解我的处境；你们了解葛德文欲壑难填的勒索；你们也了解他无穷无尽又总能自圆其说的诡辩术。而从另一个角度说，如果你们能够实现这样一种折中，好处也会很大。"[75]吉斯伯恩夫妇十分睿智，他们从这些自相矛盾的指示中准确地解读出雪莱的真正含义，这笔资助始终未提供给葛德文。这笔钱对于葛德文来说意义不大，但对于雪莱而言则相当于他半年的收入。但是，他对葛德文的耐心与慷慨依然令人惊异。

咨询德尔·罗索并思考葛德文的境遇之后，雪莱在七月检视了自己的整个财务状况。这是一个吃力不讨好的任务，但他得到了玛丽的坚定鼓励。取得的第一批成果是请霍格利用自身的法律能力，为他结算在马洛尚未支付的巨额账单。他还写了一封信给几位鲍德温先生，他们是《阿拉斯特》的出版商，信中催他们用利润支付印刷商的费用，这笔账单已有四年多没有支付了。[76]雪莱自己则开始与玛丽一同阅读卢克莱修的作品，每天都读一部分。[77]但到了傍晚，他经常找机会走出里奇寓邸，与克莱儿一同去里窝那散步。[78]

在里奇寓邸的初夏时节，克莱儿与玛丽的关系急转直下。七月四日，他们从比萨来到这里已有约三个星期，情况变得一发不可收拾，克莱儿在日记中写道:“哎呀,克莱儿与玛丽 / 每天都有明争暗斗的事情……”[79]早在刚入夏时,克莱儿与雪莱就因为阿利格拉的问题而关系紧张。他们接到了可疑的报告,报告中介绍了这孩子的情况,而且克莱儿也直接给拜伦写了信,威胁要亲自前往拉文纳出面干预。四月底,霍 599
普纳夫妇将拜伦的一封信送到了比萨,信中的语气异常冷漠。拜伦写道:“对于阿利格拉,我只能对克莱儿说——我对他们家教育孩子的方式毫不认同,我感觉孩子进了他们家就像住进了医院。难道不是这样吗?他们**养育过孩子**吗?……我要么会送她到英国,要么就把她送进女修道院接受教育……但是,这孩子离开我之后绝不能挨饿,不能少了蔬菜水果吃,也不能让她相信无神论思想。只要距离够近且方便,她的母亲就可以一直和她住在一起;否则就不要这样。这是一开始就讲好的。”[80]

雪莱很难安慰克莱儿,他自己也很难控制住脾气,但是与以往一样,他还是以自己的方式向拜伦维护克莱儿的利益。“[克莱儿]已同意放弃拉文纳之旅……我们再见面时,我可以向你解释一番你们为何对阿利格拉产生了误会,我认为,这将促使你发现克莱儿产生焦虑的理由。我不知道她写给你的信件内容,也许这非常挑衅,但无论在什么情况下,最好的做法都是原谅弱者。我并不是说(也并不认为)你的解决方法是不明智的,我只是心平气和地把情况叙述出来,请不要**说是我说的**。”

对于他自己的家人所受到的攻击,他在信中并没有发作,因为他知道拜伦预料到他会这样做。“你对我的信条提出了抗议,我对此只是一笑而过。恰恰相反,我认为在目前情况下,年轻女子有必要考虑贞节——也就是说,对于她福祉的影响,无论何时这都是一个好习惯。至于基督教——我在这一点上存在问题;我应当尽可能避免教小孩子无神论思想作为其信仰或作为其正式的信条。同样,你对于我们的体育教育系统也产生了错误的认识……”[81]

七月七日前后(他书信的具体日期存在一些不确定性),雪莱最终得知了他一直担心的消息，他写信给吉斯伯恩夫妇，告知他们埃琳娜·雪莱的死讯，并狠狠斥责了保罗·福吉和里窝那的英国侨民，指责了他们的仇恨、阴谋和“惊世骇俗的谎话”。当天傍晚，克莱儿在日记中称她和雪莱同去散步，但他们的对话并没有留下记录。雪莱在写给吉斯伯恩夫妇的信中称：“我们是漂泊不定的人，每一件事都遭到我们命运的幽灵追捕，就像云彩遭到风的追捕一般。”[82]

在这段时间，家中烦人的矛盾和雪莱兀自郁闷的心情，使他写出了抒情诗《云》与《致云雀》，诗中感情溢于言表，也许还有些多愁善感（这也情有可原）。其中体现了诗人憧憬着要遁入永恒的世界、实现轻松创作的思想。玛丽认为这两首诗是上乘之作：“在一个美丽的夏日夜晚，我们逡巡在小巷中，这里的桃金娘篱笆宛如萤火虫栖息的凉亭，我们听到云雀在唱着赞歌，这使雪莱产生了灵感，创作出他最优美的诗作
600 之一。”这两首抒情诗都及时寄到了英国，以便加在《解放了的普罗米修斯》合集中，寄出的时间也许是七月十二日。[83]七月十三日，克莱儿在日记中以尖酸的口吻写到德尔·罗索经办的法律诉讼进展情况，其中一段内容肯定指的是《致云雀》：“意大利人对那些威胁要打官司的人这样说，‘唱呀，唱呀，然后你就会像知了一样，最终爆发’，这就像知了一样越唱越响亮，它必须越来越用力地摩擦自己的腹部，直到最终受伤”。[84]

雪莱开始从事更容易完成的工作——翻译荷马的长篇诗作《赫尔墨斯颂》，他还给皮科克写信称：“这里的西南风整天咆哮，像成群的魔鬼在合唱，天气倒还宜人——一点不热，白天多雾，夜晚却出奇地晴朗。我一直怀着浓厚的兴趣在阅读希腊的传奇故事。”[85]信中自然没有提到德尔·罗索、埃琳娜或克莱儿。但信中开出了一份书单——给玛丽的一本希腊语语法书和几本练习册，葛德文的《答马尔萨斯》，有的书还体现出他的乐观看法，“六本第二版的《倩契》”。[86]

从七月十五日起，雪莱与克莱儿就在比萨与里窝那之间往来穿梭，持续了两周。他在席尔瓦寓邸咨询了梅森一家的意见，还讨论如何为

克莱儿寻觅一个单独的住处，以及雪莱家之外的形势，也许还讨论了意大利之外的局势。与此同时，雪莱正在寻觅一处幽静、不显眼的住处，以供他们避暑。巴尼迪卢卡有大量的英国侨民居住，因此不可能住在那里。雪莱还在七月十五日前往比萨，并于七月十七日返回，同克莱儿在七月十八日至二十日期间则住在席尔瓦寓邸，最终与梅森太太及其两个孩子一同乘坐两轮马车赶来，然后梅森太太及其两个孩子于当天傍晚与雪莱一同返回，雪莱在那里一直住到七月二十五日。[87]

雪莱对吉斯伯恩夫妇解释称："我们要租一栋别墅，这里距比萨约七英里，我认为至少有这么远。玛丽希望去山区住。但克莱儿和我们在一起，而且正在以巨大的决心阅读拉丁语和西班牙语著作。可怜的家伙！她是位优秀的女孩子，但我认为她永远也变不成迷人的女子。你们都知道，玛丽总是很高明，她最近的情况非常好。我希望她到了四十五岁时也会像现在这样睿智，或者说不幸造就了我。之后，她就会与克莱儿融洽相处。——我们得到了巴黎传来的消息，因为克莱儿是位英国妇女，那里不可能接纳她。但我们的爱尔兰朋友［海伦·威廉姆斯］正尽全力寻找替代的去处……"这段话是玛丽写的一封信中的附言，但雪莱在其中特意指出，玛丽还没有读过他的"横向写作"——"因此在任何一封她打算检查的信中，都没有注意到这一点"。他还随信附上了一篇秘密创作的作品，这要么是一首诗，要么是与德尔·罗索有关的作品。[88]他依然打算对玛丽隐瞒自己的部分情况与感情，在他当时的书信中，有许多无法解释的内容。

玛丽并没有放弃让克莱儿搬出这个家的计划。在八月与九月，她通 601
过各种手段，最终使克莱儿于十月被送往佛罗伦萨。这一事件证明，这不仅是雪莱与克莱儿重要的离别，也是玛丽于一八一五年春在英国坚持要达到的目的。雪莱与以往一样，对这些安排的态度似乎极为暧昧。他承认，克莱儿有必要实现独立，而且做出这些安排之后，他表面上也同意玛丽和梅森夫妇的安排，并与他们展开了合作。但他始终力求频繁地与克莱儿见面，有时一次在她那里待上好几天。在一八二〇年十月与十一月写给她的私人信件中，雪莱明确表示自己异常思念她，而且不断在谋划让她回到自己身边。经过在意大利两年的共同生活，他们最终还是分开了，这在很大程度上是由两个情况造成的：首先是围绕德尔·罗索诉讼的这桩丑闻；其次是梅森夫人通过自己强大的人格力量，以芒卡斯尔女士和“密涅瓦”的立场所发挥的影响力。

雪莱不在比萨时，抽时间给伦敦的济慈写信。他已通过吉斯伯恩夫妇，了解到济慈的坏消息——他第一次出现了严重的肺出血症状，就在吉斯伯恩夫妇六月二十二日拜访汉普斯特德后的那天夜里。雪莱催促济慈来意大利养病，并建议他住在自己的比萨家中，或是住在比萨周边。“雪莱夫人与我一道真心请你来我们家住。”[89]

他还给日内瓦的梅德温写了信。雪莱已听说，梅德温一直与威廉姆斯一家在阿尔卑斯山区游山玩水，他再次邀请他们南下，并满怀憧憬地谈起他们的自由自在，他本人也曾享受过这种闲云野鹤般的生活。“我好忌妒你，或者毋宁说十分赞赏你游览的兴致。我也有这种探险的豪情，但是部分由于我的健康状况的反复，部分由于缺少一个伙伴来激发我一下，所以仍足未出户。我从窗子往外看着群山、天空和树林，而且就像一位老人回忆青春时期的情人那样，回味着心心相印的狂欢……”[90]

七月底，雪莱成功地在巴尼迪比萨的小温泉浴场附近租到一套很不错的房间，这里位于城外约四英里。八月二日，他又回到里奇寓邸，激动地带来了一条最新的消息——那不勒斯最近发生了民变。他告诉玛丽，称自己此时非常开心，决定放弃迟迟未能成行的英国之旅。“我没有离开意大利的意思。我们所能做的就是省钱，而且如果局面发生了决定性的转折（我相信局面最终是要发生转折的，但不一定是两三年），那将是我要维护我的权益和保留我的年金的时候……代我吻吻可爱的小宝宝和你——我真心爱着你。雪莱。”[91]

注释

［1］雪莱,《散文作品》,页196-214。

［2］《克莱儿·克莱尔蒙特日记》,页117。

［3］同上,页116-117。

［4］同上,页118。

［5］《珀西·比希·雪莱书信集》,第二卷,第五四五篇,页169。

［6］《克莱儿·克莱尔蒙特日记》,页118-119。

［7］牛津大学博德利图书馆藏雪莱手稿,位置e.6,页172-175,修订版。

［8］《克莱儿·克莱尔蒙特日记》,页119,页124-125。H. R. 安杰利,《雪莱和他在意大利的朋友》,页115起若干页。

［9］《克莱儿·克莱尔蒙特日记》,页119。

［10］《玛丽·W. 雪莱书信集》,第八十五篇,页96-97。

［11］同上,页95。

［12］《克莱儿·克莱尔蒙特日记》,页122。

［13］《玛丽·W. 雪莱书信集》,第八十五篇,页96。

［14］《克莱儿·克莱尔蒙特日记》,页126。

［15］同上,页127-129。

［16］《玛丽·雪莱日记》,页129。

［17］《珀西·比希·雪莱书信集》,第二卷,第五五四篇,页176。

［18］同上,第五五六篇,页179。

［19］《玛丽·W. 雪莱书信集》,第八十七篇,页101。

［20］同上,第九十篇,页103。

［21］同上,第八十六篇,页99。

［22］《克莱儿·克莱尔蒙特日记》,页134。

［23］《珀西·比希·雪莱书信集》,第二卷,第五五四篇,页176。

［24］同上,第五五五篇,页178。

［25］同上,第五五七篇,页181。

［26］同上,第五六〇篇,页187。

［27］同上，注释6。

［28］同上，第五五七篇，页180。

［29］《玛丽·W.雪莱书信集》，第九十一篇，页104。

［30］《珀西·比希·雪莱诗集》，页594-595。

［31］同上，页599。

［32］《玛丽·W.雪莱书信集》，第九十二篇，页106。《玛丽·雪莱日记》，页131。

［33］《珀西·比希·雪莱书信集》，第二卷，第五六八篇，页201。

［34］雪莱，《散文作品》，页239。

［35］同上，页239-240。

［36］同上，页230、231。另见《为诗辩护》，参见雪莱，《散文作品》，页288。文中始终将耶稣刻画为"伟大的改革家"形象，但天主教会却被描写为邪恶的帝国主义形象。

［37］雪莱，《散文作品》，页240。

［38］《珀西·比希·雪莱书信集》，第二卷，第五六四篇，页192。

［39］雪莱，《散文作品》，页241。

［40］同上，页244-245。

［41］同上，页242。

［42］同上，页249。

［43］同上，页250。

［44］同上，页251。

［45］同上。

［46］同上，页247。

［47］同上，页255。

［48］同上，页258。

［49］同上，页259。

［50］同上，页257。

［51］同上，页259。

［52］同上，页 260。

［53］《珀西·比希·雪莱书信集》，第二卷，第五六四篇，页 193。

［54］《克莱儿·克莱尔蒙特日记》，页 146。

［55］《珀西·比希·雪莱书信集》，第二卷，第五六八篇，页 201。

［56］这几乎肯定是她在编写雪莱散文作品的官方版本（1840）过程中，蒂莫西·雪莱爵士对她施压所致。在之后于十九世纪八十年代出版的版本中，这篇作品也被遗漏掉，它第一次以小型专著的形式出版是《改革的哲学观点》，T. W. 罗尔斯顿编（1920）。

［57］《珀西·比希·雪莱书信集》，第二卷，第五六三篇，页 191。

［58］《珀西·比希·雪莱诗集》，页 338 起若干页，页 571、572、573、574。

［59］同上，页 572–573。

［60］《珀西·比希·雪莱书信集》，第二卷，第五六三篇，页 191。

［61］《不灭的炉火》，页 181。

［62］同上，页 167–197。

［63］《珀西·比希·雪莱书信集》，第二卷，第五七七篇，页 216。

［64］同上，第五六九篇，页 201。

［65］同上，第五六六篇，页 196。

［66］《玛丽·W. 雪莱书信集》，第九十八篇，页 112。

［67］《珀西·比希·雪莱书信集》，第二卷，第五六八篇，页 200。

［68］《克莱儿·克莱尔蒙特日记》，页 150 与该页注释 2。

［69］同上，页 151。

［70］《玛丽·雪莱日记》，页 134。

［71］《玛丽·W. 雪莱书信集》，第九十六篇，页 108。

［72］《珀西·比希·雪莱书信集》，第二卷，第五七一篇，页 207。

［73］《珀西·比希·雪莱诗集》，页 369。

［74］同上，页 365。

［75］《珀西·比希·雪莱书信集》，第二卷，第五七一篇，页 208。

［76］同上，第五七三篇与第五七四篇，页 209。

［77］《玛丽·雪莱日记》，页135。

［78］《克莱儿·克莱尔蒙特日记》，页153–154。

［79］同上，页154。

［80］拜伦写给霍普纳的信，1820年4月22日，参见《拜伦勋爵：散文选》，彼得·冈恩编，页340–350。

［81］《珀西·比希·雪莱书信集》，第二卷，第五六七篇，页198–199。

［82］同上，第五七五篇，页210。

［83］也许是附在雪莱写给皮科克的信中，《珀西·比希·雪莱书信集》，第二卷，第五七六篇，页213。

［84］《克莱儿·克莱尔蒙特日记》，页156。

［85］《珀西·比希·雪莱书信集》，第二卷，第五七六篇，页213。

［86］同上，页214。

［87］《克莱儿·克莱尔蒙特日记》，页156–157。

［88］《珀西·比希·雪莱书信集》，第二卷，第五七八篇，页218。

［89］同上，第五七九篇，页221。

［90］同上，第五七八篇，页218–220。

［91］同上，第五八〇篇，页223。

第二十五章　比萨之月(1820)

从比萨的北门出发,通往巴尼的道路蜿蜒曲折,穿过了一片平原。602
这片平原的特点是农场建筑物很零散,同时稀疏地种植着葡萄和蔬菜,这里靠近皮萨诺山,这一片山脉在远处呈弧形。这条道路与一条小小的运河交汇,运河一头在比萨连接阿尔诺河,另一头则在卢卡连接塞尔基奥河,最终这条道路经过一座石桥,来到法国梧桐树掩映的一片绿荫,直达半月牙形的石质建筑物,这里就是这座村庄的中心,当地人称这座村庄为圣朱利亚诺。

这个建筑群呈月牙状,簇拥在皮萨诺山的山脚下,面朝一座坚固的四方形十八世纪建筑物,这就是巴尼。它的顶上是一口大钟,侧面装饰了几个瓮。后方是山脉陡峭的侧坡,上面长着野生橄榄树。低矮的山坡上有步行通道和棚架绿廊,早在美第奇时代就拥有超高的人气。但雪莱在一八二〇年八月到达圣朱利亚诺时,这里跟比萨的其他地方一样日渐衰败。除了当地赶集的日子之外,这座村庄鲜有人光顾,甚至比萨的意大利人也很少来。大学医科专业的教师偶尔来开展新的研究,以探究为何传说当地的水具有疗效。传统上,这里属于图斯卡纳庭院的景点,但这里气候宜人的季节非常短暂,通常在九月底便戛然而止,而且洪水会从山坡奔腾而下，因此它长期以来人气与典雅程度都逊于巴尼迪卢卡。

雪莱的居所在普林尼寓邸，这是新月形建筑群入口左侧的第二栋房屋。一层有几个大房间，簇拥在拱形门厅两旁。它有一座后花园，花园中种着橙子和柠檬，这些果树向下一直延伸到运河两岸。[1]雪莱将整栋房子租下，租金约为每月十三个威尼斯金币，这么偏僻的地方，这个价格
603 一点也不便宜："我可以租便宜点的，可条件差多了。但是我要写作的话，需要有空间。"[2]他在这个清静的住所中过上一段相对恬静的生活，直到十月底。

雪莱一家人很快便住进来了，随行的还有意大利厨师卡特里娜，只是克莱儿在搬家后不久便生病了。她在日记中用暗语记录了梦境，还称自己见到了鬼魂。[3]对于雪莱而言，来到圣朱利亚诺遁世是莫大的慰藉。来到这里后，他要给自己的心灵卸下包袱，首要之举是给葛德文写了一封长信，这封信对两人的关系是毁灭性的。他专门为此去了一天比萨，在塔提的书房中咨询了他的意见。塔提书房的架子上摆放着发了芽的马铃薯，它们装在玻璃罐中。之后，雪莱便缜密地写出了五页纸的草稿。最终，他发现自己说的话够多了，而这番话也许早在他离开英国之前很久就应该向葛德文讲明："几年之内我已给了你一大笔钱财，而且为了弄到四倍于它的金额，使得我不名一文。除开这个交易似乎在你我之间产生的友谊这一点以外，这笔钱不管它带给你什么好处，都等于扔进大海里。如果我把四千或五千英镑留在手里，并且为了你的永久利益而代你保管，那我就真正是你的大恩人了。然而，错误发生在年龄成熟、经验丰富和目光敏锐的男人身上，比在浅薄而冲动的男孩子身上要大得多。这种错误很少重犯。"

他又解释称自己的情况岌岌可危，还称玛丽始终不了解所有情况。"我的事处在极其复杂的尴尬状态：雪上加霜。我面临这样一种情况，我的极为有限的财源的任何减少，都可能使我陷入个人危机。我恐怕你我之间的交情还未到这种境界，使我有理由将我的微妙而紧急的实际景

况向你暴露出来。这种景况，出自最神圣的考虑，我也不能告诉玛丽……”向玛丽隐瞒是得到她本人默许的，目的是不让她牵扯其中，也防止她因痛苦或健康不佳而影响到孩子。“你的信件从风格和精神（这是你对情趣的错误观念）来说，永远不能在她精神上产生惊人的影响。在某种情景[以及其他情景——**草稿中这几个字被删掉了**]中，激动的心绪通过她在婴儿身上产生一种不适，类似两年前毁掉我们的小女孩的那种情绪……在那种情景里，在我的请求下，玛丽[给了我自由——**草稿中这几个字被删掉了**]授权给我，凡是依我判断有可能打扰她的心思的信件或消息，一律截住。”[4]除了葛德文对资金的强行索要之外，雪莱在这里无疑还指出了六月十四日至十七日发生的与埃琳娜有关的事件。草稿中还有一段指的是他本人当时的肾脏疼痛。[5]

葛德文收到这封信后怒不可遏，他对伦敦的吉斯伯恩夫妇作了一番长篇解释并大肆攻击雪莱。他还以大篇幅讨论了克莱儿的愚蠢与保罗的恶毒，只不过可以判断出，这涉及玛丽亚·吉斯伯恩所说的“很久以 604
前的故事了”——也就是说，拜伦和阿利格拉的事情。吉斯伯恩夫妇是否告诉葛德文有关埃琳娜·阿德莱德·雪莱的事情，我们还不得而知，但他们回到意大利时，对雪莱的良好印象已遭到破坏。[6]

雪莱给葛德文寄出这封信后，便决定要完成他两年前的心愿，即前往卢卡的圣佩莱格里诺山朝圣。八月十一日（星期五），克莱儿与玛丽陪同他来到了卢卡镇，他们在克罗塞迪马耳他住了一晚。雪莱于周六拂晓出发，并在那里度过了周末。自打一八一九年春离开那不勒斯，这是他第一次真正地独自出行。天气酷热，他一路跋涉，攀登至山顶的小教堂。星期日晚上，他精疲力竭地回到圣朱利亚诺。在这次孤独的旅行中，他构思出自己的长篇奇幻诗作——《阿特拉斯的女巫》。

从周一上午开始，他立即动手创作这部作品。两天之后（8月16日），作品完稿。玛丽在日记中提到这部作品的进展情况，也提到雪莱惊人的创作速度——每天超过两百诗行。雪莱从未如此迅速地创作出一部作品。雪莱本人也在致玛丽的题献诗中称,三天创作的速度飞快。给人的印象是他以此为豪,因为这充分反映出他超群的创作技巧。这首诗实际上没有情节,而是松散地叙述了神秘女巫的巫术和恶作剧,她创造出奇怪而又美丽的雌雄同体人作为她的伙伴,还创造出飞艇供她俩乘坐,又叙述了她们环游世界和穿行历史之旅。无论是创作之火,在空中和水中航行,还是电能,这些意象都来自《解放了的普罗米修斯》。但是与后者不同,这首诗特意缺少思想架构,而且诗中随处可见才华横溢的即兴创作。尤其是着重强调了线条的运动与速度和火焰,《阿特拉斯的女巫》给人的印象是在展示诗歌技巧。

……她常常攀爬
团团凝云组成的陡峭的云梯,
直达淼淼云海中突兀的海岬,
犹如阿利翁①坐在海豚的背脊,
唱着歌在太空遨游,无边无涯;——
她也常追随闪电蛇形的足迹,
登上狂飙的站台,放声大笑,
听火球在后面发出阵阵咆哮。[7]

这部诗作的手稿中多处画了扬帆起航的帆船作为装饰。

605 玛丽准确地称这部作品为"天马行空般的幻想,充满美丽的意象,超尘脱俗的清高,随灵感所至在[雪莱]奇异的幻景中遨游"。[8]其实,她根本不喜欢这篇诗作,并批评雪莱不应这样创作。她感觉这部作品从本质上说脱胎于"病态的感情",而且代表着他在人类感情与社会同情的

① 阿利翁是海神波塞冬的儿子之一,是演奏七弦竖琴的能手。他在旅行中遇到海盗,被迫跳入大海,被海豚所救,并载着他上岸。

现实中畏缩不前。雪莱在题献诗中这样写道：

> 亲爱的玛丽，你被评论咬伤，
> 　（死蛇照样能咬人，）伤得好重，
> 竟然责备我不该写这些诗行，
> 　因它们缺少故事，不管假或真！[9]

玛丽对这首诗的反感，揭示出作品最有趣的特点之一，即对两性人主题的进一步挖掘。从这个意义上说，这首诗确实具有人性的和激情的内容，只是玛丽不想承认这一点。在题献诗的结尾，雪莱发出警告：

> 　而揭开女巫的外衣，连牧师和主教
> 也不能说你有罪，——除非爱情
> 也有罪，当爱成为无上的崇敬。

雪莱在巴尼迪卢卡翻译《会饮篇》时，在阿里斯托芬的发言中首次有意识地遇到了两性人的想法。在罗马，他又见到了两性人的雕像，存放在博尔盖塞广场。[10]实际上，罗马有两座两性人的雕像，但其中一座是古希腊在公元前五世纪的原作，已出售给拿破仑并运到了卢浮宫。虽然它已从公共美术馆中搬出，但在卢浮宫留存至今。雪莱看到的两性人很大程度上属于修复作品，但也是对古希腊作品的杰出仿作，它由安德烈亚·贝尔贡迪精巧地仿制而成。[11]两性人呈入睡之姿，它趴在床上，宁静的脸庞垫在右胳膊上，面朝观众。它闭着两只大大的眼睛，美丽的鬈发用一根简单的布条绾结起来。雕塑家别具匠心地安排好整个身体的姿态，以便使躯干的上半部分略微抬起，露出了一只乳房，同时腰部以下的身体则蜷缩在右臀附近，匀称的双腿挺直，以使观众的注意力集中于一对重点刻画、引人注目的弧形腰线。

在这首诗中，是女巫创造了两性人。这位两性人天生丽质，是女巫的伙伴兼仆人，这类似于魔法师的学徒，象征着大自然的一切潜在能量，既包括性的能量也包括电的能量。但在全诗大部分篇幅中，这位两性人始终在入睡，就仿佛罗马的那座大理石原作一般，因为它的自由只是一种潜力。

606 然后她奇妙地把火和雪揉在一起，
　并给这相斥的物质掺上爱液——
让它们共同生长融为一体，
　在其体内流动着爱的和谐；
一个姣美的形象便从她手里
　诞生了，一个活物，它的美超越
那座灿烂生辉的少女雕像，
皮格马利翁王曾为她心醉神往。

它是无性的，在它身上似乎
　既无男性也无女性的缺陷，
却融两性的全部优势于一炉，——
　它的四肢既有力而又柔软……

她一直向前驶去，她的偶像
　躺着，双翅合拢，两眼紧闭；
在它温柔的脸上，多少梦想
　在嬉戏，犹如夏蝇成群聚集，
它们对易逝的微笑紧追不放……[12]

这位两性人代表着睡眠的潜力，这一思想在作品的结尾部分导致女巫干涉了人类的事务。她召唤出有益的冲动或喜剧的冲动，它沉睡于邪恶或受压抑的人物内心。女巫对牧师和国王以及士兵（他们梦见自己成了铁匠）都施了“魔法”，最重要的是，她还对受到社会成规羁勒的恋人们施了魔法：

初恋的情人是那样羞怯、腼腆，
　几乎不知道究竟是相爱还是不，
此时也从梦中醒来，大胆
　追求爱情的欢乐，内心的渴慕；
第二天当这对恋人再次相见，
　却满面羞红，像罪犯被当场捉住，
他们对做过的一切难以想象，
昨日的往事啊如在梦中一样……[13]

但是，无论是在此处，还是在整首诗中，语言只发挥了间断性的力量。有一个例外，这是一段与众不同的描写，其中女巫对即将死亡的人施了魔法。她为他们创造出永生，使他们暂时失去生气，就仿佛他们成了人类的种子。用之前的表述说，女巫成为“园艺家，技术十分熟练”。

因为在他们入土安葬的夜晚， 607
　她就用香油涂抹他们的尸体，
以防腐烂，并摇灭灵灯的光焰——
　那模拟的白昼，在这死亡的角落里；
襁褓中裹着他们的第二次童年，
　她为它解开捆索；她带着轻蔑
举起棺材，这人类最后的摇篮，
将它从壁龛上扔进沟渠里面。

岁月悠悠，他们静静地躺在那里，
　有呼吸、心跳、体温，永不腐烂，
像一个隐士睡在青青的幽居，
　温存的微笑嬉戏在他的眉宇间，
他活在自己的梦中，他已超逾
　生死的凌虐；而人类仍穿着打扮，
花样翻新，他们盲目地活着，
人世代谢，犹如匆匆的过客。[14]

这段描写采用了精妙的手法与丰富的想象，表明遁入永恒的重生念头发生了成熟的转变，其中也存在一定的反讽，雪莱曾在这一年七月创作的抒情诗中，对这一主题创作出多愁善感的作品。但是，《阿特拉斯的女巫》整体上依然是一篇轻量级作品。对雪莱而言，这为他发挥了纾解感情的作用，相当于他创作中的指法练习。

隐居普林尼寓邸期间，雪莱抛开手稿，开始撰写第二封严肃的书信，这次是写给罗伯特·骚塞的。这一年六月，雪莱曾在比萨写信给骚塞，询问他是不是去年在《每季评论》上发表抨击文章的始作俑者。在这封信中，雪莱毫无必要地辱骂了骚塞，指责他“抛弃了”早年创作中投身其中的事业。[15]骚塞在回信中冷冷地否认自己曾写过这篇评论，之后愤怒地诘难了雪莱的观点。“……他们难道没有对他人造成直接的痛苦吗？难道没有对你本人带来无法治愈的负罪感吗？”他催促雪莱皈依基督教，并使自己“认识到自身痛苦的状态”。[16]

这封信并非是要安慰雪莱，尤其是在这个节骨眼上，而且雪莱的回信也表现出愤慨。“你从人生中选出一页，它不仅白璧无瑕，而且是在热忱地追求道德完善，它之所以看起来像个污点，仅仅是因为我无视世俗观念而调整了家务事……”雪莱此时已不再考虑《每季评论》的问题，而是对准他所了解的骚塞的软肋发起凶狠的反击。“我不指望你会足够坦率地感受到，也不指望你会承认，你在指控一个无罪和被迫害的人 608 是很不光彩的，甚至心术不正，而这个被指控的人唯一真正的罪过，只不过是对社会现状抱着你过去一度也何其相似的观点。”[17]无论是两人一八一一年在凯西克的志同道合，还是之前因政见而产生的憎恨，旧日记忆迅速涌上雪莱心头。八月二十日，克莱儿为雪莱誊清了这封信，有人会怀疑这也是不适合让玛丽知道的情况。雪莱对骚塞转变立场依然不抱希望，而且他立即通知奥利尔给凯西克寄出几本《倩契》和《解放了的普罗米修斯》。他还在写给骚塞的信中加了一段附言，称他在写作时忍受着腰部的剧痛。

这封信最终寄到了格雷特霍尔，骚塞应对自如，就仿佛是英国上流体面社会的代表。不管怎么说，他已经为自己巨大的家庭责任而牺牲了写作生涯。他再也不会拐弯抹角了，而是像一位正统派基督徒那样高效地对雪莱的私生活发起了毁灭打击。他首先抨击的是雪莱被牛津大学除名，接着又拷问了一番哈丽雅特·雪莱自杀的是非曲直：“你扪心自问，对于她的毁灭，你是不是负有全部、完全和直接的责任呢。你污染了她的认知；你夺走了她的道德和宗教准则；你使她的思想堕落。”他总结的语气中带有富于责任感的力量：“你已经让自己陷入一种有害的心态，以至于你的性格以及你在家中的安排（随你怎么称呼它）都可以作为一部戏剧的素材，这部戏剧要比《倩契》中可怕的故事更有教育意义，但没有那样痛苦。而且这直接源于你的准则……这部戏剧就是《无神论者的悲剧》。”[18]说完这番话，骚塞又进一步催促他阅读《公祷书》，两人的通信就此告终。双方再也没有书信来往。两人虽然在每一封信的最后都写上了“向你致以诚挚的祝愿”，却都让对方受到了严重的伤害，因为两人都有理由暗中痛苦万分，并悔恨交加。

尽管远处传来了这些雷鸣声，雪莱一家人还是度过了六月的这场危机，他们又开始定期外出散步，前往浴场，乘坐马车出行，这对他们开始产生有益的作用。生活越来越轻松，也越来越放松。克莱儿曾来到比萨，与梅森夫妇及他们的孩子们一同住了四天，在这次拜访中，她做出了决定，要前往里窝那的海边住上几周。她在那里可以学习研究，洗健康的海水浴，并享受与梅森夫人的通信。八月二十四日，她和梅森夫妇及另一位英国贵妇菲尔德夫人一同回来，在圣朱利亚诺度过了圣巴托洛缪日。这座小村庄很快便挤满了人和马车，还有农场的牲畜，窗户上都悬
609 挂着彩旗。大街小巷都在为传统的赛马活动做准备。一行人抵达普林尼寓邸之后，雪莱决定以节日应景的方式朗诵自己的一首政论颂辞。玛丽后来称这首作品题为《自由颂》，它写于去年春天，但更可能是他新创作的《那不勒斯颂》的选段，他正在为意大利南方爆发的这场起义创作这部作品。

就在雪莱慷慨激昂地朗诵这首作品时，楼下的广场中逐渐传来一群猪的大声哼唧声和尖叫声。它们马上要被送到集市上出售。最后，农家庭院传来的噪声似乎将朗诵声完全淹没，雪莱哈哈大笑，中断了自己的朗诵。“他将这一幕与阿里斯托芬的讽刺剧中‘群蛙的合唱’相提并论，而且这是一个小时的欢乐时光，一个荒唐的联想又引发了另一个荒唐的联想，雪莱将这一天发生的事件幻想为一部政治讽刺剧，而猪群则在其中担任合唱队。”[19] 八月底，雪莱其实已动笔创作这部戏剧，并于九月完稿。这部作品题为《肿脚暴君》。

在圣巴托洛缪日的傍晚，他们都去观看赛马，心情无比愉悦。一星期后，雪莱带着克莱儿前往里窝那，开始了她为期一个月的度假以修炼提升。雪莱在她身边陪伴了两天。她也许和吉斯伯恩夫妇的意大利友人住在一起，甚至可能就住在里奇寓邸。她阅读了《克拉丽莎》，完成了拉丁语练习，每天洗海水浴，定期收到席尔瓦寓邸和普林尼寓邸寄来的信件，有时也从拉文纳得到消息，有一次还收到了查尔斯从维也纳寄来的长信。到了周末，她经常与梅森夫妇一同在比萨度过，而且雪莱通常会过来和她聊天，带着她散步。他们如饥似渴地阅读着那不勒斯周围爆发的卡尔博纳里战役的新闻，并展开热烈的讨论。

克莱儿在一篇日记中,介绍了他们一天上午穿过里窝那大街小巷的旅行,栩栩如生地介绍了她通过敏锐的目光得出的印象和相应的激烈反应,对于雪莱这始终是永恒的乐趣所在。“我看到一个乞丐坐在他的位子上懒洋洋地打着哈欠——另一个乞丐则趴在地上,五体投地地向一位年轻的洗衣女工致敬,她的头上顶着一个包裹,光着脚,说着‘听说你母亲身体不太好,我感到很遗憾’;希腊人跪坐在护墙上,呆呆地凝望着下方运河中浑浊的水流……在这里,男人们在他们的门前烤制咖啡,其他人则拍打着垫子,小提琴在演奏,女人们在歌唱。四处的生活就像肮脏的爬虫一样,不像自由的孩子那样拥有农业产品或活力,拥有健康的力量。”[20]

这一年九月与十月,他们在巴尼的生活十分安宁。雪莱与玛丽乘船出行,还在下午骑马外出,有时还徒步前往皮萨诺山的丘陵。傍晚,他们
便互相大声朗读薄伽丘的故事。到了周末,雪莱通常在比萨与克莱儿和 610
梅森夫妇一同用餐。玛丽开始创作一部新的小说《瓦尔佩加》,雪莱也完成了《那不勒斯颂》的终稿,他还匆匆完成了《肿脚暴君》的两幕滑稽剧手稿。在这部剧作的结尾,艾奥娜·托利那(卡罗琳王后)穿上了靴子和马刺,“戴上猎帽,并时髦地将帽子歪戴着。然后把头发往帽子里一塞”,跳上了弥诺陶洛斯的脊背。之后,她和猪群发出狩猎时的吼叫,去追逐邪恶的肿脚(乔治国王)和他的一群狡诈的大臣(卡瑟尔瑞、西德茅斯等人)离开了舞台;众演员大喊大叫着下场——

　嗬！嗬！
穿过池塘、壕沟和泥坑
将它们紧追直到捕获,
像魔鬼一样紧追不放,
　嗬！嗬！[21]

总的来说，这部作品将街头小册子与时俗讽刺剧素描相结合，非常成功。素材来自阿里斯托芬的作品和雪莱本人创作的《暴政的假面游行》，两者所占比重大体相当。雪莱确实在英国发表了这部作品，而与这部作品出版相关的信函均未留存下来，这一点非常可惜，因为这似乎与亨特和奥利尔都毫无关系。也许是在霍勒斯·史密斯的默许和帮助下，雪莱将这部作品直接匿名寄给了葛德文之前的出版商詹姆斯·约翰逊，因此绕过了受人尊崇的自由派出版网络。[22]这部滑稽模仿作品于一八二〇年季秋时分在伦敦面世，扉页这样写道：

暴虐的俄狄浦斯
或肿脚暴君
两幕悲剧
——译自古希腊方言陶立克语
“选择吧，要改革还是内战，
当王后骑着艾奥尼亚怪兽，
不是以犬猎兔，驰过街头，
而是带着猪群把夫君追赶。”
伦敦
J. 约翰斯顿为作者出版，齐普赛德街98号
所有书店均有售
一八二〇年

611 作品篇幅不长，但必定造成了相当大的反响，因为政治倾向严重的除恶会立即威胁要就此书对约翰逊提起公诉。在这样的情况下，约翰逊将未售出的书籍撤回，但此次对抗正是雪莱本人所提倡的，他将“挑战政府对政治诽谤罪的公诉”作为整个激进战略的组成部分。此后的十五年里，卡莱尔和霍利约克等人勇敢地践行这一策略，逐渐使报刊从政

治控制中解放出来。[23]

作为一位诗人,这是雪莱犯下的巨大战术错误之一,亨特必须为这个错误承担部分责任,因为他没有对这一类的著作做出更快回应,也没有在一八二〇年之后坚持为其发表;不过通过这样的选择,之后也使他免除了责任,当时的情形令人记忆犹新。玛丽最终在一八三九年的作品集中出版了这首诗,但此时它已没有威胁了。

在九月和十月这段隐居的日子里,雪莱还创作出其他更具反思性的诗作。他根据但丁的《炼狱篇》第二十八诗章第一至五十一行的内容,改编出一首诗作,全诗共有五个诗节。他先是将这部分内容翻译出来,玛丽后来给它起名为《玛蒂尔达采撷鲜花》。[24]此时,雪莱已将其写成完整的作品《问》,其中华丽、精巧地对“如梦如幻的花朵”组成的花束展开描写,并将其融为一体。

那里长着杂色银莲和紫罗兰,
　雏菊,是地上珍珠镶嵌的星座,
那些结成星座的花朵永不凋残……[25]

其他改编作品还包括对荷马颂歌《阿波罗之歌》和《潘之歌》的缩写。

也许最成功的作品是两首与月亮有关的抒情断章。它们创作于收获季节,巨大的月亮从东北方向的皮萨诺山的岚霭中升起,悬挂在比萨平原上空,留下长长的倒影。

宛如行将就木的妇人,苍白、瘦削,
她蹒跚前行,周身笼着一层薄纱,
神情恍惚地步出闺房,
衰弱的大脑无力思考,
明月出于黢黑的东天,

皓月千里，模糊难辨——[26]

第二首诗具有菲利普·锡德尼十四行诗的各种特点，体现出伊丽莎白时代优雅的忧郁气质：

612 观汝面色疲乏苍白
岂凌霄凝望九州乎？
星宿所生，各有不同
孤独无伴，漫游太虚
变幻无常，譬如冷眼
世间何物，可令永驻？……[27]

但是，这首诗并没有写完。虽然这两首都是上乘之作，宛如小巧、精妙的壁炉罩瓷器，却代表着创作压力和紧迫感的褪去。他在一八二〇年夏秋时节创作的许多诗歌中，希腊语和意大利语著作的译文成为其硬核，这也表明雪莱需要从更纯粹的文学源泉中汲取支持与激励。在雪莱创作生涯的最后十八个月里，外国文学对他的作品发挥了越来越重要的影响。其中最重要的人物包括但丁、卡尔德隆和歌德。在雪莱的原创诗歌中，他们具有强大甚至光彩夺目的地位，在一系列高明的诗歌译作中明显成为焦点。这些作品加上一八一八年对《会饮篇》的散文体译作，一八一九年对欧里庇得斯的《独眼巨人》的优秀、精巧的诗歌译作，以及《荷马体颂歌》，都使雪莱成为同时代最为耀眼的文学翻译家。

九月底，雪莱将克莱儿从里窝那接回，然后遵照玛丽与梅森夫人之间的约定，在席尔瓦寓邸给她一个房间居住。自此以后，玛丽便不愿让她住在巴尼。唯一流露出心烦意乱的迹象是雪莱给拜伦写的一封信，他在信中再次为克莱儿的强硬要求辩护。但这次他解释时的语气略微强硬一些。而且读者可以感觉到，在阿利格拉的问题上，他的同情心已经明显侧重于克莱儿一边。“然而，我没想到克莱儿的信叫你生气了，虽然很可能她想写什么就写什么。你担着对阿利格拉的职责，而且你不让她跑这么远去看克莱儿，你是把它当作你的职责的一部分。克莱儿想见她的愿望是自然的。失望令她心烦，心一烦就信笔乱写一气，这完全是自然而然的事。但是，可怜的家伙，她身心都不佳，也应该尽量迁就迁就她。”

据坊间传言，拜伦打算回到伦敦。雪莱不相信这些传言，但他抓住拜伦考虑离开意大利的可能做文章，称：“至于我，我暂时待在意大利。如果真要去英国，并把阿利格拉留在意大利，我想你最好做这样一种安排，在你不在意大利期间，让克莱儿什么时候愿意看阿利格拉就去看看她。”这番话是雪莱破天荒第一次提出建议，告诉拜伦**应当怎样**安排自 613
己的事务。同样，自打可怜的克莱儿上一次看望这孩子之后，已经是第二年秋天了。而且局面日益恶化，即将发生严重的摩擦与不快。

在雪莱写给拜伦的信中，还有一段附言引发了人们的兴趣，只是对于拜伦来说可能意义不大。“附言：如果你要去黎凡特或希腊，能不能为我干点什么事？如果能，我就感激不尽了。”[28]这是雪莱首次公开提到自己再次动身旅行的计划，并准备前往近东地区。这一点很重要，因为据目前所知，这项计划只有克莱儿真正了解内情，也许汤姆·梅德温也知情。

十月十日，吉斯伯恩夫妇从英国回到里窝那，然后回到里奇寓邸。第二天，他们将一包书籍交给了席尔瓦寓邸的克莱儿。雪莱寄去一封简短的便笺，欢迎他们回家。“克莱儿告诉我你们回来了，你们经过巴尼居然也不来我们这里叙叙旧……我们不**太**理解你们为何悄悄地回来。”[29]其中有一本是济慈新出的诗集，《拉弥亚，伊莎贝拉，圣阿格尼丝之夜，及其他诗》。这些诗作对雪莱产生了巨大影响[30]，克莱儿十月十五日就已经在日记中引用了《伊莎贝拉》的内容。

雪莱此前对济慈创作的评价并不太高。他认为济慈具有成为优秀诗人的潜质，但作为一位作家，他在遣词和意象上采用了“矫饰主义”并坚持亨特骈俪的文雅“体系”，这只能弱化他的力量。他对《恩底弥翁》发表了一番深思熟虑的观感，并于一八一九年九月将其提供给济慈的出版商奥利尔，内容是：“该大大地赞扬我把[它]读完了。作者的意图似乎是，没有谁能把它读完。然而它充满了诗歌的某些极为崇高、极为优美的华彩。真的，一切似乎都是通过诗人的心灵来观察的。我想，如果他从中选取片断印上五十来页，肯定会叫我更加赞美作为诗人的济慈的；这样做现在没有危险了。”[31]

雪莱对济慈诗歌的主要感受在于，它缺少宏伟的设计，也缺少古典的质朴，这也是雪莱在自己的著作中努力的目标。他发现济慈这部一八二〇年新出版的诗集中，有一首重要诗作已经在这个方面达到出色的程度，而且他立即予以热情赞扬，只不过在发表的评论中也许流露出些许傲慢。十月二十九日，他从圣朱利亚诺写信给玛丽安娜·亨特，信中称：“我们已收到济慈新出版的诗集，《许佩里翁》这首诗有望使他成为这个时代最一流的作家，他也注定要取得这样的地位——他在其他方面却非常不完美……济慈现在在哪？我焦急地期盼着他来到意大利，他一来我会将一切注意力都投到他身上。我认为他的人生是极有价值的，
614 而且我很关切他的安全。我希望成为他身体和灵魂的医生，我要让他的身体温暖，并将希腊语和西班牙语传授给他的灵魂。其实我意识到，我这样做也是在培养一位竞争对手，他将远远地超过我，而且这是我额外一个动机，将会给我带来额外的快乐。”[32]这表明雪莱青睐有加的这首诗，与他本人《解放了的普罗米修斯》中的段落最为接近。他没有提到济慈那几首伟大的颂歌，这颇令人惊讶。[33]

雪莱在写这封信时，济慈实际上正在船上痛苦地度过强制隔离期的最后两天，他和约瑟夫·塞文同行，乘坐的船就停泊在那不勒斯的海湾。但是，济慈从未打算与身处比萨的雪莱联系。

十月十七日，距雪莱刚开始构思《西风颂》刚好过了十二个月，托斯

卡纳的天气又开始转冷了,还下起了雨。[34]雪莱与玛丽知道,他们又得搬回比萨了,而且其他的社交困境与难题也正侵扰着他们。但是,几天来他们一直在普林尼寓邸逗留,一边享受他们在这里度过的最后的宁静时光,一边观看皮萨诺山下的倾盆大雨。在玛丽日记中,十月十八日和十九日的日记是她几个月以来写的最长的两篇,其中对这里的宁谧描写给人留下了深刻的印象。这首诗和第二篇日记似乎落入了雪莱之手,这使他以怀旧情怀忆起当年在莱蒙湖与拜伦共度的那个夏天,当时纯真的快乐令他们神往。

> 十月十八日——雨一直下到一点。在日落时分,笼罩在西边的黑压压的云层消散了;有几座黑色的小岛漂浮在宁谧之中;月亮升起了,云朵星星点点地散落在天空中;但是天上晴空万里。这几天夜里热得不太正常。进行了创作。雪莱大声朗读了《许佩里翁》。阅读了希腊语作品。
>
> 我独自一人,思绪起伏不定;
心中思忖的诗文转瞬即逝
就像黎明前天空中的月光。
他们多么美丽,立场多么坚定,
宛如珍珠点缀在灿烂星空中!
>
> 十月十九日——骑马前往比萨。读了济慈的诗作。亨利·雷弗利来拜访。散步。阅读希腊语作品。西北偏北风,多云,有时晴。地上到处都是落叶,栗子要比一周前颜色更深了。到了傍晚,月亮从云层中钻了出来,金星就在它的下方。没有云彩遮蔽时,月光就分外明亮。[35]

但是,时代变了。幸福变得更为复杂,宁谧也很脆弱。

雪莱与塔提去了里窝那，带回一条消息，称吉斯伯恩夫妇的行为有615 些古怪。葛德文夫妇在伦敦讲述了克莱儿与雪莱的情况，这似乎以某种方式使他们对埃琳娜事件（雪莱在寄给伦敦吉斯伯恩夫妇的信件中总是谨小慎微地将其称为他“在那不勒斯的责任”）产生了新的认识。玛丽给玛丽亚·吉斯伯恩写了信，但她的信件并未将情况解释清楚，只是强调了她所感受到的强烈怒火。后来雪莱与克莱儿在这一年冬天的通信中，雪莱以粗暴的厌恶之情评价这两位昔日好友。

玛丽在写给吉斯伯恩夫人的信中称：“我昨天看到你时，你说你给我写了一封愚蠢的信（我认为愚蠢是你的原话），但由于你并没有对此做出任何解释，你理所当然地指应当始终让它充分发挥效果。——我回来之后，这让我清醒了——其实，我对此很惊讶，但依然能够承受，我还发现雪莱处于严重的心烦意乱中——但是，这并不是我写这封信的目的——昨天的神秘事件现在已揭开面纱，而且我现在明白了你为何拒绝来我们这里做客……我发现帝国的禁令对我们产生了阻碍，而且解铃还需系铃人。当然，除非你先来我们家做客，否则我们**不可能**去你府上做客……［亨利］已决定他也来承受你的控诉——他这样做显得很幼稚。但是，该用什么词来形容那些贱民呢。我们要一千次一万次地感谢上帝，我们要这样持续很久，非常久，你说那个肮脏的女人［即葛德文夫人］称她不会去亨特家做客了，我要为我们的恶名感到自豪。现在正是时候！要么站在他们一边，要么站在我们一边……”[36]玛丽在这封信中表现出突出的天赋，善于表达强有力的感情和愤怒的拒斥，而且根本不会明确给出任何肯定或否定的表态，她在此后类似的情况下也是这样做的。人们还可以感觉她实际上并不是要与吉斯伯恩夫妇寻求和解。其实，双方之间裂痕严重，两家人有好几个月都很少联系，而且他们放弃蒸汽船项目时，雪莱大发雷霆——虽然他本人之前曾建议过他们放弃这个项目。[37]亨利·雷弗利一直很倾慕克莱儿，他与雪莱相处得也很融洽。在这次事件中，他并不像他母亲和继父那样过于囿于礼数。他很快便又开始定期到雪莱在比萨的家中做客了。

此时，似乎有闹出一场丑闻的苗头，而且这场丑闻与克莱儿有关。玛丽与梅森夫人迅速做出安排，将克莱儿送到佛罗伦萨，让她在博伊蒂医生家中度过这一年的冬天。博伊蒂家族是梅森夫人家的朋友，他们通过比萨大学的医科教师结识。博伊蒂医生是斐迪南大公三世的私人内科医生，住在皮蒂宫对面的府邸中。他家人丁兴旺，有好几个女儿。[38]克莱儿在他家的身份是寄宿客，去他家的名义是为了研修德语。这是她在佛罗伦萨的社交圈首次亮相，这项安排的时间初步定为一个月。此后有足够的证据表明，雪莱极力反对这项安排，克莱儿本人也很痛苦，但迫 616
于形势，他们不得不暂时服从命运的安排。

十月二十日，雪莱亲自将克莱儿送往佛罗伦萨。他们于傍晚六点抵达，一同在丰塔纳旅馆度过了最后一个夜晚。克莱儿在日记中所写的内容显然反映出雪莱对吉斯伯恩夫妇的痛斥："我给了他那么多恩惠，得到的竟然是妒忌、恶意、憎恨和各种忘恩负义之举。"[39]第二天上午，他们对博伊蒂一家作了一番介绍，因为克莱儿与这家人素未谋面。她在日记中写道："从行囊中拿出我的物品。雪莱在傍晚和我告别。"[40]八天之后，她又写道："我觉得你是世间的陌生人和过客，这个世界有许多事情都与你无关，而且你在这个世界上也居无定所。"[41]

对于雪莱而言，返回比萨的旅程就不那么郁闷了。因为汤姆·梅德温终于南下来此过冬了。他们碰巧在佛罗伦萨相遇，梅德温便与雪莱一同乘坐马车返回，他们一路不停地聊着梅德温在印度担任陆军中尉的奇遇。据梅德温回忆："我们快七年没见了；但我还是能一眼就从人群中认出他。他形容枯槁，略微弓着背；他视力不好，而且不得不凑近书才能阅读，两只眼睛都快要碰到书了；他的头发依然茂密，自然地鬈曲着，有一些已经灰白了……但是，他的面容依然年轻，无论是板着脸还是眉飞色舞，都格外儒雅。"[42]无疑，梅德温告诉雪莱的第一个故事就是他怎样在孟买的印度拜火教旧书摊里神奇地找到一本《伊斯兰的反叛》。[43]

十月二十二日，他们回到圣朱利亚诺，见到了玛丽。梅德温住在原先克莱儿住的房间里。三天之后，十月二十五日，连绵不断的大雨使这座小村庄遭了水灾：浴场全都被淹没，运河在花园底下决了堤。夜幕降临时，他们的门厅里已经积了四英尺深的水，而且洪水还继续从运河和浴场前的广场顺着花园涌来。[44]他们坐在上层窗户旁，看着农民将牲口从比萨平原赶往丘陵中的安全地带。“生起了火，来指引他们渡过涉渡口；而且人和动物的身影在黑暗中映衬在红色的火苗前，又倒映在广场的水面上。”[45]雪莱第二天骑马外出，在比萨安排好了冬天的住处。在梅德温的帮助下，他们在十月的最后一个周末搬回了比萨。

注释

［1］H. R. 安杰利，《雪莱和他在意大利的朋友》，页150-153。

［2］《珀西·比希·雪莱书信集》，第二卷，第五八〇篇，页222。

［3］《克莱儿·克莱尔蒙特日记》，页168。

［4］《珀西·比希·雪莱书信集》，第二卷，第五八二篇，页224-228。

［5］同上，第五八二A篇，页229。

［6］《玛丽亚·吉斯伯恩与爱德华·E. 威廉姆斯：日记与书信》，1820年8月28日，星期一，页47-48。

［7］《珀西·比希·雪莱诗集》，页383。

［8］同上，页388。

［9］同上，页371。

［10］J. O. 富勒，《雪莱》，第十六章，页323，注释11。

［11］同上。

［12］《珀西·比希·雪莱诗集》，页379-380。

［13］同上，页387。

［14］同上，页386。

［15］《珀西·比希·雪莱书信集》,第二卷,第五七〇篇,页204。

［16］同上,页205,注释3。

［17］同上,第五八三篇,页230—232。

［18］骚塞写给雪莱的信,《珀西·比希·雪莱书信集》,第二卷,第五八三篇,页232,注释11。

［19］《珀西·比希·雪莱诗集》,页410。

［20］《克莱儿·克莱尔蒙特日记》,页177—178。

［21］《珀西·比希·雪莱诗集》,页409。

［22］道登,《珀西·比希·雪莱的一生》,第二卷,页345。

［23］《珀西·比希·雪莱诗集》,页410、908。W. H. 威克沃,《为新闻自由而举行的斗争,1819—1822》。

［24］《珀西·比希·雪莱诗集》,页727。

［25］同上,页614。

［26］同上,页621。

［27］同上。

［28］《珀西·比希·雪莱书信集》,第二卷,第五八七篇,页235—237。

［29］同上,第五八八篇,页237。

［30］托马斯·梅德温,《珀西·比希·雪莱的一生》,页259—261。

［31］《珀西·比希·雪莱书信集》,第二卷,第五一三篇,页117。

［32］同上,第五八九篇,页239—240。

［33］同上。

［34］《克莱儿·克莱尔蒙特日记》,页179。

［35］《玛丽·雪莱日记》,页139。

［36］玛丽写给玛丽亚·吉斯伯恩的信,1820年10月16日,载于《文献学研究》,第五十二期(1955)。

［37］《珀西·比希·雪莱书信集》,第二卷,第五七五篇,页310。

［38］《克莱儿·克莱尔蒙特日记》,附录C,页470。

［39］同上,页179。

［40］同上。

［41］同上，页 180。

［42］托马斯·梅德温，《珀西·比希·雪莱的一生》，页 259，页 233–234。

［43］H. R. 安杰利，《雪莱和他在意大利的朋友》，页 157–158。

［44］《玛丽·雪莱日记》，页 140。

［45］玛丽在《珀西·比希·雪莱诗集》中所作的注，页 636。

第二十六章　日落托斯卡纳(1821)

雪莱一家在这一年冬天住进了新的公寓,那是阿尔诺河滨的加莱蒂寓邸,汤姆·梅德温和他们同住。这里毗邻一座大理石建造的宫殿,雪莱一家住在整个夹层内,夹层面朝南侧,因此他们觉得这里既舒适又暖和。雪莱利用梅德温前来做客的机会,在四层又租了两间独立的房间,两个房间都有开放式壁炉。一间是梅德温的卧室,另一间则作为雪莱的私人书房。雪莱对自己的私密空间很满意。[1]雪莱觉得梅德温十分讨喜;他们一同读书,一同下棋。雪莱还发现"玛丽也非常喜欢他",这令雪莱甚是欣慰。但他们家中也有一些略微不和谐的氛围,玛丽因为眼部发炎,无论是读书还是写作都十分困难,同时雪莱发现天气发生了变化——也许还有其他的变化——这使他的慢性肾脏疼痛复发。梅德温想方设法让他们开心起来,并为他们诵读了自己的印度日记,作为消遣。[2]雪莱相当感激,也留下了深刻印象,他在十一月十日写给奥利尔的信中,建议对方出版梅德温的《印度速写及其他诗作》。奥利尔很快在第二年出版了这部作品,令人不可思议。

雪莱在这封信中附上了自己的一部新诗集。他希望匿名出版,开篇诗作为《朱利安与马达罗》。他称这些作品"是我划拉在一块儿的我最忧伤的诗”，其中包括一八一八至一八一九年在那不勒斯创作的某些诗歌，表现出他的黯然神伤，还有一篇未写完的叙事诗《马伦吉》，这首诗根据一位十六世纪的流亡者在比萨近岸沼泽地的史料创作而成[3]；诗集中还有他在圣朱利亚诺创作的一些断章作品。这些作品雪莱生前都没有发表过。[4]

这一年十一月对于雪莱是一段不幸的时光。梅德温以同情和警觉的心理观察了他的症状。梅德温之后写道：“雪莱……在那一年的冬天深受虚脱之苦，这既有生理原因，也有心理原因。这是我所见过的最惨
618 不忍睹的情景，但他从未发牢骚或发脾气，也从未口出恶言而伤害周遭人士的感情……他对于外界的印象十分敏感，它就像磁铁一般吸引着他；我曾见到他在阿尔诺河滨科尔索穿过狂欢的人群，浑浑噩噩地坐在椅子上，被周围邪恶的情感所营造出的氛围所征服，就像他过去常说的那样，在这群声色犬马、智力平庸的人群中……他身体上的痛苦——即便并不是他们造成的，但他们通常也会加剧他的心理痛苦。他遭遇了极为痛苦的病痛，肾炎，对于这个疾病，他……现在正在尝试那个苏格兰人提议的硫酸浴，当时这非常流行。这种疾病经常威胁到他的生命，发作期间，他会疼得在地上打滚。”梅德温告诉雪莱，他在印度见过人们在类似情况下采用所谓“动物催眠法”，而且他本人就曾“在日内瓦大受裨益”。梅德温提出等下次疾病发作时，由他来试验这种疗法，雪莱同意了。[5]

毫无疑问，雪莱除了肾炎之外，还因克莱儿前往佛罗伦萨而感到煎熬。他甚是挂念她，也非常思念她的友谊和陪伴。她离开九天后，雪莱就写了一封长信，信中表明心迹，他决不会对玛丽这样吐露心迹：“我最亲爱的克莱儿：那天，我信手乱涂了一封短笺给你，仅仅是要向你表示我没有忘了你，而且因为玛丽要抽税式地加上‘附笔’，信中没有写出我希望在里边表达的内容。”这里用了“抽税”这个字眼，充分表明了他的态度。

雪莱通过他与克莱儿两人共同的朋友，得知克莱儿在佛罗伦萨郁郁

寡欢。他写道："提起精神来吧，我最好的姑娘，直到我们在比萨相逢。如果不是为了梅森夫人，我应该说，你立刻回来吧，还要放弃一个跟你的感情如此不相容的计划——真的，我觉得你最好忍耐着——至少要忍到你到这里来为止。然而，不管你决心干什么，你要知道到哪儿去找永远亲密的朋友，你的缺席对他而言实在太痛苦，因而你的回归永远不会不受欢迎。我想为你的利益要你遵守某些——"原稿在这里并没有点明这是什么，显然指烦人的礼数。[6]

雪莱毫不讳言自己健康不佳，也许是为博得克莱儿的同情。"这一星期以来，我的病大大加重了，痉挛老病重发……至于痛苦，我倒不在乎，但因痛苦而导致神经刺激，对我来说是巨大而厉害的，而且如果不是我本身不断与之进行斗争，也没有别人安慰的话，那就是一生的折磨了。——我现在好多了。梅德温兴致勃勃的谈话对我有些用处，但是你的甜蜜安慰会是怎样的呢，我的克莱儿？"

雪莱介绍了加莱蒂寓邸的房间布局，称"下面有一间是玛丽的，非常好，婴儿那间也很宽敞"。再往上两层就是雪莱的书房，他对这书房着墨甚多。"祝贺我的隐逸吧。"

雪莱之后又解释了吉斯伯恩夫妇打算利用海轮发动机铸件诈骗自 619
己的钱财，因为他们要成立一家机器商店销售动力风箱。雪莱此前曾与亨利长谈过一次，双方"开诚布公"，雪莱提出了自己的观点，他甚至对克莱儿更为坦诚。"吉斯伯恩夫妇是完全背信弃义的人——我认为，这对夫妇是我碰到过的最卑鄙龌龊的东西。——他们没有如约去看玛丽，而且如果他们真去了，我必定避而不见。我已准备向梅森夫人告罪。"吉斯伯恩夫妇其实并没有讹诈雪莱的钱，种种证据表明，他原先的投资款有很大一部分都已退还给他，不管怎么说，这笔投资中也存在馈赠的性质。雪莱在信中并没有向克莱儿提到他刚给吉斯伯恩先生发出了一封彬彬有礼的便笺，请求对方给自己寄阿拉伯语的语法书或字典，提供几份过期的《加利尼亚尼信使报》，并在结尾写道："请转达我对吉斯伯恩夫人和亨利的诚挚问候——此致。”[7]也许是出于社交礼仪而写。

但是，他又向克莱儿提出了阿拉伯语语法书的请求，称“目的和动机你懂的”。他将自己的计划和盘托出：“[梅德温和我]也在谈论同他的一位朋友要完成的计划。他的朋友是位大财主，明年春天要去莱格霍恩，而且将坐自己的船去游览希腊、叙利亚和埃及。这个人对我的诗极为赞赏，而且特别想诱我去参加冒险。考虑到我的经济状况，我还不知道这一切的可行性到底有多大。我知道，如果可行，这会给我以极大快乐，而这种乐趣可能因为你的参与与否而成倍增加或减半。所有这些都会及时作出解释和决定，同时请将我的话牢记心头，不要在你写给玛丽的信中提到此事。”[8]

乘船去东方或遥远海岛的念头在雪莱心中艰难地摇摆不定，时而是诗歌，时而是现实。梅德温的那位“大财主”朋友真的存在吗？他肯定不是真的存在。但是，这次旅程是一项计划或克莱儿的愿景，不久之后又成为另一个女孩的愿景。在这一年冬天，这本质上就是一位病人的计划，一位落入陷阱之人的计划。这仿佛是从一个隐蔽的港口观看公海的景象，但这样的景观非常震撼。

这一年的十一月在痛苦中过去了。雪莱对皮科克解释称，自己没有兴趣进行原创性的创作，“公众对我的冷遇，足够泯灭任何一个人的热情”。他一直只读希腊语和西班牙语著作：“柏拉图和卡尔德隆是我的两位偶像。”[9]玛丽在楼下忙于创作她的新小说《瓦尔佩加》，故事的背景发生在中世纪，雪莱中肯地评论道：“这是从五十部古董里摘取的资料。”

620 至少有梅德温在加莱蒂寓邸陪伴，而且还陪同他多次前往墓地。雪莱曾讨论过育婴堂：在比萨有一座育婴堂，他还带梅德温去参观过。[10]雪莱与梅德温讨论过很多翻译问题，还和他一同阅读了西班牙语和意大利语著作。他讨论了自己在翻译整部《神曲》时所产生的一个想法，并向梅德温展示了自己《炼狱篇》译文的一个片段，即《玛蒂尔达采花记》。据梅德温回忆：“雪莱明确意识到自己的翻译天赋，而且告诉我，虽然他对自己原创作品所产生的结果感到心灰意冷，但他想将自己的时间投入另一项工作，即将自己的辞藻与其他作家完美的形式相结合。”[11]

梅德温鼓励雪莱大胆发展自己的风格，有一天上午，梅德温拿出了《地狱篇》第三十三诗章的一个粗陋的译本，这是乌戈利诺伯爵的化身，带着他的两个儿子在比萨的一座塔中。这三人都饿死了，这首可怕的诗作虽然没有明说，却暗示了乌戈利诺在死前有过食人之举，他经常为之并且乐此不疲，在他的地狱化身中，下颚像狐狸一样咬合。雪莱小心翼翼地更正了梅德温的部分粗陋之处，并为他重新翻译了几个诗节。乌戈利诺诗章萦绕在雪莱心头，尤其是乌戈利诺居住的塔楼，即“饿塔”，这座塔依然屹立在这座城市，就在阿尔诺河上的马勒桥旁。* 通过这番思考，雪莱创作出《饥饿的塔楼》，这是他这一年最后一篇诗作，也是第一篇出类拔萃的短篇冥想诗，这类诗歌可以笼统归入他的“比萨组诗”。在《饥饿的塔楼》中，雪莱用食人的意象代替了人们更为熟悉的内容，更令人难忘。但诗中也明确反映出比萨时而向他展现出来的样貌，即这座城市陌生、缺乏归属感、地狱般的方面，“那是一座古城的废墟，那座城 / 曾经是一个已灭绝民族的摇篮，如今已成了埋葬着他们的坟茔”。诗节形式采用了英体三行体，结尾这样写道：

宏伟的塔楼外还有塔楼、神殿，
每一座大理石殿宇、青铜大门
庙堂，和藏有独乐财富的庭院，——

意大利阴雨天气可在暴风雨中
安然无恙的凉亭：在它的面前

---

* 这座邪恶石塔外形像一柄权杖，孤零零地矗立在比萨的西北门，已不再是原先的饥饿之塔，取而代之以骑士广场上的市政监狱。

全都黯然失色而不愿与它为邻，

而退避他处；四周便如同荒原；
仿佛披着无形恐怖外衣的幽灵，
在漂亮的美女群中间徘徊周旋、

621 炫耀光彩，直到它变成为明镜
映出她们的美，而她们，发式、
肤色和迷人目光的生命，连同
错觉都被吸收，而成了大理石。[12]

梅德温发现，雪莱在阅读诗歌时有些心神不宁。他有时不得不因舟车劳顿而卧床休息，雪莱经常来到加莱蒂寓邸的最顶层给他朗读。梅德温记得雪莱是怎样在背诵《阿特拉斯的女巫》时，产生了“近乎电力”般的效果的，而且记得他尤其喜爱华兹华斯的《彼得·贝尔》，以及它让自己产生的各种联想。“雪莱经常咯咯地笑着，他的放声大笑非常有特点，像是歇斯底里。他取笑的是华兹华斯的这篇童话，并且重复诵读着一个诗节，其中出现了他自己创作的《彼得·贝尔第三》中的格言。他读到下面的诗句时，笑出了眼泪——

这就是地狱，在这混沌中，
　个个该死，人人被诅咒；
人人又都在诅咒别人；
相互诅咒谁也不放松，
　其实是把自己诅咒。”[13]

但也许直到一八二一年一月，雪莱才开始创作他的论文《论魔王和魔鬼》。

克莱儿计划在十一月的最后一周从博伊蒂回到比萨。雪莱提前五天就给她在佛罗伦萨的地址写了信。据他反复解释，他希望克莱儿在第一个月的“试用期”满之后回到比萨，但并不明确取消与博伊蒂在这一年冬天的安排。“我多么想再见到你，尽量设法照顾你——但是不要以为，我没有认真地想过，最好劝你还是回来。我身体的一侧疼痛得很厉害，但总的来说，健康状况在根本上有了好转，而且现在毫无疑问，肾脏有毛病，有时令我疼痛不堪。瓦卡确定地对我说，还不至于发生危险。但愿平安无事，这样我可以变成你一切安慰或幸福的源泉。”[14]

克莱儿在日记中并没有对自己从雪莱或玛丽那里收到的信件作出评论，也没有对来自拉文纳的消息发表看法。但是，她为拜伦的幻想漫画配文而自娱自乐，其中有些配文真是毫不留情。还有一条漫画配文是为雪莱所写，时间是十一月。

> 为可怜的[删去了“亲爱的”]雪莱所作的漫画。他看上去非常温柔，一副笑眯眯的样子。一个小[删去了“孩子”]耶稣在房间里面玩耍。他说：
>
> 然后抓住了一把小匕首，他看上去十分温和。
>
> 我要静静地杀死这个小孩。
>
> 另一个。他本人和全知全能的上帝。他说如果你要讨好全知 622
> 全能的上帝，那我宁可和柏拉图和培根勋爵一样下地狱，也不愿意和佩利①与马尔萨斯一同上天堂。全知全能的上帝啊：这就是按照你的意愿，请不要坚持仪式。这是雪莱最反感的三项内容之一——全知全能的上帝，英国大法官和说教诗歌。[15]

---

① 威廉·佩利（William Paley, 1743-1805），英国圣公会牧师，功利主义哲学家，面对“启蒙”文化的怀疑论为有神论和基督教辩护。著有《道德和政治哲学原理》（1785）、《自然神学》（1802）等。

十一月二十一日，克莱儿回到了比萨，继续定期前往席尔瓦寓邸看望梅森夫人。四天后，她用了一整天时间在里窝那和雪莱待在一起，很晚才回来，足有晚上九点，此时她已“精疲力竭”。这次出游期间，雪莱和克莱儿都认定克莱儿十二月还必须回到佛罗伦萨。梅德温此时第一次见到克莱儿，对她印象极为深刻，但也觉得她比实际年龄要大四五岁。“我记得是在一八二〇年见过她，她住在佛罗伦萨包伙食的公寓中，当时年龄为二十六七岁。别人可能会误把她当成意大利人，因为她的皮肤浅黑，长着一头黑头发和一双黑眼珠……她取得了突出的成就——能说法语和意大利语，尤其是意大利语，能注意到各种细微差别和细节……并拥有社交精神(esprit de société)，这在我们国家的妇女中十分罕见。”[16]

雪莱、玛丽和克莱儿之间旷日持久的三角恋情破裂后，并没有立即产生影响，也没有产生激烈的反响。因为在比萨，“社交精神”在圣诞节前的几周突然出人意料地普及到全家。自从他们一八一八年来到意大利之后，雪莱一家在加莱蒂寓邸的住所首次成为真正开放和好客之所，而且他们养成了举办晚宴、音乐会及谈话的惯例。自打他们在那一年春天在伦敦围绕米拉尼女士和莫扎特举行类似的活动以及在汉普斯特德举行文学茶会之后，这一幕就再也没有出现过。在突然迸发出的社交热情中，克莱儿抛开他们前往佛罗伦萨生活，这似乎更加符合世间的秩序。但这还是对雪莱的情感产生了影响。

一八二〇年和一八二一年之交的冬天，雪莱在比萨度过，这起初让他十分沮丧，更何况他还深受肾炎发作的困扰。十一月中旬的一天下午，下着雨，玛丽在日记中恼火地写道：“如果有一辆马车，那么在比萨生活是非常惬意的，而且可以从家里到乡下去散心，不用和这里的居民混在一起，但是比萨人和斯科拉里甚至所有人，都是这种德行，以至于如果我打算抒发自己对他们的看法——在他们废弃的街道中谄媚奉承、大发牢骚,就会让英国人觉得很是奇怪。”[17]换句话说,要不是比萨人的存在,比萨就是个非常美好的地方。但是,雪莱很快便在这个月底与比萨大学的一位理学教授迅速建立起友谊,这极大地改变了他的成见。

弗朗切斯科·帕基亚尼于十一月二十四日首次露面,当时淫雨霏 623
霏,人们都待在家里看报纸。克莱儿似乎是在梅森夫人家中而非加莱蒂寓邸邂逅了帕基亚尼。[18]下一个星期日,他在加莱蒂寓邸度过了一个晚上。周四他又来用餐。正是帕基亚尼让雪莱走进了比萨友人的社交圈,这个圈子更大;只有帕基亚尼能做到这一点。他是意大利人,出生于普拉托,学术事业辉煌。三十二岁时,就已在比萨同时担任逻辑学和形而上学的讲席教授,讲授数学和理论物理学的内容,洪堡、盖-吕萨克和居维叶①都曾亲自为他作过推荐。一八一七年,卡利科特·芬奇上校称他依然是最受学生欢迎的两位教师之一,在比萨学界有一批拥趸。其实,他的学术事业已经在走下坡路了。雪莱一八二〇年结交他时,他已有四十九岁,刚刚被大学主管部门开除,便利用自己谈话家的名气混迹于比萨的沙龙和咖啡馆。他是令人不安的社交敌人,有一个致命天赋,即给人创作出十分贴切的绰号,而且是比萨最知名的公众怪杰。梅德温记得他个头很高,黑色眼珠,瘦骨嶙峋,而且外貌整体上是摩尔人,这与他所处的环境很和谐。帕基亚尼教授自己的绰号是“比萨的魔鬼”,梅德温

---

① 弗里德里希·威廉·海因里希·亚历山大·冯·洪堡(1769-1859),德国著名的自然科学家、自然地理学家,近代气候学、植物地理学、地球物理学的创始人之一;涉猎科目很广,特别是生物学与地质学。

约瑟夫·路易·盖-吕萨克(1778-1850),法国化学家。他在实验中证实水可以用氧气和氢气按体积1:2的比例制取。1808年他证明,体积的一定比例关系不仅在参加反应的气体中存在,而且在反应物与生成物之间也存在。1809年12月31日盖-吕萨克发表了他发现的气体化合体积定律(盖-吕萨克定律),在化学原子分子学说的发展历史上起了重要作用。他1802年发现了气体热膨胀定律。1813年为碘命名。1815年发现氰,并弄清它作为一个有机基团的性质。1827年提出建造硫酸废气吸收塔,直至1842年才被应用,称为盖-吕萨克塔。

乔治·居维叶(1769-1832),著名的古生物学者。他提出了“灾变论”,是解剖学和古生物学的创始人。

称雪莱对此赞不绝口，并称每一座城市都应该有自己的魔鬼。他很快就告诉玛丽，其实他自己的名声也不仅仅是疯癫而已。[19]

尽管与帕基亚尼的友谊很久都无法达到亲密无间的程度，却持续了很长时间，雪莱通过他结交了一批人。他们是一群丰富多彩的奇人异士，带有突出的痞气。首先是著名的托马索·斯格里奇，他是比萨当地人，曾学习法律专业。他放弃了自己的专业，去追求自创的即兴表演事业，即将诗人、舞台媒介与剧院经理的角色融为一体。他很容易激动，其实有点类似歇斯底里，而且天生对古希腊戏剧十分敏感。他具有罕见的过目不忘的能力，能够轻松记住日期、姓名、情节、引文乃至整部文本。一八二〇年，他三十二岁，正处于国际事业的巅峰，在罗马和巴黎都成功吸引了观众。据报道，他在一场晚间学术活动中提出了一项即兴创作诗歌计划，分为三个部分：一个是无韵诗，一个是三行体诗歌，一个是完整的、两个半小时的古典主题的悲剧。这次表演似乎表明他具有无穷无尽的创造才能，这深深地吸引了雪莱，但雪莱亦能感受到斯格里奇的戏剧性。[20]拜伦曾见过他在这一年早些时候在拉文纳的表演，并给霍布豪斯写了信，信中仿佛是在为自己开脱：“他也是个著名的鸡奸者，他的品德在意大利没有得到应有的尊重；但他们在大笑而非愤怒，而且女人们谈
624 到这一点时，就像是对天资卓著的男子表示怜悯，但却更为宽容，只是表示她们希望他能改弦更张，改正犯通奸的罪过。”[21]他首次晚上来加莱蒂寓邸做客是十二月一日，玛丽称他“以令人钦佩的热情与正义”展开即兴创作，不过他过于沉醉于女性的掌声。[22]

另一位朋友是约翰·塔弗伯爵，这是一位爱尔兰文学家兼旅行家。他的天主教信仰使他获得了耶路撒冷圣约翰骑士指挥官荣誉称号，这是一个古老的称号，很符合他的品格。他曾经使用过另一个荣誉称号——“比萨的桂冠诗人”，这可能对雪莱的吸引力没有那么大。他对于翻译但丁作品的可能性非常感兴趣，并曾在一八一六年出版过一部东方故事集，题为《帕迪利亚》。玛丽认为此人颇为荒唐，而且是个令人讨厌、华

而不实的家伙。但雪莱对他更有耐心,因为两人在翻译问题上惺惺相惜。一八二一年春,雪莱帮助塔弗校对了清样并出版了《评但丁》。十二月初,塔弗开始定期与帕基亚尼一同前来做客。他扮演的角色令人生厌,但似乎在雪莱家中产生了特殊的社交功能,因为塔弗与梅德温(他当时也以这种方法发挥了作用)一样,似乎都通过自己的荒唐之举,在雪莱与玛丽持久的摩擦中起到了润滑作用。他是可以私下里一起嘲笑的对象——这发挥了巨大的作用。

第三位朋友的社会背景更为显赫,他是流亡意大利的年轻希腊贵族——亚历山大·马夫罗科达托亲王,时年二十九岁。十二月下旬,他通过堂兄弟阿伊罗普利亲王介绍与雪莱结识,他也是帕基亚尼朋友圈的一员。马夫罗科达托是希腊爱国者在欧洲的领袖,他之所以流亡海外,也是因为土耳其人占领了他们的故乡。他曾担任过瓦拉几亚统治者的私人助手,并且焦急地等待着希腊民众举行反抗土耳其人的起义,这是他梦寐以求的机会,借此回国领导国民的斗争。当时,希腊的许多地下秘密网络都以马夫罗科达托为中心。在玛丽看来,他尤其具有解放者的魅力,有可能在这方面成为英雄。他虽然五短身材、体格粗壮、谢顶、戴着眼镜,但受过良好教育,能力也十分出众,而且真正领悟了政治活动和政府管理的真谛。与希腊的其他领袖相比,他具有突出的个人诚信。出人意料的是,就在他与雪莱一家初次相会之后几个月,他的领袖之梦得以实现。

雪莱在比萨结识的新朋友中,最后一位朋友在某些方面可谓是最重要的。讽刺的是,她却是通过克莱儿结识的。十一月二十九日,她和帕基亚尼教授一同去附近的圣安娜修道院拜访一位年轻女士。她就是孔泰萨·埃米莉亚·维维亚尼,时年十九岁。她正按照传统的意大利习俗遭受禁闭,而父母则心急如焚地展开谈判,为她寻觅一个家世背景和财力都般配的夫君。其实,埃米莉亚对于这样的谈判来说年纪略大了些,但由于她是一位绝世美人,因此在婚事安排上主动权更大。她的母亲也参与了此事,她嫉妒心极强。她的父亲是比萨的现任总督尼科洛·维维亚尼伯 625

爵，却头脑发热娶了一位小他三十岁的妻子。[23]玛丽形容埃米莉亚是“一位浪漫之人，我见犹怜……楚楚可人、天资卓然，她写的意大利文优雅、精致，不亚于意大利最辉煌时代最出类拔萃的作家……除了仆人和白痴之外，她谁也见不着。她从不外出，而是关在两间小房间里，眺望着窗外修道院中的厨房花园，那里的景色一点也不迷人。她总是喟然长叹自己的境况可悲。她唯一的希望就是出嫁……”[24]

在圣安娜修道院院长看来，年轻的英国女士克莱尔蒙特与之结缘并无不妥。克莱儿很快又写了几封信，而且每周多次来看望她。克莱儿回到佛罗伦萨之后，依然继续给她写信。十二月一日，玛丽第一次见到了埃米莉亚；八天之后，她们开始一起读希腊语和西班牙语的作品。[25]

尚不清楚雪莱何时才首次获得许可前往这座修道院。但他第一次见到埃米莉亚是在十二月，立时惊若天人。最初的几次拜访由梅德温陪同，他对埃米莉亚给雪莱留下的印象做出了一番敏锐的观察。虽然梅德温总是漫不经心，而且在人名和日期及各种外部细节方面多有谬误，但他对雪莱心理状态的洞察经常入木三分，这一点颇令人好奇。他对埃米莉亚·维维亚尼的描写更为传神：

> 埃米莉亚确实可爱而有情趣。她浓密的头发按佛罗伦萨美术馆的希腊维纳斯的发式，绾了个简单至极的发结；漂亮的眉毛像我提到的大理石眉毛一样。她与这件文物大致等高。五官几至无可挑剔，线条也几乎是希腊式的，鼻子与前额间的线条笔直。脸部的风格非常罕见，我记得巴尔托利尼曾告诉拜伦，称他在自己的画室中存放的众多半身塑像中，很少有这样风格的塑像。它们其实并没有明确的色彩，而是随着感情而变化，时而深色，时而浅色，就仿佛灵魂将其照亮一般。她的脸颊也相当白皙，宛如大理石一般，因为她长期关在闺房中，不能接触外界的空气，也许也无法接触外界的“思想”……[26]

埃米莉亚宛如各种虚构作品或雕像的理想的原型化身，深深吸引了雪莱。她体现出一系列艺术构思与想象，也在雪莱的想象力中发挥了皮格马利翁一般的作用。此外，埃米莉亚深受社会习俗与父母之命的 626
羁束，这也使他警觉地回忆起哈丽雅特·韦斯特布鲁克。埃米莉亚的处境是人为造成的，这令她极为痛苦，而且她必将被动地沦为社会关系和财产交易的筹码。整个十二月雪莱就像是半个残疾人，还深受突然发作的肾炎困扰，他感觉这仿佛是梦境一般。

他也对克莱儿的离去做出了反应。克莱儿在圣诞节离去，这标志着雪莱人生中重新建立起理想的、混杂着想象的浪漫友谊。之前他曾在英国与伊丽莎白·希钦纳和科妮莉亚·布安维尔建立了这样的关系（那时还没有结识克莱儿），使之成为严重的受害者。不管怎么说，克莱儿的离去并没有给玛丽带来幸福。

圣诞节前十天，雪莱还在忍受肾炎发作时的痉挛痛苦，梅德温想对他进行“动物催眠”实验，并预先做好了安排。玛丽和克莱儿都在场，塔弗和一位名叫梅杰·皮特曼的男子也在场，这无异于一场公开审判。梅德温后来回忆起这次成功的实验，称：“我将手放在他的额头上，立刻就让他的痉挛停止了，使他进入了深度睡眠，我找不到更好的词来形容，姑且称其为梦游症吧。他在睡眠时，两只眼睛是睁开的。在此期间，我领着他从房间的一头走到了另一头的沙发上。结束了梦游状态之后，他与各种梦游者的反应一样，拒不承认自己曾入睡过，也不承认他曾作过任何回答。我当时通过提问让他进行了回答，而且回答的语气和我一模一样。”但是据克莱儿说，雪莱并不像梅德温回忆的那样多话：“他请他们不要再问他问题了，否则他必然会说出自己不该说出的内容了。”也许是为了显示自己的成功，梅德温还称雪莱在自己的要求下用意大利语即兴创作了一些诗歌，“其中毫无错误”。[27]

催眠的话题显然让雪莱一家为之入迷，就像他们一八一六年在迪奥达蒂别墅中对电疗法的态度一样。克莱儿记录了他们的讨论内容：“催眠术在法国应用较多，都是秘密进行。据他们解释，休谟所说的神迹通过一条磁链在一位法国主教的墓穴中得到了充分的验证。若要成为一位催眠家，就需要有坚定的信仰并有能力将其应用，还要有意志力，有纯粹的动机，因为如果他企图就某个外部动机对一个人催眠，同时又存在另一个内部的、不和谐的动机，实验就会失败”。[28]

梅德温很高兴在这个话题上为大家带来新的信息。“雪莱之前从未听说过催眠术，我给他看了我写的一部专著，其中有这一领域中的专家所记录的大部分事实，而且他对塔西佗的一段话深有触动，塔西佗并不是荒诞不经的历史学家，他郑重其事地讲述了埃及发生的两个案
627 例……”话题之后转移到严格意义上的“唯物主义”哲学的局限性。雪莱称，催眠术似乎证明“思想与肉体发生了分离——思想处于最积极的状态，而肉体却处于消极倦怠的状态”。梅德温补充说，雪莱认为这就是“灵魂不朽”的证据，并暗示也许存在有神论的倾向。但是，信仰非物质的“灵魂”就像信仰非物质的“鬼魂”一样，在雪莱看来似乎与神祇的存在并无关联，这与他在一八一六年同拜伦和“修士”刘易斯讨论时的观点如出一辙。

但是，雪莱这一年冬天在比萨的病情却产生了奇妙的影响，将他带回昔日那个思辨的旧王国。无论是柏拉图提出的恶灵与善神的媒介世界，还是早前遭到追捕的意象，都开始重现于他的诗歌中，而且出现的频率越来越高，产生的力量也越来越强大。雪莱这一年冬天主要使用的钞本中，就有他的论文《论魔王和魔鬼》的草稿，其中也有几张恶魔的素描画，这颇令人好奇。其中最令人记忆犹新的几张出现在钞本的封底和封底的内页。[29]

雪莱对催眠术的涉猎一直持续到一八二一年，他发现如果催眠者是女性，尤其灵验。催眠者与病人之间的关系显然引起了他的兴趣，而且从强烈的亲密关系和临床中的疏远关系中，他发现自己的情感需要得到了一定的抒发。由深爱的女子担任催眠师这一意象就出现在《心之灵》中。

梅德温写道："我离开比萨之后，一位女士为他做了催眠，这就催生了一篇动人的诗作，题为《女催眠师与病人》。在这次催眠中，雪莱针对他的病情以及治疗方法对我做出了相同的回答——'能治愈我的疗法将让我送命'，他指的是截石术。雪莱夫人也对他进行过催眠，但很快便停止了这种做法，因为她发现雪莱在梦中会起床，有一天夜里径直走到窗户旁边（幸好窗户是关上的），而且他孩提时代和在伦敦时的梦游习惯再次发作，我对她也提到了这一点。"[30]*

十二月二十一日，雪莱的病情有所好转，但好景不长。克莱儿当天和他下了两局棋，之后他们一同去探望了埃米莉亚两个小时。[31] 当天傍晚，他们都去比萨的戏院观看斯格里奇的表演，这是即兴表演《伊菲革涅亚在 628
陶里斯》，这出戏足有五幕。雪莱对此印象深刻，玛丽则欣喜若狂，她给亨特写了一封长信，信中大部分是对斯格里奇的赞美。"他玉树临风——身材并不高大，但却十分优雅——而且动作潇洒，已经无法用语言来形容……我通常认为他在完善戏剧过程中的艺术性，绝不亚于**出版了诗集的诗人**。"戏院里的上座率约有一半，其中有些是大学生，之后与斯格里奇交谈过程中，雪莱对比萨精神上的死气沉沉发表了评论。根据玛丽的回忆，他的某些措辞使他们产生了奇怪的共鸣，并且出现在后来的"比萨组诗"中。"雪莱告诉他……他出现在比萨就像是但丁出现在鬼魂之间——比萨已成为亡灵之城，它们因为他活生生的存在而畏畏缩缩。"[32]

两天之后，克莱儿告辞前往佛罗伦萨，无所不在的帕基亚尼做她的护花使者，雪莱突然失落了，整个圣诞节都郁郁寡欢。在他痉挛发作期

---

* 弗里德里希·安东·梅斯梅尔 1733 年生于奥地利，1815 年卒于瑞士。他的催眠实验致使他被警察逐出维也纳，他此后又于 1785 年遭到巴黎的一个官方调查委员会的谴责。尽管如此，他还是为十九世纪的哥特小说贡献了一个原创性的主题，而且世人认为他是现代催眠疗法和心理分析的始祖。"截石术"是十八世纪的一个新词，指的是切开肾结石的方法。在雪莱的时代，这依然是极其痛苦、相当危险的手术，其成功完全取决于医生使用手术刀的技术，以及麻醉药对病人耐受的作用。雪莱害怕接受这样的手术，而且有证据表明，他认为选择自杀都比手术要好。

间，玛丽为他朗读作品。他的眼睛湿润了。十二月三十一日，玛丽给玛丽亚·吉斯伯恩写了一封信，称“雪莱得了眼疾，两周多以来都无法写作和阅读。——这样的寒冷天气是多么适合吉斯伯恩先生啊。——我希望他能靠近火炉，并不受狂风的影响”。[33]与此同时，克莱儿在写日记时，思绪在比萨的雪莱和拉文纳的拜伦之间来回摇摆：“一位伟大的诗人与大自然很相似——他是创生者，也是毁灭者，他控制着生与死的意象，世间万物的原型——他的情感宛如潮汐，一浪接着一浪流动，每一浪都清晰可见，但又将它的前浪与后浪联系在一起，在它们之间以美和必然性构成了一种不可割裂的联系。”[34]

一八二一年一月，雪莱始终深受各种感染、眼炎、疔疮和慢性肾炎的困扰。只要身体状况允许，他就会用一上午或一下午时间去圣安娜修道院做客。除了论文《论魔王和魔鬼》之外，他似乎很少进行创作。这篇作品也许就在这个月完成了初稿。斯格里奇要在卢卡举行一场表演的消息宣布之后，雪莱说服了玛丽独自一人带着小珀西去看戏。雪莱的疔疮很严重，而且脸部“浮肿得可怕”[35]，因此他非常不适合外出旅行。用当时的一个典型的词语来说，玛丽“和帕基亚尼筹划了一场聚会”，并离开了两天。这次即兴创作大获成功，克莱儿听说了演出的详细情况，但帕基亚尼却没有成功，玛丽很快就从他身边逃走。“他想让人以为自己吸引了大人物，就像是牛奶桶在夏天的早晨吸引了苍蝇一般。”[36]

克莱儿到了佛罗伦萨之后，很快得了淋巴结核病，雪莱在信中难过地写道：“本来你最好还是留在比萨。然而，现在在佛罗伦萨，从你的情
629 况看来，还是最有利的……”他建议克莱儿勤勉地去追随梅森夫人的朋友圈，这样就可以让自己更加自立。此后，他们又讨论了为克莱儿制订的一项计划，好让她在比萨开办一所小型的英国侨民子弟学校。与此同时，他定下了“活动与业务”。他本人的健康状况依然很不理想：“病仍然在拼命折磨着我，而且尽管瓦卡安慰我说身体肯定会好起来的，我还是做好了截石的心理准备。”还有一件事让他获得慰藉。“有时我看到

埃米莉亚。她经常提到你，而且因为你不在这儿而伤心。她一直无穷无尽地蛊惑我。我用这样的念头安慰自己，即我展现了她在我身上唤醒的情趣，使得她的不安减轻一些。”[37]

雪莱已是半个废人，而十九岁的埃米莉亚则成了软禁在修道院的囚徒，他们之间的关系发展得要比雪莱向克莱儿吐露得更为迅速。在雪莱的信中，两人的关系具有虚幻的特点，这颇为奇怪，就仿佛她是自己患病期间产生的栩栩如生的幻象，是他发热症状的一部分似的。有一天，雪莱因病未能前去探视，埃米莉亚便给加莱蒂寓邸寄去了一捧鲜花。作为回礼，雪莱寄去一封信，信中附上了一首小诗：

小姐，为什么送我这些
　　甜罗勒和草木樨？
它们所象征的爱情和健康
从不并存于同一个花环上。
　　啊，它们的润湿，
是由于你的泪还是你的吻？[38]

这首诗充分抒发了雪莱对埃米莉亚的心意，而且只要将这首诗与他钞本中的初稿（它从未寄出）作一番比较，就可以看出他竭力要淡化这种感情：

哦，我的爱人，为什么
送我这些甜罗勒和草木樨？
我亲吻了它们叶子，发现
它们早已濡湿，是为何故？
是你温香的眼泪，比起
自九天而落的露水更宝贵。[39]

在另外两本钞本中,雪莱也写下了五封意大利语信件的草稿片段,这些信件都是写给埃米莉亚的,但还无法确定雪莱何时寄出。第二封信中,他承诺要帮助她,具体是让一位有影响力的友人给比萨的圣尼古拉斯修道院副院长写信。第三封信中,他写道:"当时我们只有几天的友谊,却在因缘际会下从世界的不同角落相聚在一起,也许是为了给彼此以慰藉……"第四封信中,
630 整个断章只用意大利语写了一句话:"埃米莉亚,你比那绿色枝叶上盛开的洁白的百合花更迷人,比五月更令人心旷神怡……"

第五封信似乎道出了她已成为雪莱狂热梦想的实体。"因此,你多次[出现]在我的面前。你的眸子是黑色的,盯着我看,世间再也找不到比这更美丽的眼睛。我似乎用我的手摩挲着你的手,然后是你的红唇——但之后我就闭上了双眼,一直到你不爱我为止——然后它就像无源之火那样逐渐熄灭。我今天的健康状况很不好……"最意味深长的事实在于,这段话雪莱一气呵成,但他也许从未寄出这封信。[40]

在这几周里,埃米莉亚给玛丽和雪莱都写了信,其中一些信件留存至今。[41]它们充分表明埃米莉亚与玛丽打交道时的稚嫩和少女富有魅力的灵气,特别是十二月底寄出的一封:"有时我觉得你有一点冷漠,这使我见到你感到有些紧张;但我意识到,你的丈夫说得很中肯,即你表面冰冷,内心火热。"[42]在雪莱看来,她的便笺整体上达到了激情四射的程度,而且模仿彼特拉克的风格使用了太阳、月亮与星辰作为爱的见证人,人们从这种手法中可以发现他意象的直接来源,雪莱打算在描写埃米莉亚的诗歌中使用这些意象。"亲爱的朋友,我的兄弟:——我在月光下给你写信。我无法忍受使用其他任何一种光源,因为那样做似乎是对上天最清澈、最美丽的女儿的一种侮辱。我谛视她时,我的感受是多么地甜蜜……我已像往常一样,跪在窗前做了祷告,我的祷告更加虔诚了。这里都是些愚蠢之人,他们居然认为我崇拜月亮……"[43]

玛丽起初似乎并没有洞悉雪莱的想法。十四日那天,她称自己见到埃米莉亚的机会很少,"我这次见到她时,发现她的气色比很久之前要

好得多”。[44]十天之后，依然如此——奇怪的是她“气色更好了”。不管怎么说，玛丽忙于其他事务，还请马夫罗科达托亲王担任她的希腊语家教，并与托马索·斯格里奇私下交谈，她向克莱儿解释了此事。[45]

与此同时，埃米莉亚为雪莱写了一篇随笔，题为《真爱》，文字插上了少女想象的翅膀，在天地之间毫不费力地翱翔：“但是，在哪里才能用这样的爱情打动他？在哪里？谁能燃起这样的爱情？哦，爱情呀！我倾注了所有的爱……爱情没有愿望，只为了美德……爱情是一团火焰，但却不会燃烧和毁灭；爱情将欢乐与痛苦掺杂在一起，这样的痛苦能带来欢乐，它的真谛是永恒、精神、无限、纯洁的，只应天上有。”[46]这篇文章用意大利语创作，听上去不像少女的口吻，某些措辞借用了雪莱的谈话内容。[47]

克莱儿虽然与雪莱相隔数十英里，但似乎更熟悉情况。她与雪莱 631
暗中保持通信——她的信件寄到雪莱在席尔瓦寓邸的地址，而不是寄到加莱蒂寓邸。[48]她与埃米莉亚也保持着联系。在一月底写的一封“好心、温柔”的书信中，她似乎就整个问题温和地询问过雪莱。雪莱的回答十分热情，但略微为自己辩护。“我有时看到埃米莉亚；她的出现无论是我快乐还是痛苦的源泉，对我都是不幸的。我深深感兴趣的是她的命运，而那种兴趣绝不会影响它。然而她对我的同情不是感觉不到，她还把它当作一种缓解。她不仅从我这里得到安慰，也得到我对她的深情厚谊。你没有理由惧怕那种你称之为**爱情**的混合物。”[49]这封信无意间透露了一个事实，即前往东方游历的秘密计划已“泡汤”。但信的结尾这样写道：“我立刻提起笔来写信，完全是为了感谢你——而且，如果你愿意的话，为了你对我的温柔关心而吻吻你。我发现我写信时情绪不佳……你最温柔的。”

在一月的最后两天里，玛丽在日记中称雪莱阅读了但丁的一篇题为“新生”的文章，主题是爱情与诗歌。雪莱假托但丁之名，一边奋力与病魔抗争，一边动笔创作一篇与众不同的自传，题为《心之灵》。他与美丽的埃米莉亚之间的关系也激发了他创作这部作品的热情。创作耗时两周，因为在二月十六日之前他就已将这首诗寄给奥利尔出版。

雪莱的《心之灵》只有六百多行，没有划分成诗节，而是采用对偶句的形式，经常滔滔不绝地长达十几行。这是他在修辞上故意采取的即兴创作，一定程度上受到斯格里奇表演的影响。整首诗明显是献给“现正囚禁于——修道院的高贵然而不幸的埃米莉亚·维——女士”的。但这部作品却源自两个不同的灵感，它们最终产生了冲突。第一个灵感是为埃米莉亚献上一首典雅的爱情赞美诗，邀请她逃离这座修道院，和他一同登船，踏上他梦寐以求的东方之旅：

埃米莉亚，
一条轻捷的海船已泊靠在港湾，
一阵适宜的和风正吹刮过山巅……
我心灵之妹是否愿意随我扬帆？
我们的船像信天翁，她的家园
在紫红色东方，是遥远的伊甸；
我们将坐在她的两翼间……[50]

在这段文绉绉的邀请的最后，是两个灵魂合二为一的景象，雪莱赋予它强烈的情欲，几乎到了狂暴的地步：

我们的呼吸
将交融，我们的心胸贴紧心胸，
我们的脉搏一同跳动，我们的
632 嘴唇能够以非语言的雄辩说服
燃烧在他们之间的灵魂的嘴唇，
沸腾在我们身心深处的两口井，
我们那至深的生命源泉，应该

在至纯至真的激情中融合为一，
就像那朝阳照耀下的两条清溪。[51]

但是，这是失败的愿景。雪莱在“至纯”一词上遇到了困难，这是一个替换的词语，表明这段诗中的典型缺陷。它企图同时把握人类情感中的精神意象和物质意象，就像《解放了的普罗米修斯》中的一种“多重意象”。这样的合二为一对于雪莱是有可能做到的，但在他与修道院这位女继承人的这种狂热梦境关系中却无法做到。这里矛盾过于突出，在《心之灵》这段彬彬有礼的部分，张力和畏缩不前也形象生动地反映出这一点。“邀请”也因为他赋予埃米莉亚两性或两性人的身份而变得更加复杂，这一点在出版的文本中含蓄地作了暗示，但在附录的片段中却十分明显，其中一个片段提到了博尔盖塞的雕像中“大理石雕的雌雄同体怪物，看上去温柔可爱”。[52]《心之灵》创作的第二个灵感在于，这是对雪莱本人青春期之后的情感历程所做的一次回顾，与《阿拉斯特》很相似。从这个意义上说，这是一首关键之作，其中多次提到了雪莱生命中遇到的真实的女子和事件，雪莱只是作了部分遮掩，他定然是要让自己最亲密的朋友们都能解读出个中意味：

我曾性急地从许多凡俗的形体
寻觅我念念不忘的偶像的影子。
有些漂亮，但是美的品质易逝，
有些聪明，甜言蜜语常把人欺。
有一个真诚，哦，何以不是对我？[53]

伊丽莎白·雪莱、哈丽雅特·格罗夫、哈丽雅特·韦斯特布鲁克、伊丽莎白·希钦纳、科妮莉亚·布安维尔、索菲亚·斯泰西，也许还有其他女子，她们的身影都符合这首诗的描述范围。唯一确定的身影是埃米莉亚本人、玛丽·雪莱和克莱儿·克莱尔蒙特。因此,这部诗作的整体论据中存在自传事实,对于雪莱而言,也是哲学必然,这是雪莱穷尽一生在众多女子中找寻的理想女性:在《会饮篇》中,这就是女祭司狄奥提玛之美,或是但丁《新生》中神圣的贝特丽采,甚至是雪莱曾提到过的莎士比亚十四行诗中的神秘爱人。[54]从这个意义上说,这首诗讲述的是自由恋爱。雪莱原先的主旨是肉体的自由,他一八一一至一八一二年的信件、《麦布女王》的注释和《伊斯兰的反叛》都反映了这一点,此时则扩大为完整甚至异质的哲学体系。

633 在《心之灵》之前,有证据表明雪莱对自由恋爱的信仰仅仅是基于对男性和女性生理需求的自由观点,而且与社会体制存在严重分歧,这种体制通过一夫一妻制加以限定。雪莱创作《心之灵》之后,又增加了哲学层面,即将自由恋爱理解为完整精神教育的有机组成部分。自由恋爱可以说会产生真正的爱情或博爱——因而这不仅仅是社会意义上的必需,还是道德与哲学上的必需。对此展开论述时,很多内容直接取自但丁的作品。* 这首诗并不是前后一致的文学成果,却是引人入胜的智慧产物,独特地刻画出雪莱二十八岁时的情感生活。

我不属于那种教派——
他们的教条是:一个人只应该
选一个情人或友人于茫茫人海,
其余的一切人尽管美好而聪慧,

* 雪莱在他的宣传中也表明,这并非取自《新生》。真正的出处是《飨宴》第一诗章;自由恋爱的部分取自《炼狱篇》第十五诗章,但丁在这部分中对维吉尔询问了神圣爱情的本质;将埃米莉亚视为"太阳的化身"(这是整首诗作的核心意象)的创意则源于《炼狱篇》第二十八诗章。雪莱对自由恋爱所提出的成熟的哲学思想产生了道德与社会意义,逐渐影响了维多利亚时期的两代读者,并开始显著地体现在约翰·斯图亚特·穆勒的《女性的从属地位》(1869)和爱德华·卡彭特的《爱的成熟》(1896)中。

就该相忘于江湖，这虽然合乎
现今的道德规范和奴仆的熟路，
可怜的奴仆们在这条路上迈着
疲惫的脚沿着尘世的通衢大道
朝着死人中间他们的最终去处，
和锁在一起的友人或爱妒忌的
仇人走完最凄凉、漫长的旅途。[55]

对埃米莉亚抒发爱情赞美的部分，从某种意义上说有些尴尬，甚至与自传色彩更浓厚的部分产生冲突。雪莱在诗歌中承诺将给予永恒的爱情，这实际上是对自由恋爱的赞美。因此，他采用了一系列“宣传”，共有四则，旨在让读者感觉这首诗整体上（甚至是它的作者）纯属虚构。他本人只是以另一位男子的诗歌的“编者”身份出现。经过一番考量，他将第一篇前言摒弃：

以下这首诗是从一位英国青年的文件夹中发现的，编者和这位青年曾在佛罗伦萨相识，时间虽短，却已长到足够了解导致他一生最 634
痛苦之事件终于结束的那场灾难。……他在思想上形成了自己的观念体系，所根据的无疑都是对事物的真知，但是这种建树达到了通天塔的高度，终于由于自身的重量而坍塌，而曾经塑造了他的那些思想，后来变得彼此难以理解，就像人们由于语言不通而陷入混乱……安葬我可怜的朋友的任务，被死者的家属委托给了我。[56]

这似乎是正常之举，但雪莱决定让这位“英国青年”的处境更为逼真，因而让他虚构的死亡场景显得更为真实，并使之与对埃米莉亚的真实“邀请”联系更为紧密。对于这一点，他希望自己作为“编者”与文本保持更大的距离。其实，此举无意间适得其反，前言二也许最能反映出雪莱、埃米莉亚和玛丽的三角恋情，同时也提到了他的东方之旅：

> 以下这首诗是在一名英国青年的文件夹中发现的，他已死在从莱格霍恩前往黎凡特的途中……伴他同行的，有一位女士［很可能］是他的妻子，还有一位面目娟秀的青年人，他对这位青年表现出一种喜爱之情，这种感情是如此［独特——**已删除**］逾常，以至令人怀疑这青年是个女人——他死时，这一怀疑得到了肯定的证实，［**空白**］很快就找到了一个藏身处所，以避开野蛮人群的嘲骂和羞辱，也为了摆脱她恋人安葬的墓地里也埋着她对［**空白**］的悲伤。——他已买下斯波拉提群岛中的一座小岛，并且把偶然保存下来的一座撒拉森适式城堡装修得朴素而且优雅，他原打算在那里和他的两个伴侣一道度过他的余生。[57]

雪莱意识到，上述段落提到了他的妻子和“一位面目娟秀的青年人”，这反映出的比掩盖的更多，因此他在前言三中加入了与《新生》中理想的文学人物的比较。前言四是这部作品的宣传最终稿，他寄给奥利尔的手稿采用的就是这一版前言，其中写道：

> 这些诗行的作者已于佛罗伦萨去世，当时他正准备前往斯波拉提群岛一个十分荒凉的小岛……他的生活与众不同，不仅仅由于充满了各种传奇式遭遇，更在于那些遭遇都带有他自己个性和感情的色彩……现在这首诗，像但丁的《新生》一样，虽然没有确凿可考的历史和环境背景，对于一部分读者完全可以理解，而在另一类读者中，则一定而且也应该永远也不可能读懂……[58]

635 这首诗本身在开头就有一段严肃、冷峻的译文，这是对但丁的《飨宴》第一诗章第一诗节的译文，加在此处十分妥帖：

我的歌，我担心你将会发现
很少人能充分理解你的推理……

这是一张复杂的警惕之网，雪莱在二月十六日寄给奥利尔的邮件附上的信件中，进一步阐述了这一点，他坚持要求匿名出版这首诗，“它的出版只为少数受秘传的人”。雪莱建议这一版印制一百册。雪莱为何如此大费周折对这首诗的作者保密呢？特别是他之后坚持认为，这确实是一部纯粹的文学创作，一部“哲学理想主义”，只有奉行柏拉图主义或十四世纪崇高爱情传统的人士才会感兴趣。答案就在于，他从未像《心之灵》这部作品中这样，毫不掩饰地突出作品的自传性。

这首诗的核心部分是第二七七至三二〇行，将玛丽表现为月亮（起初是“年轻貌美”，之后是纯洁、冷艳，“白皙，像月亮一样逐渐亏缺”），这指的是一八一四至一八一五年的故事，还包括他在一八一六至一八一七年的那场危机中失去了哈丽雅特、艾恩丝和查尔斯。这部分的结尾是一个可怕的意象，来自冰海冰川：

我那
汹涌起伏的生命的波涛转眼间
陷入冰的死亡，再也无法流动；——
而后来又是什么样的地震使它
开裂，月亮又倾泻皎洁的月华；
收起这些话吧……[59]

在这样的冰封世界的前景下，“我历经悲伤和羞耻寻找的幻影”化为她妙曼的身影，“仿佛是太阳的化身”，这最终融化了雪莱的坚冰。这里的身份指示十分明显——

我知道这就是多年来被遮蔽的
那个幻影，知道这就是埃米莉亚。[60]

在一段与众不同的诗篇中，雪莱描写了他希望与埃米莉亚和玛丽建立三角恋情，这自然与但丁同贝特丽采的那种崇拜、奇异的关系相去甚远。这种三角关系在宇宙中化身为月亮（代表玛丽）、太阳（代表埃米莉亚）和地球（代表雪莱），显然符合逻辑。他还将地球物理学的磁极和重力场概念相结合，因为它们都影响了地球的潮汐和季节，就像在《解放了的普罗米修斯》第四幕中一样，还采用了梅斯梅尔医生的新思想——梅德温介绍给他的“动物磁流催眠术”。其结果便是在这种关系中发挥作
636 用的情感力量和心理力量形成一种壮观的“多重意象”投射。雪莱一如既往地表现出消极被动：

孪生的天体，是你们在支配着
这被动的地球，这爱的世界和
这个我；唤醒它的鲜花和果实，
把磁力投注入它的核心；引起
它的波涛和雾，凭永恒的法则，
指引每一阵风和潮找它合适的
云和注定的洞穴……
他们复杂的影响力融合在一起，
相等，不同，都为了一个目的——
你们就是这样，光辉的两执政，
日以继夜轮流支配着我的身心！

玛丽经过长期的斗争，终于看到了克莱儿的离去，她对“光辉的两执政”这一角色有什么看法？这一点也不难想象。她接连几个月都未

在信中提过这首诗，之后又对这段私情的结果产生了悲痛与释然交加的情绪。[61]她称之为"雪莱在意大利的柏拉图式爱情"，并引用了一首有关克兰伯恩巷的流行歌曲。在一八三九年编写的作品集中，玛丽对雪莱的这首长诗没有发表评论。

但是，克莱儿怎么办呢？她最终离开雪莱的太阳系了吗？恰恰相反，雪莱在诗歌之后的部分为她寻觅了一处辉煌的地方，它是这首诗的亮点之一。这些亮点在这首即兴创作的作品中分布并不均衡。虽然诗歌保留了大气磅礴的气势和"理想的色彩"，但在描写克莱儿娟秀、皮肤微黑的外貌特征时，诗歌体现出一定的智慧，几乎是以反讽的手法提到了他们之间这种不稳定的关系，还提到了月亮。尽管这很痛苦，但更为活泼。如果埃米莉亚是太阳，玛丽是月亮，那么雪莱在灵感的指引下*，对克莱儿进行了如下描写：

你也一样，哦美丽明亮的彗星，
曾经，把这脆弱宇宙的心吸引
去贴近你的心；直到在爱与恨
交替作用的吸引和排斥中受损，
你偏离了航线，心碎裂成两半；
哦，请再一次飞入我们的蓝天！
愿爱的黄昏星能指引你的归程； 637
活跃的太阳会供给你以它瓮中

* 彗星的意象与雪莱大多数最优秀的意象一样，都经过长期的酝酿。这颗彗星（毫无疑问是一个纯粹的预先认知）就是雪莱于1811年在爱丁堡首次看到的彗星；他在1811年创作的革命诗歌《泽纳布与卡蒂马》的"暗红色的夜晚"中首次对其作出描写。在《解放了的普罗米修斯》中，它在第三幕第三场的爱情诗行中再次出现，"拖着长长彗尾的蓝色彗星，驱散了沉闷的黑夜"。牛津大学馆藏雪莱手稿钞本（位置e.9）中也有关于彗星的手稿（页196修订），而且整个页317都是一张夸张的钢笔画，画着一颗彗星正沿着纸张的对角线飞行。

黄金的火焰;那月亮则将在你
新近的笑容中把她的尖角遮蔽;
虔敬的黄昏和黎明将以影与光
与宁静气息的芳香膜拜你,就像
希望与恐惧(他们献祭的牺牲
堆满了这颗心)膜拜生死的星辰;
对于这样神圣的祭祀,应该是
一个世界充当祭坛。[62]

通过雪莱这种自传式写作,读者可以断定黄昏和黎明分别代表两位人物,甚至可以猜测他们是小珀西·佛罗伦萨和阿利格拉。之所以将克莱儿与这颗"生死的星辰"相联系并写到"神圣的祭祀",是有深层个人原因的。也许这纯粹是为了让克莱儿解读。但是在描写他们心灵产生的活泼、亲密的关系时,最清晰的结论莫过于"交替作用的吸引和排斥中受损,你偏离了航线,[我的]心碎裂成两半"。正是雪莱叙述中的坦然给人留下了极为深刻的印象。

在《心之灵》富有自传色彩的描写中,有一段尤其引发人们的兴趣。根据其中的叙述,似乎暗指雪莱诗歌生涯之初发生的一起事件,而且必定发生在他一八一四年结识玛丽之前。似乎指的是他的第一次性爱经历,也许发生在他一八一〇至一八一一年就读牛津和客居波兰街期间。不管怎么说,这都是一次可怕的经历,而且诗歌中突出了艳丽、诡异的敏锐洞察,使人联想到《伊斯兰的反叛》最出彩的部分。

曾有一个:她的语声是有害的
乐曲,她坐在井沿蓝色的龙葵
毒树荫下,从她那虚伪的嘴唇
吐出的气息也像花的淡淡清芬,

她触摸却似放电的剧毒，目光
中的烈焰常煎熬我体内的腑脏，
从她莹润的面颊和胸脯会飘出
致命的温馨，那温馨仿佛甘露，
能一直透入我碧绿心脏的内核，
浸湿它的绿叶，直到像年轻人
一头青丝变成白发，以过早的
枯萎埋没它那尚未开放的青春。[63]

只有一个人能够以一定的权威性解读这段文字，这就是利·亨特的大儿子桑顿·亨特，这着实令人惊讶。他最早是在汉普斯特德结识了雪莱。638 他称“我无意间注意到这些事实”，他指的应该是在亨特家中的谈话，这表明雪莱在大学时代曾发生过不幸的性经验，还染上了性病。用亨特的话说，“他发现她唯利是图，是丑恶而致命的幻影，而且[雪莱]甚至表明这对他产生了实实在在的后果，使他受到伤害，他还长出了灰白色的头发”。在当时，过早出现灰白色的头发被认为是感染某种性病后的症状。[64]雪莱在谴责娼妓制度时言辞总是特别激烈，而且他对传染病和“丑恶的疾病”感到恐慌，但亨特没有具体提到是哪位妓女。如果亨特的论断有一定的事实依据，那么人们就可以合理地推测出，在雪莱作品中的其他地方也提到了这一事件。《麦布女王》中自然对此问题展开了大量笼统的讨论，《伊斯兰的反叛》第六诗章中，有一段描写似乎也是围绕这一事件展开。奇怪的是，其中反复提到一口“井”，而且还出现了与“蓝色的龙葵毒树荫”和传染性剧毒相似的意象。这两个诗节恰好讲述的是莱昂将茜丝娜留在了山中要塞，自己偷偷骑马返回城市。此时的城市正陷入饥荒与瘟疫之中：

我下了马——在市场上的一个喷水池畔；

我看见满街遍巷尸体横陈，
睁大着呆滞的眼睛彼此凝望，
它们还凝望着大地和浩瀚的天庭，
凝望着我；我在喷水池边弯下身，
饮水止渴……

哪里能找到一丝半点儿生机？
只看见一个妇人在大街上游荡，
看来她已经受尽了苦难的侵蚀，
干瘪得像个鬼，丝毫不像个人样：
她听到我的脚步声，便扑到我身上，
用她炙热的嘴唇胶住我的唇，
纵声大笑，简直像是发了狂。
她嚷道："你狂吮了瘟神的发青的嘴唇，
转眼千百万人都要来分享你这一次豪饮！……"[65]

这两段描写形成了有趣的比较，至少，通过情节的发展，生动、简洁地表现出雪莱对于这中间三年半时光的描写。但是，《心之灵》并不是一部
639 完成且自足的作品。它与《阿拉斯特》一样，对自己的人生和思想提出了深刻、准确的问题，使之获得了主要的力量，但程度比《阿拉斯特》更为突出。

即便是将这部作品寄给奥利尔时，雪莱依然暗示了自己的懊悔和退缩。他告诉奥利尔："这是已死了的我的一部分作品。从这个意义上说，宣传并不是虚构。"[66]但是，奥利尔在这一年夏天立即将其出版。雪莱后来在十月又给约翰·吉斯伯恩（他这时又来到了伦敦）写了信，进行了一番著名的掩饰："《心之灵》是一个谜——至于真正的血与肉，你知道我并不创作这样的文章——你不会去一家酒馆点一条羊腿，就像不

能指望从我这儿得到任何有关人情或世俗的东西。我希望奥利尔只在明达①的人中间传播这部作品。而即便是他们,似乎也倾向于把我归入一个女仆及其心上人的圈子。——但我打算写一部我自己的《会饮篇》以正视听。”但是,这成了另一种防御式的屏障,也许雪莱正在给吉斯伯恩夫妇写信的事实影响到它所采用的讽刺形式,而且影响到他提到的女仆和她心上人时的反讽性。[67]

仅仅过了一年,到了一八二二年六月,吉斯伯恩已进一步取得雪莱的信任,并在伦敦担任他事实上的文学代理人。此时,雪莱撤回了这道屏障,他同意了“血与肉”,并且更加坦诚、幽默地谈论起这首诗。“如果你迫不及待地……要听听我是怎样的人,我之前又是怎样的人,[《心之灵》]会告诉你一些信息。这是对我的人生与感情展开理想化描写的一部历史。我认为人们总是会爱上某个事物或另一件事物;至于错误,我承认凡夫俗子的灵魂是不容易避免的,因为人们在凡人的形象中寻找永恒的形象。霍格对这首诗的反应非常滑稽,带有恶作剧色彩,他称自己喜欢这部作品——他赞扬了它,并称:要对获得荣誉最多的人给予肯定。* 我认为,即便是用拉丁语,也是不允许这样说的。”[68]但这个被爱的意象(心之灵,用雪莱的话说,即“我灵魂的灵魂”)的目的是否无法实现或永存,对于雪莱来说始终是仁者见仁的问题,即便在他人生接近终点之时亦不例外。

在一八二一年二月余下的时光中,雪莱与玛丽依然定期探视埃米莉亚,雪莱还代埃米莉亚写了一封请愿书,提交给佛罗伦萨大公夫人,请求

---

① 此处雪莱原文用的是希腊语 συνετός,意为睿智,贤明。

* 按照霍格的方式,可以写成:

从我们灰色的平庸世界中
你的技能吸引了明亮优雅的形式

贺拉斯,《诗艺》,第一卷,页243。

她出面释放埃米莉亚。这一点与他在诗歌中提到的做法（在里窝那港口备好一艘小船帮助她逃跑）截然不同。据玛丽的日记记载，探视的次
640 数到了三月便逐渐减少。雪莱、玛丽和克莱儿在这一年的春天一直与埃米莉亚保持联系，直到她在夏天出嫁。

雪莱对埃米莉亚的关注逐渐减少，他的健康也有所好转。在此期间，他的社交圈一直在变化和扩大。梅德温很久之前就承诺向雪莱引荐他的朋友爱德华·威廉姆斯与简·威廉姆斯，这两人终于在一月底来到比萨。二月底，他们已同雪莱夫妇建立起融洽的关系。这种友谊慢慢加深，逐渐根深蒂固，最终比他之前快速建立起的友谊更持久，例如同帕基亚尼或埃米莉亚。雪莱与后者迅速地绽放出奇妙的友谊之花，但之后他的情感就像在西科罗风和屈拉蒙塔那风[①]之间快速转换一般，使这朵友谊之花突然凋零。在玛丽看来，威廉姆斯家两人更好相处，不管怎么说，他们都是英国人。

雪莱告诉克莱儿，他的第一印象并没有什么特别的。简·威廉姆斯长得异常俊俏，眼睛大大的，眼珠是黑色的。她长了一头茂密的黑发，但"显然**不够**聪慧"。威廉姆斯本人则身材高大，脸庞很大，五官生得十分标致，他似乎很讨喜，而且有些腼腆。他比雪莱小一岁，也曾在伊顿公学上过学，这无疑使雪莱产生了戒备之心。但是，他十一岁就离开伊顿公学，直接参加了海军，之后又与梅德温一样参加了东印度公司的第八龙骑兵团。他也与梅德温一样都以陆军中尉军衔退役并领取半薪作为退役金。他决定在欧洲游历几年。他对简·威廉姆斯有着强烈的依恋之情，某种程度上说可能是因为她还没真正与他结为夫妻。一年多以来，他们在日内瓦与梅德温合租了一套别墅，之后又在他的鼓动下南下，这趟旅行一是为了见一见梅德温的诗友兼表弟。二是为简找一个宁静的地方生第二个

① 西科罗风是从非洲吹向南欧一带的非洲热风，屈拉蒙塔那风是从阿尔卑斯山和西地中海向南或西南吹来的干冷北风。

孩子,预产期就在三月十六日。[69]威廉姆斯在热那亚的另一位朋友是康沃尔郡的冒险家,他为人古怪,性格就像海盗,他名叫特里劳尼。他也听说过比萨的诗人雪莱,之后他也将南下。威廉姆斯立下了模糊的文学志向,他曾写过舞台剧,但从未上演过。他在政治上是一位自由派人士。但他真正的天赋是在户外活动中成为为人随和、令人快乐的旅伴。他对散步、骑马和划船都很喜爱。梅德温于二月二十七日离开比萨时,威廉姆斯已成为一位散步的旅伴,这令玛丽很是欣慰,而且他和简也时常过来用餐。三月初,天气变好之后,早晨会起淡淡的雾气,之后则是煦阳、白云与和风,令人心旷神怡。雪莱与威廉姆斯便每天沿着阿尔诺河散步。[70]

雪莱并没有忘记克莱儿,他一直在给佛罗伦萨写信,并通过梅森夫人接收回信。他在信中提到了埃米莉亚,但已没有原先那样详细。他还提到了德尔·罗索处理的事务,这依然需要给予关注,有时还提到拉文纳传来的消息。拜伦已将四岁大的阿利格拉送往位于巴尼亚卡瓦洛的 641
一座修道院。[71]这一年二月和三月,雪莱在写给克莱儿的信件结尾一直写着“致以恒久的温柔的问候”,但克莱儿发觉来信越来越少。

玛丽此时生活中有很大一部分时间与马夫罗科达托亲王在一起,他显然已成为玛丽最青睐的一位新朋友。三月初,雪莱一家搬到了阿尔诺河滨的新住址,它在奥拉寓邸,其原因之一是为了庆祝春天的到来,但主要还是那里的房间更适合举行娱乐活动。马夫罗科达托亲王每天都来做客,玛丽给他上英语课,而后者则给玛丽上古典希腊语课。玛丽白天与亲王上课,与威廉姆斯一家散步和骑马,有时晚上还与梅森夫人一同欣赏歌剧,对于玛丽来说这样的生活非常惬意。最糟糕的问题与埃米莉亚有关,似乎也已翻篇,而且用她对克莱儿所说的话,此事已成为“美味的季节”。她以自己特有的严肃而含笑的口吻说道:“人的生活并不快乐,至少我不快乐,却很平静,而且与世无争。”[72]

雪莱对马夫罗科达托亲王的看法与玛丽并不相同,但他认为此人对希腊政局的看法十分有趣,而且言行举止颇为谨慎、高贵。这位亲王以他特有的方式成为玛丽对埃米莉亚作出的回应，而且也向雪莱暗示，她在“意大利的柏拉图式爱情”具有比雪莱更高的品味。雪莱也同意这一点。他在写给皮科克的信中请他从莱斯特广场的塔西记购买价值两英镑的宝石，他希望用这些宝石制作一枚戒指或雕刻着亚历山大大帝头像的浮雕宝石。这是送给马夫罗科达托亲王的礼物。雪莱还请他制作一枚印章，印章上要雕刻一只展翅腾飞的鸽子，还要用希腊语写上一句格言：“我是胜利斗争的先知”。[73]他曾预计希腊将爆发一场斗争，这很快就要实现了。三月，奥拉寓邸洋溢着一种浪漫主义喜剧的氛围，这也感染了远在佛罗伦萨的克莱儿，她从比萨收到了一系列匿名情书，情书还配上了富有魅力的素描画。她的第一反应是雪莱寄来的，还将信件寄到奥拉寓邸供其查验，但真正的作者一直未被发现。[74]

《心之灵》的创作使雪莱摆脱了冬日糟糕的健康与无精打采的幻想，比萨于三月进入初春时节之后，雪莱突然对各种文学项目踌躇满志。他又产生了为查理一世创作一部历史剧的念头，并开始对当时的政治人物记笔记，还通知奥利尔《倩契》的续集很快就能完成出版准备。他还听说皮科克针对英国诗歌的衰落在杂志上发表了一篇尖刻的文章，这本杂志就是奥利尔主编的《文学杂录》的创刊号。他决定作出回应，并在自己的钞本中搜罗相应素材。

642 皮科克这篇文章主旨巧妙，也具有挑衅性，雪莱是在这一年一月收到皮科克的来信才得知它的。信中写道：“心灵高尚的人士再也没有诗歌的听众了；道德、政治和物理科学已经将观点值得重视的人们对诗歌的关注完全引开，诗歌的广大读者只剩下底层知识分子中……[诗歌]必然要依靠浅显易懂、令人作呕的惺惺作态和对理性与知识的绝对否定。”[75]

雪莱对这段抨击的回应一针见血，因为他本人的写作生涯中显然出现过这样的情况，他本人也认为这一点属实。他告诉皮科克，他“对诗歌的诅咒”已激起了自己的“神圣怒火”，而且雪莱打算在这本杂志上和他展开一场辩论。[76]但他并没有读过这篇文章,于是他请人将这本杂志从佛罗伦萨寄给他。与此同时,他在二月的最后几天阅读锡德尼的《为诗辩护》,以此对这场辩论做好了准备[77],并针对文学中想象力的运用写下了初稿笔记。[78]玛丽也参加了这项工作,从三月十二日至二十日,她每天都为这篇论文誊稿件。雪莱希望及时写完这篇文章,以便发表在奥利尔《文学杂录》的春季号中,计划分为两部分:对想象文学在社会中的功用作一番总体辩护;之后再更详尽地考察现代英国诗歌的发展。他还对第三部分产生了朦胧的想法。[79]文章最终只有第一部分写完了。

雪莱的《为诗辩护》是一篇篇幅约为一万个单词的论文,成为他散文作品中的绝唱。但是,它也有一个独特的特点——具有一定的迷惑性,该文实际上是他本人之前作品的选集。除了大量借用、改编自《伊斯兰的反叛》(1817)和《解放了的普罗米修斯》(1819)这两部作品的前言之外,还有许多内容来自他的《会饮篇》前言——《论古希腊风俗,涉及爱的主题》(1818)和他的《论基督教》(这篇文章的总体论点主要是对《改革的哲学观点》〔1820〕在前两章提出的观点展开详细论述)。在《为诗辩护》中雪莱提出了著名的论断,指出诗人是"未经公认的立法者",这来自《改革的哲学观点》,且一字未改。而且对弥尔顿笔下的撒旦作了一番精彩论述,这也直接来自他的《论魔王和魔鬼》并进行了升华。[80]

在《为诗辩护》中,雪莱始终以一种包罗万象的方式描写"诗歌";它的论述内容包括文学体裁本身,也包括想象作品的总体理念,甚至将诗歌视为一种具有同情心和人道精神的**能力**——这是对人类经历的一种简单的响应,他称之为"生活的诗歌"。像《改革的哲学观点》一样,他也认为"诗歌"的功用问题是一个道德问题和政治问题,而不是纯粹的文学问题。他给《文学杂录》主编奥利尔写了一篇有趣的郑重介绍,详尽 643
界定了皮科克所持立场:

> 每一个对智能的力量有所知觉的人都应该有意识地努力摆脱对

> 于诗歌的学习和写作,应该把那种力量应用于普通金融学、政治经济学,用于研究能够以最明智的方式对社会秩序形式加以规范而为相关的社会成员谋求幸福的法律之不足——这些都确实是崇高的目标,[如果能发现……我保证我崇拜西弥斯①更胜于阿波罗……][81]

括号中的语句已被删除,雪莱最终放弃了整篇介绍,但这表明他的思想与此前创作的政论文是一致的,而且他认为诗歌(阿波罗)具有与政治学(西弥斯)相同的“崇高的目标”,以此证明诗歌的重要性。

但是,雪莱并非仅仅重申或复述此前提出的论点。他成功地将它们推进到下一阶段,有时甚至以巧妙的手法使其升华,这使人记忆犹新。但是,由于《为诗辩护》具有拼凑的性质,他仿佛即兴创作般快速地提出论点,因此行文缺乏明显的逻辑顺序。这篇文章入选雪莱最优秀的作品选集,质量确实很高。它通过一系列高明的挑衅和挑战,推进了思考与研究,但这并不是一篇学术论文。与《评佛罗伦萨美术馆的雕塑》一样,这篇文章最精妙的评论与概述都很简短,这有时会令人困惑,类似于警句和隽语,而且始终充满生动活泼的意象。这正是**一位诗人为诗所作的辩护**。

雪莱在这篇文章中还写到了翻译问题,他以一位伟大翻译家的权威性和谦逊口吻论述道:

> ……译诗是徒劳无功的;要把一个诗人的创作从一种语言译作另一种语言,其为不智,无异于把一朵紫罗兰投入熔炉,以为就可以发现它的色和香的构造原理。植物必须从它的种子上再度生长,否则它就不会开花——这是巴比伦通天塔遭受天罚的负累。[82]

---

① 西弥斯是主管神界的公平女神,是天空之神优利纳斯和大地女神盖亚的后代。在神话的描绘中,西弥斯一手持“公正之天平”,另一手持一把剑。她的双眼总是闭合的,意味着她在做出决定时的依据,全凭心中的公平,不会受到现实的干扰。西弥斯与宙斯结合,生下女儿阿斯特莉亚,她是主管人界的公平女神,负责解决有关政治和社会的各种事务。

对于诗歌的道德功用，诗歌并不存在教诲目的，或者说它其实并没有道德目的：

> 道德中最大的秘密是爱，亦即是暂时舍弃我们自己的本性，而把别人在思想、行为或人格上的美视若自己的美。要做一个至善的人，必须有深刻而周密的想象力；他必须设身于旁人和众人的地位上，必须把同胞的苦乐当作自己的苦乐。想象是实现道德上的善的伟大工具；而诗则作用于原因……诗增强人类德行的机能，正如锻 644
> 炼能增强我们的肢体。[83]

雪莱对于艳情作品和艳情作家也作出了坚定而有趣的辩护。他的论点认为，艳情是想象力对抗社会堕落时最私密的要塞，而且当诗歌与想象整体上遭受巨大的社会压力时，作家就会依赖于艳情，这就仿佛是个人理智中最后一块堡垒。只有从这个意义上说，艳情作品是堕落社会的产物，这就像后卫战斗的证据一样。

> 而艳情诗诗人的缺点，不在于他们之所有，而在于他们之所无……假使时代的堕落仅能够使他们丧失了对快感、对激情、对自然风景的敏感性，所以人们才把这归咎于他们的缺点，那么邪恶的最后胜利就会实现了。因为社会堕落的目的本在于摧残一切对于快乐的感受性，所以谓之堕落……在这样一个时代来临之时，诗总是诉诸那些最后才被消灭的力量，我们还能够听到它与尘世诀别的声音像阿斯特莉亚①的足音那样。[84]

---

①　阿斯特莉亚是掌管正义的女神，宙斯与西弥斯之女。传说远古时神们目睹了人类的自私而离开了人类，只剩下阿斯特莉亚相信人类继续留在人间，努力使人们回到和平时期。但是最后面对更加自私的人类，只好带着天秤回到天上。这也是天秤座的由来。

阿斯特莉亚是掌管正义的女神。这段内容中出现了毒的意象,这也是人们所熟悉的。

除了雪莱对弥尔顿笔下的撒旦作出辩护(他认为这是一位道德高尚的人物,“远胜于他的上帝”)之外,他还针对但丁发表了极为精辟的纯文学论述。他认为但丁既是一位纯粹的诗人,也具有政治影响力,而且是欧洲文化中一支永恒的力量。雪莱在这里所使用的语言充满独特、闪光的意象,这近于《圣经》中的急促节奏,使人想起《解放了的普罗米修斯》中的段落,他确实耗费了相当大的精力去坚持这种观点。雪莱认为,一部伟大的代表作具有自我重生的特质:在这部作品所属的时代结束之后,它便对读者展现出新的形式,体现出新的意义,也孕育出自己的文化。这一论点极具洞察力。而且再一次表明一位诗人兼翻译家的权威性,他本人也证明了这一点的正确性。

> 但丁是第一位唤醒迷乱的欧洲之人;他从不调和的鄙词蛮语的
> 混乱状态中创造一种本身就具有音乐性和说服力的语言。许多伟
> 大人物领导文艺复兴,而但丁就是他们精神的集大成者;这灿烂的
> 星群在十三世纪从意大利诸共和国放出光芒,好像从天上直照入暮
> 霭沉沉的世界的黑暗里,而但丁就是这一群中的晨星。他所用的字
> 充满了精神;每一个字犹如一颗火星,一个正在燃烧的原子,闪出不
> 645 能磨消的思想来,并且还有许多生下来就躺在灰烬中被掩埋了,然
> 而都包含着电光,不过还没有找到传导体。一切崇高的诗都是无限
> 的;它好像第一颗橡实,潜藏着所有的橡树……一个人和一个世代
> 幸因特殊关系能够享受到它的神圣的清流,饱吸了它的琼浆之后,
> 另一个人和另一个世代又接踵而来,所以新的关系永远在发展,一
> 首伟大的诗是一种不可以预见不可以预想的快感之渊源。[85]

雪莱的《为诗辩护》也有许多缺憾与怪异之处,其中大部分都可归咎于他

在当年三月仓促草就的环境。作品中经常出现重复和冗赘的叙述，而且主要段落就像从周围的辞章沼泽地里挖出金块一样。论述中还有许多古怪之处，例如在一段离奇的段落中，雪莱严肃地提出了自己的观点，指出诗人通常是最睿智、最幸福和最良善之人，并认为“最伟大的诗人一向是品德最无瑕疵而明达则无所不及的人”。但是，这里无疑体现出西塞罗普式的揶揄幽默，以此来针对皮科克，因为他在下文中紧接着列出了诗人的次要特点，其中就有“拉斐尔是个浪子，斯宾塞是个桂冠诗人”。[86]

在《为诗辩护》中，核心是诗歌作为自由的力量在社会中所发挥的作用。自由从何而来，或者说何人可以获得自由？雪莱以一种最全面的方式考察了诗歌，在一段著名的概述中给出了它的定义，这是他对皮科克的立场所作出的最后一段回答。

> 我们还有许多道德的、政治的和历史的智慧，而我们不知道如何尽施之于实践；我们还有许多自然科学的和经济学的知识，而不能尽用之以公平分配那些有增无已的产物。在这些思想体系下，事实的积累和计算的方法，将诗掩藏起来了……我们缺少创造力来想象我们所知道的东西；我们缺少豪迈的冲动来实行我们的想象；我们缺少生活中的诗；我们的种种筹划已超过我们的概念……科学已经扩大了人们统辖外在世界的王国的范围，但是，由于缺少诗的才能，这些科学的研究反而按比例地限制了内在世界的领域；而且人既已使用自然力做奴隶，但是人自身反而依然是一个奴隶。[87]

皮科克在《诗歌的四个时代》中提出的论点，通常被低估了；其实，这是对书面诗歌的批评，随着维多利亚时代的临近，这种观点将得到越来越郑重其事的接纳。但是，很难否定雪莱回答中的复杂性和深邃意义，或者说创作这篇文章时，他其实并没有让自己变成一面“‘未来’投射到‘现在’之上的巨影之镜”。尽管雪莱匆忙撰写了这部作品，但奥利尔在 646

伦敦收到手稿之后却没有刊用。最终它与雪莱的其他随笔在一八四〇年结集出版。

一八二一年三月二十日，玛丽为雪莱寄出了这篇文章。之后雪莱又将注意力放在意大利政局的动荡上，这种局面已波及皮埃蒙特①。雪莱在这个月底写给皮科克的信件中，对此问题的讨论与对诗歌问题的讨论篇幅一样多，他还提到马夫罗科达托亲王每天都戴着头巾来奥拉寓邸做客，称“我们比萨这儿遍布革命的火山”。他又略施小计，补充说克莱儿在佛罗伦萨过了狂欢节，“而且异常高兴”。[88]四月一日，意大利的动荡局势也波及希腊。从希腊传来了消息，称希腊将军伊普西兰蒂在瓦拉几亚发动了革命，并率领一支军队向希腊的北方省份进军，传言称他麾下共有一万名希腊官兵。马夫罗科达托亲王前来将此事告知玛丽与雪莱，并称自己即将告辞，回国参加革命。玛丽对政治问题很少如此兴奋，她在写给克莱儿的信中加了许多感叹号，并称“摩里亚半岛-伊庇鲁斯-塞尔维亚都举行了起义。希腊几乎一定能赢得自由”。雪莱在玛丽的信件中加了一段附言，告知克莱儿，《天主教解放法令》已在伦敦以多数票(497:11)通过了二读，并询问她这一年夏天的计划。“**我们**还没有决定……你给点意见，帮我们下定决心。”[89]

雪莱一直在反复盘算这一年夏天的计划。经过冬天的这场重病之后，瓦卡建议他多锻炼身体——他也许该买一匹马？他势必认为有必要让自己从玛丽在比萨形成的社交活动中解放出来。他需要找个理由外出。四月十五日，他请来了两位经常陪自己户外活动的好友爱德华·威廉姆斯与亨利·雷弗利，一同前往里窝那去看看当地的情况。这个想法很平常，其后果却很重要。他买的并不是一匹马，而是一条小船。

---

① 皮埃蒙特是意大利西北的一个大区。面积两万五千三百九十九平方公里，人口约四百三十万人。首府是都灵。三面被阿尔卑斯山山脉包围，与法国、瑞士及意大利伦巴第、利古里亚、艾米利亚-罗马涅及瓦莱达奥斯塔大区相邻。

亨利·雷弗利对当时的情况印象很深。[90]“雪莱来莱格霍恩找我，他兴冲冲的样子很少见。他告诉我，他已厌倦了每天来回步行十四英里，自己必须拥有一条小船，但他手头钱不太多。”雷弗利帮助他们购买了一条十英尺长的小船，船身很窄，采用了平底式船舱，吃水约为几英寸。这是当地的猎户在当地沟渠和运河组成的水网中穿行并到达近岸沼泽地所用的那种船。它的结构很轻，但异常坚固，船身用松木制成，再拉上帆布制成的船帆。[91]他们对这条船进行了一番改装，安装了一根较短的桅杆和斜桁四角帆，同时在船体安装了相应的龙骨。这项工作花了近一天时间，又采购了少量商品带给玛丽和简·威廉姆斯，之后雪莱提 647
议就在这个月夜举行处女航，划着这条小船回比萨。雷弗利决定参加这次水上之旅，尤其是他对当地的河道比较熟悉。之后发生的情况就合情合理了。大约行驶到一半的路程，已临近子夜。威廉姆斯在小船里站起身来，将身体调整一下，但失去了平衡，他一把抓住桅杆，却立刻弄翻了小船。他们三人都在月光下在水中挣扎；雷弗利游得很轻松，威廉姆斯在原地游小圈，雪莱则在水中扑腾着，大喊大叫。[92]他们所处的这段运河用于联通里窝那和阿尔诺河，水面又深又宽。雷弗利感觉河床深不见底，而且河水冰冷刺骨。

雷弗利担起了责任。“我把威廉姆斯送到了岸上，因为他会一点儿水性，然后我又抓住了雪莱，告诉他保持冷静，不要大喊大叫，我会把他弄上岸的。他的回答是，‘好的，我一生中从未这样惬意，你就按照你的想法去做吧’。”威廉姆斯将雪莱送上了岸，但情况依然十分危急。雪莱在爬上河堤时摔了个嘴啃泥，昏死了过去，因为他受了寒又惊吓过度。威廉姆斯将他救醒，雷弗利则又勇敢地回去找回那条倾覆的小船，但小船似已受损。他们步行穿过田野，来到附近一座农舍，他们敲门唤醒里面的意大利人，当天晚上他们饱餐一顿之后，就睡在熊熊的炉火旁。雪莱“从水中死里逃生之后，显得格外兴奋”，但威廉姆斯和雷弗利却没那么开心。出于某种奇怪的理由，雪莱认为这是一个好兆头。[93]第二天上午，雪莱与威廉姆斯步行回到比萨，讲述了这次经历，雷弗利则将小船送回里窝那修理。雪莱提出了详细的修理要求，请他调整桨架的位置，安装一个低舵，并改装龙骨，使其贯穿整个船身。[94]还要对小船漆一层漆，用他对克莱儿的话说，这样就能打造出“非常美观的船身，它将成为你的朋友鹦鹉螺号”。[95]他想象自己将以圣朱利亚诺为基地，在运河上同威廉姆斯悠闲地度过一个美好的夏天。

回到比萨之后，雪莱的兴致却因为一个悲惨的消息而烟消云散：约翰·济慈在罗马去世。在他离家前往里窝那的这两天，家中收到亨特写来的一封信，信中语气很是沉痛。雪莱起初很淡定地接受了这个事实，这颇令人好奇，其实他早已预料到这一点。当天晚上，他给拜伦写信，称“年轻的济慈，他的《许佩里翁》必然取得辉煌的成就，却在前不久于罗马病逝，病因是血管破裂，他因为自己的著作在《每季评论》中遭到鄙视而抑郁而终”。[96]雪莱始终认为，《每季评论》中对济慈的抨击与济慈内心的痛苦存在必然联系，但两者之间其实联系甚少。不管怎么说，这
648 篇评论早在一八一八年九月就已发表，而此后一八二〇年出版的《拉弥亚》还得到了许多赞赏。[97]

但是，雪莱一直力图在自己心中将济慈的痨病与《每季评论》建立起这种虚构的联系。一八二〇年十一月，他就曾写好一封信准备寄给《每季评论》的编辑吉福德，最终没有寄出。他在这封信中指出一个事实，称济慈将这篇评论对其造成的初步影响“对我吐露，这几乎要将他逼疯，而且正是这种不懈的观察阻止了他的自杀企图。他的痛苦最终造成他的肺部血管破裂，而且常见的痨病过程似乎就此开始”。[98]在这封未寄出的信中，雪莱显然并没有实事求是地思考济慈对一八一八年这篇评论做出的反应，他想到的是自己在一八一九年遭到《每季评论》攻击而产生的反应。

拜伦在拉文纳收到雪莱的来信，他仔细地读着这个句子，陷入了沉思：“我很遗憾地听到你对济慈情况的报道——那确确实实是真的吗？我没想

到批评居然这样致命……我在《每季评论》上读到对《恩底弥翁》的评论。这篇评论刻薄得很——但是比起在那份杂志以及其他杂志上的评论,当然就不是那样刻薄了。”他的意思自然是指他曾细细品读过造成雪莱巨大痛苦的那篇评论。[99]他又坦诚地批评了他目前为止所读过的济慈作品。雪莱的这封信十分古怪,但充满同情心,这使拜伦想到除克莱儿·克莱尔蒙特之外,他和雪莱还有其他方面存在交集,而且他还附上了一段邀请性质的附言。“附笔:你我不能设法于今年夏天会面吗?你不能**单独**到这儿来遛一遛吗?”这个想法在这一年八月终于实现,但雪莱目前还不得不独自思考他的这位诗友之死。他继续阅读《许佩里翁》,没有进行创作。

除了这条小船、夏天的计划和与克莱儿的通信之外,还发生了一场财务危机,这在四月里占用了雪莱的大量时间。四月十三日,先是从霍勒斯·史密斯那里传来了消息。他寄来的信件中称布鲁克斯及其公司突然拒绝兑付这一年春季的年金,账户也遭到冻结,因为托马斯·休谟医生(即雪莱两个子女的监护人)提起了一百二十英镑的诉讼。尤其令史密斯惊诧和愤怒的一点在于,此人提起诉讼之前既没有提前通知他,也没有通知雪莱,却得到蒂莫西的律师惠顿与雪莱的律师朗迪尔的默许。雪莱迅速前往席尔瓦寓邸,就这一紧急事件向身边的塔提咨询意见,也许还设法弄来了一笔借款救急。[100]霍勒斯·史密斯在伦敦全力奔走,力图弄清事情的原委,他还认真地给比萨的雪莱寄去了自己与休谟、两位律师和蒂莫西爵士的所有信函副本。他作为雪莱的财务代理人,在当时的斡旋中发挥了重要作用,否则雪莱在意大利的收入来源就 649
很可能遭到断绝。到了六月,终于真相大白,此事是银行办事效率低下,迟迟未能根据定期支付指示向休谟医生支付资金所致。[101]* 雪莱在写

* 霍勒斯·史密斯为雪莱制订了终身协议,定期将雪莱每季度二百二十英镑的年金寄往比萨的邮件待领处,并由他本人亲自监督,同时蒂莫西爵士同意给休谟每季度支付三十英镑,这笔钱从他自己的账户中直接扣除。这实际上就使蒂莫西爵士成了查尔斯和艾恩丝的直接资金受托人,之后又使他倾注了祖父之爱,尤其是对查尔斯。

给休谟医生的一封信件中，没有表现出对两个孩子的一丝热情或人之常情的关心，而只是正式地询问了他们“当前的健康状况和智力发展情况”。这封信的主要内容是他对自己因“被禁止履行……做父母的责任”而遭到“史无前例的压迫”的认识。[102]

在佛罗伦萨，克莱儿听说雪莱遇到了困难，便牵挂起他的境况，也突然意识到他们在意大利生活的颠沛流离。她第一次收到解释后的第二天，便独自登上了波波利花园，这里可以将佛罗伦萨全城尽收眼底。她还坐在刻瑞斯雕像的脚下，聆听着吹拂下方杉树的风声，宛如海浪的声音。这使她突然想起了“在林茅斯度过的许多孤寂的时辰：自此之后已过了五年光景，每一个小时都是不幸的，境况每况愈下”。[103]雪莱听出了她的抑郁之情，便在信中写道：“我亲爱的姑娘，我感到，如果你在佛罗伦萨的期望落空而诱使你采取别的计划，**我们**，也就是你和我，应该交谈一次。”[104]他对梅森夫人提到了开办学校的计划，并思考自己是否应该将克莱儿接回比萨。与此同时，克莱儿的心思越来越多地放在身处巴尼亚卡瓦洛修道院的阿利格拉身上。她开始做起了奇怪的梦，梦见不同的人出面去搭救这个孩子。[105]

雪莱曾考虑过要去另一座修道院（圣安娜修道院）救人，但自打听说埃米莉亚要嫁人，就渐渐打消了这个念头。但他还是创作了一首叙事诗，风格与济慈颇为相似，讲述的是一位年轻处女在新婚之夜的死亡。这首诗的主题甚至部分来自《弗兰肯斯坦》和《倩契》，在他创作时，这些主题萦绕在他心头。这首诗题为“吉妮芙拉”，写在《心之灵》那本钞本中。[106]叙事部分并不是非常成功，但在两百行之后，结尾部分采用了出人意料的挽歌形式，这段内容十分精彩，其中的意象甚是恐怖，以至海兹利特在几年后为雪莱诗歌所作的序中，还将这部分挑出来专门讨论。[107]与查特顿著名的歌曲《全都在柳树下》相似，这首诗也在戏剧化的背景中栩栩如生，引人注目，而且这两篇作品在鲜明而痛苦的灵感方面具有一定的相似性。

她已经僵硬，她已经冰凉， 650
　　在她成婚的喜榻，
一步，就是白色的停尸床，
　　一步上了棺材架，
一步殡仪馆，一步，哦，向何方？
　　阴森的黑箭已飞离
　　中午的阳光。

不待太阳再一次升上天空，
一群老鼠就会已经
把它们的窝做在她的心中，
她的金发里就会有蛆爬动，
当指引太阳的那位神灵
端坐在他烈火熊熊的宝座，
　　她就该入梦。[108]

这首诗是雪莱以自己的方式为埃米莉亚所写的挽歌；或者说即便不是针对埃米莉亚，也是针对他心中的那位爱人，即心之灵。我们无法了解雪莱对此承受了怎样的痛苦，但似乎并没有达到撕心裂肺的程度。这本钞本还记录了雪莱画的几页插图，刻画出帆船按照罗盘顺风和逆风行驶在不同地点时的景象。[109]

四月三十日，雷弗利从里窝那将小船送回来了，并给它安装了新的装置。玛丽和雪莱都很兴奋，他们也发现吉斯伯恩夫妇终究还是没有完全将他们遗忘，还是来比萨做客，见证了这条船的交付过程。雪莱夫妇“举止温文尔雅，却很冷漠”。此后的一星期里，雪莱与威廉姆斯夫妇出去荡舟，探索比萨周围的运河，并学会了这条小船的操控技能。雷弗利有时也过来与他们一同荡舟，而且他和雪莱成功地驾船顺着阿尔诺河驶入大海，然后沿着海岸线向南行驶了两三英里抵达里窝那。雪莱独自一人将这条船开了回来。但是，他并没有谈论游泳课程，也没有听说救生衣之类的东西。[110]玛丽在马夫罗科达托亲王的陪伴下，打消了一切令她心神不宁的烦恼。亲王几乎每天都上门给玛丽上希腊语课。他告诉玛丽，他正在筹备自己的军用装备和制服，并承诺在他辞别之前将展现给她看。

小船返回之后，似乎宣告了夏天的到来。威廉姆斯一家在这一年夏天住在一座大房子里，这是位于普尼亚诺的马尔凯塞·博斯奇别墅，距比萨城约七英里。雪莱也在洽谈租赁圣朱利亚诺的一处新的住所。五月八日，他们在奥拉寓邸收拾好行装并将其运往巴尼。雪莱去里窝那
651 做客之后，便与亨利·雷弗利一同驾着小船穿行在狭窄的水道中，来到新的住所，玛丽则与马夫罗科达托亲王步行前去普尼亚诺，与威廉姆斯一家一同用餐，然后她独自前往巴尼。这次他们租的房子似乎和上次的不一样，但依然位于新月形建筑群中，面朝皮萨诺山，运河则在花园底下流淌，这对他们非常便利。雪莱告诉克莱儿，这是“一座非常漂亮的房子”。在这个季节，浴场几乎无人问津，但雪莱依然满怀感激地盼望着离群索居带来的孤寂，并且迫不及待地将自己的小船停泊在运河边，随时准备向北方的卢卡和塞尔基奥河开始探索之旅。[111]

除了一两次中断之外，整个五月基本都在这样的水上之旅中度过。玛丽有时也会小心翼翼地乘坐这条船渡过运河，去席尔瓦寓邸做客或是去比萨城购物，但基本上都是雪莱独自一人驾船，或是与爱德华·威廉姆斯同行。在他们的旅行中，最为雄心壮志的一次莫过于穿过运河组成的迷宫，直达塞尔基奥河，然后一路蜿蜒曲折地穿过荒凉的近岸沼泽地，那里有茂密的草丛和野鸟，最终来到了大海。雪莱为这次旅行创作了一篇松散的诗歌体日记，描写了他们的路线是怎样沿着塞尔基奥河，它“蜿蜒流淌 / 在它突破于里帕弗拉塔的大理石壁垒 / 之间”，然后“穿过沼泽、森林和发育 / 不良的青松交错、含有

瘴疠的荒漠”，最终来到了维亚雷焦海湾。这首诗从他们在拂晓之前踏上这条小船开始写起——

我们的船睡在塞尔基奥河上，
船帆收拢，像梦中的思想……

诗中通过浅显的散文式叙述，表明了雪莱与威廉姆斯的友谊是怎样在双方共同的背景和孩提时代都酷爱冒险的基础上，逐渐发展为轻松而又亲密的关系的：

“嗳，把压舱货弄出船去，
把能吃的装到船尾的小舱里，”
“这小桶是不是最好放低些？”
“不，正好，”“那些热茶瓶，
（给我点草），一定要轻轻放好；
就像我们在伊顿夏天六点后，
常往衣袋里塞的那样，还带上
煮鸡蛋、小红萝卜和面包卷，
到农民叫它豁口，我们学生
称为凉亭的绿色避风港里去，
躺在偷来的干草上，我们会
一直吃喝到八点。”

　　一只手里握着瓶子， 652
仿佛莱昂内尔的灵魂僵滞，
不知所措，梅尔基奥尔使他镇定：

“坐在舵位,拴紧帆缆,准备!”……[112]

这段诗歌写得并不算精彩,但准确抓住了暮春时节的韵味。雪莱的形象是莱昂内尔,他突然回忆起当年在伊顿公学的日子,一手握着一个热茶瓶,脚下是随波荡漾的小船,同时威廉姆斯朝他大喊,让他坐在船柄上,这一场景十分逼真。

雪莱在写给克莱儿的信中称:“我觉得浴场对我大有好处,但孤独尤其有益。我不用看彬彬有礼的人士的脸色,也不用听他们说话。我每周去看望埃米莉亚两次……威廉姆斯一家有时也会同去;他们在普尼亚诺租了一座房子。我喜欢威廉姆斯,也跟简和解了。——塔弗先生与我乘船、写作,他会邀请我,也会发牢骚、鞠躬并道歉,如果他经常过来,他就是个烦人的家伙。希腊的那位亲王有时会过来,我对自己的野蛮性情作了自责,这使这样一位随和、卓越、亲切的人都无法对我更加随和。”[113]大部分社交聚餐都在威廉姆斯位于普尼亚诺的家中举行。五月十六日,马夫罗科达托亲王一身戎装出现在那里,这让玛丽仰慕不已。她在写给吉斯伯恩夫妇的信中,简略提到普世牧首与希腊的主教在君士坦丁堡被枭首①,但伊普西兰蒂的解放军取得的胜利分量更重,他们“将与之作战的敌军各个击破”。[114]

大部分情况下,圣朱利亚诺始终是躲避访客的好去处,雪莱与玛丽独自在家时,发现似乎能一起度过难得的平静时光。雪莱有时可以说服玛丽一同乘小船前往普尼亚诺,她后来记得这次旅程十分缓慢,听着潺潺的流水声,穿过芦苇荡,来到了鲜花盛开的树枝下方,树枝低垂,一直浸入水中,仿佛是宁谧的魔法插曲。“白天,有数不清的蜉蝣贴着水面

① 此处所指的事件是1821年发生在君士坦丁堡的大屠杀。当时,为报复希腊人的起义,奥斯曼当局对君士坦丁堡城内的希腊人(即“法纳尔人”)发动了种族屠杀。遇害者包括玛丽提到的正教会牧首格里高利五世。

飞来飞去;夜晚,萤火虫会从岸边的灌木丛里飞出来;知了在中午叫个不停;阿乔拉会在宁静的黄昏发出轻柔的低鸣。"[115]有时,黄昏时分,他们坐在家中敞开的窗户旁边,雪莱会大声说出自己的梦想,即"在附近某一个被栗树和松树所环绕、俯视着一片广阔农田的小山高地买一块农场,或是进一步深入滨海的亚平宁山麓,搬到马萨去住"。[116]运河和树木传来的声音在拂晓时分传入他们耳中,他们坐起身来静静聆听。

"你是否听见阿乔拉的哭声?
我想她一定就在附近。"
玛丽说,正当我们
闲坐在星光未现烛火未燃的黄昏。 653
"阿乔拉是谁?"我问,
我以为她是个令人厌烦的女人。
多么欣慰,当我知道
它不是人,不像我,不是一个
使人猜疑或憎恨的生灵。
玛丽看透了我的心,笑了,
她笑着说:"不必烦恼,它不过
是个毛茸茸的小夜枭。"

悲伤的阿乔拉! 多少个黄昏
我一直听到你的声音,
在树林,在水滨,在草地、山坡,
在广阔的田野和沼泽——
这样动人心魄,为歌喉、
琵琶、风和鸣禽所不及;
不像它们,却远比它们动听。

忧伤的阿乔拉！从那一时刻起，

我爱上了你和你的悲啼。[117]

注释

[1]《珀西·比希·雪莱书信集》，第二卷，第五九一篇，页242。

[2]《玛丽·雪莱日记》，页140。

[3]《珀西·比希·雪莱诗集》，页564。

[4]《珀西·比希·雪莱书信集》，第二卷，第五九三篇，页246。

[5] 托马斯·梅德温，《珀西·比希·雪莱的一生》，页267–269。

[6] 但我还没看过手稿的微缩相片，因为这依然是普福尔茨海姆图书馆中限制查阅的藏品。因此需要牢记一点，这封信在编辑过程中可能已经出现了疏漏。参见第十八章附录，注释1。

[7]《珀西·比希·雪莱书信集》，第二卷，第五九〇篇，页241。

[8] 同上，第五九一篇，页241–243。

[9] 同上，第五九二篇，页245。

[10] 托马斯·梅德温，《珀西·比希·雪莱的一生》，页238。

[11] 同上，页249。

[12]《珀西·比希·雪莱诗集》，页623–624。

[13] 托马斯·梅德温，《珀西·比希·雪莱的一生》，页250–251。

[14]《珀西·比希·雪莱书信集》，第二卷，第五九五篇，页249。

[15]《克莱儿·克莱尔蒙特日记》，页184。

[16] 托马斯·梅德温，《珀西·比希·雪莱的一生》，页169。

[17]《玛丽·雪莱日记》，页141。

[18]《克莱儿·克莱尔蒙特日记》，页187。

[19] 如需了解帕基亚尼教授，参见托马斯·梅德温，《珀西·比希·雪莱的一生》，页273–278。《玛丽·W. 雪莱书信集》，第一〇一篇，页117。《克莱儿·克莱尔蒙特日记》，页188，注释65。

[20]《克莱儿·克莱尔蒙特日记》，附录C，页472。

［21］马钱德，《拜伦传》，第二卷，页844。

［22］《玛丽·W. 雪莱书信集》，第一〇一篇，页117。

［23］《珀西·比希·雪莱书信集》，第二卷，第五九九篇，页254，注释1。

［24］《玛丽·W. 雪莱书信集》，第一〇一篇，页118。

［25］《玛丽·雪莱日记》，页141-142。

［26］托马斯·梅德温，《珀西·比希·雪莱的一生》，页279。

［27］《克莱儿·克莱尔蒙特日记》，页196。托马斯·梅德温，《珀西·比希·雪莱的一生》，页269-270。

［28］《克莱儿·克莱尔蒙特日记》，页196。

［29］牛津大学博德利图书馆藏雪莱手稿，位置e.9。

［30］托马斯·梅德温，《珀西·比希·雪莱的一生》，页269-270。

［31］《克莱儿·克莱尔蒙特日记》，页198。

［32］《玛丽·W. 雪莱书信集》，第一〇七篇，页123。

［33］同上，第一〇八篇，页126。

［34］《克莱儿·克莱尔蒙特日记》，页195。

［35］《玛丽·W. 雪莱书信集》，第一〇九篇，页127。

［36］同上，页129。

［37］《珀西·比希·雪莱书信集》，第二卷，第五九九篇，页254-255。

［38］《珀西·比希·雪莱诗集》，页638。

［39］《比克斯比-亨廷顿笔记本之一》，载于H. B. 福尔曼对梅德温描述所作的注释。托马斯·梅德温，《珀西·比希·雪莱的一生》，页281。

［40］《珀西·比希·雪莱书信集》，第二卷，附录一，页447-449。这些用意大利语写的书信片段首次于牛津大学博德利图书馆藏雪莱手稿中发现，并发表于内维尔·罗杰斯，《工作中的雪莱》。

［41］参见罗维亚的玛丽亚·维维亚尼·德拉，《一位女子的生平：雪莱的埃米莉亚》（佛罗伦萨，1936）。

［42］同上，页84。

［43］同上，页87-88。

［44］《玛丽·W. 雪莱书信集》，第一〇九篇，页 129。

［45］同上，第一一〇篇，页 133。

［46］托马斯·梅德温，《珀西·比希·雪莱的一生》，页 283–284。

［47］《珀西·比希·雪莱书信集》，第二卷，第六〇一篇，页 256。

［48］同上。

［49］同上。

［50］《珀西·比希·雪莱诗集》，页 420。

［51］同上，页 423。

［52］同上，页 427。

［53］同上，页 417。

［54］同上，页 428。

［55］同上，页 415。

［56］同上，页 424–425。

［57］同上，页 425。

［58］同上，页 411。

［59］同上，页 418。

［60］同上，页 419。

［61］《玛丽·W. 雪莱书信集》，第一三五篇，页 161。

［62］《珀西·比希·雪莱诗集》，页 419–420。

［63］同上，页 417。

［64］桑顿·亨特发表于《大西洋月刊》，1863 年 2 月。

［65］《珀西·比希·雪莱诗集》，页 105。

［66］《珀西·比希·雪莱书信集》，第二卷，第六〇六篇，页 263。

［67］同上，第六六八篇，页 363。

［68］同上，第七一五篇，页 434。

［69］《玛丽·雪莱日记》，页 149。

［70］同上。

［71］《克莱儿·克莱尔蒙特日记》，页 216。

［72］《玛丽·W. 雪莱书信集》,第一一六篇,页 137。

［73］《珀西·比希·雪莱书信集》,第二卷,第六一五篇,页 276。

［74］同上,第六一八篇,页 280。

［75］同上,第五九二篇,页 245,注释 7。

［76］同上,第六〇五篇,页 261。

［77］《玛丽·雪莱日记》,页 148。此处的标题是 1595 年第一版的标题;玛丽使用的是人们更熟知的《为诗辩护》,雪莱从中为自己的作品确定了标题。

［78］牛津大学博德利图书馆藏雪莱手稿,位置 e. 8,页 71-77。

［79］《珀西·比希·雪莱书信集》,第二卷,第六一四篇,页 275。

［80］请将《论魔王和魔鬼》(雪莱,《散文作品》,页 267)与雪莱《散文作品》页 290 作比较。

［81］《珀西·比希·雪莱书信集》,第二卷,第六一三篇,页 273。

［82］雪莱,《散文作品》,页 280。

［83］同上,页 282-283。

［84］同上,页 286。

［85］同上,页 291。

［86］同上,页 295。

［87］同上,页 293。

［88］《珀西·比希·雪莱书信集》,第二卷,第六一五篇,页 276。

［89］同上,第六一七篇,页 278-279。

［90］《玛丽亚·吉斯伯恩与爱德华·E. 威廉姆斯:日记与书信》,页 70-71。

［91］玛丽在《珀西·比希·雪莱诗集》中所作的注,页 663。

［92］《玛丽亚·吉斯伯恩与爱德华·E. 威廉姆斯:日记与书信》,页 70-71。

［93］《珀西·比希·雪莱书信集》,第二卷,第六二二篇,页 285。

［94］同上,第六二三篇,页 286。

［95］同上,第六二四篇,页 288。

［96］同上,第六二一篇,页 284。

［97］参见《济慈:批评遗产》,G. M. 马修斯编(1971)。

［98］《珀西·比希·雪莱书信集》，第二卷，第五九七篇，页 252。

［99］《拜伦勋爵作品集：书信与日记》，第五卷，页 266。

［100］《玛丽·雪莱日记》，页 152。

［101］《珀西·比希·雪莱书信集》，第二卷，第六二〇篇，页 281－282，注释 2。

［102］同上，第六〇八篇，页 264。

［103］《克莱儿·克莱尔蒙特日记》，页 223。

［104］《珀西·比希·雪莱书信集》，第二卷，第六二四篇，页 288。

［105］《克莱儿·克莱尔蒙特日记》，页 227。

［106］牛津大学博德利图书馆藏雪莱手稿，位置 e. 8，页 133–137，修订版。

［107］威廉·海兹利特发表于《爱丁堡评论》，1824 年 7 月。

［108］《珀西·比希·雪莱诗集》，页 653。

［109］牛津大学博德利图书馆藏雪莱手稿，位置 e. 8，页 42–43。

［110］《玛丽·雪莱日记》，页 153。

［111］《珀西·比希·雪莱书信集》，第二卷，第六二六篇，页 292。

［112］《珀西·比希·雪莱诗集》，页 656。

［113］《珀西·比希·雪莱书信集》，第二卷，第六二六篇，页 292。

［114］《玛丽·W. 雪莱书信集》，第一二三篇，页 144。

［115］《珀西·比希·雪莱诗集》，页 663。

［116］玛丽在《珀西·比希·雪莱诗集》中所作的注，页 664。

［117］《珀西·比希·雪莱诗集》，页 642–643。

第二十七章　聚居地(1821)

一八二一年夏，在圣朱利亚诺宁谧而又孤独的时光不久便被打破。654 雪莱肾炎发作，出现痉挛症状，回到比萨去找瓦卡看病，不久就痊愈了。之后，克莱儿在经历无数个“无精打采的”白日和噩梦缠身的黑夜后，从佛罗伦萨来信。她担心阿利格拉在修道院的卫生条件很差，可能会感染致命疾病，她认为必须下定决心，一刻也不能耽误了。雪莱一如既往地对她满怀同情，而克莱儿最渴望的莫过于雪莱的同情，也许她还希望雪莱亲自来一趟佛罗伦萨，好让她安心。

但是，克莱儿情绪的突然爆发也让雪莱有些尴尬。雪莱收到了拜伦的来信，附言部分邀请他独自来拉文纳做客。雪莱前不久才给拜伦回信，以他本人和玛丽的名义邀请拜伦来巴尼做客，这里偏僻，不会引人注意，而且克莱儿显然**不会**来这里。除了他个人希望与拜伦重温两人的友谊之外，他打心底也希望拜伦软化对阿利格拉的态度，具体做法是让两人重温一八一八年在威尼斯结下的旧日情谊。拜伦此时的态度十分随和。雪莱希望他能理解克莱儿在佛罗伦萨生活时刚实现的独立性。“我希望她能够改正这些夸张的想法，她在社交中的做法正源于此。无论是我们孤独的生活方式，还是我抽象的思维方式，对于她都格格不入；

而且可能成为她各种错误的根源。因此，我应当替她向你说情。”[1]这种新的外交活动有获得成功的希望，却因克莱儿始终迫不及待地要与拜伦展开决战式的当面对质而陷入危险境地。

雪莱给克莱儿的信中，提到了让她在梅森夫人的帮助下开办一所学校的想法，并暗示她，相比立即同拜伦摊牌的想法，这个项目整体上更具建设性，更为合理。如果她表现出独立与冷静，说不定就能按自己的意
655 愿接回阿利格拉。雪莱认为，通过花言巧语哄克莱儿放弃鲁莽之举，这要比摆事实讲道理更有效果。“你说我可能不会和你交谈，因为你可能会飞快地离开，天知道会去哪里——除非去另一个世界（而且我知道这条路上的马车车夫不会让乘客等一分钟），我不知道人世间有什么样的工作需要如此仓促。”[2]这封信发挥了作用，克莱儿又暂时回到了德语学习中。克莱儿现在同雪莱分开居住，所以她完全可以拿阿利格拉的问题对雪莱施压，要求他关注此事并最终要求他亲自解决，她也确实这样做了。某种程度上，她也利用这种做法对付过玛丽。这并不是说克莱儿对孩子发自内心的担心不复存在，而是说这种担心表现出新的动机和特点。拜伦始终担心的是，除非他掌握了阿利格拉的监护权并完全对其负责，否则克莱儿会图谋利用这个孩子作为赢得他感情的筹码。讽刺的是，雪莱却在此事中最为苦恼。从此，雪莱在巴尼亚卡瓦洛修道院的阿利格拉问题上陷入自相矛盾的立场：他在写给拜伦的信中称拜伦的做法既体面又合情合理，而在写给克莱儿的信中又称拜伦此举既无情又残忍。但到了五月底，他的家中还是短暂地平静下来。

五月三十一日，雪莱与威廉姆斯动身出发。此次出行为期两天，目的地是布伦提纳。玛丽此时的生活颇为闲适，她偶尔前往普尼亚诺用餐，每周前往比萨两次，这促使她又潜心创作《瓦尔佩加》。这本书篇幅会很长。到了六月底，玛丽发现手稿已写到第三卷的第七十一页。[3]塔弗偶尔前来做客，给她带来了荒唐的礼物：天竺鼠和拙劣的诗歌。马夫罗科达托亲王也继续来做客，但他的注意力越来越关注于遥远的摩里

亚海岸。他已在里窝那港备好了一艘船，时刻准备启程。六月底，出发前他来辞行。雪莱告诉克莱儿："他一走对玛丽来说是一大损失，**因此**对我也是——但不能反过来说。"[4]

恬静的生活也对雪莱的心理有所影响。他经常独自外出荡舟，据玛丽日记称，六月的前两周，雪莱的目的地往往不是比萨。他经常很晚才回来。六月四日，子夜时分他才到家，一场雷阵雨即将到来。[5]第二天傍晚，他给吉斯伯恩夫妇写了一封便笺："这几日我在作一篇哀悼济慈的诗，很快就能完成。将这诗读给你们听一定是件乐事，因为你们会感兴趣且能够理解它，而这样的人寥寥无几矣。这是一篇格调颇高的**艺术作品**，在写作手法上，可能比我写过的任何东西都要好。"三天之后是六月八日，这首诗已写到约四十个斯宾塞诗节。雪莱向奥利尔郑重宣布："此诗乃为悼念可怜的济慈而作，诗中穿插着对剥夺他的安宁、损坏他的名誉的那些凶手的抨击；诗之前还有一篇对《许佩里翁》的评论……"[6] 656

就在同一天，雪莱还告诉克莱儿他最近的创作状况，并解释称在创作这首诗的过程中，他发现这是唯一能真正带来心理**慰藉**的形式，并使自己超脱于"感情世界的风雨迷雾"。这首诗"既配得上他，也配得上我"。有一点似乎很奇怪，在圣朱利亚诺宁静的外部环境中，雪莱的内心实际上掀起了一场暴风雨。

一旦动笔，雪莱便孜孜不倦地创作，他一贯如此。这首诗共有五十五个诗节，他的创作速度飞快，六月十一日便已完稿。到了六月十六日，雪莱不但写完了评论性的书序，而且安排好在比萨用精美的迪多字体印刷一部特别的小型版本，这样他将此作寄给伦敦的奥利尔之前，就可以亲自校对。他首次尝试这种新的出版方法。诗的标题取自希腊传说"阿多尼斯之死"，阿多尼斯是阿佛洛狄忒的恋人。为了采用斯宾塞诗节，雪莱将阿多尼斯（Adonis）的名字英国化，并增加了一个音节成为"Adonais"。

从这首诗的开头部分，雪莱就打算使之成为一篇挽歌和辩论作品。他将手稿送往比萨的印刷厂当天，给约翰·吉斯伯恩和克莱儿都写了信。信中称“我那写诗的笔尖燃烧着火焰，扑向他的毁灭者；除此之外，诗的风格是庄严肃穆的”。与他在这些年创作的大部分作品相仿，这首诗在构思和取材方面文学性极强。希腊诗人彼翁是公元前一世纪的一位艳情诗人，他写下了著名的《哀阿多尼斯之死》，雪莱曾在前一年的冬天翻译过。雪莱新创作的这首诗受彼翁的影响很大。雪莱在译作的开篇写道：

> 我为阿多尼斯之死而悲痛，最可爱的阿多尼斯——
> 你已经逝去，逝去了——你的爱人们为你恸哭……
> 看哪，他心爱的小狗们围拢在他的身旁——
> 俄瑞阿得斯①的仙女们在为他哭泣——阿佛洛狄忒
> 披头散发，在树林中游荡
> 失魂落魄，衣冠不整，足不着履……[7]

这实质上为《阿多尼斯》提供了剧本：死去的诗人受到了其他诗人的吊唁。还有摩斯科斯笔下的希腊，雪莱将他的《哀彼翁之死》的部分篇章也翻译为英文，从而表明自己意识到希腊语中已确立了“阿多尼斯”的挽歌传统：

> 我为阿多尼斯之死而悲痛，放声恸哭——
> 哦，河流，用徒劳的泪水，让水流更湍急吧，
> 众人爱戴的彼翁已不在人世了。[8]

---

① 俄瑞阿得斯诸仙女是希腊神话中狩猎女神阿尔忒弥斯的侍女，是掌管山脉和岩洞的仙女。

这段译文中使用的措辞顿时表明《阿多尼斯》中还存在第三种文学 657
影响，这就是弥尔顿的《利西达斯》。例如，霍勒斯·史密斯这一年八月在伦敦刚读到这首诗，就立即意识到弥尔顿的这部作品对其的影响。[9]雪莱之所以称这首诗为“一篇格调颇高的**艺术作品**”，主要因为他意识到自己也是遵循这种高雅、古典的文献学传统展开创作的。

这首诗还要公开表明姿态。雪莱除了猛烈抨击评论人士（在书序和正文部分都出现）之外，还称赞了《许佩里翁》。初稿表明，雪莱打算请当代所有诗人都对这部作品表达敬意，包括拜伦、汤姆·摩尔和沃尔特·司各特。但大部分请求都遭到了回绝[10]，不过雪莱还是这样做了。第三十诗节的“永恒的游客”明确指的是拜伦，第三十五诗节的“智者中的豪侠”则指的是利·亨特，第三十一和三十四诗节之间有一段著名的文字提到了雪莱本人，“一个文豹似的精灵，美丽而敏捷”，“撩开额头，那里沾着血迹，烫着烙印，不是像该隐便是像基督”。

雪莱力图将强烈的个人感情与高雅、肃穆的公共纪念碑风格相结合，但未能成功。这至多只是一首华丽的葬礼悼词，其中效仿了《公祷书》中犹太教-基督教的葬礼布道，而不是一首葬礼挽歌。在雪莱的诗歌中，只有这一首采用了矫饰与骈俪的风格，使读者奇怪地想到了巴洛克风格。

七月，雪莱将比萨印制的这部作品寄给了拜伦，他在封面作的注释表明，尽管他称其为自己创作过的最出色的作品，但他也很清楚，这部作品存在关键缺憾，也就是构思上的缺点：“不用别人告诉我，我当时的一腔热情使我过了头；我以我的虔诚和我的怒火创作出一篇赞歌。但是，即便我犯了错，我还是认为这是对弱者的辩护而不是通过与强者为伍来安慰自己。而且我之所以犯错，也许特别是因为我对济慈产生了狭隘的观点，我认为他超过了**我**，而不是认为他不如别人：自我原则真有如此微妙吗？”[11]

简而言之，“自我原则”是这首诗的问题。这也是为何最后五个诗节中引用的柏拉图主义产生了相同的张力和语气的空洞,使人联想到另一篇更不成熟、更加锋芒外露的作品——《赞智力美》。这首诗力图赞美艺术和自然中创造的精灵具有不可摧毁的生命,但它的个人动机与最强烈的意象却始终指向巅峰与死亡。

尽管如此,《阿多尼斯》的某些段落依然具有伟力并写出了真正的辛酸。在某些段落中,雪莱似乎发现,他对《许佩里翁》极为钦佩的一点是高度的形式化与强烈的感情之间达成平衡,这也使他清楚意识到自己与《许佩里翁》形成了竞争,也许这种意识过于明显。

658 他不会再醒了,哦,永不会再醒!
昏暗的灵堂展开白色**死亡**的阴影,
无形的**腐败**埋伏在门口,静候着
跟踪他前往她阴暗居处的最后途程;
永恒的**饥饿**坐在一边,只是怜悯
和敬畏平息了她阴森暴烈的热情;
只要那黑暗和变化的法则还不曾
为他的睡眠张挂隔绝生命的帷幕,
她也不敢就毁坏掉这样佼好的猎物的丽影。[12]

诗中对词语的准确运用臻于化境,而且以拟人化手法描写了异常邪恶的力量——雪莱对这一技巧的运用日渐成熟,从一八一五年在莱奇莱德创作的诗歌开始,到《暴政的假面游行》,再到《心之灵》。这些作品表明,雪莱的实力达到巅峰。在这首诗的第二部分"年轻的春天因忧伤而变得粗暴狂野",某些春天的意象中继续显示了这一点。显然没有一丁点词句上的刻意而为,没有形容词的尖锐感,单个的诗行似乎产生了类似原型的力量,这接近于阿多尼斯作为生殖之神的原本意义:

热恋的小鸟在树林里到处结对成亲，
在田野、在树梢，营造绿色家庭；
碧绿的蜥蜴，金色的蛇，都像是
摆脱了禁锢的火焰，从昏睡状态中觉醒。[13]

在一段描写中，他最终发现了伟大的挽歌式表达法，这其中还出现了一种异乎寻常的悲伤力量。在他写给自己的小儿子威廉的挽歌中，还没有使用过这种表述：

如今他已是
美的一部分，正承担自己一份职责；
当**一的精神**的造型力，以磅礴之势
扫荡枯燥、稠密的世界……[14]

雪莱在多个诗节中对年轻的诗人查特顿、菲利普·锡德尼爵士和卢坎致以敬意，写得也感人肺腑。

玛丽在雪莱身故后曾评论过这首诗，称“现在看来，《阿多尼斯》有一大部分似乎更适用于雪莱自己，而不是他所哀悼的那位有才华的年轻诗人。他对死亡的诗意解释和对他那些诽谤者所表现的高傲的轻蔑，都成了对他自己获得不朽名声时命运的预言……”[15]尽管可以理解，但此话将感性的“部分真实”混淆了雪莱硬用济慈之死的迷思来抒发自己难以承受的痛苦感受之真实程度。他在一八一九至一八二〇年秋冬季节 659
创作的伟大的诗作和散文作品遭到了社会的压制、无视或拒斥，这种愤懑之情再度涌上心头。他与拜伦这位当时最成功的英国诗人有可能重温旧情，这一前景更加凸显出这一点。而且在他这一年五六月间写给拜伦的信件中，他在评论自己作品时的谦卑和自贬之词也一定程度上体现出这一点。他称自己对赞美和职责都“心灰意冷地不以为然”，这是他在痛苦中说出的违心话。他遭到社会迫害的感受也未被时间冲淡。但是在雪莱的私人信件中，没有一封信像他在《阿多尼斯》的散文体序言中那样如此明显而又痛苦地表明这一点。原先在构思时，他打算将此作为对《许佩里翁》的评论并为之辩护，但雪莱在圣朱利亚诺动笔创作时，并没有遵照原先的打算：

> 我为人处世，畏避闻达，人海浮沉使我生厌，但求独享宁静。迫害、诽谤却纷至沓来；家庭的共谋和法律的压迫，在我身上侵夺了自然的和人性的最神圣的权利。顽固派会说这是我作恶的报应；一般人也会称之为轻率的后果。但是从没有一个人的头上遭受过……[16]

这段话并非是对《许佩里翁》的辩解，而是他的自我辩护。奇怪的是，正是烦人的约翰·塔弗（曾带来过天竺鼠和拙劣的诗歌），体贴而又温和地使雪莱从进一步的羞辱中得到解脱。两人在七月初的通信表明，塔弗拿到清样进行校对后，说服雪莱删除了序言中的这段话，还删除了其他几段内容，他实际上相当于说服雪莱删除了诗歌中某些最为直白的自我描写。[17]

最终版采用了美观的迪多字体。雪莱没有耽搁，立即于七月中旬从里窝那将此作寄出。但他也保留了几本装订好的作品，用于个人赠书：他赠送给了吉斯伯恩夫妇、拜伦、克莱儿和罗马的约瑟夫·塞文。毫无疑问，他也赠送给了埃米莉亚、梅森一家和比萨的其他好友。他对吉斯伯恩解释道："诗人与凡人是两种不同的本质。他们虽可并存不悖，但互相意识不到对方的存在，也无法通过任何本能反应决定彼此的力量与影响。"[18]也许这只是他在作品中的另一种辩护行为，也是降低个人色彩的做法，就像《心之灵》中一样。或者说这就是真相：

我以我的歌声召请其神威的气息
已降临，我的心灵轻舟已被催动，
远离开海岸，远离开那战栗不已
从不敢迎着狂风暴雨扬帆的人群。 660
浊重的地和星光灿烂的天分裂了！
当我在黑暗中满怀恐惧浮身远行，
天庭深处阿多尼斯的灵魂大放光明，
透过至深处的帷幕，像明亮的星，
从永恒不朽者居住着的处所指引我的航程。[19]

《阿多尼斯》排版期间，雪莱从伦敦收到消息，得知自己的作品以另一种形式出版。工人阶级出版商推出了《麦布女王》的一个廉价普及本，而且是盗版。

这则有趣的消息是霍勒斯·史密斯从伦敦写信告诉雪莱的，他认为这是不幸的粗鄙之举。雪莱第一反应是这是件“滑稽的事情”。盗版书商是齐普赛德街的威廉·克拉克，这家书商专门出版“危险的”激进派作家的廉价版书籍，尤其是汤姆·潘恩、帕尔默和沃尔尼的作品。他曾见过雪莱一八一三年私下出版的《麦布女王》，并秘密将其再版。这立刻引起三份激进派工人阶级报纸的注意——《北极光》，本博的《约翰·布尔的英国日报》和伍勒的《英国公报》。《英国公报》在五月六日刊登了一篇长文，对这部作品给予肯定。“……这部作品曾经是人们迫切寻找的著作；而且印数不多，价格因而高得出奇。最终找到了一位书商。”[20]随后，发行量更大、面向中产阶级文学爱好者的报纸也登载了大量的评论文章，特别是《文学公报》《杂志月刊》和《文学编年》。[21]与《肿脚暴君》一样，除恶会立即对此提起公诉，克拉克售出约五十本之后，不得不将其全部下架。但正是这样勇敢的盗版行为，使雪莱的作品再一次引起理查德·卡莱尔的注意。而且正因为克拉克于一八二一年再版此书，卡莱尔随后于一八二二年、一八二三年、一八二六年和一八三二年推出此书的各种版本，此外沃特森和希瑟林顿还在一八三九年出版了“宪章派”版本。此后二十年里，雪莱的声名在工人运动中得以确立。*

雪莱许多极优秀的作品正需要这样的出版活动；雪莱也在他长期以来对奥利尔抒发的不满中暧昧地承认了这一事实，他偶尔也打算通过不同渠道出版自己的作品。他对此次盗版活动的反应很复杂，也很矛盾，
661 因为忧虑和愉悦这两种心情在他心中交织。他立即将心中的反应告诉了自己的官方出版商奥利尔，并愤怒地撇清与此事的一切关系。“此诗[《麦布女王》]我已多年未见，但据我回忆，诚为糟粕之作……我在此以诗歌之名义，请求您……以各种可能的方式向公众表明我对这次出版的反对态度。”[22]但几天之后，他便不无得意地将此事告诉了约翰·吉斯伯恩：“……我年轻时写过一首诗，题为《麦布女王》，风格相当狂放，里面有大段内容是反对耶稣、上帝、国王、主教及婚姻的，可天知道是怎么回事，现在竟然被河滨马路的一个下流出版商出版了。这完全违背我的意愿，也未征得我的同意。现在大家都在为此事争吵不休，霍勒斯·史密斯向我陈述了事情的经过。你想象得出，此事会令我觉得多么好笑。”为了维持自己体面的形象，他又补充说，“也因为我的确想对其中那些糟糕的诗歌表示异议”，他让奥利尔发表正式的免责声明并申请对此实施法律禁令。[23]

雪莱之后又将免责声明以公开信的形式寄给《检查者》的编辑亨特，还将其寄给奥利尔以发表于《晨间纪事报》。“我害怕这更有可能伤害而非促进自由的事业。”但就禁令而言，雪莱发现自己的立场与骚塞并无轩轾。因为骚塞早年的一部激进派作品《瓦特·泰勒》也有类似遭

---

* 理查德·卡莱尔虽然严厉批评了克拉克对除恶会的投降行为，但也始终认可他“在他斯特兰德市克莱蒙特大街的店铺”中成为《麦布女王》的第一位出版商。并在自己于十九世纪二十年代出版的《麦布女王》版本中，继续将克拉克的名字印在封底。

遇：这部作品遭到盗版，因此除了直接对书商提起公诉，没有法律资源可用。雪莱没有忘记其中的讽刺意味，但他与骚塞不同，他内心对盗版并无排斥。有一件事可能让他惴惴不安，即此书原先是题献给哈丽雅特·雪莱的，但克拉克颇为圆滑地将此删去。至于公众的愤怒，雪莱认为自己在意大利并不受影响。对于他的声誉还能有什么影响呢？他以冷静超脱的口吻对克莱儿评论道，“政府的各种出版物对我大肆攻击”，但他得出结论：“我享受并喜欢这些可怜人搞出来的动静；但我们之间隔了阿尔卑斯山和大海，我觉得这样也许很好。”[24]雪莱在九月又悄悄询问过霍勒斯·史密斯，还独自求助于亨特，请他们代购此书：“我应该非常想看到它。”[25]其实，雪莱对自己的这部早期作品兴趣浓厚。

天气变得越来越炎热。到了七月，日子过得很快，雪莱想到《阿多尼斯》已经在前往英国的路上感到很宽慰。他继续划着小船在圣朱利亚诺、比萨和普尼亚诺这三地之间游荡。玛丽在日记中写到了萤火虫和知了。他们晚饭后与威廉姆斯一家散步和讨论，此时成为他们几乎唯一的定期社交娱乐活动。吉斯伯恩夫妇正准备搬回伦敦并永久定居，雪莱与他们的主要联系是从他们手中购买二手家具或帮他们出售二手家具。雪莱为自己采购了几件有用的物什，包括典籍图书，为克莱儿买了一本德语词典，还买了一架望远镜和一把打靶手枪。

克莱儿似乎也天生喜好平静的行为。她离开佛罗伦萨去度暑假，雪 662
莱与威廉姆斯则花了三天时间将她从比萨接到了里窝那。玛丽不愿在圣朱利亚诺见到她。她写写信，学习德语，去和别人交谈，还去游泳。她发现自己对游泳更为在行，只不过海浪很高时，海水总会灌进她的喉咙。[26]七月底，她得到允许去比萨游览几天，并且在席尔瓦寓邸和威廉姆斯在普尼亚诺的别墅之间来回穿梭。她有时也去圣朱利亚诺做客，但她似乎不会在那里过夜，而雪莱会步行前往比萨与她共进早餐。[27]她拜访圣安娜修道院时，得到的消息是埃米莉亚已养成了向圣徒祷告的习惯，“但她每换一个情人，就会换一个圣徒”。克莱儿与雪莱都认为这是修道院教育中的一朵奇葩。[28]

七月底,克莱儿回到里窝那,雪莱则动身前往佛罗伦萨。他此行是陪同吉斯伯恩夫妇并送别他们回英国。雪莱和吉斯伯恩夫妇互道珍重,至少雪莱和约翰·吉斯伯恩道了别。两人相互理解,约翰日后在伦敦还担任了雪莱的文学代理人。雪莱此行还要完成霍勒斯·史密斯嘱托的一件事情。史密斯已决定离开英国并携妻子南下,一是为了疗养,二是他对法律工作心生厌倦。雪莱迫不及待要为他在佛罗伦萨寻觅一座房子,以报答史密斯为自己的财务问题忙前忙后。在亨特和霍格长达三年的推诿之后,雪莱终于说服当年在伦敦的一位老友来意大利,他心中甚喜。他甚至有理由认为,来了一位朋友之后,其他的朋友就会接踵而至。再加上最近与拜伦重温友谊,雪莱开始认为自己在这一年年底就能永久定居在托斯卡纳、比萨或佛罗伦萨。

他产生了让比萨成为英国文人聚居地的想法,并开始在心中与旧日的梦想(打破自己责任的羁绊前往东方游历)进行权衡。因此,在他二十九岁生日的前夜,他旧日的计划历经无数变故和波折之后,重新萦绕在他心头。这就是与志同道合的友人一同建立激进派公社的理想,这也带有意大利的色彩。在此后几个月的惊恐与出游中,雪莱几乎没有时间开展严肃或持久的创作工作。他将各类朋友的飞速变化、相互矛盾的兴趣集中在一起,这成了雪莱的重中之重。他希望为新的社区组建核心力量,并认识到自己是唯一能将各派别调和在一起的人物。他全力推进这
663 个计划。自打他在一八一八年和一八一九年之交的冬天在那不勒斯深受混乱、痛苦和相互矛盾的忠诚所困扰之后,他首次觉得自己的生活产生了某种真正的社交目的。第一步是调和与三个人的友谊——玛丽、克莱儿和拜伦,直到生命的终点他都力求达成这个目标。但雪莱一如既往,再次表现出他的坚韧、睿智和处理复杂人际关系时的精明。

八月二日,雪莱从佛罗伦萨返回圣朱利亚诺。此前他流连于比萨的绿色水道中,生活节奏十分缓慢、宁静,但此时却突然加快了节奏。拜伦

向他发出了召唤：为何他不立即赶赴拉文纳呢？雪莱吻别了玛丽，第二天一早便动身出发。[29]玛丽并不愿他离去：不管怎么说，再过一天就是他的生日了，她更希望两人一同平静地庆祝生日。八月四日，她在日记中写道："今天是雪莱的生日。七年时光流逝，如今物是人非！这是怎样的生活啊！我们现在表面上过着宁谧的生活；但谁又知道未来会怎么样——但我无法预言噩运；我们已受尽磨难。雪莱来到意大利之时，我说如果能永恒，就比什么都好；但这比意大利的黄昏还易逝……"[30]她奋力誊清《瓦尔佩加》的手稿寻求慰藉，而且越来越频繁地与威廉姆斯一家来往。此二人在她的日记中首次以"爱德华"和"简"相称。八月六日，玛丽为爱德华朗读了自己的小说《玛蒂尔达》，这取材于她当年精神崩溃的经历。她在等待拉文纳的来信。

但是，雪莱虽然火速赶路，却没有径直前往目的地。八月三日傍晚，他没有前往佛罗伦萨，而是出现在里窝那，他出人意料地来到克莱儿的住所，并在这里过夜。第二天早晨五点，他们俩起床并驾船前往港口。他们拜访了朋友之后，吃过早饭便共乘一艘帆船，在船上为雪莱庆祝了生日。克莱儿在日记中写道："然后，我们便驶向了大海。这一天天气非常好，也很暖和。地平线上出现了许多白色的船帆，仿佛海鸥掠过水面飞行一般。我们在花园酒店用餐。雪莱两点钟时动身出发。"[31]这是雪莱过的最后一个生日。克莱儿感觉肚子疼。

雪莱从里窝那出发，奋力向佛罗伦萨赶路，当天晚上住在恩波利。八月五日是星期天，他于拂晓时分来到佛罗伦萨，雇了一辆敞篷两轮马车，全速赶赴博洛尼亚。路上发生了事故，雪莱以欢快的口吻叙述了此事："……这匹老马摔了一跤，我和那个胖马车夫都从马车上摔了下来，我们隔着树篱跌落在山坡上的草甸里。我的身材有棱有角，所以就落在了原地。但马车夫的身材是球形的，他几乎滚落到山脚下，而且我一生中很少有这样勉为其难的情况，因为这个可怜的家伙受了伤，我的嘲讽被恐惧感所压倒(要知道这可是世界上最滑稽的一幕)。"[32] 尽管他兴致很高,但这位马车夫、马匹和两轮马车都受了伤。雪莱只得亲自驾车
664 从佛罗伦萨前往博洛尼亚,这段路程有七十五英里,他用了大约二十个小时不停地驾驶。星期日接近晌午时分他从佛罗伦萨出发,星期一(8月6日)天亮后不久赶到了博洛尼亚。他之所以如此匆忙,原因之一是为了对克莱儿和玛丽隐匿行踪。

雪莱从佛罗伦萨给克莱儿寄去一封便笺,这表明他没有告诉克莱儿自己此行是要看望拜伦。根据便笺中的叙述,他在恩波利就寝时,"就仿佛吸食了两倍剂量的鸦片后睡得那样香"。这番话解释得并不清楚,但他称他"对自己的时间产生了怀疑",并且也许无法"在星期四之前"看到她。他的签名是"你永远最亲爱的雪莱",并建议她不要食用未熟的水果。换言之,克莱儿对拉文纳的情况一无所知。[33] 但是,另一封便笺是从博洛尼亚寄给玛丽的。它也表明雪莱没有告诉玛丽自己在生日当天去里窝那看望了克莱儿。雪莱紧张地解释自己为何未能在前一天晚上赶到博洛尼亚,因为"我有一项令人尴尬且无法解释的安排,长达十二个多小时"。雪莱以这种方式向玛丽隐瞒了他与克莱儿共度了这一天。雪莱唯一一次提到克莱儿,是建议玛丽此时可以邀请她来圣朱利亚诺住几天,此举显然颇有心计,但他决不会告诉她自己拜访拜伦之举。"替我转告对威廉姆斯一家的问候——替我吻一吻我的小宝贝,请接受我温暖的问候,以换取冰冷的……"但是,他删除了这句话最后五个单词。不管怎么说,前往拉文纳的马车已备好。他写完"你永远的雪莱"后便出发了。[34] 又经过五十英里的路程,雪莱于当天晚上十点到达拉文纳,并受到拜伦的热烈欢迎。他面色红润,看上去气色很好,发际线上移。两人照例谈天说地,一直聊到了第二天早晨五点。[35]

此后十天,雪莱是拜伦的贵客。两人这次团聚尽管出现了一次戏剧性的大爆发,依然称得上非常成功。雪莱来访时,拜伦依然住在一套金碧辉煌而又宽敞的公寓中,它位于圭乔利伯爵夫人的前夫的宫殿内。这

位伯爵刚与圭乔利夫人离婚，拜伦便以半公开情夫的身份和她住在这座宫殿中。此时，圭乔利夫人已被驱逐到佛罗伦萨，因为她担心被软禁在修道院中。[*] 她得到的年俸是一千两百克朗，拜伦的收入则为四千英镑。这一次拜伦是凭自己的收入谋生，他还告诉雪莱，自己甚至将四分之一的收入捐给了慈善事业。

拜伦在拉文纳建了一座动物园，以此来代替他在威尼斯与娼妓、面包房老板娘和其他年轻的女公职人员之间丰富多彩、反复无常的厮混，而此举同样具有想象力。这些动物能够自由出入于走廊和房间，雪莱逐渐确定了它们的数量。住了三天之后，他发现“有两只猴子、五只猫、八条狗和十匹马”；但到了这一周的周末，雪莱发现还有“三只猴子、一只 665
鹰、一只乌鸦和一只隼”。雪莱对皮科克郑重其事地解释称，“这些动物除了马之外，都在房子周围溜达，时不时地发出不可调和的争吵声，就仿佛它们才是这座房子的主人”。但是，即便此时雪莱仍未能确定真正的数量。“［附言］我封好信封后，发现我在这座喀耳刻宫殿中对动物的计算依然有问题，而且是出了关键性的错误。我刚刚在大楼梯上遇到了五只孔雀、两只珠鸡和一只埃及鹤。我想知道它们变成这样的动物之前到底是什么人。”[36]

拜伦将雪莱安顿在一间气派的客房中，并将贴身仆人蒂塔让给雪莱随侍左右。“蒂塔来给我当男仆，他是威尼斯人：此人长得很英俊，过早地长出了黑胡须，他曾捅伤过两三个人，是我见过的相貌出众之人中最善良的。”[37] 忠诚的弗莱彻也对雪莱照顾有加：“弗莱彻来了，他始终在他的主人鞍前马后，就仿佛是他的影子一般。弗莱彻也很英俊，他虽然长着一头与他年龄不相称的灰白头发，但其中也有一缕缕亚麻色的秀发。”[38] 总之，这座神奇的宫殿使雪莱愉悦舒畅。

雪莱迅速适应了拜伦的作息时间，此时他依旧是昼伏夜出。雪莱

---

* 这是教皇国法律救济的惯例，如果丈夫在离婚中感到不满，可以以此代替离婚抚养费。

每天中午起床,然后出门到市里溜达一圈,再回来与拜伦共进早餐。拜伦通常下午两点起床。之后他们便谈天说地,读书和闲逛到下午六点,此时他们一同骑马外出,前往一片松树林,它位于市区和大海之间,这使他们想起了一八一八年在威尼斯丽都岛的荒凉美景。他们有时会提前一些时间骑马出发,赶在暮色四合之前练习手枪射击。他们的靶标通常是南瓜,雪莱发现自己的视力和射击技术依然出色,有时甚至堪与拜伦媲美,要知道拜伦可是一位拔群的射手。[39]之后,两人便在八点共进晚餐,吃得不多,但菜肴精美。接着就开始聊天到早晨四五点钟。聊天的内容包罗万象,但有些冒昧:拜伦的女人们、疾病与情感生活的详情——因为他一直在写回忆录[40];他们还聊了政治,尤其是拜伦参与到当地的烧炭党运动中,这令雪莱既惊讶又高兴。诗歌自然也是两人的话题——尤其是拜伦正在创作的《唐璜》第五诗章。这个诗章使雪莱心中五味杂陈,他既钦佩,也感到痛苦、嫉妒和绝望。这是一位伟大诗人对另一位伟大诗人发自内心的最真挚的敬意。他立即意识到这是一部惊世骇俗之作,也知道这座神奇的宫殿不仅是上演哑剧的舞台,也是真正率性而为的伟大剧场。“他对我读了《唐璜》中一个未出版的诗章,这一段写得出奇地好。——这使他远胜于当代所有诗人:每一个词语都能传世不朽——与拜伦勋爵相比,我感到绝望,我已经尽力了:没有人能与
666 他媲美。”由于济慈已辞世,这是无可挑剔的评判。但其中也承认,唯一的例外是发表评论之人。

但在雪莱看来,拜伦这座神奇的宫殿中至少还有一个魔鬼。自打他来的第一天晚上,两人的讨论中就出现了这个魔鬼。这就是埃莉斯·福吉在前一年夏天对霍普纳夫妇叙述的故事,之后霍普纳又亲自写信将此事详细告诉了拜伦。即使有人怀疑拜伦在此风波中心存恶意或不够坦诚,但必须承认他在面对雪莱之后几乎毫无隐瞒。雪莱到达拉文纳还不到七个小时,拜伦就将此事向他和盘托出。

第二天上午,雪莱毫不犹豫地立即给玛丽写信。他十一点起床后,

匆匆写了六页四开本的信纸，赶在邮车中午出发前将信件寄出。这封信约一半的篇幅与霍普纳讲述的丑闻有关；其余对拜伦、圭乔利夫人和拉文纳给予了很高的评价。雪莱虽然受到打击，也感到气愤，但他其实并不太吃惊，因为自打一八二〇年六月起他就一直与德尔·罗索一同与保罗的敲诈行为作斗争。就在二月十八日，他还在写给克莱儿的信中提到了德尔·罗索。[41]

无论是雪莱八月七日写给玛丽的这封信，还是玛丽在八月十日从比萨专门写给霍普纳夫人的那封情绪激动的回信*，都明显忽略了一个事实。讨论这桩丑闻依据的是一八一八年冬在那不勒斯出生的那位私生女，但这两封信都对埃琳娜·阿德莱德·雪莱闭口不提。简而言之，这就意味着玛丽和雪莱都不打算将此事和盘托出。在拜伦或是霍普纳夫妇看来，他们的答复不过是一面之词。

另一个有趣的方面是律师们所说的诽谤行为的"刺激"，这是诽谤行为中刺激最强、伤害最大的方面，对于玛丽的影响与雪莱截然不同。针对克莱儿是自己情妇的说法，雪莱的反应在此情况下很正常：他有一点厌倦，也有些神秘，就像是他和玛丽之间很久以前就不再提起的问题。这个问题之所以让他感觉仿佛伤疤被揭开，似乎就在于指责他**残忍**：无论是对克莱儿、对玛丽，抑或是对这位私生女，概莫能外。

> 埃莉斯称克莱儿是我的情妇——这没关系，而且到目前为止这种说法毫无新意：世人都已听过了这种传言，人们可能会相信这种说法，或者他们头脑灵光一点就不会相信这种说法。她之后又说

* 在这个关键时刻，雪莱的手稿也一如既往地遭到了篡改，而最初的手稿已荡然无存。根据约翰·默里出版的版本，玛丽的信中起初印着这样一行字："对其亲笔信原封不动地出版"。默里在注释中这样解释："也可以说，这封信不完美的版本发表在道登教授的《珀西·比希·雪莱的一生》(1886)中，也出现在朱利安·马绍尔夫人的《玛丽·雪莱传记与作品集》中。这两部作品中都遗漏了许多重要内容……"

> 克莱儿给我生下了这个孩子，还说我给她服用了最猛的药让她引
> 667 产……[与育婴堂有关的内容]……此外，她还说我和克莱儿以最寡廉鲜耻的方式对待**你**——称我不把你放在心上，还殴打你*，并称克莱儿每天都会在我的授意下，用最狠毒的话辱骂你……如果认识我的人有人能够想一想我的为人——我并没有犯下同克莱儿姘居这样的大错和不端行为，但我也犯下过难以启齿的罪过，那就是毁掉了这个孩子，或者说我遗弃了她，这可是我的孩子——想一想我的绝望吧——想一想像我这样生性如此懦弱、敏感之人，竟会在这群魑魅魍魉中再次遭到诋毁中伤。[**之后的文稿是用浓墨重重书写的三行文字**][42]

有人会认为在这七年的漫长时光中，雪莱一直在努力与玛丽和克莱儿和平相处并成果显著。在这段时间，他的孩子（克拉拉、威廉、埃琳娜等）次第夭折，无异于反复遭到可怕的打击。这种怒火和无辜受到伤害的感受似乎完全可以理解，而且基本属于真挚的感情。只有在最后（"这群魑魅魍魉"），人们才察觉到某种传奇剧的元素。从他写信给伊丽莎白·希钦纳开始，直到他从圣朱利亚诺写信给骚塞，都不啻这种自卫性质的传奇剧要素。雪莱需要防备什么呢？这肯定是他后悔当时在那不勒斯同意将自己"在那不勒斯的责任"交给一对意大利夫妇抚养。**

玛丽写给霍普纳夫人的这封信，无论是涉及范围还是情绪化程度都远超雪莱的信件——雪莱原先就打算这样。但是，玛丽似乎看得很透彻。在她看来，她之所以受到伤害，是因为看到了一项根本性的控诉，即雪莱和克莱儿是一对野鸳鸯。因此，在她信件中的关键之处，出现了截

---

* 雪莱故意夸大其词：霍普纳虽然存在添油加醋之辞，但决不会说雪莱殴打了玛丽。

** 1820 年 6 月写给吉斯伯恩夫妇的信件也确认了这一点，此时雪莱即将得知埃琳娜的死讯，他在信中称自己打算等她痊愈立即将她接到托斯卡纳。当然，他再也没有机会实现这个计划。

然不同的侧重点：

> 她说克莱儿是雪莱的姘头，我敢对天发誓，我郑重地向你保证，我无法写出这样的话，我给你寄来雪莱来信的部分内容，你就能发现我现在要驳斥的是什么谣言。但是，我宁死也不愿誊抄如此龌龊的内容，这都是一派胡言，用心何其毒也，恶毒得简直无法想象。
>
> 我完全相信我的内心，即雪莱与克莱儿之间的关系始终是发乎情、止乎礼的……［与那不勒斯的住所和克莱儿的病情有关的内容］……克莱儿没有生孩子（其他的说法也必然是错误的）——但你竟会相信这种谣言——我心爱的雪莱竟会在你的心目中遭到诋毁——他是世界上最温良的谦谦君子，因此这使我更加痛苦。呜呼，这种痛苦难以名状。 668
>
> 这全是一派谎言——克莱儿胆子很小；她总是对我尊敬有加，可怜的乖孩子啊！……［有关玛丽充分信任雪莱的内容］……我还要补充一句，克莱儿已有大约一年时间没和我们一起住了。她在佛罗伦萨，住在一位德高望重的德国人家中……[43]

玛丽在某些方面给对方留下了错误的印象，没有必要一一深究，它完全符合玛丽的性格特点。人们想不到她竟会详细地解释克莱儿与雪莱自一八二〇年秋以来一直见面的情况；也想不到她会说出“我丈夫与我的团聚一直不受打扰。爱情使我们第一次做出了离经叛道之举……之后我们的爱情便愈发炽烈，不可估量”。玛丽对雪莱的忠心耿耿始终无可挑剔。

但是，玛丽这封信中整体的压抑感是重点所在：她并不相信雪莱和克莱儿已成为情人，不仅如此，她甚至发现，就连产生这样的念头都会让她痛苦不堪。雪莱与玛丽对霍普纳的说法产生的感情和反应都存在巨大差异，按常理说，这是上述语焉不详的通信最能反映出的真相所在。

最后，也许还有一句话表明，玛丽意识到如果提到埃琳娜，就能解释清楚一切问题，但对于她和雪莱来说这都是代价过于高昂的辩白。在这封长信临近结尾处，玛丽写道："我用我孩子的性命发誓，也就是我幸运的、深爱的孩子，我知道这些指责都是错误的。"这里使用"知道"一词，在上下文中产生了奇怪的强调作用，而且玛丽所发的这个誓言（以她目前唯一在世的孩子赌咒）是不可思议的，因为只有在最郑重其事、最诚心诚意的情况下，她才会立下这样的毒誓。玛丽之所以"知道"这样的事情，原因之一是她绝对清楚这个"遭遗弃的"孩子的真正父母是谁以及这孩子的命运。

与此同时，雪莱给玛丽写了信，讨论了"向托斯卡纳法庭提起对埃莉斯的公诉"的可能性。之后他显然如释重负，并很高兴收到玛丽写给霍普纳夫人的信件。他收信的时间是八月十五日或十六日。此后再也没有讨论过法律公诉的问题，他还提到了《文学公报》中发表的那篇抨击性的评论文章，并称霍普纳夫妇可能为这篇文章提供了信息，他将整个事件斥为"无事生非"。在他即将离开拉文纳之前，写给玛丽的信件和便笺中明显流露出欢快与宠溺之情。他在一封信中热情洋溢地向玛丽表示了谢意，感谢她送给自己微型肖像画作为生日礼物，"我会将
669 它牢系心头，时刻想起你对我的好"；况且无论是这封信，还是其他信件，他都不像以往那样以"我亲爱的玛丽"，而是以"我最亲爱的爱人"相称。[44]

拜伦虽然口头上答应，但其实始终未将玛丽的回信交给霍普纳夫妇，最后在拜伦辞世之后，在他的文件中找到了这封信，信封已经拆开。但是，玛丽的这封信对于雪莱的真正价值显然并不是驳斥霍普纳的说法，而是驳斥了拜伦。雪莱对于霍普纳夫妇既没有一丁点兴趣，也不敬重他们。他一定知道，如果他们首先相信了埃莉斯的说法，那么无论玛丽多么巧舌如簧，都无法改变他们的看法。但不管怎么说，他们始终认为玛丽是受害者，也是无辜的一方。雪莱真正在意的是拜伦的看法。让

拜伦读这封信，并相信雪莱、克莱儿与玛丽之间的关系，才是最为重要的。雪莱与埃莉斯的关系与此无关，如果雪莱愿意，可以在子夜时分到早晨五点这段时间与拜伦讨论此事。玛丽的信件向拜伦证明的最重要一点在于，玛丽依然对雪莱死心塌地，而且两人的关系不管遇到怎样的波折，都依然在维系。雪莱在此后与拜伦的通信中曾提到霍普纳的问题，这充分反映了这一事实的重要性。雪莱从比萨的来信中，讨论了为克莱儿与阿利格拉所做的安排："我对这个问题口无遮拦，因为我确定你已经看到了足够多的证据，使你相信霍普纳夫妇希望你对我和玛丽的这些印象都是毫无根据之辞。"[45]拜伦看到的是玛丽情绪激动而又忠贞不渝的这封信。霍普纳叙述的整个丑闻所产生的真正后果只是让拜伦相信雪莱与玛丽之间的感情经得起考验。

雪莱此后在拉文纳做客期间都受到这一风波的影响。拜伦突然宣布，他打算搬到托斯卡纳。他希望雪莱帮助他说服圭乔利夫人选择托斯卡纳定居，因为她希望去瑞士并享受国外旅行的快乐。经过短暂讨论并做了相当多的功课，雪莱写出了一封极为优雅的信件，其中使用的意大利语流畅、华丽，详细叙述了瑞士（尤其是日内瓦）的英国侨民的种种行径，例如势利眼、偏见和爱探听别人隐私等各种可怕之举，特别是像拜伦勋爵这样狂狷之士在一位女士的陪同下来到莱蒙湖，特别容易受此影响。雪莱举例证明了这一点，他详细地回忆起自己在一八一六年的不幸经历。[46]这封信效果极好；伯爵夫人和她的兄弟彼得罗·甘巴伯爵（他富有魅力且可塑性强）都同意前往托斯卡纳，作为回报，她彬彬有礼地请雪莱留在拉文纳，直到拜伦勋爵最终确定西行计划。

在托斯卡纳，拜伦将在哪里安身立命，这是颇为微妙的问题，雪莱费了好一番心思琢磨。他通过书信与玛丽交流此事："我恐怕他不会喜欢佛罗伦萨，因为这里有英国人。——你觉得卢卡适合他吗——如果不 670
是有克莱儿在，他会更喜欢比萨些，但我真的不是因为他或她的缘故，才建议他来到与她如此近的地方。——火药和火焰之间应该保持安全的距离——这里有卢卡、佛罗伦萨、比萨和锡耶纳——我想不出别的地方了。——你觉得普拉托或皮斯托亚适合他吗……？"[47]

拜伦和雪莱一同商讨了各种可能性，拜伦不太当一回事，雪莱决定在比萨附近为拜伦寻觅一处交通方便且安全的住所。但这需要时间、耐心和智谋。每天上午，雪莱都能随意使用拜伦的专用马车，他乘坐这辆马车前往拉文纳的各处景点，他的目光透过拜伦族徽上方的窗户朝外凝视。在圣维塔尔教堂，他被一块完美的人形大理石所倾倒，上面有着自然形成的斑点。据他说，"这是预料之中的对圣方济教会的纯粹的认可"；而且从地面中露出来的石台充满了"某种雾气缭绕的黑暗，成群的大青蛙"。[48]之后，他又拜谒了但丁墓和墓上的著名浮雕，雪莱觉得它栩栩如生，还有一只半睁半闭的眼睛，就像是帕基亚尼的魔鬼。[49]

雪莱与拜伦相处的这段时间，唯一令他不快的是寄人篱下的感受，这种感受不太突出，但持续存在。他觉得他们俩作为作家，在谈话中可以坦诚、平等相待，例如，两人在拜伦提出的文学批评原则上存在分歧。作为朋友，他们尽可以推心置腹畅所欲言，尤其是拜伦。但作为社会动物，他们也产生了一定的紧张关系，雪莱总是注意到门上悬挂着拜伦家族的盾形徽章。"拜伦勋爵和我是非常要好的朋友，假如我穷困潦倒，或者说假如我是一个作家，但没有我现在这样的地位——或者说假如我的地位超出了我的实际水平，那么我们在一切问题上都会依然如故，而且我也会毫无顾虑地请他帮忙。现在情况并非如此了——我们两人之间潜藏着猜忌和傲慢的魔鬼，在两人间的自由交流中撒上了毒药……"[50]这种龃龉的根源将在此后几个月里愈发突出。通过这种方式，雪莱表明对拜伦留在意大利持保留意见，这酷似济慈在伦敦对雪莱态度的迟疑不决，这颇令人好奇。拜伦似乎还没有意识到这个棘手的问题。

八月十一日，拜伦突然宣布他已决定前往比萨。无疑，雪莱对他这个选择起到了决定性作用。雪莱为自己的胜利感到欣喜，他立即提出愿为拜伦担任代理人，为他租赁一处合适的房子，拜伦同意了。雪莱曾怀疑拜伦第二天就会改变主意，但恰恰相反，每一天晚上的谈话都使拜伦对这个计划愈发充满热情。雪莱迫不及待要回到比萨，但他还需要先跑一趟别的地方——去拉文纳郊外约四十英里的巴尼亚卡瓦洛修道院看望阿利格拉。这是突然给他安排的任务，经过漫长而又无法解释的耽搁 671
之后，大约在他出发前三天接到了这个任务。雪莱陪这位小女孩度过了一个下午的时光。她个头更高，也更加稳重了，谈吐中全是天堂与天使的话题。雪莱准备享受一下修道院中流传的这些玄幻故事，但他也认为，一想到要“在这样的垃圾中将这样迷人的孩子抚养到十六岁”，就不寒而栗！雪莱根据自己对圣安娜修道院中埃米莉亚的认识，向拜伦传递了“关于修道院内部情况的信息，以动摇他对于这些光鲜之物的纯洁性的信念”。

雪莱对阿利格拉怀着一颗慈爱之心，也没有忘记她当年在马洛和威尼斯度过的时光。他给她带来了一条小金链子作为礼物，还和她用意大利语交谈。雪莱郑重地要求看一看她的小床、用餐的椅子和修道院花园中配有装饰的玩具推车。阿利格拉穿着一袭白色的棉布衣服，穿着一条小围裙和黑色的绸缎裤子；她的头发一如既往地乌黑、茂密；她长着一双深蓝色的眼睛。之后，他们便一同在花园中四处奔跑，玩捉迷藏的游戏，直到最后，阿利格拉也许是玩得过于兴奋，她敲响了铃，将修女从她们的房间中召来，但似乎没有人为此生气。雪莱告辞时，询问是否有什么消息可以替她带给她父亲。得到的回答是“让他过来看我，带上妈妈”。①雪莱内心畏缩了，他并没有将这条口信的后半部分转告拜伦。但是，阿利格拉已有三年多没见过克莱儿了，她此处几乎肯定是指特蕾莎·圭乔利夫人，而不是她真正的“妈妈”。雪莱后来再也没有见过阿利格拉，阿利格拉也再没有走出过这座修道院。[51]

雪莱动身的前一天晚上，给玛丽写了一封长信，他在信中考量了拜

① 原引文为意大利语。

伦来比萨的前景与后果,并讨论了雪莱与玛丽在这一年冬天是应该留在原地,还是应该和霍勒斯·史密斯一同搬到佛罗伦萨。“……有拜伦勋爵和我们在比萨的熟人相伴,我们应该会得到安全与保护,这在佛罗伦萨似乎更成问题。”但是,他将最终决定权留给了玛丽:“——拍板吧(我知道你喜欢做决定)。”

之后,雪莱便写下了一大段独白,讲述了需要选择一种更为明确的社交形式。他认为自己面前有两个选择:要么是完全隐退,与玛丽和自己的孩子过着寂寂无名的生活;要么是与志同道合的朋友们共同建立一个更大的社群。这是他第一次向玛丽吐露这一年夏天就萦绕在他心头的问题。某种程度上,这样的选择是他早在一八一四年写给霍格信件的翻版,但更为成熟。当时,他讲述了在哈丽雅特(他当时的合法妻子)与闯入者玛丽·葛德文(还有克莱儿)之间做选择分别产生的影响。[52]这(两种情形下的)结果早在他写在纸上表达出来之前便已成定局。但他希望玛丽知道并理解自己的思想动态,同时他也非常坦诚地向玛丽承
672 认,即便是做出第一种选择,他的“想象力”可能依然会偏离方向:

> 我最大的满足纯粹是摆脱一切人类社会。我将带着你和我们的孩子一同隐退到海上的孤岛,我们要造一艘小船,等我们一到那里,就关上与这个世界联系的大门。——我既不会阅读任何评论,也不会和任何作家交谈。——如果我敢相信我自己的想象力,这就会告诉我,除了你自己之外,还有我希望与之同行的两三个精挑细选的同伴。——但我不会倾听这个声音。——两三个朋友和我们住在一起,魔鬼就会与之同行。在我看来,善良要远好过邪恶的冲动(爱远好过憎恨),除非你成为它的对象,这是所有伤害的根源。因此,根据这个计划,我将**茕茕孑立**,我愿意被世人所遗忘,或是让后人将[我的]思想铭记……但是,这似乎不是我们应做的。

最终,这在雪莱看来并不是符合实际的方案。有人也会怀疑,沃斯通克拉夫特的血脉会背叛雪莱想象中的这种"摆脱一切人类社会"之举。至于文中的魔鬼,雪莱与"恶魔殿下"的关系始终能让他创作出出色的作品。

另一方面,另一种选择范围更广,也更可取:

> 另一项选择(这是不应采纳的折中决定)是我们尽可能将我们这个阶层的人士组建为一个社区,包括在智慧和情感上与我们志同道合的人士;同时我们要与这个社区的利益相联系。——我们的根基从未像在比萨那样遭到过深重的打击,而且移植的花朵也不会茁壮成长。——我们在去年冬天之前的那种生活,不啻在伦敦的中心搭建帐篷而居的瓦哈比派阿拉伯人。为了你自己,为了我们的孩子,也为了我们的生活,我们必须在这两者之间做出选择……[53]

雪莱赞成的是上述第二种选择。他指出,在比萨与自己的社交圈交往时,大大减少了自一八二〇年以来深受困扰的造谣中伤和敲诈。雪莱将此形容为"在智慧和情感上与我们志同道合的人士",其中并没有像此前受葛德文影响期间那样提到更广泛的社交目的或"用处"。但是,他回到比萨之后的做法很快表明,他将政治项目和文学项目放在最优先的位置。

雪莱向圭乔利夫人保证,拜伦从拉文纳搬走已是迫在眉睫。之后他便于八月十七日离开了这座喀耳刻宫殿。临行前,双方动情地互道珍重,但雪莱心中始终无法打消化为动物的念头,就像那座动物园中的动物一样。他已经变成了"巨蛇",拜伦无论在信件中,还是在此后书面记载的两人谈话中,都这样称呼他。拜伦此后解释称,这是他的"戏谑之 673
举":"歌德的靡菲斯特称诱惑过夏娃的那条蛇是'我姑姑,它是著名的巨蛇'，我总是坚持认为雪莱就是她的一个侄子，用尾巴尖行走。"[54]但是，拜伦没有提到这是雪莱对他说的玩笑话。雪莱写过一篇宣扬无神论思想的有趣的论文《论魔王和魔鬼》，他在结尾部分愉快地描写了在伊甸园诱惑成功后的结果：

据说，上帝因这惩罚了毒蛇，让它行走时腹部贴地，恰如我们现在所见那样。因此我们可以猜测出，受罚前毒蛇是尾尖着地，跳跃式走路的。如果我是毒蛇，则这两种行进方式都过于苛刻。基督徒把巨蛇变成魔王……[55]

在雪莱的诗歌中，有一首精彩的断章诗歌似乎也提到了这个名字所产生的魔法联想：

别让那蛇醒来，——免得他
不知道他走路的方法，——
让仍然在熟睡着的他
在草地的深草丛里爬！
蜜蜂，听不见他爬行，
风铃花里的蜉蝣不会
因为花被触动而惊醒，
当他无声滑行在草丛，
也不惊动放光的星星。[56]

八月二十日，雪莱回到比萨，一五一十地讲述了自己是如何说服拜伦勋爵的。他发现克莱儿平静地住在圣朱利亚诺，而爱德华·威廉姆斯正为玛丽绘制一幅大型肖像画。玛丽誊清《瓦尔佩加》的工作正在飞快推进，她心情大好。雪莱带来的消息使众人热情高涨。克莱儿在日记中惊讶地写道,“阿尔贝①即将到来的消息可真让人想不到”。[57]还没过两天,雪莱就忙着去洽谈兰弗兰基宫的租赁事宜,它位于阿尔诺河滨,是一座十六世纪时期金碧辉煌的大理石宫殿,还有直通阿尔诺河的台阶。他还用典雅的意大利语给佛罗伦萨的圭乔利夫人写了几封便笺,告知自己所取得的进展。八月二十六日,他写信告知拜伦,达成的租赁协议为每年租金四百克朗,并称他正在附近寻觅马厩。他坚定地询问有关装修的具体指示。[58]

雪莱计划的第一阶段启动之后,他便开始给伦敦的利·亨特写一封意义重大的信。两人已几个月没有通信了。亨特在一八一九年和一八 674
二〇年未能帮雪莱发表作品,故而在文学方面对雪莱的重要性大不如以往。两人的通信不但大为减少,而且大多讨论家庭琐事,尤其是亨特的病情和长期背负的债务问题。此外,他还要承担六个活泼、聪慧的孩子的教育费用。但雪莱心中从未忘记过亨特,而且他将自己计划的第二部分告诉了亨特,这是他在拉文纳做客期间酝酿而成的。这就是立足于在比萨形成的英国侨民聚居地,创办一项重大的出版事业。

雪莱的这项计划尚处于雏形:“我最亲爱的朋友啊。自打我上次给你写信,我已经去过一趟拉文纳,到拜伦家中做客……他建议你也过来,我们三人一同在这里创办期刊[《自由主义者》];在此过程中,参与其中的各方都应将自己的所有原创作品发表在这本杂志上,并平分利润……无疑,你和拜伦勋爵参与的任何事业所得的利润一定非常丰厚,因为你们的特点能相互促进。至于我,在你们熟悉了彼此并将这项安排实施之前,我现在都只是你和他之间的中间人;(告诉你这个秘密,并且为你着想,我也没有告诉拜伦勋爵)我是不会去分利润的,更不会从此次合作中揩油……”至于如何解决亨特债台高筑的问题,并为他此次的意大利

① 阿尔贝,即 Albe,是玛丽·雪莱给拜伦取的绰号,源自 Lord Byron(拜伦勋爵)缩写 LB 的读音。

之旅筹措旅费，雪莱建议等他九月来到佛罗伦萨之后，“放低姿态”去求霍勒斯·史密斯。求助的最佳人选显然是拜伦勋爵，而且他应该是最愿意施以援手之人，也是最有能力帮助之人，但雪莱不愿去找他，因为“有些人无论多么优秀，我们都永远无法让他承担起责任，我指的是这个词语的最基本的含义”。[59]

亨特迅速领会了这项提议所产生的各种影响，他从汉普斯特德发出的第一封回信态度模棱两可。但雪莱曾说过，这样的合作关系必然对读者产生相当的吸引力并由此产生丰厚的利润，这番话完全有可能成真。一位是近十年来能力最强也最有争议的自由派编辑，另一位是这个时代英国乃至欧洲最出名、最具争议的诗人，倘若此二人强强联手，那么在文学和政治知名度方面都必然会获得成功。只存在两个实际问题。首先要筹措和管理足够的资本来启动这个项目（雪莱可能想到由霍勒斯·史密斯来管理拜伦的资金）；另一个问题在于，若要在比萨这个偏僻之地印刷和发行一份快速发行、定期出版的期刊并在法国和英国的首都出版，不大可能具备相应的条件。还有第三个难题，但这存在较大变数，即
675 这三位主要人物之间的人际关系，他们作为商业合作伙伴，都很暴躁且不大可靠。

但是，亨特对这些因素与可能获得的收益权衡了一番，又与他的兄弟兼编辑约翰·亨特就融资问题举行务实的讨论后，很快就认识到这个项目的好处。他迅速发现，他通过日常创办期刊所获得的经验具有重要的价值；但他也清醒地意识到人的问题。雪莱为人过于谦逊，他的愿望是始终深藏功与名，不愿分得任何利润，实属高风亮节，而这——亨特立即抓住了问题的关键——本身就是制造分裂而非凝聚人心的因素。

九月底，亨特给比萨写回信，原则上接受这项计划。他发表的意见如下：“我毫无顾虑地同意了［拜伦的］建议，因为我在期刊创作上积累了大量经验，而且知道**机器**的开动需要什么条件，也知道它的灵魂需要什么。你是知道的，我绝不像你这样谦虚，而且也不打算让你这样谦虚。

为什么！我们不是有三个人吗？我们难道不能尽可能壮大力量、提高多样性吗？我们要把世界平分，就像是古罗马的执政官一样①，而你如果愿意的话，可以担任匿名合伙人；就像是与克里奥佩特拉合作，你的梦想值得将王国馈赠。”亨特用他特有的可疑的双关语看似解决了这个问题，然后便转而讨论起旅行的方式，还讨论了他翘首以盼的玛丽的小说。雪莱对自己策略所取得的成功发自肺腑地感到无比欣慰。[60]

此时的雪莱感觉自己像个指挥官，九月二十五日他给奥利尔写了一封信。信中讨论的主要是玛丽的《瓦尔佩加或卢卡王子卡斯特鲁乔》，玛丽希望在此书的头版销售中获得一笔固定稿费（金额与销量无关）。雪莱对于这个问题提出了非常具体的要求，态度十分坚决：他希望在一八二一年圣诞节前提前付清双方约定稿酬的三分之一，其余三分之二金额则根据合同，分别按照十二个月和十八个月的周期付清。此外，雪莱还希望将清样通过陆上邮政系统寄往意大利，以便在最后付梓前由玛丽亲自做出修改。玛丽索要的这笔钱似乎金额为五百英镑上下，而且她打算将所有利润都用来帮助父亲葛德文。[61]雪莱快活地询问了他自己的著作：《伊斯兰的反叛》有没有可能出第二版？并称他“可以对这首诗进行重大修改”。雪莱还询问了比萨版《阿多尼斯》进展如何，他认为这是“我的作品中最完美的一部”。奥利尔何时需要他将《为诗辩护》第二部分交给他？他称对于第一部分，奥利尔可以尽情修改。这些问题都没有得到满意的答复。雪莱提到了他长期筹划的戏剧《查理一世》的进展：“除非我能确保这部作品成为佳作，否则我是不会动笔创作这部戏的。”他依然“满心憧憬着各种宏伟的计划，而且，如果我告诉你这些计划，我 676
就只能将它们加入到谜语的列表中”。他在附言中补充称，《瓦尔佩加》

① 古罗马人对执政官的权力作了一定的限制。执政官共两位，享有同等权力，共理国政，互相牵制，都有权否决对方的主张和提议。

“压根没有提到任何特别的政治计划或宗教计划”。[62]*

九月和十月初，雪莱的时间主要投入到筹备拜伦的搬家事宜上，同时联络可能参与自己计划的比萨人。他给亨特提供了旅行路线、餐具和衣物方面的建议。秋天出行，由于刮着西风，最佳路线是从伦敦港启航，然后直接穿过地中海前往里窝那。但是，不要拖到深秋时分再出发。这条航线耗时在十二天至三周之间。如果亨特取道巴黎和马赛，他就应当“将你们的床和钢琴也随船托运过来，但不要把桌椅等物品运来，因为运费不是按照重量计算的，而是按照体积计算”。雪莱最后还提到了另一位老朋友：“你们出发后，霍格就会孤独寂寞了。我希望你们能带他一起过来——他会说我就像诱惑了第三批天使的路西法一样。”他最近刚使用了但丁“诗人层”的比喻。[63]

雪莱写给拜伦的信中，提到了八辆马车从佛罗伦萨出发运送拜伦的行李（由于疏忽，差点弄成十六辆马车），并巧妙地讨论有趣的话题，让拜伦心情舒畅。“我在修道院的朋友[埃米莉亚·维维亚尼]引发了一场巨大的骚动之后，终于要出嫁了，她的小叔子正严密地盯着她……他们在比萨对我和这位女士的关系大惊小怪。请不要向别人提起我告诉你的任何事情；因为整件事情的内情并不为人所知，而且可能对玛丽造成很大的困扰。我发现《唐璜》的第三、第四和第五诗章刚刚在巴黎出版……有人曾说你的创作缺乏灵活性，《唐璜》表明你在此方面取得了伟大的胜利；而且必然引发读者的兴趣，以便对这样宝贵的商品解除贸易禁令。我经常见到[圭乔利]伯爵夫人，而且我宣布你不会与我这里的任何女性朋友有不轨行为。我还要把威廉姆斯夫人介绍给你。你有没有计划让阿利格拉来这里？……”[64]从十月开始，他们就对拜伦的到来翘首以盼，但拜伦在任何重要的社交场合都倾向于姗姗来迟。

---

* 两年之后，W. B. 惠特克才出版了玛丽的小说，此时她的个人境况已大为改变。但某些方面并没有变化：此书出版的所有报酬都给了威廉·葛德文。

雪莱在此阶段的唯一挫折是收到了一条令他失望的消息。霍勒斯·史密斯的夫人在巴黎不适应当地的高温，得了痢疾和热病。这一年秋天无法前往凡尔赛郊区以南的任何地方。史密斯显然自己也感到非常难过和失望，因为游览佛罗伦萨是他毕生的热望，而且他也很快意识到，拜伦来到比萨后，“无疑将给这座沉闷、饱学、单调的城市带来生气”。[65]雪莱与玛丽都对史密斯的决定感到很遗憾，雪莱希望史密斯用阿尔诺河畔格外美丽的房屋美景来诱惑他的夫人。他还没有完全放弃史密斯。与此同时，雪莱托他帮忙购买三本书，这几本书将在此后的冬天和春天产生重大影响：一本是卡尔德隆的作品全集，一本是康德作品的法语译本，一本是德语版《浮士德》。[66] 677

在这一系列眼花缭乱的安排中，雪莱依然能抽出时间前往拉斯佩齐亚海滩度过四天平静的假期。雪莱这次只带了玛丽和克莱儿同行，他们在途中就像昔日那样在橄榄树下野餐。到了拉斯佩齐亚后，他们用了一天下午乘船，又用一天下午骑马；在悠闲的回程路上，他们还去卡拉拉参观了大理石矿场，他们满怀敬畏之情仰望高耸入云的白色和赭色的悬崖，并静静地徜徉在秋日的满月下。[67]这段短暂的假期产生的一个结果是雪莱和玛丽坚定地做出了颇有策略的决定，即他们俩要在比萨过冬，同时让克莱儿独自回佛罗伦萨过圣诞节。来到意大利后，他们首次决定装修自己的住所，而且在回程路上，他们将克莱儿送回里窝那的同时，还要求她在练习德语之余去购买合适的桌椅和床。[68]

雪莱夫妇、威廉姆斯一家、圭乔利夫人和比萨社交界的大部分人都在翘首期盼拜伦的马车出现在从佛罗伦萨通往比萨的马路上，此时雪莱出人意料地开始创作另一首长诗。自马夫罗科达托亲王在这一年夏天离开后，有关希腊人抗争的消息陆续传回意大利。托斯卡纳的城市尤其是这些最新消息和传言的中心，因为里窝那与马赛一样，都是支持希腊独立运动的人士常用于登船出发的港口之一。托斯卡纳政府为这些从瓦拉儿亚斗争中返回的希腊爱国者提供了食宿，这些人再取道地中海来到摩里亚。阿伊罗普利亲王(马夫罗科达托亲王的堂兄弟)一直留在比萨,而且是希腊消息的重要发布者,雪莱满怀激情地认同革命斗争的这个新焦点,爱德华·威廉姆斯也与雪莱不谋而合,他给了雪莱鼓励。[69]这些事件都给雪莱带来灵感,使他创作出一部有关希腊战争的诗剧。这部作品取材于埃斯库罗斯的《波斯人》,之后又由威廉姆斯起名为《希腊》。

《希腊》似乎从里窝那开始创作。十月五日傍晚,雪莱出人意料地出现在克莱儿的住所,给她带来了令她沮丧的消息——拜伦不打算带阿利格拉一同来比萨。[70]雪莱与克莱儿独处了几天,并开始动笔创作这
678 部剧作。克莱儿在日记中称,他们一同阅读了席勒的剧作《圣女贞德》德文版——阅读过程中克莱儿给了雪莱一些指导。十月六日,“一整夜都是电闪雷鸣”。十月八日,她和雪莱邀了几位意大利友人一同品茗。十月九日,雪莱帮克莱儿收拾好行装,当晚八点他们便赶到了圣朱利亚诺。

雪莱向奥利尔宣布了自己创作的《希腊》。十月十一日回到巴尼后两天,他说这部作品的主题“一定程度上是转瞬即逝的”,并称应当立即登载广告,因为它“很快就能完稿”。[71]这部剧作其实在一个月后(11 月 11 日)寄给了奥利尔,要求“立即出版”。

直到十月底,威廉姆斯一家都让克莱儿住在普尼亚诺,但雪莱和克莱儿依旧一同读德语著作——他们已开始阅读歌德的《浮士德》,而且两人几乎每天都去对方的住所(圣朱利亚诺和普尼亚诺)。在某个重要的时刻,克莱儿与雪莱一同住在圣朱利亚诺,而玛丽却搬到了普尼亚诺。[72]霍普纳事件的影响无疑到了这一年十月依然在圣朱利亚诺阴魂不散,另外雪莱的安排体现出灵活性,也表明玛丽与克莱儿之间更加坦诚了。

雪莱以更大的自由度和更充沛的精力开始创作。《希腊》的序言中,雪莱就他一直在酝酿的为自由所作的斗争,发表了他最积极的政治宣言之一,其中部分内容被奥利尔删除。其中还有一段是亲希腊的经典

的英语宣言——这场运动是政治、文学和军事上的理想主义，它横扫了整个欧洲，尤其是在一八二〇至一八二四年间。这部作品尽管其称其题献给“亚历山大·马夫罗科达托亲王殿下”，但几乎是完全虚构，并带有神秘色彩。

这部作品有七八位人物，包括基督、穆罕默德、流浪的犹太人阿哈苏埃鲁斯及穆罕默德二世的幽灵。尽管这部诗剧幕后有着史诗情节的趋向，对战争、硝烟和腐尸的叙述也很沉缓，但其真正主题，其诗意真正所在，乃是一种宗教负罪感。作品中思考了过去的邪恶对当下的影响，而且按照雪莱一贯做法，从历史和心理两个方面展开思考。从这一角度出发，这首诗对比了古希腊哲学中伟大的理性和人道传统同取而代之的负罪感和惩罚的意识形态之间的差异，在雪莱看来，后者的代表是制度化的基督教突出体现出的威权主义。诗中还就这个问题给出了几个有趣的散文体注释，整部作品代表了雪莱无神论思想中最复杂、最具历史成熟性的观点之一。

但是，这部剧作也确实因亲希腊文化的态度而受到了赞扬：

> 我们都是希腊人。我们的法律、我们的文学、我们的宗教、我们 679
> 的艺术，全都植根于希腊。如果没有希腊，则罗马，我们祖先的宗师、征服者和大都会，就不可能以她的武力传播启蒙的明光，我们很可能至今仍是野蛮人和偶像崇拜者，或者更糟，也许会处在中国和日本如今所处的那样一种社会制度停滞的悲惨境地。
>
> 人类的身心在希腊曾达到一种完美的境界，这种完美已在毫无瑕疵的作品上留下了自己的形象，这类作品的残篇断章都为现代艺术望尘莫及，而且一直在通过上千条或隐或显的作用渠道把一种永不会终止的冲动广为传播，使人类崇高，使人类欢乐，直到世界末日。[73]

上述宣言虽然本身就是上乘之作，但也要知道，雪莱曾译过伟大的《会饮篇》，在那不勒斯写过一系列书信体游记，写过《解放了的普罗米修斯》的前两幕，还写过《佛罗伦萨雕塑笔记》，这些作品都是这部剧作的重要创作源泉。《希腊》中的某些抒情诗篇有时堪比雪莱最优秀的作品，虽然并不多：

众多的塔楼、殿宇，
碉堡和市场，还有那生于斯
死于斯的人们，一直是我们的，
也可能属于你，却短暂无疑；
但是希腊和她的基础
在战争潮水冲不到处，
就建立在崇高的思想
晶莹澄澈永恒的海上；
希腊人的高贵的精神，
凭着过去统治着如今；
人世的一切无不盖有
他们的纹章。[74]

经过《心之灵》中对自由的长诗行开展的实验，并在《阿特拉斯的女巫》和《阿多尼斯》的诗节模式中采用僵化的形式，雪莱缓慢回归一八一九年诗歌创作中紧凑、快速推进的风格，并采用了质朴的对话和层层推进、紧迫有力的节奏。但他并没有建立起新的形式，《希腊》中包含着令人眼花缭乱的多种格律变化。

在这部作品中，阿哈苏埃鲁斯的出现也表明雪莱力求旧瓶装新酒。他采用了“流浪的犹太人”这一人物形象，这个形象曾清晰地出现在一
680 八一四年创作的《麦布女王》与《刺客》中，此举再一次表明他奇怪地回

到了过去的主题与情感中，并采用了过去的意象。雪莱在一八二〇年与一八二一年之交的冬季在比萨患病期间，首次对此进行了预演。雪莱的想象力似乎产生了内向的螺旋式上升，这颇令人好奇，就仿佛通过他在意大利的经历，画完了一个完整的圆，此时，他开始感受到比萨给他带来的稳定，又以一个新的角度和高度回过头来，再次体味一八一四至一八一五年的经验领域和心理压力。

有一幕使人想起了《解放了的普罗米修斯》中召唤出朱庇特的幽灵的场面，但这部剧作的主题更进一步回到了《阿拉斯特》的创作时代。阿哈苏埃鲁斯召唤出穆罕默德二世的幽灵。他向土耳其当政的统治者解释了这种灵异现象，纯粹是从心理角度进行解释的。

你看见的，
只是你早已忘却的梦的幽灵。
那梦的本身，也许比你所谓的
真实还要真实些。你可以看见
一个帝国赖以牢固确立的城市
也都向无常低下它们高昂的头。
……那过去，此刻正像未来的化身，
站在你的面前，如果你想在你
开始这终点为死亡的短暂旅途
以前和自身的那部分交谈几句，
且以你从永恒的深渊中召唤出
战争及其暴风雨般屠杀幽灵的
坚强信念和狂热激情，驱散那
战争乌云；以至诚的意愿召请
那至尊的英灵。[75]

这段描写并没有《解放了的普罗米修斯》中对应的场景那样精彩，但雪莱在注释中以散文体作出评论，以他的“眼光”突出表明了他的个人经历，顺便也解释了来年春天和夏初发生的某些更离奇的事件。他这样写道：

> 召请穆罕默德二世幽灵的方式会由于过分玄奥而受到批评。我本可以很容易把那个犹太人写成一名普通巫师，并把那个幽灵写成一个普通鬼魂。而我宁愿把那犹太人写成这样：不假装掌握，甚至不佯称相信，超自然的力量，而是诱使马哈茂德进入一种精神状
> 681 态，在这种状态下人们的思想可能会由于思维和思维对象的混淆而具有给人以真实感受的力量，而过分强烈的激情会激发想象力的创造活动。
>
> 这是一种合乎自然的魔术，任何人都有可能在某种程度上掌握和施展，只要他能充分揣摩透他人隐秘的思维联想。[76]

读者从上述评论中可以发现，雪莱的思想不仅关注他自己的某些经历，还包括他为他人所创造的经历，就像一八一四年下半年肯蒂什镇发生的骚乱一样。他似乎认识到自己在这方面的天赋。这个注释是一种哲学评论而非纯粹的心理评论，也明确提到了雪莱翻译《会饮篇》时对恶灵、善神与“媒介世界”的讨论。

《希腊》的手稿于十一月十一日寄给了奥利尔，雪莱认为“是在因缘际会的启示下创作的”，“纯粹的即兴之作”。[77]他主要想让这部作品尽快出版和发行，声援希腊的解放事业。他寄希望于这部作品及时在奥利尔的书店上市，赶上圣诞节销售，但奥利尔一如既往，在一八二二年二月悄悄发行了一个小版本。书序中有一部分删除了，以便顺利出版：

> 英国人民一旦获得了自由，定会怀着可以预料的和他们身份相

称的感情去反思曾经声称代表他们意愿的那些人在这场复活自由的伟大戏剧里所扮演的角色……我们的时代是被压迫者起而反抗压迫者的时代，每一伙凶杀犯和诈骗犯特权匪帮被称为君主的首领，都在互相勾结以对付他们共同的敌人，而在更大的威胁面前暂时捐弃彼此的嫌隙。实际上全世界的专制君主都是这个神圣同盟的成员。但是一个新的族类已经在欧洲成长起来，哺育这一族类的营养是对于禁锢着他们的那些思想的厌恶，她还会继续产生出新的一代又一代来实现暴君们已经预见到并且为之战栗的那种命运。[78]

这篇政治信仰的宣言首次出版于一八九二年。[79]在小版本中，有一句希腊语的题记，“我是胜利斗争的先知”。这正是雪莱送给马夫罗科达托亲王的戒指上镌刻的箴言。一八二二年四月，雪莱收到了这本书。这是他有生之年出版的最后一部著作。

到了十月底，雪莱和玛丽已搬到比萨城内心仪的住所。这是一套面积很大、不带家具的公寓，占据了教堂三厦的整个顶楼。这是一栋精致典雅的建筑物，坐落在阿尔诺河滨的最东端，刚好位于古城墙范围内，而且可俯瞰堡垒大桥。这栋建筑物的南侧是考究的斯科特花园，它有漂亮 682
的散步道和精心修剪的灌木。再往前是一排排松柏形成的美丽景观，一直穿过比萨的近岸沼泽地到达大海。玛丽在信中称：“我们居住的公寓在南侧，可以俯瞰整个乡村，一直到大海，因此我们完全远离了城市的喧嚣和难闻的臭气，而且除非我们下楼来到街上，否则几乎不知道我们就位于市区。”[80]威廉姆斯一家也在寻觅不带家具的公寓，他们最终搬到了教堂三厦的一层。阿尔诺河从这座建筑物的大门向左蜿蜒而过，水位与街道平齐。河边停泊着小艇和帆船；在这里可以看见斜对岸的兰弗兰基宫，距离约为几百码，它在这排建筑物中的显著标志是它的台阶、白色的大理石外立面和二层惹眼的阳台。

拜伦勋爵依然没有到来，但他的车队随时可能赶到。在此期间，雪莱不停地给他写信，信件的主题迅速从《唐璜》转到家具、圭乔利伯爵夫人和托斯卡纳对希腊爱国者的帮助。他也从未放弃过阿利格拉："伯爵夫人告诉我，你考虑过暂时将阿利格拉留在修道院。按照你的想法去做吧——但我可以向你保证，定会在这里给她找到合适的去处……"[81]利·亨特与他的家人预计十一月底之前赶到；霍勒斯·史密斯的到来依然遥遥无期。

雪莱给伦敦的霍格和约翰·吉斯伯恩都通报了目前的情况。有趣的是，吉斯伯恩洞察了雪莱情感的真谛。在霍格收到的信中，雪莱对柏拉图的《理想国》（"这肯定是真正的政治的基础"）和植物学优于狩猎之处写了一篇正式的论文。雪莱在写给吉斯伯恩的信中，以某种讽刺现实主义口吻介绍了自己在比萨的计划："我有没有告诉过你，拜伦勋爵要来比萨定居，而且他计划同亨特一同创办一份杂志呢？……这六个星期以来，我每天都在盼望他的到来。——他的新欢是圭乔利夫人，她愿与他长相厮守，而且她是位非常多愁善感、［愚蠢——**已删除**］、纯真、浅薄的意大利女子，她放弃了巨大的财富，只为与拜伦勋爵比翼双飞；如果我对我这位朋友、对她或是对人性的了解没错，那么她很快就会有足够的空闲和机会为自己的轻率而后悔不迭了……我们在比萨装修了我们的住所，而且我打算将这里作为我们活动的大本营。——我要把我的所有书［从英国］弄过来，好让我充实——好比蜘蛛结好了网一般。"[82]

在最后一点上，雪莱应该给霍格留下了截然不同的印象，此举也许体现出雪莱的特点。"我有一些想法，如果我可以达成令人尊敬的约定，前往印度，或是去任何地方，在那里我将不得不积极努力，与此同时
683 进入一个全新的领域。——但我敢说这只是一个梦想，而且我可能没有机会将它实现，这可能纯属一场空谈。"[83]这个前往东方的计划很久之前就已制订，雪莱在租赁新居并购买家具时再次萌生这个念头，这也许与一个情况有关，即克莱儿即将离去，前往佛罗伦萨的社交界过冬。是皮科克而非霍格领会到这个模糊念头所产生的实际影响，他的回信类似

一封商务信函。雪莱于十一月中旬收到这封信,信中称东印度公司除了本公司的员工之外,并不聘用其他任何职员。读者能感觉到,皮科克第一次误会了这位老朋友:“看到你能够按照某种具体的计划采取行动,这让我比什么都开心(因为我认为这样做给你的收获最大)——对于一个务实的人来说,这是一件与生活中的事务有关的趣事:而且我要通过认真的询问,发现是否……”等等。[84]皮科克已三十六岁,距他上一次与雪莱当面交谈已过了三年半。

雪莱赴东方游历的计划与他快速落实的比萨计划格格不入,这也使他创作出描写意大利风景的组诗(即雪莱的“比萨组诗”)中的最后一首,也是最精彩的一首。它题为《黄昏:比萨马勒桥》,创作时间可能为一八二一年夏末。要么写于九月,要么写于十月。但是,这首诗肯定是在冬天来临之前创作的,此时克莱儿还没有走,拜伦也没有来。这首诗尽管背景是意大利,而且将比萨称为但丁笔下的地狱城市(这是风吹野草和鬼魅的城市,而非人居住的城市)之一,但从本质上说属于英国诗歌。无论是它表现的质朴,辞章的游刃有余和娴熟,还是精心推敲的细节,都使它成为近乎完美的英式诗歌。这首诗也描写了内心的涟漪,这是对人类心理状态和精神的准确写照。比萨反映了一个善于观察的心灵,譬如河水映射出比萨一般。第三诗节中的意象是雪莱从前一年创作的《自由颂》中改编而来,他已充分认识到这个意象的潜力。《黄昏:比萨马勒桥》:

太阳已经沉落,燕子已经睡着,
　蝙蝠在灰暗的空中振翅疾飞,
柔软蟾蜍缓慢爬出潮湿的角落
　黄昏的气息飘荡到这里那里,
掠过那条水面在颤动着的小溪,
却未能唤醒夏梦中的一丝涟漪。

干燥的草叶上，今夜没有露水，
　树影子里没有一星半点湿意，
时断时续的晚风也干燥而轻微；
　由于这风时强时弱变化不一，
684 被卷起的灰尘和干草时升时降，
旋转在这城市人行道的路面上。

在这水流湍急的河流的水面
　显现出这城市揉皱了的倒影，
不可移动、宁静安详而且永远
　颤抖，永不会消逝不会失踪，
去到那东方……………………
你会发现你变了它却风韵犹存。

那太阳沉落在其中的深渊已经
　被最黑暗的乌云壁垒所封闭，
仿佛是高山堆垒着高山的云层，
　不断膨胀、不断向上空升起，
而在云层之上有一片湛蓝的天，
明亮的黄昏星已经在那里出现。[85]

从教堂三厦和堡垒桥出发，要穿过整个城市才能到达马勒桥。河水在桥下流过，然后掉头向西流入大海。

注释

［1］《珀西·比希·雪莱书信集》，第二卷，第六二五篇，页291。

［2］同上，第六二六篇，页292。

[3]《玛丽·W. 雪莱书信集》,第一二六篇,页145。

[4]《珀西·比希·雪莱书信集》,第二卷,第六三〇篇,页297。

[5]《玛丽·雪莱日记》,页155。

[6]《珀西·比希·雪莱书信集》,第二卷,第六三一篇,页297。

[7]《珀西·比希·雪莱诗集》,页721。

[8] 同上,页722。

[9]《珀西·比希·雪莱书信集》,第二卷,第六二二篇,页348,注释1。

[10]《珀西·比希·雪莱诗歌与散文手稿》,雪莱-罗尔斯与英彭编,页37-43。

[11]《珀西·比希·雪莱书信集》,第二卷,第六四一篇,页308-309。

[12]《珀西·比希·雪莱诗集》,页433。

[13] 同上,页435。

[14] 同上,页441。

[15] 同上,页663。

[16] 同上,页444。

[17]《珀西·比希·雪莱书信集》,第二卷,第六三九篇,页306。

[18] 同上,第六四二篇,页310。

[19]《珀西·比希·雪莱诗集》,页444。

[20] 由刘易斯·M. 施瓦茨发表在《〈麦布女王〉的两篇新评论》中,载于《济慈-雪莱期刊》(1970)。

[21]《不灭的炉火》,页45-61。

[22]《珀西·比希·雪莱书信集》,第二卷,第六三二篇,页298。

[23] 同上,第六三三篇,页300-301。

[24] 同上,第六三四篇,页302。

[25] 同上,第六六二篇与六六四篇。

[26]《克莱儿·克莱尔蒙特日记》,页242。

[27] 同上,页243。

[28] 同上。

[29]《珀西·比希·雪莱书信集》,第二卷,第六五〇篇,页316。

［30］《玛丽·雪莱日记》,页 159。

［31］《克莱儿·克莱尔蒙特日记》,页 245。

［32］《珀西·比希·雪莱书信集》,第二卷,第六四九篇,页 315。

［33］同上,第六四七篇,页 314。

［34］同上,第六四九篇,页 316。

［35］同上,第六五〇篇,页 316。

［36］同上,第六五四篇,页 331。

［37］同上,第六五一篇,页 324。

［38］同上,第六五〇篇,页 317。

［39］同上,第六五六篇,页 336。

［40］同上,第六五一篇,页 323。

［41］同上,第六〇九篇,页 267。

［42］同上,第六五〇篇,页 319。

［43］《玛丽·W. 雪莱书信集》,第一二八篇,页 149。

［44］《珀西·比希·雪莱书信集》,第二卷,第六五五篇与六五六篇,页 332-339。

［45］同上,第六六一篇,页 347。

［46］同上,第六五二篇,页 325-327。

［47］同上,第六五一篇,页 323。

［48］同上,页 321。

［49］同上,第六五六篇,页 335。

［50］同上,第六五一篇,页 324。

［51］同上,第六五六篇,页 333-335。

［52］《珀西·比希·雪莱书信集》,第一卷,第二六五篇,页 401-403。

［53］同上,第二卷,第六五六篇,页 339。

［54］同上,第六七三篇,页 368,注释 1。

［55］雪莱,《散文作品》,页 274。

［56］《珀西·比希·雪莱诗集》,页 586。

[57]《克莱儿·克莱尔蒙特日记》,页247。

[58]《珀西·比希·雪莱书信集》,第二卷,第六五九篇,页343。

[59] 同上,第六六〇篇,页344。

[60] 同上,页345-346,注释3。

[61] 同上,第六六三篇,页353。

[62] 同上,页353-354。

[63] 同上,第六六五篇,页356。

[64] 同上,第六六一篇,页347。

[65] 同上,第六六二篇,页351,注释6。

[66] 同上,页350。

[67]《玛丽·雪莱日记》,页160。

[68]《克莱儿·克莱尔蒙特日记》,页248。

[69] 取自爱德华·威廉姆斯的《日记》,载于《玛丽亚·吉斯伯恩与爱德华·E.威廉姆斯:日记与书信》,页103。

[70]《克莱儿·克莱尔蒙特日记》,页249。

[71]《珀西·比希·雪莱书信集》,第二卷,第六六五篇,页356。

[72]《克莱儿·克莱尔蒙特日记》,页249-251。

[73]《珀西·比希·雪莱诗集》,页447。

[74] 同上,页468。

[75] 同上,页472。

[76] 同上,页479。

[77] 同上,页446。

[78] 同上,页448。

[79]《珀西·比希·雪莱诗集》,第四卷,H. B. 福尔曼编(1892)。

[80]《玛丽·W.雪莱书信集》,第一二九篇,页150。

[81]《珀西·比希·雪莱书信集》,第二卷,第六六六篇,页358。

[82] 同上,第六六八篇,页362-363。

[83] 同上,第六六七篇,页361-362。

［84］同上，页361，注释5。

［85］《珀西·比希·雪莱诗集》，页654。我采用的是雪莱钞本的手稿内容，载于牛津大学博德利图书馆藏雪莱手稿，位置e.9，页346-347，修订版（第三诗节第5行）。雪莱写的原词是"东方"，他可能轻轻划掉了。但这个词解释了这首诗的语境。

第二十八章　拜伦的随扈(1822)

克莱儿最先得知拜伦到来。几年前也是她最先发现拜伦到来,当时
在日内瓦她第一个听到拜伦的马车行驶在鹅卵石路上发出的车轱辘声,并在德让先生的酒店登记簿中发现了他的名字。这一次,两人都在乘坐马车。一八二一年十一月一日上午,雪莱最终帮克莱儿整理好了行装,送她登上前往佛罗伦萨的马车,在晴朗、湛蓝的天空下道别。当天晚上,克莱儿在佛罗伦萨记的日记中写道:“眼看就要到恩波利,我们遇到了拜伦勋爵和他的车队。我们靠近佛罗伦萨时,还遇到了白色的浓雾,因此夫人·杜拉奇尼说:‘就仿佛天空马上要落到你头顶上。’”[1]

拜伦当天傍晚抵达比萨,兰弗兰基宫一直到深夜都灯火通明,辉映在阿尔诺河上。第二天,十一月二日,雪莱正式登门拜访并受到热烈欢迎。拜伦一行向雪莱表示了谢意,并送给他一本拜伦的新诗《该隐》。圭乔利夫人此时住进了她的正式住所:几天前,雪莱就已指给爱德华·威廉姆斯看拜伦巨大的床上有他的家族徽章——“相信拜伦”(Crede Byron),当时他们正在筹办拜伦勋爵的家具。十一月六日,拜伦、圭乔利夫人和她的兄弟彼得罗·甘巴正式回访了教堂三厦。双方正式建立起社交关系。十一月七日,拜伦申请在兰弗兰基宫的空地上演练手枪射击

的许可，他的申请遭到彬彬有礼但又坚定的拒绝：在比萨城墙范围内，不得使用任何火器。

这条规定使拜伦在比萨居住期间形成了最为与众不同的社交仪式之一：每天下午定时外出打靶。他每天从南门出发，去比萨的近岸沼泽地边缘的一座偏僻的农场练习打靶。拜伦来到比萨的消息在托斯卡纳传开之后，认识他的各色人等都在十一月和十二月拥入比萨与他为伍。他们形成一项惯例，聚集在兰弗兰基宫门口骑着马等候下午户外运动的
686 开始。拜伦和彼得罗·甘巴到来之前，约翰·塔弗伯爵再次出现，汤姆·梅德温也从佛罗伦萨归来，他此前一直在那里追求一位十五岁的女继承人。雪莱与威廉姆斯经常与他们做伴。十一月五日，雪莱将威廉姆斯引荐给拜伦，拜伦“十分率真，有着绅士的安然自在”，给威廉姆斯留下了深刻印象，临走时，拜伦突然拿出一本书送给威廉姆斯，让后者有点受宠若惊，还在告辞时说：“一些东西……让你乐一乐，除了它里面的内容，还因为在最后，要证明我是那个魔鬼，真得费九牛二虎之力。”爱德华·威廉姆斯将这种自信视为盛赞。[2]

在雪莱的激励下，威廉姆斯除了完成剧作《承诺》之外，还开始记日记。日记中除了记录他和雪莱阅读的作品外，还详细叙述了外出打靶的经过。根据他的记录，有一天，“拜伦勋爵在十四码外四次命中靶心，三次命中半克朗硬币做成的靶标。最后一发射击恰好准确命中硬币的正中间，我们后来发现硬币将整个弹头都包在了中间。硬币的边缘都被卷到了中间，就像是三角帽一般。——上午拜访了拜伦勋爵——他的枪是威尔金森手枪”。[3]三天后，雪莱也两次命中半克朗硬币：他和拜伦似乎是众人中最优秀的射手，两人之间肯定也在较量。汤姆·梅德温注意到他们射击的风格不同：拜伦会长时间瞄准，明显可以看出手在抖，但通常能打出高质量的一枪。与此相反，雪莱则是突然、迅速瞄准，手仿佛磐石般稳定——“纹丝不动”，通常也能打出很好的成绩。[4]根据威廉姆斯的日记，人们得出的印象是拜伦更胜一筹。

打靶活动逐渐从随意的练习转变为共同的执着。拜伦的坐骑使用了轻骑兵鞍具，上面挂着几把手枪，手枪装在装饰着羽毛的枪套中。雪莱每周用几小时时间准备自己的靶标，并把它们放在口袋里带走。两人之间甚至还创造出某种特殊的射击行话：“放（tiring），命中（colping），脱靶（mancating），上马（cavalling）……”[5]

比萨此时是一座设防的城市，托斯卡纳当局虽然对希腊爱国者给予一切方便，但始终警惕煽动闹事之徒和同情烧炭党运动的人士。比萨守备队的官兵注意到这位英国勋爵每天骑马外出并进出于城门，他们凭着某种职业敏感，将长着络腮胡子并曾捅伤过人的威尼斯人蒂塔记录在案，以备日后查阅。拜伦的随扈们和比萨当地人之间的关系也并不完全融洽。到了这一年冬天，这种局面的危险性逐渐上升。

女士们的社交活动越来越不为人知，也愈发阴柔，而男人们的社交活动却越来越引人注目和阳刚。玛丽、简·威廉姆斯和圭乔利夫人成了形影不离的女伴，她们定期在教堂三厦聚会。她们也一同乘车外出，但 687
没有男人陪伴，通常带着一群仆人乘坐一辆有篷马车。此外还有一些人前来做客，例如威廉姆斯，塔弗偶尔也来，但前一年结识的比萨大学的朋友们却没有来过。根据玛丽的记录，她十二月只去看过一次歌剧。她在家中南面的窗棂边摆放了许多盆景花卉。[6]她外出主要是帮亨特的新居挑选家具，它位于兰弗兰基宫的一层，但她很少能看到拜伦，也很少和他交谈。[7]爱德华·威廉姆斯已成为雪莱的誊抄员，他负责为雪莱誊清《希腊》以付梓。后来雪莱在翻译斯宾诺莎的《神学政治论》时，他每天负责笔录雪莱的口述翻译内容。这部哲学著作的翻译工作从一八一七年冬在马洛就已开始，雪莱当时对玛丽口述。一八二〇年，雪莱在佛罗伦萨又继续翻译。此时，雪莱决定由威廉姆斯帮助他完成这项工作，拜伦也要为其作一篇传记前言式的书序。在此方面，雪莱再也不需要玛丽的帮助了。玛丽写给伦敦的玛丽亚·吉斯伯恩的信表明，她很少外出社交，只是无精打采地进行观察，“勋爵现在的社交生活非常丰富，他宴请男性好友,还进行神学方面的创作;也许到了此时,你就能看到《该隐》并同意我们的观点,认为这是他最优秀的作品……”[8]她正考虑在圣诞节做肉馅饼。

拜伦在兰弗兰基宫安放了一张华丽气派的台球桌,雪莱和威廉姆斯将大量时间用于这项娱乐。骑马、打靶、打台球成了雪莱固定的消遣方式,他的健康状况似乎也比来到意大利后起初几个冬天大为好转,同时拜伦定期邀请他一同用餐,尤其是在星期三,这起初让他非常愉悦。而雪莱的创作却陷入蹇滞。他在这几个月只开始创作一首诗作,这就是歌德的《浮士德》的译作初稿,但进度缓慢。

拜伦的生活方式令人眼花缭乱,但对雪莱产生了神奇的催眠效果,这反映在一个特别的事件中。事情发生在十二月十二日,当晚有消息传到比萨,称一位不知名的意大利人因渎神行为要被当局在卢卡处以火刑:他从教堂盗窃了圣饼盒。尽管消息完全不实,而且也没有相关细节加以佐证,雪莱还是冲到了兰弗兰基宫,并建议拜伦勋爵和他组织一批英国武装侨民连夜骑马赶到卢卡,“武力营救此人”。[9]拜伦表示反对,但还是不得不参与了雪莱这个疯狂的建议,他和雪莱、威廉姆斯以及梅德温直到凌晨两点才就寝,还派了塔弗伯爵在结霜的夜晚骑马赶到卢卡
688 并带回第一手消息。由于此后再没有获得确切消息,拜伦承诺第二天“向托斯卡纳大公写一封请愿书”,于是当晚召集的众人便散去了。第二天上午,雪莱从教堂三厦寄来一封略有些局促不安的便笺。“我亲爱的拜伦勋爵呀,我今天上午听说,要把我的蛇族同类烧死的这个计划已终止,这个人受到的惩罚是警告……”[10]即便是这种说法也不正确:此人逃到了佛罗伦萨。

总之,人们留下的印象是拜伦的到来始终压制着雪莱身为作家的创作工作,这与一八一六年在日内瓦时如出一辙。但这也给了他鞭策。雪莱很喜欢与拜伦独处,但拜伦在公开场合中的存在却始终对他构成挑战。在拜伦的社交生活领域中,雪莱的行为经常带有夸张的性质,近乎

戏剧表演。这两位诗人分别住在阿尔诺河的两岸，他们在任何事情上都相互较劲，并且暗中挑战比萨社交界的每一位成员，要求其效忠于自己。起初，这种对抗令人激动且相互激励，对于雪莱而言，这逐渐变成令他精疲力竭的表演。

此类感受的一个直接后果是雪莱与威廉姆斯在十二月中旬不顾阿尔诺河涨水，鲁莽地驾着小船在河上航行，入冬已很久了，城市上空经常倾泻猛烈的暴风雨，还打着闪电。玛丽记得当地的意大利人是如何评论两人的孟浪之举，称其为英国莽夫。[11]威廉姆斯十二月二十日的日记也很典型："多云——狂风从南面刮来。雪莱和我迎着汹涌的水浪在阿尔诺河奋力地逆流而上，我们行驶了很远。但是，暴风雨越来越凶，我们差一点没有赶到海边。"[12]圣诞节这一天，他们又如法炮制，顶着"猛烈的大风，有时还下着雨"，之后来到岸上，与拜伦和他的朋友们一同用餐。拜伦从他的阳台上观看雪莱这样出行，既钦佩又讽刺。他有一次从伦敦收到了一封抨击雪莱作品的信件，他尖刻地评论道："在这个尔虞我诈的时代，只有[巨蛇]敢于逆流而上，就像他今天在洪水泛滥的阿尔诺河上驾着他的小船一样，但我发现他根本无法前进半步。他的这种做法要比其他人那样随波逐流更好，那些人就像岸边龌龊的垃圾一样被水冲走。"[13]天气变得越来越恶劣，塞尔基奥河冲溃了河堤，阿尔诺河的水位也涨到了河上拱桥的拱顶位置。十二月二十六日发生的一次事件证明了雪莱的做法何其冒险，当地一位船夫到河里为一位绅士打捞礼帽，不幸被桥墩产生的漩涡卷走，船被打翻，他一命呜呼。[14]

在社交聚会中，无论是在餐桌、射击场还是在台球室，雪莱与拜伦的谈话犹如持续的"对位旋律"主宰着聚会的节奏。两人都认可了对方一个表面上的"长处"：雪莱坚定地认可拜伦优越的社会地位——称其为 689
"我亲爱的**勋爵**拜伦"；拜伦则似乎始终诚服于雪莱在文学问题上的批评和评判（众所周知，雪莱认为《唐璜》和《该隐》是诗坛之绝唱）。一天上午，拜伦将诗作《变形的畸形人》手稿交给了雪莱，雪莱拿到窗前阅读。经过一番认真的研读，他回到拜伦所倚靠的壁炉罩前，宣布“这是拜伦所有著作中最让人讨厌的一篇，而且带有过于明显的‘浮士德’色彩；此外，这首诗中有两行完全抄自骚塞作品，而且一字不差”。梅德温对此印象深刻。梅德温对这番评判的冷酷与率真暗暗感到恐惧，但“……拜伦脸色变得铁青，他死死地攥着手稿，然后将它扔进壁炉。看着火苗吞噬了它，他似乎产生了一种野蛮的快感”。[15]但此举也属逢场作戏。拜伦事先已将此手稿誊抄了一遍，就放在案头。两年后，默里出版了这部作品的修订版。同样，雪莱对拜伦贵族地位的尊敬也仅流于形式——在私人信件中，他并没有向好友流露过这一点，而且他认为拜伦执着于等级地位，是他危害最大的错误之一。

梅德温回忆起此二人谈话风格的差异，就像他们的射击风格一样，在众人面前故作夸张，以凸显两人之不同。

> [拜伦]此时的谈吐是其书信的“稀释”版本，充满戏谑嘲讽和双关语[原文如此]。雪莱过去曾将他比作伏尔泰，他认为这样的比较是最高的褒扬……两人都公开承认自己具有质疑精神——我认为这就是多疑的内心；两人都有能力将话题从严肃转变为欢乐；两人都同样擅长高尚、悲怆、喜剧等方面……雪莱经常哀叹，几乎不可能让拜伦一直讨论某个问题。他会从一个问题跳跃到另一个问题，就仿佛是四处飘荡的鬼火……雪莱的每一个词语都近乎谶语；他的推理论证闪烁着禅机，很高深，他的观点无论是什么，都非常真诚，毫无矫饰；与拜伦在一起时，可见他对神秘的爱好，不可能知道他何时才是认真的……他也谈到过恶心和粗鄙的话题，雪莱对此完全反感，而且经常产生难以掩饰的恶心。[16]

根据梅德温的记录，两人的某些玩笑话尽管断章取义地听十分粗鄙，却表明两人恶作剧式的幽默。雪莱在翻译《浮士德》期间，两人就翻译问题有过一次谈话，拜伦突然斜着眼，分明话里有话，“有人怀疑《古兰经》的译者塞勒是个伊斯兰教徒，和你却是截然不同的人，雪莱”——这指的是《伊斯兰的反叛》中宣扬了无神论思想和自由恋爱。[17]还有一次，对于口语体和亲密问题的翻译适切性，雪莱以一种温和的语气评论 690
称，拜伦曾经收到一封拜伦女士①的来信，信的开头写道：“最亲爱的鸭子”②，要是翻译成意大利语听起来就很奇怪——“Anitra Carissima”。[18]

在一次晚餐中，两位诗人都没有控制住自己，忍不住公开打了一千英镑的赌，赌两人中谁先继承家业。拜伦自然总喜欢对此类较量下赌注，例如打靶、游泳、拳击、赛跑。但对于雪莱而言，在吸烟室打赌的赌注相当于他在意大利一年的收入，这可是一笔巨款。[19]

对于两人的友谊，雪莱在写给佛罗伦萨的克莱儿的信中表达了截然不同的印象。“我在严寒的天气中萎靡不振的样子，你可以称我为异国人——这是道德与身体的严寒——是内心的孤独——最近几天，我一直无法骑马——日落前极为寒冷，我的腰疼也提醒我自己只是个凡夫俗子。梅德温几乎总是和拜伦勋爵以及众人一同骑马出行，甘巴、塔弗、梅德温有时也同去，而我这个异国人不幸属于含羞草的类型，遇到这么多人聚在一起，我就会无精打采。我无法忍受太多的人在场，而且倘若只与一个人交往，要么给我巨大的快乐，要么给我巨大的痛苦……我百无一用——我读了书——但我打不起精神从事严肃的创作——我毫无信心，而且无论是孤独的创作还是提出没有怜悯心的思想，都不啻毫无回报的虚荣。”他在信中写到了暴风雨和洪水，还提到了玛丽的风湿病，这更迫使他待在家中并服用鸦片酊——但他没有提到小船、宴会或赌注等事。[20]

---

① 拜伦女士（Lady Byron），指拜伦妻子安妮·贝拉。

② Dearest Duck，这是安妮·贝拉给拜伦的信中常见的称呼。Duck 在英国俚语中也是对爱人的昵称。

但在克莱儿看来，雪莱内心的颓唐是肺腑之言。他在这一年冬天写给她的信虽然数量不多，但也许是他写过的最情真意切、最悲伤的信件。此时，雪莱似乎第一次向克莱儿提出不情之请，而以往总是克莱儿这样做。也许这就是两人在十月一同在里窝那相处所产生的影响。他在圣诞节即将到来时写信给克莱儿，称"我最亲爱的朋友，我非常高兴地收到你推心置腹的来信——这与我写给你的信截然相反，信中详细介绍了你当前的活动与朋友，还使我了解到你今后的打算。我对你的情意和关心永无止境，或者说我对你的爱丝毫不减，尽管对你的爱曾给我带来过困扰，现在依然是我的忧虑之源……告诉我［最亲爱的——**已删除**］你打算做什么，如果能让你快乐，那么就过来和我们一起住吧。威廉姆斯一家提起你时总是赞不绝口，对你关爱有加；他们很遗憾你这一年冬天无法和他们住在一起，但无论是他们的遗憾，还是他们的关爱，都无法与我相提并论……"[21]此处明显收回了他亲昵的语气，这完全是因为雪莱认为克莱儿会对此反感。无法想象雪莱怎样在比萨同时处理与拜伦、玛丽**以及**克莱儿的关系。

691 到了这一年年底，雪莱再次写信，这一次几乎是苛责的语气："我最亲爱的克莱儿，你的计划压根就没有告诉我，但你曾要我对这些计划保密。你是我最好的朋友，请你放心，你**郑重**叮嘱我的任何事情，只要有可能给你带来幸福，我都会严格遵守。请在信中明确说明你的计划和期望。在某些方面，你是知道我对他们和对你的感情的……"[22]

十二月三十一日，雪莱给克莱儿写了这一年的最后一封信，信中告诉她一个令人担忧的消息，这与利·亨特有关，而他在雪莱的比萨计划中正是关键所在。暴风雨横扫了托斯卡纳和阿尔诺河，并在整个地中海地区和比斯开湾肆虐。据报道，热那亚附近的海滩漂来各种失事船只的遗骸，从法国连续出发的三艘邮船都下落不明。据雪莱所知，亨特一家乘坐的是"简"号，它于十一月中旬驶离伦敦港，但自打它到达西班牙沿海之后就杳无音信。圣诞节过后，雪莱在比萨依然打听不到他们的下落,雪莱便开始怀疑大事不妙。他告诉克莱儿:“你可以想象,而且我敢肯定你和我一样担心可怜的亨特……当然,他到达之后,我会立刻写信通知你的。”[23]

一八二二年的前几周,雪莱同样一事无成。天气不像之前那样狂风暴雨了,出现了一些寒冷的晴天,但根据威廉姆斯记载,雪莱整个下午和晚上都泡在台球室,有时“几乎一整天”都沉迷于此。一月六日,拜伦兴奋地到来,带来了一个项目,称比萨大学的许多教授梦想借用拜伦的名字和资助,完成一人乘坐的蒸汽动力飞行机械的研究工作。但到了这天夜里,雪莱已经将这个项目改为蒸汽动力帆船。[24]一月十一日,雪莱给皮科克写过一封信,此时依然没有亨特的音讯。“拜伦勋爵现在安顿了下来[而且每周举行一次宴会——**已删除**],我们始终是好兄弟:我们在旅居国外的前几年,在理解和想象中经历了沉闷的孤独之后,这给我们带来的慰藉可不小……我们每天都在这里期盼着亨特的到来,而且一直很担心他,他在圣诞节前后一定遇到了狂风。拜伦勋爵已经为他准备好了宫殿底层的公寓……我长时间都无所事事,而且我的创作也是一言难尽——但我现在正在创作《查理一世》,这可真是个难啃的硬骨头。”最后一句采用了拜伦式的风格,这掩盖了一个事实,即雪莱已经是第四次动笔创作这部戏剧了,他又写出了一些断章。但经过约五天的创作,他便厌恶地搁置了此项工作。[25]不久之后,威廉姆斯收到了考文特花园经理的一封退稿信,不予上演他的剧作《承诺》。笼罩在拜伦光环下的滋味可不好受。

在这几个星期,雪莱唯一坚持创作的文学作品是歌德《浮士德》的译作。他在一月中旬收到从巴黎寄来的一个箱子,箱子中装着卡尔德隆的作品,以及《浮士德》的新版(1820),这一版的《浮士德》配上了莫里茨·雷茨施精美的哥特式蚀刻版画作为插图。这些版画人物瘦长,风格诡异,对雪莱影响很大,整个浮士德的故事也开始萦怀于他的想象中。 692
他在写给吉斯伯恩的信中生动地写道:“我们刚刚看到《浮士德》的蚀刻

画，这画家完全配得上歌德。他与玛格丽特相见的那一幅真是精彩。看到这幅画，这头上所有的脉搏都在跳动——我心脏中的脉搏是早就停止了的。”他对一同寄来的几个译本都不为所动，他最近在一期《布莱克伍德杂志》中读过的译文也没有打动他，他回到了自己的译本创作中。[26]

雪莱尝试并最终完成翻译的仅为《浮士德》中的两幕，分别是“天堂序曲”与四月三十日夜发生在哈尔茨山上的那一幕——“瓦尔普吉斯之夜”。雪莱游刃有余，翻译得非常细致，也捕捉到作者对布罗肯峰所作的快速、可怕的扭曲变形以及乱哄哄的夜间活动的刻画——一切诡异的、无生命的形状或阴影都开始蠕动和爬行：

那鸱、田凫和松鸦，
它们都像白天那样醒着吗？
看呀，腿好长，腹好大，
灌木丛中有一只蝾螈！
树根长得都像蛇一样，
沿着坡面松散的泥土生长，
在夜里扭动成古怪的形状，
环绕在一起，要将人捉拿或恐吓……
透过目不暇给的幽暗
杂色的老鼠穿过了我们
脚下洒满露水的草地，
他们成群结队地前进，
穿过了荒野，穿过了苔原……[27]

雷茨施的蚀刻版画让他越来越为之着迷，仿佛它们产生了生命。雪莱之后写信给吉斯伯恩称：“这些蚀刻画多么笔精墨妙呀！我可真是百看不厌，我恐怕这是唯一能影响浮士德的翻译类型——我从未透彻地理解过哈尔茨山这场戏，直到我看到这幅蚀刻画——而且之后，玛格丽特在这座避暑别墅中和浮士德在一起！——这位画家使人们妒忌他的快乐，因为他可以如此沉静地勾勒出这样的场景，我只敢看一次，而且就会让我的大脑到处游荡，一直碰到反面的书页，我已知道它的存在。”[28] 在浮士德与玛格丽特相爱的阴森森背景下，这些画作显然在雪莱自身的经历中深有共鸣。它们定然非常古怪。

雪莱第一次读《浮士德》是在日内瓦，当时拜伦和 M. G. 刘易斯也陪 693
他一同阅读，而且歌德的诗作显然使他联想到拜伦的陪伴。也许正因如此，人们可以在靡菲斯特的某些言谈中发现熟悉、孤高、雍容华贵的从容不迫。他们走下山谷并在女巫们的“一大堆闪闪发亮的煤炭”周围停了下来，与她们会合。这时进行了以下交流：

浮士德　你在这儿把我们引荐，你的身份是男巫还是魔鬼？
靡菲斯特　其实，我通常行事决不泄露身份；
但人们喜欢在节日庆典亮出勋章。
我的膝盖没有勋章的缎带；
但马脚在本乡本土也不胜光荣。
你是否看到过那里的一只蜗牛？
她爬过来了，触角上的眼睛已经嗅出一二。
即使想掩盖我的身份，也办不到。
来吧，我们要从火堆走向火堆：
你想求得一桩姻缘，我来给你做媒。[29]

马脚自然是偶然意外的细节。但如果说靡菲斯特体现出拜伦的特点，人们就会猜想雪莱体现出浮士德的特点。在这一场的结尾部分，浮士德从众舞女中认出了他的初恋爱人玛格丽特，这是一具会动的尸体，或者说是她的魂灵。雪莱以令人毛骨悚然、冷酷无情的现实主义笔调翻译了这

段内容,这使读者唯一一次了解到靡菲斯特并没有完全掌控这里魑魅魍魉的活动:

浮士德 你看见了吗?在很远的地方
孤零零地站着一位苍白的美女?
此刻她迈着缓慢的步伐蹒跚而前。
就仿佛她的双脚戴着镣铐前行:
我禁不住认为她很像
可怜的玛格丽特。

靡菲斯特 别管它——也别看它——
它可不吉利——遇见它准没好事
——它是个被施了法术的魂灵,
它是无生命的偶像;目光能摄人魂魄
将人的血液凝结,而且无论是谁
只要被它看一眼,就会化为顽石
就像看过美杜莎的眼睛一般。

694 **浮士德** 哦,诚如斯言!
她的眼睛就像是活死人的双目
她的爱人都没有将她的眼睛合上,哎呀!
这是玛格丽特向我袒露过的酥胸——
这是我享用过的姣好的酮体!

靡菲斯特 这全都是魔法,你这可怜的傻瓜真容易上当!
她在所有人面前都像是个纯情少女,让人情窦大开。[30]

靡菲斯特的最后一句话产生了可怕的暗示,使雪莱无法忘怀;而且这段结尾部分充斥的意象——美杜莎、永不瞑目的眼睛——都使他感到震撼，但他并不惊讶，而是认可。

来年春天，雪莱一次又一次地借用了歌德笔下的这些场景，人们可以感受到，在这段颠沛流离、成果寥寥的时期，它们体现在他所创作的许多断章作品中。来年四月他写道："我正在反复阅读《浮士德》，而且总能感受到一种其他任何作品也无法引起的激动和感动。它会加深思想的忧郁，增强观念的速度，因而在我看来似乎不适于为往事而懊悔之人研读，也不适合为无法自制的想象一再幻灭所苦之人。"[31]他只说了这么多，但显然指的是他本人。

雪莱起初与克莱儿一同重读了《浮士德》。到了二月、三月间，雪莱鼓励她完成整个第一部的翻译工作，这就相当于给她为期十八个月的德语学习画上完美的句号。他还向她承诺，会将译作在英国出版。克莱儿的译本手稿始终没有发现[32]，而雪莱译本的手稿发表在《自由主义者》创刊号上。

一月底，比萨收到了一个令人不安的消息，亨特一家依然在英国。他们其实早在十一月就已登上了"简"号邮轮，但因为可怕的暴风雨而迟迟不能启航，首先是在拉姆斯盖特，之后是在达特茅斯。最后，经过多日的等待与晕船，玛丽安娜·亨特认定，带着孩子们参加此次旅行过于危险，便推迟到来年春天；于是他们在达特茅斯附近过冬。这项决定将产生一系列灾难性后果。首先，雪莱为亨特筹措到的几百英镑[33]是从霍勒斯·史密斯那里获得的展期贷款，这基本上都用在英国的押金、额外的生活费和偿还伦敦的债务上了。其次，比萨这群人缺了创办《自由主义者》杂志的主心骨，毕竟亨特是创刊三巨头之一，于是他们便转向了其他方向。由于无法通过这个文学计划凝聚人心，而且亨特作为杂志主编绝对不可替代，雪莱与拜伦之间的矛盾与日俱增。695

打靶活动、宴会聚餐和深夜的私密交谈依然如故，但这些再也不能反映出两人关系的全貌。雪莱写给霍勒斯·史密斯的信中，心中的不满跃然纸上："拜伦勋爵每星期同我们聚一次餐。每逢此时，看着他们把自己当成克拉冽①酒缸猛饮猛灌，陪着他们熬到凌晨三点，我觉得自己都要散架了。你不在场，我们都极为遗憾……我们在等着亨特，拜伦勋爵已在自己家里为他布置好了一个住处，后来我们听说最近的暴风雨迫使他滞留下来，而且玛丽安娜说什么也不肯再上船了。这一切，由于许多我现在无法解释的原因，我们这里乱成一团。"[34]他当天还直接给亨特写信，信中附上了一张一百五十英镑的汇票，请求亨特再次想办法乘船前来，称"如果拖延下去，你就会陷入各种债务、责任及花销中不能自拔"。如果亨特不到场，整个项目便岌岌可危。

新的一年里，形形色色的新人物加入比萨的小圈子，这个社交圈的文学氛围逐渐转变为恃强凌弱的做派。有一位哈伊上校紧跟拜伦左右，他和甘巴一行人同去近岸沼泽地上练枪法。他还派人给兰弗兰基宫送去野猪肉，这成了宴会上一道美味的下酒菜。[35]

另一位人物更为重要，他是爱德华·约翰·特里劳尼。经过爱德华·威廉姆斯长达数月的催促，他于一月十四日从热那亚赶来比萨。特里劳尼与雪莱年龄相同，都是三十岁：他是康沃尔郡人，职业探险家，深谙各种技能；他善于划船、骑马、手枪射击、追女人和创作回忆录。他身材高大，皮肤黝黑，一头茂密的黑发像孩子一样披在额头上，笑起来露出洁白的牙齿，和他浓密的黑胡须恰成对照。他很喜欢自己海盗般的外表，他显然是位绅士，却故意将衬衫敞开，打着彩色的领结，举止具有强烈的神秘感，而且不停讲述各种激动人心的轶事。这显出他的风格。虽然一开始玛丽心有疑虑，但他很快便获得玛丽的青睐，之后又得到了玛丽的关爱和信任。玛丽在日记中对他展开了一番肖像描写，形象塑造得非常美好，这充分反映出两人当时的关系。

特里劳尼生活奢侈——是个奢侈的小伙子——他有些方面

① 克拉冽(claret)，指产自法国波尔多地区的淡红葡萄酒，深受英国贵族喜爱。

> 率性而为，有些方面又矫揉造作，但这种风格很适合他，如果说他的
> 举止有些突兀但又不失优雅，那么这些方面就能和他那张摩尔人的
> 脸（因为他的模样像个东方人，但也不是亚洲人的长相）、一头黑
> 发、赫拉克勒斯的身材完美地融为一体，而且他本性纯良，这也影响
> 到他的五官，尤其是他微笑时的样子，这使我确信，他的内心是善良 696
> 的。他会讲起自己经历的神奇故事，有些还很恐怖，让人毛骨悚
> 然……我看到此人后，便相信了这些故事，而且我已厌倦了每天无
> 聊的人际交往，很高兴能遇到这样的人士，他除了各种重要的品质
> 之外，还具有一个罕见的优点——能激发我的想象力。[36]

特里劳尼与玛丽初次相见时，他认为玛丽二十七岁，但她实际只有二十四岁，从中可以反映出玛丽的举止。[37]特里劳尼在威廉姆斯的公寓中第一次见到雪莱，他当时正在翻译一篇卡尔德隆的作品。特里劳尼对雪莱展开一番著名的描写，内容却截然相反，称其“脸红扑扑的，像一位女子般阴柔，而且天真无邪”，显得非常年轻，一身并不合身的黑夹克和黑裤子，就像库兰的肖像中所画的，宛如圣徒肖像一般。[38]但在他后来所写的整部回忆录中，这一点也属于他讲述的另一个“神奇的故事”，而且他通过当时在场的简·威廉姆斯之口，道出了这段描写所要实现的唯一效果：“你是雪莱吗？哦，他来去都像个幽灵一般，没有人知道他何时到来或离去，也不知道他去了何处。”特里劳尼总是陪伴雪莱一同徜徉在阿尔诺河畔，他在回忆录中希望尽可能将这位诗人与拜伦的个性（他发现这就是世故）形成鲜明的对比。拜伦当时评论道：“啊，巨蛇让你着迷了；我主张让你处世更为圆融；他们却要把你改造成弗兰肯斯坦般的怪物。”[39]

特里劳尼来到比萨时带来了一个创意，这对于比萨交际圈的长期影响超过了原先创办《自由主义者》杂志的想法。一天晚上，他以小型模型展示的方式，将这个主意告诉了雪莱和威廉姆斯。威廉姆斯写道：

“一月十五日。晴，霜冻。写了一点东西。特里劳尼前来做客，他带来了一件美洲双桅纵帆船的模型，雪莱和我都决定建造一条长三十英尺的美洲双桅纵帆船，特里劳尼写信给热那亚的罗伯茨［上校］，要直接启动这个项目。”[40]

二月七日，雪莱与威廉姆斯乘坐一辆轻型马车去维亚雷焦以北的拉斯佩齐亚海湾进行为期五天的调研，为在这里度过这一年春夏做准备。他们有两天是在莱里奇的小海湾附近划船并寻觅住处，这里位于韦内雷港对面。他们并没有做出具体决定，但等他们返回比萨时，这个创意已经进入新的阶段。特里劳尼给拜伦带来了罗伯茨上校的图纸，图纸中船更大，这个项目便成了“拉斯佩齐亚计划”。

雪莱外出期间，玛丽给玛丽亚·吉斯伯恩写了一封心思缜密的信：“雪莱现在已前往拉斯佩齐亚，准备为我们这群人找一处避暑的别墅。——别墅一定要大，我觉得恐怕要足够我们欢聚一堂，但我并不希
697 望这样。拜伦勋爵将建造一艘庞大、美观的船，并专门由热那亚的几位英国海军军官建造。——参与此事的人有圭乔利伯爵夫人和她的兄弟——你认识的威廉姆斯夫妇——特里劳尼——他是个英国人，但长相酷似阿拉伯人……还有一位罗伯茨上校，但我不认识他——我觉得他是个粗鄙之人——一位有名的钓鱼能手——我们要造一艘小一些的船。”[41]在其他谈话中，主题基本也是船只和拉斯佩齐亚海湾的住所，而亨特的到来似乎越来越遥不可及。

托斯卡纳已是初春时节，斯科特花园的树篱上长出了嫩芽，天气也变得暖和、晴好。[42]二月中旬又迎来了狂欢节。雪莱一行人于一八二〇年首次来到比萨时，玛丽曾对粉色的大礼帽和复活节游行不屑一顾，但她此时更加积极、快乐地参与到节日的活动中。她同威廉姆斯一家沿着隆阿尔诺一路闲逛，对见到的面具时而赞叹，时而批评，他们将“律师”评选为此次节日的最佳装扮。有一天傍晚，简穿上一身印度服饰，玛丽

则打扮成土耳其人。[43]还有一天夜里，简、爱德华、玛丽和特里劳尼一行四人前去参加狂欢节化装舞会，一直跳到次日凌晨三点。玛丽似乎终于结束了她在教堂三厦顶楼的隐居生活。她开始在敞开的窗户旁举办晚餐聚会，并满心期盼着前往夏日的聚居地，幻想着“拉斯佩齐亚的美景，海浪拍打着海滩，山丘上长满了橄榄树，葡萄爬满了藤架”。[44]爱德华·特里劳尼无疑让春天的到来更加美妙。

雪莱的名字明显没有出现在春游名单中。他依然花大量时间和拜伦待在一起，除了特里劳尼（他因造船给自己谋了一个非正式的职位）之外，雪莱显然是造船计划最热情的倡导者。他也许比其他人都更清楚地意识到，正是这项计划才有可能让比萨的这群人长期团结在一起，能够等到亨特赶到意大利。但是，他真正关注的对象却在别处。

起初，拜伦对文学问题所发表的见解、产生的灵感和倾泻的怒火，都促使雪莱下定决心与自己的出版商奥利尔分道扬镳。从许多方面来看，他早有此意，但如果说拜伦促使他产生这种念头，那么约翰·吉斯伯恩就是他非常重要的仰仗。整个一月和二月，雪莱给奥利尔写了一系列措辞强硬的信件，语气越来越愤怒，同时又给吉斯伯恩写了一系列解释和请求。这些信件中的语气变化十分显著，这表明他对于文学问题的看法已受到拜伦注重效率的行事风格所影响：“首先，我希望看一看[奥利尔的]账目，然后找出还有什么账目没有和我结算，应该付给我多少钱。其次，我要问一问他，是否要购买《查理一世》的版权，他愿意付给我多少钱，以及这笔钱的支付日期。第三，我要确定他是否已印刷和出版了 698
《希腊》这部诗作，如果还没有，我就要将它交给其他出版商……第四，我要将我的每一部诗作取四本装进一个包裹里面，然后将这些书寄给……为了达到这个目的，或者说为了和奥利尔达成其他任何安排，这封信将由你全权负责。我就像世界公民应该做的一样，对于有关金钱的文章格外好奇。有什么消息吗？”[45]读者从这封信中明显可以察觉到靡菲斯特的口吻，而这可能并未让吉斯伯恩反感。雪莱此时希望在寓所中的墙壁上从各种书籍和盆景中寻找奥利尔给他出版的诗集:《伊斯兰的反叛》(1818),《罗萨琳和海伦》(1819),《倩契》(第二版,1821),《解放了的普罗米修斯》(1820),《心之灵》(1821),《阿多尼斯》(比萨印刷版,1821)。

对于这些问题,雪莱并没有从奥利尔那里得到满意的答复,便给吉斯伯恩写信做出了决断。这封信于二月中旬送至伦敦:"我现在不希望再让奥利尔担任我的出版商,如果你能将我从他的魔爪中解放出来,我将感激不尽。我就此授权你全权负责处理我和他之间的账目……这些书籍归我所有,我宁可将它们付之一炬,也不愿留在他手中。"[46]

吉斯伯恩在伦敦着手解决雪莱的事务,并尽全力谨慎地为他物色新的出版商。但是,实际情况并非雪莱想的那样简单。首先,吉斯伯恩发现是雪莱欠了奥利尔一笔钱,至少有五六十英镑。清算账务的工作持续到夏天,而且也没有找到新的出版商。

雪莱还受到他熟悉的情感问题所困扰,对此他的态度更加直率。一月底,威廉姆斯就吃惊地在公寓中收到了雪莱寄来的一封短信,信中附上了一首篇幅为七个诗节的诗作,诗的开头是"这条蛇,已被关闭在乐园的门外了"。在之前一星期,雪莱就给威廉姆斯看了《心之灵》,而且和他讨论了自己对埃米莉亚·维维亚尼的感情;也就是说,他**另一个**自我的感情,此人就是前往斯波拉提群岛途中去世的那位英国青年,他留下了一个装满诗作的文件夹。威廉姆斯怀着一颗同情心聆听。此时,他读着雪莱的来信,就属于一种奇怪的交流方式,因为寄信人就住在楼上,比他高两层。"我亲爱的威廉姆斯,我翻看着我的这位朋友过去用来保存诗作的文件夹,我那一天寄给你的诗作就是从这里面找来的——我碰巧发现了这些作品,**我**不愿独享它们,便寄给了你……如果你觉得有哪些诗节让你满意,可以念给简听,但不要告诉别人——但转念一想,
699 我还是希望你不要[**此处删去六个单词**]。永远爱着你的 PBS。"在威廉姆斯看来,雪莱显然是希望他为这首诗出力。威廉姆斯对它的背景再熟

悉不过了，这就是雪莱与玛丽之间的感情几乎完全破裂，而且他与拜伦的友谊的裂痕也与日俱增，第四诗节就提到了这一点。

一

这条蛇，已被关闭在乐园的门外了。
　那受伤的鹿想必已不再找寻
　　能够疗治它心病的草药；
　失偶的鸽子想必也不再飞临
它的伴侣于四月从中离去的空巢——
　　它离去时有虚假的呻吟。
　我也应该少到欢乐的朋友处
从他们身边去寻找一种减轻的痛苦……

三

如果近来更少来看望你们，朋友们，
　我亲爱的朋友！要知道为的
　　只是要避开你们的眼睛，
　以免惊动该睡的伤悲，不死的
希望；那眼光给予的安慰，我已经
　　几乎承受不起，我身心
　中箭如此之深，以至一旦拔出
那支箭，我的生命也就会很快结束。

四

当我回到我寡欢的家中，你会问我
　为什么，我不再和往常一样。
　　是你毁了我：是你要我
　在无聊的人生舞台勉强登场——

在人世的狂欢饮闹活动中戴上一副
不论是伟大或平庸作家模样
无谓的面具。以此为途径
700 我寻求的正是无法从你找到的安宁。

五

今天有整整半小时，我用各种花朵
算命，每朵花依旧说得分明：
“她爱我——她不爱我。”
如果意味着一种已消逝的幻景——
意味着思想的安宁、名声或是安乐——
如果意味——我不敢说的
你们可能过分清楚的什么涵义；
这悲伤的预言中仍包含有某种真实……[47]

威廉姆斯其实上一周就见过雪莱，还至少四次和他一同用餐或打靶，而且他根本没有将这部诗作当回事。但是他收到了提醒，而且让简看了这封信的全文。威廉姆斯当天在日记中写道：“雪莱给我们寄来了一些美妙的诗篇，但行文过于忧郁——我拜访了拜伦勋爵，并陪他一同去那［打靶］场地——在三十步外击碎了瓶子。同玛丽和雪莱共进晚餐。”[48]

到了二月，威廉姆斯很重视同雪莱单独外出沿阿尔诺河散步，他们形成了一项新的惯例——两人同简共进早餐。雪莱与特里劳尼同往里窝那，此次旅行为期两天，他们考察了港口停泊的美洲双桅纵帆船，雪莱认为他整个夏天都可以和威廉姆斯在拉斯佩齐亚海湾长时间荡舟。一想到这样的情景，他的心情便无比舒畅。他已酝酿出明确的计划。据特里劳尼对罗伯茨上校说：“……你能为我们建造一艘美观的小船吗？长度差不多十七八英尺。在牵引和航行方面要完全采用瓦蒙特式样……要有三个凸耳和一个三角帆——**要安在船艉！**——我们要驾驶它去捕鱼、打靶，还要作［拜伦勋爵的船的］僚船……”[49]对于这艘长十七八英尺的小船来说，这样的用处实际上就意味着它需要安装船翼，雪莱正有此意。

简·威廉姆斯慢慢开始在雪莱的人生中扮演新的角色。二月的第一个星期六，她和雪莱夫妇从比萨出发，参加了一场当日往返的旅行。他们步行穿过卡辛的松林来到海边。雪莱写了一首结构松散的书信体长诗《比萨附近的卡辛松林》纪念此次旅行，诗的开头写道：“最亲爱的、最好的、最美的，来吧……”这首诗并不出名，但它与《泛舟塞尔基奥河》一样，生动地描写了旅行过程并抓住了旅行的韵味：

我们曾经停歇在松树之间，
　苍松是巨人耸立荒原，
树身由于狂风暴雨的摧残
　竟仿佛大蟒互相纠缠，
却得到蔚蓝色气息的抚慰，
　那气息在蓝天下飘流，
吹拂着下界和谐的声与色，
　像对自己的一样温柔；
这时所有的树梢都已睡熟，
　像海面上绿色的波浪，
寂静无声就像在海洋深处　701
　生长的海洋丛林一样。

神圣的静穆……
我还能感觉得到在那里的

那个魔法圈的正中心，
有一个美好的形体在用爱
充满周围沉闷的气氛。[50]

雪莱在这一年春天修改了这首抒情叙事诗，将其分为两首，分别是《致简：邀请》和《致简：回忆》。简还同意对雪莱试验她的"动物磁流催眠"能力，其中一次催眠记载于雪莱的诗作《女催眠师与病人》。雪莱与拜伦过从甚密期间，这些诗歌加上其他短篇诗作，几乎就是雪莱能酝酿并创作出的所有原创作品。

简与之前的克莱儿一样都具有音乐天赋，她能够用低沉、略微嘶哑的歌喉唱出歌谣和流行音乐。雪莱托巴黎的霍勒斯·史密斯帮忙购买一部脚踏式竖琴，并经马赛和里窝那转运。根据他的计算，费用为七八十个畿尼，并请史密斯以"一如既往的善意"，立即将这笔钱汇给自己。尤其是考虑到亨特夫妇提出的资金需求，这笔钱是雪莱无法承担的，而且霍勒斯·史密斯明确拒绝帮他融资。[51]到了三月，雪莱在里窝那为简买了一把漂亮的西班牙吉他，但他还在等待竖琴从巴黎寄来时，就给简寄了几篇自己的抒情诗断章作品，这是他来意大利之后创作的。附信中体现了他的风格："亲爱的简，如果这首忧郁的老歌与你的乐曲相配，或者当时的情境与之契合，请尽情使用。不要对任何人说这是我写的作品，即便你是这样认为的；其实，这是从故纸堆中找出来的。你今天怎么样？威廉姆斯怎么样？告诉他我一心只想去荡舟和打捞珊瑚。永远爱你的 PBS。"[52]

克莱儿此时恰好从佛罗伦萨又闯入了雪莱的生活，就仿佛两人有心灵感应。此前在二月七日，克莱儿在佛罗伦萨卡萨波图尔林举办的一次社交晚会中遇到了埃莉斯·福吉。三天后，埃莉斯来博伊蒂医生家中拜访了克莱儿。克莱儿的日记对此叙述时有大量删减，她谈到自己在霍普纳丑闻中的角色。这篇日记似乎是:“埃莉斯讲述了那不勒斯和我的事情。”[53]克莱儿始终与埃莉斯保持着联系,但她已陷入严重的心神不宁和郁郁寡欢的心理状态,决心彻底告别雪莱一家和意大利,动身前往维也纳投奔在那里求学的哥哥查尔斯。与埃莉斯交谈后,她确信拜伦永远不会主动提出让她探望阿利格拉,而且恐惧感攫住她的心灵——阿利格拉会死在巴尼亚卡瓦洛修道院。 702

二月十二日至十四日,经过与雪莱一番快速的通信(但内容不详),克莱儿于二月十八日给拜伦、雪莱、玛丽、梅森夫人和查尔斯发出了一系列书信,宣布自己前往维也纳的打算。写给拜伦的信留存了下来[54],她在信中称自己在告别“不愉快、不安定的生活”之前,请求能见阿利格拉最后一面。“我经常恳求雪莱为我说情,而他的答复总是称这丝毫不起作用。”这封信虽然情真意切,而且在许多方面令人怜悯,却以相当高明的手法织为一体。克莱儿暗示称,如果拜伦让自己最后见阿利格拉一面,那么她肯定会永远离开意大利,这样他就能摆脱自己了;另一方面,如果他**不答应**这个请求,她就没有勇气去开始新的生活,也就会一直留在意大利,也许还会考虑自杀:“我死了也许会更好。”这封信的语气肯定触动了拜伦的内心,他无疑不止一个晚上为此事而不安。但是,这些手段的信号最终使他下定决心;他坚信克莱儿无非是又一次企图打破自己的防线,他始终心硬如铁。他是否考虑过阿利格拉的福祉尚不得而知。但这是他一生中最大的错误,也是他的自以为是造成的后果。

玛丽与雪莱于二月二十日都收到了克莱儿的来信,玛丽直接给佛罗伦萨写了回信并派专差送信,要求克莱儿先不要离开,“让朋友们坐在一起”来讨论她的计划。[55]克莱儿第二天傍晚六点赶到比萨。她在威廉姆斯家中住了四天,并和威廉姆斯夫妇、雪莱、玛丽和梅森夫人详谈。她的到来没有告知拜伦。之后,她便以更冷静的心境回到佛罗伦萨,决心等待事态的发展,并等待雪莱履行他的诺言,即在时机成熟时说服拜伦。梅森夫妇极力赞成克莱儿离开意大利,前往维也纳开始自己的新生;玛丽可能也持相同的观点；但是，雪莱却希望克莱儿留下来，她也确实留下来了。三月底，克莱儿突然又提出一项计划，这次她打算从巴尼亚卡瓦洛修道院将阿利格拉劫走；这再次迫使比萨的众人采取紧急措施。但在四月十三日之后，克莱儿的日记出现了五个月的空白，因为发生了一系列悲剧，回忆起这些事件似乎是她难以承受之重。[56]

这一年五月，雪莱减少了与拜伦同游的时间，更多是在阿尔诺河上
703 荡舟。据威廉姆斯记录，他几乎每天都去划船，尽管两人通常会同行，但威廉姆斯也经常会遇见雪莱独自一人驾船回来。他黎明时分就出发，一直行驶到城外很远的地方。

雪莱依然与拜伦一同去打靶和用餐，表面上两人亲密无间。他们都参与了一项计划，这就是由一群业余人士上演《奥赛罗》——拜伦饰伊阿古，特里劳尼饰摩尔人奥赛罗，玛丽饰苔丝狄蒙娜，雪莱担任导演。此项计划后来搁浅。有一次在用餐时，雪莱热情地引用了《恰尔德·哈洛尔德游记》的选段，他能将其中很多篇章牢记心头，而拜伦心满意足地听着，一直到这个诗节结束，才谦虚地笑着，对宴席中的诸君高呼："天哪！雪莱，你引用的是什么荒唐的作品？"威廉姆斯认为这充分反映出拜伦对"他真正的优点"不以为然。[57]

尽管雪莱与拜伦趣味相投，但阿利格拉的问题还是让两人产生了深深的裂痕。雪莱确实按照自己的承诺，力图让拜伦回心转意，但他遇到的是对方的冷漠甚至怀疑。这让雪莱怒不可遏。但他作为斡旋者，立场颇为尴尬，而且他在之前一年就同意了拜伦对这个孩子的处理决定。雪莱还觉得拜伦可能会利用霍普纳事件对克莱儿不利，甚至作为对雪莱本人不利的最后手段。

雪莱写给克莱儿的信件中，流露出他的恐惧和沮丧。这封信并没有标明日期，似乎是三月所写。读者可以清楚地发现，雪莱不得不在两个几乎自相矛盾的立场之间疲于奔命：一方面是他在比萨做出的承诺，另一方面是他对克莱儿做出的承诺。"此事于我、于你甚至于阿利格拉都

至关重要，那就是，我得结束与拜伦勋爵的亲密交往了，不做声张地结束。他那卑鄙的含沙射影根本不受任何荣誉感或正义感的限制，而我能有效地堵住他的嘴的唯一办法，我却不愿意（即使我有证据）在我父亲有生之年使用。若非顾及你现在的心情，我定会断然而义无反顾地离开这个他所居住的国家，再也不回来，除非是作为敌人来了结我们的不和。不管怎样，我要马上见到你，然后我们可以比较一下我们俩的计划……”[58]由此可以看出，如果雪莱在这一周离开比萨或是在第二天用手枪与拜伦决斗，也丝毫不足为奇。克莱儿无疑正等待着此类事件的发生。

但是，拜伦肯定不希望这样。就在雪莱给克莱儿写这封信的当月，也许就在写信前后那几天，雪莱已成功从拜伦处为亨特借了一大笔钱，雪莱为此作保并以自己继承的家产作抵押。他还给亨特写信，告知自己和拜伦始终对比萨的这项计划满怀热情。这笔钱以意大利货币支付，金额为二百五十英镑。雪莱立即将二百二十英镑通过布鲁克斯汇给了亨特，其余三十英镑则留在比萨，作为对亨特的激励和预防措施。[59]“他 704
［拜伦勋爵］再次表示极有兴趣将刊物办起来并坚持下去，而且对你与他携手共办也极有信心。他不停地详细述说着他因你迟迟不来而多么焦躁与失望……我猜想你交给我的任务并不难办——在你到来之前让他一直对此项计划保持兴趣。”

但即便是对亨特，雪莱也承认，与只有一河之隔的拜伦一直如此接近，给自己造成了巨大压力。两人之间的氛围过于情绪化，而且除了社会地位造成的影响，以及拜伦作为诗人所享有的名声和巨大的人气对雪莱产生的挤压之外，还存在一种奇怪的、压制性的紧张感，这几乎是浪漫主义式的紧张关系，即一方的存在会影响到另一方。就仿佛拜伦过于靠近雪莱一般。“某些特别的事情，或者应该说拜伦勋爵性格中的某些特别之处使我无法再忍受与他曾有过的那种亲密而排他的交往；就写这些吧，我最好的朋友，我这是以**肺腑之言**坦诚相告……但是……我也会在我们见面之前小心地保存好我对这个善变的普罗透斯①可能还有的一点影响力,他身上竟兼容了如此奇特的极端成分。”[60]雪莱决心在亨特到来前不惜一切代价留在比萨,以创办这份杂志。但亨特何时才能到来呢?

与此同时,雪莱依然外出荡舟。他的操船技术越发娴熟,而且应对阿尔诺河上的激流和狂风的经验愈加丰富,他可以凭借相当出色的操船技术完成较长的航行。一个阳光明媚的星期六上午,刮着猛烈的南风,风力有时接近于近岸沼泽地一带刮着的暴风。雪莱与威廉姆斯十一点三十分驾船从比萨出发,走完整个运河,下午两点来到里窝那。这段距离耗时两个半小时,行程约十八英里。[61]三月二十一日,特里劳尼回到比萨,带来的消息是罗伯茨即将在里窝那为雪莱启动新帆船的建造工作。这艘船还要行驶到热那亚进行最后试航和安装配件,之后罗伯茨将为拜伦建造吨位更大的美洲双桅纵帆船。雪莱与玛丽同简和爱德华庆祝了一番,四人驾着小船在阿尔诺河上举行了一场高雅而又惊险的荡舟。特里劳尼也深受雪莱欢迎,他几乎每晚都来教堂三厦做客。[62]

雪莱在绞尽脑汁创作一首长篇诗歌,但依然徒劳无获。一篇断章作品似乎是当时所作,这是一部没有完稿的诗剧,讲述的是一位女士来到一座施了魔法的岛上。她遭到爱人的抛弃,却有一位印度青年陪伴她:读者也许可以猜测出这位女士的原型就是玛丽,而这位青年便是特里劳尼的化身。玛丽在她一八三九年编写的雪莱作品集中,加了一个阐释性
705 的注释,解释称这位女士“由一位青年陪伴,他爱上了这位女士,但她对于对方的爱情却只报之以兄妹之情”。这部剧作只写了两人之间的对话,而且充满了《解放了的普罗米修斯》用过的意象,作品的氛围中依稀可以发现莎士比亚《暴风雨》的影子。但是,这位女士在公寓朝南的窗户旁边(即神秘的海岛)出现在盆栽植物中,这一形象产生了悲伤的移

① 希腊神话中变幻不定的海中之神。

情效果。这位女士亲口说道：

后来我终于起身，
去一盆一盆观看我盆栽的花，
打算剪一些去插已空的花瓶，
当我来到格窗旁那只花盆处，
我看见两瓣墨绿的叶片正在
钻出明光的泥土，向上生长，
这时，我又隐约回想起已经
被我忘却了的梦。一天一天，
绿得像六月的葫芦，那植物
长得茁壮而富有生气，但是，
却没有一个人知道它是什么：
茎蔓和卷须仿佛是翠绿的蛇……[63]

但雪莱无法在这部作品中表现出任何真正的创造性，而且这部作品也被弃若敝屣。这一年三月，他终于彻底放弃了《查理一世》。两年来，雪莱一直在谋划和宣布这部剧作的创作工作。他告诉亨特："一件小事改变了我原来的构想，结果那刚刚构筑一半的脆弱的大厦轰然倒塌。我写作的动机是什么？过去我**是有过**的，而且，感谢我的心灵之神，我的写作动机截然不同于其他人文时代的，在时间的镜子面前扮鬼脸的那些。可我的动机现在成了**什么**呢？唯一一个我还可以勉强承认的平平庸庸的动机是能为你挣到一百英镑；可连这一点我似乎也做不到。"[64]

但在半途而废的《查理一世》中，有一篇短篇断章作品留存了下来，它文辞优美，自成一体。这是一首歌曲，与一八一八年创作的《歌：为〈塔索〉而作》一样，充满了莎士比亚式的联想，但却超越了一八一八年那首，找到了属于自身的真正旋律。雪莱在舞台指导中称这首歌要由弄臣阿尔奇咏唱。也许使用的伴奏乐器是西班牙吉他。“我要去居住在常春藤的绿荫里，蔓生在露台上的常春藤会算计，滴落在它根上的泪滴，每当风把这样的歌轻声吟唱起……”

嗨嚯，百灵鸟啊猫头鹰！
一只早晨飞，一只夜晚鸣：——
只有可怜的夜莺最痴心，
像个傻子白天黑夜唱不停：

706 “一只哭她已故丈夫的鸟
坐落在冬天里的树梢头；
上空的寒风仿佛冻僵了，
下面是结了冰的小溪流。

“赤裸的森林树叶无踪影，
地面上的花朵更加难寻
空气里难得听到有动静，
除了磨坊水车的咿呀声。”[65]

歌曲到此结束。

这一年的三月悄悄到来，但月末却突然发生了一起重大事件。比萨守备队的官兵长期以来对跟随拜伦勋爵进出于兰弗兰基宫的这群英国绅士心生憎恨与猜忌，到了三月二十四日终于爆发为暴力事件。有错的一方其实是英国人。这群人从他们平常练枪法的农庄打靶归来，其中有拜伦勋爵、甘巴伯爵、塔弗、特里劳尼、哈伊上校和雪莱，他们沿着通往比萨的主路前进。在他们身后几十码外是圭乔利伯爵夫人的马车，马车中坐着两位意大利仆人、圭乔利伯爵夫人和玛丽·雪莱。一行人优哉游哉地返回比萨。共有六人骑马,他们在路上并排前进,热火朝天地谈天说地。他们在距广场门几百码的时候,一名意大利龙骑兵骑着马在这条路上全速疾驰,也在向广场门前进,他是马西军士长。马西是比萨守备队的队员,似乎是休假归营迟到了,正匆忙赶路。雪莱后来也称此人可能喝醉酒了,但没有确凿的证据。这群英国人肯定听到了后方传来的马蹄声,却并不打算给他让路,依然并排前进,占据了整条道路。在当时,无论是骑马还是乘坐马车,会车和超车时都要遵循一套社交礼仪,地位较低的一方要给地位较高的一方让路。塔弗位于道路的最右侧,离道路旁的沟渠最近。他身旁是拜伦,拜伦左侧是雪莱,其他人则依次排开,一直到道路的左侧。但是,龙骑兵马西并没有放慢速度。

马西纵马向右前方前进,安全地避开了圭乔利伯爵夫人乘坐的马车,然后又瞅准拜伦与塔弗同水渠之间的空档,从这排英国人中穿了过去,并继续向城门全速前进。他穿过去时,他的脚后跟、胳膊肘或是鞍具碰到了塔弗,塔弗的坐骑受了惊。而另一侧的拜伦却安然无恙。塔弗镇定下来后,对其他人大吼:“我们岂能容忍这厮如此无礼?”[66]须臾,拜伦便愤怒地作答,大意是应当对这个骑兵兴师问罪。雪莱则厉声高呼: 707
“以汝马首是瞻。”[67]这几位英国人都开始纵马一路小跑,其实没有任何人做出决定,但小跑突然变成了纵马疾驰,之后又变为全力追赶。最前面的是雪莱。他逐渐追上了马西军士长,后者在靠近比萨城门时开始减速。雪莱发现自己将其他人远远地甩在身后,便赶到马西的前方堵住他的去路。两人对喝,马西转身看到了其他五名英国人骑着马迅速赶到。

之后发生的情况就不甚明了了。双方愤怒交涉,英国人的坐骑包围了这个龙骑兵,马西威胁要叫来城门上的守兵并将他们全都逮捕,拜伦勋爵公然嘲笑了他,这个龙骑兵便拔出军刀,对着城门上的守兵大喊,把这些该死的英国人抓起来,拜伦则回答,你们敢来试试看,还向城门疾驰,甘巴伯爵也同样表示出对他的鄙视,顺势用马鞭重重抽了马西一鞭。[68]马西怒不可遏，冲向城门，阻止其他英国人通过，还用军刀乱砍一气。雪莱的做法十分冲动，这也符合他的个性，他将自己的骑手帽摘了下来作盾牌，并径直冲向这个龙骑兵。马西的军刀击偏了，但就在雪莱来到他身旁时，军刀的金属护手击中雪莱脸部，将他打落马下。[69]哈伊上校挥舞着短马鞭向前猛冲，马西则迅速转过身去，灵巧地用军刀奋力一击，刀尖将对方的马鞭斩为两段，并在哈伊上校的额头和鼻梁位置留下了一道伤口。哈伊上校也翻身落马。此时只剩下特里劳尼和塔弗，马西发现此二人逡巡不敢上前，便调转马头，将军刀收回刀鞘，飞快地骑着马进入比萨城。此时已近黄昏。

无疑，马西军士长完全有理由感到自豪。他疾驰在阿尔诺河滨路，看到拜伦勋爵骑着马从兰弗兰基宫折返回来。借着昏暗的光线，他注意到拜伦身旁跟着一名仆人，他手执一根剑杖。马西将坐骑停下迎接拜伦，他伸出手问了一句："您还愉快吗？"[70]恰恰相反，拜伦很愤怒，他问了此人的姓名和军衔，马西如实相告。两人在交谈时，拜伦的仆人冲上前去一把抓住了马西的缰绳，形势顿时再度危险起来。其他扈从也开始向这里靠拢。拜伦挥手让仆人退下，而马西则抓住机会，沿着阿尔诺河向兵营疾驰。但此时黑黢黢的街道上还有一些人，阻滞了他摆脱危险的速度。他经过兰弗兰基宫的台阶时，刚向前行了几码，拜伦家中一名身份不明的门客便从马厩中突然举着一根干草叉向他冲来。尚不清楚是
708 否是这件武器最终在人群中刺中了马西，但就在马西不顾一切地要逃离此地时，他的肋部中了一剑，深深地刺穿了他军服上的皮带。马西趴在鞍具上，拼命回过神来，然后骑着马离开了人群。他朝一些友好的意大利人大喊，称自己受了重伤，然后跌跌撞撞地沿阿尔诺河向前几步冲进一户门口。[71]马西被送去医治，人们认为他活不过当天晚上。

爱德华·威廉姆斯并没有和这群人同去打靶，却对这些受伤的英国人在天黑后寻衅滋事回来的情景作了一番令人印象深刻的描写，出色地刻画出拜伦和雪莱身边这群人的心情。

特里劳尼讲述完他的故事后，拜伦勋爵走了进来，他搀着昏厥过去的伯爵夫人——雪莱也在打斗中受了伤——拜伦勋爵和年轻的伯爵[甘巴]怒不可遏——雪莱夫人冷静地看着这有趣的一幕——简和我想知道之后会发生什么情况。——来了一位外科医生，拜伦勋爵带着他和伯爵夫人一同回家了——在家中对她做了放血治疗，她很快便苏醒过来——之后塔弗走了进来，并去警方那里接受了处理，然后拉长着脸回来，称那个龙骑兵活不过今晚。——大家很快就说要先发起诉讼，而且根据意大利的法律，不要等着别人去控告自己。——大家又进行了一番争辩。九点钟——一则消息已经在比萨传开了，称一群农民揭竿而起，在几个英国人的带领下进攻了守备队……称特里劳尼在城门口被打死，拜伦勋爵则受了致命伤……[72]

第二天，部队严禁外出，这几个英国人（尤其是塔弗）则在兰弗兰基宫被一群“斗牛犬”看管了起来。瓦卡经过与双方的交涉，明显不认同这几个英国人在此事件中的所作所为，并称他准备在法庭上宣誓，说明马西被人用马鞭抽打，并在近距离被短剑刺中。[73]

最终，这名龙骑兵并没有丧命，这几位英国人也没有遭到报复，但这场风波直到四月才平息，而且还要应对法律文书和诉讼。此事很快就传到了巴黎，还登上了英国的报纸，《加利尼亚尼信使报》给雪莱写了一封彬彬有礼的信，索要他个人对此事件的回忆，准备发表在报纸上。[74]但此事最重要的后果在于，它导致拜伦和甘巴等人遭到比萨当局的驱逐，而雪莱一家则下定决心立即动身前往拉斯佩齐亚海湾。比萨再也不欢迎这群人了。

另一方面，发生的其他一些事件也加速了夏季荡舟的计划。克莱儿又从佛罗伦萨发起了攻势。她在三月底私下里对玛丽和雪莱宣布，她已经制订好计划准备将阿利格拉从巴尼亚卡瓦洛修道院劫走。这就需要 709

雪莱帮她伪造一封从兰弗兰基宫寄出的信件。雪莱与玛丽都在信中坚决反对此项计划。玛丽逐一列出各种困难，并强调拜伦已心生警惕，他很有势力，而且就在现场，并称雪莱会迅速和他达成决斗的约定。经过一番摆事实讲道理，玛丽还对她进行了另一番劝说，她认为这样做效果更好：玛丽称他们在春天时总是厄运当头，从占星学的角度看并不适合执行这样的计划。玛丽分析他们在“春天里遭遇的不幸”时颇为有趣：“我下面要说的，尽管相当荒唐，但也许会对你有所影响。春季是我们交霉运的季节。每逢春季，我们总要碰到些坏运气，无一例外……还记得在哈勃特尔夫人那里度过的第一个春季[1815 年]吧。第二年[1816 年]春季，你认识了拜伦勋爵；第三年[1817 年]，我们去了马洛——这至少不是什么明智之举；第四年[1818 年]，定居伦敦，生活困窘；第五年[1819 年]，在罗马遭遇不幸；第六年[1820 年]，在比萨，保罗一事；第七年[1821 年]，埃米莉亚加上大法院诉讼案。而秋天，恰恰相反，倒是一直对我们有利。你怎么看这件事呢？你有你的行事方式，可这事却常常刺痛着我。”[75]

雪莱也写了一封便笺，表明玛丽此言不假，并称自己与拜伦勋爵的关系已紧张到极点。“我自然会[在拉斯佩齐亚]找一幢**远离**拜伦勋爵的房子，一下子切断与他曾有的亲密往来是不大可能的……”他称自己出不起路费去佛罗伦萨看望她，但又问克莱儿为何不能回到他们身边。“来和我们同住吧——如果你喜欢，就来同我们一起驾船去找房子——你可能会解脱一些的。”[76]

但这一次他们无法轻易说服克莱儿了。她给雪莱回信使用的是“乔·詹姆斯先生”这个化名寄到比萨邮局，并进一步推进这项计划，或是威胁要立即离开意大利赶赴维也纳。一听到雪莱在龙骑兵事件中扮演的角色，克莱儿便责备他为人“莽撞”且“脾气暴躁”。雪莱不得不为自己辩护：“我在这起事件里的行为，就算不能说是谨慎或小心，也可以说是正当的……要说这件事的过错，如果有什么过错的话，应该说是由塔弗开始的……那人可能是喝醉了……请不要急于责备。我想,除了你那小小的心胸所容纳的,世界上可能还有更多克制和谨慎。”[77]他很少写出这样的信件,但克莱儿有意或无意中提到了一个微妙的话题,即雪莱与拜伦在一起时的行为。雪莱告诉她,对于前往维也纳的问题,“换换环境也许对你的心情有好处……如果你决心已定,我一定尽力帮你筹到路费”。[78]

但他其实并不希望她离开。他表明了自己为对方着想的态度后,便 710
突然对她发出了急迫而又情深意切的恳求,希望她更加坚定、冷静地把握自己的人生。“你我有一些相同的邪恶特性,因此在某种程度上我能算个评判官。你若肯听我劝告,就放弃对影子的无益的追逐,就去接受现实,在与朋友们的日常亲切交往中让自己缓口气,摆脱掉那些乱麻似的想法。然后好好过日子,养好身体,加强一下文学修养和自由观念,让时间和转机来为你做你自己所无法做到的……”几个月以来,雪莱一直在践行这样的哲学理念。[79]

到了四月第二周,比萨的这个小圈子便各奔东西。拜伦将在里窝那附近度过夏天,而雪莱和威廉姆斯一家则一致决定要前往维亚雷焦以北的海边。他们都不太确定将定居在何处,因为他们请求租赁原先在拉斯佩齐亚物色的房子,但遭到拒绝。但罗伯茨通过特里劳尼告诉他们,他们的船十天后就能完工。四月十日,雪莱给克莱儿写信称:“我不舒服。我的心在折磨着我。我的心在囚禁它的监牢里焦躁不宁,什么事情都不顺当——我指的是内里——因为所有的外部环境全都很吉利。下决心来和我们一起度过这个夏季吧,暂时先留在原地,直到我们准备就绪动身:——没有人想知道你在哪里。威廉姆斯夫妇不爱管闲事,而且[我们]也不同别人来往。”[80]玛丽此前一直一封接一封地在信笺中向吉斯伯恩夫妇讲述龙骑兵事件,但两天后,她写信给利·亨特,询问他预计何时到达。“你将会发现雪莱的身体好多了;其实他这个冬天都过得很舒心……”

在兰弗兰基宫举行了最后几场断断续续的台球比赛[81],但众人再也不去打靶和聚餐了,外面总是刮风下雨。雪莱和威廉姆斯待在家中讨论戏剧创作:“[雪莱]就戏剧问题给我上了长长的一课,让我的心情糟透了。”克莱儿于四月十五日偷偷到来,她悄悄住在威廉姆斯家中。他们都迫不及待要离开,但比萨的法院已传唤他们每个人出庭,接受龙骑兵事件的讯问。法庭询问了拜伦的侍从是否刺了那名龙骑兵:“[他回答称]没有!但如果我手上有一把手枪,我会向他开枪。”玛丽和特蕾莎·圭乔利伯爵夫人也被查问了五个小时。在此期间,伯爵夫人提出,“她无法对此宣誓,但她认为是塔弗先生刺了那名龙骑兵”。因此,真相扑朔迷离。[82]

比萨的这个小圈子即将散伙,这促使雪莱将目光放在更加遥远的个人转变上。他迫不及待地要知道,他最终在意大利凭借自己的资源将取得怎样的真正独立。他给约翰·吉斯伯恩写了一封长信,询问了雪莱家族在英国的不动产情况,并讨论了自己的债务——他认为此时债务为两
711 万至两万五千英镑,大部分是“遗产抵押贷款”——他希望摆脱之前与之打交道的律师朗迪尔。他谈到了继承遗产问题,“我原先决定在我父亲去世时回到英国,但现在我改变了主意——无论如何我**都不会**回去的”。他并未直接向吉斯伯恩提出请求,但显然希望请他担任自己的文学经纪人,再帮自己处理融资事务。“我应该怎么办?有没有可能接触到某个积极主动而又聪明的商人——满怀热情地为我办理事务,然后掌管了我的文件,这样等到我要继承遗产时,他可能就已准备好按我的要求和精神立即采取行动……如果你愿意认真考虑这些问题,我将感激不尽。其实你可以同霍格商量这些问题。”雪莱在英国似乎有形形色色的冤家对头:他有一大批债主,他的律师朗迪尔,“小偷奥利尔”,当然还有葛德文一家——他们“永远在谋划和编造索要钱财的理由,但他们别想从我这里拿到一分钱:首先我**拿不出**钱,其次我也**不会给**他们钱”。[83]

从比萨传来的消息很少:奥利尔出版了《希腊》,“印刷十分精美”,

雪莱继续阅读《浮士德》和卡尔德隆的《神奇的奇迹》，他发现后者与歌德在许多方面都“惊人地相似”。他决定将这两部作品都翻译为英文，登在《自由主义者》创刊号上。他给奥利尔寄了一封简短的便笺，要求他将自己的账目交给吉斯伯恩，并授权吉斯伯恩担任自己在伦敦的唯一经纪人。在《希腊》中出现了六处左右的印刷错误，但只有一处属于严重错误：第四六六行印成了“死神醒了！失败已在海上！”“**失败**”就是这一处错误。[84]

雪莱在写给巴黎的霍勒斯·史密斯的信件中，谨慎地谈到了拜伦。此前摩尔曾说《该隐》中的无神论倾向是雪莱的影响所致。雪莱对此评论道，自己很高兴能对这样一部“不朽的作品”产生影响，但“请让他［摩尔］相信，在这个问题上，我对拜伦勋爵没有丝毫的影响，如果我有，我一定会利用这种影响去消除他伟大的心灵中对于基督教的幻想，这种幻想似乎不受他的理性宰制，会反复出现，它一直潜伏着，在患病和痛苦时便会出现”。[85]

雪莱在写给利·亨特的信中更为推心置腹。尽管在比萨创办《自由主义者》的计划依然没有破灭，拜伦也依然在“焦急地”等待亨特的到来，但雪莱感到无比痛苦。“也许是时间纠正了我，我已经改变，变得就像我以前谴责过的那种人，厌世而且多疑……确实，拜伦勋爵使我痛心地感觉到世人在我们之间早已派定的劣势地位，这种优劣并不存在于现实，而是存在于我们自己的才能，才能却不是我们自己的，而是天赋——或者存在于我们的等级地位之中，等级地位并不取决于我们，而取决于命运。等我们见了面我会有更多这类想法要告诉你……”与此同时，“海上的空气必不可少”。[86]这个小圈子里的人已分道扬镳。

注释

［1］《克莱儿·克莱尔蒙特日记》，页253。

［2］威廉姆斯的叙述载于《玛丽亚·吉斯伯恩与爱德华·E. 威廉姆斯：

日记与书信》,页109-110。

［3］同上,页116。

［4］托马斯·梅德温,《珀西·比希·雪莱的一生》,页329。

［5］同上。

［6］《珀西·比希·雪莱书信集》,第二卷,第六七六篇,页374。

［7］《玛丽·W.雪莱书信集》,第一二九篇,页150。

［8］同上,第一三〇篇,页153。

［9］《玛丽亚·吉斯伯恩与爱德华·E.威廉姆斯:日记与书信》,页117。

［10］《珀西·比希·雪莱书信集》,第二卷,第六七三篇,页368。

［11］《珀西·比希·雪莱诗集》,页656。

［12］《玛丽亚·吉斯伯恩与爱德华·E.威廉姆斯:日记与书信》,页118。

［13］爱德华·约翰·特里劳尼,《回忆雪莱和拜伦最后的日子》,参见亨伯特·沃尔夫,《珀西·比希·雪莱传》,第二卷,页180。

［14］《玛丽亚·吉斯伯恩与爱德华·E.威廉姆斯:日记与书信》,页120。

［15］托马斯·梅德温,《珀西·比希·雪莱的一生》,页335。

［16］同上,页331。

［17］汤姆·梅德温,《拜伦勋爵谈话录,一八二四年》,E.J.小洛弗尔编(1966),页80。

［18］同上,页38。

［19］《玛丽亚·吉斯伯恩与爱德华·E.威廉姆斯:日记与书信》,页119。

［20］《珀西·比希·雪莱书信集》,第二卷,第六七二篇,页367-368;第六七四篇。

［21］同上,第六七二篇,页367-368。

［22］同上,第六七四篇,页371。

［23］同上,页370。

［24］《玛丽亚·吉斯伯恩与爱德华·E.威廉姆斯:日记与书信》,页123。

［25］《珀西·比希·雪莱书信集》,第二卷,第六七六篇,页373。《玛丽亚·吉斯伯恩与爱德华·E.威廉姆斯:日记与书信》,页123。

［26］《珀西·比希·雪莱书信集》，第二卷，第六七七篇，页376。

［27］《珀西·比希·雪莱诗集》，页753。

［28］《珀西·比希·雪莱书信集》，第二卷，第六九七篇，页407。

［29］《珀西·比希·雪莱诗集》，页758。

［30］同上，页761。

［31］《珀西·比希·雪莱书信集》，第二卷，第六九七篇，页406。

［32］同上，第六九二篇，页401。

［33］托马斯·梅德温，《珀西·比希·雪莱的一生》，页325。他称这笔钱为一千四百英镑，但没有确切证据证明这笔钱达到了如此大的金额。梅德温通常会将此类问题搞错。

［34］《珀西·比希·雪莱书信集》，第二卷，第六七八篇，页379。

［35］《玛丽亚·吉斯伯恩与爱德华·E.威廉姆斯：日记与书信》，页126。

［36］《玛丽·雪莱日记》，页165。

［37］爱德华·约翰·特里劳尼，《回忆雪莱和拜伦最后的日子》，参见亨伯特·沃尔夫，《珀西·比希·雪莱传》，第二卷，页173。

［38］同上，页172。

［39］同上，页187。

［40］《玛丽亚·吉斯伯恩与爱德华·E.威廉姆斯：日记与书信》，页125。

［41］《玛丽·W.雪莱书信集》，第一三二篇，页155-156。

［42］同上。

［43］《玛丽亚·吉斯伯恩与爱德华·E.威廉姆斯：日记与书信》，页131。

［44］《玛丽·W.雪莱书信集》，第一三二篇，页156。

［45］《珀西·比希·雪莱书信集》，第二卷，第六七七篇，页375。

［46］同上，第六八三篇，页387-388。

［47］《珀西·比希·雪莱书信集》，第二卷，第六八一篇，页384-386。另比较《珀西·比希·雪莱诗集》，页644。

［48］《玛丽亚·吉斯伯恩与爱德华·E.威廉姆斯：日记与书信》，页127。

［49］同上，页128，注释87。

［50］《珀西・比希・雪莱诗集》，页 671。

［51］《珀西・比希・雪莱书信集》，第二卷，第六七八篇，页 378。第六九二篇，页 400。

［52］同上，第六八二篇，页 386。

［53］《克莱儿・克莱尔蒙特日记》，页 274。

［54］B. M. 阿什利手稿，4752。

［55］《玛丽・W. 雪莱书信集》，第一三三篇，页 157。

［56］《克莱儿・克莱尔蒙特日记》，页 279-284。

［57］《玛丽亚・吉斯伯恩与爱德华・E. 威廉姆斯：日记与书信》，页 133。

［58］《珀西・比希・雪莱书信集》，第二卷，第六八七篇，页 391-392。

［59］同上，第六八九篇，页 394。

［60］同上。

［61］《玛丽亚・吉斯伯恩与爱德华・E. 威廉姆斯：日记与书信》，页 135。

［62］同上。

［63］《珀西・比希・雪莱诗集》，页 486。

［64］《珀西・比希・雪莱书信集》，第二卷，第六八九篇，页 394。

［65］《珀西・比希・雪莱诗集》，页 506-507。

［66］《玛丽・W. 雪莱书信集》，第一三六篇，页 162。

［67］同上。

［68］哈伊上校的叙述参见《玛丽亚・吉斯伯恩与爱德华・E. 威廉姆斯：日记与书信》，页 138。

［69］同上。

［70］《玛丽・W. 雪莱书信集》，第一三六篇，页 162。

［71］目击证人克劳福尔先生的证据参见《玛丽亚・吉斯伯恩与爱德华・E. 威廉姆斯：日记与书信》，页 139。

［72］同上，页 137。

［73］同上，页 138。

［74］《珀西・比希・雪莱书信集》，第二卷，附录五，第二篇。

［75］《玛丽·W. 雪莱书信集》，第一二一篇，页 141。

［76］《珀西·比希·雪莱书信集》，第二卷，第六九一篇，页 399。

［77］同上，第六九五篇，页 403。

［78］同上，第六九二篇，页 400。

［79］同上。

［80］同上，第六九六篇，页 404。

［81］《玛丽亚·吉斯伯恩与爱德华·E. 威廉姆斯：日记与书信》，页 144。

［82］同上。

［83］《珀西·比希·雪莱书信集》，第二卷，第六九七篇，页 408-409。

［84］同上，第六九八篇，页 411。

［85］同上，第六九九篇，页 412。

［86］同上，第六九六篇，页 405。

第二十九章　拉斯佩齐亚海湾

712 一八二二年四月二十三日，爱德华·威廉姆斯与简·威廉姆斯带着克莱儿去拉斯佩齐亚海湾寻觅住处。威廉姆斯与雪莱已决定，将莱里奇的这座小渔村作为他们这一年夏天的住所。它位于韦内雷港对面海湾的最南端，这里虽然又小又偏僻，却设有一座合适的石码头，是邮船定期的停靠点。威廉姆斯介绍了港口的港务局长先生·玛格利安。一行人于四月二十四日到达，受到隆重的欢迎，对方还带他们去看了十几处房屋，但都不合适。一整天都在这个海湾寻找房屋，依然“没有任何房子符合要求”。一行人让港务局长继续寻找住处，他们则动身回到彼得拉桑塔和比萨。但在回家的路上，“我们被一些未造好的房屋的美景所震撼，经过询问后，得知他们可能要将这些同那里废墟中摇摇欲坠的房子一同出售”。[1]这是他们第一次看到马尼寓邸。

四月二十五日，众人回到比萨，威廉姆斯发现雪莱站在他的公寓门口，脸色煞白，便迅速将他拉到一旁。[2]雪莱刚从拜伦那里得知，小阿利格拉在巴尼亚卡瓦洛修道院去世了，死因是斑疹伤寒。

雪莱决定，当务之急是离开比萨并定居莱里奇，而且一刻也不能耽误。第二天都用来整理行装和打包家具，因为他不打算再住在教堂三厦的这套公寓中了。四月二十七日中午，他们将行李放在停泊在栈桥上的两艘小船上。雪莱将克莱儿的箱子放在自己的行李旁。[3]他向兰弗兰基宫的拜伦勋爵辞行，对方沉默寡言，黯然思考着他本人前往里窝那的计划。玛丽、克莱儿和小珀西都乘坐马车前往拉斯佩齐亚，并由特里劳尼在途中照料。雪莱嘱咐他们立即谈妥房屋的租赁事宜。到了四点，两艘装行李的小船起锚出发，从比萨马勒桥下驶过，绕过阿尔诺河的弯道，迎 713
着湍急的水流驶向大海，消失在远方。[4]九十分钟后，威廉姆斯一家和雪莱另乘一艘小船出发。玛丽说，雪莱就像湍流，急冲冲地将一切顺着其流向带往前方。[5]克莱儿此时还对阿利格拉的消息一无所知。

四月的最后三天里，玛丽一直在拉斯佩齐亚洽谈马尼寓邸的租凭事宜，雪莱则在莱里奇守着两船的行李，这样就不用支付三百英镑的关税。便笺在拉斯佩齐亚海湾两侧快速地往来。“我，当然不能离开莱里奇……但是，如果马尼寓邸已经租妥，你为何不随带信的船过来——但是不要让那些人等得太久。我急于得到有关你一切情况的消息……”[6]最后，在四月三十日，他们终于租下了马尼寓邸的房子，小船内的行李都卸载到房屋前的一片小沙滩上，每个人都来帮忙，踏着地中海的海浪，将箱子运到房屋里。全程只用了一个小时。[7]威廉姆斯一家找不到住处，于是也带着两个孩子和仆人们一同住进了马尼寓邸，这座房子只有一层可以住人。海关称他们可以将这座房子当作行李仓库，因为这里非常靠近大海，无须支付关税。

第二天下午，威廉姆斯与雪莱去淘一些礁石；两人什么也没有找到，但发现这里的岩石是火山喷发岩，而且异常锋利，扭曲成怪异的网状和窗格状。这天傍晚，克莱儿走进了房间，他们都在谈论拜伦和巴尼亚卡瓦洛修道院。克莱儿问他们阿利格拉是不是已不在人世；雪莱站起身来给了肯定的答复。[8]他后来告诉拜伦，他真正害怕的是克莱儿会发疯。

五月的第一周，他们的时间都用在克莱儿身上。雪莱在写给拜伦的信中索要了孩子的微缩肖像画和一绺头发，回程的小船将它们都带了过来。雪莱没有注意到（或者说他自称如此）克莱儿寄出了一封狠毒的便笺，拜伦在里窝那收到了这封便笺，但没有回复。[9]克莱儿只提出了一个合理的请求，她希望在阿利格拉的灵柩从里窝那运往英国之前再见她最后一面。拜伦同意由克莱儿全权负责阿利格拉的葬礼和安葬过程，雪莱则在回信中写道："她现在似乎惶惑不知所措，是否会准备进一步接受你的许可去主持葬礼，我尚不知晓。事实上，由于经历过的那些情景和场面，我已经身心交瘁，不敢去问。"[10]

唯一给人以慰藉的是莱里奇海湾旖旎的风光。雪莱给拜伦所写的第一封信中，就提到了这一点："就在我们凄惶困苦之际，这里的自然风光却颇为迷人，让人心情愉悦。如浮士德所说，我们'在这个大世界中建造了我们小小的世界'。"

马尼寓邸原本是一座船库，坐落在海滩上。一层是一个开放式石质
714 门廊，由七座拱门组成，粗陋地涂上了白漆。地面铺上了石板通往这座建筑物，石板的边缘建造了一圈矮墙，它构成了一道小小的防波堤，边缘用小石块加固。海浪经常拍打在门廊底座上。石板则总是覆盖着一层细沙，一层只能用于存放绳子、索具和船桨。门廊上方是二楼的露台，它环绕整座建筑物一圈，在露台上向西远眺可以清楚地将整个海湾尽收眼底。二楼设有一间面积巨大的房间，通过房屋后面的楼梯可以到达。它位于中央，由雪莱一家和威廉姆斯一家合用，作为餐厅。旁边则是三间面积稍小的房间。左侧和右侧的两间能俯瞰大海，分别是玛丽和雪莱的房间。威廉姆斯夫妇则住在第三间内，这个房间紧挨着雪莱的房间，位于别墅北侧。仆人和孩子们则睡在房屋后侧。

从露台上放眼远望，海湾在他们面前展现出全貌。他们右侧沿着沙滩走两百码便是一座小村庄，名叫圣特伦佐，那里有一座圆顶小教堂，一座废弃的古堡位于岩石上，向着大海延伸出去。再往远处走是韦内雷半岛，这里早晨能看得很清楚，到了中午就笼罩在一团雾气中。还能看到蓝色的圆形隆起物，这是帕尔马利亚岛。他们的左侧是莱里奇，海湾中

的一处岩石峡谷将其遮住了一半。莱里奇湾是跨度约一英里的海水，水面波光粼粼，能看到港口、系泊的小船与悬挂着渔网的码头区。陡峭的山丘上遍布着村舍，有的村舍隐没在树林中。莱里奇城堡则与圣特伦佐更为般配，在天际线的映衬下格外显眼。整个海湾异常荒凉，通过小船或海岸线与外界联系。在马尼寓邸后方是陡峭的岩石与高大的乔木，截断了各种进出的道路，形成了一片幽暗林荫组成的丛林。除了大海外，这里的景观很像坦尼尔阿西特。

到了夜晚，尤其是当月光照射在水面，给人的感觉就仿佛他们的这座房子在驶向大海。最初几天，所有人都觉得，海浪拍打在岩石和海滩并发出巨大的声响使他们难以入睡。“我们都感觉像是坐在船上一般——大海的怒号声甚至传到了我们的床前。”[11]威廉姆斯记录称：“我认为即使说地中海没有海浪，也有猛烈的海流，月亮的阴晴圆缺产生了巨大的影响。今晚的涨潮就明显是月亮造成的，因为海上风平浪静。”[12]

阿利格拉之死影响的并不仅仅是克莱儿。在马尼寓邸定居的第八天，雪莱拉着威廉姆斯出去，来到露台上，凝视着月光洒在这片小海湾上的景象。“……与雪莱在露台上散步并观看月光照射在水面上的景色时，他发了牢骚，称自己异乎寻常地紧张，然后他突然停下来，猛地一把抓住我的胳膊，死死地盯着我们脚下白色的海浪，浪花撞在海滩上之后四散碎裂。看到他如此感情用事，我问他是否感到痛苦——但他只回答 715
说，‘它又来了！——在那里！’”威廉姆斯摇了摇雪莱，并问他看见了什么：显然这是一个光着身子的孩子，不停地从海水中浮现出来，双手紧紧攥在一起。威廉姆斯之后的评论十分有趣，并暗示雪莱希望威廉姆斯像自己一样看到这个鬼魅。“我们的交谈起初有些伤感，然后就引发了这一事件，我坦言我也有相同感受，以此来确认他的情感。这使他向来就天马行空、活灵活现的想象力更为活跃。”[13]这不啻“一种自然的魔法”。

但是,这场危机逐渐过去了,克莱儿迅速恢复了元气,所有人都很吃惊。玛丽甚至认为她“比她预言她的灾祸时都更冷静”。克莱儿在马尼寓邸住了几天,雪莱于五月十六日告诉拜伦,称她的状况有所好转,“在刚开始的打击之后,整体看来,她忍受痛苦的方式其实不像我所预料的那么可怕”。拜伦的仆人蒂塔是个蓄须的威尼斯人,他在龙骑兵事件中成为嫌疑犯并在比萨被捕,出狱后也来到了马尼寓邸。他对克莱儿发挥了影响,让她的心情好了起来。他宣称在自己获释当晚举办了一次宴会,邀请的是狱友,盘子和吊灯都是租来的。他一直开心地住在这里并担任帮手,直到他收到新的护照,然后便去里窝那投奔他的主人。

雪莱一直对自己在热那亚的小船翘首以待,五月十二日,在韦内雷港附近发现了一艘陌生的帆船在游弋。此时是暴风雨天气,威胁很大,这艘船快速驶向莱里奇港,它在狂风中上下颠簸,船上的三名船员在海浪中蹲在甲板上。雪莱和威廉姆斯从露台上满怀钦佩地观看着这艘船,它就是“唐璜号”。这艘船灵巧、优雅,像一匹喜怒无常的烈马,立即给他们留下了深刻的印象。它的长度为二十四英尺,但非常纤细,设有两根主桅杆,安装了纵帆,还有上桅帆和几张船艏三角帆。他们迅速沿着海滩前去接收这艘船,并立即开到了海湾中。没有一条小船能和它的速度相媲美。雪莱在写给罗伯茨上校的信中称:“这条船漂亮极了,大大超过我和威廉姆斯两个人的期望,以至于我们都怀疑你是不是把‘玻利瓦尔’错送给了我们。”[14]

五月十五日,天气晴朗。他们首次满负荷驾驶了这条船,玛丽和简都上了船。他们驾船来到韦内雷港,发现用威廉姆斯的话说,“不管前方是什么船,它都能撵上”。之后他们便调转船头回到莱里奇,这艘船在行驶时“就像是个女巫”。暴风雨已逼近他们并笼罩在海上,仿佛巨大的紫色葡萄牙战船,又漂浮到海面以下,宛如乳白色的幽灵一般。[15]

716 此时,他们有了“夏天完美的玩具”。他们留用了一位十八岁的英国男孩担任船员,此人随船从热那亚赶来。这便使升起和操作船帆的工作简单多了。除了在收帆方面存在不足之外,他们唯一的问题是如何去掉印在前主帆上巨大的"唐璜"字样。玛丽称这使它看上去就像是一艘运煤的驳船,雪莱对特里劳尼尖刻地说,他"认为这是这艘船的教父在后宫寻欢作乐时给它起的船名"。[16]他们怀疑,拜伦此前通过特里劳尼安排了这样的玷污之举,雪莱对这样的罪行怒不可遏。他们在莱里奇用了几个小时企图去掉这些字迹,还使用了"松节油和酒精"。[17]他们无法将其去掉,但雪莱铁了心不愿在船帆上出现拜伦最伟大作品的标题,否则他宁可不出航,最终他们将这部分船帆全部切掉,然后由当地一位船帆制造商打上补丁,并将其装饰成船帆边。雪莱已经爱上了这艘船,他与威廉姆斯安排了一番,由他来支付所有购置费用。他满心欢喜地写道:"它可以立即做我的书房和马车。"在他看来,至少马尼寓邸的生活在缓慢地转变为一场苏醒中的梦。

雪莱还给凡尔赛的霍勒斯写信称:"至于我,就像阿纳克里翁的燕子,我已经离开了我的尼罗河而在这里租妥我度夏的住宅——一座孤零零的房屋,紧靠着大海,环抱在拉斯佩齐亚湾庄严美丽的景色之中。我已经搁笔;在拜伦勋爵身边生活得太久,那颗太阳已经使这只流萤失去了光辉……"[18]一两天后,他又给史密斯寄了一封信,信的内容更为神秘,史密斯在回信中进行了一番描述:"除了你亲笔写的地址之外都是**空白**,邮戳表明这是你寄来的信,但你忘记了像普罗米修斯那样赋予它灵魂。我以为你用隐显墨水将某个最神秘的秘密传递给我,于是我将它对着阳光试了试,放在火上烤了烤,又放在黑暗的地方,还涂上了柠檬汁……"[19]

克莱儿于五月二十一日离开,去佛罗伦萨的博伊蒂家中取回自己的物品,又在席尔瓦寓邸住了几天。在她出发前,雪莱让她承诺两周后便回来。这一家人开始定居在这里,雪莱与威廉姆斯这个月都在水上度过。"唐璜号"停泊在海湾中,就位于马尼寓邸的前方,如果风力太大,就要将它停到莱里奇港避风。威廉姆斯在海滩上花了许多个小时,用帆布和山毛榉板材制作了一条小划艇，当作“唐璜号”的僚船，雪莱则很多天都整上午地坐在“唐璜号”上，背靠着主桅杆阅读《浮士德》和卡尔德隆的作品，在活页纸上创作，或是在地中海轻柔的海浪中放松自我。他变得皮肤黝黑，身材健硕，他也慢慢开始酝酿一首新的幻想诗作。他采取了准备措施，将马尼寓邸后方的一间仆人房改造为书房，这间房远离
717 家中的社交区域，可用于晚上的创作。[20]但月亮升起时，他很多天晚上都会和威廉姆斯或简驾船来到海上，或是独自一人驾船。

玛丽一直盼望着能像这样隐居在海边，但此时却闷闷不乐。她已有三个月身孕，时常身体不适，情绪低落，再加上住的地方偏僻，导致她窗下的海湾美景与不停的海浪拍打声都使她油然而生无助的悲凉之感。雪莱在五月底写信告诉克莱儿，玛丽“一直在忍受倦怠无力和歇斯底里发作的可怕折磨”。[21]尽管她有时会乘船出海，在船舵旁坐在雪莱的双腿中间，但她大部分时间都在露台的阴凉处度过，她感到不适，甚至觉得自己遭到遗弃。佣人在房子后方的争吵声让她感到焦躁，她也不喜欢与威廉姆斯一家过从甚密。此外，六月的第一周，连续阳光明媚的天气产生了持续的热浪和“沉闷的酷热”。在海湾入口上空的雾气中，还出现了雪亮的电弧（这是威廉姆斯的原话）。这仿佛是一座施了魔法的监狱。这样的天气偶尔也会被打破，下一阵猛烈的雷暴雨，海上涌起惊涛骇浪。此时，雪莱便和威廉姆斯忙着将“唐璜号”开到莱里奇港的安全地带。第二天，热浪便会卷土重来。

这段时期是五月底、六月初，就在拜伦的“玻利瓦尔号”于六月十三日到达之前，雪莱开始创作自己最后一部重要诗歌《生活的凯旋》。他有时在船上写作，夜晚也会在书房中写作。与他的其他诗歌不同，这部作品并不是写在钞本上，而是写在一叠大号活页纸上，有些稿纸是折叠后塞进口袋的。[22]其中一张是萨尔扎纳的船帆制造商给他的账单背面，此人曾将“唐璜号”船帆上的字迹切掉。还有一张是雪莱写给罗伯茨上校的一封信件的第一页信纸背面，这封信中提到亨特预计于六月中旬到

达热那亚。第三张稿纸上则画着新的上桅帆索具的素描，雪莱与威廉姆斯希望为这艘船安装这一装置，以加大船帆的面积。还用更简洁、更果断的手法画出了许多改进措施，这似乎是在他的书房中所作。但这一堆大号活页纸暗示，雪莱甚至不希望认为自己是在创作另一部严肃的著作：他只是在尝试一些创意。

这首诗虽然失之粗陋且未完成，却是他在意大利创作的第四部代表作。从某种意义上说，这部作品与他之前所创作的所有作品均不同。它的风格颇为硬朗，缺少他创作中所特有的个人感情：作品的口吻甚是冷漠甚至轻蔑，带着如月光一般清冷的笔调进入读者的想象之中。但是，它的主题在各处都借鉴了之前的作品，重新组合并加以改造。

这首诗的主要意象是“凯旋”——这是古罗马举行的仪式，由凯旋 718
的战车组成队列穿过大街小巷。雪莱在古罗马广场上的提图斯凯旋门和君士坦丁凯旋门上雕刻的图案中发现了这个意象，并在《解放了的普罗米修斯》的第二幕（其中写到了一场浩劫）首次使用。在雪莱心中，古罗马的凯旋本质上始终是一个残忍、暴力的意象，在他最后一部诗作中，“生活的凯旋”用来指生活对所有人类的**征服**，尤其是通过身体的衰老、智力的衰退、负疚感与懊悔及缺少精神上的自知之明所实现的征服。

这首诗写的是一幅幻景，采用直白的表现手法，让戴着面具的历史人物和魔鬼人物参加狂欢节中的游行队列，雪莱采用了《暴政的假面游行》中的手法和《彼得·贝尔第三》中的噩梦部分，并对其作了调整。人们还可以发现他这年春天在比萨参加狂欢节的经历。汤姆·梅德温指出，这次经历中雪莱曾对恶意的欢闹、疾病和邪恶瞠目结舌。

最后，这首诗的结构一定程度上来自《心之灵》中即兴式的松散结构，而且前者采用了光芒四射的女性理想主义形象，这明显来自后一部作品。但《生活的凯旋》无论在诗歌的形式还是主题上都不像后一部作品那样柔和或自负。这首诗的节律是英式三行体，雪莱曾在《西风颂》和改编自但丁的作品中使用过。作品的节奏高明地做到了灵活多样，有时体现于发言中，有时体现于叙事中，但始终保持着奥林匹亚众神的威严，“庄严，快速”。此外，这首诗理想的意象从未能绽放出夺目的光芒，却始终突出了黑暗、魔鬼的色彩。它们使人回到了一八二一年的比萨，以及柏拉图笔下对恶灵、善神与“中间世界”的描写，之后又回到雪莱青年时期诗歌中最早的意象之源。

在冷峻的形式和主题背后，但丁毫无疑问成为主宰性的存在，尤其是《地狱篇》中的但丁。雪莱采用了但丁的节律、但丁对真实历史人物所作的大胆的全景式描写，还采用了但丁笔下对人产生精神折磨的阴郁的地下世界。《生活的凯旋》中有一位人类叙事者，还有一位向导——两人相当于但丁与维吉尔。雪莱的向导是卢梭，在雪莱与卢梭相逢（或者毋宁说是雪莱发现了卢梭）的段落中，具有恐怖的写实特点，这本质上属于但丁式的描写：

我原先以为，是一段古老的树根，
扭曲成了奇形怪状，生长在山脚，
却实在是误入歧途族类中的一人；

我以为，是散乱纷披的白色衰草，
不过是他的头发已褪色而且稀疏；
它企图，但是未能掩盖住的孔窍，

719 是，或曾经是，他的双眼所在处，
那冷峻的脸（知道我想什么），说，
“若能像我一样克制不去参加跳舞，”

“我愿告诉你是什么导致同伴和我
沦落到承受这样深重的轻蔑屈辱，

叙述这队列清晨以来的一路经过……”[23]

但就所有这些文学的存在与影子而言，这首诗超越了雪莱之前的作品，并实现了螺旋上升式的神话，这最初体现于比萨组歌，现在又以成熟的全新立场，对相同的材料进行了重新发掘和重新创造。整部作品充满了莱里奇的氛围、炎热、尘土、辽阔的大海、乘风破浪的小船和清冷的月光照在水面上的情景。

雪莱先写了一段三十行篇幅的介绍，这类似于他尝试性的散文体前言，其中告知读者的很少，只是说雪莱曾一晚上都未能入眠，“像点缀夜空的星星一样彻夜醒着”，早晨的太阳已升起，他仰卧在一棵栗树旁——其实应该是船上的桅杆。之后便突兀地开启了这首诗作，其中快速的节奏与直白的话语很像《暴政的假面游行》开篇的风格：

当我在那奇妙思想的幻境中躺卧，
这大致就是白日梦中所耳闻目睹。
我觉得我是在一条大道近旁坐着，

大路上落着厚厚一层夏季的尘土，
仿佛是那朦胧暮色幽辉中的蚊阵，
来来往往，川流不息的行人无数，

全都急匆匆赶路，却显然没有人
知道他来自何方，又向何处行进，
或是何以成为这万众一员的原因，

而置身人群之中，被裹带着同行，
像夏季棺木上万千落叶中的一叶，

老人和青年，大人和婴孩，形成
一股混杂奔腾的汹涌洪流，有些，
是在逃避使他们心生恐惧的事物，
有些，却在刻意寻求他人之所惧……[24]

雪莱（诗人此时已亲自担任叙事者兼观察者，就像但丁亲自现身于《地狱篇》一样）坐在这棵树下，凝视着人流，“一道冷峻的目光，像冰雪一样冷，／比中午更亮，以使人失明的强光／淹没太阳，就像太阳光掩蔽星辰”。匆忙、轻快的活动逐渐开始聚焦于一大群人，从人群中冲出了一辆战车，驾车之人身着斗篷、人高马大。

这是这首诗的核心意象，也是关键段落。在整个描写中，雪莱始终在重新塑造战车本身的具体形象，因此它体现出一种变化多端的幻觉色彩，它的轮廓始终在改变和调整，就仿佛透过光线或水的折射产生的效果一般。它起初明显是古罗马广场上的一辆战车，但逐渐化为巨大的摩洛神①，缓慢移动，碾压一切，然后进一步扩散为类似于暴风雨中的海浪，猛烈地在大海上翻滚，在身后留下了乳白色的航迹。由此产生了残暴和可怕的效果。这辆战车是生活的战车，围在战车旁跳舞的人群被生活毫不犹豫地碾压，他们心中的快乐和性能量遭到了牺牲与毁灭，却没有取得任何成果。这是英国诗歌中最伟大的意象之一。

那人群让开路，我惊恐地站起身，
或似乎起身，因为沉陷幻境太深；
仿佛是被烈风卷带着的纷乱浮云，

① 古迦南人所拜祭的神明，后来变成泰坦巨人“克洛诺斯”，也就是宙斯的父亲。

我看见成千上万狂歌乱舞的人们，
如痴如醉，恰似在举行狂欢大会，
以隆重迎接一位征服者胜利进军，

庄严的罗马从元老院，从剧场内，
从广场，倾泻出她有生命的洪流……

……前列的狂徒们猥亵、
放荡的舞蹈在前面越跳越狂野，
为首的，像草上的影子一样敏捷，

比战车更迅疾而且从不稍事休歇，
和着粗野的乐曲，跳着狂乱的舞，
狂跳乱舞，彼此混合，愈跳愈野，

他们为这种折磨人的欢乐而受苦， 721
而抽搐，而且随着那狞恶的精灵
迅猛的旋风转动——而从宇宙之初

那精灵就用作恶排遣闲暇的光阴——
他们头向后仰，任长发迎风飘扬，
围绕着使太阳失色的她跳个不停，

青年男女们甩开他们狂热的臂膀，
两脚快速移动；他们会退出人群，
这时，他们会彼此接近俯身相向，

内心深处如火点燃；当他们脸红，
像飞蛾，被光吸引，又被火遏阻，
常常向着他们那辉煌的毁灭前行，

直到仿佛两朵云团被迫进入峡谷，
使山峦为之震颤，他们电火交会，
而当震动余波未尽，便化作雨露

消散，维系双方的热情纽带崩溃，
一个倒下，另一个也便失去知觉
横卧路上，死，也不单行而成对，

而在我能说出**何处**之前，那战车
已从他们身上压过而无踪迹可辨，
只像海洋暴怒之后留下了的泡沫

已在荒凉的海岸上晾干——后面，
年迈的男男女女在羞辱性的风里
摇晃他们的白发，衣衫污秽凌乱，

舞步蹒跚，用那衰弱的肢体竭力
要去攀那明光四射的车，却只是
被甩得更远，被更深的暗影遮蔽。[25]

就在此时，面对绝望的可怕意象，雪莱发现了卢梭，他像老树根一般侧卧
着。卢梭此时提出要为雪莱担任评论者和向导，他解释了凯旋的本质，
722 并指出了这里许多伟大的公众人物，包括拿破仑、叶卡捷琳娜二世、罗马

列位皇帝、诸位教皇、康德、伏尔泰、培根甚至柏拉图。按照卢梭的解释，他们都遭遇了根本性的失败，这就是他们的哲学。

> 他们的学问不教人如何认识自己，
> 他们的能力不足以排解内心的神秘，
> 为寻求想象中的真理黎明而努力，
>
> 黄昏前便陷入了深沉的夜。[26]

这部分内容多处颇为粗糙，诗节中有多处遗漏与不一致之处，而且雪莱在手稿的页边空白处写下了他未采用的姓名和肖像。

这首诗的第二部分此时已完成。卢梭开始向雪莱讲述自己的人生经历，尤其是爱情经历，即他本人的《心之灵》。在他看来，理想的女性使其对现实产生了灾难性的认识。卢梭在“欲望与羞耻”之间反复，并询问她人际关系的真正本质是什么。她的回答是给卢梭一个酒杯饮用，里面盛放的是人生阅历。雪莱在表现这一倏忽间的可怕发现时，采用了“多重意象”，这是他的其他作品所无法比拟的：

> 我起身！听从她悦耳的命令俯身，
> 用焦躁的嘴唇去迎她端着的酒杯，
> 突然，我的头脑，仿佛已经变成
>
> 沙滩，那里，第一度来潮的海水
> 已经把荒凉拉布拉多的鹿群蹄印
> 冲刷殆尽，他们逃避的凶猛兽类
>
> 豺狼，在岸边的足迹却依旧分明，

留待潮汐再一次冲洗；于是我眼前
便显现一幅前所未见的全新图景……[27]

这幅新的图景便是卢梭本人第一次看到生活的战车取得凯旋的场面。他更细致地描写了这群围着战车起舞的年轻人的外表，尤其是他们周遭的环境中充满了阴影、精灵、飞快掠过的黑暗身影，就仿佛“赤道阳光下一大片吸血的蝙蝠”。这些身影和魑魅魍魉中有些来自年轻人的**脸庞**。这就仿佛他们的青春从他们的脸上不停地一层层剥落，之后青春本身便呈现出怪异的生命形式，就像是有了生命的丑恶面具。这些面具或“偶像”犹犹豫豫地飞进阴影中，这些人面具下的外表逐渐皱缩扭曲。

723 ……我终于明白

这样污染了我们所走道路的形体，
来自何方；每隔短短的一段时间
每一形体上的美，就会逐渐消失，

从每一最健壮的肢体最美的容颜，
力量和鲜艳便会似尘土落地，而后
行动和形态不再具备生命的完满

品质，青年们大理石雕似的额头
由于烦恼而坼裂，在闪现过美梦
和希望的眼睛里，欲望像失去最后

幼崽时眼看它死去的母狮；群众中
人人都在不断地生发出这些影子，

像秋日的黄昏时分，白杨树被风

吹落下无数枯萎的落叶，初开始，
各有各的形象，而且，彼此相似，
但是不久便失去原状，就仿佛是

无定形的云随风塑造容貌和姿势；
而用这种材料，车上有创造力的光
制造了所有那些忙碌的幻影，恰似

太阳造就那白云的形态；就这样，
一张又一张面具从所有人的面孔
和躯体落到路上；早在一天的时光

老去以前，像天堂的一瞥，唤醒
遗忘之谷熟睡者的欢乐便已死亡；
有些会由于跳恐怖的舞精疲力尽，

而倒下，就像我这样，倒在路旁……[28]

这是雪莱最后一次解释他内心的鬼魅与精灵的世界：他本人人格在“投射”，将他的某些部分留在了身后，或是以他过去崇尚的怀疑论大师卢克莱修的话说，这是“偶像”，自创的幻觉，却非常真实。这首诗写到此处已有五百多行。卢梭开始谈论起“倒下，就像我这样，倒在路旁”之 724
人。雪莱的手稿到此戛然而止，他用很小的字体工整地写道：“啊！简，我要亲吻你。”[29]这时他的思绪被打断了，他又潦草地写了几行，然后将手稿塞进口袋。他没有再写下去,最终他没有时间了。*

克莱儿于六月七日回到马尼寓邸。她精神状态很好,也很健谈,而且像往日那样戏谑别人:雪莱称她为“有着千百项计划的女孩”。[30]两天后,玛丽在闷热的暑气中病恹恹的,差点流产,但她最后还是恢复了过来。她开始憎恨这座房子。[31]六月十三日,“玻利瓦尔号”驶入莱里奇湾,模样就像是一艘海盗的护卫舰。它对“唐璜号”鸣六响礼炮致敬。罗伯茨上校和特里劳尼都在船上,他们之前将这艘船从热那亚开到里窝那交给拜伦勋爵。玛丽很高兴看到这些客人,大家在马尼寓邸一同用餐,并借口风浪太大和更换索具而住了五天。

六月十五日,海上波涛汹涌,“玻利瓦尔号”开到了莱里奇港中,“唐璜号”停泊在它旁边。雪莱和威廉姆斯艳羡地看着“玻利瓦尔号”巨大的美式索具、三根桅杆和一组上桅帆。在同罗伯茨上校的交谈中,雪莱酝酿更换“唐璜号”索具的计划,还要建造假船艉和船艏部分,这样就使这艘狭长的小船增加吨位。罗伯茨答应留在莱里奇,不与“玻利瓦尔号”同行。

六月十六日上午八点,玛丽的不适最终导致她流产,情形严重。她出现了大出血症状,雪莱派人去请医生并送来冰块,但七个小时过后,还是没有医生来到这座偏僻的房子。玛丽觉得自己快要死了。“我躺在

---

* 雪莱的《生活的凯旋》手稿保存于牛津大学博德利图书馆,位置 c.4,文件夹 5。最后这段未写完的内容写在一张大号活页稿纸上(页 53),大致一折为二。其中的内容为:

> 那么,生活是什么? 我说……这位跛子的
> 眼睛盯着光耀的战车,此时它的车轮已
> 向前滚动,就仿佛这是在看它最后一眼
>
> 然后答道……“祝你们幸福”。

这页稿纸的背面画着船帆的素描图。G. M. 马修斯,《生活的凯旋:新的文本》,载于《新文献学研究》,第三十二期(1960);唐纳德 · H. 莱曼,《雪莱的〈生活的凯旋〉》(1965),均对整部手稿进行了精辟和细微的考察。莱曼在其作品中的附录 D 中得出结论,认为这首诗可能是“1822 年 3 月下旬”开始创作的,并在“玻利瓦尔号”于“6 月下旬”离开之后继续创作。

那里,几乎奄奄一息——靠着白兰地、醋加古龙水才没有昏迷过去——最后冰块送到了我们这座荒僻的住所中——冰块送到时,医生却还没有来,因此克莱儿与简都不敢使用它……”[32]但雪莱情急之中大胆使用了冰块：他将锡制浴盆中装满了冰块,然后将玛丽放入浴盆,让她静静地 725
坐下,直到完全止血。家中的其他人都在旁边惊恐而又无能为力地看着,但雪莱的做法确实有效。两天后,他在信中告诉约翰·吉斯伯恩：“我成功地止住了血,防止了昏迷,医生来到时全部的危险都成为过去,他已经无事可做,只有称赞我的勇敢。她[玛丽]现在情况良好,海水浴会使她很快康复。”[33]但她的康复速度并不算快,七月初才刚刚能够“从[她的]卧室爬到露台上去”。[34]克莱儿此时给了玛丽很大帮助,但简·威廉姆斯更关心雪莱。她与众人一同乘船出海,有时还带上雪莱送给她的那把吉他,吉他上镶嵌着花卉的浮雕,音乐声顺着海面飘到了马尼寓邸。

六月十八日,特里劳尼将“玻利瓦尔号”驶出了莱里奇港,并向南驶向里窝那。罗伯茨上校与威廉姆斯开始改装“唐璜号”,为其安装船艏和船艉部分,并为安装新的中桅索具做准备,这是他们之前为两根桅杆所设计的索具。他们之后一星期主要都在完成这项工作。雪莱除了驾驶那艘僚船出海之外,再也没有扬帆出海过,他一直待在马尼寓邸给特里劳尼和约翰·吉斯伯恩写信,其间也创作了自己的诗作。他刚送别特里劳尼不久,但写给此人的信十分怪异。信中大部分内容都是请求对方给他提供致命的毒剂“氢氰酸,或者苦杏仁提炼的精华油”。他解释称自己目前并不打算自杀,“但我得承认,如果我拥有通往长眠之所的这把金钥匙,对我会是个慰藉”。这封信的语气不太正常,既病态又做作,而且给人的感觉是雪莱要给特里劳尼留下自己状态不稳定的印象。雪莱的附言部分解释了他为何感到负疚和抑郁:“附言：玛丽好一点了,但依然过于虚弱。”[35]他知道特里劳尼喜欢玛丽,也许他认为此人责怪自己没有善待玛丽。

雪莱在写给约翰·吉斯伯恩的信中就自由多了:“意大利让我越来越快乐……我只是觉得缺少能懂我和理解我的人。无论是家中交流的亲密程度还是持续程度,玛丽都做不到。之所以会这样,也许是因为我必须隐瞒可能会让她痛苦的想法。这是坦塔罗斯的诅咒……”另一方面,他发现自己与威廉姆斯夫妇越来越投缘,但他也恰当地指出“语言并非我们之间交流的工具”。克莱儿“很活泼,也很健谈,只是她有时会捉弄我,我很喜欢她”。尽管他并没有创作,“想象着狄摩西斯①对着大西洋的波涛背诵一篇激烈的抨击文章”,但他的感觉很好,而且一副知足常乐的样子。在光影的作用下,莱里奇湾旖旎万分,令人眼花缭乱,使航行充满了魔幻色彩。“[我的船]既轻快,又美观,它看上去格外气派。
726 威廉姆斯担任船长,我们沿着这片令人心旷神怡的海湾行船,一路沐浴着晚风和夏夜的月光,直到来到了另一个世界。简带上了她的吉他,如果可以将过去和未来忘却,那么当下让我极为满足,以至于我可以像浮士德一样对着当下说,‘请你留下来吧,你太妙曼了’。”[36]

雪莱为简创作了一些小咏叹调和诗歌,其中一首题为《明亮的星星闪烁晶莹……》。他将这首诗放在简的房间里并留下了便笺:“我将[它]交给你支配,请对它保密,下次我会写得更好。”[37]这一时期创作的其他诗歌是《致简:并赠吉他》《一盏明灯破碎》和《写在莱里奇海湾》:

打鱼人手持鱼叉、灯盏
潜行在低处潮湿的礁石之间,
袭击着满怀虔诚、崇敬
前来朝拜欺骗性光焰的鱼群……[38]

---

① 狄摩西斯(前384-前322),古代雅典演说家,曾在伊赛奥斯门下学习修辞术。在他的名义下,传下六十一篇演说辞,但一般认为只有三十四篇是他的作品。

雪莱对简施了魔法，简曾有一次惶恐地告诉他，自己看到雪莱的身影两次走在露台上，但他实际却在船上。[39]

雪莱告诉简，他在口袋中揣着一本牛皮纸小钞本[40]，潦草地写着这些简短的抒情诗和小咏叹调。他又翻译了《浮士德》的一些篇章，还画了小船、船帆索具和战车的素描。在战车的素描中，骑手一边鞭打着马匹一边驾驶着战车，还转过身来恶狠狠地看着他。[41]雪莱还在这本钞本中引用了《圣经》中奇怪的选段。他在一段话的中间引用了下列语句："你必被隐藏，不受口舌之害……你必与田间的石头立约。"在最后还引用道："你使我担当我幼年的罪孽。"还写了"心中无形的暴政"。[42]他在封二用黑色墨水写了一行大字："春天不是在反抗冬天，而是在继承冬天；黎明不是在反抗黑夜，而是在传播黑夜。"

此时，有关亨特的确切消息已传到莱里奇。亨特终于抵达了热那亚，即将乘船赶往里窝那。罗伯茨上校与威廉姆斯加紧完成船只的改造工作，这样就可以驾船去接他。六月二十二日，"唐璜号"再次启航。它此时安装了两套全新的中桅索具，并使用了三张大三角帆和一张为风浪而准备的大三角帆。威廉姆斯自豪地写道，它的样子"就像是一艘排水量高达五十吨的船"。尽管完成了这艘船的木工和索具工作，但它浮在水面并采用改装后的压舱负载时，还是高了三英寸。[43]雪莱告诉玛丽，他们打算于六月二十四日启航，但玛丽请他不要走，因为没有他在身边陪伴，玛丽就会感到孤立无援，她还担心儿子珀西·佛罗伦萨的健康。

在计划出发前一天夜里，威廉姆斯在日记中写道，"雪莱**看到了鬼** 727
魂并叫醒了全家人"。[44]玛丽在之后写给玛丽亚·吉斯伯恩的信中，叙述得极为恐怖。

……我的病情对他造成了恐慌，使他精神上的感知与幻觉复发，这不亚于他最严重的发作。我觉得当时是星期六，我已不再生病，但还不能走路，只得躺在床上。到了子夜时分，我被他的尖叫声

> 惊醒，发现他冲进了我的房间；我确定他睡着了，并竭力喊他的名字，想将他唤醒，但他继续尖叫，这使我心中产生了恐慌，于是我跳下床，穿过客厅跑到威廉姆斯夫人的卧室，中途我曾因为虚弱而摔倒，但我吓得要命，立即站起来继续跑——她把我迎进房间，威廉姆斯先生去了雪莱身旁。因为我跳下床，使他完全醒过来了。他说他当时没有睡着，而且他看到的幻象让他害怕极了——[45]

在众人的询问下，雪莱解释称自己看到了两个幻象：一个是爱德华与简都是血肉模糊的样子，他们相互搀扶着蹒跚地走进自己的房间，大喊道："快起床，雪莱！大海就要淹没这座房子了，房子快塌了。"另一个幻象是雪莱冲进玛丽的房间要叫醒她时，却看到自己蹲在她的床边将她勒死。第二天，雪莱没有驾船驶往热那亚，因为这些事件导致玛丽旧病复发。[46]雪莱在这一天上午平静地和她讨论了最近看到的其他许多幻象。玛丽只记录了一个幻象，这又是雪莱遇见了他自己。"……他在露台上散步时，看到自己和另一个自己相遇并对他说——'你打算这样安于现状多久？'"[47]这自然是《札斯特洛齐》中的双重人格；他最终成功地吓坏了玛丽。

雪莱将前去迎接亨特的安排推迟到七月一日，此时亨特应该到了里窝那。天气又变得酷热难耐，在圣特伦佐和莱里奇教堂，人们都在祈祷下雨。到了夜里，圣约翰教堂的宗教祭典在海滩上格外出名，当地人踏着浪花疯狂地唱歌跳舞。[48]启程前两天，雪莱给凡尔赛的霍勒斯·史密斯写了一封长信，信中主要讨论政治问题。"我以为事情似乎已经达到这样一种危机状态，对于现有宗教与政治制度一样都无法约束和指导人类一事，人人都需要直白地抒发自己的感想。让我们正视现实，无论是什么样的……"写完这封信，他在信纸的反面写道："我仍然住在这美妙的海湾，读西班牙剧本，乘船出游，听最迷人的音乐。"[49]雪莱似乎也与威廉姆斯讨论过公共事务。六月三十日，"唐璜号"最后更换中桅杆

的索具时,威廉姆斯坐在甲板上,在炽烈的阳光下读着雪莱的《麦布女 728
王》,并称这是“一部令人惊诧的作品”。[50]

七月一日这天,雪莱、威廉姆斯、罗伯茨上校和船上留用的男孩查尔斯·维维安驾船前往里窝那,他们在七个小时内行驶了五十英里,于傍晚九点半抵达码头,当天晚上就用“玻利瓦尔号”上扔下来的垫子睡在码头上。第二天上午,检疫官批准他们登岸。拜伦、甘巴一家和亨特一家都在里窝那,亨特与雪莱的再聚首场面感人。据亨特回忆,雪莱冲上前去和他拥抱,并喜形于色地反复说着“看到你我高兴得**不知说什么好了**”。雪莱从未像这样兴高采烈,有人说起笑话时,他笑得乐不可支,不得不靠在门廊上,笑出了眼泪。

第二天,雪莱将威廉姆斯留在港口购买必需品,自己与亨特一家和拜伦一同前往比萨。他之前曾计划在比萨筹办《自由主义者》杂志,这也是促使他们在这里相聚的原因,但此时付诸实现的可能性已不太大。甘巴一家即将永远被放逐到托斯卡纳以外,拜伦已宣布他将放弃兰弗兰基宫的住所,而且他今年夏天的新住所位于蒙特内罗。特里劳尼已计划通过陆上运输将“玻利瓦尔号”运到日内瓦湖。亨特欠了六十克朗的债务,他妻子玛丽安娜在比萨病得很重。瓦卡告诉亨特,她很可能会病故。看到亨特有如此多的孩子时,拜伦大为惊诧,也很恼火。他得为住在自己一楼的这一大家子担负起责任,这让他心生怨气,有时还流露出来。最重要的一点,玛丽托雪莱给亨特寄来了一封私信,信中称亨特一家如果来莱里奇住,“我们都会疯的”:“我希望挣脱我的锁链,离开这座地牢。”[51]雪莱写道:“每个人都陷入了绝望,一切都杂乱无章。”[52]

之后五天里,雪莱竭力调和各方之间的关系,并取得了一定的成功。他对亨特指出,拜伦提出愿将他的《审判的幻象》版权授予《自由主义者》创刊号,这就几乎一定能保证这份杂志一炮打响。他坚定地要求拜伦做出这项承诺,“尽管也耍了一点花招”。拜伦的这首诗于这一年秋天创作完成,《自由主义者》确实登载了它。

雪莱此时晒得黝黑，看上去健康极了。他在比萨的存在逐渐使每个人都开心了起来。拜伦与亨特都迫不及待地要让他留下来。但威廉姆斯还在里窝那的“唐璜号”上等着他，而且急着要回到莱里奇和简团聚：海风始终是东北风，吹向拉斯佩齐亚。威廉姆斯在写给简的便笺中称：“我能怎么办？可怜的雪莱希望我回去和你团聚，但我知道他其实是希望我不要抛下他。”[53]此外，玛丽也坐在露台窗户旁的沙发上等待着雪
729 莱的归来，并为珀西·佛罗伦萨而忧心忡忡。雪莱从比萨给她写的信中称：“你近来如何，我的好玛丽？来信请特别谈一谈你的健康状况，你的情绪和精神，你是否已经不再像以往那样反对留在莱里奇了，至少过了这个夏季……最亲爱的玛丽，你永远满怀深情的，S. ——又及，我已找到《会饮篇》的译本。”[54]他还给简寄了一封简短的便笺。“我担心你在马尼寓邸会感到孤独和忧郁……我们曾生活在一起的那么亲密、那么愉快的时刻消逝得多么快，而回来得多么慢，然后又会这样匆匆离去，也许一去再不复返！……”[55]在七月七日动身离开比萨之前，雪莱前往席尔瓦寓邸向梅森一家辞行。

在里窝那，雪莱受到了威廉姆斯和特里劳尼的欢迎。此时酷暑难耐，天气似乎即将要变化，他们都迫不及待要出发。特里劳尼打算驾着“玻利瓦尔号”与他们同去莱里奇，却在出发前的最后一刻因为港口的清关文件而无法成行。雪莱与威廉姆斯决定不再等待，立即动身。雪莱跳上了“唐璜号”的甲板，他身穿紧身双排纽上衣、白色南京布①水手裤，脚蹬黑色皮靴。船启程了。与他们同行的还有男孩查尔斯·维维安。他们于一八二二年七月八日下午两点驶离港口，升起了满帆，全速驶向莱里奇。特里劳尼挥手和他们告别，并在望远镜中看着他们驶向了大海。之后，雪莱便到甲板下的船舱中睡觉了。罗伯茨船长对于聚集在西

---

① 南京布，泛指近代以南京为中心的江南地区生产的棉布，在十八至十九世纪曾远销欧洲。在诸如《包法利夫人》等欧洲小说中都有提及。

面地平线上的低低的云团感到不安,便拿起一支大型望远镜,申请登上灯塔。他在灯塔上看到"唐璜号"的船帆消失在浓密的雾气中。暴风雨迅速从西南方向杀到,并于六点半左右开始发作。当地的意大利三桅小帆船对夏季的暴风雨十分警惕,它们飞快地驶向里窝那港中的安全地带,一位意大利船长称自己在波涛汹涌的海上看到了"唐璜号"。

比萨的桂冠诗人约翰·塔弗伯爵很久之后转述了这位船长讲述的故事:"……看到他们再也无力和惊涛骇浪抗争,[他]靠近了他们,并提出让他们上自己的船。传来了尖厉的声音,应该是雪莱的声音,他明确地回答'不'……海浪有山那样高——一个巨浪打在那艘船上,令他惊诧的是,那艘船居然还挂了满帆。一个水手用喇叭喊道:'看在上帝的分上,如果你们不愿上船,那么就收起你们的船帆,不然你们就完蛋了。'看到一位绅士(应该是威廉姆斯)拼命要将船帆降下来——但他的同伴却抓住他的胳膊,就仿佛和他斗气一般。"[56]"唐璜号"驶入距维亚雷焦以西约十英里的拉斯佩齐亚海湾时,依然挂着满帆。

注释

[1] 威廉姆斯的叙述参见《玛丽亚·吉斯伯恩与爱德华·E. 威廉姆斯:日记与书信》,页145。

[2] 同上。

[3]《珀西·比希·雪莱书信集》,第二卷,第七〇一篇,页414。

[4] 威廉姆斯的叙述参见《玛丽亚·吉斯伯恩与爱德华·E. 威廉姆斯:日记与书信》,页145。

[5]《玛丽·W. 雪莱书信集》,第一三九篇,页169。

[6]《珀西·比希·雪莱书信集》,第二卷,第七〇一篇,页413。

[7]《玛丽亚·吉斯伯恩与爱德华·E. 威廉姆斯:日记与书信》,页146。

[8] 同上。

[9]《珀西·比希·雪莱书信集》,第二卷,第七〇三篇,页416。

［10］同上。

［11］《玛丽亚·吉斯伯恩与爱德华·E. 威廉姆斯：日记与书信》，页 149。

［12］同上，页 147。

［13］同上。

［14］《珀西·比希·雪莱书信集》，第二卷，第七〇五篇，页 419。

［15］《玛丽亚·吉斯伯恩与爱德华·E. 威廉姆斯：日记与书信》，页 149。

［16］《珀西·比希·雪莱书信集》，第二卷，第七〇七篇，页 421。

［17］《玛丽·W. 雪莱书信集》，第一三九篇，页 171。

［18］《珀西·比希·雪莱书信集》，第二卷，第七〇八篇，页 423。

［19］同上，页 425，注释 3。

［20］同上，第七〇一篇，页 430。

［21］同上，第七〇九篇，页 427。

［22］牛津大学博德利图书馆藏雪莱手稿，位置 C. 4，F5。

［23］《雪莱的〈生活的凯旋〉》，唐纳德·H. 莱曼编（伊利诺伊大学出版社，1965），页 160。另比较《珀西·比希·雪莱诗集》，页 511–512。

［24］《雪莱的〈生活的凯旋〉》，页 138–140。另比较《珀西·比希·雪莱诗集》，页 508。

［25］《雪莱的〈生活的凯旋〉》，页 150–158。另比较《珀西·比希·雪莱诗集》，页 510–511。第三和第九诗节引自《遗诗》（1824）。

［26］《雪莱的〈生活的凯旋〉》，页 164。另比较《珀西·比希·雪莱诗集》，页 512。

［27］《雪莱的〈生活的凯旋〉》，页 191–192。另比较《珀西·比希·雪莱诗集》，页 517。

［28］《雪莱的〈生活的凯旋〉》，页 206–210。另比较《珀西·比希·雪莱诗集》，页 519–520。最后十三行的标点引自《遗诗》。

［29］牛津大学博德利图书馆藏雪莱手稿，位置 C. 4，F5，页 52。该版本首先由 G. M. 马修斯发表于《生活的凯旋：新的文本》，载于《新文献学研究》，第三十二期（1960）。

［30］《珀西·比希·雪莱书信集》,第二卷,第七一〇篇,页 429。

［31］《玛丽·W. 雪莱书信集》,第一四四篇,页 179。

［32］同上,页 179。

［33］《珀西·比希·雪莱书信集》,第二卷,第七一五篇,页 434。

［34］《玛丽·W. 雪莱书信集》,第一四四篇,页 181。

［35］《珀西·比希·雪莱书信集》,第二卷,第七一四篇,页 433。

［36］同上,第七一五篇,页 435-436。

［37］同上,第七一五 A 篇,页 437。

［38］牛津大学博德利图书馆藏雪莱手稿,位置 C. 4,文件夹 35-36。《珀西·比希·雪莱诗集》,页 674。

［39］《玛丽·W. 雪莱书信集》,第一四四篇,页 181。

［40］牛津大学博德利图书馆藏雪莱手稿,位置 e. 18。

［41］同上,页 118,修订版。

［42］同上,页 160,修订版。

［43］《玛丽亚·吉斯伯恩与爱德华·E. 威廉姆斯:日记与书信》,页 155。

［44］同上。

［45］《玛丽·W. 雪莱书信集》,第一四四篇,页 180。

［46］《珀西·比希·雪莱书信集》,第二卷,第七一八篇,页 440。

［47］《玛丽·W. 雪莱书信集》,第一四四篇,页 180。

［48］《玛丽亚·吉斯伯恩与爱德华·E. 威廉姆斯:日记与书信》,页 155。

［49］济慈-雪莱纪念协会罗马分会藏手稿。《珀西·比希·雪莱书信集》,第二卷,第七一九篇,页 442-443。

［50］《玛丽亚·吉斯伯恩与爱德华·E. 威廉姆斯:日记与书信》,页 156。

［51］《玛丽·W. 雪莱书信集》,第一四〇篇,页 172。

［52］《珀西·比希·雪莱书信集》,第二卷,第七二〇篇,页 444。

［53］《玛丽亚·吉斯伯恩与爱德华·E. 威廉姆斯:日记与书信》,页 162。

［54］《珀西·比希·雪莱书信集》,第二卷,第七二〇篇,页 444。

［55］同上,第七二一篇,页 445。

［56］塔弗获得了一份报告，并在谈话中转述：《克拉丽莎·特兰特日记》（1925），页198-199，日期为1826年。对此次沉船事故，必然出现多种版本，即便在它发生之前，就已产生一种神秘意义。玛丽、特里劳尼和罗伯茨上校的信件及道登的著作《珀西·比希·雪莱的一生》（第二卷，页534-536）都讨论了这些差异。主要的争论在于，主桅杆与船艉所受的损害是打捞作业中人为所致，还是与三桅小帆船相撞所致。但玛丽在1822年8月15日写给玛丽亚·吉斯伯恩的信件原件中，认可了塔弗的说法："一艘渔船看见他们沉没——时间大约是下午四点——他们看到桅杆顶上的那个男孩，当时变幻莫测的狂风吹着船帆，一眨眼工夫，这艘船就不见了。"

第三十章　尾　声

这场暴风雨过后十天，雪莱、爱德华·威廉姆斯和查尔斯·维维安 730
的尸体最终被冲上岸边，这是位于马萨与维亚雷焦之间的海滩。雪莱的胳膊和脸部都已被吃光，但通过他穿的南京棉布裤，靴子里穿的白色丝袜和夹克衫口袋中对折放入的济慈诗作，还是可以辨识他的身份。特里劳尼遵照复杂的防疫法律，将他们的尸体暂时埋葬在沙地中，又撒上了生石灰。八月十五日再次到这里将尸体挖掘出来，存放于铁炉中，这个铁炉是他在里窝那专门定做的。然后当着利·亨特、拜伦勋爵、几位托斯卡纳民兵和几位当地渔民的面将尸体焚烧。雪莱的骨灰被放入红木骨灰盒中，并在英国领事的酒窖中存放了几个月，之后在罗马的新教公墓下葬，这座墓穴也是特里劳尼设计的。

雪莱的死讯传到了英国。八月四日，《检查者》首次登载了他的讣告，第二天傍晚，《信使报》登载了一篇文章，开头写道：“渎神诗人雪莱已溺亡，**现在**他知道世界上是否有上帝了。”此后三个月，许多评论性刊物和报纸都登载了他的讣告及褒贬不一的评价。

在托斯卡纳，雪莱之死将之前在比萨的众人暂时再次团结起来。玛丽、克莱儿和简·威廉姆斯都回到了比萨；特里劳尼和利·亨特都听凭玛丽差遣。拜伦则承担起所有人的开支,并决定推进《自由主义者》的出版计划。一八二二年夏,玛丽二十五岁,克莱儿二十四岁,特里劳尼二十九岁,拜伦三十四岁,亨特三十七岁。这是一群天资卓著的年轻人,但促使他们分道扬镳的力量逐渐超过了将他们团结在一起的力量,而且他们聚在一起也毫无成果。据特里劳尼回忆,“我们很快就散伙了”。

731 最先告辞的是克莱儿,这不足为奇。她几乎立即回到佛罗伦萨,并于九月独自前往维也纳投奔她的哥哥查尔斯,这是她很久之前就考虑过的计划。阿利格拉和雪莱都已辞世,她在意大利已了无牵挂。一八二三年,她接受了一份工作,赴莫斯科的一个富人家庭担任家庭教师,并在俄国住了几年。经过十二个月的蛰伏,她逐渐恢复了同玛丽、特里劳尼的通信,信件依然像往常那样生动,但她时常感到孤寂,而且终身未嫁。

一八二二年秋,比萨的其余人追随着拜伦去了热那亚,并分头居住在阿尔巴罗城门外。简·威廉姆斯则从这里带着两个孩子动身前往英国,于十一月抵达伦敦。玛丽介绍她与霍格结识。霍格还是像以往那样,很快对雪莱的最后一个倾慕对象心生情愫,不到一年便与她同居。简最后成为霍格的普通法上的妻子,并给他生了一个女儿,教名为普鲁登提亚。一八三二年,霍格首次在《新杂志月刊》上发表了《回忆牛津时期的雪莱》。多年后,他又在简的帮助下出版了雪莱传记,前两卷于一八五八年出版。霍格的两项人生抱负均未能实现,分别是担任法官和在新成立的伦敦大学担任民法讲席教授。但他经常在《爱丁堡评论》上发表文章,最后担任市政公司专员和诺森伯兰郡校勘律师。他于一八六二年去世,享年七十二岁。

一八二二年十月,《自由主义者》创刊号在伦敦出版,刊登了雪莱的《浮士德》译作和拜伦的《审判的幻象》,但遭到普遍抗议。这本杂志只出了四期,就不得不于第二年悄悄偃旗息鼓,雪莱原先在比萨制订的计划最终宣告失败。一八二三年七月,比萨的众人矛盾越来越尖锐,最终分道扬镳,他们的主要矛盾是资金问题。拜伦与特里劳尼驾着“玻利瓦尔号”去了希腊，玛丽则前往英国，亨特一家留在佛罗伦萨抗争了两年，特蕾莎・圭乔利则被遗弃在热那亚。

拜伦在希腊度过了艰苦而又幻灭的几个月，他训练了一支私人武装，并力图将兄弟情谊灌输到这群欧洲的自由斗士心中，他们的制服五花八门。但拜伦最终于一八二四年四月十九日在迈索隆吉痛苦地死于沼泽热。他的贴身仆人弗莱彻依然随侍左右。特里劳尼成了私人探险家和海盗，他率领手下加入希腊渠帅率领的奥德赛匪帮，之后他继续去欧洲和美洲冒险，还畅游了尼亚加拉瀑布。最后，他回到英国，成为伦敦上流社会一个声名狼藉之人，他依靠撰写回忆录为生，并于一八三〇年出版了自传性质的作品《小儿子的历险》和一八五八年出版的传记作品《回忆雪莱和拜伦最后的日子》。这两部作品都是半虚构的叙述。他在 732
中年时与贵妇奥古丝塔・戈林私奔，经过离婚丑闻后第三次结婚，定居在蒙茅斯郡。

玛丽于一八二三年带着宝贝儿子珀西・佛罗伦萨回到伦敦，她依然与简・威廉姆斯和吉斯伯恩一家过从甚密，并定居在肯蒂什镇，这里靠近她父亲威廉・葛德文的住所。英国歌剧院上演了《傲慢，或弗兰肯斯坦的命运》，这是根据她的小说改编的传奇剧。从此她开始成为文坛的二流作家，虽然这并没有给她带来安身立命的地位，但也使她找到慰藉。她一直与菲尔德庄园进行无休止的谈判，其间得到了皮科克不冷不热的协助。一八二四年，她得到了每年一百英镑的年金，作为她和珀西的生活费。雪莱的《遗诗》曾出版五百本，蒂莫西爵士立即威胁要收回这份重要的年金，玛丽只得将未销售的一百九十一本销毁。一八二六年，《最后一个人》出版时也受过类似威胁，但玛丽的境况逐渐改善，她住在摄政王公园，并将小珀西送进哈罗公学就读，之后又送到剑桥大学三一学院深造，这完全仿照了拜伦的教育经历。令她欣慰的是，小珀西的事业一帆风顺，中规中矩。许多时尚而又年轻的诗人与演员都曾到她家中做客，包括华盛顿・欧文，跟他们的情感最终无果而终，而且，她拒绝了特里劳尼的求婚。老朋友们逐渐辞世,约翰和玛丽亚·吉斯伯恩于一八三五年去世,第二年四月,她父亲也辞世,享年八十岁。玛丽清楚地意识到,“过度的、浪漫的羁绊”已告终。雪莱的文稿依然萦绕在她心头,而且她被理想化的和懊悔的记忆所困,她的人生进入令人好奇的蛰伏状态,只有去桑盖特洗海水浴,与克莱儿、特里劳尼和简进行越来越尖刻的通信,偶尔与珀西的本科同学一同去欧洲大陆游历,才会打断这种状态。一八三九年,莫克森将《珀西·比希·雪莱诗集》的第一版出版时,玛丽受到了特里劳尼、霍格和皮科克的尖锐批评,指责她在编辑时存在遗漏与隐瞒之处。

一八四四年,老蒂莫西爵士终于去世,珀西·佛罗伦萨继承了从男爵爵位,也继承了菲尔德庄园,并于一八四八年娶了简·圣约翰为妻,这是一位狭隘、亲切、能干的女子,也颇有文学品味。简·雪莱女士颇有心计地从玛丽手中接过了雪莱文件的处理与汇总工作,并在雪莱家族的新家博斯库姆庄园中专门建了一间房作为雪莱的纪念馆。这座纪念馆俨然是一座神坛,有一座与真人大小相仿的雪莱纪念碑,用小盒子装着他剪下的头发,将书信装在玻璃盒子中,还用蓝色的不透明骨灰罐装着他的骨殖。玛丽冥想、停滞的人生此时不知不觉地转变为生理上的麻木,她于一八五一年悄悄地辞世,临终前由她心爱的儿子珀西爵士照顾。

733 皮科克在东印度公司崭露头角,并于一八三六至一八五六年担任首席信函审查官,这个职位是功利主义者兼女性主义者约翰·斯图亚特·穆勒的顶头上司。皮科克退休前不久在《弗雷泽杂志》上发表了他对雪莱的回忆录,巧妙地批评了霍格的传记并坚定地为哈丽雅特·雪莱的荣誉作了辩护,虽然这与博斯库姆庄园中雪莱崇拜者的看法格格不入,但他无意中通过自己的虚构描写,使雪莱产生了一种滑稽的神秘感。一八六一年,他本人最后一部,也是最成熟的一部“奇思妙想”小说发表,题为《格里尔·格兰奇》,这使他的文学生涯达到了顶峰,这绝非巧合。他于五年后去世,享年八十一岁。

利·亨特也曾抨击过霍格的传记，他此时也已逝世。他于一八二五年回到心爱的海格特，发表了意大利语辩护文《拜伦勋爵及部分其同时代人》（1828），并继续创作大量亲切的文学新闻作品，包括《意大利诗人逸事》（1846）。他后来搬到了南面的切恩罗，并与托马斯·卡莱尔结为好友，还于一八五〇年出版了三卷本《自传》，这也许是他最优秀的作品。九年后，亨特在帕特尼辞世，享年七十四岁。

昔日在比萨的众人此时几乎纷纷谢世。特里劳尼已经与妻子感情破裂，他来到沃辛种植无花果树。他已是垂垂暮年，与约翰·米莱爵士过从甚密，就像是后者最后一部浪漫传奇中那位老练的水手一样。他于一八八一年去世。此时只有克莱儿·克莱尔蒙特还在人世，她于一八二八年回到了欧洲，多年来往来于维也纳、伦敦和意大利三地，她依然以担任家庭教师为生，也依然与朋友们愉快地通信，但到了暮年后变得有些促狭。克莱儿真正实现独立的主要希望在于雪莱慷慨地给她留下了一万两千英镑的遗产，这是他多年之前就已做好的打算。她最终于一八四四年拿到了这笔钱，其中一部分资金靡费在一系列鲁莽的投资中。最终，她又回到了当年她毅然离开的那座美丽的意大利城市佛罗伦萨，但陷入清贫的境地。她在这里平静地居住了多年，由她的外甥女波林照顾，最终于一八七九年辞世。

爱德华·西尔斯比是一位毕业于哈佛大学的青年，他在克莱儿去世前不久来到佛罗伦萨，寻找传说中雪莱的情书。他竭力施展个人魅力，想凭借对雪莱的狂热与了解从这位老妇人手中得到这些信件，但徒劳无功。他的做法给亨利·詹姆斯的讽刺故事《阿斯彭文稿》（1888）带来了灵感，这是对所有传记作家的终极谴责。但西尔斯比还是找到了克莱儿誊清稿件的钞本，其中誊写了《致歌唱的康斯坦西亚》——“唉，被撕碎的心会流血，却不会忘记”。

作者致谢

我要向以下个人和机构致以谢意,感谢他们允许我查阅和引用版权 734
资料：牛津大学博德利图书馆西方手稿管理员;阿尔比马尔街的约翰·默里;卡那封郡档案局;阿宾杰爵爷;克拉伦登出版社(牛津)。

我还要向下列机构致谢,感谢他们允许我使用版权：哈佛大学出版社;牛津大学出版社;俄克拉荷马大学出版社;新墨西哥大学出版社;杜克大学出版社;伊利诺伊大学出版社;鲍利海出版公司;高兰兹公司。

感谢纽约卡尔和莉莉普福尔茨海姆基金会公司,允许我参考和引用其版权文件。

我还要感谢以下机构与个人允许我复制图片与手稿：牛津大学博德利图书馆;大英博物馆;英国国家肖像艺术馆;位于罗马的意大利国立古代艺术美术馆;位于罗马的博尔盖塞美术馆;位于佛罗伦萨的乌菲兹美术馆;诺丁汉公共图书馆;伊莫金·邓尼斯夫人与圣潘克拉斯公共图书馆;日内瓦的耶格版本;伊顿公学的校长与研究员们;法兰克福歌德博物馆。

我要特别感谢画家大卫·法里斯和摄影师阿德里安·霍姆斯(他现供职于赖兰兹视觉设施有限公司)。

特别感谢以下机构和个人为我提供各种技术帮助：卡那封郡档案局的布琳·R.帕里；北威尔士大学班戈校区的档案管理员；牛津大学旧图书馆的工作人员；大英博物馆的工作人员；埃及文物部的卡罗尔·安德鲁斯；伦敦图书馆的工作人员；林茅斯旭日东升公司的员工；国家肖像艺术馆的助理馆员理查德·奥蒙德；罗马济慈-雪莱博物馆的维拉·卡恰托雷夫人；佛罗伦萨与加州奥林达的苏珊·巴特利特；巴尼迪卢卡保险基金会的朱利奥·马丁内利夫人。

735 我还要特别感谢下列个人对古希腊与古罗马文本的权威评论：安维尔出版社的彼得·杰伊；芭芭拉·高厄德；唐塞德修道院院长威尔弗雷德·帕斯莫尔。我还要感谢伦敦大学的乔安娜·拉蒂默为我翻译了《会饮篇》中保萨尼亚斯的发言。

感谢G.M.马修斯为本书的初稿作了细致入微的审读，感谢约翰·默里对本书进度的关心，还要感谢卡尔·H.普福尔茨海姆图书馆的唐纳德·莱曼博士提出的宝贵建议。我还要感谢两位一流的教师兼作家此前给我的灵感和苦恼，他们是批评家乔治·斯坦纳博士与诗人彼得·惠格姆。

感谢《泰晤士报》的迈克尔·拉德克利夫最早给我的鼓励；我要感谢利文斯顿·利尔蒙斯船长的好客，他来自特里马多克的坦尼尔阿西特；我还要感谢伊斯梅娜·霍兰德夫人的慷慨帮助。我还要对我出色的打字员乔·福斯特致以最诚挚的谢意。

汤尼·葛德文为我的学术成果做出了重要贡献，他是我的第一位英国出版商，在编辑中胸怀坦荡、细致耐心。我还要感谢纽约的哈尔·沙拉特，在笔者一筹莫展的时候，他给予了格外的同情和关照。我还要感谢彼得·詹森-史密斯高明而又专业的建议，与我长期的友谊和不知疲倦的充沛干劲。

我不知该怎样感谢海伦·罗根，她也是一位作家，能够充分理解我并给我支持。我要对玛格丽特·阿马拉尔、大卫·格里菲思、琳达·格里菲思、杰基·克洛德、罗宾·克洛德和我的父母致以最真挚的谢意。本书的部分篇章就是在我父母家中和花园中创作、删减、遗忘和构思的。

最后，我要问候卡尔德隆的那位不知名的学生，他在十月的一个暴风雨的夜晚，在比萨的一个摇摇欲坠的酒吧里给我买了一杯白兰地，在那里可以俯瞰阿尔诺河。

理查德·霍姆斯

参考书目

It is the intention of this bibliography to be exclusive. I have selected from the vast field of works connected with Shelley's life a very small number of books which throw a really penetrating and original light on either his background, his work or his character. I have also chosen books which are each in themselves exceptional pieces of writing, and many of them are classics of their period. This list is directed equally to the general reader and the student.

For more specialized and technical information, the reader may wish to consult my References which contain running discussion of source books and manuscripts, and the bibliographies set out in two pamphlets: *Shelley* by G. M. Matthews, 'Writers and Their Work' No. 214, Longmans, 1970; and *Bibliographical Index to the Keats-Shelley Memorial Bulletin*, I-XX, *1910-1969*, compiled by C. Darel Sheraw, KSMB, 1970.

1 *The Autobiography of Samuel Bamford(1788-1872)*, 2 vols, W. H. Chaloner(ed.), Frank Cass, London, 1967.

2 *The Autobiography of Francis Place (1771-1854)*, Mary Thale

(ed.), Cambridge University Press, 1972.

3 *The Autobiography of William Cobbett: The Progress of a Ploughboy to a Seat in Parliament (1763-1835)*, William Reitzel (ed.), Faber & Faber, London, 1947.

4 Mary Wollstonecraft: *A Vindication of the Rights of Women*, 1972, Dent, London, 1970.

5 William Godwin: *Enquiry Concerning Political Justice*, 1792. Abridged and edited by K. C. Carter, Oxford University Press, 1971.

6 Thomas Love Peacock: *Headlong Hall*, 1816; *Melincourt*, 1817; *Nightmare Abbey*, 1818, David Garnett(ed.), Rupert Hart Davis, London, 1963.

7 Mary Shelley: *Frankenstein; or, The Modern Prometheus*, 1818, Oxford University Press, 1969.

8 William Hazlitt: *The Spirit of the Age*, 1824, Collins, London, 1969.

9 E. J. Hobsbawm: *The Age of Revolution: Europe, 1789-1848*, Weidenfeld & Nicolson, London, 1969.

10 E. P. Thompson: *The Making of the English Working Class*, Gollancz, London, 1963. Penguin, Harmondsworth, 1968.

11 Leslie A. Marchand: *Byron: A Biography*, 3 vols, John Murray, London, 1957.

12 *Lord Byron: Selected Prose*, Peter Gunn (ed.), Penguin, Harmondsworth, 1972.

13 Robert Gittings: *John Keats*, Heinemann, London, 1968.

14 Howard Mills: *Peacock: His Circle and His Age*, Cambridge University Press, 1969.

15 Peter Quennell: *Romantic England: Writing and Painting 1717-1851*, Weidenfeld & Nicolson, London, 1970.

16 Newman Ivey White: *Shelley*, 2 vols., Secker and Warburg, London, 1947.

17 Kenneth Neill Cameron: *Young Shelley: Genesis of a Radical*, Gollancz, London, 1951.

18 Neville Rogers: *Shelley at Work*, Oxford University Press, 1967.

19 James Rieger: *The Mutiny Within: the Heresies of Percy Bysshe Shelley*, George Braziller, New York, 1967.

20 Roland A. Duerksen: *Shelleyan Ideas in Victorian Literature*, Mouton and Co., The Hague, 1966.

21 Judith Chernaik: *The Lyrics of Shelley*, Case Western Reserve University Press, 1972.

Abbreviated references

Letters

The Letters of Percy Bysshe Shelley, edited by F. L. Jones, 2 vols, Oxford University Press, 1964. (All Shelley's known letters are now numbered in this edition, and together with an indication of the page on which a cited passage occurs, I have normally regarded this as sufficient reference. Where particular letters contain doubtful readings from the MS, or the provenance of the printed text is controversial, I give further details.) Professor Jones's edition also contains a wealth of material in its footnotes, much of it drawn from Lady Jane Shelley's *Shelley and Mary*, 4 vols, privately printed in 1882. Reference to this editorial material is similarly indicated.

Poetical Works

Shelley: Poetical Works, edited by Thomas Hutchinson, Oxford University

Press, 1968. This has been the standard text since 1904, and includes all Shelley's Prefaces, and much incidental material including Mary Shelley's prose 'Notes', from the first collected *Poetical Works* of 1839. It will eventually be superseded by Neville Roger's 4-volume edition also from Oxford University Press, which is in the process of publication (Vol. 1, 1972).

Prose

Shelley's Prose: or, The Trumpet of a Prophesy, edited by David Lee Clark, University of New Mexico Press, corrected edition 1966. (There is still no single complete edition of all Shelley's prose, but I have used this as my standard text. Where transcription is doubtful, or more convenient sources are available for a particular work, I give supplementary references.)

Journal

Mary Shelley's Journal, edited by F. L. Jones, University of Oklahoma Press, 1947. This contains many entries written by Shelley, especially during the years 1814-16, when Mary and Shelley shared it. For further discussion of the MS, see Chapter 10, ref. 1.

Mary

The Letters of Mary W. Shelley, edited by F. L. Jones, 2 vols, University of Oklahoma Press, 1944. Unless otherwise stated, all references are to Vol. 1.

Claire

The Journals of Claire Clairmont, edited by Marion Kingston Stocking, Harvard University Press, 1968. The MS 1814-22 is held in the British Museum, Ashley MS 394, and Ashley MS 2819(1-3). In my text Claire's journal is referred to as her 'diary' to avoid any possible confusion with Mary's 'journal'.

Bod. MSS

Manuscripts held in the special Shelley section of the Bodleian Library Oxford; these include most notably fifteen of Shelley's working notebooks covering the period between 1816 and 1822, in which many of his major poems and prose essays can be traced from fragmentary conception to fair copy: MS Shelley Adds e. 6-Adds e. 20.

Abinger MSS

Microfilm of Lord Abinger's entire collection of Shelley Manuscripts, including most notably Mary Shelley's 'journal', held on eleven reels at the Bodleian Library, Oxford, R. 6. 112. The microfilm was made by Marion Stocking in 1952, and a second copy resides at Duke University.

Murray MSS

A collection of manuscripts relating to Lord Byron, held by John Murray Esq. at 50 Albemarle Street, London.

Pforzheimer

Shelley and His Circle, *1773-1822*, edited by K. N. Cameron, Vols Ⅰ-Ⅳ, and subsequently by Donald H. Reiman, the Carl H. Pforzheimer Library, New York, 1961. A miscellaneous collection of Shelley letters and Shelleyana printed from the manuscript, frequently showing small and significant variations from hitherto available printed sources, and including fifteen new Shelley letters. Some of the secondary material written by Shelley's close companions and friends has not previously been published. The edition was planned in 1961 to run to ten volumes, of which six have currently been published. The editorial commentary also contains valuable material.

新选参考书目

As in my original bibliography, the aim here is to give an exclusive selection from a vast field of Shelley studies. I have followed developments closely from the mid-1970s, and these are the works which I believe will be particularly helpful and interesting to the general reader and student alike. More specialised and academic bibliographies may be found in the works of Donald H. Reiman and G. Kim Blank cited below. My choice includes a play, a novel and a poem.

1 G. Kim Blank (ed.): *The New Shelley: Later Twentieth-Century Views*, St. Martin's Press, New York, 1991.

2 Harold Bloom: *Shelley's Mythmaking*, Cornell University Press, 1969; 'Introduction' to *Shelley's Prose*, ed. David Lee Clark, new edition, Fourth Estate, London, 1990.

3 Howard Brenton: *Bloody Poetry* (play), Methuen, London, 1985.

4 Nathaniel Brown: *Sexuality and Feminism in Shelley*, Harvard University Press, 1979.

5 Marilyn Butler: 'The Cult of the South' in *Romantics, Rebels and*

Reactionaries, Oxford, 1981.

6 Judith Chernaik: *Mab's Daughters*(novel), Macmillan, London, 1991.

7 Nora Crook and Derek Guition: *Shelley's Venomed Melody*, Cambridge University Press, 1986.

8 Stuart Curran: *Shelley's Annus Mirabilis: The Maturing of an Epic Vision*, Huntington Library, California, 1975.

9 P. M. S. Dawson: *The Unacknowledged Legislator: Shelley and Politics*, Oxford, 1980.

10 Paul de Man: 'Shelley Disfigured' in *Deconstruction and Criticism*, ed. Harold Bloom, Seabury, New York, 1979.

11 Kelvin Everest: 'Shelley's Doubles' in *Shelley Revalued: Essays from the Gregynog Conference*, Barnes and Noble, New York, 1983.

12 Paul Foot: *Red Shelley*, Sidgwick and Jackson, 1980.

13 Barbara Charlesworth Gelpi: *Shelley's Goddess: Maternity, Language, Subjectivity*, Oxford, 1992.

14 Thom Gunn: 'Lerici' (poem) in *Collected Poems*, Faber, 1993.

15 Desmond Hawkins: *Shelley's First Love*, Archon Books, 1992.

16 Terence A., Hoagwood: *Skepticims and Ideology: Shelley's Political Prose and Its Philosophical Context from Bacon to Marx*, University of Iowa Press, 1988.

17 Jerrold E. Hogle: *Shelley's Process: Radical Transference and the Development of his Major Works*, Oxford University Press, 1980.

18 William Keach: *Shelley's Style*, Methuen, New York, 1984.

19 Angela Leighton: *Shelley and the Sublime*, Cambridge University Press, 1984; 'Love, Writing and Scepticism in Epipsychidion' in *The New Shelley: Later Twentieth-Century Views*, ed. G. Kim Blank, St Martin's Press, New York, 1991.

20 Jerome McGann: *The Romantic Ideology*, University of Chicago Press, 1983.

21 C. E. Pulos: *The Deep Truth: A Study of Shelley's Scepticism*, University of Nebraska Press, 1954.

22 Donald H. Reiman: *Percy Bysshe Shelley*, Twayne's English Authors Series, updated edition, 1990. This survey also contains details of the continuing publication of *Shelley and His Circle, 1773-1822* running to 12 volumes from the Pforzheimer Library manuscripts; and the photofacsimile editions of Shelley's manuscripts in the Bodleian Library, Oxford, by Garland Publishing Inc., New York.

23 William St. Clair: *The Godwins and the Shelleys: The Biography of a Family*, Faber, 1989.

24 Michael H. Scrivener: *Radical Shelley*, Princeton University Press, 1982.

25 Stuart Sperry: *Shelley's Major Verse*, Harvard University Press, 1988.

26 Claire Tomalin: *Shelley and his World*, Thames and Hudson, 1980.

27 Earl R. Wasserman: *Shelley: A Critical Reading*, John Hopkins University Press, 1971.

28 Timothy Webb: *The Violet in the Crucible: Shelley and Translation*, Oxford, 1976; *Shelley: A Voice Not Understood*, Manchester University Press, 1977; (ed) *Shelley: Selected Poems*, Everyman's Library, 1977.

29 Art Young: *Shelley and Nonviolence*, Mouton, The Hague, 1975.

索　引

（索引页码为原书页码，即本书边码）

① 此处疑作者有误,老普林尼这本书的书名应为 *Naturalis Historia*,意为"自然史",中文通常也译作"博物志"。

著作权合同登记号桂图登字:20-2018-221号

图书在版编目(CIP)数据

雪莱传:追求/(英)理查德·霍姆斯著;李凯平,周佩珩译.—桂林:广西师范大学出版社,2022.9
(文学纪念碑)
ISBN 978-7-5598-2802-6

Ⅰ.①雪… Ⅱ.①理… ②李… ③周… Ⅲ.①雪莱(Shelly, Percy Bysshe 1792-1822)-传记 Ⅳ.①K835.615.6

中国版本图书馆CIP数据核字(2020)第069982号

雪莱传:追求
XUELAI ZHUAN: ZHUIQIU

出 品 人:刘广汉　　策　　划:魏　东
责任编辑:魏　东　　助理编辑:程卫平　　封面设计:赵　瑾

广西师范大学出版社出版发行
(广西桂林市五里店路9号　　邮政编码:541004
网址:http://www.bbtpress.com)
出版人:黄轩庄
全国新华书店经销
销售热线:021-65200318　021-31260822-898
山东韵杰文化科技有限公司印刷
(山东省淄博市桓台县桓台大道西首　邮政编码:256401)
开本:690mm×960mm　1/16
印张:72.5　插页:16　字数:850千字
2022年9月第1版　2022年9月第1次印刷
定价:198.00元